- 제3판 -

미디어 효과이론

나남
nanam

나남신서 1515

미디어 효과이론

2010년 9월 25일 발행
2010년 9월 25일 1쇄

편저자_ 제닝스 브라이언트·메리 베스 올리버
옮긴이_ 김춘식·양승찬·이강형·황용석
발행자_ 趙相浩
발행처_ (주) 나남
주소_ 413-756 경기도 파주시 교하읍
　　　　출판도시 518-4
전화_ (031) 955-4600 (代)
FAX_ (031) 955-4555
등록_ 제 1-71호(79.5.12)
홈페이지_ http://www.nanam.net
전자우편_ post@nanam.net

ISBN 978-89-300-8515-1
ISBN 978-89-300-8001-9
책값은 뒤표지에 있습니다.

- 제3판 -

미디어 효과이론

브라이언트 · 올리버 편저
김춘식 · 양승찬 · 이강형 · 황용석 옮김

Media Effects : Advances in Theory and Research

나남
nanam

　미디어 없는 우리네 생활은 어떨까? 상상(想像)이 되지 않는다. 이 책은 우리의 생활에 깊숙이 스며들어 마치 숨 쉬는 것처럼 너무나 자연스러운 존재인 미디어가 우리에게 어떤 영향을 미치는지를 다뤘다.

　《미디어 효과이론》제 3판(2009년)은 제 2판(2002년)의 체제를 대폭 개편했다. 제 3판은 전통적인 미디어와 인터넷은 물론 다양한 미디어 이용행위가 수용자에게 미치는 효과를 설명하기 위해 연구자들이 채택한 새로운 관점과 방법론에 관해 소개한다. 뿐만 아니라 앞으로의 연구에서 어떤 이슈와 주제들을 다루어야 하는지도 세세하게 제언한다.

　편저자들은 출판사와 함께 심층 서베이를 실시하여 제 2판에 포함된 장 가운데 3개의 장을 걷어내고 새로이 여덟 장을 추가했다. 새로이 추가된 장에서는 프레이밍, 정신생리학, 시민참여, 성역할 고정관념, 섭식장애와 신체이미지, 컴퓨터 비디오와 게임, 인터넷, 모바일커뮤니케이션을 다루었다. 급변하는 미디어 전경을 이해하려는 편저자와 출판사의 의도를 헤아릴 수 있는 대목이다.

　이 책은 모두 27개의 장에 걸쳐 지금까지 진행되어 온 미디어 효과연구를 체계적으로 정리했다. 하지만 편저자들이 27개의 모든 장을 집필한 것이 아니라 글쓰기 방식이 서로 다른 해당영역의 전문가들이 각 장의 내용을 정리했다. 따라서 독이성 측면에서 각 장간에 차이가 있을 수밖에 없다. 다양한 필자들이 책의 구성에 참여했기 때문에 일관성 있는 번역을 하는 것이 쉽지는 않았다. 무엇보다도 역자들은 각 장을 집필한 저자들의 의도를 있는 그대로 전달하는 데 가장 큰 주안점을 두었다.

　김춘식(제 2, 10, 15, 18, 20, 21장), 양승찬(제 1, 4, 11, 12, 17, 23, 24장), 이강형(제 3, 5, 6, 7, 9, 13, 14장), 황용석(제 8, 16, 19, 22, 25, 26, 27장) 네 명이 번역의 책임을 맡았다. 역자들은 번역과정에서 저자들이 표현하고자 하는 핵심적 의미를 파악하고 이를 충실히 전달하기 위해 최선의 노력을 다했다. 미디어 효과이론을 설명하는 다양한 용어 역시 통일했으며, 필요한 경우 역자주를 붙여 자세히 설명했다.

　네 명의 역자는 2004년 이후 빈번한 모임을 통해 사적으로나 학문적으로나 우의를 다져왔다.

이번 《미디어 효과이론》 (제 3판) 번역본은 역자들의 만남이 학문적으로 구체화된 모습에 다름 아니다. 두꺼운 책의 번역을 끝내고 공동연구의 새로운 결과물을 생산해냈다는 것이 매우 기쁘다.

이 책을 번역하면서 많은 분들에게 도움을 받았다. 무엇보다도 미디어 효과를 다룬 책의 번역을 크게 반기시며 충분한 시간을 투자할 수 있도록 배려해주신 나남출판의 조상호 사장님께 이 기회를 빌려 감사의 인사를 드린다. 책의 기획과 편집을 맡아주신 나남출판 편집국 방순영 부장님과 양정우 대리께도 진심으로 감사드린다. 마지막으로 번역의 긴 과정을 이해해 준 가족들에게도 감사의 마음을 전한다.

2010년 9월
김춘식·양승찬·이강형·황용석

전문가들은 정보화시대의 최근 국면을 특징짓는 주요 변화를 논의할 때, "미디어 효과" 혹은 미디어 효과에 관한 내용들을 포함하는 논의들이 거의 없다고 말하는 게 옳을 듯하다. 이는 틀릴 수 있다. 사실 《미디어 효과이론》(Media Effects)의 제3판이 타당한 지표라면 이런 지적은 옳다. 이 책에 기고한 저자들의 원고를 검토했을 때 우리가 공유한 반응은 "마지막 판 이후 무엇이 어떻게 바뀌었는가"와는 다소 상이한 것이었다. 이러한 변화들은 급변하는 미디어 전경에 적응하기 위해서는 우리들의 이론이 어떻게 발전하고 발전해야만 하는지와 관련하여 새로운 미디어 효과분석 방법, 혁신적인 관점, 새로운 이론, 결과 및 결론을 제시하는 새로운 방법들을 포함한다.

변화는 또한 미디어효과 학문의 상태를 연대순으로 기록하여 편집한 이 책이 고려한 중요한 사항이기도 하다. 가장 드러난 변화는 새로운 편집자일 수 있다. 우리가 이 책을 헌정한 돌프 질만(Dolf Zillmann)은 은퇴했고 그 대신 메리 베스 올리버(Mary Beth Oliver)가 이 책의 편집을 맡았다. 그녀는 새로운 세대의 미디어 효과 연구자들의 관점을 장기간 지속되는 이 프로젝트로 가져왔는데, 이러한 관점들은 《미디어 효과에 대한 다양한 관점》(Perspectives on Media Effects, 1986)으로 등장했고 이 책의 제목과 같은 두 차례의 중간 판 (1994, 2002)을 거쳐 완성되었다.

출판사도 바뀌었다. 이전의 출판사였던 엘이에이(LEA, Lawrence Erlbaum Associates, Inc.)는 2006년에 테일러앤프란시스(Taylor & Francis)가 인수하였다. 이제 우리들의 출판사는 테일러앤프란시스의 간기(刊記)인 루틀릿지(Routledge)이다. 다행스럽게도 아주 능력이 뛰어난 커뮤니케이션 편집자인 린다 베스 게이트(Linda Bathgate)가 LEA에서 테일러앤프란시스로 직장을 옮겼는데 그녀는 이 책이 표현하는 수많은 변화 가운데 영속성을 가장 잘 나타내주는 고마운 존재이다.

《미디어 효과이론》의 새로운 판을 논의할 때 출판사는 편집자들의 편집결정을 돕기 위해 이전 판에 원고를 기고한 학자들과 잠재적 기고자에 관한 체계적이고 광범위한 서베이를 실시함으로써 커뮤니케이션학에 대한 출판사의 헌신을 분명히 보여줬다. 이러한 심층 서베이 결과는 제3판 준비에서 표현할 수 없을 만큼 귀중한 것이었다. 어떤 것은 남겨두고 어떤 것을 크게 바꿀 것인지 그리고 무엇을 새로이 추가할 것인지를 결정할 때 매우 유용했다. 세 장을 걷어내고 새로이 여덟 장을 추가했다는 것을 분명히 밝히고 싶다. 프레이밍, 정신생리학, 시민참여, 성역할 고정관념, 섭식장애와 신체이미지, 컴퓨터 · 비디오와 게임, 인터넷, 모바일커뮤니케이션을 다룬 장들이 새로이 추가되었다.

편집자 입장에서 볼 때 거시적 수준의 변화는 논문 참여자들의 미시적 차원의 세세한 노력으로 훌륭하게 보완되었다. 참여자들은 전문성을 인정받는 자신의 영역에서 이론과 연구를 특징짓는 인식론, 방법론, 연구결과, 결론에서의 변화들을 훌륭하게 정리했다. 각각의 장들을 읽을 때 우리는 미디어 효과연구가 양적으로나 질적으로 크게 발전했다는 인상을 받을 것이다. 미디어 효과연구는 매우 정교해졌으며 연구해야 할 것들이 여전히 적지 않은 학문분야이다.

이 책의 내용을 개괄적으로 살펴보면 다음과 같다.

지금까지 출판된 《미디어 효과이론》이 그러했듯이 단독으로든 혹은 다른 이와 같이 공동연구를 했든 간에 맥스웰 맥콤스(Maxwell McCombs)가 이번에도 첫 번째 장을 맡았다. 이번 개정판에서 맥콤스와 레이놀즈(Amy Reynolds)는 "시민의제에 미치는 뉴스의 효과"라는 제목의 장에서 의제설정과 의제구축의 역사적 토대, 이론적 접근, 핵심적인 실증연구 요약 등을 꼼꼼히 정리했다. 의제설정은 미디어 효과연구에서 가장 빈번하게 채택되었고 지금도 여러 학자들이 채택하는 접근법의 하나이다(Bryant & Miron, 2004). 더구나 의제설정은 커뮤니케이션학은 물론 커뮤니케이션학 외부에서도 널리 인정받는다.

제3판에 새로이 추가된 "뉴스 프레이밍 이론과 연구"는 데이비드 튝스베리(David Tewksbury)와 디트램 쇼이펠레(Dietram A. Sheufele)가 정리했다. 저자들은 프레이밍 이론의 사회학적 그리고 심리학적 기원을 추적하여 정리하고, 프레이밍 설명모델을 제공하고, 커뮤니케이션 연구에서 프레이밍의 위치를 조심스럽게 분석하고, 프레이밍 효과라는 중요한 접근법을 끊임없이 탐색할 미래의 연구자들을 위해 풍부한 시사점들을 제공했다. 의제설정과 가까운 관계인 프레이밍은 최근 들어 미디어 효과연구에서 가장 많이 사용하는 접근법이다(Bryant & Miron, 2004).

문화계발 분석은 커뮤니케이션학에서 많은 학자들이 채택하는 또 다른 이론적 접근법의 하나이며(Bryant & Miron, 2004), 초판 이후 《미디어 효과이론》에서 가장 중요한 부분의 하나였다. 문화계발 분석의 창시자인 조지 거브너(George Gerbner)는 2005년에 세상을 떠났다. 우리는 커뮤니케이션학의 대가인 그의 죽음을 슬퍼하면서 새로운 학자를 만났다. 이 책의 제작을 위해 참 다행스럽게도 우리는 거브너의 제자로서 "TV와 함께 성장하기: 문화계발 과정"을 집필한 마이클 모건(Michael Morgan), 제임스 샤나한(James Shanahan), 낸시 시그노릴리(Nancy Signorielli)와 함께 문화계발의 발전을 계속 도모할 수 있게 되었다.

슈럼(L. J. Schrum)은 "미디어 소비와 사회적 현실에 대한 지각: 효과와 과정"이라는 제목의 장에서 미디어 효과연구에서 영원히 가장 인기 있는 주제를 다뤘다. 이 글에서 가장 주목할 만한 것은 1차적 수준과 2차적 수준의 문화계발 효과를 포함하는 범주의 미디어 효과를 설명하고 예측하는 지배적인 심리적 과정을 혁신적으로 다루었다는 점이다. 이 장이 시청과정과 시청 이후에 계속해서 발생하는 영향에 관해 개괄적으로 살핀 것은 미디어가 시청자의 가치와 신념에 어떠한 역할을 수행하는지에 관심을 가진 미래의 학자들에게 중요하고도 새로운 출발점이 될 것이라고 의심치 않는다.

미디어 점화(*priming*)는 자주 인용되지만 사람들이 제대로 이해하지 못하는 미디어 효과 가운데 하나이다. 하지만 데이비드 로스코스-이월드센(David R. Roskos-Ewoldsen), 비벌리 로스코스-이월드센(Beverly Roskos- Ewoldsen), 프란체스카 딜먼 카펜티어(Francesca Dillman Carpentier)가 정리한 "미디어 점화: 최신 종합"을 읽으면 미디어 점화에 대한 어떤 오해도 틀림없이 해결된다. 다양한 점화모델에 대한 상세한 설명, 그리고 이러한 모델을 다양한 미디어 내용에 적용함으로써 저자들은 점화이동을 위한 밀도 높은 이론적 설명에 심리적 모델링을 갖추게 한다.

사회과학에서 광범위한 설명과 적용이 이루어진 사회인지이론은 절대 없어서는 안 되는 우리의 가슴을 설레게 만드는 이론이다. 앨버트 반듀라(Albert Bandura)는 "매스커뮤니케이션의 사회인지이론"이라는 제목의 장에서 사회인지이론을 광범위하게 새로이 업데이트했으며 미디어 효과를 설명하고 예측하는 데 도움이 되는 사회인지이론을 구성하는 일련의 이론과 명제들을 통해 다양한 측면들을 밝혀냈다.

설득이론은 등장 이후 미디어 효과 전통의 한 부분으로 통합되었다. 최근에 유행하는 설득모델은 정교화가능성모델이다. 리처드 페티(Richard E. Petty), 파블로 브리뇰(Pablo Briñol), 조셉 프리스터(Joseph R. Priester)는 "매스미디어와 태도변화: 정교화가능성 설득모델의 함의"에서 내용을 업데이트하고 확장하여 노련한 솜씨로 정교화가능성모델을 제시하고 이를 매스커뮤니케이션에 적용했다.

이용과 충족은 1959년에 처음 소개된 이후 매스커뮤니케이션 연구에서 가장 널리 활용된 연구관점의 하나이다(Bryant & Miron, 2004). 1986년에 《미디어 효과에 대한 다양한 관점》 발간 이후, 이용과 충족의 입장은 앨런 루빈(Alan M. Rubin)의 발표작에 고스란히 드러난다. 우리는 이번의 새로운 판에 그의 글 "미디어 효과에 대한 이용과 충족의 관점"을 실었다. 이 장에서 눈여겨봐야 할 것은 미디어 이용과 효과를 연결하기 위해 많은 관심과 노력을 들였다는 점이다.

이번 개정판에서 새로이 추가된 분야 중 하나는 매스커뮤니케이션 연구에서 정신생리학적 연구의 입장에 관한 설명인데, 애니 랭(Annie Lang), 로버트 포터(Robert F. Potter), 폴 볼스(Paul Bolls)가 맡았다. 다양한 커뮤니케이션학 연구에서 생리학적 측정은 새로이 등장한 후 그 사용이 점점 증가하는데, 이번 개정판에서는 "정신생리학과 미디어: 매스미디어 연구에서의 효과"라는 제목의 장으로 다루어졌다.

다반 샤(Dhavan V. Shah), 에르난도 로하스(Hernando Rojas), 조재호(Jaeho Cho)가 집필한 "미디어와 시민참여: 커뮤니케이션 효과에 대한 이해와 오해"는 개정판에 새로이 추가된 것으로 매우 중요하다. 이 장은 미디어가 시민생활에 미치는 효과의 특징에 관한 기술이 잘못되어 이를 새롭게 고쳐야 하며, 이러한 문제와 이슈가 생산적이고도 중요한 효과연구를 위해 필요하다고 주장했다.

"정치커뮤니케이션 효과"에 관한 체계적인 고찰은 지난 기간 동안 두 차례에 걸쳐 발행된 《미디어 효과이론》에서 중요한 논문이었다. 더글라스 맥클라우드(Duglas M. McLeod), 제럴드 코시키(Gerald M. Kosicki), 잭 맥클라우드(Jack M. McLeod)는 이전 판의 내용을 혁신하고 새롭게 업데이트하여 중요한 지적 전통을 계속 수행했다. 독자들은 미디어 효과이론을 체계적으로 조직한 그들의 노력에 감사하게 될 것이고 미디어 효과연구에 중심이 되는 이와 같은 훌륭한 학문적 결과에주의를 집중하게 될 것이다.

특히 21세기 들어 미디어 효과연구에서 학자들이 최고의 관심을 보이는 분야는 제3자 효과이며, 다양한 커뮤니케이션 장르에 걸쳐 많은 연구들이 제3자 효과를 검증했다. 리처드 펄로프(Richard M. Perloff)는 "매스미디어, 사회적 지각, 제3자 효과"에서 왕성하게 이루어지는 제3자 효과연구의 역사적 배경, 세세한 개념화 작업, 연구전통에 대한 간명한 요약을 정리했다. 우리는 독자들이 이 장에서 다룬 확장되고 업데이트된 문헌의 가치를 높게 평가하고 특히 의미 있는 다양한 연구결과들을 해석하기 위한 펄로프의 틀을 발견하게 될 것으로 확신한다.

미디어-폭력 연구의 유산은 참으로 풍부하고 이들 관계의 이론적 연계는 너무 뒤얽혀 있어 "한 집안 학자들"에게 "미디어 폭력"을 집필해 줄 것을 요청했다. 글렌 스팍스(Glen G. Sparks), 체리 스팍스(Cheri W. Sparks), 에린 스팍스(Erin A. Sparks)는 풍부한 분야의 정보를 수집하고 광범위한 연구전통을 처리하기 쉽고 중요한 지식의 요약본으로 종합했다.

미디어 폭력의 한 차원으로 상대적으로 충분히 연구할 만한 필요성을 갖춘 전문분야로 등장한 것이 바로 미디어 제작물에 대한 젊은이의 두려움 반응에 관한 주제이다. 조앤 캔터(Joanne Cantor)는 이 연구영역의 대가로 지금까지 이루어진 확장된 모든 연구들을 이 장에 압축하여 제시했다. 그녀는 "매스미디어에 대한 두려움 반응"이라는 제목의 장에서 관련주제의 역사적 기원, 필수적인 개념화 작업, 연구종합, 대응전략, 젠더 차이 등을 다루었다.

폭력에서 섹스로 논의를 전환할 때 리처드 잭슨 해리스(Richard Jackson Harris)와 크리스토퍼 바렛 (Christopher P. Barlett)은 우리가 어디에서 섹스에 대해 배우는지, 섹스에 대해 무엇을 학습하는지, 다양한 미디어 정보원으로부터의 성적 관심과 성행위에 대한 학습의 결과 같은 이슈들을 연구했다. "미디어 섹스의 효과"에서 연구자들은 먼저 미디어에 나타난 성적 내용의 특징을 체계적으로 살피고, 내용과 맥락효과 둘 모두를 제시하고 토론한 다음 성폭력의 특별한 사례를 통해 결론을 맺고 있다.

《미디어 효과이론》 이전 판에서 미디어의 처리와 고정관념 생성은 주로 인종에 관한 고정관념에 초점을 맞추었다. 개정판에서 우리는 인종·민족 고정관념과 성역할 고정관념을 모두 포함하여 이전의 관심을 보다 확장시켰다. 이러한 연구전통이 확장되고 상이한 특성과 모델을 채택한 것처럼 우리는 두 가지 연구전통을 위해 독립적인 장으로 해줄 것으로 의뢰했다. 다나 마스트로(Dana Mastro)는 "인종적, 민족적 스테레오타입의 효과"에서 이전 판의 내용을 업데이트했고, 스테이시 스미스(Stacy L. Smith)와 에이미 그라나도스(Amy D. Granados)는 이 책이 새로 추가한 "TV와 영화에서 묘사된 성역할 고정관념을 둘러싼 콘텐츠 패턴과 효과"에서 이전에 다루었던 성적 고정관념을 크게 확장시켰다. 두 장 모두 미디어의 고정관념 묘사에 관한 현재의 상태를 포괄적으로 다룬 역작이며, 미디어가 인종과 젠더에 대한 시청자의 지각과 신념에 영향을 미치는 방식에서 중요한 이론적 역할을 수행하는 구체적인 내용과 시청자 특성들을 자세히 살폈다.

마케팅이 개별 소비자의 행위, 사회, 그리고 문화적 가치에 미치는 영향을 과대평가하는 것은 어렵지 않다. 데이비드 스튜어트(David W. Stewart)와 폴 파블로(Paul A. Pavlou)는 "미디어가 마케팅 커뮤니케이션에 미치는 효과"에서 마케팅커뮤니케이션, 특히 매우 빠르게 진화하는 미디어의 세계에서 제기되는 주요 관심 이슈들에 대한 세세한 평가들을 살폈다.

샬롬 피시(Shalom M. Fish)는 "아동을 위한 교육TV와 인터랙티브 미디어: 학문적 지식, 스킬, 태도에 미치는 영향"이라는 제목의 장을 통해 미디어가 교육에 미치는 효과를 이전과는 달리 혁신적이고도 철저하게 조사했다. 이 장에는 전통미디어와 인터랙티브 미디어를 이용한 학습을 설명하는 새롭고 향상된 모델에 관한 내용이 포함되어 있다.

지난 10년 동안 연구의 정교함이 실질적으로 강해지고 있는 미디어 효과연구 분야의 하나는 계획된 커뮤니케이션 캠페인의 효과에 관한 연구이다. 따라서 가장 넓은 범위에 걸쳐 관심을 폭넓게 받는 내용을 추가하여 업데이트한 장이 바로 로널드 라이스(Ronald E. Rice)와 찰스 애트킨(Charles K. Atkin)이 정리한 "공공커뮤니케이션 캠페인: 이론적 원리와 실제 적용"이다.

"비만 위기"와 "X-Large 세대"에 관한 언론의 보도처럼 헬스와 관련된 미디어 메시지에 대한 공공의 관심 역시 21세기에 들어 급격히 증가하였다. 킴 월시 차일더스(Kim Walsh-Childers)와 제인 브라운(Jane D. Brown)은 오랫동안 이러한 주제에 관심을 가져 매우 유익한 맥락에서 최근의 관심사들을 정리할 수 있었으며 이외에도 다양한 헬스관련 이슈들을 "개인과 공공의 헬스, 그리고 미디어"에 정리했다. 마른 몸매에 대한 환상을 심어주고 이를 재촉하는 혹은 아주 폭넓게 다양한 섭식장애를 조장하는 이슈 또한 비만처럼 중요한 사회문제가 될 수 있다. 마이클 러바인(Michael P. Levine)과 크리스틴 해리슨(Kristen Harrison)은 새로이 추가된 "섭식장애와 신체이미지에 대한 미디어의 영향"에서 이와 같은 중요한 이슈들을 고찰했다.

이 책에서 다룬 미디어 효과의 경우 모든 사람들이 똑같은 미디어 효과를 경험하는 것은 아니고, 똑같은 정도로 경험하는 것 또한 아니다. 어떤 사람들을 다른 사람들보다 미디어 효과에 더 예민하게 만드는 이른바 "개인차"는 미디어 효과연구 영역에서 아주 매혹적인 연구 관심사이다. 메리 베스 올리버(Mary Beth Oliver)와 마야 크라코비악(K. Maja Krakowiak)은 "미디어 효과 발생에서의 개인적 차이"에서 이를 정면으로 다루었다. 전문화된 미디어, 파편화된 수용자, 이용자-생성 미디어 시기에서 개인차 주제는 그 어느 때보다 중요성이 증가하고 있다.

오락에 관한 과학적 연구는 과거보다는 21세기에 아주 많은 관심을 쏟을 만한 가치가 있다. "엔터테인먼트 미디어 효과"에서 피터 보데러(Peter Vorderer)와 틸로 하트만(Tilo Hartmann)은 여러 가지 유용한 접근방법 가운데 엔터테인먼트 미디어 효과라는 주제를 검증하기 위해 진화와 환경 접근방법을 채택했다.

마지막 부분의 세 장은 개정판에서 새로이 추가되었다. 널리 보급되어 현대생활을 특징짓는 다양한 유형의 미디어 커뮤니케이션을 개괄적으로 살폈다. 책에서 보듯이 각각의 새로운 미디어 유형은 미디어 효과연구에 대한 새로운 접근방법을 필요로 한다. 또한 각각의 미디어는 새로운 세대의 미디어 학자들에게 역사적으로 의미 있는 새로운 질문들을 제기한다.

이관민(Kwan Min Lee), 웨이펭(Wei Peng), 박남기(Namkee Park)는 "컴퓨터·비디오게임의 효과와 그 너머"를 정리했다. 디지털 게임은 새로운 세대의 이용자에게 더욱 대중화되고 새로운 세대의 소프트웨어와 플랫폼이 더욱 세련된 것은 물론 이용자들은 게임이 주류 미디어 프로그램보다 더 오락적이라고 평가한다. 대부분 게임과 함께 동반되는 상호작용성, 경쟁요소 등이 이용자로 하여금 게임에 몰두하도록 촉진하는 가장 확실한 미디어 효과이며 이에 대한 검증이 필요하다.

지난 수십 년 동안 후기산업사회를 극적으로 변화시킨 하나의 요소를 고려한다면, 아마도 그것은 거의 확실하게 인터넷일 것이다. 넷은 직장, 놀이, 재무, 관계, 그리고 그 이상의 분야에서 중요한 플레이어이다. 캐롤린 린(Carolyn A. Lin)은 "인터넷 효과"에서 효과 관점으로부터 인터넷을 유순한 괴물인 것처럼 다뤘다.

뉴미디어 테크놀로지에 의해 초래된 모든 사회적 그리고 개인적 수준의 변화 가운데, 광범위하게 이루어진 모바일커뮤니케이션 미디어의 채택 및 이용효과보다 더 중요한 것은 없을 것 같다. 대부분의 미디어 커뮤니케이션 역사에서 우리는 네트워크에 속박되어 있다. 갑작스럽게 네트워크는 우리들의 삶에 스며들어 디지털 미디어를 당연시하고 지금까지 상상하지 못한 자유를 누리고 있다. 스콧 캠벨(Scott W. Campbell)과 리치 링(Rich Ling)은 모바일커뮤니케이션의 사회적 효과를 탐색한 후, 그러한 테크놀로지가 미디어 효과를 다시 생각하도록 할 수도 있는 여러 가지 측면을 폭넓게 시사했다.

우리는 미디어 효과에 대해 많은 것을 가르쳐주신 훌륭한 기고자들에게 너무나 큰 빚을 졌다. 그래서 우리는 정말 열정을 갖고 기고자들의 집단적 지혜가 미디어 효과연구자 커뮤니티로 되돌아와 더 큰 발전이 있기를 간절히 기대한다.

제닝스 브라이언트 (Jennings Bryant)
메리 베스 올리버 (Mary Beth Oliver)

나남신서 · 1515

제3판
미디어 효과이론

차 례

제1장 시민 의제에 미치는 뉴스의 효과

맥스웰 맥콤스 · 에이미 레이놀즈

제2장 뉴스 프레이밍 이론과 연구

데이비드 툭스베리 · 디트램 쇼이필레

14

제6장 매스커뮤니케이션의 사회인지이론

앨버트 반듀라

제7장 매스미디어와 태도변화:
정교화 가능성 설득모델의 함의

리처드 페티 · 파블로 브리뇰 · 조셉 프리스터

16

18

20

제23장 미디어 효과 발생에서의 개인적 차이

메리 베스 올리버 · 마야 크라코비악

제24장 엔터테인먼트 미디어 효과

피터 보데러 · 틸로 하트만

제25장 컴퓨터 · 비디오게임의 효과와 그 너머

이관민 · 웨이 펭 · 박남기

22

시민 의제에 미치는 뉴스의 효과

맥스웰 맥콤스(Maxwell McCombs, 텍사스 대학)
에이미 레이놀즈(Amy Reynolds, 인디애나 대학)

2007년 초반 3개월 동안 이라크전쟁 관련 이슈는 미국의 뉴스미디어 보도의 모든 주제를 압도했다. 같은 기간 실시된 여론조사 결과를 보면 미국인은 2008년 대통령선거에서 새 대통령을 선출하는 데 이라크전쟁을 가장 중요한 이슈로 파악했다. 저널리스트들은 뉴스의 선택과 배치를 통해 우리의 주의를 집중시키면서 국가가 당면한 가장 중요한 이슈에 대한 우리의 지각에 영향을 미친다. 2007년 초반 당시 가장 중요한 이슈는 이라크전쟁이었다. 공중 의제에서 특정 사안의 현저성에 영향을 미치는 이와 같은 언론의 능력은 '뉴스미디어의 의제설정 기능'이라 불린다.

이슈가 공중의 주목, 사고, 또한 행동의 초점이 되도록 현저하게 만드는 것은 여론을 형성하는 초기단계에서 중요하다. 수많은 이슈가 공중의 주목을 얻기 위해 경쟁하는 가운데 단지 몇 가지 이슈만이 공중의 주목을 받는다. 뉴스미디어는 우리가 현재 주위에서 가장 현저한 이슈가

무엇인지 지각하는 데 매우 중요한 영향력을 행사한다.

투표하기 전 유권자들은 중요한 정치적 이슈를 미디어를 통해 알게 되기 때문에 지난 70여 년간 연구자들은 매스커뮤니케이션이 유권자에 미치는 효과연구에 관심을 가졌다. 1940년 미국 대통령선거를 배경으로 컬럼비아 대학의 폴 라자스펠드 등은 여론조사 전문가인 엘모 로퍼와 함께 오하이오 주 에리 카운티에서 7차에 걸쳐 유권자를 인터뷰했다(Lazarsfeld, Berelson, & Gaudet, 1944). 이 서베이 이후 20년간 다양한 선거조건에서 투표에 미치는 미디어 효과연구가 진행되었다. 하지만 전반적으로 볼 때 매스 커뮤니케이션이 유권자의 태도나 의견에 미치는 강력한 효과를 발생시킨다고 이야기하기에는 어려운 연구결과가 발견되었다. 사실 전통적인 저널리즘의 규범에서 미디어는 유권자를 설득하기보다는 유권자에게 정보를 제공하는 기능을 수행한다고 할 수 있다. 초기 효과연구는 이러한 점에 연

결고리가 있다. 즉 유권자들이 의견을 바꾸지는 않지만 매스미디어로부터 중요한 정보를 얻고 있다는 점을 초기연구들은 보여주었다고 할 수 있다. 초기연구결과를 토대로 효과연구는 새로운 방향성을 찾기 시작했고 이 장에서 다룰 의제설정 이론은 정교화 과정을 거쳐 의제설정 효과와 여론, 태도와의 관계를 탐구하는 데 기초를 제공했다(Kim & McCombs, 2007).

매스 커뮤니케이션의 제한효과 모델은 초기 선거 연구결과를 토대로 등장했다. 제한효과 모델은 의제설정 개념의 선구적 제안자인 월터 리프만의 아이디어와는 상충되는 것이라 할 수 있다. 1922년 저작 《여론》(Public Opinion)의 서장 "세상 밖과 우리 머릿속의 인상"(The World Outside and the Pictures in Our Heads)에서 리프만은 직접적인 단어를 사용하지는 않았지만 의제설정에 대한 아이디어를 제안했다. 그는 뉴스미디어가 우리의 직접경험 밖의 세상과 연결하는 창이며, 세상에 대한 우리의 인지적 지도를 결정한다고 지적했다. 여론은 실제환경에 대한 반응이라기보다는 뉴스미디어에 의해 구성된 의사(pseudo) 환경에 대한 반응이라고 리프만은 주장했다(Lippmann, 1922).

1960년대 들어 제한효과에 대한 회의와 함께 과학적 연구에서의 관점변화가 나타났다. 1968년 미국 대통령선거를 배경으로 맥콤스와 쇼(McCombs & Shaw, 1972)는 뉴스미디어에서 제공된 정보가 우리의 현실에 대한 인식을 구성하는 데 가장 중요한 역할을 한다는 리프만의 주장을 지지할 만한 중요한 연구결과를 발표한다. 이들은 매스미디어가 설정하는 정치캠페인의 의제가 유권자가 인식하는 이슈의 현저성에 영향을 미친다는 가설을 제시했다. 공중을 구성하는 유권자들은 뉴스미디어에서 강조하는 이슈를 그 사회의 가장 중요한 이슈로 파악한다는 것이다. 이들은 이러한 영향력을 '의제설정'이라고 명명했다.

미디어 의제가 공중의 의제에 영향을 미친다는 가설을 검증하기 위해 맥콤스와 쇼는 노스캐롤라이나 주 채플힐에서 무작위로 선정된 유권자를 대상으로 서베이를 실시했다. 그들은 유권자들에게 후보자들이 말하는 것과 상관없이 무엇이 오늘날 중요한 이슈인지를 물었다. 유권자들이 거명한 이슈들은 공중의제의 일환으로 가장 많이 거명된 순으로 순위가 매겨졌다.

서베이 연구와 함께 주요 뉴스미디어의 내용분석이 동시에 진행되었는데 여기에는 5개의 지역신문 및 전국신문, 2개의 TV 채널, 2개의 뉴스 잡지가 포함되었다. 미디어 의제의 순위는 특정한 이슈를 다룬 기사의 수로 결정되었다. 공중의 의제와 미디어 의제는 정치, 사회 이슈 모두에 걸쳐 높은 상관관계를 보였는데 이를 토대로 언론의 의제설정 역할을 제시했다. 즉 유권자의 의제와 뉴스의제의 상관관계가 높을 경우 이는 의제설정의 근거가 된다는 것이다. 반면 뉴스보도에서 등장한 유권자가 선호하는 정당의 의제와 유권자의 의제가 상관관계가 높아질 경우는 선택적 지각의 근거가 될 수 있다. 미디어 제한효과의 설명으로 제시되는 선택적 지각 개념은 개인이 이미 가지고 있는 태도와 의견에 기초하여 특정한 미디어 콘텐츠를 접하는 것과 관련 있다.

이러한 관점에서 볼 때 개인 자신의 태도와 맞지 않는 정보에의 노출을 최소화하고 태도를 지지하는 정보에의 노출을 극대화한다고 가정할 수 있다. 하지만 채플힐 연구결과는 의제설정 효과가 나타난다는 점을 보여주었다.

1. 축적된 연구결과

채플힐 연구 이후 뉴스미디어의 의제설정 영향력을 검증하기 위해 425건 이상의 연구가 진행되었다. 이러한 연구는 전 세계적으로 상이한 배경을 토대로 다양한 뉴스미디어와 다양한 공중의제를 다루면서 실시되었다. 의제설정의 시간 순서, 미디어 의제와 공중의 의제의 인과관계를 설명하는 근거가 제시되었다.

쇼와 맥콤스(Shaw & McCombs, 1977)는 채플힐 연구에 이어 샬럿에서 1972년 대통령선거를 배경으로 실시한 연구를 통해 지역신문과 TV 뉴스보도 패턴에 따라 공중의제가 영향을 받는다는 점을 발견했다. 1976년 대통령선거에서는 뉴햄프셔, 인디애나, 일리노이 주 등 정치적 배경이 다른 세 도시의 유권자를 대상으로 2월부터 12월까지 9번에 걸쳐 인터뷰했다(Weaver, Graber, McCombs & Eyal, 1981). 세 지역의 지역신문과 방송 3사의 선거보도에 대한 내용분석도 동시에 진행되었다. 이 연구에서는 세 지역 모두 TV와 신문의 의제설정 영향력이 미국 대통령선거의 봄철 후보자 선출 전당대회 기간 중 가장 크게 나타났다.

선거기간은 의제설정 효과연구를 진행하기에 가장 적절한 상황이라고 할 수 있다. 하지만 선거기간 외의 시점에서도 의제설정 효과는 지속으로 발견되었다. 윈터와 이얄(Winter & Eyal, 1981)은 1954년부터 1976년까지 실시된 갤럽 여론조사 결과를 기초로 시민권리와 관련한 이슈를 살펴보았다. 여론조사 결과와 시민권리와 관련한 〈뉴욕타임스〉 보도를 비교하면 이 둘 간에 +.71의 정적(正的) 상관관계가 나타났다. 유사한 결과가 1980년대 41개월 동안 11가지 이슈를

대상으로 여론에 대한 뉴스보도의 영향력을 살펴본 연구에서도 보고되었다(Eaton, 1989). 이들 연구에서 미디어 의제는 TV, 신문, 뉴스잡지 보도 분석을 통해 선정되었고 공중의 의제는 갤럽 여론조사에 기초하여 평가되었다. 이슈에 따라 영향력의 강도 차이가 있기는 했지만 대부분의 정적(正的) 상관관계가 발견되었다.

2000년대 들어 홀부르크와 힐(Holbrook & Hill, 2005)은 오락 미디어의 의제설정 효과를 살펴보기도 했다. 실험연구와 전국선거 데이터 분석을 토대로 한 이들의 연구에서는 범죄 드라마를 많이 시청함에 따라 범죄에 대한 걱정이 야기되고, 이는 대통령에 대한 시청자의 견해에 궁극적으로 영향을 행사한다는 점이 발견되었다. 그로스와 에이데이(Gross & Aday, 2003)는 지역TV뉴스 시청과 범죄를 실제로 경험한 여부가 범죄의 희생양이 되는 두려움과 범죄 이슈를 현저하게 인식하는지에 영향을 미치는 정도를 비교했다. 이들의 연구에서 범죄이슈에 대한 의제설정 효과는 나타났지만 범죄의 희생양이 되는 두려움에 미치는 문화계발 효과는 나타나지 않았다. 헤스터와 깁슨(Hester & Gibson, 2003)은 시계열 분석을 통해 경제 관련신문, 방송 뉴스의 의제설정 효과를 진단했는데, 미디어에서 부정적인 경제뉴스를 강조하는 것이 경제상황에 대한 수용자의 평가와 기대에 부정적 영향력을 행사한다는 점을 보여주었다.

의제설정 효과는 다양한 국가를 배경으로 실시된 연구에서도 보고된다. 1995년 스페인에서 실시된 연구는 지역뉴스보도와 공중의 의제와 높은 상관관계가 있다는 것을 보여주었다(Canel, Llamas, & Rey, 1996). 독일에서도 1986년 에너지 공급에 관한 이슈를 중심으로 TV뉴스의 의제

설정 효과가 발견되었다(Brosius & Kellplinger, 1990). 독일 뉴스미디어가 에너지 이슈를 얼마나 비중 있게 다루는가에 따라 독일 국민들이 이 이슈에 대해 갖는 관심 역시 변화했다. 아르헨티나의 선거에서도 지역사회의 이슈를 미디어가 어떻게 보도하는지가 중요하다는 점이 보고되었다. 지역 뉴스미디어의 경우 이슈 선택이 차이가 발견되다가 선거기간 중 뉴스미디어들의 의제가 집중되면서 유권자들은 뉴스미디어에서 제공하는 의제를 학습하기 시작했다(Lennon, 1998).

유럽연합(EU)의 14개 국가를 대상으로 실시한 비교연구에서도 EU에 대한 TV보도가 대상국가 시민들이 유럽국가들의 통합을 중요하게 고려하는지에 영향을 미친다는 것이 발견되었다(Peters, 2003). 정치엘리트들이 EU가입에 반대하는 국가의 시민들은 TV뉴스를 많이 시청할수록 이 이슈를 더 중요하게 고려했다. 반면 정치엘리트들이 EU가입에 찬성하는 국가에서 이와 같은 의제설정은 나타나지 않았다.

이와 같이 실생활에서 발견할 수 있는 사례들은 의제설정 효과 발생을 설명하는 데는 고무적이지만 의제설정 이론의 핵심인 인과관계를 설명하는 데는 제약이 있다. 뉴스미디어가 의제설정의 원인이라는 것을 보여주는 사례는 미디어의제를 체계적으로 조작한 상황에 피험자를 무작위로 배치하는 통제된 실험연구에서 찾을 수 있다. 실험연구결과는 의제설정 효과의 인과관계를 설명할 수 있는 근거를 제시한다.

아이엔가와 킨더(Iyengar & Kinder, 1987)의 실험연구에서는 TV뉴스를 편집하여 국방예산, 공해, 무기통제, 시민권리, 실업 등 다양한 의제의 현저성을 변화시키면서 피험자들이 뉴스를 시청하게 했다. 이들의 연구는 다양한 변인을 통제한 가운데 TV뉴스에서 다룬 의제에 따라 수용자들이 제시하는 의제의 현저성이 달라지는 것을 보여주었다. 최근에는 온라인 신문의 의제설정 효과도 검증되는데 왕(Wang, 2000)의 연구에서는 인종차별을 다룬 온라인 신문과 이를 다루지 않은 온라인 신문 이용자들의 의제설정이 다르게 나타난다는 것을 볼 수 있다.

위에서 소개한 사례 외에도 수많은 연구에서 의제설정 효과를 뒷받침하는 결과를 발견할 수 있다. 90편의 경험적 연구결과를 메타분석한 완타와 가넴(Wanta & Ghanem, 2000)은 미디어의제와 수용자의제의 평균 상관계수가 +.53이라는 분석결과를 제시했다. 물론 개인의 태도와 여론에 영향을 주는 요인은 매우 많으며 매스미디어 노출뿐만 아니라 개인적 경험 역시 중요하다. 하지만 축적된 의제설정 연구결과를 보면 수용자가 갖는 세상의 모습에 대해 저널리스트들이 영향을 미친다는 점을 발견할 수 있다.

저널리스트들이 다룰 수 있는 사건과 이야기는 매우 많다. 저널리스트들은 모든 정보를 모을 수도 없을 뿐만 아니라 각각의 사건 모두에 대한 정보를 제공할 수 없기 때문에 전통적인 전문인의 규범을 따라 매일 발생하는 사건 중의 일부를 선택한다. 따라서 조그만 창을 통해 바깥 세상을 보는 것 같이 제한된 시각으로 세상의 사건을 볼 수밖에 없다.

10년 단위로 가장 중요한 이슈와 여론을 보면(예를 들어 1960년대의 주요 이슈, 1980년대 마약 이슈, 1990년대 범죄 이슈, 2000년대 경제 이슈 등), 매스미디어가 묘사하는 것과 실제의 현실이 괴리가 있을 수 있다는 것을 발견할 수 있다. 1960년대의 여론 추이를 연구한 결과를 보면 주요 이슈에 대한 뉴스보도와 현실에서의 주요 이슈 사이에 상관관계가 나타나지 않았다. 반면 뉴스보도와 공중이 생각하기에 가장 중요한 이슈 사이에는 매우 높은 상관관계(+.78)가 발견되었다(Funkhouser, 1973). 1980년대에는 현실에서의 마약 문제는 변화가 없었지만 마약과 관련한 뉴스보도는 늘어나는 경향을 발견할 수 있다(Reese & Danielian, 1989). 유사하게 1990년대에는 범죄와 관련한 기사가 늘어났지만 현실의 범죄 수준은 오히려 감소하는 경향이었다(Ghanem, 1996). 21세기 들어서 진행된 연구에서는 미디어의 경제보도가 부정적일 때에만 경제 관련 미디어 보도가 시민들의 경제에 대한 기대와 평가에 중요한 영향력을 행사하는 것을 발견할 수 있다(Hester & Gibson, 2003).

2. 네 가지 접근방식

의제설정 효과를 진단하는 데는 다양한 접근방식이 있을 수 있다. 맥콤스는 멕시코의 아카풀코에서 열린 세계언론학회(ICA)에서 4가지 유형을 분류하여 제안했다. 이러한 유형분류에는 두 가지 차원이 개입된다. 첫 번째 차원은 의제를 보는 두 가지 입장이다. 의제로 정의할 수 있는 모든 이슈를 볼 것인가, 아니면 의제의 특정한 부분에 집중할 것인가의 차이가 여기에 해당한다. 두 번째 차원은 의제의 현저성을 측정하는 방식과 관련한 것이다. 의제를 전체 모집단을 기술하도록 집합적으로 합산하는 방식으로 측정할 것인지, 아니면 개인의 응답을 통해 측정할 것인지의 차이이다.

이 두 차원을 고려한 첫 번째 접근방식은 전체 의제를 다루면서 모집단의 집합적 기술을 통해 이슈의 현저성을 진단하는 방식이다. 이는 의제설정 연구의 시초로 여겨지는 미국 채플힐 연구에서 활용한 방식이다. 미디어 의제에서는 이슈의 현저성은 특정이슈가 전체 뉴스보도에서 차지하는 비율로 측정했고, 공중의제에서는 정부가 특정이슈에 대해 무엇인가 해야 한다고 인식한 유권자의 비율을 합산하여 측정했다. 이러한 접근은 '경쟁' 접근이라고 할 수 있는데 왜냐하면 의제의 위치에 오르기 위해 경쟁하는 다양한 이슈를 살펴보기 때문이다.

두 번째 접근방식은 전체 의제를 모두 다룬다는 점에서 초기 의제설정 연구와 유사하지만 개인이 생각하는 의제에 초점을 맞추었다는 데 차이가 있다. 개인에게 중요한 이슈의 순위를 매기게 하고 이 결과를 뉴스미디어 보도에서의 이슈의 보도순위와 순위 상관계수를 통해 비교하는 방법이다. 하지만 연구결과를 볼 때 이 둘 간의 순위 상관계수가 의미 있게 나온 결과는 찾아보기 힘들다. 이러한 접근은 '자동 로봇' 접근이라고 불리는데, 이는 인간의 행동을 이해하는 데 어울리지 않는 관점에 입각했기 때문이다. 미디어에서 다루는 모든 의제에 대해 사람들이 자동적으로 모두 중요하다고 보지는 않기 때문이기도 하다.

세 번째 접근방식은 의제 중 단일이슈에 초점을 맞추지만 첫 번째 접근과 유사하게 현저성을 측정하기 위해 집합적 데이터를 이용하는 것이다. 일반적으로 이슈에 대한 전체 보도기사 수나, 국가가 직면한 의제 중 특정이슈가 중요하다고 응답한 사람들의 비율을 측정하는 방식이 사용된다. 이러한 관점은 '자연스런 역사진행'이라고 불리는데 이는 특정한 이슈에 대한 미디어

의제와 공중의제가 시간을 두고 변화하는 현상에 초점을 맞추기 때문이다. 시민권리와 관련한 이슈의 중요성을 23년 동안 살펴본 윈터와 이얄(Winter & Eyal, 1981)의 연구는 이러한 접근방식의 사례이다.

네 번째 접근방식은 두 번째와 유사하게 개인에 초점을 맞추지만 특정한 단일의제에 집중하여 중요성을 진단하는 것이다. 이 접근은 '인지적 묘사'라고 불리는데, 다른 이슈에 대한 노출을 통제한 가운데 실험을 통해 특정이슈의 현저성을 부각시켜 사전 사후 측정하는 방식을 채택하고 있다.

지금까지의 연구는 첫 번째와 세 번째 접근방식을 채택한 연구가 많은 가운데, 이러한 다양한 접근방식을 통해 얻은 연구결과를 보면 의제설정이라는 미디어 효과를 이해하는 데 도움이 된다. 첫 번째 접근방식은 다양한 미디어 콘텐츠를 분석하고 특정시점의 여론과 연결시키는 점이 유용하다. 특히 현실의 상황이 어떤지를 기술하는 데 매우 적합한 접근방식이라 할 수 있다. 세 번째 접근방식은 특정한 단일이슈의 변화를 기술하는 데는 매우 적절하나 전체 의제를 사회적 맥락 속에서 파악하는 데는 제약이 있다. 특정이슈의 역동적 변화를 장기간에 걸쳐 살펴보는 것은 의제설정의 과정을 이해하는 데 큰 도움이 된다. 네 번째 접근방식 역시 의제설정의 역동성을 이해하는 데 유용하다. 의제설정이 "어떻게", 그리고 "왜" 발생하는지를 진단하는 작업에서 세 번째 및 네 번째 접근방식이 특히 중요하다고 할 수 있다. 이러한 다양한 접근방식이 유용하지만 의제설정 이론의 궁극적 목표는 첫 번째 접근방식에 있다. 이는 지역사회와 국가전체에 매스커뮤니케이션과 여론의 작동에 대한 포괄적 시각을 제공한다.

3. 속성 의제설정

매스미디어의 의제설정 역할과 관련한 대부분의 논의에서 분석대상이 되는 단위는 개별 공중이슈이다. 하지만 의제설정 관점에서 분석해야 할 대상이 공중이슈에만 국한되는 것은 아니다. 정당 예비선거의 경우 사람들이 관심을 갖는 것은 정당의 후보자이다. 사람들의 주목을 위해 경쟁하는 다양한 대상에 관한 과정을 다루는 것이 바로 커뮤니케이션이다. 여기서 '대상'이란 사회심리학에서 이야기하는 태도에 대한 대상과 같은 의미를 가진다.

의제의 대상에 대한 논의를 넘어 생각해 볼 또 다른 수준의 의제설정이 있다. 개별의제는 수많은 속성을 포함한다. 이는 대상을 기술하는 성격, 특성 등을 말한다. 대상의 현저성이 변화하는 것과 마찬가지로 속성의 현저성도 변할 수 있다. 미디어가 수행하는 의제설정의 강력한 역할은 바로 주목할 대상과 대상을 설명하는 속성을 선택하는 것이다. 뉴스의제의 가장 중요한 부분은 저널리스트와 공중이 그 의제를 생각하고 이야기할 때 떠올리는 속성이다. 이러한 속성은 두 가지 차원을 갖는다. 하나는 대상을 기술하는 본질적 성격과 관련한 정보에 대한 인지적 구성요소이고, 또 하나는 미디어 의제와 공중의제의 특정 속성에 대한 부정적, 긍정적, 중립적 톤을 담은 정서적 구성요소이다. 뉴스의제의 특정 속성이 공중이 인식하는 의제의 속성에 영향을 미치는 과정을 2차적 수준의 의제설정이라고 부른다.

선거에서는 대상의제(후보자)와 속성의제(이미지)는 분명하게 구분될 수 있다. 1976년 대통령선거에서 민주당 예비선거에 대한 언론의 보도는 2차적 수준의 의제설정 효과의 사례를 보여준다. 11명의 민주당 경선후보의 어떤 속성을 언론에서 강조했는지가 경선결과에 중요한 영향력을 행사하며 속성의제설정을 했다는 연구결과가 제시되었다(Becker & McCombs, 1978). 후보자에 대한 유권자의 이미지에 미디어가 영향력을 행사했다는 결과는 스페인, 타이완, 미국 지방선거 등 다양한 선거를 배경으로 한 2차적 수준의 의제설정 연구에서 발견할 수 있다(McCombs, Lopez-Escobar, & Llamas, 2000; King, 1997; Kim & McCombs, 2007).

의제설정 이론의 중심개념인 현저성 역시 2차적 수준에서 검토될 수 있다. 공중이슈 또한 다른 대상과 마찬가지로 속성을 가졌다. 뉴스보도에서 이슈의 다른 속성을 강조함으로써 사람들이 어떻게 그 이슈를 생각하고 어떻게 이야기하게 하는가에 영향을 미칠 수 있다. 1993년 일본 총선거를 배경으로 한 연구에서는 정치개혁과 관련한 이슈의 1차적, 2차적 수준의 의제설정 효과가 발견되었다(Takeshita & Mikami, 1995). 유권자들이 뉴스미디어를 많이 이용할수록 정치개혁 이슈의 현저성이 높아졌고, 특히 뉴스미디어가 강조한 속성인 시스템 차원 정치개혁의 현저성이 높았다.

선거 이외의 상황에서도 지역신문이 경제상황의 어떤 측면을 강조하는가에 따라 사람들이 파악하는 이슈의 현저한 속성이 무엇인지가 달라졌다. 미국의 미네아폴리스를 배경으로 한 연구에서 지역 뉴스보도와 특정한 경제문제, 원인, 해결방안 등에 대한 수용자들이 파악하는 현저

성 사이에 밀접한 연관성이 발견되었다(Benton & Fraser, 1976). 인디애나의 환경이슈를 다룬 연구에서도 지역신문 보도에서 어떤 측면을 강조했는지의 여부와 수용자의 이슈에 대한 시각이 연결됨을 보여주었다(Cohen, 1975). 유엔의 1992년 리우데자네이루 환경회의를 앞둔 상황에서 일본 미디어의 지구촌 환경 이슈보도와 일본인들의 환경문제에 대한 인식은 밀접한 관련성이 있었다는 연구결과도 있다(Mikami et al., 1994).

속성의제 설정은 틀 짓기 이론과도 연결될 수 있다. 틀 짓기와 속성의제 설정은 커뮤니케이터의 시각에 주목하면서 수용자들이 일상 뉴스를 어떻게 이해하는지에 관심을 갖는다. 하지만 틀 짓기의 경우 다양한 개념을 포괄하기 때문에 이 두 접근은 중복되는 부분도 있고 전적으로 다른 부분도 있다. 중심 주제와 뉴스의 특정 부문이 무엇인가를 다루는 부분은 속성의제와 유사하다(McCombs, 2004).

특정 부문을 부각하는 측면을 보면 여성운동과 관련한 뉴스보도의 사례를 들 수 있다. 애슐리와 올슨(Ashley & Olson, 1998)은 여성운동 관련 뉴스보도의 틀을 분석한 결과 여성 관련 뉴스가 페미니스트들의 출현에 초점을 맞추고 여성운동의 목적은 다루지 않는다는 점을 지적했다. 속성의제 설정과 틀 짓기의 융합을 시도한 밀러 등은 (Miller et al., 1998) 1996년 미국 공화당 예비선거 보도 분석을 통해 28개의 틀을 구분해 냈다. 이들 연구자들은 주로 캠페인 과정 보도자료의 틀을 분류하는 데 초점을 맞추기는 했지만 후속 연구를 보면 보도자료의 속성의제 설정 효과가 뉴스보도에서 발견되었다(McCombs, 2004).

뉴스의 중심 주제를 다루면서 지배적 속성에

초점을 맞춘 틀 짓기 연구도 발견된다. 넬슨 등은(Nelson et al., 1997) 실험연구를 통해 KKK단의 시위와 관련하여 표현의 자유와 공공질서 유지라는 두 가지 뉴스 틀의 효과를 비교했다. 유사하게 맥클라우드와 디텐버(McLeod & Detenber, 1999)는 시민들의 시위에 대한 지지 여부를 변화시킨 뉴스보도를 이용한 실험연구를 통해 중심주제가 다른 뉴스의 효과를 측정했다. 이슈의 특정한 속성은 현저성을 부각시킬 수 있는 강력한 주장이 될 수 있기 때문에 틀 짓기와 의제설정은 연계성이 있다. 심리적 거리가 가까울 수 있는, 예를 들어 지역사회에서 발생하는 범죄에 대한 뉴스는 지역사회의 공적 이슈로 범죄문제의 현저성을 높일 수 있다는 점을 가넴은 지적했다(Ghanem, 1996). 경제분야의 경우 뉴스에서 이를 부정적으로 다룰 때 강력한 주장이 제기되어 선거에서 현저한 이슈로 부각된다는 점을 쉬퍼의 연구에서 발견할 수 있다(Sheafer, 2007).

프라이스와 튝스베리(Price & Tewksbury, 1997), 쇼이펠레(Scheufele, 2000)는 의제설정과 틀 짓기를 지식 활성화의 두 가지 측면인 접근성과 적용성에 기초하여 확연히 구분하여 이론화해야 한다는 점을 지적한다(Higgins, 1996). 이들은 의제설정은 접근성을, 틀 짓기 이론은 적용성을 토대로 구분한다. 일련의 연구자들은 이슈 속성의 접근성에 초점을 맞추어 신문을 많이 이용할수록 접근성이 높아진다는 점을 지적한다(Kim, Scheufele, Shanahan, 2002). 하지만 이들 연구에서 속성의제 설정효과의 결과는 발견되지 않았다. 최근 들어 미디어에서 제공하는 이슈에서 발견할 수 있는 속성의 현저성을 미디어 이용과 연결하여 진단하는 연구가 늘어났다. 밀러가

지적하듯이 "사람들의 판단에 변화를 가져오는 데 접근성이 중요하다는 가정은 도전받고 있고", 여전히 "뉴스 스토리의 콘텐츠가 의제설정의 가장 중요한 결정요소라는 점"이 중요하게 여겨진다. "사람들은 기억 속에 접근하기 쉬운 것에 단순히 의존하기보다는 뉴스 스토리의 콘텐츠에 주목한다"는 것이다(Miller, 2007).

4. 정향 욕구

공중의 관심대상이 되는 이슈의 정보원은 뉴스미디어만이 유일한 것은 아니다. 이슈는 눈에 띄는 이슈가 있을 수 있고 눈에 잘 띄지 않는 이슈가 있을 수 있다. 눈에 잘 띄는 이슈란 우리가 개인적으로 경험하는 것을 말한다. 예를 들어, 경제와 관련한 많은 부분은 매스미디어에 의존할 필요 없이 개인적으로 경험할 수 있다. 개인적 경험을 통해 휴일 지출하는 패턴과 자동차 기름값 인상 등에 대한 정보를 얻을 수 있다. 이러한 것들은 눈에 잘 띄는 이슈이다. 하지만 경제 이슈 중 개인적으로 이해하기 어려운 것도 있다. 무역수지 적자나 국가예산 불균형 등과 관련한 정보는 매스미디어를 통해 얻는다. 우리가 뉴스에서만 접할 수 있고 개인적으로 경험하기 어려운 이슈는 눈에 잘 띄지 않는 이슈이다. 어떤 이슈의 경우 눈에 잘 띌 수도 있고 그렇지 않을 수도 있다. 실업문제는 좋은 사례이다. 현실에서 실업을 경험하지 못한 사람들은 이를 눈에 잘 띄지 않는 이슈로 파악할 수 있다. 반면 일자리를 잃은 사람들이나 고용지원을 한 사람들에게 실업은 직접 경험하고 있는 눈에 잘 띄는 현실적 이슈이다.

의제설정 연구결과를 보면 그 효과가 눈에 잘 띄지 않는 이슈일 때 더 강하게 나타나며 직접 경험할 수 있는 이슈일 때는 효과가 없다는 점이 지적되었다. 개인적으로 경험할 수 있는 이슈인가의 여부에 따라 효과가 달라질 수 있다는 점을 보여주는 연구결과는 많다(Blood, 1981).

정향욕구(*need for orientation*)라는 개념은 단순히 이슈의 성격을 분류하는 것 이상으로 의제설정 효과 발생의 다양한 조건을 설명하는 데 유용하다. 이 개념은 심리학자 에드워드 톨만의 인지도(認知圖) 형성이론에 기초하고 있다. 톨만(Tolman, 1932, 1948)은 외부환경 검색을 원활히 하기 위해 사람들이 머릿속에 지도를 형성한다는 점을 제안했다. 그의 제안은 리프만의 의사(*pseudo*) 환경 개념과 유사하기도 하다. 정향욕구 개념은 이슈에 대한 단서와 주변정보를 얻으려는 욕구에 개인차가 있음을 시사한다.

정향욕구란 개인이 생활을 영위하기 위해 주변에 심리적, 육체적으로 적응하고자 하는 자연적 욕구이다. 개념적으로 볼 때 정향욕구는 2개의 하위차원의 개념인 적절성과 불확실성으로 구성된다(Weaver, 1977). 적절성은 개인이 특정이슈에 얼마나 관계가 있는지를 나타내는 것으로, 이슈를 초기에 정의하는 조건이다. 대부분의 사람들은 특히 공적 영역의 사안을 다루는 상황에서 정향욕구가 없는 경우가 많다. 왜냐하면 사람들은 이러한 이슈가 개인적으로 적절하지 않다고 보기 때문이다. 2002년 미국 대통령 선거에서 대부분의 시민들은 미국과 러시아와의 외교관계에 관심이 없었다. 대신 사회보장이나 미국 경제성장과 관련해서는 매우 높은 관심을 보였다. 개인에 대한 이슈의 적절성이 낮은 경우 정향욕구는 낮아지게 된다.

특정이슈가 매우 적절하다고 지각한 사람들에게는 불확실성의 정도 또한 중요한 요인이다. 이는 중요한 정향욕구의 두 번째 결정조건이다. 만약 이슈에 필요한 모든 정보를 사람들이 가지고 있다면 불확실성의 정도는 낮다. 적절성이 높고, 불확실성 정도가 낮으면 정향욕구는 중간 정도가 된다. 반면 적절성과 불확실성 정도가 모두 높을 때 정향욕구는 높게 된다. 예비선거와 같이 익숙하지 않은 많은 후보자들이 출마한 상황이 좋은 사례이다. 개인의 정향욕구가 높을수록 매스미디어 의제에 주목할 가능성이 높아지며, 미디어 의제 안의 대상과 속성의 현저성을 반영할 가능성이 높다.

정향욕구는 처음 실시된 채플힐 의제설정 연구에서 미디어 의제와 공중의제가 거의 일치했던 현상을 설명한다. 초기연구에서 정향욕구에 대한 설명은 없었지만 회고하면 채플힐에서 정향욕구가 높을 수 있는 투표 미결정자들에서 의제설정 효과가 높게 나타난 것을 보면 이 개념의 중요성을 알 수 있다.

때로 정향욕구를 충족시키는 것보다 이슈와 관련한 개인의 경험은 정보추구의 욕구를 발생시키고 매스미디어로부터 정보확인을 하게 한다(Noelle-Neumann, 1985). 이슈에 민감한 개인은 미디어 의제를 연구하는 데 능숙하게 된다.

종합적으로 볼 때, 정향욕구를 효과의 예측변인으로 활용한 의제설정 연구들은 효과가 발생한다는 점을 보여준다(Matthes, 2006). 하지만 개인적 수준의 분석에 초점을 맞춘 몇몇 연구들에서는 정향욕구가 중간 정도인 사람들에서 의제설정 효과가 잘 발생한다는 것을 보여주기도 한다(Matthes, 2006). 숀바흐와 위버(Schonbach &

Weaver, 1985)는 관심이 낮고 불확실성 정도가 높은 사람들(중간 정도의 정향욕구를 가진)에게서 의제설정 효과가 가장 높게 니타난다고 보고한 바 있다. 이와 같이 정향욕구와 관련해서 상이한 연구결과를 볼 때 이론적, 방법론적으로 다른 접근이 필요한 것으로 보인다(Matthes, 2006). 매슈스는 정향욕구의 경우 3가지 차원이 분석에 포함될 필요가 있다고 지적하면서 이슈에 대한 정향욕구, 사실에 대한 정향욕구, 저널리스트들의 평가에 대한 정향욕구 등으로 구분한다. 즉 뉴스미디어에 주목하는 동기에 대해서 더 주목할 필요가 있다는 것이다. 매슈스는 정향욕구를 예측하는 하위개념으로 적절성과 불확실성의 정도를 다룬다. 하지만 그가 제시하는 정향욕구는 3가지 사항을 추가적으로 고려하게 한다. 이슈 자체에 대한 정향욕구, 특정한 측면, 주제(배경정보나 구체적 사실을 알려고 하는 것을 포함)를 알려고 하는 정향욕구, 이슈에 대한 저널리스트의 의견이나 평가를 알려고 하는 정향욕구를 고려하는 것은 중요하다.

매슈스(Matthes, 2007)는 실업문제와 관련하여 패널 서베이와 미디어 보도 내용분석을 연결시킨 분석을 통해 위와 같은 정향욕구의 차원을 검증했다. 정향욕구와 이슈현저성에 대한 인식은 연관성이 발견되었고 2차적 수준의 의제설정 효과도 검증되었다. 하지만 정향욕구는 이슈속성의 현저성에 대한 것과는 관련성이 발견되지 않았다. 매슈스는 정향욕구는 정보추구 행위를 설명하는 데는 유용한 개념이지만 사람들이 추구하는 정보의 정서적 톤에는 영향을 미치지 못한다고 지적한다.

5. 의제설정 효과의 결과

1차적 수준의 의제설정 효과와 2차적 수준의 의제설정 효과의 차이는 공인과 뉴스에 대한 사람들의 의견에 미치는 의제설정의 결과와도 연결된다. 대상에 대한 미디어의 주목과 그에 대한 의견이 존재하는 것 사이에는 중요한 연결성이 발견된다. 선거기간 중 미디어는 주요 후보자에 주목하게 하고 이는 사람들로 하여금 그 후보자에 대해 견해를 형성하도록 만든다(Kiousis & McCombs, 2004). 태도와 의견에 미치는 1차적 수준의 의제설정 효과의 결과는 점화(priming)이고, 2차적 수준의 의제설정 효과의 결과는 속성 점화(attribute priming)이다. 선택적 주목은 점화의 심리학적 기초가 된다. 사람들은 판단할 때 가지고 있는 모든 정보에 기초하여 종합적 분석을 하기보다는 특별히 현저한 소량의 정보에 의존한다는 것이다.

"다른 것은 무시하고 특정한 것에 주목하게 함으로써, TV뉴스(다른 뉴스미디어 역시)는 정부, 대통령, 정책, 후보자들을 판단할 표준에 영향을 미친다"라고 아이엔가와 킨더는 지적했다(Iyengar & Kinder, 1987, p. 63). 점화효과 연구에서는 미디어가 특정한 이슈를 현저하게 보도함으로써 대통령의 직무수행을 평가하는 기준을 바꾸는 데 큰 영향력을 행사한다는 것을 보여주었다.

점화효과가 가장 강력하게 나타난 사례는 1986년 이란-콘트라 스캔들 보도에서 발견할 수 있다(Krosnick & Kinder, 1990). 미국 법무부 장관이 1986년 11월 25일 이란에 비밀리에 무기를 판매한 자금으로 니카라과의 정부 전복 단체에 불법적으로 지원한 문제를 제기한 후 뉴스미디어는 집중적으로 이 이슈를 보도했다. 이러한 집중보도는 대통령에 대한 여론의 변화에 중요한 역할을 한 것으로 나타났다.

2차적 수준의 의제설정을 볼 때 매스미디어에서 특정한 속성을 강조하는 것 역시 여론의 변화와 관련성이 있다. 특히 뉴스에 담긴 정서적 분위기와 여론 간에는 아주 밀접한 관계가 있다는 점이 독일, 미국을 배경으로 한 선거연구와, 미국 경제문제를 다룬 연구에서 발견되었다. 선거 상황에서 뉴스를 많이 이용하는 유권자의 경우 뉴스보도에서 강조된 속성이 후보자에 대한 이들의 견해를 예측하는 데 중요한 요인으로 나타났다(Kim & McCombs, 2007; Son & Weaver, 2006).

속성 의제설정 연구와 속성 점화연구들을 보면 사람들이 뉴스의 특정한 콘텐츠에 주목함으로써 세상에 대한 구체적인 상을 형성한다는 점을 보여준다. 이러한 결과는 의도적인 미디어의 설득으로부터 발생하는 것이 아니고, 몇 가지 주제와 속성에 초점을 맞출 수밖에 없는 미디어 의제의 제한성, 공중이 공적 사안에 주목할 수 있는 시간과 역량의 제한성으로부터 우연적으로 발생한 부산물이라고 할 수 있다.

6. 누가 미디어 의제를 결정하는가?

의제설정 효과의 사례에 주목하면서 1980년 대부터 연구자들은 누가 미디어 의제를 결정하는가에 관심을 가졌다. 특히 미디어 의제 형성에 영향을 주는 다양한 요인들이 검토되기 시작했다. 달리 말해 전통적 의제설정 연구가 미디어 의제를 독립변인으로 취급하여 공중의제에 영향을 미치는 인과관계를 보았다면, 1980년대 이후 미디어 의제를 종속변인으로 파악하는 연구도 진행되었다.

"양파의 껍질을 벗긴다"라는 은유는 매스미디어의 의제가 어디서부터 나오는지를 이해하는 데 도움이 된다. 단계적으로 한 껍질씩 인접한 껍질에 영향을 미치면서 궁극적으로 양파의 핵심에 영향을 미치는 것이 무엇인가를 살펴보는 것이다. 이러한 단계를 볼 때 미디어 의제에 영향을 미치는 요인은 사회 이데올로기부터 저널리스트 개인의 신념과 심리 등에 걸쳐 다양할 수 있다(Shoemaker & Reese, 1991).

이론적 측면에서 양파의 표면 부분에 놓인 요인은 주요 뉴스정보원이 누구인가의 문제이다. 정치인, 정부관리, 홍보담당자, 그리고 미국 대통령과 같은 개인이 주요 정보원이 된다. 예를 들면, 1970년에 리처드 닉슨 대통령이 연차 교서(State of the Union)에서 언급한 이슈 중 15개의 어젠다가 그 다음 달의 〈뉴욕타임스〉, 〈워싱턴 포스트〉와 3개의 전국 TV 네트워크의 커버를 장식했다. 대통령의 연설은 뉴스미디어의 주요 의제가 되지만 미디어가 대통령에 영향을 미친다는 점은 밝혀내기 쉽지 않다(McCombs, Gilbert, & Eyal, 1982). 20년간의 〈뉴욕타임스〉와 〈워싱턴포스트〉의 보도를 분석한 연구결과를 보면 거의 절반 가까운 뉴스가 보도자료와 정보원의 직접적인 정보제공에 의존함을 알 수 있다. 뉴스의 약 17.5%가 보도자료나 기자회견에 기초하여 작성되며 32%가 배경설명 자료를 이용했다(Sigal, 1973).

양파의 안쪽은 다양한 매스미디어가 상호작용하면서 서로 영향을 미치는 것으로 볼 수 있으며, 이는 미디어상호간의 의제설정 현상이라고

도 할 수 있다. 이러한 상호작용 속에서 저널리
즘의 사회적 규범과 전통을 강화하고 확인하는
작업이 펼쳐진다. 이러한 저널리즘의 가치와 수
행과정은 궁극적으로 미디어 의제를 만드는 기
본적 규칙에 영향을 미친다.

〈뉴욕타임스〉는 이와 같은 미디어상호간의
의제설정 과정에서 중요한 역할을 했다. 지역언
론을 통해 집중적으로 보도된 이슈라도 〈뉴욕타
임스〉의 1면에서 다루어질 때 비로소 미디어 의제
로 확산된다(Mazur, 1987; Ploughman, 1984).
1980년대 미국 사회의 마약 문제 역시 1985년 〈뉴
욕타임스〉가 집중보도함으로써 전국의 미디어 의
제로 확산되었다(Reese & Danielian, 1989). 신문
과 방송의 중견 뉴스편집자를 대상으로 한 실험
연구에서 AP 통신의 미디어상호간 의제설정효
과를 발견할 수 있다. 실험에 참여한 뉴스편집자
들이 선택한 뉴스와 AP통신에서 제공하는 뉴스
간에 밀접한 연관성이 나타났다(Whiteney &
Becker, 1982).

최근에는 웹사이트 미디어가 전통적인 미디
어 콘텐츠에 미치는 영향력도 진단하고 있다.
2000년 미국 대통령 선거기간 동안 후보들의
TV광고가 미디어 의제에 영향을 미치는 것과 유
사하게 새로운 웹사이트 캠페인이 전통적 뉴스
미디어 의제에 영향을 미쳤다는 연구결과가 제
시되었다(Ku, Kaid, & Pfau, 2003; Boyle, 2001).
한국에서는 온라인 뉴스미디어의 미디어상호간
의제설정 효과가 발생하는 것으로 나타났는데,
〈조선〉, 〈중앙〉, 〈동아일보〉와 같은 주요 신
문사의 온라인 뉴스가 통신사나 다른 신문사의
의제에 영향을 준다는 연구결과가 보고되었다
(Lim, 2006). 블로그가 전통적인 미디어 의제에
미치는 영향력 역시 최근의 연구에서 발견할 수

있다. 신문과 TV의 뉴스의 경우 공식적인 정보
원에 의존하는 경향이 많지만 주요 신문의 의견
란의 경우 블로그와 같은 새로운 미디어의 콘텐
츠에 영향을 받고 있다는 점이 지적되었다
(Schiffer, 2006).

7. 요 약

오래전 해럴드 라스웰(Lasswell, 1948)은 매
스커뮤니케이션의 역할을 크게 3가지로 제시했
다. 환경감시, 사회구성원의 합의 확보, 문화 전
수가 그것이다. 의제설정은 환경감시 기능의 중
요한 일부이다. 왜냐하면 의제설정은 주위 환경
에 대한 우리 머릿속의 상을 만드는 데 기여하기
때문이다. 1차적, 2차적 수준의 의제설정의 결
과로서 태도와 의견에 영향력을 미치기도 한다.

의제설정 과정은 사회구성원의 합의를 구하고
사회문화를 전수하는 부분에도 의미가 있다. 쇼
와 마틴(Shaw & Martin, 1992)의 연구에 따르면
미디어 이용 수준이 높은 집단은 그 집단의 인구
구성학적 속성의 유사성이 높다. 신문을 정기적
으로 읽는 집단은 그렇지 않는 집단과 비교할 때
이슈의제의 중요성에 대해 남녀 간에 차이가 나
타나지 않았다. 중요한 이슈를 선정하는 데 뉴스
미디어를 많이 이용하는 집단은 연령, 인종에서
발생할 수 있는 차이가 나타나지 않았다. 이러한
패턴은 대만, 스페인의 연구에서도 유사하게 발
견되었다(Chiang, 1995; Lopez-Escobar, Llamas,
& McCombs, 1998).

문화전수 역시 의제설정 과정과 연결될 수 있
다. 미디어는 정치, 캠페인의 구체적 문제를 제
시하는 것을 넘어, 정치와 선거에 대한 기본적인

시민의제를 제시함으로써 정치문화에 영향을 미친다. 공중의제에 대한 연구영역을 넘어서 문화의제로 그 폭을 넓히는 것은 향후 의제설정 이론을 확장시키면서 가능할 것으로 보인다. 의제설정의 문제는 여론과 사람들의 행동과 관련한 다양한 영역에서 발견된다.

참고문헌

Ashley, L., & Olson, B. (1998). Constructing reality: Print media's framing of the women's movement, 1966 to 1986, *Journalism & Mass Communication Quarterly*, 75, 263-277.

Becker, L., & McCombs, M. E. (1978). The role of the press in determining voter reaction to presidential primaries. *Human Communication Research*, 4, 301-307.

Benton, M., & Frazier, P. J. (1976). The agenda-setting function of the mass media at three levels of information-holding. *Communication Research*, 3, 261-274.

Blood, D., & Phillips, P. (1997). Economic headline news on the agenda: New approaches to understanding causes and effects. In M. McCombs, D. Shaw, & D. Weaver (Eds.), *Communication and democracy: Exploring the intellectual frontiers in agenda-setting theory* (pp. 97-114). Mahwah, NJ: Erlbaum.

Blood, R. W. (1981). *Unobtrusive issues in the agenda-setting role of the press.* Unpublished doctoral dissertation, Syracuse University, Syracuse, NY.

Boyle, T. P. (2001). Intermedia agenda setting in the 1996 presidential election. *Journalism and Mass Communication Quarterly*, 78, 26-44.

Brosius, H. B., & Kepplinger, H. M. (1990). The agenda-setting function of television news: Static and dynamic views. *Communication Research*, 17, 183-211.

Canel, M. J., Llamas, J. P., & Rey, F. (1996). El primer nivel del efecto agenda setting en la information local: Los "problemas mas importantes" de la ciudad de Pamplona [The first level agenda setting effect on local information: The "most important problems" of the city of Pamplona]. *Communicacion Sociedad*, 9, 17-38.

Chiang, C. (1995). *Bridging and closing the gap of our society: Social function of media agenda setting.* Unpublished master's thesis, University of Texas, Austin, TX. Cohen, D. (1975). A report on a non-election agenda-setting study. Paper presented to the Association for Education in Journalism, Ottawa, Canada.

Eaton, H. Jr. (1989). Agenda setting with bi-weekly data on content of three national media. *Journalism Quarterly*, 66, 942-948.

Funkhouser, G. R. (1973). The issues of the sixties. *Public Opinion Quarterly*, 37, 62-75.

Ghanem, S. (1996). *Media coverage of crime and public opinion: An exploration of the second level of agenda setting.* Unpublished doctoral dissertation, University of Texas, Austin.

Gross, K., & Aday, S. (2003). The scary world in your living room and neighborhood: Using local broadcast news, neighborhood crime raters, and personal experience to test agenda-setting and cultivation. *Journal of Communication*, 53, 411-426.

Hester, J. B., & Gibson, R. (2003). The economy and second-level agenda-setting: A time series analysis of economic news and public opinion about the economy. *Journalism and Mass Communication Quarterly*, 80, 73-90.

Higgins, E. T. (1996). Knowledge activation: Accessibility, applicability, and salience. In E. T Higgins & A. W. Kruglanski(Eds.), *Social psychology: Handbook of basic principles*(pp. 133- 168). New York: Guilford.

Holbrook, R. A., & Hill, T. G. (2005). Agenda-setting and priming in prime time television: Crime dramas as political cues. *Political Communication*, 22, 277-295.

Iyengar, S., & Kinder, D. R. (1987). *News that matters: Television and American Opinion.* Chicago: University of Chicago Press.

Kepplinger, H. M., Donsbach, W., Brosius, H. B., & Staab, J. F. (1989). Media tone and public opinion: A longitudinal study of media coverage and public opinion on Chancellor Helmut Kohl. *International Journal of Public Opinion Research*, I, 326-342.

Kim, K., & McCombs, M. (2007). News story descriptions and the public's opinions of political candidates. *Journalism and Mass Communication Quarterly*, 84, 299-314.

Kim, S. H., Scheufele, D. A., & Shanahan, J. (2002). Think about it this way: Attribute agenda-setting function of the press and the public's evaluation of a local issue. *Journalism & Mass Communication Quarterly*, 79, 725.

King, P. (1997). The press, candidate images and voter perceptions. In M. E. McCombs, D. L. Shaw and D. Weaver(Eds.), *Communication and Democracy: Exploring the Intellectual Frontiers in Agenda Setting*(pp. 29-40). Mahwah, NJ: Erlbaum.

Kiousis, S., & McCombs, M. (2004). Agenda-setting effects and attitude strength: Political figures during the 1996 presidential election. *Communication Research*, 31, 36-57.

Klapper, J. (1960). *The Effects of Mass Communication.* Glencoe, IL: Free Press.

Krosnick, J., & Kinder D. R. (1990). Altering the foundations of support for the president through priming. *American Political Science Review*, 84, 497-512.

Ku, G., Kaid, L. L., & Pfau, M. (2003). The impact of web site campaigning on traditional news media and public information processing. *Journalism and Mass Communication Quarterly*, 80, 528-547.

Lasswell, H. (1948). The structure and function of communication in society. In L. Bryson(Ed.), *The Communication of Ideas*(pp. 37-51). New York: Institute for Religious and Social Studies.

Lararsfeld, P., Berelson, B., & Gaudet, H. (1944). *The people's choice.* New York: Columbia University Press.

Lennon, F. R. (1998). Argentina: 1997 electiones. Los diarios nacionales y la campana electoral [The 1997 Argentina election. The national dailies and the electoral campaign]. Report by The Freedom Forum and Austral University.

Lim, J. (2006). A cross-lagged analysis of agenda setting among online news media. *Journalism and Mass Communication Quarterly*, 83, 298-312.

Lippmann, W. (1922). *Public opinion*. New York: Macmillan.

Lopez-Escobar, E., Llamas, J. P., & McCombs, M. E. (1998). Agenda setting and community consensus: First and second level effects. *International Journal of Public Opinion Research*, 10, 335-348.

Matthes, J. (2006). The need for orientation towards news media: revising and validating a classic concept. *International Journal of Public Opinion Research*, 18, 422-444.

Matthes, J. (2007). The need for orientation in agenda setting theory: testing its impact in a two-wave panel study. Presented to the ICA, San Francisco, CA.

Mazur, A. (1987). Putting radon on the public risk agenda. *Science, Technology and Human Values*, 12, 86-93.

McCombs, M. E. (2004). *Setting the Agenda: The Mass Media and Public Opinion*. Cambridge, England: Blackwell Polity Press.

McCombs, M. E., Gilbert, S., & Eyal, C. H. (1982). The State of the Union address and the press agenda: A replication. Presented to the ICA, Boston, MA.

McCombs, M. E., Lopez-Escobar, E., & Llamas, J. P. (2000). Setting the agenda of attributes in the 1996 Spanish general election. *Journal of Communication*, 50, 77-92.

McCombs, M. E., & Shaw, D. L. (1972). The agenda-setting function of mass media. *Public Opinion Quarterly*, 36, 176-187.

McLeod, D., &Detenber, B. (1999). Framing effects of television news coverage of social protest. *Journal of Communication*, 49(3), 3-23.

Mikami, S., Takeshita, T, Nakada, M., & Kawabata, M. (1994). *The media coverage and public awareness of environmental issues in Japan*. Paper presented to the International Association for Mass Communication Research, Seoul, Korea.

Miller, J. M. (2007). Examining the mediators of agenda setting: A new experimental paradigm reveals the role of emotions. *Political Psychology*, 28, 689-717.

Miller, M. M., Andsager, J. L., & Riechert, B. P. (1998). Framing the candidates in presidential primaries: Issues and images in press releases and news coverage. *Journalism and Mass Communication Quarterly*, 75(2), 312-324.

Nelson, T. E., Clawson, R. A., & Oxley, Z. M. (1997). Media framing of a civil liberties conflict and its effect on tolerance. *American Political Science Review*, 91, 567-583.

Noelle-Neumann, E. (1985). The spiral of silence: A response. In K. Sanders, L. L. Kaid, & D. Nimmo(Eds.), *Political Communication Yearbook 1984*(pp. 66-94). Carbondale: Southern Illinois University Press.

Peter, J. (2003). Country characteristics as contingent conditions of agenda setting: The moderating influence of polarized elite opinion. *Communication Research*, 30, 683-712.

Ploughman, P. (1984). *The creation of newsworthy events: An analysis of newspaper coverage of the man-made disaster at Love Canal.* Unpublished doctoral dissertation, State University of New York at Buffalo, Buffalo.

Price, V., & Tewksbury, D. (1997). News values and public opinion: A theoretical account of media priming and framing. In G. A. Barnett and F. J. Boster (Eds.), *Progress in communication sciences: Advances in persuasion* (pp. 173-212). Greenwich, CT: Ablex.

Reese, S. D., & Danielian, L. (1989). Intermedia influence and the drug issue: Converging on cocaine. In P. Shoemaker (Ed.), *Communication Campaigns about Drugs* (pp. 29-46). Hillsdale, NJ: Erlbaum.

Scheufele, D. A. (2000). Agenda-setting, priming, and framing revisited: Another look at cognitive effects of political communication. *Mass Communication and Society*, 3, 297-316.

Schiffer, A. J. (2006). Blogswarms and press norms: News coverage of the Downing Street memo controversy. *Journalism and Mass Communication Quarterly*, 83, 494-510.

Schonbach, K., & Weaver, D. H. (1985). Finding the unexpected: Cognitive building in a political campaign. In S. Kraus & R. M. Perloff (Eds.), *Mass media and political thought: An information-processing approach* (pp. 157-176). Beverly Hills, CA: Sage.

Shaw, D. L., & Martin, S. (1992). The function of mass media agenda setting. *Journalism Quarterly*, 69, 902-920.

Shaw, D. L., & McCombs, M. E., Eds. (1977). *The Emergence of American Political Issues.* St. Paul, MN: West.

Shaw, D. R. (1999). The impact of news media favorability and candidate events in presidential campaigns. *Political Communication*, 16, 183-202.

Sheafer, T. (2007). How to evaluate it: The role of story-evaluative tone in agenda setting and priming. *Journal of Communication*, 57, 21-39.

Shoemaker, P., & Reese, S. D. (1991). *Mediating the message: Theories of influences on mass media content.* New York: Longman.

Sigal, L. (1973). *Reporters and officials: The organization and politics of newsmaking.* Lexington, MA: D. C. Heath. 16

Son, Y. J., & Weaver, D. (2006). Another look at what moves public opinion: Media agenda setting and polls in the 2000 U. S. election. *International Journal of Public Opinion Research*, 18.

Takeshita, T., & Mikami, S. (1995). How did mass media influence the voters' choice in the 1993 general election in Japan? *Keio Communication Review*, 17.

Tolman, E. C. (1932). *Purposive behavior in animals and men.* N. Y.: Appleton-Century-Crofts.

Tolman, E. C. (1948). Cognitive maps in rats and men. *Psychological Review*, 55, 189-208.

Wang, T. L. (2000). Agenda-setting online: An experiment testing the effects of hyperlinks in online newspapers. *Southwestern Mass Communication Journal*, 15 (2), 59-70.

Wanta, W., & Ghanem, S. (2000). Effects of agenda-setting. In J. Bryant & R. Carveth (Eds.), *Meta-analysis of media effects.* Mahwah, NJ: Erlbaum.

Weaver, D. (1977). Political issues and voter need for orientation. In D. Shaw and M. McCombs

(Eds.), *The emergence of American political issues* (pp. 107-119). St. Paul, MN: West.

Weaver, D., Graber, D. A., McCombs, M. E., & Eyal, C. H. (1981). *Media agenda-setting in a presidential election: Issues, images, and interest.* New York: Praeger.

Whitney, D. C, & Becker, L. (1982). "Keeping the gates" for gatekeepers: The effects of wire news. *Journalism Quarterly*, 59, 60-65.

Winter, J. P., & Eyal, C. H. (1981). Agenda-setting for the civil rights issue. *Public Opinion Quarterly*, 45, 376-383.

Zucker, H. G. (1978). The variable nature of news media influence. In B. D. Ruben (Ed.), *Communication yearbook 2* (pp. 225-240). New Brunswick, NJ: Transaction Books.

뉴스 프레이밍 이론과 연구

데이비드 튝스베리(David Tewksbury, 일리노이 대학)
디트램 쇼이펠레(Dietram A. Scheufele, 위스콘신 대학)

예술가들은 그림 주위를 둘러싼 프레임이 그림 자체에 대한 관람자들의 해석과 반응에 어떻게 영향을 미치는지를 잘 안다. 따라서 예술가는 자신의 작품이 어떻게 전시되는지에 큰 관심을 갖고 원하는 이미지를 제대로 형성할 수 있는 프레임을 선택한다. 저널리스트는 정치적 세계를 어떻게 묘사할 것인지를 결정할 때 잠재의식적으로 이와 동일한 과정을 거쳐 기사를 작성한다. 언론인들은 수용자들이 이슈와 정책을 해석하고 평가하는 방법에 영향을 미치는 힘을 가진 이미지와 어휘를 선택한다. 그런데 이러한 단순한 추론은 뉴스에서의 프레이밍(*framing*) 과정과 효과의 복잡성을 올바로 반영하지 못한다. 커뮤니케이션 분야에서 프레이밍은 개념적으로 다양하게 정의되는 만큼 조작상의 불일치라는 특징이 있다(Tweksbury & Scheufele, 2007). 이러한 조작상의 불일치는 프레이밍 연구자들이 이론을 귀납적으로 접근하고 이론적 전제와 연구의 조작적 함의에 대한 면밀한 설명 없이 현상

으로서 프레이밍을 검증한 것에서 기인한다.

이 장은 세 가지 단계에서의 프레이밍 연구를 개괄적으로 고찰하려 한다. 첫 번째 단계에서는 심리학, 경제학, 사회학, 커뮤니케이션학에서 프레이밍의 이론적 기초를 검토한다. 이러한 이론적 기초를 토대로 프레이밍 효과를 설명하는 인지과정과 메커니즘을 상세히 설명한다. 또한 미디어 효과에 관한 다른 모델들로부터 프레이밍 효과를 구분할 것이다. 마지막으로 이 장에서 뉴스의 프레이밍 효과 영역에서 이루어질 미래의 연구의제를 개략적으로 검토하고 프레이밍 연구에서 해결되지 않은 이슈들을 논의한다.

1. 프레이밍의 이론적 기초

프레이밍 이론은 다양한 학문적 전통에 뿌리를 두며, 많은 학자들은 프레이밍을 상이한 분석 수준에서 하나의 개념으로 정의했다(Scheufele,

1999). 특히 프레이밍에 대한 다양한 접근법은 학문적 기원(심리학적 접근법, 사회학적 접근법)과 설명 모델(적용성 모델, 기타 효과 모델)이라는 두 가지 뚜렷한 차원에서 구별할 수 있다.

1) 학문적 기원

프레이밍의 학문적 기원은 미시적 수준인 심리학적 접근과 보다 거시적 수준인 사회학적 접근으로까지 거슬러 올라간다.

(1) 사회학적 기원

프레이밍에 대한 보다 거시적 수준 혹은 "사회학적" 접근은 팬과 코시키(Pan & Kosicki, 1993)가 칭했던 것처럼 귀인이론(attribution theory)과 프레임 분석에서 대략 윤곽이 그려진 가정들을 상당부분 채택했다. 하이더(Heider, 1959)의 연구는 인간은 인과적 귀인 판단에 관한 사회적 지각의 수준을 줄임으로써 일상생활의 복잡한 정보를 처리한다는 것을 보여줬다. 기하학적 형상의 추상적 움직임을 담은 영화에 노출된 실험참가자 대부분은 이러한 움직임을 특별히 중요한 동기를 가진 인간의 행동으로 해석했다. 이러한 연구를 토대로 하이더(1959)는 귀인을 관찰된 행동과 잠재적 원인 사이에 지각된 연결이라고 정의했다. 관찰된 행동의 책임은 개인적 요인 혹은 사회적·환경적 요인에서 기인한다고 추정될 수 있다. 책임에 관한 사회적 귀인과 개인적 귀인 사이의 구분은 정치뉴스의 일화적·주제적 프레이밍과 책임 귀인 문제를 다룬 아옌거(Iyengar, 1991)의 연구에 그대로 반영되었다.

프레이밍에 대한 사회학적 접근의 지적 전통의 근원이 되는 연구는 고프만(Goffman, 1974)의 준거 틀(frames of reference)에 관한 연구이다. 개인은 단순한 인과성의 귀인보다는 "기본 틀"(primary framework)(Goffman, 1974)로 불리는 보다 광범위한 해석 스키마에 의존한다는 것이다. 이와 같은 근원적 뼈대는 상대적으로 안정적이고, 종종 인간이 새로운 정보를 분류하기 위해 사용하는 사회적으로 공유된 범주체계로 묘사된다. 이러한 의미에서 "근본적 범주"(radical category)의 개념과 유사하고 인지언어학의 구성개념과 관련이 있다(예: Lakoff, 1996).

커뮤니케이션 연구에서 기본 틀의 관련성은 두 가지 측면을 띤다. 첫째, 기본 틀은 사회적으로 구성된 범주체계로서 시민들의 정보 처리과정을 위한 중요한 도구로 기능한다. 둘째, 사회적·미디어 담론은 수용자 해석에 영향을 미치기 위해 종종 특정한 기본 틀로 치장된다. 혹은 에델만(Edelman, 1993)이 그랬던 것처럼 "사회적 세계는… 잠재적 세계를 비추는 만화경으로, 관찰이 틀지어지고 범주화되는 방법을 변경시킴으로써 손쉽게 다양한 모습으로 재현될 수 있다"(Edelman, 1993, p. 232).

(2) 심리학적 기원

프레이밍의 심리학적 기원은 "준거틀"에 관한 연구와 전망이론(prospect theory)(Kahneman, 2003; Kahneman & Tversky, 1979)에 요약되어 있다. 셰리프(Sherif, 1967)는 실험연구에서 모든 개인의 판단과 지각은 특정한 준거틀 내에서 발생한다는 것을 보여줬다. 그러므로 "칭찬하거나 평가하는 사회적 상황으로 상황을 설정하는 것은 개인의 지각과 판단에 반영될 수 있다"(Sherif, 1967, p. 382).

카네만과 트버스키(Kahneman & Tversky,

1979) 의 노벨상 수상작(1979, 1984) 은 이러한 아이디어를 확장시켰으며, 모든 "지각은 준거에 의존적이다"(Kahneman, 2003) 라고 주장했다. 준거 의존성 개념은 정보의 특정 조각은 개인이 적용하는 해석 스키마에 의존적이므로 서로 다르게 해석될 수 있다고 가정한다. 하지만 더 중요한 것은 동일한 메시지에 관한 다른 프레이밍은 상이한 해석 스키마를 끄집어낼 수 있다는 점이다(Scheufele, 2008). 예를 들어, "문자의 맥락에서는 문자로 지각된 모호한 자극이 숫자의 맥락에서는 숫자로 간주될 수 있다"(Kahneman, 2003). 카네만의 실험연구는 경제적 그리고 위험 관련 선택에 관한 프레이밍의 영향에 주로 관심이 모아졌지만, 커뮤니케이션 연구를 위한 함의는 분명하다.

2) 설명 모델: 적용성 과정으로서의 프레이밍

이론적 토대에도 불구하고 프레이밍 연구는 뉴스프레임이 수용자에게 이슈 혹은 사건을 해석할 수 있는 방법을 제안하는 기능을 수행한다고 주장한다. 사실 뉴스프레임은 시민의 신념, 태도, 행동에 실질적인 영향을 행사할 수 있다. 그러므로 뉴스프레임이 뉴스소비와 뉴스 처리과정에서 결과로 발생하는 다른 과정들과 관련 있는 것으로 나타나는 게 놀랄 만한 일은 아니다. 프레이밍 효과와 유사하거나 프레이밍과 함께 발생하는 다른 과정과 효과에는 세 가지(정보효과, 설득효과, 의제설정효과) 가 있다. 프레이밍 효과로부터 이들을 구분하는 것은 모든 과정이 어떻게 작동하는지 이해하는 데 도움이 된다.

(1) 정보효과

정치적 이슈와 사건에 관한 뉴스기사는 정보와 프레임 두 가지 모두를 담고 있다. 연구자들이 직면하는 한 가지 문제는 이러한 두 가지 뉴스기사 요소와 이들의 효과를 어떻게 구분하는가이다. 갬슨과 모디글리아니는 프레이밍 과정에 대해 논의할 때, 엘리트와 미디어가 이슈를 특징짓기 위해 사용하는 패키지에 대해 설명했다. 이러한 패키지들은 주장, 정보, 상징, 은유, 이미지로 구성된다(Gamson & Modigliani, 1987). 패키지는 사람들이 문제나 이슈를 이해하고, 해석하고, 반응하는 방식에 영향을 미칠 수 있다. 이슈 패키지는 특정프레임을 갖는데 이는 "사건의 드러난 측면에 의미를 부여하는 중심적인 조직화 개념이나 줄거리"(1987) 이다. 패키지의 또 다른 요소는 패키지가 제공하는 이슈에 관한 정보이다. 이러한 정보는 문제, 비용, 함의 등으로 영향받는 사람들에 관한 세세한 것일 수 있으며, 이슈와 이슈의 처리에 관한 수용자 구성원의 신념에 영향을 미칠 수 있다. 프레임은 정보를 수용자에게 영향을 미치는 패키지로 통합하는 그 무엇이다.

프레임은 개념들 사이의 연관성을 구축하는 장치이며, 뉴스기사에서 정보는 연결고리를 공고히 할 수 있지만 연관을 구축하는 프레임에 종속적이다. 이슈와 이슈의 프레임이 기사를 읽는 수용자에게 상대적으로 새로운 것이라면, 이슈에 관한 정보의 제시(예: 사실, 그림, 이미지) 는 프레임이 묘사하는 연결고리를 위한 토대 형성에 기여할 수 있다. 하지만 수용자 자신이 이미 가용한 프레임을 가졌다면 뉴스기사에서 프레임을 단순히 제시하는 것만으로는 효과를 발휘할 수 없다. 실제 프레이밍에 관한 문화적 접근

그리고 일반상식 두 가지 모두는 프레임 효과가 뉴스 효과에서 숨김없이 받아들여진 연관 때문만은 아니라고 제안한다. 오히려 아주 효과적인 프레임은 어떤 텍스트 내에서 프레임에 의미를 부여하기 위해 뒷받침하는 주장을 필요로 하지 않는다. 프레임 효과는 문화에 기초한 의미, 규범, 가치에 의존할 수 있다.

대부분의 강력한 프레임은 사람들로 하여금 이슈에 대해 특정한 방식으로 생각하게 한다. 사이먼과 제릿(Simon & Jerit, 2007)은 절차의 목적을 묘사하기 위해 '태아' 혹은 '갓난아이'라는 용어를 사용한 낙태절차에 관한 뉴스기사의 효과를 검증한 최근의 실험연구에서 프레임이 어떻게 효과적으로 작용하는지를 보여줬다. 기사의 다른 내용에는 차이가 없었다. "갓난아이"라는 용어를 사용한 기사를 읽은 수용자가 다른 독자들보다 낙태절차 규제를 유의미하게 더 지지했다는 것은 이러한 용어에 관한 미국의 문화적 규범에서는 놀랄 만한 일이 아니다. 실제로 용어가 동일한 빈도로 등장한 기사의 세 번째 버전을 읽은 실험 참가자는 "갓난아이"라는 용어를 사용한 기사를 읽은 독자와 같은 정도의 지지 수준을 보였다(Simon & Jerit, 2007). 따라서 어떤 상황에서는 단 하나의 용어가 수용자의 인식과 태도에 영향을 미치는 게 가능한데 이러한 결론에 대해 정치학자들도 아마도 동의할 것이다(예: Edelman, 1964).

요약하자면 정보효과는 어떤 이슈 그리고 이슈 맥락에 관한 신념과 인상을 획득하는 과정에서 나타나는 결과이다. 관용구, 이미지 혹은 문장이 이슈에 관한 특정한 의미나 해석을 연상시킬 때 프레이밍 효과가 발생한다. 프레임은 이슈와 특정신념을 연결시키는데, 특정신념은 이슈의 기원, 이슈가 담고 있는 함의, 이슈의 처리를 해석하기 위한 개념을 이슈와 함께 전달한다. 뉴스 기사는 프레이밍 효과와 정보 효과 둘 모두를 가질 가능성이 매우 높지만, 사이먼과 제릿의 연구가 설명했듯이 어느 한쪽의 효과만을 가질 것이다.

(2) 설득효과

표면적으로 프레이밍은 기본적 설득과정을 특징짓는 많은 요소들을 포함한다(Hovland, Janis, & Kelly, 1953). 프레이밍과 설득은 예측 가능한 방향으로 태도에 영향을 줄 수 있는 내용 표현에 관심을 갖는다. 프레이밍 연구는 설득연구에서 규범적인 관심사인 정보원의 조절효과를 검증했다(Druckman, 2001). 프레이밍 효과 연구와 메시지 효과에 관한 실험연구는 2차 세계대전 기간 중의 일련의 실험연구에 힘입었다. 그러나 많은 점에서 이들 효과는 서로 다르다(예를 들어 Nelson, Oxley, & Clawson, 1997의 연구 참조).

첫 번째는 기술하고자 하는 기본과정이다. 설득이론은 메시지의 기원 및 진화에 관심을 기울이지 않는다. 하지만 프레이밍 이론은 프레임의 기원, 진화, 표현, 효과를 모두 다룬다. 게다가 설득연구는 의도를 자각할 것으로 예상되는 수용자에게 설득내용을 의도적으로 제시하는 것도 포함한다. 뉴스에 나타난 프레임은 인물이나 다른 정치적 대상에 관한 언론인의 묘사—이슈에 포함된 사건요소의 선택, 이슈를 명명하기 위해 사용된 용어, 그리고 그 이상의 것—라는 형식을 취할 수 있다. 프레이밍 문헌은 뉴스프레임의 수용자는 프레임의 존재 그리고 이러한 프레임이 발휘하는 영향을 때때로 깨닫지 못한다고 주장한다(예: Tweksbury et al., 2000). 결과적으로 설득과 프레임 수용자가 경험하는 메시지 처리 과정은 아주 상이할 수 있다.

설득효과와 프레이밍 효과연구들이 전혀 다른 결과에 관심을 갖는다는 사실이 어쩌면 똑같이 중요한 것일 수 있다. 이들 접근법은 종속변인으로서 인지적 반응에 대한 관심을 공유한다. 하지만 설득연구는 설득 메시지의 수용지표로서의 인지적 반응에 관심을 갖지만, 프레이밍 효과는 수용자의 이슈 해석을 드러내는 인지적 반응에 관심이 있다(예: Price, Tewksbury, & Powers, 1997). 설득효과는 정보효과와 매우 유사하게 사람들이 이슈에 대해 무엇을 알고 있는지 혹은 무엇을 믿는지에서 가시화될 수 있다(Nelson, Oxley, & Clawson, 1997). 프레이밍 효과는 사람들이 어떤 이슈와 관련하여 무엇을 중요하게 생각하는지 혹은 이슈를 이해하는 데 무엇이 가장 관련이 깊은지에서 잘 나타난다(예: Kinder & Sanders, 1990). 두 과정 사이에 가장 분명한 구별은 프레이밍 효과가 태도효과로 정의되지 않고 해석효과로 정의된다는 데 있다(예: Tewksbury et al., 2000). 몇몇 연구들만이 이슈에 대한 태도 혹은 프레임의 효과로서 이슈의 해결책을 검증했지만, 효과의 주된 관심을 이슈에 대한 해석에 초점을 맞추는 연구들이 증가했다(예: Brewer, 2002; Shah, Kwak, Schmierbach, & Zubric, 2004; Shen, 2004).

(3) 의제설정 효과

프레이밍 효과는 매우 명확하지만 표면적으로는 어떤 관심이 모아진 관계인 의제설정 효과와 유사하다(예: McCombs, 2004; Scheufele & Tewksbury, 2007). 의제설정은 수용자가 이슈에 노출됨으로써 해당 이슈에 대한 접근성을 유발하는 과정이다(Price & Tewksbury, 1997). 사람들은 국가가 당면한 이슈를 고려할 때, 뉴스에서 주목받은 이슈를 기억해낼 수 있으며, 가장 높은 관심을 받은 이슈를 가장 중요한 이슈라고 지각할 수 있다. 지난 10년간의 많은 연구들은 프레이밍 효과는 지각된 이슈의 중요성 효과 이후에 발생하는 2차적 수준의 의제설정일 것이라고 말한다(McCombs, 2004). 즉, 의제설정 모델은 이슈 중요성, 그리고 이슈가 이해되는 방법 두 가지 모두와 관련하여 뉴스 메시지가 지각에 어떻게 영향을 미치는지를 기술하기 위해 채택되었다. 연구결과들을 종합하면 의제설정과 프레이밍이 서로 구별되는 과정을 묘사하는 것인지에 대해서는 부분적으로 의견이 일치하지 않았다. 이러한 불일치는 효과가 발생하는 기본적인 심리적 과정을 고찰해야만 비로소 해결될 수 있다.

프라이스와 튝스베리(Price & Tewksbury, 1997), 넬슨 등(Nelson, Clawson, & Oxley, 1997)은 접근성 효과는 이슈의 의미, 원인, 함의, 혹은 처리가 틀지어지는 프레이밍 과정과는 구별된다고 말한다. 그들은 프레임의 1차적 효과는 이슈에 적용할 수 있는 특정정보, 이미지, 혹은 개념을 전하는 것이라고 주장한다. 그러므로 심리적 측면에서 의제설정과 프레이밍의 차이는 접근성(accessibility)과 적용성(applicability)의 구분에 있다. 이들의 차이를 구별하는 최선의 방법은 일상의 정보처리 과정에서 잘 어울려 진행되는 접근성과 적용성을 인식하는 것이다.

심리학 연구에서 점화효과를 설명하는 기본 모델의 토대는 적용성과 접근성 사이의 명확한 연계이다(Higgins, 1996). 개념의 접근성이 높을수록, 해당 개념이 어떤 정치적 이슈를 해석하는 데 사용될 가능성은 더욱 커진다. 그리고 자연스럽게 접근할 수 있고 적용할 수 있는 개념이 사용될 가능성이 매우 높다(이들 접근성의 관계가 부가적인 상호작용을 일으킬 수 있다). 예를 들면, 히긴스 등(Higgins et al., 1977)은 이슈에 대한 접근은 가능하지만 적용할 수 없는 개념은 인물에 대한 애매모호한 정보를 해석하는 데 사용될 수 없다는 것을 설명했다. 따라서 프레이밍을 적용성 혹은 접근성 효과로 개념화하는 것은 강조와 명명법 가운데 하나이다. 결국 문제의 일부분은 연구분야가 프레이밍 효과를 어떻게 명명하고 분류하기를 원하는가로 요약할 수 있다.

어떤 연구들은 접근성 혹은 적용성 과정의 입장에서 프레이밍 효과를 검증했다. 예를 들어, 넬슨 등(Nelson, Oxley, & Clawson, 1997)은 대안 뉴스프레임이 이슈와 관련하여 경쟁관계에 있는 가치들의 우선순위를 어떻게 정하는지에 영향을 미치고, 이러한 효과가 가치의 접근성과는 독립적이라는 것을 밝혔다. 이들은 프레임은 접근성 증가에 의해서가 아니라 개념 사이에 연상을 구축함으로써 작동한다고 주장했다. 브루어 등(Brewer, Graf, & Willnat, 2003)은 여러 국가와 다른 개념들 사이의 구체적 연상을 제안하는 뉴스에 노출된 수용자는 해당 국가에 관한 그들의 지각과 의견의 연상에 의존적이라고 보고했다. 이들은 잠재적으로 관련된 개념의 접근성을 단순하게 제기하는 정보점화는 수용자의 판단에서 이러한 개념들을 사용하도록 활성화시키는 데 실패했다는 것을 관찰했다. 따라서 프레이밍 효과를 이해하는 데 적용성 제일주의를 보여주는 직접적 증거도 일부 있다.

적잖게 문제되는 것이 명칭과 해석에 관한 논의이다. 프레이밍 과정을 분류하는 방식은 프레임이 그들만의 효과를 갖는 조건적 상황을 개념화시키는 방식에 영향을 미친다. 프레임을 적용성 효과를 생성하는 것으로 간주하면 수용자에게 제시되는 개념과 해석이 어떻게 연계되는가에 초점이 모아진다. 즉, 적용성 해석은 연구자들이 뉴스내용이 묘사자와 고려대상, 그리고 이슈와 정책 사이의 연계 강도를 어떻게 구축하는지에 주목하도록 만든다. 다른 조건이 같다면 연계에 대한 주장이 강할수록, 프레이밍 효과는 더 강해야만 한다(Chong & Druckman, 2007). 한편 접근성 강조는 연구자들이 프레이밍 효과의 가장 중요한 원인으로서 개념과 이슈 사이의 연상 반복을 살펴야 한다고 제안할 수 있다(예: Kim & Scheufele, & Shanahan, 2002). 이러한 두 가지 접근법은 효과의 원인이어야만 하는 뉴스의 특징과 프레이밍 효과를 검증하기 위한 연구설계 실행에서 차이가 있다는 것을 시사한다.

요약하면 정보, 설득, 의제설정, 프레이밍 효과 사이의 관계를 고찰하는 최선의 방법은 이들 4가지 효과 모두가 뉴스 메시지에 노출된 결과일 수 있다는 점을 관찰하는 것이다. 이들은 서로 전혀 별개의 과정이고 서로 협력하여 작용함으로써 뉴스노출의 궁극적 결과를 결정할 가능성이 높다(Nelson & Oxley, 1999). 이들 사이의 구분은 학자들 사이에서 타당한 것으로 인정받지만 여전히 연구대상이다. 특정 연구전통은 관련 있는 다른 연구전통을 무시하는 일이 빈번하다. 우리가 동시에 복합적인 과정을 검증한다면 메시지의 영향 혹은 메시지의 종류에 대해 더욱 많은 것을 알 수 있다.

2. 커뮤니케이션 연구에서의 프레이밍

커뮤니케이션 연구에서 가장 안타까운 현상은 프레이밍에 대한 명확한 개념 정의가 이루어지지 않았으며 여전히 정의하기 어려운 개념이라는 점이다. 프레이밍 연구에 대한 접근은 프레이밍을 종속변인으로 간주하는 연구와 독립변인으로 고려하는 연구의 두 가지로 체계적으로 분류할 수 있다. 프레이밍을 종속변인으로 삼는 연구는 주로 "프레임 구축"(frame building)을 다룬다. 즉, 프레임이 사회적 담론에서 어떻게 성립되고 상이한 프레임이 사회 엘리트와 저널리스트에 의해 어떻게 채택되는지에 관심을 둔다. 프레이밍을 독립변인으로 삼는 연구는 대부분 프레임이 수용자에게 미치는 효과, 즉 "프레임 설정"(frame setting)에 관심이 있다(Scheufele, 1999).

1) 프레임 구축

프레임 구축은 적어도 3가지의 관련된 영역(저널리즘 규범, 정치적 행위체, 문화적 맥락)에서 프레임 생성 및 프레임에 관한 사회적 타협을 다룬다. 이 영역에서의 연구는 프레이밍 연구의 사회학적 토대에 기초하며, 미디어 프레임은 "프레임 경쟁"(frame contest) 부분으로서 시민들 사이에 토론의 조건을 설정하는 데 도움을 줄 수 있다. 이러한 경쟁에서 해석 패키지가 대중문화 혹은 일련의 사건, 미디어 관행이나 관례에 맞거나 엘리트들이 집중적으로 후원한다면 하나의 해석 패키지는 영향력을 획득할 수 있다(Scheufele & Nisbet, 2007).

(1) 뉴스생산 관행

뉴스생산과 선택에 관한 선행연구는 저널리스트가 주어진 이슈를 틀짓기 하는 방법에 잠재적으로 영향을 미칠 수 있는 뉴스작업의 5가지 측면(거대한 사회적 규범과 가치, 조직의 압력과 간섭, 이익집단 및 정책입안자로부터의 외부압력, 직업적 관행, 저널리스트의 이데올로기적·정치적 정향성)을 제안했다. 다른 연구에서는 프레임 구축에 미치는 이들 5가지의 영향의 하부요인들을 고찰했다. 일부는 매스미디어에서 뉴스가 틀지어지는 방식은 "이데올로기와 편견에 의해 추동되는"(Edelman, 1993) 혹은 저널리스트의 규범 및 관행의 상호작용 그리고 이익집단 영향의 상호작용에 의해 형성되는 저널리스트의 사회적 그리고 직업적 관행의 결과라고 주장한다(van Dijk, 1985).

(2) 정치적 행위체와 경제적 행위체

두 번째로 프레임 구축에 영향을 미칠 가능성이 있는 집단은 이익집단, 정부관료, 다양한 정치적·경제적 행위체를 포함하는 엘리트로부터 유래한다(Scheufele, 1999). 이들은 관행적으로 프레임 구축작용에 참여한다. 엘리트 커뮤니케이션과 매스미디어에서 이슈가 틀지어지는 방식 사이의 연계를 보여주는 실증적 증거들은 일관된 경향을 보이지 않는다.

예를 들어, 에델만(Edelman, 1993)은 "당국자들과 이익집단은 자신의 이해에 대한 지지와 반대의 방식에서 신념을 범주화한다"(Edelman, 1993)고 주장한다. 사실 정치캠페인은 메시지가 뉴스미디어에서 틀지어지는 방식을 통제하려 하고 이를 위해 메시지 검증과 전달에 점점 더 많은 비용과 노력을 투자한다. 이러한 노력은 "미디어에 종사하는 전문가들은 주어진 토픽에 대한 주류 정부의 토론에서 표현된 관점의 범위에 따라 뉴스와 사설에서 목소리와 관점의 범위를 '인덱스'(*index*, 내용 및 속성을 목록화하여 관리)하는 경향이 있다"는 베넷(Bennett, 1990)의 인덱싱 가설(*indexing hypothesis*)과도 일관적이다. 하지만 보다 최근에 이루어진 연구는 대통령선거 예비선거에서 후보자에 관한 언론보도는 후보자가 보도자료에서 이슈에 대한 자신의 입장을 틀 짓는 방식과 다르고, 후보자는 선거보도에서 자신이 원하는 프레임을 획득하는 데 다소 성공적이라고 지적한다(Miller et al., 1998). 하지만 후속연구는 다양한 이익집단 혹은 정책입안자의 수사의 영향력이 강하다는 것을 보여줬다. 이러한 영향은 저널리스트와 정책 분야의 다양한 활동가들이 공유할 수 있는 이야기들을 찾을 수 있는 이슈에서 가장 강하게 나타나는데, 주변의 공유된 이야기는 이슈 프레임을 구성할 수 있다(예: Nisbet et al., 2003).

(3) 문화적 맥락

이 장의 앞부분에 간략히 설명한 것처럼 커뮤니케이션 상황에서 프레임에 관한 초기논의 가운데 일부는 프레임의 의미는 문화적 맥락을 함축한다고 가정한다. 어떤 사건이나 이슈에 관한 이해를 위해 프레임이 내포하는 것은 뉴스 메시지에서 간단하게 커뮤니케이션되지 않는다. 오히려 프레임은 문화에 내재하는 어떤 것에 대한 준거를 만들고, 프레임의 존재는 필연적으로 수용자를 초대하여 프레임을 받아들이는 문화 내에서 정보와 의미를 적용하게 한다. 이와 같은 프레임의 맥락의존은 "문화적 공명"(*cultural resonance*) 혹은 "이야기 충실도"(*narrative fidelity*)로 묘사된다.

반 고프(van Gorf, 2007)는 커뮤니케이터에 가용한 "프레임의 문화적 자산"(*cultural stock of frames*)이 있고, 이러한 자산은 확대되면서 한정적으로 적용된다고 했다. 문화에는 가용한 많은 프레임들이 있지만, 공통적으로 공유된 문화적 뿌리 없이 개념을 에워싼 커뮤니케이션 노력을 구축하는 것이 효과적 프레임을 생산할 것 같지는 않다. 이러한 문화-특수주의적 관점은 프레임의 공유된 특징과 문화적 친숙성은 "그것의 영향은 매우 은밀하여, 종종 공지되지 않고 내재되어 있다"(van Gorf, 2007)는 것을 의미한다. 저널리스트는 자기 사회의 문화 내에서 작업에 참여하므로 무의식적으로 공통적으로 공유한 프레임에 의존적이다. 앞서 기술한 것처럼 정책영역에서 다른 행위체들은 성공적인 프레임으로 만들려는 시도에서 메시지를 배경문화에 걸맞게 하기 위해 의식적으로 노력한다. 갬슨과 모디글리아니(Gamson & Modigliani, 1989)는 프레임이 주위 문화와 공명하는 정도는 "저널리스트의 귀를 프레임의 상징적 의미에 주목하게 하여 프레임 스폰서의 작업을 촉진할 수 있다. 그들은 스폰서 활동과 미디어 관행의 효과를 증폭함으로써 저명성을 추가할 수 있다"고 주장했다.

2) 프레임 설정

미디어 효과 이론가들은 뉴스내용의 생산 및 공개의 잠재적 결과를 개념화할 때, 뉴스내용의 거시적 수준과 미시적 수준의 효과 모두를 고려한다. 미시적 수준에서 효과이론은 개인(잠재적으로 수백만 명에 이름)이 메시지에 노출됨으로써 어떻게 영향을 받을 수 있는지를 예측하고 설명하기 위해 사용된다. 프레이밍 효과에 대한 대부분의 이론화 작업은 이러한 미시적 수준에서 이루어진다. 앞에서도 설명했듯이 프레임 설정은 적용성 효과로 간주될 수 있다. 엔트만(Entman, 1993)에 따르면 "틀 짓기는 특정한 문제 정의, 인과적 해석, 도덕적 평가, 그리고/혹은 기술된 사건에 대한 처리를 활성화하는 것과 같은 방식으로 지각된 현실의 일부를 선택하고 그것을 커뮤니케이션 텍스트에서 아주 현저하게 만든다". 엔트만은 프레임은 수용자가 이슈와 이슈의 정의, 원인, 함의, 처리와 관련된 특정 고려대상 사이의 연상적 연결을 꾀하도록 한다고 말했다. 가장 효과적인 프레임은 4가지 요소 모두에 대한 연상을 구축하는 것이지만, 모든 프레임들이 그렇게 강력하지는 않다. 프레임 연구에서 4가지 결과들이 분리되어 나타나는 경우는 거의 없으며, 대부분은 정의와 처리 연관이 주목대상이다.

프레임과 프레임 효과연구에 관심을 가진 연구자들은 프레임 설정과 관련하여 프레임 노출이 개인적 수준의 인지적 그리고 정서적 측면에 미치는 결과를 논의하고자 한다. 프레임 효과분석은 적용성 과정의 작동방식, 개인적 수준의 프레임 효과, 미디어 메시지에 대한 수용자 노출의 특징에 대한 일련의 가정에서 유래한다.

(1) 적용성 효과

개념간 연상구축의 중요성은 수용자들이 이슈를 해석하기 위해 뉴스프레임을 어떻게 수용하는가를 검증한 많은 연구에서 확인되었다. 예를 들면, 프라이스 등(Price, Tewksbury, & Powers, 1997)은 공공정책 이슈에 관한 뉴스 기사의 다양한 버전을 제작했다. 정책입안자, 정책변화가 시민에 미치는 결과, 혹은 이슈에 대한 인간적 흥미 관점 사이의 갈등을 묘사하는 기사유형에의

노출은 개방형 해석에서 수용자로 하여금 그들이 읽은 프레임을 반영하는 방식으로 이슈를 기술하도록 자극한다. 또 다른 많은 연구들은 이슈에 대해 생각하는 방식은 뉴스프레임 노출에 의해 영향을 받을 수 있다는 것을 보여줬다(예: Brewer, 2002; Shen, 2004). 이 분야에서의 연구는 이슈 그리고 이슈의 의미 사이의 연결고리의 도입, 또는 그러한 연결고리의 강화에 주로 관심을 가졌다. 이러한 과정들에 대해 차례차례 주목한다.

지금까지 이루어진 대부분의 뉴스 프레이밍 연구는 이슈-해석 연계를 고찰했다. 프레이밍 과정의 작동에는 두 가지 중요한 방식이 있다. 한 가지는 이슈 그리고 이슈와 관련된 중요 고려사항이 뉴스기사 본문에 함께 도입되는 방식이다. 최근 발생한 이슈나 갑작스런 사건에 관한 뉴스의 경우에 발생할 수 있다. 예를 들어, 튝스베리 등(Tweksbury et al., 2000)은 아주 제한된 언론보도의 대상이 된 지역정책 이슈를 소개하고 이슈를 이해하기 위해 가장 관련 있는 고려사항을 조작했다. "공장형" 돼지농장 이슈는 경제적 혹은 환경적 관심사로 제시되었다. 뉴스 내용은 그대로 둔 채 뉴스기사의 헤드라인과 리드의 강조점만을 변경한 실험에서 이러한 조작이 뉴스 독자들이 이슈를 이해하는 방식에 영향을 미친 것으로 나타났다. 이러한 결과는 새로운 이슈를 강조하는 뉴스내용이 수용자에게 특별히 강력한 영향력을 행사하는 이유를 설명한다. 뉴스 수용자가 이슈와 다양한 혹은 반대효력을 지닌 고려사항(우리가 새로운 이슈로 기대할 수 있는 것처럼) 사이에 일련의 연계가 부족하다면, 뉴스 프레이밍은 강력하게 수용자가 이슈를 이해하는 방식을 결정해야만 한다. 튝스베리 등(Tewksbury et al., 2000)은 상이한 뉴스 버전의

기사에 노출된 이후 뉴스프레임은 수용자 해석에 영향을 미치는 실질적 효과를 발휘하고, 3주 후에 다시 측정했을 때까지 그 효과가 지속되었다고 밝혔다. 이슈 그리고 뉴스기사 노출 이후 고려사항들 사이의 연상에 관한 수용자 기억은 수용자에게 친숙하지 않은 이슈의 경우 대부분 발생할 것으로 보인다.

프레임은 또한 친숙한 이슈와 기존의 신념, 가치, 태도 사이의 연계를 생성한다. 이 경우에 프레임은 수용자로 하여금 어떤 새로운 방식으로 이슈에 대해 생각하게 하는 깨달음의 과정을 제공한다. 넬슨 등(Nelson et al., 1997)은 KKK단의 집회에 관한 뉴스기사의 효과를 검증했다. 뉴스기사는 집단의 집회를 언론의 자유, 그리고 공공질서의 차원의 두 가지로 연결시켰다. 언론의 자유 프레임에 노출된 사람들은 KKK의 연설 및 집회에 대해 실제로 더 관용적이었다. 또한 여성의 권리 이슈를 경제적 평등 대 정치적 평등 측면에서 틀지은 뉴스기사는 페미니스트 가치에 대한 남성독자의 지지에 영향을 미쳤다(경제적 프레임이 페미니스트 가치를 지지하는 수준이 더 낮았다).

프레이밍 효과연구자들은 프레임이 이슈-해석 연결을 직접 구축할 수 있는 범위의 한계를 확인했다. 뉴스 표현의 품질, 이미지 사용, 기사에의 노출 가능성에 영향을 미치는 요인처럼 눈에 띄는 뉴스 수준의 요인들은 차치하고 프레임의 작동방식에 영향을 미칠 수 있는 수용자 차원의 요인들이 존재한다. 관련 연구들은 기존의 신념 및 인상이 프레임이 접근하는 정도 즉 프레임의 효과에 영향을 미친다고 주장했다. 예를 들어, 쉔(Shen, 2004)은 뉴스프레임은 기존의 개념을 활성화시킬 때 가장 강력하게 나타난다

고 보고했다. 쉔(Shen, 2004)은 줄기세포 연구와 알래스카의 석유탐사를 경제적 관점 혹은 환경적 관점에서 묘사한 뉴스기사의 효과를 측정한 연구에서 실험 전에 경제적 그리고 환경적 숙고(熟考)와 관련하여 수용자의 스키마가 어떠한지를 측정했다. 이 연구는 수용자는 이슈에 적용될 수 있도록 만들어진 새로운 개념을 수용하겠지만, 수용자가 이미 새로이 제시된 개념과 관련된 스키마를 가했을 때 해당 개념을 수용할 가능성이 더 크다는 것을 보여줬다. 프레임이 수용자의 기존 가치에 접근하는 방식을 관찰한 연구들도 이와 유사한 결과들을 보고했다.

프레임이 기존의 스키마를 이슈에 적용하도록 권할 때, 이러한 적용의 함의는 부분적으로 스키마에 달렸다. 정치에 대해 더 많이 알수록, 더욱 효과적인 것은 프레임이다(예: Druckman & Nelson, 2003). 프레임 생산자(예: 저널리스트, 이슈 옹호자)는 그들이 프레임을 구축할 때 수용자의 기존지식 혹은 기회가 그들이 원하는 해석을 활성화시키는지 혹은 그렇지 않은지를 예측하지 못할 수 있다(Brewer, 2002). 예를 들어, 클로슨과 월텐버그(Clawson & Waltenburg, 2003)는 기존의 이데올로기적 신념은 소수민족 및 여성차별을 철폐조치 판결에 관한 뉴스 표현의 효과에 영향을 미칠 수 있다고 보고했다. 이와 비슷하게 보일 등(Boyle et al., 2006)은 사람들이 정치활동 집단에 관한 묘사에 반응하는 방식은 뉴스기사를 읽기 전에 해당 집단에 대해 어떻게 느끼는가와 부분적으로 관계가 있다고 밝혔다. 따라서 뉴스기사에서 단순히 제안된 연결에 근거하여 프레임의 효과를 측정하는 것이 항상 가능하지는 않다.

(2) 효과의 유형

적용성 접근은 학자와 저널리즘 실무자들의 가장 중요한 관심사는 이슈에 관해 사람들이 갖는 연상 네트워크라고 가정한다. 뉴스에서 프레임 효과를 검증하는 연구범위를 기술하는 것은 거의 불가능하다. 주목받는 효과의 수준 및 유형이 매우 다양하기 때문이다. 실제 개념간 연상관계에서의 형성이나 변화는 다른 효과로 나아가는 과정에서 매개단계에 해당된다. 가장 공통적으로 연구된 프레임 설정의 결과는 태도형성 혹은 변화이다. 이 장에서 제시된 연구들 가운데, 넬슨과 옥슬리(Nelson & Oxley, 1999)는 경제개발 이슈 뉴스프레임은 이 문제가 매우 중요하다는 지각에 영향을 미쳤고, 이후 이러한 지각은 이슈에 대한 의견과 연결된다고 보고했다. 브루어(Brewer, 2002)는 실험을 통해 프레임 노출은 사람들이 자신의 태도 보고를 정당화하는 방식에 영향을 미칠 수 있다고 설명했다. 일부 연구자들은 수용자의 행동(태도변화의 효과로 나타나는)에 미치는 프레임의 잠재적 영향을 고찰함으로써 한 단계 더 나아간 과정을 취했다. 예를 들어, 발렌티노 등(Valentino, Beckmann, & Buhr, 2001)은 전략과 이슈 중심의 정치캠페인 기사가 시민의 투표의도에 미치는 효과를 검증했다. 유사한 수준에서 보일 등(Boyle et al., 2006)은 정치집단의 프레이밍이 해당 집단과 함께 행동을 취하려는 수용자의 의지에 미치는 영향을 살폈다.

프레이밍 효과에 관한 일부 연구는 적용성보다 심리적 과정에 관심을 가졌다. 프레이밍 효과에 관한 초기 논의 가운데 하나는 이슈에 관한 뉴스 묘사가 문제에 대한 책임귀인에 미치는 영향을 검증했다(Iyengar, 1991; Iyengar & Kinder, 1987). 아옌거(1991)는 사회문제에 관한 뉴스는 인지반응과 정치 지도자 평가에 있어 원인과 해결에 관한 책임귀인에 영향을 미친다고 주장했다. 다른 연구는 프레임이 수용자의 평가 처리과정 방법(Shah et al., 1996)과 이슈에 대한 수용자 사고의 복잡성(Shah et al., 2004)에 미치는 효과를 분석했다.

프레이밍 효과연구는 그렇게 강력하지는 않지만 뉴스미디어의 영향으로 발생하는 효과에 관심이 있다. 하지만 연구된 다양한 종속변인은 측정의 타당도와 관련하여 문제가 제기될 수 있다. 연구자들이 상이한 개념을 다루기 위해 다양한 측정방법들을 사용하는 것은 가능하지만, 모든 측정방법은 핵심 현상을 다룬다. 예를 들어, 관련연구는 뉴스기사, 당면문제 관련 이슈, 혹은 이슈에 대한 태도에 관한 자료를 개방형 질문을 이용하여 수집하여 분석한 후 적용성 효과를 검증했다. 목표수용자가 구별된 것처럼 보일 수 있지만 그들은 아주 강하게 서로 관련되어 있고 실제 기본적인 고려사항들을 다루고 있다. 대상에 대한 태도(예: 정책 제안)와 그것에 대한 행동 의도(예: 정책지지 표명) 사이의 관계와 비슷하다고 얘기될 수도 있다. 태도이론은 이러한 것들이 구별되는 현상이라고 하지만, 연구자들은 그것들이 정확하게 측정된다는 것을 확신하기 위해 조작화 수준에 커다란 관심을 기울여야만 한다.

(3) 프레임에 대한 노출의 특징

연구자들이 프레임 설정과정을 어떻게 얘기하는가는 프레임에 노출되는 수용자를 어떻게 가정하는가에 따라 영향을 받는다. 조작의 수준에서 프레임 효과연구 대부분은 수용자가 이슈에 관한 뉴스기사에 노출되는 맥락과 관련이 깊다. 실험에서 참가자는 특정한 방향으로 틀지어진 인쇄매체의 기사(때로는 TV기사를 시청하기도 한다)를 읽는다. 전형적인 프레임 효과연구들은 기사를 참가자에게 보여준 후 곧바로 해당 이슈에 대한 그들의 해석, 신념 그리고/혹은 태도를 측정한다[모든 연구가 그런 것은 아니다. 이와 상반되는 좋은 예는 Rhee(1997)의 연구를 참조]. 그러므로 대부분의 연구는 뉴스기사에 대한 즉각적인 노출효과를 측정하도록 설계된다. 따라서 이들은 장기간의 기억 효과를 측정한 것은 아니고 실제 점화 효과 연구와 매우 유사하다. 점화연구는 개념을 조작한 후, 개념에 노출된 수용자가 사람, 사건, 이슈를 해석할 때 해당 개념을 사용하는지를 측정한다(Roskos-Ewoldsen et al., 2002). 프레이밍 효과가 접근성 효과와는 별개라는 것이 증명되었지만, 조작의 유사성은 연구자가 현상을 이해하는 방식에 영향을 미칠 수 있다.

이러한 이슈는 프레이밍 효과를 이해하는 데 중요하다. 왜냐하면 프라이스와 튝스베리(Price & Tewksbury, 1997)가 제안한 지식활성화모델은 프레이밍 효과가 장기적 맥락에서 아주 뚜렷하다고 말했기 때문이다. 즉 적용성 모델은 이슈와 고려사항 사이의 연상이 노출 당시에 구축되지만 나중의 시점에서 해석과 판단에 영향을 미칠 때 아주 뚜렷이 나타난다(Tewksbury et al., 2000). 따라서 대인간 토론에서, 혹은 투표나 여론조사 응답과 같은 맥락에서 적용성 효과는 다른 뉴스 효과와 구별되는 독특한 것으로 여겨질 수 있다. 이러한 것들은 사람들이 이슈에 관심을 가지고 뉴스에 노출된 이후 약간의 시간이 흐른 뒤 이슈에 대해 판단하는 즉흥적인 상황이다. 물론 최초 노출 이후 무엇이 발생하는지를

고려하는 프레이밍 모델은 거의 없다. 연구자들은 뉴스프레임에 노출된 이후 경험한 대인간 토론 및 상이한 뉴스내용이 프레이밍 효과를 감소시킬 수 있다는 것에 주목했다.

3. 해결되지 않은 이슈

지난 30년 동안의 프레이밍 연구는 개념, 프레이밍의 근원적 메커니즘, 프레이밍이 최대한 발휘되는 예상치 않은 조건을 해명하기 위해 노력했다. 새로운 문제를 제기한 연구는 그리 많지 않다.

1) 프레임 유형

첫 번째 문제는 다양한 문화에서 특정한 프레임 혹은 해석틀의 집합에 관한 개념과 관련이 있다(Scheufele & Nisbet, 2007). 이전 연구는 특정 프레임이 수용자 반응에 미치는 효과를 검증하는 차원에 따라 프레이밍을 개념화했다. 여기에는 이익 대 손실 프레임, 일화적 대 주제적 프레임, 전략 대 이슈 프레임 또는 인간적 흥미, 갈등, 경제적 결과 프레임 같은 일련의 프레임들이 포함된다.

귀납적 접근법을 채택한 연구는 독특한 프레임 세트를 확인했고 모든 이슈에 적용될 수 있는 마스터 프레임 혹은 영속적인 문화적 주제에는 관심을 기울이지 않았다. 결과적으로 커뮤니케이션 연구자들은 수용자 사이에 근원적인 해석 스키마를 유발할 수 있는 그래서 다양한 행동적 혹은 인지적 결과를 설명하는 일반적인 프레임 세트를 제한적으로 이해할 수밖에 없었다.

〈표 2-1〉

프레이밍 연구의 내적 타당도와 외적 타당도-프레임과 내용의 혼동

		정보 내용 조작	
		예	아니오
프레임 조작	예	• "실제 세계"의 뉴스 기사 • 높은 외적 타당도 • 프레임/내용 혼동으로 인한 제한된 타당도	• 일관된 정보 내용을 지닌 "순수한" 프레이밍 조작 • 제한된 외적 타당도 • 높은 내적 타당도
	아니오	• 프레임 없이 "순수한" 정보 내용 조작 • 제한된 외적 타당도 • 높은 내적 타당도	• 정보 내용 혹은 프레이밍이 아님(예: 의제설정)

연구자들은 이러한 단견적 성향을 비판하고 (Scheufele, 2004) 안정적이고 일관적인 스키마 혹은 프레임 세트를 확인하기 위해 보다 체계적으로 노력할 필요가 있다고 주장했다(Scheufele & Nisbet, 2007). 리스(Reese, 2007)는 "미디어 프레임의 단순 묘사를 강조하는 것은 매력적이지만 특정 이익에 봉사하도록 개념을 구체화하는 위험성이 있다"고 했다.

2) 복합-수준 문제로서의 프레이밍: 내적 대 외적 타당도

두 번째 쟁점은 복합-수준 문제(*multi-level problem*)로서의 프레임 이슈이다. 초기의 상이한 학문분야의 전통이 커뮤니케이션 분야 연구의 흐름을 형성하는 데 도움을 줬다. 이러한 연구들은 각각의 연구가 관심을 가진 조작 유형에 근거하여 범주화될 수 있다(〈표 2-1〉 참조).

〈표 2-1〉은 연구자들이 검증한 프레임 유형에 근거하여 커뮤니케이션에서 이루어지는 프레이밍 효과에 관한 연구들을 4가지 유형으로 분류했다. 대부분의 연구는 정보효과와 순수한 프레이밍 효과를 제대로 분간하지 않은 메시지를 사용하여 프레임에 접근한다. 이는 "실제 세계" 저널리즘에서 프레이밍의 다양성을 내용의 다양성과 서로 협력하게 하여 많은 의미를 만들어낸다. 다른 한편으로는 외적으로 타당한 메시지를 사용하는 것이 정보효과에 의해 오염되지 않은 프레이밍 효과를 다루는 연구의 능력을 제한할 수도 있고, 선행연구에서 측정된 많은 행동적이고 태도적인 결과들이 프레임과 내용 모두의 기능일 수 있다.

이러한 연구들은 순수한 정보 혹은 순수한 프레임 효과를 검증한 연구와는 분명하게 구별된다. 전자의 한 예는 줄기세포 연구를 둘러싼 종교적, 도덕적 토론에 관한 기사를 이용하여 줄기세포 뒤의 과학적 과정에 관한 기사를 비교하는 연구이다. 이러한 기사들은 줄기세포 연구에 대해 상이한 사실과 주장을 표현하므로 프레이밍과 관계가 거의 없다. 후자의 예로는 프레이밍을 아주 똑같은 정보를 다르게 제시하는 카네만과 트버스키(Kahneman & Tversky, 1979) 연

구를 들 수 있다.

오염되지 않은 프레이밍 효과와 내용 효과의 구분은 미래의 프레이밍 연구에 매우 중요하다. "프레이밍"이라는 꼬리표는 엄밀한 의미에서 프레이밍이 아닌 현상을 기술하는데 사용되었을 뿐만 아니라 우리 역시 아직도 일상적인 이슈보도에서 어떤 효과는 정보 내용의 상이함으로 발생했으며, 그리고 어떤 것은 표현형식이나 다양한 프레이밍 장치에서 기인한 것으로 묘사한다.

3) 장기적 대 단기적 효과-방법 대 이론

마지막으로 효과연구는 가설화된 효과의 특징과 이를 연구하는 방법 사이에 존재하는 괴리를 경험하게 된다. 프레이밍 효과는 속성상 장기적인 것으로 개념화된다. 설문조사나 투표용지의 용어를 고찰한 일부 연구자들은 메시지 프레이밍의 즉각적 효과에 관심을 가지는 것이 사실이다. 대부분의 정치커뮤니케이션 연구자들은 메시지에의 노출이 이슈와 관련된 신념과 의견에 미치는 영향에 관심이 있다. 따라서 대부분의 연구는 장기적 효과를 검증하려고 한다. 설문조사 연구는 그러한 효과를 검증할 준비가 되어 있지만, 실험연구는 그러한 목적에 잘 부합하지 않는다.

설문조사 모델은 연구자에게 지속적인 뉴스 노출과 이슈 의견 발달을 추적할 수 있는 기회를 제공한다. 설문조사 연구방법을 이용한 뉴스효과 설명에서 연구자는 표본집단에게 특정한 혹은 일반적인 종류의 뉴스내용 노출을 묻고 이슈 해석과 태도 사이의 관련성을 분석한다. 설문조사 연구에서 조직된 일련의 연상들을 활성화시키는 질문을 통해 기존의 이슈해석에 단

서를 제공할 수 있다. 예를 들면, 킨더와 샌더스 (Kinder & Sanders, 1990)는 설문응답자에게 소수민족 차별철폐 정책을 지지하는가에 대해 질문했다. 한 집단의 응답자에게 "불공평한 우위"(*undeserved advantage*) (흑인이 일하지 않고 얻은 우위)와 관련된 일련의 고려사항을 제시하며 이를 정책에 적용하도록 부추겼다. 해당 정책에 대한 일련의 고려사항들을 적용하도록 부추겼다. 반면에 다른 집단에게는 "역차별"(소수민족 차별철폐 정책은 백인에 대한 차별)이라는 관점을 적용한 설문을 사용했다. 이러한 조사는 질문과 일치하는 고려사항과 느낌을 다룬 것만큼 이슈의 의미를 조작하지 않았다. 따라서 프레이밍 효과에 대한 설문조사 연구방법은 장기적 유용성과 이슈 프레임의 영향을 검증하는 능력을 수반한다.

실험연구 모델은 연구자에게 뉴스 메시지 특성과 뉴스 메시지 수용 측면을 더 잘 통제한다. 하지만 대부분의 실험연구는 단기적 효과만을 검증하기 위해 설계된다. 일부 실험연구만이 뉴스 프레임 노출이 갖는 장기적 효과에 대해 검증했는데, 이는 이례적이다. 예를 들어, 튝스베리 등 (Tewksbury et al., 2000)에 따르면 상대적으로 새로운 이슈 프레임을 설정한 뉴스기사에의 노출은 3주 후에 이슈의 요점에 대한 지각에 영향을 미쳤다. 하지만 정부규제에 관한 의견에 미치는 단기적 영향은 재검증 단계에서 사라졌다. 이러한 실험은 학생을 실험참가자로 이용하기 때문에 한계가 있다. 보다 경험이 풍부하고 빈번하게 뉴스를 접하는 일반독자들의 경우 틀지어진 이슈에 관해 이미 강한 태도를 가질 수 있고 문제가 되는 이슈의 대안적 프레이밍을 머리에 떠올릴 수 있는데, 이들 두 요인 모두 프레임의 효과를 감소시킬 수 있다(Chong & Druckman, 2007). 동시에

지식활성화 접근은 상대적으로 공명하는 이슈 프레이밍에의 빈번한 노출은 연결의 장기적 접근성을 증가시키는 동안 이슈와 프레임 사이의 적용성 연결을 강화한다고 제안했다. 따라서 장기적 적용성 과정을 확인하기 위해 설계되는 앞으로의 연구는 프레이밍이 정치적 신념, 의견, 행동에 미치는 효과의 독특한 원인을 명확히 밝히는 데 도움을 줄 수 있다.

참고문헌

Andsager, J. L. (2000). How interest groups attempt to shape public opinion with competing news frames. *Journalism & Mass Communication Quarterly*, 77, 577-592.

Bennett, W. L. (1990). Toward a theory of press-state relations in the United States. *Journal of Communication*, 40(2), 103-125.

Boyle, M. P., Schmierbach, M., Armstrong, C. L., Cho, J., McCluskey, M., McLeod, D. M., & Shah, D. V. (2006). Expressive responses to news stories about extremist groups: A framing experiment. *Journal of Communication*, 56, 271-288.

Brewer, P. R. (2002). Framing, value words, and citizens' explanations of their issue opinions. *Political Communication*, 19, 303-316.

Brewer, P. R., Graf, J., & Willnat, L. (2003). Priming of framing: Media influences on attitudes toward foreign countries. Gazette: *The International Journal of Communication Studies*, 65, 493-508.

Brewer, P. R., & Gross, K. (2005). Values, framing, and citizens' thoughts about policy issues: Effects on content and quantity. *Political Psychology*, 26, 929-948.

Cappella, J. N., & Jamieson, K. H. (1997). *Spiral of cynicism: The press and the public good.* New York: Oxford University Press.

Chong, D., & Durckman, J. N. (2007). A theory of framing and opinion formation in competitive elite environments. *Journal of Communication*, 57, 99-118.

Clawson, R. A., & Waltenbrug, E. N. (2003). Support for a Supreme Court affirmative action decision: A story in black and white. *American Politics Research*, 31, 251-279.

D'Angelo, P. (2002). News framing as a multiparadigmatic research program: A response to Entman, *Journal of Communication*, 52, 870-888.

de Vreese, C. H. (2004). The effects of frames in political television news on issue interpretation and frame salience. *Journalism & Mass Communication Quarterly*, 81, 36-52.

Domke, D., McCoy, K., & Torres, M. (1999). News media, racial perceptions, and political cognition, *Communication Research*, 26, 570-607.

Domke, D., Shah, D. V., & Wackman, D. B. (1998). "Moral referendums": News media, and the process of candidate choice. *Political Communication*, 15, 301-321.

Druckman, J. N. (2001). On the limits of framing effects: Who can frame? *The Journal of Politics*,

63, 1041-1066.

Druckman, J. N., & Nelson, K. R. (2003). Framing and deliberation: How citizens' conversations limit elite influence. *American Journal of Political Science*, 47, 729-745.

Edelman, M. (1964). *The symbolic uses of politics.* Urbana: University of Illinois Press.

Edelmanm M. J. (1993). Contestable categories and public opinion. *Political Communication*, 10.

Entman, R. M. (1993). Framing: Towards clarification of a fractured paradigm. *Journal of Communication*, 43, 51-58.

Fishbein, M., & Ajzen, I. (1975). *Belief, attitude, intention and behavior: An introduction to theory and research.* Reading: Addison-Wesley.

Gamson, W. A., & Modigliani, A. (1987). The changing culture of affirmative action. *Research in Political Sociology*, 3, 137-177.

Gamson, W. A., & Modigliani, A. (1989). Media discourse and public opinion on nuclear power-A constructionist approach. *American Journal of Sociology*, 95(1), 1-37.

Goffman, E. (1974). *Frame analysis: An essay on the organization of experience.* Cambridge, MA: Harvard University Press.

Heider, F. (1959). *The psychology of interpersonal relations* (2nd ed). New York: Wiley.

Heider, F., & Simmel, M. (1994). An experimental study of apparent behavior. *American Journal of Psychology*, 57, 243-259.

Higgins, E. T. (1996). Knowledge activation: Accessibility, applicability, and salience. In E. T. Higgins & A. W. Kruglanski. (Eds.), *Social psychology*, 13, 141-154.

Hovland, C. I., Janis, I. L., & Kelly, H. H. (1953). *Communication and persuasion: Psychological studies of opinion change.* New Haven, CT: Yale University Press.

Iyengar, S. (1991). *Is anyone responsible? How television frames political issue.* Chicago: University of Chicago Press.

Kahneman, D. (2003). Maps of bounded rationality: A perspective on intuitive judgement and choice. In T. Frangsmyr. (Ed.), *Les Prix Nobel: The Nobel Prizes 2002* (pp. 449-489). Stockholm, Sweden: Nobel Foundation.

Kahneman, D., & Tversky, A. (1979). Prospect theory-Analysis of decision under risk. *Econometrica*, 47(2), 262-291.

Kahneman, D., & Tversky, A. (1984). Choices, values, and frames. *American Psychologist*, 39(4), 341-350.

Kim, S. H., Scheufele, D. A., & Shanahan, J. (2002). Think about it this way: Attribute agenda-setting function of the press and the public's evaluation of a local issue. *Journalism & Mass Communication Quarterly*, 79. 7-25.

Kinder, D. R., & Sanders, L. M. (1990). Mimicking political debate with survey questions: The case of white opinion on affirmative action for black. *Social Cognition*, 8, 73-103.

Lakoff, G. (1996). *Moral politics: How liberals and conservatives think.* Chicago: University of Chicago press.

Lunts, F. (2007). *Words that work: Its not what you say, it's what people hear*, New York: Hyperion.

McCombs, M. E. (2004). *Setting the agenda: The mass media and public opinion*. Malden, MA: Blackwell.

McCombs, M. E., & Shaw, D. (1972). The agenda setting function of the mass media. *Public Opinion Quarterly*, 36, 176-187.

Miller, M. M., Andsager, J. L., & Reichert, B. P. (1998). Framing the candidates in presidential primaries: Issues and images in press releases and news coverage. *Journalism & Mass Communication Quarterly*, 75, 312-324.

Nelson, T. E., Clawson, R. A., & Oxley, Z. M. (1997). Media framing of civil liberties conflict and its effects on tolerance. *American Political Science Review*, 91, 567-583.

Nelson, T. E., Oxley, Z. M. (1999). Issue framing effects on belief importance and opinion. *The Journal of Politics*, 61, 1040-1067.

Nelson, T. E., Oxley, Z. M., & Clawson, R. A. (1997). Toward a psychology of framing effects. *Political Behavior*, 19, 221-246.

Nisbet, M. C., & Huge, M. (2006). Attention cycles and frames in the plant biotechnology debate: Managing power and participation through the press/policy connection. *The Harvard International Journal of Press/Politics*. 11(2), 3-40.

Pan, Z., & Kosicki, G. M. (1993). Framing analysis: An approach to news discourse. *Political Communication*, 10, 59-79.

Price, V., Tewksbury, D. (1997). News values and public opinion: A theoretical account of media priming and framing. In G. A. Barett & F. J. Boster(Eds.), *Progress in communication sciences: Advances in persuasion*(Vol. 13, pp. 173-212). Greenwich, CT: Ablex.

Reese, S. D. (2007). The framing project: A bridging model for media research revisited. *Journal of Communication*, 57, 148-154.

Rhee, J. W. (1997). Strategy and issue frames in election campaign coverage: A social cognitive account of framing effects. *Journal of Communication*, 47, 26-48.

Roskos-Ewoldsen, D. R., Roskos-Ewoldsen, B., & Carpentier, F. R. (2002). Media priming. A synthesis. In J. Bryant and D. Zillmann(Eds.), *Media effects: Advances in theory and research*(pp. 97-120). Mahwah, NJ: Erlbaum.

Scheufele, B. T. (2004). Framing effects approach: A theoretical and methodological critique. *Communications*, 29, 401-428.

Scheufele, D. A. (1999). Framing as a theory of media effects. *Journal of Communication*, 49(1).

Scheufele, D. A. (2008). Framing theory. In W. Donbach(Ed.), *The international encyclopedia of communication*. Malden, MA: Blackwell Publishing.

Scheufele, D. A., & Nisbet, M. C. (2007). Framing. In L. L. Kaid & C. Holz-Bacha(Eds.), *Encyclopedia of political communication*. Thousand Oaks, CA: Sage.

Scheufele, D. A., & Tewksbury, D. (2007). Framing, agenda-setting, and priming: The evolution of three media effects models. *Journal of Communication*, 57, 9-20.

Shah, D. V., Domke, D., & Wackman, D. B. (1996). "To thine own self be true": Values, framing, and voter decision-making strategies. *Communication Research*, 23, 509-560.

Shah, D. V., Kwak, N., Schmierbach, M., & Zubric, J. (2004). The interplay of news frames on cognitive complexity. *Human Communication Research*, 30, 102-120.

Shen, F. (2004). Effects of news frames and schemas on individuals' issue interpretations and attitudes. *Journalism & Mass Communication Quarterly*, 81, 400-416.

Shen, F., & Edwards, H. H. (2005). Economic individualism, humanitarianism, and welfare reform: A value-based account of framing effects. *Journal of Communication*, 55, 795-809.

Sherif, M. (1967). *Social interaction: Processes and products*. Chicago: Aldine.

Shoemaker, P. J., & Reese, S. D. (1996). *Mediating the message* (2nd ed.). White Plains, NY: Longman.

Simon, A., & Jerit, J. (2007). Toward a theory relating political discourse, media, and public opinion, *Journal of Communication*, 57, 254-271.

Snow, D. A., & Benfold, R. D. (1988). Ideology, frame resonance, and participant mobilization. In B. Klandermans, H. Kriesi, & S. Tarrow (Eds.), *International social movement research. Volume 1. From structure to action: Comparing social movement research across cultures*. Greenwich, CT: JAI Press.

Snow, D. A., & Benfold, R. D. (1992). Master frames and cycles of protest. In A. D. Morris & C. McClurg Mueller (Eds.), *Frontiers in social movement theory* (pp. 133-135). New Haven, CT: Yale University Press.

Sotirovic, M. (2000). Effects of media use on audience framing and support for welfare. *Journalism & Mass Communication Quarterly*, 3, 269-296.

Terkildsen, N., & Schnell, F. (1997). How media frames move public opinion: An analysis of the women's movement. *Political Research Quarterly*, 50, 879-900.

Tewksbury, D., Jones, J., Peske, M., Raymond, A., & Vig, W. (2000). The interaction of news and advocate frames: Manipulating audience perceptions of a local public policy issue. *Journalism & Mass Communication Quarterly*, 77, 804-829.

Tuchman, G. (1978). *Making news: A study in the construction of reality*. N. Y.: The Free Press.

Valentino, N. A., Beckmann, M. N., & Buhr, T. A. (2001). A spiral of cynicism for some: The contingent effects of campaign news frames on participation and confidence in government. *Political Communication*, 18, 347-367.

van Dijk, T. A. (1985). Structures of news in the press. In T. A. van Dijk (Ed.), *Discourse and communication: New approaches to the analysis of mass media and communication* (pp. 69-93). New York: de Gruyter.

van Grop, B. (2007). The constructionist approach to framing: Bringing culture back in. *Journal of Communication*, 57, 60-78.

TV와 함께 성장하기

문화계발 과정

마이클 모건(Michael Morgan, 매사추세츠 암허스트 대학)
제임스 샤나한(James Shanahan, 페어필드 대학)
낸시 시그노릴리(Nancy Signorielli, 델라웨어 대학)

역사적으로 볼 때 가장 광범위하게 공유되는 이미지와 메시지의 원천으로 기능한 것은 바로 TV다. TV는 어린이가 태어나서 성장하고, 우리 모두가 삶을 영위하는 공통된 상징적 환경의 주류를 형성한다. 새로운 미디어가 매주 등장하지만 대중을 향한 TV의 의례(*ritual*)는 그 효과가 전 세계적으로 감지될 정도로 약화될 기미를 보이지 않는다.

1960년대에 거브너(George Gerbner, 1919~2005)는 문화지표(*cultural indicators*)라 불리는 연구 프로젝트를 시작했다. 이 프로젝트는 TV정책, 프로그램, 영향력에 대한 연구를 광범위한 기반 위에서 통합적으로 수행하기 위해 고안된 것이었다(Gerbner, 1969). 거브너는 TV가 지배하는 문화적 환경에서 성장하고 삶을 영위함으로써 나타나는 결과를 연구자가 이해하는 데 도움을 주기 위해 **문화계발**(*cultivation*)이라는 미디어 효과이론을 고안했다.

문화계발 분석은 TV가 시청자들의 사회적 현실 인식에 미치는 영향에 초점을 맞춘다. 간단히 말하자면 문화계발 연구의 중심적인 가설은 인구사회학적 속성이 같은 사람들 중에서 TV를 보는 데 시간을 많이 소비하는 사람은 시간을 적게 소비하는 사람에 비해 TV세계에서 가장 공통적이고 반복적으로 등장하는 메시지를 반영하는 방식으로 실제 세계를 인식할 가능성이 더 높다는 것이다. 오랫동안 문화계발 이론과 방법론에 근거한(아니면 이를 비판하는) 수백 편의 연구가 등장했다. 이 장에서 우리는 미국과 전 세계에서 발견된 문화계발 과정의 역동성에 대한 이론을 요약하고 기술한다.

1. 문화지표

문화지표 패러다임은 3가지 방향의 연구 전략을 수반한다(Gerbner, 1973). 첫 번째는 제도적 과정분석으로 미디어 메시지의 대규모 흐름을 지배하는 정책의 형성과 체계화에 대해 탐구하는 작업이다(Gerbner, 1972). 나머지 두 방향은 메시지 체계분석과 문화계발 분석인데 이 장에서는 여기에 더 초점을 두고자 한다.

메시지 체계분석은 TV가 시청자에게 제시하는 세계의 특성과 경향을 정확하게 파악하기 위해 연간 네트워크 TV 드라마를 주별로 표집하여 체계적으로 고찰하는 작업이다. 이 분석은 1967년에 시작되어 지금까지 다양한 단체의 후원으로 지속되고 있다. 최근 케이블 프로그램과 다른 장르들이 메시지 체계분석에 새롭게 포함되었다.

거브너는 그로스(Larry Gross)와 함께 문화계발 분석을 위한 방법론을 개발했다(Gerbner & Gross, 1976). 문화계발 분석은 사람들이 삶과 사회의 다양한 측면에 대해 지닌 태도와 가정을 묻는 설문조사를 실시한다(아니면 다른 연구자가 수집한 설문 데이터를 분석한다). 그 다음으로 설문조사에서 TV노출 정도가 서로 다른 응답자들이 주요한 질문에 대해 어떻게 다르게 응답하는지를 고찰한다. 그리고 다른 모든 것을 통제한 상태에서 TV시청시간이 많은 사람이 적은 사람보다 TV세계의 잠재적 학습효과를 반영하는 방향으로 사회적 현실을 더 지각하는지의 여부를 검증한다.

따라서 "문화계발"이라는 개념은 사회적 현실에 대한 수용자 이해에 TV시청이 기여하는 독립적 영향을 지칭한다. TV시청은 세상을 보는 방법을 계발한다. TV세계에서 시간을 많이 보내는 사람은 TV가 제시하는 이미지, 가치, 묘사, 이데올로기 관점에서 "실제 세상"을 보는 경향이 강하다. "문화계발 차이"는 동일한 인구학적 하위집단 내에서 경(輕)시청자와 중(重)시청자 사이에서 발생하는 현실 인식에서의 차이를 말한다. 이는 TV시청이 다른 요인이나 과정과 역동적으로 상호작용하면서 시청자의 관점이나 신념에 대해 만들어내는 차이를 의미한다. 문화계발 효과에 대한 메타분석 연구를 살펴보면 다양한 변인이나 인구학적 계층에 걸쳐 문화계발 차이가 안정적으로 나타나고, 많은 연구들이 이론이 예측하는 방향으로 상당한 일관성을 보인다(Shanahan & Morgan, 1999).

초기 대부분의 연구는 TV폭력의 속성과 기능에 초점을 맞추었지만 문화지표 프로젝트는 시작부터 폭넓은 관점에서 접근했다. 폭력조차도 기본적으로 TV세계 내에서 권력을 나타내는 증거로, 그리고 사회적 통제와 소수자 집단의 지위를 확증하고 영속화시키는 데 심각한 함의를 지닌 것으로 인식되었다. 문화지표 프로젝트는 발전을 거듭하면서 주제, 이슈, 관심 분야의 범위를 지속적으로 넓혔다. 연구자들은 TV시청이 젠더, 소수집단과 세대역할에 대한 고정관념, 보건, 과학, 가족, 교육, 정치, 종교, 환경 및 기타 많은 주제와 관련된 분야에서의 수용자 인식과 행동에 영향을 미치는 정도에 대해 탐구했다. 이러한 분야의 상당 부분은 또한 다양한 비교 문화적 맥락에서 고찰되었다.

2. TV와 사회

TV의 스토리텔링 체계는 장르간에 일관성을 보인다. TV드라마, 광고, 뉴스, 다른 프로그램 등은 모든 가정에 상대적으로 일관성 있는 이미지와 메시지 체계를 전달한다. 문자해독력과 이동성의 역사적 장벽을 초월하는 TV는 이질적인 인구학적 계층에게 사회화와 일상 정보(보통 이러한 정보는 오락형태로 전달되는데)를 제공하는 주요 공급원이다. TV는 산업화 이전 시대에 종교가 그러한 기능을 한 이후 처음으로 엘리트가 다른 많은 공중과 공유하는 일상적 의례를 제공한다. 종교와 마찬가지로 TV의 사회적 기능은 세상을 정의하고 특정한 사회적 질서를 정당화하는 스토리(신화, '사실', 교훈 등)의 지속적 반복에 있다.

문화계발은 시청자가 자신이 TV에서 보는 것에 대한 신념을 공언하거나 사실과 허구적 표현을 구분할 수 있는가의 여부에 달려있는 것이 아니다. 사실상 우리가 알고 있거나 안다고 생각하는 것의 대부분은 우리가 받아들이는 스토리와 이미지의 결합물이다. "사실적"이라는 말은 상당히 선별적일 수 있고 "허구적"이라는 말도 상당히 현실적일 수 있기 때문에 이러한 말들은 기능보다는 스타일의 문제이다.

문화계발 연구자는 TV를 방대하고 다양한 인구학적 계층을 위해 생산되고 대부분의 시청자에 의해 상대적으로 비선별적이고 거의 실제적인 방식으로 소비되는 일관된 메시지 체계로 간주한다. TV장르나 프로그램이 표면적으로는 차이가 있어 보이지만 좀더 깊게 들여다보면 다양한 프로그램 유형에 걸쳐 놀랍게도 사회에 대한 비슷하고도 보완적인 이미지, 일관된 이데올로기, 삶과 관련된 "사실"에 대한 일관성 있는 설명이 등장한다. 따라서 구체적 장르나 프로그램보다는 전체적 패턴에 대한 노출을 고찰함으로써 TV시청의 역사적으로 독특한 영향, 즉 다양한 공중집단 사이에서의 공유되는 현실인식에 대한 계발효과를 설명할 수 있다.

이러한 입장이 구체적 프로그램, 선별적 관심과 지각, 구체적인 목표대상을 지닌 커뮤니케이션, 개인과 집단별 차이, 태도와 행동변화 등의 중요성을 부정하는 것은 아니다. 그러나 TV는 다른 미디어에 비해 주요 대상으로 삼는 시청자나 시청자에게 제공하는 콘텐츠가 상대적으로 제한적이다. 보다 분절적인 적소(niche) 수용자층을 대상으로 하는 케이블이나 위성채널이 늘어나는 상황에서 대부분의 TV프로그램은 상업적 필요로 이질적인 폭넓은 수용자 층에 초점을 맞춘다. 게다가 시청량도 시청자의 생활패턴을 따른다. 수용자는 항상 하루, 일주일, 계절 중의 특정 시간대에 시청할 수 있는 집단으로 존재한다. TV시청 여부는 프로그램보다는 시간에 더 의존적이다. 대부분의 시청자가 TV를 시청할 수 있는 시간대에 시청이 가능한 프로그램의 수와 종류는 또한 동일한 대중 수용자를 겨냥해서 만들어진 많은 프로그램이 기본적 구성이나 소구에서 비슷한 경향을 보이기 때문에 제한된다.

일반 미국가정에서 TV수상기는 하루에 7시간 정도 켜져 있다. TV를 더 많이 시청하는 사람일수록 프로그램에 대한 선별성이 낮을 수 있다. 현실 폭력에 대한 인식이 뉴스시청이나 액션물에 원인이 있는 것으로 간주하는 연구는 뉴스나 액션물을 많이 시청하는 사람들이 전반적으로 다른 프로그램을 더 많이 시청하고, 많은 유형의 프로그램이 중요한 특성을 서로 공유한다는 사실을 간과했다.

따라서 전체 공동체 구성원이 오랜 기간에 걸쳐 규칙적으로 노출되는 프로그램의 일반적 패턴이 안정적으로 공유되는 현실에 대한 인식을 계발할 가능성이 가장 높다. 이러한 일반적 패턴은 프로그램 유형과 시청양식 전반을 관통하는 배경, 배역, 사회적 유형, 행동 및 이와 관련된 결과물의 패턴이며 이것이 TV세계를 규정한다. 시청자는 이러한 상징적 세계 속에서 태어나며 상징적 세계가 보여주는 반복적 패턴에 대한 노출을 피할 수 없다. 이는 어떤 개별 프로그램이나 프로그램 유형 또는 채널(예를 들면, 가족 프로그램, 토크쇼, 스포츠, 요리 채널, 뉴스채널, 폭력물 등)이 특정한 속성의 "효과"를 가지지 않는다는 사실을 주장하는 것은 아니다. 오히려 이는 우리가 "문화계발 분석"이라고 부르는 것이 전체 메시지 체계에 장기간 노출됨으로써 나타나는 집합적 결과에 초점을 맞춘다는 사실을 강조한다.

3. "효과" 연구에서 "문화계발" 연구로의 전환

TV의 사회적 영향에 대한 대부분의 과학적 연구(그리고 대부분의 공적 담론)는 마케팅, 설득 연구와 관련된 이론적 모델과 방법론적 절차를 따른다. 미디어를 이용하여 사람들의 태도와 행동을 변화시키는 노력에 시간, 에너지, 돈이 투입되었다. 전통적 효과연구는 선별적 노출, 특정 메시지에 노출된 집단과 노출되지 않은 집단 사이의 사전·사후 효과측정이라는 관점에서 특정한 정보, 교육, 정치, 상업적 메시지를 평가하는 데 기반을 둔다. 이러한 연구전통에 매몰된 학자들은 특정 메시지의 선택적 시청보다는 메시지 전체의 시청을 강조하는 문화계발 분석을 쉽게 받아들이지 않는다.

비슷하게, 우리는 여전히 인쇄문화 이데올로기와 이러한 이데올로기가 강조하는 자유, 다양성, 적극적 유권자의 이상에 젖어있다. 이러한

이상은 또한 정보, 오락의 생산과 선택을 경쟁적이고 갈등적인 이해관계의 다양성이라는 관점에서 추론한다. 이것이 많은 학자들이 문화계발 이론과 미디어 텍스트의 수용모델 사이에 중대한 차이가 있다고 간주하는 이유이다(McQuail, 2000). 수용모델의 관점에서 보자면 다른 상황이 문화계발 과정에 관여하여 이를 무력화시킬 수 있고, 시청자는 선별적으로 시청하며, 프로그램 선별이 중요하고, 시청자가 텍스트로부터 어떻게 의미를 구성하는가의 문제가 TV를 얼마나 많이 시청하는가의 문제보다 더 중요하다는 주장이 논리적인 것처럼 보일 수 있다.

우리는 이러한 주장을 반박하지 않는다. 매개된 텍스트의 다의성은 학계에서 인정받았다. 그럼에도 불구하고 문화계발 이론의 관점에서 보자면 수용자와 미디어 텍스트의 상호작용이 상당한 다양성과 복합성을 만들어낸다고 말하는 것이 미디어 콘텐츠 전반에서 주된 공통성과 일관성이 나타날 수 있다는 사실을 부인하는 것은 아니다. 비슷한 맥락에서 차이에 대한 탐구가 하나의 문화 내에서의 공유된 의미의 가능성을 반드시 부인할 필요는 없다(그리고 논쟁적이기는 하지만 부인할 수 없다).

다의성이 무제한적인 것은 아니고, 선호된 해독(*preferred readings*)이 큰 위력을 발휘할 수 있다. 마찬가지로 개인간 차이나 즉각적 변화에 집중하게 되면 TV가 연구의 전략과 민주적 정부에 대한 전통적 이론에 대해 제기하는 심오한 역사적 도전을 놓칠 수 있다. 따라서 어떤 주어진 프로그램에 대한 개별 시청자의 "해독"이 서로 다를 수 있지만 문화계발은 사람들에게 TV 텍스트에 대해 어떻게 생각하는지에 대해 묻지 않는다. 오히려 문화계발은 사람들이 오랜 기간에

걸쳐 메시지의 대규모 흐름에 노출되면서 받아들이는 것에 대해 조망한다. 이러한 과정은 시청자와 메시지의 상호작용을 함축한다. 메시지, 시청자 모두 절대적 위력을 가지지 않는다.

따라서 문화계발은 사회적 현실 인식에 대한 TV의 영향을 하나의 일방적이고 획일적인 "밀어붙이기" 과정으로 간주하지 않는다. 어떤 보편적 매체가 상징적 환경의 속성과 구조에 미치는 영향력은 미세하고, 복잡하며, 다른 영향력 요인과 얽혀있다. 게다가 "어떤 것이 먼저인가"라는 질문은 "능동적" 또는 "수동적" 수용자의 이분법적 구분과 마찬가지로 그릇되고 부적절한 것이다 (Shanahan & Morgan, 1999 참조).

사람들은 TV가 주류인 상징적 환경 속에서 태어난다. TV시청은 생활양식과 사고방식을 형성하면서도 동시에 생활양식과 사고방식의 견실한 한 부분이다. 선택의 대안이 적은 사람뿐만 아니라 특정한 사회적, 심리적 특성과 기질, 세계관을 가진 사람의 상당수가 TV를 문화적 참여의 주요 수단으로 이용한다. TV가 오락과 정보의 공급원으로서 영향력을 행사하는 정도에 비례하여 사람들이 TV 메시지에 지속적으로 노출될 경우 TV가 지닌 고유한 가치와 관점을 반복적으로 확증하고 계발할 가능성이 높다.

문화계발은 일방적 과정이 아니라 중력에 기반을 둔 과정과 비슷한 것으로 인식될 수 있다. 중력이 "끌어당기는" 각도와 방향은 시청자 집단과 이들의 생활양식이 중력선, 즉 TV세계의 주류와 관련해 어디에 위치하는가에 달려있다. 각 시청자 집단이 서로 다른 방향에서 잡아당길 수 있지만 모든 집단이 동일한 주류의 영향을 받는다. 따라서 문화계발은 메시지, 수용자, 맥락 사이의 지속적, 역동적, 현재 진행형적 과정이다.

4. 문화계발 분석방법

문화계발 분석은 TV 콘텐츠가 지닌 가장 반복적이고, 안정적이며, 중요한 패턴을 확인하는 메시지 체계분석으로 시작한다. 이러한 패턴은 메시지 전체에 내재된 일관된 이미지, 묘사, 가치(이것이 반드시 어떤 특정한 프로그램이나 장르에서 내재될 필요는 없는데)이며, 규칙적으로 TV를 시청하는 사람(특히 중시청자)은 이러한 패턴에 대한 노출을 피할 수 없다.

실제 세상과 "TV에서 묘사되는 세상" 사이에는 중요한 차이점들이 많이 존재한다. TV 메시지 체계에 대한 체계적 분석에서 나온 결과를 토대로 TV시청이 제공할 수 있는 잠재적 "영향 또는 학습효과"에 대한 질문이 구성된다. 어떤 질문은 반(半) 투사적 포맷, 일부 질문은 강제선택 포맷을 사용한다. 그리고 어떤 경우에는 신념, 의견, 태도, 행동 등을 단순히 측정한다(어떤 질문도 응답자에게 TV 그 자체에 대한 견해나 구체적인 프로그램이나 메시지에 대한 견해를 묻지 않는다).

표준화된 설문조사 방법기법을 사용해 어른, 청소년, 어린이 표본(전국 확률표집, 지역 표집, 편의 표집 등으로)에게 질문이 주어진다. 대규모 전국 설문조사[예를 들면, 일반사회조사(GSS)] 가 TV세계의 잠재적 "학습효과"와 관련된 문항을 포함하거나 TV시청 여부나 정도를 측정할 때 이에 대해 2차 자료분석이 종종 행해진다.

TV시청은 일반적으로 응답자들에게 "하루 평균" TV시청시간을 물어서 측정한다. 가능한 경우 TV시청시간을 복수의 방법을 사용하여 측정한다. 이러한 측정은 상대적(절대적이 아닌) 지표를 제공하는 것으로 가정되기 때문에 TV시청 정도에 따른 '경(輕) 시청자', '중간 시청자', '중

(重) 시청자' 여부의 결정은 설문조사 표본 단위별로 이루어진다. TV시청 수준에서의 상대적 차이는 구체적인 시청량보다 더 중요하다. 상대적인 "경", "중간", "중" 시청집단(전체표본이나 주요한 하위표본에서의)에 걸쳐 나타나는 단순한 패턴에 대한 분석은 문화계발 효과의 일반적 속성을 조명하는 데 유용하지만 보통 연속적 자료를 사용한 보다 엄격한 다변인 분석이 추가적으로 뒤따른다.

문화계발 효과의 증거는 효과의 절대적 크기라는 관점에서 보자면 그리 크지 않다. 심지어 "경"시청자도 하루에 여러 시간 TV를 시청할 수 있고 중시청자와 동일한 문화 속에서 살고 있다. 따라서 경시청자와 중시청자 사이에서 차이가 작기는 하지만 효과가 보편적으로 일관성 있게 나타난다는 사실은 폭넓은 함의를 지닐 수 있다. 지난 20년 이상 수행된 수백 건의 문화계발 효과연구를 체계적으로 검토하면 문화계발 효과의 크기는 전형적으로 피어슨 상관관계가 약 .09 정도인 것으로 나타났다.

이는 통계적으로 강한 효과는 아니다. 하지만 이러한 "소 효과"가 종종 의미 있는 반향을 일으킨다. 지구표면 평균온도의 미세한 변화가 빙하기나 지구촌 온난화 현상을 야기한다. 안정된 거대 시장에서의 5%에서 15% 사이 차이("문화계발 차이"도 마찬가지인데)는 경영권 인수와 같은 지각변동을 알리는 것이고, 박빙으로 균형을 이루는 선택, 투표, 여타 의사결정에서 어느 한쪽을 우세하도록 만들기에 충분하다. 단 1% 포인트의 시청률 차이도 광고수입에서 수백만 달러의 가치가 있다는 사실을 미디어 시장은 잘 안다. 따라서 공유되는 세계관이나 시각의 계발에서 미세하지만 보편적 변화는 문화적 환경을 변화시키고 사회적, 정치적 의사결정의 균형을 뒤집을 수도 있다.

5. 문화계발 분석의 결과

상징적 현실과 독립적으로 관찰 가능한 현실에는 분명한 차이가 있기 때문에 TV에서 제시하는 "사실"에 대한 견해가 중시청자들이 세상에 대해 당연시하는 것에 녹아들어가는 정도를 손쉽게 검증할 수 있다. 예를 들어, TV에 등장하는 사람들이 폭력을 접할 가능성이 일반 사람들과 비교할 때 어느 정도인지를 생각해 보자. 지난 40년간의 메시지 체계 분석은 TV 등장인물의 절반 이상이 매주 특정종류의 폭력적 행동에 관여한다는 사실을 보여준다. 통계자료의 제한점이 분명하게 있기는 하지만 미 연방수사국 통계로 보면 매년 미국인구의 1% 미만이 폭력범죄의 희생자이다. 문화계발 분석은 TV세계에 과다하게 노출될 경우 사람들은 일주일에 폭력에 관여되는 사람들의 숫자를 과다하게 인식하고, 이와 더불어 범죄와 법집행에 대해 부정확한 신념이 있다는 사실을 발견했다.

그러나 문화계발 분석은 TV에서 제시되는 "사실"이 현실세계(또는 심지어 상상적이지만 서로 다른 세계)의 통계와 다른 경우에만 국한되지 않는다. 유아 시절부터 시작해서 TV에서 배우는 반복적 "학습"은 폭넓은 세계관의 기반이 되기 때문에 TV는 구체적 가치뿐만 아니라 일반적 가치, 이데올로기, 관점의 중요한 공급원이다. 문화계발 분석에서 가장 흥미로우면서도 중요한 이슈 중 하나가 메시지 체계에 대한 분석결과를 TV세계와 실제 세계의 "사실"과 비교하는 것을 넘어서, 이러한 결과를 상징적 차원에서 보다 일반적 이슈나 가정으로 변형시킨다는 점이다(Hawkins & Pingree, 1982).

이와 관련한 좋은 예가 우리가 "비열한 세상"(mean world) 신드롬이라고 부르는 것이다. 메시지 분석자료는 사람들의 이기주의나 이타주의에 대해 직접적으로 이야기하는 바가 거의 없고, 실제 세계에서 사람들이 타인에 대해 지닌 신뢰수준에 대한 통계치도 분명하지 않다. 그러나 우리는 TV에 장기간 노출되면 상대적으로 비열하고 위험한 세상이라는 이미지가 계발되는 경향이 있다는 사실을 발견했다. 상대적으로 TV를 적게 시청하는 집단과 비교할 때 중(重) 시청자들은 대부분의 사람들은 "믿을 수 없고", "자기 자신만을 생각 한다"고 말할 가능성이 더 높다(Gerbner et al., 1980; Signorielli, 1990).

일련의 연구에서는 결혼과 일에 대한 인식에 초점을 맞췄다. 시그노릴리(Signorielli, 1993)는 TV가 결혼에 대해서는 현실적 견해를 계발하지만, 일에 대해서는 현실과 모순되는 견해를 계발한다는 사실을 발견했다. TV를 많이 시청하는 성인은 높은 지위의 직장과 많은 돈을 벌기를 원하면서도 휴가가 많고 다른 일을 할 시간이 많은 상대적으로 편한 직장을 원하는 경향이 강했다. 그는 또한 TV시청이 TV에서 묘사하는 결혼에 대한 양면가치성을 반영하는 방향으로 사람들의 생각을 계발한다는 점을 밝혀냈다. TV를 더 많이 시청한 성인은 결혼하기를 원하고, 같은 배우자와 평생 함께 살며, 자녀를 갖기를 원하는 경향이 높았다. 그럼에도 불구하고 중(重) 시청자는 일반사람들은 결혼생활이 그다지 좋거나 행복하지 않으며, 결혼해서 살아가는 삶에 대해 회의하는 것으로 믿는 경향이 강했다.

TV에 등장하는 가족은 "전통적 핵가족" 모델과 맞지 않고 편부모 가족이 지나치게 많이 등장한다. 모선 등(Morgan, Legget & Shanahan, 1999)은 중시청자는 경시청자보다 편친(single-parent) 가정과 혼외 자녀출산을 인정하는 경향이 더 높다는 사실을 밝혀냈다. 그럼에도 불구하고 TV에 등장하는 편친 가정은 현실에서의 편친 가정과 유사하지 않다. TV에서 제시되는 편친 가정에서는 전업 가사도우미를 둔 부유한 남성의 이야기를 보여준다. 따라서 중시청자는 편친 생활이 고도로 환상적이고 사치스럽다는 생각을 더 많이 받아들일 수 있다.

다른 연구는 과학이나 환경에 대한 태도의 계발에 대해 고찰했다. 예를 들면, 샤나한 등(Shanahan, Morgan, Stenbjerre, 1997)은 중시청자가 환경에 대한 지식이 더 적고, 환경 이슈에 대해 덜 적극적인 반면 구체적 환경문제나 이슈에 대해서는 더 많은 두려움이 있다는 사실을 발견했다. 과학 이미지의 문화계발 효과에 대한 초기연구를 되풀이하여 과학 관련 이슈에 대한 두려움의 계발효과연구가 있었다(TV와 환경에 대한 연구는 Shanahan & McComas, 1999 참조).

정치적 견해에 대해 다룬 연구도 있다. 우리는 TV가 규모가 크고 이질적 수용자를 추구하기 때문에 가능한 한 모든 수용자를 불편하지 않게 하는 메시지를 생산하는 경향이 있다고 주장했다. 따라서 이러한 메시지는 서로 상반되는 견해를 "균형적으로 제시"하고 비이데올로기적 주류를 따르는 "중간 경로"로 나아가는 경향이 있다. 우리는 중시청자가 스스로를 "진보적"이거나 "보수적"이기보다는 "중도"로 명명하는 경향이 상당히 강하다는 사실을 밝혀냈다. 우리는 이러한 결과를 지난 20년간의 일반사회조사(*General Social Survey*) 데이터에서 발견했다.

국외정책에 대한 계발효과의 함의가 걸프만 전쟁에 대한 태도연구에서도 반영되었다(Morgan, Lewis & Jhally, 1991). TV를 많이 시청하는 사람은 군사용어에 더욱 익숙하고 전쟁을 지지하는 경향이 있었지만 관련이슈나 중동 일반에 대해서는 아는 것이 더 적었다. TV시청 총량이 뉴스에 대한 구체적 노출보다 훨씬 더 중요했다.

6. 인지적 과정

1990년대는 문화계발의 인지적 메커니즘, 즉 문화계발이 어떻게 작동하는가에 대한 설명에서 주목할 만한 진전을 보였다. 호킨스와 핑그리(Hawkins & Pingree, 1982)가 제시한 모델은 TV가 어떻게 개인의 "머릿속"에 있는 생각에 영향을 미치는가에 초점을 맞추었다. 이들은 그 과정을 "학습"과 "구성"의 두 단계로 나누어 설명했다. 그러나 이 모델이 아직까지 입증되지는 않았다. 비슷하게 "지각된 현실"이라는 개념에 대한 조명을 통해 인지적 과정의 블랙박스에 대해 탐구했던 연구도 확실한 결론을 내지 못했다.

사람들은 자신이 TV에서 본 것이 현실이 아니라는 사실을 쉽게 잊어버리기 때문에 TV가 현실 지각을 변형시킬 수 있다는 가설을 샤피로와 랭(Shapiro & Lang, 1991)이 제시했다. 메어즈(Mares, 1996)는 이러한 가설을 검증했는데, 그 결과 허구 프로그램과 현실을 혼동하는 경향이 있는 사람은 세상을 더 비열하고 폭력적인 장소로 인식하고, 또한 사회계층 평가에 대한 질문에 대해 "TV에서 제시하는 답"을 말한다는 사실을 발견했다.

그러나 쉬럼(Shrum, 1997)은 사람들은 일반적으로 사회현실에 대해 판단할 때 정보원에 대해서는 고려하지 않는다는 주장과 증거를 제시했다. 쉬럼은 중시청자에게는 TV 이미지가 "자기발견적"으로 다가오기 때문에 자신이 정신적 판단을 내릴 때 이러한 이미지를 인지적 판단의 지름길로 더 쉽게 사용하는 경향이 있다고 주장한다. 쉬럼은 중시청자는 사회적 현실에 대한 질문에 더 빨리 대답한다는 사실을 밝혀냈는데, 이는 중시청자가 질문의 답에 대한 접근성이 더 용이하며, 응답자는 답을 하는데 그다지 깊게 생각하지 않는다는 사실을 시사한다. 쉬럼의 인지적 설명은 문화계발 효과를 상당히 지지한다. 이는 또한 TV가 사람들의 태도를 반드시 바꾸지는 않고, 태도를 더 강하게 만든다는 사실을 시사한다(Shanahan & Morgan, 1999; Shrum, 2007).

7. 주류

근대 문화는 다양한 사상적 경향들로 이루어졌지만 신념, 가치, 행위의 지배적 구조라는 맥락 내에 존재한다. 이러한 지배적 경향은 단순히 모든 하위경향의 총합이 아니다. 오히려 이것은 보다 일반적이고 기능적이며 안정적 주류(主流)로서 공유된 의미나 가정의 가장 폭넓은 차원을 대표한다. 윌리엄스(Williams, 1977)가 "잔여적이고 새롭게 등장하는 경향"이라고 불렀던 것을 포함하는 모든 다른 반주류적 경향을 궁극적으로 규정하는 것도 바로 이 지배적 경향이다. 우리 사회에서 주요한 이야기꾼으로서의 TV의 지위는 TV를 우리 문화의 주류를 근본적으로 표현하는 수단으로 만든다.

이러한 주류는 TV세계에 대한 노출이 시청자에게 계발하는 관점과 가치의 상대적 공통성으로 간주될 수 있다. "주류"라는 개념은 TV의 중시청이 다른 요인이나 영향에서 통상적으로 파생되는 관점과 행위의 차이를 흡수하거나 무력화시킬 수도 있다는 것을 의미한다. 다른 말로 표현자면, 서로 다른 집단의 다양한 문화적, 사회적, 정치적 특성과 일반적으로 관련되는 반응에서 나타나는 차이가 중시청자의 반응에서는 줄어든다. 예를 들면, 지역, 정치 이데올로기, 사회경제적 차이 등이 중시청자의 태도와 신념에 크게 영향을 미치지 못한다.

비열한 세상 신드롬이 또한 TV시청이 지닌 주류의 함의를 보여준다. 시그노릴리는 대학교육을 받지 않은 사람은 중시청자와 경시청자가 똑같이 비열한 세상에 대한 인식을 측정하는 지수에서 높은 점수를 보였다는 사실을 밝혀냈다. 두 집단 모두 53%가 지수를 구성하는 두세 개 항목에 대해 동의했다. 그러나 대학교육을 받은 사람의 경우 TV시청이 상당한 차이를 만들어냈다. 즉, 경시청자의 28%가 비열한 세상 측정지수에서 높은 점수를 보인 반면, 중시청자는 43%가 높은 점수를 보였다. 따라서 경시청자 중에서 대학교육 유무에 따른 집단간 차이가 25% 포인트인 반면 중시청자는 집단간 차이가 10% 포인트도 채 되지 않는다. 대학교육 유무에서 서로 다른 집단의 중시청자는 모두 "TV 주류"에 속한다.

앞에서 지적했듯이 중시청자가 스스로를 "중도"라고 명명하는 경향이 있지만 사람들이 정치적 이슈에 대해 실제적으로 취하는 입장을 보면 주류는 "중도적 입장"이 아니라는 사실을 알 수 있다. 우리가 전통적으로 진보와 보수를 나누는 인종차별, 동성애, 낙태, 소수자 권리, 기타 이슈 등에 대한 태도를 분석했을 때, 이러한 구분은 대부분이 TV를 거의 보지 않는 사람들에서 나타났다. 중시청자의 경우 보수와 진보가 훨씬 더 유사한 입장을 보인다. 우리는 또한 주류는 정치적 이슈에 대해 우파적 경향이 강한 반면, 경제적 이슈에 대해서는 포퓰리즘적 입장(중시청자는 사회적 서비스를 더 많이 원하지만 세금은 낮추기를 원하는)을 보인다는 사실을 발견했다. 이러한 포퓰리즘적 입장은 시장 중심주의의 영향을 반영하며 수요와 기대 사이의 잠재적 갈등을 배태한다.

주류는 하나의 과정으로서 TV의 공통된 세계관의 계발에 대한 이론적 설명이자 경험적 검증이다. 주류는 상대적 동질화, 다양한 관점의 흡수, TV세계의 중요한 패턴에 대한 서로 다른 견해의 수렴을 대표한다. 인쇄문화의 상대적 다양성이 양산했던 전통적 구분은 후속세대와 집단이 TV가 제시하는 세계관에 문화적으로 적응하면서 흐려지게 되었다. 주류를 통해 TV는 미국인의 진정한 "용광로"(melting pot)가 되고 있으며 이것이 점차 전 세계로 확산되는 추세다.

8. 국제적 문화계발 분석

문화계발 분석은 국가간, 문화간 비교연구에 매우 적합하다. 사실상 이런 부류의 연구는 국가간에 나타나는 시스템 차원의 유사성과 차이점, 국가적 문화정책의 실질적 중요성을 가장 잘 검증한다.

모든 국가의 TV시스템은 그 나라의 역사, 정치, 사회, 경제, 문화적 맥락을 반영한다. 미국

영화와 TV프로그램이 세계 대부분 국가의 TV에 제공되지만 이들 프로그램은 그 국가의 지역적 생산체계와 결합되어 문화 특수적인 합성적 "세계"를 구성한다. 다른 국가의 미디어 시스템은 미국 미디어 시스템만큼 안정적이고 일관되며 동질적 이미지나 메시지를 제공할 수도 있고 그렇지 않을 수도 있다. 따라서 문화계발(그리고 주류) 패턴이 국가나 문화마다 상당히 다양한 경향이 있다(Gerbner, 1990; Morgan, 1990; Morgan & Shanahan, 1995; Tamborini & Choi, 1990).

영국에서 워버(Wober, 1978)는 폭력적 이미지에 대한 문화계발 효과를 입증하는 증거를 찾지 못했다. 영국 프로그램에는 폭력적 내용이 거의 없었으며, 이는 미국 프로그램이 영국 TV시간에서 차지하는 비율이 15%에 불과했기 때문이었다. 그러나 피피 등(Piepe, Charlton, Morey, 1990)은 영국에서 정치적 "동질화"(주류)의 증거를 찾아냈고 이는 미국에서의 결과나 모건과 샤나한(Morgan & Shanahan, 1995)이 아르헨티나에서 발견한 결과와 상당히 일치했다.

핑그리와 호킨스(Pingree & Hawkins, 1981)는 미국 프로그램에 대한 노출(특히 범죄와 모험)이 호주학생들의 "비열한 세상" 점수, 호주의 "사회폭력" 지수 등과 관계가 있었지만 미국과 관련한 "사회폭력" 지수와는 관계가 없었다는 사실을 밝혀냈다. 호주 프로그램 시청은 이러한 생각과는 관련이 없었지만 미국 프로그램을 많이 본 학생은 호주사회가 더 위험하고 비열한 것으로 생각하는 경향이 강했다.

폭력, 성 역할, 정치적 성향, 전통적 가치, 사회적 고정관념, 기타 이슈에 대한 생각에 대한 문화계발 분석이 스웨덴, 아르헨티나, 필리핀, 대만과 멕시코, 태국 등 다양한 국가에서 실시되었다. 이들 연구는 국내 프로그램이나 수입 프로그램의 시청이 그 국가의 독특한 문화적 맥락과 상당히 복잡하게 상호작용한다는 사실을 보여준다. 예를 들면, 한국에서 강과 모건(Kang & Morgan, 1988)은 미국 TV프로그램에 대한 노출이 여성들 사이에서 성역할과 가족가치에 대한 보다 '진보적' 관점과 관련 있다는 사실을 밝혀냈다. 반면 일본에서 사이토(Saito, 2007)는 그 반대의 결과를 발견했는데, TV 중시청이 여성들 사이에서 성에 대한 전통적 관점을 계발하는 것으로 나타났다.

일부 국제적 연구는 문화계발 분석의 비교적 측면에 대해 고찰했다. 모건과 샤나한(Morgan & Shanahan, 1992)은 대만과 아르헨티나 성인에 대해 분석했다. TV가 재원을 광고에 의존하고 미국 프로그램의 특징을 보이는 아르헨티나에서 TV 중시청이 전통적 성역할과 권위주의를 계발한다. 반면, 미디어가 국가에 의해 통제되고 미국 프로그램 수입이 적으며 일반적으로 TV 시청량이 적은 대만에서는 문화계발 효과가 분명하게 드러나지 않았다.

1989년에 수행된 미국과 구소련의 TV연구는 TV가 두 국가에서 서로 다른 역할을 수행한다는 사실을 밝혀냈다(Morgan, 1990). 미국에서는 TV가 살고 있는 동네의 안전에 대한 염려와 정적 상관관계를 맺었던 반면, 구소련에서는 이러한 관계가 나타나지 않았다. 아마 이는 구소련의 TV에서 폭력물의 등장빈도가 미국보다 훨씬 더 낮았기 때문에 나타나는 결과로 해석될 수 있다. 두 국가 모두에서, 특히 구소련에서 사람들이 TV를 많이 볼수록 집안일이 여성의 책임이라고 말하는 경향이 높았다. 삶에 대한 일반적 만

68

족도는 미국에서 TV 경시청자에서보다는 중시청자에서 더 낮았지만, 구소련에서는 이러한 관계가 나타나지 않았다(아마 소련에서는 모두에게 있어서 전반적으로 사회적 만족도가 낮기 때문에 나타난 결과로 해석된다). 사실상 소련의 TV는 미국보다 훨씬 더 프로그램 내용이 다양했다. 아마 이러한 이유 때문에 TV시청이 구소련보다는 미국에서 훨씬 더 강력한 주류 효과를 나타낸 것으로 보였다.

이러한 모든 것은 TV 메시지나 묘사가 미국에서보다 훨씬 덜 반복적이고 동질적인 국가에서 문화계발 분석의 결과 또한 덜 예측적이고 일관성이 없는 경향이라 점을 시사한다. 문화계발 효과가 특정국가에서 발생할 수 있는 정도는 가능한 채널의 수, 전체 방송 시간, 수용자가 TV를 시청하는 시간 등과 같은 다양한 구조적 요인에 따라 다르다. 그러나 문화계발의 정도는 채널의 수와는 반드시 관련이 있는 것이 아니고 무엇보다도 시청 가능한 프로그램 내용에서의 다양성의 양에 따라 다를 가능성이 높은 것으로 보인다. 다양하고 균형 잡힌 프로그램 구조를 지닌 소수의 채널이 동일한 수용자를 두고 경쟁하는 많은 채널보다 훨씬 더 다양한 시청을 조장(사실상, 강제) 할 수 있다.

9. 최근 연구결과

문화계발을 탐구하는 연구의 수는 계속 증가했고 새로운 시각에서 접근한 연구도 많아졌다. 여기에서는 주목할 만한 가치가 있는 최근 연구의 일부를 간단하게 소개하고자 한다.

1) 범죄

문화계발 이론이 TV에 대한 일반적 노출을 강조하지만 최근의 많은 연구는 구체적 장르의 효과에 대해 고찰한다. 예를 들면, 고이델 등(Goidel, Freeman, Procopio, 2006)은 구체적으로 TV뉴스 시청이 청소년 범죄가 증가한다는 인식과 연관이 있다는 사실을 밝혀냈다. 즉, TV뉴스에 대한 노출이 폭력범죄로 수감되는 청소년 숫자에 대한 과장된 인식과 연관이 있다는 것이다. 이들은 또한 뉴스에 대한 노출이 감옥 수감이 재활을 통한 사회복귀보다 더 효과적이라는 인식과 관련이 있다는 점을 입증했다. 마지막으로 TV시청은 법원판결이 피고의 인종과 상관없다는 인식과 연관되었다.

홀브룩과 힐(Holbrook & Hill, 2005)은 범죄 드라마 시청이 범죄에 대한 염려와 유의미하게 연관된다는 사실을 밝혀냈다. 이들은 범죄 이미지에 대한 만성적 접근은 문화계발, 의제설정, 점화효과와 같은 연구에서 입증된 것과 일치되는 인식을 유발한다고 주장했다. 홀버트 등(Holert, Shah, Kwak, 2004)은 범죄관련 TV와 사형, 총기 소유에 대한 견해 사이의 관계에 대해 탐구했다. 이들은 대규모 마케팅 조사자료를 이용하여 TV뉴스와 경찰 재현 프로그램 시청이 범죄에 대한 두려움과 연관된다는 사실을 입증했다. 경찰 재연 프로그램과 범죄 드라마 시청은 사형에 대한 지지와 연관이 있고, TV시청 변인이 총기 소유에 대한 인식과도 관련 있었다.

벌크(Van den Bulck, 2004)는 허구적 프로그램에 대한 노출과 범죄에 대한 두려움 사이의 관계를 설명하는 문화계발 모델, 도피 가설(범죄를 두려워하는 사람은 집 밖을 나서기를 두려워할 것이다), 기분관리 가설(두려움을 느끼는 사람은 자신의 두려움을 관리하는 데 도움을 주는 범죄물을 더 많이 시청할 것이다) 이라는 3가지 경쟁모델을 검증했다. 벨기에에서 진행된 벌크의 연구는 문화계발 가설을 가장 강하게 지지했다. 즉 TV시청이 두려움과 관련이 있었고, 범죄에 대한 직접적인 경험은 두려움과 관련이 없었다.

버셀(Busselle, 2003) 은 부모들의 범죄관련 TV프로그램 시청이 범죄가 만연한다는 인식과 관련 있다는 사실을 밝혀냈다. 이러한 인식은 또한 부모들이 자녀들에게 범죄의 위험에 대해 경고하는 횟수와 관련 있었다. 그리고 위험에 대한 경고는 자녀가 경고를 받아들이는 기억의 정도와 관련 있었다. 마지막으로 이러한 경고에 대한 기억이 자녀의 범죄 빈도에 대한 평가와 관련이 있었다.

에쉬홀츠 등(Eschholz, Chiricos, Gertz, 2003) 은 이웃주민의 인종적 구성에 대한 지각이 TV와 두려움의 관계를 구조화시키는 중요한 차원이며, TV효과는 주로 자신이 사는 동네가 흑인들이 많다고 지각하는 개인들 가운데에서 주로 나타난다는 사실을 밝혀냈다.

2) 보건과 정신건강

거초번과 벌크(Gutschoven & Van den Bulck, 2005) 는 플랑드르 지역 학생들 사이에서 TV 노출량이 많을수록 최초로 흡연을 시작한 시기가 빠르며, 흡연에 대해서도 더 긍정적 태도를 가졌다는 점을 발견했다. 이들은 TV의 역할모델을 통한 사회적 학습과 흡연에 대한 긍정적 태도의 계발 사이에 인과관계가 성립된다고 추측한다.

디펜바흐와 웨스트(Diefenbach & West, 2007)

는 TV의 정신건강에 대한 묘사(Signoriellie, 1989) 를 연구하는 전통을 이어받아 정신질환이 있는 개인이 여전히 폭력적이고 범죄행위를 할 가능성이 많은 것으로 묘사된다는 사실을 밝혀냈다. 이들은 설문조사를 통해 중시청자가 정신질환이 있는 사람에 대해 더 부정적으로 인식한다는 사실도 밝혀냈다.

3) 정 치

베슬리(Besley, 2006) 는 유럽인들의 TV 이용이 낮은 정치참여와 연관이 있다는 점을 밝혀냈다. 베슬리는 스스로 진보적이라고 생각하는 사람에게 문화계발 효과가 가장 강하다는 초기의 주류 분석을 이어받아 "자아 초월"과 "변화에 대한 개방성"과 같은 진보적 가치에 스스로를 동일시하는 사람들 사이에서 문화계발 효과가 가장 낮다는 사실을 밝혀냈다. 베슬리는 이러한 효과는 TV의 소비주의 조장과 공공영역의 "붕괴" 때문일 수 있다고 추측했다.

4) 성역할, 성적 행동

워드와 프리드먼(Ward & Friedman, 2006) 은 실험연구에서 피험자가 섹스행위에 대한 정형화된 내용에 노출될 경우 고정관념을 받아들인다는 사실을 입증했다. 실험연구에 이은 설문조사연구에서도 규칙적인 미디어 이용이 섹스는 바람직한 것이고, 남자는 섹스에 충동적이며 여자는 섹스대상이라는 신념과 연관된다는 사실을 밝혀냈다.

저브리겐과 모건(Zurbriggen & Morgan, 2006) 은 리얼리티 데이트 프로그램과 성, 성행위에 대한 태도에 대해 탐구했다. 이들은 이러한 프로그램에 대한 노출은 '적대적' 섹스관념, 성적인 이중기준(남자가 섹스에서 더 공격적이어야 한다)에 대한 인정, 그리고 남자가 섹스에 더 충동적이고, 데이트에서 외모가 중요하며, 데이트는 게임이라는 신념과 상관관계가 있다는 점을 입증했다. 그러나 이들은 프로그램에 대한 노출이 실제 섹스행위와는 상관관계가 없다는 점을 밝혀냈다.

해리슨(Harrison, 2003)은 TV시청과 여성의 이상적 신체 이미지 사이의 관계에 대해 탐구했다. 그녀는 TV에서의 이상적 신체 이미지에 대한 노출이 보다 가는 허리, 작은 엉덩이, 중간 크기의 앞가슴을 인정하는 것과 연관이 있다는 점을 발견했는데, 이는 여성에게서만 나타났다. TV에서의 이상적 신체 이미지에 노출된 남자와 여자 모두 지방흡입술과 가슴수술 같은 수술을 통한 신체변화를 용인하는 경향이 높았다.

TV시청과 여성에 대한 부정적 인식 사이의 관계를 입증한 초기연구와는 반대로 홀버트 등(Holbert, Shah & Kwak, 2003)은 "진보적 드라마"와 시트콤에 대한 시청이 여성권리에 대한 지지와 정적 상관관계를 지녔다는 사실을 발견했다. 반대로 보다 보수적인 전통적 드라마 시청은 부적 관계를 보였다.

10. 21세기의 문화계발

문화계발 이론은 미국에서 "TV"가 3대 전국 네트워크 방송사와 함께 약간의 독립방송국과 공영·교육방송국만이 존재했던 시대에 개발되었다. 당시 3대 네트워크 방송사가 매일 밤 시청자의 90% 이상을 끌어들였다. 새롭게 등장했던 케이블 시스템은 주로 네트워크 방송사의 도달범위를 확장시켰을 뿐 경쟁적 프로그램을 제공하지는 못했다.

네트워크 지배시대는 이제 지나갔다. 케이블과 위성 네트워크, VCR, DVD, DVR, 인터넷 같은 기술발전으로 오래된 "빅3" 방송 네트워크의 수용자 점유율(그리고 수입)이 심각하게 감소했고, 마케팅과 프로그램 분배가 변화되었다. 그러나 채널 급증이 콘텐츠의 다양성을 실질적으로 증대시켰다는 증거는 없다. 사실상 단순하게 채널이 늘어났다는 것이 프로그램의 생산과 분배를 견인하는 사회경제적 역동성을 근본적으로 변화시키지 못한다. 반대로 이러한 역동성은 소유권 집중과 통제의 증대, 네트워크, 방송국 소유주, 제작 스튜디오, 신디케이터, 복수 케이블 방송국 소유주, 케이블 네트워크, 광고주 사이에 존재하는 전통적 장벽의 와해로 강화된다.

시청자에게 영상프레임을 정지시키고, 장면을 세밀히 검토하고, 광고를 빨리 돌리거나 아예 삭제시켜버리고, 광고와 양방향 상호작용을 하고, 영화를 주문하는 능력이 주어지면서 시청자는 새로운 권력이나 통제력을 느낄지도 모른다. DVD의 현격한 급증과 페이퍼 뷰(PPV), 주문형(On-Demand), 다운로딩 등을 통한 선택성의 증대 또한 시청자에게 전례 없을 정도로 잠재적 선택성을 부여한다. 그러나 이들 중 어떠한 것도 시청습관을 변화시켰다는 증거는 없다. 또한 중시청자가 가장 자주 소비하는 콘텐츠가 네트워크 방송사가 제공하는 유형의 프로그램과 근본적으로 다른 세계관과 가치를 제공한다는 증거도 없다. 디지털 신호 압축기술이 조만간 시청자에게 더 많은 채널을 제공하겠지만 어떤 프로그램으로 채울 것인가? 사실상 채널이 급증하면서 독창적인 드라마나 프로그램의 공급원과 관점은 줄어들고, 따라서 채널들은 계속해서 이전에 네트워크 방송사에서 황금시간대에 방송된 프로그램으로 수요를 메운다. 시장 중심적 사고가 지배할 경우 가난한(저소득층) 인물의 부재와 다양한 이데올로기적(정치적, 종교적 등) 정향성의 부재를 초래한다.

특히 인터넷과 디지털 다운로딩이 전통적인 미디어 지형의 안정성을 위협하는 것으로 보인다. 그러나 닐슨/넷레이팅즈(Nielsen/Netratings, 2007)는 평균 웹 사용시간이 대부분의 사람이 TV를 보는 데 소비하는 시간에 비해 극히 미미한 것으로 보고했다. 방문 횟수가 높은 주요 웹사이트의 성격을 보면 디즈니(Disney, ABC의 소유주), 타임워너(Time Warner), 뉴스 코퍼레이션(News Corp.) 등 지배적인 TV 네트워크 방송사와 상당히 연관이 있다. 웹의 등장이 상당히 의미가 있기는 하지만 웹은 아직까지 수용자 이용시간이 상대적으로 적은 편인 반면, 지배적 미디어 기업의 역할이 훨씬 더 중요한 것으로 보인다. 인터넷이 대안적 정보채널을 제공할지도 모르지만 동시에 지배적 미디어 기업의 영향력을 심화시키고 강화시킬 수 있다.

선언은 혁명적이었지만 지배적 메시지 제공자에 대한 하나의 대안으로 인터넷, 휴대폰, 아이팟(iPods)을 통해 비디오를 보거나 오디오 프로그램을 듣는 사람은 극소수이다. 심지어 새로운 디지털 분배 시스템이 지배적 이익을 위협하는 경우조차도 이 시스템은 지배적인 제도적 구조 내에 신속하게 흡수된다. 유투브(YouTube)와 같은 이용자 생산 비디오 서비스의 요란한 등장도 지배적 행위자(Google)에 의해 흡수되었고, 이미 이것이 광고수익을 위해 이용된다. 인터넷이 기존 미디어를 대체하는 새로운 정보고속도로를 가능하게 할 것이라는 희망(그리고 두려움)이 확산됨에도 불구하고 네트워크 방송과 케이블 제휴를 위협할 만한 인기 있는 인터넷이나 웹 기반 프로그램이 없다. 오히려 네트워크 방송과 케이블 채널이 자신의 시청자를 관련 웹사이트로 이끌어 내고, 시청자에게 개인정보를 더 많이 얻어내며, 광고를 위한 또 다른 플랫폼을 만들어낸다. 기껏해야 가장 인기 있는 온라인 서비스가 다소 소규모의 특화된 수용자를 목표로 하는 CNN이나 MTV와 경쟁하면서 특정 시간대에 수용자 점유율을 확보한다. 버크사(Burke, Inc.)의 2000년 11월 연구보고서에서 드러난 것과 같이, 시청자가 온라인에 접속하면서 동시에 TV를 시청하는 시간이 1주일에 4시간이다(Individuals with Internet Access, 2000). 보고서는 "일부에서는 인터넷이 TV를 죽이고 있다고 말하지만", 결과는 "인터넷 이용이 TV시청과 공존할 뿐만 아니라 TV시청 경험을 장려하고 향상시킬 수 있다는 사실을 보여 준다"고 지적했다. 따라서 문화계발 이론가는 TV가 "미국인의 여가시간에서 지배적 모습"이라는 가정 아래 계속 연구를 진행한다(Robinson & Godbey, 1997).

케이블, 위성, 디지털 전송 등으로 채널이 앞으로 지속적으로 증가할 것이다. 디지털 비디오 레코더와 같은 새로운 기술이 확산되고 시청자는 손쉽게 자신의 프로그램 취향을 만족시킬 것이다(그리고 아마 광고를 보지 않겠지만 간접광고와 같은 전략이 증가할 것이다). 개인 비디오 도서관을 만들어 자료를 저장하고 능숙하게 다루도록 하는 디지털 기술이 계속 성장할 것이며, 셋톱박스, DVR, 초고속 인터넷망 연결 등을 통한 직접적인 주문형 프로그램 배달 가능성도 늘어날 것이다. 방송 네트워크의 수용자 점유율도 (가끔씩 초대작 시리즈물이 등장하겠지만) 지속적으로 줄어들 것이고, 증가하는 경쟁채널에 의해 분할될 것이다. 광고주가 세분화된 목표집단이나 심지어 개인 시청자에 접근할 수 있도록 하는 양방향 TV와 같은 개발에 박차를 가할 것이다.

그러나 이러한 모든 것은 미디어 산업 소유권과 프로그램 공급원의 전례 없는 대규모 집중화를 동반하면서 일어난다. 가장 성공적인 오락물이 TV 네트워크를 통해 전달되든 아니면 광케이블, 위성, 다른 매체를 통한 주문형 비디오의 형태로 전달되든 간에 메시지가 변하지 않는다면 그것은 별로 중요하지 않을지도 모른다. 이러한 상황에서 이미지 문화계발의 지배적 패턴이 어떠한 상응하는 분절화를 보일 것이라는 증거는 지금까지 없다. 대부분의 시청자에게 분배시스템의 확장은 이미지와 메시지의 지배적 패턴이 일상생활 속에 더 깊게 침투되고 통합된다는 것을 의미한다. 이러한 발전의 경험적 탐구와 발전이 문화계발 분석 일반, 특히 주류에 미치는 함의가 새로운 세기에 주요한 도전거리이다.

참고문헌

Besley. J. (2006). The role of entertainment television and its interactions with individual values in explaining political participation. *Press/Politics*, 11(2), 41-63. Busselle, R. (2003). Television exposure, parents' precautionary warnings and young adults' perceptions of crime. *Communication Research*, 30, 530-556.

Diefenbach, D., & West, M. (2007). Television and attitudes toward mental health issues: Cultivation analysis and third person effect. *Journal of Community Psychology*, 35, 181-195.

Eschholz, S., Chiricos T, & Gertz M. (2003). Television and fear of crime: Program types, audience traits, and the mediating effect of perceived neighborhood racial composition. *Social Problems*, 50, 395-415.

Gerbner, G. (1969). Toward "Cultural Indicators": The analysis of mass mediated message systems. *AV Communication Review*, 17, 137-148.

Gerbner, G. (1972). The structure and process of television program content regulation in the U.S. In G.A. Comstock & E. Rubinstein(Eds.), *Television and social behavior, Vol. I: Content and control*(pp. 386-414). Washington, DC: U.S. Government Printing Office.

Gerbner, G. (1973). Cultural indicators: The third voice. In G. Gerbner, L. Gross, & W. H. Melody(Eds.), *Communications technology and social policy*(pp. 555-573). New York: Wiley.

Gerbner, G. (1977). Comparative cultural indicators. In G. Gerbner(Ed.), *Mass media policies in changing cultures*(pp. 199-205). New York: Wiley.

Gerbner, G. (1989). Cross-cultural communications research in the age of telecommunications. In The Christian Academy(Eds.), *Continuity and change in communications in post-industrial society* (Vol. 2, pp. 220-231). Seoul, Korea: Wooseok.

Gerbner, G. (1990). Epilogue: Advancing on the path of righteousness (maybe). In N. Signorielli & M. Morgan (Eds.), *Cultivation analysis: New directions in media effects research* (pp. 249-262). Newbury Park, CA: Sage.

Gerbner, G., & Gross, L. (1976). Living with television: The violence profile. *Journal of Communication, 26*(2), 173-199.

Gerbner, G., Gross, L., Morgan, M., & Signorielli, N. (1980). The "mainstreaming" of America: Violence profile no. 11. *Journal of Communication, 30*(3), 1029.

Gerbner, G., Gross, L., Morgan, M., & Signorielli, N. (1981). Scientists on the TV screen. *Society*, May/June, 41-14.

Gerbner, G., Gross, L., Morgan, M., & Signorielli, N. (1982). Charting the mainstream: Television's contributions to political orientations. *Journal of Communication, 32*(2), 100-127.

Gerbner, G., Gross, L., Morgan, M., & Signorielli, N. (1984). Political correlates of television viewing. *Public Opinion Quarterly, 48*, 283-300.

Gerbner, G., Gross, L., Signorielli, N., Morgan, M., & Jackson-Beeck, M. (1979). The demonstration power: Violence profile no. 10. *Journal of Communication, 29*(3), 177-196.

Goidel, R., Freeman, C., & Procopio, S. (2006). The impact of television on perceptions of juvenile crime. *Journal of Broadcasting and Electronic Media, 50*, 119-139.

Gutschoven, K., & Van den Bulck, J. (2005). Television viewing and age at smoking initiation: Does a relationship exist between higher levels of television viewing and earlier onset of smoking? *Nicotine and Tobacco Research, 7*, 381-385.

Harrison, K. (2003). Television viewers' ideal body proportions: The case of the curvaceously thin woman. *Sex Roles, 48*, 255-264.

Hawkins, R. P., & Pingree, S. (1982). Television's influence on social reality. In D. Pearl, L. Bouthilet, & J. Lazar (Eds.), *Television and behavior: Ten years of scientific progress and implications for the 80's, Vol. II, Technical reviews* (pp. 224-247). Rockville, MD: National Institute of Mental Health.

Hedinsson, E., & Windahl, S. (1984). Cultivation analysis: A Swedish illustration. In G. Melischek 48 et al. (Eds.), *Cultural indicators: An international symposium* (pp. 389-406). Vienna: Verlag der Österreichischen Akademie der Wissenschaften.

Holbert, L., Shah, D., & Kwak, N. (2003). Political implications of prime-time drama and sitcom use: Genres of representation and opinions concerning women's rights. *Journal of Communication, 53*, 45-60.

Holbert, L., Shah, D., & Kwak, N. (2004). Fear, authority, and justice: Crime-related TV viewing and endorsements of capital punishment and gun ownership. *Journalism and Mass Communication Quarterly, 81*, 343-363.

Holbrook, R., & Hill, T. (2005). Agenda-setting and priming in prime time television: Crime dramas as political cues. *Political Communication, 22*, 277-295.

Individuals with internet access spend almost four hours per week watching TV while online. (2000, November 20). Retrieved November 21, 2000, from 〈http://biz.yahoo.com〉.

Kang, J. G., & Morgan, M. (1988). Culture clash: US television programs in Korea. *Journalism Quarterly*, 65, 431-438.

Mares, M. (1996). The role of source confusions in television's cultivation of social reality judgments. *Human Communication Research*, 23, 278-297.

McQuail, D. (2000). *Mass communication theory.* Thousand Oaks, CA: Sage.

Morgan, M. (1982). Television and adolescents' sex-role stereotypes: A longitudinal study. *Journal of Personality and Social Psychology*, 43, 947-955.

Morgan, M. (1983). Symbolic victimization and real-world fear. *Human Communication Research*, 9, 146-157.

Morgan, M. (1986). Television and the erosion of regional diversity. *Journal of Broadcasting & Electronic Media*, 30, 123-139.

Morgan, M. (1990). International cultivation analysis. In N. Signorielli & M. Morgan (Eds.), *Cultivation analysis: New directions in media effects research.* Newbury Park, CA: Sage.

Morgan, M., Leggett, S., & Shanahan, J. (1999). Television and "family values": Was Dan Quayle right? *Moss Communication and Society*, 2, 47-63.

Morgan, M., Lewis, J., & Jhally, S. (1992). The media and the war: Public conceptions and misconceptions. In G. Gerbner, H. Mowlana, & H. Schiller (Eds.), *Global deception: The media's war in the Persian Gulf -An international perspective.* Boulder: Westview.

Morgan, M., & Shanahan, J. (1992). Comparative cultivation analysis: Television and adolescents in Argentina and Taiwan. In E Korzenny & S. Ting-Toomey (Eds.), *Mass media effects across cultures: International and intercultural communication ann*ual (Vol. 16, pp. 173-197). Newbury Park, CA: Sage.

Morgan, M., & Shanahan, J. (1995). *Democracy tango: Television, adolescents, and authoritarian tensions in Argentina.* Cresskill, NJ: Hampton Press.

Morgan, M., Shanahan, J., & Harris, C. (1990). VCRs and the effects of television: New diversity or more of the same? In J. Dobrow (Ed.), *Social and cultural aspects of VCR use* (pp. 107-123). Hillsdale, NJ: Erlbaum.

Morgan, M., & Signorielli, N. (1990). Cultivation analysis: Conceptualization and methodology. In N. Signorielli & M. Morgan (Eds.), *Cultivation analysis: New directions in media effects research* (pp. 13-34). Newbury Park, CA: Sage.

Nielsen//Netratings. (2007). Internet audience metrics. Retrieved August 24, 2007, from 〈http://www.nielsen-netratings.com/resources.〉.

Piepe, A., Charlton, P., & Morey, J. (1990). Politics and television viewing in England: Hegemony or pluralism? *Journal of Communication*, 40(1), 24-35.

Pingree, S., & Hawkins, R. P. (1981). U.S. programs on Australian television: The cultivation effect. *Journal of Communication*, 31(1), 97-105.

Potter, W. J. (1986). Perceived reality and the cultivation hypothesis. *Journal of Broadcasting & Electronic Media*, 30, 159-174.

Robinson, J., & Godbey, G. (1997). *Time for life: the surprising ways Americans use their time.* University Park: Pennsylvania State University Press.

Saito, S. (2007). Television and the cultivation of gender-role attitudes in Japan: Does television contribute to the maintenance of the status quo? *Journal of Communication*, 57, 511-531.

Shanahan, J., & McComas, K. (1999). *Nature stories.* Cresskill. NJ: Hampton Press.

Shanahan, J., & Morgan M. (1999). *Television and its viewers: Cultivation theory and research.* Timbridge: Cambridge University Press.

Shanahan, J., Morgan, M., & Stenbjerre, M. (1997). Green or brown? Television's cultivation of environmental concern. *Journal of Broadcasting & Electronic Media*, 41, 305-323.

Shapiro, M., & Lang, A. (1991). Making television reality: Unconscious processes in the construction of social reality. *Communication Research*, 18, 685-705.

Shrum, L. J. (1995). Assessing the social influence of television: A social cognition perspective on cultivation effects. Communication Research, 22, 402-429.

Shrum, L. J. (1997). The role of source confusion in cultivation effects may depend on processing strategy: A comment on Mares(1996). *Human Communication Research*, 24, 349-358.

Shrum. L. J. (1999). The relationship of television viewing with attitude strength and extremity: Implications for the cultivation effect. *Media Psychology*, 1, 3-25.

Strum, L. J. (2007). The implications of survey method for measuring cultivation effects. *Human Communication Research*, 33, 64-80.

Signorielli, N. (1986). Selective television viewing: A limited possibility. *Journal of Communication*, 36. 64-75.

Signorielli, N. (1989). The stigma of mental illness on television. *Journal of Broadcasting and Electronic Media*, 33, 325-331.

Signorielli, N. (1990). Television's mean and dangerous world: A continuation of the cultural indicators perspective. In N. Signorielli & M. Morgan(Eds.), *Cultivation analysis: New directions media effects research*(pp. 85-106). Newbury Park, CA: Sage.

Signorielli, N. (1991). Adolescents and ambivalence towards marriage: A cultivation analysis. *Youth & Society*, 23, 121-149.

Signorielli, N. (1993). Television and adolescents' perceptions about work. *Youth & Society*, 24, 314-341.

Sognorielli, N., & Morgan, M. (Eds). (1990). *Cultivation analysis: New directions in media effects research.* Newbury Park, CA: Sage.

Slater, D., & Elliott, W. R. (1982). Television's influence on social reality. *Quarterly Journal of Speech*, 68, 69-79.

Sun, L. (1989). *Limits of selective viewing: An analysis of "diversity" in dramatic programming.* Unpublished M. A. thesis, The Annenberg School for Communication, University of Pennsylvania,

Philadelphia.

Tamborini, R., & Choi, J. (1990). The role of cultural diversity in cultivation research. In N. Signorielli & M. Morgan (Eds.), *Cultivation analysis: New directions in media effects research* (pp. 157-180). Newbury Park, CA: Sage.

Tan. A. S., Li, S., & Simpson, C. (1986). American television and social stereotypes of Americans in Taiwan and Mexico. *Journalism Quarterly*, 63, 809-814.

Tan. A. S., & Suarchavarat, K. (1988). American TV and social stereotypes of Americans in Thailand. *Journalism Quarterly*, 65, 648-654.

Tan. A. S., Tan, G. K., & Tan, A. S. (1987). American TV in the Philippines: A test of cultural impact. *Journalism Quarterly*, 64, 65-72.

Ven den Bulck, J. (2004). Research note: The relationship between television fiction and fear of crime. *European Journal of Communication*, 19, 239-248.

Ward, L., & Friedman, K. (2006). Using TV as a guide: Associations between television viewing and adolescents' sexual attitudes and behavior. *Journal of Research on Adolescence*, 16.

Williams, R. (1977). *Marxism and literature.* Oxford: Oxford University Press.

Wober, J. M. (1978). Televised violence and paranoid perception: The view from Great Britain. *Public Opinion Quarterly*, 42, 315-321.

Zubriggen, E., & Morgan, E. (2006). Who wants to marry a millionaire? Reality dating television programs, attitudes toward sex, and sexual behaviors. *Sex Roles*, 54, 1-17.

미디어 소비와 사회적 현실에 대한 지각

효과와 과정

L. J. 슈럼(L. J. Shrum, 텍사스 대학)

TV에서 진실을 기대하고 보지 마라. TV는 빌어먹을 놀이공원이다. 선한 사람이 항상 이긴다. 독선적인 백인 노동자 집에서는 아무도 암에 걸리지 않는다. TV는 시청자가 원하는 그무엇이나 허접한 것을 보여준다.
　　　　-하워드 비일, 영화 "네트워크" 출연 배우
　　　　　　　　　　(Chayefsky, 1976)

이전 판에서도 똑같은 위의 인용구로 이 장을 시작했다. 개정판에서도 이 인용구를 똑같이 제시한 이유는 미디어 지형에 중요한 변화가 있었음에도 위의 내용은 여전히 사실이기 때문이다. 영화 속에서 나온 말이지만 TV가 현실을 왜곡하여 보여준다는 하워드 비일의 주장에 문제를 제기하는 사람은 많지 않을 것이다. 물론 지난 수년간 미디어 콘텐츠, 포맷, 전달방식에 큰 변화가 있었던 것은 사실이고 '서바이버'나 '아메리칸 아이돌'과 같은 '리얼리티 프로그램'이 등장하기도 했다. 하지만 이러한 프로그램 역시 경쟁의 결과를 미리 준비한다거나 시청자 요청에 따라

경쟁자를 선택하는 것을 볼 때 프로그램 그 자체가 현실을 보여준다는 주장에는 타당성이 떨어진다.

대부분의 사람들이 전형적인 TV프로그램이 현실을 왜곡한다는 점에 대해서 의문을 제기하진 않지만, 많은 사람들이 의문을 제기하는 부분은 바로 이러한 왜곡이 어떤 효과가 있을 수 있는지, 또 만약 그렇다면 어떤 과정과 어떤 이유에서인지일 것이다. 그동안 미디어 효과연구의 학문적 관심사는 왜, 어떻게 미디어 효과가 발생하는지의 여부였다고 할 수 있다. 이와 관련하여 지난 수십 년 동안 지속적으로 두 가지 비판이 제기되었다. 첫째는 '강력한 미디어 효과에 대한 신화'가 있었음에도 불구하고 지금까지의 연구를 보면 수용자의 사고나 감정, 행동에 미치는 상당한 미디어 효과를 이야기할 수 있는 근거가 미약하다는 점이다. 둘째는 대부분의 연구가 효과를 설명할 수 있는 메커니즘에 초점을 맞추지 못했다는 점이다. 즉 미디어 효과연

구는 주로 투입변인(예를 들어, 미디어 정보와 정보의 특성)과 산출변인(예를 들어, 태도, 신념, 행동) 간의 관계를 살펴보면서 이러한 관계를 중재하는 인지처리과정에 대해서는 별로 관심을 기울이지 못했다는 비판이 제기되었다.

비록 이 장의 주된 목적이 미디어 효과를 설명하기 위한 인지처리 과정에 대한 고민이 부족했다는 점을 비판하는 것은 아니지만, 위의 두 가지 비판은 서로 독립적인 것이 아니다. 효과가 발생하는 과정을 제대로 설명하기 위해서는 조절변인과 중재변인 모두를 구체적으로 명시하는 모델을 발전시키는 것이 필요하다. 지금까지의 연구에서 놀랍게도 미디어 효과가 적은 것으로 나타났지만 미디어 강효과 개념을 궁극적으로 다시 고려해 볼 수 있는 수많은 가능성이 있다는 점을 맥과이어(McGuire, 1986)는 지적했다.

특히 상이한 집단에 특정 메시지가 다른 효과를 발생시킬 수 있고, 상황요인에 따라 효과가 달리 나타날 수 있으며(조절변인), 간접적 효과가 발생할 수 있기 때문에 소효과 결론은 잘못된 것일 수 있다는 점을 맥과이어는 지적했다. 따라서 미디어 효과를 진단하기 위한 인지처리과정 모델을 발전시키면서 우리는 새로운 관계의 가능성을 열 수도 있고 지난 연구결과에서 새로운 의미를 부여할 수 있다.

미디어 효과를 설명할 인지처리과정 모델을 발전시키는 것은 또 다른 장점이 있다. 그 하나는 이러한 모델이 내적 타당성을 높일 가능성이 있고 인과관계를 설명하는 데 도움을 줄 수 있다는 것이다. 과정을 제시하는 모델은 자극(예를 들어, 미디어 이용과 소비)과 반응(예를 들어, 신념, 행동)의 명백한 연결을 제공해야 하고, 모델 안에서 이러한 연결을 경험적으로 검증할 수 있

는 명제를 제시해야만 한다. 탄탄한 이론적 기초에 의해 이런 연결이 제시되고 경험적으로 검증된다면 허위관계나 역 인과성과 같은 내적 타당성을 위협하는 요소나 모델의 단계에서 발생하는 위협요소를 배제할 수 있다. 또 하나의 장점은 이와 같은 과정모델이 이전 연구에서 나타난 연구결과의 불일치에 관한 문제를 제기할 수 있다는 것이다. 과정모델은 효과가 발생하는 조건적 영역을 제공해야 한다. 특히 효과가 발생하지 않을 수 있는 특정한 조건을 구체적으로 제시해야 한다. 조건적 영역을 제시함으로써 불일치하는 연구결과를 다시 한 번 평가할 수 있다.

과정에 초점을 맞추는 장점을 토대로 이 장에서는 두 가지 사항을 다루려고 한다. 첫 번째로 미디어 효과에 특별한 함의를 제공하는 사회인지 연구에서 제시하는 일반 원칙에 대하여 논의하면서 이를 특정 미디어 효과연구와 연결하여 제시할 것이다. 두 번째는 문화계발 효과와 같이 특정한 미디어 효과의 과정을 설명하는 연구들을 정리하여 제시할 것이다.

1. 사회인지와 미디어 효과

사회인지(社會認知)는 사회적 상황에서 발생하는 인지처리과정에 대한 정향이라고 말할 수 있다. 더 구체적으로 말하자면 사회인지 연구는 자극(예를 들어, 정보)과 반응(예를 들어, 판단) 사이에 작동하는 '블랙박스'를 열어보려는 시도이며, 사회적 정보와 판단 간의 관계를 중재하는 인지처리 과정에 초점을 맞춘다.

사회인지 연구는 사회심리뿐만 아니라 다양한 학문영역에 영향을 미쳤다(예를 들어 마케팅

커뮤니케이션, 정치커뮤니케이션, 비교문화 심리학, 조직 행동). 그동안 인간이 사회적 정보를 어떻게 획득하고, 저장하며 이용하는지에 대한 수많은 모델이 발전되었다. 그중 가장 완성도가 높은 모델은 와이어와 스럴(Wyer & Srull, 1989)이 제안한 것이다(수정된 모델은 Wyer, 2004; Wyer & Radvansky, 1999 참고). 비록 다양한 이론들은 차이가 있기는 하지만 기본적으로 공유하는 원칙이 있다(Calston & Smith, 1996; Wyer, 1980).

이 장의 논의를 위해서 사회인지 연구에서 중요한 두 가지 연결된 원칙을 제시하면 다음과 같다. 원칙 1〔휴리스틱(편이책략) 또는 충분함 원칙〕은 판단을 형성하는 과정에서 어떤 정보가 활용되었는지와 관련이 있다. 일반적으로 사람들은 판단을 형성할 때 기억 속에 판단과 관련 있는 모든 정보를 찾아보지 않는다. 대신 가능한 소량의 정보의 단면을 검색해낸다. 무엇을 검색하는지의 기준으로 이용되는 것은 '충분함'이다. 즉 사람들은 판단을 형성하기 위해 충분한 정보만을 단지 검색하며, 이러한 충분함을 결정하는 요인은 동기나 정보처리 능력 등의 변인이다.

원칙 2〔접근성 원칙〕는 판단 형성에 필요한 정보의 접근성과 관련 있다. 단순하게 말하면 이 원칙은 머릿속에 바로 떠오른 정보가 이용가능한 정보의 소량의 부분집합이 되고 검색된 이 정보가 판단을 형성하는데 활용될 가능성이 높다고 본다. 이 두 가지 원칙이 미디어 효과를 설명하는 데 중요한 함의를 갖는다. 특히 접근성을 결정하는 요인과 접근성의 결과가 미디어 효과와 관련된다.

1) 접근성 결정요인

어떤 정보가 더 쉽게 회상되는지에 영향을 미치는 다양한 요인이 존재한다. 이러한 요인을 망라하는 것은 이 장에서 다루는 범위를 넘어서기 때문에, 미디어 효과와 관련이 있는 특정한 요인을 소개한다(Shrum, 1995). 이러한 요인으로는 특정 개념 활성화의 빈도, 최근에 그 개념이 활성화된 여부, 개념의 생생함, 접근 가능한 개념과의 관련성 등이 있다.

(1) 빈도와 활성화의 최신성
빈번하게 활성화된 개념이 더 쉽게 기억되는 경향이 있다. 단어기억과 인식연구, 그리고 속성개념연구에서 이러한 일반적 경향이 발견되었다. 충분히 빈번하게 활성화된 특정개념은 상시 접근이 가능하고 수많은 다른 상황에서 저절로 활성화된다. 활성화의 최신성 역시 같은 경향이 있다. 가장 최근에 활성화된 개념이 기억되기 쉽다. 하지만 활성화의 최신성이 접근성에 미치는 효과는 상대적으로 일시적이고 잠시 시간이 지나면 빈도효과가 더 큰 경향이 발견된다.

빈도, 최신성과 접근성의 관계에서 나타나는 일반적 경향은 잠재적 미디어 효과를 설명하는 데 의미가 있다. 예를 들어 문화계발 효과이론은 TV시청 빈도가 시청자의 신념에 효과를 미친다고 본다. 활성화 빈도 면에서 볼 때 TV를 많이 시청하는 사람들(이하 중시청자)은 별로 많이 시청하지 않는 사람(이하 경시청자)보다 TV에서 묘사하는 개념을 더 빈번히 활성화시키게 된다. 특히 실제 현실과 비교하면 이러한 개념이 TV에서 더 많이 묘사될 때 더욱 그렇다. 중시청자는 경시청자보다 최근에 특정 프로그램을 시청했을 확률이 높다. 따라서 최근의 시청을 통해 중 시청자의 접근성은 높아질 수 있다.

(2) 생생함

더 생생한 개념이 그렇지 않은 개념보다 기억에서 쉽게 활성화될 수 있다. 빈도와 최신성의 경우와 유사하게, 생생함 역시 미디어 효과 설명에 적용해 볼 수 있다. 드라마틱한 요소를 강조하는 오락물을 놓고 볼 때 특별한 행동과 사건에 대한 TV묘사가 현실 경험보다 더 생생할 수 있다. 격투, 처형, 가족간 갈등, 자연재해, 군사적 갈등 등의 묘사에서 이런 사례를 볼 수 있다.

생생함은 뉴스보도에서 중요한 역할을 한다. 질만(Zillmann, 2002) 등은 뉴스보도가 사례분석, 극단의 사례제시 방식으로 정보를 제공함을 지적했다. 정확한 통계 정보보다 생생한 사례를 선호하는 미디어의 편향 때문에 이러한 편향된 사례가 상대적으로 기억되기 쉽다.

(3) 접근 가능한 개념과의 관계

특정개념의 접근성이 높아질수록 이 개념과 밀접한 개념 역시 접근성이 높아진다. 이러한 경향은 지식의 상호연결성을 설명하는 수단으로 인지심리학 분야에서 다루는 기억의 네트워크 확산 활성화 모델과 일치한다(Collins & Loftus, 1975). 이 모델은 개념이 기억 속에 마디 형식으로 저장되었고 이러한 마디가 연결되었다고 본다. 특정한 마디(개념이 저장된)가 활성화되었을 때 이와 연결된 마디와 관련된 개념 역시 활성화된다는 것이다.

접근 가능한 개념의 관계 역시 미디어 효과와 관련하여 시사하는 점이 있다. TV프로그램과 영화의 특징 중 하나는 특정개념이 상대적으로

일관되고 도식적으로 묘사된다는 것이다(예를 들어, 분노와 공격성, 특정한 계층). 이러한 묘사는 개념이 전달하는 의미나 그 개념에 어떻게 반응해야 하는지에 대한 '각본'(scripts) (Schank & Abelson, 1977) 또는 '상황모델'을 제공할 수 있다. 접근 가능한 개념간의 관계 속에서, 특정한 개념(예를 들어 공격성, 분노)의 활성화는 이러한 개념과 밀접한 행동(예를 들어, 범죄와 폭력)을 위한 각본을 활성화시킬 수 있다.

요약하면, TV이용(빈도, 최신성, 시청하는 내용)은 특별한 개념의 활성화를 높이는 데 기여할 수 있다. 이와 같은 '미디어 효과'는 휴리스틱〔(편이책략)/충분함 원칙〕과 접근성 원칙이 상호 연결된 사례이다. 미디어 소비는 접근성을 높이며 특정정보를 이용 가능한 소량의 하위집단 정보로 만든다.

2) 접근성의 결과

미디어 정보가 특정한 개념의 접근성을 높이는 역할을 한다고 미디어 효과를 단순하게 설명하는 것은 충분치 않다. 접근성이 높아진 정보가 차후에 만들어 내는 효과가 그동안의 미디어 효과연구에서 발견한 것과 과연 일치하는지 살펴봐야 한다.

접근성의 결과가 무엇인지를 살펴보는 것은 가장 접근성이 높은 정보가 판단을 구성하는 데 이용될 가능성이 높다는 원칙 2와 관련 있다. 또한 가장 접근성이 높은 정보가 이용되는 방식은 판단의 유형과 관련이 있다.

(1) 사람들에 대한 판단

사회인지 분야에서 일관된 연구결과 중 하나

는 사람들이 다른 사람들에 대한 평가를 내릴 때 기억으로부터 가장 쉽게 접근할 수 있는 개념을 이용한다는 것이다(접근성 원칙). 이제 고전이 된 점화연구를 보면 실험 참여자가 대상인물의 모호한 행동에 기초하여 인물의 속성을 평가하도록 요구받았을 때 점화된 속성개념을 이용하여 모호한 행동을 해석하고 평가하는 경향을 발견할 수 있다(Higgins, 1996 참조). 이러한 해석은 평가 대상인물의 행동에 대한 실험 참여자의 평가와 대상인물을 얼마나 좋아하는지에 대한 평가에 영향을 미쳤다. 유사한 결과가 수많은 연구에서 발견되었고 실험 참여자가 알지 못하는 점화조건에서도 나타났다.

(2) 태도와 신념

대상에 대한 평가는 가장 접근하기 쉬운 신념에서부터 구성된다. 피시바인과 에이젠의 모델에 따르면 특정한 신념들과 이러한 신념들에 대한 평가의 함수로 태도가 형성된다. 태도형성 방정식에 어떤 신념들이 투입될 것인지는 그 순간 어떤 신념이 가장 접근성이 높은지에 따라 결정된다. 일련의 실험연구를 통해 와이어 등은 접근 가능한 신념과 평가적인 판단 간의 관계를 진단했다. 일명 '소크라틱(Socratic) 효과'(논리적으로 연결된 신념들을 생각하는 것이 이러한 신념들을 더욱 일관되게 만드는 효과)를 검증한 실험에서 연구자들은 접근성이 신념들 간의 일관성을 높이는 데 기여함을 보여주었다.

(3) 하위집단 크기와 특정확률에 대한 판단

하위집단의 크기에 대한 판단은 미국인이라는 전체집단에서 여성과 같은 특정집단이 차지하는 정도에 대해 사람들이 어떤 판단을 하는지

를 평가하는 것이다. 특정확률에 대한 판단은 특정사건의 발생 가능성에 대한 평가를 의미한다. 연구결과를 보면 개념에 대한 접근성과 하위집단 크기 및 특정확률에 대한 판단이 관련됨을 알 수 있다. '이용가능성 휴리스틱'(availability heuristic) 연구는 사람들이 적절한 사례를 기억할 수 있을 때 특정집단의 빈도나 사건의 발생확률을 추측할 수 있다는 것을 보여준다. 예를 들어 사람들이 영어 단어 중 k로 시작되는 단어가 k가 세 번째 문자로 등장하는 단어보다 많다고 추측한다는 것을 실험 연구사례에서 발견할 수 있다. 하지만 실제로는 그 반대가 맞다. 아마도 사람들은 k로 시작되는 단어를 기억하기가 쉬웠을 수 있다. 왜냐하면 단어는 기억 속에서 주로 첫 알파벳순으로 조직되기 때문이다. 이와 관련하여 또한 중요한 부분은 '시뮬레이션 휴리스틱'(simulation heuristic)이다. 모의실험이 도움을 주듯이 사람들은 사례를 떠올릴 수 있을 때 빈도와 확률을 더 쉽게 평가하는 경향이 있다.

3) 미디어 효과와 접근성 결과

앞에서 제시한 3가지 유형의 판단 이외에도 정보 접근성에 따라 영향을 받는 판단은 더 많을 수 있다. 여기서는 미디어 효과연구에서 이용되는 판단의 유형에 초점을 맞춰 정리한다.

(1) 이슈에 대한 뉴스보도의 효과와 사람들에 대한 지각

정보 접근성과 관련하여 중요한 연구영역은 특정한 이슈에 대한 뉴스정보의 특성이 그 이슈에 대한 판단(태도 또는 가능성 평가)에 영향을 미치는 부분이다. 질만 등의 연구를 보면 사례

형식으로 제공된 정보(사례연구, 생생한 사례)는 더 정확하지만 자세하지 않은 기본정보보다 판단에 더 영향을 미치는 것으로 나타났다. 제공하는 이야기의 초점과 일치하는 사례의 비율, 사례 속에 과장이 포함된 정도, 사례 속에 정서적 요인이 개입된 정도 등을 변화시킨 다양한 실험조건에서 위와 같은 경향이 지속적으로 발견되었다(Zillmann, 2002). 사례가 제공되었는지 여부, 사례 수 등의 요인이 이슈와 관련한 지각에 영향을 미친다는 연구결과도 제시되었다. 대부분의 연구들은 접근성과 휴리스틱 이용을 중요한 개념으로 활용한다. 더 생생하고 빈번한 사례가 기억하기 쉽고 따라서 판단을 형성하는 데 이러한 사례가 이용된다는 것이다.

아이엔가 등은 특정이슈에 대한 보도의 빈도를 달리함으로써 미디어 보도가 접근성 편향을 만들어 낸다고 주장한다. 그리고 이러한 접근성 편향이 이슈 현저성, 정치인에 대한 평가, 투표 행동 등에 영향을 미치는 것을 보여주었다(Iyengar, 1990). 리히텐스타인 등은 역시 접근성과 이용가능성 문제를 다루었는데 이들의 연구결과를 보면 실험참여자의 80%가 사고로 사망하는 사람이 심장마비로 사망하는 사람보다 많다고 판단했다. 하지만 현실에서는 심장마비 사망률이 사고로 인한 사망률보다 85% 높다. 이들 연구자들은 사람들이 사고로 인한 사망사례를 심장마비로 인한 사망보다 더 쉽게 기억할 수 있는 이유에 대해 사고가 미디어에 더 빈번히 보도되기 때문이라고 보았다.

(2) 사회적 지각에 미치는 TV시청 효과

TV시청과 사회적 현실에 대한 지각을 다루는 미디어 효과 분야에서도 접근성이 중요하다. 이영역은 뉴스보도 분야와는 조금 다른데 여기서는 모든 유형의 TV시청(연속극, 액션·모험물, 드라마, 시트콤 등)과 관련한 사회적 지각을 다룬다.

여기서는 TV를 많이 시청함으로써 접근성이 높아지고 이를 통해 판단의 기초로 특정한 정보가 이용되는 문제에 주목한다. 특히 특정한 사건의 발생빈도에 대한 평가와 TV시청을 연결시키는 문제에 관심을 갖는다. 브라이언트 등은 실험연구를 통해 범죄를 묘사하는 영상을 많이 보았는가를 범죄 해결과정의 정당성 문제와 연결하여 살펴보았다. 범죄 해결과정의 정당성 문제와 상관없이 중시청 집단은 경시청 집단과 비교할 때 범죄의 피해자가 될 가능성을 높게 보았고 또한 범죄에 대한 두려움이 높은 것으로 나타났다. 위에서 살펴본 연구들과 유사하게 여기서도 이용가능성 휴리스틱이 중요한 요인이었다. 중시청 조건에서는 범죄사례에 대한 접근성이 높아졌고 쉽게 사례를 기억하게 함으로써 범죄사건 발생에 대한 판단에 영향을 미쳤다. 유사한 연구들도 TV시청을 통한 판단에 접근성이 연결됨을 보여준다.

접근성과 휴리스틱의 이용, 이 두 개념은 성적 묘사를 담은 미디어 콘텐츠의 효과를 설명하는 데도 유용하다(제15장 참조). 질만과 브라이언트는 노골적인 성행위 장면을 묘사한 영상을 본 피험자들이 일반인 사이에서 비정상적 성행위가 보편적이라고 여기는 경향이 높았으며, 포르노그래피에 대해서도 반대하는 경향이 낮고, 성폭행범들에 대한 처벌 역시 상대적으로 관대한 것을 발견했다.

(3) 폭력성에 미치는 미디어 묘사의 효과

지금까지 살펴 본 많은 연구들이 주로 종속변

인으로 인지적 차원에 초점을 맞췄지만 접근 가능성 개념은 미디어 폭력물이 행동에 미치는 효과를 설명하는 데도 유용하다. 버코비츠의 미디어 폭력물 효과를 다룬 인지-신연합주의(*cognitive-neoassociationistic*) 접근에서는 미디어 폭력물을 빈번하게 시청하는 것이 특정한 개념(예를 들어, 공격성, 적대감)을 점화하고 이러한 개념이 다른 사람에 대한 판단뿐만 아니라 행동을 결정하는 데 활용된다고 가정한다. 이러한 설명은 사람들의 특성을 점화하는 과정과 비슷하다. 특정한 특성과 관련한 개념이 접근 가능할 때 이러한 개념이 이어지는 판단과정에서 더 많이 이용된다는 것이다.

미디어 폭력물이 공격성과 같은 개념을 활성화하고 공격성과 관련된 개념을 접근 가능하게 만든다는 연구들은 다수 발견할 수 있다. 폭력 영화를 보는 것이 공격적 생각을 만들어 내거나(Bushman & Geen, 1990), 전쟁관련 만화책을 읽는 것이 공격적 의미를 가진 단어를 더 선택하게 만든다는 연구결과가 있다. 공격과 관련된 개념을 활성화시키면서 더 나아가 판단에 영향을 미치는 사례도 많다. 직장상사와 비서 간의 적대적 관계를 묘사한 영화를 본 사람들은 모호한 제 3자를 평가할 때도 적대감을 가지고 평가하는 경향이 발견되었고, 코미디 방식으로 전달되는 공격적 행위 역시 사람들의 판단에 비슷하게 영향을 미칠 수 있다는 점도 알려졌다.

어떤 개념이 점화되는지가 직접적으로 그 다음에 오는 판단에 필연적으로 관련이 없을 수도 있고 단지 판단해야 하는 상황이 발생할 때 영향력을 행사할 수도 있다. 개념의 접근성에 선행하여 영향을 미치는 요인 중에 중요한 것은 그 개념과 다른 접근 가능한 개념들과의 관련성이

다. 미디어 콘텐츠에서 제공하는 특정한 공격적 행동의 효과를 학습하고, 모방하며, 모델로 삼는 가운데 시청자가 보여주는 공격적 행동이 미디어에서 보여주는 행동과 관련 없는 부분을 설명할 때 어려운 부분이 있다. 사실 대부분의 연구에서 사람들의 공격성을 측정하는 부분은 미디어에서 묘사된 공격성과 다른 측면이 있다. 헤비급 권투중계를 미디어에서 집중적으로 다룬 후 10일 안에 미국에서 살인사고가 늘어났다는 자료도 있다. 권투중계를 시청한 이후 변화를 실험을 통해서 살펴본 연구도 공격성향이 높아졌다고 보고했다.

4) 인지과정에 대한 간접적, 직접적 관찰

대부분의 연구들은 미디어 효과의 인지적 중재요인으로서 접근성의 역할을 언급한다. 하지만 제시된 근거들은 여전히 간접적인 것으로, 결과를 통해 과정을 설명하려 할 뿐이지 과정 자체를 실제로 관찰하는 것과는 거리가 있다. 이런 점에서 볼 때 질만의 흥분-전이이론이나 버코비츠의 인지-신연합주의 접근은 예외라 할 수 있다.

여기서는 잠재적 인지과정을 직접적으로 관찰하려 한 일련의 연구를 소개한다. 이들 연구들은 문화계발 효과와 같은 특정 미디어 효과를 설명하는 인지과정모델을 제시하는 기초로 활용될 것이다. 제시하는 모델은 앞에서 지적한 사회심리 연구의 일반적 원칙에 기반을 둔다.

2. 문화계발 효과의 심리적 과정

미디어 효과영역에서 오랜 기간 논쟁이 지속되는 연구분야는 문화계발 효과이다(제3장 참조). 문화계발 효과는 TV시청빈도와 TV에서 묘사된 세계와 일치하는 사회적 지각이 관련이 있다고 보고 TV시청을 사회적 지각의 원인으로 가정한다. 그 크기는 작아도 어느 정도의 문화계발 효과가 발생할 수 있다는 연구결과가 축적되기는 했지만(Morgan & Shanahan, 1996), 많은 연구자들이 문화계발 효과의 타당성에 문제를 제기한 것도 사실이다. TV시청과 지각과의 관계는 인과관계가 아니고 TV시청과 사회적 지각에 동시에 영향을 미치는 제3의 변인에 의존하는 허위적 관계라는 비판이 있다. 시청과 지각과의 인과관계는 오히려 거꾸로일 수 있다는 지적도 있었는데, 개인에게 이미 존재하는 사회적 지각이 시청내용과 시청량에 영향을 미칠 수 있다는 주장도 부각되었다.

앞에서 지적한 것처럼 미디어 효과의 인지과정모델을 발전시키는 장점 중 하나는 타당하지 않은 대안적 설명을 지적할 수 있다는 점이다. 여기서 두 가지가 중요하다. 첫째, 대안적 설명이 타당하지 않을 수 있다는 것을 제시하는 것은 그 설명이 특정한 결과를 '전적으로 설명할 수 없다'는 점을 의미하는 것이다. 이는 대안적 설명이 동시에 작동하지 않을 수 있다는 것을 의미하는 것이 아니다. 둘째, 특정유형의 결과가 누적효과를 발생시킨다는 점이 과정모델을 이해하는 데 중요하다. 한 연구에서 대안적 설명이 가능하다고 하더라도 과정모델을 수정하는 데 도전하기 위해서는 대안적 설명이 모델의 결과 전체에 문제를 제기해야 한다.

문화계발 효과에 내재한 과정을 설명하기 위한 모델들을 다음에서 제시한다. 이 모델들은 앞서 논의한 사회인지이론에 기초한다. 모델들은 그동안의 경험적 연구에 기초하여 수정을 거쳤다(Shrum, 2002). 다수의 모델이 독립적으로 상이한 문화계발 효과의 과정을 설명한다. 특히 모델은 그 효과를 1차적 수준(예를 들어, 빈도나 가능성에 대한 평가)과 2차적 수준(예를 들어, 태도, 가치, 신념)의 평가로 나누어 다룬다. 최근 연구결과를 보면 TV시청이 판단에 영향을 미치는 과정은 어떤 판단을 하는가의 문제, 즉 판단의 유형에 따라 차이가 있다는 점이 지적된다(Shrum, 2004; 2007a; Shrum, Burroghs, & Rindfleisch, 2004).

3. 1차적 수준의 문화계발 효과 과정모델

1차적 수준의 효과를 다루는 과정모델은 문화계발 효과의 휴리스틱 처리 모델이나(Shrum, 2002; Shrum, Wyer, & O'Guinn, 1998), 접근성 모델이라고도 부를 수 있다(Shrum, 2007a). 휴리스틱·충분함 원칙과 접근성 원칙에 기초한 두 가지 명제를 생각해 볼 수 있다. 첫째는 TV시청이 개념 접근성을 높인다는 명제이다. 이는 특정한 TV프로그램을 시청하면서 접하게 되는 개념의 접근성과 관련 있다. 둘째는 문화계발 효과의 지표로 활용되는 사회적 지각은 기억에 기초한 판단으로, 휴리스틱 처리를 통해 형성된다는 것이다. 가능한 모든 적합한 정보를 기억 속에서 검색해서(체계적 처리) 판단을 형성하기보다, 단지 적합한 정보의 일부, 구체적으로 가장 기억 속에서 접근하기 쉬운 정보가 검색되어 활용된다고 본다. 두 번째 명제의 당연한 귀결은 이용가능성 휴리스틱의 적용이다. 빈도 또는 집단의 크기, 발생빈도에 대한 가능성 등에 대한 판단에서 사례가 얼마나 마음속에 쉽게 떠오를 수 있는가가 중요하다.

1) 검증 가능한 명제

이러한 일반적 명제를 기초로 하여 TV시청과 사회적 지각과의 관계, 이 관계를 중재하는 인지적 메커니즘에 대한 검증 가능한 명제들을 다음과 같이 생각해 볼 수 있다.

[명제 1] TV시청이 접근성에 영향을 미친다

명제 1은 이용가능성 휴리스틱이 문화계발 효과를 설명하는지를 검증하는 필요조건이다. 처음에 이 명제는 접근성을 판단이 형성되는 속도라고 조작적 정의를 내려 검증했다. 피험자에게 TV에서 빈번히 묘사된 개념(예를 들어, 범죄, 성매매)의 발생 가능성을 평가하게 하고 피험자가 각각의 질문에 답하는 시간을 측정했다(Shrum & O'Guinn, 1993). 만약 중시청자가 경시청자보다 TV에서 제공하는 정보에 더 쉽게 접근할 수 있다면, 중시청자들은 경시청자보다 발생 가능성을 더 높게 평가해야 할 뿐만 아니라(문화계발 효과) 동시에 더 빨리 판단해야 한다(접근성 효과). 연구결과는 이러한 가설을 지지하는 방향으로 나타났다. 상이한 TV시청 상황에서 다양한 변인을 통제한 후에도 접근성 효과가 발견되었다.

판단을 내리는 속도와 판단의 정도를 살펴 본 초기연구에서 이론과 일치하는 결과를 발견할 수 있었다. 하지만 판단의 속도를 살펴보는 것은 사례의 접근성을 측정하는 간접적 방법이다. 최근 연구는 TV가 접근성에 영향을 준다는 점에 조금 더 직접적인 근거를 제시한다. 버셀과 슈럼(Busselle & Shrum, 2003)은 피험자들에게 다양한 개념의 사례를 기억하게 하면서 일부 TV프로그램에서 빈번히 묘사되는 개념(소송, 살인, 고속도로 교통사고 등)을 제시하고 기억해 내기 쉬운 정도를 측정했다. 예측과 일치하게 피험자들은 TV프로그램에서 빈번히 묘사되지만 실제 현실에서 개인적으로 경험하기 어려운 개념일 때는 미디어 사례를 더 많이 기억해 냈다. 하지만 미디어에서 다루는 것과 상관없이 현실에서 일상적으로 접하는 사건일 때는 개인적 경험을 더 자주 기억해 냈다. 중요한 점은 사례를 기억하기 쉬운 정도를 측정한 값과 TV시청 수준의 관계는 단지 특정사건이 묘사된 프로그램(연속극, 드라마, 뉴스) 시청량과의 관계에서만 관련성이 발견되었다. 기억의 용이성은 특정개념이 자주 등장하지 않는 프로그램(코미디, 스포츠)의 시청이나, 개인적 경험이 많은 개념과는 관련성이 나타나지 않았다. 이러한 결과는 TV시청이 접근성을 높인다는 점을 보여주는 동시에 직접적 경험 역시 개념의 접근성을 높인다는 점을 보여준다. 또한 기억을 얼마나 자주할 수 있는가 보다, 기억해 내기가 얼마나 쉬운가의 문제가 판단을 하는 데 연관됨을 보여준다.

[명제 2] 접근성이 문화계발 효과를 중재한다

명제 1은 문화계발 효과의 발생을 설명하는 이용가능성 휴리스틱과 관련한 필요조건이지 충분조건은 아니다. 시청 수준과 판단의 강도와의 관계를 접근성이 중재한다는 점을 보여 줄 필요성이 있다(Manis, Shedler, Jonides, & Nelson, 1993). 즉 접근성이 높아진 것이 특정한 사례 발생 가능성을 과도하게 평가하도록 만든다는 것을 보여주어야 한다. 그렇지 않다면 TV시청이 접근성에 영향을 미치지만 그 판단의 강도는 독립적이라고 주장해야 하기 때문이다.

접근성의 중재 역할에 대한 간접적 근거는 있다. 접근성(반응의 속도)을 통제했을 때 문화계발 효과는 대부분 감소하거나 없어져 버렸다(Shrum & O'Guinn, 1993). TV시청 수준이 접근성과 연결되고 이후에 평가의 강도와 연결되는 경로분석을 통해 조금 더 직접적 근거를 찾아볼 수 있다(Shrum, 1996). 하지만 이러한 경로분석을 보면 중재역할은 일부 있는 것으로 보인다. TV시청은 접근성을 통제한 후에도 평가의 강도(예를 들어, 사건 발생 가능성을 과도하게 보는 여부)에 직접적 효과를 미쳤다.

특정개념이 발생하는 정도를 평가하는 조건을 달리하면서 접근성의 중재역할을 살펴보는 연구도 시도되었다(Busselle, 2001). 일부 피험자들에게는 개념의 사례를 기억해 내기 이전에 특정사건의 발생 가능성에 대해 평가하게 하고(판단을 먼저 하는 조건), 다른 피험자들에게는 특정사건의 발생 가능성에 대한 평가보다 사례를 먼저 생각해 내게 했다(기억해 내는 것을 먼저 하는 조건). TV시청 수준이 높으면 판단을 먼저 하는 조건에서 사례를 기억하기 쉬울 것이라고 기대했고, 반면 판단보다 사례를 먼저 기억하도록 하면 TV시청 수준에 상관없이 모든 피험자에게 사례를 동등하게 접근하게 만들 것으로 기대했다. 실험을 통해 이러한 가설을 지지하는 결과가 나타났다.

[명제 3] TV가 제공하는 사례는 판단근거로 무시되지 않는다

이용가능성 휴리스틱이 문화계발 효과를 설명한다는 주장에는 판단의 기초로 검색되고 활용되는 사례가 판단에 적합하다는 암묵적인 가정이 내재되었다. 이 가정은 중요한데 왜냐하면 접근성 효과는 특히 위의 조건을 만족하는 상황에서만 발생하기 때문이다(Higgins, 1996). 더구나 개념의 적합성에 대한 판단 여부가 판단의 특성과 제공되는 특성의 관계와 중첩된다는 사실은 중요하다.

문화계발 효과 측면에서 볼 때 회상된 개념은 TV의 사례를 통해 만들어진 것이어야 한다. 하지만 사람들이 TV에서 제공되는 사례(예를 들어, 의사, 변호사 등)를 실제 세계에 대한 판단을 하는 데 적합하다고 지각할 것이라고 보는 것은 직관에 반하는 것일 수 있다. 만약 사람들이 사례가 적합하지 않다고 지각한다면, 대안정보가 검색되고 판단의 기초로 활용될 수 있다.

판단을 형성하는 과정에서 기억해 내는 사례의 출처나 정보원에 대해서 사람들이 일반적으로 고려하지 않는다는 점을 생각하면, TV에서 제공되는 사례가 실제 세계를 판단하는 데 적합할 수도 있다. 기억해 낸 개념의 특성과 어떤 판단인가의 여부가 중첩되면서 이용가능성을 지각하게 된다는 점을 상기하자. 특히 별로 노력하지 않고 판단하는 경우 기억해 내는 개념의 출처 또는 정보원의 성격은 별로 주목하지 않고 넘어갈 수 있다. 이는 출처나 정보원에 대해 관심을 갖는 동기가 부족하기 때문일 수도 있고(Petty & Cacioppo, 1990, 저관여의 정보 처리), 정보원에 대한 정보를 기억해 내는 능력이 부족

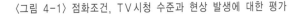

〈그림 4-1〉 점화조건, TV시청 수준과 현상 발생에 대한 평가

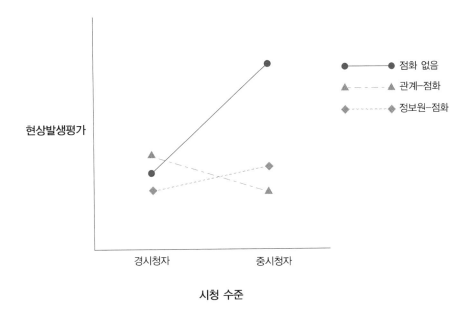

하기 때문일 수도 있다(Johnson, Hashtroudi & Lindsay, 1993; Mares, 1996; Shrum, 1997, 정보원 모니터의 오류). 이와 같은 과정은 문화계발 효과를 설명하기 위해 샤피로와 랭(Shapiro & Lang, 1991)이 제시한 저울질과 균형의 메커니즘과 일치하는 점이 있다(Shrum, 2007a).

명제 3을 검증하기 위해 필자는 사람들이 판단하기 전에 정보원의 특성을 점화한 두 가지 실험을 실시했다(Shrum, Wyer, & O'Guinn, 1998). 실험조건은 다음과 같이 만들어졌다. 정보원-점화조건에서는 피험자가 그들의 TV시청습관을 먼저 스스로 이야기하게 하고 그 후 범죄발생이나 특정직업군의 분포에 대해 판단하도록 했다. 관계-점화조건에서는 피험자가 평가하는 것이 실제보다 TV에 더 자주 등장하는 것이라는 점을 실험 처지자가 피험자에게 알려주었다. 점화부

재조건에서는 피험자가 먼저 범죄발생이나 특정직업군에 대한 분포를 평가하게 하고 그 다음 TV시청습관을 이야기하도록 했다. 분석결과 문화계발 효과는 점화부재조건에서 발견되었다. 정보원-점화, 관계-점화조건에서 문화계발 효과는 사라졌다. 경시청자들은 실험조건에 따른 차이가 별로 없었으나 중시청자층에서는 차이가 발견되었다(〈그림 4-1〉 참조).

두 번째 실험 역시 위의 실험을 반복했는데 연구결과, 비슷한 패턴이 발견되었다. 즉 정보원이나 관계를 점화했을 경우에 중시청자층은 TV에서 얻은 정보를 상대적으로 이용하지 않으면서 평가를 내려 결과적으로 문화계발 효과가 없어지는 현상이 나타났다.

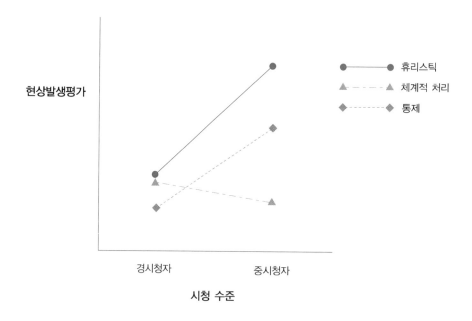

〈그림 4-2〉 정보처리 조건, TV시청 수준과 현상 발생에 대한 평가

[명제 4] 정보처리 동기가 문화계발 효과의
　　　　　조절변인이다

　명제 4는 휴리스틱 정보처리(체계적 정보처리
와 반대되는)가 발생하는 특정한 조건이 있다는
연구결과에 기초한다. 그렇다면 사람들이 관여
하게 되는 정보처리 유형을 조작함으로써 문화
계발 효과가 나타나는지의 여부를 살펴볼 수 있
다. 만약 사람들이 특정사건의 발생분포나 가능
성을 판단할 때 일반적으로 휴리스틱 정보처리
를 한다면, 휴리스틱 정보처리를 강요하게 되어
발생하는 문화계발 효과는 이러한 조작이 없을
때 발생하는 문화계발 효과와 차이가 없어야 한
다. 반대로 판단할 때 사람들로 하여금 체계적
인 정보처리를 하도록 했다고 생각해 보자. 휴
리스틱 정보처리와 비교하면 체계적 정보처리

는 더 많은 정보를 고려하고 정보에 대한 면밀한
검토를 하게 한다. 체계적 정보처리는 정보의
타당성을 결정하는 것이 중요할 때 활용되며 휴
리스틱의 효과를 약화시킨다.

　체계적 처리조건에서는 시청 수준과 사회적
지각과의 관계가 약해지거나 전적으로 없어질
가능성이 있다. 체계적 정보처리를 할 때, 사람
들은 머릿속에 먼저 떠오른 것을 단순히 이용하
기보다 사례를 기억해 내야만 할 것이고, 기억
해 낸 정보를 더 면밀히 검토해야 하며, 따라서
TV프로그램과 같은 신뢰하기 어려운 정보원을
무시해야만 한다.

　어떤 정보처리를 할 것인가를 결정짓는 조건
중 하나는 정보처리 동기이다. 동기가 높으면
체계적 정보처리가 지배적이고, 동기가 낮으면
반대로 휴리스틱 처리가 주로 나타난다. 또한

이슈 관여도의 정도(Petty & Cacioppo, 1990), 작업에의 관여 정도(Chaiken & Maheswaran, 1994) 등이 동기에 영향을 미친다.

명제 4를 검증하기 위해서 피험자가 범죄, 부부간 불화, 특정직업군 등의 발생 정도를 평가하는 데 활용하는 정보처리 전략을 조작하는 실험을 실시했다(Shrum, 2001). 일부 피험자들은 동기와 적절한 중요한 작업의 일환으로 체계적 처리를 하도록 처치했고(Chaiken & Maheswaran, 1994), 다른 피험자들은 머릿속에 가장 먼저 떠오르는 것을 답하게 하는 휴리스틱 처리를 하게 했다. 나머지 통제집단은 단지 발생 정도를 평가만 하도록 처치했다. 실험결과, 통제집단과 휴리스틱 처리집단에서 문화계발 효과가 발생했고 두 집단 간의 차이는 없었다. 하지만 체계적 처리집단에서는 문화계발 효과가 나타나지 않았다. 이전의 다른 실험연구와 유사하게 경시청자 집단은 실험조건에 따라 차이가 발견되지 않았다. 반면 중시청자 집단에서 체계적 정보처리 조건은 이들의 평가를 경시청자 집단과 유사하게 만들었다(〈그림 4-2〉 참조).

[명제 5] 정보처리 능력이 문화계발 효과의
조절변인이다

명제 4와 유사하게 명제 5 역시 체계적 정보처리 또는 휴리스틱 정보처리를 용이하게 하거나 막는 조건에 기반한다. 정보처리 동기와 더불어 정보처리 능력이 처리 전략과 관련된다. 정보처리 능력과 관련한 주요 요인은 시간적 압박이다. 시간적 압박이 높을수록 휴리스틱 처리를 채택할 가능성이 높다.

명제 5를 검증하기 위해 시간적 압박 조건을

달리 하는 실험을 실시했다(Shrum, 2007b). 시간적 압박이 낮은 조건으로는 우편서베이를, 시간적 압박이 높은 조건으로는 전화서베이를 채택하여 일반인을 대상으로 한 무작위 표집을 했다. 사전조사 결과, 두 조건은 시간적 압박은 다르고 응답자 스스로 이야기하는 관여도에는 차이가 없었다. 만약 문화계발 효과가 휴리스틱 처리 결과라면, 우편서베이보다 전화서베이와 같은 휴리스틱 처리를 할 가능성이 더 높은 조건에서 문화계발 효과가 더 크게 나타나야 한다. 연구결과는 이러한 예측과 일치하게 나타났다. 사회범죄에 대한 지각, 부부간 불화, 특정직업군 등의 분포, 발생 가능성을 예측하는 데 문화계발 효과는 우편서베이보다 전화서베이에서 더 크게 나타났다.

사실인지 허구인지를 구별하지 못하는 사람들에게 문화계발 효과가 더 크게 나타난다는 연구결과도 있다(Mares, 1996). 사람들이 정보처리의 동기를 가진 경우에도 정보를 처리할 수 있는 능력이 있는가의 여부가 문화계발 효과의 발생에 영향을 미쳤다(Shrum, 1997).

2) 통합모델

다음 단계는 위의 명제를 검증한 결과를 기초로 일관된 개념적 틀 안에서 통합모델을 발전시키는 것이다. 개념적 틀은 〈그림 4-3〉에 제시된 것처럼 TV시청이 문화계발 효과를 발생시키는 일련의 연결고리와 단계를 보여준다. 각 연결고리는 경험적 근거에 기초한 검증 가능한 명제를 의미한다. 그림에서 알 수 있듯이 미디어에 노출되는 것이 판단에 효과를 미치지 못하는(문화계발 효과의 부재) 다양한 방식이 존재한다. 문화계발 효과가 발생하는 방식은 하나의 경로를 따른다.

되도록 간단한 모델을 제시하는 가운데 몇 가지 지적할 사항이 있다. 〈그림 4-3〉에서 오해의 소지가 있는 부분은 연결고리(있음/없음)를 통해 발생하는 것(효과/무효과)을 설명하는 과정이 모두 이분법적 변인으로 설정되었다는 점이다. 사실 연결고리와 발생하는 것 모두 연속선상에서 생각해 볼 수 있다. 예를 들어, 단순히 동기가 '높으면' 문화계발 효과가 나타나지 않는다고 하는 것보다, 이 모델에서 동기가 높아질수록 문화계발 효과의 크기가 작아진다고 해석하는 것이 더 적합할 수 있다.

3) 타당하지 않은 대안적 가설

이 모델의 기초를 제공하는 일부 연구결과를 보면 대안적 설명의 가능성이 있기는 하지만 이를 기초로 허위관계라든지 역(逆)인과관계를 말하기는 어렵다. 예를 들어 명제 1과 2(접근성)를 검증한 초기연구는 상관관계 분석에 기초하기 때문에 허위관계나 역인과관계를 말할 수도 있다. 하지만 이러한 대안적 설명은 명제 3에서 5까지를 검증한 실험결과를 해석하는 데는 타당하지 않다. 특히 실험 처치를 통해 정보원을 점화하고 정보처리 전략을 조작했을 때 나타난 결과는 일관되게 중시청자들에서 나타나는 문화계발 효과를 감소시키면서 경시청자들에게는 효과의 차이를 보여주지 않았다.

다양한 종속변인을 통해 문화계발 효과를 살펴본 것 역시 TV의 효과 외의 다른 영향력을 배재하게 한다. 직업군의 분포(의사, 변호사, 경찰 등), 범죄, 부유층의 분포 등을 평가하도록 하

는 다양한 실험에서 일관된 결과가 나타났다. 비록 역인과관계나 허위관계로 설명될 수 있는 변인이 있을 수 있겠지만, 이러한 대안적 관계로 모든 변인이 개입되는 효과를 설명하기 어렵다. 실제 세계와 비교할 때 상대적으로 TV에서 특정개념이 과장되어 묘사되는 효과를 설명하는 인과관계 모델이 가장 명료한 것이라 할 수 있다.

4) 문화계발 효과가 작은 것에 대한 설명

위에서 언급했지만, 문화계발 효과의 과정모델이 유용한 부분은 지금까지 보고된 연구결과 중 이에 반하는 결과를 해석하는 데 도움이 된다는 점이다. 〈그림 4-3〉에서 볼 수 있듯이 문화계발 효과가 발생하지 않는 상황은 잠재적으로 매우 많다.

(1) 정보원-점화문제

정보원-점화 실험에서 얼마나 TV를 많이 보는지를 특정한 사례의 발생 가능성을 평가하기 전에 피험자들이 말하도록 했다. 피험자에 대한 데이터를 얻는 순서에 따라 문화계발 효과를 제거할 수도 있다. 모건과 샤나한(Morgan & Shanahan, 1996)이 지적했듯이 문화계발 효과를 발견하지 못한 많은 연구에서 사회적 지각보다 TV시청 정도를 먼저 측정했거나 또는 이 실험이 TV에 관한 것이라는 것을 먼저 알려주었다는 점을 발견했다. 이들의 메타분석에서는 정보원-점화가 조절변인이라는 것을 보여주지는 못했지만 정보원-점화를 하지 않은 연구에서 발견한 문화계발 효과의 크기가 정보원-점화를 한 연구에서 발견한 효과의 크기보다 약간 크다는 것을 발견

〈그림 4-3〉 TV효과의 휴리스틱 처리 모델
(원 안은 정신적 과정을 지칭)

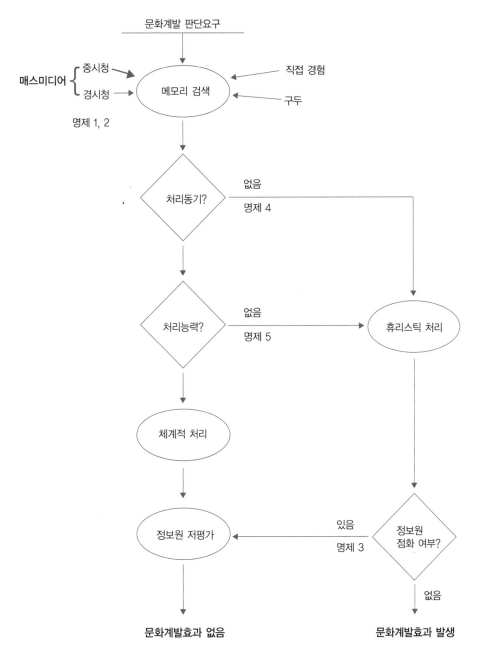

했다. 따라서 문화계발 효과를 발견하지 못한 연구에서 의도하지 않게 정보원에 대한 정보를 점화한 것으로 파악할 수 있다.

점화는 단지 특정개념을 기억 속에 더 접근 가능하게 만드는 것을 의미한다. 일부 사람들에게 특정개념은 지속적으로 접근 가능할 수 있다 (Higgins, 1996). 어떤 사람들에게 TV에서 제공되는 개념이 특별히 접근성이 높은가? 미디어 효과 실험연구의 경우 커뮤니케이션을 전공하는 대학생들을 대상으로 할 때가 많은데 이들은 TV의 잠재적 효과에 대한 정보에 이미 노출된 경우가 많다. 많은 실험에서 문화계발 효과를 발견하지 못한 것은 실험에 참여한 또는 조사에 참여한 표본의 특성 때문일 수도 있다.

(2) 관여문제

판단할 때 수많은 요소가 관여도의 수준과 연결될 수 있다. 연구대상 표본에 따라 관여도 수준이 다르다. 예를 들어 대학생들은 장년층에 비해 겁이 없을 수 있고, 사람들은 특정이슈(예: 범죄)에 대한 관심도 다를 수 있으며, 문제를 해결에서도 관심수준이 다를 수 있다. 관여도는 연구에서 데이터를 수집하기 위해 어떤 방법을 사용하는지에 따라서도 달리 나타난다. 익명이 보장되는 설문지로 수집할 때는 대인 인터뷰와 비교하면 참여자의 동기수준이 떨어진다 (Shrum, 1997, 2001).

(3) 시간적 압박문제

데이터 수집방법에 따라 문화계발 효과가 달리 나타날 수 있다는 점을 앞서 지적했다 (Shrum, 2007b). 우편서베이를 했는지 아니면 전화서베이를 했는지 여부에 따라 차이가 있었

다. 관여도와 연결된 부분이 있기는 하지만 문화계발 효과의 실험에 참여하는 대부분의 대학생들은 실험을 빨리 끝내고 떠나려는 성향이 있다. 이들은 설문지 내용에 별로 관심이 없으며 장년층보다 서베이를 더 빨리 끝낸다. 만약 그렇다면 이들 대학생 피험자들은 판단할 때 휴리스틱 처리를 더 많이 이용할 가능성이 있고 이들에게서 더 큰 문화계발 효과를 발견할 수 있다 (Morgan & Shanahan, 1996).

5) 요 약

1차적 수준에서의 문화계발 효과를 설명하는 과정모델은 효과가 발생하는 조건과 중재요인을 설명하는 데 유용하다. 이 모델은 효과가 발생하는 중요한 조건과 조절변인을 통한 효과를 구체화한다. 문화계발 효과는 정보처리의 동기와 능력이 낮을 때 그 효과가 크게 나타나고, 반면 이 둘이 높을 때 효과가 감소하거나 없어진다.

사회적 지각에 미치는 1차적 수준의 효과만이 중요한 것이 아니다. 지금까지의 연구는 주로 1차적 수준의 효과에 집중되었지만 사회적 지각에 미치는 효과를 통해 발생하는 2차적 수준의 효과, 즉 TV가 가치와 태도, 신념에 미치는 효과 역시 중요하다. 1차적 수준의 판단은 저절로 발생하는 것이 아니라 대개 어떤 요구에 의해 만들어진다(Hastie & Park, 1986). 반면 2차적 수준의 판단은 무의식적으로 나타나며 일상에서의 판단이 생활의 다양한 부분에 영향을 미친다.

4. 2차적 수준에서의 문화계발 효과 과정모델

판단이 어떻게 형성되는가에 따라 1차적 수준과 2차적 수준의 판단을 구분할 수 있다(Shrum, 2004). 1차적 수준의 판단은 기억에 기초한 판단인 경향이 있다. 기억에 기초한 판단은 기억에서 정보를 회상하면서, 실제 판단하는 시간이 걸리면서 형성된다. 반면 태도와 가치 같은 2차적 수준의 판단은 자극의 수용과 동시에 진행되는 온라인(동시적, 또는 반사적) 판단이다. 온라인 판단이라는 것은 외부정보원에서(예; 광고나 연설 등) 기억 장소에 정보가 들어오면서 바로 형성된다. 해스티와 파크가 지적했듯이 실제로 기억에 기초한 판단은 상대적으로 드물고 실험실 조건에서도 이러한 판단을 하기가 쉽지 않은 경우도 있다. 반면 온라인 판단은 일상적으로 발생하며 정보를 기억해 내면서 자연스럽게 만들어지는 경향이 있다.

만약, 1차적, 2차적 수준의 판단이 형성되는 방식이 다르다면 TV가 이러한 두 가지 판단에 미치는 효과의 과정 역시 다를 수 있다.

1) 온라인(동시적) 설득으로서의 문화계발

문화계발 효과이론의 전제는 TV를 많이 시청할수록 TV 메시지가 제시하는 방향으로 태도, 가치, 신념이 영향을 받을 수 있다는 것이다. 이런 면에서 TV시청은 설득적 커뮤니케이션으로 개념화될 수도 있다. 만약 태도, 가치, 신념이 온라인(동시적, 반사적) 방식으로 형성된다면 이는 2차적 수준의 문화계발 효과가 발생하는 과정에 시사하는 점이 있다. 즉 TV가 판단에 미치는

영향력은 '시청 중'에 발생한다는 것을 시사한다. 이는 TV정보에 대한 회상이 판단을 요청받는 시점에 판단에 영향을 주는 1차적 수준의 문화계발 효과 과정과 다르다. 또한 문화계발을 설득적 커뮤니케이션으로 본다면 설득의 발생에 영향을 주는 요인 역시 문화계발 효과의 발생에 영향을 미쳐야 한다. 제 7장에서 다루는 설득의 정교화 가능성 모델(ELM)은 두 가지 영향 과정을 구체화하면서 정보처리 동기와 능력이 설득효과를 조절한다는 점을 제안한다. 이 모델에서 설득은 정보처리 동기와 능력이 높을 때 더 잘 발생한다고 본다. 이를 인정한다면 문화계발 효과는 시청 중 정보처리 동기와 능력이 높을 때 더 잘 나타날 수 있다.

(1) 초기 검증결과

필자와 동료들이 실시한 몇 건의 연구에서는 위와 같은 명제를 지지하는 결과가 발견되었다. TV시청 중 정보처리 동기와 능력이 문화계발 효과를 조절하는지를 진단하기 위해 두 가지 연구를 실시했다(Shrum, Burroughs, & Rindfleisch, 2005). 첫 번째 연구는 미국의 일반 성인을 대상으로 한 무작위 표본을 기초로 TV시청과 물질주의에 대한 개인적 가치의 관계를 살펴보았다. 정보처리 동기는 시청 중 인지적 욕구의 정도(정교화의 정도)로, 정보처리 능력은 시청 중 프로그램 주목도를 응답자가 스스로 평가한 것으로 측정했다. 연구결과 시청량은 물질주의를 선호하는 것과 정적(正的) 관계가 나타났는데, 문화계발 효과는 시청 중 인지적 욕구가 높은 사람들과 프로그램에 주목도가 높은 사람들에게서 더 높게 나타났다. 후속연구는 실험방식으로 실시했는데 첫 번째 연구와 유사한 결과를 발견했다.

중시청, 인지적 욕구가 높은 조건에 참여한 피험자들이 프로그램에 주목도가 높았고 프로그램이 제시하는 방향으로 태도를 보여주었다. 중요한 점은 2차적 수준에서 동기와 능력이 문화계발 효과를 조절하는 방식은 1차적 수준의 문화계발 효과의 방식과는 정반대로 나타난 부분이다. 1차적 수준에서의 문화계발 효과의 경우 정보처리 동기가 높고 정보처리 능력이 높을수록 감소했다는 점과 비교하면 정반대의 결과이다(Shrum, 2001, 2007b).

동시적, 온라인 성격을 가진 2차적 수준의 문화계발 판단의 경우 태도의 접근성의 문제와 관련해서도 시사하는 점이 있다. 만약 시청 중 현재 가진 태도와 가치구조가 지속적으로 평가되고 업데이트된다면, 이러한 태도의 접근성 역시 시청 정도와 정적으로 연결되어야만 한다. TV시청과 태도와 관련한 판단을 하는 속도를 측정한 연구에서 위와 같은 부분도 검증되었다. 중시청자들은 경시청자보다 태도와 관련한 판단을 더 신속하게 제시했다(Shrum, 1999).

5. 소 결

기억에 기초한 처리와 1차적 수준의 문화계발 효과 판단을 진단한 선행연구결과와 2차적 수준의 동시적, 온라인 처리를 살펴 본 연구결과를 종합하면 문화계발과 같은 미디어 효과는 어떤 판단을 하는지, 판단유형이 어떤지에 따라 달리 나타날 수 있다. 이러한 점은 미디어 효과연구에서 발생하는 결과의 차이를 해석하는 데 도움을 준다. 문화계발이 발생하는 조건적 영역을 점검하면서 효과의 크기를 작게 만들거나 효과를 없애는 특정한 요인을 파악하는 작업은 중요하다. 문화계발 효과는 다른 경로를 통해서 발생할 수 있고 조건적 요인에 제약받는다. 특정 유형의 판단에서는 효과가 발생할 수도 있고 그렇지 않은 판단도 있을 수 있다.

과정모델을 통해 이러한 조건영역을 구체화함으로써 우리는 미디어 소비를 통해 발생할 수 있는 바람직하지 않은 효과(물질주의의 팽배, 불신의 팽배, 사회에 대한 부정확한 지각)들을 완화할 수도 있을 것이다. 이 장에서 제시한 모델을 생각할 때 향후 미디어리터러시 교육은 '현명하게 미디어를 이용해라'라는 수준을 넘어 '어떤 판단인지를 고민하라'는 점도 가르쳐야 할 것으로 보인다. TV시청으로부터 영향을 받기 쉬운 판단의 유형은 무엇인지, 어떤 정보처리 전략을 강구해야 할지 등도 교육에 포함될 필요가 있다.

참고문헌

Bandura, A. (1973). *Aggression: A social learning analysis.* Englewood Cliffs, NJ: Prentice Hall.

Bargh, J. A., & Piettromonaco, P. (1982). Automatic information processing and social perception: The influence of trait information presented outside of conscious awareness on impression formation. *Journal of Personality and Social Psychology,* 43, 437-449.

Berkowitz, L. (1970). Aggressive humors as a stimulus to aggressive responses. *Journal of Personality and Social Psychology,* 16, 710-717.

Berkowitz, L. (1973). Words and symbols as stimuli to aggressive responses. In J. Knutson (Ed.), *Control of aggression: Implications from basic research.* Chicago: Aldine-Atherton.

Berkowitz, L. (1984). Some effects of thoughts on anti-and prosocial influences of media events: A cognitive-neoassociation analysis. *Psychology Bulletin,* 95, 410-427.

Brosius, H., & Bathelt, A. (1994). The utility of examples in persuasive communication. *Communication Research,* 21, 48-78.

Bryant, J., Carveth, R. A., & Brown, D. (1981). Television viewing and anxiety: An experimental investigation. *Journal of Communication,* 31(1), 106-119.

Bushman, B., & Geen, R. (1990). Role of cognitive-emotional mediators and individual differences in the effects of media violence on aggression. *Journal of Personality and Social Psychology,* 58.

Busselle, R. W. (2001). The role of exemplar accessibility in social reality judgments. *Media Psychology,* 3, 43-67.

Busselle, R. W., & Shrum, L. J. (2003). Media exposure and the accessibility of social information. *Media Psychology,* 5, 255-282.

Cacioppo, J. T, & Petty, R. E. (1982). The need for cognition. *Journal of Personality and Social Psychology,* 42, 116-131.

Carlston, D. E., & Smith, E. R. (1996). Principles of mental representation. In E. T. Higgins & A. W. Kruglanski (Eds.), *Social psychology: Handbook of basic principles* (pp. 184-210). New York: Guilford Press.

Carver, C., Ganellen, R., Froming, W, & Chambers, W. (1983). Modeling: An analysis in terms of category accessibility. *Journal of Experimental Social Psychology,* 19, 403-421.

Chaiken, S., Liberman, A., & Eagly, A. H. (1989). Heuristic and systematic processing within and beyond the persuasion context. In J. S. Uleman & J. A. Bargh (Eds.), *Unintended thought* (pp. 212-252). New York: Guilford Press.

Chaiken, S., & Maheswaran, D. (1994). Heuristic processing can bias systematic processing: effects of source credibility, argument ambiguity, and task importance on attitude judgment. *Journal of Personality and Social Psychology,* 66, 460-473.

Chayefsky, P. (writer). (1976). *Network* [Film]. Metro-Goldwyn-Mayer, Inc.

Collins, A. M., & Loftus, E. F. (1975). A spreading-activation theory of semantic processing. *Psychological Review,* 82, 407-428.

Doob, A., & Macdonald, G. (1979). Television viewing and fear of victimization: Is the relationship causal? *Journal of Personality and Social Psychology*, 37, 170-179.

Fishbein, M., & Ajzen, I. (1975). *Belief, attitude, intention, and behavior: An introduction to theory and research*. Reading, MA: Addison-Wesley.

Freedman, J. L. (1984). Effect of television violence on aggressiveness. *Psychological Bulletin*, 96.

Hastie, R., & Park, B. (1986). The relationship between memory and judgment depends on whether the judgment task is memory-based or on-line. *Psychological Review*, 93, 258-268.

Hawkins, R. P., & Pingree, S. (1982). Television's influence on constructions of social reality. In D. Pearl, L. Bouthilet, & J. Lazar (Eds.), *Television and behavior: Ten years of scientific progress and implications for the eighties* (Vol. 2). Washington, DC: Government Printing Office.

Hawkins, R. B., & Pingree, S. (1990). Divergent psychological processes in constructing social reality from mass media content. In N. Signorielli & M. Morgan (Eds.), *Cultivation analysis: New directions in media effects research* (pp. 33-50). Newbury Park, CA: Sage.

Henninger, M., & Wyer, R. S. (1976). The recognition and elimination of inconsistencies among syllogistically related beliefs: Some new light on the "Socratic effect." *Journal of Personality and Social Psychology*, 34, 680-693.

Higgins, E. T. (1996). Knowledge activation: Accessibility, applicability, and salience. In E. T. Higgins & A. W. Kruglanski (Eds.), *Social psychology: Handbook of basic principles*. New York: Guilford Press.

Higgins, E. T, Bargh, J. A., & Lombardi, W. (1985). The nature of priming effects on categorization. *Journal of Experimental Psychology: Learning, Memory, & Cognition*, 11.

Higgins, E. T, & Brendl, C. M. (1995). Accessibility and applicability: Some "activation rules" influencing judgment. *Journal of Experimental Social Psychology*, 31.

Higgins, E. T, & King, G. (1981). Accessibility of social constructs: Information processing consequences of individual and contextual variability. In N. Cantor & J. F. Kihlstrom (Eds.), *Personality, cognition and social interaction*. Hillsdale, NJ: Erlbaum.

Higgins, E. T., Rholes, W. S., & Jones, C. R. (1977). Category accessibility and impression formation. *Journal of Experimental Social Psychology*, 13.

Hirsch, P. (1980). The scary world of the nonviewer and other anomalies: A reanalysis of Gerbner et al.'s findings on cultivation analysis. *Communication Research*, 7, 403-456.

Hughes, M. (1980). The fruits of cultivation analysis: A reexamination of some effects of television watching. *Public Opinion Quarterly*, 44, 287-302.

Iyengar, S. (1990). The accessibility bias in politics: Television news and public opinion. *International Journal of Public Opinion Research*, 2, 1-15.

Johnson, M. K., Hashtroudi, S., & Lindsay, D. S. (1993). Source monitoring. *Psychological Bulletin*, 114, 3-28.

Kahneman, D., & Tversky, A. (1982). The simulation heuristic. In D. Kahneman, P. Slovic, & A. Tversky (Eds.), *Judgment under uncertainty: Heuristics and biases* (pp. 201-208). New York: Cambridge University Press.

Lichtenstein, S., Slovic, P., Fischhoff, G., Layman, M., & Combs, B. (1978). Judged frequency of lethal events. *Journal of Experimental Psychology: Human Learning and Memory*, 6.

Manis, M., Shedler, J., Jonides, J., & Nelson, T. E. (1993). Availability heuristic in judgement of set size and frequency of occurrence. *Journal of Personality and Social Psychology*, 65.

Mares, M. L. (1996). The role of source confusions in television's cultivation of social reality judgments. *Human Communication Research*, 23.

McGuire, W. J. (1960). Cognitive consistency and attitude change. *Journal of Abnormal and Social Psychology*, 60, 345-353.

McGuire, W. J. (1986). The myth of massive media impact: Savagings and salvagings. In G. Comstock (Ed.), *Public communication and behavior* (Vol. 1). New York: Academic Press.

Moore, D. L., Hausknecht, D., & Thamodaran, K. (1986). Time compression, response opportunity, and persuasion. *Journal of Consumer Research*, 13.

Morgan, M., & Shanahan, J. (1996). Two decades of cultivation research: An appraisal and meta-analysis. In B. R. Burleson (Ed.), *Communication yearbook 20*. Newbury Park, CA: Sage.

Nisbett, R., & Ross, L. (1980). *Human inferences: Strategies and shortcomings of human judgment*. Englewood Cliffs, NJ: Prentice-Hall.

Ogles, R. M., & Hoffner, C. (1987). Film violence and perceptions of crime: The cultivation effect. In M. L. McLaughlin (Ed.), *Communication yearbook 10*. Newbury Park, CA: Sage.

O'Guinn, T. C, & Shrum, L. J. (1997). The role of television in the construction of consumer reality. *Journal of Consumer Research*, 23, 278-294.

Paivio, A. (1971). *Imagery and verbal processes.* New York: Holt, Rinehart & Winston.

Petty, R. E., & Cacioppo, J. T. (1986). *Communication and persuasion: Central and peripheral routes to attitude change.* New York: Springer-Verlag.

Petty, R. E., & Cacioppo, J. T. (1990). Involvement and persuasion: Tradition versus integration. *Psychological Bulletin*, 107, 367-374.

Phillips, D. (1983). The impact of mass media violence on U.S. homicides. *American Sociological Review*, 48, 560-568.

Ratneshwar, S., & Chaiken, S. (1991). Comprehension's role in persuasion: The case of its moderate effect on the persuasive impact of source cues. *Journal of Consumer Research*, 18.

Reeves, B., Chaffee, S., & Tims, A. (1982). Social cognition and mass communication research. In M. E. Roloff & C. R. Berger (Eds.), *Social cognition and mass communication*. Newbury Park, CA: Sage.

Rubin, A. M., Perse, E. M., & Taylor, D. S. (1988). A methodological examination of cultivation. *Communication Research*, 15, 107-134.

Schank, R., & Abelson, R. P. (1977). *Scripts, plans, goals, and understanding.* Hillsdale, NJ: Erlbaum.

Schwarz, N., Bless, H., Strack, F, Klumpp, G, Rittenauer-Schatka, H., & Simons, A. (1991). Ease of retrieval as information: Another look at the availability heuristic. *Journal of Personality and Social Psychology*, 61, 195-202.

Schwarz, N., Song, H., & Xu, J. (in press). When thinking is difficult: Meta cognitive experiences as information. In M. Wanke (Ed.), *The social psychology of consumer behavior*. New York: Psychology Press.

Shapiro, M. A., & Lang, A. (1991). Making television reality: Unconscious processes in the construction of social reality. *Communication Research*, 18, 685-705.

Sherman, S. J., & Corty, E. (1984). Cognitive heuristics. In R. S. Wyer & T. K. Srull (Eds.), *Handbook of social cognition* (Vol. 1). Hillsdale, NJ: Erlbaum.

Shrum, L. J. (1995). Assessing the social influence of television: A social cognition perspective on cultivation effects. *Communication Research*, 22, 402-429.

Shrum, L. J. (1996). Psychological processes underlying cultivation effects: Further tests of accessibility. *Human Communication Research*, 22, 482-509.

Shrum, L. J. (1997). The role of source confusion in cultivation effects may depend on processing strategy: A comment on Mares (1996). *Human Communication Research*, 24, 349-358.

Shrum, L. J. (1999). The relationship of television viewing with attitude strength and extremity: Implications for the cultivation effect. *Media Psychology*, 1, 3-25.

Shrum, L. J. (2001). Processing strategy moderates the cultivation effect. *Human Communication Research*, 27, 94-120.

Shrum, L. J. (2002). Media consumption and perceptions of social reality: Effects and underlying processes. In J. Bryant & D. Zillmann (Eds.), *Media effects*: *Advances in theory and research* (2nd ed.). Mahwah, NJ: Erlbaum.

Shrum, L. J. (2004). The cognitive processes underlying cultivation effects are a function of whether the judgments are on-line or memory-based. *Communications*, 29, 327-344.

Shrum, L. J. (2007a). Cultivation and social cognition. In D. R. Roskos-Ewoldsen & J. L. Monahan (Eds.), *Communication and social cognition*: *Theories and methods* (pp. 245-272). Mahwah, NJ: Erlbaum.

Shrum, L. J. (2007b). The implications of survey method for measuring cultivation effects. *Human Communication Research*, 33, 64-80.

Shrum, L. J., Burroughs, J. E., & Rindfleisch, A. (2004). A process model of consumer cultivation: The role of television is a function of the type of judgment. In L. J. Shrum (Ed.), *The psychology of entertainment media*: *Blurring the lines between entertainment and persuasion* (pp. 177-191). Mahwah, NJ: Erlbaum.

Shrum, L. J., Burroughs, J. E., & Rindfleisch, A. (2005). Television's cultivation of material values. *Journal of Consumer Research*, 32, 473-479.

Shrum, L. J., & O'Guinn, T. C. (1993). Processes and effects in the construction of social reality: Construct accessibility as an explanatory variable. *Communication Research*, 20, 436-471.

Shrum, L. J., O'Guinn, T. C, Semenik, R. J., & Faber, R. J. (1991). Processes and effects in the construction of normative consumer beliefs: The role of television. In R. H. Holman & M. R. Solomon (Eds.), *Advances in consumer research* (Vol. 18, pp. 755-763). Provo, UT: Association for Consumer Research.

Shrum, L. J., Wyer, R. S., & O'Guinn, T. C. (1998). The effects of television consumption on social perceptions: The use of priming procedures to investigate psychological processes. *Journal of Consumer Research*, 24, 447-458.

Srull, T. K., & Wyer, R. S. (1979). The role of category accessibility in the interpretation of information about persons: Some determinants and implications. *Journal of Personality and Social Psychology*, 37, 1660-1672.

Tamborini, R., Zillmann, D., & Bryant, J. (1984). Fear and victimization: Exposure to television and perceptions of crime and fear. In R. N. Bostrom(Ed.), *Communication yearbook 8*(pp. 492-518). Beverly Hills: Sage.

Turner, C, & Berkowitz, L. (1972). Identification with film aggressor(covert role taking) and reactions to film violence. *Journal of Personality and Social Psychology*, 21, 256-264.

Tversky, A., & Kahneman, D. (1973). Availability: A heuristic for judging frequency and probability. *Cognitive Psychology*, 5, 207-232.

Wober, M., & Gunter, B. (1988). *Television and social control*. Aldershot, England: Avebury.

Wyer, R. S. (1980). The acquisition and use of social knowledge: Basic postulates and representative research. *Personality and Social Psychology Bulletin*, 6, 558-573.

Wyer, R. S. (2004). *Social comprehension and judgment: The role of situation models, narratives, and implicit theories*. Mawhaw, NJ: Erlbaum.

Wyer, R. S., & Hartwick, J. (1984). The recall and use of belief statements as base for judgements: Some determinants and implications. *Journal of Experimental Social Psychology*, 20.

Wyer, R. S., & Radvansky. G. A. (1999). The comprehension and validation of social information. *Psychology Review*, 106, 89-118.

Wyer, R. S., & Srull, T. K. (1980). The processing of social stimulus information: A conceptual integration. In R. Hastie, E. B. Ebbessen, T. M. Ostrom, R. S. Wyer, D. L. Hamilton, & D. E. Carlston(Eds.), *Person memory: The cognitive basis of social perception*(pp. 227-300). Hillsdale. NJ: Erlbaum.

Wyer, R. S., & Srull, R. K. (1989). *Memory and cognition in its social context*. Hillsdale, NJ: Erlabum.

Zillmann, D. (1980). Anatomy of suspense. In P. H. Tannenbaum(Ed.), *The entertainment functions of television*(pp. 133-163) Hillsdale, NJ: Erlbaum.

Zillmann, D. (1983). Transfer of excitation in emotional behavior. In J. T. Cacioppo & R. E. Petty(Eds.), *Social Psychophysiology: A sourcebook*(pp. 215-242). New York: Guilford.

Zillmann, D. (2002). Exemplification theory of media influence. In J. Bryant & D. Zillmann(Eds.), *Media effects: Advances in theory and research*(2nd ed., pp. 69-95). Mahwah, NJ: Erlbaum.

Zillmann, D., & Brosius, H. (2000). *Exemplification in communication: The influence of case reports on the perception of issues*. Mahwah, NJ: Erlbaum.

Zillmann, D., & Bryanr, J. (1982). Pornography, sexual callousness, and the trivialization of rape. *Journal of Communication*, 32(4). 10-21.

미디어 점화작용

최신 종합

데이비드 로스코스-이월드센
(David R. Roskos-Ewoldsen, 앨라배마 대학)
비벌리 로스코스-이월드센
(Beverly Roskos-Ewoldsen, 앨라배마 대학)
프란세스카 딜먼 카펜티어
(Francesca Dillman Carpentier, 노스캐롤라이나 대학)

일반적 수준에서 미디어 점화작용은 미디어에 대한 노출이 후속판단이나 행위에 미치는 단기적 영향을 의미한다. '단기적'이라는 말의 의미는 물론 연구영역에 따라 다르다. 이 책의 제 2판에서 우리는 미디어 점화작용에 대한 연구가 미디어 점화작용이 존재하느냐의 여부에서 구체적 이론에 대한 검증으로 초점을 바꾸었으며, 명확한 이론적 모델이 부족한 당시 상황에서는 이러한 변화의 경향이 매우 중요하다고 주장했다(Rosko-Ewoldsen, Rosko-Ewoldsen & Carpentier, 2002).

이러한 초점의 변화는 제 2판이 발행될 당시에는 매우 정확한 판단이었지만 보다 최근의 연구는 점화작용이 일어나는 다양한 맥락에 더 초점을 맞추는 경향이 있다. 따라서 예를 들면, 폭력에 대한 점화작용 연구는 점화작용의 원천으로서 TV와 영화에 초점을 맞추었다가 비디오 게임으로 옮겨갔다. 비슷하게 정치적 점화작용은 영화, TV

시리즈물, TV 코디미물 등이 정치적 점화효과를 낳는가에 초점을 맞춘다. 마지막으로 인종적 고정관념에 대한 미디어 점화작용이 이 분야에서 주요한 연구의 초점으로 부상했다. 따라서 미디어 점화작용에 대한 연구는 점화효과가 존재하느냐의 여부에서 점화작용이 어떻게 작동하는가에 대한 연구로, 다시 미디어 점화작용이 얼마나 보편적 현상인가에 대한 연구로 이동했다. 이 장에서 우리는 미디어 점화작용 연구의 세 분야에 대해 논의하고자 한다. 그리고 나서 점화작용의 이론적 모델에 대해 논의한 다음, 제 2판에서 제기한 주장, 즉 점화작용에 대한 전통적인 심리학적 설명(예를 들면, 기억의 네트워크 모델 내에서의 점화효과)이 미디어 점화작용에 대한 이해의 진척에서 한계점을 노출했다는 주장으로 결론을 맺고자 한다. 대신, 사람들이 미디어 메시지를 어떻게 이해하는지와 결과적으로 발생하는 정신구조가 어떤 것인지에 대해 초점을 맞추는 것이 미디어 점화효과를 더 잘 설명할 수 있다고 제안하고자 한다.

1. 미디어 점화효과 연구

점화작용은 이전의 자극이나 사건이 후속자극에 대한 반응에 미치는 영향을 의미한다. 미디어에 적용되었을 때 점화작용은 미디어 콘텐츠가 처리된 메시지와 관련되는 후속적 행동이나 판단에 미치는 효과를 의미한다. 만약 미디어 점화작용은 미디어에 대한 사전노출이 후속 판단이나 행동에 미치는 효과라는 정의에 집착할 경우, 모든 미디어 효과는 일정 수준에서 미디어 점화작용의 결과로 간주될 수 있다. 그러나 점화작용에 대한 이러한 광범위한 정의는 아무런 도움이 되지 못한다. 오히려 점화작용과 관련하여 점화시키는 사건의 효과는 시간의 제약을 받는다는 사실을 이해하는 것이 중요하다. 예를 들면, 폭력에 초점을 맞춘 미디어 점화작용에 대한 연구는 점화효과가 재빠르게 사라진다(종종 실험이 진행되는 시간 내에 사라진다)는 사실을 자주 발견한다(Farrar & Krcmar, 2006; Josephson, 1987; Roskos-Ewoldsen, Klinger, & Roskos-Ewoldsen, 2007). 정치적 점화작용의 효과는 종종 정치인에 대한 미디어 보도가 바뀌고 두 달 정도 지속되는 것으로 여겨진다. 더 나아가 우리 삶에서의 미디어의 편재적(*ubiquitous*) 속성으로 미디어는 우리가 어떻게 생각하고 행동하는가를 점화시키는 데 강력한 수단이라는 점을 이해하는 것도 중요하다. 아마 이러한 속성 때문에 미디어 점화효과가 존재하는가에 대해 의문을 제기하는 사람은 거의 없었다.

그리고 사실상 메타분석은 두 현상이 근본적으로 성격이 다르기는 하지만 정치적 미디어 점화효과와 폭력에 대한 점화효과 모두 존재한다는 사실을 입증한다(Roskos-Ewoldsen et al., 2007).

미디어 점화작용 연구에 대한 메타분석에 따르면 미디어의 의미를 느슨하게 정의하더라도 미디어 점화작용에 대해 출판한 논문이 63건에 불과한 것으로 나타났다(Roskos-Ewoldsen et al., 2007). 미디어 점화작용의 존재를 입증하기 위해 폭력, 정치, 고정관념의 점화효과에 대한 대표적 연구를 다음에 자세하게 기술하겠다.

1) 미디어 폭력과 점화작용

조셉슨(Josephson, 1987)은 미디어 폭력물이 어린이의 행동에 미치는 점화효과에 대해 탐구했다. 이 연구에서 조셉슨은 학급 담임선생님에게 남자아이들의 공격적 성향을 측정한 자료를 수집했다. 남자아이들은 자극, 호감, 재미 등에서 정도가 비슷한 폭력적 또는 비폭력적 TV프로그램을 시청했다. 폭력적 프로그램은 반복되는 워키토키(*walkie-talkie*) 이미지들을 포함하고 비폭력적 프로그램은 이 이미지들을 포함하지 않았다. 워키토키는 폭력적 TV프로그램에 대한 신호로만 사용되었고 비폭력적 TV프로그램에 대한 신호로는 사용되지 않았다. TV프로그램 시청 이전이나 이후에 남자아이의 절반이 30초짜리 비폭력적인 만화를 시청했다. 이 30초짜리 만화는 점점 화면이 정지되다가 결국에는 화면에 흰 반점이 나타나는 상황까지 가도록 편집되었다. 이것은 피험자들에게 화면상의 기술적 문제로 프로그램을 시청하고 싶은 의지를 좌절시키기 위한 것이었다.

피험자들은 자신에게 할당된 프로그램을 시청한 후에 남자아이들은 가짜로 설정된 인터뷰에 응한 다음 실내 하키를 하기 위해 학교 체육관으로 배치되었다. 어린이들은 번갈아 가며 하키게임을 했고 경기장 바깥과 안에서의 공격적인 행동, 즉 다른 어린이를 밀어 넘어뜨리거나, 하키채로 다른 선수를 때리거나, 다른 어린이에게 욕을 하는 행위 등이 관찰되었다. 3분간의 경기를 3번 치른 후에 어린이들은 담임선생님에게로 돌아갔다.

조셉슨(1987)은 TV 폭력물 시청이 공격적 성향이 높은 어린이를 점화시켜 하키 게임 초반에 (즉, 3번의 경기 중 첫 번째 경기 동안에) 보다 더 폭력적으로 행동하도록 만든다는 사실을 밝혀냈다. 이러한 효과는 폭력적 프로그램을 시청한 이후 기술적 문제가 있어 만화 프로그램 시청이 좌절되었을 때 가장 높게 나타났다. 그러나 이러한 점화효과는 폭력적 프로그램과 신호가 하키 경기 후반부에서는 초반부에서 만큼 강하게 공격적 행동에 영향을 미치지 않았기 때문에 시간이 지나면서 약화된 것처럼 보였다.

최근 폭력에 대한 미디어 점화효과에 대한 연구는 비디오 게임에 초점을 둔다. 예를 들면, 카나지와 앤더슨(Carnagey & Anderson, 2005)은 폭력적인 비디오 게임에서 보상과 처벌이 게임참가자의 정서, 인지, 행동에 미치는 효과를 검증했다. 모두 3번에 걸친 실험에서 대학생들은 3가지 실험조건, 즉 서로 다른 버전의 레이싱 경쟁 비디오 게임물에 배치되었다[카마겟돈(Carmageddon) 2]. 첫 번째 조건에서는 보행자와 레이싱 경쟁자를 죽였을 때 처벌받았고, 두 번째 조건에서는 보행자와 레이싱 경쟁자를 죽였을 때 보상받았다. 마지막 조건에서는 보행자와 레이싱

경쟁자를 죽이는 것이 불가능했다. 첫 번째 실험에서 처벌조건보다 보상조건에서 많은 보행자들이 죽었음에도 불구하고 두 실험 조건은 모두 비슷한 수준의 정서와 각성을 보였다. 흥미롭게도 게임 실패 급수와 게임에 대한 중독만이 공격적 정서의 예측변인이었다. 3번의 실험을 통해 연구자는 비디오 게임에서 폭력에 대한 보상이 공격적 정서, 공격적 인지의 접근성, 공격적 행동을 증가시킬 수 있고, 이러한 증가는 게임에서의 경쟁의 결과로만 나타나는 것은 아니라는 결론을 내렸다. 세 실험의 결과는 공격적 정서나 각성이 아니라 공격적 인지의 점화가 폭력적인 비디오 게임을 할 때 공격성이 증가되는 주요 수단이라는 점을 말해줌으로써 점화효과를 설명하는 데 중요한 함의를 지닌다. 다른 실험연구(예를 들면, Anderson & Murphy, 2003; Uhlmann & Swanson, 2004)는 폭력적 비디오 게임이 적어도 단기간 동안은 공격성을 점화시킨다는 일반적 결론을 지지한다.

이러한 연구와 맥을 같이하여 로스코스-이월드센 등(Roskos-Ewoldsen et al., 2007)의 메타분석은 폭력에 대한 묘사와 폭력과 관련된 개념(예를 들면, 총)이 기억 속에서 폭력과 공격 관련 개념을 점화시킨다는 사실을 밝혀냈다. 남자아이의 공격성에 대한 연구 또한 점화효과는 시간이 지나면서 사라진다는 점을 제시했다. 다음은 정치 뉴스보도와 관련된 미디어 점화효과에 대한 연구에 대해 다루고자 한다.

2) 정치 뉴스보도와 점화효과

정치적 점화효과의 검증은 사건에 대한 미디어 보도가 사람들이 정치인, 특히 대통령을 판

단할 때 고려하는 정보 비중에 영향을 미친다는 점에 초점을 맞춘다. 역사적으로 이 분야의 연구자들은 주요 종속변인으로 대통령 직무에 대한 만족도라는 종합적 판단에 초점을 둔다. 그러나 점화효과 관점에서 보면, 만약 미디어가 국내이슈에 과도하게 초점을 맞추었을 때 대통령이 구체적으로 국내이슈에 대해 직무를 얼마나 잘 수행하는가에 대한 판단이 국제뉴스가 미디어의 지배적 초점이었을 때와 비교하여 대통령에 대한 종합적 평가에서 훨씬 더 비중이 있어야 한다. 정치적 점화효과는 사람들이 판단을 내릴 때 이용하는 정보의 종류와 이러한 정보가 판단을 내릴 때 고려되는 비중의 정도에 초점을 맞춘다는 것이 중요하다.

크로스닉과 킨더(Krosnick & Kinder, 1990)의 고전적 연구는 1986년 전국선거연구(*National Election Study*) 설문조사 자료를 이용하여 이란 콘트라 사건에 대한 미디어 보도가 레이건 대통령의 직무수행 일반에 대한 공중의 평가에 미치는 점화효과를 측정했다. 1986년 미시건 대학 정치연구센터(Center for Political Studies)는 전국 모집단에서 무작위로 추출된 유권자 표본을 대상으로 장시간의 면대면 인터뷰를 실시했다. 1,086명의 유권자들을 대상으로 이루어진 인터뷰에는 레이건 대통령에 대한 종합적 평가와 구체적으로 외교문제, 국내정책, 기타 공적 이슈와 관련된 평가에 대한 측정이 포함되었다. 인터뷰는 연방정부 법무장관이 이란에 무기를 판매하고 이 돈을 콘트라 반군의 지원에 사용했다는 사실을 확증해 발표한 1986년 11월 25일 이전과 이후에 실시되었다.

이 연구는 레이건 대통령(즉, 종합적 직무수행, 능력, 정직성), 그의 외교문제(즉, 콘트라 반군과 중앙아메리카, 고립주의, 외교문제에서 미국의 힘), 국내문제(국내경제와 흑인계층 지원) 처리에 대한 사람들의 의견에 초점을 맞추었다. 크로스닉과 킨더(1990)는 점화작용을 유발시키는 사건, 즉 이란-콘트라 발표 직전과 직후의 설문조사 응답비교를 통해 외교문제와 국내이슈 중 어떤 이슈가 응답자들의 레이건 대통령에 대한 종합적 직무수행 평가에 가장 큰 영향을 미치는지를 살펴보았다. 이란-콘트라 사건 이전에는 국내이슈가 외교문제 이슈보다 레이건 대통령에 대한 종합적 직무수행 평가를 더 많이 예측했다. 사건 이후에는 반대 결과가 나타났다. 즉, 외교문제, 특히 중앙아메리카를 둘러싼 이슈가 국내이슈보다 응답자들의 레이건 대통령 직무수행 평가를 더 많이 예측했다. 이 연구는 정치적 사건에 대한 미디어 보도가 사람들이 대통령의 직무수행을 평가할 때 사용하는 정보를 점화시킬 수 있다는 점을 보여주었다.

최근의 정치적 점화효과 연구는 정치적 점화작용의 경계에 초점을 맞춘다. 예를 들면, 몇 편의 연구는 최근 영화(Holbert & Hansen, 2006), 범죄(Holbrook & Hill, 2005), 늦은 밤 시간대 토크쇼(Moy, Xenos, & Hess, 2005)가 정치적 점화체로 기능할 수 있다는 사실을 입증했다. 비슷하게 다른 연구는 미디어가 대통령 이외의 다른 정치인에 대한 평가를 점화시킬 수 있다는 사실을 밝혀냈다. 더 나아가 보다 단순하거나 익숙한 주제(일반적 경제동향이나 인물의 성격 관련 이슈)가 복잡한 이슈보다 대통령에 대한 평가를 점화시킬 가능성이 높은 것으로 나타났다. 그러나 미디어가 다른 국가에 대한 평가를 점화시킨다는 사실은 아직까지 입증되지 않았다.

게다가 뉴스보도로 점화된 정보유형과 미디

어로 점화되었을 때 사람들이 사용하는 정보의 유형에 초점을 맞추는 정치적 점화효과 연구가 점차 증가하는 추세다(Kim & McCombs, 2007; Kim, Scheufele, & Shanahan, 2002). 예를 들면, 정치적 점화효과는 일반적으로 미디어가 사람들로 하여금 다른 경쟁적 정보를 억누르고 특정정보를 사용하도록 점화작용을 한다는 "수압모델"(hydraulic model)로 제시되었다. 제 1차 걸프전 보도의 정치적 점화작용에 대한 연구에서 김(Kim, 2005)은 활성화되는 정보유형이 단순한 수압모델이 제시하는 것보다 훨씬 더 복잡하다는 증거를 발견했다. 그는 대통령에 대한 판단에 사용되는 정보유형에서 상충(또는 교환) 관계가 존재하기보다는 뉴스보도는 보도에 세심하게 주의를 기울이는 사람들이 판단에 사용하는 정보의 다양성을 증대시킨다는 사실을 밝혀냈다.

3) 미디어 점화작용과 고정관념

가장 최신의 점화효과 연구분야가 고정관념에 대한 미디어 점화효과이다. 이 분야는 미디어가 젠더와 인종을 포함한 다양한 고정관념을 점화시킬 가능성에 대해 고찰한다. 이 분야의 연구는 지난 6년 동안 미디어 점화가 대인간 상황에서의 개인이나 미디어에 등장하는 신분이 모호한 개인에 대한 지각과 정치적 판단에 미치는 영향에 초점을 맞추면서 급성장했다(Oliver et al., 2007).

대인간 상황에서의 개인에 대한 지각과 관련된 연구는 록 뮤직 비디오를 점화체로 사용했다. 연구결과, 남성과 여성에 대한 고정관념화된 이미지를 묘사하는 록 뮤직 비디오에 대한 노출이 비디오에서 상호작용하는 남자와 여자에 대해 더 많은 고정관념화된 이미지를 낳는 것으로 나타났다(Hansen & Hansen, 1988). 특히 이러한 뮤직 비디오에 노출된 피험자가 고정관념화된 묘사가 없는 록 비디오에 노출된 피험자보다 여성을 훨씬 덜 우월적 존재로 인식했다.

파워 등(Power et al., 1996)은 개인에 대한 지각에 초점을 맞춰 미국 흑인이나 여성에 대한 뉴스레터에서 고정관념화된 정보를 접할 경우 그것이 이후에 해당 집단과 관련된 전혀 무관한 미디어 사건에 대한 판단에 영향을 미친다는 사실을 밝혀냈다. 예를 들면, 여성에 대한 고정관념과 반대되는 정보에 노출된 사람은 클래런스 토마스(Clarence Thomas) 대법관 임명자의 성희롱 청문회에서 성희롱을 받았다고 주장하는 애니타 힐(Anita Hill)에 대한 신뢰를 높이 평가한 반면, 여성에 대한 고정관념과 일치하는 정보에 노출된 사람은 힐에 대한 신뢰가 더 낮았다.

신분이 모호한 개인에 대한 지각과 관련하여 여러 연구가 미디어는 여성이 강간(强姦) 당하는 것을 즐긴다는 것과 같은 강간에 대한 신화에 점화작용을 일으켜 이후에 강간사건 재판에서의 원고와 피고에 대한 지각에 영향을 미칠 수 있다는 사실을 발견했다. 특히 강간에 대한 신화의 정도가 높은 사람들은 그렇지 않은 사람들에 비해 강간재판에서 남자가 유죄라고 믿는 경향이 낮았으며, 만약 유죄라면 형량이 낮을 것으로 판단했다.

한편, 뉴스에서 흑인에 대한 묘사가 다양한 이슈에 대한 개인의 판단에 영향을 미친다는 흥미로운 연구도 있다. 예를 들면, 딕슨(Dixon, 2006)은 피험자들은 흑인 피의자에 대한 뉴스보도를 접한 경우 같은 범죄를 저질렀지만 피의자의 인종이 명확하게 언급되지 않은 뉴스보도를 접한 경우보다 피의자에 대한 사형선고를 더 지지한다는 사실을 밝혀냈다(Dixon, 2007 참조). 비슷하게 아브라함과 아피아(Abraham & Appiah, 2006)는 범죄 뉴스보도에 등장하는 흑인의 모습이 흑인에 대한 인종적 고정관념을 점화시켜 범죄에 연루된 흑인이나 교육정책에 대해 보다 고정관념화된 판단을 유도한다는 사실을 밝혀냈다. 이들 연구는 뉴스에서 흑인에 대한 묘사가 정책적 이슈에 대한 판단에 영향을 미치는 고정관념을 점화시킨다는 사실을 입증했지만 돔키 등(Domke, McCoy, Torres, 1999)은 정치적 이슈(이민)에 대한 뉴스보도 프레임(경제적 효과에 초점을 맞추는 경우와 이민자의 인종적 배경에 초점을 맞추는 경우)이 뉴스에서 히스패닉이 언급되지 않았음에도 불구하고 히스패닉의 인종적 고정관념이 점화되는 가능성에 영향을 미친다는 사실을 발견했다(Domke, 2001).

보건분야에서 고정관념의 점화효과를 탐구한 흥미로운 연구도 있는데, 이러한 연구는 광고가 고정관념을 활성화시킨다는 사실을 입증했다. 예를 들면, 페치만과 래트네스워(Pechmann & Ratneshwar, 1994)는 성인에게 잡지를 보게 하면서 흡연이 얼마나 매력이 없는지(예를 들면, 담배 냄새)에 초점을 맞춘 금연광고와 그렇지 않은 통제광고에 노출시켰다. 잡지를 본 이후 피험자는 흡연을 하거나 하지 않는 10대에 대한 글을 읽었다. 그 결과 금연광고에 노출된 피험자는 통제광고에 노출된 피험자 집단에 비해 흡연하는 10대에 대해 훨씬 더 부정적 평가를 내렸다. 게다가 금연광고는 담배를 피우는 사람에 대한 피험자의 고정관념(몰상식하고 미숙하다)과 일치했던 10대 흡연자의 판단에도 영향을 미쳤다(Pechmann,

Zhao, Goldberg, & Reibling, 2003 참조).

다른 영역에서와 마찬가지로 고정관념 분야에 대한 연구는 미디어가 고정관념을 점화시키고 이렇게 점화된 고정관념이 사람들이 지각하는 방식에 영향을 미친다는 점을 지적한다. 미디어의 고정관념 점화에 대한 연구는 미디어와 다양한 미디어 유형(예를 들면, 광고, 록 뮤직 비디오, 뉴스레터)이 독특한 연구분야에서 점화체로 기능할 수 있다는 생각이 타당하다는 사실을 제공하기 때문에 점화체로서의 미디어의 일반성에 대한 신뢰를 증대시킨다. 그러나 페치만과 래트네스워가 점화된 고정관념이 성인의 흡연 의도에 영향을 미친다는 사실을 제시하기는 했지만 이 분야에서 어떤 연구도 미디어의 고정관념 점화효과의 행동적 차원에 대해서는 초점을 맞추지는 않았다.

4) 결 론

미디어 점화효과 연구는 현재 분야별로 산발적으로 이루어질 뿐 체계적으로 진행되지 못하는 실정이다. 미디어가 점화체로 기능한다는 것은 분명하다. 많은 연구가 입증했고 메타분석이 확증했듯이 미디어는 후속판단과 행동에 영향을 미친다. 게다가 미디어는 다른 많은 영역에서 그리고 서로 다른 많은 채널을 통해 점화체로 작동한다. 특히 미디어 점화효과에 대한 연구는 미디어는 공격적 생각과 정서, 공격적 행동, 대통령을 판단할 때 사용하는 정보와 기준, 고정관념화된 집단의 구성원에 대한 판단에 영향을 미치는 다양한 고정관념을 점화시킬 수 있다는 사실을 입증한다.

그러나 불행하게도 미디어 점화효과 현상의

기초가 되는 인지적 메커니즘과 과정에 대한 이해에 초점을 맞추는 경우가 드물었다. 게다가 그나마 미디어가 점화체로서 기능하는 메커니즘을 설명하는 몇 안 되는 연구에서도 영역마다 설명이 서로 다르다. 물론 로스코스-이월드센 등 (Roskos- Ewoldsen et al., 2007)이 폭력에 대한 점화효과와 정치적 점화효과는 다른 현상일 수 있다고 제시한 점으로 미루어 볼 때 점화영역마다 설명을 달리하는 것이 맞을지도 모른다. 두 가지 현상 모두가 "점화효과"로 명명된다는 단순한 이유만으로 물론 이 둘이 동일한 현상을 의미하는 것은 아닐 수 있다. 어떤 이유에서든 그동안 서로 다른 영역에 걸쳐 나타나는 미디어 점화효과에 대한 연구를 통합하려는 시도는 없었다. 그러나 미디어 점화효과 모델은 심리학에서의 점화작용에 대한 연구에 공통적으로 기반한다는 것은 분명한 사실이다. 따라서 다음에서 우리는 점화효과에 대한 심리학적 연구배경에 대해 간단하게 기술하고 각 영역 내에서 현재 제시되는 미디어 점화효과 모델에 대해 논의하고자 한다.

2. 점화효과 모델

점화작용의 절차는 인지심리학에서 기억 내에서의 정보의 구조와 표상을 탐구하기 위해 처음으로 사용되었다. 기억의 네트워크 모델은 정보는 기억 내에서 노드(node) 형태로 저장되고 각각의 노드는 하나의 개념을 대표한다고 가정한다. 게다가 노드는 기억 속에서 연상적 통로에 의해 관련 노드들과 연결된다. 기억의 네트워크 모델은 또한 각 노드는 활성화 임계치

(activation threshold)가 있다고 가정한다. 만약 어떤 노드의 활성화 수준이 임계치를 넘으면 이 노드는 점화된다. 노드가 점화될 때 그것은 연관된 서로 다른 노드들의 활성화에 영향을 미친다. 활성화가 확산됨으로써 나타나는 결과는 연관된 노드가 점화되기 위해 추가적으로 필요한 활성화의 강도나 정도는 낮아진다는 것이다. 추가적 활성화는 관련된 다른 노드에서 활성화가 확산되는 결과로 생겨나거나 외부환경의 자극 때문에 나타날 수 있다. 활성화 확산이 보여주는 전형적인 행동상의 결과는 특정단어가 관련된 다른 단어 이후에 등장할 경우 그 단어에 대한 판단이나 발화가 관련되지 않은 단어보다 더 빨라진다는 것이다. 기억의 네트워크 모델의 마지막 가정은 한 노드의 활성화 수준은 다른 추가적 활성화원이 존재하지 않는다면 시간이 지남에 따라 낮아져 사라진다는 점이다. 결국 추가적 활성화가 더 이상 없을 경우 해당 노드의 활성화 수준은 원래 상태로 돌아오고 더 이상 활성화될 것으로 간주되지 않는다. 관련된 단어나 관련되지 않은 단어를 가지고 특정단어를 점화시키는 절차를 이용하는 것은 원래 기억의 네트워크 모델 그 자체에 대한 설명으로 개발된 것이 아니라 모델과 관련된 일부 가정들을 검증하기 위해 개발되었다.

인지 심리학자와 사회 심리학자가 했던 연구 모두 점화작용의 두 가지 중요한 특징을 입증했다. 하나는 점화체가 대상이 되는 행동이나 생각에 미치는 효과의 정도는 점화체(혹은 단어)의 강도(intensity)와 최신성(recency), 이 두 가지 요인으로 결정된다〔시냅스 모델(synapse model) 참조〕. 점화체의 강도는 점화빈도(예를 들면, 단 한 번의 노출과 다섯 번의 연속적 노출)나 점화의

지속시간을 의미한다. 강도가 높은 점화체는 강도가 낮은 점화체보다 더 큰 점화효과를 만들어 내고, 그 효과는 강도가 낮은 점화체보다 더 천천히 사라진다(Higgins et al., 1985 참조). 최신성은 단순하게 점화체의 점화와 결과변인 사이의 시간간격을 의미한다. 최근에 점화된 것이 시간적으로 나중에 점화된 것보다 더 큰 점화효과를 낸다.

점화작용의 두 번째 중요한 특징은 점화효과는 시간이 지나면서 사라진다는 점이다. 어휘결정 테스트(즉, 목표대상이 단어인지 단어가 아닌지를 결정하는)에서 점화의 효과는 보통 700밀리초(milliseconds) 내에 사라진다. 사회적 자극에 대한 판단이나 평가와 관련된 테스트에서 점화의 효과 또한 좀더 천천히 진행될지는 몰라도 시간이 지나면서 사라진다. 이와 관련된 실험에서 점화효과는 15분에서 20분 정도 지속될 수 있고, 최대 1시간까지 지속될 수 있는 것으로 알려졌다. 스럴과 와이어는 점화효과가 24시간 후에 판단에 영향을 미친다는 증거를 발견하기도 했다. 그러나 이러한 지속효과는 이후 더 이상 나타나지 않았다. 점화작용이 후속판단에 미치는 영향에 대한 연구는 효과가 최대 15분에서 20분 정도 지연되는 것으로 알려졌다. 앞에서 언급했듯이 점화효과는 15분에서 20분 정도에서 일관성 있게 나타난다.

이와 관련하여 개념의 접근성을 기억 내에서 일시적으로 증대시키는 점화효과와 상시적 접근성을 구분하는 것이 중요하다. 상시적 접근성은 개념이 기억 내에서 항상 접근성이 높다는 것을 의미한다. 태도영역에서 특정인의 바퀴벌레에 대한 태도는 기억에서 상시적으로 접근 가능할 수 있다. 그러나 그 사람의 티베트 음식에 대

한 태도는 상시적으로 접근하지 않을 수 있다. 상시적으로 접근 가능한 태도는 기억에서 일시적인 증대보다 더 쉽게 접근 가능하도록 점화될 수 있다(Bargh et al., 1986; Roskos-Ewoldsen et al., 2007). 그럼에도 불구하고 일정 형태의 보강이 없다면 상시적으로 접근 가능한 개념조차도 시간의 흐름에 따라 접근 가능성이 떨어질 수 있다(Grant & Logan, 1993).

점화작용의 특징과 관련하여 로스코스-이월드센 등(Roskos-Ewoldsen et al., 2007)은 점화강도가 강할수록 점화효과가 더 커지는지, 그리고 점화효과가 시간이 지날수록 사라지는지 여부를 검증했다. 첫째, 메타분석에 포함된 어떤 연구도 점화효과의 시간경과에 대해 직접적으로 검증하지 않았다. 어떤 연구도 폭력에 대한 미디어 점화와 공격적인 행동 사이의 시간을 조작하여 공격적 행동이 미디어 점화 이후 보다 장기적인 시간 간격을 두고 줄어드는지의 여부를 검증하지 않았다. 그렇지만 로스코스-이월드센 등(Roskos- Ewoldsen et al., 2007)은 모든 미디어 점화효과 연구에서 미디어 점화효과는 시간이 지남에 따라 감소한다는 사실을 알아냈다. 그러나 미디어 점화효과의 감소는 통계적으로는 유의미하지 않았다. 둘째, 어떤 연구도 점화의 강도가 후속적인 공격성향에 미치는 효과를 직접적으로 검증하지 않았다. 메타분석 결과, 미디어 점화강도가 강할 때 효과도 더 강해진다는 가설은 다소 혼란스러운 결과를 나타냈다. 예를 들면, 미디어 점화가 5분에서 20분 정도 지속되었을 때 5분 미만 지속되었을 때보다 더 강한 점화효과가 나타났다. 한편, 보도의 지속시간이 가장 긴(가장 강도가 높은) 것으로 여겨지는 미디어 캠페인(예를 들면, 걸프전쟁 보도)에서 파

생된 미디어 점화효과는 단기적 지속성(낮은 강도)을 지닌 미디어 점화에서 파생된 점화효과보다 강도가 더 약했다. 그러나 점화를 촉진하는 사건과 그 효과에 대한 측정 사이의 시간간격이 다른 미디어 점화효과 연구에서보다 캠페인 연구에서 상당히 더 길었다는 점을 감안할 때, 점화를 촉진시키는 사건과 효과 측정 사이의 간격 때문에 이러한 혼란스러운 결과가 나타날 수도 있다.

보다 최근에 카펜티어 등(Carpentier, Roskos-Ewoldsen & Roskos-Ewoldsen, 2008)은 정치적 점화작용에 서 시간경과와 점화강도 사이의 관계에 대해 검증했다. 이 연구에서 피험자인 학생들은 로널드 레이건 대통령의 경력과 업적을 간략하게 소개하는 기사를 읽었다. 이후 피험자의 절반에게는 기사를 읽은 직후 레이건 대통령에 대한 인상을 밝히도록 했고, 나머지 절반에게는 약 30분 후에 밝히도록 했다. 그 다음에 피험자 모두에게 레이건 대통령에 대해 평가하도록 했다. 이 실험의 관심사항은 레이건 대통령의 경제 정책에 대한 평가가 레이건 대통령에 대한 종합적 평가를 얼마나 잘 예측하는 가였다. 레이건 대통령의 경제정책에 대한 평가가 종합적 평가를 예측했지만, 일반적으로 관계의 강도는 시간경과에 따라 달랐다. 즉, 레이건 대통령의 경제정책에 대한 판단과 그에 대한 종합적 평가 사이의 관계는 즉각적 판단을 하도록 한 집단에 비해 기사를 읽고 30분 후에 레이건 대통령에 대해 인상을 밝히도록 한 집단, 그중에서도 특히 레이건 대통령에 대해 호의적인 버전의 기사를 읽은 학생에게서 더 약했다.

1991년 걸프전쟁에 대한 점화효과를 재분석한 연구 또한 장기적 효과와는 구분되는 단기적인 정치적 점화효과가 나타난다는 점을 제시하는데, 이는 점화를 촉진시키는 사건과 판단 사이의 시간경과를 고려하는 것이 중요하다는 사실을 입증하는 것이다(Althaus & Kim, 2006; Kim, 2005).

종합컨대 많은 연구가 점화작용에서 시간경과의 중요성을 시사한다. 메타분석(Roskos-Ewoldsen et al., 2007)은 장기적 미디어 점화와 단기적 점화는 점화작용 메커니즘이 다를 수 있다는 증거를 제시한다. 비슷하게 카펜티어 등(Carpentier et al., 2008)의 연구결과와 걸프전쟁 보도에서 나타난 점화효과에 대한 재분석 또한 미디어 점화효과 모델에서 시간이 중요한 변인이라는 사실을 감안할 필요가 있다는 사실을 시사한다. 그러므로 미디어 점화효과 모델이 타당하려면 모델에 시간변인과 더불어 점화강도도 포함시켜야 한다. 모델은 또한 기존의 미디어 점화효과 결과를 설명할 수 있어야 한다. 예를 들면, 정치적 점화효과는 심리학에서의 실험에서 나타난 전형적인 점화효과보다 시간적으로 더 오래 지속된다.

다음에는 각 영역에서 제시되는 점화효과 모델이 미디어 점화작용의 두 가지 특징(시간경과와 점화강도)을 기준으로 볼 때 미디어 점화효과를 얼마나 잘 설명할 수 있는지에 초점을 맞추어 논의하고자 한다.

1) 미디어 폭력 프로그램에 대한 모델

미디어 폭력물의 결과에 대한 가장 돋보이는 설명 중 하나가 버코위츠(Berkowitz, 1994)의 신연관 네트워크모델(neo-associationistic model)이다. 버코위츠의 모델은 네트워크 점화효과 모델에 상당부분 의존한다. 모델은 폭력에 대한 미디어 묘사가 기억 내에서 적대성과 공격성 관련 개념을 활성화시킨다는 가정에 기반한다. 기억 내에서 이러한 개념의 활성화는 개인이 공격적 행동을 할 가능성과 다른 사람의 행동이 공격적이거나 적대적이라고 해석할 가능성을 증가시킨다. 그러나 추가적 활성화가 없다면 이러한 적대적, 공격적 개념의 활성화 수준과 개념이 공격적 행동에 영향을 미칠 연관성은 시간이 지남에 따라 줄어든다.

앤더슨(Anderson, 1997)은 버코위츠(1984)의 신 연관 네트워크 모델의 확장으로 일반 정서적 공격성 모델(GAAM: *general affective aggression model*)을 제안했다. 이 모델은 정서와 각성을 네트워크 틀 내에 포함시키고, 상황적 변인이 공격적 행동과 정서에 영향을 미치는 3단계 과정을 도입했다. 첫 번째 단계에서 고통, 좌절, 폭력에 대한 묘사와 같은 상황적 변인이 공격적 인지(예; 적대적 생각과 기억)와 정서(예; 적대감, 분노)를 점화시킨다. 이러한 조건은 각성수준의 증가를 유발한다. 두 번째 단계에서 점화된 인지와 정서는 각성수준의 증가와 결합하여 1차 평가에 영향을 미친다. 1차 평가란 상황에 대한 반사적 해석과 상황에서의 각성에 대한 반사적 해석을 의미한다. 모델의 마지막 단계는 상황을 인지하는 데 상대적으로 노력이 많이 드는 일종의 통제된 평가인 2차 평가와 상황을 대처하는 다양한 대안적 행동에 대해 보다 신중하게 고려하는 과정과 관련된다. 이러한 마지막 단계에서 1차 평가를 수정하거나 뒤엎을 수 있다(Gilbert, 1991; Gilbert, Tafarodi, & Malone, 1993).

버코위츠(1997)의 신 연관 네트워크 모델과 앤더슨(1997)의 일반 정서적 공격성 모델은 점화효과와 미디어 폭력에 관한 많은 연구결과를 설명한다. 두 모델 모두 미디어 폭력이 일시적으로 공격적 생각과 공격적 행동을 증가시킬 것으로 예측한다. 게다가 정서적 공격성 모델은 무더운 날씨, 총기의 존재, 경쟁 등이 공격적 생각과 정서를 증가시킬 것으로 예측한다. 마지막으로 두 모델 모두 미디어 점화효과가 시간이 지남에 따라 사라질 것이라고 예측한다.

2) 정치적 점화효과 모델

미디어가 대통령에 대한 평가를 점화시키는 이론적 메커니즘이 최근까지만 해도 구체화되지 않았다. 이용가능성 휴리스틱(*availability heuristic*)을 사용하여 미디어 보도가 정치적 점화효과에 미치는 영향을 설명하려는 시도가 처음으로 있었다(Iyengar & Simon, 1993). 이에 따르면 이슈에 대한 미디어 보도는 사람들이 대통령에 대한 판단을 내릴 때 기억 속에서 어떤 사례에 접근하도록 할 것인가에 영향을 미친다. 그러나 이용가능성 휴리스틱에 기반한 설명은 정치적 점화효과 연구에서 그다지 진척되지 못했고 경험적인 검증 또한 받은 경우가 드물었다.

정치적 점화효과의 결과를 이론적으로 충분히 설명하는 모델이 최근 개발되었다(Scheufele & Tewksbury, 2007). 프라이스와 튝스베리(Price & Tewksbury, 1997)의 정치적 점화효과 모델은 버코위츠의 신 연관 네트워크 모델과 비슷하게 기억의 네트워크 모델과 미디어가 기억에서 정보의 접근성을 증가시키는 데 행하는 역할에 기반한다.[1] 앞에서 논의했듯이 네트워크 모델은 개념의 상시적, 일시적 접근가능성 모두 개념이 점화될 가능성에 영향을 미친다고 주장한다. 여기에 프라이스와 튝스베리는 자신들의 모델에 정보의 적용가능성을 포함시켰다. 적용가능성은 정보가 당면한 상황에 적절한가를 판단하는 것을 의미한다. 만약 점화된 정보가 적절하지 않다면 그 정보는 정치적 판단에 사용되지 않을 것이다. 프라이스와 튝스베리 모델에서는 미디어에 의해 활성화된 개념이 당면한 상황에 적합하다고 판단될 때 메시지에 대한 수용자의 프레임과 해석에 영향을 미친다. 다른 한편으로 미디어에 의해 활성화되었지만 당면한 상황에 적합하지 않다고 판단된 개념은 활동기억으로 유입되지는 않지만 미디어에 의한 개념의 활성화는 이 개념이 점화체로 작동할 수도 있다는 것을 의미한다.

카펜티어 등(Carpentier et al., 2008)의 연구는 프라이스와 튝스베리의 정치적 점화효과 모델과 일반적으로 일치한다. 한 가지 난관은 점화효과의 시간 프레임 문제이다. 카펜티어 등은 점화효과가 노출 이후 30분 내에 사라진다는 사실을 밝혀냈다. 알트하우스와 김(Althaus & Kim, 2006) 또한 점화의 단기적 효과가 미디어 노출 이후 24시간 내에 사라진다는 사실을 입증했다. 이러한 시간 프레임이 프라이스와 튝스베리 모델과 일치하기는 하지만 정치적 점화효과 연구의 상당부분에서 노출효과가 몇 주간 지속된다는 결과와 양립하기는 어렵다. 프라이스와 튝스베리 모델은 지속적인 미디어 보도가 개념을 상

시적으로 접근 가능하도록 만들 수 있다고 가정하기 때문에 장기적 점화효과를 설명할 수 있다. 그러나 장기적 보도가 이러한 효과를 낳을 수 있는가의 여부는 아직까지 검증되지 않았다.

다음에서는 우리가 생각하기에 프라이스와 튝스베리 모델을 흡수하면서도 장기적인 정치적 점화효과를 보다 분명하게 설명하는 모델에 대해 간단하게 기술하고자 한다.

마지막으로 인지적·사회적 점화작용 연구가 정치적 영역에서도 지지되는 것으로 인용되는 것은 적절하지 않다. 왜냐하면 현상이 점화작용의 특징과 맞지 않기 때문이다. 특정이슈에 대한 빈번하고도 반복적인 보도(예를 들면, 걸프전쟁)는 정보의 상시적 접근성을 증가시킬 가능성이 높다. 이러한 현상을 정치적 점화효과라고 부르기보다는 정치적 문화계발(political cultivation)이라고 부르는 것이 더 나을 수 있다.

3. 정신모델: 미디어 점화효과를 이해하기 위한 대안적 틀

미디어 점화효과 분야에서의 이론적 발전은 일정 수준 놀랍다. 현재 미디어 점화효과를 낳는 인지적 과정을 설명하기 위한 두 가지 모델, 즉 앤더슨(Anderson et al., 1995)의 정서적 공격성 모델과 프라이스와 튝스베리(Price & Tewksbury,

---

1 저자 주: 점화효과의 접근성(accessibility) 요소를 검증했던 밀러와 크로스닉(Miller & Krosnick, 2000)의 연구는 정치적 점화작용이 숙의적 처리과정을 통해 일어날 가능성이 높다는 사실을 밝혔다. 이들은 이러한 숙의적 처리과정은 점화적용이 보통 즉각적인 반사적 처리로 간주되기 때문에 네트워크 모델의 예측과 상반된다고 주장했다. 그러나 즉각적인 반사성에 대한 최근의 연구는 반사적 처리과정이 숙의적 처리과정을 유도할 수 있다는 점을 입증했다(Roskos-Ewoldsen, 1997; Roskos-Ewoldsen, Bichsel, & Hoffman, 2002; Roskos-Ewoldsen, Yu, & Rhodes, 2004).

1997)의 정치적 점화효과 네트워크 모델이 있다. 이 모델 모두 미디어 점화효과를 설명하기 위해 기억의 네트워크 모델에 직접적으로 기반한다. 현재 이 모델들이 기반한 가정을 검증하는 연구가 등장하기 시작했다. 예를 들면, 미디어 폭력물이 폭력적 개념을 점화시킨다는 가정을 검증하는 연구가 광범위하게 이루어졌다. 정치적 점화효과의 네트워크 모델을 직접적으로 검증하는 연구도 잇따를 것으로 보인다.

여러 네트워크 이론들의 공통점에도 불구하고 적용분야가 너무 많이 달라 하나의 미디어 점화효과이론으로 수용되기가 사실상 어렵다. 더구나 어떤 모델도 고정관념의 점화작용에 적용된 적이 없다. 예를 들면, 앤더슨의 정서적 공격성 모델(Anderson et al., 1995)이 정서의 점화작용을 설명하기 위해 네트워크 모델에 의존하는 것은 문제가 있다. 왜냐하면 최근 연구가 네트워크 모델이 정서의 점화작용을 설명할 수 있는 능력에 대해 심각하게 문제를 제기하기 때문이다. 더구나 이 모델의 독특한 특징은 점화를 촉진하는 사건이 후속행동에 미치는 영향을 무효화시킬 수 있는 2차 평가를 포함한다는 점이다. 2차 평가는 분명 모델에서 필수적으로 추가되어야 하는 부분이다. 왜냐하면 이를 통해 모델이 어떻게 해서 공격적 인지와 정서의 점화작용이 반드시 공격적 행동을 유발하지 않을 수도 있는가를 설명하기 때문이다. 그러나 모델에서 2차 평가가 어떻게 정치적 점화작용에 적용될 수 있는가는 불분명하다.

우리의 관점에서 보자면, 미디어 점화효과의 네트워크 모델은 미디어가 후속판단과 행동에 미치는 효과를 이해하기 위한 출발점을 제공한다. 그러나 네트워크 모델은 이 모델이 설명하고자 하는 현상을 적절하게 설명하는 보다 거시적인 이론적 틀 내에 포함될 필요가 있다는 것이 우리의 판단이다. 다음에서 우리는 미디어 점화효과를 설명하기 위해 이해과정과 이 과정의 결과로 나타나는 정신적 개념작용에 초점을 맞추는 이론적 틀을 제시하고자 한다.

기억의 네트워크 모델이 개념화하는 점화작용은 분명히 미디어와 함께 일어난다. 광고가 개념을 점화시키고 이러한 점화작용이 다른 광고나 광고가 나가는 프로그램에 대한 해석에 영향을 미칠 수 있다(Yi, 1990a, 1990b). 비슷하게 폭력적 영화를 시청하는 피험자는 그렇지 않은 피험자에 비해 공격 관련단어를 말하는 데 걸리는 시간이 더 빨라진다(Anderson, 1997). 이러한 결과는 모두 점화작용의 네트워크 모델과 일치한다. 그러나 점화효과를 연구하는 미디어 연구자에게 흥미를 끄는 현상(예를 들면, 공격적 행동에 영향을 미치는 미디어 폭력물, 대통령에 대한 판단에 사용되는 정보의 종류에 영향을 미치는 정치보도, 흑인 일반에 대한 판단에 영향을 미치는 흑인의 고정관념화된 묘사)이 미디어 점화효과를 설명하는 기억의 네트워크 모델로는 쉽게 설명될 수 없다. 기본적인 수준에서 기억의 네트워크 모델이 제시하는 점화효과는 너무 빨리 사라져서 미디어 점화효과의 많은 부분을 설명할 수 없다. 물론 시간경과의 이슈는 프라이스와 특스베리(Price & Tewksbury, 1997)가 설명한 대로 미디어 보도나 묘사가 개념의 상시적 접근성을 증가시키고, 이러한 상시적 접근성이 미디어 효과를 유발한다는 가정을 통해 논의될 수 있다. 상시적 접근성이 중요하다는 사실을 인정하면서도 우리는 점화작용과 상시적 접근성이라는 현상은 기억의 정신모델과 관련한 보다 거시적인 이론적 틀 내에 흡수되어야 한다고 제안한다.

정치적 점화효과를 고려해 보자. 대부분의 사람들은 미국대통령과 직접 접촉하는 일이 없고 미디어가 보도하는 사건에 대해서도 직접적으로 경험하지는 않는다. 대부분의 미국인들은 부시 대통령 재임기간에 일어났던 첫 번째 걸프전쟁 당시 중동에 가 본적이 없었다. 오히려 사람들은 이 사건에 대해 미디어에서 학습했다. 비슷하게 대부분의 사람들은 살인사건, 폭격, 권총 등에 대해 직접적으로 경험하지 않는다. 이러한 사건에 대한 정보는 미디어를 통해 습득된다. 따라서 가장 기본적인 수준에서 이러한 정보는 미디어 보도를 이해하는 과정을 통해 습득된다. 이러한 보도가 어떻게 이해되는가에 따라 기억 속에서 저장되는 정신적 개념작용 또는 표상이 달라진다(Roskos-Ewoldsen, Davies, & Roskos-Ewoldsen, 2004). 표면적으로 내러티브를 이해하고, 이야기꾼에게 귀를 기울이고, 책을 읽고, 대화하고 영화를 보는 행위는 상대적으로 단순한 문제인 것처럼 보인다. 우리는 이미지를 보고, 단어를 듣거나 읽으며, 기억 속에서 의미를 끄집어낸다. 그러나 이러한 각각의 과정은 복잡하고 이해라는 정신적 작업의 일부분에 불과하다. 많은 인지심리학자들은 이해의 기본적 구성요소가 정신모델의 구성에 관련된다고 주장한다.

정신모델은 상황, 사건, 대상에 대한 역동적인 정신적 개념작용 또는 표상이다. 우리는 이러한 정신모델을 입력되는 정보를 처리, 조직, 이해하고, 사회적 판단을 내리고, 예측과 추론을 하며, 시스템이 작동하는 방법을 묘사하고 설명하는 방법으로 사용할 수 있다. 정신모델 접근방법의 핵심개념은 외적 실체와 이 실체에 대해 우리가 구성하는 정신적 표상 사이에는 일정 부분 대응관계가 존재한다는 것이다. 정신모델에서는 모델의 구성요소들은 "유연하다"라는 의식이 중요하다. "유연하다"라는 말은 정신모델의 다른 구성요소들이나 모델 구성요소들의 관계가 어떻게 변화할 수 있는가를 알아볼 수 있도록 모델의 구성요소들을 바꿀 수 있다는 것을 의미한다.

정신모델에 대해 종종 제기되는 한 가지 질문은 정신모델이 스키마(schema)와 어떻게 다른가 하는 점이다. 정신모델과 스키마는 밀접하게 관련되기 때문에 이 질문은 중요하다. 학자들은 정신모델이 많은 다른 수준에서 존재한다고 주장한다. 그러나 우리는 정신적 표상이 존재하는 추상의 수준이 존재하며, 수준에 따라 상황모델(추상수준이 가장 낮은), 정신모델, 스키마(추상 수준이 가장 높은)가 있을 수 있다고 주장하고 싶다.

상황모델은 시간적, 공간적 제약을 지닌 구체적 스토리나 에피소드에 대한 표상이다(Wyer, 2004). 예를 들면, 렉스 스타우트의 소설 *And Be a Villain*의 상황모델은 1949년 뉴욕에서 발생하고, 네로 월프(Nero Wolfe), 아치 구드윈(Archie Goodwin), 등과 같은 등장인물이 있다. 정신모델은 연속적인 관련된 이야기들에 대한 보다 추상적 표상이다. 상황모델과 마찬가지로 정신모델은 시간적, 공간적 제약을 지니지만 이러한 제약은 보통 더 느슨하다.

렉스 스타우트 소설에서 네로 월프에 관한 일련의 이야기와 관련한 정신모델은 1900년대 중반을 배경으로 발생하고 뉴욕시내와 주변에 주로 고정되지만 뉴욕 주, 워싱턴 등 다른 부분을 포함할 수 있다. 상황모델과 정신모델이 특정사건이나 일련의 사건들에 대한 지식을 표상한다는 사실이 중요하다. 스키마는 어떤 것에 대한 지식을 구성하는 보다 추상적 표상이다. 예를 들면, "미스터리"에 대한 스키마는 어떤 시간적, 공간적 정보도 포함하지 않을 수 있다. 오히려 스키마는 전형적인 미스터리를 구성하는 중요한 요소들이 무엇인가에 대한 정보(예를 들면, 범죄, 미지의 범죄자, 범죄를 해결하려고 노력하는 어떤 사람, 범죄가 해결되지 않을 가능성 등)를 포함할 수 있다. 물론, 통찰력 있는 독자는 우리가 예로 드는 스키마, 즉 미스터리 스키마가 범죄가 해결되기 전에 범죄가 먼저 발생해야 한다는 것과 같은 시간적 정보를 포함한다는 것을 알아차릴 것이다. 그러나 하나의 스키마 내에 사건에 대한 시간적, 공간적 정보가 있을 수는 있지만 스키마 자체는 상황모델이나 정신모델과 동일한 방식으로 특정시간이나 장소 내에 놓이는 것은 아니다.

스키마, 정신모델, 상황모델이 많은 다른 차원에서 서로 다를 수 있지만 이를 구분하는 3가지 주요한 차원이 존재한다. 하나는 추상성 정도로 스키마는 가장 추상적이고, 상황모델이 가장 구체적이다. 그 다음으로는 맥락화 정도로, 스키마는 맥락성이 가장 낮고, 상황모델이 가장 높다. 마지막으로는 구조의 역동성이나 변화가능성의 정도로서, 스키마는 변화가능성이 가장 낮고, 상황모델이 가장 높다.

상황모델과 정신모델의 이러한 특징은 매우 중요하기 때문에 추가적으로 부연설명할 필요가 있다. 첫 번째 특징은 이 두 모델이 모두 변화가능성이 있다는 점이다. 네로 월프의 예를 다시 들자면, 미스터리 소설을 많이 읽는 독자는 네로 월프 대신 셜록 홈스를 대체하고, 아치(네로 월프의 동료) 대신 왓슨을 대체하며, 월프와 아치

가 직면한 상황에서 홈스와 왓슨이 어떤 행동을 할 것인가를 쉽게 상상할 수 있다. 이러한 유연성이 상황모델과 정신모델에서 핵심적 구성요소이다. 다른 말로 표현하자면, 상황모델이나 정신모델의 구성요소는 건축용 블록이 다양한 모양을 만들기 위해 사용될 수 있는 것처럼 상호교환이 가능하다(Wyer & Radvansky, 1999). 모델의 이러한 특징이 네트워크 모델이나 심지어 스키마와 같은 인지에 대한 접근방법과 스스로를 차별화시키는 데 중요하다. 예를 들면, 의미론적 네트워크는 정적이고 완고하다. 네트워크 모델은 지식이 노드 내에 저장되고, 이 노드가 자극을 받았을 때 밀접하게 관련된 노드를 활성화시킨다. 이는 관련된 사례의 접근성을 증대시킨다. 정신모델이나 상황모델이 비슷한 과정으로 활성화될 수 있지만 이 모델은 일단 활성화되면 다른 지식구조와 훨씬 더 역동적으로 연결된다. 상황모델과 정신모델의 변화가능성이 있을 수 있는 모델의 결과를 추론하거나 역동적인 정신적 표상을 이용하여 시뮬레이션해보는 것과 같이 모델이 어떻게 작동하는 가를 결정하는 데 중요하다.

두 번째 특징은 두 모델이 역동적이라는 점이다. 즉, 이 모델은 사용자가 통제할 수 있고 또한 추론, 서로 다른 시나리오 검증, 텍스트나 상황에 포함되거나 포함되지 않은 정보에 대한 결론을 도출할 수 있을 정도로 유연하게 처리될 수 있다. 예를 들면, 영화 관람객은 편집기법, 분장, 음악, 대화 등과 같은 영화적 특징을 다가올 사건을 예측하거나 일어났던 사건에 대해 추론하는 단서로 이용할 수 있다. 이례적인 정보가 영화감독에 의해 전면적으로 배치될 때 관람객은 왜 그러한 정보가 제시되는가를 알아내고자

한다. 이러한 예측은 관객이 영화를 보면서 만들어내는 상황모델에 대한 처리를 통해 가능하다(Magliano et al., 1996).

더 나아가 사람들은 미디어 스토리를 이해하면서 구체적 스토리에 대한 상황모델(스토리의 맥락에 대한 모델)을 구성한다. 사람들은 또한 보다 큰 사건에 대한 정신모델을 구성한다. 이렇게 구성된 정신모델은 다가올 사건과 모델을 구성하는 다양한 구성요소들 사이의 관계를 추론할 뿐만 아니라 다음에 전개될 스토리를 이해하는 데 사용된다. 정신모델은 또한 모델이 관계하고 있는 보다 넓은 세계의 구성요소들에 대한 사람들의 이해를 유도한다. 첫 번째 걸프전쟁을 생각해 보자. 사람들은 걸프전쟁에 대한 뉴스에 주목하면서 걸프 만과 주변에서 발생하는 사건에 대한 정신적 표상을 구성했는데, 여기에는 구체적 스토리에 대한 상황모델과 거시적 상황에 대한 정신모델이 포함된다. 정신모델은 사람들로 하여금 사건과 사건이 거시적 상황과 맺은 관계에 대해 일관성 있게 이해하도록 하고, 다가올 사건(예를 들면, "이러저러한 이유로 협상을 통한 해결은 불가능하다")에 대해 예측할 수 있도록 했다. 물론 정신모델의 중요한 요소는 스토리에 관여하는 행위자들이다. 따라서 부시 대통령이 뉴스시청의 결과로 나타나는 정신모델의 가장 중요한 구성요소일 수 있다. 부시 대통령에 대한 질문이 정신모델을 활성화시킬 수 있고, 이것이 부시 대통령의 직무수행에 대한 판단에 역할을 할 수 있다.

정신모델의 세 번째 특징은 모델이 시간종속적이라는 점이다. 다시 말해, 모델은 상황종속적이다. 시간이 지나가면 특정 정신모델은 현재 당면한 상황에 적용될 가능성이 줄어들 것이다. 이것이 왜 사건에 대한 정신모델이 판단을 내릴 때 잠시 동안 활용되다가 이후 사라지는가를 설명한다. 그러나 정신모델의 적용가능성의 시간 프레임은 기억의 네트워크 모델 내에서 노드의 활성화를 점화시키는 시간 프레임과는 상당히 다르다는 사실이 중요하다. 즉, 정신모델은 며칠이나 몇 주 후에도 적용 가능하다.

정신모델의 점화효과에 대한 설명을 직접적으로 검증한 적은 없다. 그러나 여러 연구결과가 미디어 보도를 표상하는 정신모델이 개발된다는 가설과 일치한다. 예를 들면, 우리는 점화효과와 관련한 정신모델의 분석틀을 검증했다(Kim, Roskos-Ewoldsen, & Roskos-Ewoldsen, 2007). 이 연구에서 후보의 성격에 초점을 맞춘 피험자와 후보가 논의한 이슈에 초점을 맞춘 피험자는 긍정 또는 부정적 논조의 후보 정치광고를 문장 단위로 꼼꼼하게 읽었다. 각 문장을 읽고 피험자는 광고에 나오는 모든 개념을 문장이 자신들에게 각 개념에 대해 얼마나 많이 생각하게 만들었는가의 관점에서 평가했다. 이러한 평가에 근거하여 우리는 활성화의 4가지 유형을 만들었다. 긍정적 논조의 광고를 읽은 후보 성격 중심의 피험자, 부정적 논조의 광고를 읽은 후보 성격 중심의 피험자, 그리고 긍정적 또는 부정적 논조의 광고를 읽은 이슈 중심의 피험자가 그것이다. 이 유형들은 서로 달랐는데, 이는 피험자의 정신모델과 그로 인한 후보 광고에 대한 이해가 서로 다르다는 점을 시사한다. 그 다음으로 후보 성격이나 이슈에 초점을 맞춘 또 다른 피험자 집단을 이용하여 활성화의 유형이 광고에 포함된 개념에 대한 회상을 예측하기 위해 사용되었다. 그 결과 후보 성격에 초점을 맞춘 피험자가 만들어낸 활성화 유형이 후보 성격 중심의 독자에 의한 광고 회상을 예측했다. 이슈 중심의 피험자에게도 동일한 결과가 나타났다. 즉 이슈에 초점을 맞춘 피험자가 만들어낸 활성화 유형이 이슈에 초점을 맞춘 또 다른 피험자 집단의 광고 회상을 예측했다. 그러나 긍정적 논조의 활성화 유형과 긍정적 논조의 광고 회상 사이의 관계, 부정적 논조의 활성화 유형과 부정적 논조의 광고 회상 사이의 관계가 후보 성격과 이슈 중심의 광고에서 보이는 관계보다 훨씬 더 강했다.

이러한 결과는 논조가 서로 다르게 틀지어진 정치 광고가 서로 다르게 이해된다는 사실을 입증하는 것이었는데, 이는 긍정적 논조와 부정적 논조의 광고에 대해 서로 다른 기억을 만드는 것은 바로 광고를 읽는 동안 생성된 정신모델이라는 점을 시사한다. 이해 과정의 결과로 생겨났던 정신모델은 정치광고에 대한 독자의 기억을 예측하는 데 상당한 성공을 거두었다.

정치적 점화작용을 이해하는 데 정신모델 접근방법은 또한 다른 연구에서도 입증되었다. 특히 여러 연구가 어린이들이 어린 시절에 폭력적 프로그램에 조금만 노출되어도 폭력에 대한 정신모델을 개발한다는 사실을 밝혀냈다(Krcmar & Curtis, 2003; Krcmar & Hight, 2007). 와이어와 라드반스키(Wyer & Radvansky, 1999)는 TV 폭력물을 시청하면서 개발된 정신모델이 폭력적 행위로 전이될 수 있다고 가정한다.

사람들이 미디어 보도나 미디어에서 제시하는 내용에 대한 정신모델을 개발한다는 사실을 지적한 연구 이외에 최근 연구는 또한 대통령에 대해 평가할 때 사용하는 정보의 복합성에 대해 지적했다. 김(Kim, 2005)이 지적했듯이 정치적 점화작용의 네트워크 모델은 점화가 작동될 때의 정보사용의 수압모델을 가정한다. 구체적으로 점화된 정보는 평가할 때 사용되는 반면 정보의 다른 영역들은 무시되거나 비중이 낮아진다. 그러나 그는 단기적 점화효과의 증거를 발견하는 것 이외에도 점화작용은 실질적으로 판단을 내릴 때 사용되는 정보(점화체와 일치 또는 불일치하는)의 양을 증가시킨다는 사실을 입증했다.

비슷하게 알트하우스와 김(Althaus & Kim, 2006)은 정치적 점화작용은 미디어 보도의 단기적 효과와 장기적 효과 모두에서 작동한다는 사실을 입증했다. 이들 연구 모두는 미디어 보도나 미디어에서 제시하는 내용으로부터 형성되는 정신적 표상이 기억의 네트워크 모델이 이론적으로 예측하는 것보다 훨씬 더 복잡하다는 점을 시사한다. 우리는 이들 연구가 미디어에서 제시하는 내용에서 나오는 정신적 표상이 기억의 네트워크 모델에서 이론적으로 예측하는 것보다 훨씬 더 복잡하다는 점을 입증하는 데 동의한다. 우리는 또한 미디어 점화효과를 수반하는 전통적인 판단과정 모델이 너무 단순하다고 믿는다. 대조적으로 정신모델 관점은 이들 연구결과를 모델의 세 가지 특징, 즉 변화가능성이 있고, 역동적이며, 맥락 종속적이라는 사실을 통해 쉽게 수용할 수 있다. 이제는 정신모델의 이러한 특징을 사고, 신념, 태도, 정서, 행동에 미치는 효과 측면에서 검증할 때다.

4. 결 론

미디어 점화효과는 충분히 입증된 현상이다(Roskos-Ewoldsen et al., 2007). 최근의 연구는 미디어 점화효과의 경계에 대해 탐구한다. 예를 들면, 전통적인 정치적 점화효과 연구는 스스로를 뉴스보도가 대통령을 판단할 때 사람들이 사용하는 정보에 미치는 영향을 탐구하는 것으로 스스로를 제한했다. 최근 연구는 대통령 이외의 다른 대상에 대한 판단에 미치는 정치적 점화효과(Sheafer & Weimann, 2005)뿐만 아니라 정치 코미디쇼, 정치다큐멘터리를 포함한 상이한 미디어 프로그램 유형이 대통령 평가를 점화시킬 수 있을지의 여부에 대해서도 탐구한다. 비슷하게 미디어가 젠더와 인종에 대한 고정관념을 점화시킬 가능성에 대한 광범위한 연구가 이루어졌다.

미디어 점화효과의 경계를 탐구하는 이러한 새로운 세대의 연구는 현상의 중요성과 연구영역의 외적 타당성을 확립하는 데 도움을 주기 때문에 중요하다. 그러나 우리는 정치적 점화효과의 내적 타당성에 대한 강조가 그동안 충분하지 않았다는 슈이펠레와 툭스베리(Scheufele & Tewksbury, 2007)의 주장에 동의한다. 예를 들면, 정치적 점화작용, 폭력적 내용물의 점화 가능성, 인종·젠더 점화작용은 모두 같은 현상인가? 폭력의 점화작용에 대한 연구는 미디어 점화와 점화의 효과 측정 사이의 시간 간격이 매우 짧다는 사실에 주목한다. 그러나 정치적 점화작용에 대한 연구는 종종 미디어 점화와 점화의 측정된 효과 사이의 시간간격을 몇 주 정도로 잡기도 한다(Roskos-Ewoldsen et al., 2007). 두 효과 변인에서의 이러한 차이는 두 가지가 서로 다른 현상이라는 사실을 시사한다. 더 나아가 정치적 점화작용의 기초적인 이론적 메커니즘을 탐구하는 연구(예를 들면, Carpentier et al., 2007)에 관심이 증가했지만, 이 분야에 대한 연구가 더욱더 필요하다. 점화효과 현상을 이해하기 위해 먼 길을 왔지만 아직까지 가야 할 길이 멀다.

참고문헌

Abraham, L., & Appiah, O. (2006). Framing news stories: The role of visual imagery in priming racial stereotypes. *Howard Journal of Communications*, 17.

Althaus, S. L., & Kim. Y. M. (2006). Priming effects in complex information environments: Reassessing the impact of news discourse on presidential approval. *Journal of Politics*, 68.

Anderson, C. A. (1997). Effects of violent movies and trait hostility on hostile feelings and aggressive thoughts. *Aggressive Behavior*, 23, 161-178,

Anderson, C. A. (2004). An update on the effects of playing violent video games. Journal of Adolescence, 27, 113-122.

Anderson, C. A., Anderson, K. B., & Deuser, W. E. (1996). Examining an affective aggression framework: Weapon and temperature effects on aggressive thoughts, affect, and attitudes. *Personality and Social Psychology Bulletin*, 22, S66-376.

Anderson, C. A., Denser. W. E., & DeNeve. K. M. (1995). Hot temperatures, hostile affect, hostile cognition, and arousal: Tests of a general model of affective aggression. *Personality and*

Social Psychology Bulletin, 21, 434-448.

Anderson, C. A., & Dill, K. E. (2000). Video games and aggressive thoughts, feelings, and behavior in the laboratory and in life. *Journal of Personality and Social Psychology*, 78.

Anderson, C. A., & Si Morrow, M. (1995). Competitive aggression without interaction: Effects of competitive versus cooperative instructions on aggressive behavior in video games. *Personality and Social Psychology Bulletin*, 21

Anderson, C. A., & Murphv, C. R. (2003). Violent video games and aggressive behavior in young women. *Aggressive Behavior*, 29.

Anderson, J. (1983). *The architecture of cognition*. Cambridge, MA: Harvard University Press.

Allan, L., Rhodes, N., Si Roskos-Ewoldsen, D. R. (2007). Accessibility, persuasion, and behavior. In D. R. Roskos-Ewoldsen & J. Monahan(Eds.), *Communication and social cognition: Theories and methods*(pp. 351-376). Mahwah, NJ: Erlbaum.

Bargh, J. A., Bond, R. N., Lombardi, W. J., & Tota, M. E. (1986). The additive nature of chronic and temporary sources of construct accessibility. *Journal of Personality and Social Psychology*, 50.

Bansley, L. B., & Van Eenwyk, J. (2001). Video games and real-life aggression: Review of the literature. *Journal of Adolescent Health*, 29.

Berkowitz, L. (1984). Some effects of thoughts on anti- and prosocial influences of media events: A cognitive-neoassociationistic analysis. *Psychological Bulletin*, 95.

Berkowitz, L. (1990). On the formation and regulation of anger and aggression: A cognitive-neoassociationistic analysis. *American Psychologist*, 45.

Berkowitz, L. (1994). Is something missing. Some observations prompted by the cognitive-neoassociationist view of anger and emotional aggression. In L. R. Huesmann(Ed.), *Aggressive behavior: Current perspectives*. New York: Plenum Press.

Berkowitz, L. (1997). Some thoughts extending Bargh's argument. In R. S. Wyer(Ed.), *The automaticity of everyday life: Advances in social cognition, volume 10*. Mahwah, NJ: Erlbaum.

Brewer, P. R., Graf, J., & Willnat, L. (2003). Priming or framing: Media influence on attitudes toward foreign countries. Gazette: *International Journal for Communication Studies*, 65.

Brown Givens, S. M., & Monahan, J. L. (2005). Priming mammies, jezebels, and other controlling images: An examination of the influence of mediated stereotypes on perceptions of an African American woman. *Media Psychology*, 7.

Bushman, B. J. (1995). Moderating role of trait aggressiveness in the effects of violent media on aggression. *Journal of Personality and Social Psychology*, 69.

Bushman, B. J. (1998). Priming effects of media violence on the accessibility of aggressive constructs in memory. *Personality and Social Psychology Bulletin*, 24, 537-545.

Bushman, B. J., & Geen, R. G. (1990). Role of cognitive-emotional mediators and individual differences in the effects of media violence on aggression. *Journal of Personality and Social Psychology*, 58, 156-163.

Carnagey, N. L., & Anderson, C. A. (2005). The effects of reward and punishment in violent video games on aggressive affect, cognition, and behavior. *Psychological Science*, 16.

Carpentier, F. D., Roskos-Ewoldsen, D. R., & Roskos-Ewoldsen, B. (2008). A test of the network models of political priming. *Media Psychology*, 11, 186-206.

D'Andrade, R. (1995). *The development of cognitive anthropology.* Cambridge: Cambridge University Press.

Dixon, T. L. (2006). Psychological reactions to crime news portrayals of Black criminals: Understanding the moderating roles of prior news viewing and stereotype endorsement. *Communication Monographs*, 73, 162-187.

Dixon, T. L. (2007). Black criminals and white officers: The effects of racially misrepresenting law breakers and law defenders on television news. *Media Psychology*, 10.

Domke, D. (2001). Racial cues and political ideology: An examination of associative priming. *Communication Research*, 28.

Domke, D., McCoy, K., & Torres, M. (1999). News media, racial perceptions, and political cognition. *Communication Research*, 26.

Farrar, K., & Krcmar, M. (2006). Measuring state and trait aggression: A short, cautionary tale. *Media Psychology*, 8, 127-138.

Fazio, R. H., & Roskos-Ewoldsen, D. R. (2005). Acting as we feel: When and how attitudes guide behavior. In T. C. Brock and M. C. Green (Eds.), *The psychology of persuasion* (2nd ed.). New York: Allyn & Bacon.

Fazio, R. H., Sanbonmatsu, D. M., & Powell, M. C. (1986). On the automatic activation of attitudes. *Journal of Personality and Social Psychology*, 50, 229-238.

Fazio, R. H., & Williams, C. J. (1986). Attitude accessibility as a moderator of the attitude-perception and attitude behavior relations: An investigation of the 1984 presidential election. *Journal of Personality and Social Psychology*, 51, 505-514.

Fazio, R. H., Zanna, M. P., & Cooper, J. (1979). Dissonance and self-perception: An integrative view of each theory's proper domain of application. *Journal of Experimental Social Psychology*, 13.

Franks, J. J., Roskos-Ewoldsen, D. R., Bilbrey, C. W, & Roskos-Ewoldsen, B. (1999). *Is attitude priming an artifact?* Unpublished data.

Gilbert, D. T. (1991). How mental systems believe. *American Psychologist*, 46, 107-119.

Gilbert, D. T, Tafarodi, R. W, & Malone, P. S. (1993). You can't not believe everything you read. *Journal of Personality and Social Psychology*, 65, 221-233.

Grant, S. C, & Logan, G. D. (1993). The loss of repetition priming and automaticity over time as a function of degree of initial learning. *Memory & Cognition*, 21, 611-618.

Hansen, C. H., & Hansen, R. D. (1988). How rock music videos can change what is seen when boy meets girl: Priming stereotypic appraisal of social interaction. *Sex Roles*, 19, 287-316.

Hansen, C. H., & Krygowski, W. (1994). Arousal-augmented priming effects: Rock music videos and sex object schemas. *Communication Research*, 21, 24-47.

Higgins, E. T, Bargh, J. A., & Lombardi, W. (1985). Nature of priming effects on categorization.

Journal of Experimental Psychology: Learning, Memory, & Cognition, 11.

Higgins, E. T, King, G. A., & Mavin, G. H. (1982). Individual construct accessibility and subjective impressions and recall. *Journal of Personality and Social Psychology*, 43.

Holbert, R. L., & Hansen, G. J. (2006). Fahrenheit 9-11, need for closure and the priming of affective ambivalence. *Human Communication Research*, 32, 109-129.

Holbrook, R. A., & Hill, T. G. (2005). Agenda-setting and priming in prime time television: Crime dramas as political cues. *Political Communication*, 22.

Houston, D. A., & Fazio, R. H. (1989). Biased processing as a function of attitude accessibility: Making objective judgments subjectively. *Social Cognition*, 7.

Intons-Peterson, M. J., Roskos-Ewoldsen, B., Thomas, L., Shirley, M., & Blut, D. (1989). Will educational materials reduce negative effects of exposure to sexual violence? *Journal of Social and Clinical Psychology*, 8, 256-275.

Iyengar, S., & Kinder, D. R. (1987). *News that matters: Television and American opinion.* Chicago: The University of Chicago Press.

Iyengar, S., Kinder, D. R., Peters, M. D., & Krosnick, J. A. (1984). The evening news and presidential evaluations. *Journal of Personality and Social Psychology*, 46, 778-787.

Iyengar, S., Peters, M. D., & Kinder, D. R. (1982). Experimental demonstrations of the "not-so-minimal" consequences of television news programs. *American Political Science Review*, 76.

Iyengar, S., & Simon, A. (1993). News coverage of the Gulf Crisis and public opinion: A study of agenda-setting, priming, and framing. *Communication Research*, 20, 365-383.

Johnson-Laird, P. N. (1983). *Mental models.* Cambridge, MA: Harvard University Press.

Johnson-Laird, P. N. (1989). Mental models. In M. I. Posner(Ed.), *Foundations of cognitive science* (pp. 469-499). Cambridge, MA: MIT Press.

Josephson, W. L. (1987). Television violence and children's aggression: Testing the priming, social script, and disinhibition predictions. *Journal of Personality and Social Psychology*, 53.

Kim, K., & McCombs, M. (2007). New story descriptions and the public's opinions of political candidates. *Journalism & Mass Communication Quarterly*, 84.

Kim, Y. M. (2005). Use and disuse of contextual primes in dynamic news environments. *Journal of Communication*, 55, 737-755.

Kim, K. S., Roskos-Ewoldsen, B., & Roskos-Ewoldsen, D. R. (2007). *Understanding the effects of message frames in political advertisements: A lesson from text comprehension.* Paper presented at the annual meeting of the International Communication Association, San Francisco, CA.

Kim, S., Scheufele, D. A., & Shanahan, J. (2002). Think about it this way: Attribute agenda-setting function of the press and the public's evaluation of a local issue. *Journalism & Mass Communication Quarterly*, 79, 7-25.

Klinger, M. R., Burton, P. C, & Pitts, S. (2000). Mechanisms of unconscious priming: I. Response competition, not spreading activation. *Journal of Experimental Psychology: Learning, Memory, and Cognition*, 26, 441-455.

Krcmar, M., & Curtis, S. (2003). Mental models: Understanding the impact of fantasy violence on children's moral reasoning. *Journal of Communication*, 53, 460-499.

Krcmar, M., & Hight, A. (2007). The development of aggressive mental models in young children. *Media Psychology*, 10, 250-269.

Krosnick, J. A., & Brannon, L. A. (1993). The impact of the Gulf War on the ingredients of presidential evaluations: multidimensional effects of political involvement. *American Political Science Review*, 87, 963-975.

Krosnick, J. A., & Kinder, D. R. (1990). Altering the foundations of support for the president through priming. *American Political Science Review*, 84, 497-512.

Lau, R. R. (1989). Construct accessibility and electoral choice. *Political Behavior*, 11, 5-32.

Lee, M., Roskos-Ewoldsen, B., & Roskos-Ewoldsen, D. R. (in press). Discourse processing during the comprehension of TV news stories. *Discourse Processes*.

Magliano, J. P., Dijkstra, K., & Zwann, R. A. (1996). Generating predictive inferences while viewing a movie. *Discourse Processes*, 22, 199-224.

Malamuth, N. M., & Check, J. V. P. (1985). The effects of aggressive pornography on beliefs in rape myths: Individual differences. *Journal of Research in Personality*, 19, 299-320.

Markman, A. B. (1999). *Knowledge Representation*. Mahwah, NJ: Erlbaum.

McGraw, K. M., & Ling, C. (2003). Media priming of president and group evaluations. *Political Communication*, 20, 23−40.

Miller, J. M., & Krosnick, J. A. (2000). News media impact on the ingredients of presidential evaluations: Politically knowledgeable citizens are guided by a trusted source. *American Journal of Political Science*, 44, 295-309.

Monahan, J. L., Shtrulis, L, & Brown Givens, S. (2005). Priming welfare queens and other stereotypes: The transference of media images into interpersonal contexts. *Communication Research Reports*, 22, 199-206.

Moy, P., Xenos, M. A., & Hess, V. K. (2005). Priming effects of late-night comedy. *International Journal of Public Opinion*, 18, 198-210.

Neely, J. H. (1977). Semantic priming and retrieval from lexical memory: Roles of inhibitionless spreading activation and limited-capacity attention. *Journal of Experimental Psychology*: General, 106, 225-254.

Norman, D. A. (1983). Some observations on mental models. In D. Gentner & A. L. Stevens (Eds.), *Mental models* (pp. 299-324). Mahwah, NJ: Erlbaum.

O'Brien, E. J., & Albrecht, J. E. (1992). Comprehension strategies in the development of a mental model. *Journal of Experimental Psychology*: Learning, Memory, & Cognition, 18, 777-784.

Oliver, M. B., Ramasubramanian, S., & Kim, J. (2007). Media and racism. In D. R. Roskos-Ewoldsen & J. Monahan (Eds.), *Communication and social cognition: Theories and methods* (pp. 273-292). Mahwah, NJ: Erlbaum.

Pan, Z., & Kosicki, G. M. (1997). Priming and media impact on the evaluations of the president's performance. *Communication Research*, 24, 3-30.

Pechmann, C. (2001). A comparison of health communication models: Risk learning versus stereotype priming. *Media Psychology*, 3, 189-210.

Pechmann, C, & Ratneshwar, S. (1994). The effects of anti-smoking and cigarette advertising on young adolescents' perceptions of peers who smoke. *Journal of Consumer Research*, 21.

Pechmann, C, Zhao, G., Goldberg, M. E., & Reibling, E. T. (2003). What to convey in antismoking advertisements for adolescents? The use of protection motivation theory to identify effective message themes. *Journal of Marketing*, 67, 1-18.

Power, J. G., Murphy, S. T, & Coover, G. (1996). Priming prejudice: How stereotypes and counter-stereotypes influence attribution of responsibility and credibility among ingroups and out-groups. *Human Communication Research*, 23, 36-58.

Price, V., & Tewksbury, D. (1997). New values and public opinion: A theoretical account of media priming and framing. In G. A. Barnett & F. J. Boster(Eds.), *Progress in communication sciences: Advances in persuasion, Volume 13*(pp. 173-212). Greenwich, CT: Ablex Publishing.

Radvansky, G. A., Zwann, R. A., Federico, T, & Franklin, N. (1998). Retrieval from temporally organized situation models. Journal of Experimental Psychology: Learning, *Memory and Cognition*, 24.

Richardson, J. D. (2005). Switching social identities: The influence of editorial framing on reader attitudes toward affirmative action and African Americans. *Communication Research*, 32.

Rickheit, G., & Sichelschmidt, L. (1999). Mental models: some answers, some questions, some suggestions. In G. Rickheit and C. Habel(Eds.), *Mental models in discourse processing and reasoning*. New York: Elsevier.

Roskos-Ewoldsen, B., Davies, J., & Roskos-Ewoldsen, D. R. (2004). Implications of the mental models approach for cultivation theory. *Communications*, 29, 345-363.

Roskos-Ewoldsen, D. R. (1997). Attitude accessibility and persuasion: Review and a transactive model. In B. Burleson(Ed.), *Communication Yearbook 20*. Beverly Hills, CA: Sage.

Roskos-Ewoldsen, D. R., Bichsel, J., & Hoffman, K. (2002). The influence of accessibility of source likability on persuasion. *Journal of Experimental Social Psychology*, 38.

Roskos-Ewoldsen, D. R., & Fazio, R. H. (1992a). The accessibility of source likability as a determinant of persuasion. *Personality and Social Psychology Bulletin*, 18.

Roskos-Ewoldsen, D. R., & Fazio, R. H. (1992b). On the orienting value of attitudes: Attitude accessibility as a determinant of an object's attraction of visual attention. *Journal of Personality and Social Psychology*, 63.

Roskos-Ewoldsen, D. R., & Fazio, R. H. (1997). The role of belief accessibility in attitude formation. *Southern Communication Journal*, 62.

Roskos-Ewoldsen, D. R., Klinger, M., & Roskos-Ewoldsen, B. (2007). Media priming. In R. W. Preiss, B. M. Gayle, N. Burrell, M. Allen, & J. Bryant(Eds.), Mass media theories and processes: *Advances through meta-analysis*. Mahwah, NJ: Erlbaum.

Roskos-Ewoldsen, D. R., Roskos-Ewoldsen, B., & Carpentier, F. D. (2002). Media priming: A synthesis. In J. Bryant and D. Zillmann(Eds.), *Media Effects: Advances in theory and research* (2nd ed.). Hillsdale, NJ: Erlbaum.

Roskos-Ewoldsen, D. R., Yu, H. J., & Rhodes, N. (2004). Fear appeal messages affect accessibility of attitudes toward the threat and adaptive behaviors. *Communication Monographs*, 71, 49-69.

Schachter, S., & Singer, S. (1962). Cognitive, social, and physiological determinants of the emotional state. *Psychological Review*, 69, 379-399.

Scheufele, D. A., & Tewksbury, D. (2007). Models of media effects. *Journal of Communication*, 57.

Sheafer, T., & Weimann, G. (2005). Agenda-building, agenda-setting, priming, individual voting intentions, and the aggregate results: An analysis of tour Israeli elections. *Journal of Communication*, 55, 347-365.

Shorem B. (1996). *Culture in Mind.* New York: Oxford University Press.

Shrum, L. I., (1999). The relationship of television viewing with attitude strength and extremity: Implications for the cultivation effect. *Media Psychology*, I, 3-25.

Shrum, L. J., & O'Guinn, T. C. (1993). Processes and effects in the construction of social reality. *Communication Research*, 20, 436-471.

Shrull, T. K., & Wyer, R. S. (1979). The role of category accessibility in the interpretation of formation about persons: Some determinants and implications. *Journal of Personality and Social Psychology*, 37, 1660-1672.

Shrull, T. K., & Wyer, R. S. (1980). Category accessibility and social perception: Some implications gor the study of person memory and interpersonal judgment. *Journal of Personality and Social Psychology*, 38, 841-856.

Scout, R. (1948). *And be a villain.* New York: Bantam Books.

Uhlmann, E., & Swanson, J. (2004). Exposure to violent video games increases automatic aggressiveness. *Journal of Adolescence*, 27, 41-52.

van Dijk, T. A., & Kintsch, W. (1983). *Strategies of discourse comprehension.* New York: Academic Press.

Williams, D., & Skoric, M. (2005). Internet fantasy violence: A test of aggression in an online game. *Communication Monographs*, 72, 217-233.

Williams, M. D., Hollan, J. D., & Stevens, A. L. (1983). Human reasoning about a simple physical system. In D. Gentner & A. L. Stevens(Eds.), *Mental models.* Hillsdale, NJ: Erlbaum.

Wyer. R. S., Jr., Bodenhausen, G. V, & Gorman, T. F. (1985). Cognitive mediators of reactions to ripe. *Journal of Personality and Social Psychology*, 48.

Wyer, R. S., Jr., & Radvansky, G. A. (1999). The comprehension and validation of social information. *Psychological Review*, 106, 89-118.

Wyer, R. S. (2004). *Social comprehension and judgment: The role of situation models, narratives, and implicit theories.* Mahwah, NJ: Erlbaum.

Yi, Y. (1990a). Cognitive and affective priming effects of the context for print advertisements. *Journal of Advertising,* 19, 40−48.

Yi, Y. (1990b). The effects of contextual priming in print advertisements. *Journal of Consumer Research,* 17, 215-222.

Zanna, M. P., & Cooper, J. (1974). Dissonance and the pill: An attribution approach to studying the arousal properties of dissonance. *Journal of Personality and Social Psychology,* 29, 703-709.

Zwann, R. A., Langston, M. C, & Graesser, A. C. (1995). The construction of situation models in narrative comprehension: An event-indexing model. *Psychological Science,* 6, 292-297.

Zwann, R. A., & Radvansky, G. A. (1998). Situation models in language comprehension and memory. *Psychological Bulletin,* 123, 162-185.

매스커뮤니케이션의 사회인지이론

앨버트 반듀라(Albert Bandura, 스탠퍼드 대학)

매스미디어가 사회에서 행하는 역할이 강력하다는 사실을 고려해 볼 때 상징적 커뮤니케이션이 인간의 사고, 감정, 행위에 영향을 미치는 심리학적 메커니즘에 대한 이해는 매우 중요하다. 사회인지이론은 이러한 효과의 결정요인과 메커니즘을 고찰하기 위한 생산적인 개념적 틀을 제공한다. 인간 행위는 종종 일방적인 인과론의 관점에서 설명되었다. 행위는 환경적 영향이나 내적 성향에 의해 형성되고 통제되는 것으로 이해된다. 사회인지이론은 3중의 상호작용적 인과관계의 관점에서 심리작용을 설명한다. 자아와 사회의 상호 교류적 관점에서 보자면 인지적, 감정적, 생물학적 사건의 형성에서 개인적 요인, 행위패턴, 외부환경적 사건은 모두 쌍방향적으로 서로에게 영향을 미치는 상호작용적 결정요인으로 작용한다(〈그림 6-1〉).

〈그림 6-1〉 사회인지이론의 인과모델에서 삼중 상호작용 인과관계 도식

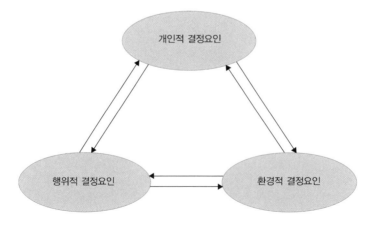

사회인지이론은 행위 주체적 관점에 근거한다(Bandura, 1986; 2006c). 사람은 외부환경적 사건이나 자연적인 내적 힘의 지배를 받는 단순한 반응적 유기체가 아니라 자기 발전적이고, 주도적 또는 적극적이며, 자기규제적이다. 인간의 자아 발전, 적응, 변화는 사회체계 내에서 싹 튼다. 그러므로 개인 행위자는 폭넓은 사회구조적 영향의 네트워크 내에서 활동한다. 이러한 상호작용에서 사람은 사회체계의 생산자이지 그것의 단순한 생산물이 아니다. 개인 행위자와 사회구조는 서로 이원적으로 분리된 것이 아니라 통합된 인과구조 내에서 상호결정자로 작동한다.

사회인지적 관점에서 보자면 인간의 본성은 생물학적 한계 내에서 다양한 형태의 직접적이고 관찰적인 경험을 통해 형성될 수 있는 거대한 잠재력을 지닌 존재이다. 인간의 주요한 특징이 타고난 유연성(또는 적응성)이라고 말한다고 해서 인간이 본성이 없다거나 체계 또는 구조가 없다고 말하는 것은 아니다. 인간의 본성에 내재된 유연성은 오랜 시간에 걸쳐서 진화된 신경생리학적 메커니즘과 구조에 의존한다. 이러한 발전된 신경체계는 부호화된 정보의 처리, 보유, 사용에서 전문화되었다. 이 체계는 인간에게만 독특하게 나타나는 고유한 재능, 즉, 상징화 생성능력, 상징적 커뮤니케이션, 앞을 내다보는 능력, 평가적 자기규제, 성찰적 자의식 등을 위한 역량을 제공한다(Bandura. 2008). 다음은 이러한 재능에 대해 기술하고자 한다.

1. 상징화 능력

사회인지이론은 인지적, 대리적, 자기규제적, 자기성찰적 과정에 중요한 역할을 부여한다. 특히 상징화 능력은 인간에게 자신의 환경을 이해하고 삶의 모든 측면과 실질적으로 관련되는 환경적 사건을 창조하고 규제하는 강력한 도구를 제공한다. 대부분의 외부영향은 직접적이기보다는 인지적 과정을 통해 행위에 영향을 미친다. 인지적 요인은 부분적으로 어떤 환경적 사건에 주목할 것인지, 그 사건에 어떤 의미를 부여할 것인지, 사건이 지속적 효과를 가질 것인지, 사건이 감정적, 동기부여적 힘을 지닐 것인지, 사건이 전달하는 정보가 추후에 이용되기 위해 어떻게 조직될 것인지를 결정한다. 사람이 순간의 경험을 처리하여 판단과 행위를 위한 지침으로 기능하는 인지적 모델로 변화시키는 것은 상징을 통해서이다. 상징을 통하여 사람은 자신의 경험에 의미, 형태, 지속성을 부여한다.

사람은 개인적, 대리적 경험에서 나온 방대한 정보를 상징적으로 처리함으로써 인과관계에 대한 이해를 획득하고 자신의 지식을 확장시킨다. 그리고 수고스럽게 시행착오 과정을 겪을 필요 없이 문제에 대한 가능한 해답을 구성하고 가능한 결과를 평가한다. 상징이라는 매개를 통해 사람은 시간과 공간적으로 멀리 떨어진 타인과 커뮤니케이션한다. 그러나 사회인지이론은 상호작용적 관점을 유지하면서 사고의 사회적 원천과 사회적 요인이 인지적 작용에 영향을 미치는 메커니즘에도 상당한 관심을 갖는다. 인간의 다른 능력들도 이러한 발전된 상징화 능력에 기반한다.

2. 자기규제 능력

사람은 인식적 자아이자 행위자인 동시에 자기 관리 능력을 지닌 자기 반응자이다. 기능이 효과적으로 작동하기 위해서는 외적 제재나 요구 대신 자기규제를 사용할 필요가 있다. 동기, 감정, 행위의 자기규제는 부분적으로 자신의 행위에 대한 내적 기준과 평가적 반응을 통해 작동한다. 가치 있는 기준을 이행함으로써 얻을 것으로 기대되는 자기만족과 규격에서 벗어난 행위의 성과에 대한 불만이 행위를 자극하는 동기부여체로 기능한다. 동기부여 효과는 기준 그 자체에서 나오는 것이 아니라 행위에 얼마나 스스로 투자했는가에 대한 평가와 행위의 성과에 대한 긍정적, 부정적 반응에서 나온다.

자기규제에 대한 대부분의 이론은 사람이 자신의 지각된 행위와 채택된 기준 사이의 불일치를 줄이려고 노력한다는 것을 골자로 하는 부정적 피드백 체계에 기반한다. 그러나 부정적 불일치에 의한 자기규제는 전체 중 반만 말해주고 나머지 흥미로운 반에 대해서는 이야기해주지 못한다. 사실상, 사람은 주도적이고, 열망하는 유기체이다. 인간의 자기규제는 **불일치의 감소**뿐만 아니라 **불일치의 생산**에 의존한다. 사람은 스스로 도전적 목표를 정한 다음 자기가 지닌 자원, 기술, 노력을 동원하여 목표를 수행하는 주도적 통제를 통해 자신의 행위에 동기를 부여하고 유도한다. 자신이 추구한 목표를 성취했을 때 강한 효능감을 지닌 사람은 스스로 더 높은 목표를 설정한다. 추가적으로 새로운 도전을 선택하게 되면 극복해야 할 새로운 동기부여적 불일치를 만들어낸다. 따라서 동기와 행위의 자기규제는 불일치의 감소를 통해 평형상태를 만든

이후(반동적 통제), 다시 불일치의 생산을 통해 불균형상태로 만드는(주도적 통제) 이중통제 과정에 관여한다.

성취노력과 능력계발에 관여하는 기능작동에서 적절성을 판단하기 위해 선택된 내적 기준은 지식과 기술이 습득되고 도전이 성취되면서 점진적으로 변화된다. 많은 사회적, 도덕적 행위 분야에서 자신의 행동을 규제하는 기반으로 기능하는 내적 기준은 상당히 안정되어 있다. 사람은 자신이 옳고 그르고, 좋고 나쁘다고 생각하는 기준을 자주 바꾸지 않는다. 사람이 특정한 도덕성의 기준을 채택한 후에는 자신의 개인적 기준에 부합하거나 위반하는 행위에 대한 자기제재가 유력한 규제자로 기능한다(Bandura, 1991b, 2004b).

도덕적 행위의 실천은 억제적 측면과 적극적 측면의 두 가지 형태를 지닌다. 억제적 형태는 비인간적 행동을 억누르는 힘에서 드러난다. 도덕성의 적극적 형태는 인간적으로 행동하는 힘에서 표현된다.

앞을 내다보는 능력은 개인적 행위의 전개에 또 다른 중요한 차원을 부가한다. 대부분의 인간행위는 사건에 대한 예견과 미래에 투사된 결과에 의해 관리된다. 미래시간에 대한 관점은 다양한 방법으로 나타난다. 사람은 스스로 목표를 설정하고, 자신이 예상하는 행위가 가져다줄 결과를 기대하며, 바람직한 결과를 만들어내고 바람직하지 않은 결과를 피할 수 있는 방향으로 행위를 계획한다. 미래의 사건은 어떠한 실질적 존재성도 지니지 않기 때문에 현재의 동기나 행위의 원인이 될 수 있다. 그러나 미래에 대한 생각은 현재 시점에서 인지적으로 표상되기 때문에 현재 행동의 동기부여자이자 규제자로 작동

할 수 있다. 미래 예견적 관점이 오랜 기간에 걸쳐 가치문제에 투사될 경우 개인의 삶에 방향성, 일관성, 의미를 부여한다.

3. 자기성찰 능력

자신과 자신의 사고와 행위의 적절성에 대해 성찰하는 능력은 사회인지이론에서 중요하게 간주되는 또 다른 인간속성이다. 인간은 행위자일 뿐만 아니라 자신의 행위가 제대로 기능하는가를 스스로 관찰하는 사람이다. 인지기능이 효과적으로 작동하기 위해서는 정확한 사고와 잘못된 사고를 구분하는 신뢰할 만한 방법이 필요하다. 자기성찰적 수단을 통해 생각을 검증하는 과정에서 사람은 생각을 만들어내고 그 생각에 따라 행동하거나 그에 근거하여 일어날 일을 예측한다. 따라서 사람은 결과에 근거하여 사고의 적절성을 판단하고 그 판단에 따라 사고를 바꾼다. 개인의 사고의 타당성과 기능적 가치는 사고가 현실적인 것과 얼마나 잘 부합하는가를 비교함으로써 평가된다. 사고검증의 4가지 양식이 구분될 수 있다. 행동적, 대리적, 사회적, 논리적 양식이 여기에 포함된다.

행동적(enactive) 검증은 개인의 사고와 사고에 따라 행한 행위의 결과가 꼭 맞는지의 여부에 의존한다. 사고와 행위의 결과가 부합할 때 사고는 더욱 확실해지고 부합하지 않을 때 사고는 반박된다. 대리적(vicarious) 검증에서 개인은 다른 사람이 주변 환경과 상호작용하는 것과 이러한 상호작용이 낳은 결과를 관찰함으로써 자신이 지닌 사고의 옳음에 대해 점검한다. 대리적 사고검증은 행동적 경험에 대한 단순한 보충

이 아니다. 상징적 모방은 개인적 행위에 의해 달성될 수 없는 검증경험의 범위를 상당히 확장시킨다. 경험적 검증이 어렵거나 실현가능성이 없을 때, 사회적(social) 검증이 사용된다. 사회적 검증이란 사람이 자신의 견해의 타당성을 다른 사람이 믿고 있는 것에 견주어 점검함으로써 평가한다는 것을 의미한다. 논리적(logical) 검증에서 사람은 이미 알려진 지식에서 새로운 것을 연역해냄으로써 자신의 사고에서의 오류여부를 점검할 수 있다.

이러한 메타 인지적 행위는 보통 올바른 사고를 촉진하지만 잘못된 사고행위를 유도할 수도 있다. 잘못된 신념에서 나온 강력한 행위는 종종 잘못된 신념이 옳다는 사실을 확증하는 사회적 환경을 만들어낸다. 우리는 가는 곳마다 공격적 행위로 부정적 사회분위기를 만들어내는 골칫거리 성향을 가진 사람들을 알고 있다. 사회적 현실을 왜곡해서 보여주는 미디어를 참고하거나 비교기준으로 삼아 개인 자신의 사고를 검증할 경우 사람, 장소, 사물에 대한 잘못된 생각의 공유를 조장할 수 있다. 사회적 검증은 만약 개인이 관련된 준거집단 사이에 공유되는 신념이 기묘하고 그 집단이 외부의 사회적 유대와 영향으로부터 분리된 경우 개인으로 하여금 현실에 대한 기괴한 견해를 조장할 수 있다. 연역적 추론은 만약 그것이 기반한 명제적 지식이 잘못되거나, 논리적 추론과정에 편견이 개입될 때 개인을 현혹시킬 수 있다.

자기 준거적 사고 가운데 어떤 것도 사람이 자신의 행위, 활동 수준, 삶에 영향을 미치는 사건을 통제할 수 있다는 효능감에 대한 신념만큼 중요하고 보편적인 것이 없다. 이러한 핵심적 신념이 인간행위의 기초이다(Bandura, 1997, 2008).

만약 사람이 행위를 통해 자신이 바라는 효과를 발생시킬 수 있고 원하지 않는 효과를 막을 수 있다고 믿지 않는다면 행위할 동기가 없게 된다. 효능감에 대한 신념은 사람이 자기를 향상적이거나 파괴적으로, 긍정적이거나 비관적으로 생각할 것인지의 여부를 결정한다. 그리고 어떤 행위를 추구할 것인지, 스스로 어떤 목표를 설정하고 거기에 매달릴 것인지, 얼마나 노력할 것인지, 그러한 노력이 만들어낼 것으로 기대하는 결과가 무엇인지, 장애물에 직면하여 얼마나 오랫동안 견딜 것인지, 역경을 얼마나 잘 극복할 것인지, 부담스러운 외부환경적 요구에 대항하면서 얼마나 스트레스와 우울을 경험할 것인지, 그리고 어떤 목표를 실현할 것인지를 결정한다.

사람은 개인적 자율성으로만 삶을 영위하는 것이 아니다. 사람은 타인과 함께 협력하여 자신이 혼자서 할 수 없는 것을 확보해야만 한다. 사회인지이론은 인간행위의 개념을 집단적 행위로 확장한다(Bandura, 1991, 2000b). 집단이 스스로에 대해 효능감이 많다고 판단하면 할수록, 집단적 열망이 높고, 일에 대한 동기부여가 커지며, 곤경에 빠졌을 때 버티는 힘이 강하고, 역경에 대한 극복이 강하며, 행위의 성취 또한 높다.

4. 대리적 능력

심리학 이론은 전통적으로 학습이 개인적 행위의 결과물이라는 점을 강조했다. 만약 지식과 기술이 자극에 대한 반응결과에 의해서만 습득될 수 있었다면 인간의 발전은 엄청나게 지루하고 위험했음은 말할 것도 없고 상당히 지체되었

을 것이다. 만약 지식이나 기술이 새로운 구성원 사이에서 문화적 패턴의 모범이 되는 역할모델의 혜택 없이 단순한 반응에 대한 결과로 지루하게 형성되어야 했다면, 문화는 자신의 언어, 관습, 사회적 실천, 필요한 능력을 결코 전수할 수 없었을 것이다. 인간이 타고난 재능은 그다지 많은 기술을 제공하지 않고, 위험은 항상 존재하며, 실수는 위험할 수 있기 때문에 습득과정을 단축시키는 것이 자기발전과 생존을 위해 필수적이다. 게다가, 시간, 자원, 이동성의 제약이 새로운 지식과 능력의 습득을 위해 직접적으로 개발될 수 있는 장소와 행위를 심각하게 제한한다.

인간은 풍부한 모델에 의해 전달되는 정보를 통하여 신속하게 자신의 지식과 기술을 확상시키는 훌륭한 관찰적 학습능력을 발전시켰다. 사실상 직접적 경험에 근거한 모든 행위적, 인지적, 감정적 학습은 사람의 행위와 결과를 관찰함으로써 대리적으로 성취될 수 있다. 많은 사회적 학습은 개인이 직접 당면한 환경에서 모델들을 통해 계획적이거나 비의도적으로 발생한다. 그러나 인간적 가치, 사고양식, 행위패턴 등에 대한 방대한 양의 정보는 매스미디어가 만들어내는 상징적 환경에서 존재하는 광범위한 모방을 통해 획득된다.

상징적 모방이 지닌 주요한 의미는 그 범위와 심리학적 영향이 방대하다는 점에 있다. 개인이 반복적인 시행착오적 경험을 통해 자신의 행위를 바꾸는 형태의 행위에 의한 학습과는 달리 관찰적 학습에서는 하나의 모델이 지리적으로 멀리 떨어진 수많은 사람들에게 새로운 생각과 행위방법을 동시에 전달한다. 상징적 모방에서 모방의 심리적, 사회적 영향을 증폭시키는 또 다

른 측면이 있다. 사람은 일상적 삶의 과정에서 극히 적은 분량의 물리적, 사회적 환경과 직접 접촉한다. 같은 환경에서 일하고, 같은 길을 오고가고, 같은 장소를 방문하고, 같은 친구와 동료를 본다. 그 결과 사회적 현실에 대한 사람의 생각은 대리적 경험, 즉 직접적 경험에 의한 교정 없이 자신이 보고, 듣고, 읽는 것에 의해 상당히 영향을 받는다. 사람은 자신이 가진 현실에 대한 이미지에 따라 많이 행동한다. 현실에 대한 사람의 이미지가 미디어의 상징적 환경에 의존하면 할수록, 그 환경의 사회적 영향은 더 크다.

대부분의 심리학 이론은 커뮤니케이션 기술이 엄청나게 발전하기 훨씬 이전에 대두되었기 때문에 상징적 환경이 현대 인간의 삶에서 행하는 강력한 역할에 대해 충분하게 관심을 기울이지 못했다. 이전에는 모방의 영향이 주로 개인의 즉각적 환경에서 나타나는 행위패턴에 국한되었던 반면, 비디오 전달기술의 급속한 성장으로 사회구성원들이 매일 노출되는 모델의 종류가 엄청나게 확장되었다. 이러한 모델의 사고와 행위패턴을 이용함으로써 관찰자는 자신의 직접적인 환경에 갇힌 한계를 초월할 수 있다. 새로운 사고, 가치, 행위 스타일, 사회적 실천 등이 이제 상징적 모방을 통해 전 세계적으로 확산되고, 전 지구적으로 배포된 의식을 조장한다 (Bandura, 1986, 2001). 상징적 환경이 사람의 일상적 삶의 주요 부분을 차지하기 때문에 현실의 사회적 구성과 공중의식이 상당 부분 전자 문화적 순응을 통해 형성된다. 사회적 수준에서 전자기술의 영향력의 양식이 사회체계가 작동하는 방식을 변형시키고 사회·정치학적 변화의 주요 매개체로 기능한다. 현재의 전자시대에

서 문화적 순응에 대한 연구가 전자 문화적 순응을 포함하는 방향으로 확대될 필요가 있다.

5. 관찰적 학습의 메커니즘

상징적 모방은 매스 커뮤니케이션의 효과를 이해하는 데 매우 중요하기 때문에 사회인지이론의 모방적 측면이 보다 상세하게 논의된다. 관찰적 학습은 〈그림 6-2〉에서 요약된 4가지 하위기능에 의해 지배된다. 주목과정, 표상과정, 생산과정, 동기적 과정이 그것이다.

주목과정은 수많은 모방행위의 영향력 중에서 어떤 것이 선별적으로 관찰되는지, 모델이 겪는 사건들에서 어떤 정보를 추출할 것인지를 결정한다. 수많은 요인이 모델화되는 것의 고찰과 지각에 영향을 미친다. 이러한 결정요인 중 일부는 관찰자의 인지적 기술, 선입견, 가치선호와 관련되고, 다른 일부는 모델화된 행위 그 자체의 현저성, 매력, 기능적 가치와 관련된다. 이 외에도 인간의 상호작용과 관계 네트워크의 구조적 결합이 주요 결정요인으로 작용하는데, 이는 주로 사람들이 접근하고자 하는 모델의 유형을 결정한다.

관찰된 사건을 기억하지 못하면 사람은 그 사건에 크게 영향을 받을 수 없다. 관찰적 학습을 지배하는 두 번째 주요한 하위기능은 인지적 표상과정과 관련된다. 정보의 저장은 모델화된 사건이 전달하는 정보를 기억표상을 위한 규칙과 개념으로 변형시키고 재구조화하는 적극적 과정이다. 모델이 제시하는 정보를 기억 코드와 코드화된 정보의 인지적 시현으로 상징적으로 변형시킬 때 저장에 크게 도움이 된다. 선입견

130

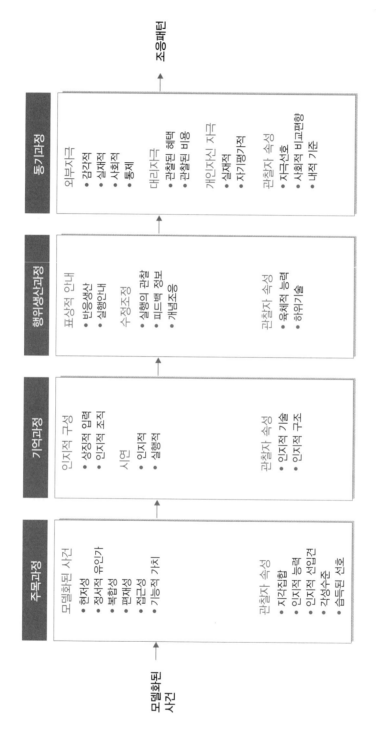

〈그림 6-2〉 관찰적 속성을 지배하는 4가지 주요 하위기능과 각 기능 내에서의 작동에 영향을 미치는 요인들

과 감정적 상태가 이러한 표상적 행위에 대해 편향적 효과를 미친다. 비슷하게 회상은 기억 속에 기록된 사건의 단순한 검색이기보다는 재구성 과정이다.

모방행위에서 세 번째 하위기능이 행위생산 과정이다. 이 과정에서 상징적 개념은 행위를 위한 타당한 방향으로 전환된다. 행위생산 과정은 개념이 행위패턴의 구성과 실행을 유도하는 개념 적합성 과정을 통해 성취된다. 여기에서 행위패턴은 개념적 모델에 비추어 적절성 여부가 비교된다. 행위는 개념과 행위의 밀접한 조응을 성취하기 위한 비교정보에 근거하여 변형된다. 인지를 행위로 전환시키는 메커니즘은 변형적, 발생적 작동 모두와 연관된다. 기술의 실행은 항상 변화하는 환경에 적합하도록 변화되어야 한다. 그러므로 적응작업은 인지적 표상과 행위의 일대일 대응여부를 조사하는 과정이기보다는 발생적 개념을 요구한다. 추상적 설명을 행위에 적용함으로써 사람은 기술을 다양하게 변용시킬 수 있다.

개념은 처음에 곧바로 능숙한 실천행위로 변화되지 않는다. 규칙에 대한 관찰이 지식을 숙련된 행위로 변화시키는 매개체로 기능한다. 실천행위는 행위생산 과정에서 교정적인 조정작업을 거치면서 완성된다. 사람이 가진 하위기술의 폭이 넓을수록 그것을 통합시켜 새로운 행위패턴을 만들어 내기가 더 쉬워진다. 행위패턴을 만들어내는 데 부족한 점이 있을 때 복잡한 작업을 위해 요구되는 하위기술은 모방과 규칙에 의해 먼저 개발되어야 한다.

모방행위에서의 네 번째 기능은 동기적 과정이다. 사람은 자신이 배운 모든 것을 행위로 옮기지 않기 때문에 사회인지이론은 습득과 실천

행위를 구분한다. 관찰을 통해 학습된 행위의 실행은 3가지 주요한 자극 동기부여체(직접적, 대리적, 자기 생산적)에 영향을 받는다. 사람은 모방된 행위가 보상적 효과가 없거나 처벌효과를 낳을 때보다는 가치 있는 성과를 낳을 때 그 행위를 더 드러내 보이고자 한다. 다른 사람이 경험한 비용과 이익의 관찰이 직접적으로 경험한 결과와 똑같은 방식으로 모방된 패턴의 실행에 영향을 미친다. 사람은 자신과 비슷한 사람의 성공에 자극을 받지만 관찰결과 나쁜 결과를 낳는 행위는 추구하지 않으려고 한다. 개인적 행동기준은 자극적인 동기의 추가적인 원천을 제공한다. 사람이 자신의 행위에 대해 일으키는 자기승인적, 자기비난적 반응은 자신이 관찰을 통해 학습한 행위 중 어떤 행위를 가장 추구할 것인지를 조정한다. 사람은 자기만족적이라고 판단하는 행위를 추구하고 그러한 행위에 가치를 부여하지만 자신이 인정하지 않는 행위는 거부한다.

행위결과와 관련된 또 다른 요인이 행위에 대한 보충적 또는 반대적 영향으로 작용할 수 있다. 행위패턴은 사회적 인정과 자기 인정이 양립할 때 가장 확고하게 자리잡는다. 이러한 조건에서 사회적으로 인정받을 만한 행위는 자기 자부심의 원천이 되고, 사회적으로 인정받지 못할 행위는 자기검열에 놓인다. 행위는 특별히 대항할 자기제재가 없는 상태에서는 외부영향에 휘둘리기 쉽다. 개인적 기준에 엄격하지 않은 사람은 실용적 경향을 채택하여 자신의 행위를 상황이 요구하는 것에 맞춘다. 이러한 사람은 사회적 상황을 읽어내는 데 정통하고 자신의 행위를 편의적으로 한다.

사람은 보통 사회적 압력 때문에 자신의 도덕

132

적 기준을 위반하는 행위를 하게 되는 갈등을 경험한다. 사회적으로 수용가능한 행위에 대해서 가치 절하적이라고 스스로 평가하는 결과가 행위의 이익보다 우세할 때 사회적 영향력은 그다지 크지 않다. 그러나 행위의 자기규제는 도덕적 기준의 조건적 적용을 통해 작동한다. 자기제재는 내적 통제로부터의 선택적 이탈에 의해 약화되거나 무효화될 수 있다.

사회적 인정과 자기인정 사이에서 나타나는 갈등의 또 다른 유형은 개인자신이 가치를 높게 부여하는 행위가 사회적으로 처벌받을 때 일어난다. 원칙주의적 반대자와 비순응주의자는 종종 스스로 이러한 곤경에 처했다는 사실을 알아차린다. 여기에서 자기인정과 사회적 비난의 상대적 강도가 행위를 억제할 것인지의 여부를 결정한다. 사회적 결과가 위협적일 정도로 심각하다면 개인은 위험한 상황에서 자신이 높은 가치를 부여하는 행위를 억제하지만 상대적으로 안전한 상황에서는 손쉽게 실행에 옮긴다. 그러나 자신의 가치의식이 너무 강해서 자신이 부당하고 비도덕적이라고 간주하는 것에 응하기보다는 장기적 학대라도 받겠다는 신념에 찬 사람도 있다.

6. 추상적 모방행위

모방행위는 일반적으로 행위를 모방하는 과정으로 잘못 해석되는 경향이 있다. 실효성이 증명된 기술과 기존의 문화적 관습은 그것의 기능적 가치가 높기 때문에 구현된 것과 본질적으로 똑같은 형태로 채택될 수도 있다. 그러나 대부분의 행위에서 하위기술은 즉흥적으로 다양한 상황에 맞추어야 한다. 모방효과는 또한 발생

적, 혁신적 행위를 위한 규칙을 전달한다. 이러한 높은 수준의 학습은 추상적 모방행위를 통해 성취된다. 규칙에 기반한 판단과 행위는 구체적 내용과 세부사항들이 서로 다르지만 동일한 기본적 규칙을 구현한다. 예를 들면, 하나의 모델이 내용적으로는 매우 다르지만 동일한 도덕적 기준이 적용되는 도덕적 갈등에 직면할 수 있다. 이러한 상위적 형태의 추상적 모방에서 관찰자는 다른 사람이 보여주는 구체적 판단이나 행위 속에서 지배적 규칙을 뽑아낸다. 일단 규칙을 학습하면 관찰자는 그것을 사용하여 자신이 보았거나 들었던 것을 넘어서는 새로운 행위를 판단할 수 있다.

인간학습의 대부분은 추후에 사용하기 위해 지식을 어떻게 습득하고 사용할 것인가에 대한 인지적 기술을 개발하는 것을 목표로 한다. 사고 기술의 관찰적 학습은 모델이 문제를 해결하기 위한 행위에 개입하면서 모델로 하여금 자신의 사고를 언어적으로 분명하게 표현하도록 함으로써 상당히 촉진된다. 따라서 모델의 결정과 행위전략을 지배하는 사고가 채택되기 위해서는 관찰 가능해야 한다.

모델화된 정보에서 파생되는 생성적 규칙을 취득하는 작업은 적어도 3가지 과정에 관여한다. 즉, 다양한 사회적 사례에서 일반적 특징을 추출하는 과정, 추출된 정보를 복합적 규칙으로 통합하는 과정, 그리고 규칙을 사용하여 새로운 행위 유형을 만들어내는 과정이 그것이다. 추상적 모방행위를 통하여 사람은 사건을 분류하고 판단하기 위한 기준, 커뮤니케이션의 언어적 규칙, 지식의 획득과 사용방법에 대한 사고 기술, 자신의 동기와 행동을 규제하는 개인적 기준을 습득한다. 사고와 행위의 생성적 규칙이 추상적

모방행위를 통하여 만들어질 수 있다는 증거는 다양한 범위의 관찰적 학습에서 입증된다.

모방행위는 또한 창의성에서 두드러진 역할을 한다. 완전히 새로운 혁신은 없다. 오히려 창의성은 보통 기존지식을 새로운 방식의 사고와 행위로 결합시키는 것과 연관된다. 사회적 모방에는 다양성이 존재한다. 혁신자는 서로 다른 사례들에서 유용한 요소를 뽑아내고, 이를 향상시킨 다음 새로운 형태로 종합하고, 구체적 작업에 맞추어 적용시킨다. 일반적 문제에 대해 새로운 관점을 구현하는 모델은 또한 다른 사람에게 혁신성을 촉진시키는 반면 모방된 관습적 사고와 행위양식은 창의성을 감소시킨다. 이러한 방식으로 선별적 모방은 혁신의 어머니로 기능한다.

있지만 심리학적으로는 중요성이 그다지 크지 않다. 대리적 효과에 의미를 부여하는 것은 관찰자가 모델이 겪은 감정적 경험과 관련된 개인, 장소, 사물에 대한 지속적 태도, 감정적 반응, 행위적 기질을 습득할 수 있다는 점이다. 관찰자는 학습을 통해 모델이 두려워하는 것을 두려워하고, 모델을 거부하는 것을 싫어하고, 모델에게 만족을 주는 것을 좋아하게 된다. 두려움과 감당하기 어려운 공포는 모방의 대상이 되는 행위나 주체가 두려움을 유발하는 대상에 대한 통제력을 행사하는 대응전략에 대해 정보를 전달할 경우 극복될 수 있다. 대응적인 자기 효능감이 강하면 강할수록 행위는 더 대담해진다. 가치도 비슷하게 모방된 선호에 반복적으로 노출됨으로써 대리적으로 개발되거나 변화될 수 있다.

7. 감정적 기질의 습득과 변형

사람은 다른 사람의 감정표현에 의해 쉽게 각성된다. 대리적 각성은 조절적인 자기각성 과정을 통해 주로 작동한다(Bandura, 1992). 즉, 다른 사람이 선동적 조건에 대해 감정적으로 반응하는 것을 보면 관찰자는 감정을 유발하는 사고나 상상을 하게 된다. 사람이 인지적 자기각성 능력을 개발하면 모델의 감정적 경험을 단지 암시하는 단서에 대해서도 감정적 반응을 일으킬 수 있다. 반대로 사람은 위협적 상황을 우호적 상황으로 변화시키는 생각을 통해 모방된 고통의 감정적 영향을 무력화시키거나 줄일 수 있다.

만약 모델의 감정적 반응이 관찰자를 순간적으로 각성시키기만 했다면, 그것은 일시적 커뮤니케이션과 관련해서는 어느 정도 흥미로울 수

8. 동기부여 효과

지금까지의 논의는 관찰적 학습을 통한 지식, 인지적 기술, 새로운 행위양식의 습득에 초점을 맞추었다. 사회인지이론은 서로 다른 결정요인과 기본 메커니즘에 의해 지배되는 다양한 모방행위의 기능들을 서로 구분한다. 모방의 영향력은 새로운 능력을 계발시키는 것 이외에 강한 동기부여 효과를 지닌다. 대리적 자극은 모방된 행위의 보상적, 처벌적 결과가 전달하는 정보를 통해 형성되는 결과에 대한 기대에 기반한다. 다른 사람이 행위를 통해 바람직한 결과를 얻는 것을 보면 긍정적 자극으로 기능하는 결과기대가 생겨난다. 처벌적 결과를 보면 동기를 저하시키는 것으로 기능하는 부정적 결과기대가 생겨난다. 이러한 동기부여 효과는 모방된

134

행위를 성취하는 능력에 대한 관찰자의 판단, 모방된 행위가 호의적 또는 부정적 결과를 낳을 것이라는 지각, 그리고 만약 비슷한 행위를 하게 되었을 때 비슷하거나 반대결과가 나올 것이라는 추론에 지배된다.

대리적 자극은 외적 자극의 유인가(valence)와 힘을 변화시킬 수 있는 능력 때문에 부가적 중요성을 지닌다. 주어진 결과의 가치는 결과의 자연적 속성에 존재하는 것이 아니라 다른 결과와의 관계에 따라 주로 결정된다. 같은 결과가 관찰된 결과와 개인적으로 경험한 결과와의 사회적 비교에 따라 보상으로도 처벌자로도 기능할 수 있다. 예를 들면, 동일한 임금인상이 비슷한 일을 한 사람에게 더 많이 보상해주는 것을 목도한 사람에게는 부정적 가치를 지니지만, 비슷한 일을 한 사람이 보상을 더 적게 받는 것을 본 사람에게는 긍정적 가치를 지닌다. 공평한 보상은 행복감을 촉진시키지만 불공평한 보상은 불만과 분노를 발생시킨다.

대리적으로 만들어진 자극은 모방된 위반행위 후에 수반되는 사회적 정당화와 결과의 억제효과와 탈억제 효과의 관점에서 광범위하게 연구되었다. 사회인지이론에서 후자의 효과는 주로 자극적 동기부여와 도덕적 자기제재의 발동에 의해 지배된다. 위반행위는 사회적 제재와 자기제재의 두 가지 주요한 제재에 의해 규제된다. 두 가지 통제 메커니즘의 작동은 모두 예측가능하다. 사회적 제재로 인한 동기일 때 개인은 위반행위가 사회적 비난과 다른 나쁜 결과를 가져다줄 것으로 예상하기 때문에 그러한 행위를 하지 않는다. 자기제재에 기반을 둔 동기일 때 개인은 위반행위가 자아비난을 초래할 것이기 때문에 자신의 도덕적 기준을 위반하는 행위

를 하지 않게 된다. 미디어는 서로 다른 행위양식이 낳는 결과를 묘사함으로써 사회적 제재 지각에 영향을 미친다. 예를 들면, TV에서의 폭력은 종종 공격적 행위에 대한 제재나 처벌을 약하게 묘사하는 경향이 있다. 인간의 불화에 대한 TV의 묘사에서 육체적 공격이 하나의 해결책으로 선호되는 경향이 강하다. 육체적 공격은 폭력적 수단을 통해 악인에 대해 승리를 거두는 영웅에 의해 성공적인 것으로 지각되며, 사회적으로 용인되고 인정받는다. 이러한 묘사는 인간의 폭력을 정당화하고, 미화하며, 평범한 것으로 만든다.

자기제재에서 파생되는 억제와 탈억제 효과는 주로 자기규제 메커니즘을 통해 매개된다. 도덕적 기준이 채택되면 이는 자기 인정적, 자기 비난적 결과에 의해 행위를 유도하거나 억제하는 기능을 한다. 그러나 도덕적 기준이 행위의 내적 규제자로 영속적으로 기능하는 것은 아니다. 자기규제 메커니즘은 활성화되지 않으면 작동되지 않으며, 도덕적 자기제재가 많은 과정을 통해 비인간적 행위에서 이탈될 수 있다(Bandura, 1991b, 1999b). 자기제재의 선별적 활성화와 이탈을 통해 사람은 같은 도덕적 기준으로도 다양한 행위를 할 수 있다. 〈그림 6-3〉은 도덕적 통제가 비난받을 만한 행위에서 이탈될 수 있는 자기규제 과정에서의 지점들을 보여준다.

이러한 이탈행위 중 하나가 행위영역에서 행위 그 자체를 도덕적으로 정당하다고 해석함으로써 작동한다. 사람은 보통 자신 스스로 행위의 도덕성을 정당화시키기 전까지 비난받을 만한 행위를 하지 않는다. 비난받을 만한 것은 해로운 수단을 정당화시키는 가치 있는 목적이나 대

〈그림 6-3〉

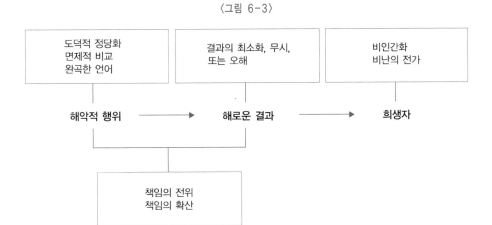

자기제재가 자기규제 과정에서의 중요한 지점에서 선별적으로 활성화되고 유해한 행위로부터 선별적으로 이탈되는 메커니즘

의명분을 이용함으로써 개인적으로나 사회적으로 용인된다. 따라서 사람들은 도덕적 명령에 따라 행동한다. 행위에 대한 인식은 비교기준에 따라 달라진다. 스스로 후회할 수 있는 행위가 더 나쁜 비인간적 행위와 비교됨으로써 무해한 것으로, 심지어 존경받을 만한 것으로 인식될 수 있다.

면제적 비교(exonerative comparison)는 실용적 기준에 의한 도덕적 정당화에 상당히 의존한다. 자신의 나쁜 행위가 인간의 고통을 야기하기보다는 오히려 고통을 막을 수 있다고 주장함으로써 폭력은 도덕적으로 용인된다. 행위는 그것이 어떻게 명명되는가에 따라 완전히 서로 다른 모습을 지닐 수 있다. 부정적 의미를 제거한 완곡한 언어는 비난받을 행위를 숨기거나 심지어 그것에 존경받을 수 있는 지위를 부여하는 편리한 장치를 제공한다. 매우 복잡한 장황한 말을 통해 비난받을 행위가 무해한 것으로 보이게 되고 이러한 행위를 하는 사람은 개인적 책임감을 면제받게 된다.

도덕적 정당화, 완곡한 언어, 면제적 비교 등

을 통해 해로운 행위를 신성하게 하는 것이 도덕적 자기제재를 이탈시키는 가장 효과적인 심리적 메커니즘이다. 유해한 행위에 도덕적 명분을 부여하는 것은 자기비난을 없앨 뿐만 아니라 파괴적 목적 대신 자기인정을 개입시키는 행위이다.

볼 로키치는 미디어에서 묘사된 평가적 반응과 사회적 정당화(특히 권력갈등에서의)에 특별한 의미를 부여한다. 왜냐하면 시청자가 자신이 미디어에서 보았던 공격적 전략을 현실에서 실제로 충분하게 이용할 수는 없지만 미디어에서 묘사된 정당화와 평가가 사회적 통제나 변화를 지지하는 정책적 발의를 위한 공중의 지지를 동원하기 때문이다. 정당한 변화는 상당히 폭넓은 사회적, 정치적 효과를 가질 수 있다.

매스미디어, 특히 TV는 강력한 유인력을 통해 공중에게 가장 잘 다가갈 수 있다. 이 때문에 TV는 점차 정당화를 위한 주요한 수단으로 사용된다. 개인의 가치와 명분을 정당화하고 지지를 획득하고 적대자를 비난하려는 투쟁이 전자 미디어 시대에 점점 더 많이 전개된다. 커뮤니케이션 체계 자체가 그것의 잠재적 영향력 때문에 자신의

136

이데올로기대로 좌지우지하려는 사회의 다양한 세력들에게 상시적으로 압력을 받는다. 현실의 사회적 구성에서 미디어가 행하는 역할에 대한 연구가 중요한 사회적 함의를 지닌다.

자기제재는 개인이 자신을 나쁜 결과의 일조자라는 사실을 인정할 때 가장 강하게 활성화된다. 또 다른 이탈행위는 행위영역에서 개인이 초래한 해악에서 자신이 행위자 역할을 했다는 사실을 감추거나 최소화함으로써 작동한다. 사람은 만약 정당한 권력이 자신의 행위를 인정하고 그 결과에 대한 책임을 받아들일 때 보통은 행위를 부인하는 방식으로 행동할 것이다. 책임 전위(displacement)라는 조건에서 개인은 자신의 행위에 대해 개인적으로 책임이 있기보다는 다른 사람의 명령 때문에 행동했다고 간주한다. 즉, 자신의 행위에 대한 실질적 행위자가 아니기 때문에 자기 금지적 반응을 보인다. 자기제재의 억제력은 또한 비난받을 행위에 대한 책임의 확산에 의해 개인적 행위자가 은폐될 경우 약화된다. 노동분업, 집단적 의사결정, 집단행위를 통해 사람은 어떤 한 개인이 개인적으로 책임진다는 느낌 없이 해로운 행동을 할 수 있다. 도덕적 행위를 약화시키는 다른 방법은 결과영역에서 개인행위의 나쁜 효과를 최소화하거나, 무시하거나, 반론을 제기함으로써 작동한다. 해로운 효과가 시야에서 사라지거나 마음속에서 사라지는 한 자기 비난이 활성화될 이유가 없다.

마지막 이탈행위는 희생자 영역에서 작동한다. 해로운 행위에 대한 자기 비난의 강도는 부분적으로 가해자가 행위대상이 되는 사람을 어떻게 보느냐에 따라 달라진다. 타인을 인간으로 보게 되면 인간애의 공유로 동정적 반응이 활성화된다(Bandura, 1992). 자기비난 없이 인간 개인을 학대하기는 어렵다. 잔인한 행위에 대한 자기제재는 사람에게서 인간적 속성을 박탈시키거나 동물적 속성을 부여하는 비인간화(非人間化)에 의해 이탈되거나 무뎌질 수 있다. 비인간화는 잔인한 행위에 대한 자기억제를 약화시키는 반면(Diener, 1977; Zimbardo, 2007), 인간화는 배려 깊고, 동정적 행위를 촉진시킨다.

적대자에게로의 비난의 전가(attribution)는 자기 면제적 목적으로 사용될 수 있는 또 다른 편리한 수단이다. 유해한 상호작용은 보통 서로 상승적으로 확대되는 일련의 행위이다. 이러한 상호작용에서 적대자는 항상 잘못이 있는 것으로 간주된다. 사람은 항상 일련의 연쇄적 사건에서 적대자의 방어적 행위의 사례를 선택하고 그것을 자극의 출발점으로 간주한다. 따라서 유해한 행위는 호전적 자극에 대한 정당한 방어적 반응이 된다. 따라서 타인은 항상 스스로 고통을 자초한 것으로 비난받을 수 있다. 자기면죄도 비슷하게 자신의 해로운 행위를 개인적 결정이 아니라 상황에 의해 강요된 것으로 간주함으로써 성취된다. 타인이나 상황을 비난함으로써 개인 자신의 행위는 용서받을 수 있을 뿐만 아니라 개인은 심지어 진행과정에서 자기 정당화 의식을 느낄 수 있다.

내면화된 통제는 선택적으로 활성화되고 이탈되기 때문에 도덕적 행위의 현저한 변화는 개인의 성격구조, 도덕적 원칙, 자가 평가 시스템 없이도 성취될 수 있다. 대부분의 비인간적 행위를 설명하는 것은 성격 결함이기보다는 자기 면죄적 과정이다. 인간복지에 대한 거대한 위협은 주로 무절제적 충동행위에서 나오기보다는 신중한 원칙적 행위에서 파생된다.

다양한 이탈행위 요인이 비인간적 행위에 대

한 미디어 묘사에서 체계적으로 다르다는 사실을 고찰한 연구는 매스미디어 영향의 탈억제력을 입증한다(Bandura, 1999b). 시청자의 징벌의식은 해로운 행위를 도덕적으로 정당화시키고, 희생자를 비난하고 비인간화하며, 개인적 책임을 치환하거나 다른 곳으로 확산시키며, 파괴적 결과를 어떤 다른 것으로 무해하게 만드는 미디어 생산물에 노출됨으로써 고양된다. 도덕적 이탈에 대한 연구는 사회적 조건을 인정하는 것이 어떻게 선택적인 도덕적 이탈과 이러한 이탈이 해로운 행위를 통제하는 것을 가능하게 하는 감정적이고 정신사회적 과정을 조장하는지를 분명하게 밝힌다.

이러한 연구경향은 도덕적 이탈의 다양한 메커니즘이 어떻게 사회체계 수준에서 구체적으로 작동하는가를 분석하는 것까지 확대되었다. 이러한 체계에는 기업의 해악행위, 공공정책, 재판, 집행수준에서 사형제도, 테러행위와 반테러행위에서의 군사력에 대한 지지, 환경보존(Bandura, 2007) 등이 포함된다. 위성 전달 기술의 출현으로 전쟁은 이제 군사 캠페인에 대한 공중의 지각과 지지를 형성하는 방송에서 치러진다.

인간의 잔인함을 상업적 목적으로 착취하는 프로그램을 생산하는 방송산업에 의해 동일한 이탈 메커니즘이 과도하게 사용된다. 고상한 도덕적 목적이 국가 정체성의 확립이라는 서비스를 가장하여 인간의 생명을 앗아가는 행위에 부여된다. "정부는 어린이로 하여금 싸워서 지켜야 할 가치가 있도록 생각하기를 원한다. 그것이 기본적으로 우리 쇼에서 하고 있는 것이다."

"만약 우리 사회의 규약을 어기는 사람들이 법에 저항한다면 우리는 이들을 진압하기 위해 폭력을 사용해야만 한다. 그렇게 함으로써 우리는 미국 도덕성의 주류에 놓여있다."

문제에 대한 폭력적 해결의 모방행위는 정체성을 형성하고 사회적 법적 명령을 지지한다.

제작자는 종종 마치 인간적 잔인함의 한 형태가 다른 형태에 대해 면죄부를 주는 것처럼 폭력의 상업화를 극악무도한 비인간적 행위와 대조시킴으로써 변명한다. 사회가 전쟁을 수행할 때 왜 TV가 항상 희생양이 되어야 하는가? "폭력을 TV에서 사람의 죽음으로 결말을 맺게 되는 식으로만 고찰하면 이는 핵심을 제대로 짚어내지 못하게 된다. 이것은 전쟁을 허용하는 사회 전체의 범죄성을 숨긴다."

비교를 통한 면죄의 또 다른 형태는 폭력적인 에피소드를 포함하는 존경받는 명작을 지적함으로써 TV에서 보여주는 잔악한 폭력행위를 정당화하는 것이다. "오이디푸스와 햄릿에도 폭력은 있다. 그것은 성경에도 가득하다."

불필요한 TV폭력은 셰익스피어가 아니다. 햄릿의 망토 뒤에 가장한 TV행위의 몇 가지 사례들이다. "나는 3개의 다른 쇼에서 우리가 했던, 자동차로 사람을 치어 죽이는 것과는 다른 장치를 만들었으면 좋겠다. 나는 가학적 변태성욕을 좋아하지만, 우리가 그것에 대해 다르게 접근하는 방법을 만들 수 있기를 희망한다."

"지난 주 당신은 3명을 죽였다. 이번 주에는 무엇을 할 것인가?"

TV프로그램이 다른 나라에 수출되었을 때 불필요한 폭력의 상당부분이 제거된다. 그러나 우리는 우리 어린이들에게 이러한 불필요한 폭력을 지나치게 많이 보여준다.

폭력적 작품을 만드는 제작자는 재빠르게 폭력적 사건에 대한 책임을 다른 원천에게로 전가한다. "TV와 영화는 병든 사회의 타락한 녀석이다." "어린이가 TV 폭력이 야기하는 불안정한 환경 속에서 놓여있는가? 어린이의 부모가 통제하지 않는 것이 더 심각한 문제이다."

제작자는 분명하게 잔악한 행위를 자신이 만든 등장인물에게로 원인을 돌림으로써 불필요한 폭력의 사용에 대한 책임을 회피한다. 무자비한 개인이나 심지어 온화한 일반대중들도 도덕적 위험에 직면하게 되면 폭력적 행위를 요구한다. 작가들 중 다소 솔직한 작가는 작품에서 극적인 폭력을 필요로 한다는 주장에 대해 "나는 솜이 준비되지 않은 마차에는 솜을 덮지 않는다. 그러나 나는 솜마차 이외에 다른 어떤 것도 사용하지 않는다"고 말하면서 무시했다.

불필요한 폭력에 대한 개인적 책임은 또한 프로그램에 대한 책임을 확산시킴으로써 은폐된다. 원고 수정작가가 작가의 원고를 고치고, 감독이 시나리오의 세세한 부분을 메우고, 편집자가 편집을 통해 찍은 사건을 어떻게 묘사할 것인가를 결정한다. 생산과정의 확산은 최종 작품에 대한 개인적 책임의식을 감소시킨다.

자기비난을 피하는 또 다른 방법이 유해한 효과를 거짓 전달, 부인, 또는 무시하는 것이다. 폭력적 해결의 모방은 시청자의 공격적 욕구를 소진시키는 공적인 치료기능을 한다고 주장한다. "폭력은 어린이에게는 카타르시스이다." "폭력적 결과를 낳지만 적절하게 구성된 갈등에 대한 노출은 분노와 자기혐오를 치료적으로 풀어주는 기능을 한다." 이러한 카타르시스 효과는 오랫동안 경험적으로 입증받지 못했다. 한편, 제작자는 경험적으로 반박된 폭력시청의 치료적 혜택을 주장하지만 또 다른 측면에서 TV폭력의 효과가 결코 검증될 수 없다고 주장한다.

"누구도 TV폭력의 효과에 대해 확정적인 단언을 내릴 수 없다."

시청자에게는 인간적 민감성을 박탈시키거나 피비린내 나는 프로그램을 정당화시키는 기본적 속성이 부여된다. "인간의 마음은 위장, 사타구니, 주먹과 연결되어 있다. 그것은 몸통 위에서 5피트도 떠 있지 않다. 그러므로 폭력은 근절될 수 없다." "그다지 많지 않은 액션이지만 유혈장면을 좋아하는 평균 시청자를 상당히 행복하게 할 만큼 충분하다."

폭력적 내용의 만연은 시청자의 공격적 속성과 욕망에 원인이 있는 것으로 전가된다.

사실상 프로그램의 폭력수준과 프로그램 인기를 측정하는 닐슨 시청률 지수와는 아무런 관계가 없다. 시트콤과 버라이어티 쇼의 시청률이 상당히 높다. TV에서 폭력물이 만연하는 이유에 대한 해답은 제작비용과 다른 구조적 요인에 있지 잔인함에 대한 인간의 갈망에 있는 것이 아니다.

사람을 각성시키는 폭력적 사건이 일어날 때마다 TV네트워크는 흔히 예상할 수 있는 시나리오를 내놓는다. TV는 폭력의 원인으로 간주되는 것을 말할 대변인을 등장시킨다. 이 대변인은 그 누구도 실제로 제의하지 않은 폭력행위에 대한 단일원인 이론을 끄집어내거나 반박함으로써 TV가 폭력행위에 영향을 미칠 수 있다는 사실에 대한 관심을 재빠르게 딴 곳으로 돌린다. TV는 스스로를 편리한 희생양이라고 묘사하고 비난을 다른 곳으로 전가시킨다.

9. 현실의 사회적 구성

사회적 현실에 대한 TV의 묘사는 인간의 본성, 사회관계, 사회규범과 구조를 묘사하는 데 이데올로기적 성향을 반영한다. 이러한 상징적 세계에 과다하게 노출되면 실질적으로 TV에서 묘사된 이미지가 실제 인간사회의 모습인 것처럼 보이도록 만든다. 신념의 대리적 계발에 대한 일부 논쟁은 TV시청량에 근거한 전체지표를 사용하는 관계연구에서 나온 결과에서 파생되었다. TV의 영향력은 단순한 TV시청량보다는 사람들이 시청하는 내용측면에서 가장 잘 규정된다. TV프로그램에 대한 노출을 측정하면 과도한 TV시청이 시청자의 현실에 대한 신념과 개념을 형성한다는 사실을 입증한다. 다른 가능한 결정요인들이 동시에 통제되었을 때에도 관계가 그대로 유지된다.

사회적 개념의 대리적 계발은 미디어 영향에 대한 노출속성과 양을 실험처치를 통해 달리함으로써 인과성의 방향을 검증하는 연구에서 가장 분명하게 드러난다. 통제된 실험실 연구는 TV묘사가 시청자의 신념을 형성한다는 증거를 제시한다. 인쇄 미디어에서의 묘사 또한 비슷하게 사회적 현실에 대한 개념을 형성한다. 세상을 TV 메시지가 묘사하는 대로 보게 되면 세상에 대한 잘못된 인식을 갖게 된다. 사실상, 직업, 인종집단, 소수자, 노인, 사회적 역할, 성역할 및 삶의 다른 측면들에 대해 공유된 잘못된 인식의 많은 부분은, 적어도 부분적으로는 고정관념의 상징적 모방을 통해 계발된다. 따라서 TV에서 묘사된 사회적 현실을 기준으로 개인적 생각을 검증하게 되면 집단적 착각을 조장할 수 있다.

10. 사회적 자극기능

타인의 행위는 또한 관찰자가 행위할 수는 있지만 불충분한 동기나 자극(제약이 아닌) 때문에 할 수 없었던 기존에 학습된 행위를 사회적으로 자극하는 기능을 할 수 있다. 사회적 자극효과는 관찰적 학습과 탈억제와는 구분된다. 왜냐하면 새로운 행위가 습득되는 것이 아니고, 유도된 행위가 사회적으로 용인되고 제재받는 것이 아니기 때문이다.

타인의 행위를 활성화시키고, 일정한 방향으로 유도하며, 지지하는 데 모델의 영향력은 실험연구나 현장연구에서 폭넓게 증명된다. 모범적 사례를 통해 사람들로 하여금 이타적으로 행동하고, 자원봉사 활동을 하며, 만족을 지연시키거나 추구하며, 애정을 표현하며, 음식이나 음료수를 선택하며, 특정한 종류의 옷을 선택하며, 특정한 주제에 대해 대화하며, 호기심이 많게 되거나 수동적이며, 창조적으로나 습관적으로 생각하며, 기타 용인되는 행위를 하도록 만든다. 따라서 사회적 환경 내에서 지배적인 모델유형들이 부분적으로 다른 많은 대안들 가운데 어떠한 인간적 속성을 선별적으로 활성화시킬 것인가를 결정한다. 모델의 행위는 관찰자에게 비슷한 행동을 하게 되면 긍정적 결과를 얻을 수 있다는 좋은 예언가로 작용할 때 행위를 활성화시키고 일정한 방향으로 유도하는 힘을 가지게 된다.

패션과 취향산업은 모방의 사회적 자극력에 상당히 의존한다. 대리적 영향의 잠재력은 모방된 행위가 보상을 낳는다는 것을 보여줌으로써 향상될 수 있기 때문에, 대리결과는 광고 캠페인에서 두드러지게 나타난다. 따라서 특정 브랜드의 맥주를 마시거나 특정한 샴푸를 이용하는 것은 아름다운 사람이라는 찬사를 얻어내고, 업무수행력을 향상시키며, 자아개념을 남성화시키며, 개인주의와 고유성을 현실화시키며, 과민한 신경을 안정시키며, 사회적 인정과 전혀 모르는 타인에게서 우호적 반응을 불러일으키며, 배우자로부터 애정표현을 유도한다.

대리결과의 유형, 모델의 특징, 모방의 포맷의 선택은 당시에 유행하는 것에 따라 다르다. 모델의 특징은 상업적 메시지의 설득력을 강화하기 위해 다양하게 사용된다. 명망 있는 모델이 종종 그 모델이 지닌 존경에 편승하기 위해 동원된다. 사회에서의 베스트셀러는 당시에 인기 있는 것에 의존한다. 모델과의 유사성이 모방을 증가시킨다는 증거에 기반하여 일부 광고는 판매되는 상품을 통해 보통사람이 기적을 이룩하게 된다는 사실을 묘사한다. 대리적 영향은 다양한 모방을 통해 증가하기 때문에, 맥주, 음료수, 스낵이 광고에서 건강해 보이고, 잘 생겼으며, 재미를 추구하는 모델집단에 의해 맛있게 소비된다. 성욕은 또 다른 자극제로서 항상 애용된다. 성적 모방은 관심을 집중시키고 광고된 제품을 잠재적 구매자에게 매력적으로 보이도록 하는 데 상당한 역할을 한다.

요약컨대, 모방의 영향은 선생, 동기부여자, 억제자, 탈억제자, 도덕적 연루자와 이탈자, 사회적 선동가, 감정 유발자, 가치와 공중의 현실인식의 형성자 등 다양한 기능을 수행한다. 서로 다른 모방기능이 개별적으로 작동하지만 본질적으로는 서로 연관된다. 즉 예를 들면, 새로운 스타일의 공격을 유포하는 데 모델은 선생이자 탈억제자로 기능한다. 새로운 행동이 처벌받게 되면 관찰자는 사회적 제재뿐만 아니라 처벌받았던 행동에 대해 학습한다. 새로운 본보기가 비슷한 행위를 가르치고 자극할 수 있다.

11. 개별 미디어 효과의 방법론

각각의 모방효과는 효과를 유발하는 결정요인과 메커니즘을 이해하기 위해 서로 다른 개별적인 방법론을 요구한다. TV효과에 대한 연구가 개별효과와 방법론의 조화를 말해주는 좋은 예이다. 그러나 개념적, 방법론적 이슈는 다른 미디어 효과분석에도 똑같이 적용된다. 서로 다른 부류의 연구가 TV폭력에 대한 노출이 지닌 4가지 주요 효과를 확인했다. ① 새로운 유형의 공격적 행위를 가르친다. ② 기존의 공격적 행위의 실천에 대한 억제를 약화시킨다. ③ 시청자들에게 인간의 잔악함에 대해 둔감하게 하고 습관화시킨다. ④ 현실에 대한 공중의 이미지를 형성한다.

학습효과(learning effect)의 경우, 사람들은 모델이 예시하는 행위에서 태도, 가치, 감정적 경향, 새로운 유형의 사고와 행위 등을 습득한다. 널리 인용되는 보보(Bobo) 인형 실험이 관찰을 통한 학습을 지배하는 주목, 표상, 치환 및 동기부여 과정을 밝히기 위해 고안되었다. 학습효과를 측정하기 위한 방법론은 관찰자가 자신이 배운 모든 것을 드러내도록 하기 위해 살아있는 대상보다는 모조대상을 사용한다. 사람을 피험자로 이용하여 TV의 교육기능을 평가하는 것은 사람이 폭격기술을 습득했는지를 검증하기 위해 폭격기를 사용하여 뉴욕 또는 다른 인구 밀집지역을 폭격하는 것을 요구하는 것과 마찬가지로 부조리한 것일 수 있다. 요컨대, 학습효과의 검증은 살아있는 인간이 아닌 모조대상을 사용한다. 보보인형 실험에 대해 비평하는 사람들은 종종 이 점을 인식하지 못한다.

학습과 행위에는 차이가 존재한다. 모방을 통해 행위를 학습했더라도 개인이 공격적으로 행위할 가능성을 변화시킬 것인지의 여부에 대한 검증은 살아있는 사람을 실험대상으로 사용할 것을 요구한다. 행위효과(performance effect)에서 사회적 모방은 결과에 대한 기대에서 기인하는 자기규제적 영향과 자극적 동기부여를 통해 행위적 억제에 영향을 준다. 앞에서 지적했듯이, 공격적 행위의 유용성은 직접적, 대리적, 자기생산적 이 3가지 유형의 자극 동기부여체의 영향을 받는다. 모방은 또한 자기 억제력을 파괴할 수 있는 감정적 각성을 높임으로써 충동적 공격에 영향을 미칠 수 있다.

폭력에 반복적으로 노출되면 사람은 인간의 잔악함에 대해 둔감해지고 습관화될 수 있다. 사람들은 폭력에 더 이상 놀라지 않는다. 둔감효과는 폭력에 대한 노출의 영향으로 묘사된 폭력에 대한 감정적 각성이 없다는 점을 검증함으로써 측정된다. 인간의 잔악성에 대한 습관화는 시청자가 공격적 상황에 개입하려는 의향을 가지기까지 공격의 어느 수준까지를 묵인하는가를 검증함으로써 이루어진다. 마지막 모방효과는 공중의 의식형성이다. 매스미디어는 사회가 가진 사회적, 정치적 구조에 대한 기본적인 이미지, 이데올로기적 성향, 서로 다른 집단의 전통적 상투적인 고정관념, 집단 사이의 권력관계를 전달한다. 현실의 사회적 구성에 대한 고찰은 매스미디어가 전달한 이미지와 세상에 대한 사람의 인식을 연결시키는 방법론을 요구한다.

미디어 폭력효과에 대한 검증은 인간행위에 대해 완전하게 설명하는 어떤 하나의 방법이 있을 수 없기 때문에 다양한 방법론을 필요로 한다. 오히려 이에 대한 검증은 보완적 방법론을 통한 증거를 한 군데로 모을 필요가 있다. 4가지 주요 연구전략에는 실험실 실험, 상관관계연구, 통제된 현장연구, 자연지(naturalistic) 연구가 포함된다.

통제된 실험은 결정요인을 체계적으로 조작하고 효과를 평가할 수 있어 인과관계의 속성과 방향을 검증하는 데 매우 적합하다. 통제된 실험은 공격적 행위의 결정요인과 이 결정요인이 효과를 유발하는 메커니즘을 조명했다(Anderson et al., 2003). 그러나 사회과학에서 통제된 실험에는 심각한 제한점이 있다. 실험에서는 실험실에서 만들 수 없는 현상, 즉 오랜 기간에 걸쳐 형성되거나, 조작될 수 없는 다양한 사회적 시스템에서 유래되는 영향력의 결합으로 나타나거나, 윤리적으로 금지되는 현상은 배제된다. 실험실 접근방법은 종종 "인위적"인 것으로 오인되어 무시된다. 사실상 이것이 실험실 접근방법의 설명력이다. 실험은 어떤 주어진 현상을 지배하는 기본적 과정에 대해 다루기 때문에 만약 실험이 자연스러운 현상과 표면적으로 비슷한 것을 흉내 낸다면 실험의 정보적 가치를 잃게 될 것이다. 기류의 속도를 인공적으로 조절하는 풍통(wind tunnel)에서 검증된 공기역학 원칙이 우리를 거대한 비행기로 이동시킬 수 있게 만들었다. 비행기는 자연에서 나는 생물체가 하는 것처럼 날개를 움직이지 않는다. 새처럼 날개를 퍼덕거려 날려고 시도한 초기 발명가들은 결국 정형외과 병원 신세를 졌다.

우리가 실험적으로 만들어 낼 수 있는 것에는 한계가 있기 때문에 자연스러운 동시 발생적 상황에서의 변화를 통해 기능적 관계가 고찰된다. 상관관계 연구는 폭력에 대한 시청이 일상생활에서의 공격적 행위와 관련되는지의 여부를 입증한다. 그러나 우리가 잘 알다시피 상관관계는 인과관계를 입증하지 못한다. 병원 진찰빈도가 환자의 사망과 상관관계가 있지만, 이것이 의사가 환자를 죽인다는 것을 의미하는 것은 아니다. 상관관계는 영향의 4가지 경로를 통해 발생한다. ① 폭력물 시청이 공격을 자극한다, ② 공격적 성향을 가진 시청자가 폭력적 프로그램을 좋아한다, ③ 영향은 쌍방향적이다, ④ 공격과 폭력물 시청 모두에 영향을 미치는 제 3의 변인이 가짜 인과관계를 만들어 낸다. 제 3의 변인의 영향을 제거하기 위해서는 다양한 통제변인을 사용해야 한다.

통제된 현장연구는 자연스러운 상황에서 오랜 기간 동안 미디어 폭력물에 대한 노출수준을 조작할 수 있고 일상생활 과정에서 자연스럽게 발생하는 대인간 공격수준을 평가할 수 있기 때문에 인과관계의 방향을 명확하게 밝히는 데 도움을 준다. 그러나 이 접근방법 또한 확실한 한계가 있다. 즉, ① 연구자는 자연스럽게 발생하는 사건에 대해 완전하게 통제할 수 없다, ② 사회 시스템이 허용하는 개입의 유형을 제한한다, ③ 장기간의 현장통제에 높은 신뢰성을 유지하기가 어렵다, ④ 실험의 영향이 통제조건에 유입될 수 있다, ⑤ 많은 중요한 공격의 형태가 통제된 실험 처치를 허용하지 않는다, ⑥ 윤리적 문제가 통제된 현장간섭에 제약을 준다.

네 번째 방법은 자연스러운 사건이 전달하는 정보에 의존한다. 자연스럽게 발생하는 일부 사건은 인관관계에 대해 설득적 증거를 제공하는 특징을 가졌다. 이러한 특징은 인과적인 모방관계의 3가지 기준에 적합하다. 즉, ① 상당히 새로운 행위유형이 모방되어서 이러한 행위의 원인이 명확하다. ② 시청자가 폭력적 프로그램에 대한 노출 이후에 동일한 행위유형을 보여주는 시간적인 동시성이 존재한다. ③ 행위에 대한 관찰이 방송영역에서 일어난다.

때때로 허구적 미디어 프로그램이 사회적 모방효과를 예증하는 의도하지 않은 자연스러운 실험을 만들어낸다. *Doomsday Flight*라 불리는 프로그램이 대표적 예이다. 이 프로그램의 줄거리는 다음과 같다. 비행기 납치범이 대륙간 민간항공기가 착륙을 위해 5천 피트 아래로 내려오면 고도에 민감한 폭탄이 터질 것이라고 비행기 승무원을 협박한다. 결국 기장은 5천 피트보다 높은 해발고지에 있는 공항을 선택함으로써 납치범을 속인다. 프로그램이 방영된 이후 실제로 고도에 민감한 폭탄을 위협수단으로 사용하려는 갈취범들의 시도가 상당히 증가했다. 방영 이후 두 달 동안 프로그램과 동일한 시나리오를 이용하여 갈취행위를 하려는 시도가 8배나 늘어났다. 프로그램이 미국과 해외의 여러 도시에서 재방영된 이후에 항공사가 하루 이틀 꼴로 테러의 위협에 시달렸다. 웨스턴(Western) 항공은 프로그램이 재방영된 직후에 앵커리지에서 갈취범에게 2만 5천 달러를 지불했다. 호주 시드니에서 프로그램이 재방영된 그 다음날 갈취범이 콴타스(Qantas) 항공사 직원에게 자신이 비행 중인 항공기에 고도에 민감한 폭탄을 설치했다고 알려왔다. 그는 또한 자신이 거짓말을 하지 않는다는 사실을 입증하기 위해 직원에게 폭탄이 설치된 장소를 알려주었다. 콴타스 항공은 비행기에 폭탄이 없다는 사실을 아는 데만 56만 달러를 지불했다. 몬트리올 TV에서 이 프로그램이 방영된 이후 갈취범이 몬트리올에서 런던으로 향하는 제트기에 5천 피트 아래로 내려가면 터지는 기압계 폭탄을 설치했다고 위협하여 브리티시(British) 항공으로부터 25만 달러를 갈취하고자 했다. 이와 유사한 협박이 자주 사용되었다는 사실을 알아차린 항공사 직원이 비행기를 5,339피트 고도에 위치한 덴버에 착륙시켰기 때문에 이 협박은 성공하지 못했다. 마드리드에서 뉴욕으로 향하는 TWA 비행기는 마드리드에서 프로그램을 시청한 사람이 폭파협박 전화를 했을 때 사우스다코타에 있는 공군기지로 방향을 선회했다. 프랑스에서 이 프로그램이 재방영되었을 때에도 비슷한 납치 시나리오가 나타났다.

영리한 비행기 납치범 쿠퍼(D. B. Cooper)는 낙하산과 상당량의 돈을 승객과 맞바꾸는 갈취기법을 고안했다. 그리고 그는 비행기 꼬리나 안정판을 칠 위험에 대비해 만들어 놓은 보잉(Boeing) 207 비행기 뒷문 열림장치를 통해 낙하산을 이용해 도망갔다. 다른 갈취범들도 그의 성공에 영감을 받았다. 몇달 내에 18명의 비행기 납치범들이 낙하산 갈취기법을 모방했다. 뒷문 출입구를 바깥에서만 열 수 있도록 된 기계로 작동되는 문 잠금장치가 설치될 때까지 이러한 시도는 계속 있었다.

이러한 논의는 사회적 모방행위가 서로 다른 효과를 가졌고, 각각의 효과는 결정요인과 작동 메커니즘을 입증하기 위해 서로 다른 방법을 필요로 한다는 점을 말해준다. 사회적 모방행위의 결정요인에 대한 검증은 어떤 단일한 방법 하나만으로 이루어질 수 없기 때문에 다양한 분석적 방법론에서 나온 증거를 필요로 한다. 보완적 증거를 제공하는 특정 방법론과 관련된 모방효

과의 유형들을 서로 구분하지 못하면 미디어 효과에 대한 잘못된 판단을 양산하게 된다.

12. 영향의 이중 고리 vs. 다양한 패턴의 흐름

모방효과가 2단계 확산과정을 통해 작동한다는 사실이 매스 커뮤니케이션 이론에서 보편적으로 가정되었다. 영향력 있는 사람이 미디어로부터 새로운 아이디어를 습득해서 개인적 영향력 채널을 통해 추종자에게 전달한다. 일부 커뮤니케이션 연구자는 미디어가 기존의 행위유형을 보강할 뿐 새로운 행위유형을 창출할 수는 없다고 주장했다. 이러한 견해는 수많은 증거와 일치하지 않는다. 미디어 영향력은 기존의 속성을 변형시킬 뿐만 아니라 개인적 속성을 창출한다.

인간에 영향을 미치는 유형은 속성이 너무 다양해서 하나의 고정된 영향력 경로나 강도를 가질 수 없다. 대부분의 행위는 다양한 결정요인들이 서로 협력해서 작동한 산물이다. 그렇기 때문에 영향의 패턴에서 어떤 주어진 요인의 상대적 기여도는 공존하는 결정요인들의 속성과 강도에 따라 변할 수 있다. 심지어 요인들간의 동일한 인과구조 내에서 작동하는 동일한 결정요인도 추후 경험에 따라 설명력이 바뀔 수 있다. 비정형적 행위는 일반적으로 결정요인들의 독특한 조합으로 발생한다. 만약 이 결정요인들 중 하나라도 없다면 행위는 발생하지 않을 수 있다. 다른 결정요인의 속성과 공존에 따라 미디어 영향력은 미디어 외적 영향에 종속되거나, 같게 되거나, 보다 더 중요해질 수 있다. 다면적 인과구조의 역동적 속성을 고려할 때 하나의 주

어진 영향력 유형에 그 강도가 예외 없이 평균이라고만 생각하는 것은 깊이가 평균 2피트인 강을 건너다가 익사하는 수영을 못하는 분석가를 떠오르게 한다.

미디어 영향력의 경로가 2단계를 거쳐서 일어나는 과정이라고만 보는 견해는 모방행위 효과와 관련한 방대한 지식에 의해 반박된다. 인간의 판단, 가치, 행위는 TV에서 방영된 것을 채택한 다음 다른 사람에게 확산시키는 영향력 있는 매개자를 기다릴 필요 없이 TV의 모방행위에 의해 직접적으로 변화될 수 있다. 와트와 버그 (Watt & Van den Berg. 1978) 는 미디어 커뮤니케이션이 공중의 태도와 행위와 관련된 여러 가지 대안이론을 검증했다. 대안이론에는 ① 미디어는 사람에게 직접적으로 영향을 미친다, ② 미디어는 의견지도자에게 영향을 미친 다음 타인에게 영향을 미친다, ③ 미디어는 독립적 효과가 없다, ④ 미디어는 중요한 것이 무엇인지를 알려줌으로써 토론의 공적 의제를 설정하지만 다른 측면에서는 공중에게 영향을 미치지 않는다, ⑤ 미디어는 공중의 태도와 행위를 형성하는 것이 아니라 단순하게 반영한다 등이 포함되었다. 미디어에서 공중에게 직접적으로 영향을 미친다는 모델이 경험적으로 가장 잘 입증되었다. 이 연구에서 대상이 된 행위는 상당히 알려진 행위였고 행위결과에 대한 위험이 따르지 않고 이익만을 제공하는 행위였다. 옹호되는 행위가 시간과 자원의 투자를 필요로 하거나, 실패했을 경우 희생이 클 때 사람은 행위를 하기 이전에 다른 정보원으로부터 기능적 가치를 검증하고자 하는 경향이 강하다.

채피(Chaffee, 1982) 는 대인 정보원이 미디어 정보원보다 더 설득적이라는 지배적 견해에 의문을 제기하는 방대한 증거를 검토했다. 사람들은 다른 정보원으로부터 자신에게 유용할 수 있는 정보를 추구한다. 정보성, 신뢰성, 설득성이 대인 정보원이나 미디어 정보원 각각에만 독특하게 연결된 것이 아니다. 서로 다른 정보원이 얼마나 광범위하게 사용되는가의 여부는 정보원의 접근성과 정보원이 추구하는 유형의 정보를 제공할 수 있는 가능성에 달려있다.

모방은 다양한 방식으로 새로운 사회적 실천과 행위의 채택에 영향을 미친다. 그것은 사람들에게 정보를 입증하거나 묘사함으로써 새로운 사고와 행위를 가르친다. 새로운 것에 대한 학습은 정보원의 고착된 위계질서에 의존하지 않는다. 효과가 있는 모방행위는 능력을 계발할 뿐만 아니라 지식과 기술을 성공적 행위로 변형시킬 때 필요한 개인적 효능감을 고양시킨다 (Bandura, 1997). 채택을 촉진하는 데 대인과 미디어 정보원의 상대적인 중요성은 행위의 종류, 그리고 동일한 행위라도 채택 과정에서의 단계에 따라 다르다. 앞에서 지적했듯이 모델은 정보제공과 능력부여뿐만 아니라 정보도 제공한다. 사람들은 조기 채택자가 혜택을 받았다는 사실을 확인하기 전까지는 초기에는 비용과 위험이 따르는 새로운 행위를 채택하려 하지 않는다. 모방된 혜택은 보다 신중한 잠재적 채택자의 주저함을 약화시킴으로써 사회적 확산을 촉진시킨다. 수용이 확산되면서 새로운 방식은 추가적으로 사회적 지지를 획득한다. 또한 모델이 선호와 평가적 반응을 보여줌으로써 관찰자의 가치와 기준을 바꿀 수 있다. 평가적 기준의 변화가 모방되는 행위에 대한 수용성에 영향을 미친다. 모델은 새로운 행위를 예증하고 정당화시킬 뿐만 아니라 다른 사람에게 채택을 직접적으

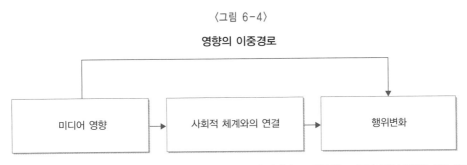

〈그림 6-4〉

영향의 이중경로

행위에 대해 직접적으로, 그리고 영향력 있는 사회 시스템을 통해 매개적으로 작동하는 커뮤니케이션 영향의 이중 경로

로 장려함으로써 옹호자로 기능한다.

규모가 큰 변화를 유도하는데 커뮤니케이션 체계는 두 가지 경로를 통해 작동한다(〈그림 6-4〉). 직접적 경로에서 커뮤니케이션 미디어는 참여자들에게 정보를 제공하고, 능력과 동기를 부여하며, 이들을 유도함으로써 변화를 촉진시킨다. 사회적으로 매개된 경로에서 참여자들을 사회적 네트워크와 공동체 상황과 연결시키기 위해 미디어가 사용된다. 사회적 네트워크와 공동체 상황은 바람직한 변화를 위한 자연스러운 자극과 사회적 지지를 제공할 뿐만 아니라 지속적으로 개인을 지도할 수 있도록 만든다(Bandura, 2006a). 변화된 행위의 공유는 이러한 사회적 환경 내에서 촉진된다.

개인적 지도가 없으면 일방향적 매스 커뮤니케이션의 힘은 제약을 받는다. 상호작용적 기술의 혁명적 발전이 커뮤니케이션 미디어의 도달범위와 영향력을 확대시키는 수단을 제공한다. 투입 측면에서 커뮤니케이션은 이제 관심 있는 행위와 인과적으로 관련되는 요인에 대해 개인적으로 맞춰질 수 있다. 맞춤형 커뮤니케이션은 일반적 메시지보다 개인에게 더 관련성이 높고 믿을 만한 것으로 간주되고, 기억이 더 잘되며, 행위

에 영향을 미치는 데 더 효과적이다(Bandura, 2004c). 행위지도 측면에서 상호작용 기술은 바람직한 변화를 실현시키기 위해 필요한 행위지도의 유형과 수준을 개인에게 맞추는 편리한 수단을 제공한다. 인구집단에 근거한 접근방법에서 커뮤니케이션은 사람들에게 정보를 제공하고, 능력과 동기를 부여하며, 지도하여 개인적, 사회적 변화에 영향을 미치기 위해 사용된다. 사회적 연결 기능을 이행하는 데 커뮤니케이션 미디어는 개인을 자신이 집에서 원하는 시간에 집중적 개별지도를 제공하는 상호작용적 온라인 자기관리 프로그램과 연결시킬 수 있다(Taylor, Winzelberg, & Celio, 2001; Munoz et al., 2007).

요약컨대, 사회적 영향에서 단일한 패턴은 없다. 미디어는 아이디어를 직접적으로, 또는 채택자를 통해 주입시킬 수 있다. 사회적 확산에서 매스미디어가 행하는 역할에 대한 분석은 모방된 행위에 대한 학습효과와 채택이용에 대한 효과를 구분해야 하며, 미디어와 대인 영향력이 이러한 개별적 과정에 어떻게 영향을 미치는지를 고찰해야 한다. 어떤 경우에는 미디어가 새로운 유형의 행위를 가르치면서도 사람들의 가치선호, 효능감 인식, 결과에 대한 기대, 기회

구조에 대한 인식을 변화시킴으로써 행위에 대한 동기부여를 창출한다. 다른 경우에는 미디어는 가르치기는 하지만 다른 채택자가 관찰을 통해 학습된 것을 행하도록 하는 자극적인 동기부여를 제공한다. 또 다른 경우에는 미디어 효과는 전적으로 사회적으로 매개될 수 있다. 즉, 미디어에 노출되지 않았던 사람들이 노출된 다음 스스로 새로운 방식의 전달자가 되어 영향력을 발휘할 수도 있다. 이러한 서로 다른 사회적 영향력 패턴 내에서 미디어는 영향의 근원이 될 뿐만 아니라 영향을 보강하는 기능을 할 수 있다.

위계적인 하향식 모델은 과거의 인쇄 미디어의 주요한 특징이다. 오늘날과 같은 전자시대에 커뮤니케이션 기술과 전지구적 상호연결성으로 인해 사람들은 시간과 장소에 상관없이 전 세계에서 정보에 손쉽게 직접적으로 접근할 수 있게 되고, 제도적, 경제적 게이트 키퍼의 제약을 받지 않게 된다. 공중은 설득과 계몽의 매개된 2단계 체계에 덜 의존하게 된다. 이러한 방대하게 확장된 자기규제의 기회는 전자시대에 인간의 적응과 변화에서 행위적 주도권의 중요성이 증가한다는 점을 강조한다(Bandura, 1997, 2002). 커뮤니케이션 기술에 대한 접근이 손쉽다고 하더라도 만약 사람들이 이러한 수단을 통해 바람직한 결과를 얻을 수 있다고 믿지 않게 되면 반드시 적극적 참여를 유도하지 않을 수도 있다. 개인적, 집단적 효능감의 지각은 부분적으로 사람들이 이러한 자원을 사용하는 정도와 용도를 부분적으로 결정한다(Joo, Bong, & Choi, 2000).

13. 사회인지와 사회적 확산 이론의 통합

이전 논의의 상당 부분은 개인적 수준에서의 모방에 초점을 맞추었다. 앞에서 지적했듯이 모방의 독특한 특성은 그것이 사실상 무제한의 다양한 정보를 상징적 모방행위라는 매개체를 통해 다양한 장소에서 동시에 수많은 사람들에게 보낼 수 있다는 것이다. 커뮤니케이션 기술의 놀랄만한 발전이 인간적 영향의 속성, 범위, 속도, 장소를 변화시켰다. 이러한 기술적 발전은 사회적 확산과정을 근본적으로 변화시켰다. 통신위성을 정보원으로 이용하는 비디오 시스템은 상징적 환경을 보급시키는 지배적 수단이 되었다. 사회적 실천은 사회 내에서 광범위하게 확산될 뿐만 아니라 사상, 가치, 행위 스타일이 세계적으로 모방된다. 전자 미디어는 초문화적 변화에서 점점 더 영향력 있는 역할을 수행할 것이다.

사회인지이론은 전 세계가 당면한 가장 급박한 문제의 일부를 완화시키는 데 야심적으로 응용된다(Bandura, 2006a; Singhal, Cody, Rogers, & Sabido, 2004). 세계 각국에서의 사회인지이론의 응용은 3가지 모델의 기능을 보편적 변화를 촉진시키는 방향으로 결합시킨다. 즉, 지배적 원칙을 제공하는 **이론적 모델**, 이론을 혁신적 실천으로 전환시키는 전환과 실행 모델, 다양한 문화적 환경에 기능적으로 적응시켜 변화의 채택을 촉진시키는 사회확산 모델이 그것이다.

장기간 시리즈물로 방영되는 드라마가 개인적, 사회적 변화를 촉진시키는 주요 수단으로 기능한다. 이러한 프로그램은 사람들의 일상적 고투(苦鬪)와 서로 다른 사회적 실천의 효과에 활력을 불어 넣는다. 이야기 줄거리가 사람들의 두려움, 희망, 더 나은 삶에 대한 열망에 대해 열정적으로 이야기한다. 드라마는 단순히 공상적 이야기가 아니다. 이는 개인이 처한 삶의 현실, 어려운 곤경, 곤경에 대한 현실적 해답 등을 극화시킨다. 좋은 드라마는 시청자로 하여금 더 나은 삶을 꿈꾸게 하고 이를 성취하기 위해 노력하도록 만드는 전략과 자극을 제공한다. 수많은 에피소드를 보면서 시청자는 믿음직스럽게 자신의 생각과 행위를 진행시켜가는 극중 모델과 유대감을 형성한다. 시청자는 모델을 통해 영감을 받고 자신의 삶을 향상시키려는 능력을 부여받는다.

이러한 심리사회적 접근방법은 강제가 아닌 계몽과 능력의 부여를 통해 개인적, 사회적 변화를 촉진시킨다. 아프리카, 아시아, 라틴 아메리카 등지에서의 이러한 접근방법의 응용은 삶을 지탱하는 생태계에 악영향을 미치는 과도한 인구성장을 안정시키는 데 도움을 주고, 사회 내에서 주변화되고, 사회적 성공, 자유, 존엄성이 부인되었던 여성의 지위를 향상시키며, AIDS의 확산을 억제하며, 전국 문자 해독률을 촉진시키며, 삶의 질을 향상시키는 다른 변화를 촉진시킨다.

사회인지이론은 3가지 구성적 과정과 이 과정을 지배하는 심리사회적 요인의 관점에서 새로운 행위패턴의 사회적 확산을 분석한다(Bandura, 2006b). 여기에는 혁신행위에 대한 지식의 습득, 실천적 행위의 채택, 행위가 확산되고 지지되는 사회적 네트워크 등이 포함된다. 혁신의 확산에는 공통적 패턴이 있다. 새로운 아이디어와 사회적 실천이 모범사례에 의해 소개된다. 처음에는 새로운 방법이 낯설고, 관습이 변화에 저항하고,

결과가 불확실하기 때문에 채택이 느리게 진행된다. 조기 채택자들이 새로운 행위의 적용방법과 행위의 잠재적 혜택에 대한 많은 정보를 전달하면서 혁신은 빠른 속도로 채택된다. 새로운 행위가 급속하게 보편화되는 시기가 지나면 혁신의 확산율이 낮아진다. 혁신의 이용은 그것의 상대적인 기능적 가치에 따라 안정되거나 줄어든다.

14. 확산의 모방 결정요인

상징적 모방행위는 보통 넓게 흩어진 지역에서 혁신의 주요한 전달자로 기능한다. 특히 확산의 초기단계에서 그러하다. 신문, 잡지, 라디오, TV는 사람들에게 새로운 행위와 이 행위의 위험 또는 혜택 가능성에 대해 정보를 제공한다. 인터넷은 즉각적으로 전 세계에 커뮤니케이션 네트워크에 접근하도록 한다. 따라서 조기 채택자는 혁신에 대한 미디어 정보원에 더 많이 접근했던 사람들 사이에서 나타난다. 앞에서 논의했던 관찰을 통한 학습의 심리사회적 결정요인과 메커니즘이 혁신이 습득되는 속도를 결정한다.

특정혁신이 요구하는 지식, 기술, 자원에서의 차이에 따라 습득 속도가 달라진다. 이해하고 사용하기 어려운 혁신은 손쉬운 혁신보다 더 많은 저항을 낳는다. TV가 모든 가정에 전달되는 화면을 통해 새로운 행위를 모방할 때 지리적으로 멀리 떨어진 사람들이 이러한 행위를 배울 수 있다. 그러나 모든 혁신이 매스미디어를 통해 촉진되는 것은 아니다. 어떤 경우에는 물리적 근접성이 어떤 혁신이 반복적으로 관찰되고 철저하게 학습될 것인지를 결정한다.

기술을 습득하는 것과 이것을 어려운 상황에서 효율적으로 이용하는 것은 별개의 문제이다. 개인적 자원의 습득은 지식과 기술뿐만 아니라 기술을 잘 사용할 것이라는 효능감에 대한 자기신뢰를 포함한다. 그러므로 모방효과는 행위에 대한 지식과 규칙뿐만 아니라 자기효능감을 형성하도록 고안되어야 한다. 자기효능감 지각은 개인적 변화의 모든 단계에 영향을 미친다. 그것은 사람들이 행위변화를 고려할 것인지, 행위변화를 고려했을 경우 성공하기 위해 필요한 동기와 인내를 가질 것인지, 그리고 변화된 행위를 얼마나 잘 유지할 것인지를 결정한다.

사회적 확산에서 자기효능감에 대한 개인의 믿음이 행하는 중요한 역할은 건강을 증진시키는 습관을 유지시키고, 건강에 해를 끼치는 습관을 없애는 것을 목표로 하는 건강 커뮤니케이션 행위에 대한 개인의 반응에서 입증된다. 메이어로위츠와 체이컨(Meyerowitz & Chaiken, 1987)은 건강 커뮤니케이션이 건강습관을 변화시킬 수 있는 4가지 대안적 메커니즘 — 사실적 정보전달, 두려움 유발, 위험지각의 변화, 자기효능감 지각의 증대 — 을 고찰했다. 이들은 건강 커뮤니케이션이 개인이 통제할 수 있다는 믿음을 강화시킴으로써 예방적 건강행위의 채택을 촉진시킨다는 사실을 밝혀냈다. 벡과 룬드(Bek & Lund, 1981)도 비슷하게 예방적 건강행위가 두려움을 증대시키는 것보다는 자기효능감을 강화시킴으로써 더 잘 촉진된다는 사실을 입증했다. 지역공동체 전체 차원에서의 미디어 캠페인이 어떻게 변화를 유발시키는가에 대한 분석은 기존의 자기효능감 수준과 캠페인에 의해 새롭게 형성된 효능감 수준 모두 건강행위의 채택과 사회적 확산에 중요한 역할을 한다는 사실을

입증한다(Maibach, Flora, & Nass, 1991; Slater, 1989). 건강지식은 자기효능감 지각을 매개로 습관으로 전환된다(Rimal, 2000).

이러한 연구결과는 건강행위를 유도하기 위해서는 사람들에게 두려움을 유발시키기보다는 건강한 습관을 개인적으로 통제하는 수단과 자기 믿음을 부여하는 것이 더 중요하다는 사실을 강조한다. 개인은 또한 효능감과 자신이 채택했던 것의 기능적 가치를 확신하기 위해서는 자신이 학습했던 것에 대한 충분한 성공을 경험해야 한다. 이러한 성공은 모방행위를 통해 새롭게 습득된 기술이 좋은 결과를 유발시킬 수 있는 가능성이 높은 조건에서 먼저 시도되고, 그 다음에 모방행위가 좀더 예측할 수 없고 힘든 상황으로 확대되는 지도적인 숙달과정과 결합됨으로써 가장 잘 성취된다(Bandura, 1986; 2000a).

혁신은 혁신가를 필요로 한다. 비전을 현실로 바꾸기 위해서는 많은 시련, 엄청난 장애와 불확실로 뒤덮인 모험 속에서 상당한 시간, 노력, 자원이 요구된다. 탄력 있는 효능감은 혁신을 향한 험난한 과정에서 필요한 지구력을 제공한다. 사실상 자기효능감 지각은 기업창업 정신과 어떤 혁신가가 새로운 사업을 시작할 것인지를 예측한다(Chen, Greene, & Crick, 1998; Markman & Baron, 1999).

15. 채택 결정요인

앞에서 지적했듯이 혁신과 관련한 지식과 기술습득이 필수적이지만 실천적으로 채택하기 위한 충분조건은 아니다. 개인이 자신이 학습한 것을 실천에 옮길 것인지를 결정하는 요인은 수없

이 많다. 환경적 자극이 일련의 조절자로 기능한다. 채택된 행위 또한 물질적, 사회적, 또는 자기평가적 결과의 형태를 띨 수 있는 자극적 영향에 상당히 민감하다. 동기적 자극의 일부는 채택 행위의 유용성에서 파생한다. 혁신이 제공하는 상대적 혜택이 크면 클수록 그것을 채택할 동기는 더 높아진다. 그러나 혜택은 새로운 행위를 시도하기 전까지는 경험될 수 없다. 그러므로 주창자는 주로 대리적 자극을 통해 개인으로 하여금 자신의 선호와 가능한 결과에 대한 신념을 변화시킴으로써 새로운 행위를 채택하도록 해야 한다. 새로운 기술과 이데올로기의 주창자는 자신이 기존의 방법이 제공하는 것보다 더 좋은 해결책을 제공할 것이라는 기대를 만들어낸다. 모방된 혜택은 혁신을 채택할 가능성을 증가시킨다. 물론 모방효과는 확산과정을 촉진시키는 것 이외에도 방해할 수도 있다. 특정 혁신에 대한 실망스러운 결과를 경험한 후에 나타나는 부정적 반응을 모델화하게 되면 타인은 그러한 경험에 대한 시도를 하지 않을 수 있다. 심지어 개인적 경험이 없는 상황에서 혁신에 대한 냉담함의 모방이 타인의 관심을 저하시킬 것이다.

많은 혁신이 사회적 인정과 지위를 획득하는 수단으로 기능한다. 사실상 지위에 대한 유혹이 종종 새로운 스타일과 취향을 채택하는 주요한 동기부여물이다. 많은 경우 다양한 스타일이 서로 다른 자연스러운 혜택을 제공하지 않고, 어느 정도는 가장 혁신적인 스타일이 가장 비용이 많이 든다. 따라서 지위는 상당한 희생을 치르고 얻어진다. 스스로를 일반적이고 평범한 사람과 구분 지으려는 사람은 옷, 차림새, 여가활동, 예술창작, 행위패턴에서 새로운 스타일을 채택하고, 이를 통해 차별적인 사회적 지위를

획득한다. 새로운 행위가 인기를 얻게 되고 보편적인 것으로 되면 그 행위는 사실상 지위부여적 가치를 잃게 된다. 그럴 경우 또 다른 새로운 행위를 위해 폐기된다.

채택행위는 또한 개인자신의 행위에 대한 자기평가적 반응에 따라 부분적으로 좌우된다. 사람은 자신이 가치를 부여하는 것을 채택하지만 사회적, 도덕적 기준을 위반하거나 자아개념과 갈등을 불러일으키는 혁신에 대해서는 저항한다. 혁신이 기존의 지배적인 사회적 규범과 가치체계와 양립가능하면 할수록 채택가능성은 높아진다. 그러나 우리가 앞에서 보았듯이 자기평가적 제재는 사회적 영향력의 압력과 분리되어 작동하지 않는다. 사람은 종종 부정적 자기반응을 회피하려는 전략 때문에 평소에 개인적으로 가치는 낮게 평가하는 방식으로 행동하도록 강요된다. 이것은 새로운 행위의 외양과 의미를 사람들의 가치와 양립하는 것처럼 보이도록 변화시킴으로써 이룩된다.

혁신의 채택을 쉽게 만드는 혁신의 또 다른 특징 중 하나가 혁신은 간단한 시도에 민감하다는 점이다. 한정된 기반으로 시도될 수 있는 혁신은 상당한 효과와 비용을 동반하는 대규모 기반으로 시도될 수 있는 혁신보다 더 쉽게 채택될 수 있다. 새로운 행위가 기대만큼 따라주지 않을 경우에 그 행위를 철회하는 데 따르는 잠재적 위험과 희생에 무게가 더 많이 주어지면 주어질수록 혁신위험과 희생에 약화된다. 그리고 마지막으로 사람들은 돈, 기술, 여타 필요한 부가적 자원이 없을 경우 혁신에 대해 호의적 마음이 있더라도 혁신을 채택하지 않을 것이다. 혁신이 요구하는 자원이 크면 클수록 채택가능성은 더 낮아진다.

사회적 확산의 결정요인과 메커니즘에 대한 분석은 모든 혁신이 유용한 것은 아니며, 혁신에 대한 저항이 반드시 역기능적인 것이 아니라는 사실을 간과해서는 안 된다. 혁신의 지속적 흐름에서 잘못된 결과를 초래할 가능성이 진정으로 유익한 결과를 가져다 줄 가능성보다 훨씬 많다. 입증되지 않거나 과장된 주장에 의해 촉진된 새로운 행위에 대해 초기에 신중하게 반응하는 것이 개인적, 사회적 행복에 도움이 된다. 조기 채택자의 "모험심"과 후발 채택자의 "꾸물거림"이라는 명칭이 가능성이 있는 혁신의 경우에 맞는 표현이다. 그러나 사람들이 의심스러운 가치를 지닌 혁신적 행위를 유도하는 유혹에 걸려들 경우에는 조기 채택자의 "속기 쉬움"과 저항자의 "영민함"이라는 표현이 더 적절하다. 로저스(Rogers, 1983)는 촉진자의 관점에서 확산과정을 개념화하려는 보편적 경향을 비판한 적이 있다. 이러한 경향은 비채택 행위에 대한 설명을 비채택자의 부정적 속성에서 찾고자하는 편향을 낳을 수 있다.

16. 사회적 네트워크와 확산의 흐름

확산과정에 영향을 미치는 세 번째 주요 요인이 사회적 네트워크 구조이다. 개인은 직장동료, 조직구성원, 친족관계, 친구 등을 포함한 관계 망 속에 있다. 사람들은 개인적 관계로 직접적으로만 연결된 것이 아니다. 개인적 면식관계는 서로 다른 네트워크 덩어리와 부분적으로 겹치기 때문에 많은 사람들은 서로 연결된 매듭에 의해 간접적으로 서로 연결된다. 사회구조는 공동 멤버십이나 연결역할을 통해 다른 네트워크 집단을 연결시키는 개인들로 이루어졌을 뿐만 아니라 서로간에 다양한 유대를 지닌 개인들을 구성원으로 하는 군집화된 네트워크로 이루어졌다. 네트워크 집단은 응집력이 느슨한 것에서부터 강한 것에 이르기까지 그 내적 구조가 서로 다르다. 네트워크는 또한 그 집단들간의 구조적 연결의 수와 패턴에서 서로 다르다. 분리성의 정도가 높은 많은 공통매듭이나 기능을 가질 수 있다. 개인은 특정한 사회적 네트워크 내에서의 연결성의 정도에서 차이가 있을 뿐만 아니라 네트워크 내에서 차지하는 입장이나 지위도 서로 다른데, 이러한 차이가 개인이 네트워크 내에서의 정보확산에 미치는 영향력을 결정할 수 있다. 사람들은 똑같은 친밀한 네트워크 내에서의 집중적 접촉보다는 우연하게 알게 된 사람과의 짧은 접촉을 통해 새로운 아이디어나 행위를 더 습득하는 경향이 있다. 이러한 영향력 경로는 약한 사회적 유대를 통해 응집력 있는 집단으로 혁신이 광범위하게 확산되는 보기에 다소 역설적 효과를 낳는다.

새로운 아이디어와 행위와 관련한 정보는 종종 다양한 연결관계를 통해 전달된다. 전통적으로 커뮤니케이션 과정은 설득이 정보원에서 수용자로 흐르는 일방향적인 것으로 개념화되었다. 로저스(Rogers)는 대인간 커뮤니케이션에서 영향력의 쌍방향성을 강조한다. 영향력의 쌍방향성은 사회인지이론의 행위자적 관점과 그 맥을 같이 한다. 개인은 상호 피드백을 통해 자신이 교환하는 정보에 의미를 부여하고, 서로의 관점에 대해 이해하며, 서로에게 영향을 주고받는다. 혁신이 전파되는 영향의 채널을 자세하게 살펴보는 것이 단순하게 시간의 추이에 따른 채택률을 살펴보는 것보다 확산과정을 이해하는 데 더 도움을 준다.

공동체 내에서 모든 용도를 충족시키는 어떤 단일한 사회적 네트워크는 없다. 혁신은 종류에 따라 서로 다른 네트워크에 관여한다. 예를 들면, 출산 통제행위와 농업 관련 혁신은 동일한 공동체 내에서 상당히 다른 네트워크를 통해 확산된다. 또한 더 세밀하게 살펴보면 확산의 초기단계에 작동하는 사회적 네트워크는 후속단계에서 혁신의 확산에 관련되는 네트워크와 서로 다를 수 있다. 채택률은 보다 일반적인 커뮤니케이션 네트워크보다는 특정한 혁신에 도움이 되는 네트워크를 통해서 보면 더 잘 예측된다. 그러나 이것이 네트워크 구조의 확산기능에 아무런 일반성이 존재하지 않는다는 것을 말하는 것은 아니다. 만약 특정한 사회적 구조가 다양한 행위에 도움을 준다면, 그것이 각각의 혁신적 행위의 채택을 확산시키는 데 도움을 줄 수 있다.

사회적 유대관계를 많이 가진 개인은 그렇지 않은 사람보다 혁신을 채택하는 경향이 높다. 채택률은 개인적 네트워크 내에 있는 사람들이 혁신을 더 많이 채택할수록 증가한다. 사회적 연결성이 채택행위에 미치는 효과는 여러 가지 과정을 통해 매개될 수 있다. 다양한 연결망을 지닌 관계는 사실적 정보를 더 많이 전달하기 때문에 혁신의 채택을 촉진시킬 수 있고, 더 강한 사회적 영향력을 발휘한다. 또는 밀접한 유대를 지닌 개인이 사회적으로 소외된 사람보다 새로운 행위를 더 잘 수용할 수 있다. 게다가 사회적 행위를 통해 개인은 자신의 동료가 혁신에 대해서 이야기할 뿐만 아니라 혁신을 채택하는 것을 보게 된다. 다면적 모방행위만으로도 채택행위를 증가시킬 수 있다.

만약 혁신이 상당히 특징적 모습을 보일 때 혁신은 채택자들 사이에서의 상호작용 없이도 직접적으로 채택될 수 있다. TV는 많은 사람들이 미디어 정보원과 직접적으로 연결되지만 서로에 대해서는 직접적 관계를 가지지 않는 형태의 거대한 단일 연결구조를 만들어 낸다. 예를 들면, TV 복음전도사는 TV에서 전달된 가르침을 도덕적, 사회적, 정치적 이슈와 관련된 상황에서 어떻게 행동할 것인지를 알려주는 지침서로 채택하는 각 지역에 산재한 열성적 추종자들을 매혹시킨다. 전자 공동체 구성원들은 미디어 정보원이라는 하나의 공통된 끈을 공유하지만 대부분은 서로를 보지 못한다. 정치적 권력구조도 비슷하게 하나의 미디어 정보원에 연결되지만 상호 연결성은 없는 새로운 유권자의 형성에 의해 변형된다. 컴퓨터 아이디와 대량 메일을 사용하는 대규모 마케팅 테크닉이 정치적 영향력의 행사에서 전통적인 정치조직을 우회하는 특별이익 유권자 집단을 만들어 낸다.

정보기술의 발달이 점차 새로운 사회적 네트워크를 형성하는 수단으로 기능한다. 온라인 상호작용이 시간과 공간의 장벽을 초월한다. 상호작용적인 전자 네트워킹을 통해 사람들은 지리적으로 멀리 떨어져 있지만 서로 연결되고, 정보를 교환하고, 새로운 아이디어를 공유하며, 어떠한 종류의 일이든 모두 처리한다. 가상 네트워킹은 주어진 목적을 수행하는 확산구조를 형성하고, 구조에 가입하는 구성원을 확대시키며, 구조를 지리적으로 확대시키며, 용도가 끝났을 때에는 그것을 폐기하는 유연한 수단을 제공한다. 블로깅(*blogging*)과 포드포스팅(*podposting*)을 통한 상호작용성의 증대로 인터넷 기술은 사이버월드라는 가상의 사회적 네트워크 속에 전지구적으로 사람들을 서로 연결시킨다.

구조적 상호연결성이 비록 잠재적인 확산의 길을 제공하지만 심리적 요인이 주로 이러한 길을 통해 확산되는 여부와 정도를 결정한다. 다른 말로 표현하자면, 채택행위를 설명하는 것은 유대관계 그 자체이기보다는 사회적 관계 내에서 발생하는 상호작용 행위이다. 확산의 경로는 채택행위를 결정하는 사회심리적 요인들 사이의 상호작용, 채택을 촉진시키거나 방해하는 혁신의 속성, 그리고 영향력의 사회적 경로를 제공하는 네트워크 구조를 고찰함으로써 가장 잘 이해할 수 있다. 따라서 채택행위의 사회구조적, 심리적 결정요인은 확산에 대한 경쟁적 이론이기보다는 통합된 포괄적인 사회 확산 이론 내에서 보완적 요인으로 취급되어야 한다.

참고문헌

Adoni, H., & Mane, S. (1984). Media and the social construction of reality: Toward an integration of theory and research. *Communication Research*, 11, 323-340.

Anderson, C. A., Berkowitz, L., Donnerstein, E., Huesmann, L. R., Johnson, J. D., Linz, D., Malamuth, N. M., & Wartella. E(2003). The influence of media violence on youth. *Psychological Science in the Public Interest*, 4(3).

Baldwin, T. E, & Lewis, C. (1972). Violence in television: The industry looks at itself. In Q A. Comstock & E. A. Rubinstein(Eds.), *Television and social behavior: Vol. I Media content and control*. Washington, DC: U. S. Government Printing Office.

Ball-Rokeach, S., & DeFleur, M. (1976). A dependency model of mass media effects. *Communication Research*, 3, 3-21.

Ball-Rokeach, S. J. (1972). The legitimation of violence. In J. E Short, Jr. & M. E. Wolfgang(Eds.), *Collective violence*. Chicago: Aldine-Atherton.

Bandura, A. (1973). *Aggression: A social learning analysis*. Englewood Cliffs, NJ: Prentice-Hall.

Bandura, A. (1978, October). *"Doomsday Flight" TV story leads to copies*. Stanford Observer.

Bandura, A. (1982). The psychology of chance encounters and life paths. *American Psychologist*, 37.

Bandura, A. (1986). *Social foundations of thought and action: A social cognitive theory*. Englewood Cliffs, NJ: Prentice-Hall, Inc.

Bandura, A. (1991a). Self-regulation of motivation through anticipatory and self-regulatory mechanisms. In R. A. Dienstbier(Ed.), *Perspectives on motivation: Nebraska symposium on motivation Vol. 38*. Lincoln: University of Nebraska Press.

Bandura, A. (1991b). Social cognitive theory of moral thought and action. In W. M. Kurtines & L. Gewirtz(Eds.), *Handbook of moral behavior and development*(Vol. A). Hillsdale, NJ: Erlbaum.

Bandura, A. (1992). Social cognitive theory and social referencing. In S. Feinman(Ed.), *Social referencing and the social construction of reality in infancy*. New York: Plenum Press,

Bandura, A. (1997). *Self-efficacy: The exercise of control*. New York: Freeman.

Bandura, A. (1999a). A social cognitive theory of personality. In L. Pervin & O. John (Eds.), *Handbook of personality* (2nd ed.). New York: Guilford Publications.

Bandura, A. (1999b). Moral disengagement in the perpetration of inhumanities. *Personality and Social Psychology Review*, 3, 193-209.

Bandura, A. (2000a). Self-regulation of motivation and action through perceived self-efficacy. In E. A. Locke (Ed.), Handbook of principles of organization behavior. Oxford, UK: Blackwell.

Bandura, A. (2000b). Exercise of human agency through collective efficacy. *Current Directions in Psychological Science*, 9, 75-78.

Bandura, A. (2002). Growing primacy of human agency in adaptation and change in the electronic era. *European Psychologist*, 7, 2-16.

Bandura, A. (2004a). The role of selective moral disengagement in terrorism and counterterrorism. In F. M. Mogahaddam & A. J. Marsella (Eds.), *Understanding terrorism: Psychological roots, consequences and interventions*. Washington, DC: American Psychological Association Press.

Bandura, A. (2004b). Selective exercise of moral agency. In T. A. Thorkildsen & H. J. Walberg (Eds.), *Nurturing morality* (pp. 37-57). Boston: Kluwer Academic.

Bandura, A. (2004c). Health promotion by social cognitive means. *Health Education & Behavior*, 31.

Bandura, A. (2006a). Going global with social cognitive theory: From prospect to paydirt. In S. I. Donaldson, D. E. Berger, & K. Pezdek (Eds.), *Applied psychology: New frontiers and rewarding careers* (pp. 53-79). Mahwah, NJ: Erlbaum.

Bandura, A. (2006b). On integrating social cognitive and social diffusion theories. In A. Singhal & J. Dearing (Eds.), *Communication of innovations: A journey with Ev Rogers* (pp. 111-135). Beverley Hills: Sage Publications.

Bandura, A. (2006c). Toward a psychology of human agency. *Perspectives on Psychological Science*, 1.

Bandura, A. (2007). Impeding ecological sustainability through selective moral disengagement. *The International Journal of Innovation and Sustainable Development*, 2, 8-35.

Bandura, A. (2008). The reconstrual of "free will" from the agentic perspective of social cognitive theory. In J. Baer, J. C. Kaufman, & R. F. Baumeister (Eds.), *Are we free? Psychology and free will* (pp. 86-127). Oxford: Oxford University Press.

Bandura, A. (in press). Moral disengagement in state executions. In B. L. Cutler (Ed.), *Encyclopedia of Psychology and Law*. Thousand Oaks, CA: Sage Publications.

Bandura, A., Barbaranelli, C, Caprara, G. V, & Pastorelli C. (1996). Mechanisms of moral disengagement in the exercise of moral agency. *Journal of Personality and Social Psychology*, 71.

Bandura, A., Ross, D., & Ross, S. A. (1963). Imitation of film-mediated aggressive models. *Journal of Abnormal and Social Psychology*, 66, 3-11.

Bandura, A., Underwood, B., & Fromson, M. E. (1975). Disinhibition of aggression through diffusion of responsibility and dehumanization of victims. *Journal of Research in Personality*, 9.

Bassiouni, M. C. (1981). Terrorism, law enforcement, and the mass media: Perspectives, problems, proposals. *The Journal of Criminal Law & Criminology*, 72, 1-51.

Beck, K. H., & Lund, A. K. (1981). The effects of health threat seriousness and personal efficacy upon intentions and behavior. *Journal of Applied Social Psychology*, 11, 401-405.

Berkowitz, L. (1984). Some effects of thoughts on anti- and prosocial influences of media events: A cognitive-neoassociation analysis. *Psychological Bulletin*, 95, 410-427.

Berkowitz, L., & Green, R. G. (1967). Stimulus qualities of the target of aggression: A further study. *Journal of Personality and Social Psychology*, 5, 364-368.

Bolton, M. K. (1993). Imitation versus innovation: Lessons to be learned from the Japanese. *Organizational Dynamics*, 21(3), 30-45.

Brown, L. (1971). *Television: The business behind the box.* New York: Harcourt Brace Jovanovich.

Bryant, J., Carveth, R. A., & Brown, D. (1981). Television viewing and anxiety: An experimental examination. *Journal of Communication*, 31, 106-119.

Buerkel-Rothfuss, N. L., & Mayes, S. (1981). Soap opera viewing: The cultivation effect. *Journal of Communication*, 31, 108−115.

Bussey, K., & Bandura, A. (1999). Social cognitive theory of gender development and differentiation. *Psychological Review*, 106, 676-713.

Cantor, J., & Wilson, B. J. (1988). Helping children cope with frightening media presentations. *Current Psychological Research and Reviews*, 7, 58-75.

Carroll, W. R., & Bandura, A. (1990). Representational guidance of action production in observational learning: A causal analysis. *Journal of Motor Behavior*, 22, 85-97.

Chaffee, S. H. (1982). Mass media and interpersonal channels: Competitive, convergent, or complementary? In G. Gumpert & R. Cathart (Eds.), *Inter/Media: Interpersonal communication in a media world* (pp. 57-77). New York: Oxford University Press.

Chen, C. C, Greene, R G., & Crick, A. (1998). Does entrepreneurial self-efficacy distinguish entrepreneurs from managers? *Journal of Business Venturing*, 13, 295-316.

Cline, V. B., Croft, R. G., & Courrier, S. (1973). Desensitization of children to television violence. *Journal of Personality and Social Psychology*, 27, 360-365.

Coleman, J. S., Katz, E., & Menzel, H. (1966). *Medical innovation: A diffusion study.* New York: Bobbs-Merrill.

Diener, E., (1977). Deindividuation: Causes and consequences. *Social Behavior and Personality*, 5.

Diener, E., & DeFour, D. (1978). Does television violence enhance program popularity? *Journal of Personality and Social Psychology*, 36, 333-341.

Donnerstein, E. (1984). Pornography: Its effect on violence against women. In N. M. Malamuth & E. Donnerstein (Eds.), *Pornography and sexual aggression.* New York: Academic Press.

Duncker, K. (1938). Experimental modification of children's food preferences through social suggestion. *Journal of Abnormal Social Psychology*, 33, 489-507.

Dysinger, W. S., & Ruckmick, C. A. (1993). *The emotional responses of children to the motion picture situation.* New York: Macmillan.

Falmagne, R. J. (1975). *Reasoning: Representation and process in children and adults.* Hillsdale, NJ: Erlbaum.

Flerx. V. C, Fidler, D. S., & Rogers, R. W. (1976). Sex role stereotypes: Developmental aspects and early intervention. *Child Development*, 47, 998-1007.

Gerbner, G. (1972). Communication and social environment. *Scientific American*, 227, 153-160.

Gerbner, G., Gross, L., Morgan, M., Shanahan, J., & Signorielli, N. (2001). Living with television: The dynamics of the cultivation process. In J. Bryant & D. Zillman (Eds.), *Perspectives on media effects, 2nd ed.* (pp. 43-67). Mahwah, NJ: Erlbaum.

Gerbner, G., Gross, L., Morgan, M., & Signorielli, N. (1981). A curious journey into the scary world of Paul Hirsch. *Communication Research*, 8, 39-72.

Gerbner, G., Gross, L., Signorielli, N., & Morgan, M. (1980). Television violence, victimization, and power. *American Behavioral Scientist*, 23, 705-716.

Goranson, R. E. (1970). Media violence and aggressive behavior. A review of experimental research. In L. Berkowitz (Ed.), *Advances in experimental social psychology* (Vol. 5, pp. 2-31). New York: Academic Press.

Granovetter, M. (1983). The strength of weak ties-A network theory revisited. In R. Collins (Ed.), *Sociological theory 1983* (pp. 201-233). San Francisco: Jossey-Bass.

Hall, J. R. (1987). *Gone from the promised land: Jonestown in American cultural history.* New Brunswick, NJ: Transaction Books.

Halloran, J. D., & Croll, P. (1972). Television programs in Great Britain: Content and control. In G. A. Comstock & E. A. Rubinstein (Eds.), *Television and social behavior: Vol. I, Media content jnd control* (pp. 415-492). Washington, DC: U. S. Government Printing Office.

Harris, M. B., & Evans, R. C. (1973). Models and creativity. *Psychological Reports*, 33, 763-769.

Hawkins, R. P., & Pingree, S. (1982). Television's influence on social reality. In D. Pearl, L. Bouthilet, Lazar (Eds.), *Television and behavior: Ten years of scientific progress and implications for the eighties* (Vol. II, pp. 224-247). Rockville, MD: National Institute of Mental Health.

Heath. L. (1984). Impact of newspaper crime reports on fear of crime: Multi methodological investigation. *Journal of Personality and Social Psychology*, 47, 263-276.

Hiltz, S. R., & Turoff, M. (1978). *The network nation: Human communication via computer.* Reading, MA: Addison-Wesley.

Hirsch, P. M. (1980). The "scary world of the nonviewer" and other anomalies: A reanalysis of Gerbner et al.'s findings on cultivation analysis. Part I. *Communication Research*, 7.

Joo, Y. J., Bong, M., & Choi, H. J. (2000). Self-efficacy for self-regulated learning, academic self-efficacy, and Internet self-efficacy in web-based instruction. *Educational Technology Research & Development*, 48, 5-18.

Kanungo, R. N, & Pang, S. (1973). Effects of human models on perceived product quality. *Journal of Applied Psychology*, 57, 172-178.

Kelman, H. C, & Hamilton, V. L. (1989). *Crimes of obedience: Toward a social psychology of authority and responsibility.* New Haven, CT: Yale University Press.

Klapper, J. T. (1960). *The effects of mass communication.* New York: Free Press.

Kreuter, M. W., Strecher, V. J., & Glassman, B. (1999). One size does not fit all: The case for tailoring print materials. *Annals of Behavioral Medicine,* 21(4), 276-283.

Larsen, O. N. (Ed.). (1968). Violence and the mass media. New York: Harper & Row. Leyens, J., Camino, L., Parke, R. D., & Berkowitz, L. (1975). The effects of movie violence on aggression in a field setting as a function of group dominance and cohesion. *Journal of Personality and Social Psychology,* 32, 346-360.

Maibach, E. W., Flora, J., & Nass, C. (1991). Changes in self-efficacy and health behavior in response to a minimal contact community health campaign. *Health Communication,* 3, 1-15.

Malamuth, N. M., & Donnerstein, E. (Eds.). (1984). *Pornography and sexual aggression.* New York: Academic Press.

Markham, G. D., & Baron, R. A. (1999, May). *Cognitive mechanisms: Potential differences between entrepreneurs and non-entrepreneurs.* Paper presented at the Babson College/Kauffman Foundation Entrepreneurship Conference.

Marshall, J. F. (1971). Topics and networks in intravillage communication. In S. Polgar (Ed.), *Culture and population: A collection of current studies* (pp. 160-166). Cambridge, MA: Schenkman Publishing Company.

McAlister, A. J., Bandura, A., & Owen, S. V. (2006). Mechanisms of moral disengagement in support of military force: The impact of Sept. 11. Journal of *Social and Clinical Psychology,* 25.

McGhee, P. E., & Frueh, T. (1980). Television viewing and the learning of sex-role stereotypes. *Sex Roles,* 6, 179-188.

Meichenbaum, D. (1984). Teaching thinking: A cognitive-behavioral perspective. In R. Glaser, S. Chipman, & J. Segal (Eds.), *Thinking and learning skills* (Vol. 2): *Research and open questions* (pp. 407-426). Hillsdale, NJ: Erlbaum.

Meyer, T. P. (1972). Effects of viewing justified and unjustified real film violence on aggressive behavior. *Journal of Personality and Social Psychology,* 23, 21-29.

Meyerowitz, B. E., & Chaiken, S. (1987). The effect of message framing on breast self-examination attitudes, intentions, and behavior. *Journal of Personality and Social Psychology,* 52.

Midgley, M. (1978). *Beast and man: The roots of human nature.* Ithaca, NY: Cornell University Press.

Milgram, S. (1974). *Obedience to authority: An experimental view.* New York: Harper & Row.

Munoz, R. F., Lenert, L. L., Delucchi, K., Stoddard, J., Perez, J. E., Penilla, C, & Perez-Stable, E. J. (2006). Toward evidence-based Internet interventions: A Spanish/English web site for international smoking cessation trials. *Nicotine & Tobacco Research,* 8, 77-87.

Newhagen, J. E. (1994a) Self-efficacy and call-in political television show use. *Communication Research,* 21, 366-379.

Newhagen, J. E. (1994b). Media use and political efficacy: The suburbanization of race and class.

Journal of the American Society for Information Science, 45, 386-394.

O'Bryant, S. L., & Corder-Bolz, C. R. (1978). The effects of television on children's stereotyping of women's work roles. *Journal of Vocational Behavior*, 12, 233-244.

Osofsky, M. J., Bandura, A., & Zimbardo, P. (2005). Role of moral disengagement in the execution process. *Law and Human Behavior*, 29, 371-393.

Ostlund, L. E. (1974). Perceived innovation attributes as predictors of innovativeness. *Journal of Consumer Research*, 1, 23-29.

Pelz, D. C. (1983). Use of information channels in urban innovations. *Knowledge*, 5, 3-25.

Perry. D. G., & Bussey, K. (1979). The social learning theory of sex differences: Imitation is alive and well. *Journal of Personality and Social Psychology*, 37, 1699-1712.

Peterson, R. A., & Kerin, R. A. (1979). The female role in advertisements: Some experimental evidence. *Journal of Marketing*, 41, 59-63.

Philips, D. P. (1985). Natural experiments on the effects of mass media violence on fatal aggression: Strengths and weaknesses of a new approach. In L. Berkowitz (Ed.), *Advances in experimental social psychology* (Vol. 19, pp. 207-250). New York: Academic

Rimal, R. N. (2000). Closing the knowledge-behavior gap in health promotion: The mediating role of self-efficacy. *Health Communication*, 12, 219-237.

Robertson, T. S. (1971). *Innovative behavior and communication.* New York: Holt, Rinehart & Winston.

Rogers, E. M. (1983). *Diffusion of Innovation* (3rd Edition). New York: Free Press.

Rogers, E. M. (1987). Progress, problems and prospects for network research: Investigating relationships in the age of electronic communication technologies. *Social Networks*, 9, 285-310.

Rogers, E. M. (1995). *Diffusion of innovations* (4th ed.). New York: Free Press.

Rogers, E. M., & Kincaid, D. L. (1981). *Communication networks: Toward a new paradigm for research.* New York: Free Press.

Rogers, E. M., & Shoemaker, F. (1971). *Communication of innovations: A cross-cultural approach* (2nd ed.). New York: Free Press.

Rosenthal, T. L., & Zimmerman, B. J. (1978). *Social learning and cognition.* New York: Academic Press.

Sabido, M. (1981). *Towards the social use of soap operas.* Mexico City, Mexico: Institute for Communication Research.

Siegel, A. E. (1958). The influence of violence in the mass media upon children's role expectation. *Child Development*, 29, 35-56.

Singhal, A., Cody, M. J., Rogers, E. M., & Sabido, M. (2004, Eds.) *Entertainment-education and social change: History, research, and practice* (pp. 75-96). Mahwah, NJ: Erlbaum.

Singhal, A., & Rogers. E. M. (1999). *Entertainment-education: A communication strategy for social change.* Mahwah, NJ: Erlbaum.

Slater, M. D. (1989). Social influences and cognitive control as predictors of self-efficacy and eating behavior. *Cognitive Therapy and Research*, 13, 231-245.

Snyder, M. (1980). Seek, and ye shall find: Testing hypotheses about other people. In E. T. Higgins, C. P. Herman, & M. P. Zanna (Eds.), *Social cognition: The Ontario Symposium on Personality and Social Psychology* (Vol. 1, pp. 105-130). Hillsdale, NJ: Erlbaum.

Snyder, M., & Campbell, B. H. (1982). Self-monitoring: The self in action. In J. Suls (Ed.), *Psychological perspectives on the self* (pp. 185-207). Hillsdale, NJ: Erlbaum.

Taylor, C. B., Winzelberg, A., & Celio, A. (2001). Use of interactive media to prevent eating disorders. In R. Striegel-Moor & L. Smolak (Eds.), *Eating disorders: New direction for research and practice* (pp. 255-270). Washington, DC: APA.

Thomas, M. H., Horton, R. W., Lippincott, E. C, & Drabman, R. S. (1977). Desensitization to portrayals of real-life aggression as function of exposure to television violence. *Journal of Personality and Social Psychology*, 35, 450-458.

Trornatzky, L. G., & Klein, K. J. (1982). Innovation characteristics and innovation adoption-implementation: A meta-analysis of findings. *IEEE Transactions of Engineering and Management*, EM-29, 28-45.

Watt, J. G., Jr., & van den Berg, S. A. (1978). Time series analysis of alternative media effects theories. In R. D. Ruben (Ed.), *Communication Yearbook 2* (pp. 215-224). New Brunswick, NJ: Transaction Books.

Wellman, B. (1997). An electronic group is virtually a social network. In S. Kielser (Ed.), *Culture of the Internet* (pp. 179-205). Mahwah, NJ: Erlbaum.

White, J., Bandura, A., & Bero, L. (in press). Moral disengagement in the manipulation of research in the corporate world. *Journal of Business Ethics*.

Williams, S. L. (1992). Perceived self-efficacy and phobic disability. In R. Swarzer (Ed.), *Self-efficacy: Thought control of action* (pp. 149-176). Washington, D. C.: Heimisphere.

Wilson, B. J., & cantor, J. (1985). Developmental differences in empathy with a television protagonist's fear. *Journal of Experimental Child Psychology*, 39, 284-299.

Wood, R. E., & Bandura, A. (1989). Social cognitive theory of organizational management. *Academy of Management Review*, 14, 361-384.

Zaltman, G., & Wallendorf, M. (1979). *Consumer behavior: Basic findings and management implications*, New York: Wiley.

Zillmann, D., & Bryant, J. (1984). Effects of massive exposure to pornography. In N. M. Malamuth & E. Connerstein (Eds.) *Pornography and sexual aggression* (pp. 115-138). New York: Academic Press.

Zimbardo, P. G. (2007). *The Lucifer effect: Understanding how good people turn evil*. New York: Random House.

매스미디어와 태도변화
정교화 가능성 설득모델의 함의

리처드 페티(Richard E. Petty, 오하이오 주립대학)
파블로 브리뇰(Pablo Briñol, 마드리드 주립대학 스페인)
조셉 프리스터(Joseph R. Priester, 남캘리포니아 대학)

　오늘날 매스미디어가 한때 생각했던 만큼 수용자에게 막강한 힘을 행사한다고 믿는 사람은 많지 않다. 그럼에도 불구하고 지난 세기 동안 이룩된 기술발전(초창기 라디오 방송에서 오늘날의 초고속 모바일 인터넷까지)으로 개별 커뮤니케이터가 전례 없이 많은 수용자에게 접근할 수 있고, 또한 상시적으로 대량의 메시지를 보낼 수 있게 되었다. 세계적으로 수백만 달러가 매년 정치후보, 소비자 상품, 건강과 안전행위, 자선행위에 대한 사람의 태도를 변화시키기 위해 투여된다. 대부분 이것의 궁극적 목적은 특정정치인이나 정책적 이슈에 투표하고, 특정상품을 구매하고, 안전운전, 식생활, 성행위를 하며, 다양한 종교, 환경, 교육조직이나 제도에 돈을 기부하도록 사람의 행동에 영향을 미치고자 하는 것이다. 어느 정도로 미디어의 설득노력이 효과적인가?

　미디어 캠페인의 성공은 부분적으로 ① 전달된 커뮤니케이션 메시지가 수용자의 태도를 원하는 방향으로 변화시키는 데 효과적인가, ② 이렇게 해서 변화된 태도가 수용자의 행동을 변화시키는가에 달려있다. 이 장의 목표는 매스미디어 영향에 대한 현재의 심리학적 접근방법을 간략하게 개괄하고, 보다 구체적으로 매스미디어 태도변화의 메커니즘을 이해하기 위해 사용될 수 있는 일반적인 틀에 대해 설명하고자 한다. 이러한 일반적인 틀은 정교화 가능성 설득모델(ELM: *elaboration likelihood model of persuasion*)(Petty & Cacioppo, 1981; 1986b; Petty & Wegener, 1999)이라 불린다. 현대의 접근방법을 이야기하기 전에 매스미디어 효과를 접근하는 관점에 대해 간단하게 역사적으로 고찰하고자 한다.

1. 매스미디어 설득 초기연구

1) 직접효과모델

1920년대와 30년대에 사회학자들이 상정했던 매스미디어 효과에 대한 초기 가정은 매스 커뮤니케이션 기술이 상당히 강력하다는 것이었다. 예를 들면, 제 1차 세계대전 기간 중의 매스커뮤니케이션에 대한 분석에서 라스웰(Lasswell, 1927)은 "선전은 근대 세계에서 가장 강력한 도구 중 하나이다"라는 결론을 내렸다. 이 기간 동안 강력한 매스커뮤니케이션 효과인 것처럼 보인 몇 가지 두드러진 사례들이 있었다. 이 사례에는 1929년 주식시장 붕괴에 따른 공황상태, 1928년 오슨 웰즈(Orson Wells)의 *War of the Worlds*[1] 라디오 드라마 방송에 따른 대규모 히스테리 증세, 독일에서 히틀러(Hitler)와 미국에서 우익 가톨릭 성직자 찰스 코글린(Coughlin) 신부와 같은 개인의 인기상승이 포함되었다. 라스웰과 다른 학자들의 가정은 매스 커뮤니케이션에 의한 정보전달이 태도와 행동에 직접적 효과를 미친다는 것이었다. 이 기간 동안의 매스커뮤니케이션에 대한 견해를 상세하게 고찰하면서 시어스 등은 "수용자는 포획되었고, 메시지에 대해 주목하며, 속기 쉬운 존재이며… 시민들은 라디오를 집중적으로 경청하며, 무기력한 희생물"(Sears & Kosterman, 1994)이며 "선전은 저항할 수 없을 정도로 강력"(Sears & Whitney, 1973)한 것으로 가정했다.

제 1차 세계대전 기간을 분석한 많은 연구자들은 미디어 효과에 대한 평가를 세심한 경험적 연구보다는 비공식적이고 에피소드 중심의 증거에 기반했다. 예를 들면, 선전이 행해지기 이전과 이후에 메시지 수용자의 태도를 측정하는 시도는 거의 이루어지지 않았다. 따라서 당시의 유명한 선전가가 자신이 목표로 한 수용자의 태도를 바꾸었을 수 있지만 커뮤니케이터가 이미 커뮤니케이터의 메시지에 동조하는 수용자의 마음을 사로잡았을 수도 있고("선택적 노출"; Frey, 1986 참조), 이 두 가지가 서로 결합되어 나타났을 수도 있다. 물론, 당시의 모든 연구자들이 매스미디어가 의견을 극적으로 변화시킬 수 있다고 생각한 것은 아니었지만 이러한 관점이 지배적인 것은 사실이었다(Wartella & Middlestadt, 1991).[2]

직접효과모델이 보다 정교한 이론적 관점으로 대체되었지만 이 모델의 영향력은 대중적, 학문적 담론에 여전히 남아있다. 예를 들면, 뉴스미디어는 대중적 담론에서 정치적 태도, 인종주의적 편견, 소비자 선호도에 직접적으로 영향을 미치는 것으로 알려졌다. 직접효과모델의 흔

---

1 역자 주: 콜롬비아 라디오 방송국이 1938년 10월 30일 할로윈 특집으로 마련한 라디오 드라마 에피소드 제목. *Mercury Theatre on the Air* 드라마 시리즈 중 한 에피소드로서, 웰즈(H. G. Wells)의 소설 *The War of the Worlds*를 오슨 웰즈가 감독한 것이었다.

2 저자 주: 이 기간 동안에 이루어진 이례적인 경험적 연구 중 하나가 피터슨과 써스톤(Peterson & Thurstone, 1922)의 연구였다. 이들은 당시 흑인에 대한 묘사 때문에 논란을 불러일으켰던 그리피스(D. W. Griffith)의 영화 *Birth of a Nation*과 같은 영화가 성인의 인종적 태도를 변화시킬 수 있는 가능성에 대해 고찰했다. 이 연구는 강력 효과를 중개하는 다양한 변인들을 발견했다는 점에서 이후의 매스미디어 효과에 대한 견해(예를 들면, 이슈에 대한 지식이 높은 사람에 비해 낮은 사람에게 더 효과가 있다는 견해; Wood, Rhodes, & Biek, 1995; Wartella & Reeves, 1985 참조)를 예시했다.

적은 또한 현재의 이론적 관점에서도 나타난다. 젤러(Zaller, 1991)는 정보제시 양식이 여론형성과 변화에서 핵심이라고 주장한다. 구체적으로 젤러는 수용자가 매스미디어에서 특정입장을 제시하는 정보에 단순히 노출되더라도 의견변화가 일어난다는 증거를 제시했다. 이후 간단하게 살펴보겠지만 태도변화를 분석하는 대부분의 현재 연구는 설득효과를 유발하는 것이 정보의 양이나 방향 그 자체가 아니라 정보에 대한 사람들의 고유한 반응이라고 주장한다.

2) 간접효과모델

간접효과모델은 직접효과모델 이후 20년 동안 후속적인 경험적 연구결과로 나타났다. 하이만과 쉬츨리는 전국 의견 연구센터(National Opinion Research Center)가 수집한 설문조사 자료를 분석하면서 매스 커뮤니케이션 캠페인의 효과는 메시지의 수를 단순히 증가시킨다고 해서 커지는 것은 아니며, 오히려 효과적인 정보 전달에 걸림돌이 되는 구체적인 심리적 장벽이 고려되어야 하고 극복되어야 한다는 결론을 내렸다. 예를 들면, 사람들은 종종 정보를 기존태도와 일치하는 방향으로 왜곡하여 받아들이기 때문에 태도변화가 일어날 가능성이 적다고 하이만과 쉬츨리(Hyman & Sheatsley, 1947)는 주장했다. 라자스펠드, 베럴슨, 고뎃(Lagarsfeld, Berelson, & Gaudet, 1948)도 1920년 대통령 선거 캠페인에서 미디어의 영향에 대한 연구에서 비슷한 결론을 내렸다. 이 연구의 주요 결과는 미디어는 사람들에게 새로운 태도를 형성시키기보다는 기존태도를 보강한다는 것이었다. 일부 연구자는 공중의 태도변화가 일어날 때 미디어는 그것에 간접적으로 영향을 미친다고 주장했다. 즉, 미디어는 일반 사람보다는 다양한 의견지도자에게 영향을 미치는 데 더 효과적이며, 의견 지도자가 일반 공중의 태도변화에 영향력을 행사한다는 것이다(커뮤니케이션의 "2단계 유통"; Katz & Lazarsfeld, 1955).

제 2차 세계대전 기간 동안 수행된 연구는 미디어의 "제한효과" 관점을 보강시켰다. 이 중 가장 유명한 것이 칼 호블랜드(Carl Hovland) 등의 전시(戰時) 연구인데, 이 연구는 다양한 군사 훈련용 영화가 병사들의 지식습득에 영향을 미치지만 태도와 행동의 변화를 유발하는 데는 상대적으로 효과적이지 못하다는 사실을 입증했다. 대신, 영화의 설득력은 다양한 중개변인들에 달려있었다. 제 2차 세계대전이 끝났을 때 호블랜드는 예일대학으로 돌아와서 중개변인들에 대해 신중하게 체계적으로 탐구하기 시작했다.

2. 매스미디어 설득에 대한 현대적 접근방법

1) 태도개념

전임연구자들과 마찬가지로 미디어 효과에 대한 연구에 관심이 있는 현대의 사회심리학자들은 사람, 대상, 이슈 등을 호의적, 비호의적으로 평가하는 사람들의 일반적 성향인 "태도" 개념에 초점을 맞추었다. 개인은 자신의 태도(명시적 태도)를 대부분 스스로 인식하고 이를 밝힐 수 있지만, 어떤 경우에는 자신이 인식하지 못하거나 인정하지 않는 자동반사적인 호의적, 비호의적 성향(암묵적 태도)을 보인다. 예를 들면, 사람은 암묵적 편견이나 자신이 시인하지 않는 다른 평가적 경향(Petty, Tormala, Briñnol, & Jarvis, 2006)을 마음속에 품고 있다(Greenwald & Banaji, 1995; Wilson, Lindsey, & Schooler, 2000 참조). 3 개인의 태도(명시적이든 암묵적이든)는 새로운 정보에 대한 노출과 행동 변화 사이에 존재하는 중요한 매개변인이라는 가정 때문에 태도개념은 사회적 영향에 대한 연구에서 매우 중요한 위치를 차지했다. 예를 들면, TV정치광고는 사람들에게 이슈에 대한 후보의 입장과 관련한 정보를 제공해주면 이들은 그 후보에 대해 호의적 태도를 갖게 될 것이고 궁극적으로는 후원금을 납부하거나 후보에게 투표할 것이라는 신념에 기반할 수 있다. 또는 라디오에서 상품의 이름을 단순하게 반복적으로 노출시키면 청취자가 상품이름을 좋아하게 되고 그 결과로 다른 상품에 대해 크게 고민하지 않고 그 상품을 선택할 수도 있다(Fazio, 1990).

지난 50년 동안 수많은 태도변화 이론과 지식-태도-행동 간의 관계를 설명하는 모델이 개발되었다. 매스미디어 설득에 대한 현대의 분석은 미디어가 효과적인 경우와 효과적이지 못한 경우를 결정하는 변인과 미디어가 태도변화를 유발시키는 기본적 과정이 무엇인지에 대해 초점을 맞췄다. 추정컨대 매스미디어 설득효과를 범주화하고 이해하는 데 가장 잘 알려진 심리적 틀은 호블랜드 등에 의해 널리 알려졌고, 윌리엄

맥과이어(William McGuire, 1985, 1989, 호블랜드의 접근방법에 대한 개괄은 McGuire, 1996 참조)에 의해 상당히 정교화되었다. 이제 이러한 초기 영향 모델을 기술한 다음 보다 최근의 접근방법에 대해 논의하고자 한다.

2) 미디어 효과의 커뮤니케이션/ 설득 행렬 모델

태도변화의 초기이론들이 기반한 가장 기본적인 가정 중 하나가 영향이 효과적이려면 일련의 단계를 필요로 한다는 것이었다. 이러한 가정은 현대적 접근방법에서도 분명하게 드러난다. 예를 들면, 〈그림 7-1〉은 맥과이어가 제시한 설득의 커뮤니케이션/설득 행렬 모델이다. 이 모델은 설득 노력이 성공적인지를 알아보기 위해 측정될 수 있는 결과변인(종속변인)에 따라 미디어 설득자가 통제할 수 있는 설득과정에서의 투입변인(혹은 독립변인)의 윤곽을 그려낸다.

(1) 행렬 투입변인

〈그림 7-1〉에서 설득과정에서의 투입변인은 부분적으로 라스웰(Lasswell, 1964)의 고전적 질문인 "누가, 무엇을, 누구에게, 언제, 어떻게?"에 기초한다. 첫째, 커뮤니케이션은 전형적으로 정보원을 지닌다. 정보원은 전문가이거나 비전문가일 수 있고, 매력적이거나 비매력적일

---

3 저자 주: 태도를 암묵적/명시적으로 구분하는 것은 새로운 것이 아니다. 예를 들면, 호블랜드, 재니스, 켈리(Hovland, Janis, Kelley, 1953)의 고전적 논문은 태도를 "때때로 무의식적"으로 나타나는 "암묵적 반응"으로 규정했다. 태도는 "개인이 암묵적으로(스스로에게) 표현하는 언어적 답변"인 의견(opinion)과 구분된다. 1950년대에는 측정될 수 있는 모든 것은 명시적 태도(의견)였지만 최근에 개인의 자동반사적인 평가적 경향을 포착하기 위한 몇 가지 암묵적인 측정방법이 제시되었다(예를 들면, Fazio et al., 1995; Greenwald et al., 1998).

〈그림 7-1〉 투입/결과 행렬로서의 커뮤니케이션/설득과정

커뮤니케이션 투입변인

결과변인	정보원	메시지	수용자	채널	맥락
노출					
주목					
관심					
이해					
습득					
설득					
기억					
생각					
결심					
행위					
보강					
강화					

그림은 매스미디어 설득 연구에서 주요한 독립 변인과 종속변인을 묘사하고 있다(McGuire, 1989에서 수정).

수 있으며, 남자이거나 여자, 개인이거나 집단 등일 수 있다. 정보원은 정보 또는 **메시지**를 제공하고 이 메시지는 감정적이거나 논리적일 수 있고, 길거나 짧으며, 조직화되었거나 그렇지 않을 수 있으며, 구체적이거나 일반적 신념에 초점을 맞출 수 있다. 메시지는 개별 **수용자**에게 전달되는데, 수용자는 지능, 지식이 높거나 낮으며, 경험이 많거나 적으며, 메시지를 접할 당시의 기분이 좋거나 나쁠 수 있다. 메시지는 커뮤니케이션 **채널**을 통해 전달된다. 오디오(라디오), 오디오와 비디오(TV, 인터넷), 인쇄, 인쇄와 사진(예를 들면, 잡지, 신문) 등 미디어마다 메시지 투입유형이 다르다. 어떤 미디어는 메시지 제시 방식이 수용자 자신의 속도에 맞추는 경우(예를 들면, 잡지를 읽거나 인터넷을 검색하는)가 있는 반면 다른 미디어는 외적으로 속도를 통제한다(예를 들면, 라디오와 TV). 마지막으로 메시지는 특정**맥락**에서 수용자에게 전달된다. 즉,

설득맥락은 집단 또는 개인적 노출, 시끄럽거나 조용한 환경 등이 될 수 있다.

(2) 행렬 결과변인

설득과정에서 각각의 투입변인은 〈그림 7-1〉에 묘사된 결과변인들 중 하나 또는 그 이상에 영향을 미칠 수 있다. 커뮤니케이션/설득행렬 모델은 실질적 효과가 일어나려면 개인이 먼저 새로운 정보에 **노출**될 필요가 있다고 주장한다. 잠재적으로 설득하고자 하는 사람은 메시지가 도달하고자 하는 개인의 수와 유형에 대해 평가한 후 미디어를 선택한다. 또한 매스미디어를 통제하는 사람은 무엇을 전달할 것인가를 결정함으로써 공중에게 노출시킬 이슈의 범위를 규정한다.

둘째, 개인은 전달된 정보에 반드시 **주목해야** 한다. 개인이 TV 앞에 앉아있다고 해서 TV내용에 주목하는 것은 아니다. 예를 들면, TV광고

는 관심을 끌기 위해 종종 어린이, 강아지, 매력적인 남자나 여자 등을 태도대상(상품) 옆에 배치한다. 개인이 정보의 존재를 알아차린다 해도 그 사람의 관심을 반드시 끄는 것은 아니다. 그 다음 두 단계가 이해와 습득, 또는 전달된 정보의 어떤 부분을 개인이 실제로 이해하고 학습하는가의 문제이다. 태도변화 혹은 설득은 여섯 번째 단계에서만 발생한다. 개인이 메시지에 수록된 정보를 받아들일 경우 연속적 과정에서 다음 단계는 기억 또는 새로운 정보나 그 정보가 지지하는 태도의 저장이다. 그 다음에는 새로운 태도를 행위반응으로 치환시키는 과정과 관련된 3단계가 따른다. 즉, 이후 행위할 기회가 있을 경우 개인은 기억 속에서 새로운 태도를 생각해내고, 행위로 옮길 결심을 하고, 적절한 행위를 해야 한다. 마지막으로, 이 모델은 만약 태도와 일치되는 행위가 보강되지 않는다면 새로운 태도는 약화될 수 있다는 점에 주목한다. 만약 어떤 사람이 태도에 따라 행위를 했는데 당황스러운 경험을 한다면 이 태도는 더 이상 지속되지 않는다. 그러나 만약 행위가 보상받게 되면 태도와 일치되는 행위는 태도강화를 유도하고, 새로운 태도가 시간적으로 지속될 가능성을 높이고 추가적인 행위를 유도할 수 있다.

이러한 일반적인 정보처리모델에서 파생된 일부 이론이 때때로 이론상으로나 실제로 초기 단계에서의 변화(예를 들면, 주목)가 불가피하게 이후 단계의 변화(예를 들면, 설득)를 유도할 수 있다고 주장하는 것으로 해석되었다. 그러나 맥과이어는 메시지가 순서에 따라 연속적인 단계의 각각에 영향을 미치는 가능성은 단계별로 조건적이라는 점을 주장했다. 따라서 매스미디어 캠페인에서 첫 번째 6단계의 각각을 통과할

가능성이 60%이지만, 6단계 모두(노출, 주목, 관심, 이해, 습득, 설득)를 통과할 가능성은 0.66, 즉 5%에 불과할 수 있다.

게다가 어떤 한 입력변인이 결과 단계마다 서로 다른 영향을 미칠 수 있다는 점을 고려하는 것이 중요하다. 예를 들면, 정치적 영역에서 메시지 수용자의 지식과 관심이 정치적 메시지에 대한 노출과는 정적(正的)이지만 태도변화와는 부적(負的) 상관관계가 있다는 사실을 하이만과 시즐리(Hyman & Sheatsley, 1947)가 밝혀냈다. 즉, 정치적 관심과 지식이 높은 사람들은 정치집회(노출)에 참석하지만 자신이 좋아하는 후보의 집회에 참석하고 정보가 기존의 의견에 동화되기 때문에 태도변화(설득) 가능성은 낮다는 것이다. 이와 관련하여 맥과이어는 여러 변인이 정보수용(예를 들어, 노출, 주목, 이해, 습득, 기억)과 설득에 정반대 영향을 미친다는 점에 주목했다. 예를 들면, 메시지 수용자의 지식(또는 지능)이 수용과정과 긍정적 관계이지만 설득과는 부정적 관계이다. 수용과 설득과정을 결합시켜 생각하면 중간 정도의 지식을 지닌 사람이 수용의 정도와 설득의 정도를 최대화시키기 때문에 지식이 낮거나 높은 사람보다 설득당하기가 더 쉽다는 것을 알 수 있다(Rholes & Wood, 1992).

(3) 커뮤니케이션·설득 행렬모델의 추가 이슈

맥과이어(McGuire, 1968)의 투입·결과 행렬모델이 매스미디어나 다른 수단을 통한 태도와 행위변화를 유발하는 데 관련되는 단계들에 대해 생각할 수 있는 유용한 방법이기는 하지만 모델이 가진 문제점을 인정할 필요가 있다. 첫째, 모델에서 가정된 정보처리과정에서의 일부

단계들은 순차적으로 연결되어 있기보다는 분명하게 서로 완전히 독립되었다는 점이다. 예를 들면, 한 개인의 학습능력과 새로운 정보에 대한 회상능력(예를 들면, 정치후보와 관련한 사실)은 종종 태도와 행위변화(예를 들면, 후보에 대한 선호와 투표)의 주요 결정변인으로 생각되는 경우가 종종 있었지만 메시지 학습이 설득을 위한 **필수적** 단계라는 입장을 입증하는 경험적 증거는 그다지 많이 축적되지 않았다. 오히려 기존 증거는 메시지 이해와 학습은 태도변화 없이 일어날 수 있고, 개인의 태도는 커뮤니케이션 상황에서 구체적 정보를 학습하지 않고서도 변할 수 있다는 사실을 보여준다. 즉, 개인은 의도된 정보의 모든 것을 완벽하게 이해할 수 있지만 정보를 반박하는 주장을 하거나 자신과 무관한 것으로 여기기 때문에 설득당하지 않을 수 있다. 다른 한편으로, 개인은 정보를 완전히 잘못 받아들일 수 있지만(지식이나 회상 검사에서 영점을 받는 경우) 의도된 대로 태도변화를 일으키는 방향으로 정보를 이해할 수 있다. 즉, 메시지에 대한 오해가 때로는 정확한 이해보다 더 많은 변화를 야기할 수 있다.

이러한 분석은 매스미디어 효과에 대한 기존 연구에서 때때로 나타난 결과, 즉 메시지 학습과 지식변화가 태도변화 없이 일어나는 경우나 그 반대의 경우를 설명하는 데 도움을 준다 (Petty, Baker, & Gleicher, 1991). 킨더, 페이피, 왈피쉬(Kinder, Pape, & Walfish, 1980)는 정부가 마약이나 음주와 같은 사회적 문제를 교육시켜 줄이기 위해 사용한 매스미디어 프로그램에 대해 폭넓게 검토한 이후 프로그램이 마약에 대한 수용자의 지식을 증가시키는 데는 성공했지만 태도나 행위를 변화시키는 데 성공적이

었다는 증거는 거의 없다는 결론을 내렸다.

둘째, 맥과이어의 모델은 설득을 유발하는 요인에 대해 우리에게 이야기해주는 것이 거의 없다. 정보처리과정에서 초기단계들이 설득을 위한 필요조건인 것으로 간주되지만 맥과이어가 사람들이 자신이 이해하고 학습하는 모든 정보에 항상 설득된다는 것을 말하고자 한 것은 아니었다. 즉, 초기단계들은 설득에서 필요조건이지만 충분조건은 아닌 것으로 간주되었다. 오히려 정보원이나 다른 변인이 주목 정도를 결정하는 것과 꼭 마찬가지로 이 초기단계들 또한 설득의 정도를 결정한다. 커뮤니케이션·설득 행렬이 의미하는 대로 현재 효과에 대한 심리학적 연구는 설득상황의 다양한 특징(즉, 정보원, 메시지, 채널, 수용자, 맥락의 측면)이 어떻게, 왜 커뮤니케이션의 연속적 과정에서의 각 단계에 영향을 미치는가(예를 들면, 정보원의 신뢰도가 어떻게 메시지에 대한 주목에 영향을 미치는가?)에 초점을 둔다. 그러나 지금까지의 대부분의 연구는 변인들이 커뮤니케이션에 대한 설득이나 저항과 연관된 과정에 어떻게 영향을 미치는지에 초점을 둔다.

(4) 인지반응적 접근

인지반응이론은 커뮤니케이션·설득 행렬에서 해결되지 않은 두 가지 주요한 이슈를 다루기 위해 개발되었다. 즉, 인지반응적 접근은 많은 연구에서 관찰된 메시지 학습과 설득 간의 낮은 상관관계를 설명하고, 설득에 필요한 과정을 설명하고자 했다. 메시지 수용은 메시지 내용의 학습에 달려있다는 전통적 견해와는 대조적으로 인지반응적 접근은 변인이 설득에 미치는 효과는 개인이 제시된 정보에 대한 자신의 생각을 얼마나 분명하게 표현하고 자세하게 열거하는

가에 달렸다고 주장한다. 인지반응적 관점은 개인은 설득과정에의 적극적 참여자로서 메시지 요소를 자신이 기존에 가진 정보목록과 연결시키고자 한다고 주장한다. 인지적 반응(또는 개인 자신의 사고)이 후속적 태도에 미치는 영향은 다양한 방법으로 증명되었다.

초기 "역할수행"에 대한 연구에서 개인에게 이슈에 대해 스스로 논쟁적 주장을 해보라고 요구하는 행위가 상대적으로 지속성 있는 태도변화를 유도할 수 있다는 사실이 입증되었다. 역할수행에 관여할 때(예를 들면, "당신 친구에게 담배를 끊도록 설득하는 메시지를 만들어라"), 사람은 이슈에 대한 증거를 "편향되게 찾아내고", 자신이 만들어낸 주장이 강력한 것으로 보이기 때문에 결국에는 자기자신을 설득하게 된다. 관련 연구에서 테서(Tesser) 등은 태도대상에 대해 단순히 생각하는 것이 가져다주는 효과를 탐구하는 일련의 연구를 실시했다. 이들 연구는 단순히 생각하는 것만으로도 다른 사람, 대상, 이슈에 대한 개인의 반응과 인상은 상당히 극단적이며(긍정적 또는 부정적 방향으로), 그 방향은 머릿속에서 처음에 일어났던 생각의 유인가 (valence)에 달렸다는 점을 분명하게 입증했다 (자세한 개괄은 Tesser, Martin, & Mendolia, 1995 참조).

인지반응적 접근은 외적 정보가 제시될 때조차 정보 그 자체의 학습보다는 정보에 대한 개인의 사고나 인지적 반응이 영향력의 정도를 결정한다고 주장한다. 메시지에 대한 인지적 반응을 탐구한 대부분의 연구는 이러한 사고의 유인가와 강도에 대해 초점을 맞춘다. 유인가란 메시지와 관련한 사고의 호감 또는 비호감을 의미하고, 사고의 강도는 일어났던 사고횟수를 의미한다. 일반적으로 개인이 메시지에 대해 호의적인 사고를 많이 할수록 설득이 더 많이 일어나고, 메시지에 대해 비호의적 생각을 많이 할수록 영향력은 줄어든다(또는 심지어 메시지에서의 주장과 반대되는 방향으로 변화가 일어난다).

사고를 유인가와 횟수의 관점에서 코딩하는 것 외에도 다른 범주화 방법이 사용되었다(예를 들면, 사고의 원천, 목표대상, 자아 관련성 등에 대한 코딩). 지금까지 유용한 것으로 입증된 사고 측면이 사람들이 자신이 지닌 생각에 대한 자신감이다. 즉, 두 사람이 메시지에 대해 똑같이 호감이 있을 수 있지만(예를 들면, "세금 인상안은 우리 학교에 도움이 된다"), 한 사람은 다른 사람보다 그러한 생각의 타당성에 대해 자신감을 더 많이 가질 수 있다. 자기 정당화(self-validation) 이론 (Petty, Briñol, & Tormala, 2002)에 따르면, 사고와 태도 사이의 관계는 사람이 자신의 생각에 대해 회의하는 경우보다 확신하는 경우 더 커진다. 자기정당화 이론은 전통적으로 연구된 정보원, 메시지, 채널 등과 같은 많은 변인들은 설득적 메시지에 대한 반응으로 개인이 머릿속에 떠오르는 생각에 대해 갖는 자신감의 정도에 영향을 미침으로써 설득에 영향을 미칠 수 있다고 주장한다(이에 대한 자세한 소개는, Briñol & Petty, 2004 참조). 자기 정당화의 기본 가설을 검증하기 위해 수행한 일련의 초기연구에서 페티 등(Petty et al., 2002)은 메시지에 대한 반응으로 떠오르는 생각이 주로 호의적일 경우 사고의 타당성에 대한 자신감을 증대시키면 설득을 증대시키고, 반면 타당성에 대한 회의를 증대시키면 설득을 감소시킨다는 사실을 발견했다. 메시지에 대한 생각이 대부분 비호의적인 경우, 자신감의 증대는 설득을 감소시키고, 반면 자신감의 약화는 설득을 증대시켰다. 이러한 관계는 사고에 대한 자신감을 설문조사에서 측정했을 때나 실험에서 조작했을 때와 상관없이 유효했다. 따라서 인지적 반응에 대한 연구는 설득적 메시지에 대한 호의적 또는 비호의적 생각을 유발시키는 것이 태도변화를 유발하는 데 중요한 요인이지만 유일한 요인은 아니라는 사실을 시사한다. 개인은 또한 자신이 한 생각이 영향력을 지니려면 자신의 생각에 대해 자신감을 가질 필요가 있다는 점 또한 시사한다.

3. 설득의 정교화 가능성 모델

인지반응적 접근방법이 설득과정에 대해 중요한 통찰력을 제공했지만, 이 방법은 개인이 자신에게 제공되는 정보에 대해 적극적으로 처리하는 상황에만 초점을 맞춘다. 즉, 사람이 메시지 내용에 대하여 적극적으로 생각하지 않는 상황에서의 설득에 대해서는 설명을 제대로 하지 않았다. 이러한 결함을 고치기 위하여 설득의 정교화 가능성 모델(ELM: *Elaboration Likelihood Model of Persuasion*)이 등장했다. 정교화 가능성 모델은 설득은 생각이 많을 때나 적을 때 모두 일어날 수 있지만 설득의 과정과 결과는 상황에 따라 다를 수 있다고 주장한다(Petty & Cacioppo, 1981, 1986a; Petty & Wegener, 1999). 보다 구체적으로 말하자면 정교화 가능성 모델은 영향력의 "설득" 단계에서 일어나는 과정이 두 가지 상대적으로 구별되는 "설득경로" 중 하나를 강조하는 것으로 생각될 수 있다고 주장한다(〈그림 7-2〉 참조). 정교화 가능성 모델은 사람이 메시지 주장을 받아들이느냐 거부하느냐를 결정하는 중요한

단계로서 설득에 초점을 맞춘다.

1) 설득의 중심과 주변경로

(1) 중심경로(*Central Route*)

설득의 **중심경로**는 개인이 기존의 경험과 지식을 이용하여 커뮤니케이션이나 메시지에서 주장되는 입장의 주된 가치나 장점을 결정하는 데 필요한 모든 정보를 세밀하게 조사하는 적극적인 인지적 활동을 의미한다. 설득의 인지반응적 접근방법과 마찬가지로 중심경로를 따르는 메시지의 수용자는 설득적 커뮤니케이션에 대한 호의적, 비호의적 생각을 적극적으로 만들어낸다. 이러한 인지적 활동의 목표는 커뮤니케이션에서 주장하는 입장이 어떤 가치나 장점이 있는지를 결정하는 것이다. 미디어에서 받아들이는 모든 메시지가 생각해야 할 만큼 충분하게 흥미롭거나 중요한 것은 아니고, 모든 상황이 신중하게 숙고할 시간과 기회를 제공하는 것은 아니다. 한 개인이 중심경로를 택할 동기가 부여되고 능력이 주어질 때, 메시지가 주장하는 입장이 지닌 가치나 장점과 관련되는 핵심적이거나 중요한 정보를 얼마나 많이 담았는지를 신중하게 평가한다.

물론 어떤 특정이슈에서 중심적이라고 지각되는 정보의 성격은 사람과 상황마다 다를 수 있다. 어떤 사람은 사회적 이슈(예를 들면, 사형 선고)에 대해 생각할 때 종교적 생각이나 주장이 특별히 설득적이지만 다른 사람에게는 법적 주장이 더 무게를 지닐 수 있다. 비슷하게 어떤 사람은 소비자 상품광고를 평가할 때 상품의 용도가 자신이 투사하는 이미지에 어떻게 영향을 미칠 것인지에 대해 주로 관심을 가지지만, 다른

사람에게는 이러한 차원은 중요하지 않다는 사실을 입증하는 연구들도 있다. 가장 중요한 차원이 가장 면밀하게 검토를 받을 것이다(Petty & Wegener, 1998b; Petty, Wheeler, & Bizer, 2000).

정치영역에서 미디어의 주요 기능은 특정한 정치적, 사회적 이슈를 다른 이슈보다 더 현저하게 만드는 것이라는 주장이 있다(이 책 제1장). 잡지기사에 대한 연구는 1960년대부터 1990년대까지 마약복용과 영양섭취에 대한 기사가 극적으로 증가했고, 공산주의와 인종차별 철폐기사가 줄어들었으며, 오염관련 기사는 동일한 수준이었다는 점을 밝혀냈다. 만약 어떤 사람이 폭넓은 미디어 보도 때문에 특정이슈가 더 중요하다고 믿게 되면, 이러한 판단의 차원이 정치후보의 장점이나 가치를 평가하는 데 보다 핵심적이 될 것이라고 생각하는 것은 당연하다. 특정문제를 집중적으로 보도함으로써(지구온난화든, 대통령 섹스스캔들이든) 미디어는 그 문제를 수용자의 마음속에서 더 접근 가능하도록 만들고, 태도대상(예를 들면, 대통령 후보)에 대해 "최종결정"을 내릴 때 그 문제에 대해 생각할 가능성을 더 높게 만든다. 따라서 미디어는 중요하게 평가해야 할 의제를 설정함으로써 태도변화에 중요한 "간접적" 효과를 미칠 수 있다.[4]

중심경로에서 일단 개인이 메시지에 대한 생각을 가지게 되면 마지막 단계는 새로운 생각을 자신의 일반적인 인지구조 내에 통합하는 작업이다. 개인의 생각이 반복되고 자신 있게 유지될 경우 이러한 통합은 일어날 가능성이 더 높다. 그러나 중심경로에서의 태도변화 과정이 상당한 인지적 작업을 요구한다는 단순한 이유 때문에 새롭게 형성된 태도가 합리적이거나 "정확할" 것이라고 단정할 수는 없다. 정보처리 행위는 개인의 기존 태도와 지식, 또는 당시의 감정 상태와 같은 요인에 따라 상당히 편향될 수 있다. 때때로 태도는 한 개인이 제공되는 이슈 관련 정보에 대해 신중하게 주목하고, 이러한 정보를 관련 경험과 지식에 비추어 검토하고, 자신이 이슈의 장점이나 가치에 핵심적이라고 생각하는 차원을 따라 정보를 평가하는 그러한 다소 사려 깊은 과정에 의해 변화된다. 이러한 수고스러운 인지적 활동을 하는 사람은 "체계적", "주의 깊은", 그리고 "단계적" 처리과정을 따르는 특징을 보였다(사회적 판단의 다양한 "이중경로"에 대한 논의는 Chaiken & Trope, 1999 참조).

중심경로를 따라 변화된 태도는 일련의 뚜렷한 특징을 지닌 것으로 나타났다. 이러한 태도는 잘 조직화되고 개인의 인지구조 내에 통합되기 때문에 상대적으로 기억 속에서 접근하기 쉽다. 그리고 자신의 태도에 대한 자신감이 높으며, 시간적으로 지속되고, 행위를 예측할 수 있으며, 설득력 있는 다른 반대 정보에 의해 도전받기 전까지 쉽게 변하지 않는 것으로 알려졌다.

(2) 주변경로(Peripheral Route)

정교화 가능성 모델은 태도변화가 일어나기

---

4 저자 주: 물론 미디어 보도와 이슈 중요성 평가 사이의 상관관계의 많은 부분은 미디어가 사람들이 중요하다고 생각하는 이슈를 보도하기 때문에 나타난다. 그럼에도 불구하고 일부 연구는 미디어 보도가 공중의 지각에 선행하고(예를 들면, MacKuen, 1981), 특정이슈에 대한 단순한 접근성만으로도 사람들로 하여금 그 이슈에 대해 더 많은 비중을 두도록 만든다는 사실을 증명한다(Sherman et al., 1990).

위해서 반드시 매스미디어나 다른 정보원이 제공하는 정보에 대해 수고스럽게 평가할 필요가 있는 것은 아니라고 주장한다. 대신 개인이 이슈관련 정보를 처리할 동기나 능력이 낮은 경우 설득은 주변경로를 통해 일어날 수 있다. 주변경로는 설득의 중심경로와 완전히 반대되는 것으로 설득맥락에서의 단순한 단서에 의해 유발되는 과정이 태도에 영향을 미치는 것을 의미한다. 설득의 주변경로는 사람이 자신에게 노출되는 모든 미디어 커뮤니케이션 메시지에 대해 상당한 정신적 노력을 들여 생각하는 것이 적합하지도, 가능하지도 않다는 사실에 주목한다. 복잡한 현대사회에서 사람들은 때로는 "게으른 유기체"나 "인지적 구두쇠"로 행동해야 하고, 보다 단순한 평가수단을 채택해야 한다. 예를 들면, 커뮤니케이션의 다양한 특징(TV광고의 유쾌한 장면)은 광고에서 주장하는 입장과 연관된 긍정적 감정(행복)을 유발시킬 수 있다(고전적 조건화와 유사). 또는 메시지의 정보원이 "전문가는 옳다"와 같이 상대적으로 단순한 추론이나 휴리스틱(*heuristic*)을 유발시키고, 개인은 이를 이용하여 메시지를 판단할 수 있다. 비슷하게 메시지에 노출된 다른 사람의 반응이 타당성 단서(예를 들면, "만약 많은 사람이 동의한다면 아마 그것은 사실일 거야")로 기능할 수 있다. 20세기 초반 선전(宣傳) 분석연구소는 선전 테크닉에 관한 보고서에서 당대의 연설가들이 청중을 설득시키기 위해 주변적 단서[예를 들면, "밴드웨건"(*bandwagon*) 효과는 대부분의 다른 사람이 이미 연설가를 지지한다는 의식을 던져주었다; Lee & Lee, 1939 참조]를 이용한 "속임수"의 목록

을 열거했다. 우리는 주변경로를 통한 접근이 반드시 효과가 없다는 것을 이야기하고자 하는 것이 아니다. 사실상 이러한 접근방법은 단기간 동안은 상당히 효과가 있을 수 있다. 문제는 시간이 지나면서 감정이 사라지고, 정보원에 대한 개인의 느낌이 변할 수 있으며, 단서가 메시지에서 분리될 수 있다는 것이다. 따라서 이러한 요인은 태도의 기반을 파괴시킬 수도 있다. 실험실 연구는 주변단서에 근거한 태도변화는 메시지 주장에 대한 신중한 처리에 근거한 태도보다 접근성이 낮고, 지속성이 낮으며, 후속적인 공격 메시지에 대한 저항도 낮은 경향이 있다는 사실을 입증했다(Petty et al., 1995). 요컨대, 중심경로를 통해 변화된 태도는 적극적인 사고처리에 근거하기 때문에 인지구조 내에 잘 통합되지만, 주변경로를 통해 변화된 태도는 단순한 단서의 수동적 수용이나 거부에 기반하므로 태도의 기초가 되는 요소들 사이의 통합성이 낮다.[5]

단순한 단서의 처리가 시간이 지나면서 사라지는 경향은 사고에 근거한 설득이 지속된다는 경향과 함께 흥미로운 효과를 유도할 수 있다. 예를 들면, "수면자 효과"(*sleeper effect*)와 같이 자주 인용되지만 그다지 빈번하게 입증되지 않는 현상이 그것이다. 수면자 효과는 설득적인 메시지 다음에 메시지의 신뢰도나 정확성을 의심하게 만드는 절감단서(*discounting cue*, 예를 들면, 여러분이 정보를 접하고 난 다음에 일부 정보가 신뢰할 수 없는 *National Enquirer*에 보도되었다는 사실을 안다)가 뒤따를 때 발생한다. 수면자 효과란 절감 단서가 처음에는 태도변화를 억제시

---

5 저자 주: 설명을 위하여 우리는 설득의 중심경로와 주변경로의 구분을 강조했다. 즉, 정교화 가능성의 연속체 내에서 각 끝 지점에 위치한 전형적인 처리에 초점을 맞추었다. 대부분의 설득상황(이러한 연속체 내에서 어떤 지점에 위치하는)에서 중심과 주변적 처리의 결합이 태도에 영향을 미칠 가능성이 높다.

〈그림 7-2〉 설득의 정교화 가능성 모델에 대한 도식적 기술

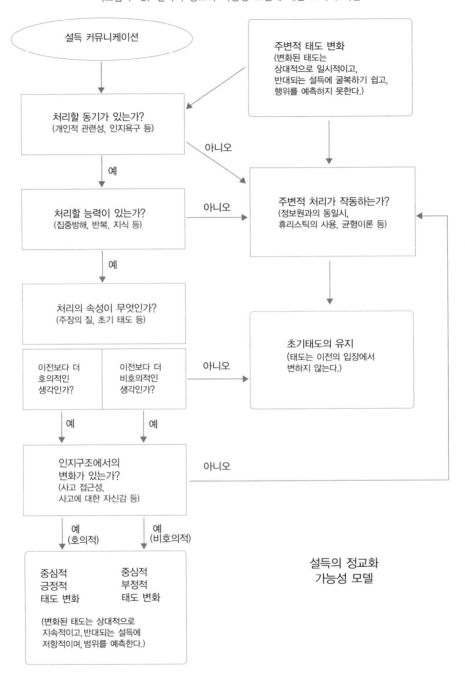

그림은 태도변화의 중심경로와 주변경로를 따르는 사람이 설득적 커뮤니케이션에 대한
노출 이후 다다를 수 있는 가능한 귀착점을 제시한다. 박스는 설득과정에서 변인들이
행할 수 있는 역할을 나타낸다(Petty & Cacioppo, 1986a에서 수정).

키지만 시간이 지나면서 메시지가 효과를 발휘한다는 것(이는 시간이 지나면서 전형적으로 나타나는 효과의 감소와는 반대되는 것)이다. 정교화 가능성 모델은 이러한 효과는 초기 메시지가 매우 강력하고, 신중하게 처리된 이후 절감될 경우에 발생할 가능성이 가장 높다고 예측한다. 만약 메시지가 신중하게 처리되고 난 이후에 단순한 단서가 잇따를 경우, 시간이 경과하면서 주변적 절감단서의 영향은 점차 사라지고 사람들의 태도는 강력한 주장에 대한 자신들의 초기(그리고 보다 기억하기 쉬운)의 호의적 생각에 의해 지배받을 수 있다(Kumkale & Albarracin, 2004; Priester, Wegener, Petty, & Fabrigar, 1999 참조).

2) 정교화 가능성 모델의 설득과정

(1) 사고의 양에 영향을 미치는 변인

앞에서 설득의 중심과 주변경로에 대한 논의는 태도변화의 두 가지 기본적 과정을 강조했지만, 〈그림 7-2〉의 정교화 가능성 모델은 변인들이 설득상황에서 행할 수 있는 보다 구체적 역할에 대해 말해준다. 첫째, 일부 변인들은 개인의 메시지에 대해 생각하고 싶은 일반적 동기에 영향을 미친다. 멘델손(Mendelsohn, 1973)은 잠재적인 미디어 수용자를 "주어진 분야에 대해 초기 관심이 높은 사람부터 전달되는 메시지에 전혀 관심이 없는 사람에 이르는 연속선상에 위치시키는 것이 효과적인 공공정보 캠페인을 개발하는 데 가장 필수단계"라는 사실에 주목했다. 여러 변인들이 미디어 메시지에 대한 관심을 증가시킨다. 아마 메시지 처리에 관심과 동기부여를 결정하는 가장 중요한 요인은 커뮤니케이션

내용이 개인적으로 얼마나 관련이 있는가에 대한 지각일 것이다. 예를 들면, 한 연구에서 대학생들은 자신이 다니는 대학(높은 개인적 관련성)이나 멀리 떨어져 있는 대학(낮은 관련성)에서의 모든 4학년들이 졸업을 위한 필수조건으로 전공시험에 통과해야 한다는 정책을 실행할 것을 고려한다는 말을 들었다. 그 다음에 학생들은 졸업시험 정책을 지지하는 강한 또는 약한 주장을 펼치는 라디오 논평을 청취했다. 정교화 가능성 모델이 예측한 대로, 논평에서 화자가 시험이 학생들이 다니는 대학에서 실시되어야 한다고 주장했을 때가 멀리 떨어진 다른 대학에서 실시되어야 한다고 주장했을 때보다 메시지에서의 주장의 질이 태도에 더 큰 영향을 미쳤다. 즉, 메시지의 개인적 관련성이 높은 조건에서는 강한 주장이 더 설득적이었지만 관련성이 낮은 조건에서는 약한 주장이 보다 덜 설득적이었다(〈그림 7-3〉 첫 번째 그래프 참조). 게다가, 학생들이 메시지를 접한 후에 떠올랐던 생각을 분석해보면 생각이 극단적일수록 태도도 극단적이라는 사실을 알 수 있었다. 주장이 강력할 때 고관여 메시지에 노출된 학생들은 저관여 학생들보다 호의적 생각을 두 배나 더 많이 했고, 주장이 약할 때 고관여 학생들은 저관여 메시지에 노출된 학생들보다 비호의적 생각을 거의 두 배나 더 많이 했다.

번크랜트와 언나바는 위의 실험연구를 더 확장시킨 연구에서 메시지에서 대명사를 단순하게 3인칭("어떤 사람" 또는 "그 또는 그녀")에서 2인칭("여러분")으로 바꾸어도 충분하게 개인적 관여와 메시지 주장에 대한 처리를 증대시킨다는 사실을 밝혀냈다(〈그림 7-3〉 두 번째 그래프 참조).

즉, 메시지가 자아관련적인 대명사를 포함할 때가 3인칭 대명사를 사용했을 때보다 강한 주장

172

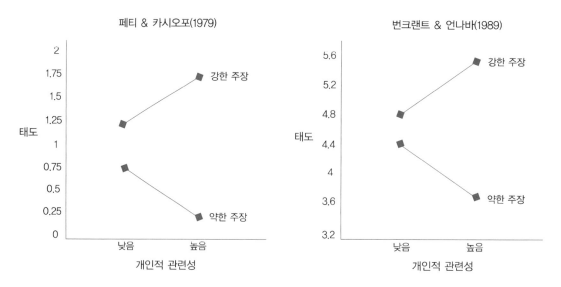

〈그림 7-3〉

자아 관련성이 메시지 처리를 증대시킨다. 각 패널에서, 자아 관련성(관여)이 높아질수록 주장의 질적 수준이 설득적 메시지에 노출된 이후에 표현된 태도를 결정하는 중요한 결정요인이 된다. 왼쪽 그림에 제시된 자료는 페티와 카시오포(Petty & Cacioppo, 1979b) 연구에서 나온 것이다. 오른쪽 그림에서 제시된 자료는 번크랜트와 언나바(Burnkrant & Unnava, 1989)의 실험연구에서 나온 것이다. 각 패널에서 높은 숫자는 설득적 메시지에서 주장하는 입장에 대해 보다 호의적 태도를 보인다는 것을 의미한다.

이 더 설득적이었고 약한 주장이 덜 설득적이었다. 한편, 자아 관련성을 높이는 또 다른 방법은 메시지를 사람들의 가치나 자아개념과 일치하도록 구성하는 것이다. 예를 들면, 개인이 상품의 이미지 가치에 동조한다면, 이미지를 다루는 방향으로 메시지를 구성하는 것이 메시지 처리를 증가시킬 수 있다(자세한 논의는 Petty, Wheeler, & Bizer, 2000 참조). 또는 다소 아이러니컬하지만 만약 어떤 사람이 자신 스스로를 사고하기를 좋아하지 않는 사람이라고 생각한다면 메시지를 사고하는 것을 좋아하지 않는 사람을 위한 것이라고 구성할 때 오히려 사고가 증대될 수 있다(Wheeler, Petty, & Bizer, 2005).

메시지의 개인적 관련성에 대한 지각을 높이는 것이 생각(또는 사고)을 증대시키는 중요한

방법이기는 하지만, 유일한 방법은 아니다. 예를 들어, 정보원이 문제가 있다고 생각하는 정도, 또는 낮은 신뢰성이 인지적 활동을 증가시키는 것으로 나타났다. 이 연구는 정보원의 전문성은 높은 것으로 고정시키면서도 정보원이 정확한 정보를 전달한다고 믿는 정도를 조작했다. 첫 번째 실험에서 정보원 신뢰도는 메시지 수용자에게 정보원이 정직하고 신뢰할 만하거나 그 반대의 경우를 암시하는 배경정보를 제공함으로써 조작되었다. 다른 실험에서 신뢰도는 정보원으로 하여금 자기 잇속만 차리는 입장(상대적으로 낮은 신뢰도)을 주장하게 하거나 정보원이 자기이익을 위반하는 입장(상대적으로 높은 신뢰도)을 주장하게 함으로써 조작되었다. 정보원의 신뢰도가 어떻게 조작되었든 간에 신뢰도

에 의문이 가는 정보원은 신뢰할 만하다고 지각되는 정보원보다 피험자로 하여금 더 많은 인지적 활동을 하도록 유도했다(Priester & Petty, 2003 참조).

신뢰도가 낮은 정보원에 대해 정보처리에서 인지적 활동을 증가시키는 경향은 주로 본질적으로 생각할 동기부여가 되지 않은 개인(즉, 인지욕구가 낮은 개인)에게서 나타나고, 이러한 개인이 일반적으로 인지적 활동을 많이 요구하는 정보처리를 포기할 경우에 더욱 촉진된다. 대조적으로 본질적으로 생각하기를 좋아하는 개인(즉, 인지욕구가 높은 개인)은 정보원의 신뢰도와 상관없이 메시지를 정교하게 처리한다. 카우프만 등(Kaufman, Stasson, & Hart, 1999)도 비슷한 결과를 얻어냈다. 인지 욕구가 낮은 피험자는 신뢰도가 높은 정보원(즉, *Washington Post*)보다 낮은 정보원(즉, *National Enquirer*)에 의해 제시된 정보를 정교하게 처리할 가능성이 더 높았다.

정보원의 신뢰도가 정보처리 방식에 영향을 미칠까? 정교화 가능성 모델은 개인이 정확한 태도를 가지려는 동기를 가졌다고 가정한다. 메시지 정보원이 전문가이고 신뢰할 만하다고(따라서 정확한 정보를 제공한다고) 지각할 때, 개인은 제시된 주장을 단순히 받아들임으로써 자신의 태도가 정확하다고 확신할 수 있다. 그러나 정보원이 전문가이지만 신뢰도가 낮다고 지각할 때 메시지 수용자는 정확성에 대해 확신할 수 없어 정확한 태도에 대한 확신을 얻기 위해 정보를 세밀하게 검토한다. 따라서 정보원이 전문성이 있다(정확할 수 있다)고 가정할 경우 신뢰도 지각이 개인이 정보처리에 관여하는 정도에 영향을 미칠 수 있다. 만약 정보원이 지식이 없을 경우(즉, 전문성이 낮을 경우), 신뢰도와 상관없이 메시지를 처리할 이유가 없다.

메시지 처리의 정교화에 영향을 미치는 것으로 드러난 정보원의 또 다른 특징은 정보원에 대한 편견 혹은 낙인찍힘의 정도이다. 구체적으로 연구는 메시지의 정보원이 낙인찍힌 집단(예를 들면, 동성애자나 흑인)의 구성원일 때 메시지 수용자는 정보원이 낙인찍히지 않은 집단의 구성원일 때보다 메시지를 정교하게 처리할 가능성이 높다는 사실을 입증했다. 흥미롭게도 정보원의 낙인이 미치는 영향은 편견적인 신념을 거부하는 사람(즉, 근대적인 인종차별주의나 동성애 혐오도가 낮은 사람; Petty, Flemming, & White, 1999)에게서만 분명하게 나타난다. 편견이 적은 사람들은 낙인찍힌 사람이 다른 사람들에 의해 불공평하게 대접받는다는 생각을 습관적으로 할 수 있고, 또는 자신이 암묵적으로 가진 편견에 대해 걱정할 수 있다. 따라서 이들은 낙인찍힌 정보원이 공평하게 대접받는가를 확인하기 위하여 이러한 정보원이 제시하는 정보에 특별히 주의를 기울인다(즉, 신중하게 처리한다). 이러한 현상은 메시지의 정보원이 낙인찍힌 사람일 경우뿐만 아니라 메시지에서 제시된 대상이 낙인찍힌 사람일 경우에도 나타난다(Fleming, Petty, & White, 2005).

정교한 메시지 처리를 증가시키는 것으로 드러난 또 다른 변인들에는 핵심주장이 질문형인지 주장형인지의 여부, 메시지 정보원의 수, 주장의 예측 가능성 등이 포함된다. 예를 들어, 여러 연구는 개인이 메시지 주장에 대해 일반적으로 생각할 동기가 부여되어 있지 않을 때 핵심 주장을 **주장형**보다는 질문형으로 요약하여 제시할 경우 사고가 촉진될 수 있다고 제시했다. 따라서 만약 라디오 광고에서 주장이 주장형보다는 질문형으로 제시되었을 때(예를 들면, "이 후보가 최상의 후보가 아닌가?"), 제시된 주장에 대한 정보처리가 더 많아질 수 있다. 메시지에 대한 높은 정보처리 또는 사고는 단 하나의 정보원에 제시되기보다는 많은 정보원에 의해 제시되었을 때 발생한다. 다양한 정보원의 효과는 사람들이 다양한 정보원이 이슈에 대해 독립적인 분석을 제공하지 않는다고 의심할 경우 약화된다.

예측하지 못한 메시지가 제시될 때 정보처리가 높아질 수 있다. 예를 들면, 신문의 헤드라인이 많은 사람들이 메시지 수용자가 싫어하는 그 무엇에 대해 호감을 보였다거나 수용자가 좋아하는 것에 대해 호감을 보이는 사람이 없었다는 사실을 암시했을 때 그 헤드라인에 대한 메시지 주목이나 처리가 증가한다. 물론, 질문형, 다양한 정보원, 예측하지 못한 헤드라인에 의해 야기된 높은 정보처리는 커뮤니케이션에서 제기된 주장이 관찰결과 설득력이 있다고 판단될 경우에만 설득에 영향을 미친다. 메시지에 대한 정보처리 정도가 증가되었더라도 만약 주장이 의심스러운 것으로 드러날 경우에 설득에 악영향을 미칠 수 있다.

〈그림 7-2〉에 제시된 것처럼 메시지를 처리하려는 동기를 가지는 것이 중심경로를 통한 설득이 발생하기 위한 충분조건은 아니다. 사람들은 또한 메시지를 처리할 능력을 가져야만 한다. 예를 들면, 복잡하고 긴 메시지는 사람들이 메시지에 대해 생각할 동기가 높다고 하더라도 최적의 정보처리를 위해 한 번 이상의 노출을 필요로 한다. 메시지의 주장이 강할 경우, 반복적 노출을 통한 정보처리 증가가 호의적 사고와 태도를 유도하지만, 주장이 약할 경우에는 더 강한 반박주장이나 덜 호의적 태도를 유도할 수 있다. 물론 메시지의 반복은 메시지에 대해 생각하는 사람의 능력에 영향을 미치는 단 하나의 변인에 불과하다. 예를 들면, 만약 주변이 산만한 상태에서 메시지가 제시되거나, 화자가 말을 너무 빨리할 때, 메시지에 대한 사고는 방해받을 것이다. 강한 주장이 제시될 때 사고의 방해는 설득을 감소시킬 수 있지만, 약한 주장이 제시될 때 사고의 방해는 주장에 대한 반박가능성을 줄임으로써 설득을 증가시킬 수 있다. 서로 다른 미디어 채널이 사람들의 메시지에 대한 사고 능력에 영향을 미칠 수 있다. 구체적으로 사람들은 외적으로 통제되는 미디어(예를 들면, 라디오와 TV) 보다는 자기가 읽는 것을 조절할 수 있는 미디어(예를 들면, 잡지, 인터넷) 의 메시지를 더 잘 처리할 수 있다.

동기와 능력변인을 동시에 고려할 경우 흥미로운 효과가 나타날 수 있다. 예를 들면, 연구는 주장과 단서가 긍정적일 경우 메시지를 적절히 반복하는 것이 효과가 있지만, 동일한 주장을 계속해서 반복하면 지루함을 유발하고 효과를 감소시킨다는 사실을 분명하게 입증한다. 이러한 "질리게 하는" 효과는 메시지가 관심이 높은 주제이든 아니든 간에 상관없이 발생한다. 이러한 이유로 많은 연구자들은 반복적인 광고에도 약간의 변화를 주는 것이 지루함이 가져다주는 효과를 제거할 수 있다고 제안했다. 정교화 가능성 모델은 캠페인 이슈에 대한 메시지 수용자의 정보처리 동기 수준에 따라 미디어 캠페인에서 상이한 유형의 메시지 변화를 시도해야 한다고 제안한다. 슈만 등(Schuman, Petty, & Clemons, 1990) 은 이러한 가설을 검증하는 연구에서 메시지 처리동기가 높은 수용자(커뮤니케이션에서 논의되는 이슈에 대해 곧바로 결정을 내리려는 사람) 에게는 메시지가 실질적인 주장을 다양하게 제시할 때 동일한 주제에 대한 반복적 제시가 효과적이라는 사실을 밝혀냈다. 주변적 단서의 반복은 아무런 효과가 없었다. 다른 한편으로, 동기가 낮은 수용자에게는 반복적 노출에서 메시지가 단순한 단서를 다양하게 제시할 때 캠페인의 효과를 증대시켰지만, 주장의 다양한 제시는 아무런 효과가 없었다.

(2) 객관적 vs 편향된 정보처리

〈그림 7-2〉는 변인들이 메시지에 대해 생각하려는 개인의 동기와 능력에 영향을 미친다는 사실 외에도 개인의 머릿속에 떠오르는 생각의 속성에 영향을 미침으로써 설득에 영향을 미칠 수 있음을 보여준다. 즉, 설득상황에서 어떤 특징은 호의적 생각을 유도할 가능성을 증대시키지만 다른 특징은 비호의적 생각을 유도할 가능성을 증대시킨다. 메시지에 사용된 주장의 주관적 설득력이 메시지에 대해 깊게 생각할 때 호의적 사고가 유발될지 아니면 비호의적 사고가 유발될지를 결정하는 주요 요인이지만 다른 변인 또한 여기에 영향을 미칠 수 있다(Petty & Cacioppo, 1990). 예를 들면, 메시지 수용자에게 중요한 이슈에 대해 설득당하는 것 외에는 다른 대안이 없다고 이야기함으로써 "저항"을 유도하게 되면 수용자로 하여금 제시된 주장이 강할 때조차도 반박논증을 불러일으킨다. 따라서 편향된 정보처리는 메시지의 질이 설득에 미치는 영향을 감소시킨다. 비슷하게 태도와 일치하는 지식이 많아 접근가능한 태도를 가진 사람들은 접근가능하지 않은 태도나 기반이 약한 태도를 가진 사람보다 자신의 태도를 더 잘 방어할 수

있다.

때때로 변인들은 개인의 사고를 편향되게 하면서도 그 편향성을 인지하지 못한 상태에서 설득적 메시지에 대한 반응에 영향을 미친다. 그러나 어떤 경우에는 개인이 잠재적으로 강요된 편향성이 자신의 사고와 판단에 영향을 미친다는 사실을 인식할 수도 있다. 개인이 편향성을 인식하고 이것을 교정하는 정도에 따라 자신의 판단에 미칠 수 있는 편향성을 제거하는 조치를 취할 수 있다. 편향성 제거의 유연한 교정모델(FCM: *Flexible Correction Model*)(Petty & Wegener, 1993; 1997)에 따르면, 개인은 잠재적 오염요인을 인식하고 이를 교정하려는 동기와 능력이 있는 정도에 따라 편향의 방향과 강도에 대한 직관적 이론을 참고하여 판단을 조정한다. 앞에서 지적한 것과 같이 개인이 편향적 요인을 항상 인지하는 것이 아니기 때문에 사려 깊은 정보처리를 통한 태도변화에 반드시 편향이 개입되지 않는 것은 아니다. 편향을 교정하려는 시도조차도 편향이 없는 판단을 유도하는 것은 아니다. 왜냐하면 개인은 편향의 실질적 강도나 방향을 모를 수 있고 그에 따라 부정확하게 교정할 수 있기 때문이다.

만약 개인이 편향을 과대평가하고 이를 교정하고자 한다면 이것이 정반대적 편향을 유도할 수 있다. 한 연구(Petty, Wegener, & White, 1998)에서 학생 피험자들은 실험처치를 통해 정보원의 매력에 대해 편향적으로 사고할 수 있다는 가능성을 암시하는 조건과 그렇지 않은 조건에 할당되었다. 사고의 정교화가 높은 조건에서 편향 가능성에 주목하지 않았을 경우 정보원의 매력은 아무런 영향이 없었다. 그러나 피험자들이 정보원 매력 때문에 편향된 사고를 하지 말라

는 소리를 들었을 경우 매력적 정보원보다는 비매력적 정보원에 대해 실질적으로 더 많은 설득을 보였다. 이는 편향을 제거하려는 시도에 의해 야기된 정반대의 편향을 의미하는 것이다.

(3) 주장 vs 주변단서의 설득적 영향

앞에서 지적했듯이 개인은 이슈에 대한 사고동기나 능력이 있을 때 커뮤니케이션에서 제공된 주장처럼 제시된 이슈와 관련된 정보를 면밀하게 검토한다. 주장은 커뮤니케이션에서 실질적으로 말하고자 하는 입장에 대한 특정형태의 정보이다. 우리가 통상적으로 주장을 메시지 내용 그 자체의 특징으로 간주하지만 정보원, 수용자, 기타 다른 요인 역시 주장 또는 증거로 기능할 수 있다. 예를 들어 미용제품 광고모델이 "만약 여러분이 이 제품을 사용한다면 여러분은 저처럼 될 것입니다"라고 말한다면 정보원의 외모가 제품효과를 평가하는 관련정보로 기능한다. 또는 자신의 감정적 상태를 어떤 것의 가치나 장점에 대한 증거로 삼을 수도 있다(예를 들면, "네 앞에서 내가 행복을 못 느끼면, 나는 너를 사랑하지 않는 거야").

정보원, 수용자, 다른 요인들이 적절한 맥락에서 설득적 주장으로 기능할 수 있는 것과 마찬가지로 설득적 메시지의 특징이 주변단서로 작용할 수 있다. 주변단서는 대상이나 이슈의 특징에 대한 수고스러운 인지적 숙고가 없는 상태에서조차 호의적, 비호의적 태도형성을 유도하는 설득 맥락의 특징이다. 따라서 전문성, 매력 등과 같은 정보원 요인이 사고동기나 능력이 낮은 상태에서 주변단서로 기능할 수 있는 것과 마찬가지로 사람들은 "많은 것이 좋은 것이다"라는 휴리스틱을 사용하기 때문에 단순하게 메시지

에서의 주장의 수와 주장의 길이가 주변단서로 작용할 수 있다.

(4) 요 약

정교화 가능성 모델은 사고에서 정교화 가능성이 증가할수록(이는 메시지의 개인적 관련성과 메시지가 반복되는 횟수와 같은 요인으로 결정되는데) 제시되는 이슈 관련정보의 질에 대한 지각이 매우 중요한 설득 결정요인이 된다고 주장한다. 그러나 증거에 대한 정교한 평가는 상대적으로 객관적이거나 편향된 방식으로 진행될 수 있다. 정교화 가능성이 줄어들수록 주변단서가 태도변화를 결정하는 데 더 중요하게 된다. 즉, 정교화 가능성이 높을 때 설득의 중심경로가 지배적이지만 정교화 가능성이 낮을 때는 주변경로가 우세하게 된다. 정교화 가능성의 정도에 따라 어떤 특정변인(예; 정보원 매력)이 서로 다른 역할을 할 수 있다(예를 들면, 사고의 정교한 처리 정도가 낮을 때는 주변단서로 이용되지만 높을 때에는 증거로 분석될 수 있다). 이에 대해 논의해 보기로 한다.

3) 정교화 가능성 모델에서 변인들의 다양한 역할

정교화 가능성 모델의 가장 강력한 특징은 변인이 설득에 영향을 미칠 수 있는 다양한 과정을 구체적으로 제시한다는 점이라는 사실을 앞에서 지적했다. 정교화 가능성 모델에서 주목해야 할 또 다른 특징은 이 모델이 한 변인이 서로 다른 상황에서 각각의 과정에 영향을 미침으로써 설득에 영향을 줄 수 있다는 사실을 주장한다는 것이다. 즉, 설득적 메시지의 동일한 특징이 상

황에 따라 이슈 관련주장으로 기능할 수도 있고 주변단서로도 기능할 수 있다. 또는 메시지에 대한 사고동기와 능력에 영향을 미치거나 사고의 속성을 편향적으로 만들 수 있으며, 사고의 접근성의 정도나 사고에 대한 자신감과 같은 사고의 구조적 속성에 영향을 미칠 수 있다.

어떤 변인이 다양한 방법으로 설득에 영향을 미칠 수 있다고 가정할 때 변인이 서로 다른 역할을 하게 되는 일반적 조건을 확인하는 것이 중요하다. 이러한 확인작업이 없다면 정교화 가능성 모델은 예측적 모델이기보다는 기술적 모델이 된다. 정교화 가능성 모델은 정교화 가능성이 높을 때(개인적 관련성이나 지식수준이 높을 때, 메시지가 이해하기 쉬울 때, 집중을 분산시키는 산만한 분위기가 없을 때 등), 개인은 전형적으로 자신이 제시된 주장의 가치나 장점을 평가하고 싶어 하고, 할 능력이 있다는 것을 알며, 또 그렇게 행동한다. 설득의 맥락과 관련된 변인들은 그 상황에서 단순한 주변단서로서 기능할 뿐 평가에 직접적으로 영향을 미칠 가능성은 낮다. 대신, 정교화 가능성이 높을 때 어떤 변인은 ① 그것이 이슈와 관련될 때 하나의 주장으로 기능하고, ② 진행되는 정보처리 활동의 속성을 결정하며(예를 들면, 진행되는 사고의 속성을 편향되게 할 수 있다), ③ 머릿속에 떠오르는 사고의 구조적 특성에 영향을 미칠 수 있다(예를 들면, 사고에 대한 자신감).

다른 한편으로, 정교화 가능성이 낮을 때(예를 들면, 개인적 관련성이나 지식수준이 낮을 때, 메시지가 복잡할 때, 산만한 분위기일 때 등), 개인은 자신이 제시된 주장의 가치나 장점을 평가하고 싶지 않고, 그럴 수도 없다는 것을 알며, 또는 심지어 메시지를 처리하려들 지 않는다. 만

약 이러한 조건에서 평가가 이루어진다면, 그 평가는 단순한 연상이나 상황에서 두드러지는 단서에 기반한 추론의 결과일 가능성이 높다. 정보처리를 위한 사고행위가 낮은 상황에서 어떤 변인의 단서효과는 전형적으로 그것이 지닌 유인가에 의해 직접적으로 결정된다.

마지막으로, 정교화 가능성이 중간정도 수준이거나 높거나 낮은 조건에 한정되지 않는 경우(개인적 관련성이 불확실한 경우, 지식수준이나 메시지 복잡성이 중간정도 수준일 때 등), 개인은 메시지가 면밀한 검토를 필요로 하는지의 여부와 메시지가 면밀한 분석을 할 만한 가치가 있는지의 여부에 대해 불확실할 수 있다. 이러한 상황에서 개인은 설득의 맥락을 자신이 메시지 처리에 관심이 있는지, 메시지 처리를 해야만 하는지의 여부를 알려주는 하나의 지표로 간주한다(정보원이 믿을 만한가?, 메시지가 나에게 관련이 있는가?). 한 변인이 다른 상황에서 수행할 수 있는 다양한 역할을 명확하게 하기 위해 몇 가지 사례를 들어 볼 수 있다. 변인을 설득 정보원, 메시지, 수용자의 측면에서 고찰해 보자.

(1) 정보원 요인의 다양한 역할

먼저 전문성, 매력 등과 같은 정보원 요인이 설득에 영향을 미칠 수 있는 다양한 과정에 대해 생각해 보자. 여러 연구에서 정보원 요인이 사고처리의 정교화 가능성이 낮을 때 주변단서로 기능함으로써 설득에 영향을 미친다는 사실이 입증되었다. 예를 들면, 메시지의 개인적 관련성이 낮았을 때 전문성이 매우 높은 정보원은 낮은 정보원보다 주장의 질과 상관없이 더 많은 설득을 유발했다. 다른 한편으로 메시지의 개인적 관련성이 명확하지 않고, 사고처리의 정교화 가능성을

높이거나 낮추는 어떤 조치도 취해지지 않았을 때(즉, 정교화 가능성 수준이 중간정도일 때), 정보원의 전문성과 매력요인이 사람들이 메시지에 대해 생각하는 양에 영향을 미친다는 사실이 여러 연구에서 밝혀졌다. 즉, 호감이 가고 전문적인 정보원은 보다 많은 메시지 처리를 유도했다. 주장이 강했을 때 호감이 가고 전문적 정보원이 그렇지 않은 정보원보다 설득을 더 많이 유발했던 반면 주장이 약했을 경우 설득은 줄어들었다. 전문가가 말하는 것에 대해 더 많이 생각하는 경향이 있는 사람(즉, 자기감시가 낮은 사람)과 매력적인 정보원이 말하는 것에 더 많은 관심을 가진 사람(즉, 자기감시가 높은 사람)을 구분하기 위해 자기감시(self-monitoring) 척도가 사용되었다.

메시지 수용자가 사고할 가능성이 높은 경우 정보원 요인은 다른 역할을 한다. 만약 정보원 요인이 메시지의 가치나 장점과 관련된다면 정보원 요인은 설득적 주장으로 기능할 수 있다. 따라서 앞에서 지적한 것처럼 미용제품 광고에 등장하는 매력적인 모델은 제품효과에 대한 증거를 외모를 통해 설득적으로 제공할 수 있다. 게다가 체이컨 등(Chaiken & Maheswaran, 1994)은 정보원 전문성이 정보처리에 미치는 편향효과를 입증했다. 사고에서 정교화 가능성이 높은 조건에 놓인 수용자가 모호한 메시지(즉, 뚜렷하게 강하지도 약하지도 않은 메시지)를 접했을 때 전문성은 메시지에 대한 사고를 편향되게 했다. 즉, 사람들은 메시지의 정보원이 전문가라고 판단했을 때가 비전문가라고 판단했을 때보다 모호한 정보를 더 호의적으로 해석할 가능성이 높았다. 정교화 가능성이 낮았을 때(즉, 메시지가 별로 중요하지 않은 주제였을 때), 정보원의 전문성이 사고를 편향되게 하지는 않고 대신

단순한 주변단서로 작용했다.

우리가 논의했던 정보원과 관련된 모든 효과들은 정보원에 대한 정보가 메시지 수용 이전에 주어졌을 때 이미 발생했다. 정보원에 대한 정보가 메시지 처리 이후에 주어졌을 때 정보원의 역할은 또 달랐다. 구체적으로 살펴보면, 한 연구에서 피험자들이 메시지를 처리한 이후에 정보원이 전문가라는 사실을 알았을 때가 정보원의 전문성이 떨어진다는 사실을 알았을 때와 비교해 메시지와 관련하여 떠올렸던 사고에 대한 자신감이 증가되었다(Briñol, Petty, & Tormala, 2004). 만약 신뢰도가 높은 정보원이 낮은 정보원에 비해 사고에 대한 자신감을 증대시킬 수 있다면 이것은 신뢰도가 메시지에 대해 떠올랐던 사고의 유인가(valence)에 따라 설득을 더 많이 유도할 수도, 더 적게 유도할 수도 있다는 것을 의미한다. 이를 입증하기 위해 토말라 등(Tormala, Briñol, Petty, 2006)은 피험자에게 새로운 진통제인 콘프린(Confrin)을 판촉하는 설득적 메시지를 강한 형태와 약한 형태로 제시한 다음 나중에 정보원에 대한 정보를 제공했다(즉, 의약품에 대해 연구를 수행하는 연방기구, 또는 14살짜리 학생이 작성한 수업시간 리포트). 메시지가 강했을 때, 신뢰도가 높은 정보원은 피험자들로 하여금 자신이 떠올렸던 호의적 사고에 더 의존하게 만듦으로써 신뢰도가 낮은 정보원보다 더 많은 호의적 태도를 이끌어냈다. 그러나 메시지가 약했을 때 피험자들은 대부분 비호의적 생각을 많이 했고 정보원 신뢰도의 효과는 정반대로 나타났다. 즉, 신뢰도가 높은 정보원은 낮은 정보원보다 호의적 태도를 더 적게 유도했다. 왜냐하면 신뢰도가 높은 정보원에 노출된 피험자들이 약한 메시지에 대한 비호의적 생각에 대해 더 많은 자신감

을 가졌기 때문이다.

종합하면, 지금까지 우리는 정보원 요인이 설득상황에서 다양한 역할을 할 수 있다는 사실을 이야기했다. 정보원의 역할은 개인이 메시지에 대해 얼마나 많이 생각하느냐, 정보원에 대한 정보를 언제 알려주느냐에 따라 다르다. 사고처리 수준이나 정도가 낮을 때 정보원 요인은 단서로 작용한다. 이것은 정보원에 대한 정보가 언제 제시되는가에 상관없이 나타난다. 생각이나 사고가 다른 요인에 의해 제약받지 않을 때 정보원 요인은 사고의 정도에 영향을 미칠 수 있지만 정보원에 대한 정보가 메시지에 대해 사고를 하기 전에 주어질 때만 효과가 작동한다. 사고처리 수준이나 정도가 높을 때 정보원 요인은 만약 개인이 메시지에 대해 생각하기 이전에 정보원에 대해 아는 경우 생각을 편향되게 만들 수 있지만, 만약 메시지에 대해 생각한 이후에 정보원에 대한 정보가 알려지는 경우 이미 떠올렸던 생각에 대한 자신감에 영향을 미칠 수 있다(Tormala, Briñol, & Petty, 2007). 마지막으로, 사고처리 수준이 높을 때 정보원 요인은 만약 그것이 메시지 주장과 관련이 있을 경우 설득적 맥락의 어디에 나타나든 간에 주장으로 분석될 수 있다.

(2) 메시지 요인의 다양한 역할

앞에서 지적했듯이 단순하게 메시지에서 제시된 주장의 수가 개인이 정보에 대해 생각하려는 동기나 능력이 없을 때 주변단서로 기능할 수 있다. 그러나 동기나 능력이 높은 경우 메시지에서의 정보 아이템은 단순히 단서로 작용하지 않고, 설득력에 근거해 정보가 처리된다. 메시지에서 정보 아이템의 수가 단서로 작용할 때(낮은 정교화 조건), 주장을 뒷받침하는 약한 근거를 추가하면 설득을 고양시키지만 메시지에서 정보 아이템이 주장으로 기능할 때 약간 근거를 추가하면 설득을 감소시킨다.

한 연구는 수용자 정교화의 3가지 수준에서 메시지 요인의 다양한 역할을 고찰했다. 이 연구에서 알려지지 않은 제품의 일반적 직접광고와 새로운 제품을 알려진 제품과 비교하는 "상향비교" 광고가 대비되었다(Pechman & Estaban, 1993). 단순히 주장을 뒷받침하는 근거를 제시하는 일반적 메시지(예를 들면, "이러저러한 이유로 후보 X에게 투표하세요")와는 달리 상향비교 메시지는 중요한 이슈, 제품, 또는 인물이 이미 알려진 선망의 대상이 되는 것과 비슷하다는 것을 제시한다("여러분은 인물 Y처럼 감세를 지지하는 후보 X에게 투표하세요"). 이 메시지 변인의 다양한 역할을 고찰하기 위하여 강하거나 약한 주장을 지닌 일반광고와 상향비교광고가 상대적으로 광고에 대해 생각하려는 동기수준을 상, 중, 하로 만드는 실험 절차를 거친 후에 제시되었다.

광고효과는 수용자의 제품구매의도 평가로 측정되었다. 동기수준을 낮춘 경우, 상향비교광고가 주장의 질과 상관없이 일반광고보다 더 호의적인 구매의도를 유발시켰다. 강한 주장이 약한 주장보다 더 호의적인 구매의도를 유발시키지는 못했다. 즉, 정교화 가능성이 낮은 조건에서 잘 알려지고 선호되는 제품과의 비교가 단순한 주변단서로 기능했고, 주장에 대한 정보처리도 최소 수준이었다. 사고동기가 높은 조건일 때는 정반대 결과가 나타났다. 즉, 정교화 가능성이 높을 때는 강한 주장이 약한 주장보다 더 호의적인 구매의도를 유발시켰지만 비교광고는 보다 호의적 구매의도를 유발시키는 단서로서 효과가 전혀 없었다. 마지막으로, 동기수준이 중간정도인 조건에서는 상향비교 광고의 사용이 메시지 주장에 대한 정보처리를 촉진시키는 것으로 나타났다. 따라서 상향비교 광고가 강한 주장을 제시했을 때 직접광고보다 더 많은 설득을 유발시켰지만, 약한 주장을 제시했을 때에는 설득을 더 적게 유발시켰다.

비슷하게 서로 다른 상황에서 다양한 역할을 할 수 있는 다른 메시지 요인들이 많이 있다.

한 가지 추가적 예로 메시지를 메시지 수용자의 특성(즉, 수용자의 성격, 성별, 집단 정체성 등)과 조화를 이루는 (또는 특성에 맞추는) 경우의 효과를 생각해 보자. 대부분의 이론은 수용자 특성에 맞출 경우 설득효과가 높아진다고 예측했다. 그러나 다른 변인과 마찬가지로 메시지를 개인의 특성과 조화를 이루게 되면 사고처리 가능성 수준에 따라 다른 과정을 통해 설득에 영향을 미친다. 정교화 가능성 모델에 따르면, 설득효과가 반드시 높아지는 것이 아니고 메시지가 개인의 특성에 맞추는 과정에 따라 달라진다(자세한 논의는 Briñol & Petty, 2006; Petty, Barden, & Wheeler, 2002; Petty, Wheeler, & Bizer, 2000 참조).

메시지 유형의 조화와 관련되어 가장 많이 연구된 개인변인이 자기감시의 성격유형이다. 이러한 개인 차이는 자기감시가 높은 사람(사회적 인정욕구가 강한 사람)과 낮은 사람(자신의 내적 신념과 가치와 일관성을 유지하려는 욕구가 높은 사람)을 구분한다. 자기감시에 대한 많은 연구는 메시지를 개인의 자기감시적 상태와 조화를 이룸으로써 설득이 더 효과적일 수 있다는 사실을 입증했다. 예를 들면, 스나이더와 디보노(Snyder & DeBono, 1985)는 자기감시가 높은 사람과 낮은

사람에게 사회적 적응기능에 호소하거나(즉, 소비자가 제품의 사용으로부터 얻을 수 있는 사회적 이미지를 묘사), 가치표현적 기능(즉, 제품의 품질이나 장점과 관련된 내용을 제시)에 호소하는 주장을 담은 다양한 제품광고를 보여주었다. 그 결과 자기감시가 높은 사람은 품질내용을 담은 광고보다는 이미지 내용을 담은 광고에 더 많은 영향을 받았다는 사실을 밝혀냈다. 대조적으로, 자기감시가 낮은 사람의 태도는 가치나 품질에 호소하는 메시지에 더 많은 영향을 받았다.

앞에서 지적했듯이 정교화 가능성 모델은 메시지 조화가 사고의 방향을 편향되게 할 수 있는 여러 가지 가능한 메커니즘이 있다고 주장한다. 예들 들어 사고의 정도가 높은 수준일 때 메시지 조화가 사고방향을 편향되게 할 수 있다. 실제로 자기감시가 높은 사람은 가치에 호소하는 메시지보다는 이미지에 호소하는 메시지에 대해 호의적 생각을 할 동기가 더 많다는 연구결과를 발견할 수 있다(예를 들면, Lavine & Snyder, 1996). 대조적으로 상황이 사고처리의 정교화 가능성을 매우 낮게 만들 경우 메시지를 개인에게 맞추는 것이 단순한 단서로 작용하여 태도에 영향을 미칠 가능성이 더 높다(예를 들면, DeBono, 1987). 즉, 메시지 내용이 처리되지 않을 때조차도 정보원이 단순히 주장이 개인의 가치와 일치한다고 주장했을 경우 자기감시가 낮은 사람은 "만약 그것이 나의 가치와 연결된다면 그것은 좋은 것일 것이다"고 추론함으로써 자기감시가 높은 사람보다 메시지에 동의하는 경향이 더 높을 수 있다.

게다가 사고처리 정도가 다른 변인에 의해 높거나 낮은 상태로 한정되지 않을 경우 개인에게 맞는 메시지를 연결시키는 것이 메시지에 대한 사고를 증가시킬 수 있다. 이러한 해석은 피험자

가 수용자의 특성에 맞춰서 고안된 메시지에 대한 반응에서 더 많은 생각을 떠올렸다는 크로이터 등(Kreuter)의 연구결과와 일치한다. 메시지 조화의 실험처치와 더불어 메시지 주장의 질을 조작했던 연구 또한 메시지 조화가 사고의 정도에 영향을 미칠 수 있다는 견해를 지지하는 증거를 제시했다. 페티와 웨지너(Petty & Wegener, 1998b)는 자기감시 성향이 서로 다른 사람에게 주장의 강도(강한 주장과 약한 주장)를 달리하여 개인 특성과 맞거나 맞지 않는 메시지를 제공했다. 이 연구에서 자기감시가 높은 사람과 낮은 사람은 이미지(예를 들면, 제품이 당신에게 얼마나 좋아 보일 수 있는가)와 품질(예를 들면, 제품이 얼마나 효율적인가) 소구광고를 강한 주장(예를 들면, 아름다움이나 효능이 오래 지속된다)이나 약한 주장(예를 들면, 아름다움이나 효능이 일시적이다)으로 읽었다. 그 결과 메시지가 개인의 자기감시적 상태와 조화를 이루지 못했을 때보다는 조화를 이루었을 때 주장의 강도 또는 설득력이 더 큰 효과를 보였는데, 이는 조화가 메시지 품질에 대한 관심을 증대시켰다는 것을 의미한다(Updegraff, Sherman, Luyster, & Mann, 2007; Wheeler et al., 2005).

요약하면 축적된 연구결과는 메시지를 수용자 특성에 맞추면 정교화 수준이 낮은 경우 주변 단서로 기능한다. 정교화 수준이 높은 경우 사고를 편향되게 함으로써, 수준이 중간일 경우 정보처리의 양을 증대시킴으로써 태도에 영향을 미칠 수 있다. 메시지 내용이나 프레임을 수용자 특성에 맞추면 다른 상황에서는 다른 메커니즘에 의해 태도변화에 영향을 미칠 수 있다. 메시지가 수용자의 특성에 맞춰질 경우 수용자는 단순히 메시지가 "맞는 것 같다"라는 느낌 때문에 메시지의 주장을 받아들이거나(Cesario, Grant, & Higgins, 2004), 더 쉽게 정보를 처리할 수도 있다(예를 들면, Lee & Aaker, 2004). 정보처리의 손쉬움에 대한 경험이 상대적으로 사고처리 수준이 낮은 상태에서는 태도에 직접적으로 영향을 미칠 수 있다. 또는 사고처리 수준이 높을 때 정보처리의 손쉬움(Tormala et al., 2002)이나 메시지가 맞는 것 같다는 느낌(Cesario et al., 2004)이 사고의 자신감에 영향을 미침으로써 설득에 영향을 미칠 수 있다. 이렇게 증대된 자신감은 만약 머릿속에 떠오른 생각이 호의적이면 설득을 증가시키지만 비호의적이면 설득을 감소시킬 수 있다.

(3) 수용자 요인의 다양한 역할

정교화 가능성 모델에 따르면, 수용자 요인이 정보원과 메시지 요인과 마찬가지로 다양한 역할을 할 수 있다. 개인의 감정적 상태가 설득에 미치는 영향을 고려해 보자. TV라는 대중매체는 개인의 감정상태를 다양하게 조절하면서(예를 들면, 사람들이 보는 TV프로그램 때문에) 메시지를 제공하는 특별한 힘을 가지고 있다. 정교화 가능성 모델에 따르면, 정교화 가능성이 상대적으로 낮은 경우 개인의 내적 감정이 주변적 과정을 통해 태도에 영향을 미친다. 이러한 관점과 일치하는 일련의 연구들은 태도 대상에 감정을 단순하게 주입시키는 "고전적 조건화" 효과가 사고의 정교화 가능성이 낮은 경우에 더 쉽게 일어난다는 사실을 입증했다. 또한 낮은 정교화 조건에서 감정적 상태는 감정적 상태의 원인을 설득적 메시지나 태도대상으로 잘못 귀인시키는 단순한 추론(예를 들면, "내가 메시지 주장에 동의하기 때문에 나는 행복한 것이 틀림없다")에 의해 태도에 영향을 미치는 것으로 가정되었다.

정교화 가능성의 증가에 따라 감정은 다른 역할을 한다. 구체적으로 정교화 가능성이 보다 중간적일수록 감정은 주장에 대한 사고처리의 정도에 영향을 미치는 것으로 드러났다. 쾌락 상황부합 이론(hedonic contingency theory) (Wegener & Petty, 1994, 1996)에 따르면, 행복한 사람은 쾌락적 보상이 주어지는 상황에 주목하고 그에 따라 슬픈 사람보다 쾌락적으로 보상받을 것이라고 생각되는 메시지를 처리할 가능성이 높다. 다른 한편으로 만약 생각해야 될 메시지가 보상적이 아닐 경우(예를 들면, 메시지가 자신의 태도와 반대되거나 침울한 주제인 경우) 슬픈 사람은 행복한 사람보다 메시지 처리를 더 많이 할 것이다. 왜냐하면 슬픈 감정적 상태가 사람을 문제해결의 마음 상태로 몰아넣는 경향이 있기 때문이다. 게다가 행복은 슬픔보다 자신감과 더 많이 연관되기 때문에 개인이 메시지에 접하기 이전에 행복한 상태에 있을 경우(그리고 자신감이 있을 경우) 자신의 견해에 대해 이미 확신이 있기 때문에 메시지를 더 처리할 필요가 없다고 추론할 수 있다 (Tiedens & Linton, 2001).

정교화 가능성 모델에 따르면, 정교화 가능성이 높은 경우 감정은 사고속성에 영향을 미침으로써 태도에 영향을 줄 수 있다. 기억연구는 긍정적인 유인가(valence)를 지닌 것은 사람이 슬픈 상태보다는 행복한 상태에 있을 때 기억 속에서 접근성이 더 높아지는 반면, 부정적 유인가를 지닌 것은 행복한 상태보다는 슬픈 상태에 있을 때 접근성이 더 높아진다는 점을 밝혀냈다. 기억 속에서 감정상태와 일치하는 요소의 접근성이 증가하면 추가적으로 대상의 평가에 영향을 미치는 감정일치적 유관요소를 유도할 수 있

다. 다른 말로 하면, 정교화 가능성이 높을 때 감정은 설득적 메시지에 대한 반응으로 나타나는 사고를 편향되게 할 수 있다. 따라서 감정은 때때로 높고 낮은 정교화 조건에서 태도에 비슷한 영향을 미칠 수 있지만, 그 과정은 다르다.

높고 낮은 사고처리 조건에서의 감정의 다양한 역할을 고찰한 한 연구에서 피험자들은 행복하거나 중립적 상태를 유발하는 TV프로그램 중간에 광고를 시청했다. 광고에 대해 생각할 가능성은 피험자들의 일부에게 실험이 끝나고 무료선물을 고를 수 있는 기회가 주어진다고 말함으로써 두 가지 상태로 조건화되었다. 즉, 한 집단에게는 무료선물이 광고에서 제시되는 제품의 다양한 종류(고관여)라고 이야기하고, 다른 집단에게는 광고와 무관한 제품이라고 이야기했다(저관여). 광고가 담긴 TV프로그램에 노출된 이후 피험자들은 자신의 감정상태를 보고했고, 광고된 제품에 대한 태도를 평가한 다음 메시지를 접하는 동안 떠올렸던 생각을 열거했다. 그 결과 "행복한" 프로그램이 보다 긍정적 감정을 유발시켰고, 고관여와 저관여 모든 조건에서 제품에 대해 보다 긍정적 평가를 유도했다. TV프로그램에서 유도된 행복은 정교화 조건에서 서로 다른 과정을 통해 긍정적 조건을 유발시킨다는 견해와 일관되게 행복은 정교화 가능성이 높았을 때는 제품에 대한 보다 긍정적 사고와 연관되었지만, 낮았을 때는 연관성이 나타나지 않았다. 〈그림 7-4〉는 경로분석을 통해 나타난, ① 실험에서 조작된 감정과 제품에 대한 태도, ② 조작된 감정과 긍정적 사고의 비율, ③ 긍정적 사고의 비율과 제품에 대한 태도 사이의 인과론적 경로를 제시한다. 저관여(저 정교화) 조건에서 감정은 태도에 직접적 영향을 미쳤지만 사고에는 영향을 미치지

〈그림 7-4〉고관여와 저관여 조건에서 긍정적 감정이 태도에 미치는 직접적, 간접적 효과.

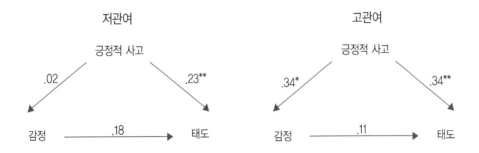

왼쪽 그림은 관여도가 낮을 때 사람들은 메시지 처리 동기가 없고 감정이 태도에 직접적 영향을 미친다는 사실을 보여준다.
오른쪽 그림은 관여도가 높을 때 사람들은 메시지 처리 동기가 높고 감정이 태도에 미치는 영향은 긍정적 사고를
유발시킴으로써 매개된다(그림은 Schuman, Richman, & Strathman, 1993에서 수정).

않았다(그림 왼쪽). 대조적으로 고관여(고 정교화) 조건에서 감정은 태도에 직접적 영향을 미치지 않았다. 그 대신, 행복의 증가는 긍정적 사고의 유발을 증가시켰고, 이것이 태도에 영향을 미쳤다(그림 오른쪽).

감정이 사고를 편향되게 하는 하나의 방법은 개인 메시지에서 언급된 결과가 발생할 것이라고 생각하는 정도에 영향을 미치는 것이다. 구체적으로 행복한 상태에서 주의 깊게 생각할 경우 개인은 커뮤니케이션에서 언급된 긍정적 결과가 발생할 것이지만 부정적 결과는 발생할 가능성이 적다고 믿는다. 슬픔의 경우 반대 결과가 나타난다. 따라서 긍정적으로 프레임된 메시지("금연하면 오래 살 것이다")가 주의 깊게 생각하는 사람이 슬픈 상태일 때보다 행복한 상태일 때 더 효과적이다. 왜냐하면 긍정적 결과가 나타날 가능성을 과대평가하기 때문이다. 그러나 부정적으로 프레임된 주장("만약 담배를 끊지 않으면 일찍 죽게 될 것이다")은 행복한 감정상태보다는 슬픈 감정상태에서 더 효과적이다. 왜냐하면 주의 깊게 생각하는 사람은 부정적 결과의 가능성을 과대평가하기 때문이다. 감정이 결과의 발생가능성 지각에 미치는 효과는 매우 구체적이라는 점을 다양한 연구에서 발견할 수 있다. 즉, 슬픈 감정은 슬픈 결과의 발생가능성 지각을 증가시키는 데 효과적이고, 분노의 상태는 분노를 유발하는 결과의 발생가능성 지각을 증가시키는 데 효과적이다. 이 때문에 감정적 상태와 조화를 이루는 구체적 메시지 유형은 개인의 사고처리 가능성이 높을 때 효과적이라는 사실이 입증되었다. 즉, 개인이 슬픔에 잠겨 있을 때 메시지를 어떤 행위로 인해 슬픈 결과를 초래할 수 있다는 식으로 작성하면 분노를 유발시킬 결과에 초점을 맞추는 것보다 더 효과적이지만, 화가 나 있을 때에는 그 반대가 성립된다 (DeSteno, Petty, Rucker, Wegener, & Braverman, 2004).

자기 정당화 가설을 검증한 최근 연구는 감정은 사고를 편향되게 하는 것 외에도 높은 정교화 조건에서 메시지 처리 이후에 감정적 상태가 유

발될 때 사고에 대한 자신감에 영향을 미침으로써 설득에 영향을 미친다고 말한다. 이러한 가능성은 앞서 언급했던, 감정적 상태가 자신감과 관련이 있고 행복한 사람이 슬픈 사람보다 자신의 사고에 대해 더 확실하고 자신감이 있다는 연구결과에 직접 기인한다(Tiedens & Linton, 2001). 만약 감정이 사고에 대한 자신감에 영향을 미친다면, 행복한 감정 상태인 사람은 슬픈 사람보다 자신의 사고에 대해 더 신뢰해야 한다. 사실상, 브리놀 등(Briñol, Petty & Barden, 2007)은 메시지 처리 다음에 슬픈 감정상태보다 행복한 감정상태에 놓였을 때 개인은 자신의 사고에 대해 더 신뢰한다는 사실을 입증했다. 이는 행복한 사람은 메시지에 대한 사고가 호의적일 때 슬픈 사람보다 더 설득을 당했지만, 메시지에 대한 사고가 비호의적이었을 때 슬픈 사람보다 덜 설득을 당했다는 사실을 의미한다. 브리놀 등은 자기 정당화 효과는 높은 정교화 조건(즉, 인지에 대한 욕구)에 한정되며, 사고에 대한 자신감은 메시지에 대한 사고처리 이전보다는 이후에 나타난다는 사실을 추가적으로 입증했다.

마지막으로, 우리가 언급했던 서로 다른 정교화 조건에서 나타나는 감정의 효과는 TV프로그램 시청과 같이 부차적으로 유발된 감정이 실제로 어디서 왔는지는 분명하지 않고, 감정이 편향적 효과를 유발시키는 것으로 지각될 만큼 두드러지게 형성되지 않는다는 사실에 주목하는 것이 중요하다. 개인이 자신의 감정으로 인해 편향적 효과가 나타날 가능성에 대해 지각할 때 종종 이러한 감정이 판단에 미치는 오염효과를 교정하려고 시도할 것이다. 이는 개인의 편향에 대한 직관적 이론과 반대되는 방향으로 판단을 유도할 수 있다(Wegener & Petty, 1997, 2001). 따라서 만약 개인이 자신의 행복감이 자신의 판단에 호의적 영향을 미치고 이러한 편향을 과대평가한다면 행복한 상태에서 교정된 판단이 슬픈 상태에서 판단된 교정보다 더 부정적일 수 있다.

(4) 다양한 역할의 결과

우리가 특정 정보원, 메시지, 수용자 변인에 대한 해설적 사례를 보여주기는 했지만 그동안 축적된 연구결과는 변인이 다양한 상황에서 서로 다른 역할을 할 수 있다는 정교화 가능성 모델의 생각을 입증한다(Petty & Wegener, 1998 참조). 즉, 다양한 정보원, 메시지, 수용자 변인은 다음과 같은 역할을 통해 태도에 영향을 미치는 것으로 입증되었다. ① 낮은 정교화 가능성 조건에서는 주변단서로, ② 중간 정도의 정교화 가능성 조건에서는 메시지에 대한 사고의 양을 결정하는 요인으로, ③ 변인이 태도대상과 관련이 있고, 정교화가 높은 경우, 그리고 변인이 메시지 처리 이전 또는 이후에 도입되었는가의 여부에 따라 메시지 주장으로 작용하고, ④ 메시지 처리를 편향되게 하고, ⑤ 개인의 메시지 관련사고에 대한 사고에 영향을 미친다.

어떤 변인도 다양한 방법으로 설득을 유발할 수 있기 때문에, 변인이 사람의 태도에 영향을 미치는 과정을 이해하는 것이 중요하다. 예를 들면, 설득의 두 가지 경로에 대한 우리의 논의는 만약 행복한 감정상태가 낮은 정교화 조건에서 단순한 단서로 작용함으로써 설득을 유발시켜 형성된 태도는 행복한 감정이 동일한 양의 설득을 유발시켰지만 그것이 높은 정교화 조건에서 메시지 주장에 대한 긍정적 사고를 증가시킴으로써 작동된 경우에 형성된 태도보다 접근성, 지속성, 저항성, 행동 예측성이 더 약하다는 점을 지적한다. 다양한 영역의 미디어 캠페인에 대한 경험적 연구에서 많은 정보원, 메시지, 수용자, 맥락 변인들이 고찰되었다. 그러나 이러한 변인들이 작동하는 과정에 대해서는 상대적으로 주목하지 않았다. 정교화 가능성 모델은 설득을 결정하는 변인이 서로 다른 상황에서 다른 과정을 통해 작동할 수 있으며, 변인이 변화를 유발시키는 과정이 태도변화로 인해 나타나는 결과를 이해하는 데 중요하다고 주장한다.

4) 미래 연구의 방향

지금까지 우리는 태도변화를 유도하는 과정에 대한 정교화 가능성 모델의 주요 가정을 지지하는 증거에 대해 검토했다. 태도변화와 행위변화 사이의 연결고리에 대해 이야기하기 전에 설득과정에 대한 미래의 연구방향이 어떠해야 하는지에 대해 고민할 필요가 있다. 수용자의 태도가 원하는 방향으로 바뀔 때 설득이 성공했다고 말할 수 있다. 설득적인 처치가 태도에 미치는 영향을 피험자의 신중한 자기보고 형식(즉, 자신의 태도를 좋고-나쁜, 호의적-비호의적 차원으로 평가하는 의미분별 척도)으로 평가하는 오래된 전통을 넘어서서 보다 최근의 연구는 태도변화를 대상, 이슈, 사람을 보다 자동적으로 평가하는 측정방법을 사용하여 평가하기 시작했다. 따라서 지난 10년간 새로운 자동적인 태도 측정방법이 많이 등장했다(예를 들면, 평가적 점화작용; Fazio et al., 1995; 암묵적 연관검증 또는 IAT; Greenwald et al., 1998). 이러한 **암묵적** 방법은 평가되는 대상에 대해 개인이 대상에 대한 아무런 지식이 없어도 내려지는 자동반사적 평가를 측정하고자 한다(자세한 논의는 Petty, Fazio, & Briñol, 2008;

Wittenbrink & Schwarz, 2007 참조).

자동적 평가의 속성에 대한 첫 번째 가정은 이러한 태도는 대상-평가의 기본적 연관성이 오랜 기간에 걸쳐서 학습되는 것으로 가정되었기 때문에 변화하기 매우 어려울 수 있다는 것이었다. 예를 들어 편견을 반영하는 자동적 평가는 미디어에서의 부정적 묘사에 수동적으로 장기간 노출됨으로써(Devine, 1989), 그리고 집단들 사이의 장기간의 사회적 지위 차이로 인해 발생하는 것으로 간주되었다. 그러나 최근 연구는 자동적 평가는 생각을 하고 내려지는 평가와 마찬가지로 수사학적 설득의 전통적인 정교한 양식을 포함한 사고 처리의(높고 낮은) 수준에 따라 영향받을 수 있다는 사실을 증명했다(자세한 검토는 Briñol, Petty, & McCasline, 2008 참조). 예를 들어 자동적 평가는 사람들을 광고, 미디어 캠페인, 구두 정보와 같은 다른 처치물에 노출시키는 방법(Briñol et al., 2008; Czyzewska & Ginsburg, 2007; Maio, Haddock, Watt, & Hewstone, 2008; Park, Felix, & Lee, 2007) 뿐만 아니라 단순한 노출과 고전적 조건화 과정(Fazio & Olson, 2003)에 의해 영향을 받을 수 있다는 사실이 입증되었다.

자동적인 평가적 반응의 평가는 잠재적으로 두 가지 이유로 생각을 통한 신중한 반응과 더불어 중요하다. 첫째, 두 가지 종류의 측정방법은 항상 같은 평가를 만들어내지는 않는다. 둘째, 암묵적 측정방법은 자동적 상황(예를 들면, 사람들이 아무런 생각 없이 행동하는 경우)에서 하는 행동을 예측할 가능성이 높은 반면, 신중한 측정방법은 신중한 상황(Dovidio et al., 1997)에서 하는 행동을 예측할 가능성이 높다. 최근에는 생각에 근거한 신중한 측정방법과 자동적 측정방법 사이에 발생할 수 있는 차이에 상당히 주목한다(Gawronski & Bodenhausen, 2006;Petty & Briñol, 2008). 명시적, 암묵적 측정방법의 차이는 태도구조를 이해하기 위한 많은 흥미로운 가능성을 열어놓고, 또한 매스미디어가 설득에 미치는 효과를 연구하기 위한 잠재적 통찰력을 제공할 수 있다. 예를 들면, 최근 연구는 암묵적, 명시적 평가가 차이 날 때가 일치할 때보다 사람들이 태도 대상과 관련하여 정보를 더 처리하는 경향을 보인다는 사실을 입증했다(Briñol, Petty, & Wheeler, 2006; Petty et al., 2006).

암묵적 측정방법은 또한 미디어 메시지의 숨은 또는 이전에 인식하지 못했던 효과를 드러낼 수 있다. 사람들이 전통적인 신중한 측정방법을 통해서 볼 때 설득에 저항하는 것처럼 보이지만, 암묵적 측정방법을 통해서 볼 때 잠재적으로 중요하지만 과거에는 보이지 않았던 설득적 효과가 나타날 수 있다. 이것은 때때로 설득적 메시지가 실패한 것처럼 보이지만 실제로는 태도를 지닌다는 기본적인 자신감에 변화(때로는 증가하고, 때로는 감소하는)가 있었다는 것을 입증하는 연구와 유사하다(Rucker & Petty, 2004; Rucker, Petty, & Briñol, 2008; Tormala & Petty, 2002). 따라서 태도와 연관된 메타 인지적 속성에 대한 측정이 태도 그 자체의 유인가(*valence*)에 변화가 없을 때 정보적이라는 사실이 입증되었다. 특정상황에서 피험자들이 신중한 자기보고식 측정방법으로는 설득적 메시지에 영향을 받지 않았지만(예를 들면, 요구특성, 평가 불안, 인상 관리, 사회적으로 바람직한 방향으로 응답하려는 속성, 자아인식 한계의 결과로) 자동적인 평가 측정방법을 통해서 볼 때 태도대상과 관련하여 존재하는 잠재적으로 숨어있는 어떤 설득적 효과가 여전히 존재할 수 있다. 이것이 사실이라면 연구자는 기존 연구가 메시지가 어떤 (숨은) 효과를 가지고 있다는 사실을 입증하기 위해 수용자의 태도에 대한 자신감 변인을 이용한 것과 마찬가지 방식으로 자동적인 측정방법을 이용할 수도 있을 것이다.

4. 태도와 행위의 연결고리

앞에서 지적했듯이 정교화 가능성 모델은 설득과정과 변인이 태도에 어떻게 효과를 미치는지를 이해하기 위한 틀을 제공한다. 그러나 개인의 태도가 일단 변화하면 행위변화는 개인의 오래된 태도나 습관보다는 새로운 태도가 행위를 유도할 것을 필요로 한다. 많은 연구가 태도와 행위의 연결에 대해 논의했고, 많은 상황적, 기질적 요인이 태도와 행위의 일관성을 고양시키는 것으로 입증되었다.

태도가 행위를 유도하는 과정에 대한 두 가지 일반적 접근방법이 보편적으로 인정받았다. 첫번째 접근방법은 "합리적 행위" 이론, "계획된 행위" 이론으로 예시되는데, 이 이론은 "개인은 어떤 행위를 할 것인지 아닌지를 결정하기 이전에 행위결과에 대해 생각한다"고 가정한다. 이 접근방법에서는 개인은 행위를 할 것인지, 말 것인지의 의향을 형성하고, 이러한 의향은 의미 있는 타자(규범)의 의견에 대한 지각뿐만 아니라 행위에 대한 개인의 태도에 기반한 것으로 가정된다. 이 접근방법은 특정행위가 가져다줄 개인적 비용과 이익을 따지고, 행위를 통제할 능력을 지각하는데 상대적으로 신중한 사고처리를 한다는 점에 초점을 맞춘다. 이 방법에 대한 경험적 검증은 상당히 축적되었다.

합리적 행위와 계획된 행위이론이 조명하는 신중한 사고처리와 대조적으로 파지오(Fazio, 1990, 1995)는 대부분의 행위는 계획된 것이 아니라 자발적이고 태도는 상대적으로 자동적 과정을 통해 행위를 유도할 수 있다고 제안했다. 즉, 만약 관련 태도가 머릿속에 떠오르면 그 태도와 일치하는 행위가 발생할 수 있다는 것이다. 파지오는 만약 ① 태도가 태도대상의 단순한 현존에 의해 자동적으로 활성화된다면, ② 태도가 대상에 대한 지각을 규정한다면, 즉, 태도가 호의적(또는 비호의적)이면 대상의 속성 또한 호의적(비호의적)으로 보인다면, 태도는 어떤 신중한 고찰이나 추론 없이 행위를 유도할 수 있다고 주장했다.

파지오는 더 나아가 동기나 능력요인이 합리적 행위나 자동적인 활성화 과정이 일어나는지의 여부를 결정하는 데 중요하다고 주장한다. 즉, 태도는 서로 다른 상황에서 높거나 낮은 사고처리 과정에 의해 형성되거나 변화될 수 있다는 정교화 가능성 모델의 주장처럼 태도-행위 일관성에 대한 파지오의 접근방법(MODE 모델)은 태도는 높거나 낮은 사고처리 과정을 통해 행위를 유도할 수 있다고 주장한다. 개인적 결과에 대한 지각수준이 높은 행위결정의 경우 태도는 신중한 숙고과정을 통해 행위를 결정할 가능성이 높은 반면, 결과에 대한 지각의 수준이 낮은 경우 자동적인 태도 활성화가 행위를 결정하는 데 더 중요하다. 비슷하게, 행위를 결정하기 위해 허용된 시간이 적을 경우 자동적 태도활성화 과정의 중요성이 신중한 사고처리 과정보다

더 증가한다. 자신의 행위에 대해 사고할 동기나 능력이 충분할 경우 개인은 예상된 행위가 가져다줄 비용과 이익에 대해 숙고할 수 있다.

흥미롭게도 어떤 비용과 이익이 결정 당시 현저한가에 따라 숙고과정이 근본태도와 일치하는 행위를 유도할 수도 있고 일치하지 않는 행위를 유도할 수도 있다. 예를 들어 근본태도는 감정적이고 인지적(신념에 기반한) 요인 모두의 결합에 기반할 수도 있지만, 만약 생각할 시간이 많다면 사람들은 이후에 결정에 대한 불만을 야기할지도 모르는 감정적 고려보다는 인지적 고려에 더 무게를 둘 수 있다. 그러나 생각할 동기나 능력이 낮을 때 사람들의 행위는 어떤 태도이든 간에 접근성이 가장 높은 태도에 따라 결정된다.[6]

어떤 영역에서는 접근 가능성이 높은 태도가 행위로 쉽게 전환된다(예를 들면, "나는 후보 X를 좋아한다, 그래서 이 후보에게 투표할 것이다"). 그러나 다른 영역에서는 개인이 태도에 따라 행동할 욕망이 있다고 하더라도 새로운 태도가 새로운 행위로 전환되는 것이 다소 복잡하다("나는 지방이 적은 음식을 먹고 싶지만 어떻게 이것을 실천할 수 있을까?"). 따라서 어떤 미디어 캠페인의 경우 태도변화가 중요한 첫 번째 단계이지만 중심경로를 통해 적절한 태도가 형성되었다고 하더라도 바람직한 방향의 행위반응을 유도하기에는 여전히 불충분할 수 있다. 개인은 또한 새로운 태도가 기존태도를 극복하고 대체할 수 있을 정도로 충분히 태도를 사전에 연습하여 익혀둘 필요도 있다. 또는 개인은 태도에 따라 행위

6 저자 주: 중심경로를 통해 형성된 태도는 주변경로를 통해 형성된 태도보다 접근성이 높은 경향이 있기 때문에 당면한 환경에서 숙고할 가능성이 낮고 행위를 유도할 접근 가능한 태도가 없을 경우에만 행위 환경에서 주변단서가 즉각적인 행위에 영향을 미칠 가능성이 높다.

188

할 수 있을 정도로 새로운 태도에 보다 자신감을 가지거나(Rucker & Petty, 2006), 새롭게 습득된 태도와 의향이 행위로 전환될 수 있도록 새로운 기술과 자기효능감에 대한 지각을 획득할 필요도 있다. 반듀라(Bandura, 1977)의 사회인지 이론이 후속 과정을 이해하기 위한 틀을 제공한다(이 책에서 반듀라가 쓴 제 6장 참조).

5. 요약과 결론

매스미디어 효과에 대한 많은 연구가 미디어 메시지가 개인이 대상, 이슈, 사람에 대해 갖는 지식과 사실을 변화시키는 것이 가능하다는 사실을 입증했지만, 지식수용이 반드시 태도와 행위 변화를 낳은 것은 아니라는 것이 우리의 주장이다. 정교화 가능성 모델과 이를 입증하는 연구에 대한 검토에서 우리는 만약 개인이 정보를 처리할 동기와 능력이 있고, 이러한 처리과정이 상대적으로 지속적인 개인의 인지구조로 통합되는 호의적 사고와 생각을 유도한다면, 오랫동안 지속될 수 있는 태도와 행위의 변화를 유도하는 데 성공적일 수 있다는 점을 강조했다. 게다가 일단 태도가 변하면 행위의 변화를 낳기 위해서는 과거 태도를 극복하고, 새로운 태도에 대한 자신감을 개발하며 새로운 기술과 자기효능감에 대한 지각을 학습할 필요가 있다.

따라서 태도와 행위변화에 대한 현재의 연구는 지식습득이 태도나 행위상의 결과를 유발시키지 못했던 실패한 미디어 캠페인에 대해 설명하는 데 도움을 줄 수 있다. 첫째, 습득된 지식은 수용자에 의해 무관한 것으로 인식될 수 있거나, 호의적 반응보다는 비호의적 반응을 유도했을 수

있다. 둘째, 호의적 반응이 일어났더라도 개인은 자신의 호의적 생각에 대해 자신감이 결여되어 있어 생각에 대한 신뢰를 약화시키고 변화 가능성을 낮출 수 있다. 셋째, 적절한 태도변화가 일어났더라도 그 변화가 메시지에 대한 신중한 사고처리보다는 단순한 주변단서에 기반했을 수도 있다. 따라서 변화된 태도가 무엇이든 그것은 오랜 기간 동안 지속되어 행위를 유도할 가능성이 낮을 수 있다. 넷째, 태도변화가 중심경로를 통해 일어났다고 하더라도 영향을 받은 개인이 새로운 태도를 행위로 전환시키기 위해 필요한 기술이나 자신감이 결여되었을 수 있거나 태도가 행위에 미치는 영향이 경쟁적인 규범에 의해 기반이 침식되었을 수도 있다. 다섯째, 개인이 매스미디어가 전통적 방식으로 측정된 설득에 미치는 영향에 저항하는 것처럼 보이지만 대안적 방식으로 측정할 경우 잠재적으로 중요하지만 이전에는 보이지 않았던 설득효과가 발생했을 수도 있다. 예를 들면, 미디어 캠페인이 개인으로 하여금 전통적인 측정방식으로는 흡연에 대한 부정적 태도를 개발하는 데 실패했을 수도 있지만 자동적인 평가 측정방법은 개인이 보다 부정적 태도를 형성했다는 사실을 드러낼 수 있고, 또는 메타 인지적 측정방법이 개인이 미래의 태도와 행위변화를 가능하게 하는 자신의 기존의 긍정적 평가에 대해 자신감을 잃어버렸다는 사실을 드러낼 수 있다.

우리의 논의에서 제기된 가장 중요한 3가지 이슈는 다음과 같다. ① 어떤 태도는 외부에서 제공된 정보가 자신과 관련되고 일관성 있는 신념구조(중심경로)로 통합되는 신중한 추론과정에 기반하지만 다른 태도는 설득환경에 존재하는 상대적으로 단순한 단서의 결과로 형성된다.

② 모든 변인(예를 들면, 정보원 전문성이나 감정) 은 서로 다른 상황에서 단일 또는 복수 역할을 함으로써(즉, 사고동기나 능력에 영향을 미치거나, 생각을 편향되게 만들거나, 생각에 대한 자신감에 영향을 미치거나, 주장 또는 주변단서로 기능하는 등) 중심 또는 주변경로를 통해 설득을 유도할 수 있다. ③ 중심과 주변경로 처리 모두 그것의 유인가(얼마나 호의적인가, 비호의적인가)와 비슷한 태도를 유도할 수 있지만 숙고를 통해 형성된 태도가 그렇지 못한 태도보다 더 영향력이 있는 것과 같이 태도변화의 방식에서는 차이가 있다.

만약 매스미디어가 영향을 미치고자 하는 시도의 목표가 행위변화를 동반하는 지속적인 태도변화를 유발하는 것이라면 중심경로를 통한 설득이 더 나은 설득전략인 것처럼 보인다. 목표가 비록 상대적으로 일시적이지만 새로운 태도(예를 들면, TV모금방송에 기부하는 행위에 대한 태도)의 즉각적인 형성이라면, 주변경로가 더 나을 수도 있다. 중심경로를 통한 영향은 새로운 정보를 수용하는 사람이 그것을 처리하려는 동기와 능력을 가질 것을 요구한다. 앞에서 지적했듯이 메시지에 대한 사고동기를 결정하는 가장 중요한 요인 중 하나가 메시지에 대한 개인적 관련성에 대한 지각이다. 사람들이 접하는 미디어 메시지의 대부분은 직접 관련이 없고 개인에게 즉각적 결과를 가져다주지 않는 것으로 인식될 수도 있다. 따라서 이러한 메시지의 많은 부분은 무시되거나 주로 주변단서로 처리될 수 있다. 장기적 태도를 겨냥한 모든 설득전략의 중요한 목표는 커뮤니케이션의 개인적 관련성에 대한 지각을 증대시키거나 메시지 처리를 고양시키는 다른 테크닉을 차용하여(예를 들면, 주장 진술문보다는 질문형으로 주장을 맺는 것, 다양한 정보원을 사용하는 것 등) 메시지에 대한 사고동기를 증대시키는 것이다.

결론을 맺자면, 우리는 매스미디어 설득에 대한 연구는 단순한 정보제공이 설득을 유발시키기에 충분하다는 초기의 낙관적 견해와 미디어의 설득적 시도는 효과가 없다는 이후의 비관적 견해에서 상당히 벗어나 진전을 보였다는 점을 지적하고 싶다. 다른 설득의 형태와 마찬가지로 미디어의 효과는 그 과정을 설명할 수는 있지만 상당히 복잡하다는 사실을 안다. 외부정보에 대한 개인의 인지적 반응의 정도와 속성이 정보 그 자체보다 훨씬 더 중요할 수 있다. 태도는 중심경로나 주변경로와 같이 서로 다른 방식으로 변화될 수 있고, 어떤 태도변화는 다른 태도변화보다 접근 가능성, 안정성, 저항 가능성, 행위예측 가능성이 더 높다. 그리고 정보원이 얼마나 매력적인가, 개인이 어떤 감정을 경험하는가와 같은 단순한 변인조차도 서로 다른 상황에서 다른 과정을 통해 설득을 유발시킬 수 있다.

참고문헌

Ajzen, I. (1988). *Attitudes, personality, and behavior*. Chicago: Dorsey Press.

Ajzen, I. (1991). The theory of planned behavior. *Organizational Behavior and Human Decision*

Processes, 50, 179-210.

Alba, J. W., & Marmorstein, H. (1987). The effects of frequency knowledge on consumer decision making. *Journal of Consumer Research*, 13, 411-454.

Axsom, D., Yates, S., & Chaiken, S. (1987). Audience response as a heuristic cue in persuasion. *Journal of Personality and Social Psychology*, 53, 30−40.

Baker, S. M., & Petty, R. E. (1994). Majority and minority influence: Source advocacy as a determinant of message scrutiny. *Journal of Personality and Social Psychology*, 67, 5-19.

Bandura, A. (1977). *Social learning theory.* Englewood Cliffs, NJ: Prentice-Hall.

Bandura, A. (1986). *Social foundations of thought and action.* Englewood Cliffs, NJ: Prentice-Hall.

Bern, D. J. (1972). Self-perception theory. In L. Berkowitz (Ed.), *Advances in experimental social psychology* (Vol. 6, pp. 1-62). New York: Academic Press.

Berkowitz, L., Jaffee, S., Jo, E., & Troccoli, B. (2000). Some conditions affecting overcorrection of the judgment-distorting influence of one's feelings. In J. P. Forgas (Ed.), *Feeling and thinking: The role of affect in social cognition.* Cambridge, England: Cambridge University Press.

Blaney, P. H. (1986). Affect and memory: A review. *Psychological Bulletin*, 99, 229-246.

Bower, G. H. (1981). Mood and memory. *American Psychologist*, 1I, 11-13.

Brehm, J. W. (1966). *A theory of psychological reactance.* New York: Academic Press.

Briñol, P., & Petty, R. E. (2004). Self-validation processes: The role of thought confidence in persuasion. In G. Haddock and G. Maio (Eds.), *Contemporary perspectives on the psychology of attitudes.* Philadelphia: Psychology Press.

Briñol, P., & Petty, R. E. (2005). Individual differences in persuasion. In D. Albarracin, B. T. Johnson, & M. P. Zanna (Eds.), *Handbook of attitudes and attitude change* (pp. 575-616). Hillsdale, NJ: Erlbaum.

Briñol, P., & Petty, R. E. (2006). Fundamental processes leading to attitude change: Implications for cancer prevention communications. *Journal of Communication*, 56, 81-104.

Briñol, P., Petty, R. E., & Barden, J. (2007). Happiness versus sadness as determinants of thought confidence in persuasion: A self-validation analysis. *Journal of Personality and Social Psychology*, 93, 711-727.

Briñol, P., Petty, R. E., & McCaslin, M. J. (2008). Automatic and deliberative attitude change from thoughtful and non-thoughtful processes. In R. E. Petty, R. H. Fazio, & P. Briñol (Eds.), *Attitudes: Insights from the new implicit measures* (pp. 285-326). New York: Psychology Press.

Briñol, P., Petty, R. E., & Tormala, Z. L. (2004). The self-validation of cognitive responses to advertisements. *Journal of Consumer Research*, 30, 559-573.

Briñol, P., Petty, R. E., & Wheeler, S. C. (2006). Discrepancies between explicit and implicit self-concepts: Consequences for information processing. *Journal of Personality and Social Psychology*, 91 (1), 154-170.

Brug, J., Glanz, K., Van Assema, P., Kok, G., & Van Breukelen, G. J. P. (1998). The impact of computer-tailored feedback and iterative feedback on fat, fruit, and vegetable intake. *Health*

Education and Behavior, 25, 517-531.

Burnkrant, R., & Unnava, R. (1989). Self-referencing: A strategy for increasing processing of message content. *Personality and Social Psychology Bulletin*, 15, 628-638.

Cacioppo, J. T, & Petty, R. E. (1981). Social psychological procedures for cognitive response assessment: The thought listing technique. In T. Merluzzi, C. Glass, and M. Genest (Eds.), *Cognitive assessment* (pp. 309-342). New York: Guilford.

Cacioppo, J. T, & Petty, R. E. (1982). The need for cognition. *Journal of Personality and Social Psychology*, 42, 116-131.

Cacioppo, J. T, & Petty, R. E. (1989). Effects of message repetition on argument processing, recall, and persuasion. *Basic and Applied Social Psychology*, 10, 3-12.

Cacioppo, J. T, Marshall-Goodell, B. S., Tassinary, L. G., & Petty, R. E. (1992). Rudimentary determinants of attitudes: Classical conditioning is more effective when prior knowledge about the attitude stimulus is low than high. *Journal of Experimental Social Psychology*, 28, 207-233.

Cacioppo, J. T., Petty, R. E., & Sidera, J. (1982). The effects of a salient self-schema on the evaluation of proattitudinal editorials: Top-down versus bottom-up message processing. *Journal of Experimental Social Psychology*, 18, 324-338.

Cartwright, D. (1949). Some principles of mass persuasion. *Human Relations*, 2, 253-267.

Cesario, J., Grant, H., & Higgins, E. T. (2004). Regulatory fit and persuasion: Transfer from "feeling right." *Journal of Personality and Social Psychology*, 86, 388-404.

Chaiken, S. (1980). Heuristic versus systematic information processing and the use of source versus message cues in persuasion. *Journal of Personality and Social Psychology*, 39, 752-756.

Chaiken, S. (1987). The heuristic model of persuasion. In M. P. Zanna, J. Olson, & C. P. Herman (Eds.), *Social influence: The Ontario symposium* (Vol. 5). Hillsdale, NJ: Erlbaum.

Chaiken, S., & Eagly, A. H. (1976). Communication modality as a determinant of message per-suasiveness and message comprehensibility. *Journal of Personality and Social Psychology*, 34.

Chaiken, S., & Maheswaran, D. (1994). Heuristic processing can bias systematic processing: Effects of source credibility, argument ambiguity, and task importance on attitude judgment. *Journal of Personality and Social Psychology*, 66, 460-473.

Chaiken, S., Liberman, A., & Eagly, A. H. (1989). Heuristic and systematic processing within and beyond the persuasion context. In J. Uleman & J. Bargh (Eds.), *Unintended thought*. New York: Guilford Press.

Chaiken, S., & Trope, Y. (1999). *Dual-process theories in social psychology*. New York: Guilford Press.

Crites, S., Fabrigar, L., & Petty, R. E. (1994). Measuring the affective and cognitive properties of attitudes: Conceptual and methodological issues. *Personality and Social Psychology Bulletin*, 20.

Czyzewska, M., & Ginsburg, H. J. (2007). Explicit and implicit effects of anti-marijuana and anti-tobacco TV advertisements. *Addictive Behaviors*, 32, 114-127.

DeBono, K. G. (1987). Investigating the social-adjustive and value-expressive functions of attitudes: Implications for persuasion processes. *Journal of Personality and Social Psychology*, 52.

DeBono, K. G, & Harnish, R. J. (1988). Source expertise, source attractiveness, and processing or persuasive information: A functional approach. *Journal of Personality and Social Psychology*, 55.

DeBono, K., & Packer, M. (1991). The effects of advertising appeal on perceptions of product quality. *Personality and Social Psychology Bulletin*, 17, 194−200.

DeSteno, D., Petty, R. E., Rucker, D. D., Wegener, D. T, & Braverman, J. (2004). Discrete emotions and persuasion: The role of emotion-induced expectancies. *Journal of Personality and Social Psychology*, 86, 43-56.

DeSteno, D., Petty, R. E., Wegener, D. T, & Rucker, D. D. (2000). Beyond valence in the perception of likelihood: The role of emotion specificity. Journal of *Personality and Social Psychology*, 78, 397-416.

Devine, P. G. (1989). Stereotypes and prejudice: Their automatic and controlled components. *Journal of Personality and Social Psychology*, 56, 5-18.

Doob, L. (1935). Propaganda, its psychology and technique. New York: Holt.

Dovidio, J. E, Kawakami, K., Johnson, C, Johnson, B., & Howard, A. (1997). On the nature of prejudice: Automatic and controlled processes. *Journal of Experimental Social Psychology*, 33.

Eagly, A. H., & Chaiken, S. (1993). *The psychology of attitudes.* Fort Worth, TX: Harcourt, Brace, Jovanovich.

Fazio, R. H. (1990). Multiple processes by which attitudes guide behavior: The MODE model as an integrative framework. In M. Zanna (Ed.), *Advances in experimental social psychology* (Vol. 23). New York: Academic Press.

Fazio, R. H., Jackson, J. R., Dunton, B. C, & Williams, C. J. (1995). Variability in automatic activation as an unobtrusive measure of racial attitudes: A bona fide pipeline? *Journal of Personality and Social Psychology*, 69, 1013-1027.

Fazio, R. H., & Olson, M. A. (2003). Implicit measures in social cognition research: Their meaning and use. *Annual Review of Psychology*, 54, 297-327.

Fazio, R. H., & Williams, C. J. (1986). Attitude accessibility as a moderator of the attitude-perception and attitude-behavior relations: An investigation of the 1984 presidential election. *Journal of Personality and Social Psychology*, 51, 505-514.

Fishbein, M., & Ajzen, I. (1975). *Belief, attitude, intention, and behavior: An introduction to theory and research.* Reading, MA: Addison-Wesley.

Fiske, S. T, & Pavelchak, M. A. (1986). Category-based versus piecemeal-based affective responses: Developments in schema-triggered affect. In R. M. Sorrentino & E. T. Higgins (Eds.), *Handbook of motivation and cognition: Foundations of social behavior.* New York: Guilford Press.

Fleming, M. A., Petty, R. E., & White, P. H. (2005). Stigmatized targets and evaluation: Prejudice as a determinant of attribute scrutiny and polarization. *Personality and Social Psychology Bulletin*, 31, 496-507.

Forgas, P. (1995). Mood and judgment: The affect infusion model (AIM). *Psychological Bulletin*, 117.

Frey, D. (1986). Recent research on selective exposure to information. In L. Berkowitz (Ed.). *Advances in experimental social psychology* (Vol. 19). San Diego, CA: Academic Press.

Friedrich, J., Fethetstonhaugh, D., Casey, S., & Gallagher, D. (1996). Argument integration and attitude change: Suppression effects in the integration of one-sided arguments that vary in persuasiveness. *Personality and Social Psychology Bulletin*, 22, 179-191.

Gawronski, B., & Bodenhausen, G. V. (2006). Associative and prepositional processes in evaluation: An integrative review of implicit and explicit attitude change. *Psychological Bulletin*, 132.

Gillig, P. M., & Greenwald, A. G. (1974). Is it time to lay the sleeper effect to rest? *Journal of Personality and Social Psychology*, 29, 132-139.

Gorn, G. J. (1982). The effects of music in advertising on choice behavior: A classical conditioning approach. *Journal of Marketing*, 46, 94-101.

Greenwald, A. G. (1968). Cognitive learning, cognitive response to persuasion, and attitude change. In A. Greenwald, T. Brock, & T. Ostrom (Eds.), *Psychological foundations of attitudes*. New York: Academic Press.

Greenwald, A. G, & Albert, S. M. (1968). Observational learning: a technique for elucidating S-R mediation processes. *Journal of Experimental Psychology*, 76, 273-278.

Greenwald, A. G., & Banaji, M. R. (1995). Implicit social cognition: Attitudes, self-esteem, and stereotypes. *Psychological Review*, 102, 4-27.

Greenwald, A. G., McGhee, D. E., & Schwartz, J. L. K. (1998). Measuring individual differences in implicit cognition: The implicit association task. *Journal of Personality and Social Psychology*, 74, 1464-1480.

Gruder, C. L., Cook, T. D, Hennigan, K. M., Flay, B. R., Alessis, C, & Halamaj, J. (1978). Empirical tests of the absolute sleeper effect predicted from the discounting cue hypothesis. *Journal of Personality and Social Psychology*, 36, 1061-1074.

Harkins, S. G, & Petty, R. E. (1981). The effects of source magnification cognitive effort on attitudes: An information processing view. *Journal of Personality and Social Psychology*, 40.

Harkins, S. G, & Petty, R. E. (1987). Information utility and the multiple source effect in persuasion. *Journal of Personality and Social Psychology*, 52, 260-268.

Haugtvedt, C, & Petty, R. E. (1992). Personality and persuasion: Need for cognition moderates the persistence and resistance of attitude changes. *Journal of Personality and Social Psychology*, 63.

Heesacker, M., Petty, R. E., & Cacioppo, J. T. (1983). Field dependence and attitude change: Source credibility can alter persuasion by affecting message-relevant thinking. *Journal of Personality*, 51, 653-666.

Hovland, C. I. (1954). Effects of the mass media of communication. In G. Lindzey (Ed.), *Handbook of social psychology* (Vol. 2). Cambridge, MA: Addison-Wesley Publishing Company.

Hovland, C. I. (1959). Reconciling conflicting results derived from experimental and survey studies of attitude change. *American Psychologist*, 14, 8-17.

Hovland, C. L, Janis, L, & Kelley, H. H. (1953). *Communication and persuasion*. New Haven, CT:

Yale University Press.

Hovland, C. I., Lumsdaine, A., & Sheffield, F. (1949). *Experiments on mass communication.* Princeton, NJ: Princeton University Press.

Howard, D. J. (1990). Rhetorical question effects on message processing and persuasion: The role of information availability and the elicitation of judgment. *Journal of Experimental Social Psychology,* 26, 217-239.

Hyman, H., & Sheatsley, P. (1947). Some reasons why information campaigns fail. *Public Opinion Quarterly,* 11, 412-423.

Isen, A. (1987). Positive affect, cognitive processes, and social behavior. *Advances in experimental social psychology,* 20, 203-253.

Ivengar, S., & Kinder, D. R. (1987). *News that matters: Television and American opinion.* Chicago: University of Chicago Press.

Ivengar, S., Kinder, D. R., Peters, M. D., & Krosnick, J. A. (1984). The evening news and presidential evaluations. *Journal of Personality and Social Psychology,* 46, 778-787.

Janis, I. L., & King, B. T. (1954). The influence of role-playing on opinion change. *Journal of Abnormal and Social Psychology,* 49, 211-218.

Johnson, E., & Tversky, A. (1983). Affect, generalization, and the perception of risk. *Journal of Personality and Social Psychology,* 45, 20-31.

Katz, D., & Lazarsfeld, P. R. (1955). *Personal influence.* New York: Free Press.

Kaufman, D., Stasson, M., & Hart, J. (1999). Are the tabloids always wrong or is that just what we think? Need for cognition and perceptions of articles in print media. *Journal of Applied Social Psychology,* 29, 1984-1997.

Kinder, B. N, Pape, N. E., & Walfish, S. (1980). Drug and alcohol education programs: A review of outcome studies. *International Journal of the Addictions,* 15, 1035-1054.

Klapper, J. T. (1960). *The effects of mass communication.* New York: The Free Press.

Kreuter, M. W., Strecher, V. J., & Glassman, B. (1999). One size does not fit all: The case for tailoring print materials. *Annals of Behavioral Medicine,* 21, 276-283.

Kumkale, G. T, & Albarracin, D. (2004). The sleeper effect in persuasion: A meta-analytic review. *Psychological Bulletin,* 130, 143-172.

Lasswell, H. W. (1927). *Propaganda techniques in the World War.* New York: Peter Smith.

Lasswell, H. W. (1964). The structure and function of communication in society. In L. Bryson (Ed.), *Communication of ideas.* New York: Cooper Square Publishers.

Lavine, H., & Snyder, M. (1996). Cognitive processing and the functional matching effect in persuasion. The mediating role of subjective perceptions of message quality. *Journal of Experimental Social Psychology,* 32, 580-604.

Lazarsfeld, P., Berelson, B., & Gaudet, H. (1948). *The people's choice.* New York: Columbia University Press.

Lee, A. Y., & Aaker, J. L. (2004). Bringing the frame into focus: The influence of regulatory fit on processing fluency and persuasion. *Journal of Personality and Social Psychology*, 86.

Lee, A., & Lee, E. B. (1939). *The fine art of propaganda: A study of Father Coughlin's speeches*. New York: Harcourt, Brace.

Lippmann, W. (1922). *Public opinion*. New York: Macmillan.

Lohr, S. (1991, February 18). Troubled banks and the role of the press. *New York Times*, pp. A33.

Lord, C. G., Ross, L., & Lepper, M. R. (1979). Biased assimilation and attitude polarization: The effects of prior theories on subsequently considered evidence. *Journal of Personality and Social Psychology*, 37, 2098-2109.

MacKuen, M. B. (1981). Social communication and the mass policy agenda. In M. B MacKuen & S. L. Coombs(Eds.), *More than news: Media power in public affairs*. Beverly Hills. CA: Sage.

Maheswaran, D., & Chaiken, S. (1991). Promoting systematic processing in low motivation settings: Effect of incongruent information on processing and judgment. *Journal of Personality and Social Psychology*, 61, 13-25.

Maio, G., Haddock, G, Watt, S. E., & Hewstone, M. (2008). Implicit measures in applied contexts: An illustrative examination of anti-racism advertising. In R. E. Petty, R. H. Fazio. & P. Briñol(Eds.), *Attitudes: Insights from the new implicit measures*. N. Y.: Psychology Press.

McGuire, W. J. (1968). Personality and susceptibility to social influence. In E. F. Borgatta & W. W. Lambert(Eds.), *Handbook of personality theory and research*. Chicago: Ran; McNally.

McGuire, W. J. (1969). The nature of attitudes and attitude change. In G. Lindzey & E. Aronson (Eds.), *Handbook of social psychology*(2nd ed., Vol. 3). Reading, MA: Addison-Wesley.

McGuire, W. J. (1985). Attitudes and attitude change. In G. Lindzey & E. Aronson(Eds.), *Handbook of social psychology*(3rd ed., Vol. 2). New York: Random House.

McGuire, W. J. (1989). Theoretical foundations of campaigns. In R. E. Rice & C. K. Atkin (Eds.). *Public communication campaigns*(2nd ed.). Newbury Park, CA: Sage.

McGuire, W. J. (1996). The Yale communication and attitude change program in the 1950s. In E. E. Dennis & E. Wartella(Eds.), *American communication research: The remembered history*. Mahwah, NJ: Erlbaum.

Mendelsohn, H. (1973). Some reasons why information campaigns can succeed. *Public Opinion Quarterly*, 11, 412-423.

Moore, D. L., & Reardon, R. (1987). Source magnification: The role of multiple sources in processing of advertising appeals. *Journal of Marketing Research*, 24, 412-417.

Moore, D. L., Hausknecht, D., & Thamodaran, K. (1986). Time pressure, response opportunity and persuasion. *Journal of Consumer Research*, 13, 85-99.

Ottati, V. C, & Isbell, L. M. (1996). Effects of mood during exposure to target information on subsequently reported judgments: An on-line model of misattribution and correction. *Journal of Personality and Social Psychology*, 71, 39-53.

Paisley, W. (1989). Public communication campaigns: The American experience. In R. E. Rice & C. K. Atkin(Eds.), *Public communication campaigns*(2nd ed.). CA: Sage Publications.

Palmerino, M., Langer, E., & McGillis, D. (1984). Attitudes and attitude change: Mindlessness-mindfulness perspective. In J. R. Eiser(Ed.), *Attitudinal judgment*. N.Y.: Springer-Verlag.

Park, J., Felix, K., & Lee, G. (2007). Implicit attitudes toward Arab-Muslims and the moderating effects of social information. *Basic and Applied Social Psychology*, 29, 35-35.

Pechman, C, & Stewart, D. W. (1989). Advertising repetition: A critical review of wearin and wearout. *Current Issues and Research in Advertising*, 11, 285-330.

Pechmann, C, & Estaban, G. (1993). Persuasion processes associated with direct comparative and noncomparative advertising and implications for advertising effectiveness. *Journal of Consumer Psychology*, 2, 403-432.

Peterson, R. E., & Thurstone, L. (1933). *Motion pictures and the social attitudes of children*. New York: Macmillan.

Petty, R. E. (1994). Two routes to persuasion: State of the art. In G. d'Ydewalle, P. Eelen, & P. Bertelson(Eds.), *International perspectives on psychological science*(Vol. 2, pp. 229-247). Hillsdale, NJ: Erlbaum.

Petty, R. E., Baker, S. M., & Gleicher, F. (1991). Attitudes and drug abuse prevention: Implications of the elaboration likelihood model of persuasion. In L. Donohew, H. E. Sypher, & W. J. Bukoski(Eds.), *Persuasive communication and drug abuse prevention*(pp. 71-90). Hillsdale, NJ: Erlbaum.

Petty, R.E., Barden, J., & Wheeler, S. C. (2002). The elaboration likelihood model of persuasion. In R. J. DiClemente, R. A. Crosby, & M. Kegler(Eds.), *Emerging theories in health promotion practice and research*(pp. 71-99). San Francisco: Jossey-Bass.

Petty, R. E., & Briñol, P. (2008). Implicit ambivalence: A meta-cognitive approach. In R. E. Petty, R. H. Fazio, & P. Briñol(Eds.), *Attitudes: Insights from the new implicit measures*. New York: Psychology Press.

Petty, R. E., Briñol, P., & DeMarree, K. G. (2007). The meta-cognitive model(MCM) of attitudes: Implications for attitude measurement, change, and strength. *Social Cognition*, 25.

Petty, R. E., Briñol, P., & Tormala, Z. L. (2002). Thought confidence as a determinant of persuasion: The self-validation hypothesis. *Journal of Personality and Social Psychology*, 82.

Petty, R. E., Briñol, P., Tormala, Z. L., & Wegener, D. T. (2007). The role of meta-cognition in social judgment. In E. T. Higgins & A. W. Kruglanski(Eds.), *Social psychology: A handbook of basic principles*(2nd ed., pp. 254-284). New York: Guilford Press.

Petty, R. E., & Brock, T. C. (1981). Thought disruption and persuasion: Assessing the validity of attitude change experiments. In R. Petty, T. Ostrom, & T. Brock(Eds.), *Cognitive responses in persuasion*(pp. 55-79). Hillsdale, NJ: Erlbaum.

Petty, R. E., & Cacioppo, J. T. (1979a). Effects of forewarning of persuasive intent on cognitive responses and persuasion. *Personality and Social Psychology Bulletin*, 5, 173-176.

Petty, R. E., & Cacioppo, J. T. (1979b). Issue-involvement can increase or decrease persuasion by enhancing message-relevant cognitive responses. *Journal of Personality and Social Psychology*, 37.

Petty, R. E., & Cacioppo, J. T. (1981). *Attitudes and persuasion: Classic and contemporary approaches.* Dubuque: Wm. C. Brown.

Petty R. E., & Cacioppo, J. T. (1983). Central and peripheral routes to persuasion: Application to advertising. In L. Percy & A. Woodside(Eds.), *Advertising and consumer psychology*(pp. 3-23). Lexington, MA: D. C. Heath.

Petty, R. E., & Cacioppo, J. T. (1984a). The effects of involvement on responses to argument quantity and quality: Central and peripheral routes to persuasion. *Journal of Personality and Social Psychology*, 46, 69-81.

Petty, R. E., & Cacioppo, J. T. (1984b). Motivational factors in consumer response to advertisements. In W. Beatty, R. Geen, & R. Arkin(Eds.), *Human motivation.* N.Y.: Allyn & Bacon.

Petty, R. E., & Cacioppo, J. T. (1984c). Source factors and the elaboration likelihood model of persuasion. *Advances in Consumer Research*, 11, 668-672.

Petty, R. E., & Cacioppo, J. T. (1986a). *Communication and persuasion: Central and peripheral routes to attitude change.* New York: Springer/Verlag.

Petty, R. E., & Cacioppo, J. T. (1986b). The Elaboration Likelihood Model of persuasion. In L. Berkowitz(Ed.), *Advances in experimental social psychology*(Vol. 19). N.Y.: Academic Press.

Petty, R. E., & Cacioppo, J. T. (1990). Involvement and persuasion: Tradition versus integration. *Psychological Bulletin*, 107, 367-374.

Petty, R. E., Cacioppo, J. T., & Goldman, R. (1981). Personal involvement as a determinant of argument-based persuasion. *Journal of Personality and Social Psychology*, 41, 847-855.

Petty, R. E., Cacioppo, J. T., & Haugtvedt, C. (1992). Involvement and persuasion: An appreciative look at the Sherifs' contribution to the study of self-relevance and attitude change. In D. Granberg & G. Sarup(Eds.), *Social judgment and intergroup relations: Essays in honor of Muzafer Sherif*(pp. 147-174). New York: Springer/Verlag.

Petty, R. E., Cacioppo, J. T., & Heesacker, M. (1981). The use of rhetorical questions in persuasion: A cognitive response analysis, *Journal of Personality and Social Psychology*, 40.

Petty, R. E., Cacioppo, J. T., & Schumann, D. (1983). Central and peripheral routes to advertising effectiveness: The moderating role of involvement. *Journal of Consumer Research*, 10.

Petty, R. E., Fazio, R. H., & Briñol, P. (Eds.) (2008). Attitudes: Insights from the new implicit measures. New York: Psychology Press. Petty, R. E., Fleming, M. A., & White, P. (1999). Stigmatized sources and persuasion: Prejudice as a determinant of argument scrutiny. *Journal of Personality and Social Psychology*, 76, 19-34.

Petty, R. E., Gleicher, F. H., & Jarvis, B. (1993). Persuasion theory and AIDS prevention. In J. B. Pryor & G. Reeder(Eds.), *The social psychology of HIV infection.* Hillsdale, NJ: Erlbaum.

Petty, R. E., Haugtvedt, C, & Smith, S. M. (1995). Elaboration as a determinant of attitude strength: Creating attitudes that are persistent, resistant, and predictive of behaviour. In R. E. Petty & J. A. Krosnick(Eds.), *Attitude strength: Antecedents and consequences*, (pp. 93-130). Mahwah, NJ: Erlbaum.

Petty, R. E., & Krosnick, J. A. (Eds.). (1995). *Attitude strength: Antecedents and consequences.* Hillsdale, NJ: Erlbaum.

Petty, R. E., Ostrom, T. M., & Brock, T. C. (Eds.). (1981). *Cognitive responses in persuasion.* Hillsdale, NJ: Erlbaum.

Petty, R. E., Priester, J. R., & Wegener, D. T. (1994). Cognitive processes in attitude change. In R. S. Wyer & T. K. Srull (Eds.), *Handbook of social cognition* (2nd ed., Vol. 2, pp. 69-142). Hillsdale, NJ: Erlbaum.

Petty, R. E., Schumann, D., Richman, S., & Strathman, A. (1993). Positive mood and persuasion: Different roles for affect under high and low elaboration conditions. *Journal of Personality and Social Psychology*, 64, 5-20.

Petty, R. E., Tormala, Z. L., Briñol, P., & Jarvis, W. B. G. (2006). Implicit ambivalence from attitude change: An exploration of the PAST model. Journal of *Personality and Social Psychology*, 90, 21-41.

Petty, R. E., Tormala, Z. L., & Rucker, D. D. (2004). Resisting persuasion by counterarguing: An attitude strength perspective. In J. T. Jost, M. R. Banaji, & D. A. Prentice (Eds.), *Perspectivism in social psychology: The yin and yang of scientific progress* (pp. 37-51). Washington, DC: American Psychological Association.

Petty, R. E., & Wegener, D. T. (1993). Flexible correction processes in social judgment: Correcting for context induced contrast. *Journal of Experimental Social Psychology*, 29, 137-165.

Petty, R. E., & Wegener, D. T. (1998a). Attitude change: Multiple roles for persuasion variables. In D. Gilbert, S. Fiske, & G. Lindzey (Eds.), *The handbook of social psychology* (4th ed., Vol. 1, pp. 323-390). New York: McGraw-Hill.

Petty, R. E., & Wegener, D. T. (1998b). Matching versus mismatching attitude functions: Implications for scrutiny of persuasive messages. *Personality and Social Psychology Bulletin*, 24.

Petty, R. E., & Wegener, D. T. (1999). The elaboration likelihood model: Current status and controversies. In S. Chaiken & Y. Trope (Eds.), *Dual process theories in social psychology* (pp. 41-72). New York: Guilford Press.

Petty, R. E., Wegener, D. T, & White, P. H. (1998). Flexible correction processes in social judgment: Implications for persuasion. *Social cognition*, 16, 93-113.

Petty, R. E., Wells, G. L., & Brock, T. C. (1976). Distraction can enhance or reduce yielding to propaganda. *Journal of Personality and Social Psychology*, 34, 874−884.

Petty, R. E., Wheeler, S. C, & Bizer, G. (1999). Is there one persuasion process or more? Lumping versus splitting in attitude change theories. *Psychological Inquiry*, 10, 156-153.

Petty, R. E., Wheeler, S. C, & Bizer, G. (2000). Matching effects in persuasion: An elaboration likelihood analysis. In G. Maio & J. Olson (Eds.), *Why we evaluate: Functions of attitudes* (pp. 133-162). Mahwah, NJ: Erlbaum.

Priester, J. R., Cacioppo, J. T., & Petty, R. E. (1996). The influence of motor processes on attitudes toward novel versus familiar semantic stimuli. *Personality and Social Psychology Bulletin*,

22, 442-447.

Priester, J. R., & Petty, R. E. (1995). Source attribution and persuasion: Perceived honesty as a determinant of message scrutiny. *Personality and Social Psychology Bulletin*, 21, 639-656.

Priester, J. R., & Petty, R. E. (2003). The influence of spokesperson trustworthiness on message elaboration, attitude strength, and advertising effectiveness. *Journal of Consumer Psychology*, 13.

Priester, J. R., Wegener, D. T, Petty, R. E., & Fabrigar, L. F. (1999). Examining the psychological processes underlying the sleeper effect: The Elaboration Likelihood Model explanation. *Media psychology*, I, 27-48.

Puckett, J., Petty, R. E., Cacioppo, J. T, & Fisher, D. (1983). The relative impact of age and attractiveness stereotypes on persuasion. *Journal of Gerontology*, 38, 340-343.

Rholes, N., & Wood, W. (1992). Self-esteem and intelligence affect influenceability: The mediating role of message reception. *Psychological Bulletin*, 111, 156-171.

Rice, R. E., & Atkin, C. K. (Eds.). (1989). *Public communication campaigns.* CA: Sage.

Rucker, D. D., & Petty, R. E. (2004). When resistance is futile: Consequences of failed counterarguing on attitude certainty. *Journal of Personality and Social Psychology*, 86.

Rucker, D. D., & Petty, R. E. (2006). Increasing the effectiveness of communications to consumers: Recommendations based on the elaboration likelihood and attitude certainty perspectives. *Journal of Public Policy and Marketing*, 25, 39-52.

Rucker, D. D., Petty, R. E., & Briñol, P. (2008). What's in a frame anyway? A meta-cognitive analysis of one versus two sided message framing. *Journal of Consumer Psychology*, 18(2).

Sawyer, A. G. (1981). Repetition, cognitive responses and persuasion. In R. E. Petty, T. M. Ostrom, & T. C. Brock(Eds.), *Cognitive responses in persuasion*. Hillsdale, NJ: Erlbaum.

Schumann, D., Petty, R. E., & Clemons, S. (1990). Predicting the effectiveness of different strategies of advertising variation: A test of the repetition-variation hypothesis. *Journal of Consumer Research*, 17, 192-202.

Schwarz, N. (1990). Feelings as information: Informational and motivational functions of affective states. In E. T. Higgins & R. M. Sorrentino(Eds.), *Handbook of motivation and cognition: Foundations of social behavior*(Vol. 2, pp.527-561). New York: Guilford.

Schwarz, N, Bless, H., & Bohner, G. (1991). Mood and persuasion: Affective states influence the processing of persuasive communications. In M. P. Zanna(Ed.), *Advances in experimental social psychology*(Vol. 24, pp.161-201). San Diego: Academic Press.

Schwarz, N., & Clore, G. (1983). Mood, misattribution, and judgments of well-being: Informative and directive functions of affective states. *Journal of Personality and Social Psychology*, 45.

Seats, D. O., & Kosterman, R. (1994). Mass media and political persuasion. In T. C. Brock & S. Shavitt(Eds.), *Persuasion: Psychological insights and perspectives*(pp.251-278). Needham Heights, MA: Allyn & Bacon.

Sears, D. Q, & Whitney, R. E. (1973). *Political persuasion.* Morristown, NJ: General Learning Press.

Shavitt, S., & Brock, T. C. (1986). Delayed recall of copytest responses: The temporal stability of listed thoughts. *Journal of Advertising*, 19, 6-17.

Shavitt, S., Swan, S., Lowrey, T. M., & Wanke, M. (1994). The interaction of endorser attractiveness and involvement in persuasion depends on the goal that guides message processing. *Journal of Consumer Psychology*, 3, 137-162.

Sheppard, B. H., Hartwick, J., & Warshaw, P. (1988). The theory of reasoned action: A meta analysis of past research with recommendations for modifications and future research. *Journal of Consumer Research*, 15, 325-343.

Sherman, S. J., Mackie, D. M., & Driscoll, D. M. (1990). Priming and the differential use of dimensions in evaluation. *Personality and Social Psychology Bulletin*, 16, 405-418.

Shils, E. A., & Janowitz, M. (1948). Cohesion and disintegration in the Wehrmacht. *Public Opinion Quarterly*, 12, 300-306; 308-315.

Skinner, C. S., Strecher, V. J., & Hospers, H. (1994). Physicians; recommendations for mammography: Do tailored messages make a difference? *American Journal of Public Health*, 84.

Smith, S. M., & Shaffer, D. R. (1991). Celebrity and cajolery: Rapid speech may promote or inhibit persuasion via its impact on message elaboration. *Personality and Social Psychology Bulletin*, 17, 663-669.

Snyder, M. (1974). Self-monitoring of expressive behavior. *Journal of Personality & Social Psychology*, 30, 526-537.

Snyder, M. (1987). *Public appearances, private realities: The psychology of self-monitoring.* New York: Freeman.

Snyder, M., & DeBono, K. G. (1985). Appeals to image and claims about quality: Understanding the psychology of advertising. *Journal of Personality and Social Psychology*, 49, 586-597.

Snyder, M., & DeBono, K. G. (1989). Understanding the functions of attitudes: Lessons from personality and social behavior. In A. Pratkanis, S. Breckler, & A. Greenwald (Eds.), *Attitude structure and function.* Hillsdale, NJ: Erlbaum.

Staats, A. W., & Staats, C. (1958). Attitudes established by classical conditioning. *Journal of Abnormal and Social Psychology*, 67, 159-167.

Stiff, J. B. (1986). Cognitive processing of persuasive message cues: A meta-analytic review of the effects of supporting information on attitudes. *Communication Monographs*, 53, 75-89.

Strong, E. K. (1925). *The psychology of selling and advertising.* New York: McGraw Hill.

Suber, B. (1997, December 3). *Talk radio can fuel racism.* St Louis Post-Dispatch, pp. B7.

Swasy, J. L., & Munch, J. M. (1985). Examining the target of receiver elaborations: Rhetorical question effects on source processing and persuasion. *Journal of Consumer Research*, 11.

Taylor, S. E. (1981). The interface of cognitive and social psychology. In J. H. Harvey (Ed.), *Cognition, social behavior, and the environment* (pp. 189-211). Hillsdale, NJ: Erlbaum.

Tesser, A., Martin, L., & Mendolia, M. (1995). The impact of thought on attitude extremity and attitude-behavior consistency. In R. E. Petty & J. A. Krosnick (Eds.), *Attitude strength:*

Antecedents and consequences (pp. 73-92). Mahwah, NJ: Erlbaum.

Tiedens, L. Z., & Linton, S. (2001). Judgment under emotional certainty and uncertainty: The effects of specific emotions on information processing. *Journal of Personality and Social Psychology*, 81, 973-988.

Tormala, Z. L., Briñol, P., & Petty, R. E. (2006). When credibility attacks: The reverse impact of source credibility on persuasion. *Journal of Experimental Social Psychology*, 42, 684-691.

Tormala, Z. L., Briñol, P., & Petty, R. E. (2007). Multiple roles for source credibility under high elaboration: It's all in the timing. *Social Cognition*, 25, 536-552.

Tormala, Z. L., & Petty, R. E. (2002). What doesn't kill me makes me stronger: The effects of resisting persuasion on attitude certainty. *Journal of Personality and Social Psychology*, 83.

Tormala, Z. L., Petty, R. E., & Briñol, P. (2002). Ease of retrieval effects in persuasion: the roles of elaboration and thought-confidence. *Personality and Social Psychology Bulletin*, 28.

Updegraff, J. A., Sherman, D. K., Luyster, F. S., & Mann, T. L. (2007). The effects of message quality and congruency on perceptions of tailored health communications. *Journal of Experimental Social Psychology*, 43, 249-257.

Wartella, E., & Middlestadt, S. (1991). Mass communication and persuasion: The evolution of direct effects, limited effects, information processing, and affect and arousal models. In L. Donohew, H. E. Sypher, & W. J. Bukoski (Eds.), *Persuasive communication and drug abuse prevention.* Hillsdale, NJ: Erlbaum.

Wartella, E., & Reeves, B. (1985). Historical trends in research on children and the media: 1900-1960. *Journal of Communications*, 35, 118-133.

Wegener, D. T., & Petty, R. E. (1994). Mood management across affective states: The hedonic contingency hypothesis. *Journal of Personality and Social Psychology*, 66.

Wegener, D. T, & Petty, R. E. (1996). Effects of mood on persuasion processes: Enhancing, reducing, and biasing scrutiny of attitude-relevant information. In L. L. Martin, & A. Tesser (Eds.), *Striving and feeling: Interactions between goals and affect.* Mahwah, NJ: Erlbaum.

Wegener, D. T, & Petty, R. E. (1997). The flexible correction model: The role of naive theories of bias in bias correction. In M. P. Zanna (Ed.), *Advances in experimental social psychology* (Vol. 29, pp. 141-208). San Diego: Academic Press.

Wegener, D. T, & Petty, R. E. (2001). Understanding effects of mood through the elaboration likelihood and flexible correction models. In L. L. Martin & G. L. Clore (Eds.), *Theories of mood and cognition: A user's guidebook* (pp. 177-210). Mahwah, NJ: Erlbaum.

Wegener, D. T, Petty, R. E., & Klein, D. J. (1994). Effects of mood on high elaboration attitude change: The mediating role of likelihood judgments. *European Journal of Social Psychology*, 23.

Wegener, D. T, Petty, R. E., & Smith, S. M. (1995). Positive mood can increase or decrease message scrutiny: The hedonic contingency view of mood and message processing. *Journal of Personality and Social Psychology*, 69, 5-15.

Wheeler, S. C, Petty, R. E., & Bizer, G. Y. (2005). Self-schema matching and attitude change:

Situational and dispositional determinants of message elaboration. *Journal of Consumer Research*, 31, 787-797.

White, P. H., & Harkins, S. G. (1994). Race of source effects in the elaboration likelihood model. *Journal of Personality and Social Psychology*, 67, 790-807.

Wilder, D. A. (1990). Some determinants of the persuasive power of ingroups and outgroups: Organization of information and attribution of independence. *Journal of Personality and Social Psychology*, 59, 1202-1213.

Wilson, T. D., & Brekke, N. (1994). Mental contamination and mental correction: Unwanted influences on judgments and evaluations. *Psychological Bulletin*, 116, 117-142.

Wilson, T. D., Dunn, D. S., Kraft, D., & Lisle, D. (1989). Introspection, attitude change, and attitude-behavior consistency: The disruptive effects of explaining why we feel the way we do. In L. Berkowitz (Ed.), *Advances in experimental social psychology* (Vol. 22). San Diego, CA: Academic Press.

Wilson, T. D., Lindsey, S., & Schooler, T. Y. (2000). A model of dual attitudes. *Psychological Review*, 107, 101-126.

Wittenbrink, B., & Schwarz, N. (Eds.). (2007). *Implicit measures of attitudes*. N. Y.: Guilford Press.

Wood, W. (1982). Retrieval of attitude relevant information from memory: Effects on susceptibility to persuasion and on intrinsic motivation. *Journal of Personality and Social Psychology*, 42.

Wbod, W., Kallgren, C, & Priesler, R. (1985). Access to attitude relevant information in memory as a determinant of persuasion. *Journal of Experimental Social Psychology*, 21.

Wood, W., Rhodes, N., & Biek, M. (1995). Working knowledge and attitude strength: An information processing analysis. In R. E. Petty & J. A. Krosnick (Eds.), *Attitude strength: Antecedents and consequences*. Mahwah, NJ: Erlbaum.

Wright, P. L. (1973). The cognitive processes mediating acceptance of advertising. *Journal of Marketing Research*, 10.

Wright, P. L. (1981). Cognitive responses to mass media advocacy. In R. E. Petty, T. M. Ostrom, T. C. Brock (Eds.), *Cognitive responses in persuasion*. Hillsdale, NJ: Erlbaum.

Zaller, J. (1991). Information, values, and opinion. *American Political Science Review*, 85.

미디어 효과에 대한 이용과 충족의 관점

앨런 루빈(Alan M. Rubin, 켄트 주립대학)

미디어 효과연구자들은 메시지가 수용자에게 미치는 영향력인 커뮤니케이터, 채널, 메시지 요소들을 분리시키려고 애쓴다. 이러한 논의의 한 시각은 기계적 관점에서 비롯된 것으로 메시지 수용자의 직접적 영향력을 가정한다. 기계론적 시각은 수용자가 수동적, 반응적이라고 간주하며, 사고, 태도, 혹은 행동에서의 단기적이고, 즉각적이며, 측정할 수 있는 변화에 초점을 두며, 수용자에 대한 직접적 영향력을 가정한다.

일부의 미디어 효과연구자들은 미디어 메시지와 효과 사이에 다른 요소가 개입한다고 제시했다. 그중 한 학자인, 클래퍼(Klapper, 1960)는 기계론적 접근의 타당성에 문제를 제기했다. 그의 현상학적 접근론은 몇몇의 요소가 메시지와 반응 사이에 개입하며 대부분의 예에서, 실제로 설득을 의도한 미디어 메시지는 기존 태도를 강화한다고 제시했다. 이러한 매개변인으로는 개인적 성향, 선택적 지각 과정, 집단규범, 개인적 채널을 통한 메시지 확산, 오피니언 리더십, 몇

몇 사회에서의 자유기업체제(*free enterprise*)의 특성 등을 포함한다. 따라서 우리는 ① 미디어 자체는 전형적으로 수용자 효과의 필요충족의 원인이 아니며, ② 미디어와 메시지는 중요한 핵심적 영향원이지만, 단지 사회, 심리적 환경의 한 영향원일 뿐이라고 주장할 수 있다.

1. 심리학적 시각

이용과 충족이론에 따르면, 미디어나 메시지는 여타 가능한 영향원의 맥락 안에서 영향원의 소스다. 미디어 수용자는 수동적 메시지 수용자라기보다는 오히려 변화무쌍한 적극적 커뮤니케이터이다. 이 시각은 기계론적 효과를 상쇄시키는 것으로 사회 심리학적 역할을 강조하며, 매개 커뮤니케이션은 사회 심리학적으로 제한된다고 바라본다. 로젠그렌(Rogengren, 1974)은 이용과 충족이론은 커뮤니케이션 영향력의

매개적 시각에 기반하며, 개인적 차이가 직접적 미디어 효과를 제한한다고 기술했다. 따라서 미디어 효과를 설명하기 위해서, 우선 개별 커뮤니케이터의 특성, 동기, 선택성, 관여도를 이해해야만 한다.

그러니까 이용과 충족이론은 심리학적 커뮤니케이션 시각이 된다. 이 점에서 문제제기의 초점이 수용자에 대한 미디어의 직접적 효과라는 기계론적 시각에서 사람들이 미디어를 어떻게 이용하는가에 대한 평가, 즉, 미디어가 능동적 수용자에게 어떤 목적과 기능을 수행하는가라는 문제로 이동하게 된다. 심리적 시각은 개인적 이용과 선택을 강조한다. 이처럼, 연구자들은 미디어효과를 목적, 기능, 이용과 관련해서(즉, 이용과 충족이론) 수용자의 선택 패턴에 의해 통제되는 것으로 설명하려 한다.

기계적 시각에 반하여, 연구자들은 미디어 영향력의 기능론적, 심리학적 시각을 제시했다. 이 장에서 필자는 이용과 충족이론의 근원, 이 패러다임의 목적과 기능, 그리고 이용과 충족이론의 진화를 고려했다. 여기서 수용자의 적극성, 미디어 지향성, 의존성과 기능적 대안, 그리고 사회, 심리학적 환경에 초점을 맞추면서, 미디어 이용과 효과 사이의 연결고리를 논의하겠다. 필자는 또한 특히 개인적 관여도, 친사회적 상호작용 뉴미디어와 연결로서 방향성을 고려했다.

2. 미디어에 대한 기능적 접근

일부 초기저술들은 기능론적 접근을 다룬다. 예를 들어, 라스웰은 미디어 콘텐츠가 특정행동

−환경감시, 그 환경의 다양한 측면의 관계성, 그리고 사회유산의 전수−을 행함으로써 사회구성원에게 일반적 영향력을 미친다고 제시했다. 라자스펠드와 머튼은 미디어가 지위 부여, 윤리규범 강화기능, 중독 역기능을 수행한다고 제시했다. 라이트(Wright, 1960)는 라자스펠드의 3가지 행동에 오락기능을 덧붙여, 미디어가 감시, 관계성, 전수와 오락기능을 수행시 미디어의 명시적, 잠재적 순기능과 역기능을 언급했다.

다른 저술들은 미디어가 인간과 사회에 엄청난 기능을 수행한다고 제시했다. 예를 들어, 홀튼과 홀은 TV가 시청자에게 미디어 퍼스낼리티와 함께 친사회적 관계성을 제공한다고 제안했다. 펄린은 TV시청으로 시청자는 행복하지 않은 일상생활에서 벗어날 수 있다고 주장했다. 멘델슨은 미디어 엔터테인먼트가 미디어 뉴스로 발생하는 근심을 덜어준다고 지적했다. 스티븐슨은 TV가 사람들에게 놀이의 기회를 제공한다고 주장했다. 그리고 맥콤스와 쇼는 미디어가 선거 캠페인의 의제를 설정한다고 가정했다.

미디어를 이용하는 수용자 동기에 초점을 맞추는 연구는 이러한 기능적 연구들이 주를 이루었다. 연구대상은 이용에 의해 가장 잘 정의된다는 신념이 이러한 연구를 이끌었다. 클래퍼는 매스 커뮤니케이션 연구는 너무 빈번히, 너무 오랫동안 일부 특정효과가 유발되는지 유발되지 않는지 여부에 초점을 맞췄다고 주장했다. 그는 연구자들이 미디어 효과에 대한 의문에 분명한 해답을 거의 찾아내지 못했다고 명시했다. 미디어 메시지는 그 이용을 거의 하지 않은 사람에게 일상적으로 영향을 미칠 수 없다고 제시한 캐츠와 마찬가지로, 클래퍼는 이용과 충족이론의 탐구 범위를 확장할 필요가 있다고 했다.

3. 이용과 충족의 패러다임

이용과 충족이론의 중요한 요소는 심리적, 사회적 환경, 의사소통의 욕구와 동기, 미디어, 미디어에 대한 태도와 기대, 미디어 이용에 대한 기능적 대안, 커뮤니케이션 행위, 그리고 행위의 성과 혹은 결과를 포함한다. 1974년 캐츠 등(Katz, Blumler, Gurevitch)은 이용과 충족이론의 중요한 목적을 ① 사람들이 어떻게 자신의 욕구를 충족하기 위해 미디어를 이용하는가를 설명, ② 미디어 행위 동기의 이해, ③ 욕구, 동기 및 행위에 뒤따르는 기능이나 결과를 확인하는 것이라고 개괄했다. 이용과 충족이론은 ① 욕구의 ② 사회적, 심리적 기원으로, 이는 ③ 매스미디어나 여타의 소스에 대한 ④ 기대를 생성시키고, 이는 ⑤ 미디어 노출의 차별적 패턴(혹은 여타 활동의 관여)을 이끌며, ⑥ 욕구충족과 ⑦ 여타의 결과, 대부분 의도적이지 않은 결과를 낳는다는 데 초점을 맞춘다.

이용과 충족이론의 현대적 시각은 다음의 5가지 가정에 토대를 둔다(A. M. Rubin, 2002).

① 미디어의 선택과 이용을 포함한 커뮤니케이션 행동은 목표지향적이며, 의도적이며, 동기적이다. 사람들은 미디어나 미디어 콘텐츠 선택 시 상대적으로 적극적인 참여자이다. 그러한 기능적 행동은 사람과 사회에 어떤 결과를 낳는다.

② 수용자는 커뮤니케이션 매체의 선택과 이용을 행하는 변화무쌍할 정도로 능동적 참여자이다. 사람들은 미디어에 이용되기보다는 지각된 욕구나 욕망을 충족시키기 위해 미디어를 선택하고 이용한다. 미디어 이용은 욕구에 반응할 수도 있지만, 또한 개인적 딜레마를 해결하기 위해 정보를 찾는 것과 같이 필요나 관심을 충족시킨다.

③ 사회, 심리학적 요인은 행동을 인도하거나, 여과하거나 중재한다. 성향, 환경 그리고 대인적 상호작용은 미디어와 미디어 콘텐츠에 대한 기대를 형성한다. 행위는 미디어와 미디어 메시지에 반응하며, 이는 퍼스낼리티(personality), 사회적 범주와 관계, 상호작용의 잠재성, 그리고 채널 가용성과 같은 사회, 심리적 환경을 통해 여과된다.

④ 미디어는 다른 형식의 커뮤니케이션 — 기능적 대안 — 과 경쟁하는 데 우리가 원하는 것이나 그 욕구를 충족시키기 위해 선택되고, 극복되며, 이용되는 대인적 상호작용이 그 예이다.

⑤ 이런 과정에서 전형적으로 사람들이 미디어보다 더 영향력이 있지만, 늘 그렇지는 않다. 개인의 주도성이 미디어 이용의 패턴과 결과를 매개한다. 이 과정을 통해, 미디어는 개인의 특성이나 사회의 사회적, 정치적, 문화적 혹은 경제적 구조에 영향을 미칠 수도 있으며, 사람들이 특정 미디어 채널에 의존하는 방식에 영향을 미칠 수도 있다.

캐츠 등은 두 가지 다른 초기가정을 목록화했다. 첫째, 방법론적으로 사람들은 의사소통의 동기를 분명히 표현할 수 있으므로, 수용자들이 스스로 보고하는 방식은(자기보고방식) 미디어 이용에 대한 명확한 데이터를 제공한다는 것이다. 둘째, 미디어와 미디어 콘텐츠의 문화적 중요성에 대한 가치판단은 동기와 충족을 완전히 이해할 때까지 유예되어야 한다는 것이다. 자기보고 방식은 여전히 전형적으로 유용한 방식이며, 여타의 질적, 양적 탐구방식 또한 그러하다. 우리는 또한 현재 동기와 충족의 역할을 더 분명히 이해하며, 탐구는 실제로 문화적 중요성에 대한 문제제기를 내포한다. 일부 학자들은 수용자에 기반한 연구에서 사회와 미디어의 문화적 상호작용의 연구로 이동해야 한다고 주장했다(예: Massey, 1995).

이용과 충족이론의 가정은 수용자 주도성과 능동성의 역할을 강조한다. 사람들은 전형적으로 선택적으로 참여하며 자신들의 기대와 욕망에 반응하여 일련의 커뮤니케이션 대안에서 미디어나 메시지를 선택한다. 이러한 기대와 욕망은 개인적 성향, 사회적 맥락, 그리고 상호작용에서 비롯되거나 제한된다. 개인은 주관적으로 선택하거나 해석할 수 있는 능력을 지녔으며 미디어나 메시지 선택 같은 행동을 주도한다. 이러한 주도성이 미디어 이용의 성과에 영향을 미친다. 그러나 주도성이나 적극성의 정도는 지난 몇십 년 동안 절대적이라기보다는 오히려 변화무쌍한 것으로 간주되었다(예: Rubin & Perse, 1987a, 1978b).

4. 이용과 충족연구의 진화

이용과 충족연구는 수용자 동기부여와 소비에 초점을 맞췄다. 그 초점은 미디어가 사람들에게 무엇을 하는가에서 사람들이 미디어로 무엇을 하는가로 연구문제가 수정되어 초기 발전과정에서의 연구는 서술적이고 비체계적이었으며, 대부분 미디어 이용과정이나 효과를 설명하기보다는 동기를 확인하는 것이었다. 초기작업은 미디어 동기의 유형을 묘사하는 연구의 전조였다. 대부분의 경우 후속연구는 보다 체계화되었고, 일부 연구자들은 미디어 이용의 결과에 대해 의문을 제기하기 시작했다.

1) 미디어 이용의 유형

미디어〔이용과〕충족의 초기연구자들은 왜 사람들이 특정 미디어 콘텐츠를 이용하는지를 알아내고자 했다. 예를 들어 라자스펠드는 라디오 프로그램의 소구(appeals)를 고려했다. 이러한 연구는 이용과 충족 관점의 공식적 개념화에 선행한 것이었다. 초기연구는 미디어 효과라기보다는 수용자 동기를 기술했다. 예를 들어, ① 라디오 퀴즈 프로그램(Professor Quiz)의 청취자에 대한 경쟁적, 교육적, 자기평가적, 스포츠적 소구, ② 라디오의 낮 연재 프로그램 방송청취자들의 감정 분출, 희망사항, 조언을 구하는 것에서 오는 충족, ③ 사람들이 신문을 읽는 이유-생활이나 명성을 위한 일상적 수단으로서 공공업무를 해석하기 위한 것, 그리고 현실도피를 위한 것-같은 동기를 기술했다. 이러한 초기의 서술적 연구는 1950, 60년대 동안 개인적 영향력과 미디어 기능의 연구가 선호되면서 크게 유기되었다.

1970년대 초, 연구자들은 수용자 구성원의 미디어 이용동기를 밝혀내면서, 사람들이 사회, 심리학적 욕구를 충족시키기 위해 미디어를 어떻게 이용하는지를 발전시켰다. 욕구는 사회적 역할과 심리적 성향과 관련되며 종종 자기 자신, 가족이나 사회와의 연결을 강화 혹은 약화시키는 형태를 띠었다. 캐츠 등은 예를 들어, 욕구를 만족시키기 위해 자기 자신, 친구, 타자 혹은 사회의 이해를 강화하는 것, 자기 자신이나 사회의 지위를 강화하는 것, 가족, 친구, 사회 혹은 문화와의 접촉을 강화하는 것과 같은 미디어의 유익함을 유형화하는 것을 발전시켰다.

룰(Lull, 1980)은 TV시청시 가족의 행동을 관찰함으로써 개인과 매개 커뮤니케이션 사이의 연계를 논의했다. 그는 TV의 사회적 이용의 유형을 발전시켰다. 그는 TV가 구조적으로 환경적 자산(예: 교우관계)이나, 행동적 조절장치(예: 잠시 멈추거나 중단하는 시간) 혹은 관계적으로 의사소통을 용이하게 하거나(예: 대화시 의제), 소속이나 회피(예: 갈등해결), 사회적 학습(예: 행동모델), 혹은 경쟁과 지배(예: 역할강화)로 이용될 수 있다고 제시했다.

연구자들은 미디어 소비를 기술하고 설명하기 위해 이러한 유형을 이용했다. 그 유형은 목표와 성과 사이의 연결성을 논하고, 미디어 이용과 효과의 복잡성을 제시한다. 예를 들어, 맥퀘일 등(McQuail, Blumler, & Brown, 1972)은 사람들이 TV시청에서 추구하는 충족의 유형을 분류했다. 이들은 사람들의〔인구학적〕배경과 사회적 환경을〔미디어에서〕추구하려는 충족과 연계시켜, 미디어-인간 상호작용의 유형을 공식화하였다. 이들은 사람들이 현실도피나 감정분출을 위한 기분전환, 교우관계와 사회적 유용성을 위한 개인적 관계, 일신상의 문제에 대한 언급, 현실 탐사 및 가치강화를 위한 개인 정체성, 뉴스와 정보 획득을 위한 환경감시를 위해 TV를 시청하도록 동기부여된다는 점을 관찰했다.

로젠그렌과 윈달(Rosengren & Windahl, 1972)은 또한 수용자 관여도, 현실 근접성, 그리고 미디어 의존성 사이의 연계를 고려했다. 이들은 사람들은 보상, 변화, 현실 도피, 혹은 대체 경험 같은 이유로 보충, 보완 혹은 대체 같은 개인적 상호작용의 기능적 대안으로서 미디어를 탐색할 수도 있다고 명시했다. 이들은 상호작용과 동일시의 욕구가 무관심, 친사회적 상호작용, 고립감의 인식 아니면 매료당하는 등의

다양한 수준의 미디어 관여도를 낳을 수 있다고 제시했다. 이들은 미디어 효과와 미디어 이용의 두 전통을 통합시킴으로써, 매스미디어로 인한 특정 이용 혹은 매스미디어에서 얻게 된 특정 충족으로 어떤 영향을 미칠 수 있는지에 질문하는 것이 가능해졌다고 주장했다.

2) 비 판

이 시기 동안, 일부 연구자들은 이용과 충족 이론의 초기 상황과 가정을 비판했다. 그 비판은 ① 유형들을 구분하는 것으로서 이는 연구대상의 사람들을 넘어서서 예측하거나 미디어 이용의 함의를 고려하기가 어렵다는 점, ② 중심적 개념 구성체(*constructs*)의 부재와 연구자들이 동기와 충족 같은 개념에 다른 의미를 부여하는 방식, ③ 수용자를 과도하게 적극적이거나 이성적인 것으로 취급하고, ④ 자기보고식 데이터에 방법론적으로 의존한다는데 초점을 맞추었다.

대부분의 비판은 지난 몇 십 년간 여러 연구에서 언급되었다. 연구자들은 상이한 맥락을 관통하는 일관성 있는 미디어 이용의 측정 방식을 채택하거나 확장시켰다. 예를 들면, 그린버그는 영국 아동과 청소년의 동기부여에 대한 척도를 발전시켜, 미디어 행동, TV에 대한 태도, 공격적 태도와 시청동기 사이의 연계를 관찰했다. 미국에서 이 연구의 부분적 반복연구는 아동과 청소년이 TV를 시청하는 6가지 이유, 즉 학습, 습관・여가, 교우관계, 현실도피, 각성 및 휴식을 밝혀냈다. 습관적 시청은 뉴스 시청과 부적(負的) 상관관계를, TV친화성과 코미디 시청과는 정적(正的) 상관관계를 갖고 있었다. 학습을 위

한 시청은 지각된 TV 현실성과 정적 상관관계가 있었다. 각성의 동기는 액션·어드벤처 프로그램과 연관성이 있었다. 이러한 결과는 문화를 관통하는 일관성 있는 묘사와 유사했다.

이 연구는 또한 시청이유를 묻는 개방형 질문에 대한 응답으로 시청동기 항목과 동기척도의 집중 타당도(convergent validity)의 검사-재검사 신뢰도를 통해 응답의 안정성과 일관성에 뒷받침이 되었다. 참여자들은 미디어 이용의 이유를 구술할 수 있었다. 후속연구의 유사한 테크닉은 아동에서 성인에 이르는 보다 광범위한 표본의 집중 타당도, 지속적으로 계획적인 발전과 통합에 뒷받침이 되었다.

자기보고식 동기척도의 일관성과 정확성을 뒷받침하는 것에 덧붙여, 연구자들은 또한 실험, 민속지학적 그리고 다이어리·내러티브 방법론을 이용했다. 연구자들은 또한 개념적, 집중적, 체계적 탐구의 계보(lines)를 발전시키고 연장시키려 했다. 이들은 수용자를 보편적으로 능동적인 것보다는 덜 능동적인 것으로 간주했고 수용자 활동을 절대적이라기보다는 하나의 변인으로 취급했다.

3) 현대연구

이용과 충족연구는 지난 몇 십 년 동안 체계적 진전을 이루었다. 연구는 미디어 행동을 설명하는 데 도움이 되었으며 미디어 이용과 효과의 이해를 심화시켰다. 연구자들은 유사하게 이용 동기 측정방식을 채택함으로써 미디어 이용의 체계적 분석을 가능케 했다. 연구프로그램 내에서 및 연구프로그램들에 걸친 연구들은 반복연구와 2차적 분석을 포함한다. 일부 연구의 방향은 다음에서 확인할 수 있다. 미디어 효과연구와의 일부 연계는 다음에 기술했다.

① 첫 번째 방향은 미디어 이용동기들 사이의 연계성과 미디어 태도와 행동과의 연결성이었다. 이것이 동기를 유형화하는 데 발전을 가져왔다. 이와 관련된 연구는 인지적, 정서적 욕구를 충족시키는 것, 실용주의적이며 기분전환의 동기를 충족시키는 것, 도구적이며 관습화된 성향을 발전시키는 것과 같은 미디어 이용의 일관성 있는 패턴을 제시한다. 예를 들어, 로메티 등(Lometti, Reeves, & Bybee, 1977)은 환경감시·오락, 정서적 유인, 행동적 유인의 미디어 이용 충족 차원을 밝혀냈다. 일부 연구자들은 소비자에 대한 유형화와 차이에 초점을 맞추었다. 예를 들어, 파쿠하르와 미즈(Farquhar & Meeds, 2007)는 Q방법론을 이용해 온라인 판타지 스포츠 이용자의 유형〔예: 조금 아는(casual), 숙련된, 그리고 고립되어 스릴을 추구하는 이용자〕을 밝혀냈다. 이러한 유형이 각성이나 환경감시 동기와 차이가 나고, 그로 인해 사회적 상호작용 동기는 이들 이용자에게는 최소한에서 의미가 있을 뿐이었다.

② 두 번째 방향은 미디어를 교차해서 뉴미디어와 동기를 비교하는 것이었다. 이것은 인터넷 같은 뉴미디어를 분석하고 사람들의 욕구와 필요를 충족시키기 위해 VCR, 인터넷 및 WWW 같은 진화하는 커뮤니케이션 테크놀로지를 포함하여 채널의 적절성과 효과성을 비교 분석하였다(예: Ferguson & Perse, 2000; Kaye & Johnson, 2002). 예를 들어, 엘리엇과 쿼터바움(Eiliott & Quattlebaum, 1979)은 다양한 미디어가 유사한 욕구, 즉, 사회적 접촉을 유지시키거나 개인적

욕구를 만족시키는 역할을 한다고 보고했다. 카울레스(Cowles, 1989)는 인터랙티브 미디어가 비인터랙티브 미디어보다 더 개인적 특성을 갖도록 느끼게 한다는 것을 발견했다. 퍼스와 코트라이트(Perse & Courtright, 1993)는 (대화와 전화 같이) 대면적 커뮤니케이션 채널이 컴퓨터 같은 채널과 비교할 때, 더욱 사회적 실재감을 가지며, 더욱 개인적 욕구를 충족시킨다는 점을 관찰했다. 그리고 고, 조, 로버츠(Ko, Cho, & Roberts, 2005)는 보다 강한 정보추구 동기를 가진 소비자가 웹에서 인간 대 메시지간의 상호작용에 관여하는 반면에, 보다 강한 사회적 상호작용 동기를 가진 소비자들은 인간 대 인간의 상호작용에 관여한다는 점을 발견했다.

③ 세 번째 방향은 미디어 이용의 상이한 사회, 심리학적 환경을 연구한다. 연구자들은 얼마나 다양한 요인들이 미디어 행동에 영향을 미치는지를 언급했다. 연구자들은 삶의 자세, 라이프스타일, 퍼스낼리티, 외로움, 고립, 인지욕구, 종교성, 미디어 배제, 가족 시청환경 등을 연구했다.

④ 네 번째 방향은 미디어나 미디어 콘텐츠 이용시 추구하는 충족과 획득한 충족 사이의 연계에 대한 것이었다. 이 연구는 미디어를 이용하려는 사람들의 동기가 얼마나 만족되는지를 언급했다. 연구자들은 미디어 이용과 충족의 교류모델, 불일치 모델 그리고 기대가치 모델을 제시했다. 예를 들어, 기대가치 모델은 기대한 성과에 기반해서 커뮤니케이션 채널에서 구하려는 충족을 예측하려 한다. 이 모델은 행동의 기대와 평가의 임계점에 대한 고려와, 기대와 성과의 일치를 비교하는 데 강조점을 둔다.

⑤ 다섯째 방향은 [인구학적] 배경 변인, 동기 및 노출에서의 변이가 관계, 문화계발, 관여, 친사회적 상호작용, 만족, 그리고 정치적 지식에 어떻게 영향을 미치는지를 평가했다. 예를 들어, 다른 연구자들은 시청자 폭력을 고려할 때 폭력적인 TV 콘텐츠 시청의 동기부여, 통제 위치(locus of control) 같은 개인적 특성, 그리고 범죄 경험이 연구와 정책에서보다 덜 강조되었다고 관찰했다(Haridakis, 2002; Haridakis & Rubin, 2003).

⑥ 여섯 번째 방향은 이론적 발전과 이용과 충족의 이론을 다른 커뮤니케이션 관점과 연계시켜 확장하려는 것을 포함한다. 예를 들어, 슬레이터(Slater, 2007)의 나선의 강화 관점(reinforcing spirals perspective)은 일반적 시스템 이론의 긍정적 피드백 루프에 기반하며, 그것에 의해 미디어 이용의 태도적, 행동적 성과는 사람들의 미디어 콘텐츠의 선택과 주목에 영향을 미치도록 피드백될 것으로 본다. 추구하는 충족을 새롭게 측정하는 것을 성과적 기대로 고려하는데 피터스 등(Peters, Rickes, Jockel, Criegern & Deursen, 2006)은 미디어 주목 모델의 사회, 인지적 프레임워크에서 이용과 충족이론을 확장시켰다(LaRose & Eastin, 2004). 또한 배닝(Banning, 2007)은 공공안전 캠페인의 습관적 이용이 제 3자 효과이론을 예측한다는 점을 발견하는데 있어, 이용과 충족이론이 다른 연구들에서 제 3자 효과이론이 발견한 사실들의 근원적 원인이 될 수 있다고 제시했다. 유사하게 하리다키스와 루빈(Haridakis & Rubin, 2005)은 이용과 충족이론의 관점에서 제 3자 효과연구를 확장해서 제시했으며, 통제 위치와 시청자 동기가 제 3자 효과의 지각적 편향의 중요한 선행요인이라는 것을 발견했다. 다른 연구자들은 이용과 충족이론과 문화계발이론 같은 관점을 연계시키는 모델(Bilandzic & Rossler,

2004)이나 정보처리 모델(Eveland, 2004)을 제시
했다.

⑦ 일곱 번째 방향은 동기부여를 측정하기 위한 방법론, 신뢰도, 타당도를 고려했다.

5. 미디어 이용과 효과

일부 연구자들은 이용과 충족과 미디어 효과 연구의 통합을 제시했다. 두 연구 전통 사이의 주요한 차이는 미디어 효과 연구자가 대부분 종종 매스커뮤니케이션 과정을 커뮤니케이터의 최종 지점에서 바라보는 반면에, 이용과 충족의 연구자는 수용자와 함께 시작한다. 윈달은 이 두 연구전통의 차이보다는 오히려 유사성을 강조하는 게 더 이롭다고 주장했다. 그 한 가지 유사성은 이용과 충족이론과 미디어 효과이론이 둘 다 태도 혹은 지각형성(예: 문화계발, 제3자 효과), 행동변화(예: 의존이론), 그리고 사회적 효과(예: 지식격차) 같은 커뮤니케이션 성과와 결과를 설명하고자 한다는 점이다. 이용과 충족 이론 또한 그러하지만 이 이론은 수용자 주도성, 선택, 능동성의 보다 더 큰 잠재성을 인지한다.

1) 수용자 능동성과 미디어 성향

수용자 능동성은 이용과 충족이론의 핵심개념이다. 이 개념은 유용성, 의도성, 선택성, 수용자의 미디어와의 관여성을 말한다. 이용과 충족의 연구자들은 수용자들이 보편적으로는 아닐지라도 변화무쌍하게 능동적이라고 여기지만, 항상 똑같이 능동적이지는 않다고 생각한다. 윈달(Windahl, 1981)에 따르면, 수용자를

초이성적이고 매우 선택적인 것으로 묘사하는 것은 비판을 불러온다. 수용자 능동성에 대한 유효한 시각은 수동성(아마도, 미디어나 메시지에 더욱 직접적으로 영향을 받는 것)과 적극성(아마도, 메시지의 수용과 거부에 관해 보다 이성적 결정을 행하는 것) 사이의 연속체상에 있다.

레비와 윈달은 수용자(시청) 능동성이 변화무쌍하다는 가정을 조사한 스웨덴 TV시청자의 3단계 행동구분 즉 시청 전, 시청 시, 시청 후를 밝혀냈다. 이들은 사전시청이나 시청의 의향은 오락적 미디어 이용과 미약하게 관련이 있지만 환경감시 이용과는 강하게 관련이 있다는 것을 발견했다. 이들은 시청자가 정보를 얻기 위해 능동적으로 뉴스를 찾지만 기분전환을 위해서는 능동적이지 않을 수도 있다고 주장했다. 린 (Lin, 1993)은 강하게 동기부여된 시청자는 약하게 동기부여된 시청자에 비해 TV시청시 보다 능동적이며 보다 더 큰 만족을 경험한다고 명시했다. 그녀는 또한 가정-미디어 환경의 다양성이 능동성의 수준에 영향을 미친다는 점을 발견했다. 보다 다양한 미디어(예: 케이블, 위성, 그리고 컴퓨터 이용 기회가 보다 많을 때)를 보유한다는 것은 더 많은 옵션을 가진 것이기에 수용자가 더 많은 선택을 할 수 있다.

일부 연구자들은 동기를 고립된 개체라기보는 상호연결된 구조 즉 복잡한 시청성향으로서 접근했다. 핀(Finn, 1992)은 미디어 이용의 친행동적(기분 관리)이고 수동적(사회 보상) 차원을 제시했다. 맥도널드(McDonald, 1990)는 두 가지 성향, 즉 환경감시(즉, 커뮤니티와 세계에 대해 알려고 하는 필요성)와 커뮤니케이션 유용성(즉, 사회적 상호작용에서 정보의 이용)이 뉴스 추구 행동 변화의 많은 부분을 설명한다는 점을 명시했

다. 아벨만과 애킨(Abelman & Atkin, 1997)은 또한 3가지 시청 전형인 중간, 정적, 네트워크 성향의 시청자를 밝혀냄으로써 TV 이용의 상호연결된 패턴을 지지했다. 이러한 접근방식의 일부 연구자들은 미디어 이용이 본질상 주로 의례화된(기분전환의) 것이거나 도구적(실용주의적)인 것으로 기술될 수 있다고 제시하는 연구에서 시작했다.

의례화되고 도구적인 미디어 성향은 미디어 이용의 양과 유형에 대해, 그리고 미디어 태도와 기대에 대해 말해준다. 이러한 성향은 수용자 능동성의 복잡성을 반영한다. 의례화된 이용은 시간을 소비하고 기분전환을 위해 매체를 더욱 습관적으로 이용하는 것이다. 이러한 이용 유형은 그 이용매체에 더 많은 노출과 더 큰 친화성을 동반한다. 의례화된 이용은 유용성을 나타내지만 다른 한편으로 보다 덜 적극적이거나 보다 덜 목표지향적 상태를 의미한다. 도구적 이용은 정보적 목적으로 특정 메시지 콘텐츠를 찾으려는 것이다. 이 이용은 뉴스와 정보 콘텐츠에 더욱 많이 노출하는 것을 수반하며 그 콘텐츠가 현실감이 있다고 지각하는 것이다. 도구적 이용은 능동적이며 의도적이다. 이는 유용성, 의도성 선택성, 관여도와 관련이 있다.

상당할 정도로, 능동성은 사회적 맥락, 상호작용의 잠재성 및 태도에 의존한다. 이동성과 외로움 같은 요소가 중요하다. 예를 들어, 이동성의 감소와 외로움의 증가는 의례화된 미디어 성향과 미디어에 대한 더 큰 의존을 초래한다(Perse & Rubin, 1990). 친화성과 현실성을 지각하는 정도와 같은 태도적 성향 또한 중요하다. 태도는 미디어 기대와 메시지 인지 및 해석방식에 영향을 미친다. 태도는 미디어와 메시지의 선택과 이용을 여과한다. 이것은 스완슨(Swanson's, 1979)이 제시한 중요한 개념, 즉 메시지 의미의 해석이나 창출의 인지적 활동과 같은 의미이다.

포터(Potter, 1986)와 다른 연구자들은 문화계발 같은 성과는 미디어 콘텐츠가 얼마나 현실적인가에 대해 사람들이 갖는 차별적인 지각에 의해 매개된다고 주장했다. 예를 들어 한 연구에서, 우리는 액션·어드벤처 프로그램 시청이 덜 안정적이라고 느끼는 문화계발 효과를 예측하지만, 일반적인 TV시청은 더 큰 안정감을 지각하게 했다는 점을 발견했다. 문화계발 효과는 미디어 콘텐츠가 현실적이라고 간주될 때 더욱 강해짐이 증명되었다. 현실성을 지각하는 정도는 또한 리얼리즘 프로그램 대 픽션 프로그램을 즐기는 것을 설명하는 중요한 요인으로 간주되었다(Nabi, Stitt, Halford, & Finnerty, 2006).

블럼러(Blumler, 1979)는 능동성이 영향력이 침투하지 못하게 한다고 주장했다. 다시 말해, 활동은 미디어 효과의 억제요인이다. 하지만, 이러한 결론은 문제가 제기될 수 있다. 활동은 효과과정에서 간섭하는 중요한 역할을 한다. 활동은 미디어 이용의 보다 선택적, 주목적, 관여적 상태를 나타내기 때문에, 실제로 메시지 효과의 촉매제가 될 수도 있다. 두 가지 연구에서, 우리는 더욱 능동적이고, 도구적인 TV 이용이 뉴스와 연속극 프로그램의 인지적(즉, 콘텐츠에 대한 사고), 정서적(즉, 미디어 퍼스낼리티와 친사회적 상호작용), 그리고 행위적(즉, 다른 사람들과 콘텐츠에 관한 논의) 관여도를 이끈다는 점을 발견했다. 후에 우리는 상이한 능동성이 미디어 효과의 촉매 혹은 억제 요인이 될 수 있음을 관찰했다(Kim & Rubin, 1997). 선택성, 주목성, 그리고 관여도 같은 능동성이 친사회적 상호작용, 문화계발, 그리고 커뮤니케이션 만족 같은 결과를 만들어낸다. 메시지를 회피하고, 주의가 산만하고, 회의적으로 되는 것과 같은 여타의 능동적 행위들은 메시지 자각과 이해를 감소시키기 때문에 위의 결과를 억제한다.

따라서 의례화되고 도구적인 성향에서 증명된 수용자 능동성의 차이가 미디어 효과에 중요한 함의를 지녔다고 말할 수 있다. 다시 말해, 윈달(Windahl, 1981)은 미디어를 도구적으로 혹은 의례적으로 이용하는 것은 상이한 성과를 낳는다고 주장했다. 도구적 성향은 의례화된 성향보다 더욱 강한 태도적, 행위적 효과를 낳을 수 있다. 왜냐하면 도구적 성향은 이용과 관여에 대한 동기를 더욱 메시지에 합체시키려하기 때문이다. 관여는 메시지에 대한 선택, 해석 및 반응에 대한 준비 상태를 제시한다.

2) 의존과 기능적 대안

맥일레이스 등(McIlwraith, Jacobvitz, Kubey, & Alexander, 1991)에 따르면 TV시청은 시청자를 편안하게 하고 기분전환을 돕고, 일부 시청자는 그들 자신이 이 효과를 예상하기 때문에 과도하게 TV에 의존할 수도 있다. 미디어 의존의 개념은 기능적 대안의 이용 가능성과 유용성에 기반한다. 특정매체에 대한 의존은 우리가 의사소통을 해야만 하는 동기, 우리가 충족을 얻기 위해 이용하는 전략, 그리고 기능적 대안의 제한된 이용 가능성에 기인한다. 그것이 우리가 미디어와 미디어의 잠재적 영향력을 이용하는 방식을 중재한다.

한편, 의존성은 기능적 대안의 이용 가능성을 제한하고 미디어 이용의 특정패턴을 발생시키는

환경에서 기인한다. 예를 들어 도탄과 코헨(Dotan & Cohen, 1976)은 1973년 10월 중동전쟁 기간과 이 시기에 뒤따라서 TV, 라디오, 신문 이용 시 인지적 필요의 충족이 가장 중요하고 현실도피와 정서적 필요의 충족이 가장 중요하지 않다는 것을 발견했다. 사람들은 전쟁위기 시기 동안 대부분의 욕구, 특히 환경감시 욕구를 충족시키기 위해 TV와 라디오에 의존했다. 최근, 디디와 라로즈(Diddi & LaRose, 2006)는 습관의 강도가 뉴스소비의 가장 강력한 예측변수라고 제시했다.

사회적 사건과 구조에 덧붙여, 건강, 이동성, 상호작용, 능동성, 생활에 대한 만족, 그리고 경제적 안전성 같은 개인 삶의 자세 또한 대안적 커뮤니케이션의 활용과 선택, 의사소통의 동기, 정보와 기분전환을 모색하는 전략, 그리고 미디어에 대한 의존에 영향을 미친다. 예를 들어 우리가 맥락적 연령(contextual age)이라고 부르는 삶의 자세에 대한 두 가지 연구에서 우리는 자기신뢰성과 TV 의존성 사이의 부정적 연계성을 발견했다. 보다 덜 건강하고 이동이 적을수록 더 건강하고 이동적인 사람보다 TV에 더 의존했다. 밀러와 리스(Miller & Leese, 1982)는 한 매체에 의존하는 것은 그 매체가 가진 영향력을 강화시키게 하는 것 같다고 주장했다. 이들 사례에서, 정치적 효과(즉, 행동과 효능감)는 노출에서 의존매체에 이르기까지 더 분명했다.

우리는 또한 미디어 이용과 효과 사이의 연계를 강조하는 모델을 제시했다. 이용과 의존모델은 의사소통의 욕구와 동기, 정보추구 전략, 미디어 이용과 기능적 대안, 그리고 미디어 의존 사이의 연계를 묘사한다. 이 모델에 따르면, 협소하게 정보를 추구하려는 욕구와 동기는 특정

채널에 대한 의존도를 높일 수 있다. 의존성은 여타의 태도적이거나 행동적 효과에 영향을 미치고, 사회의 여타의 관계를 변경시키는 데도 영향을 미친다. 매체의 의례화된 이용과 미디어 콘텐츠의 도구적 이용은 서로 다른 결과를 낳는다.

이 모델을 시에라리온(Sierra Leone)의 발전모델에 적용할 때, 테일러(Taylor, 1992)는 발전에 대한 정보를 얻기 위해 라디오에 의존하는 사람들은 그 미디어를 도구적으로 이용했다는 점을 발견했다. 그들은 정보를 획득하려 했고 라디오에서 나오는 자극 정보를 찾았다. 발전에 대한 정보를 얻기 위해 신문에 의존하는 사람들은 또한 그 매체를 도구적으로 이용했다. 그들은 의도적으로 신문에 실린 자극 정보를 찾고 선택했다. 덜 의존적인 사람들과 비교할 때, 테일러는 라디오에 더 의존적인 사람들이 국가발전에 더 큰 관심과 참여를 보였다고 관찰했다.

3) 사회 심리적 환경

미디어 의존성 개념은 사회 심리적 환경 — 개인차 — 의 중요성을 포함하여 미디어 효과에서 개인적, 매개적인 커뮤니케이션의 접점(interface)을 강조한다. 지략적인 커뮤니케이터는 대안적 채널을 더 넓게 이용 가능하며, 잠재 채널에 대한 폭넓은 개념을 갖고 있고, 보다 다양화된 메시지와 상호작용 추구전략을 구사할 수 있는 능력을 갖고 있다. 예를 들어, 이러한 사람들은 자신들의 대인적 관계를 유지하기 위해 이메일을 포함하여 몇 가지 이용 가능한 채널을 이용한다(Stafford, Kline, & Dimmick, 1999). 지략적 커뮤니케이터는 어떤 특정사람이나 채널에 덜 의존적일 것 같다. 토크쇼나 인터넷 같

은 특정매체의 메시지에 의존하게 되는 사람들에게 효과가 더 확연하게 나타날 것이다.

예를 들어, 이동성에 제한이 있고, 면대면 커뮤니케이션에 대해 염려가 있으며, 다른 사람이 대인적 만남에서 말해야 하는 것에 가치를 부여하지 않는다고 느끼는 라디오 대담 프로그램 청취자에게 토크쇼 라디오 진행자와 전화로 자신의 시각을 표현하는 것은 접근 가능하고 위협적이지 않은 면대면 커뮤니케이션의 대안이다. 유사하게, 인터넷은 대인적 상호작용에 근심을 갖고 있고 이 상호작용이 보상을 가져다주지 않는다고 생각하는 사람들에게 면대면 커뮤니케이션의 기능적 대안이다(Papacharissi & Rubin, 2000). 한편, 외향적이고 쾌활한 사람들은 미디어 대신에 다른 사람과의 대화를 선호할 수도 있다. 이러한 개인차는 커뮤니케이션 선호와 사람들에게 영향을 미치는 특정소스에 기회를 부여하는 데 일조한다.

이때, 미디어 이용과 효과는 상호작용의 잠재성과 상호작용의 맥락에 달려있다. 이것은 라이프스타일, 삶의 자세 그리고 퍼스낼리티 등 사람들의 사회 심리적 환경에 크게 영향을 받는다. 삶에 대한 만족, 이동성, 외로움, 그리고 기분이 미디어 행동을 결정짓는다. 예를 들어, 더욱 큰 심리적 고충을 겪고 보다 사회적 지원이 낮다고 지각한 범죄 피해자는 교우관계를 가지기 위해 제한된 사회적 상호작용을 보상하기 위해 TV를 이용한다(Minnebo, 2005). 삶의 만족 감소와 근심거리는 현실 도피적 TV시청에 일조하며, 이동성이 제한되고 외로움이 크면 의례화된 미디어 행동과 TV에 대한 의존을 초래한다. TV에 상당히 의존하는 사람들 즉, 자기보고식 조사를 통해 내려진 TV중독 성향은 신경질적이

고, 내향적이고, 쉽게 지루해하며, 불쾌한 생각을 잊기 위해, 감정을 조절하기 위해, 그리고 시간을 때우기 위해 TV시청을 한다는 점이 밝혀졌다. 덧붙여, 기분은 미디어 선택에 영향을 미쳐 지루하면 흥분을 자아내는 콘텐츠를 선택하게 되고 스트레스가 있으면 긴장을 완화시키는 콘텐츠를 선택하게 된다.

퍼스낼리티, 인식, 사회적 소속, 그리고 동기부여의 차이는 노출, 문화계발, 만족, 친사회적 상호작용, 동일시, 그리고 콘텐츠 주목이나 정교화에 영향을 미친다. 크얼크마르와 킨(Krcmar & Kean, 2005)은 신경증(*neuroticism*), 외향성, 개방성, 그리고 쾌활함을 포함한 퍼스낼리티 요인이 폭력적인 TV 콘텐츠의 시청이나 선호에 다르게 관련된다는 점을 발견했다. 크얼크마르와 그린(Krcmar & Greene, 1999)은 탈억제된 청소년이 폭력적인 TV프로그램을 보는 경향이 있지만, 위험한 행동을 보이는 선정적 콘텐츠 추구자(*sensation seeker*)는 폭력적 콘텐츠를 시청하는 사람과는 다르다는 점을 발견했다. 존슨(Johnson, 1995)은 4가지 동기화가 선혈이 낭자하고, 스릴이 있고, 독립적이며, 그리고 문제적 시청이 청소년의 그래픽 호러 영화 시청에 대한 인지적, 정서적 반응에 영향을 미친다고 명시했다. 하우드(Harwood, 1999)는 젊은이들이 캐릭터가 두드러진 프로그램을 선택함으로써, 젊은이들이 〔자신의〕 연령집단과 동일시를 높인다는 점을 발견했다. 통제의 중심과(*locus of control*) 같은 요인에 덧붙여, 성별의 차이 또한 미디어 노출에 영향을 미치며 선택과 영향력을 중재한다. 예를 들어 하리다키스(Haridakis, 2006)는 동기가 여성보다는 남성에 시청자 폭력을 예측하는 더 중요한 변수임이 밝혀졌다. 루카스와 세리(Lucas & Sherry, 2004)는 여성이 남성보다 사회적 상황에서 비디오 게임을 하는 동기가 더 낮다는 점을 발견했다.

6. 결론과 방향

이용과 충족이론은 커뮤니케이션 영향력을 개인차와 선택에 따라 사회적이고 심리적으로 제한되고 영향을 받는 것으로 바라본다. 기대, 태도, 능동성 및 관여도에서의 변이가 다양한 행동과 성과를 가져온다. 문화, 경제, 정치, 사회적 구조에 기반한 퍼스낼리티, 사회적 맥락, 동기부여 및 이용 가능성 등이 모두는 미디어와 그 메시지에 영향을 미친다.

1974년 캐츠 등은 충족과 효과를 연결시키는 데 어떠한 실질적이고 실증적인 노력도 기울여지지 않았다고 주장했다. 5년 후 블럼러(1979)는 이러한 유감표명에 공감했다. "우리는 어떤 형식의 콘텐츠에서 어떤 충족이 어떤 효과를 가능하게 할 것인가에 대해 잘 형성된 관점을 갖고 있지 못하다". 일부 정확성이 부족하더라도, 연구자들이 사회 심리적 선행요인, 동기, 태도, 능동성과 관여, 행위 및 결과를 연계시키려 모색한 가운데 지난 30년간 이 상황은 변화했다. 미디어 정향성과 수용자 능동성에 보다 초점을 맞춘 점이 커뮤니케이션 과정과 결과를 설명하는 데 동기의 중요성을 조사하는 데 새로운 관심을 유발시켰다. 그러나 우리는 여전히 이를 구체화시킬 필요가 있으며 특히 뉴미디어가 계속 주목됨에 따라 더 그러하다.

블럼러(1997)는 인지적, 기분전환적이며, 그리고 개인적 정체성에 관한 미디어 이용을 요약했다. 그는 이러한 이용에 기반해서 미디어 효과에 대한 3가지 가정을 제시했다. ⓐ 인지적 동기가 정보획득을 용이하게 할 것이다, ⓑ 기분전환이나 현실도피의 동기가 오락 미디어가 사회적 묘사를 정확하게 하는지에 관한 수용자 지각을 용이하게 할 것이다, ⓒ 개인적 정체성 동기는 강화효과를 촉진시킬 것이다.

이러한 가정들은 지금까지 어느 정도 주목받았다. 예를 들어, 우리는 인식적이거나 도구적 동기부여가 정보추구와 인지적 관여도로 이끈다는 점을 알았다. 레비와 윈달(1984)은 예를 들어, TV시청의 계획과 의도의 증가가 환경감시를 위한 이용과 밀접하게 관계되어 있다는 점을 발견했다. 빈센트와 베실(Vincent & Basil, 1997)은 환경감시 욕구의 증가가 대학생 표본에서 모든 뉴스미디어 이용을 더 증가시키는 결과를 낳았다는 점을 발견했다. 그리고 연구자들은 정치캠페인 동안에, 정치후보자에 대해, 그리고 후보자의 이슈에 대한 입장에 대해 인지적이거나 도구적 정보추구 동기와 정보 획득 사이의 관계를 관찰했다. 이들은 시사문제에 관련한 미디어 이용과 관심이 정치적 지식의 증가를 낳는다는 점을 발견했다.

하지만, 역할 묘사를 수용하는 것과 현실도피적 동기에 관한 두 번째 가정은 미디어 효과에서 태도와 경험의 중재적 역할을 고려해야만 한다. 우리는 태도와 경험이 지각에 영향을 미친다는 점을 깨달았다. 일부 연구들은 지각된 콘텐츠의 현실성, 수용자 구성원의 개인적 범죄경험, 그리고 미디어 유용성과 선택성에 따른 문화계발 효과가 있다는 것을 지지했다. 한편으로 연구자들은 태도, 동기부여 및 관여도 사이의 연계로 주목을 확장시킬 여지가 있으며, 다른 한편으로

미디어 콘텐츠와 역할 묘사의 지각으로 관심을 확장시킬 여지가 있다.

세 번째 가정으로 우리는 비이동성, 불만족, 근심을 해결하기 위한 개인적 상호작용의 대안으로서 미디어가 기능한다는 것을 주목했다(Papacharissi & Rubin, 2000). 덧붙여 사회적 유용성 동기가 TV가 묘사하는 인물과 의사 상호작용(parasocial interaction)을 한다는 것을 감소시키게 할 수도 있다.

한 가지 생산적 성과는 미디어 이용과 효과의 과정에서 개인적 관여도에 대한 연구였다. 관여도는 정보획득과 처리에 영향을 미친다. 관여도는 주목, 참여, 인지적 처리, 정서 및 감정에 중요한 영향을 미친다. 관여도는 또한 의사 상호작용 연구로 이끌어, 수용자 구성원과의 실제적, 인지적 관계에서 미디어 퍼스낼리티의 역할을 강조했다. 의사 상호작용은 미디어와 새로운 테크놀로지의 역할과 영향력을 이해하는 데 매력, 유사성, 동질성, 이미지 관리 및 감정이입(empathy) 같은 대인적 개념의 관련성을 강조한다. 예를 들어 해리슨(Harrison, 1997)은 예를 들어, 미디어에서 묘사하는 마른 캐릭터에 대한 대인적 매력이 여대생의 섭식장애(eating disorder)를 촉진시킨다고 주장했다. 그리고 오설리반(O'Sullivan, 2000)은 관계에서 인상 관리를 위해 매개하는 커뮤니케이션 채널(예: 전화, 응답 전화기, 전자메일)의 역할을 고려했다.

50년 이상 전에 홀튼과 홀은 TV와 라디오 퍼스낼리티가 시청자 및 청취자와 착각스런 의사 관계를(an illusionary parasocial relationship) 발전시킨다는 점을 제안했다. 의사 상호작용은 미디어가 묘사하는 인물과의 교우관계를 느끼는 것이다. 의사 상호작용은 수용자가 미디어 퍼스낼

리티와 정서적이거나 감정적 관계를 느끼는 것으로, 이는 미디어 인사에게서 조언을 구하고, 미디어 퍼스낼리티를 친구로 여기고, 좋아하는 프로그램의 세계 속의 일원이 되는 것을 상상하고, 미디어 종사자를 만나려는 욕망을 가지도록 경험하게 할 수 있다. 수용자는 종종 미디어 퍼스낼리티를 자신들의 대인적 친구의 연장선상에서 보면서 비슷한 태도와 가치를 지닌 자연스럽고, 실제적이고, 매력적인 사람으로 여긴다. 미디어 포맷과 테크닉은 의사사회 관계의 발전을 북돋우고 촉진시킨다. 다른 미디어에서처럼 수용자는 참여나 상호작용을 선택해야만 한다.

우리는 TV뉴스캐스터와 연속극 캐릭터, 토크쇼 호스트(A. M. Rubin & Step, 2000), 그리고 좋아하는 TV 퍼스낼리티와의 친사회적 상호작용을 보았다. 우리는 그 관계의 정도를 가늠하기 위한 척도를 발전시켰다. 기본적으로 관여도가 있는 시청자는 반드시 중시청자일 필요는 없지만, 의사사회적 관계를 형성하는 것 같다. 의사사회적 상호작용은 관여도가 있거나 도구적 미디어 이용, 즉, 미디어 이용에 대한 보다 적극적 성향을 제시한다(예: Kim & Rubin, 1997). 친사회적 상호작용은 좋아하는 TV 퍼스낼리티와 사회적이고 과업-유인적인 상태(task-attracted), 관계에서의 불확실성의 감소, TV 퍼스낼리티와의 태도 동질성(Turner, 1993)과 연계된다.

정서적이고 감정적인 관여로서 의사사회적 상호작용은 미디어 태도, 행위, 그리고 기대에 영향을 미치고, 잠재적 효과를 두드러지게 할 것이다. 예를 들어, 영국 시청자의 비판적 반응을 분석한 리빙스톤(Livingstone, 1988)은 연속극의 개인적 관여 특성이 미디어 효과에 중요한 함

의를 지닌다고 제시했다. 브라운과 베실(Brown & Basil, 1995)은 미디어 유명인사와의 감정적 관여가 설득적 커뮤니케이션을 증가시키고 건강 메시지와 위험한 성적 행동에 대한 개인적 관심을 증가시킨다는 점을 발견했다. 또한 우리는 수용자가 시사 토크쇼 진행자와 의사사회적 상호작용을 한다는 것이 앞으로 예정된 방송을 빈번히 청취하고, 토크쇼 진행자를 중요 정보원으로 취급하고, 진행자가 청취자들이 사회이슈를 인식하는 데 영향을 미친다고 생각할 가능성이 높다는 사실을 발견했다(A. M. Rubin & Step, 2000).

윈달은 통합(synthesis)이 미디어 이용과 미디어 효과 전통 모두의 제한점과 비판을 극복하는 데 도움이 될 것이라고 주장했다. 이러한 통합은 미디어 지각과 기대가 사람들의 행동을 이끌 것이라는 점, 동기는 욕구, 관심 및 외적으로 부과되는 제약에서 비롯된다는 점, 미디어 소비의 기능적 대안이 있다는 점, 미디어 경험에 대한 중요한 대인적 차원이 있다는 점, 그리고 미디어 콘텐츠에 대한 수용자 능동성, 관여, 태도가 미디어 효과에서 중요한 역할을 한다는 점을 알고 있다.

초기의 미디어 이용의 유형화 이래로, 우리는 미디어 이용과 효과 사이의 이론적 연계를 논의하려고 모색했다. 우리는 수용자가 변화무쌍하게 능동적이며 관여도를 가진 커뮤니케이터라는 것에 대해 더 많이 알게 되었다. 우리는 미디어 이용과 효과를 이해하는 데 대인 커뮤니케이션의 기여도를 보았다. 미디어 이용과 효과과정은 복잡한 채로 남아서, 선행요인, 중개 및 결과적 조건에 보다 주의 깊게 주목할 것을 요구한다. 단일 변인에 대한 설명력은 계속해서 일부

연구자들과 정책입안자들에게 어필한다. 그러나 그러한 설명력은 미디어 효과의 개념적 복잡성에서 주의를 다른 곳에 돌리게 한다. 루기어로(Ruggiero, 2000)가 주장하듯이 이용과 충족이론은 새로운 커뮤니케이션 미디어의 초기시절에 최첨단의 이론적 접근이었다. 보다 새로운, 그리고 계속해서 진화하는 인터랙티브 디지털 환경을 이해하려고 모색할 때 이용과 충족이론은 계속해서 특별하게 변화할 것이다.

참고문헌

Abelman, R. (1987). Religious television uses and gratifications. *Journal of Broadcasting & Electronic Media*, 31, 293-307.

Abelman, R., & Atkin, D. (1997). What viewers watch when they watch TV: Affiliation change as case study. *Journal of Broadcasting & Electronic Media*, 41, 360-379.

Adoni, H. (1979). The functions of mass media in the political socialization of adolescents. *Communication Research*, 6, 84−106.

Alexander, A. (1985). Adolescents' soap opera viewing and relational perceptions. *Journal of Broadcasting & Electronic Media*, 29, 295-308.

Anderson, J. A., & Meyer, T. P. (1975). Functionalism and the mass media. *Journal of Broadcasting*, 19, 11-22.

Armstrong, C. B., & Rubin, A. M. (1989). Talk radio as interpersonal communication. *Journal of Communication*, 39(2), 84-94.

Atkin, C. K., & Heald, G. (1976). Effects of political advertising. *Public Opinion Quarterly*, 40.

Avery, R. K., Ellis, D. G., & Glover, T. W. (1978). Patterns of communication on talk radio. *Journal of Broadcasting*, 22, 5-17.

Babrow, A. S. (1988). Theory and method in research on audience motives. *Journal of Broadcasting & Electronic Media*, 32, 471-487.

Babrow, A. S. (1989). An expectancy-value analysis of the student soap opera audience. *Communication Research*, 16, 155-178.

Babrow, A. S., & Swanson, D. L. (1988). Disentangling antecedents of audience exposure levels: Extending expectancy-value analyses of gratifications sought from television news. *Communication Monographs*, 55, 1-21.

Banning, S. A. (2007). Factors affecting the marketing of a public safety message: The third-person effect and uses and gratifications theory in public reaction to a crime reduction program. *Atlantic Journal of Communication*, 15(1), 1-18.

Bantz, C. R. (1982). Exploring uses and gratifications: A comparison of reported uses of television and reported uses of favorite program type. *Communication Research*, 9, 352-379.

Berelson, B. (1949). What "missing the newspaper" means. In P. E Lazarsfeld & F. N. Stanton

(Eds.), *Communications research 1948-1949*. New York: Harper.

Bilandzic, H., & Rossler, P. (2004). Life according to television: Implications of genre-specific cultivation effects. The gratification/cultivation model. Communications: *The European Journal of Communication Research*, 29, 295-326.

Blumler, J. G. (1979). The role of theory in uses and gratifications studies. *Communication Research*, 6, 9-36.

Brown, W. J., & Basil, M. D. (1995). Media celebrities and public health: Responses to "Magic" Johnson's HIV disclosure and its impact on AIDS risk and high-risk behaviors. *Health Communication*, 7, 345-370.

Bryant, J., & Zillmann, D. (1984). Using television to alleviate boredom and stress: Selective exposure as a function of induced excitational states. *Journal of Broadcasting*, 28, 1-20.

Carey, J. W., & Kreiling, A. L. (1974). Popular culture and uses and gratifications: Notes toward an accommodation. In J. G. Blumler & E. Katz(Eds.), *The uses of mass communications: Current perspectives on gratifications research*. Beverly Hills CA: Sage

Carveth, R., & Alexander, A. (1985). Soap opera viewing motivations and the cultivation process. *Journal of Broadcasting & Electronic Media*, 29, 259-273.

Cohen, A. A., Levy, M. R., & Golden, K. (1988). Children's uses and gratifications of home VCRs: Evolution or revolution. *Communication Research*, 15, 772-780.

Conway, J. C, & Rubin, A. M. (1991). Psychological predictors of television viewing motivation. *Communication Research*, 18, 443-464.

Cowles, D. L. (1989). Consumer perceptions of interactive media. *Journal of Broadcasting & Electronic Media*, 33, 83-89.

Diddi, A., & LaRose, R. (2006). Getting hooked on news: Uses and gratifications and the formation of news habits among college students in an Internet environment. *Journal of Broadcasting & Electronic Media*, 50, 193-210.

Dimmick, J. W., McCain, T. A., & Bolton, W. T. (1979). Media use and the life span. *American Behavioral Scientist*, 23(1), 7-31.

Dobos, J. (1992). Gratification models of satisfaction and choice of communication channels in organizations. *Communication Research*, 19, 29-51.

Dobos, J., & Dimmick, J. (1988). Factor analysis and gratification constructs. *Journal of Broadcasting & Electronic Media*, 32, 335-350.

Donohew, L., Palmgreen, P., & Rayburn, J. D., II. (1987). Social and psychological origins of media use: A lifestyle analysis. *Journal of Broadcasting & Electronic Media*, 31, 255-278.

Dotan, J., & Cohen, A. A. (1976). Mass media use in the family during war and peace: Israel 1973-1974. *Communication Research*, 3, 393-402.

Eastman, S. T. (1979). Uses of television viewing and consumer life styles: A multivariate analysis. *Journal of Broadcasting*, 23, 491-500.

Elliott, P. (1974). Uses and gratifications research: A critique and a sociological alternative. In J. G.

Blumler & E. Katz(Eds.), *The uses of mass communications: Current perspectives on gratifications research*(pp. 249-268). Beverly Hills CA: Sage.

Eiliott, W. R., & Quattlebaum, C. P. (1979). Similarities in patterns of media use: A cluster analysis of media gratifications. *Western Journal of Speech Communication*, 43, 61-72.

Eveland, W. P. (2004). The effect of political discussion in producing informed citizens: The roles of information, motivation, and elaboration. *Political Communication*, 21, 177-193.

Farquhar, L. K., & Meeds, R. (2007). *Journal of Computer-Mediated Communication*, 12.

Ferguson, D. A. (1992). Channel repertoire in the presence of remote control devices, VCRs, and cable television. *Journal of Broadcasting & Electronic Media*, 36, 83-91.

Ferguson, D. A., & Perse, E. M. (2000). The World Wide Web as a functional alternative to television. *Journal of Broadcasting & Electronic Media*, 44, 155-174.

Finn, S. (1992). Television addiction? An evaluation of four competing media-use models. *Journalism Quarterly*, 69, 422-435.

Finn, S. (1997). Origins of media exposure: Linking personality traits to TV, radio, print, and film use. *Communication Research*, 24, 507-529.

Finn, S., & Gorr, M. B. (1988). Social isolation and social support as correlates of television viewing motivations. *Communication Research*, 15, 135-158.

Fisher, B. A. (1978). *Perspectives on human communication*. New York: Macmillan.

Flaherty, L. M., Pearce, K. J., & Rubin, R. B. (1998). Internet and face-to-face communication: Not functional alternatives. *Communication Quarterly*, 46.

Galloway, J. J., & Meek, R L. (1981). Audience uses and gratifications: An expectancy model. *Communication Research*, 8, 435-449.

Garramone, G. M. (1983). Issue versus image orientation and effects of political advertising. *Communication Research*, 10, 59-76.

Garramone, G. M. (1984). Audience motivation effect: More evidence. *Communication Research*, 11.

Greenberg, B. S. (1974). Gratifications of television viewing and their correlates for British children. In J. G. Blumler & E. Katz(Eds.), *The uses of mass communications: Current perspectives on gratifications research*(pp. 71-92). Beverly Hills: Sage.

Hamilton, N. F, & Rubin, A. M. (1992). The influence of religiosity on television use. *Journalism Quarterly*, 69, 667-678.

Haridakis, P. M. (2002). Viewer characteristics, exposure to television violence, and aggression. *Media Psychology*, 4, 323-352.

Haridakis, P. M. (2006). Men, women, and television violence: Predicting viewer aggression in male and female television viewers. *Communication Quarterly*, 54, 227-255.

Haridakis, P. M., & Rubin, A. M. (2003). Motivation for watching television violence and viewer aggression. *Mass Communication & Society*, 6(1), 29-56.

Haridakis, P. M., & Rubin, A. M. (2005). Third-person effects in the aftermath of terrorism. *Mass Communication & Society*, 8(1), 39-59.

Harrison, K. (1997). Does interpersonal attraction to thin media personalities promote eating disorders? *Journal of Broadcasting & Electronic Media*, 41, 478-500.

Harwood, J. (1999). Age identification, social identity gratifications, and television viewing. *Journal of Broadcasting & Electronic Media*, 43, 123-136.

Herzog, H. (1940). Professor quiz: A gratification study. In P. F. Lazarsfeld (Ed.), *Radio and the printed page* (pp. 64-93). New York: Duell, Sloan & Pearce.

Herzog, H. (1944). What do we really know about daytime serial listeners? In P. F. Lazarsfeld & F. N. Stanton (Eds.), *Radio research 1942-1943* (pp. 3-33). New York: Duell, Sloan & Pearce.

Horton, D., & Wohl, R. R. (1956). Mass communication and para-social interaction. *Psychiatry*, 19.

Johnson, D. D. (1995). Adolescents' motivations for viewing graphic horror. *Human Communication Research*, 21, 522-552.

Katz, E. (1959). Mass communication research and the study of popular culture. *Studies in Public Communication*, 2, 1-6.

Katz, E., Blumler, J. G., & Gurevitch, M. (1974). Utilization of mass communication by the individual. In J. G. Blumler & E. Katz (Eds.), *The uses of mass communications: Current perspectives on gratifications research* (pp. 19-32). Beverly Hills CA: Sage.

Katz, E., Gurevitch, M., & Haas, H. (1973). On the use of the mass media for important things. *American Sociological Review*, 38, 164-181.

Kaye, B. K., & Johnson, T. J. (2002). Online and in the know: Uses and gratifications of the web for political information. *Journal of Broadcasting & Electronic Media*, 46(1), 54-72.

Kim, J., & Rubin, A. M. (1997). The variable influence of audience activity on media effects. *Communication Research*, 24, 107-135.

Klapper, J. T. (1960). *The effects of mass communication.* New York: Free Press.

Klapper, J. T. (1963). Mass communication research: An old road resurveyed. *Public Opinion Quarterly*, 27, 515-527.

Ko, H., Cho, C., & Roberts, M. S. (2005). Internet uses and gratifications. *Journal of Advertising*, 34(2), 57-70.

Krcmar, M., & Greene, K. (1999). Predicting exposure to and uses of television violence. *Journal of Communication*, 49(3), 24-45.

Krcmar, M., & Kean, L. G. (2005). Uses and gratifications of media violence: Personality correlates of viewing and liking violent genres. *Media Psychology*, 7, 399-420.

LaRose, R., & Eastin, M. S. (2004). A social cognitive theory of Internet uses and gratifications: Toward a new model of media attendance. *Journal of Broadcasting & Electronic Media*, 48.

Lasswell, H. D. (1948). The structure and function of communication in society. In L. Bryson (Ed.), *The communication of ideas* (pp. 37-51). New York: Harper.

Lazarsfeld, R. F. (1940). *Radio and the printed page.* New York: Duell, Sloan & Pearce.

Lazarsfeld, R. E., & Merton, R. K. (1948). Mass communication, popular taste and organized social action. In L. Bryson (Ed.), *The communication of ideas* (pp. 95-118). New York: Harper.

Lemish, D. (1985). Soap opera viewing in college: A naturalistic inquiry. *Journal of Broadcasting & Electronic Media*, 29, 275-293.

Levy, M. R., & Windahl, S. (1984). Audience activity and gratifications: A conceptual clarification and exploration. *Communication Research*, 11, 51-78.

Levy, M. R., & Windahl, S. (1985). The concept of audience activity. In K. E. Rosengren, L. A. Wenner, & P. Palmgreen(Eds.), *Media gratifications research: Current perspectives*. Beverly Hills CA: Sage.

Lichtenstein, A., & Rosenfeld, L. B. (1983). Uses and misuses of gratifications research: An explication of media functions. *Communication Research*, 10, 97-109.

Lichtenstein, A., & Rosenfeld, L. (1984). Normative expectations and individual decisions concerning media gratification choices. *Communication Research*, 11, 393-413.

Lin, C. A. (1993). Modeling the gratification-seeking process of television viewing. *Human Communication Research*, 20, 224-244.

Lin, C. A. (1994). Audience fragmentation in a competitive video marketplace. *Journal of Advertising Research*, 34(6), 30-38.

Lin, C. A. (1999). Online-service adoption likelihood. *Journal of Advertising Research*, 39(2).

Lindlof, T. R. (1986). Social and structural constraints on media use in incarceration. *Journal of Broadcasting & Electronic Media*, 30, 341-355.

Livingstone, S. M. (1988). Why people watch soap operas: An analysis of the explanations of British viewers. *European Journal of Communication*, 3, 55-80.

Lometti, G., Reeves, B., & Bybee, C. R. (1977). Investigating the assumptions of uses and gratifications research. *Communication Research*, 4, 321-338.

Lucas, K., & Sherry, J. L. (2004). Sex-differences in video game play: A communication based explanation. *Communication Research*, 31, 499-523.

Lull, J. (1980). The social uses of television. *Human Communication Research*, 6, 197-209.

Massey, K. B. (1995). Analyzing the uses and gratifications concept of audience activity with a qualitative approach: Media encounters during the 1989 Loma Prieta earthquake disaster. *Journal of Broadcasting & Electronic Media*, 39, 328-349.

McCombs, M. E., & Shaw, D. L. (1972). The agenda-setting function of mass media. *Public Opinion Quarterly*, 36, 176-187.

McDonald, D. G. (1990). Media orientation and television news viewing. *Journalism and Mass Communication Quarterly*, 67, 11-20.

McDonald, D. G., & Glynn, C. J. (1984). The stability of media gratifications. *Journalism Quarterly*, 61, 542-549; 741.

McIlwraith, R. D. (1998). "I'm addicted to television": The personality, imagination, and TV watching patterns of self-identified TV addicts. *Journal of Broadcasting & Electronic Media*, 42.

McIlwraith, R., Jacobvitz, R. S., Kubey, R., & Alexander, A. (1991). Television addiction: Theories and data behind the ubiquitous metaphor. *American Behavioral Scientist*, 35(2).

McLeod, J. M., & Becker, L. B. (1974). Testing the validity of gratification measures through political effects analysis. In J. G. Blumler & E. Katz(Eds.), *The uses of mass communications: Current perspectives on gratifications research*(pp. 137-164). Beverly Hills CA: Sage.

McOuail, D., Blumler, J. G., & Brown, J. R. (1972). The television audience: A revised perspective. In D. McQuail(Ed.), *Sociology of mass communications*(pp. 135-165). Middlesex, England: Penguin.

Mendelsohn, H. (1963). Socio-psychological perspectives on the mass media and public anxiety. *Journalism Quarterly*, 40, 511-516.

Miller, M. M., & Reese, S. D. (1982). Media dependency as interaction: Effects of exposure and reliance on political activity and efficacy. *Communication Research*, 9, 227-248.

Minnebo, J. (2005). Psychological distress, perceived social support, and television viewing for reasons of companionship: A test of the compensation hypothesis in a population of crime victims. Communication: *The European Journal of Communication Research*, 30.

Nabi, R. L., Stitt, C. R., Halford, J., & Finnerty, K. L. (2006). Emotional and cognitive predictors of the enjoyment of reality-based and fictional television programming: An elaboration of the uses-and-gratifications perspective. *Media Psychology*, 8.

O'Sullivan, P. B. (2000). What you don't know won't hurt me: Impression management functions of communication channels in relationships. *Human Communication Research*, 26.

Palmgreen, P. (1984). Uses and gratifications: A theoretical perspective. *Communication Yearbook*, 8.

Palmgreen, P., & Rayburn, J. D., II. (1979). Uses and gratifications and exposure to public television: A discrepancy approach. *Communication Research*, 6, 155-179.

Palmgreen, P., & Rayburn, J. D., II. (1982). Gratifications sought and media exposure: An expectancy value model. *Communication Research*, 9, 561-580.

Palmgreen, P., & Rayburn, J. D., II. (1985). A comparison of gratification models of media satisfaction. *Communication Monographs*, 52, 334-346.

Palmgreen, P., Wenner, L. A., & Rayburn, J. D., II. (1980). Relations between gratifications sought and obtained: A study of television news. *Communication Research*, 7, 161-192.

Palmgreen, P., Wenner, L. A., & Rayburn, J. D., II. (1981). Gratification discrepancies and news program choice. *Communication Research*, 8, 451-478.

Palmgreen, P., Wenner, L. A., & Rosengren, K. E. (1985). Uses and gratifications research: The past ten years. In K. E. Rosengren, L. A. Wenner, & P. Palmgreen(Eds.), *Media gratifications research: Current perspectives*(pp. 11-37). Beverly Hills CA: Sage

Papacharissi, Z., & Rubin, A. M. (2000). Predictors of Internet use. *Journal of Broadcasting & Electronic Media*, 44, 175-196.

Peariin, L. I. (1959). Social and personal stress and escape television viewing. *Public Opinion Quarterly*, 23, 255-259.

Perse, E. M. (1986). Soap opera viewing patterns of college students and cultivation. *Journal of Broadcasting & Electronic Media*, 30, 175-193.

Perse, E. M. (1990a). Involvement with local television news: Cognitive and emotional dimensions. *Human Communication Research*, 16, 556-581.

Perse, E. M. (1990b). Media involvement and local news effects. *Journal of Broadcasting & Electronic Media*, 34, 17-36.

Perse, E. M. (1992). Predicting attention to local television news: Need for cognition and motives for viewing. *Communication Reports*, 5, 40-49.

Perse, E. M., & Courtright, J. A. (1993). Normative images of communication media: Mass and interpersonal channels in the new media environment. *Human Communication Research*, 19.

Perse, E. M., & Rubin, A. M. (1988). Audience activity and satisfaction with favorite television soap opera. *Journalism Quarterly*, 65, 368-375.

Perse, E. M., & Rubin, A. M. (1990). Chronic loneliness and television use. *Journal of Broadcasting & Electronic Media*, 34, 37-53.

Perse, E. M., & Rubin, R. B. (1989). Attribution in social and parasocial relationships. *Communication Research*, 16, 59-77.

Peters, O., Rickes, M., Jockel, S., Criegern, C, & Deursen, A. (2006). Explaining and analyzing audiences: A social cognitive approach to selectivity and media use. Communications: *The European Journal of Communication Research*, 31, 279-308.

Pettey, G. R. (1988). The interaction of the individual's social environment, attention and interest. and public affairs media use on political knowledge holding. *Communication Research*, 15.

Potter, W. J. (1986). Perceived reality and the cultivation hypothesis. *Journal of Broadcasting & Electronic Media*, 30.

Rayburn, J. D., II, & Palmgreen, P. (1984). Merging uses and gratifications and expectancy-value theory. *Communication Research*, 11, 537-562.

Rosengren, K. E. (1974). Uses and gratifications: A paradigm outlined. In J. G. Blumler & E. Katz(Eds.), *The uses of mass communications: Current perspectives on gratifications research*. Beverly Hills: Sage.

Rosengren, K. E., & Windahl, S. (1972). Mass media consumption as a functional alternative. In D. McQuail(Ed.), *Sociology of mass communications*. Middlesex, England: Penguin,

Rubin, A. M. (1979). Television use by children and adolescents. *Human Communication Research*, 5.

Rubin, A. M. (1981a). An examination of television viewing motivations. *Communication Research*, 8.

Rubin, A. M. (1981b). A multivariate analysis of "60 Minutes" viewing motivations. *Journalism Quarterly*, 58, 529-534.

Rubin, A. M. (1983). Television uses and gratifications: The interactions of viewing patterns and motivations. *Journal of Broadcasting*, 27, 37-51.

Rubin, A. M. (1984). Ritualized and instrumental television viewing. *Journal of Communication*, 34(3).

Rubin, A. M. (1985). Uses of daytime television soap opera by college students. *Journal of Broadcasting & Electronic Media*, 29, 241-258.

Rubin, A. M. (1993). Audience activity and media use. *Communication Monographs*, 60.

Rubin, A. M. (2002). The uses-and-gratifications perspective of media effects. In J. Bryant & D. Zillmann (Eds.), *Media effects: Advances in theory and research* (2nd ed.). Mahwah, NJ: Erlbaum.

Rubin, A. M., & Bantz, C. R. (1989). Uses and gratifications of videocassette recorders. In J. Salvaggio & J. Bryant (Eds.), *Media use in the information age: Emerging patterns of adoption and consumer use*. Hillsdale, NJ: Erlbaum.

Rubin, A. M., & Perse, E. M. (1987a). Audience activity and soap opera involvement: A uses and effects investigation. *Human Communication Research*, 14.

Rubin, A. M., & Perse, E. M. (1987b). Audience activity and television news gratifications. *Communication Research*, 14.

Rubin, A. M., Perse, E. M., & Powell, R. A. (1985). Loneliness, parasocial interaction, and local television news viewing. *Human Communication Research*, 12.

Rubin, A. M., Perse, E. M., & Taylor, D. S. (1988). A methodological examination of cultivation. *Communication Research*, 15.

Rubin, A. M., & Rubin, R. B. (1982a). Contextual age and television use. *Human Communication Research*, 8.

Rubin, A. M., & Rubin, R. B. (1982b). Older persons' TV viewing patterns and motivations. *Communication Research*, 9.

Rubin, A. M., & Rubin, R. B. (1985). Interface of personal and mediated communication: A research agenda. *Critical Studies in Mass Communication*, 2, 36-53.

Rubin, A. M., & Rubin, R. B. (1989). Social and psychological antecedents of VCR use. In M. R. Levy (Ed.), *The VCR age: Home video and mass communication*. CA: Sage.

Rubin, A. M., & Step, M. M. (2000). Impact of motivation, attraction, and parasocial interaction on talk radio listening. *Journal of Broadcasting & Electronic Media*, 44, 635-654.

Rubin, A. M., & Windahl, S. (1986). The uses and dependency model of mass communication. *Critical Studies in Mass Communication*, 3, 184-199.

Rubin, R. B., & McHugh, M. P. (1987). Development of parasocial interaction relationships. *Journal of Broadcasting & Electronic Media*, 31, 279-292.

Rubin, R. B., & Rubin, A. M. (1982). Contextual age and television use: Reexamining a life-position indicator. *Communication Yearbook*, 6, 583-604.

Ruggiero, T. E. (2000). Uses and gratifications theory in the 21st century. *Mass Communication & Society*, 3(1), 3-37.

Slater, M. D. (2007). Reinforcing spirals: The mutual influence of media selectivity and media effects and their impact on individual behavior and social identity. *Communication Theory*, 17.

Stafford, L., Kline, S. L., & Dimmick, J. (1999). Home e-mail: Relational maintenance and gratification opportunities, *Journal of Broadcasting & Electronic Media*, 43, 659-669.

Stephenson, W. (1967). *The play theory of mass communication*. Chicago: Univ. of Chicago Press.

Swanson, D. L. (1977). The uses and misuses of uses and gratifications. *Human Communication Research*, 3, 214-221.

Swanson, D. L. (1979). Political communication research and the uses and gratifications model: A critique. *Communication Research*, 6, 37-53.

Swanson, D. L. (1987). Gratification seeking, media exposure, and audience interpretations: Some directions for research. *Journal of Broadcasting & Electronic Media*, 31, 237-254.

Taylor, D. S. (1992). Application of the uses and dependency model of mass communication to development communication in the western area of Sierra Leone(Doctoral dissertation, Kent State University, 1991). *Dissertation Abstracts International*, A52/12, 4134.

Turner, J. R. (1993). Interpersonal and psychological predictors of parasocial interaction with different television performers. *Communication Quarterly*, 41, 443-453.

Turow, J. (1974). Talk-show radio as interpersonal communication. *Journal of Broadcasting*, 18.

Vincent, R. C, & Basil, M. D. (1997). College students' news gratifications, media use and current events knowledge. *Journal of Broadcasting & Electronic Media*, 41.

Weaver, J., & Wakshlag, J. (1986). Perceived vulnerability to crime, criminal victimization experience, and television viewing. *Journal of Broadcasting & Electronic Media*, 30.

Wenner, L. A. (1982). Gratifications sought and obtained in program dependency: A study network evening news programs and 60 Minutes. *Communication Research*, 9, 539-560.

Wenner, L. A. (1986). Model specification and theoretical development in gratifications sought and obtained research: A comparison of discrepancy and transactional approaches. *Communication Monographs*, 53, 160-179.

Westmyer, S. A., DiCioccio, R. L., & Rubin, R. B. (1998). Appropriateness and effectiveness communication channels in competent interpersonal communication. *Journal of Communication*, 48(3), 27-18.

Windahl, S. (1981). *Uses and gratifications at the crossroads. Mass Communication Review Yearbook* 2.

Windahl, S., Hojerback, I., & Hedinsson, E. (1986). Adolescents without television: A study-media deprivation. *Journal of Broadcasting & Electronic Media*, 30, 47-63.

Wright, C. R. (1960). Functional analysis and mass communication. *Public Opinion Quarterly*, 24.

정신생리학과 미디어

매스미디어 연구에서의 효과

애니 랭(Annie Lang, 인디애나 대학)
로버트 포터(Robert F. Potter, 인디애나 대학)
폴 볼스(Paul Bolls, 미주리 대학)

매스 커뮤니케이션 연구에서 생리학적 측정의 사용은 딱히 새로운 현상이 아니다. 1960년대와 70년대의 초기연구는 미디어가 인간의 생물학적 기능에 상당한 효과가 있다는 사실을 입증하고자 했다. 놀랍게도 적어도 그 당시에는 이러한 연구결과가 강력한 효과를 입증하지 못했고, 따라서 커뮤니케이션 연구에서 생리학적 측정방법이 사실상 사라졌다. 이러한 초기연구는 대부분의 매스 커뮤니케이션 연구자들이 미디어의 "효과"를 찾고자 할 때 진행되었다. 생리학적 측정은 주로 미디어가 메시지에 대한 반응에 영향을 주는 신체기능에 상당한 효과를 미친다는 사실을 입증하기 위해 사용되었다. 생리학적 영향은 당시에 연구자들이 찾고자 했던 "효과"의 일부분이었다. 미디어 메시지에 대한 반응으로 상당한 생리변화가 있을 것으로 기대되었다. 때때로 생리변화는 상태변화(예를 들면, 각성)의 지표로 간주되었지만 종종 간단한 생리변화가 궁극적 목표이기도 했다. 생리학적 데이터를 수집하는 데 경제적, 기술적 어려움이 많았던 데다가 미디어에 대한 반응으로 생리체계에서의 신뢰할 만한 변화가 없자 사실상 생리학적 측정방법은 이후 10년간 커뮤니케이션 연구자의 관심 속에서 사라졌다.

생리학적 측정방법이 다시 학술 논문에서 등장하기 시작한 것은 1980년대 중반부터였다. 이 방법은 이 당시 잠시 등장했다가 다시 사라진 것이 아니라 느리지만 꾸준히 커뮤니케이션 연구에서 성장했다. 사실상 오늘날 생리학적 자료를 수집해서 연구결과를 발표하는 매스 커뮤니케이션 실험실이 한두 개가 있는 것이 아니다. 미국과 국제적으로 이러한 실험실이 10여 개가 넘는다(A. Lang, Bradley, Chung, & Lee, 2003). 무엇이 변했는가?

패러다임이 바뀌었다는 표현이 가장 정확할 것이다. 심리학에서 행동주의에서 정보처리로 옮겨가는 추세(Miller, 2003)를 쫓아 1980년대 중반에 매스 커뮤니케이션 연구자들은 미디어 "효과" 연구에서 벗어나 미디어 **처리과정**(processing) 연구로 옮겨갔다(Chaffee, 1980). 이 당시 생리학적 측정을 다시 사용했던 연구자는 이것을 미디어에 의해 야기된 생리적 상태변화의 지표로 보지 않고 인지적, 감정적 사건의 지표로 개념화했다. 즉, 미디어 연구자들은 생리학적 측정 방법으로 단순히 회귀한 것이 아니라 정신생리학의 연구분야를 수용한 것이었다.

학제간 융합에서 흔히 일어나듯이 새로운 영역과 오래된 영역의 결합은 미디어 연구자가 매스 커뮤니케이션에 대해 생각하는 방법을 혁명적으로 바꾸는 새로운 사고방식을 이끌어냈다. 정신생리학적 연구를 하기 위해서, 즉 생리학적 측정방법을 단순히 생리학적 측정을 사용하는 것이 아니라 사고행위의 지표로 이용하기 위해서는 정신생리학의 가정을 이해하고 인정해야 한다. 다양한 측면에서 이러한 가정의 인정은 연구자의 세계관을 재고하고 동일한 문제를 고찰하는 새로운 방법을 감안할 것을 요구한다.

이 장에서는 매스 커뮤니케이션 연구에 영향을 미치는 5가지 기본적 가정에 대해서 논의하고자 한다. 정신생리학의 가장 중요한 첫 번째 가정은 체화된 정신개념이다. 정신생리학은 데카르트식 이원론을 받아들이지 않는다. 누구든 영혼이나 정신이 단순히 몸이라는 매개체 위에 존재한다고 믿는다면 심장박동수, 피부 전도, 안면 근육 움직임을 사고의 지표로 간주할 수 없다. 대신, 정신생리학자는 사고, 느낌, 숙고, 지각, 의식은 뇌(brain)라는 장기기능의 부수효과로 가정한다. 뇌는 생리학적으로 몸속의 다른 모든 장기와 시스템과 생리적으로 연결되어 있다. 그것은 체화된 뇌이다. 사고행위는 생물학적 에너지를 동반한다. 그것은 혈액, 산소, 화학물질, 효소,

신경전달물질, 전류 등을 동반한다. 정신생리학은 우선 사고행위는 신체의 산물이기 때문에 체화된 사고작용의 효과를 이와 같은 자원의 체계 내에서 살펴볼 수 있다고 가정한다.

두 번째 가정은 뇌와 신체의 작용이 발생하는 데는 시간이 걸린다는 것이다. 시스템은 디지털이 아닌 아날로그적 방식으로 증가하고 줄어든다. 따라서 사고가 바뀌려면 몇 천분의 1초나 몇 초가 걸리는데, 이것이 생물학적, 생리학적 시스템에 미치는 영향은 사고가 바뀌면서 커져가거나 줄어든다.

세 번째 가정은 신체는 단순히 뇌만을 후원하는 것이 아니라 신체 전체를 후원한다는 것이다. 생리학적 시스템 내에서의 변화는 생각과 연결된 것이 아니라 생활과 연결된다. 방을 드나드는 행위는 "흠, 그것 재미있었어"라고 하는 사고행위보다 심장박동수에 더 큰 효과를 미친다. 그러나 이 두 가지 행위 모두 심장박동수에 영향을 미치고, 영향 또한 지연된 형태가 아니라 즉각적이다.

네 번째로 이는 생리학적 측정이 "방대하게 연결되었다"는 것을 의미한다(Cacioppo, Tassinary, & Bernston, 2000b). 즉, 시간적으로 한순간에 행해지는 측정의 가치는 어떤 단일한 인과적 개념에만 연결된 것이 아니다. 대신, 어떤 주어진 시간에 심장박동수, 피부전도, 뇌전도(EEG), 근전기록장치(EMG)는 뇌에서 진행되는 사고나 느낌뿐만 아니라 물리적, 생물학적, 환경적, 시스템적 요구에 따라 복합적으로 결정된다. 이것은 정신생리학적 측정이 미디어 메시지가 유발하는 인지적, 감정적 반응으로 야기되거나 반응과 연관된 측정상의 변화를 추출해내기 위해서 연구자가 메시지를 대하는 맥락에 대해 통제해야만

한다는 것을 의미한다. 이러한 통제는 생리학적 측정상의 변화를 동시에 결정하는 복수 시스템을 통제하기 위해 필요하다.

정신생리학의 다섯 번째 가정은 생리 시스템들은 상호작용적이며, 피드백과 결함 예측에 기반한 피드백 과정 제어적 메커니즘 모두 있다는 것이다. 이러한 가정은 "사고, 생리적 반응 중 어느 것이 먼저인가?"라는 공통적 질문을 야기한다. '체화된 뇌'라는 가정은 신체의 생리적 변화가 뇌에서의 사고를 유도하는지, 후원하는지, 아니면 사고에 의해 야기되는지에 대한 고민을 하게 만든다. 정신생리학자들은 다양한 맥락에서, 그리고 다양한 종류의 사고를 가지고 사고와 생리 사이의 역동적 상호작용을 파악하기 위한 경험적 연구를 상당히 많이 수행했다. 방대한 연구를 요약하자면, 생리학적 시스템과 인지적 시스템은 서로 영향을 미치면서 우리가 의식, 사고, 감정이라고 부르는 경험을 창출하는 지속적인 상호작용이 존재한다고 결론 내리는 것이 좋을 듯하다. 그동안 연구는 매개된 사건에 대한 일부 생리적 반응은 사건을 접한 지 17에서 51밀리세컨드(1/1000초) 내에 상당히 빨리 일어난다는 사실을 밝혀냈다. 이것은 미디어 콘텐츠의 생리학적 효과는 반응을 야기하는 콘텐츠가 의식적으로 지각되거나 확인되기 250밀리세컨드 이전에 일어난다는 것을 의미한다. 그러나 콘텐츠가 일단 확인되면 이러한 의식적 사고의 효과는 즉각적으로 생리적 시스템으로 흘러들어가기 시작해서 진행되는 반응을 변형시킨다(Bradley, 2007).

정신생리학의 이러한 5가지 가정을 받아들일 경우 미디어 연구자는 "미디어"가 의미하는 것을 재개념화해야 한다. 미디어를 정체적인 범주적 상자(예를 들면, 폭력, 뉴스 라디오, TV, 포르노 등)로 생각하는 것은 더 이상 의미가 없다. 대신 미디어는 시간이 지남에 따라 다양한 심리적 관련 변인이 지속적으로 변화하는 복잡한 자극으로 개념화되어야 한다. 따라서 이러한 변인의 변화가 체화된 뇌와 실시간 상호작용을 촉발시킬 것인데, 이것은 미디어 사용이 시간의 흐름 속에서 두 가지 복잡한 역동적 시스템 사이의 현재 진행형적인 상호작용이라는 것을 의미한다.

이전에 언급했듯이 커뮤니케이션 분야의 일부가 생리학적 측정으로 회귀한 현상 — 그리고 이 분야의 이러한 부분이 정신생리학으로 통일되는 현상 — 은 정적인 상태변화나 효과에서 미디어와 미디어 메시지의 처리과정에 대한 연구로 일반적인 관심이 바뀌고 난 다음에 나타났다. 이러한 선회는 부분적으로 심리학의 패러다임이 행동주의에서 정보 처리로 바뀌었기 때문에 야기되었다. 이 두 분야에서의 유사한 변화는 사고작용은 시간이 걸린다는 생각과 사고작용이 일어나는 시간 동안에 떠오르는 것이 생각을 끝낸 후에 나타나는 결과를 결정하는 주요한 요인이라는 생각에 의해 야기되었다. 즉, 과정이 실질적 효과를 야기한다는 것이다.

1980년대에 이러한 변화를 주도한 연구자들은 메시지간 효과가 아닌 메시지의 내적 효과연구를 주장하고 수행하기 시작했다. 이것은 미디어 메시지를 구성하는 심리적으로 관련된 변인들의 변화가 매개된 메시지의 실시간 처리에 어떻게 영향을 미치는가를 조망하는 것을 의미했다. 이것은 미디어 메시지의 인지적 처리 과정을 고찰하는 연구로 이어졌다. 이전에는 매스 커뮤니케이션 연구에서 존재하지 않았거나 주변부에 있었던 주목, 입력, 저장, 자원할당, 노력, 정교화 등과 같은 변인들이 적어도 메시지 처리라는 새로운 하위분야에서 중심적 위치를 차지하게 되었다. 시간적인 메시지 처리과정과 주목이나 자원할당과 같은 보이지 않는 이론적 개념에서의 역동적 변화를 추적하는 것에 대해 관심이 증대되면서 이러한 개념의 실시간 지표가 무엇인지에 대해 연구하기 시작했다. 따라서 정신생리학적 측정방법에 대한 관심이 증대되면서 이러한 측정방법이 주목, 인지적 노력, 각성, 감정적 반응을 측정하는 좋은 지표로 간주되기 시작했다. 생리학적 기록이 지닌 본질적 속성은 바로 미디어가 제시하는 메시지나 콘텐츠 변화를 시간이 흐름에 따라 기록할 수 있고, 메시지의 어떠한 측면이 생리적 시스템에서의 변화를 야기하는지를 알아낼 수 있도록 한다는 것이다.

사실상, 정신생리학적(순전히 생리학적이기보다는) 측정방법을 사용한 초기연구의 일부는 다소 귀납적 접근방법을 택했다. 예를 들면, 리브즈(Reeves) 등은 피험자들이 상업광고를 시청할 때 뇌전도(EEG) 검사를 했다. 그 다음에 이들은 뇌전도에서의 실시간 알파파 기록을 들여다보고 일명 알파 차단(alpha blocking)이라 불리는 현상인 알파파가 스펙트럼에서 사라지는 시점을 확인했다. 정신생리학적 연구에서 알파 차단은 주목이 증가했다는 지표로 오랫동안 받아들여졌다(Stern, Ray, & Quigley, 2001). 이들은 그 다음에 알파 차단이 발생했을 당시에 메시지에서 어떤 일이 일어났는가를 조사했다. 이 연구가 입증했던 것은 TV광고의 많은 구조적, 내용적 측면들이 주목의 증가를 알려주는 알파 차단 기간을 유도했다는 것이었다.

이러한 귀납적 접근방법은 미디어와 미디어 메시지를 미디어 산업이 정의하는 측면이 아니라 심리학적, 감정적 관련성을 지니는 변인의 측면에서 재개념화하고자 했던 연역적 접근방법과 결합되었다. 기존의 심리학 이론과 리브즈 등의 연구와 같은 귀납적 연구결과 모두 미디어 메시지를 정의하는 다양한 새로운 방법을 이끌어 냈다. 시간의 경과 추이에 따라 추적될 수 있는 이러한 변인들의 예로는 구조적 변화율, 정보 변화율, 신체의 움직임 수준, 카메라를 향한 접근과 회피, 정서적 느낌, 각성 내용, 빛의 밝기 등이 있다. 게다가 미디어는 학자들에 의해 TV, 인쇄, 라디오로 인식된 것이 아니라 음향, 영상, 음향과 영상, 텍스트, 정지된 영상, 동영상 등으로 재인식되어 논의되었다.

이러한 새로운 변인과 개념화는 인지와 감정에 대한 심리학적, 정신생리학적 이론과 상당히 관련이 있고, 미디어 이론가로 하여금 TV 산업이 규정한 장르나 매체 구분에서 벗어나 미디어 콘텐츠와 형식의 기존 범위와 새롭게 탐구될 범위를 아우르는 메시지처리 일반이론을 창출할 수 있도록 했기 때문에 유용했다(Reeves & Geiger, 1994). 예를 들면, 변화율, 접근과 회피동작이 체화된 뇌에 영향을 미치는 정도를 통해 웹, TV화면, 영화관에서 제시되는 광고, 드라마, 뉴스와 상관없이 그 효과를 측정할 수 있다. 시간의 추이에 따른 이러한 변인의 변화를 추적하는 능력으로 우리는 어떠한 메시지든 탐구할 수 있고 메시지 구조, 콘텐츠, 체화된 인지적 처리 시스템 사이의 실시간 상호작용을 분석, 이론화, 예측할 수 있다.

커뮤니케이션 연구에 대한 이러한 학제적 접근방법에서 무엇을 얻을 수 있는가? 앞에서 분명하게 언급한 것과 같이 생리학적 측정방법과 대조되는 것으로서의 정신생리학의 이용은 측정 그 자체보다는 생리학적 측정과 관련된 심리학적 변인에 초점을 맞추는 경향성을 확립한다. 따라서 다음에서 이러한 심리학적 변인과 관련 이슈를 이미 확립된 생리학적 관련 변인을 사용한 미디어 연구사례를 제시하면서 논의하고자 한다.

1. 주 목

메시지 처리에 대한 연구의 관심이 증가되면서 주목 개념에 대한 관심이 늘어났다. 심리학에서 주목이 무엇이며 이것이 어떻게 작동하는지를 개념화하고 설명하려는 연구가 상당히 많다. 이러한 연구에 대한 자세한 논의는 파슐러(Pashler, 1998)의 저서 *The Psychology of Attention*에 나타나 있다. 우리는 여기에서 주목이론에 대한 방대한 문헌을 검토하지 않고 다만 매스 커뮤니케이션과 메시지 처리연구에 영향을 미쳤던 기본적 개념들에 대해서만 다루고자 한다. 주목, 선택, 노력에 대한 연구는 크게 두 가지 분야가 있다. 선택적 주목은 단기적〔종종 위상성(phasic)이라 불리는〕행위와 관련되고 환경의 어떠한 측면에 초점을 맞출 것인지를 선택한다. 다른 한편으로, 노력은 주목의 장기적〔종종 강직성(tonic)이라 불리는〕구성요소이고, 개인이 주목의 대상인 자극을 얼마나 열심히 처리하는가와 관련 있다(Posner & Peterson, 1990).

주목에 대한 현재의 관점은 노력을 자극에 대한 정보를 입력하는 인지적 자원의 할당으로 개념화한다(A. Lang, 2006a). 인지적 자원은 반사적, 통제된 과정을 통하여 자극을 처리하는 데 관여하는 다양한 작업에 할당되는 자원을 지칭하기 위해 이론적으로 만들어진 가상의 개념이다. 반사적, 통제된 과정은 연속선상에 위치하는 두 끝점이다. 가장 반사적인 과정은 상대적으로 부지불식간에 발생하고, 인지적 자원이 적게 요구되며, 일단 처리과정에 들어가면 중단될 수 없다. 반면, 통제된 과정은 자원의 의식적이고 수고스러운 할당이 요구되며 의식적으로 통제될 수 있다.

메시지 처리에 대한 연구 중 일부는 메시지 구조와 내용의 요소를 반사적, 통제된 처리의 함수로서 주목받는 변인들에 연결시키는 데 초점을 맞추었다. 정신생리학적 측정은 이 분야에서 매우 유용한 것으로 입증된다. 다양한 정신생리학적 측정방법이 매개된 메시지 처리에 대한 자원의 반사적, 통제된 할당에서의 단기적, 장기적 변화를 추적하기 위해 사용될 수 있다.

2. 선택과 단기적 반응

1970년대 어린이 TV에 대한 연구는 TV 메시지의 형식적인 특성이 이른바 지향반응(OR: *orienting response*)이라는 메커니즘을 유발시킴으로써 반사적으로 어린이들의 주목을 받는다고 주장했다. 지향반응은 일련의 간단한 생리학적 변화와 연관된 단기적, 위상반응이다. 이론적으로, 지향반응은 환경에서의 요소들에 대한 추가적인 처리의 선택과 연관된 것으로 알려졌다. 환경에서의 요소는 환경변화(새로움 또는 신기함)나 관찰자와 관련되는 그 무엇(신호)을 의미한다. 자극처리 측면에서 보자면 지향반응이 일단 유발되면 이것은 반응을 유도했던 자극에 대한

〈표 9-1〉 심장 박동수를 사용하여 지향 반응을 탐구한 최근 연구

매체	구조/내용 특징	연 구
TV	장면(scene) 변화	A. Lang(1990); A. Lang, Geiger, Strickwerda, & Sumner(1993)
TV	화면 움직임	Simons, Detenber, Roedema, & Reiss(1999)
TV	비디오그래픽스의 시작	Thorson & A. Lang(1992)
TV	컬러	Detenber, Simons, & Reiss(2000)
라디오	음성 변화	Potter(2000)
정지된 이미지	그림 크기	Codispoti & DeCesarei(2007)
정지된 이미지	감정의 유인가	Codispoti, Ferrari, & Bradley, M.(2006)
정지된 이미지	위험 상품 그림(예: 술)	A. Lang, Chung, Lee, & Zhao(2005)
컴퓨터	애니메이션	A. Lang et al.(2002), Diao & Sundar(2004)
컴퓨터	문자 경고	A. Lang, Borse, Wise, & David(2002)
컴퓨터	팝업 윈도우	Diao & Sundar(2004)
컴퓨터	그림 시작	Wise & Reeves(2007)

처리 자원의 할당량이 잠시 동안 증가된다는 것을 의미한다. 이것은 만약 미디어의 구조적 요소나 형식적 특징이 지향반응을 유발시켰다면 미디어의 이러한 특징이 주목에 서 메시지 내적 변화를 낳았을 수도 있을 것이다. 연구자가 지향반응을 측정하는 능력으로 인해 주목에서의 변화를 추적할 수도 있을 것이다.

생리학적으로 지향반응은 피부전도(SC)의 순간적 증가, 심장박동수(HR)의 순간적 감소, 뇌전도(EEG)에서의 순간적인 알파 차단, 피부온도의 순간적 상승, 뇌혈관 확장, 주변부 혈관 수축과 관련 있다. 앞에서 언급했던 리브즈 등의 연구는 1980년대에 있었던 첫 번째 정신생리학적 연구 중 하나였다. 알파 차단이 발생했을 당시의 메시지 처리행태에 주목함으로써 이들은 지향반응을 유발시켰던 미디어 메시지의 요소들을 확인하고자 했다. 알파 차단이 지향반응과 상관관계가 있지만 알파 차단은 지향반응이 없을 때도 종종 일어난다. 정신생리학적 연구는 지향반응을 나타내는 최상의 단일 지표는 순간

적인 심장박동수 감소라는 사실을 입증했다 (Barry, 1990). 심장박동수의 감소는 6~7번 박동 후에 기본 수준으로 돌아온 다음 3~4번으로 박동수가 감소되는 특징이 있다. 지향반응을 유발시키는 매개된 메시지 측면을 확인하려 했던 후속연구는 일반적으로 위상성 심장박동수 변화를 지향반응의 조작적 정의로 이용했다. 〈표 9-1〉은 지향반응을 유발시키는 매개된 메시지의 구조적, 내용적 특성을 확인하고자 했던 지난 20년간의 연구(대부분 최근의 연구)를 선별해서 제시하고 있다.

〈표 9-1〉에서 알 수 있듯이 다양한 미디어의 많은 측면들이 지향반응을 유발시킨다. 흥미롭게도 연구는 또한 슬로우 모션 비디오의 시작 (Lee, 2006), 컴퓨터 화면에 텍스트나 차분한 그림의 등장(A. Lang, Borse, Wise, & David, 2002; Chung, 2007), 라디오 메시지에서 채널을 바꾸는 소리(Potter, Lang, & Bolls, 1998) 등과 같이 지향반응을 불러일으키지 않는 구조적 특징들도 발견했다. 뉴 미디어가 연구범위

내에 들어옴에 따라 각각의 뉴 미디어에 대해 미디어의 구조나 내용 중 어떤 측면이 일시적으로 메시지에 대한 주목을 증가시키는 결과를 낳는 지향반응을 유발시키는지를 살펴보는 연구가 진행될 수 있다.

최근 연구는 또한 미디어 내용의 선택에 대한 주목효과를 탐구하기 시작했다. 이 분야에서의 초기연구는 주로 연구자가 자극제시를 통제하는 상황에서 이루어졌다. 현재의 미디어 환경에서 미디어 사용자는 내용선택에 대한 통제권이 상당히 있다. 이것은 의도적 선택이 어떻게 지향반응에 영향을 미치는가 하는 질문을 야기한다. 이 문제를 컴퓨터와 TV 맥락 모두에서 탐구한 연구가 있다. 케빈, 와이즈(Kevin & Wise) 등은 일련의 연구를 통해 통제가 어떻게 지향반응에 영향을 미치는지를 고찰한 결과, 시작에 대해 통제권을 지닌 것이 호의적인 활성화를 증대시키기는 하지만 지향반응을 축소하거나 없앤다는 사실을 입증했다(Wise, Lee, Lang, Fox, & Grabe, 2008). 이것은 개인이 내용을 통제할 경우 구조적 특징에 따라 메시지에 반사적으로 할당되는 자원이 거의 없다는 것을 의미한다. 이러한 자원의 축소는 마우스나 리모컨을 통해 메시지 시작을 통제하는 것과 연관된 통제된 처리자원의 추가적 할당으로 무효화될 수도 있고 그렇지 않을 수도 있다. 이러한 연구결과는 내용을 습득할 당시의 자원의 할당은 내용이 일단 습득된 이후 내용을 처리하기 위한 자원의 이용가능성에 직접적인 영향을 미친다는 것을 의미한다. 와이즈와 리브즈(Wise & Reeves, 2007)는 이것을 "거기에 가는 것"(getting there)과 "거기에 있는 것"(being there) 사이의 관계로 지칭한다. 이러한 부류의 연구는 여전히 초기단계이지만 반사적인 주목 반응을 우리가 더 잘 이해할 수 있는 방법으로 조율할 필요가 있는 것으로 보인다.

3. 인지적 노력과 장기적 반응

구조, 내용과 관련된 단기적 주목 변화 이외에 메시지에 대한 장기적 주목수준이 미디어를 사용하는 동안 변화된다. 생리학적 측정방법이 여기에서도 유용하게 사용될 수 있다. 일반적으로 메시지를 제시하는 동안 미디어 이용자가 들이는 전반적인 인지적 노력 수준은 시간의 경과에 따른 심장박동수의 증가와 감소에 의해 추적될 수 있다. 다양한 미디어 상황(TV시청, 라디오 청취, 비디오 게임 하기)에서 심장박동수의 감소는 메시지 내용이 자극적인 경우에서도 일반적인 인지적 노력의 좋은 지표이다(Schneider, Lang, Shin, & Bradley, 2004). 그러나 인지적 노력의 측정방법으로서 강직성 심장박동수는 아직까지 웹 서핑 상황에서는 입증되지 않았다.

정신생리학에 익숙하지 않은 연구자는 종종 심장박동수가 주목의 측정으로 사용되는 것과 심장박동수의 감소가 주목 증가의 지표라는 사실을 이상하게 생각한다. 이러한 낯선 관련성은 심장박동이 자동신경계의 두 가지 줄기인 부교감신경계와 교감신경계에 의해 이중적으로 결정된다는 사실 때문에 나타난다. 부교감신경계의 활성화는 전반적인 주목과 각성상태와 함께 외적 자극에 대한 주목과 연관된다. 부교감신경 활성화의 결과 중 하나가 심장박동수의 감소이다. 교감신경계 활성화의 효과 중 하나(이는 종종 각성과 연관되는데, 이는 이후에 논의하고자 한다)는 심장박동수의 증가이다. 자극이 부교감신경계와 교감신경계 모두를 활성화시킬 때(감정적이고 마음을 사로잡는 미디어 메시지의 경우 공통적으로 나타나는 현상인데) 속도 증가와 감소라는 두 가지 신호가 심장에 전달된다. 일반적으로, 상황에 따라 속도가 증가될 때도 있고 감소될 때도 있다. 관련된 각성 수준이 상당히 높으면 부교감신경계 활성화를 억누르기 때문에 대부분의 미디어 연구는 인지적 노력 수준이 높을 때 심장박동수가 느려진다는 사실을 입증한다. 그러나 심장의 이중적 신경감응과 관련하여 모든 매체에 대해서 부교감신경이나 교감신경 반응 중 어느 것이 심장박동수를 결정하는지를 알아보기 위한 연구가 필요하다.

게다가 최근 연구는 부교감신경과 교감신경이 심장박동수의 측정에 미치는 역할을 분리하기 위하여 심장박동수 변화(HRV: *heart rate variability*)에 대해 조명하기 시작했다(Koruth, Potter, Bolls, & Lang, 2007). 심장박동수 변화의 측정은 종종 심장박동수의 규칙적 변화에 대한 스펙트럼 분석에 기반한다. 예를 들면, 라바자(Ravaja, 2004b)는 피험자가 손바닥 크기의 모의 컴퓨터에 나타나는 뉴스를 시청하는 동안 수집된 심장박동의 1/1000초 간격에 대한 고속 푸리에 전환(FFT: *Fast-Fourier Transfer*) 분석을 했다. 호흡성 동성 부정맥(RSA: *respiratory sinus arrhythmia*)으로 알려진 호흡변화에 따른 심장박동수의 변화(맥박의 억제는 주로 관심의 지속과 연관된 부교감신경 활성화 증가와 상관관계가 있는 것으로 입증되었는데)가 흥미로웠다.

심장박동수에 기반한 분석 이외에 시간 매트릭스를 사용하는 심장박동수 변화 또한 심장박동수 자료를 조명하는 데 도움을 줄 수 있다

(Allen, Chambers, & Towers, 2007). 예를 들면, 코러스 등(Koruth et al., 2007)은 긍정적 메시지에 비해 부정적 라디오 메시지를 청취하는 동안 심장박동수가 느려졌다는 연구결과를 보여 준 심장데이터에 대해 이차분석을 실시했다. 심장박동수 평가는 심장 교감신경 지표가 긍정적 메시지를 접할 동안 더 커졌다는 사실을 입증했다. 그러나 부교감신경 지표는 긍정적 메시지와 부정적 메시지 사이에 아무런 유미한 차이를 보이지 않았다. 이는 부정적 메시지를 접하는 동안의 느린 심장박동수(즉, 보다 많은 주목)로 이전에 해석되었던 것이 실제로는 긍정적 메시지 처리 동안 교감신경 활성화(또는 각성)로 인한 **빠른** 심장활동이었다는 점을 의미한다.

많은 연구가 심장박동수를 미디어 사용에 대한 전반적인 인지적 노력의 지표로 사용했다. 〈표 9-2〉는 최근 연구목록을 제시했다. 이러한 연구는 메시지에 대한 인지적 노력의 장기적 수준에 영향을 미치는 내용과 구조 관련 변인들 가운데 감정(유인가와 각성), 구조적 속도(중간 정도 수준에서는 인지적 노력을 증가시키지만 높은 수준에서는 감소시킬 수 있다), 선정적으로 포장된 특징의 포함, 강한 내러티브 구조, 내용의 어려움과 관련된 변인(중간 정도 수준에서는 메시지 처리에 투여되는 인지적 노력을 증가시키지만 높은 수준에서는 노력을 감소시킬 수 있다)이 중요하다는 사실을 입증했다. 여기에서 생리학적 활동은 복합적으로 결정되기 때문에 이러한 행위의 측정(예를 들면, 심장박동수)은 서로 다른 인지적 과정의 지표로서 다양한 방식으로 분석될 수 있다는 점에 주목할 필요가 있다. 따라서 선택적 주목의 지표로서 심장박동수의 박동수별 단기적 분석을 고려할 수 있고, 인지적 노력의 지표로

〈표 9-2〉 강직성 인지적 노력의 측정으로서 심장 박동수를 사용한 최근 연구

매체	구조/내용 특징	연구
TV	제작 속도	A. Lang, Bolls, Potter, & Kawahara(1999) A. Lang, Zhou, Schwartz, Bolls, & Potter(2000)
TV	감정의 유인가	A. Lang, Dhillon, & Dong(1995) A. Lang, Newhagen, & Reeves(1996)
TV	화면 크기	Reeves, A. Lang, Kim, & Tatar(1999)
TV	이미지 움직임	Ravaja(2004a)
TV	선정적 포장	Grabe, Zhou, A. Lang, & Bolls(2000)
TV	뉴스 그래픽	Fot et al.(2004)
라디오/오디오	감정의 유인가	Bolls et al.(2001) Sammler, Grigutsch, Fritz, & Koelsch(2007)
라디오	구조적 복잡성	Potter & Choi(2006)
라디오	형상화	Bolls(2002)
정지된 이미지	감정의 유인가	Sanchez-Navaro, Martinez-Selva, Roman, & Torrente(2006)
컴퓨터	컴퓨터 오디오(헤드폰 vs. 스피커)	Kallinen & Ravaja(2007)

서 심장박동수에서의 장기적 변화를 분석할 수 있으며, 부교감신경계와 교감신경계의 상대적인 활성화 지표로서 심장박동수의 스펙트럼 분석을 고려할 수 있다.

심장반응이 지향반응처럼 장기적 주목에 대한 손쉬운 일반적인 조작적 정의인 것은 사실이지만 장기적 주목을 측정하는 다른 방법이 미디어 연구에서 사용되었다. 추미근(이맛살과 관련된 근육집단) 움직임과 피부전도 모두 인지적 노력의 지표로서 사용되었다(Fox, Lang, Chung, Lee, Schwartz, & Potter, 2004). 따라서 앞으로 이러한 측정방법들이 일부 다른 인지적, 감정적 효과와는 대조적으로 인지적 노력에 대한 신뢰할 만한 측정방법으로 작용할 수 있는 미디어 맥락을 완전하게 이해하기 위한 경험적 연구가 수행될 필요가 있다. 영상 미디어(TV와 비디오 게임)의 경우 추미근이 사실상 인지적 노력의 지표로 기능할 수 있지만(A. Lang & Schneider, 2001), 주목에 대한 지표로서의 그것의 신뢰도는 시청되는 메시지의 감정적 내용에 의해 상당히 영향을 받을 가능성이 높다는 점도 보고되었다. 비슷하게 피부전도가 평가대상이 되는 변인들이 구조적인 것이 아니라 내용에 기반을 둔 상대적으로 차분하고, 비감정적인 TV메시지를 처리하는 동안의 인지적 노력에 대한 지표일 수 있다는 결론을 내릴 수도 있다. 따라서 피부전도는 만약 메시지가 감정적인 것이 아닐 경우, TV 내용(영상과 구두언어 모두)이 어려운 경우와 쉬운 경우를 비교할 때 인지적 노력을 측정하는 것일 수 있다(Fox et al., 2004).

마지막으로, 뇌전도(EEG)는 또한 주목 선택성과 인지적 노력에 대한 위상성, 강직성 근육

조직 측정도구가 될 수 있다. 알파 차단과 뇌전
도의 베타파 모두 주목 관련 처리과정에 대한 실
시간 기록을 제공할 수 있다. 베타파의 활성화
는 종종 강직성 인지적 노력과 관련되는 것으로
간주된다. 게다가 유발전위(*evoked-potential*) 기
법(주목 수준을 평가하기 위해 사용되는 탐사기법)
이 2차적인 작업 반응시간과 마찬가지로 자원할
당과 주목이 변화를 평가하기 위해 사용될 수 있
다. 오늘날의 미디어 정신생리학자들 중 일부만
이 리브즈(Reeves) 등의 초기연구의 뒤를 이었
고, 미디어 상황에서 뇌전도의 가치를 철저하게
이해하기 위해 필요한 맥락 의존적인 경험적 연
구를 수행했다. 예를 들면, 사이먼 등(Simons,
Detenber, Cuthbert, Schwartz, & Reiss, 2003)
은 뇌전도를 이용하여 정지된 이미지에 비해 움
직이는 이미지를 처리하는 데 인지적 노력이 더
많이 들어간다는 사실을 입증했다. 뇌전도 변화
는 또한 피험자의 자가보고에서 주목성이 높은
광고가 전두부에서의 알파파 약화와 연관되었
던 반면, TV광고의 구조적 변화는 후두부 알파
차단과 연관된다는 사실을 밝혀냈던 스미스와
제빈스(Smith & Gevins, 2004)가 입증한 것처
럼 뇌의 서로 다른 위치에서 관찰될 수 있다. 또
한 뇌전도를 이용하여 인쇄된 텍스트와 컴퓨터
화면의 텍스트를 읽는 행위에서 주목의 차이를
고찰했던 게스키(Geske, 2007)와 동료들의 탐
사적 연구도 있다.

4. 각 성

　미디어 연구에서는 오래전에 생리학적 측정
방법을 각성에 대한 지표로 사용했다. 커뮤니케

이션에서 생리학적 측정방법을 사용한 초기연
구의 대부분은 각성의 변화를 기록하고자 했다.
초기연구 이후 각성에 대한 이론적 개념화가 바
뀌었기 때문에 예전이나 현재에 각성과 연관된
다고 판단되는 다양한 생리학적 반응들을 통해
실제로 측정하는 것이 무엇인지에 대한 우리의
이해도 바뀔 필요가 있다. 1950년대와 60년대
에 대부분의 학자는 각성에 대해 합의된 견해를
가졌다. 각성은 모든 생리학적 시스템에 동시에
작동하고, 각성이 활성화되면 모든 것이 활성화
되는 것으로 생각했다. 따라서 커뮤니케이션에
서의 대부분의 초기연구가 이러한 통합된 개념
화를 사용하여 미디어 시청이 야기하는 각성(예
를 들면, 포르노, 폭력물)이 모든 생리학적 반응
의 증가를 유도할 것이라고 주장했다. 자극적인
미디어 시청이 심장박동수를 증가시킬 것(아마
도 심장박동수가 가장 손쉬운 측정방법이기 때문인
데)이라는 구체적 예측이 자주 등장했다. 불행
하게도 많은 미디어 학자들은 앞에서 논의했듯
이 심장박동수는 부교감신경계의 지배적인 활
성화로 실질적으로 자극적인 미디어 시청상황
에서 줄어들었기 때문에 좌절을 경험했다.

　이후의 정신생리학적 연구는 각성이 모든 생
리학적 시스템에 동일한 효과를 가지지 않는다
는 사실을 밝혀냈다. 이와 더불어 효과의 **방향성**
이 **불명확**하다는 인식이 팽배해졌다. 이는 성질
이 서로 다른 자극적인 자극에 대한 반응에서 생
리학적 측정이 전혀 패턴화되지 않았다는 것을
의미했다. 즉, 어떤 경우에는 측정결과가 올라
갔다가 어떤 경우에는 내려갔고, 어떤 경우에는
성질이 비슷한 두 개의 측정결과가 함께 올라갔
다, 내려왔고, 심지어 일부는 올라가는 반면에
다른 일부는 내려가는 경우도 있었다. 또 다시

자극의 맥락과 내용이 결정적 요인이었다. 생리학적 시스템의 방향적 불명확성을 강하게 지지하는 연구결과로 연구자들은 각성이 하나의 단일한 힘이라는 생각을 바꾸게 되었다. 1980년대에 커뮤니케이션 연구에서 통용된 각성에 대한 개념화는 3차원적 개념으로 구성되었다. 즉 각성은 행위적 각성, 인지적 각성, 생리적 각성으로 구성된다는 것이다. 분절화된 각성 개념으로 각성에 대한 측정방법이 더욱 분화되었고 정신생리학자들은 각성의 총체적 수준 대신 개별 각성 시스템에서의 활성화 강도에 더 관심을 가지기 시작했다. 사실상, 현재 각성에 대한 가장 포괄적이고 일반적인 개념화는 각성을 교감신경계에서의 활성화로 한정한다. 이것은 교감신경계의 활성화가 공격적 접근이나 도피의 준비와 가장 일반적으로 연관되기 때문에 일반적 의미로 사용할 때 사람들이 가장 많이 언급하는 각성의 유형이라고 할 수 있다. 측정이라는 관점에서 보자면 이러한 한정된 개념화는 피부전도가 교감신경계에 의해서만 완벽하게 무기력해지기 때문에 측정을 용이하게 만든다. 그러므로 피부전도의 증가(이는 손바닥이나 발바닥에서의 외분비 땀샘에서 땀 수준의 증가나 감소에 따라 결정되는 데)가 교감신경계에서의 활성화 변화를 분명하게 나타낸다.

그러나 하나의 개념으로서 각성의 3중 개념화는 커뮤니케이션 연구의 일부 분야에서는 유용하지만 생리적 측정을 각성의 조작적 정의로 사용할 때 경험하는 문제를 스스로 해결하지는 못한다. 이러한 개념적 정의는 생리적 각성과 인지적, 행위적 각성을 분리하지만 서로 다른 생리 시스템이 각성의 경험에 미치는 영향을 구분하지 않는다. 앞에서 언급했듯이 심장박동수 변화(HRV)를 이용한 최근 연구는 우리에게 교감신경계 활성화의 다른 지표를 제공할 수 있다. 사실상, 상당히 긴 시간 동안 미디어를 이용할 때의 교감신경계 활성화 변화에 관심이 있을 경우 심장박동수 변화가 피부전도보다 더 나은 측정방법임이 입증될 수 있다. 왜냐하면 피부전도는 미디어 시청 상황에 상당히 빨리 익숙해지지만 심장박동수 변화는 그렇지 않기 때문이다.

메시지 처리과정에 대한 정신생리학적 연구는 메시지 속도의 증가, 감정적 내용, 메시지의 감각 가치, 화면 크기, 내러티브의 존재, 미디어 간의 차이 및 많은 다른 변인들에 대해 반응할 때 각성(주로 교감신경계 활성화로 정의된)이 증가할 것이라고 예측했다. 이 분야의 최근 연구는 〈표 9-3〉에 제시되었다.

5. 감정과 동기

정신생리학적 측정방법을 사용하여 감정적 반응을 평가하는 역사는 상당히 오래되었다. 감정에 대한 개인적 경험과 우리가 감정에 대해 말할 때 사용하는 언어는 모두 생리학적 변화경험과 상당히 밀접하게 연관된다. 필자들은 출판사 편집자로부터 이 장의 마감시간이 2주 남았다는 사실을 상기시키는 이메일을 받았을 때 속이 울렁거리나 심장이 두근거리는 경험을 했다. 우리가 작업해야 할 분량이 상당히 많이 남았다는 사실을 깨달았을 때 손바닥이 땀에 젖었다! 우리가 생리적 시스템을 통해 뇌에서 발끝까지 전달되어 내려오는 두려움과 불안의 존재를 알기 위해 스스로를 전기 측정기에 몸을 갖다 댈 필요는 여전히 없었다. 많은 정신생리학 연구가 매개된

〈표 9-3〉 피부 전도를 각성 측정으로 사용한 연구

매체	독립변인	연구
TV	TV 광고에서 감정적 내용의 존재	A. Lang(1990)
TV	제작 속도 & 내용 자극성	A. Lang, Bolls, Potter, & Kawahara(1999), A. Lang, Zhou, Schwartz, Bolls, & Potter(2000) A. Lang, Chung, Lee, Schwartz, & Shin(2005)
TV	동영상/정지된 이미지	Detenber et al.(1998); Ravaja(2004a)
TV	화면크기와 감정적 내용	Reeves et al.(1999)
TV	타블로이드 제작 효과	Grabe, Zhou, A. Lang & Bolls(2000)
TV	교육수준	Grabe, A. Lang, Zhou, & Bolls(2000)
TV	애니메이션 & 뉴스 그래픽의 중복	Fox et al.(2004)
TV	감각추구 성향, 연령, 제작 속도 & 내용 자극성	A. Lang et al.(2005)
TV	메시지의 감각 가치	Cappella et al.(2006)
TV	특정사건이나 행동과 관련된 동기 활성화	Potter et al.(2006)
영화	기분 유도 & 조절	Silvestrini & Gendolla(2007)
컴퓨터/웹	웹 페이지 로딩 속도	Sundar & Wagner(2002)
컴퓨터/웹	웹 광고의 애니메이션	Sundar & Kalyanaraman(2004) Chung(2007)
컴퓨터/웹	1인칭 슈팅 비디오 게임에서 내러티브의 존재	Schneider et al.(2004)
컴퓨터/웹	정지된 이미지에서 상품의 금기적 속성	A. Lang et al.(2005)
컴퓨터/웹	비디오 게임에서 플레이어의 수행성과	Lin, Masaki, Wanhua, & Atsumi(2005)
컴퓨터/웹	비디오 게임에서 구조적 특성에 대한 반응	Ravaja, Saari, Salminen, Laarni, & Kallinen(2006)
컴퓨터/웹	비디오 게임에서 기술 세련도와 폭력의 존재	Ivory & Kalyanaraman(2007)
컴퓨터/웹	정지된 이미지의 유인가 & 각성, 성격특성 동기 활성화	A. Lang, Bradley, Sparks, & Lee(2007) A. Lang, Yegiyan, & Bradley(2006)
컴퓨터/웹	정지된 그림 시작의 사용자 통제	Wise & Reeves(2007)
라디오/오디오	긍정적 & 부정적 광고	Bolls et al.(2001)
라디오/오디오	제작 속도	Poetter & Choi(2006)
라디오/오디오	제작 속도, 내용 자극성, 연령	A. Lang, Schwartz, Lee, & Angelini(2007)
라디오/오디오	템포 & 뮤지컬 장르	Dillman Carpentier & Potter(2007)

메시지에 따라 유발되는 감정과 연관된 생리학적 반응을 설명했다. 지난 몇 년간 여러 미디어 연구자는 이러한 측정 패러다임을 미디어 실험실로 끌어들이는 작업을 했다. 이 분야 연구를 논의할 때 이론과 측정을 분리하기란 어렵다. 따라서 우리는 감정이 어떻게 개념화되는가에 대해 간단하게 고찰하면서 논의를 시작하고자 한다.

감정연구에는 두 가지 기본적 접근방법(범주적, 차원적)이 있다. 범주적 개념화를 사용하는 연구자는 분노, 슬픔, 혐오 등과 같은 구체적 감정에 초점을 둔다. 다른 한편으로 차원적 접근방법은 개별적으로 명명되는 감정보다는 감정적 상태의 차원적 구성요소에 초점을 둔다(Bradley, 2000). 감정의 기본적 차원은 기본적으로 각성·활성화, 유인가·쾌락과 의미가 비슷한 다양한 용어들로 일관되게 확인되었다(Bradley, 1994). 감정을 범주적으로 개념화하는 연구자들은 구체적 개별감정과 연관된 생리적 반응의 일관성 있는 예측 가능한 패턴을 발견하지 못했다(Cacioppo, Berntson, Larsen, Poehlmann, & Ito, 2000). 이것은 아마도 시간에 따른 변화, 피드백, 다중적 인과성 등과 같은 정신생리학적 가정의 대부분과 조화를 이루는 차원적 접근방법보다 감정을 보다 정태적이고 상황 종속적인 개별 범주로 간주하기 때문에 비롯된 것일 수 있다.

차원적 접근방법의 대부분은 감정을 두 가지 기본적인, 아마도 독립적인, 동기 시스템에서의 활성화의 결과로 개념화한다. 하나는 접근행위를 후원하는 시스템(욕구적 동기시스템)이고 다른 하나는 회피행위를 후원하는 시스템(회피적 동기시스템)이다(Cacioppo, Gardner, & Berntson, 1997; A. Lang, 2006a, 2006b). 차원적 접근방법

은 감정의 방향과 강도와 관련된 두 가지 기본적 차원이 있다는 사실을 가정한다. 첫 번째 차원은 유인가(valence)로서 동기 활성화의 방향(접근, 회피)과 관련된다. 즉, 감정이 얼마나 긍정적인가 부정적인가 하는 것이다. 두 번째 차원은 각성(arousal)이라 불리는데 이것은 기본적인 동기시스템에서의 활성화 강도와 관련이 있다. 일반적으로 각성 그 자체의 3중 개념화와 비슷하게 감정연구는 감정을 연구하기 위한 3가지 주요 자료원(경험적, 행위적, 생리적)의 존재를 인정한다(Bradley & P. J. Lang, 1999). 다양한 강도를 지닌 긍정적, 부정적 감정과 연관된 생리학적 반응을 설명하는 연구는 3가지 자료원 모두에서 나온 데이터를 포함시켜 측정의 타당성을 입증했다. 이러한 연구의 상당 부분은 정신생리학자들이 정지된 이미지를 감정적 자극으로 사용했다(Mallan & Lipp, 2007; Schupp, Junghofer, Weike, & Hamm, 2004). 실험에서 피험자들은 이미지의 긍정성과 부정성, 내용의 강도측면에서 정지된 이미지에 노출되었다. 긍정적 이미지는 아름다운 전경(긍정적·차분한)에서 강도가 상당히 높은 매혹적인 성적 접촉(긍정적·자극적)에 이르기까지 다양할 수 있다. 동일한 연속적인 범위가 부정적 그림에도 존재할 수 있다(예를 들면, 묘지(부정적·차분한)에서 절단된 신체(부정적·자극적)). 이미지는 보통 6초 동안 노출되었고, 그동안 생리학적 측정자료가 수집되었다. 각 이미지에 대해 피험자는 감정적 경험을 평가했다. 이러한 데이터에 근거하여 우리는 정지된 이미지의 경우(즉, 6초 동안 이미지를 보는 것) 피부전도가 감정의 각성차원을 측정하는 가장 좋은 방법이고, 추미근 움직임, 광대뼈(웃는 근육) 움직임, 놀람의 강도, 얼굴근육(눈을 깜박거리는 근육) 움직임,

심장박동수는 유인가에 따라 다양하다는 사실을 알 수 있다. 대부분의 유인가 측정은 또한 자극적 내용과 상호작용하여 유인가의 효과가 감정적 자극의 강도가 높을 때 더 커진다.

매스커뮤니케이션 연구는 이러한 결과를 받아들여 이것을 다른 미디어 상황에 적용했다. 특히, 연구는 TV시청 (Bolls, Muehling, & Yoon, 2003; Ravaja, Saari, Kallinen, Jaarni, 2006), 영화시청 (Dillmann Carpenter & Potter, 2007; Silvestrini & Gendolla, 2007), 라디오 청취 (A. Lang, Schwartz, Lee, & Angelini, 2007; Potter & Choi, 2006), 컴퓨터 화면 이미지 시청 (A. Lang, Chung, Lee, & Zhao, 2005) 하는 동안의 유인가와 각성 측정의 지표로 이러한 것들을 사용하는 것이 타당하다는 점에 초점을 맞추었다. 일반적으로 이러한 측정의 대부분은 보다 역동적이고 시간적 지속성이 높은 미디어 상황에 잘 들어맞는 것으로 나타났다. 피부전도는 (다소 장시간의 미디어 사용기간 동안 익숙해지는 경향을 제외하고는) 감정적 각성의 좋은 측정지표로 남아있다. 추미근 움직임은 긍정적, 부정적 감정경험 모두에서 훌륭한 측정방법인 것으로 보인다 (부정적 미디어 메시지에서는 움직임이 증가하고, 긍정적 미디어 메시지에서는 기준점에 비해 감소한다) (A. Lang, Bradley, Sparks, & Lee, 2007). 비슷하게 6초간의 이미지 노출 패러다임에서 심장박동수는 부정적 그림일 때는 급격하게 감소하다가 기준점으로 돌아가고, 긍정적 그림일 때는 감소하다가 증가하며, 중립적 그림은 두 반응 사이의 중간형태를 띤다. 비슷한 패턴이 감정적 소리에 대한 심장반응에서도 나타나지만 소리의 자극성이 높은 경우에만 나타난다 (Bradley & P. J. Lang, 2000). 이러한 패턴은 일반적으로 TV나 라디오에서는 나타나지 않고, 부정적, 긍정적 메시지 모드에 대해 감소 경향을 보인다 (A. Lang, 1990). 웹에 제시된 정지된 그림은 6초간 노출실험에서 보여지는 것과 동일한 심장박동수 패턴을 유발시킬 수 있다 (Chung, 2007; Nadorff, Lee, Banerjee, A. Lang, 2007). 하지만 이러한 결과를 확증하기 위해서는 더 많은 연구가 필요하다.

놀라서 눈을 깜박이는 반응 같은 최근의 측정방법 또한 TV시청 환경에서 타당한 것으로 입증되었다 (S. Bradley, 2007; A. Lang et al., 2007). 눈 깜박임 반응 측정방법은 빠른 상승시간이나 갑작스러운 시작자극에 따른 유발된 반사적인 주목반응이다 (Stern et al., 2001). 이것은 혐오적인 반응 활성화의 지표로 간주된다. 사람들이 감정적인 미디어 메시지를 시청할 때 눈 깜박임의 진폭으로 측정된 놀라는 반응의 크기는 시청 당시의 감정경험에 따라 조절된다. 부정적 미디어 메시지를 시청하고 부정적 감정을 느낄 때 놀라는 반응은 중립적인 그림에 의해 유발된 것보다 더 크다. 긍정적 미디어 메시지를 시청하고 긍정적 감정을 느낄 때 놀라는 반응은 중립적 그림에 의해 유발된 것보다 더 작다 (P. Lang et al., 1995). 이러한 패턴은 TV시청 상황에서 입증되었는데, 연구자들은 TV 메시지에서 반응을 유도하는 어떤 구조적 특징이 등장한 후 적어도 75밀리세컨드 후에 이러한 눈 깜박거림 반응을 측정할 것을 권고한다 (Bradley, 2007).

가장 최근에 정신생리학자들은 이른바 귀 뒤쪽 반응 (PAR: *post-auricular response*) 이라는 또 다른 측정법이 욕구적 행위 활성화의 지표가 될 수 있는 가능성에 대해 탐구하기 시작했다. 귀 뒤쪽 반응은 눈 깜박거림 반응과 마찬가지로 빠른 상승 시간 자극에 의해 유발되고 귀 뒤쪽에 위치한 작게 잔존하는 근육의 움직임을 기록함으로써 측정된다(O'Beirne & Patuzzi, 1999). 어떤 최근 연구는 귀 뒤쪽 반응은 갑작스럽게 제시된 자극에 대해 활성화와 억제에서 반대의 패턴을 보인다는 사실을 제안한다. 특히, 귀 뒤쪽 반응은 긍정적 메시지를 접하는 동안 촉진되고 부정적 메시지를 접하는 동안 억제되는 것처럼 보이는데, 이는 귀 뒤쪽 반응이 욕구적 행위 활성화의 지표라는 사실을 제안하는 것이라고 볼 수 있다. 귀 뒤쪽 반응과 욕구적 행위 활성화 사이의 관계를 평가하는 기본적인 정신생리학에 대한 연구가 더 이루어질 필요가 있지만, TV 자극을 사용하는 최근 연구는 긍정적인 미디어 메시지와 보다 자극적 메시지를 접하는 동안 귀 뒤쪽 반응이 촉진되고, 부정적 메시지를 접하는 동안 활성화되지 않는다는 사실을 입증했다(Sparks, 2006).

위에서 기술한 측정방법들을 사용하여 매스 커뮤니케이션 연구는 미디어 메시지에서 감정적 내용의 존재가 어떻게 메시지에 포함된 정보처리와 노출 이후에 뒤따르는 태도적, 행위적 반응에 영향을 미치는가에 대한 다양한 가설들을 검증할 수 있게 되었다. 이러한 연구가 축적되면서 이 분야에서 동기화된 인지(motivated cognition)라는 새로운 관점이 등장하게 되었다(A. Lang, 2006a, 2006b; A. Lang, Shin, & Lee, 2005). 심리학에서 감정적, 인지적 연구가 발전한 이후, 이러한 관점은 인지와 감정을 더 이상 분리되거나 분리될 수 있는 시스템으로 간주하지 않는다. 오히려 정보처리시스템은 욕구적, 혐오적 기본 시스템의 활성화가 인지적 기능과 행위를 자극에 대한 접근이나 회피와 연관된 목표에 맞게 각각 조정함으로써 인지시스템

의 활동을 미세하게 조절하는 식으로 동기적 시스템과 서로 연관된 것으로 생각된다. 최근에 이러한 관점을 매스 커뮤니케이션 연구에 응용함으로써 우리는 오랫동안의 질문에 더 잘 대답할 수 있는 새로운 방법을 얻었다.

예를 들면, 상당 부분의 매스 커뮤니케이션 연구는 오랫동안 메시지의 유인가(즉, 메시지가 긍정적인가, 부정적인가)가 메시지에 대한 기억, 주목, 그리고 메시지에 대한 실질적 행위적, 태도적 반응에 어떻게 영향을 미치는가에 대해 관심이 있었다. 그러나 이에 대해 일관성 있는 해답을 제공하지 못했다. 일부 연구는 부정적 메시지의 효과가 크다고 주장하고, 다른 연구는 긍정적 메시지의 효과를 입증하기도 했다. 일부 연구는 부정적 메시지와 긍정적 메시지가 효과를 더 잘 발휘하는 종속변인이 다르다고 주장한다(Bolls et al., 2001). 다른 연구는 부정적 메시지가 특정유형의 사람에게 효과가 더 잘 나타난다는 사실을 입증했다(Grabe, A. Lang, Zhou, & Bolls, 2000). 각각의 경험적 연구가 문제에 대한 일부 해답을 제시했는데, 동기화된 인지적 관점은 해답에 대한 완전한 그림을 제공하는 이론을 개발할 가능성을 주었다.

동기화된 인지적 관점 내에서 욕구적, 혐오적 시스템은 서로 다른 활성화 기능이 있는 것으로 간주된다(Cacioppo & Gardner, 1999; A. Lang et al., 2005). 이는 긍정적 또는 부정적 자극(예를 들면, 초콜릿 케이크나 덤벼드는 호랑이)에 직면했을 때 유발되는 동기적 활성화 수준이 자극 강도에 따라 결정된다는 것을 의미한다. 초콜릿 케이크나 덤벼드는 호랑이의 강도는 거리에 의해 조작될 수 있다. 냄새를 맡고, 보고, 맛을 보고 싶을 정도로 코 밑에 놓아둔 초콜릿 케이크는

테이블에서 50야드나 떨어진 초콜릿 케이크보다 훨씬 더 강하고 자극적인 긍정적 자극이다.

비슷하게 축구경기장에서 맞은 편 끝쪽에서 달려드는 호랑이는 2피트 정도에서 떨어져서 덤벼드는 호랑이보다 훨씬 덜 자극적이다. 연구는 이러한 두 시스템이 자극적 내용의 증가에 대한 반응에서 활성화의 속도가 서로 다르다는 사실을 입증했다. 중립적 환경(초콜릿 케이크나 호랑이가 없는 경우)에서 욕구적 시스템은 혐오적 시스템보다 더 적극적으로 활성화되는 것으로 나타난다(Caciopp & Gardner, 1999; A. Lang, 2006a, 2006b). 진화론적 관점에서 볼 때 이러한 결과는 이해될 수 있다. 왜냐하면 욕구적 시스템은 짝을 짓거나 음식을 찾아서 보금자리를 떠나는 행위와 같은 탐색행위를 촉구하기 때문이다. 그러나 자극강도가 증가하면 혐오적 시스템이 접근 시스템보다 훨씬 더 빨리 활성화된다(Miller, 1961, 1966; A. Lang et al., 2007). 이러한 결과 또한 진화론적 관점에서 볼 때 이해된다. 짝이나 음식을 찾을 때 그것이 적절한가에 대한 정보를 찾으면서 서서히 접근하는 것이 목표를 성공적으로 달성할 가능성을 증가시키기 때문이다. 다른 한편으로, 부정적 자극을 재빠르게 회피해야 목숨을 구할 수 있다.

매개된 환경에서 이것이 의미하는 것은 메시지가 상대적으로 차분하거나 자극적 내용이 없을 때 긍정적 메시지가 부정적 메시지보다 더 주목받을 것이라는 것이다. 다른 한편으로, 자극적 내용이 증가하면 부정적 메시지가 긍정적 메시지보다 훨씬 더 빨리 혐오적 시스템을 활성화시킬 수 있다. 그 결과 부정적 메시지가 긍정적 메시지보다 자극적 내용의 수준이 상대적으로 낮은 경우에도 보다 강도 높은 처리를 받게 된

다. 또한 부정적 유인가를 지닌 메시지가 자극적 내용의 수준이 매우 높을 때 혐오적 시스템이 도피양태로 전환되고 부정적 메시지에 대한 메시지 처리가 감소된다. 반면, 욕구적 시스템은 지속적으로 정보를 받아들이는 양식으로 작동하고 그 결과 고도로 자극적인 긍정적 메시지 처리를 증가시킨다. 사실상, 감정적 메시지가 어떻게 처리되는가에 대한 이러한 재개념화는 우리가 데이터에서 본 것, 즉 긍정적이거나 부정적 메시지가 환경과 자극(또는 각성)의 변화에 따라 처리되는 정도가 달라진다는 것을 예측한다. 동기적 인지 패러다임을 이용한 연구는 또한 욕구적, 혐오적 시스템의 활성화 수준의 정도는 생활에 따라 다르고(A. Lang et al., 2007), 이로 인해 사람이나 집단마다 동일한 메시지를 처리하는 방식이 다르다는 사실을 제시한다. 매스 커뮤니케이션 연구에서 이러한 관점을 구체화하고, 검증하며, 응용하는 연구를 할 필요가 있다. 그러나 정신생리학의 이용이 오래된 질문을 어떻게 재개념화하여 해답에 대한 실마리를 제공하는가 하는 것이 향후 연구를 위한 좋은 예라고 할 수 있다.

혹시 이 장이 미디어 효과연구와 어떤 관련이 있는가에 대해 의문을 제기할 수도 있을 것이다. 아마 정신생리학적 측정이 매스 커뮤니케이션 연구에서 기본적으로 기여할 수 있는 것은 미디어에 대한 반응으로서 나타나는 정체적 상태변화("효과")를 추구하는 측정방법을 거부했다는 점이다. 즉, 미디어 연구를 미디어 사용시간 동안 일어나는 메시지에 대한 실시간 동기화된 인지적 처리를 고찰하지는 않고 단순히 메시지의 서로 다른 측면이 메시지 노출 이후의 동기에 영향을 주는 방법에 대한 탐구로 개념화하는 것

을 거부하는 연구자에게는 정신생리학적 측정 방법이 유용한 대안이 될 수 있다는 점이다. 정신생리학적 측정방법으로 우리는 메시지와 시청 사이의 복잡한 상호작용, 즉 주어진 메시지가 메시지에 대한 입력, 저장, 감정적 경험, 기억에 어떻게 영향을 미치는가를 설명하고자 하는 목표를 현실적으로 달성하는 것에 대해 생각할 수 있게 되었다. 정신생리학 이론과 방법론은 메시지 특징과 인지적, 감정적 반응 사이의 실시간 상호작용을 추적하고 동시에 감정이 인지적 처리에 미치는 영향을 측정하는 방법을 제공했다. 이 분야에서 최근 연구는 역동적 시스템 이론과 인지적 모델링의 새로운 방법들을 정신생리학의 패러다임, 측정방법과 결합시키고, 이를 미디어 메시지를 심리적으로 관련된 변인에서의 지속적 변화로 실시간으로 개념화하는 것에 응용하기 시작했다. 이러한 시도의 최종적 목표는 개별 미디어 메시지에 대한 반응에서 동기화된 인지의 현실적 예측이다. 예를 들면, 최근 박사논문에서 왕(Wang, 2007)은 역동적인 인지적 모델에 기반하여 30분간의 TV시청에서 감정적 내용을 초 단위로 평가하여 시청시간 동안 개인의 생리적 반응과 채널 변화 행위 변량의 70%를 성공적으로 예측하는 역동적인 시계열 모델을 개발했다. 이 분야의 연구는 메시지, 생리, 처리변인들 사이의 역동적인 상호작용을 더 잘 이해하고 예측할 수 있도록 하는 분석들을 흡수하는 방향으로 급속하게 변화했다. 향후 연구는 메시지 처리시간을 넘어서 실시간 메시지 경험이 어떻게 미디어 이용 이후의 태도와 행위에 영향을 미치는지를 설명하는 이론화 작업을 추진해야 한다.

참고문헌

Allen, J. J. B., Chambers, A. S., & Towers, D. N. (2007). The many metrics of cardiac chronotropy: A pragmatic primer and a brief comparison of metrics. *Biological Psychology*, 74.

Anderson, D. R., & Levin, S. R. (1976). Young children's attention to "Sesame Street." *Child Development*, 47, 806-811.

Anderson, D. R., & Lorch, E. P. (1983). Looking at television: Action or reaction. In J. Bryant & D. R. Anderson(Eds.), *Children's understanding of television: Research on attention and comprehension*(pp. 1-34). New York: Academic Press.

Andreassi, J. L. (1995). *Psychophysiology: Human behavior & physiological response*(3rd ed.). Hillsdale, NJ: Erlbaum.

Barry, R. J., (1990). The orienting response: Stimulus factors and response measures. *Pavlovian Journal of Biological Science*, 25, 93-103.

Benning, S. D., Patrick, C. J., & Lang, A. R. (2004). Emotional modulation of the post- auricular reflex. *Psychophysiology*, 41.

Bolls, P. D. (2002). I can hear you but can I see you? The use of visual cognition during exposure to high-imagery radio advertisements. *Communication Research*, 29, 537-563.

Bolls, P. D., Lang, A., & Potter, R. F. (2001). The effects of message valence and listener arousal on attention, memory, and facial muscular responses to radio advertisements. *Communication Research*, 28(5), 627-651.

Bolls, P. D., Muehling, D. D., & Yoon, K. (2003). The effects of television commercial pacing on viewers' attention and memory. *Journal of Marketing Communications*, 9, 17-28.

Bradley, M. M. (1994). Emotional memory: A dimensional analysis. In S. Van Goozen, N. E. Van de Poll, & J. A. Sergeant(Eds.), *Emotions: essays on emotion theory* (pp. 97-134). Hillsdale, NJ: Erlbaum.

Bradley, M. M. (2000). Emotion and Motivation. In J. T. Cacioppo, L. G. Tassinary, & G. G. Berntson(Eds.), *Handbook of Psychophysiology* (pp. 602-642). Cambridge, MA: Cambridge University Press.

Bradley, M. M., Cuthbert, B. N., & Lang, P. J. (1990). Pictures as prepulse: Attention and emotion in startle modification. *Psychophysiology*, 30, 541-545.

Bradley, M. M., & Lang, P. J. (1999). Measuring emotion: Behavior, feeling, and physiology. In R. D. Lane & L. Nadel(Eds.), *Cognitive neuroscience of emotion* (pp. 242-276). New York: Oxford University Press.

Bradley, M. M., & Lang, P. J. (2000). Affective reactions to acoustic stimuli. *Psychophysiology*, 37.

Bradley, S. D. (2007). Examining the eyeblink startle reflex as a measure of emotion and motivation to television programming. *Communication Methods and Measures*, 1, 7-30.

Bruggemann, J. M., & Barry, R. J. (2002). Eysenck's P as a modulator of affective and electrodermal responses to violent and comic film. *Personality and Individual Differences*, 32.

Bryant, J., & Zillmann, D. (1984). Using television to alleviate boredom and stress: Selective exposure as a function of induced excitational states. *Journal of Broadcasting*, 28, 1-20.

Cacioppo, J. T., & Berntson, G. G. (1994). Relationship between attitudes and evaluative space: A critical review, with emphasis on the separability of positive and negative substrates. *Psychological Bulletin*, 115, 401-423.

Cacioppo, J. T., Berntson, G. G., Larsen, J. T., Poehlmann, K. M., & Ito, T. A. (2000). The psychophysiology of emotion. In M. Lewis & J. M. Haviland-Jones(Eds.), *Handbook of emotion*. New York: Guilford Press.

Cacioppo, J. T., & Gardner, W. L. (1999). Emotion. *Annual Review of Psychology*, 50.

Cacioppo, J. T., Gardner, W. L., & Berntson, G. G. (1997). Beyond bipolar conceptualizations and measures: The case of attitudes and evaluative space. *Personality & Social Psychology Review*, 1.

Cacioppo, J. T., Tassinary, L. G, & Berntson, G. G. (2000a). *The handbook of psychophysiology*. New York, NY: Cambridge University Press.

Caccioppo, J. T, Tassinary, L. G, & Berntson, G. G. (2000b). Psychophysiological science. In J. T. Caccioppo, L. G. Tassinary, & G. G. Berntson(Eds.), *The handbook of psychophysiology*. New York, NY: Cambridge University Press.

Cantor, J. R., Zillmann, D., & Einsiedel, E. F. (1978). Female responses to provocation after exposure to aggressive and erotic films. *Communication Research*, 5, 395-412.

Cappella, J. N., Fishbein, M., Kang, Y., Barrett, D. W., Zhao, X., Strasser, A., and Lerman, C. (2006, June). *Psycho-physiological responses to anti-marijuana PSAs: Validating the construct of message sensation value.* Paper presented at the annual meeting of the ICA.

Carruthers, M., & Taggart, P. (1973). Vagotonicity of violence: Biochemical and cardiac responses to violent films and television programs. *British Medical Journal*, 3, 384-389.

Chaffee, S. H. (1980). Mass media effects: New research perspectives. In G. C. Wilhoit & H. de Bock (Eds.), *Mass Communication Review Yearbook* (Vol. 1). Beverly Hills, CA: Sage.

Christianson, S., & Loftus, E. (1991). Remembering emotional events: The fate of detailed information. *Cognition and Emotion*, 5, 81-108.

Chung, Y. (2007). *Processing web ads: The effects of animation and arousing content.* Youngstown, NY: Cambria Press.

Codispoti, M., & De Cesarei, A. (2007). Arousal and attention: Picture size and emotional reactions. *Psychophysiology*, 44, 680-686.

Codispoti, M., Ferrari, V., & Bradley, M. M. (2006). Repetitive picture processing: Autonomic and cortical correlates. *Brain Research*, 1068, 213-220.

Darrow, C. W. (1946). The electroencephalogram and psychophysiological regulation in the brain. *American Journal of Psychiatry*, 102, 791-798.

Dawson, M., Schell, A., & Filion, D. (2000). The electrodermal system. In J. Cacioppo, L. Tassinary, & G. Berntson (Eds.), *Handbook of Psychophysiology* (2nd ed.) (pp. 200-223). New York: Cambridge University Press.

Detenber, B. H., Simons, R. R., & Bennet, G. G. (1998). Roll 'em!: The effects of picture motion on emotional responses. *Journal of Broadcasting and Electronic Media*, 42, 113-127.

Detenber, B. H., Simons, R. E., & Reiss, J. E. (2000). The emotional significance of color in television presentations. *Media Psychology*, 2, 331-355.

Diao, E., & Sundar, S. S. (2004). Orienting response and memory for Web advertisements: Exploring effects of pop-up window and animation. *Communication Research*, 31, 537-567.

Dillman Carpentier, E., & Potter, R. F. (2007). Effects of music on physiological arousal: Explorations into tempo & genre. *Media Psychology*, 10, 339-363.

Donnerstein, E., & Barrett, G. (1978). Effects of erotic stimuli on male aggression toward females. *Journal of Personality and Social Psychology*, 36, 180-188.

Donnerstein, E., & Hallam, J. (1978). Facilitating effects of erotica on aggression against women. *Journal of Personality and Social Psychology*, 36, 1270-1277.

Duffy, E. (1951). The concept of energy mobilization. *Psychological Review*, 58, 30-40.

Duffy, E. (1962). *Activation and behavior.* New York: Wiley.

Fox, J. R., Lang, A., Chung, Y., Lee, S., Schwartz, N., & Potter, D. (2004). Picture this: effects of graphics on the processing of television news. *Journal of Broadcasting & Electronic Media*, 48, 646-674.

Geske, J. (2007, May). *Differences in brain information processing between print and computer screens: Bottom-up and top-down attention factors.* Paper presented to the Information Systems Division of the ICA, San Francisco, CA.

Grabe, M. E, Lang, A., Zhou, S., and Bolls, P. (2000). Cognitive access to negatively arousing news: An experimental investigation of the knowledge gap. *Communication Research*, 27.

Grabe, M. E., Zhou, S., Lang, A., & Bolls, P. D. (2000). Packaging television news: The effects of tabloid on information processing and evaluative responses. *Journal of Broadcasting & Electronic Media*, 44, 581-598.

Graham, F. K. (1979). Distinguishing among orienting, defensive, and startle reflexes. In A. D. Kimmel, E. H. Van Olst, & J. F. Orlegeke (Eds.), *The orienting reflex in humans.* Hillsdale, NJ: Erlbaum.

Graham, F. K., & Clifton, R. K. (1966). Heart rate change as a component of the orienting response. *Psychological Bulletin*, 65, 305-320.

Hess, U., Sabourin, G, & Kleck, R. E. (2007). Postauricular and eyeblink startle responses to facial expressions. *Psychophysiology*, 44, 431-435.

Ivory, J. D., & Kalyanaraman, S. (2007). The effects of technological advancement and violent content in video games on players' feelings of presence, involvement, physiological arousal, and aggression. *Journal of Communication*, 57, 532-555.

Izard, C. E. (1972). *Patterns of emotions.* New York: Academic Press.

Kallinen, K., & Ravaja, N. (2007). Comparing speakers versus headphones in listening to news from a computer individual differences and psychophysiological responses. *Computers in Human Behavior*, 23, 303-317.

Kaviani, H., Gray, J. A., Checkley, S. A., Veena, K., & Wilson, G. D. (1999). Modulation of the acoustic startle reflex by emotionally toned film-clips. *International Journal of Psycho-physiology*, 32, 47-54.

Koruth, J., Potter, R. F., Bolls, P. D., & Lang, A. (2007). An examination of heart rate variability during positive and negative radio messages. *Psychophysiology*, 43, S60.

Lacey, J. I. (1967). Somatic response patterning and stress: Some revisions of activation theory. In M. H. Appley & R. Trumbull (Eds.), *Psychological stress: Issues in research* (pp. 14-38). New-York: Appleton-Century-Crofts.

Lachman, R., Lachman, J. L., & Butterfield, E. C. (1979). *Cognitive psychology and information processing: An introduction.* Hillsdale: NJ: Erlbaum.

Lang, A. (1990). Involuntary attention and physiological arousal evoked by structural features and emotional content in TV commercials. *Communication Research*, 17, 275-299.

Lang, A. (1994). What can the heart tell us about thinking? In A. Lang (Ed.), *Measuring psychological responses to media messages* (pp. 99-111). Hillsdale, NJ: Erlbaum.

Lang, A. (2006a). Motivated cognition (LC4MP): The influence of appetitive and aversive activation on the processing of video games. In P. Messaris & L. Humphries (Eds.), *Digital Media:*

246

Transformation in Human Communication. New York: Peter Lang Publishers.

Lang, A. (2006b). Using the limited capacity model of motivated mediated message processing to design effective cancer communication messages. *Journal of Communication*, 56.

Lang, A., Bolls, P. D., Potter, R. E, & Kawahara, K. (1999). The effects of production pace and arousing content on the information processing of television messages. *Journal of Broadcasting and Electronic Media*, 43, 451-475.

Lang, A., Borse, J., Wise, K., & David, P. (2002). Captured by the World Wide Web: Orienting to structural and content features of computer-presented information. *Communication Research*, 29, 215-245.

Lang, A., Bradley, S. D., Chung, Y., & Lee, S. (2003). Where the mind meets the message: Reflections on ten years of measuring psychological responses to media. *Journal of Broadcasting & Electronic Media*, 47, 650-655.

Lang, A., Bradley, S. D., Sparks Jr, J. V, & Lee, S. (2007). The Motivation Activation Measure MAM): How well does MAM predict individual differences in physiological indicators of appetitive and aversive activation? *Communication Method's and Measures*, 1, 113-136.

Lang, A., Chung, Y, Lee, S., & Zhao, X. (2005). It's the product: Do risky products compel attention and elicit arousal in media users? *Health Communication*, 17, 283-300.

Lang, A., Chung, Y, Lee, S., Schwartz, N., & Shin, M. (2005). It's an arousing, fast-paced kind of world: The effects of age and sensation seeking on the information processing of substance-abuse PSAs. *Media Psychology*, 7(4), 421-454.

Lang, A., Dhillon, K., & Dong, Q. (1995). The effects of emotional arousal and valence on television viewers' cognitive capacity and memory. *Journal of Broadcasting & Electronic Media*, 39.

Lang, A., Geiger, S., Strickwerda, M., & Sumner, J. (1993). The effects of related and unrelated cuts on viewers' memory for television: A limited capacity theory of television viewing. *Communication Research*, 20, 4-29.

Lang. A., Newhagen, J., & Reeves, B. (1996). Negative video as structure: Emotion, attention, capacity, and memory. *Journal of Broadcasting & Electronic Media*, 40, 460-477.

Lang, A. and Schneider, E. (2001). Physiological and emotional responses to first person shooter video games. *Psychophysiology*, 38, S60.

Lang, A., Schwartz, N., Lee, S., & Angelini, J. (2007). Processing radio PSAs: Production pacing, arousing content, and age. *Journal of Health Communication*, 12, 581-599.

Lang, A., Shin, M., & Lee, S. (2005). Sensation-seeking, motivation, and substance use: A dual system approach. *Media Psychology*, 7, 1-29.

Lang, A., Yegiyan, N., & Bradley, S. (2006). Effects of motivational activation on processing of health messages. *Psychophysiology*, 41(Supplement), S56.

Lang, A., Zhou, S., Schwartz, N., Bolls, P. D., & Potter, R. F. (2000). The effects of edits on arousal, attention, and memory for television messages: When an edit is an edit, can an edit be too much? *Journal of Broadcasting & Electronic Media*, 44(1), 94-109.

Lang, P. J., Bradley, M., & Cuthbert, M. (1990). Emotion, attention, and the startle reflex. *Psychological Review*, 97, 377-398.

Lang, P. J., Bradley, M., & Cuthbert, M. (1997). Motivated attention: Affect, activation and action. In P. Lang, R. Simons, & M. Balaban(Eds.), *Attention and orienting: Sensory and motivational processes*. Hillsdale, NJ: Erlbaum.

Lang, P. J., Bradley, M. M., Fitzsimmons, J. R., Cuthbert, B. N., Scott, J. D, Moulder, B., & Nangia, V. (1998). Emotional arousal and activation of the visual cortex: An fMRI analysis. *Psycho-physiology*, 35, 199-210.

Lang, P. J., Greenwald, M., Bradley, M. M., & Hamm, A. O. (1993). Looking at pictures: Evaluative, facial, visceral, and behavioral responses. *Psychophysiology*, 30, 261-273.

Lee, S. (2006). *The impacts of slow motion on viewers' emotional, cognitive, and physiological processing*. Unpublished Masters Thesis. Indiana University, Bloomington.

Levi, L. (1965). The urinary output of adrenalin and noradrenalin during pleasant and unpleasant states: A preliminary report. *Psychosomatic Medicine*, 27, 80-85.

Libby, W. L., Lacey, B. C, & Lacey, J. I. (1973). Pupillary and cardiac activity during visual attention. *Psychophysiology*, 10.

Lin, T, Masaki, Q, Wanhua, H., & Atsumi, I. (2005). *Do physiological data relate to traditional usability indexes?* Paper presented at the Australasian Computer-Human Interaction Conference. Canberra, Australia.

Mallan, K. M., & Lipp, O. V. (2007). Does emotion modulate the blink reflex in human conditioning? Startle potentiation during pleasant and unpleasant cues in the picture-picture paradigm. *Psychophysiology*, 44, 737-748.

Malmo, R. B. (1959). Activation: A neuropsychological dimension. *Psychological Review*, 66.

Manber, R., Allen, J. J. B., Burton, K., & Kaszniak, A. W. (2000). Valence-dependent modulation of psychophysiological measures: Is there consistency across repeated testing? *Psychophysiology* 37, 683-692.

Mehrabian, A., & Russell, J. A. (1974). *An approach to environmental psychology*. Cambridge, MA: MIT Press.

Miller, G. A. (2003). *The cognitive revolution: A historical perspective*. Trends in Cognitive Sciences. 7, 141-144.

Miller, N. E. (1961). Some recent studies of conflict behavior and drugs. *American Psychologist*, 16.

Miller, N. E. (1966). Some animal experiments pertinent to the problem of combining psychotherapy with drug therapy. *Comprehensive Psychiatry*, 7, 1-12.

Nadorff, G., Lee, S., Banerjee, M., & Lang, A. (2007). Children's physiological responses to animal and human emotional faces as a function of age. *Psychophysiology*, 44. S88.

O'Beirne, G. A., & Patuzzi, R. B. (1999). Basic properties of the sound-evoked post-auricular muscle response(PAMR). *Hearing Research*, 138, 115-132.

Ohman, A. (1979). The orientations response, attention, and learning: An information processing perspective. In H. D. Kimmel, E. H. V. Olst, & J. F. Orlebeke (Eds.), *The orienting reflex in human* (pp. 443-472). Hillsdale, NJ: Erlbaum.

Ohman, A. (1997). As fast as the blink of an eye: Evolutionary preparedness for preattentive processing of threat. In P. J. Lang, R. F. Simons, & M. Balaban (Eds.), *Attention and orienting: Sensory and motivational processes* (pp. 165-184). Hillsdale, NJ: Erlbaum.

Osgood, O, Suci, G., & Tannenbaum, P. (1957). *The measurement of meaning*. Urbana: University of Illinois.

Palomba, D., Sarlo, M., Angrilli, A., Mini, A., & Stegagno, L. (2000). Cardiac responses associated with affective processing of unpleasant film stimuli. *International Journal of Psychophysiology*, 36, 45-57.

Pashler, H. (1998). *The psychology of attention*. Cambridge, MA: MIT Press.

Plutchik, R. (1980). A general psychoevolutionary theory of emotion. In R. Plutchik & H. Kellerman (Eds.), *Emotion: Theory, research and experience* Vol. 1 Theories of Emotion (pp. 3-31). New York: Academic Press.

Porges, S. W. (1991). Vagal Tone: An autonomic mediator of affect. In J. Garber & K. A. Dodge (Eds.), *The development of emotion regulation and dysregulation* (pp. 111-128). Cambridge, UK: Cambridge University Press.

Posner, M. I. (1978). *Chronometric explorations of mind*. Englewood Heights, NJ: Erlbaum.

Posner, M. I., & Petersen, S. E. (1990). The attention system of the human brain. *Annual Review of Neuroscience*, 13, 25-42.

Potter, R. F. (2000). The effects of voice changes on orienting and immediate cognitive overload in radio listeners. *Media Psychology*, 2, 147-177.

Potter, R. E, & Choi, J. (2006). The effects of auditory structural complexity on attitudes, attention, arousal, and memory. *Media Psychology*, 8, 395-419.

Potter, R. R, Lang, A., & Bolls, P. D. (1998). Orienting to structural features in auditory media messages. *Psychophysiology*, 35, S66.

Potter, R. R, LaTour, M. S., Braun-LaTour, K. A., & Reichert, T. (2006). The impact of program context on motivational system activation and subsequent effects on processing a fear appeal message. *Journal of Advertising*, 35, 67-81.

Ravaja, N. (2004a). Effects of image motion on a small screen on emotion, attention, and memory: Moving-face versus static-face newscaster. *Journal of Broadcasting & Electronic Media*, 48.

Ravaja, N. (2004b). Contributions of psychophysiology to media research: Review and recommendations. *Media Psychology*, 6, 193-235.

Ravaja, N., Saari, T, Kallinen, K., & Jaarni, J. (2006). The role of mood in the processing of media messages from a small screen: Effects on subjective and physiological responses. *Media Psychology*, 8, 239-265.

Ravaja, N., Saari, T, Salminen, M., Laarni, J., & Kallinen, K. (2006). Phasic emotional reactions to video game events: A psychophysiological investigation. *Media Psychology*, 8.

Reeves, B. (1989). Theories about news and theories about cognition: Arguments for a more radical separation. *American Behavioral Scientist*, 33, 191-198.

Reeves, B., & Geiger, S. (1994). Designing experiments that assess psychological responses to media messages. In A. Lang (Ed.), *Measuring psychological responses to media messages*. Hillsdale: Erlbaum.

Reeves, B., Lang, A., Kim, E. Y., & Tatar, D. (1999). The effects of screen size and message content on attention and arousal. *Media Psychology*, 1, 49-67.

Reeves, B., Lang, A., Thorson, E., & Rothschild, M. (1989). Emotional television scenes and hemispheric specialization. *Human Communication Research*, 15, 493-508.

Reeves, B., & Thorson, E. (1986). Watching television: Experiments on the viewing process. *Communication Research*, 13, 343-361.

Reeves, B., Thorson, E., Rothschild, M., McDonald, D, Hirsch, J., & Goldstein, R. (1985). Attention to television: Intrastimulus effects of movement and scene changes on alpha variation over time. *International Journal of Neuroscience*, 25, 241-255.

Reeves, B., Thorson, E., & Schleuder, J. (1986). Attention to television: Psychological theories and chronometric measures. In J. Bryant & D. Zillmann (Eds.), *Perspectives on media effects* (pp. 251-279). Hillsdale, NJ: Erlbaum.

Sammler, D., Grigutsch, M., Fritz, T, & Koelsch, S. (2007). Music and emotion: Electro-physiological correlates of the processing of pleasant and unpleasant music. *Psychophysiology*, 44.

Sanchez-Navarro, J., Martinez-Selva, J., Roman, E, & Torrente, G. (2006). The effect of content and physical properties of affective pictures on emotional responses. *The Spanish Journal of Psychology*, 9, 145-153.

Schneider, E. R, Lang, A., Shin, M., & Bradley, S. D. (2004). Death with a story. How story impacts emotional, motivational, and physiological responses to first-person shooter video games. *Human Communication Research*, 30, 361-375.

Schneider, W., Dumais, S. T, & Shiffrin, R. M. (1984). Automatic and controlled processing and attention. In R. Parasuraman & D. R. Davies (Eds.), *Varieties of attention* (pp. 1-25). Orlando, FL: Academic Press.

Schupp, H. T, Junghofer, M., Weike, A. I., & Hamm, A. O. (2004). The selective processing of briefly presented affective pictures: An ERP analysis. *Psychophysiology*, 41, 441-449.

Shiffrin, R. M., & Schneider, W. (1977). Controlled and automatic human information processing: II. Perceptual learning, automatic attending and a general theory. *Psychological Review*, 84.

Shoemaker, P. J. (1996). Hardwired for news: Using biological and cultural evolution to explain the surveillance function. *Journal of Communication*, 46, 32-47.

Silvestrini, N., & Gendolla, G. H. E. (2007). Mood effects on autonomic activity in mood regulation. *Psychophysiology*, 44, 650-659.

Simons, R. R, Detenber, B., Roedema, T. M., & Reiss, J. E. (1999). Emotion processing in three systems: The medium and the message. *Psychophysiology*, 36, 619-627.

Simons, R. E, Detenber, B. H., Cuthbert, B. N., Schwartz, D. D., & Reiss, J. E. (2003). Attention to television: Alpha power and its relationship to image motion and emotional content.

Media Psychology, 5, 283-301.

Singer, J. L. (1980). The power and limitations of television: A cognitive-affective analysis. In Tannenbaum(Ed.), *The entertainment functions of television.* NJ: Erlbaum.

Smith, M. E., & Gevins, A. (2004). Attention and brain activity while watching television: components of viewer engagement. *Media Psychology*, 6, 285-305.

Sparks Jr., J. V. (2006). *The influence of sex and humor on motivated processing of mediated messages.* Unpublished doctoral dissertation, Indiana University, Bloomington, IN.

Stern, R. M., Ray, W. J., & Quigley, K. S. (2001). *Psychophysiological Recording* (2nd ed.). New York: Oxford University Press.

Sundar, S. S., & Kalyanaraman, S. (2004). Arousal, memory, and impression-formation effects of animation speed in Web advertising. *Journal of Advertising*, 33, 7-17.

Sundar, S. S., & Wagner, C. B. (2002). The world wide wait: Exploring physiological and behavioral effects of download speed. *Media Psychology*, 4, 173-206.

Thorson, E., & Lang, A. (1992). The effects of television videographics and lecture familiarity on adult cardiac orienting responses and memory. *Communication Research*, 19, 346-369.

Thorson, E., Reeves, B., & Schleuder, J. (1986). Attention to local and global complexity in television messages. In M. L. McLaughlin(Ed.), *Communication Yearbook 10.* CA: Sage.

Toichi, M., Sugiura, T., Murai, T., & Sengoku, A. (1997). A new method of assessing cardiac autonomic function and its comparison with spectral analysis and coefficient of variation of R-R interval. *Journal of the Autonomic Nervous System*, 62, 79-84.

Wang, Z. (2007). *Motivational processing and choice behavior during television viewing: An integrative dynamic approach.* Unpublished Doctoral Dissertation, Indiana Univ., Bloomington.

Wise, K., Lee, S., Lang, A., Fox, J. R., & Grabe, M. E. (2008). Responding to change on TV: How viewer-controlled changes in content differ from programmed changes in content. *Journal of Broadcasting & Electronic Media*, 52(2), 182-199.

Wise, K., & Reeves, B. (2007). The effect of user control on the cognitive and emotional processing of pictures. *Media Psychology*, 9, 549-566.

Zillmann, D. (1971). Excitation transfer in communication-mediated aggressive behavior. *Journal of Experimental Social Psychology*, 7, 419–434.

Zillmann, D. (1978). Attribution and misattribution of excitatory reactions. In J. Harvey, W. J. Ickes, & R. F. Kidd(Eds.), *New directions in attribution research* (pp. 335-368). Englewood Cliffs: Erlbaum.

Zillmann, D. (1982). Television and arousal. In D. Pearl, L. Bouthilet, & J. Lazar(Eds.), *Television and behavior: Ten years of scientific progress and implications for the eighties* (Vol. 2, pp. 53-67). Washington DC: U.S. Department of Health and Human Services.

미디어와 시민참여

커뮤니케이션 효과에 대한 이해와 오해

다반 샤(Dhavan V. Shah, 위스콘신대학-매디슨)
에르난도 로하스(Hernando Rojas, 위스콘신대학-매디슨)
조재호(Jaeho Cho, 캘리포니아 대학-데이비스)

시민사회의 건강성이나 공공생활 참여를 탐구한 연구들은 시민의 개인적 속성과 사회적 지위를 이용하여 이를 설명하려는 오랜 전통이 있다. 오랫동안 개인의 특징이나 관계는 공적 영역에 관여한 정도의 차이를 이해하는 주요 요인으로 간주되었다. 특히 나이, 성, 교육수준, 인종, 직업, 종교, 주거형태, 대인관계는 참여를 설명하는 주요 요인들이다. 최근에 콜먼(John Coleman, 1990), 퍼트넘(Robert Putnam, 1992), 후쿠야마(Francis Fukuyama, 1995) 같은 학자들은 앞서 제시한 개인성향과 상황요인들이 지역사회 통합, 네트워크 멤버십, 시민덕목 및 가치실행 같은 잠재 구성개념을 설명하는 독립된 지표일 수 있다는 이론을 발표했다(Friedland, 2001; Friedland & Shah, 2005 참조).

시민참여에 관한 많은 연구들은 지난 40년 동안 미국의 공동체 생활을 위협할 것으로 추측되는 시민 관여 및 정치참여의 퇴조 문제에 관심을 집중했다. 특히 시민사회의 쇠퇴에 대한 커뮤니케이션 학자들의 관심은 퍼트넘(Putnam, 1995)의 논문 "나 홀로 볼링"(*Bowling Alone*)에 대한 반응으로 제기되었다. 퍼트넘은 논문에서 공동체의 결속감, 시민의 자발적 참여, 정치참여 상실은 TV시청이 사회자본 — 즉, "참여자들로 하여금 공유한 목적을 추구하기 위해 보다 효과적으로 함께 행동하게 만드는 네트워크, 규범, 신뢰와 같은 사회생활의 모습" — 에 미친 역효과로 나타난 결과라고 주장한다. 퍼트넘의 관점에 따르면, TV시청시간 소비는 레저시간을 사적 영역화함으로써 공동체를 구축하는 다른 활동들을 대체한다. 더구나 문화계발이론이 예측한 것처럼, TV에 나타난 사회현실에 대한 묘사는 궁극적으로 사회적 후퇴로 유도하는 "비열한 공간"(*mean space*)으로서 세상에 대한 지각을 배양한다고 여겨진다. 이러한 연계를 지지하는 일부 실증연구들은 TV시청시간 측정을 복잡한 다채널 환경에 대한 결론을 도출하는 데 사용하곤 했다(Putnam, 2000; Norris, 1996 참조).

이러한 주장은 온라인 소요시간과 심리적 행복, 사회적 신뢰, 실제 세계와의 연계, 공동체 관여의 쇠퇴의 관계 연구와 더불어 인터넷으로 확장되었다(예: Kraut 등, 1998). 복잡한 미디어 유형이 어떻게 사용되는지를 이해하는 데 실패했음에도 불구하고, TV와 인터넷에 관한 비평은 이러한 미디어가 시민생활에 미치는 효과를 검증하는 다른 생각들을 적지 않게 지배했다(Brehm & Rahn, 1997; Nie, 2001 참조).

관련 이슈에 관해 10년 이상 진행된 연구들은 미디어가 시민생활에 미치는 효과의 특성에 대한 잘못된 묘사를 바로 잡는 데 크게 기여했다. 미디어 효과에 대한 새로운 결과는 매스 커뮤니케이션—특히 지역신문—과 공동체 참여를 연결하는 지난 80년간에 걸쳐 진행된 많은 이론과 연구들의 결론을 그대로 반영한다. 새로운 연구흐름은 전자 미디어 이용이 시민참여에 긍정적 효과를 미칠 수 있다는 것만을 발견한 것은 아니고, 매스미디어와 시민의 삶이 어떻게 교차하는지를 밝히는 새로운 연구영역을 창출하는 데 기여했다. 이 장에서는 연구영역을 5가지로 구분했는데, 각 영역은 커뮤니케이션 효과연구의 새로운 방향을 의미한다.

① 개별 미디어가 시민의 삶에 미치는 영향에 주목하는 미디어 사용 패턴, ② 미디어와 시민 사회화 이슈에서 세대간 차이점, ③ 개인과 사회 그리고 제도적 차원의 영향을 포함하는 인터넷 역동성, ④ 캠페인과 뉴스 효과의 채널링을 의미하는 커뮤니케이션 매개, ⑤ 복합 수준 모델에 초점을 맞추는 지리적·다국적 맥락 등이 그것이다.

5가지 영역에 해당하는 많은 연구들은 커뮤니케이션 과정을 시민사회의 건강성을 이해하기 위한 중심으로 상정한다. 이들은 매스미디어는 개인의 특징 및 사회적 연결과 더불어 참여의 대행체일 수 있다는 것을 밝혔다. 가장 두드러진 노력은 개인적, 상황적, 맥락적 요인들과 미디어 이용 및 결과(참여와 관련이 있는 것으로 간주되는)를 하나의 모델에 통합시켰다는 점이다. 이러한 발전에 관심을 기울이기에 앞서, 먼저 시민적 쇠퇴에 관한 주장에 대해 개괄적으로 살펴보고자 한다.

1. 시민생활의 쇠퇴

시민참여와 공동체 건강성이 쇠퇴한다는 주제는 매우 흥미롭다. 친한 이웃이 사라지는 것을 아쉬워하고 시민들을 함께 묶어주는 사회구조에 관심을 가진 나이든 미국인들은 이러한 쇠퇴에 상당히 공감한다. 일부 자료는 20세기 말까지 공동체 구성원 간의 면대면 접촉은 40년 전 경험한 접촉횟수보다 낮다는 것을 보여준다. 비공식적 사회화 측정결과는 사람들이 친구를 방문해서 카드놀이를 하고 식사를 같이 하며 함께 바에 가는 것이 한 세대 이전에 자신들이 했던 것보다 평균적으로 분명히 낮은 수준이라는 것을 보여준다. 외견상 미국인들은 예전에 그랬던 것만큼 사람을 만나지 않는다(사교적이지 않다).

언뜻 살펴보면, 자원봉사와 자선기부의 수준은 이러한 추세를 거스르는 것 같아 보인다. 코호트(cohort) 분석은 나이가 든 사람일수록 봉사와 재정적 부담에서 양적으로 불균등한 문제를 안고 있다고 보고한다. 공공 이벤트에 대한 참여가 여전히 높다 하더라도 사적 영역화된 오락의 급증이 홈시어터 및 디지털 미디어의 증가에서 기인한다고 할 수 없다. 여러 차례의 전국선거에서 미국인의 투표참여율은 50% 미만에 머물러 정치참여는 쇠퇴하고, 캠페인에 참여하는 유권자의 수와 공직에 출마한 후보자의 수 또한 감소했다(Rosentone & Hansen, 1993). 1960년과 2000년 사이에 미국인은 국가 문제에 참여하는 존재에서 방관하는 존재로 바뀐 것 같다. 서른 살 미만의 미국인들은 공공생활에서 격리되었다(Putnam, 1995, 2000).

사회자본에 관한 연구는 시민 혹은 정치참여를 "다른 목적의 활동 관여에서 파생된 부산물"로 이해하며 집합적 수준과 개인적 수준에서 공동체 건강성에 관한 지표들을 연결짓는다(Coleman, 1990). 잉글하트(Inglehart, 1997)가 발견한 것처럼 친구들과 그리고 공동체 생활에 참여하는 데 시간을 보내는 것은 사회적 연결망을 튼튼하게 하고 교호성(交互性)의 규범을 강화함으로써 민주주의 가치를 떠받치는 역할을 수행한다. 즉, 서로 연결되어 있고, 사회적 투자의 순환을 확신하는 개인들은 스스로가 공동체에 대한 소속감을 더 강하게 느끼고 정치에서도 더 활동적 역할을 수행하며(Rahn, Brehm, & Carlson, 1999), 신뢰와 참여의 "선순환"은 시민들로 하여금 공동목표 추구활동을 함께 하도록 촉진한다. 따라서 사회와 시민생활에 관여한 개인들은 정치과정에 관심을 가질 수 있기 때문에 사회자본은 간접적으로 참여에 기여한다.

지난 40년 동안 시민관여와 정치참여 쇠퇴의 원인을 밝히려는 시도는 핵심 관심사의 하나였다. 학자들은 여러 가지 가능한 원인을 추론했다. 증가하는 시간압박, 경제적 여건, 주거이동, 광역도시화, 가족붕괴, 권위에 대한 환멸, 복지국가의 증가, 세대변화, 여성해방운동과

민권혁명, 그리고 가장 불명예스러운 TV의 등장 등이 그것이다(Putnam, 2000).

TV를 공동체 통합을 저해하는 원인으로 지적한 학자는 퍼트넘(1995)이었다. TV의 증가에 비례한 사회자본의 쇠퇴라는 연구문제에서 분석대상 기간에 나타난 집계 데이터는 미국인들의 하루 단위 TV시청시간의 양이 증가했다는 것을 보여준다. 그는 교육수준, 소득, 나이, 인종, 주거지, 직위, 성을 통제했을 경우 TV시청시간은 시민적 관여 그리고 대인간 신뢰와 강한 부정적 관계인 반면 신문구독은 긍정적 관계라고 밝히고, 이러한 대조적인 결과는 TV가 사회자본 쇠퇴에 대한 책임을 져야 한다는 결론을 뒷받침한다고 지적했다.

퍼트넘의 연구는 많은 비판에 직면했다. 일부는 시민생활 측정지표에 나타난 감소는 참여의 양이 아닌 참여유형의 변화라고 주장한다. 한 예로 라드(Ladd, 1996)는 키와니즈(Kiwanis), 옵티미스츠(Optimists), 라이언(Lion)과 같은 국제민간봉사단체 혹은 친목단체의 회원수는 줄어들지만, 환경과 종교관련 단체는 오히려 회원이 증가하고 점점 기존단체를 대체한다고 주장했다. 헬스클럽과 커피숍은 볼링장과 주변의 술집을 대체한다. 마찬가지로 베넷(Bennett, 1998)과 스카치폴(Skocpol, 2003)은 소비자 운동, 라이프스타일 정치, 사회문제의식에 근거한 사회자각적 소비와 같은 새로운 형태의 시민활동이 증가했고, 이러한 활동이 전통적 형태의 시민참여를 대체한다고 주장했다. 그렇지만 공공생활에 관여하는 비율 — 단체 회원가입, 시민적 참여, 정치적 관여 — 은 지난 50년간 급증한 교육적 성취만큼 증가하는 것 같지는 같다.

데이터의 가용성 때문에 1960년대 초를 기준

점으로 삼는 것이 적절한지에 대한 의문이 제기된다. 하지만 시민활동이 이미 쇠퇴했다 하더라도 1960년대라는 임의의 출발점은 시민생활의 퇴조에 대한 논의에서 전혀 문제될 게 없다(Schudson, 1998). TV 도입과 증가, 그리고 지배적 매체에서 TV가 신문을 대체한 것은 20세기 후반을 특징짓는 광범위한 범주의 사회변동을 암시할 수 있으며, 추정된 쇠퇴와 인과적으로 연결되지 않을 수 있다. 세계대전 이후에 갑작스럽게 나타나 이전에는 경험하지 못했던 경제적 팽창과 문화적 만족 시기의 결과일 수도 있다(Galbraith, 1992).

더욱 곤혹스런 것은 이러한 접근방법이 TV — 확대하여 해석하면, 인터넷 — 를 획일적이고 직접적인 효과를 발휘하는 능력이 있다고 간주한다는 점이다. 매체가 소비되는 다양한 방식에 대해서는 그다지 관심을 기울이지 않았다. 매체 소비방식이 가질 수 있는 차별적 효과와 효과에 관한 과정과 관련이 있다. 이러한 논문은 "이용패턴"과 대립되는 측정으로 "이용시간"에 초점을 맞추고, "미디어 사용방식"이 아닌 "미디어 사용량"에 직접적 관심을 갖는다(Shah, Kwak, & Holbert, 2001). 비록 사용량이 중요할 수는 있지만 어떠한 사회적 맥락 내에서 미디어를 소비하는지를 이해하지 못하면 오해를 야기할 수 있다.

2. 이용패턴과 분리효과

미디어 이용과 미디어 효과의 복잡성에 대해 세밀한 관심을 기울이지 못한 것은 수많은 정치커뮤니케이션 연구들이 TV의 부정적 기능에 주목했기 때문이었다. TV의 등장이 부분적으로 사회자본의 쇠퇴에 책임이 있을 수 있지만 다양한 미디어 이용을 사용량으로 단순화하는 것은 문제가 된다. 이러한 관점은 노리스(Norris, 1996)의 미국 시민의 참여연구 분석을 통해 분명해졌다(Verba et al., 1995 참조). 그녀는 다양한 형태의 활동을 예측하는 방정식에서 나이와 교육의 역할 외에, 전체 TV시청은 참여에 부정적으로 영향을 미치지만 정보의 양이 풍부한 프로그램 시청은 참여에 긍정적 영향력을 행사한다는 것을 밝혀냈다. 이러한 결과는 맥클라우드 등(McLeod et al., 1996; McLeod, Scheufele, & Moy, 1999; Sotirovic & McLeod, 2001)의 연구와도 일치하는데, 맥클라우드 등은 지역공동체 수준에서 시민참여와 관련이 있는 지역뉴스 시청은 신문구독에 버금가는 기능을 수행한다는 것을 보여줬다.

이(李) 등(Lee, Cappella, & Southwell, 2003)은 참여와 신뢰의 선순환을 설명하기 위해 4개의 데이터 세트를 분석했다. 이들은 나이, 교육, 신문구독은 일치하고, 대인간 신뢰와 강한 관계가 있지만, 사회적 태도는 TV를 많이 시청하거나 적게 시청하는 것과는 관계가 없다면서 퍼트넘[그리고 Gerbner]의 "비열한 세계"(mean world) 효과가설을 거부한다는 것을 확인했다(Uslaner, 1998 참조). 다른 연구들은 시간치환 주장을 검증하고 TV시청시간의 양은 퍼트넘이 예측한 결과와 일치하지 않는다고 결론지었다(Moy, Scheufele & Holbert, 1999).

개인은 지역이슈를 반영하고 이에 대해 숙의하기 위해 방송이나 인쇄매체를 통해 얻는 뉴스정보를 이용한다. 학자들은 미디어는 교육 그 이상의 것을 한다고 주장한다. 미디어는 개인들로 하여금 "마음에 그린 공동체"에 대한 생각을 스스로 조직하도록 돕는 반면, 시민행위로 이끌어갈 수 있는 정치토론의 토대도 함께 제공한다. 따라서 미디어의 맥락적 효과와 커뮤니케이션 매개 개념을 고려해야 한다. 많은 연구들은 혁신적임에도 불구하고 한계에 봉착했다. 이들은 TV의 다른 장르들이 유사한 독립적 특화를 지닐 수 있을 가능성을 고려하지 않은 채 뉴스 시청이라는 한 가지 유형만을 따로 떼어냈다.

샤(Shah, 1998)는 참여와 신뢰의 선순환에서 관계의 강도와 방향을 검증하면서 다른 유형의 TV내용도 정보를 제공하고 현실반영을 조장한다고 주장했다. 다음의 두 가지는 시민참여 메커니즘과 관련 있는 것으로 추정된다. DDB 라이프스타일 연구 데이터 분석은 ① 개인이 TV(즉, 시청 장르)를 어떻게 이용하는가는 시청의 양(즉, 예측된 시청시간)보다 더 강력한 예측지표이고, ② 일부 프로그램(예: 허구적 과학드라마) 이용은 시민적 참여 그리고 대인간 신뢰와 부정적으로 관련이 있지만, 어떤 장르(특히, 사회성 짙은 드라마와 시트콤)의 이용은 긍정적으로 관련이 있다는 것을 밝혀냈다. 이러한 결과들은 미디어 이용을 세분하는 것이 중요하다는 것을 말해준다.

드라마와 시트콤 시청이 시민적 참여 그리고 대인간 신뢰와 긍정적 관계에 있다는 것은 특히 이 장의 목적과 관련이 있는데, 오락 프로그램 편성이 복잡하고 영향력 있는 사회적·정치적 "현실세계"의 재현을 가능하게 할 수 있다는 것을 시사하기 때문이다. 오락 프로그램들은 시청자들을 그 상황 내에 함께 하는 존재로 취급하여 정서적으로 몰입하게 한다. TV "재현 장르"를 세밀하게 구분하더라도 특정유형의 사회드라마

나 범죄프로그램 시청은 여성권리부터 총기 소유까지 다양한 주제에 관한 정치적 태도를 형성한다(Holbert, Shah, & Kwak, 2003, 2004). 샤(Shah, 1998)가 주목한 것처럼, "사회자본에 관한 일부 연구가 주장한 것처럼 TV가 유일한 위험요인은 아닌 것 같다. TV 이용, 시민참여, 그리고 대인간 신뢰의 관계는 프로그램 편성 유형과 시청자의 해당 프로그램 이용에 매우 의존적으로 조건지어진 관계로 간주되어야만 한다. 사람들이 TV를 얼마나 시청하느냐는 무엇을 시청하느냐보다 덜 중요한 것 같다."

샤의 연구는 미디어 이용과 충족에 관한 이론화와 관계가 있다. 이 영역에서의 연구는 왜 개인들이 특정 유형의 미디어 내용을 선택하는지에 대한 답을 얻으려 노력했고, 미디어를 이용하는 정보 및 환경감시 동기와 미디어 이용이 제공하는 오락 및 기분전환 기능을 대조하여 규칙적인 소비패턴을 밝혀냈다. 사람들이 뉴스 혹은 오락물에 대한 선호도가 있는지 관한 프라이어(Prior, 2005, 2007)의 연구는 이러한 관점과 입장을 같이 한다. 프라이어는 미디어 소비자들이 자신들의 미디어 이용양식과 유형을 잘 통제하는 "탈 방송"(post-broadcast) 환경에 진입했다고 주장했다. 이와 같은 맥락에서 뉴스를 회피하는 경향이 있는 개인들은 아주 쉽게 그렇게 할 수 있으며, 현재의 사건을 이해하기 위해 미디어를 이용하는 이들은 하루 24시간 동안 그렇게 할 수 있다. 이러한 관점에서 보면, 공공생활 참여는 더 불균등해지고 양극화된다.

그러나 이는 경직된 결론이다. 최근 연구들은 미디어 이용이 시민참여에 긍정적 영향을 미치는 효과는 신문뉴스 구독, 뉴스 프로그램 시청, 인터넷에서 다룬 공적 문제의 내용의 소비에만

국한된 것이 아니라고 결론지었다. 바움(Baum, 2002)은 뉴스와 오락물의 중간 정도의 범주에 속하는 연성뉴스 소비는 정치적으로 무관심한 일반시민들에게 의미 있는 효과를 발휘할 수 있다고 했다(Baum & Jamison, 2006). 심야뉴스 풍자 프로그램 The Daily Show와 낮방송 토크쇼 Oprah는 시청자들로 하여금 공공문제에 관한 지식을 습득하게 한다. 광범위한 범위의 미디어에서 가용한 정보를 동원하는 것(예: 집회정보, 구호기금) 또한 시민들로 하여금 어디에서 어떻게 참여하는지를 일깨움으로써 시민적 관여를 촉진시킨다. 따라서 시민생활에 미치는 효과를 검증할 때 뉴스와 오락물 사이를 분명히 구분할 수는 없다.

3. 세대차이와 미디어 사회화

미디어 이용패턴이 세대별 집단에 걸쳐 어떻게 다양한지, 그리고 미디어가 공공생활에서의 사회화에 미치는 효과의 유형이 어떠한지를 고찰할 경우 뉴스와 오락물 사이에 뚜렷한 경계선이 없다는 사실은 매우 중요하다. 세대차이와 정치적 사회화에 관한 이슈는 미디어와 시민참여 연구의 중심이 되었다. 사회자본의 핵심지표에서 하향추세는 세대효과와 라이프 사이클 효과 모두에서 나타나기 때문이다. 이러한 변동은 세대집단간 차이와 인생과정에서 발생한 변화의 양에 근거한 것처럼 보인다. X세대와 Y세대의 부모인 베이비붐 세대는 나이도 많고 지역사회에 더 통합하려는 자세를 가진 것은 물론, 그들이 젊었을 때 더 참여적이고 신뢰했기 때문에 자식세대보다 더 참여적이고 신뢰 또한 깊다.

나이를 먹는 것만큼 그들은 그들의 속성을 그대로 옮겨 왔다.

대부분의 서구 민주주의 사회에서 일부 반대되는 현상이 나타나기도 하지만 최근 시민참여와 투표행위에서 젊은 세대와 노인 사이의 격차는 증가했다. 심지어 젊은이들이 투표할 때도 다른 공적인 마음에서 우러난 활동과 함께 일어나는 것 같지는 않다. 젊은이들은 부모가 그들과 같은 연령일 때보다 지식이 적으며 정치적으로 세심하다. 특히 신문 및 인터넷과 같은 미디어 이용에서 집단간 유의미한 차이가 존재한다(Peiser, 2000).

모든 세대에 걸쳐 미디어가 사회자본 생산에 미치는 차별적 영향은 단순히 미디어 이용수준의 차이를 반영하지는 않는다. 오히려 나이-집단 차이와 라이프 사이클 차이는 충족성취의 주요 정보원으로서 특정미디어 유형에 대한 애착인 미디어 의존의 결과일 수 있다. 이러한 주장은 X-세대는 인터넷, 베이비붐 세대는 TV, 시민 세대는 신문에 의해 가장 큰 영향을 받는다는 것을 밝힌 시민참여에 대한 샤 등(Shah, Kwak, & Holbert, 2001)의 탐색적 연구와 직접적 관련이 있다. 이 연구는 서로 다른 세대집단은 청소년기의 사회화 과정에서 정보와 뉴스를 습득하기 위해 이용한 미디어를 신뢰하는 경향이 있다는 것을 시사한다(즉, 각 세대는 자신이 속한 사회를 설명하는 능력이 뛰어난 미디어를 선호하는 경향이 있다). 이러한 추론은 세대별 차이와 평생학습모델에 대한 관심을 주장한 최근의 정치사회화 이론화 작업과도 일치한다.

이러한 변화는 청소년기 이후 부모와 교육의 영향이 비교적 감소하기 때문에 시민사회화 모델에서 미디어의 중요성을 증가시킨다. 물론 미디어를 많이 이용하는 젊은 성인은 TV와 인터넷의 부정적 영향을 가장 잘 받기 쉬운 계층으로 간주된다. 하지만 참여에 미치는 역효과 평가에 대해서는 의문이 제기된다. 뉴스시청, 온라인 뉴스 소비, 다른 형태의 미디어 이용은 젊은이의 참여에 긍정적 영향을 미친다는 것을 관찰한 연구들이 최근에 보고되었다(Jennings & Zeitner, 2003; Shah, McLeod, & Yoon, 2001).

정치사회화를 설명하는 전통적 모델이 지난 40년 동안 변화하는 커뮤니케이션 패턴을 설명하기 위해 수정되었다. 새로운 모델의 일부는 수용자들은 TV시청과 다른 활동들을 결합시키는 데 관심을 가졌다. 특히 젊은이들은 하루 동안 학교에서 보내는 혹은 수면에 소비하는 시간과 맞먹는 7시간가량을 미디어를 이용하면서 보내므로, 모델은 젊은이들이 두 개 혹은 그 이상의 미디어를 동시에 사용한다는 것을 고려해야만 한다(Roberts, 2000). 더구나 미디어 이용은 고립된 상황에서 발생하는 것이 아니다. 매스미디어가 젊은이의 사회화에 미치는 영향력은 부모 및 동료집단과의 커뮤니케이션에 의해 보완되고 강화된다. 특히, 공개적으로 그들의 생각을 표현하도록 주변의 권유를 받는 어린이들은 ─심지어 부모와 사이가 좋지 않더라도─ 더 정치적으로 참여하는 경향이 있다. 반면에, 순응이 강조되는 맥락에서 성장한 아이들은 덜 참여한다. 유사하게 사회적 네트워크 내에서 가족, 친구, 그리고 다른 이들과의 정치적 토론은 시민의 정체성 개발을 돕는 것으로 나타났다(Huckfeldt & Sprague, 1995).

미디어 이용과 정치적 대화가 청소년 사회화에 미치는 효과를 이해하기 위해서는 활동수준과 효과의 강도를 감안해야 한다. 오락물 이용과 비교했을 때 청소년의 뉴스소비, 특히 신문구독은 매우 빈약하다. 신문구독은 인구학적 속성과 다른 변인들을 통제했을 때 청소년 사회화에 관한 지표 가운데 지식전달, 토론자극, 숙의권유, 태도형성에서 가장 강력한 효과를 갖는다. 주의 깊은 TV뉴스시청은 약하지만 긍정적 영향을 미친다. 즉, 뉴스소비는 이러한 내적 그리고 외적 숙의를 통해 젊은이의 사회화를 촉진한다(McLeod, 2000; Yoon, McLeod, & Shah, 2005). 최근 분석은 이용수준이 높고, 공공심이 발현된 인터넷 이용과 시민참여 사이에 긍정적 관계를 보이는 청소년에 초점을 맞춘다. 온라인 뉴스 이용, 이메일을 이용한 정치적 메시지 교환, 다른 인터넷 커뮤니케이션 도구를 사용하는 젊은 성인에 관한 연구는 심지어 청소년에게도 아주 낙관적인 결과를 제시한다(Shah, Cho, Eveland, & Kwak, 2005).

젊은 성인의 경우 생애과정에 따라 미디어와 시민적 사회화 사이에 실질적 차이가 있다. 미디어는 이메일과 사회적 네트워킹을 통해 사회적으로 연결하고 관계를 유지하는 수단으로서 매우 중요한 역할을 수행한다. 40대 미만 성인의 경우 신문구독과 TV뉴스시청은 낮은 수준이다(McLeod, 2000). 인터넷 이용은 정반대의 패턴을 보여주는데 모든 노인집단은 감소하지만 젊은 성인은 가장 많이 이용한다(Yoon et al., 2005).

청소년과 마찬가지로 신문구독은 이용수준이 낮음에도 불구하고, 젊은 성인들의 시민참여를 예측하는 가장 강력한 지표이다(McLeod, 2000). 인터넷은 젊은 성인들이 많이 사용하기 때문에 시민 동원을 위한 잠재적 기회를 더 제공하는 것 같다. 예를 들면, 샤 등(Shah, McLeod,

& Yoon, 2001)은 젊은 성인 사이에서 정보탐색 및 교환 목적의 인터넷 사용은 사람에 대한 신뢰와 시민참여와 아주 강한 관계라고 보고했다. 최근 연구들은 젊은이들은 방문자 중심의 홈페이지, 블로그, 사회적 네트워킹 사이트를 통해 뉴스를 접하고 공동체를 구축한다는 것을 보여준다(Boyd, 2008). 따라서 인터넷 이용은 신문과 TV를 통한 전통적인 뉴스소비 감소를 부분적으로 상쇄할 수 있다.

4. 인터넷 역동성과 디지털 변형

인터넷 이용의 긍정적 효과보고와 같은 결과들이 등장하기 이전, 일부 사회 비평가들은 인터넷 이용자는 점점 의미 있는 사회적 관계에서 멀어지고 그들이 온라인에 시간을 더 많이 사용할수록 공동체에 덜 참여한다고 주장했다(Stoll, 1995; Turkle, 1996). 초기 현장연구는 인터넷 이용을 움츠러든 사회적 관계 그리고 불만감 증가와 연계하는 비판적 관점을 지지하는 연구결과를 발표했다(Kraut, 1998). 하지만 초기연구들은 참여자들에게 무료 인터넷 접근을 허용하고 일상에서 사용하지 않는 도구를 제공한 후 사회적 효과를 평가했기 때문에 이들의 결론에 의문이 제기될 수 있다. 참가자들로 하여금 무료 서비스에 편승하게 만들기 때문에 결과가 편견적일 수 있다. 게다가 참가한 "이용자들" 가운데 많은 이들이 스스로 인터넷에 접속하지 않기 때문에 인터넷을 자발적으로 이용한 집단과는 다를 것이다.

다른 학자들은 반대되는 이론화 작업과 경험적 평가로 이러한 주장에 응답했다. 일부는 커뮤니케이션 개혁이 사회구조를 변화시킬 수 있는 정보경험을 가져온다는 것을 간파했다(Bimber, 2003; Castells, 2001; Rheingold, 2002). 다른 이들은 메시지 보내기와 정보탐색과 같은 인터넷 이용은 견고한 사회적 연결 그리고 더 많은 참여와 관련이 있다는 증거를 제공했다(Shah, McLeod, & Yoon, 2001; Wellman, Quan-Haase, Witte, & Hampton, 2001).

기술변화와 사회변동의 관계에 관한 초창기 논쟁은 새로운 커뮤니케이션 테크놀로지의 이상향과 반이상향의 측면에서 특징지어졌다(Graber, Bimber, Bennett, Davis & Norris, 2004; Katz & Rice, 2002 참조). 첫 번째 연구흐름은 뒤섞인 결과를 보여줬다. 부분적으로는 일부 연구가 구체적인 이용보다는 접근이나 시간소비를 측정하고, 어떤 표본집단은 모집단을 대표하지 못했으며, 인과성과 내생성(endogeneity) 문제가 초창기 연구영역에서 여전히 해결되지 않았던 데서 기인한다(이러한 논쟁에 대한 요약은 Nie(2001)의 연구를 참조하기 바람).

새로운 연구흐름은 다양한 조사를 통해 새로운 커뮤니케이션 테크놀로지에 대한 반이상향의 관점을 논리적으로 반박했다. 가장 강력한 연구흐름은 이용과 충족 접근방법을 시민참여로 확장시킨 것인데, 새로운 미디어 정보·뉴스 이용은 대부분 참여의 증가와 관계가 있고 오락차원의 이용은 참여의 감소와 관계가 있다는 것을 보여준다(Shah, Kwak & Holbert, 2001; Shah, McLeod, & Yoon, 2001). 관련 연구는 온라인 뉴스 이용은 전통적인 뉴스소비를 대신하거나 대체하기보다는 보완하고, 특정내용 영역의 소비는 같은 영역에서 다른 채널의 소비를 보완(Dutta-Bergman, 2006)한다고 밝혔다. 또한 인터넷 이용을 자원봉사 및 공적 참여, 시민참여, 집단회원가입, 지역사회 관여와 정치적 활동 (Kwak, Poor, & Skoric, 2006; Taveesin & Brown, 2006)과 관련짓는다.

관련 연구는 전체 공동체를 위한 인터넷 채택의 효과에 관심을 집중했다. 이러한 연구는 온라인 정보 추구와 대인 간 메시지 보내기의 긍정적 효과—정보의 세계를 만들고 지리적으로 산재한 집단들을 가용한 친구로 만드는 것—에도 불구하고, 여전히 시민활동 및 정치활동의 중심이 되는 공간적으로 경계 지어진 공동체에 부정적 효과를 가질 수도 있을 가능성을 탐색했다. 캐나다 지역사회의 경우 인터넷은 친교 증가, 자발적 단체 회원가입, 정치참여 증가 면에서 공간에 기초한 공동체에 적당한 규모의 긍정적 효과를 발휘하는 것으로 나타났다(Hampton & Wellman, 2003; Wellman et al., 2001; Wellman, Quan-Hasse, Boase, & Chen, 2003). 후속연구는 온라인 공동체에 참여하는 개인은 공간적 공동체에 참여할 가능성이 높다고 보고했다(Dutta-Bergman, 2006).

최근의 네트워크 구조 중심의 사회는 연구자들에게 특히 블로그, 사회적 네트워킹 사이트, 콘텐츠 공유 사이트, 시민 저널리즘 실천과 같은 뉴미디어와 공동체 구축에 관심을 가지도록 새로운 기회를 제공한다. 가장 두드러진 것은 1990년대 중반에 시작된 블로그인데, 블로그는 온라인 저널로서 운영하는 이와 이에 참여하여 의견을 남기는 이용자 사이에 높은 수준의 상호작용이 가능하다(Bausch, Haughey & Hourihan, 2002). 블로그는 다른 블로그, 웹페이지, 공공 토론마당(*public forum*)으로 연결되는 형태의 네트워크 관계를 포함하는 가상공동체의 모습을 보여준

다. 상호작용성, 줄어든 공식성, 이용의 편리함으로 블로그는 정치인의 커뮤니케이션과 조정에 중심이 되는 속보사이트로 변모했다(Permutter, 2008; Thompson, 2003).

정치적 영역에서 블로그 사용의 일반적인 효과를 검증하려는 연구가 시도되었다(Eveland & Dylko, 2007). 가장 최근의 분석에 따르면 정치 블로그 이용은 뉴스이용과 유사한 기능을 수행하는데 온라인과 오프라인 모두에서 참여를 증가시킨다(Gil de Zuniga, Puig-i-Abril, & Rojas & Puig-i-Abril, 2007). 이는 뉴스 정보처리과정에서 시민참여를 위해 전통적인 언론사를 개방하거나 시민기자의 지역 콘텐츠 생산에 근거하는 시민 저널리즘과 관련이 있다는 것을 시사한다. 두 가지 가능성 모두 시민참여를 고취시킨다. 페이스북(Facebook), 마이스페이스(MySpace) 같은 사회적 네트워킹 사이트도 마찬가지이다. 이들은 특정한 상태의 유지와 발전을 촉진하는 사회적 네트워크를 가시화하고 사람들을 연결시키기 위해 노력한다. 엘리슨 등(Ellison, Steinfield, & Lampe, 2007)은 페이스북이 이전의 공간 공동체 구성원과 연결되어 함께 하는 능력을 증진시키고 사회 구성원의 결속을 형성하는 원인이 된다는 증거를 처음으로 제공했다. 사회적 결속력, 특히 약한 유대관계를 유지하는 능력이 전통적 영역에서 시민참여 증가로 귀결될 것인지 혹은 네트워킹된 형태에 따라 시민참여를 다시 구성할 것인지는 여전히 관찰되고 있다. 관심과 소비 실천이 참여의 중심적 메커니즘이 된다.

컴퓨터 매개 커뮤니케이션이 시민참여에 영향을 미치는 유일한 기술 혁신은 아니다. 정보 접근과 사회적 접촉을 가능하게 하는 이동전화와 다른 휴대용 장치들의 등장과 편재 때문에 관

련구는 이들이 시민행동에 미칠 잠재적 가능성을 탐색하기 시작했다. 초기연구는 인터넷의 잠재적 환경감시 능력이 감소했음에도 불구하고 사회적 네트워크에서 높은 수준의 동류집단애로 귀결될 수 있는 선별성 증가에 관심이 있었고(Matsuda, 2006), 이동전화는 광범위한 사회적 네트워크를 유지하는 데 도움이 될 것으로 판단했다(Miyata, Boase, Wellman & Ikeda, 2006). 앞으로 이 분야의 연구는 이동전화가 글로벌 위치체계를 통합한 것처럼 콘텐츠 융합 전달능력 향상에 관한 연구가 매우 활발하게 진행될 것으로 기대된다. 기존 연구에 더하여 숙의를 위한 플랫폼으로 새로운 테크놀로지를 조망하거나(Min, 2007; Pingree, 2007; Price & Cappella, 2002), 가상 도시에서 시민참여를 촉진하는(Bers & Chau, 2006) 새로운 테크놀로지의 맥락이 시민참여에 미치는 효과를 탐색하려는 연구가 시작되었다.

5. 커뮤니케이션 매개와 채널 효과

일부 연구가 제안했듯이 디지털이든 전통적 커뮤니케이션 양식에서 기인하든 간에 미디어가 시민생활에 미치는 효과는 간적접이다. 이러한 관찰은 커뮤니케이션 매개모델(communication mediation model)에 관한 연구에서 시작되었는데, 관련연구는 정보적 성격의 미디어 이용과 정치토론은 시민학습과 참여에 대한 배경성향과 정향성의 효과를 매개한다는 결론을 내렸다(McLeod et al., 2001). 헉펠트와 스프락(Huckfeldt & Sprague, 1995)이 입증했던 것처럼 이 모델의 강점은 시민참여와 정치참여에 영향

을 미치는 변인을 탐색하는 모델에서 매스 커뮤니케이션과 대인 커뮤니케이션을 함께 변인으로 고려했다는 점이다.

매개적 접근법은 사회심리학의 O-S-O-R이라는 개념적 틀(Markus & Zajonc, 1985)을 정치커뮤니케이션에 도입함으로써 등장했다. 직접적이고 보편적인 효과를 뜻하는 자극과 반응(S-R) 관점을 초월하여, O-S-O-R 체계는 메시지 처리방식에 영향을 미치는 수용경험으로 수용자들을 안내하는 맥락적, 문화적, 동기적 요인의 역할이 존재한다는 것을 인정했다. 새로운 정향성은 효과를 결과행위로 매개하는 "메시지 수용과 수용자 구성원의 반응" 사이를 형성한다. 이러한 관점은 커뮤니케이션 매개에 적합한 토대를 제공한다.

커뮤니케이션 매개모델은 뉴스와 대화를 자극(S)으로 취급하는데, 인지적, 행동적 결과에 영향을 미치는 인구학적, 개인성향적, 구조적 요인들의 효과를 뉴스와 대화가 어떻게 매개하는지에 초점을 맞춘다. 이러한 과정을 구체화하기 위해 샤 등(Shah, Cho, Eveland, & Kwak, 2005)은 시민 커뮤니케이션 매개모델(civil communication mediation model)을 발전시켰다. 이 모델은 미디어의 영향은 강하지만 뉴스에 관한 토론에 미치는 효과를 통해 참여적 행위를 형성하는 것처럼 그 영향은 대개 간접적이라는 것을 이론화하고 이를 밝혀냈다.

주요 변인들의 분명한 인과적 순서를 검증한 일련의 패널분석을 통해 이와 같은 결론에 도달했다. 거의 수십 개에 달하는 구조적 모델을 검증한 후에 면대면 정치대화를 통해 활성화된 전통적 뉴스의 효과를 전달하는 동일한 매개과정이 인터넷을 통한 정보추구와 정치적 표현에서

도 작용한다는 것을 확인했다. 새로운 모델은 두 가지 방식에서 정보와 참여의 관계에 관한 연구를 추가했다. ① 인과적 네트워크에서 시민간의 대화를 매스미디어를 통한 정보추구와 참여 사이를 매개하는 중요한 변인으로 상정하고, ② 참여로 향하는 온라인 경로는 기존의 오프라인 경로를 보완한다.

'시민 커뮤니케이션 매개모델'은 면대면 정치 대화(예: 정치토론)와 공공생활 참여를 위한 온라인 상황에서의 정치적 견해표현(예: 정치적 메시지 교환) 사이에 비슷한 점은 물론 중요한 차이점도 있다고 주장한다. 대개 면대면 정치대화는 가족, 친구, 직장동료, 자신의 사회적 네트워크 내의 구성원들과 주로 이루어지고 시민들이 미디어 메시지를 해석하고 의미를 구축하는 데 도움이 된다고 여겨진다(Kim & Kim, 2008; Southwell & Yzer, 2007). 정치를 토론하는 개인은 아주 폭넓은 관점에 노출되고 이는 정치에 대한 관심, 여론의 질, 사회적 관용, 참여를 증가시킨다(Gastil & Dillard, 1999; Mutz, 2002).

정치적 메시지 보내기는 이러한 특징의 일부를 가질 수도 있다. 하지만 정치적 메시지 교환은 보다 폭넓은 관점을 공유하고 "언론사나 정치인에 대한 피드백은 물론 이메일, 즉각적 메시지 보내기, 전자 게시판, 온라인 채팅과 같은 상호작용적 메시지 전송 테크놀로지"(Shah et al., 2005)를 통해 전파된다. 대중을 대상으로 한 의사표현과 집합적 조직화 비용은 줄어들고 개인들로 하여금 "적은 비용으로 메시지와 이미지를 즉각적으로 전 세계의 이용자들이 볼 수 있도록 퍼뜨릴 수 있게 한다"(Lupia & Sin, 2003). 메시지 전송은 말보다는 문자를 통해 이루어지며 커뮤니케이션 준비와 연관된 보다 강한 작문 효과

를 낳을 수 있다(Lerner & Tetlock, 1999).

추가적인 발전이 캠페인 커뮤니케이션 매개 모델(*campaign communication mediation model*)에서 이루어졌다. 이 모델은 대인간 그리고 온라인에서의 정치적 의견표명, 그리고 인쇄매체, 방송, 인터넷 뉴스 이용 분석에서 정치광고 노출효과를 맥락적 요인으로 고려한다. 특히 현대 정치캠페인에서 정치광고 배치는 목표지향적이고 구조화된 특성이 있기 때문에 커뮤니케이션 매개 모델에 정치광고 노출을 통합시키는 것은 일관된 틀로 캠페인 메시지 배치 그리고 엘리트와 시민 개인의 커뮤니케이션 실천행위를 분석할 수 있게 한다.

유권자가 접하는 정치적 메시지에서 부정광고와 비교광고가 상당 부분을 차지하여 선거 캠페인은 점점 적대적 정치로 지어진다(Freedman & Goldstein, 1999). 특히 "공격" 광고가 시민참여, 캠페인참여, 투표참여에 미치는 영향에 관한 관심을 불러일으켰다(Pinkleton, Um & Austin, 2002). 앤솔라베헤어와 아엔거(Ansolabehere & Iyengar, 1995)는 설문조사와 실험연구를 통해 부정광고는 유권자의 선거참여를 저해한다는 탈동원(*demobilization*) 효과를 주장했다. 이들은 캠페인의 부정성은 투표참여를 저해하는데 그 비율이 약 5% 정도에 이르고 이러한 결과는 냉소주의를 증가시켜 선거과정에 대한 유권자의 관심을 감소시키므로 시민 효능감의 급격한 저하를 초래한다는 결론을 내렸다.

탈동원 효과 발표는 뜨거운 논쟁을 불러일으켰다. 예를 들면 핑켈과 기어(Finkel & Geer, 1998)는 공격이 일부 유권자의 참여를 저해할 수 있다 하더라도 특정후보에 대한 유대를 강화시키고 정치적 학습을 자극함으로써 전반적으

로 선거에 대한 관심을 증가시킨다고 주장했다. 기어(2006)는 캠페인 부정성과 선거에 대한 관심의 관계를 더 확장시켰다. 그는 1960년부터 2004년까지의 대통령선거 캠페인을 검토하여 공격광고는 시민으로 하여금 긍정광고보다 선거를 정의하는 정치적 이슈에 대해 더 집중하게 할 수 있고 이를 통해 시민에게 선거참여에 필요한 정치 정보를 제공한다고 결론지었다. 이는 브래이더(Brader, 2005)의 주장과도 일치한다. 그는 긍정적 광고는 참여동기를 부여하고 당파적 충성심을 활성화시키는 역할을 수행하지만 부정광고는 경계심을 자극하고 유권자에게 설득적 정보를 제공한다는 것을 발견했다.

이를 검증하기 위해 샤 등(Shah et al., 2005)은 시장별 그리고 프로그램별 캠페인 메시지 배치에 관한 광고 구매 데이터의 내용을 코딩한 후, 이를 전통적 미디어와 디지털 미디어 소비, 그리고 시민참여와 캠페인 참여의 패턴에 관한 전국 단위의 패널 데이터와 합쳤다. 특정 광고시장 및 프로그램 배치를 토대로 연산방식을 개발했고 이를 사용하여 캠페인광고 노출을 측정했으며 광고가 배치된 TV 내용을 시청한 서베이 응답자가 어느 지역에 거주하는지를 코딩했다. 구조방정식 모델은 정치광고 노출은 신문과 방송 같은 매스미디어를 경유한 정보추구에 직접적 효과를 갖지만 온라인 뉴스는 그렇지 않다는 것을 밝혀냈다(Shah et al., 2007 참조). 하지만 광고 노출률이 부정적일 때 전통적 뉴스원을 이용한 정보추구는 감소했다. 정보 미디어 이용은 일관되게 시민 커뮤니케이션을 고취시키고 시민참여와 정치참여를 자극하는 것으로 나타났다. 이들은 다음과 같이 결론지었다. "캠페인 노출량이 정치참여에 미치는 직접적 효과 외에 대부분의 캠페인 효과는 다른 커뮤니케이션 요인에 의해 매개되었다. 신문이용이 시민참여와 정치참여에 직접적 효과를 미치지만 미디어 효과는 대개 간접적이고 정치토론과 메시지 교환을 통해 전달된다는 일반적 결론을 약화시키지는 않았다(p. 696)."

특별히 주목할 만한 것은 인터넷 이용은 정보 원천은 물론 커뮤니케이션 마당으로 기능한다는 사실이다. 두 가지 기능 모두 시민참여와 밀접한 관계가 있다. 이러한 결과는 프라이스와 카펠라(Price & Cappella, 2002)의 연구와도 일치한다. 또 중요한 것은 광고의 효과 ― 맥락적 수준현상 ― 는 개인의 커뮤니케이션 실천(미디어소비와 온라인 및 오프라인에서의 정치적 표현방식)을 통해 작용한다는 점이다. 이는 캠페인 역동성과 개인행위가 시민참여와 정치참여를 설명하는 하나의 커뮤니케이션 효과모델을 만들어낸다.

이러한 결과는 오랫동안 지속된 O-S-O-R 개념 틀의 개정 필요성을 제기하여 커뮤니케이션 매개관점으로 이끄는 원인이 되기도 한다(Cho et al., 2008). 바로 그 자리에, 자극(S) 효과의 중요한 매개자로서 추론(R)을 추가하여 커뮤니케이션 과정과 효과에 관한 O-S-R-O-R 모델을 제안한다. 추가된 단계는 결과 정향성(O2)과 반응(R2)에 대한 미디어 효과의 통로로 정신적 정교화와 사회적 숙의의 결정적 역할을 찾아내기 위한 시도이다. 이러한 숙의과정에서 활용된 정보는 편견적이거나 부정확하기 때문에 추론은 결과에 대한 합리적 견해를 언급하는 게 아니라 정보처리의 심층성을 의미한다. 인지적 매개모델(Eveland, 2001; Eveland, Shah, & Kwak, 2003)과도 일치하는데 이 모델은 숙의가 어떻게 지식에 대한 동기와 메시지의 효과를 매개하는가에 초점을 맞춘다.

일반적으로 모델의 S-O가 차지하는 부분은 뉴스소비, 이슈에 대한 생각과 대화, 이러한 과정에서 발생하는 인식과 태도와 같은 요인들이 뒤섞였다. 정신적 정교화와 대인간 토론은 이러한 모델에서 특정한 상황에 맞추는 게 특히 어렵다. 공식적 의미에서 이들은 자극이 아니다. 왜냐하면, 매스미디어 노출에 앞서 인과적으로 선행하는 요인이기 때문이다(Eveland et al., 2003; Shah et al., 2005). 하지만 변경된 태도 혹은 계발된 인지라는 의미에서 결과 정향성 또한 아니다. 그들은 사고를 통해 이해와 추론을 형성하기 위한 노력의 지표로 자극과 결과 정향성 사이에 있다. 이 모델은 미디어 소비 선택을 형성하도록 돕는 맥락, 개인적 성향, 인구학적 요인도 함께 고려한다.

6. 지리적 그리고 초국가적 맥락

커뮤니케이션 효과가 발생하는 지리적 맥락에 관한 관심은 미디어와 시민참여 사이의 연결을 설명하는 선도적 연구를 명확히 보여줬다. 공동체 특성이 시민참여에 영향을 미친다는 것은 잘 알려졌지만(Cho & McLeod, 2007), 참여연구에서 공동체 맥락과 미디어 이용의 교차적 만남에 주어진 관심은 상대적으로 적다(Kim & Ball-Rokeach, 2006; Paek, Yoon, & Shah, 2005). 결과적으로 매스미디어를 포함하는 맥락적 효과에 관한 이론화는— 팬과 맥클라우드(Pan & McLeod, 1991)의 "복합수준틀"(*multi-level framework*)에 의해 가장 잘 설명되었고 앤더슨(Anderson, 1991)의 "상상의 공동체"(*imagined community*) 개념에 의해 암시된 — 경험적 연구단계를 훨씬 능가했다. 이는 방법론 및 원인분석에 도움이 되는 복합 수준분석의 복잡성과 결합된 개인-수준 데이터의 유행에서 부분적으로 기인한다.

지역미디어 이용과 공동체 규범(즉 사회적 안정성과 관계성)의 상호작용을 이해하기 위한 연구는 개인의 미디어 이용과 시민참여 사의의 연결을 조절하는 변인으로 공동체 특성을 고려했다(Kang & Kwak, 2003; Shah, McLeod, & Yoon, 2001 참조). 공동체 결속력과 유대는 시민참여에 대한 미디어 효과를 확대하는 것으로 간주된다. 유대감이 강한 공동체는 정치토론을 위한 끈끈한 연대와 기회를 초월한 친-시민환경을 조성하고 구성원들로 하여금 지역수준에서 정보를 참여로 바꾸는 것을 보다 용이하게 한다.

미디어 이용은 공동체 특성이 시민생활에 미치는 영향을 좌우하는 것으로 간주된다. 특히 지역신문과 지역방송뉴스는 지역정체성을 확인하고 집단규범과 특색을 반영하기 위해 적극적으로 활동한다. 결과적으로 뉴스를 자주 소비하는 사람은 미디어를 통해 공동체의 상징적 특징과 규범적 기준을 더 잘 이해하는 것 같다. 공동체 특성이 시민참여에 미치는 맥락적 영향은 지역주민의 정보 미디어 이용이 증가할 때 더욱 커지고 이에 상응하여 공동체 규범에 대한 자각이 신장된다.

연구는 또한 미디어 이용이 시민참여에 대한 공동체 특성의 맥락적 영향을 매개하는 요인으로 기능한다는 것을 지적한다. 어떤 공동체가 다른 공동체보다 사회적으로 더 연결되어 있고, 정치적으로 보다 적극적이라면 이 공동체에 속한 개인은 뉴스미디어에 주의를 기울여서 공동체 이슈를 놓치지 않고 기억해야 한다는 어떤 압력을 느낀다. 즉, 능동적인 시민규범은 제공되는 정보의 유용성을 증가시키고 공동체 이슈에 관한 뉴스보도에 관심을 보일 것을 권유한다. 따라서 이와 같은 정보 미디어 이용은 참여의 원인이 된다. 이러한 배경에서 공동체 특성은 구성원의 미디어 이용패턴을 구체화시키고(Borgida et al., 2002) 이는 참여를 권유한다.

복합수준(multi-level)현상에 관한 분석은 위계적 선형모델링 개발로 커다란 진전을 이루었다. 이 분석은 복합수준 데이터의 적절한 처리가 가능하여 수준을 초월한 상호관계를 더 정확하게 평가할 수 있게 한다(Hayes, 2006). 일부 학자는 지역뉴스 구독이 개인적 수준과 보다 높은 수준의 사회적 상호작용을 통해 공동체에 참여할 가능성을 증가시킨다는 것을 발견했다(Paek, Yoon, & Shah, 2005). 또한 공동체에서 개인수준 차이와 신문 뉴스 구독에서 맥락적 차이 사이의 수준을 초월한 상호작용을 관찰했다. 공동체 차원에서 높은 수준의 뉴스구독은 사회적으로 통합된 비구독자에게 친 시민적 영향력을 갖는 지역 인쇄문화를 만들어 낸다는 아이디어를 지지한다. 물론 이러한 분석은 지역적 경계가 어떻게 구분되는지(예: 주, 시, 우편번호, 인구조사 표준지역)에 따라 다양한 맥락적 데이터를 필요로 한다. 설문조사 데이터에서 지역단위 내에서 합계한 응답자의 개인별 점수는 공동체 특성을 나타내는 대리 측정일 수 있지만(Cho & McLeod, 2007), 맥락을 측정하기 위해서는 분석에 사용되는 개인사례의 수가 충분히 크지 않다면 문제가 될 수 있다.

앞으로는 문화, 정치, 정책, 미디어 환경이 시민참여에 미치는 커뮤니케이션 효과를 어떻게 구체화하는지에 관심을 둔 국가를 초월한 연구가 필요하다. 관련연구는 이미 전통 미디어와 디지털 미디어 이용은 ① 유럽연합과 캐나다에서는 온라인과 오프라인상의 친교성 촉진에, ② 독일에서는 효능감 진작에, ③ 콜롬비아, 일본, 네덜란드에서는 표현적 정치참여 촉진에, ④ 전 세계적으로는 시민참여와 정치참여 향상에 기여할 수 있다(Chang, 2007; Kim & Han, 2005; Lee, 2007)는 증거를 제공했다.

미디어는 이주(移住) 공동체 생활에서 매우 중요하다. 이주민 사이에서 모국에 대한 정서적, 개인적, 문화적, 정치적 유대를 유지하기 위해 새로운 커뮤니케이션 테크놀로지를 사용하는 것과 이러한 유대가 이주 장소에서의 시민참여를 어떻게 형성할 것인지는 아주 중요한 연구대상이다. 예를 들어 일부 연구는 네덜란드와 플랑드르 지역에 있는 젊은 소수민족은 자신들이 거주하는 국가는 물론 원래의 모국에 자신들을 적응시키기 위해 새로운 커뮤니케이션 테크놀로지를 이용한다. 이는 마테이와 볼-로키치(Matei & Ball-Rokeach, 2001)가 로스앤젤레스의 소수민족 공동체 연구에서 밝힌 대로 "사람들을 지역공동체에서 분리시키기보다는 가상현실과 지역사회를 연계시켜 오프라인상의 사회적 그리고 문화적 집단을 단단히 묶어둔다(p. 560)"는 시각을 그대로 반영한다. 미디어와 시민참여를 연구하는 많은 학자들은 이러한 관점을 공유한다.

7. 미디어 효과 이해에 관한 맺음말

미디어가 시민생활에 미치는 효과의 특성에 대한 근본적 오해를 반박하려는 노력은 학자들에게 ① 미디어 효과가 분화될 수 있도록 이용패턴을 살피고, ② 미디어 이용에서 그리고 미디어 이용이 젊은이 및 젊은 성인의 사회화에 미치는 밀접한 관계에서 세대간 차이를 고려하고, ③ 인터넷과 인터넷이 사회에 미치는 영향처럼 급격히 변화하는 환경을 검토하고, ④ 디지털 미디어 테크놀로지와 캠페인 메시지 배치를 통합하기 위한 커뮤니케이션 매개 틀로 생각을 넓히고, ⑤ 커뮤니케이션 효과에 관한 복합수준 모델을 다시 한 번 고려할 것을 요구한다. 미디어가 시민참여에 미치는 효과를 밝히는 것은 커뮤니케이션과 공동체 생활 사이의 연결을 완벽하게 이해하도록 하며, 더 나아가 미디어 효과에 관한 많은 문제들을 완벽하게 이해하는 기본 골격을 제공한다.

미디어가 시민참여에 미치는 효과에 관한 연구는 문화자본(*cultural capital*) 이슈(Holt, 1997)와 정치적 소비자 운동(*political consumerism*) 및 사회 자각적 소비(Stolle, Hooghe, & Micheletti, 2005)의 토대를 이해하기 위해서도 채택되었다. 이 연구에서 학자들은 미디어 이용패턴과 효과를 이해하기 위해 TV와 인터넷 미디어의 단순 이용을 뛰어 넘는 문제에 관심을 가졌다(Keum, Devanathan, Deshpande, Nelson, & Shah, 2004). 이들은 노인과 젊은 성인의 미디어 이용이 어떻게 다른지, 그리고 미디어 이용양식

이 특정유형의 사회 자각적 소비에 관한 사회화와 규범화를 어떻게 촉진하는지를 고찰했다(de Vreese, 2007).

취향의 사회적 포지셔닝을 이해하기 위해 다양한 제품 및 서비스 이용과 관련지어 전통 미디어 이외에 디지털 미디어의 역할도 검토되었다(Friedland et al., 2007). 연구들은 소비자와 시민문화의 교차적 만남에 관한 새로운 통찰력을 제공하는 라이프스타일 정치와 정치적 소비자 운동 문제에 커뮤니케이션 매개모델을 적용했다(Shah et al., 2007). 이러한 연구들은 국가와 문화적 맥락을 초월하여 진행되었다.

미디어와 시민참여에 관한 잘못된 이해를 바로잡기 위해 채택된 접근방법들을 설명하는 이 연구는 협소한 연구영역을 뛰어 넘어 외견상 관련이 있고 보다 주변적 연구로 확장될 수 있는 잠재적 가능성이 있다. 정치 커뮤니케이션, 헬스 커뮤니케이션, 과학 커뮤니케이션 분야는 이 연구가 제시하는 체계적 틀을 실증분석에 적용함으로써 어떤 결과를 얻을 수 있다. 학자들이 미디어 효과를 분리하고 라이프 사이클에 따른 차이를 고려하며 디지털 미디어와 대인 간 대화를 통합하여 살핀다면 정치적 판단, 건강행태, 과학태도와 관계있는 미디어 효과를 설명하는 보다 종합적이고 이해력 뛰어난 모델이 등장할 수 있다. 우리는 미디어와 참여생활에 관한 관계문헌의 종합적 검토가 커뮤니케이션과 참여에 관한 연구의 진척과 미디어 효과를 설명하려는 학자들에게 도움이 되었으면 한다.

참고문헌

Almond, G. A., & Verba, S. (1963). *The civic culture.* Princeton, NJ: Princeton University Press.

Althaus, S., & Tewksbury, D. (2000). Patterns of Internet and traditional news media use in a networked community. *Political Communication,* 17, 21-45.

Anderson, B. (1991). *Imagined communities: Reflections on the origin and spread of nationalism.* New York: Verso.

Ansolabehere, S., & Iyengar, S. (1995). *Going negative: How political advertisements shrink and polarize the electorate.* New York: Free Press.

Ball-Rokeach; S. J. (1985). The origins of individual media-system dependency: A sociological framework. *Communication Research,* 4, 485-510.

Bargh, J. A., & Schul, Y. (1980). On the cognitive benefits of teaching. *Journal of Educational Psychology,* 72, 593-604.

Bar-Ilan, J. (2005). Information hub blogs. *Journal of Information Science,* 31, 297-307.

Baum, M. A. (2002). Sex, lies and war: How soft news brings foreign policy to the inattentive public. *American Political Science Review,* 96, 91-109.

Baum, M. A., & Jamison, A. (2006). The Oprah effect: How soft news helps inattentive citizens vote consistently. *Journal of Politics,* 68, 946-959.

Bausch, P., Haughey, M., & Hourihan, M. (2002). *We blog: Publishing online with weblogs.* Indianapolis, IN: Wiley.

Bennett, W. L. (1998). *The uncivic culture: Communication, identity, and the rise of lifestyle politics.* PS: Political Science and Politics, 31, 740-761.

Bers, M. LI, & Chau, C. (2006). Fostering civic engagement by building a virtual city. *Journal of Computer-Mediated Communication,* 11(3), article 4. Retrieved October 11, 2007 from http://jcmc.indiana.edu/voll 1/issue3/bers.html

Blumber, B. (2003). *Information and American democracy: Technology in the evolution of political power.* Cambridge, MA: Cambridge University Press.

Blumler, J., & Katz, E. (Eds.) (1974). *The uses of mass communications: Current perspectives on gratifications research.* Beverly Hills, CA: Sage.

Borgida, E., Sullivan, J., Oxendine, A., Jackson, M., Riedel, E., & Gangl, A. (2002). Civic culture meets the digital divide: The role of community electronic networks. *Journal of Social Issues,* 58, 125-141.

Boyd, D. (2008). Why youth (heart) social network sites: The role of networked publics in teenage social life. In D. Buckingham (Ed.), *MacArthur Foundation series on digital learning-Youth, identity and digital media volume* (pp. 119-142). Cambridge, MA: MIT Press.

Brader, T. (2005). Striking a responsive chord: How political ads motivate and persuade voters by appealing to emotions. *American Journal of Political Science,* 49, 388-405.

Brehm, J., & Rahn, W. M. (1997). Individual level evidence for the causes and consequences of social capital. *American Journal of Political Science*, 41, 999-1023.

Castells, M. (2001). *The Internet galaxy: Reflections on the Internet, business and society.* Oxford, UK: Oxford University Press.

Chaffee, S., McLeod, J. M., & Wackman, D. (1973). Family communication patterns and adolescent political participation. In J. Dennis(Ed.), *Socialization to politics: Selected readings.* New York: Wiley.

Chang, C. (2007). Politically mobilizing vs. demobilizing media: A mediation model. *Asian Journal of Communication*, 17, 362-380.

Cho, J., & McLeod, D. M. (2007). Structural antecedents to knowledge and participation: Extending the knowledge gap concept to participation. *Journal of Communication*, 57, 205-228.

Cho, J., Shah, D. V, McLeod, J. M., McLeod, D. M., Scholl, R. M., & Gotlieb, M. R. (2008). *Campaigns, reflection, and deliberation: Advancing an O-S-R-O-R model of communication effects.* Unpublished manuscript.

Coleman, J. (1990). *Foundations of social theory.* Cambridge, MA: Harvard University Press.

Coleman, S. (2004). *Political blogs: Craze or convention.* London: The Hansard Society.

de Vreese, C. H. (2007). *Digital renaissance: Young consumer and citizen?* The ANNALS of the American Academy of Political and Social Science, 611, 207-216.

Dewey, J. (1927). *The public and its problems.* New York: Henry Holt & Co.

d'Haenens, L., Koeman, J., & Saeys, F. (2007). Digital citizenship among ethnic minority youths in the Netherlands and Flanders. *Mew Media & Society*, 9, 278-299.

Drezner, D. W, & Farrell, H. (2004, September). *The power and politics of blogs.* Paper presented at the annual meeting of the American Political Science Association, Chicago, IL.

Dutta-Bergman, M. J. (2006). Community participation and Internet use after September 11: Complementarity in channel consumption. *Journal of Computer-Mediated Communication.* 11(2), article 4. Retrieved October 11, 2007 from http://jcmc.indiana.edu

Ellison, N. B., Steinfield, C, & Lampe, C. (2007). The benefits of Facebook "friends": Social capital and college students' use of online social network sites. *Journal of Computer-Mediated Communication*, 12(4), article 1. Retrieved October 11, 2007 from http://jcmc.indiana.edu

Eveland, W. P., Jr. (2001). The cognitive mediation model of learning from the news: Evidence from non-election, off-year election, and presidential election contexts. *Communication Research*, 28.

Eveland, W. P., Jr., & Dylko, I. (2007). Reading political blogs during the 2004 election campaign: Correlates and political consequences. In M. Tremayne(Ed.), *Blogging, citizenship, and the future of media.* New York: Routledge.

Eveland, W. P., Jr., McLeod, J. M., & Horowitz, E. M. (1998). Communication and age in childhood political socialization: An interactive model of political development. *Journalism & Mass Communication Quarterly*, 75, 699-718.

Eveland, W. P., Jr., Shah, D. V, & Kwak, N. (2003). Assessing causality in the cognitive mediation model: A panel study of motivations, information processing and learning during campaign 2000.

Communication Research, 30, 359-386.

Finkel, S. E., & Geer, J. G. (1998). A spot check: Casting doubt on the demobilizing effect of attack advertising. *American Journal of Political Science*, 42, 573-595.

Freedman, P., & Goldstein, K. (1999). Measuring media exposure and the effects of negative campaign ads. *American Journal of Political Science*, 43, 1189-1208.

Friedland, L. W. (2001). Communication, community, and democracy: towards a theory of communicatively integrated community. *Communication Research*, 28, 358-391.

Friedland, L. W., & McLeod, J. M. (1999). Community integration and mass media: A reconsideration. In D. Demers & K. Viswanath(Eds.), *Mass media, social control, and social change: A macrosocial perspective*. Ames, IA: Iowa State University Press.

Friedland, L. W., & Shah, D. V. (2005). Communication and community. In S. Dunwoody, L. Becker, G. Kosicki, & D. McLeod(Eds.), *The evolution of key mass communication concepts: Honoring Jack M. McLeod*(pp. 251-272). Cresskill, NJ: Hampton Press.

Friedland, L. W., Shah, D. V, Lee, N-J., Rademacher, M. A., Atkinson, L., & Hove, T. (2007). Capital, consumption, communication, and citizenship: The social positioning of taste and civic culture in the U.S. *The ANNALS of the American Academy of Political and Social Science*, 611, 31-49.

Fukuyama, F. (1995). *Trust: The social virtues and the creation of prosperity*. N.Y.: Free Press.

Galbraith, J. K. (1992). *The culture of contentment*. Boston: Houghton Mifflin Co.

Gastil, J., & Dillard, J. P. (1999). Increasing political sophistication through public deliberation. *Political Communication*, 16, 3-23.

Geer, J. G. (2006). *In defense of negativity: Attack ads in presidential campaigns*. Chicago: University of Chicago Press.

Gerbner, G., Gross, L., Morgan, M., & Signorielli, N. (1980). The mainstreaming of America: Violence profile No. 11. *Journal of Communication*, 30, 10-29.

Gill de Zuniga, H., Puig-i-Abril, E., & Rojas, H. (forthcoming). Blogs, traditional media online and political participation: An assessment of how the Internet is changing the political environment. *New Media & Society*.

Graber, D. A., Bimber, B., Bennett, W. L., Davis, R., & Norris, P. (2004). The Internet and politics: Emerging perspectives. In H. Nissenbaum & M. E. Price(Eds.), *Academy & the Internet*(pp. 90-119). New York: Peter Lang Publishing.

Hebermas, J. (1979). *Communication and the evolution of society*. Boston: Beacon Press.

Haeberle, S. H. (1986). Good neighbors and good neighborhoods: Comparing demographic and environmental influences on neighborhood activism. *State and Local Government Review*, 18.

Hampton, K., & Wellman, B. (2003). Neighboring in Netville: How the Internet supports community and social capital in a wired suburb. *City & Community*, 2, 277-311.

Hawkins, R. P., & Pingree, S. (1981). Uniform messages and habitual viewing: Unnecessary consumptions in social reality effects. *Human Communication Research*, 7, 291-301.

Haves, A. (2006). A primer on multilevel modeling. *Human Communication Research*, 32.

Hill. K. A., & Hughes, J. E. (1998). *Cyberpolitics: Citizen activism in the age of the Internet.* New York: Rowman & Littlefield.

Hiller. H., & Franz, T. M. (2004). New ties, old ties and lost ties: The use of the Internet in diaspora. *New Media & Society*, 6, 731-752.

Holbert, R. L., Shah, D. V, & Kwak, N. (2003). Political implications of prime-time drama and sitcom use: Genres of representation and opinions concerning women's rights. *Journal of Communication*, 53, 45-60.

Holbert, R. L., Shah, D. V, & Kwak, N. (2004). Fear, authority, and justice: TV news, police reality, and crime drama viewing influences on endorsements of capital punishment and gun ownership. *Journalism & Mass Communication Quarterly*, 81, 343-363.

Holt. D. B. (1997). Poststructuralist lifestyle analysis: Conceptualizing the social patterning of consumption in postmodernity. *Journal of Consumer Research*, 23, 326-350.

Huckfeldt, R. (1979). Political participation and the neighborhood social context. *American Journal of Political Science*, 23, 579-592.

Huckfeldt, R., Beck, P. A., Dalton, R. J., & Levine, J. (1995). Political environments, cohesive rial groups, and the communication of public opinion. *American Journal of Political Science*, 39.

Huckfeldt, R., & Sprague, J. (1995). *Citizens, politics, and social communication: Information and influence in an election campaign.* New York: Cambridge University Press.

Inglehart, R. (1997). *Modernisation and postmodernization: Cultural, economic, and political change in 43 countries.* Princeton, NJ: Princeton University Press.

Jennings, M. K., & Zeitner, V. (2003). Internet use and civic engagement: A longitudinal analysis. *Public Opinion Quarterly*, 67, 311-334.

Johnson, T. J., & Kaye, B. (2004). Wag the blog: How reliance on traditional media and the Internet influence credibility perceptions of weblogs among blog users. *Journalism & Mass Communication Quarterly*, 81, 622-642.

Kang, N., & Kwak, N. (2003). A multilevel approach to civic participation: Individual length of residence, neighborhood residential stability, and their interactive effects with media use. *Communication Research*, 30, 80-106.

Kaniss, P. (1991). *Making local news.* Chicago: University of Chicago Press.

Katz, J. E., & Rice, R. E. (2002). *Social consequences of Internet use: Access, involvement, and interaction.* Cambridge, MA: MIT Press.

Kerbel, M. R., & Bloom, D. (2005). Blog for American and civic involvement. *Harvard International Journal of Press/Politics*, 10(4), 3-27.

Keum, H., Devanathan, N., Deshpande, S., Nelson, M. R., & Shah, D. V. (2004). The citizen-consumer: Media effects at the intersection of consumer and civic culture. *Political Communication*, 21, 369-391.

Kim, J., & Kim, E. J. (2008). Theorizing dialogic deliberation: Everyday political talk as communicative action and dialogue. *Communication Theory*, 18, 51-70.

Kim, S. H., & Han, M. (2005). Media use and participatory democracy in South Korea. *Mass Communication & Society*, 8, 133-153.

Kim, Y. C, & Ball-Rokeach, S. J. (2006). Community storytelling network, neighborhood context, and civic engagement: A multilevel approach. *Human Communication Research*, 32.

Kobayashi, T, Ikeda, K., & Miyata, K. (2006). Social capital online: Collective use of the Internet and reciprocity as lubricants of democracy. Information, *Communication & Society*, 9.

Kraut, R., Patterson, M., Lundmark, V, Kiesler, S., Mukopadhyay, T, & Scherlis, W. (1998). Internet paradox: A social technology that reduces social involvement and psychological well being? *American Psychologist*, 53, 1017-1031.

Kwak, N., Poor, N., & Skoric, M. M. (2006). Honey, I shrunk the world! The relation between Internet use and international engagement. *Mass Communication & Society*, 9, 189-213.

Ladd, E. C. (1996). The data just don't show erosion of America's "social capital." *Public Perspective*, 7, 5-21.

Lawson-Borders, G., & Kirk, R. (2005). Blogs in campaign communication. *American Behavioral Scientist*, 49, 548-559.

Lee, F. (2007). Talk radio listening, opinion expression and political discussion in a democratizing society. *Asian Journal of Communication*, 17, 78-96.

Lee, G. H., Cappella, J. N, & Southwell, B. (2003). The effects of news and entertainment on interpersonal trust: Political talk radio, newspapers, and television. *Mass Communication & Society*, 6, 413-434.

Lerner, J., & Tetlock, P. E. (1999). Accounting for the effects of accountability. *Psychological Bulletin*, 125, 255-275.

Lupia, A., & Sin, G. (2003). Which public goods are endangered? How evolving communication technologies affect the logic of collective action. *Public Choice*, 117, 315-331.

Markus, H., & Zajonc, R. B. (1985). The cognitive perspective in social psychology. In G. Lindzey & E. Aronson(Eds.), *The handbook of social psychology*(3rd ed.). N.Y.: Random House.

Martin, P. S. (2004). Inside the black box of negative campaign effects: Three reasons why negative campaigns mobilize. *Political Psychology*, 25, 545-562.

Matei, S., & Ball-Rokeach, S. J. (2001). Real and virtual social ties. *American Behavioral Scientist*. 45, 550-564.

Matsuda, M. (2006). Discourses of Keitai in Japan. In M. Ito, D. Okabe, & M. Matsuda(Eds.), *Personal portable, pedestrian: Mobile phones in Japanese life*. Cambridge, MA: MIT Press.

McLeod, J. M. (2000). Media and civic socialization of youth. *Journal of Adolescent Health*, 27.

McLeod, J. M., Daily, K., Guo, Z., Eveland, W. P. Jr., Bayer, J., Yang, S., & Wang, H. (1996). Community integration, local media use, and democratic processes. *Communication Research*, 23, 179-209.

McLeod, J. M., Glynn, C. J., & McDonald, D. G. (1983). Issues and images: The influence of media reliance in voting decisions. *Communication Research*, 10, 37-58.

McLeod, J. M., Kosicki, G. M., & McLeod, D. M. (1994). The expanding boundaries of political communication effects. In J. Bryant & D. Zillman(Eds.), *Media effects: Advances in theory and research*. Hillsdale, NJ: Erlbaum.

McLeod, J. M., Scheufele, D. A., & Moy, P. (1999). Community, communication, & participation: The role of mass media and interpersonal discussion in local political participation. *Political Communication*, 16, 315-336.

McLeod, J. M., Zubric, J., Keum, H., Deshpande, S., Cho, J., Stein, S., & Heather, M. (2001, August). *Reflecting and connecting: Testing a communication mediation model of civic participation*. Paper presented to the annual meeting of the Association for Education in Journalism and Mass Communication, Washington D. C.

McQuail, D. (1987). The functions of communication: A non-functionalist overview. In C. R. Berger & S. H. Chaffee(Eds.), *Handbook of communication science*. Beverly Hills, CA: Sage.

Min, S. (2007). Online vs. face-to-face deliberation: Effects on civic engagement. *Journal of Comp Cer-Mediated Communication*, 12(4), article 11. Retrieved October 11, 2007 from http:/jcmc.indiana. edu.

Miyata, K., Boase, J., Wellman, B., & Ikeda, K. (2006). The mobile-izing Japanese: Connecting to the Internet by PC and Webphone. In M. Ito, D. Okabe, & M. Matsuda(Eds.), *Personal, portable, pedestrian: Mobile phones in Japanese life*. Cambridge, MA: MIT Press.

Moy, P., Scheufele, D. A., & Holbert, R. L. (1999). Television and social capital: Testing Putnam's time displacement hypothesis. *Mass Communication & Society*, 2, 27-45.

Mutz, D. (2002). Cross-cutting social networks: Testing democratic theory in practice. *American Political Science Review*, 96, 111-126.

Nie, N. H. (2001). Sociability, interpersonal relations and the Internet: Reconciling conflicting findings. *American Behavioral Scientist*, 45, 420–435.

Notris, P. (1996). Does television erode social capital? A reply to Putnam. PS: *Political Science & Politics*, 293, 474-480.

Olien, C. N., Donohue, G. A., & Tichenor, P. J. (1978). Community structure and media use. *Journalism Quarterly*, 55, 445-455.

Oliver, J. E. (2000). City size and civic involvement in metropolitan America. *American Political Science Review*, 94, 361-373.

Paek, H-J., Yoon, S-H., & Shah, D. V. (2005). Local news, social integration, and community participation: Hierarchical linear modeling of contextual and cross-level effects. *Journalism & Mass Communication Quarterly*, 82, 587-606.

Pan, Z., & McLeod, J. M. (1991). Multi-level analysis in mass communication research. *Communication Research*, 18, 140-173.

Park, R. E. (1940). News as a form of knowledge. *American Journal of Sociology*, 45.

Peiser, W. (2000). Cohort replacement and the downward trend in newspaper readership. *Newspaper*

Research Journal, 21(2), 11-22.

Perlmutter, D. D. (2008). *Blogwars: The new political battleground.* N.Y.: Oxford University Press.

Pingree, R. (2007). Decision structure and the problem of scale in deliberation. *Communication Theory*, 16, 198-222.

Pinkleton, B. E., Um, N. H., & Austin, E. W. (2002). An exploration of the effects of negative political advertising on political decision making. *Journal of Advertising*, 31, 13-25.

Price, V., & Cappella, J. N. (2002). Online deliberation and its influence: The electronic dialogue project in campaign 2000. *IT & Society*, 1, 303-329.

Prior, M. (2005). News vs. entertainment: How increasing media choice widens the gap in political knowledge and turnout. *American Journal of Political Science*, 49, 577-592.

Prior, M. (2007). *Post-broadcast democracy: How media choice increases inequality in political involvement and polarizes elections.* New York: Cambridge University Press.

Puig-i-Abril, E., & Rojas, H. (2007). Internet use as an antecedent of expressive political participation among early Internet adopters in Colombia. *International Journal of Internet Science*, 2.

Putnam, R. D. (Ed.). (1992). *Democracies in flux: The evolution of social capital in contemporary society.* Oxford: Oxford University Press.

Putnam, R. D. (1995). Bowling alone: America's declining social capital. *Journal of Democracy*, 6, 65-78.

Putnam, R. D. (2000). *Bowling alone: The collapse and revival of American community.* New York: Simon & Schuster.

Rahn, W. M., Brehm, J., & Carlson, N. (1999). National elections as institutions for generating social capital. In T. Skocpol & M. Fiorina (Eds.), *Civic engagement and American democracy* (pp. 111-160). Washington, DC: Brookings Institute.

Rasanen, P., & Kouvo, A. (2007). Linked or divided by the Web: Internet use and sociability in four European countries. Information, *Communication & Society*, 10, 219-241.

Raudenbush, S., & Bryk, A. S. (2002). *Hierarchical linear models: Applications and data analysis methods.* Newbury Park, CA: Sage.

Rheingold, H. (2002). *Smart mobs: The next social revolution.* Cambridge, MA: Basic Books.

Roberts, D. E (2000). Media and youth: Access, exposure, and privatization. *Journal of Adolescence.* Health, 27, 8-14.

Rojas, H. (2006). Comunicacion, participaciony democracia. Universitas Humanistica, 62, 109-142.

Rojas, H., & Puig-i-Abril, E. (2007, October). *The Internet and civic engagement: How online news, political messaging and blog use matter for participation.* Paper presented at the annual meeting of the Association for Internet Researchers, Vancouver, Canada.

Rosengren, K. E., Palmgren, P., & Wenner, L. (Eds.). (1985). *Media gratification research: Current perspectives.* Beverly Hills, CA: Sage.

Rosenstone, S. J., & Hansen, J. M. (1993). *Mobilization, participation and democracy in America.* New York: Macmillan.

Sampson, R. J. (1988). Local friendship ties and community attachment in mass society: A multi-level systemic model. *American Sociological Review*, 53, 766-779. Schudson, M. (1998). The good citizen. New York: Martin Kessler Books.

Sears, D. O., & Levy, S. (2003). Childhood and adult development. In D. O. Sears, L. Huddy, & R. L. Jervis(Eds.), *Handbook of Political Psychology*(pp. 60-109). New York: Oxford University Press.

Semetko, H. A., & Valkenburg, P. M. (1998). The impact of attentiveness on political efficacy: Evidence from a three-year German panel study. *International Journal of Public Opinion Research*. 10.

Shah, D. V. (1998). Civic engagement, interpersonal trust, and television use: An individual level assessment of social capital. *Political Psychology*, 19, 469-496.

Shah, D. V., Cho, J., Eveland, W. P., Jr., & Kwak, N. (2005). Information and expression in a digital age: Modeling Internet effects on civic participation. *Communication Research*, 32.

Shah, D. V., Cho, J., Nah, S., Gotlieb, M. R., Hwang, H., Lee, N., Scholl, R. M., & McLeod, D. M. (2007). Campaign ads, online messaging, and participation: Extending the communication. mediation model. *Journal of Communication*, 57, 676-703.

Shah, D. V., Kwak, N., & Holbert, R. L. (2001). Connecting and disconnecting with civic life: Patterns of Internet use and the production of social capital. *Political Communication*, 18.

Shah, D. V., McLeod, D. M., Kim, E., Lee, S.-Y, Gotlieb, M. R., Ho, S., & Brevik, H. (2007). Political consumerism: How communication practices and consumption orientations drive "lifestyle politics." *The ANNALS of the American Academy of Political and Social Science*, 611.

Shah, D. V., McLeod, J. M., & Yoon, S. H. (2001). Communication, context and community: An exploration of print, broadcast and Internet influences. *Communication Research*, 28.

Shah, D. V., Schmierbach, M., Hawkins, J., Espino, R., & Donovan, J. (2002). Nonrecursive models of Internet use and community engagement: Questioning whether time spent online erodes social capital. *Journalism & Mass Communication* Quarterly, 79.

Singer, J. B. (2005). The political j-blogger. "Normalizing" a new media form to fit old norms and practices. *Journalism: Theory, Practice, and Criticism*, 6, 173-198.

Skocpol, T. (2003). *Diminished democracy. From membership to management in American civic life*. Norman, OK: University of Oklahoma Press.

Sotirovic, M., & McLeod, J. M. (2001). Values, communication behavior, and political participation. *Political Communication*, 18, 273-300.

Southwell, B. G., & Yzer, M. C. (2007). The roles of interpersonal communication in mass media campaigns. *Communication Yearbook*, 31, 419-462.

Stamm, K. R. (1985). *Newspaper use and community ties: Toward a dynamic theory*. Norwood, NJ: Ablex.

Stall, C. (1995). *Silicon snake oil*. New York: Doubleday.

Stolle, D., Hooghe, M., & Micheletti, M. (2005). Politics in the supermarket: Political consumerism as a form of political participation. *International Political Science Review*, 26.

Sullivan, J., Borgida, E., Jackson, M., Riedel, E., & Oxendine, A. (2002). A tale of two towns:

Assessing the role of political resources in a community electronic network. *Political Behavior*, 24.

Taveesin, N. J., & Brown, W. J. (2006). The use of communication technology in Thailand's political process. *Asian Journal of Communication*, 16, 59-78.

Thompson, G. (2003). *Weblogs, warblogs, the public sphere, and bubbles.* Transformations, 7(September), 1-12.

Tocqueville, A. (1835). *Democracy in America.* Garden City, NY: Anchor Books.

Tonnies, F. (1940). *Fundamental concepts of sociology.* New York: American Book Company.

Turkle, S. (1996). *Virtuality and its discontents: Searching for community in cyberspace.* American Prospect, 24, 50-57.

Uslaner, E. (1998). Social capital, television, and the mean world: Trust, optimism and civic participation. *Political Psychology*, 19, 441-467.

Valkenburg, P. M., & Peter, J. (2007). Online communication and adolescent well-being: Testing the stimulation versus the displacement hypothesis. *Journal of Computer-Mediated Communication*, 12(4), article 2. Retrieved October 11, 2007 from http://jcmc.indiana.edu

Verba, S., Schlozman, K. L., & Brady, H. E. (1995). *Voice and equality: Civic volunteerism in American politics.* Cambridge, MA: Harvard University Press.

Vromen, A. (2007). Australian young people's participatory practices and Internet use. Information, *Communication & Society*, 10, 48-68.

Wellman, B., Quan-Haase, A., Boase, J., & Chen, W. (2003). The social affordances of the Internet for networked individualism. *Journal of Computer Mediated Communication*, 8(3), article 7. Retrieved October 11, 2007 from http://jcmc.indiana.edu/vol8.

Wellman, B., Quan-Haase, A., Witte, J., & Hampton, K. (2001). Does the Internet increase, decrease or supplement social capital? *American Behavioral Scientist*, 45, 436-455.

Yoon, S. H., McLeod, J. M., & Shah, D. V. (2005). Communication and youth socialization. In L. Sherrod, C. Flanagan, & R. Kassimir(Eds.), *Youth activism: An international encyclopedia*(pp. 160-167). Westport, CT: Greenwood Publishing.

정치 커뮤니케이션 효과

더글라스 맥클라우드(Douglas M. McLeod, 위스콘신 대학)
제럴드 코시키(Gerald M. Kosicki, 오하이오 주립대학)
잭 맥클라우드(Jack M. McLeod, 위스콘신 대학)

이 장에서는 미시적 심리효과부터 거시적 시스템효과까지 아우르는 정치 커뮤니케이션 연구분야를 정리할 것이다. 지난 판과 비교하면 이 장에서는 특정한 유형의 정치 커뮤니케이션 효과에 초점을 맞추면서 이전에 다루었던 효과의 사회적 맥락이나 미디어 콘텐츠, 민주주의 과정에서의 규범적 관심사 부분은 제외했다. 이 장에서는 먼저 정치 커뮤니케이션 연구의 범주를 이야기한 후 ① 개인적 수준의 효과, ② 효과의 조건적 모델, ③ 시스템 수준의 효과를 단계적으로 다룰 것이다. 여기서 대부분의 정치 커뮤니케이션 연구의 주제를 다루겠지만 의제설정, 틀 짓기, 시민참여 등의 이슈는 독자적인 장에서 더 자세히 제시될 것이다.

1. 정치 커뮤니케이션 연구 범주

정치 커뮤니케이션 범주를 정의하는 것은 정치학, 심리학, 사회학, 언어학, 수사학, 매스 커뮤니케이션학 등 다양한 학제가 관련되기 때문에 쉽지 않은 작업이다. 이와 같은 분야의 기여로 연구의 관심사가 확대되는 것을 감안해야 한다. 한때 정치 커뮤니케이션 연구는 인쇄 미디어의 이용과 투표 선택과의 관련성을 살펴보는 데 국한되어 있었지만 연구자들이 모든 사회적 행동이 정치적인 것으로 파악할 수 있다고 보기 시작하면서 커뮤니케이션과 관련한 정치적 측면으로 확대되어 왔다. 이 장에서는 현실적 측면을 감안하여 정치 커뮤니케이션의 범주를 조금 좁혀 정치적 행위자, 일반공중, 뉴스미디어 이 세 주체간의 메시지 교환의 측면에 초점을 맞춘다.

정치 커뮤니케이션 효과는 개인 혹은 기관 정보원(예를 들어 정치지도자, 정치광고, 뉴스)들이 행하는 정치 커뮤니케이션의 결과라고 할 수 있다. 효과는 개인의 행동과 같은 미시적 수준에서 발견할 수 있기도 하고, 정치집단과 같은 중간 수준, 혹은 시스템 차원의 거시적 수준에서 발생할 수 있다. 이 장에서는 이전 판과는 달리 조금 더 구체적 수준에서 미디어 수용자에게 발생하는 가장 현저한 효과에 초점을 맞추어 정리한다.

2. 개인적 수준에서의 정치 커뮤니케이션 효과

정치 커뮤니케이션 연구는 대부분 개인적 수준에서 발생하는 효과에 초점을 맞춘다. 여기서는 네 가지 개인적 효과에 주목한다. 첫째는 의견형성과 변화, 둘째는 인지적 효과, 셋째는 지각적 효과, 마지막으로 행동적 효과가 바로 그것이다.

1) 의견 형성과 변화

정치이슈나 후보자에 대한 의견의 안정화나 의견형성, 의견변화에 미치는 미디어의 영향력을 진단하는 많은 연구가 진행되었다. 강효과 모델로서 미디어 효과를 설득으로 개념화하는 추세는 쇠퇴하는 경향이 있었다. 회고해 보면 설득모델은 뉴스와 같은 의도성이 약한 메시지보다는(Ansolabehere & Iyengar, 1996) 캠페인 효과연구(O'Keefe et al., 1996; Rice & Atkin, 2000)나 정치광고연구(Shah et al., 2007)에 더 잘 맞아 떨어진다는 것을 분명히 알 수 있다. 이 분야에서 미디어 이용을 통한 의견변화의 사례는 기존 의견의 강화사례보다 더 많이 보고되었다. 하지만 TV토론이나 다른 형식의 캠페인 정보가 투표의향에 영향을 미치며 정당에 대한 태도의 일관성을 증대시킨다는 연구결과도 발표

되었다(Hillygus & Jackman, 2003; Sears & Chaffee, 1979).

2) 인지적 효과

인지적 효과와 관련해서는 의제설정, 점화, 틀 짓기, 지식 습득, 인지적 복잡성 등 5가지 사항이 효과연구의 주된 관심사였다.

(1) 의제설정

의제설정 연구는 두 가지 전제에 기초한다. 첫째는 미디어가 특정이슈를 선택하여 집중적으로 부각하여 보도함으로써 공중의제를 통제한다는 것이다. 둘째는 이와 같이 부각되어 보도된 이슈가 수용자들에게 어떤 이슈를 중요하게 여겨야 되는지를 결정하게 된다는 것이다(McCombs, 2004). 의제설정은 지난 40여 년 동안 다양한 분야의 연구에 기초하여 제기되었으며, 그동안 미디어 의제가 공중의제에 영향을 미친다는 경험적 근거가 발표되었다. 초기 의제설정 연구는 다음과 같은 3가지 방식으로 실시된 특징이 있다. ① 집합적으로 여론조사 결과를 통해 나타난 이슈의 중요성과 전국의 뉴스보도에서의 의제를 비교하는 방식, ② 패널조사를 통해 특정 기간의 미디어 의제변화와 사람들의 의제 현저성의 변화를 진단하는 방식, ③ 마지막으로 단면적 서베이를 통해 미디어 의제와 수용자가 판단하는 이슈 현저성을 비교하는 방식 등 3가지가 가장 빈번하게 연구에서 활용되었다. TV뉴스보도의 의제를 실험적으로 조작하는 방식 역시 등장했는데, 이는 의제설정 결과의 타당성을 높이는 한편, 의제설정 연구를 인지이론과 연결시키는 데 기여한다. 또한 연구자들은 의제 자체의 현저성뿐만 아니라 의제

안의 특정한 속성의 현저성을 수용자가 인식하는 데도 미디어의 영향력이 있다는 점을 지적하면서 '속성의제설정'(*attribute agenda-setting*)을 제안하기도 한다(Ghanem, 1997; McCombs, 2004). 하지만 의제설정 효과가 발생하는 것 자체가 미디어가 강력한 힘이 있다는 것을 의미하는 것은 아닐 수 있다는 점을 생각해보아야 한다. 이러한 효과는 필연적으로 강력하지 않을 수도 있고 보편적으로 발생하지 않을 수 있으며, 미디어에 의한 결과가 아닐 수도 있다. 물론 공중에게 의제를 전달하는 데 적어도 뉴스미디어가 특정역할을 하며 독립적 영향력을 행사할 수 있다. 하지만 연구 결과를 볼 때 언제나 그런 것은 아니다. 사실 실제로 발생한 사건(예를 들어 전쟁이나 경제위기 등)이나 뉴스정보원이 의제를 결정하는 데 미디어 보도보다 더 영향력이 큰 경우가 많고 이러한 요인들은 통제하기가 쉽지 않다.

(2) 점 화

미디어 효과분야에서 점화(*priming*) 효과는 1980년대에 처음 소개되었다(Iyengar & Kinder, 1987; Krosnick & Kinder, 1990). 점화는 특정한 메시지가 특정개념을 활성화시키면서 발생하고 일정 기간 동안 그 개념이 이용될 가능성을 높인다. 그리고 사고와 기억이 이러한 개념과 연결된다. 점화효과는 실험연구를 통해서 대통령의 업무를 평가하는 데 활용하는 기준을 형성하는 TV 뉴스의 효과를 검토하면서 제안되었다. 예를 들어, 국방 문제와 관련된 기사에 의해 점화되었을 때 사람들은 대통령의 전반적인 업무평가를 할 때 과도하게 국방문제에 대한 대통령의 성과를 반영하게 된다는 것이다. 아이엔가와 킨더는 6가지의 이슈를 중심으로 이와 같은 경향을 발견

했다. 후속연구는 점화효과가 투표 선택과 대통령에 대한 평가에도 적용될 수 있다는 점을 보여준다(McGraw & Ling, 2003). 걸프전쟁에 대한 미디어 보도가 부시 대통령에 대한 평가 기준을 바꾸었다는 점도 점화효과 연구에서 발견할 수 있다(Pan & Kosicki, 1997).

(3) 틀 짓기

미디어 효과의 차원에서 볼 때 의제설정, 점화효과와 틀 짓기(*framing*)는 공통점이 많다. 많은 연구자들은 이 3가지를 인지처리 모델로 설명하려 하면서 유사점과 주요 차이를 구분하려 했다(Entman, 2007; Hwang et al., 2007; Scheufele & Tewksbury, 2007). 틀 짓기 효과는 뉴스보도의 성격이 어떻게 지식 활성화의 형태를 변화시키는지에 초점을 맞춘다(Chong & Druckman, 2007). 즉 틀 짓기 효과이론은 뉴스 메시지가 적용성과 접근성 측면에서 효과를 발생시켜 수용자로 하여금 문제의 어떠한 측면에 초점을 맞추어야 하는지에 영향을 미친다는 점을 제안한다. 적용가능성은 메시지 처리시점에서 특정 고려사항이 활성화되는 효과와 관련이 있다. 일단 활성화된 아이디어는 지속되어 사후에 평가하는 데 활용되거나 접근성 효과가 발생하는 과정에 활용된다(Price, Tewksbury, & Powers, 1997). 다시 말해 틀 짓기 효과는 메시지 양태와 뉴스정보를 이해하도록 하는 수용자의 스키마가 상호작용하여 발생한다고 할 수 있다. 뉴스기사는 요약문인 리드와 역피라미드 스타일 등의 표준화된 양식을 활용하여 제시되는 반면 뉴스 수용자는 새로운 정보를 그들의 관점을 반영하는 인과관계의 이야기로 조합하여 만들어 낸다.

틀 짓기 효과과정에는 수용자가 충분하다고 여기는 수준에 따라 상황이해를 위한 인지적 지름길이 활용된다(Popkin, 1991). 전형적인 정보처리 접근을 놓고 볼 때 3가지의 편이적인 편향이 발견된다. 분류, 선택, 이슈와 후보자에 대한 정보통합이 그것이다. 이러한 편향을 분석하기 위해 정치 커뮤니케이션 연구에서는 인지심리학에서 이용되는 개념인 가용성, 기본가치, 스키마, 인과관계의 귀인(Iyengar, 1991) 등의 개념을 차용한다.

뉴스 틀의 차이가 사건과 이슈에 대한 해석의 차이를 가져오는 것과 유사하게 뉴스 이야기에 대한 수용자의 이해는 이들의 사전 정향이나 상황적 환경에도 영향을 받는다. 뉴스에 대한 수용자의 반응은 한 개인의 구조적 위치와 개인적 가치, 정치 관여도, 정치 스키마(Shen, 2004), 지식, 참여하는 사회적 집단의 규범 등의 요인에 영향을 받는다. 뉴스 틀에 대한 수용자의 해석은 뉴스 틀과 공명할 수도 있고 반대일 수도 있으며, 때로는 뉴스 틀과 무관하게 독립적일 수 있다. 따라서 틀 짓기 효과는 일정하게 똑같이 나타나는 것이 아니다. 대부분의 틀 짓기 효과연구는 실험상황에서 실시되는데 이러한 상황에서 특히 메시지 자극이 균형을 이루는 가운데 즉각적인 틀 짓기 효과가 발생하는 것으로 나타난다(Sniderman & Theriault, 2004). 실험조건이 아닌 일상적 상황 속에서 발생하는 뉴스와 정보를 대상으로 틀 짓기 효과를 살펴보는 연구가 더 활발히 진행될 필요가 있다(Kinder, 2007). 향후 연구에서는 미디어 틀을 형성하는 요인을 구분하는 작업, 틀 짓기 효과를 다른 효과와 구분하여 더 정확하게 진단하는 작업, 틀 짓기 효과를 매개하는 요인을 밝히는 작업에 더

욱 초점을 맞춰야 할 것으로 보인다.

(4) 지식습득

뉴스미디어를 통한 학습의 문제는 오랜 기간 동안 정치 커뮤니케이션의 주요 연구주제였다. TV토론, 전당대회와 같은 특별한 정치커뮤니케이션 양식뿐만 아니라 일반적 뉴스보도는 정치와 관련한 정보를 제공한다(Evelance et al., 2005; Jerit, Barabas, & Bolsen, 2006). 정치정보를 제공하는 미디어에 접근이 더 용이해졌지만, 서베이 연구결과를 보면 여전히 시민들은 공공사안에 대해 정보를 제대로 습득하지 못하는 것으로 나타났다. 미국의 경우 대학진학률이 증가했으나 시민들의 정치정보 습득수준은 1960년대부터 비교하면 제한적으로 조금 높아진 것으로 나타났으며, 특히 교육수준을 고려할 때 오히려 낮아졌다. 이러한 상황에서 많은 유권자들은 선거기간 중 투표결정을 하는 데 그들이 가진 정보가 충분하다는 인식이 있다(Dautrich & Hartley, 1999). 사실 이러한 낙관적 인식과 연관된 경험적 연구결과도 제시되기는 한다. 소티로비치 등(Sotirovic & McLeod, 2008)은 미국의 경우 2004년 선거캠페인 이후 미디어 이용수준과 이를 통한 학습수준이 높아졌다는 점을 발견했다. 팝킨(Popkin, 1991)은 비록 뉴스를 통한 학습의 증가수준이 높지는 않지만 특정이슈에 대한 후보자의 입장을 파악하는 데는 충분할 수 있다고 주장했다.

뉴스미디어를 통한 정치지식의 습득수준이 상대적으로 높지 않은 점에 대해 학자들은 다양한 이유를 지적한다. 가장 부각되어 지적되는 이유는 중요한 이슈보다 정치캠페인의 승자와 패자, 전략에 초점을 맞춘 '경마식 보도'가 학습

을 방해한다는 점이다. 정치적 중요성보다 인간적 흥미와 오락적 요소에 맞추어 언론이 뉴스를 선택함으로써 중요한 이슈에 대한 내용이 공중에게 전달되기 힘들다는 것이다. TV에서 후보자의 육성이 담긴 내용이 줄어들고 조각화된 뉴스 전달방식이 주류를 이룸으로써 이슈에 대한 역사적, 정치적 맥락을 이해하기 힘들게 하며 이는 정치정보를 처리하는 데 유권자가 주제적 측면보다 개별 에피소드에 집중하도록 만든다. 이러한 문제는 주로 뉴스 내용분석에서 발견되지만 연구자들은 이러한 이슈를 학습과 연결해서 진단했다(Drew & Weaver, 2006; Sotirovic & McLeod, 2004).

또한 많은 연구자들은 티치너 등(Tichenor, Donohue, & Olien, 1970)이 제안한 '지식격차가설'(*Knowledge gap hypothesis*)을 검증하면서 사회경제적 지위에 따라 지식습득의 수준이 달라지는지를 살펴보았다. 연구결과, 가설을 지지하는 방향의 결과가 지속적으로 발견되어 사회경제적 지위가 높은 집단이 낮은 집단보다 상대적으로 미디어를 통한 지식습득의 정도가 높게 나타났다. 뉴미디어의 등장에 따라 이와 같은 사회경제적 지위에 따른 미디어 이용과 지식, 정보의 획득 문제는 디지털 디바이드 현상과 연결하여 설명된다(Robert, 2000; Shah et al., 2000; Jung et al., 2001; Loges & Jung, 2001). 지식격차는 인지적 복잡성이나 정보처리 능력, 미디어 접근과 노출 정도의 차이, 정보 획득과 관련한 미디어의 유용성에 대한 지각의 차이 등 다양한 요인에 따라 발생하는 것으로 나타난다. 교육수준이 높은 사람들이 지식 획득 수준이 높고, 소득수준이 높은 사람들이 정보접근이 더 용이하며, 사회적 상황이 미디어 이용에서 상이

한 사회화 과정을 거치게 만들면서 다양한 유형의 지식을 습득하게 만든다. 일부 연구에서는 미디어 이벤트나 특정이슈에 대한 미디어의 집중보도가 지식격차를 좁힐 수 있다는 점을 보여준다(McCann & Lawson, 2006; Viswanath et al., 2006). 한편 인지적 욕구, 미디어 선택, 관심도 등의 요인이 지식격차의 정도를 중재하는 요인이라는 점도 지적되었다(Liu & Eveland, 2005). 인터넷 시대를 맞아 지식격차 연구는 디지털 디바이드 현상에 초점을 맞추면서 인터넷 같은 뉴미디어의 접근과 이용문제와 연결하여 진행된다(Mossberger, Tolbert, & Stansbury, 2003; Shane, 2004).

(5) 인지적 복잡성

사실과 관련한 지식을 얼마나 알고 있는지에 관한 전통적인 지식측정방식은 정치 커뮤니케이션을 통해 수용자가 얻는 것을 밝히기에는 제약이 있다. 미디어에서 수용자가 배우는 것을 평가하기 위해 연구자들은 특정한 사실을 기억하는지를 넘어 수용자 이해에 초점을 맞췄다. 개방형 질문과 집단토론을 기록하는 방식을 활용하여 수용자가 가진 사고의 복잡성과 인지구조의 복잡성을 진단하려는 연구가 진행되었다(Shat et al., 2004; Sotirovic, 2001b). 인지적 복잡성은 개방형 질문에 대한 수용자의 답변분석을 통해, 예를 들어 주장의 수나 생각의 시기적 배경, 원인과 함의를 제시하는 여부 등을 분석하면서 진단해 볼 수 있다(Sotirovic, 2001a). 인지적 복잡성은 사실에 대한 지식수준과 연관되기는 하지만 이 두 부분에 영향을 미치는 구조적 요인과 미디어 요인은 차이가 있다.

3) 지각적 효과

(1) 개인관심도와 시스템에 대한 지각

개인적 수준의 인지적 측면과 사회 시스템 수준의 요인을 연결시키는 것은 모든 분야의 사회과학연구에서 쉽지 않은 작업이다(Price, Ritchie & Eulau, 1991). 이 작업은 정치 커뮤니케이션 연구에서 특별히 어렵다. 대부분의 정치행위와 권력관계는 사회적 또는 시스템 수준에서 작동한다. 반면 대부분의 경험적 이론과 연구는 개인행위에 초점을 맞춘다. 비록 투표행위를 개인적 관심사에 의거한 사적 행위로 여기기는 하지만 이러한 판단이 착각일 수도 있다. 시민들은 그들 스스로의 관심사를 정확히 판단하는 데 어려움을 느낄 수 있으며 관심사에 대한 지각 자체가 전적으로 이기적이지 않고 때로는 다른 사람들의 복지문제와 같은 고려사항이 더 중요할 수도 있다(Popkin, 1991). 정도의 차이에 대해서는 논란의 여지가 있기는 하지만, 투표결정은 '개인의 주머니 사정'(pocketbook)에 따른 판단보다는 우리 사회 전체가 경제적으로 얼마나 발전할 것인지의 여부에 대한 평가와 같은 '사회지향적'(sociotropic) 성격을 띠기도 한다. 사람들은 그들 자신의 경제적 상황과 국가의 경제적 상황을 명백히 구분할 수 있다. 국가적 수준의 요인과 개인적 요인이 한 개인의 투표결정과 참여에 잠재적으로 함께 영향을 미칠 수 있다. 사회지향적 측면의 요인에 미치는 미디어 효과는 매우 분명하다. 사회적 문제에 대한 지각이 대부분 미디어에 의해 형성된다고 할 때 뉴스미디어는 정부활동에 대해 정확하고 풍부한 정보를 전달하는 책임을 수행해야 한다. 많은 비평가들이 이러한 미디어 역할에 대해 비판적 평가를 내렸다. 미디어가 대통령이나 정치인들의 동정은 많이 보도하는 반면 정부가 어떤 과정을 거쳐 어떤 일을 수행하고 있는지에 대해서는 별로 강조하지 않는다는 문제가 있다(Popkin, 1991).

(2) 인과관계에 대한 귀인

사람들이 그들 스스로의 행동에 대한 원인과 책임성에 대해서는 상황적 요인에 귀인하고 다른 사람들의 행동에 대해서는 타인에 내재한 특성에 귀인한다는 점을 존스와 니스벳(Jones & Nisbett, 1972)은 지적했다. 이를 정치적 판단에 적용시키면 사람들이 공직자의 약점을 개인문제로 돌리거나 집 없는 빈곤층의 문제를 그들 스스로의 문제로 돌리는 것과 관련이 있다. 아이엔가(Iyengar, 1989)는 사람들이 가난, 인종차별, 범죄 등의 사회문제를 사회적 차원의 책임성과 연결시키지 못하는 문제를 보여주었다. 미디어 보도가 이와 같이 문제를 개인적 차원으로 귀인하게 만들 수 있다. TV에서 정치는 정치기관들의 투쟁이라기보다는 대부분 개인의 갈등으로 묘사된다. 신문을 읽는 것과 비교하면 TV 시청이 상대적으로 범죄의 원인을 개인에게 돌리는 경향과 연결되고 또한 이러한 귀인이 사형에 찬성하고 복지 프로그램에는 반대하는 태도와 관련이 있다는 연구결과도 있다(Sotirovic, 2003).

아이엔가(Iyengar, 1991)는 사회문제의 발생과 이를 해결하는 방안을 제시하는데 사람들이 책임귀인을 어디에 묻는지를 메시지의 일화적 틀 짓기(사건중심의 뉴스보도)와 주제적 틀 짓기(이슈의 맥락에 초점을 맞춘 이야기 전개)로 실험처치하여 살펴보았다. CBS 뉴스표본의 80%를 차지했던 일화적 뉴스보도는 주제적 뉴스와 비교할 때 시스템 차원의 책임을 묻는 귀인을 감소시켰다. 일화적, 주제적 틀 짓기는 사람들의 정치적 행동과도 연결된다. 아이엔가는 문제의 원인을 개인의 특성보다 시스템 차원의 요인으로 돌리는 사람들은 이러한 문제를 정치적 판단에 더 고려한다고 말한다.

(3) 의견분위기

노엘레-노이만(Noelle-Neumann, 1984)의 침묵의 나선(*spiral of silence*) 이론의 중요한 가정 중 하나는 사람들이 '준(*quasi*) 통계적' 감각을 통해 논쟁적 사안에서 어떤 의견이 다수이고 지지를 받는지를 판단할 수 있다는 것이다. 이 이론에 따르면 이러한 판단 때문에 지지를 잃은 사람들이 의견표명을 더 적게 하게 되고 침묵의 나선 현상을 발생시키면서 궁극적으로는 의견과 정치적 행도 변화를 야기하게 된다는 것이다. 노엘레-노이만은 독일선거에서 TV뉴스가 특정정당에 불리한 의견 분위기를 지속적으로 묘사함으로써 선거결과에 영향을 미쳤다고 보았다. 최근의 침묵의 나선 연구들은 공개적인 의견표명에 영향을 미칠 수 있는 소외의 두려움의 기재와 다른 커뮤니케이션 제약요인들을 비교하면서 진행된다(Ho & McLeod, 2008; Neuwirth, Frederick, & Mayo, 2007).

(4) 시스템 차원 지각

다른 시스템 차원의 지각 역시 미디어 효과의 산물로 탐구될 수 있다. 정치를 경마식으로 보도하는 것이 정치에 대한 관심을 낮추는 '냉소주의의 나선' 현상을 만들 수 있다는 근거가 보고되었다(Cappella & Jamieson, 1997). 모이와 파우(Moy & Pfau, 2000)는 뉴스보도가 냉소주의의 정도를 변화시킬 수 있다는 것을 수년간의 자료를 통해 발견했다. TV뉴스, 오락적 토크쇼, 정치 관련 라디오 토크쇼를 많이 이용할수록 사회 제도에 대한 신뢰가 낮았고, 반면 신문을 많이 읽을수록 제도에 대해 긍정적 평가를 한다는 것이다. 하지만 미디어가 야기할 수 있는 냉소주의는 개인의 정치적 정교화 정도와 관련 있고 이것이 정치적 참여에 악영향을 미치지 않을 수 있다는 지적도 있다(De Vreese, 2005). 일련의 연구자들 역시 미디어에 의해 유발되는 냉소주의가 정치적 참여에 미치는 부정적 효과는 개인의 정치적 정교화나 관여도의 수준에 따라 달라질 수 있다는 점을 보여준다(Valentino, Beckmann, & Buhr, 2001).

복지정책에 대한 견해와 같이 인종적으로 차이가 있을 수 있는 공중태도에도 미디어의 이슈에 대한 묘사가 영향을 미칠 수 있다. 미디어에 등장하는 빈곤과 관련한 담론은 오랜 기간 동안 인종간의 문제로 진행되었고 이러한 담론이 복지정책을 공중이 찬성하도록 유도하는 것으로 나타났다(Gilens, 1999). 질리암 등은 지역 뉴스보도의 대상이 되는 인종을 변화시키는 실험연구를 통해 인종적 단서를 제공하는 것이 수용자의 흑인에 대한 고정관념을 활성화시키고 범죄에 대한 의견을 형성하는 데 영향을 미친다는 것을 발견했다(Gilliam et al., 1996).

4) 행동적 효과

정치커뮤니케이션 연구에서 투표선호에 미치는 미디어 효과의 문제는 매우 중요한 연구과제로 지속되었다. 많은 연구들이 투표결정에 미치는 미디어의 영향력이 무엇인지 파악하는 것을 궁극적 목표로 설정했다. 하지만 최근의 연구에서는 더 이상 투표에 미치는 직접적인 미디어 효과에 집착하지 않는다. 대신 투표를 매우 복잡한 요인이 개입되는 행동으로 보고, 투표행동이 다양한 인지적 요인에 의해 간접적으로 영향을 받는 것으로 파악한다. 이전에는 대인 커뮤니케이션을 주로 투표행동을 결정하는 사전 변인으로 보았지만 최근 들어서는 이를 정치참여 과정의 한 부분으로 보고 연구가 진행된다.

(1) 투표참여

투표참여 자체는 지금까지 별로 흥미로운 연구주제가 아니었고 오랜 기간 동안 매우 일관된 경향성을 보여주어 이에 대한 설명이 단순할 수 있었다. 하지만 최근 들어 투표참여 자체를 예측하기가 쉽지 않은 가운데 중요한 연구주제로 떠올랐다. 투표참여는 교육, 정당지지 여부, 연령, 종교, 공동체 관여도, 결혼 여부 등의 변인으로 예측가능했다. 하지만 투표참여율은 지속적으로 감소했고 격전이 치러진 2004년 미국선거에서 양극화된 광고가 넘쳐난 캠페인 속에 갑작스럽게 올라갔다.

1970년 영국선거는 투표율이 매우 저조한 선거였는데, 이를 배경으로 한 연구결과를 보면 투표참여에 미치는 미디어 효과를 해석하기가 조금 복잡하다. TV에서 보이는 정당지도자의 부정적 이미지에 영향을 받아 투표에 참여하지 않은 사람들을 보면 놀랍게도 이들은 교육수준이 높고 정치지식수준이 높은 유권자들이었다. 미국의 투표참여 연구를 보면 인쇄 미디어를 통한 경성 뉴스의 이용이 투표참여나 다른 유형의 정치참여와 연결되는 것으로 나타났다. 구조적 요인인 빈곤, 이동가능성 등 외에도 캠페인과 미디어 보도

성격에 따라 투표율에 변화가 있다는 점도 지적되었다(Teixeira, 1992). 부정적 캠페인과 부정적 정치광고는 유권자의 투표참여를 자극하는 정치커뮤니케이션 양식이라는 연구결과가 있다(Jackson & Carsey, 2007). 하지만 부정적 광고가 유권자를 유리시키고 투표에 참여하지 않도록 한다는 지적도 있다(Ansolabehere, Iyengar, & Simon, 1999). 오버튼(Overton, 2006)은 투표지역구를 유리하게 조정하려 하는 게리멘더링, 유권자 ID 제시 문제 등 유권자의 투표를 어렵게 하는 구조적 문제 역시 투표 참여와 연관된다는 연구결과를 제시했다.

(2) 대인 커뮤니케이션

고전이 된 컬럼비아 대학 연구진의 투표연구에서는 대인 커뮤니케이션을 매스미디어 영향력과 경쟁하는 대안적 요인으로 간주했다. 즉 일상의 평균적인 하루를 볼 때 미디어를 통해 선거에 대한 뉴스를 읽고 듣는 시간과 비교하면 이에 대해 이야기하는 시간이 10% 정도 더 많다는 점을 연구자들은 지적했다. 다른 연구자들 역시 미디어를 통한 커뮤니케이션과 대인 커뮤니케이션을 '경쟁'의 시각에서 보며 이 두 채널이 서로 융합하거나, 보완하거나 혹은 다른 관계를 야기한다고 보았다. 공적 사안과 캠페인에 대한 신문보도에 노출하고 주목하는 것이 사람들의 대화를 활성화시킨다는 연구결과가 있다. 비록 이슈에 대한 정보를 제공하는 효율성은 그리 높지 않을 수 있다 하더라도 미디어를 이용함으로써 대인 커뮤니케이션이 활성화되고 캠페인에 대한 관심을 높일 수 있다는 것이다. 커뮤니케이션을 통해 사람들은 투표결정에 도움을 받고 또한 비슷한 사람들과 이야기를 나누면서 투표참여를

높일 수도 있다. 낯선 사람들과의 정치관련 대화 역시 투표에 영향을 미칠 수 있다. 노엘레-노이만은 낯선 사람과 이슈에 대해 이야기할 때 특정한 견해를 공개적으로 표명하는 것이 궁극적으로 의견변화에도 영향을 미칠 수 있다는 점을 보고했다.

숙의(熟議) 민주주의에 대한 관심이 높아지면서 정치문제에 대한 다양한 유형의 대화가 주목받고 있다(Delli Carpini, Cook, & Jacobs, 2004). 물론 비판적 시각이 있기는 하지만(예를 들어, Sanders, 1997) 최근 들어 정치커뮤니케이션 연구분야에서 숙의가 중요한 연구주제로 부각되었다(Fishkin & Laslett, 2003; Castil & Levine, 2005; Mutz, 2006; Price & Cappella, 2002). America Speaks(www.americaspeaks. org), Public Agenda(www.publicagenda.org) 같은 다양한 기관에서 최근 온라인, 오프라인을 통해 정치토론을 활성화시키려는 노력을 기울이는 것도 주목할 부분이다. 수많은 사람들에게 접근할 수 있다는 점에서 이들의 활동은 미국 사회에 영향력을 미칠 가능성이 높다. 이러한 토론에 참여하는 이용자의 만족도도 높고 종종 지역적 차원의 이슈를 해결하기 위해 공무원을 초청하여 토론하는 경우도 있다(Lukensmeyer, Goldman, & Brigham, 2005).

(3) 미디어와 시민관여

민주주의 이론에 기초한 규범적 기준은 높지만 우리가 발견할 수 있는 시민관여 수준은 그리 높지 않아 이론적 기대와 경험적 근거 사이에는 괴리가 있다. 사실 이러한 괴리는 컬럼비아 학파의 초기 투표행동 연구에서부터 지속적으로 있었다. 투표참여율도 우려할 정도로 낮아지고

퍼트넘(Putnam, 1995)이 지적한 것과 같이 '나 홀로 볼링'하는 사람들이 늘어나며 이들이 정치에 관심을 갖지 않게 되었다. 30년에 걸쳐 미국 사회에서 정치적, 시민적 참여가 낮아지는 지표가 다양한 영역에서 발견된다. 퍼트넘의 지표를 보면 12개 영역에서 공동체에 참여하는 수준이 1973~1974년도와 1993~1994년도를 비교하면 27% 정도 감소한 것을 볼 수 있다. 퍼트넘이 제기한 중요한 개념인 사회자본의 경우, 그 지표인 사람들을 신뢰하는 수준 역시 1960년부터 1999년까지 볼 때 55%에서 35%로 낮아졌다(Putnam, 2000). 지난 30년을 볼 때 일부는 변화가 없을 수도 있지만 참여영역에서는 대부분 그 수준이 떨어진 것을 볼 수 있다. 지난 수십 년간 사회 전체로 볼 때 교육수준이 높아졌음에도 불구하고 참여수준은 교육수준의 향상과 관련 없이 떨어졌다. 이러한 경향은 정치지식의 습득에서도 비슷하게 나타난다(Delli Carpini & Keeter, 1996). 교육수준이 높아졌지만 사회 전반을 볼 때 사람들의 지식수준에는 별로 변화가 없다.

놀라운 부분은 퍼트넘과 다른 학자들이 오랜 기간 동안 논쟁을 벌였던 것처럼 뉴스미디어 이용과 시민적 관여의 관계에 대한 것이다. 퍼트넘은 사람들이 TV를 많이 보게 되면서 TV가 참여활동을 대체하게 되었다고 주장한다. 하지만 이러한 대체효과에 대한 근거는 미약하고 인과관계를 이야기하기가 쉽지 않다. 밖에서 참여하기보다 집에 머무르기를 선호하는 사람들이 여가를 위해 TV를 볼 수 있기 때문이다. 더욱 놀라운 부분은 많은 연구자들이 오랜 기간 동안 정치지식 습득과 참여에 미치는 뉴스미디어 이용의 긍정적 효과를 찾아보는 데 소홀했다는 점이

다. 정기적으로 신문을 읽는 수준이 감소하고 지역 일간신문의 수가 줄어드는 가운데 이러한 변화가 시민들의 참여에 어떤 영향을 주었는지를 살펴보는 것은 지속적 연구과제이다.

(4) 시민적 참여

연구자들이 시민사회에 초점을 맞추고 대인간의 신뢰(Shah, Kwak, & Holbert, 2001) 및 지역사회의 이슈와 비전통적 참여방식을 진단하면서 더 다양한 커뮤니케이션 효과를 연구할 수 있게 되었다. 또한 참여에 대한 연구는 지역미디어 이용, 지역사회 이슈에 대한 토론, 공동체에 대한 연계 등의 변인에 초점을 맞추면서 어떻게 이러한 변인들이 시민적 관여를 높일 수 있는지에 관심을 갖게 되었다(Kang & Kwak, 2003; McLeod et al., 1999a). 최근 들어서는 지식격차 가설을 확장하여 미디어가 참여격차에 미치는 효과를 연구하고 있다(Cho & McLeod, 2007).

인터넷이 중요한 매체로 부각되면서 인터넷 이용이 참여에 미치는 영향력에 대한 연구가 활성화되었다(Matei & Ball-Rokeach, 2003; Shat et al., 2002). 샤 등(Shah et al., 2005)은 온라인 미디어 이용과 전통적인 미디어 이용 모두가 정치적 토론과 시민 간의 메시지 전달에 영향을 미치고, 나아가서 시민적 참여를 독려할 수 있다는 점을 보고했다. 제노스와 모이(Xenos & Moy, 2007)도 정치에 대한 관심도를 매개변인으로 인터넷 이용이 참여에 미치는 영향을 발견했다.

(5) 시민성 사회화

지난 수십 년간의 정치행동 연구결과를 보면 나이가 들면서 시민적 관여가 높아지는 것을 알 수 있다. 특정 연령집단에 따라 시민적 관여수준이 달리 나타나며 특히 나이가 들면서 시민적 관여가 높아지는 성숙효과가 발견된다. 1988년에서 1996년까지의 미국 대통령선거에서 18세~24세 집단의 투표참여율은 37%로 이는 전체 평균치보다 21%가 낮은 수치이다. 1972년에서 1980년까지 같은 집단의 투표율은 44%였고 이는 전체 평균치보다 17%가 낮아 1990년대로 진입하면서 투표율이 낮아졌다. 다른 유형의 선거참여와(Miller & Shanks, 1996) 시민 관여도에서도(Putnam, 2000) 비슷한 하락 현상이 특정연령집단에서 발견된다. 최근 특정연령집단의 신문 읽는 수준 역시 낮아졌다(Peiser, 2000). 사실 신문 이용은 젊은 층의 참여를 활성화시킬 수 있는 매우 중요한 요인이다. 현재 젊은 층의 참여수준이 낮은 것을 감안할 때 앞으로 이들 젊은 층이 성장하면서 전체 참여의 수준도 낮아질 것으로 보인다. 최근의 선거를 보면 2004년 미국 선거에서 젊은 층의 투표참여가 높아졌는데 2006년에는 이러한 상승세가 나타나지 않았다. 2008년에는 다시 높아지는 추세를 보였다. 하지만 이러한 변화 속에서 젊은 층의 참여가 다시 늘고 있는지를 이야기하기란 확실치 않다.

젊은 층의 정치참여 감소에 대한 우려는 1960년대 활발했던 정치사회화 문제를 재조명하면서 등장했다(Flanagan & Sherrod, 1998; Niemi, 1999). 정치사회화 연구는 1970년대 이후 자취를 감췄는데 그 이유는 결점이 있는 발달 전송 모델에 기반을 두었기 때문이다. 성장하는 아이들은 학습과정 속에서 수동적 수신자로 전제되었다. 정치사회화가 다시금 주목받으면서 연구자들은 전통적 사회화 모델을 새로운 시각으로 볼 것을 제안했다. 맥드빗과 채피(McDevitt &

Chaffee, 2002)는 성장기의 아동이 가족의 역동적 관계 속에서 변화를 가져오는 동인이라는 점을 강조하면서 전통적인 상명하달식 관계의 사회화 모델을 거꾸로 볼 것을 제안했다. 시민성 사회화와 관련한 새로운 연구들은 아동들을 사회에 적극적으로 관여하는 잠재적 참여자로 파악하면서 이들의 역할을 제시하려 한다. 시민지식, 대인적 신뢰, 효능감과 관련한 태도 등이 사회화 효과의 기준으로 제시된다. 또한 뉴스미디어 이용, 이슈에 대한 토론, 사려 깊은 정보처리, 토론에서 다른 사람의 의견을 듣고 배려하는 것, 다른 사람들과의 조율과 타협 등도 사회화 효과로 나타나는 긍정적 측면으로 여겨진다 (McLeod, 2000).

(6) 아동에 미치는 효과

1990년대 들어 젊은 층의 정치참여에 대한 우려가 확산되면서 각급학교에서는 미디어를 학습도구로 이용하고 학습을 위한 미디어 제작 프로그램이 마련되기도 했다(Sirianni & Friedland, 2001). 특히 컴퓨터와 휴대전화 등 새로운 미디어에 대한 아동들의 관심이 높아지면서 이러한 프로그램이 가능하게 되었다 (Roberts, 2000). 뉴미디어의 이용을 통해 아동들이 뉴스미디어를 이용하지 않음으로써 발생하는 문제를 어느 정도 극복할 수 있다. 젊은 성인층은 노년층과 비교하면 정보획득을 위해 인터넷을 활발히 이용하는 것으로 나타났고 이들의 뉴미디어 이용이 시민적 관여에 미치는 효과역시 이들 계층에서 상대적으로 높았다(Shah, McLeod, & Yoon, 2001). 미디어에 기반한 다양한 프로그램이 성공적이라고 볼 수 있기는 하지만 어떤 복잡한 과정을 거쳐 참여와 시민적 관여에 긍정적 영향력을 행사하는지에 대한 평가는 아직까지 부족하다. 'Kids Voting USA' 프로젝트는 교사, 부모, 지역미디어의 역할을 적절히 조합하여 아동들의 시민적 관여도를 높이는 데 성공적이었던 사례이다. 지역미디어는 이 프로그램을 소개하면서 각 학교에서 수행된 결과물을 제시하기도 했다. 특히 이 프로그램은 성별과 사회적 지위(McDevitt & Chaffee, 2000)에 따라 발생하는 지식격차와 참여격차를 감소시키는 것으로 나타났다.

아동들을 대상으로 한 미디어 활용 프로그램을 통해서 다음과 같은 사항을 발견할 수 있다. 첫째는 역동적이고 반응적인 학습을 포함하는 프로그램이 단순한 사실을 수동적으로 학습하게 하는 프로그램보다 그 효과가 더 오래 지속된다는 것이다. 자기표현을 하게 하는 프로그램 과정이 지식을 전달하는 데 더 효과적이었다. 그리고 이러한 프로그램에서 제공하는 지식과 기술이 성인이 되기까지 지속되었다. 특히 다루는 주제가 현상의 경험과 연결되었을 때, 그리고 그 경험에 대한 적절한 평가가 제공되었을 때 더 오래 지속되었다(Niemi, Hepburn, & Chapman, 2000). 둘째는 미디어 이용을 통해 변화를 유도하는 것은 이슈에 대한 토론이 가능한 네트워크를 발전시켰을 때 더 효율적이었으며, 후에 참여를 유도하고 변화를 유지하도록 한다는 것이다. 미디어와 이슈 중심으로 형성된 네트워크는 사람들에게 사회자본을 제공하게 된다(Friedland, 2001). 셋째는 시민 사회 참여의 질적, 양적 향상은 개인의 변화와 지역사회 기관의 개선을 통해 가능하다는 것이다.

3. 정치커뮤니케이션 효과의 조건적 모델

최근 정치커뮤니케이션 효과연구에서는 미디어의 영향력이 보편적이기보다는 조건적이라는 것을 보여주는 수많은 결과를 발견할 수 있다. 효과는 수용자의 정향과 미디어 콘텐츠라는 자극에 대한 노출정도에 따라 달라질 수 있다. 이러한 조건적 모델은 O-S-O-R 모델의 양식을 보여준다. 첫 번째 O는 수용자의 수신상황에서 메시지(S) 효과에 영향을 미치는 구조적, 문화적, 인지적, 동기적 특성을 의미한다. 비록 사회적으로 결정되는 측면이 있기는 하지만 이는 개인적 차이로 종종 이야기된다. 또한 이는 살고 있는 공동체와 세상의 객관적 조건에 대한 개인의 주관적 반응을 의미한다. 이러한 주관적 정향은 메시지 이용의 수준을 다르게 만들고 또한 메시지 콘텐츠와 상호작용함으로써 효과의 강도를 높이거나 낮추는 역할을 한다. 미디어 이용은 이러한 정향이 종속변인에 미치는 효과를 중재할 수도 있다. 한편, 특정한 정향은 미디어 효과의 조절변인으로 작동할 수 있다. 두 번째 O는 수용자가 미디어 메시지를 다루는 다양한 방식을 의미하며 메시지 수신과 이에 대한 즉각적 반응(R) 사이에서 나타난다. 수신 과정에서의 다양한 중재 정향이 개입되는 활동이다. 첫 번째 O와 같이 이러한 활동은 단기간의 심리적 반응부터 수신 이후의 복잡한 상호작용까지 다양한 수준에서 개념화될 수 있다. 효과를 중재하고 조절하는 요인을 진단하는 이와 같은 접근이 새로운 연구방법론을 통해 수행된다(Bucy & Tao, 2007; Holbert, 2005).

1) 메시지 수신 이전의 정향

(1) 정치적 정교화와 관여

시민들이 정치에 대해 얼마나 알고 얼마나 관심을 갖고 있는지는 교육과 다른 사회적 지위 요인들에 따라 차이가 발생한다. 50여 년 전 수행된 UN 캠페인 연구(Star & Hughes, 1950)를 시작으로 이미 지식수준이 높은 사람들이 새로운 정보를 더 잘 학습한다는 사실이 많은 연구에서 지속적으로 발견되었다. 정교화 정도에 따라 모호한 정치캠페인을 해석하는 복잡한 스키마를 가질 수 있다(Graber, 1988). 학습수준을 높이면서, 정교화와 관여도는 의제설정이나(Iyengar & Kinder, 1987; Weaver at al., 1981) 틀 짓기(Valentino, Beckmann, & Buhr, 2001) 효과와 같은 캠페인 효과의 정도를 조절할 수 있다.

(2) 정당 지지여부

정당에 대한 지지여부는 정치적 의사결정을 위해 휴리스틱(편이책략) 수단으로 사용되기도 하고, 또한 노출, 지각, 해석에서 선택적인 과정을 만들면서 미디어 효과를 조절하기도 한다. 정당 지지여부는 의제설정 효과를 감소시킬 수 있고, 수용자의 사전 성향과 불일치하는 뉴스를 통해 점화효과를 기대하는 경우 그 효과를 감소시킬 수 있다. 또한 정당 지지여부에 따라 심야코미디(Young, 2004)의 효과도 달라질 수 있으며 미디어 편향에 대해서도 상이한 지각이 발생하기도 한다(Gunther & Schmitt, 2004).

(3) 세계관과 가치

세계가 실제로 어떠한지에 대한 개인적 신념이라 할 수 있는 세계관과, 세계가 어떻게 되어

야만 하는지에 대한 규범적 인식은 미디어 효과
의 강력한 조절변인이 될 수 있다(McLeod,
Sotirovic, Holbert, 1998b). 사회와 공동체의 목
표 일환으로 사람들이 갖는 가치 역시 미디어 이
용과 정치참여에 영향을 미친다(Inglehart,
1990). 표현의 자유, 이타주의 등 반물질적 측
면에 높은 가치를 두는 사람들은 공적 사안에 대
한 미디어 이용, 이슈에 대한 토론, 뉴스와 생활
을 연결시키는 정보처리 등을 더 활발히 한다
(Sotirovic & McLeod, 2001). 반면 질서, 통제,
범죄와의 전쟁 등 물질적 가치에 비중을 두는 사
람들은 연성적 오락물을 더 많이 이용하고 정치
적 대화를 별로 하지 않음으로써 시민참여 활동
을 적극적으로 하지 않는다. 따라서 커뮤니케이
션은 세계관과 가치가 식견 있는 참여에 미치는
효과를 중재하는 역할을 한다. 가치는 한편으로
메시지와 상호작용하는 조절변인으로 작동할
수 있다. 수용자의 가치와 콘텐츠에 틀지어진
가치가 상호작용하여 의사결정에 영향을 미치
기도 한다(Shah, 2001).

(4) 뉴스미디어에 대한 정향

경험적이건 규범적이건 간에 뉴스미디어에
대해 사람들이 갖는 나름대로의 상식적 수준의
이론은 뉴스에서의 학습수준에 영향을 미친다
(Kosicki & McLeod, 1990). 예를 들어 뉴스가
특정양식이 있다고 보는 사람들은 뉴스에서 더
많은 것을 학습한다. 뉴스미디어가 감시견의 역
할을 하고 포럼을 제공하면서 참여의 촉매제로
작동해야 한다는 규범적 이론에 가치를 두는 시
민들은 뉴스에 더 주목하고 따라서 지식과 참여
수준이 높다는 것도 발견되었다(McLeod et al.,
1998b). 반면 뉴스미디어가 사람들이 동의하는

측면으로 기능해야 된다고 보는 사람들은 연성
뉴스나 오락물에 더 주목하면서 정치 지식수준
이 낮은 경향이 있다.

(5) 뉴스로부터의 충족추구

이용과 충족 접근에 기초한 연구결과를 보면
미디어를 이용하는 동기가 효과의 중요한 조절
변인이라는 것을 알 수 있다. 예를 들어, 정파적
방송에서 정보를 획득하는 데 동기요인은 중요
한 조절변인이었다. 추구하는 충족에 따라 미디
어 효과는 강해질 수도 있고 약해질 수도 있다.
정보획득동기가 강한 독자들은 신문이 설정하
는 의제로부터 독립적이고 따라서 이들에게는
의제설정 효과가 약해진다. 인터넷 이용연구를
보면 이용동기가 검색행위의 성격(Yang, 2004)
과 충족(Liang, Lai, & Ku, 2006)에 영향을 미
치면서 궁극적으로 인터넷 노출의 효과를 변화
시키는 것으로 나타난다.

2) 메시지 수신과정의 정향

뉴스를 접하는 과정의 정향에 따라서도 효과
가 달라진다. 이러한 정향은 사람들이 의식하지
못하는 생리학적 측면에서 측정될 수 있고 또한
사람들이 자기보고로 측정될 수도 있다. 두 가
지 방식의 측정에서 볼 때 사람들은 메시지 수신
과정에서 차이를 보임을 알 수 있다.

(1) 주목도

정신적 노력을 통한 의식적인 초점 맞추기가
바로 주목이다. 뉴스이용과 관련해서 다양한 유
형의 미디어 뉴스 콘텐츠 중 어떤 뉴스에 주목하
는지를 파악할 수 있다. 주목여부는 특히 TV이

용에서 중요하다. TV이용의 경우 주목수준에 차이가 발생할 수 있다. 반면 신문과 인터넷 정보 사이트 이용의 경우 일반적으로 이에 대한 주목이 요구된다. 주목도가 높을수록 뉴스에서 배우는 것이 많다는 연구결과가 보고되었다. 하지만 효과가 얼마나 발생할 수 있는지는 뉴스미디어의 유형에 따라 다를 수 있다(de Vreese & Boomgaarden, 2006). 노출도와 주목도는 상호작용 효과를 보여주기도 하는데, 경성 뉴스 노출은 주목도와 상호작용하여 지식과 참여 수준을 높이는 효과를 발생시킨다.

(2) 정보처리 전략

'정보홍수'에 대처하기 위해 사람들은 나름대로 전략이 있다. 뉴스정보처리 전략은 크게 3가지로 구분할 수 있다(Kosicki & McLeod, 1990). ① 선택적으로 훑어보기, ② 개인의 욕구에 따라 재해석하기 위해 단순한 스토리 이상을 찾아보는 적극적 처리, ③ 스토리를 다시 떠올려 토론에 활용하려는 사색적 통합 등이 그것이다. 정치적 학습, 정치관심도, 정치참여는 선택적으로 훑어보는 것에 의해서는 제약을 받지만 사색적 통합처리에 의해서는 이러한 측면이 높아질 수 있다. 적극적 처리는 학습에는 별로 효과가 없지만 관심과 참여를 활성화시킬 수 있다. 정보처리 전략과 관련해서는 사색 또는 정교화의 문제에 초점을 맞춘 연구가 주로 진행되었는데(Eveland, 2005), 사색과 정교화는 정치지식, 전통적 참여, 공공 포럼에의 참여(McLeod et al., 1999a; Sotirovic & McLeod, 2001), 투표의향(Hwang et al., 2007) 등에 미치는 뉴스효과를 중재하는 것으로 나타났다.

4. 시스템 수준의 정치커뮤니케이션 효과

시스템 수준의 효과에는 두 가지 다른 과정이 포함된다. 첫째는 개인에 미치는 미디어 효과가 사회적, 공동체 수준의 시스템에 어떤 결과를 가져오는 것이다. 둘째는 기관의 집합적 특성이 개인행동에 영향을 미치는 것이다. 이 두 과정은 미시적 차원에서 거시적 차원으로, 거시적 차원에서 미시적 차원으로 영향력이 행사되는 사례이다(McLeod, Pan, & Rucinski, 1995).

1) 집합적 효과

미시적인 개인적 수준의 효과와 거시적 시스템 수준의 결과를 연결시키는 데는 몇 가지 어려움이 따른다. 첫째, 시스템 수준의 결과는 개인적 판단을 초월하는 기관의 정책, 수행성과, 법제 등을 통해 구현된다. 둘째, 시스템 수준의 결과는 개인적 수준의 효과의 단순한 합산으로 환원시킬 수 없다. 예를 들어 지식격차의 이슈에서 볼 수 있듯이 효과가 어떻게 분포되는가가 이론적으로 매우 중요하다. 다양한 거시, 미시수준에서 서로 다른 개념과 이론이 적합할 수 있다. 마지막으로 민주주의 수행과정은 집단을 정보와 권력과 연결시키는 것이 필요한 사회운동과 같은 집합적 양식의 행동을 포함한다는 점도 중요한 문제이다.

미국 정치시스템 문제에 대해서는 이미 많은 지적이 있었다. 거시-미시수준을 연결시키는 이론화를 위해서 우리는 정치시스템 문제를 중심으로 미디어가 이와 관련하여 책임이 있는 부분을 연결시켜 볼 수 있다. 지난 수십 년간 교육수준의 상승에도 불구하고 이와 상응하는 지식수준의 상승은 없었다(Delli Carpini & Keeter, 1996). 또한 투표참여율도 하락하고 시민참여 부분은 우려할 수준이다(Putnam, 1995). 하지만 불행히도 정치시스템의 정체이유는 사람들이 TV를 보느라 그렇다는 시간대체 이유에 국한되어 설명되는 한계가 있다.

2) 구조적 효과

거시적 시스템 수준에서 미시적-개인적 효과로 연결되는 부분은 지난 10여 년간 연구에 실질적 진전이 있었다. 비록 얼마나 자주 대화를 하는가에 따라 제약을 받기는 하지만(Kwak et al., 2005), 사람들의 대화 네트워크의 구조가 참여에 영향을 미치는 것으로 나타났다(McLeod et al., 1996a; Scheufele et al., 2006). 미시적-사회적 대화 네트워크에 미치는 효과 외에 이웃과 공동체의 배경이 개인의 미디어 이용과 참여에 영향을 미친다. 개인적 차이를 고려한 후에도 공동체의 안정성이 어떤지, 거주자의 정착성(이주 가능성이 낮은 정도)이 어떤지의 문제가 신뢰, 참여와 연결된다(Shah, McLeod, & Yoon, 2001). 공동체의 안정성은 인터넷을 통한 정보교환 수준과 상호작용을 하면서 참여를 북돋았다. 기관과 시스템에 대한 사람들의 신뢰, 연결성에 대한 인식 등 시스템 차원의 맥락적 변인들이 신문에서 경성뉴스를 읽는가의 문제와 상호작용하면서 역시 참여를 유도했다. 미디어 효과는 사람들이 집합적으로 어디에 사는지, 그리고 개인적으로 그곳에서 어떻게 사는지의 문제와 관련이 있다.

정치적 계층화 연구에서는 시민들을 소수의 정교화된 집단, 시민사회에 관여하는 집단, 그리고 다수의 무관심하고 정보가 부재한 집단으로 분류한다. 이와 같은 정치시스템에 대한 계층화 모델은 수정될 필요가 있는 것 같다. 팝킨(Popkin, 1991)은 교육수준의 향상이 실질적으로 사회전반에 침투하지는 못했지만 시민생활에 적절한 이슈의 폭을 넓혔다고 주장한다. 이런 측면에서 볼 때 TV뉴스는 긍정적으로 평가받을 부분이 있다. 접하는 이슈의 폭을 넓힘으로써 이슈공중이 등장할 가능성이 넓어졌다. 이들 이슈공중은 다른 이슈에 대해서는 관심도가 낮지만 특정이슈에 대해서는 아주 높은 관심을 보이는, 상대적으로 소규모 집단을 일컫는다. 이슈공중의 등장과 특성화는 정당의 유권자 동원에 제약으로 작동한다. 뉴스미디어의 보도 역시 점점 더 가능한 재원에 의해 제약을 받고 있기 때문에 모든 이슈를 다루는 데 한계가 있기도 하다.

인터넷이 등장한 이후 미디어 환경의 구조적 변화에 대해 더욱 관심이 집중된다. TV 콘텐츠는 DVD나 온라인 다운로드를 통해 소비자에게 전달되고 이러한 추세가 늘어나고 있다. 신문과 잡지 콘텐츠도 언론사의 웹사이트나 구글, 야후 등 포털 미디어에서 다양하게 제공되며 검색 가능하다. 이용자 입장에서 볼 때는 이제 미디어 효과를 미디어별로 분명한 차이를 구분하면서 이야기하기 어려울지도 모르겠다. 포털 미디어와 같은 웹 사이트가 스스로 소유하지 않은 콘텐츠로 광고주를 유혹하는 상황에서 기존의 TV네트워크, 신문사, 잡지사는 수익감소와 더불어 뉴스 생산에 영향을 받을 것이다. 1998년 설립되어 뉴스검색 서비스를 제공하기 시작한 구글은 2008년 160억 달러 이상의 수익을 올렸다. 이는 미국 TV 4대 네트워크의 수익을 합한 것과 거의 같다.

수많은 미국인이 온라인을 통해 뉴스를 접하기는 하지만 아직도 전통적 매스미디어가 대다수의 수용자에게 서비스를 제공한다(Ahlers, 2006). 새로운 혁신이 지금의 속도로 진행된다면 전통적 미디어 역시 새로운 온라인 환경에 적응하며 변화할 것이다. 해리슨과 팔비(Harrison & Falvey, 2001)는 이와 같은 변화 속에서 미디어와 민주주의의 미래에 대해 정리했다. 선스타인(Sunstein, 2006)은 온라인 환경의 협력적 가능성을 지적하고 벤클러(Benkler, 2006)는 미디어 생산의 정치경제학적 문제와 더불어 미디어의 미래와 사회 전반의 정보 이용가능성과 관련한 함의를 지적한다.

5. 소 결

정치커뮤니케이션 효과연구는 ① 효과모델의 복잡성 반영, ② 미디어 메시지에 대한 이해 확장, ③ 다양한 유형의 효과탐구를 반영하면서 발전했다. 이러한 발전과정을 통해 우리는 다음과 같은 점을 긍정적으로 생각해 볼 수 있다. 첫째, 뉴스정보원, 미디어 조직, 콘텐츠 등 커뮤니케이션 과정과 수용자 효과를 연결시키는 데 지금까지 진전이 있었다. 둘째, 거시적-사회적 수준의 분석이 재활성화되면서 이미 집중적으로 연구된 개인적 효과 수준을 보완하려는 시도가 있었다. 셋째, 이와 같은 거시적 수준의 관심이 등장하면서 공동체간, 국가간, 그리고 역사적인 시점간 비교연구가 등장했다(Bennett, 2000). 넷째, 언어에 대한 관심이 다시 부각되었다. 이는 미디어 콘텐츠의 언어문제뿐만 아니라 매개된 정보의 생산과 해석을 언어와 연결시키는 부분도 포함한다. 다섯째, 방법론적 융합과 다양한 데이터를 이용하여 연구문제에 접근하는 방법론상

의 진전이 있었다. 여섯째, 시민성 사회화와 공동체의 이슈에 대한 관심이 다시 등장했다. 일곱째, 미디어 효과를 평가하는 데 연구자들은 이용수준과 효과강도를 구분하면서 연구를 진행했다. 마지막으로 연구자들은 더욱 복잡한 정치커뮤니케이션 과정에 대한 모델을 발전시켰다. 각각의 사례는 모두 더욱 복잡해진 정치환경을 반영한 것으로 이러한 추세 속에서 정치커뮤니케이션 분야의 지식축적은 발전했다고 할 수 있다.

이 장에서 최근 확장된 다양한 영역의 정치커뮤니케이션 효과 연구분야를 살펴보았다. 연구추세는 '수평적'인 것으로, 개인적 효과를 매스커뮤니케이션 과정의 다른 부분과 정치시스템에 미치는 결과와 연결시키는 것이라 할 수 있다. 하지만 효과의 범주를 넓히는 것은 개인적 행동을 정치시스템, 대인적 과정과 '수직적'으로 연결시키는 것을 필요로 한다. 미디어 효과의 다양성, 미디어 메시지에 대한 대안적 개념화 등에서도 영역의 확장을 발견할 수 있다. 이제 정치적 효과는 특정수용자의 성격에 따라 조건적으로 나타나는 것으로, 간접적 메커니즘을 통해 지연되어 나타날 수 있는 것으로 인식된다. 정치커뮤니케이션 연구의 방법론 역시 다양하게 변화했다는 것 역시 중요한 부분이다.

뉴스미디어는 정치시스템에 현존하는 문제의 유일한 원인이 결코 아니며 문제의 가장 중요한 원인 역시 아니라는 점을 결론적으로 지적할 수 있다. 문제의 책임은 가족, 학교, 정당, 정치지도자 등 민주주의 실천을 위해 '공동의 보호자' 역할을 해야 하는 사회기관과 나누어야만 한다. 하지만 이러한 결론이 미디어의 정치 효과에 대한 체계적 연구가 중요하지 않다는 것을 의미하는 것은 결코 아니다.

참고문헌

Ahlers, D. (2006). News consumption and the new electronic media. *Harvard International Journal of Press/Politics*, 11(1), 29-52.

Ansolabehere, S., & Iyengar, S. (1996). The craft of political advertising: A progress report. In D. C. Mutz, P. M. Sniderman, and R. A. Brody(Eds.), *Political persuasion and attitude change*. Ann Arbor: University of Michigan Press. Ansolabehere, S., Iyengar, S., & Simon, A. (1999). Replicating experiments using aggregate and survey data: The case of negative advertising and turnout. *American Political Science Review*, 93, 901-909.

Baron, R. M., & Kenny, D. A. (1986). The moderator-mediator variable distinction in social psychological research: Conceptual, strategic, and statistical considerations. *Journal of Personality and Social Psychology*, 51, 1173-1182.

Benkler, Y. (2006). *The wealth of networks: How social production transforms markets and freedom*. New Haven: Yale University Press.

Bennett, W. L. (2000). Introduction: Communication and civic engagement in comparative perspective. *Political Communication*, 17, 307-312.

Berelson, B. R., Lazarsfeld, P. R, & McPhee, W. N. (1954). *Voting: A study of opinion formation in a presidential campaign*. Chicago: University of Chicago Press.

Berkowitz, L., & Rogers, K. H. (1986). A priming effect analysis of media influences. In J. Bryant & D. Zillmann(Eds.), *Perspectives on media effects*. Hillsdale, NJ: Erlbaum.

Blumler, J. G. (Ed.). (1983). *Communicating to voters: Television in the first European parliamentary election*. London: Sage.

Blumler, J. G., & McLeod, J. M. (1974). Communication and voter turnout in Britain. In T. Legatt(Ed.), *Sociological theory and social research*. London, Beverly Hills, CA: Sage.

Blumler, J. G., McLeod, J. M., & Rosengren, K. E. (1992). An introduction to comparative communication research. In J. G. Blumler, J. M. McLeod, & K. E. Rosengren(Eds.), *Comparatively speaking: Communication and culture across space and time*. Newbury Park, CA: Sage.

Blumler, J. G, & McQuail, D. (1969). *Television in politics: Its uses and influence*. Chicago: University of Chicago Press.

Bryant, J., & Zillmann, D. (Eds.). (2002). *Media effects: Advances in theory and research* (2nd ed.). Hillsdale, NJ: Erlbaum.

Bucy, E. P., & Tao, C. C. (2007). The Mediated Moderation Model of Interactivity. *Media Psychology*, 9.

Bybee, C. R., McLeod, J. M., Leutscher, W., & Garramone, C. (1981). Mass communication and voter volatility. *Public Opinion Quarterly*, 45, 69-90.

Cappella, J. N., & Jamieson, K. H. (1997). *Spiral of cynicism: The press and the public good*. New York: Oxford University Press.

Casper, L. M., & Bass, L. E. (1998). Voting and registration in the election of November, 1996. *Current Population Reports*, 20, 20-504, Washington, DC: U.S. Bureau of the Census.

Chaffee, S. H., (1982). Mass media and interpersonal channels: Competitive, convergent or complementary? In G. Gumpert & R. Cathcart(Eds.), *Intermedia: Interpersonal communication in a media world*(pp. 57-77). New York: Oxford University Press.

Chaffee, S. H., & Choe, S. Y. (1980). Time of decision and media use during the Ford-Carter campaign. *Public Opinion Quarterly*, 44, 53-59.

Chaffee, S. H.. McLeod, J. M., & Wackman, D. B. (1973). Family communication patterns and adolescent political socialization. In J. Dennis(Ed.), *Socialization to politics*. New York: Wiley.

Chaffee, S. H., Pan, Z., & McLeod, J. M. (1995). *Effects of kids voting in San Jose: A quasi-experimental evaluation*. Final Report. Policy Study Center. Program in Media and Democracy, Annenberg School for Communication, University of Pennsylvania.

Chaffee, S. H., & Schleuder, J. (1986). Measurement and effects of attention to media news. *Human Communication Research*, 13, 76-107.

Cho, J., & McLeod, D. M. (2007). Structural antecedents to knowledge and participation: Extending the knowledge gap concept to participation. *Journal of Communication*, 57.

Chong, D., & Druckman, J. N. (2007). Framing theory. *Annual Review of Political Science*, 10.

Cohen, B. C. (1963). *The press and foreign policy*. Princeton, NJ: Princeton University Press.

Dautrich, K., & Hartley, T. H. (1999). *How the news media fail American voters*. New York: Columbia University Press.

Delli Carpini, M. X., Cook, F. L., & Jacobs, L. R. (2004). Public deliberation, discursive participation and citizen engagement: A review of the empirical literature. *Annual Review of Political Science* 7, 315-344.

Delli Carpini, M. X., & Keeter, S. (1996). *What Americans know about politics and why it matters*. New Haven: Yale University Press.

de Vreese, C. H. (2005). The spiral of cynicism reconsidered. *European Journal of Communication*, 20.

de Vreese, C. H., & Boomgaarden, H. (2006). News, political knowledge and participation: The differential effects of news media exposure on political knowledge and participation. *Acta Politica*, 41.

Drew, D, & Weaver, D. (2006). Voter learning in the 2004 presidential election: Did the media matter? *Journalism and Mass Communication Quarterly*, 83, 25-42.

Entman, R. M. (2007). Framing bias: Media in the distribution of power. *Journal of Communication*, 57, 163-173.

Ettema, J. S., & Kline, F. G. (1977). Deficits, differences, and ceilings: Contingent conditions for understanding the knowledge gap. *Communication Research*, 4, 179-202.

Eveland, W. P. (2005). Information processing strategies in mass communication research. In S. Dunwoody, L. B. Becker, D. M. McLeod, & G M. Kosicki(Eds.), *The evolution of key mass communication concepts*(pp. 217-248). New York: Hampton Press.

Eveland, W. P., Hayes, A. E, Shah, D. V, & Kwak, N. (2005). Understanding the relationship between communication and political knowledge: A model comparison approach using panel data. *Political Communication*, 22, 423-446.

Ferejohn, J. A., & Kuklinslci, J. H. (1990). *Information and democratic processes*. Urbana: University of Illinois Press.

Fiorina, M. P. (1981). *Retrospective voting in American national elections*. New Haven, CT: Yale University Press.

Fishkin, J. S., & Laslett, P. (Eds.) (2003). *Debating deliberative democracy*. Maiden, MA: Blackwell.

Flanagan, C A., & Sherrod, L. R. (1998). Youth political development: An introduction. *Journal of Social Issues*, 54, 447-456.

Fredin, E. S., & Kosicki, G. M. (1989). Cognitions and attitudes about community: Compensating for media images, *Journalism Quarterly*, 66, 571-578.

Freedman, P., & Goldstein, K. (1999). Measuring media exposure and the effects of negative campaign ads. *American Journal of Political Science*, 43.

Friedland, L. A. (2001). Communication, community, and democracy: Toward a theory of the communicatively integrated community. *Communication Research*, 28, 358-391.

Gamson, W. A., & Modigliani, A. (1989). Media discourse and public opinion: A constructivist approach. *American Journal of Sociology*, 95, 1-37.

Gastil, J., & Levine, P. (Eds.). (2005). *The deliberative democracy handbook. Strategies for effective civic engagement in the 2lst Century*. San Francisco: Jossey-Bass.

Ghanem, S. (1997). Filling in the tapestry: The second level of agenda setting. In M. E. McCombs, D. L. Shaw, & D. Weaver(Eds.), *Communication and democracy: Exploring the intellectual frontiers in agenda-setting theory*(pp. 3-14). Mahwah, NJ: Erlbaum.

Gilens, M. (1999). Why Americans hate welfare. Chicago: University of Chicago Press. Gilliam, F. D., Iyengar, S., Simon, A., & Wright, O. (1996). Crime in black and white: The violent, scary world of local news. *Harvard International Journal of Press/Politics*, 1(1), 6-23.

Graber, D. (1988). *Processing the news: How people tame the information tide*(2nd ed.). N. Y.: Longman.

Gunther, A. C, & Schmitt, K. (2004). Mapping boundaries of the hostile media effect. *The Journal of Communication*, 54, 55-75.

Harrison, T. M., & Falvey, L. (2001). Democracy and new communication technologies. *Communication Yearbook*, 25, 1-43.

Hawkins, R. P., & Pingree, S. (1986). Activity in the effects of television on children. In J. Bryant & D. Zillmann(Eds.), *Perspectives on media effects*. Hillsdale, NJ: Erlbaum.

Hillygus, D. S., & Jackman, S. (2003). Voter decision making in election 2000: Campaign effects, partisan activation, and the Clinton legacy. *American Journal of Political Science*, 47.

Ho, S., & McLeod, D. M. (2008). Social-psychological influences on opinion expression in face-to-face and computer-mediated communication. *Communication Research*, 35(2).

Holbert, R. L. (2005). Television news viewing, governmental scope, and postmaterialist spending: Assessing mediation by partisanship. *Journal of Broadcasting & Electronic Media*, 49.

Holbrook, T. M. (2002). Presidential campaigns and the knowledge gap. *Political Communication*, 19.

Huckfeldt, R., & Sprague, J. (1995). *Citizens, politics, and social communication*. Cambridge, UK:

Cambridge University Press.

Hwang, H., Gotlieb, M. R., Nah, S., & McLeod, D. M. (2007). Applying a cognitive- processing model to presidential debate effects: Postdebate news analysis and primed reflection. *Journal of Communication*, 57, 40-59.

Inglehart, R. (1990). *Cultural shift in advanced industrial societies*. Princeton, NJ: Princeton University Press.

Iyengar, S. (1989). How citizens think about national issues. *American Journal of Political Science*, 33.

Iyengar, S. (1991). *Is anyone responsible? How television frames political issues*. Chicago: University of Chicago Press.

Iyengar, S., & Kinder, D. R. (1987). *News that matters*. Chicago: University of Chicago Press.

Jackson, R. A., & Carsey, T. M. (2007). U. S. Senate campaigns, negative advertising, and voter mobilization in the 1998 midterm election. *Electoral Studies*, 26, 180-195.

Jerit, J., Barabas, J., & Bolsen, T. (2006). Citizens, knowledge, and the information environment. *American Journal of Political Science*, 50, 266-282

Jones, E. E., & Nisbett, R. E. (1972). The actor and the observer: Divergent perceptions of the causes of behavior. In E. Jones, D. Kanouse, H. Kelley, R. Nisbett, S. Valins, & R. Kidd (Eds.), *New directions in attribution research*. Morristown, NJ: General Learning Press.

Jung, J. Y., Qiu, J. L., & Kim, Y. C. (2001). Internet connectedness and inequality. *Communication Research*, 28.

Kahn, K. E, & Kenney, P. J. (1999). Do negative campaigns mobilize or suppress turnout?: Clarifying the relationship between negativity and participation. *American Political Science Review*, 93, 877-889.

Kang, N., & Kwak, N. (2003). A multilevel approach to civic participation: Individual length of residence, neighborhood residential stability, and their interactive effects with media use. *Communication Research*, 30, 80-106.

Katz, E. (1987). On conceptualizing media effects: Another look. In S. Oskamp (Ed.), *Applied Social Psychology Annual* (Vol. 8, pp. 32-42). Beverly Hills, CA: Sage.

Kinder, D. R. (2007). Curmudgeonly advice. *Journal of Communication*, 57, 155-162.

Kinder, D. R., & Kiewiet, D. R. (1983). Sociotropic politics: The American case. *British Journal of Political Science*, 11, 129-161.

Kinder, D. R., & Mebane, W. R., Jr. (1983). Politics and economics in everyday life. In K. Monroe (Ed.), *The political process and economic change* (pp. 141-180). New York: Agathon.

Kosicki, G. M., Becker, L. B., & Fredin, E. S. (1994). Buses and ballots: The role of media images in a local election, *Journalism Quarterly*, 71, 76-89.

Kosicki, G. M., & McLeod, J. M. (1990). Learning from political news: Effects of media images and information-processing strategies. In S. Kraus (Ed.), *Mass communication and political information processing* (pp. 69-83). Hillsdale, NJ: Erlbaum.

Kramer, G. H. (1983). The ecological fallacy revisited: Aggregate versus individual level findings on economics and elections and sociotropic voting. *American Political Science Review*, 77.

Krosnick, J. A. (1989). Attitude importance and attitude accessibility, *Personality and Psychology Bulletin*, 15, 297-308.

Krosnick, J. A., & Kinder, D. R. (1990). Altering support for the president through priming: The Iran-Contra affair. *American Political Science Review*, 84, 497-512.

Kwak, N., Williams, A. E., Wang, X. R., & Lee, H. (2005). Talking politics and engaging in politics: An examination of the interactive relationships between structural features of political talk and discussion engagement. *Communication Research*, 32, 87-111.

Lau, R. R., & Sears, D. O. (1986). Social cognition and political cognition: The past, the present and the future. In R. Lau & D. Sears (Eds.), *Political cognition*. Hillsdale, NJ: Erlbaum.

Lazarsfeld, P. E, Berelson, B. R., & Gaudet, H. (1948). *The people's choice* (7th ed.). New York: Columbia University Press.

Liang, T. P., Lai, H. J., & Ku, Y. C. (2006). Personalized content recommendation and user satisfaction: Theoretical synthesis and empirical findings. *Journal of Management Information Systems*, 23.

Liu, Y, & Eveland, W. P. (2005). Education, need for cognition, and campaign interest as moderators of news effects on political knowledge: An analysis of the knowledge gap. *Journalism & Mass Communication Quarterly*, 82, 910-929.

Loges, W. E., & Jung, J. Y. (2001). Exploring the digital divide: Internet connectedness and age. *Communication Research*, 28, 536-562.

Lukensmeyer, C. J., Goldman, J., & Brigham, S. (2005). A town meeting for the Twenty-First Century. In J. Gastil and P. Levine (Eds.), *Deliberative democracy handbook* (pp. 154−163). San Francisco: Jossey-Bass.

MacKuen, M. (1981). Social communication and the mass policy agenda. In M. MacKuen & S. Coombs (Eds.), *More than news: Media power in public affairs*. Beverly Hills, CA: Sage.

Markus, H., & Zajonc, R. B. (1985). The cognitive perspective in social psychology. In G. Lindzey & E. Aronson (Eds.), *The handbook of social psychology* (3rd ed., pp. 137-230). New York. Random House.

Matei, S., & Ball-Rokeach, S. (2003). The Internet in the communication infrastructure of urban residential communities: Macro or meso linkage? *Journal of Communication*, 53, 642-657.

McCann, J. A., & Lawson, C. (2006). Presidential campaigns and the knowledge gap in three transitional democracies. *Political Research Quarterly*, 59, 13-22.

McCombs, M. E. (1977). Newspapers versus television: Mass communication effects across time. In D. Shaw & M. McCombs (Eds.), *The emergence of American political issues: The agenda-setting function of the press* (pp. 89-105). St. Paul, MN: West Publishing.

McCombs, M. E. (2004). *Setting the agenda: The mass media and public opinion.* Maiden, MA: Blackwell.

McCombs, M. E., & Shaw, D. L. (1972). The agenda-setting function of the mass media. *Public Opinion Quarterly*, 36, 176-187.

McDevitt, M., & Chaffee, S. H. (1998). Second chance political socialization: Trickle-up effects of children on parents. In T. Johnson, C. Hays, & S. Hays(Eds.), *Engaging the public: How government and the media can reinvigorate American democracy*(pp. 57-74). New York: Rowman & Littlefield.

McDevitt, M., & Chaffee, S. H. (2000). Closing gaps in political knowledge: Effects of a school intervention program via communication in the home. *Human Communication Research*, 27.

McDevitt, M., & Chaffee, S. H. (2002). From top-down to trickle-up influence: Revisiting the assumptions about the family in political socialization. *Political Communication*, 19.

McGraw, K. M., & Ling, C. (2003). Media priming of presidential and group evaluations. *Political Communication*, 20, 23-40.

McLeod, D. M., Kosicki, G. M., & McLeod, J. M. (2002). Resurveying the boundaries of political communication effects. In J. Bryant and D. Zillmann(Eds.), *Media effects: Advances in theory and research*(2nd ed.). Hillsdale, NJ: Erlbaum.

McLeod, D. M., & Perse, E. M. (1994). Direct and indirect effects of socioeconomic status on public affairs knowledge. *Journalism Quarterly*, 71, 433-442.

McLeod, J. M. (2000). Media and civic socialization of youth. *Journal of Adolescent Health*, 27S.

McLeod, J. M., & Becker, L. B. (1974). Testing the validity of gratification measures through political effects analysis. In J. G. Blumler & E. Katz(Eds.), *The uses of mass communication: Current perspectives on gratifications research*(pp. 137-164). Beverly Hills, CA: Sage.

McLeod, J. M., Becker, L. B., & Byrnes, J. E. (1974). Another look at the agenda-setting function of the press. *Communication Research*, I, 131-165.

McLeod, J. M., & Blumler, J. G. (1987). The macrosocial level of communication science. In S. Chaffee & C. Berger(Eds.), *Handbook of communication science*. Beverly Hills, CA: Sage.

McLeod, J. M., Bybee, C. R., & Durall, J. A. (1979). The 1976 presidential debates and the equivalence of informed political participation. *Communication Research*, 6, 463-487.

McLeod, J. M., Daily, C, Guo, Z., Eveland, W. P., Bayer, J., Yang, S., & Wang, H. (1996a). Community integration, local media use, and democratic processes. *Communication Research*, 23.

McLeod, J. M., Eveland, W. P., & Horowitz, E. M. (1998a). Going beyond adults and voter turnout: Evaluations of a socialization program involving schools, family and the media. In T. Johnson, C. Hays, & S. Hays(Eds.), *Engaging the public: How government and the media can reinvigorate American democracy*. New York: Rowman & Littlefield.

McLeod, J. M., Guo, S., Daily, C, Steele, C, Huang, H., Horowitz, E., & Chen, H. (1996b). The impact of traditional and non-traditional media forms in the 1992 presidential election. *Journalism and Mass Communication Quarterly*, 73, 401-416.

McLeod, J. M., & McDonald, D. G. (1985). Beyond simple exposure: Media orientations and their impact on political processes. *Communication Research.*, 12, 3-33.

McLeod, J. M., Pan, Z., & Rucinski, D. (1995). Levels of analysis in public opinion research. In T. Glasser & C. Salmon(Eds.), *Public opinion and the communication of consent*(pp. 55-85). Hillsdale, NJ: Erlbaum.

McLeod, J. M., Scheufele, D. A., & Moy, P. (1999a). Community, communication, and participation: The role of mass media and interpersonal discussion in local participation in a public forum. *Political Communication*, 16, 315-336.

McLeod, J. M., Scheufele, D. A., Moy, P., Horowitz, E. M., Holbert, R. L., Zhang, W., Zubric, S., & Zubric, J. (1999b). Understanding deliberation: The effects of discussion networks on participation in a public forum. *Communication Research*, 26, 743-774.

McLeod, J. M., Sotirovic, M., & Holbert, R. L. (1998b). Values as sociotropic judgments influencing communication patterns. *Communication Research*, 25, 453-480.

Miller, W. E., & Shanks, J. (1996). *The New American Voter*. Cambridge, MA: Harvard University Press.

Mossberger, K., Tolbert, C. J., & Stansbury, M. (2003). *Virtual inequality: Beyond the digital divide*. Georgetown: Georgetown University Press.

Moy, P., & Pfau, M. W. (2000). *With malice towards all? The media and public confidence in democratic institutions*. Westport, CT: Greenwood Publishing Group Inc.

Mutz, D. C. (2006). *Hearing the other side: Deliberative versus participatory democracy*. New York: Cambridge University Press.

Neuman, W. R. (1986). *The paradox of mass politics: Knowledge and opinion in the American electorate*. Cambridge, MA: Harvard University Press.

Neuman, W. R., Just, M. R., & Crigler, A. N. (1992). *Common knowledge: News and the construction of political meaning*. Chicago: University of Chicago Press.

Neuwirth, K., Frederick, E., & Mayo, C. (2007). The spiral of silence and fear of isolation. *Journal of Communication*, 57, 450-468.

Niemi, R. G. (1999). Editor's introduction. *Political Psychology*, 20, 471-476.

Niemi, R. G., Hepburn, M. A., & Chapman, C. (2000). Community service by high school students: A cure for civic ills? *Political Behavior*, 22, 45-69.

Niemi, R. G, & Junn, J. (1998). *Civic education: What makes students learn*. New Haven, CT: Yale University Press.

Noelle-Neumann, E. (1984). *The spiral of silence: Public opinion-our social skin. Chicago*: University of Chicago Press.

O'Keefe, G. J., Rosenbaum, D. P., Lavrakas, P. J., Reid, K., & Botta, R. A. (1996). *Taking a bite out of crime: The impact of the National Citizens' Crime Prevention Media Campaign*. Thousand Oaks, CA: Sage.

Overton, S. (2006). *Stealing democracy: The new politics of voter suppression*. N.Y.: W. W. Norton.

Packard Foundation Report (2001). *Reported in The New York Times*, January 22, All.

Pan, Z., & Kosicki, G. M. (1997). Priming and media impact on the evaluations of the president's performance. *Communication Research*, 24, 3-30.

Pan, Z., & Kosicki, G. M. (2001). Framing as a strategic action in public deliberation. In S. D. Reese, O. H. Gandy. Jr., & A. E. Grant (Eds.), *Framing public life: Perspectives on media and our understanding of the social world* (pp. 35-65). Mahwah, NJ: Erlbaum.

Pan, Z., & McLeod, J. M. (1991). Multi-level analysis in mass communication research. *Communication Research*, 18, 140-173.

Patterson, T. E. (1980). *The mass media election: How Americans choose their president.* N. Y.: Praeger.

Peiser, W. (2000). Cohort replacement and the downward trend in newspaper readership. *Newspaper Research Journal*, 21 (2), 11-23.

Popkin, S. L. (1991). *The reasoning voter. Communication and persuasion in presidential campaigns.* Chicago: University of Chicago Press.

Price, V., & Cappella, J. N. (2002). Deliberation and its influence: The electronic dialogue project in campaign 2000. *IT and Society*, I, 303-329.

Price, V., Ritchie, L. D., & Eulau, H. (1991). Micro-macro issues in communication research. *Communication Research*, 18, 133-273.

Price, V., & Tewksbury, D. (1997). News values and public opinion: A theoretical account of media priming and framing. In G. Barnett and F. J. Boster (Eds.), *Progress in communication sciences.* Greenwich, CT: Ablex.

Price, V., Tewksbury, D., & Powers, E. (1997). Switching trains of thought: The impact of news frames on reader's cognitive responses. *Communication Research*, 24.

Putnam, R. D. (1995). Bowling alone: America's declining social capital. *Journal of Democracy*, 6 (1).

Putnam, R. D. (2000). *Bowling alone: the collapse and revival of American community.* New York: Simon & Schuster.

Reeves, B., Thorson, E., & Schleuder, J. (1986). Attention to television: Psychological theories and chronometric measures. In J. Bryant & D. Zillmann (Eds.), *Perspectives on media effects* (pp. 251-279). Hillsdale, NJ: Erlbaum.

Rice, R. E., & Atkin, C. K. (2000). *Public communication campaigns* (3rd ed.). Thousand Oaks, CA: Sage.

Roberts, D. F. (2000). Media and youth: Access, exposure and privatization. *Journal of Adolescent Health*, 27S, 8-14.

Rubin, R. (1976). *Party dynamics: The Democratic coalition and the politics of change.* New York: Oxford University Press.

Sanders, L. M. (1997). Against deliberation. *Political Theory*, 25, 347-376.

Scheufele, D. A., Hardy, B., Brossard, D., Waismel-Manor, I. S., & Nisbet, E. C. (2006). Democracy based on difference: Examining the links between structural heterogeneity, heterogeneity of discussion networks, and democratic citizenship. *Journal of Communication*, 56.

Scheufele, DA., & Tewksbury, D. (2007). Framing, agenda setting, and priming: The evolution of three media effects models. *Journal of Communication*, 57, 9-20.

Sears, D. O., & Chaffee, S. H. (1979). Uses and effects of the 1976 debates: An overview of empirical studies. In S. Kraus (Ed.), *The great debates, 1976: Ford vs. Carter* (pp. 223-261). Bloomington: Indiana University Press.

Shah, D. V. (1998). Civic engagement, interpersonal trust, and television use: An individual level assessment of social capital. *Political Psychology*, 19, 469-496.

Shah, D. V. (2001). The collision of convictions: Value framing and value judgments. In R. P. Hart & D. R. Shaw(Eds.), *Communication in U.S. elections*. Lanham, MD: Rowman & Littlefield.

Shah, D. V., Cho, J., Eveland, W. P., & Kwak, N. (2005). Information and expression in the digital age: Modeling Internet effects on civic participation. *Communication Research*, 32.

Shah, D. V., Cho, J., Nah, S., Gotlieb, M. R., Hwang, H., Lee, N. J., Scholl, R. M., & McLeod, D. M. (2007). Campaign ads, online messaging, and participation: Extending the communication mediation model. *Journal of Communication*, 57, 676-703.

Shah, D. V., Kwak, N., & Holbert, R. L. (2001). "Connecting" and "disconnecting" with civic life: Patterns of Internet use and the production of social capital. *Political Communication*, 18.

Shah, D. V., Kwak, N, & Schmierbach, M. (2000, November). *Digital Media in America: Practices, Preferences and Policy Implications*. Final report produced for the Digital Media Forum/Ford Foundation.

Shah, D. V., Kwak, N., Schmierbach, M., & Zubric, J. (2004). The interplay of news frames on cognitive complexity. *Human Communication Research*, 30.

Shah, D. V., McLeod, J. M., & Yoon, S. H. (2001). Communication, context, and community: An exploration of print, broadcast, and Internet influences. *Communication Research*, 28.

Shah, D. V., Schmierbach, M. G., Hawkins, J., Espino, R., & Donavan, J. (2002). Non-recursive models of Internet use and community engagement questioning whether time spent online erodes social capital. *Journalism and Mass Communication Quarterly*, 79.

Shane, P. (Ed.). (2004). *Democracy online: The prospects for political renewal through the Internet*. New York: Routledge.

Shen, F. (2004). Chronic accessibility and individual cognitions: Examining the effects of message frames in political advertisements. *Journal of Communication*, 54, 123-137.

Shen, F. Y., & Edwards, H. H. (2005). Economic individualism, humanitarianism, and welfare-reform: A value-based account of framing effects. Journal of Communication, 55.

Sirianni, C. J., & Friedland, L. A. (2001). *Civic innovation in America: Community, empowerment, public policy, and the movement for civic renewal*. Berkeley, CA: University of California Press.

Smith, H. H. III. (1986). Newspaper readership as a determinant of political knowledge and activity. *Newspaper Research Journal*, 7(2), 47-54.

Sniderman, P. M., & Theriault, S. M. (2004). The structure of political argument and the logic of issue framing. In W. Saris & P. M. Sniderman(Eds.), *Studies in public opinion* (pp. 133-165). Princeton NJ: Princeton University Press.

Sotirovic, M. (2001a). Affective and cognitive processes as mediators of media influence on crime policy preferences. *Mass Communication and Society*, 3, 269-296.

Sotirovic, M. (2001b). Effects of media use on complexity and extremity of attitudes toward the death penalty and prisoners' rehabilitation. *Media Psychology*, 3, 1-24.

Sotirovic, M. (2003). How individuals explain social problems: The influences of media use. *Journal of Communication*, 33, 122-137.

Sotirovic, M., & McLeod, J. M. (2001). Values, communication behavior, and political participation. *Political Communication*, 18.

Sotirovic, M., & McLeod, J. M. (2004). Knowledge as understanding: The information processing approach to political learning. In L. Kaid(Ed.), *Handbook of Political Communication Research* (pp. 357-394). Mahwah, NJ: Erlbaum.

Sotirovic, M., & McLeod, J. M. (2008). U.S. election coverage. In J. Stromback & L. Kaid(Eds.). *Handbook of election coverage around the world*. Mahwah, NJ: Erlbaum.

Stamm, K. R., Emig, A. G., & Hesse, M. B. (1997). The contribution of local media to community involvement. *Journalism & Mass Communication Quarterly*, 74, 97-107.

Star, S. A., & Hughes, H. M. (1950). Report on an education campaign: The Cincinnati plan for the UN. *American Journal of Sociology*, 55.

Strate, J. M., Parrish, C. J., Elder, C. D., & Ford, C, III. (1989). Life span and civic development and voting participation. *American Political Science Review*, 83.

Sunstein, C. (2006). *Infotopia: How many minds produce knowledge*. N.Y.: Oxford University Press.

Teixeira, R. A. (1992). *The disappearing American voter*. Washington, DC: Brookings.

Tichenor, P. J., Donohue, G. A., & Olien, C. N. (1980). *Community conflict and the press*. Beverly Hills, CA: Sage.

Tichenor, P. J., Donohue, G. A., & Olien, C. N. (1970). Mass media flow and differential growth of knowledge, *Public Opinion Quarterly*, 34, 159-170.

Tipton, L. P., Haney, R. D, & Basehart, J. R. (1975). Media agenda-setting in city and state election campaigns. *Journalism Quarterly*, 52, 15-22.

Valentino, N. A., Beckmann, M. N, & Buhr, T. A. (2001). A spiral of cynicism for some: the contingent effects of campaign news frames on participation and confidence in government. *Political Communication*, 18, 347-367.

Vallone, R. P., Ross, L., & Lepper, M. R. (1985). The hostile media phenomenon: Biased perception and perceptions of media bias in coverage of the "Beirut Massacre." *Journal of Personality and Social Psychology*, 49, 577-585.

Viswanath, K., Breen, N, Meissner, H., Moser, R. P., Hesse, B., Steele, W. R., & Rakowski, W(2006). Cancer knowledge and disparities in the information age. *Journal of Health Communication*, 11(S1), 1-17.

Viswanath, K., & Finnegan, J. R. (1996). The Knowledge Gap Hypothesis: Twenty-five years later. In B. Burleson(Ed.), *Communication Yearbook 19*. Thousand Oaks, CA: Sage,

Wattenberg, M. P. (1984). *The decline of American political parties*, 1952-1980. Cambridge, MA: Harvard University Press.

Weaver, D. H., Graber, D. A., McCombs, M. E., & Eyal, C. H. (1981). *Media agenda-setting in a Residential election: Issues, images and interests*. New York: Praeger.

in a Residential election: Issues, images and interests. New York: Praeger.

Weaver, P. (1972). *Is television news biased?* Public Interest, Winter, 57-74.

Wolfinger, R. E., & Rosenstone, S. J. (1980). *Who votes!* New Haven, CT: Yale University Press.

Xenos, M., & Moy, P. (2007). Direct and differential effects of the Internet on political and civic engagement. *Journal of Communication*, 57, 704−718.

Yang, K. C. C. (2004). Effects of consumer motives on search behavior using Internet advertising. *Cyber psychology & Behavior*, 7, 430-442.

Young, D. G. (2004). Late-night comedy in election 2000: Its influence on candidate trait ratings and the moderating effects of political knowledge and partisanship. *Journal of Broadcasting and Electronic Media*, 48, 1-22.

Youniss, J., McLellan, J. A., & Yates, M. (1997). What we know about engendering civic identity. *American Behavioral Scientist*, 40, 620-631.

Zaller, J. R. (1992). *The nature and origin of mass opinion.* N. Y.: Cambridge University Press.

매스미디어, 사회적 지각, 제3자 효과

리처드 펄로프(Richard M. Perloff, 클리블랜드 주립대학)

미디어가 당신에게 미치는 효과는 무엇인가? 뉴스는 이슈에 대한 당신의 생각을 변화시키는가? 정치광고는 당신의 정치적 신념에 영향을 미치는가? TV폭력물은 당신을 공격적으로 만드는가? 당신은 아마 별로 그렇지 않다고 말할 것이다. 오랜 기간 TV를 시청했음에도 당신은 정치문제에 대해 스스로 의견을 형성하고, 상품에 대해 스스로 판단하며, TV에서 이야기하는 부분에 영향을 받지 않는다고 말하는 경향이 있다. 뉴스, 광고, TV폭력물이 다른 사람들에게 미치는 영향력에 대해서 이야기해 보자. 여러분은 이와 같은 콘텐츠가 다른 사람들에게 강력한 효과를 발휘한다고 생각하는가? 다른 사람들은 신문, TV, 인터넷을 통해 본 것을 어떻게 수용하는가?

여기에 일련의 불일치가 존재한다. 제3자 효과 가설에 의하면 그렇다. 다른 사람들이 미디어에 영향을 받는다는 여러분의 주장이 맞다면, 이는 여러분 또한 영향을 받는다는 주장의 이유가 될 수 있다. 다른 각도에서 볼 때 여러분이 미디어의 영향을 받지 않는다고 주장하는 것이 맞다면, 이는 미디어의 효과가 다른 사람들에게도 별 볼 일 없다는 것을 의미할 수 있다. 여러분은 다른 사람들에게 미치는 미디어 효과를 과대평가하는 경향이 있다. 티에지 등은 '대부분의 사람들이 이와 같은 논리적 불일치를 받아들이면서 자신에 미치는 미디어의 영향력보다 다른 사람에 미치는 미디어의 영향력이 더 크다고 인식한다'는 점을 지적한다(Tiedge, Silverblatt, Havice, & Rosenfeld, 1991).

제3자 효과는 지각이 현실이 되고, 현실이 지각에 의해 가려지는 매우 복잡한 영역을 다룬다. 이러한 지각은 사람들이 다른 사람들에 미치는 미디어 효과를 고려하는지 아니면 개인 스스로에 미치는 미디어 효과를 고려하는지에 의해 결정된다. 1970년대 이용과 충족 접근이 추구한 것과 유사하게 제3자 효과 가설은 전통적인 미디어 효과 이론과 다른 부분이 있다. 제3

자 효과 가설에서는 미디어가 개인의 신념에 미치는 효과를 보기보다는 미디어 효과에 대한 개인의 신념을 다룬다. 미디어가 지각에 영향을 미친다고 단순히 가정하기보다는 미디어에 대한 지각이 행동적 측면의 효과를 야기한다고 가정한다. 역설적으로 제 3 자 효과 가설은 미디어가 영향력을 발휘하게 되는 가장 큰 요인은 미디어가 영향력이 있다는 전제라는 점을 가정한다. 이러한 전제가 일련의 행위를 유발하게 되고 이러한 행위는 매개된 커뮤니케이션의 부재 속에서는 생각하기 힘들다.

이와 같은 논의는 효과연구자들의 주요 관심사로 부각되었고 21세기 들어 진행된 매스커뮤니케이션 연구 전체에서 다섯 번째로 많이 등장한 이론적 논의로 각광받았다(Bryant & Miron, 2004). 제 3 자 효과를 다룬 논문과 학술발표는 양적으로 볼 때도 수백 건에 이른다(Andsager & White, 2007). 제 3 자 효과가 현저하게 부각된 것은 정치, 연예, 광고 등의 맥락에서 이러한 현상을 일상적으로 쉽게 접할 수 있었기 때문이다.

제 3 자 효과와 관련한 사례는 클린턴 대통령과 모니카 르윈스키와의 스캔들 사례를 다룬 CBS 여론조사 결과에서도 발견할 수 있다. 여론조사 결과를 보면 응답자 개인은 다른 사람들이 이런 스캔들 뉴스에 더 관심이 있다고 믿었다. 클린턴의 섹스 스캔들에 대해 7%의 응답자만이 매우 흥미 있다고 응답한 반면, 50%는 별로 관심 없다고 응답했다. 반면 다른 사람들이 어떤 반응을 보이는지 판단해 달라는 질문에 대해서는 21%가 다른 사람들이 매우 관심이 있을 것이라고, 49%가 꽤 관심을 가질 것이라고, 그리고 단지 18%만이 다른 사람들이 관심 없을 것이라고 응답했다(Berke, 1998).

이와 같은 제 3 자 효과는 어린이들이 인기 연예인에 대한 가십을 어떻게 받아들이는지에서도 발견할 수 있다. 한 연구결과에 따르면 아동들은 린지 로한, 패리스 힐튼, 브리트니 스피어스 같은 '악동' 여성 연예인들의 문제점에 대해 잘 알고 있다는 점을 보여준다. 아동들은 이들 연예인들의 마약복용이나 흡연 등의 문제에 대해 이것이 나쁜 것이라는 것을 알고 있었다. 반면 비슷한 연령의 다른 아동들이 미디어에서 전달되는 연예인의 나쁜 습성에 영향을 받을지도 모른다고 말한다(Rosenbloom, 2007).

제 3 자 효과에 대한 지각은 일상생활에서 쉽게 발견할 수 있다. 광고를 집중적으로 하는 인기 비디오 게임을 구입하러 갈 때 여러분이 광고에 영향을 받은 사람들로 붐비는 상점을 생각했다면 이는 제 3 자 효과에 대한 지각과 관련이 있다. 미디어 광고에 등장하는 모델들을 따라 모든 사람들이 다이어트를 한다고 생각하면서 나도 다이어트를 해야 된다고 스트레스 받는 사람들이 있다면 이 또한 제 3 자 효과와 관련이 있다.

제 3 자 효과는 사회과학의 개념이 진화하면서 등장한 상대적으로 새로운 개념이다. 제 3 자 효과 개념은 1983년 사회학자 데이비슨(Davision)이 여론과 관련한 이론을 논의하면서 제안했다. 제 3 자 효과 가설은 미디어 메시지가 자신보다는 다른 사람들에게 더 영향력이 있다고 지각하는 것에 초점을 맞춘다. '제 3 자'라는 용어는 미디어 메시지의 효과가 '나'(me) 또는 '당신'(you) 보다는 타자인 '다른 사람들'(them)에게 더 크다는 구분에서 등장했다. 사람들은 다른 사람들에게 미치는 미디어 효과를 과대평가하고 그 자신에게 미치는 미디어 효과는 과소평가하는 경향이 있다고 본다.

제 3자에 대한 편향적 인식은 인간의 역사 속에서 지속적으로 작동했다. 사람들은 오랫동안 새로운 미디어가 다른 사람들에게 나쁜 영향을 미칠 것이라고 두려워했다. 플라톤 시대에 문자가 등장했을 때도, 1950년 만화책이 풍미했을 때도, 그리고 오늘날 폭력적인 비디오 게임이 등장한 시점에도 그렇다. 하지만 이와 같은 제 3자 효과 지각은 대중사회 이전 시기와 비교하면 오늘날 더 큰 결과를 발생시킨다. 사람들의 경험이 그들 스스로의 직접적인 접촉으로 발생하여 소규모 공동체나 작은 마을에 국한되었을 때는 특정한 견해가 더 넓은 세상에 영향을 미칠 가능성이 낮았다. 오늘날의 삶은 그렇지 않다. 여론은 사람들의 사회적 행동에 중대한 영향을 미치고 특히 대중과 엘리트의 결정에 중요한 영향을 행사한다. 결과적으로 여론에 대한 지각은 직접 혹은 간접적으로 '파급'(ripple) 효과를 미치게 되는데 특히 이러한 지각이 매스미디어에 의해 폭넓게 보도될 때 더 큰 영향력을 발휘하게 된다(Mutz, 1998). 미디어는 사회적 영향력에 대한 사람들의 인식을 변화시켰다고 할 수 있다. 건서(Gunther) 등은 미디어의 생생한 묘사와 특정한 형식, 도달력 등이 미디어의 강력한 효과에 대한 인식을 만들었다고 지적한다. 미디어는 사람들로 하여금 바깥 세상에 대한 관심을 갖게 하고, 경험할 가능성이 있는 바람직하지 않은 영향력에 대해 관심을 가지게 한다(Gunther & Schmitt, 2004). 현재의 매스미디어는 사람들로 하여금 미디어 수용자들이 영향을 받고 있다는 생각을 하도록 만든다.

비록 제 3자 효과는 포괄적 이론이라기보다 가설로 보는 것이 더 타당할 수 있지만 커뮤니케이션 연구의 주요 개념으로 확고하게 자리잡으면서 연구자들이 활발하게 이 개념에 대해 연구를 진행중이다. 제 3자 효과연구는 사회학, 심리학을 연결시키면서 사회적 지각에 초점을 맞춘다(Glynn, Ostman, & McDonald, 1995). 학제간을 연결하는 개념으로, 제 3자 효과는 여론, 커뮤니케이션, 심리를 다루는 연구분야의 중심을 차지한다. 여론 연구분야에서는 지각된 여론이 어떤 것인지의 문제를 강조하면서 활용된다. 커뮤니케이션 개념으로 제 3자 효과는 상징적 상호작용의 틀 안에서 자신과 타자와의 관계에 초점을 맞추면서 다른 사람의 생각을 어떻게 가정하는지를 주목한다. 자신과 타인에 대한 미디어 효과의 역동적 관계 속에서 제 3자 효과는 커뮤니케이션 연구에 중요한 개념으로 활용된다.

동시에 제 3자 효과는 지각에 초점을 맞춤으로써 심리학적 관점에 기초한다. 사회심리학적 접근을 통해 자신과 타인에 미치는 위험에 지각을 분리하는 문제 역시 이와 관련된 부분이다. 비현실적인 낙관주의 모델, 자신은 타인보다 우월하고 사회적인 폐해로부터의 영향을 받지 않는다는 자기 충족적 편견 등도 제 3자 효과 개념과 관련이 있다.

제 3자 효과의 핵심은 지각이고, 이러한 지각은 지각하는 사람들이 대상으로 설정하는 바에 따라(그것이 자신인지 타인인지 여부) 달라질 수 있다는 암묵적 가정이 중요하다. 자신과 세상 밖의 대상을 구분하는 것은 서구적 개념이다. 제 3자 효과 가설은 지각된 메시지 효과를 강조하면서 타인과 연결된 여론의 문제를 다룬다. 중요한 부분은 개인적 수준에서 확인하는 메시지에 대한 지각이 사회적 수준의 문제에 영향을 미치게 됨으로써 이 개념이 공중과 정책 과정을 연결시키는 분야에서 연결고리를 제공할 수 있다는 점이다.

1. 연구결과

제 3자 효과는 사람들에게 그들 스스로와 다른 사람들에게 미치는 커뮤니케이션 효과를 평가해보라고 직접 묻는 과정을 포함하면서 연구되었다. 많은 연구들을 보면 사람들에게 특정한 메시지를 보거나 읽도록 하고 그 메시지가 자신과 타인에게 미치는 영향력에 대해 말하게 한다. 또한 특정한 장르의 제 3자 효과 역시 유사한 방식으로 측정된다. 다양한 맥락에서 상이한 방법론을 통해 진단된 연구결과들을 다음과 같이 정리해 볼 수 있다.

① 미국인 전체를 대상으로 한 서베이 연구에서 응답자들은 특정후보자에 대한 의견을 형성하는데 뉴스미디어는 자신보다 타인에 더 큰 영향력을 미친다고 평가했다(Salwen, 1998). 2000년대 들어 주목받은 Y2K 문제나 논쟁적인 뉴스의 영향력에 대한 평가 역시 자신보다 타인에게 더 영향력이 있는 것으로 나타났다(Jensen & Hurley, 2005; Tewksbury, Moy, & Weis, 2004; Tsfati & Cohen, 2004). 사람들은 여론조사가 자신에게는 영향력이 거의 없다고 보는 반면 타인에게는 중요한 영향력이 있다고 보는 경향이 지속적으로 발견되었다(Pan, Abisaid, Paek, Sun, & Houden, 2006; Price & Stroud, 2006).

② 제 3자 효과 지각은 광고효과에 대한 판단에서도 발견된다. 사람들은 가전제품, 주류, 담배 등의 상업광고가 미치는 영향력에 대해서도 자신보다 타인에게 미치는 영향력이 더 크다고 지각하는 경향이 있다(Shah, Faber, & Youn,

1999). 아동들 역시 상업광고의 효과에 대해 제 3자 효과 지각을 하고 있음을 보여준다.

③ 오락 미디어가 미치는 영향력에 대한 판단에서도 발견되는데, 건서(Gunther, 1995)는 약 60% 이상의 미국성인들이 자신보다 다른 사람들이 포르노 영상물에 더 부정적으로 영향을 받는다고 응답했음을 보여주었다. 반사회적인 랩 음악가사, TV폭력물, 인터넷 포르노 영상물의 영향력에 대한 판단에서도 제 3자 효과 지각이 발견되었다(Lee & Tamborini, 2005; Scharrer, 2002).

④ 지각된 미디어 효과와 미디어 이용에 관한 지각과의 연관성도 발견되었다. 독일성인들은 자신은 그렇지 않은데 다른 사람들이 습관적으로 회피목적으로 바람직하지 않은 TV프로그램을 더 많이 이용하는 경향이 있다고 생각한다(Peiser & Peter, 2000). 반면 사람들은 정보추구와 같은 바람직한 TV시청의 경우 자신이 다른 사람들보다 이와 같은 미디어 이용을 더 많이 하는 것으로 나타났다.

학술지에 게재되거나 발표된 32건의 제 3자 효과 연구결과에 대한 메타분석을 보면 TV폭력물, 반사회적 행동, 포르노 영상, 공격적 메시지 등의 영역에서 자신보다 타인에게 미디어 효과가 더 있을 것이라고 제 3자 효과를 지각한 차이가 유의미하게 발견된다(Salwen & Dupagne, 2000). 대상으로 하는 메시지의 성격에 따라 지각 차이의 정도는 상이하게 나타나기는 하지만 제 3자 효과 지각은 서로 다른 연구맥락에서 일관되게 발견된다(Sun, Pan, & Shen, 2008).

2. 제 3자 효과는 정말 발생하는 것인가 아니면 만들어진 개념인가

위와 같이 일관된 연구결과가 보고되기는 하지만 일부 연구자들은 제 3자 효과 지각이라는 것이 실제로 있는 것인지 아니면 연구자가 만들어 낸 것인지에 대해 의문을 제기하기도 한다. 다시 말해 연구자들이 서베이 응답자들에게 편향된 질문을 하거나 다른 사람들에게 미치는 미디어 효과를 과장되게 평가하도록 유인하는 것이 아닌지 일부 연구자들은 의구심을 표시했다.

브로시우스와 엥겔(Brosius & Engel, 1996)은 '이 광고가 당신에게는 어떤 영향을 미치는가?'라는 질문 자체가 평소에 사람들이 생각하지 않는 것을 고려하게 만들고 사람들을 효과의 대상으로 상정하게 만들 수 있다고 가정했다. 즉 사람들은 미디어 효과를 받아들이는 능동적 대상으로 상정했을 경우와 수동적 효과의 대상으로 보았을 때와는 다른 반응을 할 수 있다는 것이다(나는 쇼핑할 때 미디어를 통해 얻은 메시지에 영향을 받아 결정할 수도 있다). 이들 연구자들은 이러한 가정 속에 제 3자 효과를 각기 다른 상황에서 측정했는데 그 결과 어떻게 묻는지는 중요한 요인이 되지 않았고 제 3자 효과 지각이 지속적으로 발견되었다.

지각 차이를 측정하는 질문의 성격이 별 문제가 되지 않자 일부 연구자들은 사람들에게 어떤 질문을 먼저 묻는지 질문순서에 따라 제 3자 효과 지각이 달라질 수도 있다는 가정을 제기하기도 했다. 특히 일부 비평가들은 미디어가 자신에게 미치는 효과와 타인에게 미치는 효과를 연이어 질문함으로써 사람들로 하여금 상대적인 비교를 의도적으로 하게 만들 수도 있다고 지적

했다(Price & Tewksbury, 1996). 질문순서가 중요하다는 지적이 제기되었는데, 미디어가 다른 사람들에게 미치는 효과를 먼저 평가하고 그후에 자신에게 미치는 효과를 평가하도록 하는 경우 자아 보호를 위해 상대적으로 자신에 대한 미디어 효과를 낮게 평가할 수 있다는 것이다. 반면 자신에게 미치는 미디어 효과를 먼저 질문했을 때 위와 같은 대조의 기제가 발생하지 않을 수 있다는 점을 비평가들은 지적했다.

하지만 이와 같은 질문순서의 효과는 실험연구를 통해 검증한 결과 나타나지 않았다. 질문순서와 형식과는 상관없이 제 3자 효과 지각이 지속적으로 발견되었다. 최근의 연구에서도 제 3자 효과 지각이 방법론적 측면에서 나오는 가공물이 아니라는 점이 지속적으로 발견되었다(David, Liu, & Myser, 2004).

현실세계에서 사람들이 얼마나 자주 미디어 메시지가 다른 사람들에게 미치는 효과에 대해서 고려하는가의 문제는 여전히 생각해 볼 과제이다. 아마도 일부 사람들은 이러한 제 3자에 대한 고려를 하지 않을지도 모른다. 일상에서 미디어 효과뿐만 아니라 다양한 영역에서 사람들이 제 3자에 대한 고려를 얼마나 자주 하는지의 문제는 경험적으로 진단해 볼 흥미 있는 주제이다.

3. 왜 다른 사람들은 나보다 더 영향을 받는다고 판단하는가

인간의 본성에 대한 질문은 현실의 정치철학에서 중요한 부분이다(Oreskes, 2000). 사회과학에서도 역시 인간의 본성에 대한 논의는 중요하다. 제 3자 효과 현상을 이해하기 위해 중요한

부분은 인간의 동기와 인지과정을 설명하는 기제와 연결시키는 것이다(〈그림 12-1〉).

제 3자 효과 지각이 발생하는 이유에 대한 설명 중 가장 부각된 것은 남보다 자신을 더 좋게 보는 인간본성에 대한 지적이다. 미디어로부터 영향을 받았다고 인정하는 것은 잘 속는다는 것을 인정하는 것이나, 자신이 사회적으로 바람직하지 않은 속성을 가졌다는 것을 인정하는 것과 마찬가지일 수 있다. 자신은 미디어 효과로부터 나약하지 않고 다른 사람들은 미디어 효과에 약하다고 가정함으로써 사람들은 자아를 긍정적으로 유지하면서 다른 사람들보다 우월하다는 신념을 재확인하게 된다.

발생 이유에 대한 두 번째 설명은 사람들이 예측하기 어려운 사건을 통제하려는 욕구가 있다는 지적이다. 만약 미디어에서 제공하는 모든 프로그램이 우리에게 강력한 영향력을 발휘한다고 믿는다면 이는 과민반응일 수 있다. 우리는 우리 자신이 매스미디어로부터 영향을 받지 않는다는 가정 하에, 미디어가 점령한 이 세상에 적응하면서 미디어를 이용하고 만족을 얻으며 우리 삶에 미디어를 통합할 수 있다는 것이다.

세 번째 설명은 심리과정과 연결되는 투사(透寫)의 문제이다. 사람들은 실제로 미디어에 영향을 받으나 미디어 영향에 대해서는 인식하지 못한다는 것이다. 미디어 효과를 인정하는 것은

〈그림 12-1〉 제 3자 효과: 과정과 결과

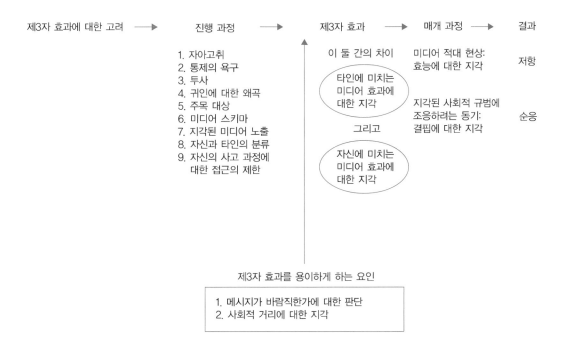

모델 중 제 3자 효과의 결과와 관련한 부분은 건서와 동료 연구자들(Gunther, Perloff, and Tsfati, 2008)이 제안한 개념을 차용하여 소개하는 것이다. 이러한 모델 제시가 가능하도록 건서(Gunther)와 츠파티(Tsfati) 교수가 많은 도움을 준 것에 대해 감사를 표하고 싶다.

사람들의 자아에 대한 존중을 감소시키고 외적 사건을 개인이 통제한다는 인식을 하지 못하게 한다. 따라서 사람들은 미디어 효과를 다른 사람들에게 투사한다. 이는 방어적으로 바람직하지 못한 자신의 부분을 다른 사람에게 던져버리는 것이라고 할 수 있다(Schimel, Greenberg, Pyszczynski, O'Mahen, & Arndt, 2000).

네 번째 설명은 제3자 효과가 동기 측면보다는 인지적 측면을 강조한다는 부분과 관련이 있다. 귀인을 설명하는 이론적 논의에서는 사람들이 그들 스스로의 행위는 상황적 요인에 그 원인을 돌리지만, 다른 사람들의 행위는 인성적 요인에 기인한다고 평가하는 경향이 있다고 본다. 이러한 설명을 제3자 효과에 적용시키면, 사람들은 설득적 의도와 같은 외적 요인을 고려하면서 다른 사람들에게 미치는 미디어 효과를 평가한다는 것이다(Gunther, 1991). 다른 사람들의 경우 본성에 내재한 제약(예를 들어, 쉽게 속는 경향)으로 설득적인 미디어 메시지에 대해 취약하다고 보기 때문에 제3자 효과가 발생하게 된다. 이와 같은 이유로 관찰자로서 한 개인은 다른 사람들이 미디어 메시지가 추구하는 방향으로 순종한다고 인식하게 되는 것이다(Lasorsa, 1992). 사람들은 자신과 타인에 미치는 미디어의 영향력을 판단할 때 상이한 기준이 있다는 설명이다(McLeod, Detenber, & Eveland, 2001).

다섯 번째 설명은 자신과 타인에 대한 인지의 차이에 주목한다. 사람들은 그들 자신의 속성에 대해 관심이 더 많으며, 부정적 미디어 콘텐츠를 스스로 판단할 수 있는 능력이 있다고 판단한다는 것이다. 다른 사람들에 대한 지식이 많지 않은 가운데 사람들은 제3자인 타인이 미디어 효과로부터 취약하다고 가정한다. 아동들에 대한

제3자 효과연구에서 발견할 수 있듯이 아동들은 그들이 미디어 효과에 저항할 수 있도록 '잘 교육받았다'는 점을 인지하고 있었다.

여섯 번째 설명으로 미디어 스키마와 관련된 논의를 들 수 있다. 사람들은 미디어 효과에 대한 단순한 스키마를 가졌다는 설명이다. 이러한 관점은 미디어 강효과 모델로 잘 알려진 피하주사 모델에서와 같이 수동적인 수용자가 단순한 스키마를 가졌다고 본다. 특히 미디어 효과를 평가하도록 질문받았을 때 사람들은 이러한 단순한 스키마를 활용하게 된다.

일곱 번째로는 미디어 노출에 대한 지각에 초점을 맞춘 논의가 있다. 사람들은 미디어에 가장 큰 영향을 받는 집단을 특정미디어에 노출을 많이 하는 일련의 타인이라고 가정하는 경향이 있다. 따라서 제3자 효과 지각은 특정미디어 콘텐츠를 접하는 사람들에게 발생하는 것으로 여겨지고, 또한 노출이 많을수록 영향도 많이 받는다는 인식과 연결된다.

여덟 번째 설명은 자신과 타인을 분류하는 것, 즉 다른 사람과 비교하여 자신을 어떻게 보는가와 관련이 있다(Reid & Hogg, 2005). 여기서 집단 정체성, 동일시화 등의 개념이 중요한데 사람들은 그들 자신과 타인, 그리고 메시지 간의 일치를 평가한다는 것이다. 예를 들어, 메시지가 특정집단의 가치와 일치할 때 사람들은 그 집단이 메시지를 수용할 것이라고 가정한다. 메시지가 자신이 속한 집단의 가치 또는 집단의 입장과 맞을 때 사람들은 다른 사람들보다 더 쉽게 메시지를 받아들인다. 이러한 현상은 역 제3자 효과 또는 제1자 효과라고 볼 수 있다. 집단 소속감 때문에 사람들이 타인을 자신과 다르게 분류하고 미디어 효과에 나약하다고 보는지의

문제는 여전히 더 연구되어야 할 부분이다(예를 들어, Duck, Hogg, & Terry, 1995).

아홉 번째로는 왜 사람들이 미디어가 그들에게 영향력을 행사한다는 점을 받아들이지 않는지에 대한 문제를 다루는 데서 제 3자 효과 발생의 이유를 생각해 볼 수 있다. 사람들은 그들 스스로에게 발생하는 정신적 과정에 주목하기 힘들며, 이전에 한 행동에 대해 구체적으로 기억하지 못한다는 것이다. 다른 사람들에 미치는 미디어 효과를 평가할 때는 정형화된 특정한 아이디어를 생각해내는 반면, 그 자신에 대해서 평가할 때는 자동 반사적 생각에만 기초하게 된다는 설명이다.

자아고양을 위해 제 3자 효과 지각을 한다는 주장을 지지하는 연구결과들이 있다(Andsager & White, 2007). 그렇다 하더라도 자아고양이라는 측면이 제 3자 효과 발생의 다양한 측면을 모두 설명하지는 못한다. 다른 사람들의 미디어 노출에 대한 지각과 같은 요인 역시 제 3자 효과를 설명하는 데 유용할 수 있다. 메타분석을 하기는 했지만 제 3자 효과 현상을 설명하는 데 어떤 이유와 요인이 더 설명력이 있는지를 비교하기란 쉽지 않다. 현상을 설명하는 다양한 이론적 논의가 서로 중복되는 측면이 있고 인지적, 동기적 과정 모두를 다 고려해야 하기 때문이다. 사람들은 자아보호를 위해, 동시에 인지적, 동기적 필요에 의해 그들 스스로와 타인을 비교하기도 한다. 특정집단의 사람들이 미디어에 더 영향을 받기 쉽다고 판단하는 기저에는 누가 어떤 TV 프로그램을 보고 있는가에 대한 합리적 추론이 있을 수도 있고, 집단에 대한 편향된 가정이 자리할 수도 있다. 또한 나와 내가 속한 집단은 다른 집단과 비교하면 하찮은 미디어 콘텐츠를 소비하지 않을 정도로 현명하다는 자아를 고양하기 위한 가정이 있기도 하다.

인지적 과정과 자아고양을 위한 인간욕구에서 파생하는 과정을 분리하여 제 3자 효과 현상을 설명하기란 정말 어렵다(Gunther, 1991; Douglas & Sutton, 2004). 특정한 발생 과정을 독립적으로 말할 수 있는 방법론이 성숙되지 않은 상황에서 일단 제 3자 효과는 다양한 요인에 의해 발생하는 것으로 다원적 설명을 채택하는 것이 바람직하다고 본다.

4. 제 3자 효과의 강도에 영향을 미치는 조건은?

제 3자 효과를 다룬 초기연구를 보면 제 3자 효과 지각을 보편적으로 발생하는 현상으로 본다. 즉 미디어 효과에 대한 평가를 자신과 타인과 비교할 때 항상 나타나는 것으로 가정한다. 후속연구들에서는 제 3자 효과가 발생하는 또는 더 강하게 나타나는 특정한 조건에 대한 논의가 지속되었다. 조건적 요인들은 다음과 같다.

1) 메시지 속성

자아고양과 관련한 이론적 논의에서는 자신에게 부정적 효과를 발휘하는 메시지에 대해서 사람들이 메시지의 영향력을 인정하기를 꺼려야 한다는 점을 지적한다. 제 3자 효과는 메시지 효과가 부정적이라고 여길수록 현저하게 나타나야 한다. 예를 들어 '이 메시지는 나에게 도움이 되지 않고 좋지 않다. 이러한 메시지에 영향을 받는다고 인정하는 것은 적절치 않다'라고 생각할 때 나타나기 쉽다는 것이다. 이러한 관점과 일치하게 제3자 효과 지각은 반사회적 미디어 콘텐츠(TV폭력물, 포르노, 반사회적 랩 가사)를 다룬 연구에서 주로 발견되었다. 특히 폭력적이고 유해한 메시지를 다룬 연구에서 제3자 효과 지각이 가장 강하게 나타났다(Andsager & White, 2007).

만약 제3자 효과가 자아를 보호하기 위한 욕구에서 나타난다면, 사람들은 사회적으로 바람직하고 건전하며 자신에게 도움이 되는 미디어 콘텐츠가 스스로에게 효과가 있다고 인정해야 한다. 연구결과는 이러한 예측이 타당할 수 있음을 보여준다. 사람들은 긍정적 광고에 대해서는 자신이 타인보다 더 영향을 받았다고 인정한 반면 중립적 광고에 대해서는 그렇지 않았다(Gunther & Thorson, 1992). 또한 강력한 주장을 하는 설득 메시지의 경우 개인에 미치는 영향을 인정하는 경향도 발견되었다(White, 1997). AIDS를 예방하기 위한 광고의 경우 전문적 정보를 이용한 메시지에 대해 자신이 타인보다 더 영향을 받았다는 결과가 나타난 반면 전문성이 높지 않은 수준 낮은 광고에서는 제3자 효과 지각이 발견되었다(Duck, Terry, & Hogg, 1995). 대학생들을 대상으로 한 조사를 보면 금연광고나 음주운전 예방광고에 모두 자신이 타인보다 더 영향받았다고 응답한 결과도 발견할 수 있다(Meirick, 2005; David, Liu, & Myser, 2004).

제1자 효과 지각 현상 역시 자주 발견된다. 사람들은 때로 다른 사람들보다 미디어 메시지에 자신이 더 영향을 받는다고 평가하는 경향이 있다(물론 미디어에 영향을 받았다고 인정하는 것과 태도를 바꾸는 것은 별개의 문제이다). 메시지에 담긴 주장이 자신에게 긍정적 영향력을 행사

한다고 판단할 때, 개인이 동일시하는 집단의 성향과 일치한다고 판단할 때, 제1자 효과 지각 현상이 나타날 수 있다.

과거에는 이와 같은 제3자, 제1자 효과 지각 현상을 메시지 성격의 틀에서 주로 논의했다. 최근 들어 연구자들은 메시지에 대한 개인의 사회적 판단이 미디어 효과에 대한 지각을 결정할 수 있다고 제안한다.

2) 제3자로서 타인의 특성

앞에서 다양한 논의를 소개하면서 암묵적으로 제3자 효과의 '제3자'를 전체로서, 하나의 개체로 취급하며 세부적으로 나누지 않았다. 여기에는 제3자를 너무 단순화한 문제가 있다. 제3자로 설정된 다른 사람들의 성격이 어떤지에 따라 제3자 효과 지각에는 차이가 발생할 수 있다. 특히 제3자 효과 지각의 강도는 나와 비교하는 제3자가 누구인지에 따라 달라질 수 있다. 여기에는 사회적 거리의 문제가 개입된다. 자신과 타인의 차이는 자신과 비교하는 타인에 대한 지각된 거리가 멀수록 더 커진다는 것이다.

이러한 예측을 지지하는 결과가 보고되었다(Meirick, 2005; Tsfati & Cohen, 2004). 앤사거와 화이트(Andsager & White, 2007)는 메타분석을 통해 '자신과 비슷한 다른 사람들은 미디어에서 별로 영향을 받지 않는다고 보는 반면 그렇지 않은 다른 사람들은 영향을 받는다고 보는 경향이 있다'는 점을 지적한다.

하지만 여전히 복잡한 문제가 남았다. 사회적 거리에 대한 지각은 사회적으로 분리된 타인의 속성이나 유사성에 대한 지각(Meirick, 2005), 가상의 수용자의 규모(Tewksbury, 2002), 좋은

평판을 받는 자신이 속한 집단인지 아니면 나쁜 평판을 받는 자신이 포함되지 않는 집단인지의 여부 등의 문제와 관련된다(Meirick, 2004). 더구나 사람들은 공중, 여론을 자기 자신으로부터 분리될 수 있는 일반적 유형으로 분류할 수도 있다. 또한 문제를 복잡하게 만드는 부분은 가상의 타인이 자신과는 가까울 수 있으나 메시지와는 관련이 없을 수 있고, 메시지와는 연관성이 높으나 자신과는 관련이 없을 수도 있다는 사실이다(Tsfati & Cohen, 2004). 이스라엘을 배경으로 한 연구는 이와 같은 문제를 제기한다. 이스라엘 대학생의 경우 이스라엘인 정착지 문제와 관련한 뉴스에 대해 자신과는 거리가 있지만 이슈와 밀접한 관련이 있는 이스라엘 정착인들보다 자신과 가까운 이슈와 관련 없는 다른 학생들이 더 큰 영향력을 받는 것으로 인식했다. 타인을 일반인으로 묘사된 불특정 타인으로 설정하는 경우보다 특정한 타인으로 지정하는 경우에 이들이 더 영향력을 받는다는 연구결과도 있다(Meirick, 2005; Neuwirth & Frederick, 2002).

메시지 대상이 누구인지도 중요하다. 특정메시지의 대상이 되는 집단의 경우 이론적으로 볼 때 이들 집단에 미치는 메시지 효과가 크다고 사람들이 지각할 수 있다(특정조건에서는 자아관여도 등의 요인이 작동하여 메시지 대상집단의 사람들이 메시지에 영향을 덜 받을 수도 있다는 점은 문제를 복잡하게 만든다)(Meirick, 2005). 사회적 거리, 메시지의 대상집단 여부 모두 사회적 판단 이론에 기초한다. 사회적 거리는 자신과 비교하는 집단을 준거로 삼는 정도와 관련이 있고 메시지 대상의 문제는 메시지 자체를 비교의 준거로 삼는다는 점에서 그렇다. 하지만 여전히 사회적 거리라는 개념이 가진 의미의 모호성 때문에 일

관된 연구결과가 나타나지 않는 문제가 있다(Andsager & White, 2007; Sun et al., 2008).

3) 요 약

연구결과들을 종합하면 제 3자 효과 지각은 다음과 같은 상황에서 발생하기 쉽다. ① 사람들이 메시지가 바람직하지 않다고 지각하거나 자신에게 메시지가 부정적 영향을 미칠 것이라고 보는 경우, ② 가상의 타인이 영향력에 취약하다고 보는 경우(Sun et al., 2008), ③ 메시지 수용자가 불특정 타인으로 구성되었다고 판단할 경우, ④ 매스미디어에 의해 전달되는 메시지가 많은 수용자에게 도달한다고 지각하는 경우(Gunther & Schmitt, 2004). 지금까지의 연구결과를 보면 ①은 매우 확실한 근거가 있고, ③도 이를 지지하는 연구결과가 많다. ②와 ④는 몇 편의 연구결과가 있다(Sun, Pan & Shen, 2008).

4) 개인적 차이

연령, 교육수준, 성별과 같은 인구구성학적 요인이 자신과 타인을 구분하는 데 영향을 미친다는 근거는 별로 없다(Andsager & White, 2007; Paul, Salwen, & Dupagne, 2000). 따라서 연구자들은 제 3자 효과 현상을 설명하는 데 인구구성학적 요인보다는 심리적 과정이 더 중요하다는 점을 주장했다. 개인적 차이 요인(예를 들어 스스로 인식하는 지식수준)이 제 3자 효과 지각에 영향을 미친다는 지적이 있기는 하지만 이러한 요인의 설명력은 이론적, 경험적으로 볼 때 부족한 편이다. 가장 중요하게 부각되는 개

인 차이 요인은 자아관여도이다. 미디어가 자아관여도가 높은 주제를 다룰 때 사람들은 왜곡된 시각으로 이러한 사건을 열정적으로 열심히 그리고 자주 접한다. 특정대상에 대한 태도가 강하고 집단 일체감이 높을 때 미디어가 그들 자신과 반대되는 측면으로 의도적인 편향을 보인다고 인식하는데, 이러한 현상은 '적대적 미디어 편향'이라고 부른다.

적대적 미디어 편향과 관련해서는 지금까지 많은 연구가 진행되었고 일관성 있는 연구결과가 제시되었다. 특정이슈에 관해 극단적 입장을 가진 사람들에게 그 이슈에 대한 뉴스보도를 평가하라고 할 때 사람들은 자신의 입장에 적대적이고 자신과 반대되는 입장에 우호적이라는 평가를 내린다는 것이다. 이러한 현상이 제3자 효과와 연결될 수 있다.

자아관여도가 매우 높은 정당지지자들은 미디어가 자신과 다른 사람들에게 미치는 미디어 영향력을 대비시킨다는 것을 관련연구에서 발견할 수 있다. 뉴스미디어가 자신의 입장과는 반대되는 방향으로 편향된다고 보고 이들 정당지지자들은 이에 영향을 받는 다른 사람들을 정치적으로 자신과 다른 입장을 가진 사람들로 가정한다. 흥미롭게도 이와 상반되는 예측도 가능하다. 정당지지자들은 자신의 입장을 다른 사람들에게 투사하고 공중이 자신의 입장에 동의할 것이며 이것이 도덕적으로 옳은 입장이라고 인식할 가능성도 있다. 다른 사람이 자신의 입장과 같을 것이라고 투사하는 근거도 있다. 정당지지자들은 여론이 그들 스스로가 갖는 입장을 반영하는 것이라고 지각하는 경향이 있다는 점을 보여주는 연구결과가 있다(Gunther & Christen, 2002).

따라서 자아관여도가 개입하면서 두 가지의 상반된 편향성이 나타나는 지각을 만들 수 있다. 자아 중심적 신념으로 다른 사람들이 나와 정확히 같은 방식으로 세상을 볼 것이라고 지각할 수 있다(편향된 일치 또는 동화). 또한 한편으로 뉴스보도가 자신에게는 불리하고 다른 사람들로 하여금 자신과 반대되는 쪽으로 더 찬성하도록 유도할 것이라는 확신을 가져오기도 한다(제3자에 기초한 대조). 이러한 두 가지 측면과 관련한 사례를 일상에서 쉽게 발견할 수 있다. 좌파–진보 편향의 선거 뉴스보도가 못마땅한 보수주의자 두 사람의 사례를 생각해 보자. 한 사람은 제3자 효과 지각을 해서 뉴스보도가 쉽게 설득당하는 유권자에게 진보적인 민주당 후보자를 지지하도록 만든다고 걱정할 수 있다. 또 한 사람은 미국 유권자들이 자신과 비슷해 이러한 보도에 영향을 받지 않는다는 신념을 가질 수 있다. 유권자들은 뉴스 편향에 대해 인지할 것이고 궁극적으로 보수적인 신념의 정당성을 발견하고 공화당에 투표할 것이라고 믿을 것이다.

물론 상이한 조건 속에서 이 두 가지 관점 모두가 맞을 수도 있다. 중동사태처럼 이슈에 역사성이나 민족성이 개입되어 있거나 뉴스 자체가 매우 명백한 사실을 전달한다면 정당 지지자의 경우 다른 집단을 대비하면서 제3자 효과 지각을 하기 쉽다. 만약 이슈가 자아정체성과 직접적 관련이 없거나 다수에 전달되지 않는 미디어에 의해 정보가 제공될 때 정당 지지자들은 자신의 입장을 다른 사람에게 투사하기 쉽다(Gunther & Schmitt, 2004). 이 두 가지가 동시에 작동하여 서로의 영향력이 상쇄되면서 여론에 대한 지각을 하게 될지도 모른다(Gunther & Christen, 2002). 혹은 무작위로 발생하면서 공중의 태도형성에 예측하기 어려운 방식으로 작동하는지도 모르기 때문에 확실한 결론을 내리기는 쉽지 않다.

5. 제 3자 효과의 결과

사회적 영향력을 다루는 모델은 대개 메시지가 태도와 행동에 직접적으로 미치는 효과를 강조한다. 메시지가 태도에 영향을 미치는 과정은 복잡하고 다층적인 성격을 띤다. 하지만 사회적 인지 이론, 정교화 가능성 모델, 틀 짓기 등의 이론적 관점은 메시지(혹은 정보원이나 설득적 상황)가 수용자의 신념이나 태도에 영향을 미치는 과정을 탐구함으로써 미디어 효과를 이해할 수 있다고 본다. 제 3자 효과 가설은 이와는 차이가 있다. 데이비슨이 제기한 제 3자 효과 가설이 흥미로운 부분은 미디어 효과가 간접적이고, 역설적이며, 커뮤니케이터의 의도와는 상관없이 발생한다고 본 점이다. 지난 세월 동안 연구자들은 이와 같은 점을 정교화하여 영향력이 발휘되는 과정을 제기하려 노력했다(Gunther, Perloff, & Tsfati, 2008). 연구자들은 자신과 타인을 단순히 비교하기보다 제 3자 효과 지각을 통해 발생하게 되는 태도의 변화에 보다 초점을 맞추었다.

제 3자 효과 지각은 의견과 행동에 두 가지 기본적 효과를 발휘한다. 하나는 저항이고, 또 다른 하나는 순응이다. 이 두 효과는 완전히 상반된 것으로 그 발생에는 상이한 심리과정이 개입된다. 매개된 메시지가 그들이 반대하는 방향으로 제 3자에게 효과가 있다고 사람들이 인식할 때 저항이 발생한다. 이러한 메시지 효과에 대한 가정이 사람들로 하여금 적극적인 반대나 수

동적인 저항을 유발하게 된다. 이론적으로 볼 때 제 3자 효과 지각은 적대적 미디어 편향을 촉발하여 미디어 콘텐츠에 대해 선택적 지각을 하게 만들고, 또한 미디어에 대해 이미 존재하는 부정적 태도를 가져오면서 저항하게 만든다(Giner-Sorolla & Chaiken, 1994; Schmitt, Gunther, & Liebhart, 2004).

미디어 내용을 검열하려는 시도는 저항의 대표적 사례이다. 수년 전 도서관 사서들은 뉴베리 수상작인 《행복을 부르는 아이, 럭키》(*The Higher Power of Lucky*)의 첫 페이지에서 '음낭'이라는 단어가 아이들의 정서에 미칠 영향을 우려하여 이 책의 판매를 금지하거나 제한할 것을 주장했다. 이는 제 3자 효과 지각이 만들어 낸 결과의 명백한 사례이다.

연구자들은 이러한 사례를 바탕으로 제 3자 효과 지각과 논쟁적인 미디어를 검열하려는 의도와의 관련성을 살펴보았다. 제 3자 효과 지각은 포르노그래피, TV폭력물, 술과 도박 광고(Shah, Faber, & Youn, 1999) 등에 대한 제한을 지지하는 태도와 연결되어 이러한 태도를 예측하는 중요한 요인이라는 것이 발견되었다. 몇 편의 연구에서는 행동적 측면까지 연결시키려는 시도가 있기는 하지만 제 3자 효과에서 인과관계의 문제는 여전히 과제로 남아있다. 사람들은 메시지 효과에 대한 지각을 미디어에 대한 검열을 지지하는 것을 합리화하기 위해 떠올릴지도 모른다(Price & Stroud, 2006). 하지만 미디어 영향력에 대한 사람들의 평가나 예측이 특정한 행동을 하게 만든다는 것이 더 일반적인 가설로 여겨진다(Tsfati & Cohen, 2005).

순응은 다른 심리적 과정을 통해 작동한다. 여기서 타인에게 미치는 미디어 효과에 대한 가정

은 사회적 현실에 대한 지각에 영향을 미친다. 사람들은 미디어 콘텐츠가 다른 사람의 의견형성에 매우 큰 영향력을 행사한다고 가정한다. 가상의 타인이 가진 견해(미디어에 의해 변화된)와 맞추기 위해(Ajzen & Fishbein, 2005) 사람들은 그들의 의견을 변화시키고 궁극적으로 지각된 사회적 규범에 순응하게 된다. 제3자 효과가 연결되어 순응이 작동하는 또 다른 방식은 희소성에 대한 지각과 관련이 있다. 타인의 소비행동에 미치는 미디어 효과를 과대평가함으로써 사람들은 광고를 하고 있는 제품이 곧 다 팔릴 것이라고 인식하게 되고 이러한 희소성에 대한 인식이 그 제품을 더 갈구하게 한다(Brock, 1968; Cialdini, 2001). 이러한 과정을 통해 사람들은 제품을 구매하게 되는 것이다.

건서(Gunther, Bolt, Borzekowski, Liebhart, & Dillard, 2006) 등은 미디어 효과에 대한 사람들의 가정이 다른 사람들의 미디어 이용과 관련한 지각과 연결되는 부분에 대한 연구를 진행했다. 아동들이 흡연과 관련한 메시지를 많이 접할수록 다른 또래 아동들 역시 이러한 메시지를 접한다고 인식하는 경향이 있었다. 또래 집단의 미디어 노출에 대한 이와 같은 지각은 후속적으로 또래집단의 아동들에게 흡연이 만연했다는 생각과 연결되었다. 또래집단이 흡연을 많이 하고 있다는 생각은 흡연에 대한 긍정적 태도로 이어졌다. 지각된 여론 분위기에 맞추려는 아동들의 동기가 흡연에 대한 긍정적 태도를 만든 것으로 보인다. 이들 연구자들은 흡연방지를 위한 설득적 캠페인의 경우 흡연인구를 과대평가하지 않도록 해야 하며 동시에 반흡연 캠페인이 사람들의 태도를 변화시킨다는 지각을 만들어 내야 된다는 점을 지적한 바 있다.

이러한 연구결과는 설득이 제3자에 미치는 메시지 효과에 대한 지각을 통해 간접적으로 발생한다는 것을 보여주는 중요한 사례이다. 동시에 다음과 같은 의문점을 제기하기도 한다. 다른 사람들에게 동조해야 할 압력이 높지 않은 상황에서 이와 같은 미디어 효과에 대한 지각이 중요하게 작동할 것인가? 다양한 요인들(예를 들어 또래집단의 노출에 대한 지각, 흡연의 만연 정도에 대한 지각)은 개념적으로 볼 때 독립적인가? 설득 커뮤니케이션의 관점에서 볼 때 타인의 견해에 대한 지각이 사회적 규범과 관련 있는 분야에서 태도에 영향을 미치는지는 아직 확실하지 않다. 다른 학생이 음주를 하고 있는 것을 과대평가한 학생이 과연 음주를 더 할 것인지 음주를 하지 않을 것인지를 확실하게 밝히기 쉽지 않다(Polonec, Major, & Atwood, 2006). 이 분야와 관련해서는 조금 더 연구되어야 할 부분이 많다. 하지만 견고한 태도를 바꾸는 것이 쉽지 않다는 점과 공중의 건강과 관련한 캠페인이 점차 중요해지고 있다는 점을 고려할 때 사회적 지각과 관련한 연구에서 발견할 수 있는 장점을 잘 고려할 필요가 있다. 이런 점에서 건서 등이 실시한 연구는 매스미디어와 설득 연구에도 중요한 시사점을 갖는다.

6. 향후 연구의 방향

최근 중요한 이슈는 제3자 효과 가설을 미디어 테크놀로지의 변화와 연결시켜 살펴보는 것이다. 여기에 흥미로운 이론적 이슈도 개입되었다. 만약 미디어 도달범위에 대한 지각이 제3자 효과 지각에 중요한 결정요인이라면 전통적 매스미디어보다 더 광범위한 도달력을 갖는 인터 넷 웹사이트의 메시지 효과에 대한 지각은 어떨 것인지 평가해보는 것은 재미있는 연구거리이 다. 만약 사람들이 메시지 수용결과가 개인 자 신에게 긍정적으로 작동할 것이라고 볼 때 제1 자 효과가 발생할 가능성이 높다면 '페이스북'과 '마이스페이스'와 같은 인기 사이트를 통해 유통 되는 메시지에 대해서는 제1자 효과를 기대할 수 있지 않을까? 메시지의 수용자를 개인의 준 거대상이 되지 않는 불특정의 타인이라고 판단 할 경우 제3자 효과가 발생할 수도 있다. 반면 이용자가 서로 동질성을 느끼고 개인의 준거집 단으로 삼을 수 있는 '유튜브', '페이스북', '마이 스페이스'와 같은 사이트의 경우 우리는 제1자 효과의 발생을 예측할 수 있지 않을까? 제3자 효과 현상은 새로운 미디어가 주도하는 시대에

지속될 수 있을까? 매력적인 젊은 여성의 사진 이 사이트에 게시되었을 때 청소년기의 소녀들 은 다른 '페이스북' 이용자가 이 사진에 영향을 받을 것이라고 지각할 것인가? 이러한 사진이 자존감에 악영향을 미칠 것이라고 볼 것인가? 이러한 질문은 흥미로운 연구과제일 수 있다.

이러한 질문은 모두 타인에 미치는 미디어 효 과에 대한 지각을 통해 매스미디어가 영향력을 발휘하는 것과 연결된다. 이는 미디어 효과가 간접적이고, 때로 의도하지 않은 바에 의해 만 들어진다는 점에 기초한다. 제3자 효과는 이러 한 역설적인 지각의 과정에 의거하여 발생하는 것으로, 앞으로 새로운 미디어의 등장 속에 지 속될 것인지 아니면 특정한 역사적 시점에 국한 된 현상인지에 대한 탐구가 필요하다.

참고문헌

Ajzen, L., & Fishbein, M. (2005). The influence of attitudes on behavior. In D. Albarracin, B. T. Johnson, & M. P. Zanna (Eds.), *The handbook of attitudes*. Mahwah, NJ: Erlbaum.

Andsager, J. L., & White, H. A. (2007). *Self versus others: Media, messages, and the third-person effect*. Mahwah, NJ: Erlbaum.

Berke, R. L. (1998, February 15). Clinton's O. K. in the polls, right? *The New York Times*.

Brock, T. C. (1968). Implications of commodity theory for value change. In A. G. Greenwald, T. C. Brock, & T. M. Ostrom (Eds.), *Psychological foundations of attitudes* (pp. 243-275). New York: Academic Press.

Brosius, H. B., & Engel, D. (1996). The causes of third-person effects: Unrealistic optimism, impersonal impact, or generalized negative attitudes towards media influence? *International Journal of Public Opinion Research*, 8, 142-162.

Bryant, J., & Miron, D. (2004). Theory and research in mass communication. *Journal of Communication*, 54, 662-704.

Christen, C. T., Kannaovakun. P., & Gunther, A. C. (2002). Hostile media perceptions: Partisan assessments of press and public during the 1997 United Parcel Service strike. *Political*

Communication, 19, 423-436.

Cialdini, R. B. (2001). *Influence: Science and practice* (4th ed.). Boston: Allyn & Bacon.

Dalton, R. J., Beck, P. A., & Huckfeldt, R. (1998). Partisan cues and the media: Information flows in the 1992 presidential election. *American Political Science Review*, 92, 111-126.

David, P., Liu, K., & Myser, M. (2004). Methodological artifact or persistent bias?: Testing the robustness of the third-person and reverse third-person effects for alcohol messages. *Communication Research*, 31, 206-233.

Davison, W. P. (1983). The third-person effect in communication. *Public Opinion Quarterly*, 47.

Douglas, K. M., & Sutton, R. M. (2004). Right about others, wrong about ourselves?: Actual and perceived self-other differences in resistance to persuasion. *British Journal of Social Psychology*, 43, 585-603.

Driscoll, P. D., & Salwen, M. B. (1997). Self-perceived knowledge of the O. J. Simpson trial: Third-person perception and perceptions of guilt. *Journalism & Mass Communication Quarterly*, 74.

Duck, J. M., Hogg, M. A., & Terry, D. J. (1995). Me, us and them: Political identification and the third-person effect in the 1993 Australian federal election. *European Journal of Social Psychology*, 25, 195-215.

Duck, J. M., Terry, D. J., & Hogg, M. A. (1995). The perceived influence of AIDS advertising: Third-person effects in the context of positive media content. *Basic and Applied Social Psychology*, 17.

Eveland, W. P., Jr., Nathanson, A. L, Detenber, B. H., & McLeod, D. M. (1999). Rethinking the social distance corollary: Perceived likelihood of exposure and the third-person perception. *Communication Research*, 26, 275-302.

Giner-Sorolla, R., & Chaiken, S. (1994). The causes of hostile media judgments. *Journal of Experimental Social Psychology*, 30, 165-180.

Glynn, C. J., Ostman, R. E., & McDonald, D. G. (1995). Opinions, perception, and social reality. In T. L. Glasser & C. T. Salmon (Eds.), *Public opinion and the communication of consent*. New York: Guilford.

Gunther, A. C. (1991). What we think others think: Cause and consequence in the third-person effect. *Communication Research*, 18, 355-372.

Gunther, A. C. (1995). Overrating the X-rating: The third-person perception and support for censorship of pornography. *Journal of Communication*, 45(1), 27-38.

Gunther, A. C, Bolt, D., Borzekowski, D. L. G., Liebhart, J. L„ &. Dillard, J. P. (2006). Presumed influence on peer norms: How mass media indirectly affect adolescent smoking. *Journal of Communication*, 56, 52-68.

Gunther, A. C, & Christen, C. T. (2002). Projection or persuasive press?: Contrary effects of personal opinion and perceived news coverage on estimates of public opinion. *Journal of Communication*, 52, 177-195.

Gunther, A. C, Christen, C. T., Liebhart, J. L., &. Chia, S. C.-Y. (2001). Congenial public, contrary press, and biased estimates of the climate of opinion. *Public Opinion Quarterly*, 65.

Gunther, A. C., Perloff, R. M., &. Tsfati, Y. (2008). Public opinion and the third-person effect. In W. Donsbach &. M. Traugott(Eds.), *Handbook of public opinion*. Thousand Oaks, CA: Sage.

Gunther, A. C., &. Schmitt, K. (2004). Mapping boundaries of the hostile media effect. *Journal of Communication*, 54(1), 55-70.

Gunther, A. C., &. Storey, J. D. (2003). The influence of presumed influence. *Journal of Communication*, 53, 199-215.

Gunther, A. C., &. Thorson, E. (1992). Perceived persuasive effects of product commercials and public service announcements: Third-person effects in new domains. *Communication Research*, 19.

Henriksen, L., &. Flora, J. A. (1999). Third-person perception and children: Perceived impact of pro- and anti-smoking ads. *Communication Research*, 26, 643-665.

Hoffner, C., Buchanan, M., Anderson, J. D., Hubbs, L. A., Kamigaki, S. K., Kowalczyk, L, Pastorek, A., Plotkin, R. S., & Silberg, K. J. (1999). Support for censorship of television violence: The role of the third-person effect and news exposure. *Communication Research*, 26.

Hoorens, V., &. Ruiter, S. (1996). The optimal impact phenomenon: Beyond the third person effect. *European Journal of Social Psychology*, 26, 599-610.

Huge, M., Glynn, C. J., &. Jeong, I. (2006). A relationship-based approach to understanding third-person perceptions. *Journalism & Mass Communication Quarterly*, 83, 530-546.

Jensen, J. D., &. Hurley, R. J. (2005). Third-person effects and the environment: Social distance, social desirability, and presumed behavior. *Journal of Communication*, 55, 242-256.

Lasorsa, D. L. (1992). Policymakers and the third-person effect. In J. D. Kennamer(Ed.), *Public pinion, the press, and public policy*. Westport, CT: Praeger.

Lee, B., &. Tamborini, R. (2005). Third-person effect and Internet pornography: The influence of collectivism and Internet self-efficacy. *Journal of Communication*, 55, 292-310.

McLeod, D. M., Detenber, B. H., & Eveland, W. P., Jr., (2001). Behind the third-person effect: Differentiating perceptual processes for self and others. *Journal of Communication*, 51.

McLeod, D. M., Eveland, W. P., Jr., &. Nathanson, A. L. (1997). Support for censorship of violent and misogynic rap lyrics: An analysis of the third-person effect. *Communication Research*, 24.

Meirick, P. C. (2004). Topic-relevant reference groups and dimensions of distance: Political advertising and first- and third-person effects. *Communication Research*, 31, 234-255.

Meirick, P. C. (2005). Rethinking the target corollary: The effects of social distance, perceived exposure, and perceived predispositions on first-person and third-person perceptions. *Communication Research*, 32, 822-843.

Mutz, D. C. (1998). *Impersonal influence: How perceptions of mass collectives affect political attitudes*. New York: Cambridge University Press.

Neuwirth, K., &. Frederick, E. (2002). Extending the framework of third-, first and second-person effects. *Mass Communication and Society*, 5, 113-140.

Nisbett, R. E., &. Wilson, T. D. (1977). Telling more than we can know: Verbal reports on mental processes. *Psychological Review*, 84, 231-259.

Oreskes, M. (2000, June 4). Troubling the waters of nuclear deterrence. *New York Times, Week in Review.*

Pan, Z., Abisaid, J. L., Paek, H.-J., Sun, Y., &. Houden, D. (2006). Exploring the perceptual gap in perceived effects of media reports of opinion polls. *International Journal of Public Opinion Research*, 18, 340-350.

Paul, B., Salwen, M. B., &. Dupagne, M. (2000). The third-person effect: A meta-analysis of the perceptual hypothesis. *Mass Communication & Society*, 3, 57-85.

Peiser, W., &. Peter, J. (2000). Third-person perception of television-viewing behavior. *Journal of Communication*, 50, 25-45.

Perloff, R. M. (1989). Ego-involvement and the third person effect of televised news coverage. *Communication Research*, 16, 236-262.

Polonec, L. D., Major, A. M., & Atwood, L. E. (2006). Evaluating the believability and effectiveness of the social norms message "Most Students Drink 0 to 4 Drinks When They Party." *Health Communication*, 20, 23-34.

Price, V., &. Stroud, N. J. (2006). Public attitudes toward polls: Evidence from the 2000 U.S. presidential election. *International Journal of Public Opinion Research*, 18, 393-421.

Price, V., &. Tewksbury, D. (1996). Measuring the third-person effect of news: The impact of question order, contrast and knowledge. *International Journal of Public Opinion Research*, 8.

Reid, S. A., &. Hogg, M. A. (2005). A self-categorization explanation for the third-person effect. *Human Communication Research*, 31, 129-161.

Rojas, H., Shah, D. V., &. Faber, R. J. (1996). For the good of others: Censorship and the third-person effect. *International Journal of Public Opinion Research*, 8, 163-186.

Rosenbloom, S. (2007, May 27). Grade-school girls, grown-up gossip. *New York Times (Sunday Styles).*

Salwen, M. B. (1998). Perceptions of media influence and support for censorship: The third-person effect in the 1996 presidential election. *Communication Research*, 25, 259-285.

Salwen, M. B., &. Driscoll, P. D. (1997). Consequences of third-person perception in support of press restrictions in the O. J. Simpson trial. *Journal of Communication*, 47(2), 60-75.

Salwen, M. B., &. Dupagne, M. (1999). The third-person effect: Perceptions of the media's influence and immoral consequences. *Communication Research*, 26, 523-549.

Scharrer, E. A. (2002). Third-person perception and television violence: The role of out-group stereotyping in perceptions of susceptibility to effects. *Communication Research*, 29.

Schimel, J., Greenberg, J., Pyszczynski, T., O'Mahen, H., &. Arndt, J. (2000). Running from the shadow: Psychological distancing from others to deny characteristics people fear in themselves. *Journal of Personality and Social Psychology*, 78, 446-462.

Schmitt, K. M., Gunther, A. C., &. Liebhart, J. L. (2004). Why partisans see mass media as biased. *Communication Research*, 31, 623-641.

Shah, D. V, Faber, R. J., &. Youn, S. (1999). Susceptibility and severity: Perceptual dimensions underlying the third-person effect. *Communication Research*, 26, 240-267.

Sun, Y., Pan, Z., &. Shen, L. (2008). Understanding the third-person perception: Evidence from a meta-analysis. *Journal of Communication*, 58(2), 280-300.

Tewksbury, D. (2002). The role of comparison group size in the third-person effect. *International Journal of Public Opinion Research*, 14, 247-263.

Tewksbury, D., Moy, P., &. Weis, D. S. (2004). Preparations for Y2K: Revisiting the behavioral component of the third-person effect. *Journal of Communication*, 54, 138-155.

Tiedge, J. T, Silverblatt, A., Havice, M. J., &. Rosenfeld, R. (1991). Discrepancy between perceived first-person and perceived third-person mass media effects. *Journalism Quarterly*, 68.

Tsfati, Y., &. Cohen, J. (2004). Object-subject distance and the third person perception. *Media Psychology*, 6, 335-361.

Tsfati, Y., &. Cohen, J. (2005). The influence of presumed media influence on democratic legitimacy: The case of Gaza settlers. *Communication Research*, 32, 794-821.

Tyler, T. R., & Cook, F. L. (1984). The mass media and judgments of risk: Distinguishing impact on personal and societal level judgments. *Journal of Personality and Social Psychology*, 47.

Vallone, R., Ross, L., & Lepper, M. (1985). The hostile media phenomenon: Biased perception and perceptions of media bias in coverage of the Beirut massacre. *Journal of Personality and Social Psychology*, 49, 577-585.

White, H. A. (1997). Considering interacting factors in the third-person effect: Argument strength and social distance. *Journalism & Mass Communication Quarterly*, 74, 557-564.

Weinstein, N. D. (1980). Unrealistic optimism about future life events. *Journal of Personality and Social Psychology*, 39, 806-820.

미디어폭력

글렌 스팍스(Glenn G. Sparks, 퍼듀 대학교 웨스트 라파옛)
체리 스팍스(Cheri W. Sparks, 인디애나 퍼스트 스탭스)
에린 스팍스(Erin A. Sparks, 플로리다 주립대학교 탈라하씨)

미디어폭력에 관한 연구의 역사는 새로운 영화나 TV프로그램이 폭력적 내용을 담고 있거나 일부 수용자에 대해 "모방효과"를 낳을 때마다 거론되었다. 이러한 경향이 새로운 세기에 접어들어서도 줄지 않았다는 사실이 미디어폭력이 사회에 미치는 영향에 대해 걱정하는 일부 학자에게는 당황스러운 것일 수 있다. 하지만 다른 한편으로 이는 폭력적인 오락물에 대한 선호가 상대적으로 변하지 않았다는 점을 보여주는 것일 수도 있다. 이 장에서는 미디어폭력에 대한 최근 연구를 개괄하면서 논쟁을 야기했던 가장 최근의 미디어 사례에 대해 주목하고자 한다.

2007년 상반기 몇 달 동안 논쟁적인 광고게시판이 로스앤젤레스에 등장했고 뉴욕에서는 택시 지붕 위에 광고가 등장했다. 광고는 영화 〈4.4. 4〉(*Captivity*)를 홍보하는 캠페인의 일부였고, 4개의 화판(*storyboard*) 시리즈에 영화의 주연 배우 엘리샤 커스버트(Elisha Cuthbert)가 그려져 있

었다. 각 화판에는 각각 "유괴", "감금", "고문", "종결"이라는 문구가 쓰어 있었다. 이 광고 캠페인이 등장한 후에 나타났던 공적 비난과 논쟁은 정확히 영화 프로모터가 원했던 것이었지만, 프로모터는 아마도 미국영화협회(MPAA: Motion Picture Association of America)의 전례 없는 조치는 예상하지 못했을 것이다. 협회는 이후 영화와 관련된 모든 광고구매에 대한 사전승인을 요구했던 영화제작사 에프터 다크 필름(After Dark Films)에 대해 제재를 가했다. 협회는 이 광고가 일반 공중이 보기에는 적절하지 않다고 굳게 믿었다(Stewart, 2007). 영화 자체도 또한 수많은 기사와 논평에서 다루어졌고, 일부 기사나 논평은 영화의 섬뜩한 폭력장면이 너무 지나치다고 주장했다. 한 평론가는 이 영화를 "구역질나는 한편의 고문 포르노 영화"라고 혹평했다(*The Guardian*, 2007).

미디어폭력을 연구하는 학자들에게 영화 〈4.4.

4〉(Captivity)를 둘러싼 잡음은 지난 반세기에 걸친 학문적 검토에도 불구하고 미디어폭력이 수용자에게 미치는 영향에 관한 논쟁을 둘러싼 이슈가 줄어들 기미가 보이지 않는다는 사실로 다가온다. 사실상, 폭력적인 오락물의 온상을 확장시키는 새로운 미디어 기술의 출현과 미디어폭력물을 시청하는 동안 뇌에서 일어나는 반응을 조사하는 연구방법론의 등장으로 폭력과 관련한 많은 중요한 새로운 주제가 최근 연구에서 등장했다. 이 장에서 던지는 질문의 일부는 익숙한 것이다. 예를 들면, 이 분야의 연구에서 가장 많이 제기되는 핵심적 질문은 "미디어폭력물의 시청이 얼마나 공격적 행위를 유발하는가?"이다. 이 질문과 밀접하게 관련된 것이 이 영역에 작동할 수 있는 이론적 메커니즘과 과정에 대한 질문이다. 그러나 이러한 핵심적 질문 이외에 여러 가지 새로운 질문이 주목받을 만하다. 예를 들면, 공격적 행위와 연관된 효과 이외에 다른 어떤 효과가 주목할 만한 것으로 보이는가? 어떤 연구방법론이 미래의 미디어폭력연구에 대한 새로운 가능성을 보여줄 것인가? 현재의 연구 가운데 어떤 연구주제가 미래의 연구의제로 부상할 것인가? 이러한 질문들이 이 장에서 다루고자 하는 주요 질문이다. 이러한 질문을 고찰하기에 앞서 우리는 먼저 미디어폭력 논쟁에 대한 역사를 간단하게 더듬어보고자 한다. 미디어 효과의 다른 영역에 비해 미디어폭력에 대한 관심의 역사는 상대적으로 길기 때문에 강조할 필요가 있다.

1. 미디어폭력 논쟁의 역사

대부분의 연구자들은 페인(Payne) 재단연구를 미디어폭력 연구에 대한 공식적인 과학적 탐구의 시작으로 받아들인다. 페인연구는 원래 영화가 어린이에게 미치는 영향과 관련하여 사람들이 관심을 갖는 여러 가지 다양한 주제들에 초점을 맞추었다. 민영교육단체인 영화연구위원회의 제안으로 페인재단에서 연구기금을 받게 되었다. 이 기금으로 수행된 여러 연구들 가운데 두 연구가 구체적으로 폭력문제를 다루었다. 미디어 메시지 내용에 대한 장기적 관심을 보였던 한 연구에서 데일(Dale, 1935)은 범죄에 초점을 맞춘 1,500개 영화내용을 분석했다. 서베이 연구방법의 초기 선구자인 블루머(Blumer, 1933)는 2천 명의 설문 응답자들에게서 많은 사람들이 자신들이 폭력적 영화에서 목격했던 폭력행위를 직접적으로 모방해봤다는 사실을 인식한다는 점을 밝혀냈다. 이들 연구는 공중오락물에서 제시하는 폭력적 내용이 문제가 있다는 인식을 강화시키는 데 도움을 주었다. 이러한 염려는 이후 1950년대에 워쌈(Wertham, 1954)이 만화내용을 분석한 결과를 발표했을 때 더욱 심각하게 대두되었다. 워쌈은 만화가 폭력에 대한 기괴한 이미지를 과도하게 많이 사용하고, 만화의 소비자가 상당 부분 청소년들이기 때문에 청소년 비행에 상당한 영향을 미친다고 주장했다. 그의 주장은 미디어 연구자들보다는 공중과 만화업계의 자기 검열적 행위에 더 많은 영향을 미쳤다. 과학자들은 편향된 표본 선택, 부정확한 코딩기술, 심리치료를 받았던 소년들에게서 극적인 증언에 기반을 둔 선별적 일화에 근거한 주장을 받아들이지 않는 경향이 있었다. 미디어폭력에 대한 이슈가 연구자들 사이에서 지속적이고 심각한 관심을 받기 시작한 것은 1950년대 TV가 공중의 미디어 소비지형을 변형시키면서부터였다.

1) TV의 등장

1960년대 초에 미국가정의 90%가 TV를 시청했다. TV가 미국가정을 지배하기 시작한 직후에 미디어폭력에 관한 논쟁이 분명하게 대두되었다. 쉬람 등(Schramm, Lyle, & Parker, 1961)은 1950년대 뉴스보도에 등장했던 모방범죄 사례들에 대해 논의했다. 논의의 초점은 폭력 범죄를 포함한 모방행위의 전조로서의 TV폭력에 대한 노출이 심각하게 다루어야 할 현상이라는 것이었다.

미국정부는 1950년대부터 TV폭력의 효과에 대해 염려를 표명했고, 이후 몇십 년 동안 미디어폭력과 공격적 행위의 관련성에 초점을 맞추는 연구와 보고서를 진행시켰다. 리버트 등(Liebert, Sprafkin, & Davidson, 1982)은 1954년 상원의원(Estes Kefauver)이 상원 청소년비행 소위원회에서 TV프로그램에서 폭력의 필요성에 대해 의문을 제기한 사건 등 미디어폭력에 대한 정부의 역할을 둘러싼 초기 논쟁들을 검토했다. 이후에 폭력의 원인과 방지에 관한 전국위원회(1969), 23개의 다른 연구 프로젝트를 모아서 출판한 공중보건국장 과학자문위원회(1972), 국립정신보건연구원 보고서(1982)인 *Television and Behavior* 등을 포함한 다른 보고서들이 지속적으로 출판되었다. 이들 보고서는 문제를 해결하기보다는 미디어폭력의 효과에 대한 논쟁을 오히려 더 부추겼지만, 이로 인해 이후 학계에서는 확실히 이 주제가 상당히 중요하다는 사실을 인지하게 되었다.

학자들은 미디어폭력에 대한 수많은 정의를 사용하여 자신의 연구를 진행시켰다(미디어폭력에 대한 8가지 다른 정의에 대해서는 Potter, 2003 참조). 거브너(George Gerbner, 1972)의 선구적인 내용분석 연구에서 사용된 미디어폭력에 대한 정의가 아직까지도 널리 인용된다. 그는 폭력을 "타인이나 자신을 겨냥한 물리적 힘의 명시적 표현, 또는 자신의 의지와 상관없이 상처를 입거나 죽는 고통을 받는 행위의 강제"로 규정했다. 이러한 정의는 물리적 폭력에 제한되는 것이지만 이 정의를 통해 거브너는 TV에 등장하는 폭력의 양에 대해 매우 엄밀한 주장을 할 수 있었다. 그는 프라임 타임대 시간에 TV에서 시간 당 폭력장면이 약 8번 등장한다는 사실을 밝혀냈다. 그는 또한 프라임 타임대 프로그램의 약 80%가 어떤 형태로든 폭력장면을 포함한다고 평가했다. TV에 폭력물이 만연한다는 사실을 입증함으로써 거브너의 연구는 폭력이 시청자에게 얼마나 영향을 미쳤는가라는 핵심적 이슈를 제기하는 데 도움을 주었다. 거브너 자신은 폭력적 내용이 공격적 행위에 미치는 영향에 그다지 많이 관심이 있었던 것이 아니었다는 사실에 주목할 필요가 있다. 대신 그의 문화계발 이론은 폭력에 대한 노출이 사람들이 사회적 세계에 대해 가진 신념에 미치는 누적 효과를 강조했다. 그럼에도 불구하고 그의 내용분석은 폭력적 내용의 시청이 공격적 행위에 영향을 미치는지의 여부에 대한 질문을 제기하는 중요성을 정당화시키는 것으로 자주 인용되었다.

2. 미디어폭력물 시청이 공격적 행위를 유발하는가

미디어폭력이 공격적 행위에 미치는 영향의 가능성에 대한 초기연구는 논쟁과 비판으로 점철

되었다. 예를 들면, 반듀라 등(Bandura, Ross, & Ross, 1963a, 1963b)은 지금은 대표적 연구의 하나로 간주되는 초기 실험연구에서 어린이들이 모방의 대상이 되는 모델이 처벌받는 대신 보상받을 때 TV모델의 공격적 행위를 모방할 가능성이 더 있다는 사실을 입증했다. 그러나 이러한 연구는 개념 타당도가 부족한 것으로 비판받았다. 즉, 공격의 측정(공기풍선 인형을 때리는 행위)은 인간에 대한 공격개념과 관련이 없는 것처럼 보였다. 연구는 또한 어린이들이 TV에서 시청할 가능성이 있는 프로그램과 유사성이 그다지 없는 프로그램을 실험용으로 사용한 것에 대해 비판받았다. 이러한 두 가지 비판은 반듀라 등이 제기한 것이었다. 점진적으로 보다 많은 연구가 개발되고 진행, 보고됨에 따라 미디어폭력에 대한 노출이 공격적 행위의 증가를 유발시킬 수 있다는 생각을 지지하는 증거가 축적되었다.

축적된 증거가 상당히 보편화되면서 2000년 7월 26일에 6개의 전문적 보건기구가 오락물 폭력이 어린이에게 미치는 영향에 대한 공동 성명서(*Joint Statement on the Impact of Entertainment Violence on Children*)를 발표했다. 이 성명서는 새로운 세기의 출발점에서 미디어폭력의 효과에 대한 동의의 강도와 통일성을 보여주는 것이었다. 이 성명서에 미국 소아학회, 어린이와 성인정신의학회, 심리학회, 의학협회, 가정의학회, 정신과협회의 회장과 임원들이 서명했다. 성명서의 일부는 "어린이의 경우 미디어폭력과 공격적 행위 사이에 인과관계가 있다는 사실을 지적하는 연구가 1천여 건이 넘는다"는 사실을 언급했다. 성명서는 "지난 30년간의 연구에 근거해서 내린 공중보건 학계의 결론은 오락물 폭력의 시청이 특히 어린이에게서 공격적 태도,

가치, 행위의 증가를 유도할 수 있다는 것"이라고 명시했다.

6개 전문보건기구의 합의된 결론은 미디어폭력에 관한 최근의 방대한 문헌 검토에서 많이 입증되었다. 앤더슨 등(Anderson et al., 2003)의 요약문이 현재 학자들 사이에서 공유되는 미디어폭력의 효과에 대한 주된 합의점을 잘 포착하고 있다.

"폭력적 TV, 영화, 비디오 게임, 음악에 대한 연구는 미디어폭력이 즉각적, 장기적 맥락 모두에서 공격적이고 폭력적 행위의 가능성을 증대시킨다는 분명한 증거를 보여준다. 효과는 강도가 심한 공격보다는 다소 순한 형태의 공격에서 더 커 보이지만, 다른 폭력 위험요인의 효과나 의학계가 중요하다고 생각하는 의료효과(예를 들면, 아스피린이 심장발작에 미치는 효과)와 비교하면, 강도가 심한 공격에 대한 효과 또한 상당하다(r=.13에서 .32). 연구의 기반은 방대하고, 방법, 표본, 미디어 장르가 다양하며, 일반적인 결과 또한 일관성이 있다. 증거는 가장 광범위하게 연구가 진행된 TV와 영화 폭력에서 가장 분명하게 나타난다. 비디오 게임에 대한 연구가 증가하고 있는데, 이 분야에서도 동일한 결과가 나왔다."

1) 잔여논쟁

이러한 최근의 결론과 공동성명서가 미디어폭력에 대한 노출이 공격적 행위와 인과적으로 관련 있다는 점을 명확하게 입증하는 것처럼 보이지만 근본적 결론을 둘러싼 잔여논쟁이 여전히 존재한다는 것이 더 맞는 표현이다. 미디어폭력의 효과와 관련하여 청소년 폭력에 영향을

미치는 다른 요인에 대해 여전히 확인할 필요가 있다. 첫째, "원인" 효과에 대한 주장이 배타적이거나 단독적인 인과성의 주장으로 잘못 이해될 수도 있기 때문에 이것이 연구자 집단의 합의가 잘못되었다는 결론을 유도할 수 있다. 이러한 가능성에 대해 공동성명서(2000)는 인과론적 주장의 정확한 본질에 대해 보다 정확하게 밝히고 있다.

"우리는 오락물 폭력이 청소년 공격행위, 반사회적 태도, 폭력에 대한 유일한, 또는 필연적으로 가장 중요한 요인이라는 점을 말하고자하는 것은 결코 아니다. 가족배경, 또래의 영향, 총기의 이용가능성 및 다양한 다른 요인 모두가 이러한 문제에 영향을 미칠 수 있다."

그러나 미디어폭력이 공격행위의 다른 많은 요인들 중 하나일 수 있다는 사실에 대한 설명은 원인 효과의 통계적 크기(또는 강도)를 어떻게 해석할 것인가에 대한 잠재적 논쟁으로 이어진다. 통계적 유의성(*significance*)(즉, 특정한 결과가 우연적인 것인지 아닌지를 검증하는)에 대한 질문과는 구분되는 것이 연구결과에서 드러난 관계의 상대적 강도와 관련된 통계적 중요성의 이슈이다. 이 점에 대해 연구자 집단은 결과를 둘러싸고 잔존하는 혼란과 논쟁의 일부분에 일정 정도 책임이 있을 수 있다. 예를 들면, 앞에서 인용한 앤더슨 등(Anderson et al., 2003)은 연구결과에서 상관계수 .13에서 .32 정도를 미디어 노출이 정도가 심각한 폭력행태를 유발하는 효과가 "상당한" 것으로 해석한다. 우리가 지적했듯이 아마도 이러한 효과는 과학자들이 심각하게 간주하는 다른 공통효과(예를 들면, 아스피린이 심장발작에 미치는 효과)와 비교하면 상당할 수 있다. 이러한 사실에도 불구하고 .13의 상관

관계는 미디어폭력에 대한 노출이 설명하는 공격행위의 총변량의 2% 미만에 해당되는 효과이다. 만약 공격행위 총변량에서 설명되지 못한 것(이 경우 98%)을 비교기준으로 삼을 경우 적어도 이러한 소규모 변량의 공유를 "상당한" 효과에 못 미치는 것으로 볼 수도 있다. 연구자들이 효과의 실제 크기가 판단될 수 있는 가능한 관점에 대한 언급도 없이 인과효과가 존재한다는 결론을 단순하게 내리는 경우가 빈번하다. 앤더슨 등(2003)은 효과 크기에 대해 해석적 관점을 제공하기 위하여 미디어폭력이 공격행위에 미치는 효과를 이미 잘 알려진 다른 현상과 비교했다.

효과 크기(통계적 중요성)의 중요성에 대한 논쟁에 **사회적** 중요성의 개념이 추가된다. 미디어 수용자는 때때로 그 수가 수백만에 달하기 때문에 매우 조그만 통계적 효과조차도 중요한 사회적 문제로 환원될 수 있다. 수십만 명 가운데 단 한 사람이 폭력적 영화에 영향을 받아 심각한 공격적 행위를 저지른다면 그러한 영화를 시청하는 수백만 관람객들의 사회적 영향은 상당할 수 있다. 이러한 사실이 미미한 효과크기조차도 상당히 심각하게 고려해야 한다는 점을 시사하지만 또 다른 가능한 해석은 수용자의 거대한 크기를 고려해볼 때 이러한 조그만 효과는 거의 보증될 수 없고, 사실상 예방될 수 없으며, 결과적으로 주목할 가치가 없다는 결론으로 이어질 수 있다.

미디어폭력에 대한 논의에서 종종 제기되는 이러한 통계적 이슈가 결론을 둘러싼 혼란과 논쟁의 전부는 아니다. 예를 들면, 실험실 연구에서 미디어폭력물 노출과 공격행위 사이에 분명한 인과관계가 입증된다고 하더라도 이것이 실험실 바깥의 실제 세계에서 미디어폭력물이 공

격행위를 유발한다는 결론을 내리는 데 얼마나 유용한 정보인지에 대해서는 논란의 여지가 있다. 세비지(Savage, 2004)는 반대 주장이 지속적으로 제기되기는 하지만 연구결과가 폭력물 시청과 범죄행위 사이에 분명한 인과관계를 입증하지는 못한다는 결론을 내렸다. 물론 실험연구에 의한 증거에는 실질적인 제한점이 있다. 많은 연구들이 편협하게 대학생 피험자에게만 초점을 맞추며 실험실 맥락을 벗어나서는 실제로 일어날 수 없는 공격행위를 상당히 인위적으로 측정하는 경향이 있다는 주장이 있을 수 있다. 게다가 이들 연구에서 입증된 효과는 일시적으로 나타나고 사라질 수 있는 단기적 효과라는 경향이 있다. 이러한 비판에 대해 질만과 위버(Zillmann & Weaver, 1999)는 "미디어폭력 연구 비판가들은 젠더와 다양한 개인 성격 변인들 내에서 무작위 할당이 높이 평가받고 폭력물에 대한 노출이 엄격하게 통제되는 시계열적 실험연구, 즉 자유로운 실제세계에서는 실행될 수 없는 연구에만 만족하는 것처럼 보인다"고 지적했다. 게다가 비판가들은 또한 연구자가 실험실 연구결과를 실험실 바깥의 상황으로 일반화시키는 것에 대한 논쟁을 해결하기 위해서는 실제세계에서 공격행위를 관찰할 수 있는 연구를 수립할 것을 요구한다. 물론, 그러한 연구가 가능할 수도 있지만 연구자들은 윤리적 이유로 그러한 기회를 결코 만들려고 하지 않는다.

미디어폭력이 공격행위에 미치는 효과에 대한 합의를 비판하는 또 다른 연구자가 프리드먼(Jonathan Freedman, 1984, 1988, 2002)이다. 그는 개별연구에 대해 때때로 타당한 비판을 제기하지만 그의 일반적인 비판이 대부분의 미디어 학자들 사이에서 높이 평가받지는 못한다.

이것은 아마도 그가 미디어폭력 효과에 대해 자신만의 경험적 연구를 하지 않고, 다른 연구자들의 실험실 연구와 메타분석을 무시하는 것처럼 보이기 때문이다. 미디어 효과연구자들이 프리드먼의 주장을 반박하는데(Cantor, 2003b; Huesmann & Taylor, 2003), 그중에서 우리는 캔터의 주장에 동의한다. 캔터는 다음과 같이 지적했다.

"프리드먼의 추론은 설득, 모방, 유아발달에 관한 수십 년간의 연구를 정면으로 반박한다. 하지만 각 연구 디자인에 대한 지루한 비판과 그의 주장의 논쟁적 속성 사이에서 나는 그 비판이 그다지 영향력을 지닌 것으로 보지 않는다."

이러한 논쟁에도 불구하고 폭력이 공격적 행위를 증가시키는 데 인과적으로 연결되었다는 것에 대해 수년간 미디어폭력 효과에 대한 객관적 연구를 수행한 연구자들은 분명하게 동의한다. 앞에서 언급했던 경험적 연구에 대한 많은 뛰어난 문헌검토가 이러한 동의의 타당성을 뒷받침한다. 이 장에서는 미디어폭력이 공격행위에 미치는 효과에 관한 연구들을 또 다시 개괄하지 않고, 다만 서로 다른 방법론을 사용한 연구의 주요결과에 대해 조명하고자 한다.

2) 연구증거 유형

(1) 실 험

미디어폭력의 효과에 관한 초기 실험연구는 전형적으로 어린이를 피험자로 사용했고 폭력적인 미디어 프로그램을 시청한 이후 공격적 행위가 촉진된다는 분명한 증거를 제시했다. 예를 들면, 리버트와 바론(Liebert & Baron, 1972)은 5세에서 9세 사이의 어린이들을 폭력적 프로그램과 비폭력적 스포츠 프로그램에 무작위로 할당했다. 각각의 프로그램에 노출된 이후 어린이들은 옆방에서 게임을 이기려고 노력하는 다른 어린이가 게임에서 승리하기 위해 필요한 단계상승을 "도울 수" 있거나, "방해할 수" 있다는 이야기를 들었다. 어린이들은 "도움" 버튼을 누르면 자신들이 옆방에 있는 어린이가 게임에서 이기는 데 결정적인 핸들을 돌리기 쉽도록 할 수 있다는 이야기를 들었다. 그러나 어린이들은 만약 "방해" 버튼을 누르면 핸들이 너무 뜨거워서 만질 수 없어 어린이들이 게임에서 승리에 필요한 단계상승을 방해할 수 있다는 이야기를 들었다. 그 결과 폭력적 프로그램을 시청한 어린이는 스포츠 프로그램을 시청한 어린이보다 "방해" 버튼을 더 많이 눌렀고, 버튼을 누르는 시간도 더 길었다.

스타인과 프리드리치(Stein & Friedrich, 1972)는 심지어 미디어폭력물의 특징을 나타내는 만화영화조차도 어린이의 공격적 행위를 증가시킬 수 있다는 점을 입증했다. 이들은 어린이들을 〈배트맨〉과 〈슈퍼맨〉 만화영화(폭력물 조건)나 〈로저의 이웃〉(*Mister Rogers' Neighborhood*)(친사회적 조건)에 무작위로 할당하는 실험을 실시했다. 이러한 실험 처치 이후 2주간의 관찰 동안 폭력적 만화를 본 어린이 집단은 친사회적 프로그램을 본 어린이 집단보다 서로간의 상호작용에서 더 공격적인 것으로 나타났다. 초기 실험연구 모두 앞에서 언급했던 반두라의 실험과 더불어 공격행위의 촉진자로서의 미디어폭력물의 잠재적 문제점에 대해 관심을 갖도록 하는 데 도움을 주었다.

버코위츠(Leonard Berkowitz) 등은 나이가 조금 더 많은 피험자(주로 대학생)를 대상으로 하는 수많은 실험을 진행해 어린이를 상대로 얻은 연구결과의 일반화 가능성을 확대시키는 데 도움을 주었다. 이들 연구에서 채택한 전형적인 패러다임은 실험자가 불쾌한 감정을 자극했거나 하지 않았던 피험자들을 폭력적인 미디어물이나 비폭력적인 미디어물에 노출시키는 것이었다. 노출 이후에 자극을 받은 피험자는 비폭력적 미디어물을 시청한 이후보다 폭력적 미디어물을 시청한 이후에 실험자에게 더 공격적으로 행동한다는 사실을 발견했다.

질만과 위버(Zillman & Weaver, 1999)가 보고한 보다 최근의 실험에서는 피험자를 4일 연속 장편 특집영화 형태의 폭력물이나 비폭력물에 노출시켰다. 초기 실험결과와 마찬가지로 연구결과는 폭력적 영화를 본 피험자가 시청 이후의 행동이 더 적대적이라는 사실을 입증했다. 그러나 피험자가 불쾌한 감정을 자극한 사람에게만 적대성을 보였던 이전 실험과는 달리 이 연구에서 피험자는 자신이 불쾌한 감정적인 자극을 받았던 대상과 상관없이 그러한 적대성을 보였다.

폭력적 비디오 게임노출의 효과에 관한 보다 최근의 연구가 미디어폭력의 효과에 대한 전통적인 실험연구를 의미 있게 확장시켰다. 일반적으로 이들 연구에서 나타나는 증거는 TV와 영화의 효과에 관한 기존 증거와 상당히 일치하는 경향이 있다(Anderson, 2004 참조). 예를 들면, 앤더슨과 딜(Anderson & Dill, 2000)은 자신들의 연구에서 폭력적인 비디오 게임을 한 피험자들이 공격적 사고와 행동 모두가 증가되었다는 사실을 밝혀냈다. 이러한 일반적인 결과는 다른 연구에서도 입증되었다.

실험실 연구 이외에 미디어폭력과 공격적 행위 사이의 기본적 인과관계를 보다 자연스러운 상황으로 확대하려고 한 많은 중요한 현장 실험

연구도 있다. 버코위츠(Berkowitz) 등은 비행소년 보호시설에서 많은 실험을 실시했다. 이러한 실험은 몇 주간 미디어폭력물을 시청한 소년들의 물리적, 언어적 공격을 평가하고 이들의 공격성 수준을 폭력물을 시청하지 않는 다른 유사한 소년들과 비교했다. 연구결과는 실험실 연구와 일치했다. 즉, 미디어폭력물을 시청한 소년들이 공격적 행위를 더 많이 보였다. 비슷한 맥락에서 윌리엄스(Williams, 1986)의 연구는 처음에는 TV가 없었다가 나중에 TV가 들어오게 된 캐나다 마을에서 몇 년에 걸쳐서 자연스럽게 발생했던 공격행위의 변화를 연구를(자연스러운 실험연구) 할 수 있었다는 점에서 특별히 주목할 만한 가치가 있다. 그의 연구결과는 미디어폭력물에 대한 노출의 증가는 공격적 행위의 증가를 유도한다는 실험연구 결과와 일치했다. 이러한 증거는 미디어에 대한 접근이 전혀 없는 환경 속에서 연구를 진행할 가능성이 현재는 점차 줄어들기 때문에 중요한 가치가 있다.

미디어폭력 효과에 대한 또 다른 유형의 증거는 현실실험(natural experiment)에서 나타난다. 이 유형의 연구 중에서 가장 주목할 만한 것은 필립스(Phillips, 1979, 1983, 1986)와 센터월(Centerwall, 1989)의 연구결과이다. 센터월에 따르면, TV가 출현하기 이전 미국의 살인율은 인구 10만 명당 3명이었다. 1974년에 살인율은 두 배로 증가했다. 이와 같은 살인율 증가는 문화 전반에 걸쳐 TV에 대량으로 노출된 것과 직접적으로 관련이 있다고 센터월은 주장했다. 그는 근본적으로 동일한 살인율 증가가 캐나다에서도 일어났다는 점에 주목했다. 또한 그는 남아프리카의 경우 TV 도입 금지령이 있었던 1945년에서 1974년 사이에 거의 모든 다른 관련 변인에서 미국과 유사성

을 보였지만 살인율은 증가하지 않았다고 주장했다. 그러나 남아프리카는 금지령이 해제되자마자 20년 내에 미국과 캐나다처럼 살인율이 두 배로 증가했다. 센터월은 자신이 검토한 데이터가 미국에서의 모든 살인의 절반은 부분적으로 TV에 노출됨으로써 야기되었다는 사실을 보여주는 것이라는 결론을 내렸다. 센터월의 주장이 흥미롭기는 하지만, 세비지(Savage, 2004)는 다양한 이유로(국가간 비교의 어려움뿐만 아니라 반복 불가능한 측정 절차 등을 포함하여) "추가적 증거가 없다면 센터월의 결과는 단순히 제안적일 뿐 그다지 높이 평가될 수 없다"고 주장했다. 그러나 세비지는 미국이 1960년대 초반에서 1970년대 중반에 폭력범죄와 살인이 급증한 것에 대해서는 설명이 필요하다는 사실을 인정했다.

필립스(Phillips, 1986) 또한 자연발생적 데이터를 분석한 후 센터월과 비슷한 결론을 내렸다. 살인율과 관련하여 필립스는 헤비급 프로권투 경기가 널리 보급된 이후에 살인율이 증가했다고 주장했다. 그는 또한 자살에 대한 뉴스 기사가 등장한 이후 자동차 사고와 비행기 추락사고가 증가했다는 점에 주목한다. 물론 센터월과 필립스가 제시한 데이터 유형에 기반하여 인과성에 대해 명백한 결론을 내리는 것은 불가능하다. 센터월의 연구와 마찬가지로 필립스의 연구가 비판을 받지 않는 것은 아니다. 일부 연구자는 모방자살 현상에 대한 주장은 아직까지 확실하게 입증되지 않았다는 결론을 내렸다(Hittner, 2005; Sullivan, 2007).

(2) 서베이

일반적으로 미디어폭력물 노출과 공격적 행위 사이의 관계에 대한 서베이 결과는 폭력물 노

출이 공격행위를 야기한다는 가설을 지지하는 분명한 증거를 증명하는데 실험실 연구보다 설득력이 떨어진다. 서베이 연구에서 나온 두 변인 사이의 통계적인 유의미한 관계는 공격적 행위가 폭력물 시청에 선행한다거나, 미디어 노출과 공격적 행위 모두에 경험적으로 관련되는 통제되지 않는 어떤 변인이 작동한다는 해석의 가능성에 항상 열려있다. 이로 인해 횡단면 서베이(cross-sectional survey)를 사용한 연구가 공격행위와 미디어폭력에 대한 노출관계에 대한 결과를 발표하고 있지만 인과가설을 평가하는 데 횡단면 세베이의 근본적 가치가 감소되는 경향이 있다(Anderson et al., 2003 참조). 인과가설에 대한 가장 적절한 증거는 공격적 행위가 미디어에 대한 노출에 선행한다는 가능성을 제거하는 종단면(longitudinal) 디자인을 사용한 서베이에서 발견된다. 그러나 다른 가능한 영향력 변인을 통제하려고 하는 가장 엄격한 종단면 디자인조차도 통제변인을 완벽하게 통제할 수 없다는 점을 인정해야만 한다.

종단면 서베이를 통해서 미디어폭력의 효과를 입증한 가장 훌륭한 연구가 휴즈만 등(Huesmann, Moise-Titus, Podolski, & Eron, 2003)의 보고서이다. 이 연구는 1977년에서 1978년 사이에 6세에서 9세 어린이 수백 명에 대해 설문조사를 했고, 이후 1992년에서 1995년 사이에 이들이 21세에서 23세가 되었을 때 다시 조사했다. 연구자들은 남녀 모두 미디어폭력물에 대한 초기 노출이 이후의 공격적 행위의 중요한 예측변인이라는 결론을 내렸다. 이러한 결론은 사회경제적 지위, 부모행동, 지능 같은 변인들을 통제한 이후에도 여전히 유효했다. 다른 주요한 종단면 서베이는 밀라브스키 등(Milavsky, Kessler, Stipp, & Rubens,

1982)에 의해 보고되었다. 이 연구의 결과는 휴즈만 등의 연구결과와는 달랐는데, 이에 대해 일부 연구자는 그 원인으로 이 연구가 NBC TV 네트워크에 소속된 연구자에 의해 진행되었다는 점을 지적했다(Anderson et al., 2003). 게다가 이 연구는 미디어 노출에 대한 측정을 어떻게 했는지에 대해 제대로 보고하지 않기 때문에 가장 공격적인 어린이가 실제로 데이터 분석에서 빠졌는지의 여부에 대해 의문이 제기되었다.

(3) 메타 분석

미디어폭력에 관해서 방대한 연구가 이루어졌기 때문에 메타분석을 행하기가 용이하다. 메타분석은 서로 다른 독립변인과 종속변인뿐만 아니라 다른 응답자 또는 피험자를 사용한 다양한 연구의 효과크기를 측정하기 위한 통계기술이다. 일반적으로 메타분석은 미디어폭력에 대한 노출과 공격행위 간의 상관관계를 확증하는 경향이 있다. 크리스텐슨과 우드(Christensen & Wood, 2007)의 최근분석이 사회적으로 강제되지 않는 환경에서의 공격행위를 분석한 우드 등(Wood et al., 1991)의 초기연구를 업데이트하려고 했기 때문에 적절하다. 초기의 메타분석 결과와 일치되게 크리스텐슨과 우드는 가장 최근의 연구를 요약하면서 미디어폭력에 대한 노출이 시청자의 공격행위를 증가시킨다는 사실을 밝혀냈다. 효과의 크기에 관한 이들의 논의는 앞에서 논의했던 복잡한 이슈의 일부를 반영한다. 이들은 다음과 같이 지적한다.

"미래의 연구가 폭력적 미디어에 대한 노출이 우리 사회에서 공격적 행위를 유발시키는 가장 두드러지는 요인이라는 사실을 입증할 가능성에 대해서는 의문의 여지가 있다. 그러나 미디어폭력이 개인행위에 미치는 영향은 사회심리학적 예측변인이 전형적으로 보여주는 효과의 크기에 비교하면 무시할 만한 것이 못 된다."

3) 노출과 공격행위 사이의 관계에 대한 이론적 메커니즘

이전 제 2판에서(Sparks & Sparks, 2002)는 학자들이 미디어폭력과 공격 사이의 관계를 설명하기 위해 사용하는 주요한 이론적 관점에 대해 간략하게 기술했다. 앤더슨 등(Anderson et al., 2003)이 포괄적으로 문헌을 검토하면서 기본적으로 동일한 이론적 메커니즘에 대해 기술했다. 우리는 4가지 주요 메커니즘에 대해 간단히 소개하고 미디어 맥락에서 작동하는 기본적인 신경생리학적 과정의 역할에 대한 최근의 연구를 반영하는 하나의 새로운 메커니즘을 추가하고자 한다.

(1) 사회적 학습

사회적 학습이론은 반듀라(Bandura, 1965)에 의해 미디어폭력에 적용되었다. 이 이론은 공격적 행위에 대한 모델로 기능하는 미디어 등장인물이 시청자의 주목을 받고, 그 행위가 보상을 받는지 처벌을 받는지의 여부에 따라 행위의 모방을 억제시키거나 탈억제시킬 것이라고 예측했다. 앞에서 논의했듯이 반듀라의 연구는 사회적 학습과정에 대해 상당히 입증했다. 반듀라(2002; 이 책의 제 6장)는 자신의 이론적 관점을 사회인지이론의 입장에서 더욱 진전시켰고, 초기이론이 어떻게 전개되었는지, 그리고 그것이 현재 미디어폭력 효과를 이해하기 위한 주요한 이론으로 기능하는지를 제시한다.

(2) 점화 작용

처음에 버코위츠(Berkowitz)는 폭력적 내용물에 포함된 "공격적 단서"를 강조하면서 미디어폭력에 초점을 맞췄다. 그는 이러한 단서가 심리적으로 분노, 좌절 같은 시청자의 감정적 상태와 결합하여 후속적 공격행위를 촉발시킨다고 생각했다. 조와 버코위츠(Jo & Berkowitz, 1994)는 이러한 입장을 수정해서 미디어폭력이 공격적 행위에 대한 생각을 점화시켜 결과적으로 현실에서의 공격적 행위 가능성을 증대시킬 수 있다는 사실에 초점을 맞추었다. 점화 가설은 미디어폭력 연구에서 폭넓은 지지를 받았다. 질만과 위버(Zillmann & Weaver, 1999)는 바그(Bargh)와 그의 동료들이 어떻게 점화작용의 아이디어를 확장시켜 점화작용이 미디어폭력이 공격에 미치는 단기적 효과뿐만 아니라 장기적 효과를 설명할 수 있었는지에 대해 논의했다. 점화작용의 아이디어를 요약하면서 조와 버코위츠(Jo & Berkowitz, 1994)는 연구결과에 대해 "그것은 마치 특정행위에 대한 생각이 일정 정도 이 행위에 연결된 반사적 운동프로그램을 활성화시키는 것과 같다"고 언급했다.

(3) 각 성

질만(Zillmann, 1991)은 그의 흥분전이 이론에서 미디어폭력물 중에서 각성을 유발하는 속성이 시청 이후에 즉각적으로 나타나는 감정적 반응의 강도를 이해하는 데 매우 중요하다는 주장을 정교화시켰다. 예를 들면, 만약 시청자가 고도로 자극적인 폭력적 묘사에 노출된 이후에 나타난 어떤 상황에 대해 분노하면 이러한 각성이 후속적으로 분노로 전이되고 그것을 더욱 강화시켜 공격적 행위를 할 가능성을 높이게 된다.

비슷하게, 이러한 각성은 또한 시청 이후 제시된 다른 자극에 반응하여 일어난 긍정적 감정을 강화시킬 수 있다. 흥분전이 이론은 미디어 효과연구에서 잘 정리되어 있고, 미디어폭력의 각성적 속성은 질만 등이 진행한 연구에서 나타난 증거를 고려해 볼 때 중요하게 다루어져야 한다.

(4) 둔감화

미디어폭력물이 공격적 행위를 증대시키는 한 방법이 감정적 둔감화를 통해서이다. 둔감화 이론에 따르면, 미디어폭력물에 대해 반복적으로 노출되면 심리적 포화상태나 감정적응이 발생해 긴장, 불안, 혐오 등의 초기수준이 약화되거나 감소된다. 미디어폭력물 노출과 관련된 부정적 감정의 수준이 낮아지면 현실세계에서 폭력에 대한 반응의 속도가 낮아진다. 어린이를 대상으로 한 연구가 이러한 주장을 입증하고, 둔감화 효과는 성적으로 폭력적인 자극물을 사용한 연구에서 일반적으로 관찰된다. 폭력에 대한 사람들의 민감성이 점차 둔화되면 사람들은 폭력적 행위를 더 이상 해서는 안 될 행동으로 인지하지 않을 수 있기 때문에 폭력적 행위가 증가될 수 있다.

감정적 둔감화 가설을 뒷받침하는 가장 최근의 증거는 카나지 등(Carnagey, Anderson, & Bushman, 2007)이 비디오 게임을 대상으로 한 연구에서 나타난다. 대학생 피험자들이 무작위로 할당되어 폭력적, 비폭력적 비디오 게임을 20분간 한 이후 현실세계 폭력장면이 담긴 10분짜리 비디오물을 시청했다. 폭력적인 비디오 게임을 한 피험자는 심장박동수와 전기 피부반응의 수준이 비폭력적인 비디오 게임을 한 피험자에 비해 더 낮았다. 이러한 결과는 매개된 폭력물에 대한 노출이 현실세계 폭력에 대한 감정적 반응을 둔감화시킬 수 있다는 주장을 입증하는 것으로 보이지만 행위적 반응과 매개된 폭력물 대신 자연스러운 환경에서 일어나는 폭력에 대한 반응에 대해서는 더 고찰할 필요가 있다.

(5) 신경생리학적 활성화

어린이를 대상으로 한 최근의 연구에 기반 하여 머레이 등(Murray et al., 2006)은 어린이가 TV폭력물을 시청할 때 "계통발생적 두뇌체계"의 신경생리학이 공격이나 도주와 연관된 운동신경 계획의 유기체를 준비하는 대뇌변연계와 신피질계의 활성화와 함께 관여된다고 주장했다. 이들은 이러한 근본적인 두뇌과정이 관여되기 때문에 미디어폭력물에 대한 반응은 기본적으로 "전의식적"(preconscious)이고 시청시간에만 국한되지 않는 장기적 함의를 지닌다고 주장했다. 이러한 과정이 어린이가 현실세계 폭력과 판타지 폭력을 구분하지 못하도록 하는 데 일정한 역할을 할 수도 있다. 미디어폭력 효과를 처리하는 데 신경생리학적 메커니즘이 관여되는 것이 앞에서 논의한 보다 전통적인 이론적 메커니즘들 중 어떤 것과도 양립 불가능한 것이 아니라는 사실에 유념할 필요가 있다. 미래연구가 이러한 종류의 근본적인 두뇌과정의 관여를 정당성을 입증할수록 매개된 폭력물에 대한 인간의 반응을 전반적으로 이해하는 수준이 높아질 것이다.

3. 미래 연구방향

미디어폭력물 노출과 공격적 행위 사이의 인과관계의 속성에 대한 설명이 증가하면서 미디어폭력은 미디어 효과연구의 최전선에 있는 매우 전망 있는 분야인 것으로 보인다. 마지막으로 우리는 앞으로 오락물에서 미디어폭력에 대한 우리의 이해를 풍부하게 만들 가능성이 있는 5가지 연구분야 대해 기술하고자 한다. 각각의 연구분야에서 미래에 자기분야에서 선두적인 연구로 인용될 만한 가치가 있는 몇 가지 연구사례를 검토하고자 한다.

1) 개인차이

폭력적 내용에 대한 노출의 효과를 증대시키거나 감소시킬 개인차이 변인에 대한 이해가 유망한 연구분야 중 하나이다. 예를 들면 그림즈 등(Grimes, Bergen, Nichols, Vernberg, & Fonagy, 2004)은 파괴성 행동장애 진단을 받은 어린이들이 미디어폭력물에 대한 생리학적 반응을 보일 가능성이 더 높다는 사실을 발견했다. 시거드쏜 등(Sigurdsson, Gudjonsson, Bragason, Kristjansdottir, & Sigfusdottir, 2006)은 사람들로 하여금 미디어폭력물을 많이 소비하도록 만드는 요인인 낮은 감정이입과 태도에 대해 초점을 맞추었다. 다른 연구자는 분노와 비행소년들과의 친구관계 유지(Lee & Kim, 2004), 자극 추구(*sensation seeking*)와 소외감(Slater, Henry, Swaim, & Cardador, 2004)이 미디어폭력물에 대한 반응과 어떻게 연관되는지에 대해 연구했다. 종합해볼 때, 이러한 노력은 노출 효과의 영향을 많이 받을 위험성이 있는 인구학적 집단에 대한 이해를 진척시키는 데 상당한 도움이 될 것으로 보인다.

2) 미디어폭력의 향유

전통적으로 폭력물에 대한 노출이 어떻게 공격행위에 영향을 미치는가를 강조하는 것과는 대조적으로, 일부 연구자들은 폭력적인 오락물에 대한 소비와 연관된 동기에 대해 관심을 돌리고 있다. 호프너와 레빈(Hoffner & Levine, 2005)은 매개된 공포와 폭력을 즐기는 것에 초점을 맞추어 메타분석을 실시했다. 이들은 폭력물의 향유는 남성, 감정이입이 낮은 시청자, 자극 추구가 높은 시청자에게서 더 높다는 사실을 발견했다. 스팍스와 스팍스(Sparks & Sparks, 2000)는 폭력을 통한 신체상해, 공포의 향유에 영향을 미치는 다양한 요인들을 분석했는데, 폭력물을 담고 있는 미디어 프로그램이 폭력물을 담고 있지 않는 동일한 프로그램보다 선호된다는 사실을 결정적으로 입증할 만한 데이터가 없다는 결론을 내렸다. 스팍스 등(Sparks, Sherry, & Lubsen, 2005)이 보고한 최근의 한 실험은 무작위 할당을 통해 15분간 폭력장면을 담은 영화 한 편을 전부 시청한 피험자들이 폭력장면이 제거된 똑같은 영화를 시청한 피험자와 똑같은 정도로 영화를 즐겼다는 사실을 밝혀냈다. 미래 연구는 폭력물이 이러한 종류의 오락물의 향유에 정확하게 어떤 역할을 하는지에 대한 우리의 이해를 향상시키는 방향으로 진행될 필요가 있다.

3) 폭력적 비디오 게임

지난 20년간 개인 컴퓨터의 보편화와 더불어

비디오 게임산업이 폭발적으로 증가하면서 새로운 연구분야가 형성되기 시작했다. 비디오 게임에 대한 연구는 때때로 TV, 영화의 맥락에서 연구되었던 둔감화(Bartholow, Bushman, & Sestir, 2006), 폭력의 향유(Jansz, 2005)와 같은 동일한 주제를 다룬다. 연구의 상당 부분은 여전히 노출과 공격적 행위 사이의 관계에 초점을 맞추지만, 미래의 연구는 비디오 게임의 특수성을 감안한 새롭게 발전된 이론을 반영할 것으로 보인다(예를 들면, 상호작용성의 역할, 폭력적 시나리오에 대한 개인적 통제 등).

4) 공격적 행위 외의 다른 변인에 대한 효과

미디어폭력 연구의 상당 부분이 공격적 행위에 초점을 맞추는 것은 분명하다. 공격행위의 심각성에 비추어 볼 때 이러한 초점은 타당하지만, 이것이 또한 잠재적으로 다른 심각한 또는 흥미로운 효과에 대한 관심을 배제하는 경향이 있다. 폭력의 희생물이 될 것이라는 두려움에 대한 미디어 계발효과가 지난 수십 년간 연구되었지만(Gerbner, Gross, Morgan, & Signorielli, 1994), 공격적 행위 이외의 변인에 대한 연구가 앞으로 증가할 것으로 보인다. 예를 들면, 스모레이와 키비뷰오리(Smolej & Kivivuori, 2006)는 최근에 핀란드에서 범죄뉴스가 폭력에 대한 두려움에 미치는 효과를 연구했다. 연구결과는 타블로이드 신문에서 범죄에 대한 제목을 많이 읽게 되면 폭력의 희생물이 될 것이라는 걱정이 증가한다는 사실을 입증한다. 비슷하게, 프레몬트 등(Fremont, Pataki, Beresin, 2004)은 테러 사건에 대한 뉴스보도가 증가하면 특히 어린이들에게 두려움과 불안을 야기할 것이라는 우려를 제기했다. 아나스타시오(Anastasio, 2005)는 전통적으로 연구된 변인을 넘어서서 미디어에서의 정당화된 폭력에 대해 단지 8분간 노출되어도 피험자들이 타인의 가치를 평가절하하는 경향을 야기한다는 사실을 밝혀냈다. 향후 미디어폭력물에 대한 노출이 직접적인 공격행위 이외의 다른 결과변인에 미치는 영향을 검토하는 지속적인 연구가 등장할 것으로 기대된다.

5) 두뇌연구의 진전

미디어 효과연구에서 가장 흥미로운 새로운 방법론 중 하나가 자기공명영상(MRI: *Magnetic Resonance Imaging*) 스캐너 사용을 통한 뇌 영상작용의 적용이다. 최근 *Media Psychology* 저널의 특별판에서 자기공명영상 기술을 적용한 3편의 연구 중 2편이 미디어폭력에 대한 연구결과를 보고했다. 머레이 등(Murray et al., 2006)은 TV폭력물이나 비폭력물을 시청한 8명의 어린이에 대한 관찰을 토대로 자기공명영상 데이터가 폭력물 시청이 "감정, 각성, 주목, 일화 기억입력과 검색, 동작 프로그래밍의 조절과 관련되는 뇌영역의 네트워크에 관여한다"는 사실을 보여준다고 보고했다. 저자들은 처리과정에서 가장 활성화되는 뇌 부분에 대한 이해가 미디어폭력 연구에서 자주 관찰되는 행위적 효과를 이해하는 데 도움을 줄 수 있다고 추정했다. 특별판의 두 번째 논문에서 웨버 등(Weber, Ritterfeld, & Mathiak, 2006)은 자기공명영상 스캐너를 사용하여 폭력적 비디오 게임을 한 13명의 남자 피험자의 관찰결과를 보고했다. 연구결과는 가상폭력에 대한 노출이 감정영역(내측 전전두피질과 편도체)에 해당되는 뇌의 활동을 억제한다는 사실을 제시했다. 자기공명영상 기술의 적용에서 어려움이 따르지만(장비가격, 연구를 위한 장비 접근, 장비사용 기술훈련 등), 미디어 연구에서 앞으로 10년 내에 미디어 자극을 처리하는 동안 뇌의 활동을 관찰하는 많은 연구가 의미 있는 결과를 만들어 낼 것으로 기대된다.

미디어폭력 연구의 5가지 미래 방향을 고찰해 볼 때 지난 몇 년간 이 분야의 연구에서 일어났던 지속적 논란에도 불구하고 미디어 효과연구는 앞으로 미디어폭력과 그 효과와 관련된 연구가 보여주는 경향에 명백하게 영향을 받을 것으로 보인다.

참고문헌

American Psychological Association (1993). *Violence and youth: Psychology's response.* Washington, DC: American Psychological Association.

Anastasio, P. A. (2005). Does viewing "justified" violence lead to devaluing others? *Current Psychology*, 23, 259-266.

Anderson, C. A. (1983). Imagination and expectation: The effect of imagining behavioral scripts on personal intentions. *Journal of Personality and Social Psychology*, 45, 293-305.

Anderson, C. A. (2004). An update on the effects of playing violent video games. *Journal of Adolescence*, 27, 113-122.

Anderson, C. A., Berkowitz, L., Donnerstein, E., Huesmann, L. R., Johnson, J. D, Linz, D. et al. (2003). The influence of media violence on youth. *Psychological Science in the Public Interest*, 4.

Anderson, C. A., Carnagey, N. L., Flanagan, M., Benjamin, A. J., Eubanks, J., &. Valentine, J. C. (2004). Violent video games: Specific effects of violent content on aggressive thoughts and behavior. In M. Zanna (Ed.), *Advances in experimental social psychology* (Vol. 36). N. Y.: Elsevier.

Anderson, C. A., &. Dill, K. E. (2000). Video games and aggressive thoughts, feelings, and behavior in the laboratory and in life. *Journal of Personality and Social Psychology*, 78.

Anderson, C. A., Gentile, D. A., &. Buckley, K. E. (2007). *Violent video game effects on children and adolescents: Theory, research, and public policy.* New York: Oxford University Press.

Bandura, A. (1965). Influence of models' reinforcement contingencies on the acquisition of imitative responses. *Journal of Personality and Social Psychology*, I, 589-595.

Bandura, A. (2002). Social cognitive theory of mass communication. In J. Bryant & D. Zillmann (Eds.), *Media effects: Advances in theory and research.* Mahwah, NJ: Erlbaum.

Bandura, A., Ross, D., & Ross, S. A. (1963a). Imitation of film-mediated aggressive models. *Journal of Abnormal and Social Psychology*, 66, 3-11.

Bandura, A., Ross, D., & Ross, S. A. (1963b). Vicarious reinforcement and imitative learning. *Journal of Abnormal and Social Psychology*, 67, 601-607.

Bargh, J. A. (1984). Automatic and conscious processing of social information. In R. S. Wyer & T. K. Srull (Eds.), *Handbook of social cognition* (Vol. 3). Hillsdale, NJ: Erlbaum.

Bargh, J. A., Lombardi, W. J., & Higgins, E. T. (1988). Automaticity of chronically accessible constructs in person x situation effects on person perception: It's just a matter of time. *Journal of Personality and Social Psychology*, 55, 599-605.

Bartholow, B. D., & Anderson, C. A. (2002). Effects of violent video games on aggressive behavior: Potential sex differences. *Journal of Experimental Social Psychology*, 38, 283-290.

Bartholow, B. D., Bushman, B. J., &. Sestir, M. A. (2006). Chronic violent video game exposure and desensitization to violence: Behavioral and event-related brain potential data. *Journal of Experimental Social Psychology*, 42, 532-539.

Berkowitz, L., & Alioto, J. T. (1973). The meaning of an observed event as a determinant of its aggressive consequences. *Journal of Personality and Social Psychology*, 28, 206-217.

Berkowitz, L., & Geen, R. G. (1966). Film violence and the cue properties of available targets. *Journal of Personality and Social Psychology*, 3, 525-530.

Berkowitz, L., & Geen, R. G. (1967). Stimulus qualities of the target of aggression: A further study. *Journal of Personality and Social Psychology*, 5, 364-368.

Berkowitz, L., & LePage, A. (1967). Weapons as aggression-eliciting stimuli. *Journal of Personality and Social Psychology*, 7, 202-207.

Berkowitz, L., & Powers, P. C. (1979). Effects of timing and justification of witnessed aggression on the observers' punitiveness. *Journal of Research in Personality*, 13, 71-80.

Berkowitz, L., &. Rawlings, E. (1963). Effects of film violence on inhibitions against subsequent aggression. *Journal of Abnormal and Social Psychology*, 66, 405-412. Blumer, H. (1933). Movies and conduct. New York: The Macmillan Company.

Browne, K. D., & Hamilton-Giachritsis, C. (2005). The influence of violent media on children and adolescents: A public health approach. *Lancet*, 365, 702-710.

Bushman, B. J., & Anderson, C. A. (2002). Violent video games and hostile expectations: A test of the general aggression model. *Personality and Social Psychology Bulletin*, 28, 1679-1686.

Bushman, B. J., & Geen, R. G. (1990). Role of cognitive-emotional mediators and individual differences in the effects of media violence on aggression. *Journal of Personality and Social Psychology*, 58, 156-163.

Cantor, J. (2003a). Media violence effects and interventions: The roles of communication and emotion. In J. Bryant, D. Roskos-Ewoldson, & J. Cantor (Eds.), *Communication and emotion: Essays in honor of Dolf Zillmann*. Mahwah, NJ: Erlbaum.

Cantor, J. (2003b). [Review of the book Media violence and its effect on aggression: Assessing the scientific evidence.] *Journalism and Mass Communication Quarterly*, 80, 468-470.

Carnagey, N. L., Anderson, C. A., & Bushman, B. J. (2007). The effect of video game violence on desensitization to real-life violence. *Journal of Experimental Social Psychology*, 43, 489-496.

Center for Disease Control (1991). *Position papers from the third national injury conference: Setting the national agenda for injury control in the 1990s*. Washington, DC: Department of Health and Human Services.

Centerwall, B. S. (1989). Exposure to television as a cause of violence. In G. Comstock(Ed.), *Public communication and behavior*(Vol. 2, pp. 1-58). San Diego: Academic Press.

Christensen, P., & Wood, W. (2007). Effects of media violence on viewers' aggression in unconstrained social interaction. In R. W. Preiss, B. M. Gayle, N. Burrell, M. Allen, & J. Bryant(Eds.), *Mass media effects research: Advances through meta-analysis*. Mahwah, NJ: Erlbaum.

Comstock, G., & Scharrer, E. (1999). *Television: What's on, who's watching, and what it means.* San Diego: Academic Press.

Dale, E. (1935). *The content of motion pictures.* New York: The Macmillan Company.

Dexter, H. R., Penrod, S., Linz, D., &. Saunders, D. (1997). Attributing responsibility to female victims after exposure to sexually violent films. *Journal of Applied Social Psychology*, 27.

Dill, K. E., &. Dill, J. C. (1998). Video game violence: A review of the empirical literature. *Aggression and Violent Behavior*, 3, 407-428.

Drabman, R. S., &. Thomas, M. H. (1976). Does watching violence on television cause apathy? *Pediatrics*, 57, 329-331.

Freedman, J. L. (1984). Effect of television violence on aggressiveness. *Psychological Bulletin*, 96.

Freedman, J. L. (1988). Television violence and aggression: What the evidence shows. In S. Oskamp(Ed.), *Television as a social issue. Applied social psychology annual*(Vol. 8, pp. 144-162). Newbury Park, CA: Sage.

Freedman, J. L. (2002). *Media violence and its effect on aggression: Assessing the scientific evidence.* Toronto: University of Toronto Press.

Fremont, W. P., Pataki, C., &. Beresin, E. V. (2005). The impact of terrorism on children and adolescents: Terror in the skies, terror on television. *Child and Adolescent Psychiatric Clinics of North America*, 14, 429-451.

Gerbner, G. (1972). Violence in television drama: Trends and symbolic functions. In G. A. Comstock & E. A. Rubinstein(Eds.), *Television and social behavior*(Vol. I): *Media content and control*(pp. 28-187). Washington, DC: United States Government Printing Office.

Gerbner, G., Gross, L., Morgan, M., & Signorielli, N. (1994). Growing up with television: The cultivation perspective. In J. Bryant & D. Zillmann(Eds.), *Media effects: Advances in theory and research*. Hillsdale, NJ: Erlbaum.

Grimes, T, Bergen, L., Nichols, K., Vernberg, E., & Fonagy, P. (2004). Is psychopathology the key to understanding why some children become aggressive when they are exposed to violent television programming? *Human Communication Research*, 30, 153-181.

Guardian, The(2007). Retrieved August 31, 2007, from(http://film.guardian.co.uk/News_Story/ Critic_Review/Guardian_review).

Gunter, B. (1994). The question of media violence. In J. Bryant & D. Zillmann(Eds.), *Media effects: Advances in theory and research*(pp. 163-211). Hillsdale, NJ: Erlbaum.

Hearold, S. (1986). A synthesis of 1,043 effects of television on social behavior. In G. Comstock(Ed.), *Public communication and behavior*(Vol. 1). New York: Academic Press.

Heath, L., Bresolin, L. B., & Rinaldi, R. C. (1989). Effects of media violence on children: A review of the literature. *Archives of General Psychiatry*, 46, 376-379.

Hittner, J. B. (2005). How robust is the Werther effect? A re-examination of the suggestion-imitation model of suicide. *Mortality*, 10, 193-200.

Hoffner, C. A., & Levine, K. J. (2005). Enjoyment of mediated fright and violence: A meta analysis. *Media Psychology*, 7, 207-237.

Huesmann, L. R., Moise-Titus, J., Podolski, C. L., & Eron, L. D. (2003). Longitudinal relations between children's exposure to TV violence and their aggressive and violent behavior in young adulthood: 1977-1992. *Developmental Psychology*, 39, 201-221.

Huesmann, L. R., & Taylor, L. D. (2003). The case against the case against media violence. In D. A. Gentile(Ed.), *Media violence and children: A complete guide for parents and professionals*(pp. 107-130). Westport, CT: Praeger.

Irwin, A. R., & Gross, A. M. (1995). Cognitive tempo, violent video games, and aggressive behavior in young boys. *Journal of Family Violence*, 10, 337-350.

Jansz, J. (2005). The emotional appeal of violent video games for adolescent males. *Communication Theory*, 15, 219-241.

Jason, L. A., Kennedy, H. L., & Brackshaw, E. (1999). Television violence and children: Problems and solutions. In T. P. Gullotta & S. J. McElhaney(Eds.), *Violence in homes and communities: Prevention, intervention, and treatment. Issues in children's and families' lives*(Vol. 11). Thousand Oaks, CA: Sage.

Jo, E., & Berkowitz, L. (1994). A priming effect analysis of media influences: An update. In J. Bryant & D. Zillmann(Eds.), *Media effects: Advances in theory and research*(pp. 43-60). Hillsdale, NJ: Erlbaum.

Joint Statement. (2000). Joint statement on the impact of entertainment violence on children. Retrieved September 3, 2007, from http://www.aap.org/advocacy/releases/jstmtevc.htm.

Krafka, C., Linz, D., Donnerstein, E., & Penrod, S. (1997). Women's reactions to sexually aggressive mass media depictions. *Violence Against Women*, 3, 149-181.

Lee, E., & Kim, M. (2004). Exposure to media violence and bullying at school: Mediating influences of anger and contact with delinquent friends. *Psychological Reports*, 95, 659-672.

Leyens, J. P., Camino, L., Parke, R. D., & Berkowitz, L. (1975). Effects of movie violence on aggression in a field setting as a function of group domi»ance and cohesion. *Journal of Personality and Social Psychology*, 32, 346-360.

Liebert, R. M., & Baron, R. A. (1972). Short-term effects of televised aggression on children's aggressive behavior. In J. P. Murray, E. A. Rubinstein, & G. A. Comstock(Eds.), *Television and social behavior, Vol. U: Television and social learning*(pp. 181-201). Washington, DC: U.S. Government Printing Office.

Liebert, R., Sprafkin, J. N., & Davidson, E. S. (1982). *The early window: Effects of television on children and youth*(2nd ed.). New York: Pergamon Press.

Milavsky, J. R., Kessler, R. C., Stipp, H., & Rubens, W. S. (1982). *Television and aggression: A panel study.* New York: Academic Press.

Murray, J. P. (1998). Studying television violence: A research agenda for the 21st century. In J. K. Asamen & G. L. Berry (Eds.), *Research paradigms, television, and social behavior.* Thousand Oaks, CA: Sage.

Murray, J. P., Liotti, M., Ingmundson, P. T., Mayberg, H. S., Pu, Y., Zamarripa, E. et al. (2006). Children's brain activations while viewing televised violence revealed by fMRI. *Media Psychology, 8,* 25-37.

National Academy of Science. (1993). *Understanding and preventing violence.* Washington, DC: National Academy Press.

National Commission on the Causes and Prevention of Violence. (1969). *Commission statement on violence in television entertainment programs.* Washington, DC: U. S. Government Printing Office.

National Institute of Mental Health. (1982). *Television and behavior: Ten years of scientific progress and implications for the eighties. Vol. I: Summary report* (DHHS Publication No. ADM 82-1195). Washington, DC: U. S. Government Printing Office.

Pailc, H., & Comstock, G. (1994). The effects of television violence on antisocial behavior: A meta-analysis. *Communication Research, 21.*

Parke, R. D., Berkowitz, L., Leyens, J. P., West, S. G., & Sebastian, R. J. (1977). Some effects of violent and non-violent movies on the behavior of juvenile delinquents. In L. Berkowitz (Ed.), *Advances in experimental social psychology* (Vol. 10). New York: Academic Press.

Phillips, D. P. (1979). Suicide, motor vehicle fatalities, and the mass media: Evidence toward a theory of suggestion. *American Journal of Sociology, 84,* 1150-1174.

Phillips, D. P. (1983). The impact of mass media violence on U. S. homicides. *American Sociological Review, 48,* 560-568.

Phillips, D. P. (1986). The found experiment: A new technique for assessing the impact of mass media violence on real-world aggressive behaviour. In G. Comstock (Ed.), *Public communication and behavior* (Vol. 1, pp. 259-307). Orlando, FL: Academic Press.

Potter, W. J. (2003). The 11 myths of media violence. Thousand Oaks, CA: Sage.

Savage, J. (2004). Does viewing violent media really cause criminal violence? A methodological review. *Aggression and Violent Behavior, 10,* 99-128.

Schaefer, G. (2000, December 17). Japan's teens ignore official's plea, line up to see violent film. *Journal and Courier,* p. A-9.

Schramm, W., Lyle, J., & Parker, E. (1961). *Television in the lives of our children. Stanford,* CA: Stanford University Press.

Sherry, J. L. (2001). The effects of violent video games on aggression: A meta-analysis. *Human Communication Research, 27,* 409-431.

Sigurdsson, J. E., Gudjonsson, G. H., Bragason, A. V., Kristjansdottir, E., & Sigfusdottir, I. D. (2006). The role of violent cognition in the relationship between personality and the involvement in violent films and computer games. *Personality and Individual Differences*, 41.

Slater, M. D., Henry, K. L., Swaim, R. C., & Cardador, J. M. (2004). Vulnerable teens, vulnerable times: How sensation seeking, alienation, and victimization moderate the violent media content-aggressiveness relation. *Communication Research*, 31, 642-668.

Smith, S. L., & Donnerstein, E. (1998). Harmful effects of exposure to media violence: Learning of aggression, emotional desensitization, and fear. In R. G. Geen & E. Donnerstein (Eds.), *Human aggression: Theories, research, and implications for social policy*. San Diego: Academic Press.

Smolej, M., & Kivivuori, J. (2006). The relation between crime news and fear of violence. *Journal of Scandinavian Studies in Criminology and Crime Prevention*, 7, 211-227.

Sparks, G. G., Sherry, J., & Lubsen, G. (2005). The appeal of media violence in a full-length motion picture: An experimental investigation. *Communication Reports*, 18, 21-30.

Sparks, G. G., & Sparks, C. W. (2000). Violence, mayhem, and horror. In D. Zillmann & P. Vorderer (Eds.), *Media entertainment: The psychology of its appea*. Mahwah, NJ: Erlbaum.

Sparks, G. G., & Sparks, C. W. (2002). Effects of media violence. In J. Bryant & D. Zillmann (Eds.), *Media effects: Advances in theory and research. LEA's communication series* (2nd ed.). Mahwah, NJ: Erlbaum.

Stein, A. H., & Friedrich, L. K. (1972). Television content and young children's behavior. In J. P. Murray, E. A. Rubinstein, & G. A. Comstock (Eds.), *Television and social behavior, Vol. H: Television and social learning*. Washington, DC: U. S. Government Printing Office.

Stewart, R. (2007). "Captivity" controversy explodes to new level: MPAA slaps sanctions on, ratings process suspended. Retrieved July 23, 2007, from http://www.cinematical.com/2007/03/30/

Strasburger, V. C., & Wilson, B. J. (2003). Television violence. In D. Gentile (Ed.), *Media violence and children: A complete guide for parents and professionals* (pp. 57-86). Westport, CT: Praeger.

Sullivan, G. (2007). Should suicide be reported in the media? A critique of research. In M. Mitchell (Ed.), *Remember me: Constructing immortality—beliefs on immortality, life and death* (pp. 149-158). New York: Routledge.

U. S. Surgeon General's Scientific Advisory Committee on Television and Social Behavior. (1972). *Television and growing up: The impact of televised violence* (DHEW Publication No. HSM 72-9086). Washington, DC: US Government Printing Office.

Wasserman, I. M. (1984). Imitation and suicide: A reexamination of the Werther effect. *American Sociological Review*, 49, 427-436.

Weber, R., Ritterfeld, U., & Mathiak, K. (2006). Does playing violent video games induce aggression? Empirical evidence of a functional magnetic resonance imaging study. *Media Psychology*, 8, 39-60.

Wertham, F. (1954). *Seduction of the innocent*. New York: Rinehart.

Williams, T. M. (1986). *The impact of television: A natural experiment in three communities*. New York: Academic Press.

Wilson, B. J., Kunkel, D., Linz, D, Potter, J., Donnerstein, E., Smith, S. L., Blumenthal, E.,

& Gray, T. (1997). Television violence and its context. In *National Television Violence Study*, Vol. 1. Thousand Oaks, CA: Sage (pp. 3-368).

Wood, W., Wong, F. Y., & Chachere, J. G. (1991). Effects of media violence on viewers' aggression in unconstrained social interaction. *Psychological Bulletin*, 109, 371-383.

Zillmann, D. (1991). Television viewing and physiological arousal. In J. Bryant & D. Zillmann (Eds.), *Responding to the screen: Reception and reaction processes* (pp. 103-133). Hillsdale, NJ: Erlbaum.

Zillmann, D., & Weaver, J. B. III. (1999). Effects of prolonged exposure to gratuitous media violence on provoked and unprovoked hostile behavior. *Journal of Applied Social Psychology*, 29.

매스미디어에 대한 두려움 반응

조앤 캔터(Joanne Cantor, 위스콘신 대학교 매디슨)

이 장에서는 매스미디어 메시지에 의해 유발된 두려움 반응에 대해 논의한다. 먼저 두려운 감정이 미디어 드라마에 대한 노출결과로 경험되는 보편성, 강도와 관련된 연구결과를 검토하고 두려움의 신경생리학을 통해 괴로운 감정의 지속기간을 설명한다. 그 다음으로 미디어 허구물에 대한 두려움 반응이 일어나는 역설에 대해 논의하고 이를 자극 일반화 원칙으로 설명한다. 그리고 드라마와 비허구적 미디어 메시지에 대한 반응에서 관찰된 효과를 설명하기 위해 필요한 다른 요인들을 포함하는 정교한 이론에 대해 논의한다. 어린이에게 두려움을 유발시키는 미디어 자극의 발달차이와 대응전략의 효과에 대해 논의한 다음, 마지막으로 젠더 차이에 대해 설명하고자 한다.

1. 화면에 대한 두려움의 감정반응

공포영화나 스릴러물을 본 사람이면 누구나 위험, 상처, 기괴한 이미지, 공포에 사로잡힌 주인공을 묘사하는 TV쇼, 영화, 다른 매스미디어 메시지를 접하면 두려움을 강하게 느낄 수 있다는 사실을 인정한다. 우리는 어린 시절 당시 공포와 두려움에 떨게 하고 오랫동안 뇌리에 남아 후에 행동에 어떤 영향을 미치게 했던 영화나 TV프로그램을 적어도 하나는 기억한다. 그리고 우리가 목격했던 것이 실제로는 일어나지 않았고 미디어에서 묘사된 위험이 화면 바깥에서는 직접적으로 우리를 공격할 수 없다는 것을 충분히 알 만큼 나이가 들어서도 이러한 공포를 경험한다. 이러한 반응은 또한 미디어에서 제시되는 것이 현실세계에서는 결코 일어나지 않았다는 사실을 알 때에도 나타날 수 있다. 가끔 우리는 묘사된 사건이 일어날 가능성이 전혀 없다는 것을 알고 있더라도 이러한 반응을 보일 수 있다.

이 장에서는 두려움의 감정적 반응이 상대적으로 짧은 시간 동안 나타나는 것이 일반적이지만 때때로 몇 시간이나 며칠, 심지어 더 오랫동안 지속될 수 있다는 사실에 대해 주로 관심을 가진다. 특히 구체적 유형의 미디어 프로그램에 대한 노출의 결과로 시청자가 자주 경험하는 불안, 두려움, 생리학적 각성의 증가 요소와 관련된 감정적 반응에 대해 초점을 맞추고자 한다.

매스미디어에 대한 두려움 반응현상에 대한 연구의 관심은 영화에 대한 어린이의 두려움 반응을 연구한 허버트 블루머(Herbert Blumer)까지 거슬러 올라간다. 이후 몇십 년 동안 어린이에게 두려움을 유발하는 원천으로서 미디어에 대한 관심이 간헐적으로 있었지만 이러한 관심이 본격적으로 시작된 것은 1980년대에 접어들면서 부터였다. 1980년대에 두려움에 대한 관심이 증가한 이유 중 하나가 1970년대에 여러 편의 블록버스터급 공포영화의 등장이다. 〈죠스〉(Jaws)와 〈엑소시스트〉(The Exorcist) 같은 인기 있는 영화에 대한 강한 감정적 반응에 대한 흥미로운 이야기가 신문에 자주 등장하면서 이러한 현상에 대해 공중의 관심이 증가했다. 1984년 〈인디아나 존스〉와 〈그렘린〉(Gremlins)과 같은 영화에서 보여준 강렬한 장면에 어린이들이 열광적으로 반응했고, 이로 인해 미국영화협회(MPAA)는 부모에게 이유가 어떻든 간에 이러한 영화가 13세 미만의 어린이에게 부적절할 수도 있다는 것을 경고하기 위해 등급체계에 "PG-13"을 추가했다. 게다가 케이블 채널수가 증가하면서 영화관 배포를 위해 제작된 영화의 대부분이 그것이 잔인하든 기괴하든 간에 실질적으로 TV에 등장하고, 부모가 모르는 가운데 종종 수많은 어린이들에게 노출될 가능성이 높아지게 되었다. 마지막으로 TV뉴스가 1990년대에 점차 지리적 영역을 확대하고 영상이 자극적이고 선정적으로 되면서 연구자는 TV뉴스의 이미지가 어린이의 심리적 건강에 미치는 효과에 대해 관심을 가지기 시작했다.

1) 미디어 유발 두려움 반응의 보편성과 강도

1930년대에 블루머는 자신이 조사했던 어린이의 93%가 영화를 보고 무서웠거나 공포에 질렸다는 연구결과를 발표했다. 보다 최근에 위스콘신에 거주하는 취학 전 아동과 초등학생의 75%는 TV나 영화에서 봤던 것 때문에 겁에 질렸다고 응답했다.

다른 연구에서 오하이오 주 공립학교 3학년에서 8학년에 재학중인 2천 명 이상의 학생들을 상대로 설문조사한 결과 하루에 TV시청 시간이 증가함에 따라 불안, 우울, 외상후스트레스와 같은 심리적 외상증상이 더 많이 나타나는 것으로 나타났다(Singer, Slovak, Frierson & York, 1998). 게다가 로드아일랜드에 거주하는 500명의 유치원생에서 초등학교 4학년 학생 부모를 대상으로 한 설문조사는 자녀가 TV(특히 취침시간에)를 시청하는 시간과 자녀의 방에 TV가 있는지의 여부가 수면장애와 유의미한 관련이 있다는 사실을 밝혀냈다. 게다가 부모의 9%는 자신의 자녀가 1주일에 적어도 한 번은 TV시청으로 인한 악몽을 꾼다고 보고했다. 벨기에에서 확률적 표집을 통해 학생을 대상으로 한 최근의 설문조사결과 13세 남녀학생들의 3분의 1가량이 한 달에 적어도 한 번은 미디어에 의해 유발된 악몽을 꾸는 것으로 나타났다(Van den Bulck, 2004). 핀란드의 한 연구는 어린이가 TV에서 무엇을 보고, 어떻게 보는가가 TV의 부정적 효과에 영향을 미치는 중요한 요인이라는 점을 지적한다. 5~6세 어린이 부모들을 확률적으로 표집하여 조사한 내용에 따르면, 성인대상 TV쇼(영화, 연속극, 뉴스 프로그램)의 시청과 수동적 TV노출(TV가 켜 있을 때 자녀가 깨어있는 시간의 양)이 인구학적, 정신의학적, 가족적 영향요인을 통계적으로 통제한 이후에도 수면장애와 상당한 관련이 있는 것으로 나타났다.

단순한 상관관계 연구가 어린이 불안이나 수면장애와 TV시청량 사이의 관계에 대한 대안적인 설명을 배제할 수는 없지만 최근의 시계열적 설문조사는 TV시청이 이러한 문제에 선행하고 이를 촉진한다는 해석을 지지한다. 존슨(J. G. Johnson)과 동료들(2004)은 어린이의 시청시간과 수면장애를 동일한 어린이를 대상으로 14세, 16세, 22세 때 각각 측정해 패널조사를 실시했다. 이들은 이전 수면장애, 정신질환, 부모교육, 소득수준, 무관심 등과 같은 다른 요인들을 통제했을 경우에도 14세 때 TV를 3시간 이상 시청한 성인은 경시청자들보다 16세와 22세 때 수면장애를 경험할 가능성이 더 높다고 보고했다. 게다가 14세에서 16세 사이에 TV시청량을 줄였다고 답한 응답자는 16세와 22세에 수면장애를 덜 경험했다. 이러한 결과는 TV 중시청은 수면장애와 악몽을 유도하고, 시청과 수면장애 사이의 상관관계는 단순히 잠이 오지 않은 젊은이가 기분전환을 위해 TV를 켜는 것 때문에 나타나는 것이 아니라는 사실을 제시한다. 결과는 또한 TV시청이 수면장애에 미치는 효과가 누적적일 수 있다는 점을 제시한다.

실험연구는 무서운 미디어 제시물을 접하면 어린이들이 묘사된 사건과 관계되는 행위에 관여하는 것을 회피하도록 만들 수 있다고 주장한다(Cantor & Omdahl, 1991). 이 연구에서는 프로그램(Little House on the Prairie)에 등장한 집에 불이 난 극적 장면에 노출된 유치원생에서 6학년 학생들이 자신의 삶에서 비슷한 사건이 일어날 것에 대해 더 많이 걱정하는 것으로 나타났다. 게다가 이들은 또한 이러한 장면에 노출되지 않은 학생들보다 벽난로에 불을 지피는 방법을 배우는 것에 대한 관심이 더 낮은 것으로 나타났다. 또한 익사장면을 시청했던 어린이는 이 장면을 시청하지 않는 어린이보다 물놀이 사고를 더 많이 걱정했고 카누를 배우려는 의지가 더 낮았다. 이러한 효과의 지속시간이 측정되지는 않았지만, 측정방법이 자기 보고식이었고 어린이가 장기간의 고통을 경험하지 않도록 하기 위해 안전지침을 학습시켰기 때문에 효과는 단기적이었던 것은 확실하다(Cantor & Omdahl, 1999).

사실상 매스미디어 노출로 야기된 두려움이 종종 지속시간이 길며 때로는 강도 높은 심신약화 효과를 동반한다는 사실을 입증하는 증거가 상당히 증가했다(Cantor, 1998). 매스미디어에 대해 오래 지속되는 두려움 반응의 정도를 평가하기 위해 고안된 연구에서 존슨(B. R. Johnson)은 무작위 성인표본에게 자신에게 "상당히" 충격을 준 영화를 본 경험이 있는지의 여부를 물었다. 응답자의 40%가 경험이 있다고 대답했고, 충격이 지속된 기간 중 가장 높은 빈도를 차지한 기간이 3일이었다. 응답자들은 또한 신경과민, 우울증, 특정사물에 대한 두려움, 생각이나 이미지의 반복과 같은 증상의 유형, 강도, 지속시간에 대해 답했다. 이러한 응답에 기초하여 존슨은 응답자의 48%(전체 표본의 19%)가 적어도 이틀 동안 영화시청의 결과로 "상당한 스트레스 반응"을 경험한다고 판단했다.

정신의학 사례연구에서 나온 결과 중에서 급성 및 장애성 불안상태가 며칠에서 몇주 이상까지 지속되는(병원치료를 요하는 정도의) 가장 극단적인 반응은 〈엑소시스트〉, 〈우주의 침입자〉, 〈고스트왓치〉(Ghostwatch) 같은 공포영화 시청 때문인 것으로 알려졌다. 보고된 사례에서 환자의 대부분은 이전에 정신질환 진단을 받지 않았지만, 영화시청이 환자의 삶에서의 다른 스트레스 요인과 결합되어 발생하는 것으로 알려졌다.

TV쇼나 영화 때문에 충격을 받았거나 놀랐던 성인들의 기억을 탐구한 회고적 연구는 "정상적"인 사람 가운데 미디어가 유발한 두려움의 정도와 지속기간에 대한 더 많은 증거를 제공한다(Harrison & Cantor, 1999; Hoekstra, Harris, & Helmick, 1999). 3개 대학 학부생을 대상으로 한 이들 연구에서 미디어가 유발한 두려움이 오래 지속되었던 것에 대한 생생한 기억은 거의 모두에게서 나타났다. 한 연구(Hoekstra et al., 1999)에서 응답자 모두는 이런 경험을 했다고 보고했다. 다른 연구(Harrison & Cantor, 1999)에서는 학생들에게 미디어로 인해 두려움을 느낀 적이 있느냐는 질문에 "아니오"라고 답하면 학점에 추가점수를 받을 수 있고, 3페이지에 걸친 설문지에 답하지 않아도 되고 리포트를 제출하지 않아도 된다고 말했음에도 불구하고 응답자의 90%가 미디어 메시지에 대해 강한 두려움을 경험했다고 응답했다.

두 연구 모두 일반적인 불안, 구체적인 두려움, 원하지 않음에도 불구하고 자꾸 떠오르는 생각, 식사 및 수면장애 등을 포함한 다양한 종류의 강한 반응을 밝혀냈다. 게다가, 해리슨과

캔터(Harrison & Cantor, 1999)에 따르면 이러한 두려움이 오래 지속되는 것으로 나타났다. 즉, 두려움에 휩싸였다고 보고한 사람들 가운데 3분의 1이 두려움의 효과가 1년 이상 지속되었다고 말했다. 사실상, 응답자의 4분의 1 이상이 TV프로그램이나 영화(평균적으로 6년 전에 시청했던)의 감정적 효과가 응답 당시에도 여전히 존재한다고 응답했다.

성인의 회고적 응답에 대한 최근 분석은 정상적 행위에 미치는 지속적이고 외견상 비합리적 효과가 보편적이라는 사실을 보여준다(Cantor, 2004a). 예를 들면, 어릴 때 〈죠스〉(Jaws) 영화를 보았던 많은 사람들은 실제로는 상어가 없다는 것을 알지만 바닷가뿐만 아니라 호수나 수영장에서 수영할 때 여전히 불안감을 느낀다. 이러한 반응은 르도욱스(LeDoux, 1996)의 두려움에 관한 신경생리학의 이중체계 개념화와 일치한다. 그에 따르면 무의식적인 정신적 외상 기억은 심장박동수, 혈압, 근육 긴장도 증가와 같은 생리적 반응을 통제하는 편도체에 저장된다. 이러한 기억은 변화되기 상당히 어렵다. 사실상 그는 이러한 기억을 "지울 수 없는"것으로 명명한다. 의식적 기억은 해마에 저장되고 보다 변화되기 쉬운 평가과정을 수반한다. 이러한 이중 기억모델은 성인은 자신이 경험했던 미디어가 유발하는 두려움이 근거가 없는 것이기는 하지만 그럼에도 불구하고 자신의 감정적 고통을 통제할 수 없다는 점을 이해하고 있다는 사실을 설명할 수 있다.

2. 미디어 유발 두려움에 대한 자극 일반화 접근방법

앞에서 요약한 것에서 알 수 있듯이 매스미디어 메시지에 대한 반응에서 시청자의 두려움의 경험과 관련된 증거가 많이 있다. 이 장의 다음 부분은 왜 이러한 두려움 반응이 일어나는가에 대해 짐작해보고 이를 촉진하거나 억제하는 요인이 무엇인가에 대해 논의하고자 한다.

두려움은 일반적으로 실제적 또는 상상된 위협의 지각으로 인해 회피 또는 도망과 관련된 부정적인 쾌락적 사건이나 상황에 대한 감정적 반응으로 인식된다. 두려움을 유발하는 고전적 상황은 개인이 숲속을 걷다가 독사를 만나는 것과 같이 자신이 물리적 위험에 처했다고 지각하는 상황이다. 두려움은 인지, 운동성 행동, 극단적 상황을 제외하고 개인이 위험으로부터 도망갈 준비를 하는 흥분성 반응과 관련이 있는 반응으로 인식될 수 있다.

두려움에 대한 이러한 정의를 토대로 보자면, 기록상 공포 유발로 가장 유명한 미디어 드라마인 웰즈(H. G. Wells)의 1938년 라디오 방송 *War of Worlds*가 유발했던 공적인 공포를 설명하기란 어렵지 않다. 늦은 밤 라디오를 청취했던 많은 사람들은 자신들이 화성인이 미국을 점령했다는 것을 알리는 생방송 라디오 뉴스를 듣고 있는 것으로 생각했다. 따라서 만약 이들이 자신이 들은 것을 믿었다면 자신들의 목숨과 미국 사회의 미래가 상당한 위험에 처했다고 느꼈을 것이다.

그러나 사람들이 매스미디어 드라마에 노출되는 일반적 상황에서 수용자는 드라마에서 묘사되는 것이 실제로 발생하지 않는다는 것을 안다. 많은 경우 사람들은 그러한 사건이 과거에 결코 일어나지 않았다는 것을 알고, 어떤 경우는 그것이 결코 일어날 수 없다는 것을 안다. 따라서 엄밀하게 말하자면 시청자는 어떠한 즉각적 위험에도 처하지 않았다. 그렇다면 왜 두려움 반응이 일어나는 것인가? 미디어 메시지에 대한 두려움 반응은 다양한 과정의 복잡한 상호작용의 결과라는 점은 의심할 여지가 없지만 이러한 현상에 대한 일차적 설명은 자극 일반화 개념에 기반한다. 조건화 측면에서 보자면, 만약 어떤 자극이 무조건적, 조건적 감정적 반응을 유발한다면 그 유발 자극과 비슷한 다른 자극이 비슷하지만 강도가 낮은 감정적 반응을 유발할 것이다. 이러한 원칙은 실제적이고 매개된 자극 사이의 유사성으로 어떤 자극이 개인이 직접적으로 경험했던 두려움 반응을 유발시킨다면 이 자극이 매스미디어를 통해 접해졌을 경우 비슷하지만 강도가 낮은 반응을 유발시킬 것이라는 것을 의미한다. 이러한 설명의 함의를 탐구하기 위하여 실제 생활 상황에서 두려움을 유발시키는 경향이 있고, 두려움을 유발시킬 가능성이 높은 미디어 프로그램에서 자주 묘사되는 자극과 사건의 주요 범주들을 확인하고, 다음으로 시청자들이 매개된 자극에 감정적으로 반응하는 정도를 촉진시키거나 축소시키는 요인을 설명할 필요가 있다.

1) 두려움을 유발하는 일반적 자극과 사건

실제생활에서의 두려움을 유발하는 원천과 공포소구 미디어의 효과에 대한 연구문헌을 개괄해 볼 때 실제생활과 미디어에서 묘사되는 두려움 유발자극과 사건의 범주를 ① 위험과 상해, ② 자연적 형태의 변형, ③ 타인에 의한 생명의 위태로움과 두려움의 경험 등 3가지로 요약할 수 있다. 이러한 범주는 상호배타적인 것이 아니다. 오히려 두려움을 유발하는 하나의 장면은 일반적으로 하나 이상의 범주를 수반한다.[1]

(1) 위험과 상해

위험하다고 지각되는 자극은 말 그대로 두려움을 유발한다. 공포영화에서 큰 신체적 상해를 야기하거나 야기할 것이라고 위협하는 사건묘사는 단골메뉴로 등장한다. 회오리바람, 화산폭발, 전염병, 지진과 같은 자연재해, 대인관계, 지구, 심지어 은하세계 수준에서의 폭력접촉, 포악한 동물의 공격, 대규모 산업재해나 핵유출사건 등이 공포 프로그램에서의 전형적 사건이다. 만약 이러한 사건 중 어떤 것을 관찰자가 직접 목격했다면 관찰자는 위험에 처할 수 있고, 이로 인해 두려움이 야기될 것으로 기대된다. 게다가 위험은 상해가 목격될 때도 존재하기 때문에 상해를 야기했던 위험이 존재하지 않을 때조차도 상해에 대한 지각이 조건화된 반응으로 두려움을 야기할 수 있다. 자극 일반화를 통하여 우리는 위험, 폭력, 상해에 대한 매개된 묘사 또한 두려움 반응을 야기할 것으로 예상할 수 있다. 미디어 드라마에서 위험한 자극에 대한 묘사가 두려움을 야기한다는 결과는 설문조사와 실험연구에서 자주 등장한다(예를 들면, Cantor, 1998; Harrison & Cantor, 1999).

(2) 자연적 형태의 변형

위험한 자극과 위험한 상황의 결과 이외에 두려움을 일반적으로 유발시키는 일련의 관련된 자극에는 기형적인 생물체나 익숙한 생물체를 낯설거나 자연스럽지 못한 형태로 변형시키는 것이 포함될 수 있다. 히브(Hebb, 1946)는 침팬지에서 나타나는 "이전에 경험했던 패턴에서 벗어나는 것"에 대한 두려움 반응을 관찰하고 이러한 반응은 조건화를 요구하지 않는다는 점에서 자발적인 것이라고 주장했다. 상해로 절단된 생물체가 위험과 상해의 범주뿐만 아니라 이러한 범주에 해당될 수 있다. 게다가 상해의 결과가 아닌 변형 또는 기형이 공포물에서 종종 난쟁이, 꼽추, 돌연변이의 형태로 나타난다. 게다가 괴물도 공포물에 자주 등장한다. 괴물은 여러 가지 면에서 자연적인 생명체와 유사한 비현실적 생명체이지만 크기, 모형, 피부 색깔, 안면윤곽 등의 변형 등 다양한 방법으로 자연적인 생명체에서 이탈했다. 공포영화에서 괴물이나 기형적인 등장인물은 보편적인 것은 아니지만 보통 사악하고 위험한 것으로 묘사된다. 괴물, 유령, 흡혈귀, 미라, 그리고 기타 초자연적 존재는 어린이에게 자주 두려움을 유발시키는 원천으로 설문조사나 일화 연구에서 인용된다.

---

1 저자 주: 이러한 범주는 또한 모든 요소를 모두 포함하는 것도 아니다. 많은 이론가들은 두려움을 유발하는 자극의 추가적 범주로 특정유형의 동물(특히 뱀), 소리가 큰 잡음, 어둠, 후원 또는 지지 상실과 관련된 자극을 든다. 매스미디어 생산물에서 이러한 자극은 위험과 함께 발생하거나 절박한 위험을 암시하는 것으로 보이기 때문에 이 장에서 별도로 논의하지는 않기로 한다. 예를 들면, 공포영화에서 뱀, 박쥐, 거미 등은 일반적으로 혐오스러울 뿐만 아니라 독이 있는 것으로 묘사된다. 갑작스러운 높은 잡음, 어둠, 빠른 움직임에 대한 지각은 종종 상황의 위험성 지각을 강하게 만들기 위해 사용된다.

(3) 타인에 의한 생명의 위태로움과 두려움의 경험

어떤 경우에는 시청자가 위험, 상해, 변형과 같은 두려움을 유발시키는 자극에 대한 묘사에 직접적으로 반응하는 것처럼 보이지만 대부분의 미디어 프로그램에서 이러한 자극은 등장인물의 감정적 반응과 결과에 영향을 미치는 것으로 입증된다. 많은 경우 시청자는 등장인물의 경험을 통해 자극에 간접적으로 반응한다고 말할 수 있다. 이러한 반응의 기저에 놓인 한 가지 메커니즘이 감정이입이다. 감정이입 과정의 근원에 대해서는 논쟁이 있지만, 특정상황에서 사람들은 두려움을 타인이 표현한 두려움에 대한 직접적 반응으로 경험한다는 것은 분명하다. 많은 공포영화는 위협 그 자체와 연관된 지각 단서만큼 위험에 대해 반응하는 등장인물의 공포의 표현을 강조하는 것처럼 보인다.

타인의 경험에 대한 감정적 반응을 설명하는 또 다른 간접적인 메커니즘은 다른 사람이 위험을 무릅쓰는 것을 목격하는 행위가 두려움에 대한 "대리적" 경험을 만들어 낼 수 있다는 사실에서 파생된다. 이러한 대리적 경험은 심지어 위험에 처한 사람이 두려움을 표현하지 않는 경우에서도 이루어진다. 질만과 캔터(Zillmann & Cantor, 1977)는 사람들은 자신들이 애정을 가졌거나 적어도 반감을 느끼지 않는 등장인물의 불행에 대해 불쾌하게 반응한다는 사실을 입증했다. 그러므로 두려움은 좋아하는 등장인물의 고통스러운 반응에 대한 감정이입을 통해 유발될 수 있는 것으로 간주될 수 있다. 설문조사와 실험 연구결과 모두 인간이나 동물 주인공에 대한 상해의 위협이 미디어가 유발하는 두려움의 공통적 원천이라는 점을 지적한다(예를 들면,

Cantor, 1998; Cantor & Omdahl, 1991).

2) 매개된 자극에 대한 감정적 반응에 영향을 미치는 요인

매개된 두려움 유발 자극에 대한 시청자의 감정적 반응에 ① 묘사된 자극과 실제생활에서의 두려움 유발 자극 사이의 유사성 정도, ② 시청자의 미디어 노출 동기, ③ 정서성에 일반적으로 영향을 미치는 요인이 영향을 미친다.

(1) 묘사된 자극과 실제생활에서의 두려움 유발 자극 사이의 유사성

자극 일반화 개념은 조건적이거나 무조건적 자극과 대리자극 사이의 유사성이 크면 클수록 일반화 반응은 더 강할 것이라는 점을 시사한다. 지각의 관점에서 말하자면, 위협적 사건에 대한 현실적 묘사는 동일한 사건을 만화나 일정한 양식에 맞추어 묘사하는 것보다 현실세계에서 발생하는 사건과 더 유사하다는 것이다. 따라서 자극 일반화 개념은 예를 들면, 만화형태의 폭력이나 인형을 사용한 폭력보다는 실황으로 묘사되는 폭력이 더 강한 반응을 유발할 것으로 예측한다.

묘사된 자극과 특정개인에게 두려움을 유발하는 자극 사이의 유사성은 또한 자극 일반화를 향상시킨다. 실험연구는 개인의 두려움(예를 들면, 거미나 죽음)과 고통스러운 사건(예를 들면, 출산)에 대한 이전 경험이 관련된 미디어 콘텐츠에 대한 감정적 효과를 강화한다.

자극 일반화 이론은 유용하기는 하지만 시청자가 미디어 메시지에 두려움을 가지고 반응하는 모든 상황을 설명할 수는 없다. 이론은 또한

시청자가 미디어에서 제시되는 무서운 자극과 연관된 다른 보강 상황을 현실세계에서 그것에 노출되는 것과 반대되는 것으로 인식함으로써 감정적 반응이 급격하게 떨어지는 것을 의미하는 자극식별력을 포함한다. 무서운 이미지의 매개적 속성을 이해하는 청소년이나 성인조차도 종종 미디어가 유발하는 두려움 반응을 강하게 경험하기 때문에 이러한 반응을 설명하는 추가적 요인을 언급할 필요가 있다.

(2) 미디어 노출동기

자극 일반화 개념이 고려하지 않는 일련의 요인이 미디어 노출동기이다. 드라마의 감정적 효과를 향상시키기 위하여 시청자는, 예를 들면, 인지적으로 사건이 미디어를 통해 매개된다는 사실의 효과를 최소화함으로써 "믿기지 않는다는 생각을 의도적으로 보류"할 수도 있다. 게다가 노련한 시청자는 자신이 스스로 감정을 유발하는 영상 이미지를 만들어 내거나 인지적으로 묘사된 사건의 함의에 대해 인지적으로 정교하게 처리함으로써 자신의 감정적 반응을 고양시킬 수도 있다. 강력한 각성을 피하고자 하는 노련한 시청자는 예를 들면 "성인 감안 반응축소" 심리를 이용하거나, 자극이 단순히 매개된다는 사실에 집중함으로써 미디어 자극에 대한 두려움 반응을 축소화하는 다른 인지과정을 채택할 수 있다. 이러한 인지과정이 자주 작동하지만, 결코 보편적 현상은 아니다. 게다가 이러한 과정은 어린이에게는 특히 제한적이다.

오락을 추구하는 것 이외에도 시청자는 정보를 습득하기 위하여 미디어에 노출될 수 있다. 자극에 대한 감정적 반응의 일부가 시청자가 가지는 스스로에게 미래에 미칠 영향에 대한 기대

에서 비롯될 수 있기 때문에 현실적 위협에 대한 묘사가 결코 일어날 수 없는 사건에 대한 극적 묘사보다 더 많은 두려움을 야기한다. 게다가 가까이에 있거나 곧 닥칠 수 있을 것으로 보이는 위협적 요인들이 멀리 떨어져 있는 위협에 대한 묘사보다 더 많은 두려움을 유발시킨다. 이러한 생각은 〈죠스〉 영화를 해변에서 휴가를 즐기는 동안 시청한 사람들이 특히 영화에 대해 강한 반응을 보이는 사례에서 증거를 찾을 수 있다. 비슷하게 한 실험에서(Cantor & Hoffner, 1990), 영화에서 묘사된 위협적 요인이 자신의 주변에 존재한다고 생각했던 어린이는 그렇지 않다고 믿었던 어린이보다 영화에 의한 공포를 더 많이 느꼈다.

(3) 정서성 일반에 영향을 미치는 요인

생리적 각성이 두려움의 중요한 요소이기 때문에 이것은 공포영화에 대한 시청자 반응에서 핵심적 요소이다. 감정유발 영화에 대한 반응에서 흥분전이 역할을 검증하는 실험은 이전의 각성 경험에서 나온 흥분적 잔여가 이후에 제시된 관련 없는 영화장면과 결합되어 영화에 대한 감정적 반응을 강화한다는 사실을 입증했다.

이러한 추론은 공포물 내에서 각성을 유발하는 성향이 있는 요인들이 두려움을 유발하는 자극에 대한 묘사와 결합하여 시청자의 각성을 증가시키고 그로 인해 시청할 동안 느낄 두려움의 강도를 증가시킬 수도 있다는 예상을 가능하게 한다. 공포영화의 제작자는 음악, 긴장감 등과 같은 다양한 양식 장치를 사용하여 수용자의 공포를 강화한다.

3. 발달 차이와 미디어 유발 두려움

지금까지의 연구는 미디어에 대한 두려움 반응에서 ① 서로 다른 연령대 어린이에게 두려움을 유발시키는 매스미디어 자극과 사건의 유형, ② 서로 다른 연령대 어린이에게 가장 효과적인 원하지 않는 두려움 반응을 방지하거나 줄이는 전략이라는 두 가지 주요한 발달 관련 이슈를 검토했다. 그동안 인지발달 이론과 결과에 기반을 둔 가설을 검증하기 위한 실험과 설문조사 연구가 행해졌다. 실험방법을 채택한 연구에서는 미디어 프로그램 내용과 시청조건의 변화를 엄격하게 통제하면서 피험자의 자가 보고, 생리학적 반응, 얼굴에 나타난 감정표현의 분석, 행위측정 등을 결합시켜 가설을 검증했다. 연구의 윤리적인 이유로 인해 상대적으로 약한 자극에서 뽑아낸 소규모 처치물이 실험에서 사용된다. 대조적으로 설문조사는 연구자의 개입 없이 자연스러운 환경에서 특정 미디어 프로그램에 노출되었던 어린이들의 반응을 조사했다. 다소 덜 엄격하게 통제되기는 했지만 설문조사를 통해 두려움을 유발하는 데 훨씬 더 강도가 센 미디어 프로그램에 대한 반응을 연구할 수 있다.

1) 두려움을 유발하는 미디어 자극에서의 발달 차이

어린이가 성장하면서 미디어가 유발하는 모든 정서장애에 점점 무뎌질 것이라고 짐작하는 사람도 있을 것이다. 그러나 이것은 사실이 아니다. 어린이가 인지적으로 성숙하면서 어떤 것은 감정을 덜 자극할 수 있지만 어떤 것은 잠재적으로 더 자극하게 된다. 이러한 일반화는 어린이가 일반적인 두려움에서 보여주는 발달차이와 일치한다. 다양한 방법론을 사용한 연구들을 보면 약 3세에서 8세 사이의 어린이는 주로 동물, 어둠, 유령, 괴물, 마녀와 같은 초자연적 존재, 이상하게 보이거나 빨리 움직이는 물체에 대해 두려움을 많이 느낀다는 점을 알 수 있다. 9세에서 12세 사이의 어린이의 두려움은 개인적인 부상, 신체 파괴, 가족 구성원의 부상과 죽음과 관련된다. 청소년은 계속해서 개인적 부상과 신체파괴에 대해 두려움을 느끼지만 이 나이에는 정치적, 경제적, 지구적 이슈와 관련한 두려움과 함께 학교에 대한 두려움과 사회적 두려움이 나타난다. 서로 다른 연령대 어린이에게 두려움을 유발하는 미디어 자극과 관련된 결과는 어린이의 일반적인 두려움에서 관찰된 변화와 일치한다.

(1) 지각 의존

두려움을 유발하는 자극에 대한 첫 번째 일반화는 어린이의 연령이 높아짐에 따라 두려움을 유발하는 미디어 자극 중 즉각적으로 지각할 수 있는 요소들의 상대적 중요성이 줄어든다는 것이다. 인지발달연구는 일반적으로 나이가 매우 어린 아동이 대부분 자신이 지각할 수 있는 특징에 근거하여 자극에 반응하고, 좀더 성숙하면 점점 더 자극의 개념적 측면에 대해 반응한다고 지적한다. 연구결과는 취학 전 아동(약 3세에서 5세 사이의)은 매혹적으로 보이지만 실제로는 해를 끼치는 대상보다는 무서워 보이지만 실제로는 해를 끼치지 않는 대상에 대해 더 두려움을 많이 느낀다는 사실을 입증했다. 나이가 더 든 취학아동의 경우(약 9세에서 11세 사이의), 인물, 동물, 대상의 행동이나 파괴적 가능성에 비해 겉으로 보이는 모습은 그다지 중요하지 않다.

이러한 일반화를 입증하는 데이터는 1981년의 설문조사에서 나왔다. 이 조사에서는 부모들에게 자신의 자녀를 가장 무섭게 만들었던 TV프로그램과 영화의 이름을 물었다. 그 결과 취학전 어린이의 부모는 TV 연속극 〈인크레더블 헐크〉(The Incredible Hulk)와 장편 극영화 〈오즈의 마법사〉와 같은 기괴하게 보이고, 비현실적 등장인물이 있는 미디어 콘텐츠를 가장 많이 언급했다. 초등학교 자녀의 부모들은 강한 영상적 요소가 없는 위협과 이해하기 위해 상당한 상상력을 요구하는 프로그램이나 영화를 더 많이 언급했다. 스팍스(Sparks, 1986)는 부모의 관찰보다 어린이의 자가보고를 사용하여 이러한 연구를 반복한 결과 비슷한 결과를 얻었다. 두 개의 설문조사 연구 모두 서로 다른 연령대 집단에서 나타나는 노출패턴의 차이를 통제했다. 이러한 일반화를 입증하는 두 번째 연구가 〈인크레더블 헐크〉 방송내용과 관련된 실험연구였다. 1981년 부모들을 상대로 한 설문조사에서 취학전 아동 부모들의 40%가 개방형 질문에 대한 응답에서 이 프로그램을 자신의 자녀에게 두려움을 유발하는 TV쇼로 꼽았다. 실험연구는 이 프로그램에 대한 취학 전 아동의 예상치 못한 강한 반응은 부분적으로 헐크라는 등장인물의 영상이미지에 대한 과다 반응 때문이라는 결론을 내렸다. 피험자에게 이 프로그램의 축소판 1회 방송분을 보여주고 서로 다른 장면을 보는 동안 어떤 느낌을 받았는지를 물어본 결과, 취학 전 어린이는 매혹적이고 온순한 영웅이 괴물처럼 보이는 헐크로 바뀌는 장면을 본 이후에 가장 두려움을 많이 느꼈다고 보고했다. 대조적으로 나이가 더 든 초등학교 어린이는 헐크가 실제로는 육

체적 모습은 다르지만 온순한 영웅이고, 자신의 초자연적 힘을 사용하여 위험에 처한 인물을 구조했다는 사실을 이해했기 때문에 이 장면 이후에 가장 두려움을 적게 느꼈다고 보고했다.

또 다른 연구는 주인공이 매혹적이거나, 할머니처럼 보이거나, 추하고, 기괴하게 보이는 4가지 버전으로 이야기를 만들어 외모의 효과를 보다 직접적으로 검증했다. 등장인물의 외모는 그 영향력에서 그 행동(친절하거나 잔인하게 행동하는 것으로 묘사되었는데)에 따라 함께 변화했다. 등장인물이 얼마나 좋게 또는 야비한가를 판단하고 그 인물이 이후 장면에서 무엇을 할 것인가를 예측하는 데 취학 전 어린이는 초등학교 어린이(6~7세, 9~10세)보다 인물의 외모에 더 많이 영향을 받았고, 인물의 친절하거나 잔인한 행동에 덜 영향받았다. 어린이의 나이가 많아짐에 따라 인물의 외모는 덜 중요하게 되고 행동이 더 중요한 것으로 나타났다. 후속실험은 모든 연령대 집단은 등장인물의 행동에 대한 정보가 없을 경우 육체적 외모에 대한 고정관념의 영향을 받는다는 사실을 밝혀냈다.

해리슨과 캔터(Harrison & Cantor, 1999)의 두려움 반응에 대한 회고적 연구 또한 외모의 영향이 줄어든다는 사실을 입증하는 증거를 제시했다. 응답자들에게 두려움을 유발시켰던 프로그램이나 영화의 묘사를 즉각적으로 지각 가능한 자극(예를 들면, 괴물처럼 보이는 인물, 으스스한 소리)과 관련되는지의 여부로 범주화시켰을 때 묘사된 장면이 이러한 지각 가능한 자극범주에 해당된다고 응답한 사람들의 비율이 노출 당시의 응답자의 연령이 높아짐에 따라 낮아지는 것으로 나타났다.

(2) 두려움 유발요소로서의 상상과 현실

연구결과에서 드러난 두 번째 일반화는 어린이가 성숙하면서 미디어에서 묘사된 현실적인 위험에 더 잘 반응하고 상상적 위험에는 덜 반응한다는 것이다. 어린이의 두려움에 대한 경향을 측정한 자료는 나이가 매우 어린 어린이는 청소년보다 현실적이지 않는(현실세계에서 일어날 가능성이 없다는 의미에서) 대상(예를 들면, 괴물)을 더 두려워한다는 사실을 제시하고 있다. 보다 "성숙한" 두려움이 유발되기 위해서는 서로 다른 상황이 제기하는 객관적 위험에 관한 지식습득을 필요로 하는 것으로 보인다. 이러한 지식을 구성하는 한 가지 중요한 요소가 어린 시절에 점진적으로만 발달되는 능력인 현실과 상상(또는 판타지)을 구분할 수 있는 능력이다.

이러한 일반화는 캔터와 스팍스(Cantor & Sparks, 1984)가 부모를 상대로 한 설문조사에 의해 입증되었다. 일반적으로 상상물(현실세계에서 발생할 가능성이 없는 사건을 묘사하는)을 두려움의 원인으로 언급하는 경향은 어린이의 연령이 높아짐에 따라 줄어들고, 허구물(현실적 세계에서 일어날 가능성이 있을 수 있는 사건을 묘사하는)을 언급하는 경향은 늘어났다. 스팍스는 이러한 결과를 TV뉴스에 대한 어린이의 두려움 반응을 이용하여 반복 연구했다. TV뉴스에 대한 어린이의 두려움 반응에 대한 연구에서 이러한 일반화가 추가적으로 입증되었다(Cantor & Nathanson, 1996). 유치원생, 초등학교 2학년, 4학년, 6학년 어린이 부모들을 확률적으로 표집한 조사는 판타지 프로그램에 의해 유발된 두려움은 어린이의 학년이 높아짐에 따라 줄어들고 뉴스기사에 의해 유발된 두려움은 연령이 높아짐에 따라 늘어난다는 사실을 입증했다. 바켄버그 등(Valkenburg, Cantor, & Peeters, 2000) 또한 독일 어린이들을 상대로 한 설문조사에서 판타지 내용에 대한 두려움 반응이 7세에서 12세로 연령이 높아짐에 따라 줄어든다는 사실을 밝혀냈다.

(3) 추상적 위협에 대한 반응

연구에서 나타난 세 번째 일반화는 어린이가 성숙하면서 점차로 추상적 개념과 관련된 미디어 묘사에 의해 두려움을 느끼게 된다는 것이다. 이러한 일반화는 앞에서 언급한 어린이의 두려움을 유발시키는 일반적 요소와 분명하게 일치한다. 이것은 또한 추상적으로 사고하는 능력은 인지발달과정에서 상대적으로 늦게 개발된다고 주장하는 인지발달 이론과도 일치한다.

세 번째 일반화를 지지하는 자료는 핵 공격으로 캔자스 마을이 황폐화된 것을 묘사하는 TV용 영화 〈그날 이후〉(The Day After)에 대한 어린이 반응을 조사한 연구에서 나타난다. 이 영화가 방송된 날 밤 부모들을 대상으로 한 전화 설문조사에서 12세 미만의 어린이들은 12세 이상의 10대들보다 영화의 영향을 훨씬 적게 받은 것으로 보고되었고, 부모들이 가장 많이 영향을 받은 것으로 나타났다. 연령이 가장 낮은 어린이들이 가장 두려움을 적게 느꼈다. 이러한 결과는 영화의 감정적 효과가 우리가 흔히 알고 있는 지구 파멸 가능성을 생각(이러한 생각은 연령이 낮은 어린이는 생각할 수 없는 것이다) 하는 데서 나온다는 사실 때문인 것으로 보인다. 영화에서 신체적 상해에 대한 생생한 묘사는 대부분의 어린이가 TV에서 봤던 것에 비하면 상당히 약한 것이었다.

TV의 걸프전쟁 보도에 대한 어린이의 반응을

탐구한 연구 또한 어린이가 성숙하면서 점차 두려움을 야기하는 미디어 메시지의 구체적 측면과 반대되는 추상적 측면에 대한 반응이 늘어난다는 일반화를 지지한다(Cantor, Mares, & Oliver, 1993). 걸프전 직후에 위스콘신 주 메디슨 지역 공립학교에 재학 중인 어린이 부모들을 대상으로 한 설문조사에서 TV 전쟁보도에 대한 부정적 감정반응의 보편성이나 강도에서 1학년, 4학년, 7학년, 11학년 사이에 아무런 유의미한 차이가 없었다. 그러나 학년에 따라 두려움을 유발시켰던 보도의 측면이 서로 달랐다. 연령이 낮은 어린이의 부모들은 자신의 자녀에게 가장 정서적으로 영향을 미쳤던 요소들을 언급할 때 보도의 영상적 측면과 전쟁의 직접적, 구체적 결과(예를 들면, 미사일 폭파)를 강조했지만 청소년 부모들은 그렇지 않았다. 자녀의 연령이 높을수록 부모들은 보도의 보다 추상적이고 개념적 측면(예를 들면, 갈등이 확산될 가능성)이 가장 영향을 많이 미칠 것이라고 언급했다.

2) 대응전략 효과에서의 발달 차이

인지발달연구는 또한 어린이가 두려움을 유발하는 자극에 대응하거나 일단 두려움이 생겼을 때 이를 줄이는 데 도움을 줄 수 있는 최선의 방법을 결정하는 데 이용되었다(Cantor, 1998). 어린이의 정보처리능력의 발달차이는 미디어가 유발하는 두려움을 방지하거나 줄이는 전략에서의 효과의 차이를 낳는다. 대응 전략에 대한 연구결과는 다음과 같은 일반화로 요약될 수 있다. 즉 취학 전 어린이는 "인지적" 전략보다는 "비인지적" 전략의 혜택을 더 많이 받는다. 초등학교 어린이는 인지적 전략을 선호하기는 하지

만 인지적, 비인지적 전략 모두 효과적이다.

(1) 비인지적 전략

비인지적 전략은 일반적으로 언어적 정보 처리를 수반하지 않고 상대적으로 자동적 반응인 것처럼 보인다. 영상적 둔감화 과정이나 비위협적 상황에서의 위협적 이미지에 대한 점진적 노출이 취학 전과 취학 어린이 모두에게 효과적인 것으로 입증된 전략이다. 여러 실험 연구에서 뱀을 촬영한 장면, 벌레 사진, 고무로 만든 거미, 살아있는 도마뱀과 같은 다양한 자극을 사전에 노출한 것이 비슷한 생물체를 보여주는 영화장면에 대한 반응에서 어린이의 두려움을 줄이는 것으로 나타났다. 또한 〈인크레더블 헐크〉에서의 헐크에 대한 두려움 반응은 헐크 역을 담당한 배우인 루 페리노(Lou Ferrigno)가 실제로 분장을 해서 점차 헐크와 같은 위협적인 모습으로 변해가는 장면을 시청함으로써 줄어들었다. 이러한 실험 중 어떤 것도 둔감화 기술의 효과에서 발달 차이를 밝혀내지는 못했다.

다른 비인지적 전략은 좋아하는 대상을 꼭 붙들고 있거나 음식을 먹거나 마시는 것과 같은 물리적 행위와 관련된다. 이러한 기술은 모든 연령의 시청자에게 가능한 것이지만 연령이 낮은 어린이가 연령이 더 높은 어린이보다 이러한 행위를 더 자주하는 것으로 보고된다. 미디어가 유발하는 두려움에 대한 대응전략의 효과를 탐구한 어린이 지각연구에서 "담요나 장난감을 꼭 붙들고 있거나", "먹거나 마실 것을 가지고 있는 행위"에 대해 취학 전 어린이의 평가가 연령이 높은 초등학생보다 더 긍정적인 것으로 나타났다. 해리슨과 캔터(Harrison & Cantor, 1999)의 회고적 연구 또한 "행위적"(비인지적) 대응전략

을 사용하여 미디어가 유발하는 두려움에 대처한 경험이 있다고 응답한 사람들의 비율이 미디어 콘텐츠에 노출될 당시의 연령이 높을수록 줄어들었다. 연령이 높은 어린이보다 낮은 어린이에게 더 매력적이고 효과적인 것으로 입증된 또 다른 비인지적 전략이 무서운 장면이 나올 때 눈을 가리는 것이다. 윌슨이 행한 실험에서 눈을 가리는 것이 하나의 선택사항으로 제시되었을 때 연령이 낮은 어린이는 이러한 전략을 연령이 높은 어린이보다 더 자주 사용한 것으로 나타났다. 게다가 이러한 선택의 제시가 연령이 낮은 어린이의 두려움을 감소시켰지만 연령이 더 높은 어린이의 두려움은 실제로 증가시켰다. 윌슨은 연령이 높은 어린이는 눈을 가리는 효과의 제한점(여전히 프로그램의 소리에 노출되어 있는 동안에)을 인지했고 통제감을 덜 느꼈기 때문에, 이러한 전략이 제시되었을 때 연령이 낮은 어린이보다 더 영향을 받았을 것이라고 지적했다.

(2) 인지적 전략

비인지적 전략과 대조적으로 인지적 전략은 위협을 다른 관점에서 조명하기 위해 사용되는 정보와 관련된다. 이러한 전략은 상대적으로 복잡한 인지적 과정을 수반하는데 연구결과를 보면 일관되게 이러한 전략이 연령이 낮은 어린이보다는 높은 어린이에게 더 효과적이라는 사실을 발견할 수 있다.

판타지 묘사물의 경우 가장 전형적인 인지적 전략은 상황의 비현실성에 초점을 맞추는 설명을 제공하는 것으로 보인다. 이러한 전략은 판타지와 현실 사이를 완전하게 구분하기 어려운 취학 전 아동에게는 특히 어려울 수 있다. 캔터와 윌슨의 실험에서 〈오즈의 마법사〉에서 보는

것이 실제가 아니라는 사실을 기억하라는 말을 들은 초등학생은 그러한 지시를 받지 않은 학생보다 두려움 반응을 덜 보였다. 그러나 취학 전 아동에게는 똑같은 지시가 도움이 되지 않았다. 윌슨과 바이스(Wilson & Weiss, 1991)의 연구 또한 현실성 관련 전략의 효과에서 발달차이를 입증했다.

어린이가 자극의 비현실성에 초점을 맞춘 효과에 대해 가지는 신념은 이러한 실험결과와 일치하는 것으로 입증되었다. 즉, 윌슨 등의 두려움 감소 테크닉에 대한 지각연구에서 "스스로에게 그것은 실제가 아니야 라고 말해라"는 테크닉의 효과에 대한 취학 전 아동의 평가는 연령이 높은 초등학생의 평가보다 훨씬 낮았다.

현실 속에서의 실질적 위험을 포함하는 미디어 묘사의 경우 가장 보편적인 인지적 전략은 묘사된 위험의 심각성 지각을 최소화하는 설명을 제공하는 것으로 보인다. 이러한 유형의 전략은 연령이 낮은 어린이보다는 높은 어린이에게 더 효과적일 뿐만 아니라 특정 상황에서는 연령이 낮은 어린이에게 불안을 감소시키기보다는 오히려 증대시키는 효과가 있는 것으로 나타났다. 〈레이더스〉(Raiders of the Lost Ark)에 등장한 뱀 구덩이 장면과 관련된 실험에서 어린이들은 뱀에 대해 불안감을 없애주는 정보(예를 들면, 대부분의 뱀은 독이 없다는 진술)에 노출되었거나 되지 않았다. 이러한 정보가 연령이 높은 초등학생의 두려움을 감소시키는 경향이 있었지만 유치원생이나 1학년 학생은 "없다"라는 단어보다는 "독이 있는"이라는 단어에 더 강하게 반응하면서 정보를 단지 부분적으로 이해했던 것으로 보인다. 이들의 경우, 뱀에 대해 불안감을 없애주는 정보를 듣지 않았을 때보다 들었을 때 부정적인 감정

적 반응이 더 많았다.

연구결과는 또한 연령이 높은 어린이는 취학 전 아동보다 인지적 대응 전략을 더 자주 사용한 다는 사실을 보여준다. 〈그날 이후〉에 대한 반 응을 조사한 연구에서 자신의 자녀가 영화를 본 이후 이에 대해 같이 토의했다고 응답한 부모의 비율이 어린이의 연령이 높아짐에 따라 늘어났 다. 무서운 장면에 대한 노출과 관련된 실험실 실험(Hoffner & Cantor, 1990)에서 5세에서 7세 사이의 어린이보다는 9세에서 11세 사이의 어린 이가 자발적으로 인지적 대응전략(기대되는 행복 한 결말에 대한 생각이나 일어났던 것이 실제가 아니 라는 생각)을 훨씬 더 많이 사용하는 것으로 나타 났다. 마지막으로 해리슨과 캔터(Harrison & Cantor, 1999)의 회고적 연구는 인지적 전략을 동원하여 미디어가 유발하는 두려움을 극복하는 경향은 경험을 했던 당시의 응답자의 연령이 높 아짐에 따라 증가했다는 사실을 입증했다.

연령이 낮은 어린이에게 인지적 전략의 효과 는 언어적 설명을 영상으로 실례를 들어가며 보 여줌으로써, 그리고 단순하고, 불안감을 없애주 는 정보를 반복적으로 되뇌게 함으로써 향상될 수 있다는 사실도 발견된다. 최근 연구는 또한 연 령이 낮은 어린이는 두려움을 느꼈을 때 자신을 돌보는 사람에게 자신이 보았던 것에 대한 설명을 듣기보다는 이야기를 통해 그 사람에게 자신이 어 떻게 느끼고 있다는 것을 알리고 위안과 지지를 구 하려고 한다는 사실을 지적한다(Cantor, Byrne, Moyer-Guse, & Riddle, 2007).

4. 젠더 이슈와 미디어 유발 두려움

1) 미디어 유발 두려움에서 젠더 차이

여자아이가 남자아이보다 더 쉽게 두려움을 느끼고, 여성이 일반적으로 남성보다 더 감정에 민감하다는 일반적인 고정관념이 있다. 젠더 차 이가 보기보다는 그다지 강하지 않을 수 있고, 관찰된 젠더 차이가 여성에게는 두려움을 표현 하도록 하고 남성에게는 표현을 자제하도록 하 는 사회화 압력에 부분적으로 원인이 있어 보이 지만 많은 연구는 이러한 주장을 지지하는 것처 럼 보인다.

펙(Peck, 1999)은 1987년에서 1996년 사이에 발표된 미디어 유발 두려움 연구에 대한 메타분 석을 실시했다. 남성과 여성을 비교했던 59편의 연구를 분석한 바에 따르면, 여성이 남성보다 두려움을 더 많이 표시하는 젠더 차이의 효과 크 기(.41)가 어느 정도 존재하는 것으로 나타났 다. 모든 종속변인에 대하여 여성의 반응이 남 성의 반응보다 더 강했다. 그러나 효과 크기는 자가 보고와 행위측정(가장 의식적인 통제 하에 놓이는 측정방법)에서 가장 컸고, 심장박동수와 얼굴 표현에서 가장 작았던 것으로 나타났다. 게다가 젠더 차이의 효과 크기는 연령이 증가하 면서 더 증가했다.

펙(Peck, 1999)은 또한 남자와 여자 대학생이 〈나이트메어〉(*Nightmare on Elm Street*) 영화 시리즈물에서 나온 두 장면(한 장면은 남자 희생 자, 다른 장면은 여자 희생자가 등장하는)에 노출 되는 실험을 실시했다. 실험결과 여성이 자가보 고 형식으로 밝힌 두려움의 강도가 남성보다 더 강했고, 특히 희생자가 여성일 경우에 더욱 그

354

러했다는 점이 발견되었다. 그러나 희생자가 남자였을 경우 특정반응(맥박과 반구 비대칭)은 남성이 여성보다 더 강한 생리적 반응을 경험한다는 점이 나타났다.

미디어 유발 두려움에서의 젠더 차이의 정도와 이 차이에 영향을 미치는 요인을 탐구하기 위해서는 더 많은 연구가 필요하지만 이러한 결과는 젠더 차이의 크기는 부분적으로 젠더에 맞는 행위에 순응하도록 하는 사회적 압력 때문일 수도 있다.

2) 대응전략에서의 젠더 차이

미디어 유발 두려움에 대처하는 대응전략에서 젠더 차이가 있다는 일부 증거가 있고, 이러한 젠더 차이는 또한 젠더 역할 사회화 압력을 반영할 수 있다. 호프너(Hoffner, 1995)는 청소년 여성이 남성보다 비인지적 전략을 더 많이 사용하지만 인지적 전략에서는 젠더 차이가 없다는 사실을 밝혀냈다. 비슷하게 발켄버그 등(Valkenburg et al., 2000)은 7세에서 12세 사이의 독일 어린이들 가운데 여자아이가 남자아이보다 사회적 지지, 신체적 개입, 도피에 더 많이 의지하지만 대응 전략으로서 인지적 확신의 사용에서는 젠더 차이는 없다는 사실을 밝혀냈다.

이러한 두 가지 결과 모두 남자아이가 여자아이보다 자신의 감정을 드러내지 않으려고 하기 때문에 여자아이에게는 일반적으로 분명하게 드러나는 비인지적 전략을 회피한다는 호프너

(Hoffner, 1995)의 설명과 일치한다. 대조적으로, 인지적 전략은 관찰될 가능성이 더 낮기 때문에 남자와 여자아이 모두 동일한 빈도로 이러한 전략을 사용한다.

5. 요약과 결론

요약하자면, 지금까지의 연구결과를 볼 때 어린이는 종종 매스미디어물을 시청하면서 불안과 괴로움을 경험하고 이러한 느낌은 강도는 다양하지만 노출된 이후에도 종종 지속된다는 사실을 알 수 있다. 최근 설문조사는 미디어 유발 두려움이 종종 어린이의 수면을 방해한다는 점을 보여주며, 회고적인 조사 연구 또한 무서운 미디어물의 부정적 효과가 심지어 어른이 되어서도 몇 년 동안 지속될 수 있다는 점을 제시한다.

인지발달과 TV에 대한 감정반응 사이의 관계에 대한 연구는 나이가 다른 어린이에게 두려움을 유발시킬 수 있는 TV프로그램과 영화의 유형을 예측하고, 연령대가 다른 집단을 위한 효과적인 개입과 대응 전략을 마련하는 데 도움을 주었다. 이러한 발달 관련 결과는 인지발달과 감정반응 사이의 관계를 경험적으로 검증한 것 이외에도 실제로 현실 생활 과정에서 부모나 어린이를 돌봐주는 사람이 어린이를 위해 보다 현명한 시청 선택을 하도록 도와줄 수 있고(Cantor, 1998), 두려움을 느낀 어린이를 위로하는 데 유용한 정보를 제공할 수 있다(Cantor, 2004b 참조).

참고문헌

Berger, S. M. (1962). Conditioning through vicarious instigation. *Psychological Review*, 69.

Brinbaum. D. W., & Croll, W. L. (1984). The etiology of children's stereotypes about sex differences in emotionality, *Sex Roles*, 10, 677-691.

Blumer, H. (1933). *Movies and conduct.* New York: Macmillan. Bowlby, J. (1973). Separation: Anxiety and anger. New York: Basic Books.

Buzzuto, J. C. (1975). Cinematic neurosis following The Exorcist. *Journal of Nervous and Mental Disease*, 161, 43-48.

Cantor, J. (1998). *"Mommy, I'm scared": How TV and movies frighten children and what we can do to protect them.* San Diego, CA: Harvest/Harcourt.

Cantor, J. (2004a). "I'll never have a clown in my house": Why movie horror lives on. *Poetics Today: International Journal for Theory and Analysis of Literature and Communication*, 25.

Cantor, J. (2004b). Teddy's TV troubles. Madison, WI: Goblin Fern Press.

Cantor, J., Byrne, S., Moyer-Guse, E., & Riddle, K. (2007, May). *Young children's descriptions of their media-induced fright reactions.* Paper presented at the Convention of the International Communication Association. San Francisco, CA.

Cantor, J., & Hoffner, C. (1990). Children's fear reactions to a televised film as a function of perceived immediacy of depicted threat. *Journal of Broadcasting & Electronic Media*, 34.

Cantor, J., Mares, M. L., & Oliver, M. B. (1993). Parents' and children's emotional reactions to televised coverage of the Gulf War. In B. Greenberg & W. Gantz(Eds.), *Desert Storm and the mass media*(pp. 325-340). Cresskill, NJ: Hampton Press.

Cantor, J., & Nathanson, A. (1996). Children's fright reactions to television news. *Journal of Communication*, 46(4), 139-152.

Cantor, J., & Omdahl, B. (1991). Effects of fictional media depictions of realistic threats on children's emotional responses, expectations, worries, and liking for related activities. *Communication Monographs*, 58, 384-401.

Cantor, J., & Omdahl, B. (1999). Children's acceptance of safety guidelines after exposure to televised dramas depicting accidents. *Western Journal of Communication*, 63(1), 1-15.

Cantor, J., & Sparks, G. G. (1984). Children's fear responses to mass media: Testing some Piagetian predictions. *Journal of Communication*, 34(2), 90-103.

Cantor, J., Sparks, G. G, & Hoffner, C. (1988). Calming children's television fears: Mr. Rogers vs. the Incredible Hulk. *Journal of Broadcasting & Electronic Media*, 32, 271-188.

Cantor, J., & Wilson, B. J. (1984). Modifying fear responses to mass media in preschool and elementary school children. *Journal of Broadcasting*, 28, 431-443. Cantor, J., & Wilson, B. J. (1988). Helping children cope with frightening media presentations. *Current Psychology: Research & Reviews*, 7, 58-75.

Cantor, J., Wilson, B. J., & Hoffner, C. (1986). Emotional responses to a televised nuclear holocaust film. *Communication Research*, 13, 257-277.

Cantor, J., Ziemke, D., & Sparks, G. G. (1984). The effect of forewarning on emotional responses to a horror film. *Journal of Broadcasting*, 28, 21-31.

Cantril, H. (1940). *The invasion from Mars: A study in the psychology of panic*. Princeton, NJ: Princeton University Press.

Dysinger, W. S., & Ruckmick, C. A. (1933). *The emotional responses of children to the motion picture situation*. New York: Macmillan.

Fabes, R. A., & Martin, C. L. (1991). Gender and age stereotypes of emotionality. *Personality and Social Psychology Bulletin*, 17, 532-540.

Feshbach, N. D. (1982). Sex differences in empathy and social behavior in children. In N. Eisenberg(Ed.), *The development of prosocial behavior*. New York: Academic Press.

Flavell, J. (1963). *The developmental psychology of Jean Piaget*. New York: Van Nostrand.

Grossman, M., & Wood, W. (1993). Sex differences in the intensity of emotional experience: A social role interpretation. *Journal of Personality and Social Psychology*, 65.

Gunter, B., & Furnham, A. (1984). Perceptions of television violence: Effects of programme genre and type of violence on viewers' judgements of violent portrayals. *British Journal of Social Psychology*, 23, 155-164.

Harrison, K., & Cantor, J. (1999). Tales from the screen: Enduring fright reactions to scary media. *Media Psychology*, 1(2), 97-116.

Hebb, D. O. (1946). On the nature of fear. *Psychological Review*, 53, 259-276.

Hoekstra, S. J., Harris, R. J., & Helmick, A. L. (1999). Autobiographical memories about the experience of seeing frightening movies in childhood. *Media Psychology*, 1(2), 117-140.

Hoffman, M. L. (1978). Toward a theory of empathic arousal and development. In M. Lewis & L. A. Rosenblum(Eds.), *The development of affect* (pp. 227-256). New York: Plenum.

Hoffner, C. (1995). Adolescents' coping with frightening mass media. *Communication Research*, 22.

Hoffner, C, & Cantor, J. (1985). Developmental differences in responses to a television character's appearance and behavior. *Developmental Psychology*, 21.

Hoffner, C, & Cantor, J. (1990). Forewarning of a threat and prior knowledge of outcome: Effects on children's emotional responses to a film sequence. *Human Communication Research*, 16.

Izard, C. E. (1977). *Human emotions*. New York: Plenum Press.

Jersild, A. T., & Holmes, F. B. (1935). Methods of overcoming children's fears. *Journal of Psychology*, 1, 75-104.

Johnson, B. R. (1980). General occurrence of stressful reactions to commercial motion pictures and elements in films subjectively identified as stressors. *Psychological Reports*, 47, 775-786.

Johnson, J. G., Cohen, P., Kasen, S., First, M. B., & Brook, J. S. (2004). Association between television viewing and sleep problems during adolescence and early adulthood. *Archives of Pediatrics and Adolescent Medicine*, 158, 562-568.

LeDoux, J. (1996). *The emotional brain: The mysterious underpinnings of emotional life*. New York:

Simon & Schuster.

Mathai, J. (1983). An acute anxiety state in an adolescent precipitated by viewing a horror movie. *Journal of Adolescence*, 6, 197-200.

Melkman, R., Tversky, B., & Baratz, D. (1981). Developmental trends in the use of perceptual and conceptual attributes in grouping, clustering and retrieval. *Journal of Experimental Child Psychology*, 31, 470-486.

Morison, P., & Gardner, H. (1978). Dragons and dinosaurs: The child's capacity to differentiate fantasy from reality. *Child Development*, 49, 642-648.

Owens, J., Maxim, R., McGuinn, M., Nobile, C, Msall, M., & Alario, A. (1999). Television-viewing habits and sleep disturbance in school children. *Pediatrics*, 104(3), e27.

Paavonen, E. J., Pennonen, M., Roine, M., Valkonen, S., & Lahikainen, A. R. (2006). TV exposure associated with sleep disturbances in 5- to 6-year-olds. *Journal of Sleep Research*, 15.

Pavlov, I. P. (1960). *Conditioned reflexes* (G. V. Anrep, Trans.). London: Oxford University Press. (Original work published 1927)

Peck, E. Y. (1999). *Gender differences in film-induced fear as a function of type of emotion measure and stimulus content: A meta-analysis and a laboratory study*. Unpublished doctoral dissertation, University of Wisconsin-Madison.

Sapolsky, B. S., & Zillmann, D. (1978). Experience and empathy: Affective reactions to witnessing childbirth. *Journal of Social Psychology*, 105, 131-144.

Simons, D., & Silveira, W. R. (1994). Post-traumatic stress disorder in children after television programmes. *British Medical Journal*, 308, 389-390.

Singer, M. I., Slovak, K., Frierson, T, & York, P. (1998). Viewing preferences, symptoms of psychological trauma, and violent behaviors among children who watch television. *Journal of the American Academy of Child and Adolescent Psychiatry*, 37(10).

Sparks, G. G. (1986). Developmental differences in children's reports of fear induced by the mass media. *Child Study Journal*, 16, 55-66.

Sparks, G. G, & Cantor, J. (1986). Developmental differences in fright responses to a television program depicting a character transformation. *Journal of Broadcasting and Electronic Media*, 30.

Valkenburg, P. M., Cantor, J., & Peeters, A. L. (2000). Fright reactions to television: A child survey. *Communication Research*, 27, 82-99.

Van den Bulck, J. (2004). Media use and dreaming: The relationship among television viewing, computer game play, and nightmares or pleasant dreams. *Dreaming*, 14, 43-49.

Weiss, A. J., Imrich, D. J., & Wilson, B. J. (1993). Prior exposure to creatures from a horror film: Live versus photographic representations. *Human Communication Research*, 20.

Weiss, B. W., Katkin, E. S., & Rubin, B. M. (1968). Relationship between a factor analytically derived measure of a specific fear and performance after related fear induction. *Journal of Abnormal Psychology*, 73, 461-463.

Wilson, B. J. (1987). Reducing children's emotional reactions to mass media through rehearsed explanation and exposure to a replica of a fear object. *Human Communication Research*, 14.

Wilson, B. J. (1989a). Desensitizing children's emotional reactions to the mass media. *Communication Research*, 16, 723-745.

Wilson, B. J. (1989b). The effects of two control strategies on children's emotional reactions to a frightening movie scene. *Journal of Broadcasting & Electronic Media*, 33, 397-418.

Wilson, B. J., & Cantor, J. (1985). Developmental differences in empathy with a television protagonist's fear. *Journal of Experimental Child Psychology*, 39, 284-299.

Wilson, B. J., & Cantor, J. (1987). Reducing children's fear reactions to mass media: Effects of visual exposure and verbal explanation. In M. McLaughlin (Ed.), *Communication Yearbook 10*. Beverly Hills, CA: Sage.

Wilson, B. J., Hoffner, C, & Cantor, J. (1987). Children's perceptions of the effectiveness of techniques to reduce fear from mass media. *Journal of Applied Developmental Psychology*, 8.

Wilson, B. J., & Weiss, A. J. (1991). The effects of two reality explanations on children's reactions to a frightening movie scene. *Communication Monographs*, 58, 307-326.

Yerkes, R. M., & Yerkes, A. W. (1936). Nature and conditions of avoidance (fear) response in chimpanzee. *Journal of Comparative Psychology*, 21, 53-66.

Zillmann, D. (1978). Attribution and misattribution of excitatory reactions. In J. H. Harvey, W. Ickes, & R. F. Kidd (Eds.), *New directions in attribution research* (Vol. 2). N. Y.: Erlbaum.

Zillmann, D., & Cantor, J. (1977). Affective responses to the emotions of a protagonist. *Journal of Experimental Social Psychology*, 13, 155-165.

Zillmann, D., Mody, B., & Cantor, J. (1974). Empathetic perception of emotional displays in films as a function of hedonic and excitatory state prior to exposure. *Journal of Research in Personality*, 8, 335-349.

Zoglin, R. (1984, June 25). Gremlins in the rating system. *Time*, p. 78.

미디어 섹스의 효과

리처드 잭슨 해리스(Richard Jackson Harris, 캔자스 대학)
크리스토퍼 바렛(Christopher P.Barlett, 아이오와 주립대학)

남자와 여자, 소년과 소녀들이 섹스에 대해 학습하는 곳은 어디인가? 학습효과는 무엇인가? 유년기, 청소년 시절, 성인기를 통해 부모, 학교, 친구, 형제, 영화, TV, 잡지, 가요, 비디오, 인터넷과 같은 다양한 정보원을 통해 섹스에 대해 배운다. 예를 들면, 우리는 프렌치 키스를 나이 든 형제의 이야기를 통해, 오르가슴은 외설영화를 통해, 오럴섹스는 성적인 콘텐츠를 취급하는 웹사이트를 통해, 강간은 TV를 통해 익힐 수 있다.

엔터테인먼트에서 섹스에 관한 주제는 허구 그 자체인 만큼 전반에 널려 있다. 많은 고전들은 때때로 그 내용이 성과 관련이 깊은데, 아리스토파네스의 고전희곡 《리시스트라테》, 초서의 《캔터베리 이야기》 혹은 셰익스피어의 《말괄량이 길들이기》 같은 작품은 노골적인 성행위와 은밀한 이중의미들로 가득 차 있는데, 이들 가운데 일부는 옛말과 "고전"이라는 이유로 사람들이 알아채지 못할 수도 있다. 섹스는 아주 오랫동안 대중문화의 일부였다. 로마의 검투사 시합은 때때로 옷을 제대로 입지 않은 여성에게 검투사 역할을 하게 했고, 섹스 스캔들, 성적인 오락, 수용 가능한 의상과 행동에 관한 제한 요인을 비판하는 젊은 성인들은 아주 오랫동안 즐겁기도 했지만 때때로 사회를 곤경에 처하게도 했다.

Time/CNN의 여론조사에 따르면(Stodghill, 1998), 미국 10대의 29%는 섹스에 관한 가장 중요한 정보원으로 TV를 들었다. 이는 1986년의 11%보다 증가한 수치이다. 가장 많이 언급된 정보원은 친구(45%)였고, 부모는 7% 그리고 성교육은 3%였다. 한 연구에 따르면 토론토의 청소년기 남자아이 90%와 여자아이 60%(평균 연령 14세)는 적어도 한 번은 포르노를 본 것으로 나타났다(Check & Maxwell, 1992; Russell, 1998). 또한 29%의 남자아이는 성교육의 가장 중요한 정보원으로 포르노를 꼽았는데, 이는 학교, 부모, 책, 동료집단이나 잡지보다 더 높은 비율이다(Check, 1995). 대학생을 대상으로 한 조사는 어떤 형태로든지 폭력적인 포르노를 접한 경험이 있다는 응답이 35 ~55%에 달한다는 것을 보여줬다.

청소년기와 초기 성년기를 통해 지속적으로 섹스에 대해 학습하고, 미디어는 그러한 정보를 제공하는 중요한 원천의 하나이다(Chia, 2006). 다른 정보원들과 비교했을 때 미디어의 중요성은 더욱 높아지는데 특히 여성잡지와 TV가 그랬다(Kallipolitis et al., 2004). 이 장은 성에 관한 내용이 많은 미디어를 소비했을 때의 효과에 대해 다룬다. 먼저 내용분석 연구에 초점을 맞추어 미디어에 나타난 성의 특징을 살펴본다. 나머지 부분은 성을 노골적으로 묘사한 미디어를 소비하는 방식이 성적인 흥분, 태도, 행위에 미치는 영향에 관한 연구들을 개관한 결과를 소개한다.

1. 미디어에 나타난 성의 특징

1) 성적 내용의 유형

성적 내용으로 채워진 미디어는 넓은 범위의 다양한 정보원을 포함한다. 잡지, 비디오, 영화, 인터넷 웹 사이트에 담겨진 성적인 자료는 "성애물"(性愛物), "포르노", "X 등급" 혹은 "성적으로 노골적인" 등으로 분류된다. 포르노는 2006년에 미국에서만 130억 달러를 창출해낸 거대한 사업이다(IT Facts, 2007). 1990년대 중반 이후 잡지의 발행부수는 크게 줄어들었지만 그러한 감소는 비디오 판매와 대여, 케이블과 페이퍼뷰 TV에 의해 보충된다. 특히 폭발적으로 성장하는 인터넷 포르노는 2006년에 전체 수입의 20% 이상을 차지했다.

대부분의 학자들은 강간, 성적 노예, 고문, 가학 피학성 변태성욕, 구타, 엉덩이 때리기, 머리채 끌어당기기, 생식기 절단을 묘사하는 폭력적인 성애물과 비폭력적인 성애물을 구별하고 있다. 비폭력적 성애물을 분류하는 것은 더 어렵다. 어떤 비폭력적 성애물은 상호간에 동의하고 애정이 깊은 내용을 담는데(성애를 다룬 예술작품으로 불리기도 함), 사랑하는 혹은 적어도 강제적이지 않은 형태의 질 혹은 오럴섹스를 묘사한다. 다른 한편으로(이와는 반대로) 일부 비폭력적 성애물은 성적인 품위 하락, 지배, 예속, 조롱을 묘사하는 것으로 성적으로 인간성을 해체시키는 것들을 그린다. 비폭력적 성애물은 몸의 일부와 성적 욕구 이외에 다른 인간적 특징은 없는 존재로 표현하여 인간성을 해체한다. 여성은 언어적으로 학대받고 모욕을 당하지만 종종 남성의 성적 요구에 병적으로 흥분하는 수용적이고 반응적인 존재로 등장한다. 남자는 성적으로 지배적인 지위에 있으며 여자는 과다하게 노출되며 발가벗은 남자보다 한층 더한 존재로 묘사된다.

미디어에서의 성은 섹스나 발가벗은 몸을 노골적으로 묘사하는 것에 한정되지 않는다. 성적 행위, 관심 혹은 동기를 묘사하거나 넌지시 비추는 어떤 묘사도 포함된다. 노골적인 성애물이 아닌 많은 것들을 통해 성에 관한 생각이 떠오를 수 있다. 성 범죄, 섹스 스캔들, 떠오르는 신진 여배우에 관한 가십거리 혹은 이라크 아부 그라이브(Abu Ghraib) 형무소의 성학대와 같은 비참한 잔혹행위를 포함하는 많은 기사들이 성적 내용과 관련이 있다. 성은 남성 및 여성용 향수, 애프터쉐이브 같은 화장품은 물론 타이어, 자동차 부엌 싱크대 광고 등에 폭넓게 퍼졌다. 예를 들어 네트워크 TV에 방영된 한 자동차 광고는 차에 관한 남자의 선택이 그 남자의 성기 크기와 관련이 있는지에 관해 서로 얘기하는 모습("나는 후드 밑 그의 것이 궁금하다")을 다룬다. 광고에 등장한 성에 관해서는 라이처트와 램비어스(Reichert & Lambiase, 2003)의 연구를 참조하기 바란다.

2) 전자 미디어

1920년대에 방송 미디어가 출현한 이후 등급은 인쇄 미디어보다는 라디오와 TV 때문에 더 보수적이 되었다. X등급 TV보다는 성적으로 경도된 인쇄 미디어로부터 아이들을 보호하는 게 더 쉽기 때문이다. 케이블과 비디오 테크놀로지의 출현으로 인해 네트워크 TV가 아닌 비디오와 프리미엄 케이블 채널에서 더 성적인 프로그램을 보다 광범위하게 받아들이는 문제가 발생했다. 논리는 네트워크 프로그램 편성은 TV세트가 있는 곳 어디라면 접근 가능한 반면, 프리미엄 케이블과 대여된 영화는 가정으로 "초대된" 존재처럼 여겨지기 때문이다. 보다 심각한 문제는 효과적인 규제수단이 전혀 없다는 점이다(Ferguson & Perserms 2000). 성적으로 노골적인 사이트에 대한 어린이의 접근을 법적으로 금지하는 데 많은 관심이 있지만 유방암 정보나 예술 사이트와 같이 성과 관련되지 않은 유용한 사이트는 차단하지 않은 채 금지 혹은 차단 소프트웨어가 합법적이고 효과적으로 기능할 수 있는가에 대해서는 상당한 의견의 불일치가 존재한다. 2002년에 실시된 한 설문조사는 18세에서 45세 사이의 독신남은 다른 인구학적 속성을 띤 집단보다 포르노 사이트를 더 자주 방문한다는 연구결과를 보고했다(Buzzell, 2005).

가장 빈번하게 연구된 미디어인 TV로 관심을 돌리면 네트워크 TV에 등장한 성적 대화와 풍자는 노골적이지는 않지만 만연해 있는데 대부분 유머러스한 맥락에서 등장한다. 한 내용분석 연구에 따르면 1999년과 2000년 사이에 네트워크와 케이블에서 방영된 TV쇼의 68%가 성적 내용을 담고 있고, 65%는 성에 관한 대화를, 27%는 육체적 성행위를 묘사한 것으로 나타났다(Kunkel et al., 2003). 혼전 그리고 혼외 성적 만남에 관한 언급이 배우자 사이의 성에 관한 언급보다 6대 1의 비율로 더 많았고(Greenberg & Hofschire, 2000), 일일연속극에서 미혼 대 기혼 파트너의 성접촉은 24대 1 그리고 10대의 등장인물이 출연한 R등급 영화에서는 32대 1로 더 높았다(Greenberg et al., 1993). 표본으로 선정된 모든 R등급 영화에서 알몸이 등장했고 여성이 남성보다 4대 1 정도의 비율로 알몸으로 등장한 횟수가 더 많았다. 미디어에서의 성은 대개 결말이 없었다.

프라임타임 TV에서 성에 대한 토론의 14%만이 성의 위험이나 책임에 관해 언급했고 3%만이 성행위의 위험과 책임에 대해 얘기한 것으로 나타났다(Cope-Farrar & Kunkel, 2002). "섹스 관련 내용"이 포함된 쇼의 경우, 쇼가 성에 관한 위험이나 책임을 언급한 비율은 14%에서 26%로 증가했지만 이는 여전히 낮은 수치이다(Kunkel et al., 2007).

프라임타임 시간대에 편성된 네트워크 프로그램(NBC, ABC, CBS, Fox)에 등장한 성관련 내용을 분석한 25건의 내용분석 연구(1975년부터 2004년까지)를 메타분석 연구에 따르면 1990

년대 초부터 2004년 사이에 한 시간 동안 열정적인 키스, 터치와 애무, 섹스가 등장한 빈도는 감소한 것으로 나타났다. 그런데 흥미롭게도 성에 관한 대화는 1999년부터 2004년 동안 꾸준히 증가한 것으로 나타났다. 메타연구는 또한 노골적인 섹스 장면이 그렇게 자주 등장하지는 않았지만 연도와 노골적인 섹스 장면의 빈도 사이에 정적(正的) 상관관계가 있다(시간 당 0.025회)고 밝혔다. 또한 이 연구는 2000년부터 2004년 사이에 미혼자 섹스와 매춘의 빈도가 증가했다는 것을 보여주었다(Hetsroni, 2007).

일일연속극에 관한 내용분석은 1985년에 상당한 성적 내용을 보여주었으며 1994년까지 35% 증가했다(Greenberg & Busselle, 1996). 역시 1985년과 비교했을 때 1994년에는 ⓐ 성의 부정적 결말, ⓑ 성적 유혹의 거절, ⓒ 강간 묘사에 관한 주제가 더 많았다. 이 3가지 주제 모두 1970년대와 1980년대의 일일연속극에서 흔히 볼 수 있는 주제가 아니었다. R등급 영화와 섹스 잡지는 TV에 묘사된 성보다 더 노골적으로 성을 다뤘다(Greenberg & Hofschire, 2000).

이 장의 주된 관심은 성적으로 노골적인 요소에 관한 것인데 일반적으로 폭력적이고 비폭력적인 "포르노" 혹은 "성애물"이라 불리는 것들을 포함한다. "포르노(그래피)"(pornography)라는 용어는 고도의 가치를 포함하지만 그것만으로는 과학적 평가가 불명확하다. 따라서 아주 폭넓게 사용되어 완전히 피할 수는 없겠지만 "외설스러운"이라기보다는 "성적으로 노골적인"으로 그러한 요소들을 종종 언급하려 한다. 하지만 미디어에 나타난 성의 효과를 고려할 때 전형적으로 "포르노"로 간주되는 것보다 더 넓은 범위의 음란물을 고찰할 필요가 있다.

2. 성적 미디어 소비의 효과

성(性), 심지어 노골적인 성이어도 많은 이들은 그것이 팔리기를 바란다. 성적으로 편향된 인쇄물, 비디오, 방송, 인터넷 음란물들은 상업적으로 높은 수익을 내며 이는 음란물들이 계속 등장하는 필요조건이다. 경제적 효과는 차치하고 노출 효과의 3가지 주요 유형 즉 흥분, 태도 변화, 행동에 관한 효과가 확인되었다.

다양한 이론적 관점들이 미디어 성의 효과에 관한 연구를 안내한다. 이러한 이론들이 이 장에서 중심은 아니지만 독자들은 이 책의 다른 장에서 다양한 관점에 대한 철저한 논리적 분석과 검토결과〔문화계발이론(Morgan, Signorielli, & Shanahan), 사회인지이론(Bandura), 정교화 가능성 모델(Petty, Briñol, & Priester), 점화(Roskos-Ewoldson, Roskos-Ewoldson, & Carpentier), 이용과 충족(Rubin)〕를 참조할 수 있다. 각각의 관점은 성적 미디어의 효과에 관한 정보를 제공하거나 안내한다.

1) 흥분

성적 미디어 소비가 유발하는 직접적 효과 중 하나는 성적 행위를 부추기는 즉 생리상태가 강화된 성적 흥분이다. 흥분은 두 가지 중 어느 쪽으로도 측정 가능한데 가장 널리 사용되는 측정은 자기평가이다(예를 들어, "얼마나 흥분했는가?"를 7점 척도로 평가). 흥분은 페니스의 팽창, 질 윤활작용 혹은 온도(온도 기록법)를 측정하는 전자 센서와 같은 다양한 생리학적 측정을 통해서 보다 직접적으로 측정할 수도 있다.

대부분의 측정에 따르면 일반적으로 남자가

여자보다 성적 미디어에 의해 더 흥분한다. 성적으로 폭력적이거나 인간성을 해체시키는 음란물에 대한 반응에서 특히 그러하다(Malamuth, 1996; Murnen & Stockton, 1997). 만약 피해자가 강간으로 흥분된 존재로 묘사된다면 성 폭력은 성 범죄자와 다른 폭력성향이 있는 남자는 물론 "보통의 정상적인" 남자를 흥분시킬 수 있다. 성적으로 강압적인 남자는 강압적 신호의 출현(강제적인 섹스에 관한 슬라이드나 언어적 묘사)에 직면했을 때 성적 반응을 억제하는 능력을 계발한 "보통의 정상적인" 남자가 흥분하는 것보다 생리학적으로 더 흥분한다(Lohr, Adams, & Davis, 1997).

성적 흥분은 고전적 조건형성을 통해 학습될 수 있다. 예를 들면, 라크만과 홋슨(Rachman & Hodgson, 1968)은 부츠 착용을 발가벗은 여성의 사진과 짝지음으로써 여성의 부츠 때문에 이성애자인 남성이 성적으로 흥분하도록 고전적으로 조건을 설정했는데, 이 실험은 이성이 어떻게 성적으로 "흥분"했고 어떻게 학습되는지에 관한 설명을 제공한다. 이 과정은 사람을 성적으로 흥분시키는 구체적인 자극에서 방대한 개인간 차이를 설명할 수 있다. 서로 다른 경험을 통해 사람들은 우리가 사랑하는 것들과의 연상을 통해 다른 자극에 반응하도록 조건지어질 수 있다. 마이어스(Myers, 2007)는 고전적 조건화 과정을 통해 어떤 설정에서 양파를 먹는 여자는 그녀와의 키스를 연상시키기 때문에 양파냄새에 기분 좋게 취할 수 있다고 보고했다. 특정인과의 관계로 인해 나타나는 연상에 따라 어떤 이는 남성용 혹은 여성용 향수, 옷(혹은 특별한 행동) 때문에 흥분될 수 있다. 미디어는 조건화를 위한 많은 이미지와 연상들을 제공한다.

흥분의 정도는 노골성의 정도와 반드시 높은 상관관계를 가질 필요가 없다. 어떤 경우 사람들은 아주 노골적인 이야기보다 성적으로 덜 야한 이야기에 더 흥분할 수 있다. 다음날 아침으로 갑작스럽게 편집된 침대장면은 편집되지 않은 밤 장면이 삽입된 노골적인 버전보다 더 흥분적일 수 있다. 섹스장면 검열은 영화를 더 흥분적인 것으로 만들 수 있는데, 관람객들이 자신만의 대사를 채워 넣을 수 있기 때문이다. 사람들이 로맨틱한 장면의 마지막을 구성하기 위해 자신의 상상을 이용할 수 있다면 흥분을 야기하는 다른 사람들의 아이디어를 관람하는 것보다 개인적으로 자신을 더 흥분시키는 현실을 구성하려 할 것이다. 성적 흥분의 개인적 특성은 성 치료전문가가 갖는 관심사이다. 칸즈(Carnes, 2001)는 인터넷에는 이용자가 원하는 성적 욕망을 다루는 웹사이트가 무한정인데 자극이 "새로운" 것이기 때문에 인터넷은 성적 흥분을 유도한다고 주장한다. 예를 들면, 인터넷 섹스 웹사이트에서 이용자는 자신이 원하는 환상에 관한 이미지를 볼 수 있는데 이러한 환상은 보통인의 성 생활에서는 거의 일어나지 않는다. 이러한 이미지들은 두뇌에 "기억되고" 성행위를 하는 동안 이에 대해 꿈꾸게 한다.

(1) 이용자의 개인적 차이

일부 초기연구들은 유죄를 선고받은 강간범을 조사한 후 일반인들은 합의에 의한 섹스에 의해서만 흥분되지만 강간범들은 강간과 합의에 의한 섹스 둘 모두에 의해 흥분된다는 것을 발견했다. 후속연구들은 성 범죄자에게서 선행연구와 같은 일관된 흥분효과를 발견하지 못했다. 하지만 어떤 조건에서는 "평범한" 남자 대학생도

364

성폭력 장면에 의해 흥분될 수 있다. 남자는 피해자가 강간을 즐기고 오르가슴을 느끼는 것으로 묘사된다면, 합의에 의한 섹스장면에 의해서 흥분되는 만큼 적어도 강간장면에도 흥분된다(Ohbuchi, Ikeda, & Takeuchi, 1994). 피해자가 공포에 떠는 것으로 보인다면 흥분되지 않는다. 부시맨 등(Bushman et al., 2003)은 자기도취증 상황에서 높은 점수를 받은 남자는 낮은 점수를 받은 남자보다 강간장면에 앞서 진행된 파티를 보다 오락적이고 더 흥분된 상태로 간주하는 성적 감정을 느낀다는 것을 발견했다. 예이츠 등(Yates et al., 1984)은 평범한 사람들은 등장한 여자 인물에 대해 화가 난 경우에만 강간묘사와 합의에 의한 섹스에 반응한다는 것을 보여줬다. 만약 화가 나지 않았다면 합의 섹스장면에의 반응이 더 흥분적이었을 것으로 판단된다. 보가트(Bogaert, 2001)는 개인적 속성 즉 우월성, 마키아벨리적 정신병리학적 경향, 과도한 남성성 같은 개인적 속성은 폭력, 아동포르노, 탐욕스러운 성욕을 지닌 여성이 나오는 성애물을 시청할 가능성과 상관이 있지만 이러한 특징이 없는 개인은 성애물을 시청할 가능성과 상관관계가 없다는 것을 확인했다.

(2) 젠더 비대칭

노골적인 음란물은 전통적으로 남성에 의해 그리고 남성을 위해 제작되었다. 따라서 음란물은 늠름한 사내와 과도한 남성성을 선호한다. 잡지와 비디오는 모든 다양한 이성간의 섹스를 보여주지만 전희, 후희, 포옹 혹은 보통의 부드러움은 별로 강조하지 않는다. 여자는 섹스에 대한 욕망과 참여를 갈구하고 만족할 줄 모르는 병적 쾌감을 지닌 존재로 그려진다. 남성은 섹스로 인

한 결과에 대해서는 관심이 없다. 음란 비디오의 71%를 관람하는 것으로 추정되는 남자들은 여자들보다 음란물을 훨씬 더 적극적으로 얻으려 애쓰고 이를 이용한다(Gettleman, 1999). 이러한 결과는 남성이 본질적으로 성에 더 많은 관심이 있기 때문인 것으로 여겨지지 않으며, 단지 극단적인 과도한 남성성 섹스를 표현한 포르노 산업의 여성 편향성이 아주 잘 반영되었다고 할 수 있다. 몇몇 연구는 여성들을 위해 여성들이 각본을 쓰고 감독 제작한 섹스 비디오에 더 긍정적 반응을 보인다는 것을 보여준다(Senn & Desmarais, 2004). 내용을 통제하더라도 남성은 성적 미디어를 추구하고 그것에 의해 흥분할 가능성이 더 높은 것으로 생각된다(Malamuth, 1996).

성행위에서 성별의 차이를 설명하는 발달심리학은 남성은 많은 수의 성적 파트너를 갈망하지만 여성은 자식을 양육하는 데 도움을 주는 배우자와의 장기적인 결혼에 더 큰 관심이 있다고 주장한다. 이러한 견해는 남성이 여성보다 성적 미디어를 더 찾아 나서고 이용하며 여성보다 성적 미디어 특히 시각적으로 다수의 잠재적 파트너를 보여주는 음란물에 더 흥분한다는 관찰결과와도 일치한다. 그렇지만 여성은 남성보다 전형적인 포르노에 덜 흥분하고 로맨스 소설처럼 맥락에 기초한 성적 표현을 더 선호한다.

(3) 카타르시스 신화

사람들은 성적으로 노골적인 음란물을 소비하면 성적 충동 표현을 촉진하여 흥분을 감소시킨다는 주장을 전해 듣는다. 이러한 주장은 충동의 표현 뒤에 발생하는 정서적 해방인 카타르시스라는 개념을 떠올리게 한다. 이러한 개념은 프로이

트의 퍼스낼리티에 관한 정신역학 모델에서 유래한다. 성에 적용된 카타르시스 주장은 실제행위의 불완전한 대체유형의 하나인 자위행위 관련 잡지나 비디오 같은 성적 미디어 소비는 성적 충동을 경감시킨다고 예측한다. 카타르시스 주장이 포르노에 대한 제한완화를 뒷받침하는 데 사용되고, 성범죄자들은 범죄감행 충동을 줄이기 위한 전략이라고 말하지만, 카타르시스를 지지하는 연구는 거의 존재하지 않는다(Bushman, Baumeister, & Stack, 1999). 음란물 관람은 성적 충동을 감소시키는 게 아니라 증가시키며 관람 후 성행위에 관여하려는 동기가 더하면 더했지 덜하지 않다. 따라서 성적 충동을 줄이기 위해 포르노를 소비하는 것은 정반대 효과를 초래할 수 있다. 권력동기에 의해 휘둘려지는 강간 성향을 감소시키기는커녕 성적으로 만족도 줄 수 없다(Prentky & Knight, 1991). 카타르시스 이론의 역사와 현재 상태에 관한 최근의 개념적 검토는 쉘레와 두보이즈(Scheele & DuBois, 2006)를 참조하라.

2) 태도에 대한 효과

(1) 성과 가치

노골적인 성적 미디어에 대한 많은 이의 관심은 이러한 미디어가 전달하는 태도 및 가치와 관련이 있다. 일관된 일련의 메시지에 반복적으로 노출되면 미디어의 관점을 더 반영하는 세계관이 계발될 수 있다(이 책 제3장의 Morgan, Shanahan, & Signorielli 연구 참조). 가령 관계 초기에 성적으로는 능동적이지만 결과에는 관심이 없는 배우가 등장한 다수의 시트콤과 영화의 시청은 수용자에게 그러한 태도 수용을 촉진

함으로써 생각지 않았던 혼전 섹스를 반대하는 가정교육을 약화시킬 수 있다. 강제성과 성폭력에 관한 주제가 담긴 광고와 영화의 수적 증가는 수용자로 하여금 여성에 대한 폭력에 둔감하게 할 수 있다. 이와 같은 효과는 그러한 가치를 가진 배우가 특히 수용자가 동일시하는 존경받는 인물일 때 일어날 가능성이 있다. 매춘부의 난잡한 성행위는 존경받는 엄마가 행하는 유사한 행동보다 관람자의 가치에 영향을 덜 미친다.

특히 폭력적이고 비폭력적으로 인간성을 해체하는 포르노에 대한 중요한 사회적 비판의 하나는 포르노가 이데올로기적으로 반여성적이라는 점이다(Buchwald et al., 1993; Russell, 1998). 유희적 도구 그리고 성적 폭력의 피해자는 일반적으로 남성이 아니라 여성이다. 예를 들어 한 섹스 잡지는 "어떻게 불감증을 치료할 것인가"라는 기사의 도입부 사진으로 여성의 질 속의 휴대용 소형 진동기를 보여주고 집단강간을 당하는 여성이 오히려 흥분하여 섹스에 지나치게 열중하는 모습으로 바뀌는 큰 사진을 보여주기도 한다. 어떤 섹스 비디오는 남자 시청자의 즐거움을 위해 여성의 가슴을 끈 따위로 묶고 짓눌러 짜는 장면을 보여주기도 한다.

(2) 성에 대한 태도

많은 연구들은 비폭력적이지만 성적으로 노골적인 음란물에 대한 노출이 성에 대한 태도나 가치의 다양성에 미치는 효과를 제시했다. 아름다운 여성이 발가벗은 채 성행위에 열중하는 슬라이드와 영화를 관람한 후 남자들은 성적 만족도가 줄어들지는 않았다고 보고했지만 자신의 파트너를 육체적으로 덜 아름다운 것으로 평가했다. 심지어 남자들은 매력적인 모델이 등장한

노골적인 음란물 관람 후에 자신의 파트너를 덜 사랑한다고 보고했다. 전통적 성역할 태도를 가진 남자의 경우에서만 나타났지만 포르노 비디오를 시청한 남자들은 이어진 여성 진행자와의 인터뷰에 대해 음란물을 시청하지 않은 남자들보다 성적으로 더 적극적인 반응을 보였다. 이는 육감적인 모델이 실제 사람을 비교하는 규범이나 "기준"이 되는 것과 마찬가지이다.

이러한 효과가 남성에게만 국한된 것은 아니다. 통제집단과 비교했을 때 매주 1회 포르노 영화를 시청한 남성과 여성은 자신의 실생활 파트너에 대한 애정, 육체적 외모, 성적 호기심, 성적 능력에 대해 덜 만족스럽다고 응답했다. 이들은 정서적 관여가 없는 섹스를 통제집단보다 상대적으로 중요한 것으로 간주했고 혼전 섹스와 혼외 섹스를 잘 받아들였으며 결혼과 일부일처제의 가치를 낮게 평가하는 것으로 나타났다. 뿐만 아니라 아이를 갖고자 하는 욕구가 덜하고 남성 지배 및 여성 복종을 더 잘 수용하는 것으로 나타났다. 동일한 방법론을 사용하여, 질만과 브라이언트(Zillmann & Bryant, 1988a, 1988b)는 성적으로 노골적인 영화를 관람한 참여자는 성적인 내용을 담지 않은 영화를 관람한 통제집단보다 일반인들의 오럴 섹스, 항문 섹스, 가학피학적 변태성욕, 수간(獸姦)의 빈도를 일관되게 과대평가했다. 성적 경험에 대한 솔직한 토론이 포함된 낮방송 토크 TV프로그램을 많이 시청한 10대 계층은 낮은 시청집단과 비교했을 때 동일한 행위의 빈도를 과대평가했다(Greenberg & Smith, 2002). 일일연속극, 프라임타임 시간대 드라마, 일반적인 TV프로그램을 많이 시청하는 것은 젊은 성인 여성에서 낮은 성적 자아상과 관계가 있다(Aubrey, 2007). 이는 다양한 활동 발생의 빈도를 판단하는 가용성(availability)의 인지 휴리스틱을 반영하는 결과이다. 생생한 미디어 사례에 대한 최근의 노출은 실제세계에서 이러한 사건발생의 빈도를 높게 평가했다.

음란물은 태도형성을 돕기 위해 노골적이거나 생생한 묘사일 필요는 없다. 브라이언트와 락웰(Bryant & Rockwell, 1994)은 성적 내용의 프라임타임 프로그램을 많이 소비한 청소년은 성적으로 부도덕함 그리고 피해자가 얼마나 부당한 취급을 받았는지에 대한 판단에서 통제집단보다 훨씬 관대했다고 보고했다. 이러한 효과는 솔직한 가족 커뮤니케이션과 능동적인 비판적 시청에 의해 크게 약해졌다. 영상을 사용하지 않은 채 섹스를 글로만 묘사한 인쇄물(예: 《펜트하우스》의 자문 칼럼)은 사진보다 더 쉽게 자기 자신의 파트너에 대한 환상에 빠지도록 유도했다.

앨런 등(Allen et al., 1995)은 성적 미디어 노출과 강간신화의 관계를 살핀 메타분석에서 실험 연구는 포르노 노출과 강간신화 수용 사이에 일관된 긍정적 효과가 존재한다고 보고했지만, 상관관계 그리고 현장 연구들은 긍정적 관계가 거의 없거나 존재하지 않는다고 보고했다는 결론을 내렸다. 이러한 관계는 폭력적인 포르노일 경우에 일관되게 더 강했지만 일부 실험연구는 폭력적·비폭력적 포르노 모두에서 효과가 있다고 보고했다.

알코올 소비는 여성 피해자를 가혹하게 평가하거나 동정하는 기존의 경향을 증가시키지만 "과도한 남성성을 지닌" 남성의 경우 피해자의 고통에 대한 동정을 감소시켰다(Norris et al., 1999). 알코올은 여성의 판단에 영향을 줄 수 있다. 술에 취해 성적으로 자극적인 강간묘사를 읽은 여성은 맑은 정신을 지닌 통제집단의 여성보다 강제적인 섹스사건을 강간이라고 분류하는 경향이 덜한 것으로 나타났다(Davis et al., 2006).

포르노 비디오는 4가지 가운데 하나 혹은 그 이상의 목적을 위해 소비하는 것 같다(Gunter, 2002). 성적 고양은 섹스를 위한 분위기를 조성하거나 특정 행위에 대한 생각을 제공한다. 성적 해방은 성적 환상을 자극한다. 성적 대리는 섹스 파트너를 대신한다. 대리를 위해 섹스를 이용한 사람은 강간신화를 더 잘 수용하는 것 같지만 성적 해방을 위해 이용한 사람의 경우 강간신화를 덜 수용하는 것으로 나타났다(Gunter, 2002).

(3) 공포영화: 주류영화에서의 섹스와 폭력의 결합

앞서 논의된 연구들은 성적으로 노골적인 음란물을 사용했지만, 태도에 관한 효과는 결코 포르노 제작물에만 국한된 것은 아니다. 지난 40년 동안 덜 알려진 다수의 영화는 물론 대박을 터뜨린 공포영화(〈나는 네가 지난여름에 한 일을 알고 있다〉, 〈할로윈〉, 〈사탄의 인형〉, 〈텍사스 전기톱 연쇄살인사건〉, 〈13일의 금요일〉, 〈스크림〉, 〈링〉, 〈호스텔〉)를 생각해 보라. 클로버(Clover, 1992)는 공포영화를 "통상 살아남은 한 여자에 의해 범인인 남자가 진압되거나 살해되기까지 일련의 여성 피해자들을 죽음에 이르도록 한 사람씩 난도질하는 정신신경증을 앓고 있는 살인자에 관한 이야기"로 정의한다. 〈스크림〉 시리즈와 〈무서운 영화〉 같은 일부 영화는 공포 장르의 "풍자물"로 분류되지만, 젊은 관람객들이 어떻게 받아들이는지는 분명하지 않다.

미국에서 많은 공포영화들은 R등급을 받지만, 다른 것들은 등급이 매겨지지 않거나 또는 R등급 영화의 "부모와 함께"라는 필요조건을 피하기 위해 비디오로 직접 배포된다. 많은 경우 젊은이들은 이용제한등급의 DVD 포맷(때로는 "무삭제" 버전)으로 영화를 관람한다. 올리버(Oliver, 1993)는 성적 관심(혹은 성행위)에 대한 징벌적 태도와 여성의 성적 관심에 대한 전통적 태도는 고등학교 학생들이 공포영화 예고편을 즐기는 것과 연관이 있다고 했다. 점점 더 강해지는 경향을 띠기는 하지만 〈캠퍼스 레전드〉, 〈나는 네가 지난여름에 한 일을 알고 있다〉, 〈사탄의 인형 4-처키의 신부〉 등 최신 영화에서 고통을 덜 받은 여성인물 등장에 관한 묘사가 어떤 효과를 갖는지는 아직 검증되지 않은 채 남아있다. 남자와 여자는 영화에 서로 다르게 반응한다. 남자 성인들은 지금까지 관람한 공포영화 가운데 가장 기억에 남는 영화가 무엇이냐는 질문을 받았을 때 영화에 대한 정서적 반응을 기술한다. 놀란과 라이언(Nolan & Ryan, 2000)은 남자들은 낯선 사람에 대한 두려움의 분위기를 기술하는 반면, 여자는 가정에서 그리고 가까운 관계에서의 공포나 두려움에 대해 기술한다는 것을 발견했다.

린즈 등(Linz et al., 1984)은 공포영화가 태도에 미치는 효과를 검증했다. 적대적 성향 혹은 심리적 문제들을 지닌 남자 대학생들을 가려낸 후, 실험집단에 남겨진 이들로 하여금 1주일 동안 하루에 한 편의 공포영화를 시청케 했다. 이들이 시청한 영화는 모두 폭력적이고, 에로틱한 내용과 관련된 상황(가령 욕조에서 자위행위를 하는 여자가 갑작스럽게 강간을 당하고 침입자에 의해 못 박는 기계로 살해당하는 장면)에서 여자들이 아주 천천히, 고통스럽게 죽는 다수의 장면을 담

368

고 있다. 참여자는 매일 개인성향을 측정하는 진술문과 영화를 평가하는 설문지에 응답했다.

해당 기간 동안 남자는 영화에 대해 점차적으로 덜 움츠러들고 덜 불쾌해하고 덜 불안한 반응을 보였다. 그리고 영화 자체를 더 즐겁고 재미있고 사회적으로 의미 있고 계속해서 덜 폭력적인 것으로 평가했으며 폭력적 장면 특히 강간 에피소드는 덜 빈번하게 상기하는 것으로 나타났다. 이러한 데이터는 남자의 탈(脫)민감성을 보여주는 명확한 증거지만 다른 상황에 일반화하기에는 여전히 의문이 남는다.

이러한 질문에 답하기 위해 린즈 등은 이들 참여자로 하여금 법대에서 강간 재판을 관찰하게 한 후 몇 가지 방법으로 이를 평가했다. 통제집단과 비교했을 때 강간영화를 관람한 남자는 강간 피해자가 육체적으로 그리고 정서적으로 상처를 덜 받았다고 평가했다. 이러한 결과는 질만과 브라이언트의 결과와도 일관적이다. 질만과 브라이언트는 성적으로 노골적인 음란물에 과다하게 노출된 배심원은 강간범에게 보다 짧은 기간의 감옥형을 권고한다는 것을 발견했다. 와이즈와 얼스(Weisz & Earls, 1995)는 남자가 남자를 강간하는(〈서바이벌 게임〉), 남자가 여자를 강간하는(〈어둠의 표적〉), 남자가 성적인 방법이 아닌 다른 방법으로 남자와 여자 모두에게 폭력을 행사하는(〈다이하드 2〉), 비공격적 액션을 담은(〈폭풍의 질주〉) 영화 4편 가운데 1편을 보여준 후 린즈 등이 사용한 방법론을 사용하여 영화가 수용자를 어느 정도 둔감하게 만드는지를 측정했다. 연구자는 성폭력 내용을 담고 있는 두 영화의 둔감효과는 여자가 아닌 남자에게서 나타났

다는 것을 발견했다. 흥미로운 사실은 피해자가 남자(〈서바이벌 게임〉)와 여자(〈어둠의 표적〉)라는 것은 문제가 안 된다는 점이다. 이들 두 영화 모두 여성강간 피해자에 대해 남자를 둔감하게 만든 것으로 나타났다. 하지만 여자의 경우 두 영화에서 둔감효과가 발견되지 않았다. 이러한 결과는 공포영화 관람은 태도에 영향을 미치고 이는 새로운 상황으로 전이된다는 것을 보여준다.

이러한 연구에 대해 방법론적(Weaver, 1991) 그리고 개념적(Sapolsky & Molitor, 1996) 비판이 제기되는데, 일부 효과는 후속연구에서 전혀 반복되지 않았다. 일부는 폭력적 음란물과 비폭력적인 음란물을 보는 것에는 분명히 다른 효과가 있다는 린즈와 도너스타인의 결론에 의문을 제기한다(Mundorf et al., 2007; Weaver, 1991).

폭력적 주제의 성적 내용은 공포물 혹은 R등급 영화에만 국한된 것은 아니다. 예를 들어, 1995년에 PG등급[1]을 받은 제임스 본드가 출연한 영화 〈골든 아이〉는 여자와의 섹스를 위해 남자를 속이고 이들 모두를 죽음으로 몰아넣은 악역을 맡은 주인공을 그렸다. 이 영화 또한 전희의 한 유형으로서 서로를 폭력적으로 때리면서 유혹하는 장면을 담고 있다. 이러한 영화에 관한 주요 관심사는 섹스와 폭력의 병치(竝置)이다. 인도와 일본과 같은 나라에서 강간과 여성에 대한 폭력적 행위는 액션 모험물에도 널리 쓰이는 오락 요소이다.

최근 인터넷 포르노는 많은 연구자의 관심을 끌기 시작했다〔자세한 내용은 Griffin-Shelley의

---

1 역자 주: PG등급은 어린이는 부모가 동반해야 관람이 가능한 영화의 등급을 뜻한다. 우리나라의 '12세 이상 시청가'와 비슷하다고 할 수 있다.

연구(2003)를 참조). 두 건의 초기 실험연구(Barak & Fisher, 1997; Barak et al., 1999)는 인터넷 섹스 노출 양이 여성혐오적 태도에 미치는 일관된 효과를 발견하는 데 실패했다. 하지만 그 이후의 연구는 아주 분명한 효과를 제시했다. 인터넷 포르노가 청소년기 남성의 태도에 미치는 효과를 조사한 한 광범위한 연구는 인터넷 포르노 시청량과 오락적 목적의 섹스에 대한 태도("1명 이상의 파트너와의 성관계를 갖는 것도 괜찮다"와 같은 항목이 포함되었음) 사이에 유의미한 상관관계가 있다는 것을 밝혀냈다. 하지만 이러한 효과는 포르노의 사실성에 의해 매개되었다 (Peter & Valkenburg, 2006). 따라서 인터넷 웹사이트에 등장한 성행위가 실제 현실에서도 일어날 수 있는 것으로 간주될 때 10대 소년들은 성에 대해 보다 자유로운 태도를 갖게 될 가능성이 있다. 이와 유사하게 로와 웨이(Lo & Wei, 2005)는 인터넷 포르노 노출은 혼외정사 및 성적으로 관대한 행동(손잡는 것에서부터 섹스까지)에 대한 태도 사이에 유의한 상관관계가 있다는 것을 발견했다. 자기보고의 성행위 양은 물론 포르노 시청량이 증가한 만큼 간통에 대해서도 더 수용적 태도를 보였다. 대학생들을 대상으로 한 설문조사는 인터넷에서 성적으로 노골적인 음란물 시청은 온라인 자위행위, 온라인에서 포르노 보내고 내려받기, 온라인에서 새로운 사람을 찾는 것과 모두 유의미한 상관관계를 보였다 (Boies, 2002). 이 연구는 인터넷상의 포르노 시청을 이용과 충족에서 조명했는데 여자보다는 남자가 자극적인 것을 찾고 성적 만족을 위해, 성적 환상을 충족시키기 위해, 새로운 섹스 테크닉에 대한 호기심을 만족시키기 위해 이러한 유형의 미디어를 사용한다고 지적했다.

매체에 관계없이 에로물에 대한 노출은 성과 다양한 성적 이슈에 대한 정서적 태도에 영향을 미친다는 상당한 증거가 있다. 다음은 행동에 미치는 효과에 관한 검증이다.

3) 행동에 미치는 효과

(1) 청소년 사회화

다른 가능한 변인들을 통제한 이후에도 TV에서 성적 내용이 포함된 프로그램을 많이 소비하는 10대 청소년들은 성적 내용을 조금 시청한 또래 아이들보다 다음해 동안에 성적으로 관계할 가능성이 두 배나 높다. TV에서 성적 내용을 과하게 시청하는 것은 섹스가 아닌 다른 행위들(과다한 애무, 혀를 이용한 키스 등)과도 연관이 있다. 이러한 결과들은 성적 내용을 노골적으로 보여주었든 혹은 대화 과정에서 논의되었든지 간에 관계없이 동일했다.

미디어의 성적 내용은 지식을 증가시키고 정보탐색을 자극하는 긍정적 효과가 있다. 가령 응급 피임법에 관한 3분짜리 *ER*에피소드를 시청한 수용자의 51%는 다른 사람과 이 주제에 대해 얘기했고 23%는 다른 곳에서 관련 정보를 찾으려고 노력했으며 14%는 의사와 이에 관해 얘기했다고 보고했다(Kaiser Family Foundation, 2002). 다른 시리즈물인 〈프렌즈〉는 콘돔 파손으로 인한 임신을 다뤘는데 12세에서 17세 사이의 시청자 가운데 3분의 2는 콘돔이 찢어질 수 있다는 것을 배웠으며 대부분이 6개월 후에도 해당 에피소드를 기억하는 것으로 나타났다고 보고했다(Collins et al., 2003).

(2) 새로운 행위 가르치기

때때로 미디어는 잠재적으로 새로운 행동 — 어느 정도는 극단적 폭력과 파괴적 행동을 포함하는 — 을 가르친다. 당구대에서 벌어진 집단강간을 묘사하는 영화를 관람하고 곧바로 그 후에 유사한 범죄를 행하는 남성과 같은 사례들은 흔한 일이 아니지만 실제 사건이 발생했을 때 미디어 묘사와 강간 사건을 병치하지 않을 수 없다. 양념이 발라진 햄버거용 롤빵 위에 있는 벌거벗은 여성, 고문당하는 여성 혹은 다양한 방법으로 죽임을 당하는 여성과 같이 극단적으로 구체화된 모습의 매우 폭력적이고 불온한 이미지는 비디오와 인터넷에서 쉽게 접할 수 있다〔보다 많은 소름끼치는 사례들은 러셀(Russell, 1998)의 연구를 참조〕. 모호한 윤리적 이유로 그러한 극단적인 장면 목격이 어떤 효과를 발생시키는지에 관한 과학적 연구는 실제 전혀 통제받지 않는다.

성폭력자의 성적 흥분에서 포르노의 역할 — 성폭력을 조장하는 포르노의 역할 포함 — 을 검증한 상관관계에 관한 연구를 검토한 바우저만 (Bauserman, 1996)은 포르노 시청과 성폭력 사이에 일반적 추세로 간주되는 신뢰할 만한 상관관계가 발견되지 않았다고 결론지었다. 하지만 성폭력자는 아주 다양한 집단이며 불순한 방식으로 폭력적인 포르노를 사용하는 하위집단이 존재할 수 있다. 알렌 등(Allen, D'Alessio & Emmers-Sommer, 2000)은 유죄가 입증된 성폭력범은 성폭력범이 아닌 사람들보다 포르노를 더 이용하지는 않지만, 그들은 포르노에 의해 더 흥분되고 포르노 시청 후에 자위행위, 합의에 의한 섹스, 혹은 강제적인 섹스를 할 가능성이 더 높다고 밝혔다. 베가와 말라머스(Vega & Malamuth, 2007)는 포르노 소비량이 남성의 성폭력을 예측하는 유의미한 변인이라는 것을 발견했다. 또한 말라머스 등(Malamuth, Addison & Koss, 2000)은 폭력적인 포르노에서 가장 강한 효과가 발견되며 폭력적인 포르노를 시청한 남자가 성폭력을 저지를 위험이 가장 높다고 보고한 다양한 메타분석과 실증연구들을 검토하고 비슷한 결론을 내렸다.

온라인 커뮤니케이션과 자위행위, 자위행위를 하면서 인터넷의 성적인 이미지를 관람하는 것으로 정의되는 사이버 섹스(Ferree, 2003)는 이용자와 이용자의 파트너 그리고 가족에게 행동적 결과를 야기한다. 빈번한 사이버 섹스에 의해 영향을 받은 이들을 대상으로 한 설문조사는 사이버 섹스가 별거와 이혼의 원인이 되는 유의미한 요인이라는 것을 밝혀냈다. 게다가 부부의 대부분은 자신을 온라인의 여성만큼 예쁘지 않다고 생각하여 파트너(보통은 여성 97%)의 고립감과 낮은 수준의 자기존중감을 느낌으로써 육체관계를 갖지 않으며 거짓말하는 것에 화를 낸다(Schneider, 2000). 이용자와 파트너에게 아이가 있다면 아이들의 14%는 포르노 이미지 그리고/혹은 이용자가 자위행위하는 것을 보았으며 11%의 아이들은 이미지와 이용자의 사이버 섹스 행위에 의해 역효과를 보인 것으로 나타났다(Schneider, 2003).

(3) 기존 행동의 탈억제

새로운 행동을 가르치는 것은 차치하고 이전에 학습된 행동의 자연스러운 억제를 무너뜨릴 수 있다. 가령 오럴섹스나 성적 노예에 관한 내용의 비디오 시청은 그러한 행위에 참여하는 것을 거부하는 기존의 억제를 해제시킬 수 있다.

여성이 성폭행을 당하지만 기뻐하는 것으로 보이는 강간장면 시청은 그러한 범죄도발을 자극하는 남자의 비밀스런 충동 억제를 해제할 수도 있다. 비폭력적 포르노의 효과가 없다고 하지만 폭력적 포르노 소비량은 강간에 대한 자기측정 가능성을 예측하는 유의미한 변인이었다. 첵과 굴로이엔(Check & Guloien, 1989)은 강간신화 성폭력에 꾸준히 노출된 남자는 노출되지 않은 통제집단과 비교했을 때 스스로 강간을 저지를 가능성이 높다고 밝혔다. 하지만 비폭력적 에로물에 노출된 집단도 같은 결과가 발견되었다.

이런 효과는 새로운 상황으로 이월하는 것으로 보인다. 도너스타인과 베르코위츠(Donnerstein & Berkowitz, 1981)는 남자에게 여자가 폭행당하고 옷이 찢기며 꼼짝 못하게 묶인 상태에서 강간당하는 성폭력 영화를 보여줬다. 영화 1편에서 여자는 강간을 즐기는 것으로 묘사되었다. 그 후 이 영화를 관람한 남성은 남자가 아닌 여성에게 더 많은 전기 충격을 가했다. 이와 유사한 맥락에서 질만과 브라이언트(Zillmann & Bryant, 1984)는 성적으로 노골적인 미디어에 반복 노출된 실험 참가자는 통제집단 참가자보다 강간범에게 보다 짧은 형량을 권고했다는 것을 발견했다. 숍(Shope, 2004)은 포르노를 이용한 남자 특히 알코올을 남용하는 남자는 자신의 파트너를 더 난폭하게 다룰 가능성이 있다는 것을 확인했다.

(4) 성적 미디어와 강간 및 다른 범죄와의 상관관계

성적으로 노골적인 음란물 시청이 행동에 미치는 효과에 관한 주요 관심사 중 하나는 강간 및 다른 성범죄와 가질 수 있는 가능한 관계이다. 대부분의 서구 국가들은 1960년대 이후 성적으로 노골적인 미디어 이용과 보고된 강간범죄의 상당한 연관성을 경험하고 있다. 하지만 이들 둘 사이의 관계를 명확히 하는 것은 어렵다. 여러 국가에서 강간, 성폭행, 노출증, 아동학대와 같은 범죄 비율과 성적 내용의 미디어 소비 및 포르노 이용의 변화 사이의 상관관계를 살피기 위한 많은 연구들이 진행되었다〔성폭행에 관한 자세한 내용은 바먼(Baman, 1996)의 연구를 참조〕. 결과들은 성적으로 노골적인 미디어 이용도 성폭행 및 강간비율과는 관계가 있었으나 그 외의 경우 강간과 다른 범죄의 비율은 감소하거나 차이가 없다는 것을 보여주었다(예: Kutchinsky, 1973, 1991). 결과의 비일관성은 표집과 절차의 차이 그리고 기간, 보고 비율, 처벌 가능성 및 가혹함에 대한 사회적 태도에서의 문화적 그리고 국가적 차이에서 부분적으로 기인할 수 있다.

문화적 요인에 관한 흥미로운 예제의 하나는 일본의 사례에서 엿볼 수 있다. 일본은 성폭력이 포함된 성적으로 노골적인 음란물을 이용할 수 있는 기회가 아주 많지만 강간 발생비율은 아주 낮다(Diamond & Uchiyama, 1999). 일본의 예술과 사회에서 성적 주제는 수세기 전으로 거슬러 올라가고 일상화되었으며 부끄러움이나 죄의식과 연관시키지 않는다. 비록 일본은 성인의 성기를 그림으로 묘사하는 것을 금지하고 있지만 노골적인 성적 묘사를 미국의 경우처럼 'X 등급' 잡지, 서적, 영화로 규제하지 않는다. 일본에서 보고된 강간 범죄사건은 미국의 10분의 1 그리고 유럽의 4분의 1에 미치지 못하는 이유는 무엇일까? 일본에서 강간은 집단선동으로 발생할 가능성이 높고 청소년들에 의해 이루어지며 피해자에 의한 신고는 매우 적지만 이러한 요인들이 차이점을 온전히 설명할 수는 없을 것 같다. 일본사회는 명령, 복종, 협동, 도덕을 강조하고 사회적 규범을 어긴 자는 부끄러움의 대상이다. 이러한 사회적 특성은 아마도 피해자로 하여금 강간 피해보고를 단념케 하는 것은 물론, 범죄를 저지른 이를 매우 낙담케 하고 비난한다.

성적으로 노골적인 음란물 이용가능성 그리고 강간과 같은 범죄사건 발생 사이의 인과관계를 확실히 구축하는 것은 어렵다. 다른 관련변인들 때문인데 여기에는 아주 색다른 가지각색의 음란물, 문화적 차이, 성폭력 보고에 관한 사회적 결과의 변화와 그러한 행위를 제재하는 규범의 변화 등이 포함된다. 한정된 지리적 영역 내에서 섹스 잡지 발행부수 같은 특수한 측정과 보고된 강간 사이에 정적(正的) 상관관계가 있을 수 있지만 특수하지 않은 보다 일반적인 결론은 여전히 파악하기 어려운 채 남아 있다. 거의 모든 곳에서 음란물 이용이 가능한 인터넷 시대의 경우 특히 그러하다.

4) 맥락적 효과란

음란물에 대한 반응은 전적으로 음란물의 특성에서만 기인하는 것은 아니다. 반응은 파악하기 어렵고 학문적으로 탐구하기 쉽지 않은 다양한 맥락적 요인에 의해 좌우된다. 가령 강간에 관한 다큐멘터리 혹은 근친상간에 관한 멋진 드라마는 수용할 만하고 논쟁의 대상이 되지 않는 반면 같은 주제의 코미디는 노골적인 성적 묘사가 훨씬 적어도 매우 공격적이거나 포르노로 간주될 수 있다. 〈허슬러〉 잡지에 실린 음란물에 대한 반응보다 피카소가 그린 노골적인 성묘사에 대한 반응은 다르다. 셰익스피어, 제프리 초서, 성경에 실린 솔로몬의 노래, 진지한 성 교범은 딱딱한 문헌 혹은 교훈적인 목적을 띤 것으로 간주되므로 그 속의 성은 기꺼이 받아들일 수 있고 심지어 건전한 것으로 간주된다.

경험으로 이끌어지는 맥락과 기대는 미디어에 나타난 성의 경험에 큰 영향을 미칠 수 있다. 부모와 함께, 혼자서, 가까운 동성의 친구들과, 배우자와, 특별한 의미가 있는 다른 이와 에로틱한 영화를 관람할 때처럼 누구와 함께 관람하느냐에 따라 영화에 대한 반응은 다를 수 있다. 예상치 않게 노골적인 음란물을 처음 접한 경우 오랜 동료와 함께 영화를 관람하는 것보다 훨씬 덜 즐거운 경험일 수 있다. 고기 분쇄기를 통한 뭔가를 먹고 있는 존재로 묘사된 여성의 누드사진은 〈허슬러〉 잡지에서는 놀랍지 않을 수 있지만 〈뉴스위크〉에서 갑자기 접한다면 이는 매우 충격적이다.

맥락적 요인과 관련된 한 가지 흥미로운 이슈는 예술적 가치를 지녔지만 다른 기준이 동시에 적용된 것에 대해 어떻게 반응하는가이다. 예를 들어 〈바람과 함께 사라지다〉에서 스칼렛 오하라에게 강제력을 행사한 레트 버틀러의 행위는 강간으로 간주되어야 하는가 아니면 1939년에 등장한 논쟁의 대상이 되지 않는 로맨틱한 사안인가? 1940년대와 1950년대의 많은 서부극에서 남자는 여자에게 성적으로 접근하고 여자는 처음엔 거절하지만 결국엔 남자의 품에 안겨 숨도 제대로 쉬지 못한다. 1950년대 시트콤 〈신혼여행객들〉에서 랠프 크램든은 수시로 주먹으로 툭툭치면서 부인을 위협하고(비록 그렇게 하지는 않았지만), 〈왈가닥 루시〉에서 리키 리카르도는 부인의 엉덩이를 때리곤 했다. 이러한 장면이 성적으로 노골적이지는 않지만 영화와는 다른 세계에 살고 있는 현대의 시청자들에게 미치는 효과는 알려져 있지 않다. 초창기 TV의 황금기에 방영된 "안전한" 프로그램들은 강간이나 배우자 폭행을 주변화시키고 심지어 너그럽게 봐주는가? 분명히 거기에는 성적 메시지가 담겼다.

전체 줄거리에서 성의 관계와 통합은 다른 중요한 맥락적 요인이다. 부드럽고 노골적이지 않은 섹스장면이 어떤 연관성이 결여된 채 이야기에 양념으로 곁들여진 것으로 보인다면 이러한 장면은 기분을 상하게 할 수 있다. 이야기에서 정말 필요하고 중심적 주제라면 훨씬 노골적인 장면도 받아들여질 수 있다. 어떤 매춘부에 관한 이야기에서 섹스장면은 여성 기업임원에 관한 이야기에서보다 아주 덜 불필요한 장면일 수 있다. 영화 〈피고인〉에서 무늬가 그려진 당구대에서의 집단 강간장면은 강간이 피해자에게 미치는 효과에 관한 이야기에서 불필요하다고 주장하는 사람은 거의 없다.

문화는 중요한 맥락을 제공한다. 가령 어떤 문화는 여성의 가슴을 공공연하게 드러내는 것이 에로틱하거나 부적절하다고 생각하지 않는다. 따라서 대부분의 독자가 14세 이상인 〈내셔널 지오그래픽〉에 게재된 젖가슴이 노출된 먼 나라 여성의 사진을 에로틱하고 성적으로 음란하다고 생각하지 않는다. 그러나 〈내셔널 지오그래픽〉 잡지가 20세기 초반에 그러한 사진을 발행하기 시작했을 때 이는 아주 조심스럽게 내려진 편집결정이었다(Lutz & Collins, 1993). 서구문화 내에서조차 기준은 변했다. 19세기에는 무릎과 종아리는 에로틱한 것으로 간주되었고 맨 무릎을 드러낸 여성은 오늘날의 토플리스 차림처럼 소문이 좋지 않은 여성으로 간주되었다. 사회가 나아질수록 의상, 미디어, 행동에서

무엇이 승인될 수 있는 성적 표현인가가 결정된다. 서구 유럽과 남미의 문화는 훨씬 더 관대한 반면 많은 회교 및 동아시아 문화권의 많은 국가들은 매우 제한적이다. 보수적인 이슬람 문화는 여자의 몸 가운데 가려지지 않은 부분을 본 남자는 성적으로 흥분하게 되어 스스로를 제어할 수 없으며 여성에게 성폭력을 행사하게 된다는 믿음에서 유래된 논리를 고집한다. 그런 까닭에 복장 규제는 여성을 보호하는 목적을 지닌 것으로 간주된다.

3. 성적 미디어의 부정적 효과 완화

이 장에서 살핀 연구에서 모든 질문에 대한 답변이 이뤄진 것은 아니지만, 특히 비디오와 인터넷을 통해 어린이와 10대 청소년들이 성적으로 폭력적인 영화를 폭넓게 시청하고 이용할 수 있는 가능성이 엄청나게 증가했다. 일부 연구는 성폭력의 탈민감효과(*desensitizing effects*)를 경감시키기 위해 고안된 광범위한 사전 노출 훈련 그리고/혹은 사후 노출보고 절차를 개발하고 평가했다(Intons-Peterson et al., 1989; Linz et al., 1990). 이러한 연구들은 어떤 측정에 대해서는 완화효과를 보여줬지만 다른 측정에 대해서는 그렇지 않았다. 린즈 등(Linz et al., 1990)은 남자들은 여자들이 자신에게 저질러진 성폭행에 대한 책임이 없다는 정보에 의해 아주 강하게 긍정적으로 영향을 받는다는 것을 발견했다. 강간 신화에 관한 적절한 정보 제공은 성적으로 폭력적인 미디어를 본 후에 탈민감화와 미디어 묘사에 관한 부정확성을 감소시켰다. 영화를 관람한 맥락에서 민감화 훈련의 특정 사항은 아주 커다란 영

374

향을 미친다. 따라서 실험 참가는 실제로 강간 신화 수용을 감소시킨다.

윌슨 등(Wilson et al., 1992)은 강간에 대한 친사회적 TV 영화 시청의 효과를 측정했다. 통제집단과 비교했을 때 영화를 관람한 실험 참가자는 일반적으로 강간에 대해 더 많은 인식과 관심을 보였다. 하지만 모든 집단들이 그렇게 영향을 받지는 않았다. 여자와 젊은이 그리고 중년 남자와 달리 노출되기 전에 이미 태도를 지닌 50세 이상의 남자는 영화를 관람한 이후 기존의 태도를 강화시켰고 강간은 여자의 책임이라고 더 비난했다. 이러한 결과는 목표 수용자의 태도와 경험이 조심스럽게 고려되어야 한다는 것을 의미한다.

최근의 메타분석에서 먼도프 등(Mundorf et al., 2007)은 사전경고 그리고/또는 피실험자에게 실험고지와 같은 다양한 방법을 검증한 연구를 통해 음란물의 부정적 효과를 완전히 무효로 만들 수 있으며 음란물 관람전보다 덜 반사회회적 입장이 되도록 태도를 변화시킬 수 있다고 결론지었다.

1) 어린이와 성적 미디어

지금까지는 성인이나 청소년을 대상으로 검증한 결과만을 논의했다. 윤리적 이유 때문에 어린이들에게 노골적인 음란물을 보여준 후 이에 대한 반응을 측정한 연구는 없다. 하지만 어린이들은 성적 미디어를 보고 아마도 그것에 의해 영향을 받는다.

캔터 등(Cantor, Mares, & Hyde, 2003)은 아이들의 성적 미디어 노출이라는 수용할 수 없는 윤리적 환경을 만들지 않고도 이러한 문제를 연구할 수 있는 독창적인 방법론을 사용했다. 이 연구는 196명의 대학생들을 대상으로 어릴 적에 본 성적인 미디어 프로그램에 관한 기억을 기술하도록 질문했다. 거의 모두(92%)가 성적인 내용의 미디어 프로그램을 접했으며 39%는 12세경 혹은 더 어릴 적에 본 무언가에 대해 썼다. 이들 프로그램의 대부분은 조금 큰 어린이 혹은 10대들(보통 어른은 아닌)이 시청한 가정에서 방영되는 R등급의 영화이고 아이들은 우연한 시청자였다. 나이 어린 어린이의 기억은 화면에 등장한 나체, 키스, "성관계 신음 소리"와 같은 장면의 신체 부위에 모아졌다. 이는 대화, 관계, 강간이나 동성섹스와 같은 주제에 관심을 둔 13세 이상 연령의 기억과는 대조적이었다. 전반적으로 남성의 초기 기억은 여성의 초기 기억보다 더 긍정적이었다. 나이 어린 어린이들은 죄의식을 느끼고 다른 사람들이 자신을 어떻게 생각할 것인지에 관해 걱정했다. 조금 큰 어린이들은 내용에 더 반응했다(예: 강간 장면에 대한 분노). 성적 내용에 대해 노출된 어린이를 위해 부모가 중개할 필요가 있지만, 어린이들은 종종 부모의 중개를 받아들이지 않는다.

4. 결론

성적 미디어의 효과에 관한 연구에서 무엇을 결론내릴 수 있을까? 사람을 짐승같이 여기는 비폭력적 포르노가 여성에 대한 태도에 부정적 효과를 미친다고 보고되었지만, 연구는 성폭력 사례에 더욱 많은 관심을 가졌다. 폭력에 의해 여자가 흥분한 것처럼 묘사된다면 성폭력은 성폭력 범죄자, 폭력 지향적인 남자, "정상의 보통” 남자까지도 흥분시킨다. 많은 연구들이 실험연구를 이용하여 포르노 시청효과를 측정한 결과들을 보고했다(예: Allen et al., 1995; Gunter, 2002; Huston et al., 1998; Malamuth & Impett, 2001; Mundorf et al., 2007; Oddone-Paolucci et al., 2000; Pollard, 1995).

반복적 성폭력 노출은 여성 폭력에 대한 탈민감화와 강간신화의 적극적 수용을 이끌어 낼 수 있다. 폭력을 당한 여성이 흥분하고/하거나 오르가슴에 도달한 존재로 그려지는 것보다 폭력을 당한 여성이 무서워하고 잔인하게 묘사될 때 정상적인 남자의 경우 탈민감화 효과는 훨씬 덜하다. 현실세계에서 강간당한 존재가 자극을 느끼거나 흥분하는 경우는 없다. 반대로 메시지는 소녀와 여성이 어떻게 관계있는지 현실에 대한 10대 남자아이들의 이해를 돕지 않는다.

마지막으로 우리들 대부분은 광고(Gunther & Thorson, 1992)와 뉴스보도(Gunther, 1991; Perloff, 1989)에 의해 내가 영향을 받는 것보다 내가 아닌 다른 사람들이 더 큰 영향을 받는다고 믿는다. 이른바 '제3자 효과'(*third-person effect*)이다. 성적 미디어의 지각된 효과도 마찬가지이다(Gunther, 1995). 우리는 성적 미디어가 나보다는 다른 이에게 더 큰 영향을 미친다고 믿는다. 사회가 노골적인 성적 음란물을 점점 더 수용할수록 음란물의 지각 범위에서 영향을 받지 않는 이는 아무도 없다. 이러한 영향은 〈플레이보이〉 잡지의 한가운데 접힌 사진을 본 청소년 남자아이의 흥분을 훨씬 뛰어 넘는다. 우리가 미디어에서 성적 행위에 관해 학습한 것은 성적 행위가 우리에게 의미하는 것의 많은 부분을 형성한다.

참고문헌

Abel, G. G., Barlow, D. H., Blanchard, E. B., & Guild, D. (1977). The components of rapists' sexual arousal. *Archives of General Psychiatry*, 34, 895-903.

Abramson, P. R., & Hayashi, H. (1984). Pornography in Japan: Cross-cultural and theoretical considerations. In N. M. Malamuth & E. Donnerstein(Eds.), *Pornography and sexual aggression*. Orlando: Academic Press.

Allen, M., D'Alessio, D., & Brezgel, K. (1995). A meta-analysis summarizing the effects of pornography II: Aggression after exposure. *Human Communication Research*, 22, 258-283.

Allen, M., D'Alessio, D., & Emmers-Sommer, T. M. (2000). Reactions of criminal sexual offenders to pornography: A meta-analytic summary. In M. Roloff(Ed.), *Communication Year book 22*(pp. 139-169). Thousand Oaks, CA: Sage.

Allen, M., Emmers, T, Gebhardt, L, & Giery, M. A. (1995). Exposure to pornography and acceptance of rape myths. *Journal of Communication*, 45(1), 5-26.

Aubrey, J. S. (2007). Does television exposure influence college-aged women's sexual self-concept? *Media Psychology*, 10, 157-181.

Barak, A., & Fisher, W. A. (1997). Effects of interactive computer erotica on men's attitudes and behavior toward women: An experimental study. *Computers in Human Behavior*, 13, 353-369.

Barak, A., Fisher, W. A., Belfry, S., & Lashambe, D. R. (1999). Sex, guys, and cyberspace: Effects of Internet pornography and individual differences on men's attitudes toward women. *Journal of Psychology and Human Sexuality*, 11, 63-91.

Bauserman, R. (1996). Sexual aggression and pornography: A review of correlational research. *Basic and Applied Social Psychology*, 18, 405-427.

Baxter, D. J., Barbaree, H. E., 6s. Marshall, W. L. (1986). Sexual responses to consenting and forced sex in a large sample of rapists and nonrapists. *Behavior Research and Therapy*, 24.

Bogaert, A. F. (2001). Personality, individual differences, and preferences for the sexual media. *Archives of Sexual Behavior*, 30, 29-53.

Boies, S. C. (2002). University students' uses of and reactions to online sexual information and entertainment: Links to online and offline sexual behaviour. *The Canadian Journal of Human Sexuality*, 11, 77-89.

Bryant, J., & Rockwell, S. C. (1994). Effects of massive exposure to sexually oriented prime time television programming on adolescents' moral judgment. In D. Zillmann, J. Bryant, and A. C. Huston (Eds.), *Media, children, and the family: Social scientific, psychodynamic, and clinical perspectives* (pp. 183-195). Hillsdale, NJ: Erlbaum.

Buchwald, E., Fletcher, P., & Roth, M. (Ed.). (1993). *Transforming a rape culture*. Minneapolis: Milkweed Eds.

Bushman, B. J., Baumeister, R. R, & Stack, A. D. (1999). Catharsis, aggression, and persuasive influences: Self-fulfilling or self-defeating prophecies? *Journal of Personality and Social Psychology*, 76, 367-376.

Bushman, B. J., Bonacci, A. M., van Dijk, M., & Baumeister, R. F. (2003). Narcissism, sexual refusal, and aggression: Testing a narcissistic reactance model of sexual coercion. *Journal of Personality and Social Psychology*, 84, 1027-1040.

Buss, D. M. (1995). Evolutionary psychology: A new paradigm for psychological science. *Psychological Inquiry*, 6, 1-30.

Buzzell, T. (2005). Demographic characteristics of persons using pornography in three technological contexts. *Sexuality and Culture*, 9, 28-48.

Cantor, J., Mares, M.-L., & Hyde, J. S. (2003). Autobiographical memories of exposure to sexual media content. *Media Psychology*, 5, 1-31.

Carnes, P. J. (2001). Cybersex, courtship, and escalating arousal: Factors in addictive sexual desire. *Sexual Addiction and Compulsivity*, 8, 45-78.

Carter, D. L., Prentky, R. A., Knight, R. A., Vanderveer, P. L., & Boucher, R. J. (1987). Use of pornography in the criminal and developmental histories of sexual offenders. *Journal of Interpersonal Violence*, 2, 196-211.

Check, J. V. P. (1995). Teenage training: The effects of pornography on adolescent males. In L. Lederer and R. Delgado (Eds.), *The price we pay: The case against racist speech, hate propaganda, and pornography* (pp. 89-91). New York: Hill and Wang.

Check, J. V. P., & Guloien, T. H. (1989). Reported proclivity for coercive sex following repeated exposure to sexually violent pornography, nonviolent pornography, and erotica. In D. Zillmann & J. Bryant (Eds.), *Pornography: Research advances and policy considerations* (pp. 159-184). Hillsdale, NJ: Erlbaum.

Chia, S. C. (2006). How peers mediate media influence on adolescents' sexual attitudes and sexual behavior. *Journal of Communication*, 56, 585-606.

Clover, C. (1992). *Men, women, and chainsaws: Gender in the modern horror film.* Princeton, NJ: Princeton University Press.

Collins, R. L., Elliott, M. N., Berry, S. H., Kanouse, D. E., & Hunter, S. B. (2003). Entertainment television as a healthy sex educator: The impact of condom-efficiency information in an episode of Friends. *Pediatrics*, 112.

Collins, R. L., Elliott, M. N, Berry, S. H., Kanouse, D. E., Kunkel, D., & Hunter, S. B. (2004). Watching sex on television predicts adolescent initiation of sexual activity. *Pediatrics*, 114.

Cope-Farrar, K. M., & Kunkel, D. (2002). Sexual messages in teens' favorite prime-time television programs. In J. D. Brown, J. R. Steele, and K. Walsh-Childers (Eds.), *Sexual teens, sexual media* (pp. 59-78). Mahwah, NJ: Erlbaum.

Court, J. H. (1984). Sex and violence: A ripple effect. In N. M. Malamuth & E. Donnerstein (Eds.), *Pornography and sexual aggression.* Orlando: Academic Press.

Davis, C. M., & Bauserman, R. (1993). Exposure to sexually explicit materials: An attitude change perspective. In J. Bancroft (Ed.), *Annual Review of Sex Research* (Vol. 4, pp. 121-209). Mt. Vernon, IA: Society for the Scientific Study of Sex.

Davis, K. C, Norris, J., George, W. H., Martell, J., & Heiman, J. (2006). Rape-myth congruent beliefs in women resulting from exposure to violent pornography: Effects of alcohol and sexual arousal. *Journal of Interpersonal Violence*, 21.

Demare, D, Briere, J., & Lips, H. M. (1988). Violent pornography and self-reported likelihood of sexual aggression. *Journal of Research in Personality*, 22, 140-153.

Dermer, M., & Pyszczynski, T. A. (1978). Effects of erotica upon men's loving and liking responses. *Journal of Personality and Social Psychology*, 36, 1302-1309.

Diamond, M., & Uchiyama, A. (1999). Pornography, rape, and sex crimes in Japan. *International Journal of Law and Psychiatry*, 22, 1-11.

Donnerstein, E., & Berkowitz, L. (1981). Victim reactions in aggressive erotic films as a factor in violence against women. *Journal of Personality and Social Psychology*, 41, 710-724.

Dorr, A., & Kunkel, D. (1990). Children and the media environment: Change and constancy amid change. *Communication Research*, 17, 5-25.

Ferguson, D. A., & Perse, E. M. (2000). The World Wide Web as a functional alternative to television. *Journal of Broadcasting & Electronic Media*, 44, 155-174.

Ferree, M. C. (2003). Women and the web: Cybersex activity and implications. *Sexual and Relationship*

Therapy, 18, 385-393.

Garcia, L. T. (1986). Exposure to pornography and attitudes about women and rape: A correlational study. *Journal of Sex Research*, 22, 378-385.

Gettleman, J. (1999, October 28). XXX=$ $ $, *Manhattan Mercury*, p. A6.

Glassner, B. (1999). *The culture of fear: Why Americans are afraid of the wrong things.* New York: Basic Books.

Goldstein, S., & Ibaraki, T. (1983). Japan: Aggression and aggression control in Japanese society. In A. Goldstein & M. Segall (Eds.), *Aggression in global perspective* (pp. 313-324). New York: Pergamon Press.

Greenberg, B. S., Brown, J. D., & Buerkel-Rothfuss, N. L. (Eds.). (1993). *Media, sex, and the adolescent.* Creskill, NJ: Hampton Press.

Greenberg, B. S., & Busselle, R. (1996). Soap operas and sexual activity: A decade later. *Journal of Communication*, 46(4), 153-160.

Greenberg, B. S., & Hofschire, L. (2000). Sex on entertainment television. In D. Zillmann and P. Vorderer (Eds.), *Media entertainment: The psychology of its appeal.* Mahwah, NJ: Erlbaum.

Greenberg, B. S., & Smith, S. W. (2002). Daytime talk shows: Up close and in your face. In J. D. Brown, J. R. Steele, & K. Walsh-Childers (Eds.), *Sexual teens, sexual media* (pp. 79-93). Mahwah, NJ: Erlbaum.

Griffin-Shelley, E. (2003). The Internet and sexuality: A literature review 1983-2002. *Sexual and Relationship Therapy*, 18, 354-370.

Gunter, B. (2002). *Media sex: What are the issues?* Mahwah, NJ: Erlbaum.

Gunther, A. C. (1991). What we think others think: Cause and consequence in the third-person effect. *Communication Research*, 18, 355-372.

Gunther, A. C. (1995). Overrating the X-rating: The third-person perception and support for censorship of pornography. *Journal of Communication* 45(1), 27-38.

Gunther, A. C., & Thorson, E. (1992). Perceived persuasive effects of product commercials and public-service announcements: Third-person effects in new domains. *Communication Research*, 19.

Hall, G. C. N. (1989). Self-reported hostility as a function of offense characteristics and response style in a sexual offender population. *Journal of Consulting and Clinical Psychology*, 57.

Harris, R. J. (1999). A cognitive psychology of mass communication (3rd ed.). Mahwah, NJ: Erlbaum.
Hetsroni, A. (2007). Three decades of sexual content on prime-time network programming: A longitudinal meta-analytic review. *Journal of Communication*, 57.

Huston, A. C., Wartella, E., & Donnerstein, E. (1998). *Measuring the effects of sexual content in the media*: A report to the Kaiser Family Foundation. Menlo Park, CA: The Henry J. Kaiser Family Foundation.

Intons-Peterson, M. J., Roskos-Ewoldsen, B., Thomas, L., Shirley, M., & Blut, D. (1989). Will educational materials reduce negative effects of exposure to sexual violence? *Journal of Social and Clinical Psychology*, 8, 256-275.

IT Facts, (www. itfacts. biz/index). Retrieved July 5, 2007.

Jaffee, D., & Straus, M. A. (1987). Sexual climate and reported rape: A state-level analysis. *Archives of Sexual Behavior*, 16, 107-123.

Kaiser Family Foundation. (2002). *The impact of TV's health content: A case study of ER viewers.* Menlo Park, CA: Kaiser Family Foundation.

Kallipolitis, G., Stefanidis, K., Loutradis, D., Siskos, K., Milingos, S., & Michalas, S. (2004). Knowledge, attitude, and behavior of female students concerning contraception in Athens, Greece. *Journal of Psychosomatic Obstetrics and Gynaecology*, 24, 145-151.

Kenrick, D. T., Gutierres, S. E., & Goldberg, L. L. (1989). Influence of popular erotica on judgments of strangers and mates. *Journal of Experimental Social Psychology*, 25, 159-167.

Kunkel, D., Biely, E., Eyal, K., Cope-Farrar, K. M., Donnerstein, E., & Fandrich, R. (2003). *Sex on TV 3: Content and context.* Menlo Park, CA: Henry J. Kaiser Family Foundation.

Kunkel, D., Eyal, K., Donnerstein, E., Farrar, K. M., Biely, E., & Rideout, V. (2007). Sexual socialization messages on entertainment television: Comparing content trends 1997-2003. *Media Psychology*, 9, 595-622.

Kutchinsky, B. (1973). The effect of easy availability of pornography on the incidence of sex crimes: The Danish experience. *Journal of Social Issues*, 29(3), 163-181.

Kutchinsky, B. (1991). Pornography and rape: Theory and practice? *International Journal of Law and Psychiatry*, 14, 47-64.

Langevin, R., Lang, R. A., Wright, P., Handy, L., Frenzel, F. R., & Black, E. L. (1988). Pornography and sexual offenses. *Annals of Sex Research*, I, 335-362.

Linz, D., & Donnerstein, E. (1988). The methods and merits of pornography research. *Journal of Communication*, 38(2), 180-184.

Linz, D., Donnerstein, E., & Adams, S. M. (1989). Physiological desensitization and judgments about female victims of violence. *Human Communication Research*, 15, 509-522.

Linz, D., Donnerstein, E., & Penrod, S. (1984). The effects of multiple exposures to filmed violence against women. *Journal of Communication*, 34(3), 130-147.

Linz, D., Fuson, I. A., & Donnerstein, E. (1990). Mitigating the negative effects of sexually violent mass communications through pre-exposure briefings. *Communication Research*, 17.

Linz, D, & Malamuth, N. (1993). *Pornography.* Newbury Park, CA: Sage.

Lo, V. H., & Wei, R. (2005). Exposure to Internet pornography and Taiwanese adolescents' sexual attitudes and behavior. *Journal of Broadcasting and Electronic Media*, 49.

Lohr, B. A., Adams, H. E., & Davis, J. M. (1997). Sexual arousal to erotic and aggressive stimuli in sexually coercive and noncoercive men. *Journal of Abnormal Psychology*, 106.

Lutz, C. A., & Collins, J. L. (1993). *Reading National Geographic.* Chicago: University of Chicago Press.

Malamuth, N. M. (1981). Rape fantasies as a function of exposure to violent sexual stimuli. *Archives of Sexual Behavior*, 10, 33-47.

Malamuth, N. M. (1993). *Pornography's impact on male adolescents.* Adolescent Medicine: State of the Art Reviews, 4, 563-576.

Malamuth, N. M. (1996). Sexually explicit media, gender differences, and evolutionary theory. *Journal of Communication*, 46(3), 8-31.

Malamuth, N. M. (1999). *Pornography*. Encyclopedia of Violence, Peace, and Conflict, 3, 77-89.

Malamuth, N. M., Addison, T., & Koss, M. (2000). Pornography and sexual aggression: Are there reliable effects and can we understand them? *Annual Review of Sex Research*, 11.

Malamuth, N. M., & Check, J. V. P. (1980). Penile tumescence and perceptual responses to rape as a function of victim's perceived reactions. *Journal of Applied Social Psychology*, 10.

Malamuth, N. M., & Check, J. V. P. (1983). Sexual arousal to rape depictions: Individual differences. *Journal of Abnormal Psychology*, 92.

Malamuth, N. M., & Impett, E. A. (2001). Research on sex in the media: What do we know about effects on children and adolescents? In D. Singer & J. Singer (Eds.), *Handbook of Children and the Media* (pp. 269-278). Newbury Park, CA: Sage.

McKenzie-Mohr, D., & Zanna, M. P. (1990). Treating women as sexual objects: Look to the (gender schematic) male who has viewed pornography. *Personality and Social Psychology Bulletin*, 16, 296-308.

Mosher, D. L., & Maclan, P. (1994). College men and women respond to X-rated videos intended for male or female audiences: Gender and sexual scripts. *The Journal of Sex Research*, 31, 99-113.

Mundorf, N., D'Alessio, D., Allen, M., & Emmers-Sommer, T. M. (2007). Effects of sexually explicit media. In R. W. Preiss, B. M. Gayle, N. Burrell, M. Allen, and J. Bryant (Eds.), *Mass media effects research: Advances through meta-analysis*. Mahwah, NJ: Erlbaum.

Murnen, S. K., & Stockton, M. (1997). Gender and self-reported sexual arousal in response to sexual stimuli: A meta-analytic review. *Sex Roles*, 37, 135-153.

Myers, D. G. (2007). *Psychology*. New York: Worth.

Nolan, J. M., & Ryan, G. W. (2000). Fear and loathing at the cineplex: Gender differences in descriptions and perceptions of slasher films. *Sex Roles*, 42, 39-56.

Norris, J., George, W. H., Davis, K. C., Martell, J., & Leonesio, R. J. (1999). Alcohol and hyper-masculinity as determinants of men's empathic responses to violent pornography. *Journal of Interpersonal Violence*, 14, 683-700.

Oddone-Paolucci, E., Genuis, M., & Violato, C. (2000). A meta-analysis on the published research on the effects of pornography. In C. Violato, E. Oddone-Paolucci, & M. Genuis (Eds.), *The changing family and child development*. Aldershot, UK: Ashgate Publishing.

Ohbuchi, K., Ikeda, T., & Takeuchi, G. (1994). Effects of violent pornography upon viewer's rape myth beliefs: A study of Japanese males. Psychology, *Crime, & Law*, 1, 71-81.

Oliver, M. B. (1993). Adolescents' enjoyment of graphic horror. *Communication Research*, 20.

Perloff, R. M. (1989). Ego-involvement and the third person effect of television news coverage. *Communication Research*, 16, 236-262.

Perse, E. M. (1994). Uses of erotica and acceptance of rape myths. *Communication Research*, 21.

Peter, J., & Valkenburg, P. M. (2006). Adolescents' exposure to sexually explicit online material and recreational attitudes toward sex. *Journal of Communication*, 56, 639-660.

Pollard, P. (1995). Pornography and sexual aggression. Current Psychology: Developmental, Learning, Personality, *Social*, 14(3), 200-221.

Prentky, R. A., & Knight, R. A. (1991). Identifying critical dimensions for discriminating among rapists. *Journal of Consulting and Clinical Psychology*, 59, 643-661.

Quackenbush, D. M., Strassberg, D. S., & Turner, C. W. (1995). Gender effects of romantic themes in erotica. *Archives of Sexual Behavior*, 24.

Quinsey, V. L., Chaplin, T. C., & Upfold, D. (1984). Sexual arousal to nonsexual violence and sadomasochistic themes among rapists and on sex offenders. *Journal of Consulting and Clinical Psychology*, 52, 651-657.

Rachman, S., & Hodgson, R. J. (1968). Experimentally induced "sexual fetishism": Replication and development. *Psychological Record*, 18, 15-27.

Reichert, T., & Lambiase, J. (Eds.). (2003). *Sex in advertising: Perspectives on the erotic appeal.* Mahwah, NJ: Erlbaum.

Russell, D. E. H. (1998). *Dangerous relationships: Pornography, misogyny, and rape.* Thousand Oaks, CA: Sage.

Sapolsky, B. S., & Molitor, F. (1996). Content trends in contemporary horror films. In J. B. Weaver and R. Tamborini(Eds.), *Horror films: Current research on audience preferences and reactions*(pp. 33-48). Mahwah, NJ: Erlbaum.

Scheele, B., & DuBois, F. (2006). Catharsis as a moral form of entertainment. In J. Bryant and P. Vorderer(Eds.), *Psychology of entertainment*(pp. 405-422). Mahwah, NJ: Erlbaum.

Schneider, J. P. (2000). Effects of cybersex addiction on the family: Results of a survey. *Sexual Addiction and Compulsivity*, 7, 31-58.

Schneider, J. P. (2003). The impact of compulsive cybersex behaviors on the family. *Sexual and Relationship Therapy*, 18, 329-354.

Senn, C. Y., & Desmarais, S. (2004). Impact of interaction with a partner or friend on the exposure effects of pornography and erotica. *Violence and Victims*, 19, 645-658.

Shope, J. H. (2004). When words are not enough: The search for the effect of pornography on abused women. *Violence against Women*, 10, 56-72.

Stodghill, R. (1998, June 15). Where'd you learn that? *Time*, 52-59.

Sutton, M. J., Brown, J. D, Wilson, K. M., & Klein, J. D. (2002). Shaking the tree of knowledge for forbidden fruit: Where adolescents learn about sexuality and contraception. In J. D. Brown, J. R. Steele, & K. Walsh-Childers(Eds.), *Sexual teens, sexual media*(pp. 25-55). Mahwah, NJ: Erlbaum.

Tversky, A., & Kahneman, D. (1973). Availability: A heuristic for judging frequency and probability. *Cognitive Psychology*, 5.

Tversky, A., & Kahneman, D. (1974). Judgment under uncertainty: Heuristics and biases. *Science*,

185.

Vega, V., & Malamuth, N. M. (2007). Predicting sexual aggression: The role of pornography in the context of general and specific risk factors. *Aggressive Behavior*, 33.

Weaver, J. B. (1991). Responding to erotica: Perceptual processes and dispositional implications. In J. Bryant & D. Zillmann (Eds.), *Responding to the screen*. Hillsdale, NJ: Erlbaum.

Weaver, J. B., Masland, J. L., & Zillmann, D. (1984). Effects of erotica on young men's aesthetic perception of their female sexual partners. *Perceptual and Motor Skills*, 58.

Weisz, M. G., & Earls, C. M. (1995). The effects of exposure to filmed sexual violence on attitudes toward rape. *Journal of Interpersonal Violence*, 10.

Wilson, B. J., Linz, D., Donnerstein, E., & Stipp, H. (1992). The impact of social issue television programming on attitudes toward rape. *Human Communication Research*, 19.

Yates, E., Barbaree, H. E., & Marshall, W. L. (1984). Anger and deviant sexual arousal. *Behavior Therapy*, 15, 287-294.

Zillmann, D., & Bryant, J. (1982). Pornography, sexual callousness, and the trivialization of rape. *Journal of Communication*, 32(4), 10-21.

Zillmann, D., & Bryant, J. (1984). Effects of massive exposure to pornography. In N. Malamuth and E. Donnerstein (Eds.), *Pornography and sexual aggression* (pp. 115-141). Orlando, FL: Academic Press.

Zillmann, D., & Bryant, J. (1988a). Pornography's impact on sexual satisfaction. *Journal of Applied Social Psychology*, 18, 438-453.

Zillmann, D., & Bryant, J. (1988b). Effects of prolonged consumption of pornography on family values. *Journal of Family Issues*, 9, 518-544.

인종적, 민족적 스테레오타입의 효과

다나 마스트로(Dana Mastro, 애리조나대)

소비자의 사회적 인지, 태도, 신념 및 행동의 구성과 유지에 미디어가 미치는 영향은 오랫동안 매스 커뮤니케이션, 사회 심리학, 인지 심리학의 이론적, 실증적 연구에서 언급되었다(Hardin & Higgins, 1996; Wyer & Radvansky, 1999). 그로 인해 미디어 이용이 인종과 민족에 대한 인식과 집단 안에서의 행동발전에 중요한 영향을 미친다는 점은 놀라운 일이 아니다. 사실, 이 분야의 연구들에서는 미디어가 인종·민족을 묘사한 내용을 시청하는 것과 수용자들이 특정인종을 평가하는 것 사이에 중간 수준의 유의미한 관계들이 일관성 있게 나타났다. 이러한 평가들에서 사용된 변수로는 외집단 구성원(타민족 또는 타민족)에 대한 능력, 사회 경제적 지위, 특정집단(민족 등)의 지위, 사회적 역할, 그리고 다양한 인종에 기반한 속성과 스테레오타입 등이 포함된다(Dixon, 2006; Dixon & Maddox, 2005; Ford, 1997; Mastro, 2003; Mastro, Behm-Morawitz, & Ortiz, 2007; Mastro & Kopacz, 2006; Mastro, Tamborini, & Hullett, 2005; Oliver, Jackson, Moses & Dangerfield, 2004).

이런 증거에도 불구하고, 미디어에서의 인종적·민족적 표상과 이런 메시지에 노출되는 것의 함의는 소비자와 생산자 모두에게 논쟁적 주제로 남아 있다. "백인이 여전히 주요 인종이다" 내지 "동년배 노년의 흑인과 백인"(Braxton, 2007, June 6; Stanley, 2006, March 22)과 같은 말이 인기 있는 언론의 헤드라인에 되풀이해서 장식되곤 한다. 이 이슈에 대한 해결의 실마리를 제공하기 위해, 이 장에서는 이 주제를 다룬 기존연구를 통합하려 한다. 특히, ① 미디어의 인종·민족의 묘사에 대한 양적 연구, ② 수용자 특성과 이용 패턴, 그리고 ③ 노출의 효과를 언급할 것이다.

1. 인종과 민족에 대한 미디어 묘사

(수용자를 능동적으로 보는 시각뿐만 아니라 수동적으로 보는 시각을 포함해서) 미디어효과 이론들은 공통적으로 미디어콘텐츠의 특성이 미디어노출에 따른 결과와 연관이 있다고 시사한다. 다시 말해 미디어 효과는 (부분적으로) 콘텐츠 내에서 묘사되는 구체적인 이미지와 메시지에 달려있다. 따라서 효과와 관련한 어떠한 논의도 상이한 인종·민족적 집단이 미디어에서 어떻게 특징지어지는가의 여부를 고려해야만 한다 (역사적인 개괄을 위해서 Greenberg, Mastro & Brand, 2002를 보라). 사실상, 이 분야의 연구들은 미디어에서 묘사하는 빈도나 본질 모두 연구 대상이 되는 인종·민족이 누구인가에 따라 다르다는 점을 밝혔다. 이 논문에서는 라틴계, 흑인계, 아시안계, 그리고 원주민계(네이티브 아메리칸) 등이 TV, 광고, 뉴스, 영화에서 현재 묘사되고 있는 것을 요약했는데 이는 이 인종집단이 미국인구에서 대표적인 소수인종·민족이기 때문이다.

1) 흑인계 미국인

TV의 프라임타임대에 등장하는 수많은 내용에서 흑인과 백인 미국인만이 실제 자신들이 차지하는 인구비율보다 미디어에 묘사되는 비율이 더 높은 집단이다. 미국인구에서 차지하는 흑인과 백인의 비율은 각각 대략 12%와 69%이다 (U. S. Census, 2000). 일반적으로 흑인은 프라임타임 시간대에 등장하는 인종 가운데 14~17% 사이를 차지하며 백인은 프라임타임 TV에 나오는 캐릭터의 73~80%를 차지한다(Children

Now, 2001; Children Now, 2004; Mastro & Behm-Morawitz, 2005; Mastro & Greenberg, 2000). 백인의 이미지가 TV장르에서 상대적으로 고르게 분포되어 있지만, 흑인은 시트콤이나 범죄드라마에서 거의 독점적으로 등장한다(Mastro & Behm-Morawitz, 2005; Mastro & Greenberg, 2000; Matabane & Merritt, 1996; Stroman, Merritt & Matabane, 1989~1990). 드라마에 등장할 때, 흑인은 혼혈인으로 캐스팅되어 나타나지만, 시트콤에서는 압도적으로 흑인으로 캐스팅되어 등장한다. 이러한 군집화는 두 가지 차원에서 중요한 의미를 갖는다. 첫째, 장르적 관습과 제약이 불가피하게 인종에 대한 표현상의 차이를 낳는다. 따라서 이러한 차별적 효과는 다양한 장르에서 규범적인 여러 가지 콘텐츠 특성에 노출되는 것과 관련이 있을 것이다(Armstrong, Neuendrof & Brentarm 1992). 둘째, 이러한 경향은 TV 시청 선호에 따라, 시청자가 흑인에 대한 일방향적 이미지에 노출될 수도 있고, 전혀 이러한 이미지를 시청하지 않을 수도 있는 가능성이 열려있다. 미디어에서 집단 내 관계를 다룰 때 인종에 기초한 규범과 사회적 다양성에 부여되는 여러 가치들이 결합되어 소비자에게 메시지가 전달된다는 점을 고려할 때(Harwood & Roy, 2005), 흑인이나 다른 집단이 일반적인 미디어 환경에서 고립되고 통합되는 정도는 무시되어서는 안 될 것이다. 에트만(Etman, 1994)이 주장하듯이, TV에서 그려지는 인종·민족성의 이미지는 어떤 인종·민족이 소수집단인지를 알려주는 (잘못된) 정보를 제공할 잠재성이 있는 것뿐만 아니라, 그들이 어떤 식으로 묘사되어야 하는지에 대한 이유와 관련해서도 (잘못된) 인식을 갖게 한다.

혹인이 TV에서 묘사되는 방식과 관련해서, 프라임타임대에 나타나는 전형적인 혹인 캐릭터는 30대의 중산층 남성이다. 이 캐릭터는 법집행자이거나 전문가로서, 업무와 관련된 주제를 논의할 것 같다(Children Now, 2001; Children Now, 2004; Mastro & Behm-Morawitz, 2005; Mastro & Greenberg, 2000). 이 캐릭터는 사회적으로 중간 정도의 일과 사회적 권위 모두를 향유하고(Mastro & Behm-Morawitz, 2005) TV에서 공격적으로 묘사되지 않는 등장인물들 사이에 있다(Mastro & Greenberg, 2000). 그러나 프라임시간대의 혹인은 또한 백인의 상대 캐릭터보다 더욱 도발적이고 덜 전문적인 복장을 입는 것으로 묘사된다(Mastro & Greenberg, 2000).

영화 속의 이미지도 거의 똑같다고 말할 수 있다. 다시 말해 백인(80%)이 혹인(19%)보다 주인공으로 더 많이 캐스팅된다(Eschiktz, Bufkin, & Long, 2002). 혹인 출현비율이 현실에서의 미국인구 비율을 넘어서기는 하지만, 다양한 영화장르를 관통해서 출현하고 있지는 않다. 대신 이들은 주로 혹인 캐릭터로 분하는 영화에서 매우 자주 출현한다. 평균적으로, 이러한 캐릭터는 백인 상대자보다는 더 젊으며 직업적 명성에서는 백인보다 더 낮은 직위를 가지고 있을 것 같다.

광고에서 보여지는 이미지도 완전히 다르지는 않다. 여기서도 캐릭터의 대다수를 차지하는 인종은 백인(86%)이고, 혹인이 광고에 등장하는 경우는 출현 배우의 약 11%만을 차지한다(Coltrane & Messineo, 2000). 혹인 캐릭터는 음식·음료(Taylor & Stern, 1997) 그리고 금융서비스(Mastro & Stern, 2003) 광고에서 아주 빈번하게 등장한다. 덧붙여, 리카타와 비스와

스(Licata & Biswas, 1993)는 제품가치와 혹인과의 접점(*interface*) 사이에 부정적 관계가 있다고 밝히면서 혹인과의 상호작용이 증가할수록, 제품가치는 감소한다는 점을 보여준다.

혹인을 묘사하는 뉴스기사 보도 또한 절대적인 면에서 뿐만 아니라 상대적인 면에서도 더욱 비호감적인 상을 제시한다(Etman, 1992). 범죄와 무관한 뉴스기사의 경우에는 혹인과 백인이 상대적으로 비슷한 빈도로 등장하지만, 범죄가 토픽이 될 경우에는, 혹인이 백인보다 거의 두 배의 비율로 자주 등장한다(Romer, Jamieson, & DeCoteau, 1998). 이런 뉴스기사의 경우, 혹인은 범죄 가해자로서(Dixon & Linz, 2000a), 익명이면서도 제약을 받으며, 또한 부스스하고 위협적 존재로(Etman, 1990, 1992, 1994) 더욱 묘사되고 있는 것 같다. 덧붙여, 딕슨과 린즈(Dixon & Linz, 2000a)는 편향적인 정보(예: 사전 체포에 대한 정보제공)는 백인과는 정반대로 혹인이 피고일 경우 더욱 빈번하게 보도된다는 점을 밝혔다.

뉴스에서 혹인을 범죄자로 표현하는 것은 백인을 범죄자로 묘사하는 것과 비교할 때조차 차이를 보일 뿐만 아니라, 현실에서 범인체포와 관련한 기록과도 일치하지 않는다(Dixon & Linz, 2000a). 현실에서의 범죄통계와는 대조적으로, 혹인 미국성인의 경우 TV뉴스에서 가해자로 과다하게 표현되는 반면, 백인은 현실에서와 비슷한 비율이거나(Dixon & Linz, 2000b) 현실보다도 낮은 비율(Dixon & Linz, 2000a)로 묘사된다. 이 같은 점은 또한 뉴스에서의 혹인 젊은이의 이미지에 대한 묘사에도 해당한다. 딕슨과 아조카(Dixon & Azocar, 2006)의 연구결과는 혹인계 미국 젊은이의 경우 백인보다 TV뉴스

의 가해자로 더욱 빈번히 등장한다는 점을 보여준다. 사실상, 뉴스에서 묘사되는 모든 청소년 범죄 가해자의 39%는 흑인인(사법부 통계에서 18%) 반면에 백인은 24%(사법부 통계 22%)에 해당한다.

미국에서 백인과 비교할 때 흑인이 TV에서 범죄자로서 과하게 표현되는 반면, 비슷하게 그려지거나 희생자로 묘사되는 정도는 실제 범죄 기록이 차지하는 비율보다도 매우 낮다(Dixon & Linz, 2000b). 덧붙여, 흑인은 뉴스에서 경찰로서는 3%(Dixon, Azocar, & Casas, 2003) 등장하며 리얼리티에 기반한 경찰쇼에서는 경찰로서 9.3%(Oliver, 1994) 등장한다. 이는 미국 경찰 인구에서 흑인 경찰이 차지하는 인구에 비례해서 볼 때, 상당히 낮은 비율로 등장하는 것이라고 볼 수 있다.

2) 라틴계 미국인

라틴계 미국인은 미국인구의 거의 13%로 소수인종·민족집단 가운데 가장 다수이지만(U. S. Census, 2000), 이들은 TV 프라임 시간대에서 2~6.5%(Children Now, 2001; Children Now, 2004; Mastro & Behm-Morawitz, 2005; Mastro & Greenberg, 2000)만을 차지하며 또한 최상위급 미국영화에서도 겨우 1% 정도의 주인공(Eschholz, Bufkin, & Long, 2002) 배역을 맡고 있을 뿐이다. 흑인처럼 TV 프라임 시간대의 라틴계의 이미지도 주로 시트콤과 범죄 드라마에 한정된다. 전형적인 라틴계 캐릭터는 가족 구성원으로서 범죄에 관한 대화를 나누는 것이다(Mastro & Behm-Morawitz, 2005; Mastro & Greenberg, 2000). 방송시 상대배역과 비교할

때, 라틴계는 젊고, 직업에서 권한이 적으며, 보다 더 게으르거나, 보다 분명하게 표현하지 못하며, 보다 똑똑하지 못하고, 더욱더 유혹적인 복장이며(Mastro & Behm-Morawitz, 2005), 하인으로는 4배 더 많이 출현하는 것 같다(Children Now, 2004). 덧붙여 흑인과 함께 라틴계는 TV 프라임타임 시간대에서 가장 성미가 급한 캐릭터로 간주된다.

영화에서 미미하게 표현되는 것처럼, 광고에서도 라틴계의 이미지는 거의 발견되지 않는 것 같다. 여기서도 등장하는 캐릭터의 1%만이 라틴계로 묘사된다(Coltrane & Messineo, 2000; Mastro & Stern, 2003). 라틴계가 출현할 때는 주로 배경역할을 한다(Taylor & Stern, 2003). 더군다나, 광고에서 라틴계가 출현할 때는 다른 인종·민족집단보다 성적 응시, 유혹적 행동, 도발적 복장 등을 통해 더욱더 성적인 측면이 부각되어 묘사되는 것 같다(Mastro & Stern, 2003).

TV뉴스와 연결해서 볼 때, 라틴계는 (흑인의 경우처럼) 백인보다 범죄 가해자로 묘사되는 사례가 더욱 빈번하다(Dixon & Linz, 2000a). 그러나 라틴계는 현실에서의 체포기록보다는 더 적게 가해자로 묘사된다(Dixon & Linz, 2000b). 이와 똑같은 패턴이 뉴스상의 라틴계 젊은이에 대한 묘사에서도 나타난다. 라틴계 젊은이는 백인보다 가해자로 등장하는 비율이 더 빈번하지만, 이 비율은 사법부 통계보다는 낮다(Dixon & Azocar, 2006). 그 대신에 TV 뉴스의 희생자로서 등장하는 것과 관련해서는, 라틴계는 또한 방송시 백인 상대자보다도 등장하는 비율이 낮을 뿐만 아니라 현실의 범죄기록에서도 낮은 비율을 차지한다(Dixson & Linz, 2000b).

범죄 관련 뉴스기사의 콘텐츠 또한 가해자의 인종·민족에 따라 다르게 나타난다. 흑인과 관련한 연구에서 발견된 사실과 동일하게 딕슨과 린즈(2002)의 연구결과 또한 편견된 정보(현존하는 체포 기록과 같은) 보도는 특히 백인 희생자가 연루된 사건의 경우 백인보다는 라틴계 피고와 더욱 더 연관이 있는 것 같다.

3) 아시아계 미국인

미국인구의 4%(U.S. Census, 2000)가 아시아계 미국인이라는 사실과 비교할 때, 아시아인은 수치상의 출현빈도와 관련해서, TV 프라임타임 시간대에 등장하는 캐릭터의 1~3%를 구성한다(Children Now, 2001; Children Now, 2004; Mastro & Behm-Morawitz, 2005; Mastro & Greenberg, 2000). TV에 출현시 아시아인은 주로 비중이 작거나 일시적인 역할로 등장한다(Children Now, 2001; Children Now, 2004). 이러한 이미지의 희소성에도 불구하고, 아시아계 캐릭터는 종종 높은 지위(37%)에 있는 사람이나 전문직(Children Now, 2004)에 종사하는 사람으로 출현하기도 한다. 빈번하게 출현하지 않기 때문에 아시아계가 프라임타임 시간대에 묘사되는 방식에 대해 알려진 것이 거의 없다.

광고의 이미지와 관련해서는 묘사되는 캐릭터의 2%를 아시아계 미국인이 차지한다(Coltrane & Messineo, 2000; Mastro & Stern, 2003). 아시아인은 가장 일반적으로는 일터에서 보수적인 복장을 착용하는 것으로 묘사되며 수동적 특성을 지닌 것으로 특징지어진다(Mastro & Stern, 2003). 아시아인의 이미지는 테크놀로지 광고에서 가장 빈번하게 등장한다(Mastro & Stern,

2003).

4) 원주민계(네이티브 아메리칸)

원주민계는 미국인구의 1%(U.S. Census, 2000)에 약간 못 미치는 인구구성을 이루며, TV 프라임타임에 출현하는 캐릭터의 0~0.4% 사이에서 등장한다(Children Now, 2001; Children Now, 2004; Mastro & Behm-Morawitz, 2005; Mastro & Greenberg, 2000). 원주민계가 가끔 맡는 역할은 전형적으로 역사적 맥락에 기반한다(Merskin, 1998). 마찬가지로 신문기사의 .02% 그리고 영화의 .002%가 원주민계를 묘사한다(Fryberg, 2003). 원주민계가 이러한 미디어 매체에 등장할 때는, 심령가, 전사 그리고 사회 문제아로 배역으로 출현한다.

5) TV뉴스 제작종사자

하우드와 로이(Harwood & Roy, 2005)는 콘텐츠 특징 그 자체는 아닐지라도 미디어를 누가 통제하고 소유하느냐가 인종보도의 양과 질과 관련된 여러 이슈에 내재적으로 연관된다고 주장했다. 이들은 "미디어 제작과 확산을 통제하는 것은 집단의 생명성의 중요한 차원이며… 미디어 수요와 통제는 사회적으로 혜택받지 못하는 집단의 복종을 유지하는 수단으로 기능할 수 있다"고 주장했다(p. 191). 두드러지게도 방송되는 TV뉴스 제작자 종사자(Gant & Dimmick, 2000)와 방송 밖에서 일하는 사람들(Papper, 2005) 모두에게 인종·민족적 불균형에 대한 수치적 격차가 분명하게 존재하기는 하지만 인종·민족적 소수집단이 차지하는 TV뉴스 노동력(21%)의 전반적 비율과 소수집단이 차지하는 TV뉴스 디렉터의 퍼센트는 지난 몇 년에 비해 약간 감소했다(Papper, 2005). 방송 뉴스 노동력에서 흑인의 비율이(10%에서) 최근에 상대적으로 안정적인 채로 남아 있기는 하지만, 아시안계(2%), 라틴계(9%), 그리고 원주민(0.3%) 모두의 퍼센트는 감소했다. 뉴스 디렉터 중에서 6%가 라틴계에 해당하며, 3.5%는 흑인, 1.3%는 아시아계, 1.0%가 원주민계이다. TV뉴스의 총 관리자는 대다수가 백인(93%)이다.

방송 출현과 관련해서, 백인이 뉴스제작자 종사자의 77%를 차지하며 흑인이 22%, 아시아계와 라틴계가 합쳐서 1%를 차지한다(Gant & Dimmick, 2000). 더군다나, 백인 뉴스 제작자는 흑인 뉴스 제작자보다 보다 전문가·전문직 종사자로 출현한다.

2. 수용자 특성

물론 콘텐츠의 특성은 단지 노출과 효과 사이의 관계에서 일부분에 불과하다. 이론과 실증연구 모두에서 수용자 구성원 각각의 미디어 소비량과 특정한 특성이 효과를 결정하는 데 중요한 역할을 한다는 점을 예증한다.

1) 이용 패턴

여러 이론 중에서도, 사회인지이론(이 책의 제6장을 보라), 문화계발이론(제3장을 보라) 그리고 점화 이론(제5장을 보라) 분야의 연구는 오랫동안 미디어 효과는 시청자가 무엇을 얼마나 소비하는지를 아주 크게 반영한 것이라는 점을 정립했다. 따라서 미디어 선호와 패턴에 따라 효과는 차이가 날 것 같다. 이 점은 모든 수용자 구성원에게 함의를 지니지만, 특정한 수용자의 출현이 미디어 메시지에 취약성을 증가시킬 수도 있음을 결과할 수도 있다는 점을 시사한다. 그렇기 때문에, 인종과 관련된 미디어소비 패턴에 대해 알려진 것을 확인하는 것이 중요하다.

(1) 흑인

다양한 뉴미디어의 등장에도 불구하고, TV는 여전히 소비자들이 지배적으로 선택하는 미디어로 남아 있다. 수용자 분석 연구는 미국에서 흑인이 중시청자임을 밝혔다(Nielsen, 1998, 2007). 닐슨미디어리서치에 따르면, 전형적인 흑인가정에서 주당 TV 시청시간은 20시간으로 평균적인 백인가정보다 더 많이 시청한다. 이것은 일일평균 TV 시청시간과 3시간이나 차이나는 것으로 시청률 연구에서 일관적으로 나타나는 패턴이다(Brown, Campbell, & Fischer, 1986; Greenberg & Linsangan, 1993). 또한 브라운, 캠벨 그리고 피서(Brown, Campbell, & Fischer, 1986)가 주목했듯이, 이러한 경향은 성인 시청자에게만 국한되는 것이 아니다. 실제로, 이들은 10대 흑인이 10대 백인보다 주당 TV 시청이 7시간까지 더 많다는 사실을 발견했다. 보타(Botta, 2000)는 TV 소비가 청소년 여학생의 자아개념(self-concept)에 미치는 영향에 대한 조사를 통해 이와 아주 유사한 결과를 발견했다. 그녀가 발견한 사실은 흑인 청소년 여학생이 백인 여학생에 비해 TV를 상당히 많이 시청한다는 증거를 보여준다.

미디어의 콘텐츠 선호와 이용과 관련해서, 인종적 차이에 대한 문헌들이 계속 발표되었다.

연령과 성별에 걸쳐서, 흑인은 흑인 캐릭터가 등장하고 흑인이 캐스팅되는 프로그램을 선호한다는 연구결과가 있다(Eastman & Liss, 1980; Nielsen, 1998; Poindexter & Stroman, 1981). 평균적인 흑인가정에서 TV는 주로 오락과 교육적 목적으로 이용된다(Becker, Kosicki & Jones, 1992; Poindexter & Stroman, 1981). 그러나 연구자들은 인종적 정체성 욕구(Abrams & Giles, 2007)를 뒷받침하기 위해 추가적으로 프로그램 선택(선택과 회피 둘 다를 포함해서)이 이루어질 수 있음을 제시했다. 흑인 수용자는 (그리고 특히 아동은) TV 메시지의 진실성에 더 큰 신념을 갖는 것으로 나타났으며(Poindexter & Stroman, 1981) 특히 그들 자신들의 인종·민족과 동일시 정도가 클 경우에(Whittler, 1991) 흑인 캐릭터와도 더 높은 차원의 동일시 (Greenberg & Atkin, 1982)를 보여주었다.

(2) 라틴계 미국인

라틴계 시청자는 청소년과 성인 모두에서 TV 시청률이 매년 증가하는 가운데(Nielson, 2007), 이 집단의 TV 시청량이 흑인에 이어 2위가 되었다. 수용자 분석은 미디어 선호와 이용과 관련해서 혼재된 발견사실을 보여준다. 일부 연구는 라틴계와 연관된 콘텐츠(Greenberg et al., 1983)와 라틴계 캐릭터(Eastman & Liss, 1980)의 선호를 보이는 반면에, 다른 사실들은 라틴계에 근거한 프로그램의 선호는 미미할 뿐이라고 제시해왔다. 물론, 주류 미국 프로그램에서 묘사되는 소수의 라틴계 캐릭터를 고려할 때, 선택이 옵션은 아닐 수도 있다. 닐슨 시청률조사 자료(1997)는 라틴가정에서 가장 인기 있는 프로그램 중 다수는 유니비전(Univision)이나 텔레문도(Telemundo)같은 스페인어 네트워크에서 방송되는 프로그램임을 밝혔다는 점은 놀랄 만한 것은 아니다. 사실상 스페인어 프로그램이 닐슨 시청률 조사에 추가된 이래로, 유니비전은 미국에서 다섯 번째로 가장 많이 시청되는 TV네트워크로 부상했다(LA Times, Feb 17, 2006). 이는 전체 라틴계 가정의 98%에 육박하는 수치다(Univision, 2005). 스페인어 콘텐츠에 대한 선호를 뒷받침하는 추가적 증거는 스페인어 TV광고의 설득적 소구에 대한 연구에서 비롯될 수도 있다. 이 연구는 미국에서 똑같은 브랜드 광고가 영어, 스페인어 둘 다에 있어서 그리고 스페인어를 주로 사용하는 라틴계 사이에서도 영어보다 스페인어에서 유의미할 정도로 더 설득력이 있음이 발견되었다는 점을 보여주었다(Roslow & Nicholls, 1996).

선호의 다양성은 다양한 수준의 문화접변 (acculturation)과 함께 라틴계 소비자로부터 충족추구의 다양성을 반영할 것이다. 낮은 수준의 문화적 동화를 이루는 라틴계 사이에서 TV는 미국에서 사회적 규범을 배우고 영어로 말하는 기술을 향상시키기 위해 이용되는 것 같다 (Johnson, 1996). 스틸링(Stilling, 1997)의 데이터도 아주 유사한 결과를 보여주었는데, 라틴계 사이에 미국사회에 문화적으로 더 동화되기 위한 사람들은 영어로 말하는 TV프로그램을 이용한다. 이것 대신으로 인종·민족적 정체성을 유지하고자 하는 사람들은 민족적 미디어 콘텐츠를 선호한다(Jeffres, 2000; Rios & Gaines, 1999).

TV콘텐츠 질에 대한 라틴계의 인지를 조사하는 연구에서도 불일치한 사실이 발견되었다. 그린버그와 동료들(Greenberg et al., 1983)은 청년기 형성에 대한 연구에서 라틴계 젊은이가 라틴계 TV모델의 진실성과 품위에 대해 믿음을 가지고 있다고 시사한다. 이것 대신으로 성인 TV 시청자를 조사하는 연구에서 오귀인과 메이어(O'Guinn & Meyer, 1987)는 라틴계가 라틴계 TV의 캐릭터화에 있어서 수와 자질 모두에 크게 불만족을 느끼고 있음을 밝혀냈다. 두드러지게도 이들이 발견한 사실은 TV를 많이 시청하는 백인 소비자의 경우 라틴계 이미지가 공정하다고 말할 가능성이 더 큰 반면, 라틴계 TV 중시청자는 완전히 정반대로 언급한다는 점을 추가로 보여주었다.

(3) 아시아계와 원주민(네이티브 아메리칸)

아시아계와 원주민의 미디어 선택, 패턴, 선호에 대해 알려진 것은 거의 없다. 원주민의 미디어 이용에 대해 말할 수 있는 것과 미디어의 원주민 표상에 대한 신념은 멀스킨(Merskin, 1998)의 서베이 연구에서 시작되었다. 멀스킨은 미국 북서부에 위치한 한 대학교에서 자신이 원주민이라고 밝힌 대학생 190명을 샘플링하였다. 그녀가 발견한 사실은 학생의 대다수는 TV 수상기를 보유(82%)했지만, 하루 동안 1시간 내지 2시간이 최고의 시청량이라는 점이다. 추가적으로 참여한 학생의 대다수는(69%) 성인이 이용할 수 있는 프로그램에 대해 불만족을 보고했고, 대부분은 종종 원주민의 TV묘사가 부정적이고 불명확하다는 점을 분명히 했다.

3) 수용자 속성

위에 보고된 이용패턴과 함께, 다양한 개인차 변인 또한 인종·민족의 스테레오 타입과 인종에 대한 평가와 이와 연관된 결과에 영향을 미친

다는 점이 발견되었다. 이러한 특징은 미디어 노출의 효과뿐만 아니라 미디어 메시지 자체의 해석에도 영향을 미칠 가능성이 있다. 특히 시청자 고유의 인종적(집단 내) 동일시, 스테레오 타입에 대한 고수(예: 인종적 태도) 및 현실세계에서의 인종 내 접촉 각각이 인종에 기반한 미디어 효과의 중재자로서 역할을 한다.

(1) 인종적 동일시

인종에 기반한 효과에 내집단(인종적) 동일시가 영향력 있는 역할을 한다고 확인한 연구는 사회적 정체성과 자기 범주화 이론에 뿌리를 둔다. 이 이론들은 인종·민족적 편견이 드러나는 것은 사람들이 자신들의 자아개념에서 민족·인종적 동일시를 얼마나 중요하게 간주하는 가에 따라 변한다(Reid, Giles, & Harwood, 2005). 이 시각에서 볼 때, 내집단 동일시가 증가하면서 그 집단의 지위와 이해관계를 보호하려는 동기부여도 증가한다(Verkuyten & Brug, 2004). 따라서 매개되는 집단간 맥락을 포함해서(Mastro, 2003), 내집단 맥락에 대한 반응을 결정하는 것은 바로 집단 현저성(*group salience*)의 정도이다(Espinoza & Garza, 1985). 그렇기에 내집단 동일시가 높은 사람들은 내집단 성원과 관련 있는 외집단 성원 사이에 보다 큰 격차를 지각하며, 이에 따라서 외집단 성원을 판단한다(Oakes, Haslam, & Turner, 1994). 이로 인해 인종·민족적 동일시가 높은 미디어 소비자가 외집단 인종·민족의 스테레오 타입화된 캐릭터에 노출되는 것은 특히 그 외집단 성원에 대해 비선호적/스테레오타입적인 판단과 내집단 성원을 더 이롭게 평가하게 만들 가능성이 있다(Mastro, 2003). 물론 내집단〔성원〕에게 특권을 주는 이미지의 이용은 소비자의 인

종·민족성에 따라 크게 다르다. 결과적으로 미디어가 제공하는 주요한 메시지는 일부에게는 자아에 유리한 집단간 비교를 용이하게 할 수도 있다. 다른 사람에게는 이 같은 이미지는 자아에 대한 위협을 가져다주며, 미디어 콘텐츠의 더욱 사려 깊은 선택을 요구하고 자아개념을 관리하는 전략적 노력을 필요로 한다.

(2) 인종적 태도

당연히 현존하는 인종적 태도 역시 인종·민족에 대한 스테레오 타입을 형성하는 미디어 노출효과에 영향을 미친다는 점이 발견되었다. 그러나 이 분야의 연구는 일관적이지만은 않다. 어느 정도 발견된 사실은 여러 가지 스테레오타입을 지지하는 것과 인종적 태도가 두 미디어 스테레오타입에 대한 노출과 그것에 대한 판단을 매개한다는 점이다(Dixon, 2006; Gilliam et al., 1996; Peffley, Shields & Williams, 1996). 이 연구들 중에서 미디어의 인종·민족적 스테레오타입에 노출된 결과로써 인종적 반감이 높은 사람들에게 더욱 처벌적(punitive) 반응이 유발된다는 점이 자료를 통해 드러났다. 여전히, 다른 연구들은 아주 유사해 보이는 〔연구〕 디자인에서 이 관계를 반복할 수 없었으며(Oliver et al., 2004; Oliver & Fonash, 2002), 이러한 연관성의 정확한 본질에 대해 의문을 제기했다.

(3) 인종간 접촉

물론 우리 자신의 개인적 경험 또한 미디어 메시지에 대한 노출의 영향력을 매개하는 것으로 알려져 있다(Hawkins & Pingree, 1990). 그에 따라 미디어의 인종·민족적 스테레오 타입이 수용자에게 가장 크게 영향을 미치는 경우는 현실의 경험이 미디어가 제공하는 메시지에 부합하거나 수용자가 자신들의 판단을 하는 데 취할 수 있는 최소한의 접촉만하고 현실세계에 접촉할 사람이 거의 없는 경우라는 점이 발견되었다(Fujioka, 1999; Tan, Fujioka, & Lucht, 1997; Mastro, Behm-Morawitz, & Ortiz, 2007). 보다 친사회적 관점에서 볼 때, 현실세계에서의 긍정적 접촉은 미디어의 비선호적인 인종·민족적 스테레오타입에 대한 노출의 효과를 최소화한다고 말할 수 있다.

3. 미디어가 인종·민족의 스테레오 타입에 미치는 영향

미디어가 다양한 인종·민족적 집단을 묘사하는 데 차이가 있고 시시각각 변하는 이용패턴이 다양한 인종·민족과 연관된다는 점을 고려할 때, 여러 인종에 근거한 효과가 노출과 연계된다는 점이 놀라운 것은 아닐 것이다. 실제로, 이러한 연구는 미디어 노출이 다수뿐만 아니라 소수집단 성원에 대한 영향력에 관해서도 콘텐츠의 질이 대단히 중요하다는 점을 시사한다. 이것이 복잡한 관계를 과도하게 단순화하는 것 같지만, 본질적으로 이 분야에서 핵심적인 발견 사실들을 반영한다.

1) 다수 집단 성원의 스테레오타입의 점화

미디어의 인종·민족적 스테레오타입이 소비자에게 미치는 영향력을 조사하는 양적 연구의 대부분은 점화 프레임워크를 활용했다. 여기서 점화는 가까운 시점에 미디어이용을 통해 활성화된 정보가 타깃화된 외집단 성원을 판단하게 만드는 과정을 의미한다. 주로 이런 조사의 중요결과들은 미디어의 인종·민족적 스테레오타입의 노출만으로도 적어도 단기적으로 소수민족에 대한 현실의 평가에 영향을 미치고 (Dixon, 2006, 2007; Givens & Monahan, 2005), 스테레오타입적 반응을 유발하고(Gilliam & Iyenger, 2000; Mendelberg, 1997), 내집단 집단간 결과를 유인한다(Fryberg, 2003; Mastro, 2003)는 점을 보여주었다.

소수의 실험연구가 이러한 주장에 대한 증거를 제시했다. 존슨, 애덤스, 홀과 애쉬번 (Johnson, Adams, Hall & Ashburn, 1997)은 인종과 폭력적 범죄를 다룬 미디어에 노출되는 것이 흑인의 속성을 판단하는 데 미치는 영향을 조사했다. 이들의 연구결과는 스테레오타입과 일치하는 반응을 유발하는 것과 함께, 인종화시켜 범죄를 묘사하는 점화가 추가적으로 차별적인 행동 예를 들면, 흑인의 가해자(특히 폭력적 범죄에 연루된 사람들)에 대해서는 성향을 드러내는 반면에 백인 피고에게는 상황을 드러내는 것과 같은 것을 나타낼 수 있음을 예증했다. 이러한 사실과 일치되게 페플리, 쉴즈 그리고 윌리엄스(Peffley, Shields, & Williams, 1996)는 범죄뉴스보도에서 인종적 점화가 일련의 판단에 미치는 영향을 조사하면서 묘사되는 용의자의 인종과 스테레오타입적 평가 사이에 유의미한 연관성이 있음을 밝혀냈다. 마찬가지로 에이브러햄과 아피아(Abraham & Appiah, 2006)는 뉴스기사가 함의하는 인종적 단서의 역할에 관한 조사를 통해 심지어 미묘한 인종·민족성의 묘사의 노출에서조차도 백인 소비자에게서는 스테레오타입적 반응을 유발할 수 있

다는 점을 밝혀냈다. 이 저자들은 이러한 결과는 미디어 프라임 효과에서 묘사되는 특성이 타깃과 스테레오타입과 연관된 경우 보다 분명해진다는 점을 보여준다고 주장했다(Banaji, Hardin, & Rothman, 1993).

딕슨과 매독스(Dixon & Maddox, 2005) 그리고 올리버와 동료들(Oliver et al., 2004)의 연구에서 편향적 결과가 보다 더 분명하게 발견되었다. 이들은 흑인의 범행은 피부톤과 같은 공공연한 신체적 속성과 아프리카 중심주의적 특성 (*Afrocentric features*)과 스테레오타입식으로 그리고 정도에서 벗어난 방식으로 연결된다는 점을 밝혔다. 특히, 올리버와 동료들은(2004)은 범죄뉴스에 노출되는 것과 그 기사에서 다루어진 흑인 개인의 아프리카 중심적인 특성을 잘못된 지각하는 것 사이의 연계성을 공고하게 한다. 이러한 속성은 폭력적인 범죄기사에 노출될 경우 (비스테레오타입의 그리고 비범죄적 스테레오타입의 기사와 비교할 때) 보다 분명하게 나타나며 덧붙여, 딕슨과 매독스(2005)의 연구결과는 검은 피부를 가진 흑인 가해자가 등장할 때(백인과 비교할 때) 희생자에 대한 근심과 공감을 증가시킨다는 점을 밝혔다.

점화의 특정 구성체(*constructs*)와 더불어, 미디어에 노출되는 것은 광범위한 일련의 사회적 판단의 편향에 일조할 수 있도록 의미론적으로 연관되는 인지적 구성체를 활성화시키는 것 같다. 발렌티노(1999)의 연구는 특정이슈 (예: 범죄, 복지)가 인종적으로 코드화된 토픽이 되었고, 미디어 보도는 활성화된 구성체와 연관 구성체 모두와 관련하여 스테레오타입에 기반한 반응을 유발한다는 점을 보여주었다. 포드 (Ford, 1997)는 기억장치에서 특정구성체를 점

화하는 것은 그 특정 특성과 함께 판단에도 영향을 미칠 뿐만 아니라 타깃에 대한 광범위한 스키마를 활성화시킨다는 점을 발견했다. 점화되는 것을 넘어서 스테레오타입적 특성에 영향을 미치는 것을 밝혀내는 데 유사한 결과를 낳았다.

앞으로의 전망이 눈에 띌 정도로 완전히 나쁜 것만은 아니다. 보덴하우젠 등(Bodenhausen et al., 1995) 뿐만 아니라 파워, 머피 그리고 쿠버 (Power, Murphy, & Coover, 1996) 각각의 연구결과는 미디어의 긍정적이고, 상반되는 스테레오타입에 대한 노출이 보다 선호적인 인종을 판단하는 데 영향을 미친다는 것을 보여주었다. 특히, 보덴하우젠과 등은 흑인의 미디어 본보기 (즉, 오프라 윈프리, 마이클 잭슨)에 대한 노출이 백인의 인종적 태도에 미치는 영향을 조사했다. 이들의 결론은 긍정적인 미디어 본보기를 활성화시키는 것이 사회적 문제로서 인종차별에 대한 보다 공감의 반응과 전체로서 집단 외 성원에 대한 보다 선호적 태도를 유발한다는 점을 시사했다. 파워, 머피 그리고 쿠버(1996)는 뉴스에서 흑인에 대한 부정적 스테레오타입과 상반되는 스테레오타입의 노출이 백인 소비자가 흑인에 대한 평가에 미치는 영향을 조사했다. 다소 혼재되어 있기는 하지만, 이들의 결과는 흑인에 대해 부정적 스테레오타입적인 표상에 대한 노출이 뉴스사건과 무관한 흑인에 대해 더욱 부정적 평가를 유발하는 반면, 긍정적인 역 스테레오타입(counter-stereotypes)의 노출은 (통제조건과 비교할 때) 보다 더 선호적인 평가를 낳는다는 점을 보여준다.

그러나 점화만으로는 그 상의 일부만을 제공하는 것에 불과하다. 연구자들은 미디어 효과의 검증에 있어서 즉각적 노출과 더불어 장기적 노출 모두의 측정이 포함되는 것이 중요하다는 점을 평가하기 시작했다. 사실상 고르햄 (Gorham, 2006)의 연구결과는 미디어에서 흑인에 관한 단기적, 지속적 스테레오타입적 묘사에 대한 노출 모두가 일련의 스테레오타입에 기반한 반응에 영향을 미친다는 점을 분명하게 보여준다. 딕슨과 아조카(2007)는 이러한 과정에 깔린 메커니즘을 구체화함으로써 이 개념을 더욱 더 진전시킨다. 스테레오타입 영역 밖에서 찾아낸 사실과 일치시키며(Price & Tewksbury, 1997; Shrum, 2002), 이들은 근래에 활성화된 구성체가 정보를 처리하고 해석하는 데 보다 접근 가능한 것인 반면에, 노출비율이 증가할수록 속성과 태도적 대상 사이의 인지적 연관성은 추가적으로 강화될 것이라고 주장했다(Dixon & Azocar, 2007). 따라서 뉴스에서 흑인이 묘사되는 방식을 분석한 내용분석 결과를 놓고 볼 때, 중시청자는 흑인을 범죄자로서 묘사하는 노출이 증가하면서 이것이 차례로 이러한 인지적 연관성을 강화할 것이다. 지속적이고 반복적인 노출을 하는 동안 이러한 구성체는 흑인에 대한 판단을 제시할 때 소비자의 마음에 만성적으로 접근할 수 있게 된다. 결과적으로 뉴스에서 흑인 범행의 이미지에 노출될 때, 점화 효과가 중시청자 사이에 더 강화될 것이다. 궁극적으로 이것은 인종에 기반한 평가에 영향을 미칠 것이다. 그러나 딕슨과 아조카의 실험 검증에서는 이러한 관계의 불일치에 대한 지지만이 있었을 뿐이다. 그럼에도 불구하고 이들의 결과는 노출의 증가(문화 계발)로 실제 인종에 기반한 인지의 구성에 일조한다는 점을 시사한다.

2) 다수 집단성원의 스테레오타입을 배양하기

문화계발이론에 따르면, TV 소비는 수용자들에게 일관된 메시지 세트를 제공한다. 시간이 지나고 지속적인 노출이 일어나면 수용자가 현실세계에서 갖는 사회적 지각에 영향을 미치는데 이는 시청자가 더 많이 시청할수록, 그 메시지의 진실성과는 상관없이, 시청자의 시각이 TV가 제시하는 것을 반영하는 것과 같은 것을 의미한다(Gerbner et al., 2002). 결과적으로 문화계발 이론은 어떤 단일 메시지 노출로 인한 효과에 주목하는 것이 아니라 오히려, 인종·민족적 스테레오타입과 같이 TV가 제시하는 메시지 시스템의 소비와 연관성을 지녔다.

인종·민족의 스테레오타입에 대한 초기 서베이 연구는 TV콘텐츠에 대한 노출과 현실세계에서 인종을 이해하는 것 사이의 유의미한 관계를 밝혔다(Armstrong, Neuendorf, & Brentar, 1992). 구체적으로 암스트롱, 너엔돌프와 브렌타(1992)는 백인대학생을 대상으로 한 서베이에서 TV뉴스에 노출을 많이 할수록 흑인의 사회경제적 지위(장르에 대한 콘텐츠의 분석적 결과와 일치해서)와 관련한 부정적 판단을 하는 것을 발견했다. 엔터테인먼트 프로그램에 대한 노출에서는 반대의 결과가 발견되었다. 여기서 중시청자는 흑인이 백인에 비해서 상대적으로 사회 경제적 지위에 대해 (다시 장르 특징적 묘사와 일치해서) 보다 좋다는 평가를 했다. 유사한 결과가 부셀과 크랜달(Busselle & Crandall, 2002)의 백인 대학생의 서베이에서도 도출되었다. TV뉴스에 대한 노출이 증가할수록 응답자들은 흑인 대백인의 사회경제적 지위가 차이난다고 믿었는데 이는 흑인의 경우 그들이 기회가 없어서라기보다는 스스로 잘 살려는 동기가 없어서라고 믿었다. 대안적으로 늘어나는 시트콤 시청은 흑인의 교육적 성과를 보다 높게 평가(백인 수준의 교육과 관련해서는 어떤 효과도 나타나지 않지만)하는 것과 연관이 있었다. 종국적으로 드라마 프로그램에 대한 노출이 늘어날수록, 백인과 흑인 간의 교육적 성취의 격차가 난다고 생각하는 정도가 증가했다.

미디어에서 스테레오타입을 학습하는 것과 관련된 메커니즘을 보다 명료하게 하기 위해서 마스트로, 벰-모라위츠와 올티즈(Mastro, Behm-Morawitz & Ortiz, 2007)는 정신모델(mental model)의 가정을 미디어 이용, 미디어 콘텐츠에 대한 지각, 그리고 라틴계에 대한 현실세계에서의 스테레오타입화 등의 연관성을 조사하기 위한 문화계발연구의 틀에 통합시켰다. 이 맥락에서 정신모델은 하나의 인지적 장치로 간주될 수 있는데 이 장치는 시청자들이 미디어로부터 매개된 객관적이고 주관적인 요소들을 지식이나 정신적 표상의 가변적 방식에 통합시킬 수 있도록 해준다(Johnson-Laird, 1983; Radvansky & Zacks, 1997). 따라서 미디어 메시지의 특성과 시청자가 이 메시지를 해석하고 저장하는 방식 모두는 노출에 따른 효과를 결정할 때 따로따로 작동하게 된다. 이들의 서베이연구가 발견한 사실은 문화계발에 기반한 정신모델 접근방식을 뒷받침하면서 콘텐츠를 소비하는 양과 콘텐츠에 대한 지각이 스테레오타입화에 영향을 미친다는 것을 밝혔다. 다시 말해, 시청자가 얼마의 시간 동안 시청하고, 그들이 콘텐츠에서 보는 것에서 무엇을 지각하였는가 여부가 각각 스테레오타입의 형성에 일조한다는 것이다. 특히, 시청자의 라틴계 TV

묘사에 대한 지각과 라틴계 현실세계에 대한 평가 사이의 관계는 중시청자에게 더욱 강력하다는 점을 시사한다. 두드러지게도 이들의 발견 사실은 긍정적인 현실세계를 많이 접촉할수록 노출의 영향력이 줄어든다는 주장을 뒷받침하는 것이기도 하다.

3) 다수 집단 성원 사이의 스테레오 타입과 정치적 추론

점화, 문화계발, 정책적 추론의 모델 각각은 인종·민족성의 미디어 묘사에 대한 노출로 정책적 추론과 정치적 결정에 미치는 영향력을 이해하는 데 기여한다. 하나의 특정한 이론에 뿌리를 두지는 않지만, 이러한 연구들이 발견한 사실은 인종·민족성의 미디어 묘사에 대한 노출이 소비자의 투표의향에 미치는 영향에 대해 값진 통찰력을 제공한다. 여기서, 연구는 뉴스에서 범죄의 인종화된 묘사를 정책적 이슈에 대한 백인의 결정과 연계시킨다(Mendelberg, 1997; Valentino, 1999). 증거를 예시하기 위한 일환으로, 일시적으로 출소한 흑인 재소자에 관한 뉴스기사에 노출된 수용자의 경우 이 기사에 노출되지 않은 수용자에 비해 인종적 불평등을 줄이기 위한 정부의 노력에 보다 더 저항할 것 같다(Mendelberg, 1997). 유사한 결과가 정치 후보자의 조사에서도 나타났다. 인종화된 범죄 뉴스기사가 대통령 후보의 평가에 미치는 영향을 조사한 발렌티노(Valentino, 1999) 연구는 유권자가 범죄 뉴스기사에서 소수민족의 가해자에게 노출될 때 (공화당 후보에 비해) 민주당 후보에게 보다 지지를 덜 한다는 점을 밝혔다. 발렌티노는 이러한 뉴스기사가 민주당원이 소

수민족에게 연민을 느끼며 범죄에 취약점을 지녔다는 현존하는 인식을 활성화시켜, 자신들의 후보자에 대한 비선호적 평가를 초래한다고 주장한다. 전반적인 미디어 소비를 언급하는 연구는 점화에 기반한 연구에서 양산된 것과 비교할 만한 결과를 제공한다. 탄, 후지카, 탄(Tan, Fujika, & Tan, 2000)과 마스트로 코팩츠(Mastro & Kopacz, 2006)는 인종·민족적 소수의 비선호적인 미디어 묘사에 대한 노출은 백인이 현실세계의 소수민족에게 보다 더한 스테레오타입의 평가를 하도록 했다는 점을 발견했다. 이때, 이러한 스테레오타입의 평가는 사회적 약자 우대정책(*affirmative action*) 같은 인종과 관련된 정책에 대한 지지와 부정적으로 관련된다. 두 연구 모두에서 미디어 노출은 미디어의 인종·민족의 스테레오타입의 소비가 실제 현실세계의 인지를 동요시키며, 궁극적으로 정치적 결정을 예측한다고 밝힌 정책 추론 모델에서 우선적인 인과적 변인이었다.

4) 다수의 집단 성원과 연관된 미디어와 집단간 성과

인종의 미디어 묘사에 대한 노출로 인한 정체성에 기반한 욕구에 기여할 수 있는 정도를 조사하는 사회 정체성 이론에 뿌리를 둔 효과 연구 또한 부상하기 시작했다. 이 관점에서 볼 때, 인종·민족성에 대한 미디어 묘사를 시청하는 것이 자아개념을 유지하고 강화시키기 위해 집단에 근거해서 비교 하도록 자극을 한다고 예측된다(Harwood & Roy, 2005). 이 분야에서 밝혀진 사실은 TV에서 집단 외 인종에 관한 스테레오 타입적 묘사에 대한 노출로 인해 집단 내 성

원에게는 혜택이 주어지거나 자아존중감의 강화에 활용될 수 있는 인종에 근거해서 비교할 수 있다는 점을 밝혔다(Mastro, 2003). 더군다나 집단 내 성원을 선호하는 이러한 미디어가 생성시키는 집단간 비교는 인종적 집단 내 인지가 높은 사람들 사이에서보다 분명하게 나타난다.

이 사회정체성 이론에 기반한 개념이 혐오스러운 인종주의의 가정과 결합될 경우, 미디어 콘텐츠의 특정〔인종의〕출현에 대한 노출로 인해 예견될 수 있는 다양한 집단간 성과와 연관시켜서 볼 때 보다 완전한 상이 제공된다. 구체적으로 집단 외 인종·민족성의 부정적이고, 스테레오 타입 이미지에 노출로 인해 집단 내 성원을 선호함으로써 집단 내 비교를 부추길 수 있을지라도 모호하거나 연상적인 묘사는 혐오스런 인종주의에서 비롯되는 가정에 상응하는 반응을 낳을 것 같다(Coover, 2001 ; Mastro, Behm- Morawitz, & Kopacz, 2008). 이러한 프레임웍에 따르면 시청자는 평등주의적 자아 이미지에 대한 노력의 일환으로, 행동이 인종에 기반한 동기에 귀속될 수 있을 경우 미디어에 대한 차별적 반응을 회피하려 할 것이다(Gaertner & Dovidio, 1986). 사실상 조화로운 인종간 접촉을 제시하는 미디어 이미지에 노출될 경우, 인종주의가 나타나는 것에 대해 과도하게 보완하려는 시도가 나타난다는 점이 발견되었다(Coover, 2001). 이것은 백인 시청자 사이에서 인종·민족에 크게 동화하는 이미지의 시청으로 인해 인종·민족의 집단 외 성원에 대한 보다 선호적인 평가를 결과한다는 점을 보여주는 자기 범주화에 기반한 연구와 유사하다(Mastro, Tamborini, & Hullett, 2005). 그러나 이것은 편견적 반응의 감소를 제시하는 것은 아니다. 대신에 실험연구는 익명적인 미디어 시청

맥락이나 모호한 미디어 메시지 같은 비인종주의적 자아 이미지의 지속적 유지를 참작하려는 집단 내 성원에게 특권을 부여하려는 기회가 부상한다면, 인종에 기반한 차별적 반응은 피상적인 채로 남아 있을 것이라는 점을 보여주었다.

5) 미디어 노출이 소수집단 성원에 미치는 영향력

스테레오타입의 미디어 콘텐츠에 대한 노출로 인한 인종·민족적 소수자 자체에 미치는 영향력에 대해 알려진 것이 거의 없다는 점은 다소 혼재된 결과를 낳았다. 자신의 집단 내의 부정적 이미지를 소비하는 것이 자아개념과 자아존중감(self-esteem)에 부정적 영향을 미칠 수도 있다고 이론화되었지만, 이러한 관계를 탐구한 실증적 연구는 거의 없었다. 프라이버그(Fryberg, 2003)는 한 가지 눈에 띄는 예외적 연구에서 원주민에 대한 스테레오적 묘사에 대한 노출이 원주민 소비자에게 미치는 영향력을 실험적으로 조사했다. 그녀의 연구결과는 자신의 집단 내의 비선호적인 표상의 소비는 자아존중감과 집단 내 효능감(efficacy)에 부정적 영향력을 미친다는 점을 시사한다. 마찬가지로 리반데네이라, 워드 그리고 고든(Livadeneyra, Ward, & Gorden, 2007)의 라틴계 고등학생의 서베이 결과도 자아존중감의 상이한 차원이 다양한 미디어 장르에 대한 노출결과로 부정적 영향을 받는다는 점을 발견했다. 그러나 전반적인 자아존중감은 이들의 연구에서 TV시청과 무관했다. 반면에 수벌비-벨레즈와 네코키(Subervi-Velez & Lecochea, 1990)는 라틴계 초등학생 아동들 사이에서 TV노출과 자아개념(영어 혹은 스페인어 둘 중 어떤 언

어로 TV에서 방송이 되더라도) 사이에 어떠한 관계도 없다는 점을 발견했다.

4. 결론의 숙고

모두 종합하면 이러한 발견 사실들은 무엇을 말해주는가? 현실이론의 공유라는(shared reality theory) 관점에서 볼 때, 미디어 콘텐츠 특징이 (수용자 성원의 속성과 일련의 노출에 대한 영향력과 더불어) 사회의 인종·민족에게 공통의 시각을 창출하는 데 함께 작동한다는 것이다. 이 접근방식에 따르면 현실 자체는 집단 합리성 (collective legitimization)(개인적 경험이라기보다는)이 주관성을 객관성으로 이전시키는 영향력이기 때문에 사회적 검증에 근거한다는 것이다 (Hardin & Higgins, 1996). 우리가 이러한 주장이 상상 가능하다는 점을 인정한다면, 이때, 인종·민족에 대한 미디어의 표상과 이러한 일련의 표상으로 인한 소비자에 대한 효과의 중요성은 상호 공유되는 현실을 창출하려는 어떤 채널도 광범위한 영향력을 전혀 미치지 않을 때에는 아무리 강조해도 지나치지 않다는 것이다. 이것은 특히 스테레오 타입과 관련되는데 왜냐하면 스테레오 타입이 부분적으로는 사회적 합의에 근거하기 때문이다(Hardin & Higgins, 1996, p. 61). 이러한 점을 고려할 때, 미디어와 인종에 관한 현재의 증거의 실체가 함의하는 것은 적어도 언뜻 보기에는 불길한 것처럼 보일 수도 있다. 그러나 이러한 관점은 낙관주의적 명분을 제공한다. 특히, 이 관점은 매스미디어가 현재의 의문점을 시정하기 위해 사회적 현실을 재구성하고 재정의하는 강력한 메커니즘으로서 역할할 수 있다는 점을 함의한다. 현재 미디어의 폭력과 성(sex) 같은 이슈와 똑같이 중요하게 인지되어야 하는 것은 미디어의 인종·민족적 스테레오타입에 대한 것뿐이다.

참고문헌

Abraham, L., & Appiah, O. (2006). Framing news stories: The role of visual imagery in priming racial stereotypes. *The Howard Journal of Communication*, 17, 183-203.

Abrams, J., & Giles, H. (2007). Ethnic identity gratifications selection and avoidance by African Americans: A group vitality and social identity perspective. *Media Psychology*, 9, 115-134.

Armstrong, G., & Giles, H. (2007). Ethnic identity gratifications selection and avoidance by African Americans: A group vitality and social identity perspective. *Media Psychology*, 9, 115-134.

Atkin, C., Greenberg, B., & McDermott, S. (1983). Television and race role socialization. *Journalism Quarterly*, 60, 407-414.

Banaki, M., Hardin, C., & Rothman, A. (1993). Implicit stereotyping in person judgment. *Journal of Personality and Social Psychology*, 65, 272-281.

Becker, L., Kosicki, G., & Jones, F. (1992). Racial differences in evaluations of the mass media. *Journalism Quarterly*, 69, 124-134.

Botta, R. (2000). The mirror of television: A comparison of Black and White adolescents' body image. *Journal of Communication*, 50, 144 159.

Braxton, G. (2007, June 6). White still a primary color; Black, Latino and Asian groups feel multi-cultural momentum at the major networks has been lost. *Los Angeles Times*.

Brown, J., Campbell, K., & Fischer, L. (1986). American adolescents and music videos—Why do they watch? *Gazette*, 37, 19-32.

Busselle, R., & Crandall, H. (2002). Television viewing and perceptions about race differences in socioeconomic success. *Journal of Broadcasting & Electronic Media*, 46, 256-282.

Children Now. (2001). Fall colors, 2000-2001: *Prime time diversity report*. Oakland, CA: Children Now.

Children Now. (2004). Fall colors, 2003-2004: *Prime time diversity report*. Oakland, CA: Children Now.

Coltrane, S., & Messineo, M. (2000). The perpetuation of subtle prejudice: Race and gender imagery in 1990s television advertising. *Sex Roles*, 42, 363-389.

Coover, G. (2001). Television and social identity: Race representation as "White" accommodation. *Journal of Broadcasting and Electronic Media*, 45, 413−431.

Dixon, T. (2006). Psychological reactions to crime news portrayals of black criminals: Understanding the moderating roles of prior news viewing and stereotype endorsement. *Communication Monographs*, 73, 162-187.

Dixon, T. (2007). Black criminals and White officers: The effects of racially misrepresenting law breakers and law defenders on television news. *Media Psychology*, 10, 270-291.

Dixon, T., & Azocar, C. (2006). The representation of juvenile offenders by race on Los Angeles area television news. *The Howard Journal of Communications*, 17, 143-161.

Dixon, T., & Azocar, C. (2007). Priming crime and activating Blackness: Understanding the psychological impact of the over-representation of Blacks as lawbreakers on television news. *Journal of Communication*, 57, 229-253.

Dixon, T., Azocar, C., & Casas, M. (2003). The portrayal of race and crime on television network news. *Journal of Broadcasting & Electronic Media*, 47, 498-523.

Dixon, T., & Linz, D. (2000a). Over-representation and under-representation of African Americans and Latinos as lawbreakers on television news. *Journal of Communication*, 50.

Dixon, T, & Linz, D. (2000b). Race and the misrepresentation of victimization on local television news. *Communication Research*, 27, 547-573.

Dixon, T., & Linz, D. (2002). Television news, prejudicial pretrial publicity, and the depiction of race. *Journal of Broadcasting & Electronic Media*, 46, 112-136.

Dixon, T, & Maddox, K. (2005). Skin tone, crime news, and social reality judgments: Priming the stereotype of the dark and dangerous Black criminal. *Journal of Applied Social Psychology*, 35.

Eastman, H., & Liss, M. (1980). Ethnicity and children's preferences. *Journalism Quarterly*, 57.

Entman, R. (1990). Modern racism and the images of Blacks in local television news. *Critical Studies in Mass Communication*, 7, 332-345.

Entman, R. (1992). Blacks in the news: Television, modern racism and cultural change. *Journalism Quarterly*, 69, 341-361.

Entman, R. (1994). Representation and reality in the portrayal of Blacks on network television news. *Journalism Quarterly*, 71, 509-520.

Eschholz, S., Bufkin, J., & Long, J. (2002). Symbolic reality bites: Women and racial/ethnic minorities in modern film. *Sociological Spectrum*, 22, 299-334.

Espinoza, J., & Garza, R. (1985). Social group salience and interethnic cooperation. *Journal of Experimental Social Psychology*, 21, 380-392.

Faber, R., O'Guinn, T., & Meyer, T. (1987). Televised portrayals of Hispanics. *International Journal of Intercultural Relations*, 11, 155-169.

Ford, T. (1997). Effects of stereotypical television portrayals of African-Americans on person perception. *Social Psychology Quarterly*, 60, 266-278.

Fryberg, S. (2003). *Really? You don't look like an American Indian: Social representations and social group identities*. Dissertation Abstracts International.

Fujioka, Y. (1999). Television portrayals and African-American stereotypes: Examination of television effects when direct contact is lacking. *Journalism & Mass Communication Quarterly*, 76.

Gaertner, S. L., & Dovidio, J. F. (1986). The aversive form of racism. In J. Dovidio & S. Gaertner(Eds.), *Prejudice, discrimination, and racism*. New York: Academic Press.

Gant, G., & Dimmick, J. (2000). African Americans in television news: From description to explanation. *Howard Journal of Communications*, 11, 189-205.

Gerbner, G., Gross, L., Morgan, M., Signorielli, N., & Shanahan, J. (2002). Growing up within television: Cultivation processes. In J. Bryant & D. Zillmann(Eds.), *Media effects: Advances in theory and research*(pp. 43-68). Hillsdale, NJ: Erlbaum.

Giles, H., Bourhis, R., & Taylor, D. (1977). Towards a theory of language in ethnic group relations. In H. Giles(Ed.), *Language, ethnicity, and intergroup relations*(pp. 307-348). London: Academic Press.

Gilliam, F., & Iyengar, S. (2000). Prime suspects: The influence of local television news on the viewing public. *American Journal of Political Science*, 44, 560-573.

Gilliam, E., Iyengar, S., Simon, A., & Wright, O. (1996). Crime in Black and White: The violent scary world of local news. *Harvard International Journal of Press/Politics*, 1, 6-23.

Givens, S., & Monahan, J. (2005). Priming mammies, jezebels, and other controlling images: An examination of the influence of mediated stereotypes on perceptions of an African American woman. *Media Psychology*, 7, 87-106.

Gorham, B. (2006). News media's relationship with stereotyping: The linguistic intergroup bias in response to crime news. *Journal of Communication*, 56, 289-308.

Greenberg. B. S., & Atkin, C. (1982). Learning about minorities from television: A research agenda. In G. Berry & C. Mitchell-Kernan(Eds.), *Television and the socialization of the minority child*.

New York: Academic Press.

Greenberg, B. S., Heeter, C, Graef, D., Doctor, K., Burgoon, J., & Korzenny, F. (1983). Mass communication and Mexican Americans. In B. Greenberg, M. Burgoon, J. Burgoon, & F. Korzenny (Eds.), *Mexican Americans and the mass media*. Norwood, NJ: Ablex.

Greenberg, B., & Linsangan, R. (1993). Gender differences in adolescents' media use, exposure to sexual content, parental mediation and self-perceptions. In B. S. Greenberg, J. Brown, & N. Boerkel-Rothfoss (Eds.), *Media, sex and the adolescents*. Cresskill, NJ: Hamilton Press.

Greenberg, B., Mastro, D., & Brand, J. (2002). Minorities and the mass media: Television into the 21st century. In J. Bryant & D. Zillmann (Eds.), *Media effects: Advances in theory and research*. Hillsdale: NJ: Erlbaum.

Hardin, C. D., & Higgins, E. T. (1996). Shared reality: How social verification makes the subjective objective. In R. M. Sorrentino & E. T. Higgins (Eds.), *Handbook of motivation and cognition: Volume 3* (pp. 28-84). New York, NY: Guilford Press.

Harwood, J., & Roy, A. (2005). Social identity theory and mass communication research. In J. Harwood & H. Giles (Eds.), *Intergroup Communication*. New York: Peter Lang.

Hawkins, R., & Pingree, S. (1990). Divergent psychological processes in constructing social reality from mass media content. In N. Signorielli & M. Morgan (Eds.), *Cultivation analysis: New directions in media effects research*. Newbury Park, CA: Sage.

Jeffres, L. W. (2000). Ethnicity and ethnic media use: A panel study. *Communication Research*, 27.

Johnson, J. D, Adams, M. S., Hall, W, & Ashburn, L. (1997). Race, media, and violence: Differential racial effects of exposure to violent news stories. *Basic and Applied Social Psychology*, 19.

Johnson, M. (1996). Latinas and television in the United States: Relationships among genre identification, acculturation, and acculturation stress. *The Howard Journal of Communications*, 7.

Johnson-Laird, P. N. (1983). *Mental models: Towards a cognitive science of language, inference, and consciousness*. Cambridge, MA: Harvard University Press.

LA Times. (February 17, 2006). *Television en fuego*. Retrieved February 17, 2006, from: http:// www. latimes. com

Licata, J., & Biswas, A. (1993). Representation, roles, and occupational status of Black models in television advertisements. *Journalism Quarterly*, 70, 868-882.

Mastro, D. (2003). A social identity approach to understanding the impact of television messages. *Communication Monographs*, 70, 98-113.

Mastro, D., & Behm-Morawitz, E. (2005). Latino representation on primetime television. *Journalism & Mass Communication Quarterly*, 82, 110-130.

Mastro, D., Behm-Morawitz, E., & Kopacz, M. (2008). Exposure to television portrayals of latinos: The implications of aversive racism and social identity theory. *Human Communication Research* 34.

Mastro, D., Behm-Morawitz, E., & Ortiz, M. (2007). The cultivation of social perceptions of Latinos: A mental models approach. *Media Psychology*, 9, 1-19.

Mastro, D., & Greenberg, B. (2000). The portrayal of racial minorities on prime time television.

Journal of Broadcasting & Electronic Media, 44, 690-703.

Mastro, D., & Kopacz, M. (2006). Media representations of race, prototypicality, and policy reasoning: An application of self-categorization theory. *Journal of Broadcasting & Electronic Media*, 50, 305-322.

Mastro, D., & Stern, S. (2003). Representations of race in television commercials: A content analysis of prime time advertising. *Journal of Broadcasting & Electronic Media*, 47.

Mastro, D., Tamborini, R., & Hullett, C. (2005). Linking media to prototype activation and subsequent celebrity attraction: An application of self-categorization theory. *Communication Research*, 32, 323-348.

Matabane, P., & Merritt, B. (1996). African Americans on television: Twenty-five years after Kerner. *The Howard Journal of Communications*, 7, 329-337.

Mendelberg, T. (1997). Executing Hortons. Racial crime in the 1988 presidential campaign. *Public Opinion Quarterly*, 61, 134-157.

Merskin, D. (1998). Sending up signals: A survey of Native American media use and representation in the mass media. *The Howard Journal of Communications*, 9, 333-345.

Nielsen Media Research. (1998). *1998 Report on Television.* New York: Author.

Oakes, P. J., Haslam, S. A., & Turner, J. C. (1994). *Stereotyping and social reality.* Oxford: Blackwell.

Oliver, M. B. (1994). Portrayals of crime, race, and aggression in reality-based police shows: A content analysis. *Journal of Broadcasting & Electronic Media*, 38, 179-192.

Oliver, M. B., & Fonash, D. (2002). Race and crime in the news: Whites' identification and misidentification of violent and nonviolent criminal suspects. *Media Psychology*, 4, 137-156.

Oliver, M. B., Jackson II, R., Moses, N., & Dangerfield, C. (2004). The face of crime: Viewers' memory of race-related facial features of individuals pictured in the news. *Journal of Communication*, 54, 88-104.

Papper, B. (2005). *Running in place: Minorities and women in television see little change, while minorities fare worse in radio.* Communicator, July/August, 26-32.

Peffley, M., Shields, T., & Williams, B. (1996). The intersection of race and crime in television news stories: An experimental study. *Political Communication*, 13, 309-327.

Poindexter, P. M., & Stroman, C. (1981). Blacks and television: A review of the research literature. *Journal of Broadcasting*, 25, 103-122.

Power, J., Murphy, S., & Coover, G. (1996). Priming prejudice: How stereotypes and counter-stereotypes influence attribution of responsibility and credibility among ingroups and out-groups. *Human Communication Research*, 23, 36-58.

Price, V., & Tewksbury D. (1997). News values and public opinion: A theoretical account of media priming and framing. In G. Barnert & F. Boster(Eds.), *Progress in the communication sciences.* New York, NY: Ablex.

Radvansky, G. A., & Zacks, R. T. (1997). The retrieval of situation-specific information. In M. Conway(Ed.), *Cognitive models of memory* (pp. 173-213). Cambridge, MA: MIT Press.

Reid, S., Giles, H., & Harwood, J. (2005). A self-categorization perspective on communication and intergroup relations. In J. Harwood & H. Giles(Eds.), *Intergroup Communication.* New York: Peter Lang.

Ríos, D., & Gaines, S. (1999). Latino media use for cultural maintenance. *Journalism & Mass Communication Quarterly*, 75, 746-761.

Rivadeneyra, R., Ward, L. M., & Gordon, M. (2007). Distorted reflections: Media exposure and Latino adolescents' conception of self. *Media Psychology*, 9, 261-290.

Romer, D., Jamieson, K., & DeCoteau, N. (1998). The treatment of persons of color in local television news: Ethnic blame discourse or realistic group conflict. *Communication Research*, 25.

Roslow, P., & Nicholls, A. F. (1996). Targeting the Hispanic market: Comparative persuasion of TV commercials in Spanish and English. *Journal of Advertising Research*, 30, 66-77.

Shrum, L. J. (2002). Media consumption and perceptions of social reality : Effects and underlying processes. In J. Bryant & D. Zill Efn(Eds.), *Media effects: Advances in theory and research*(2nd ed.). Mahwah, NJ: Erlbaum.

Stanley, A. (2006, March 22). Same old Black and White in two series' take on race. *The New York Times*, p.5, section E.

Stilling, E. (1997). The electronic melting pot hypothesis: The cultivation of acculturation among Hispanics through television viewing. *The Howard Journal of Communication*, 8.

Stroman, C, Merritt, B., & Matabane, P. (1989-1990). Twenty years after Kerner: The portrayals of African Americans on prime-time television. *The Howard Journal of Communications*, 2.

Subervi-Velez, E., & Necochea, J. (1990). Television viewing and self-concept among Hispanic American children-A pilot study. *The Howard Journal of Communications*, 2.

Tan, A., Fujioka, Y., & Lucht, N. (1997). Native American stereotypes, TV portrayals, and personal contact. *Journalism & Mass Communication Quarterly*, 74.

Tan, A., Fujioka, Y., & Tan, G. (2000). Television use, stereotypes of African Americans and opinions on affirmative action: An effective model of policy reasoning. *Communication Monographs*, 67, 362-371.

Taylor, C., & Stern, B. (1997). Asian-Americans: Television advertising and the "Model Minority" stereotype. *Journal of Advertising*, 26, 47-60.

Univision Communications. (2005). Univision. Retrieved September 26, 2005, from http://www.univision.net

Valentino, N. A. (1999). Crime news and the priming of racial attitudes during evaluations of the president. *Public Opinion Quarterly*, 63, 293-320.

Verkuyten, M., & Brug, P. (2004). Multiculturalism and group status: The role of ethnic identification, group essentialism and protestant ethic. *European Journal of Social Psychology*, 34

Whittler, T. (1991). The effects of actors' race in commercial advertising: Review and extension. *Journal of Advertising*, 20, 54-60.

Wyer, R. S., & Radvansky, G. A. (1999). The comprehension and validation of social information.

Psychological Review, 106, 89-118.

Zuckerman, D., Singer, C, Singer, J. (1980). Children's television viewing, racial and sex role attitudes. *Journal of Applied Social Psychology*, 10, 281-294.

TV와 영화에서 묘사된 성역할 고정관념을 둘러싼 콘텐츠 패턴과 효과

스테이시 스미스(Stacy L. Smith, 캘리포니아 대학 산타바버라)
에이미 그라나도스(Amy D. Granados, 캘리포니아 대학 산타바버라)

미디어가 보여주는 성(性)역할 고정관념의 부정적 영향에 대해 사회운동가, 부모, 교육자들은 새롭게 주목한다(Invisible Women, 2007; Jane, 2005). "주류 TV, 영화, 책에 의해 전달되는 정형화된 성 메시지에 대해 페미니스트들이 문제를 제기한 지 30년이 넘었지만 아직까지 매우 전통적 역할의 틀 안에서 남성과 여성의 역할이 그려진다"(Mithers, 2001). 코헨(Cohen, 2006)은 TV프로그램이 "아직까지 아기와 어린아이들과 함께하는 엄마를 보여주며, 미국 출판물의 대부분에서도 여전히 청소하고 요리하는 여성을 보여준다"고 지적했다.

위에서 인용한 내용에서 두 가지 흥미로운 질문을 제기할 수 있다. ① 오늘날 역동적인 미디어 환경에서 남성과 여성이 어떻게 묘사되고 있는가? 그리고 ② 이러한 묘사는 수용자에게 어떠한 영향력을 행사하는가? 이 장의 목적은 이러한 질문들에 답하는 것이다. 이 장은 크게 3가지 주요 섹션으로 구분된다. 첫 번째 섹션에서는 영화와 TV에서 묘사된 성역할을 둘러싼 콘텐츠의 패턴들을 검토한다. 남성과 여성이 미디어 콘텐츠 안에서 어떻게 특징지어지는지를 살펴보는 것은 이러한 콘텐츠의 영향력을 이해하기 위한 첫 번째 단계이다. 두 번째 섹션에서는 정형화된 메커니즘(예를 들어, 사회인지이론, 젠더 스키마 이론 등)이 미디어의 성역할 사회화 효과를 설명하는 데 이용되었다는 점에 초점을 맞춘다. 또한 이 섹션에서는 미디어 노출-고정관념 형성 관계를 조절하거나 또는 중재하는 변인들을 살펴본다. 세 번째 섹션에서는 참여자로서 역할을 하는 젊은 층에 초점을 맞추어 효과를 진단한다. 여기서는 주로 경험적 연구로 활발히 진행된 고정관념 관련연구에 집중하여 정리했다(즉, 성 범주화, 직업, 로맨틱 관계, 신체적 외모 관심사 등).

1. 콘텐츠 유형

미디어 콘텐츠에서 나타나는 성역할 고정관념과 관련한 내용분석 연구는 매우 많다. 따라서 여기서는 두 가지 측면에 국한하여 정리한다. 첫째, 미디어에서 다루는 픽션영역을 중심으로 성역할을 진단한 연구를 정리한다(예를 들어 영화, TV, 광고). 특히 젊은 층 수용자 사이에 인기 있는 콘텐츠 추세를 진단하면서 살펴볼 것이다. 둘째, 여기서는 1990년 이후 출간된 연구에 집중하여 정리한다. 엔터테인먼트 산업의 역동성과 변화한 환경을 볼 때 이와 같은 정리가 적절하다고 판단했다.

1) 영화

성역할과 관련한 주장은 영화를 대상으로 한 많은 연구에 기초하여 제기되었다. 몇 가지 주장을 정리하면 다음과 같다. 첫째, 영화에서 성평등은 존재하지 않는다는 것이다(Lauzen & Dozier, 2005). 스미스 등(Smith, Granados, Choueiti, & Peiper, 2007)은 1990년에서 2006년 사이 북아메리카에서 상영되었던 G, PG, PG-13, 그리고 R등급의 최고 흥행영화(Nielsen EDI) 400편에 등장한 1만 5천 명이 넘는 인물을 분석했다. 그 결과 전체인물의 73%가 남성이었으며, 27%가 여성이었다. 이러한 남녀별 격차는 연도별로 다르지 않았으며 등급에 따라 그 비율에 약간의 차이가 발견되었다(G= 2.5 : 1, PG =2.6 : 1, PG-13 =2.8 1, R= 2.9 : 1). 이 결과를 보면 성별 불균형이 영화 속에서 적어도 16년간 존재했다는 것을 알 수 있다.

인물이 묘사되는 방식 역시 성별로 다르다

(Bazzini et al., 1997; Lauzen & Dozier, 2005; Markson & Taylor, 2000). 〈표 17-1〉은 연구결과들을 통해 알 수 있는 몇 가지 패턴을 정리한 것이다. 여성들은 그들의 상대가 되는 남성들보다 더 전통적(예를 들어, 누군가를 돌보는 사람, 합리적 동반자)일 뿐만 아니라 더 어리게 묘사된 경향이 나타난다. 외모가 남성보다는 여성에게 더 중요하다는 차별적 성향을 일관되게 발견할 수 있다(Bazzini et al., 1997). 사실 영화 속의 여성들은 눈요깃거리로 다루어진다는 점을 알 수 있다(〈표 17-1〉). 심지어 여성들은 옷을 걸치지 않고 가슴이 크며 허리가 지나치게 가늘게 묘사되는 경우가 많다.

아마도 가장 놀라운 결과는 성욕과잉(hyper-sexuality) 상태가 등급에 따라 다르다는 것이다. 특히 G등급 영화에서 여성의 성적 문제는 가장 심각하다(Herbozo, Tantleff-Dunn, GoKee-Larose, & Thompson, 2004). 일반 관람 가능 영화 속에 등장하는 여성인물들은 PG, PG-13, 또는 R등급에 등장하는 여성인물보다 어리거나 비현실적인 허리와 대단히 큰 가슴, 불가능한 S라인 몸매를 보여준다. 일반 관람 가능한 영화 속의 여성은 희생양이거나 배회하고 돌아다니는 인물로 묘사되는 경향이 있다.

이러한 경향성을 진단하기 위해 필자 등(Smith, Pieper, Granados, & Choueiti, 2005)은 10대 소녀 여주인공이 등장하는 10개의 G등급 흥행영화의 내용을 분석했다. 특히 연구에서는 "전형적" 인물의 등장빈도와 공통주제에 관심을 가지고 내용을 진단했다. 연구결과를 보면 이야기 전개에서 독창성이 부족한 점을 발견할 수 있다(〈표 17-2〉). 대부분의 경우 성욕과잉의 젊은 주인공은 나이 많고 권력이 있는 지배자에 대

〈표 17-1〉 미디어에서 묘사되는 인구구성학적 특성, 성과 관련한 변인

변인	영화	
	남성	여성
인구구성학적 특성		
% 21세 이하	11.%a (n=1,301)	17.9%b (n=735)
% 21세 초과 64세 미만	81.8%b (n=8,974)	75.6%a (n=3,103)
% 65세 이하	6.4% (n=698)	6.5% (n=265)
% 부모	40.4%a (n=590)	52.2%b (n=515)
% 헌신적인 관계	47.4%a (n=733)	59.9%b (n=632)
성과 관련한 변인		
% 성적으로 드러나는 옷을 입는 것	3.9%a ((n=390)	21.3%b (n=814)
% 가는 허리	8.0%a (n=716)	24.7%b (n=848)
% 큰 가슴	14.8% (n=1,428)	15.2% (n=556)
% 비현실적인 이상형	3.4%a (n=321)	10.6%b (n=382)
변인	어린이 프로그램	
인구구성학적 특성		
% 어린이	47.7%a (n=4,362)	58.7%b (n=3,200)
% 어른	52.3%b (n=4,775)	41.3%a (n=2,256)
% 부모	61.9%a (n=672)	71.9%b (n=683)
% 헌신적인 관계	57.8%a ((n=559)	67.9%b (n=532)
성과 관련한 변인		
% 성적으로 드러나는 옷을 입는 것	5.4%a (n=325)	20.7%b (n=826)
% 부분적으로 누드 노출	8.4%a (n=503)	18.8%b (n=739)
% 가는 허리	14.4%a (n=850)	25.6%b (n=994)
% 큰 가슴	11.7% (n=701)	8.4% (n=332)
% 비현실적인 이상형	8.8%a (n=527)	13.9%b (n=550)

영화는 미국에서 1990년 1월부터 2006년 9월 사이에 개봉한 픽션 장르 영화 흥행작 400편을 표본으로 선정했다. TV는 무작위로 1,034개의(534시간) 어린이 대상 프로그램을 표본으로 선정했다. 67개의 프로그램은(34시간) 네트워크 채널, 95개(53.5 시간)는 공영방송 채널, 그리고 873개(446.5시간)는 케이블에서 방송되었다.

항하는 "선량한 처녀(*virgin*)"로 묘사되었다. 선량한 처녀는 종종 이상한 남자친구나 다양한 동물로 구성된 비현실적 또래집단이 있었다. 사랑과 첫눈에 반하는 에로스는 이야기 구성의 중요한 요소였다(Tanner, Haddock, Zimmerman, & Lund, 2003). 하지만 선량한 처녀가 파격적인 변신을 할 때 사랑이 이루어지는 특징이 있다. 여주인공은 때로 나쁜 남자나 그녀를 포획한 사람에게 사랑에 빠지는데 이는 어린이 영화 속에서 스톡홀름 신드롬에 빠지는 사례(예를 들어,

미녀와 야수)에서 발견할 수 있다.

영화 속의 성별구성은 불균형을 이룬다. 등장하는 여성은 대개 젊었으며, 집안일을 하거나 성적 측면이 강조된 부분에 여성역할의 범위가 제한된다. 미디어의 영향력에 가장 취약한 아동들에게 잠재적으로 로맨스와 외모에 대한 비현실적 신념과 규범을 계발시킬 수 있기 때문에 (Levine & Harrison, 이 책의 제 22장) 일반관람 영화에서 성과 관련한 사항을 다루는 방향에는 분명히 문제가 있다.

〈표 17-2〉 젊은 여자 주인공이 출연하는 G등급 영화의 인물묘사

구분	정의
착한 처녀	평범한 삶 이상을 추구하는 젊고 순진한 여자 주인공. 성적으로 매력적인(예를 들어, 아리엘, 아나스타샤).
마녀 여왕	착한 처녀를 파멸시키기 원하는 우두머리. 마녀 여왕은 혐오감을 불러일으킨다(예를 들어, 우르슐라. 계모).
사악한 지배자	착한 처녀에 의해 위협 받는 권력을 유지하려는 자(예를 들어, 라스푸틴).
매력적인 왕자	착한 처녀 잘생긴 사랑 대상(예를 들어, 에릭, 필립). 그들의 사랑은 이야기 구조상 문제를 담고 있다.
나쁜 남자	착한 처녀의 명성을 위협하는 잘생긴 구혼자(예를 들어, 야수, 존 스미스, 니콜라스).
엄마 역할	착한 처녀를 돕기 위해 지혜와 마법의 힘을 제공한다(예를 들어, 마더 윌로우).
아빠 역할	실수를 많이 하는 시원치 않음 아빠(예를 들어, 모리스) 과잉보호/지배하는(즉, 트리톤 왕) 아빠
남자 친구	착한 처녀는 보통 이상한 특성을 지닌 남자 친구가 있다 (예를 들어, 난쟁이). 동물을 포함.
주제	**정의**
욕망 추구	주인공은 더 바라는 것에 대해 진술하거나 노래한다. 더 원하는 것은 로맨스, 모험 또는 단순한 배경의 변화 등임.
첫 눈에 반하는 사랑	인물들은 거의 애정의 대상을 알지 못한다. 종종, 그들은 관계를 지키기 위해 큰 위험도 기꺼이 감수한다.
비현실적인 동료	주인공은 항상 남성으로 그려지는 동물이나 창조물의 도움을 받는다.
파격적 변신	주인공의 신체적 외모는 보잘 것 없는 것에서 멋진 것으로 파격적으로 변한다.
여성의 희생	여성은 가능한 결과에 비추어 볼 때 근거 없는 목적을 위해 재능과 소망을 포기하고 위험을 감수한다.

질적 평가를 위해 10개 영화를 선정했다(Smith et al., 2005): 백설공주와 일곱 난쟁이, 오즈의 마법사, 인어공주, 미녀와 야수, 포카혼타스, 뮬란, 아나스타샤, 프린세스 다이어리, 프린세스 다이어리2, 신데렐라가 분석에 포함되었다.

2) TV

역사적으로 볼 때 TV에서 묘사되는 성역할에 대한 내용분석은 하루의 특정시간대나 특정장르에 집중되었다. 대부분의 프로그램은 황금시간대에 방영된 것이었고 어린이를 대상으로 한 것이었다. 다음에서는 이러한 두 가지 특성을 가진 프로그램에서의 성역할을 정리한다. 추가적으로 시청자에 미치는 효과를 진단한 연구 가운데 광고 속의 성역할에 대한 문제도 다룬다.

(1) 프라임타임

TV 황금시간대에 묘사되는 성역할은 영화 콘텐츠에서 발견할 수 있는 것과 매우 유사하다. 여성이 현실보다 과소 표집되어 등장하는데, 대사가 있는 배역의 34%에서 40% 사이 정도가 여성이다. 20년에 걸친 문화계발 효과연구를 통해 거브너(Gerbner, 1997)는 TV 등장인물의 31.5%가 여성이라는 점을 지적했다. 거브너의 연구결과를 보면 여성의 등장비율은 지속적으로 증가했다. 또한 인구구성학적으로 볼 때 황금시간대에 등장하는 여성은 남성보다 연령이 낮았으며, 기혼이거나 부모일 가능성이 높다.

황금시간대 등장인물의 직업 역시 성별로 차이가 있다. 남성은 여성보다 더 확실한 직업을 가지고 실제 일하는 것으로 묘사된 경향이 있다. 라우젠과 도지어(Lauzen & Dozier, 2004)는 남성이 여성보다 리더십과 권력을 가진 지위에 있으면서 확실한 목표를 가진 것으로 묘사된다는 점을 지적한다. 시뇨리엘리와 칼렌버그(Signorielli & Kahlenberg, 2001)는 전문직, 화이트칼라 직종의 경우 여성과 남성의 비율이 비슷하게 그려짐을 발견했다. 미국의 노동 통계자료와 비교할 때 전문직은 TV에서 지나치게 많이 등장하기도 한다.

많은 연구자들은 근무환경을 살펴보기도 했다. 그라우어홀츠와 킹(Grauerholz & King, 1997)은 3대 네트워크 프로그램에 나타나는 성희롱 문제를 진단했다. 프로그램당 평균 3.4건의 성희롱이 묘사되었고 프로그램 전체 84%에서 적어도 한 번 이상 성희롱 사례가 나타났다. 가해자는 압도적으로 남성(73.9%)이 많았으며, 피해자는 대부분 가해자의 또래 혹은 부하 여성이었다. 대략적으로 이러한 행위의 3분의 1 정도는 성차별적 언급이 포함되었다. 또한 행위의 13%는 부적절한 몸짓언어와 관련되었으며, 행위의 11.7%는 신체적 접근 또는 성관계 제안 등이 포함되었다.

일련의 연구에서는 언어 이용패턴을 살펴보았는데, 자오와 간츠(Zhao & Gantz, 2003)는 성별에 따라 대화를 방해하는 것이 어떻게 다른지를 진단했다. 코딩된 435개의 언어적인 방해사례 중에 56%가 남성에 의해, 43%가 여성의 의해 시작되었다. 남성(81%)은 여성에 비해 대화에 지장을 주는 방해를 할 가능성이 높았다. 또한 남성은 여성에 비해 협력적 관계를 위해 언어적 방해를 하는 빈도가 낮았다(각각 19% 대 32%). 하지만 여성이 남성보다 적대적이거나 부정적인 언어를 사용하는 경향이 있으며(Glascock, 2001), 남성이 대본을 쓴 프로그램에서는 언어적으로 볼 때 경쟁력이 있는 것으로 그려진다는 점도 보고되었다(Lauzen, Dozier, & Cleveland, 2006).

행동 부분에서 나타나는 성별 차이 역시 관심사이다. 글래스콕(Glascock, 2001)은 다양한 역할이 개입된 행위를 진단했는데, 폭력 연구결과

(Gerbner, 1997) 와 유사하게 남성이 여성보다 공격적이고 위협적으로 묘사된다는 점을 보여준다 (코미디 시리즈는 예외). 하지만 시트콤 장르에서는 여성은 남성보다 다정하고, 부정적인 지적을 하며, 적대적 발언을 사용하지만 다른 사람에 관심을 갖는 경향이 발견되었다.

(2) 어린이 프로그램

어린이들을 위해 만들어진 TV콘텐츠를 대상으로 등장인물의 성별 균형을 진단한 연구가 진행되었다. 11개 방송사와 지방 케이블 방송사에서 방영된 1,034개 어린이 프로그램 등장인물의 성역할을 진단한 스미스 등(Smith, Granados, Choueiti, Peiper, & Lee, 2006) 은 등장인물(총 5,655명) 의 63.2%가 남성이며, 36.8%가 여성이라는 것을 보고했다. 여성 1명을 기준으로 남성이 1.72배 정도 많이 등장하는 것으로 이는 이전 연구결과와 유사하다. 남녀 출연비율은 프로그램 성격이나 등급에 따라 약간 차이가 있었는데, TVG 등급 프로그램(55.3%, 남성) 의 경우 TVY 등급(64.5%, 남성) 이나 TVY7 등급(64.8%, 남성) 보다 성별비율이 균형을 이루는 경향이 발견되었다. 액션 프로그램(55.3%, 남성) 의 경우 애니메이션 프로그램(65%, 남성) 보다 성 평등을 묘사하는 장면이 더 많이 등장했다.

어린이 프로그램 등장인물의 특징에 대한 분석 역시 진행되었다. TV 황금시간대 및 영화 콘텐츠 분석 결과와 유사하게 인구구성학적 속성과 성욕 과잉 측면에서 볼 때 성별 차이가 발견되었다(〈표 17-1〉 참조). 스미스 등(Smith et al., 2006) 의 연구를 보면 주연과 조연의 약 3분의 1(31.7%) 이 직업이 있는 것으로 나타났는데, 남성이 여성보다 그 비율이 더 높았다

(Smith et al., 2006). 또한 상대적으로 볼 때 남성은 블루칼라 직업에 종사하고, 여성은 전문직업을 가진 것으로 묘사되는 차이가 발견되었다. 제임스 등(James et al., 1994) 은 〈세사미 스트리트〉15개 에피소드 분석을 통해, 남성과 여성에게 정형화된 직업이 그렇지 않은 직업군과 비교하면 10배 이상 자주 등장함을 발견했다.

학자들은 어린이 프로그램 등장인물의 인성, 사회적 행동에서 성별 차이를 살펴보았는데 다양한 장르의 프로그램을 대상으로 하여 서로 다른 측정을 이용하기 때문에 이를 통해 일반화하기는 쉽지 않다. 하지만 지속적으로 나타나는 패턴을 보면 여성은 아이들을 양육하고, 다정다감한 것으로 묘사된 반면, 남성은 공격적이고, 허풍쟁이며, 지배적인 리더로 나타나는 경향이 있다. 전반적으로 볼 때, TV프로그램과 영화 제작자들은 수용자들에게 성과 관련하여 유사한 메시지를 전달한다. 상대적으로 비교하면 어린이를 대상으로 하는 프로그램에서 성별 차이가 균형을 이루는 것으로 보인다. 하지만 아이들이 시청하는 콘텐츠에서도 여성의 성적 측면을 과장하여 잠재적으로 어린 시청자들의 사회화 과정에 부정적 환경을 제공한다.

(3) 광고

광고에 등장하는 인물의 약 45%에서 49.5%가 여성이다(Caltrane & Messineo 2000; Ganagl, Prinsen, & Netzley, 2003). 몇몇 연구에서는 황금시간대(Craig, 1992) 와 어린이 프로그램 편성(Larson, 2001) 의 경우 여성과 남성의 등장비율이 비슷하다는 점을 보고했다. 하지만 황금시간대나 낮방송 시간대의 광고에서는 여성의 등장비율이 상대적으로 높다(Bartsch, Burnett, Diller,

& Rankin-Williams, 2000; Carig, 1992). 인기 프로그램을 시청하는 구매력 있는 시청자들의 절반은 여성이라는 점을 광고인들은 인식하고 광고를 기획한다.

비록 광고에 등장하는 비율 면에서는 성별 균형을 이루었을지는 모르지만, 아직까지 광고 콘텐츠 안에서 성과 관련한 문제는 고정화되어 묘사되는 실정이다. 연령층에 상관없이 여성은 직업이 없으며(Stern & Mastro, 2004) 가정에 안주하는 것으로 묘사되는 경향이 있다(Bartsch et al., 2000; Ganahl et al., 2003). 집안의 잡일은 항상 남성보다는 여성이 담당한다(Kaufman, 1999; Scharrer, Kim, Lin, & Liu, 2006). 광고에서도 여성은 남성보다 부모나 주변파트너로 묘사되는 경우가 많다.

반면 남성은 여성보다 전문가로 묘사되는 경향이 있다. 특히 35세 이하의 남성일 때 직업과 관련된 일을 하는 장면이 주로 나오며 대부분의 활동은 야외에서 하는 것으로 그려진다(Craig, 1992; Stern & Mastro, 2004). 또한 남성은 자동차 부품, 전자기기 등 가사일과 상관없는 제품광고에 주로 등장한다(Ganahl et al., 2003). 가사일을 하는 남성의 절반가량은 그들이 하는 잡일을 유머를 통해 폄하하는 경향이 있으며(Scharrer et al., 2006), 이는 잠재적으로 특정한 집안일만이 남성에게 어울린다는 성별로 유형화된 규범을 강화시킨다.

전통적인 성별역할은 광고에 등장하는 여성의 성적 특징에 의해 더욱 강화된다. 여성은 남성보다 더 어리고(Ganahl et al., 2003; Stern & Mastro, 2004), 더 매력적이며, 도발적인 의상을 입을 가능성이 높다. 남성의 경우 2%에 불과한 것과 비교했을 때 젊은 여성의 25%가 광고 안에서 매혹적 행동을 보여준다. 비록 광고에 등장하는 비율 면에서는 균형을 이루지만, 남성과 여성이 광고 콘텐츠 안에서 그려지는 방식은 황금시간대나 어린이 프로그램과 매우 유사하다.

전반적으로 볼 때 대부분의 미디어 속에서 성별 균형은 아직까지 이루어지지 않았다. 남성은 TV나 영화 속 가상이야기에 적합하게 묘사된다(비록 광고는 성별 균형을 맞추는 경향이 있지만). 이야기 속에서 그려지는 모습은 성별에 따라 차이가 있다. 연령에 관계없이 미디어 콘텐츠의 소비자들은 다양한 미디어에서 21세기를 살아가는 여성의 중요도, 외모, 직업적 열망, 인성, 생활 경험 등과 관련하여 일차원적 스토리텔링을 접한다.

2. 이론적 메커니즘

여성에 대한 미디어의 전통적 묘사, 성욕 과잉된 묘사가 시청자의 성역할 고정관념에 미치는 영향력을 설명하고 예측하는 데 몇 가지 이론을 활용할 수 있다. 대부분의 연구들은 성역할 사회화에 부정적 영향을 주는 미디어 콘텐츠를 우려하면서 분석대상으로 아동에 초점을 맞춘다. 우리가 검토하는 두 가지 중요한 이론적 메커니즘은 사회인지이론과 젠더스키마이론이다.

1) 사회인지이론

반듀라(Bandura, 1986)는 아동들이 성별로 유형화된 행동을 직접 경험하거나 관찰을 통한 학습으로 알게 된다고 주장한다. 이러한 학습은 직접적인 경험이나 매개를 통해 일어난다. 관찰을 통한 학습은 4가지 하위과정을 통해 발생한다. 첫 번째 과정은 주목이다. 신체적 매력과 같은 속성이 관찰자의 주목을 이끌어 낼 수 있다. 일반인들이 시청하는 콘텐츠에 등장하는 여성은 성적 매력으로 사람들의 눈길을 끈다. 디즈니사는 2003년 "공주" 상품 판매를 통해 13억 달러의 매출을 올리면서(Strauss, 2004) 연령대에 상관없이 여성의 주목을 받았다.

매력은 또한 성별, 인종, 사회계급과 같은 인구구성학적 속성과 연관 있다. 동질성 지각개념에 기초해서 볼 때, 동성의 등장인물은 어린이 시청자의 성역할 사회화에 매우 매력적인 역할모델이 된다. 이러한 효과가 여자아이들보다는 남자아이들에게 더 강하게 나타난다는 것을 일부 연구에서 보여주기는 하지만, 자신이 좋아하는 동성의 등장인물을 선택해 그들과 자신을 동일시하고, 그 인물에 대해 호감을 갖는다는 점을 다수의 연구에서 발견할 수 있다(Hoffner & Buchanan, 2005; Jose & Brewer, 1984). 남녀 아동의 차이는 ① TV에서 묘사되는 성역할의 불균형 또는 ② 여성 같은 행동을 하는 남자아이보다 남성 같은 행동을 하는 여자아이를 상대적으로 평범하게 인식하는 사회 분위기에 기인한다고 할 수 있다.

하지만 시청자들이 실제로 이성 등장인물보다 동성 등장인물에 주목하는지는 생각해 볼 부분이다. 실험상황이나 자연스런 일상상황을 배경으로 한 연구결과를 보면 아동들이 동성의 등장인물에 특별히 더 주목하는 것 같지는 않다.

반듀라(Bandura, 1986)는 등장인물의 성별 여부에 따른 주목과 학습을 살펴보는 것은 충분하지 않다고 지적하며, "모델에게 배운 행동이 성별로 유형화될 때, 행동의 성별 적합성이 모델의 성별 자체보다 아동들의 행동에 더 큰 영향력을 행사한다"고 주장한다. 스프라프킨과 리버트(Sprafkin & Liebert, 1978)는 초등학교 1, 2학년생들을 대상으로 한 연구에서 아동들이 성별로 유형화된 행동을 하는 동성의 등장인물에 더 주목한다는 점을 발견했다. 이러한 논리에 따르면, 미디어 등장인물의 성별과 이들이 성별로 정형화된 행동을 하는 것 두 가지가 독립적으로 또는 상호작용적으로 시청자의 주목에 영향을 미칠 수 있다.

두 번째 과정은 기억(retention)이다. 성역할에 대한 학습을 위해 시청자들은 등장인물의 행동을 부호화해야만 한다. 기억은 부호화된 정보의 인지적 예행연습을 통해 촉진될 수 있다. 정형화된 매스미디어 콘텐츠의 반복적 노출은 인지적 예행연습 형태로 기능할 수 있으며, 이는 기억 속의 성별로 유형화된 각본을 강화한다. 따라서 TV를 많이 시청하는 것은 성역할 고정관념을 가져오게 된다는 것이다(Herrett-Skjellum & Allen, 1995; Oppliger, 2007).

세 번째 과정은 생산이다. 행동을 재현하기 위해서는 상징적 개념을 행동과정으로 전환시키는 것이 필요하다. 이와 같이 생산은 조정과 통합 능력에 따라 좌우된다.

마지막 하위과정은 동기이다. 동기는 미디어에 등장하는 모델에 가해지는 사회적 보상과 처벌에 따라 영향받는다. 연구결과를 보면 아이들은 보상받거나 처벌받지 않는 폭력적 캐릭터를 모방할 가능성이 높다는 것을 발견할 수 있다. 아이들은 미디어에 등장하는 인물에게 가해지는 결과를 시청함으로써 "적절한" 성별 유형화된 행동을 배울 가능성이 높다.

이러한 4가지 조건이 모두 만족될 때 미디어

에서 모방이 발생할 수 있다는 점을 사회인지이론은 제시한다. 동성의 미디어 모델이 성별로 유형화된 행동을 하여 보상받는 것을 아이들이 보았을 때 성별로 정형화된 태도를 학습하게 된다는 것이다.

2) 젠더 스키마 이론

성역할 사회화에 미치는 미디어 콘텐츠 효과를 설명하는 또 다른 이론은 젠더 스키마 이론이다. 스키마는 "속성과 속성 간의 관계를 포함하는 자극개념이나 유형에 관한 지식을 나타내는 인지구조"로 정의할 수 있다(Fiske & Taylor, 1991). 아이들은 모든 유형의 개념, 심지어 성에 관한 스키마가 있다. 우리는 이러한 스키마를 활용하여 남성과 여성에 대한 현실세계의 정보와 매개된 정보를 인지적으로 처리한다.

이러한 관점에서 볼 때, 젠더에 대한 개념은 어렸을 때부터 현저하게 인식될 수 있기 때문에 한 개인의 성 고정관념에 대한 이해는 유년기부터 매우 중요하다. 아이들은 자신의 성별과 동일한 젠더 개념을 더 정교화하는 경향이 있기는 하지만 남성과 여성에 대한 스키마를 함께 형성한다. 여자아이들은 남자아이들보다 성별 유형화의 정도가 낮은 경향이 있으며, 따라서 고정화된 행동과 반하는 행동을 수용하는 데 상대적으로 유연하다. 여성은 상대적으로 유연한 젠더 스키마를 가지고 있는데, 이는 여성이 남성적 행동을 하는 것이 남성이 여성적 행동을 하는 것보다 사회적 비난의 위험에서 상대적으로 자유롭기 때문일 수 있다(Calvert, 1999).

스키마가 형성되어 가면서 정보는 특정인의 성별에 적절한지에 따라 판단된다. 일단 스키마가 형성되면, 아이들은 이에 적절한 콘텐츠를 찾게 된다. 마틴과 헬버슨(Martin & Halverson, 1981)은 "동성모델을 관찰함으로서, 아이들은 집단구성원이 무엇을 해야 할지를 배우고, 그렇게 함으로써 성 적합성이 무엇인지 학습한다. 그리고 이성모델을 관찰함으로서, 아이들은 집단구성원이 무엇을 하지 말아야 할지에 대해 배우고, 그렇게 함으로써 성적으로 적합하지 않은 것이 무엇인지를 학습한다"고 지적했다.

어린이들은 스키마와 일치하는 묘사를 지속적으로 제공하는 TV를 시청하게 된다. 여성과 남성의 성역할에 대한 전통적 묘사를 하는 TV를 시청함으로써 어린아이들은 성별로 고정관념화된 스키마를 발달시키게 된다. 성인들은 이러한 TV 콘텐츠를 접합으로써 이미 가진 스키마를 활성화시키거나 강화하게 되고, 남성성과 여성성에 대한 고정화된 생각과 태도를 강화하게 된다.

시청자들이 고정관념과 상반되는 정보에 노출되었을 때, 젠더 스키마 이론에 기초해서 보면 이러한 콘텐츠가 왜곡되거나 무시될 가능성이 높다(Calvert, 1999). 지금까지 수행된 연구 결과들은 이러한 가능성을 보여준다. 드래브만 등(Drabman et al., 1981)은 소아과 병원에서 여자 의사와 남자 간호사와 함께 있는 아이의 비디오를 유치원생과 초등학생들에게 보여주었다. 그리고 아이들에게 비디오에 나온 의사와 간호사의 신원을 제시하게 했다. 이러한 실험 결과, 많은 아이들이 의사에는 남자이름을, 간호사에는 여자이름을 지적했다. 반복실험에서도 같은 결과를 발견할 수 있었다. 흥미로운 점도 추가로 발견되었는데, 아이들의 엄마가 직업이 있거나 아이들이 남성 간호사를 만났던 경험이 있을 때는 의사와 간호사의 성별과 이름을 정확히 맞추는 비율이 그렇지 않은 경우보다 더 높았다.

젠더 스키마를 가장 현저하게 가진 사람들은 고정화된 성역할 콘텐츠를 시청함으로써 이와 같은 스키마를 형성하게 된다. 리스트 등(List, Collins, & Westby, 1983)은 성별로 유형화된 스키마를 가진 어린이들이 그들 자신의 성별과 일치하는 정보를 더 잘 기억해 낸다는 점을 발견했다.

종합하면 젠더 스키마 관점은 어린이들이 미디어 콘텐츠를 인지적으로 처리하는 데 성별이 중요한 정보조직의 도구라는 점을 암시한다. 스키마는 어린이들이 매스미디어 콘텐츠에 반응하는 것에 영향을 줄 뿐만 아니라 또한 이들의 정신적인 활동이 시청과정에서 변화하게 만든다. 젠더 스키마 관점 또는 사회인지 이론에 입각해서 볼 때, 아이들의 정보 처리 과정에 미치는 성역할 묘사의 노출 효과는 다음에서 다룰 중재변인들에 의해 영향을 받을 수 있다.

3) 중재변인

시청자의 특성과 시청환경이 미디어의 성역할 묘사의 효과를 중재하거나 조절할 수 있다. 그 첫 번째는 메시지의 본질이다. 남성과 여성은 미디어에서 다양한 방식으로 그려질 수 있다. 관찰, 서베이, 현장 연구결과를 종합하면, 등장인물이 정형화된 역할과 반하는 행동을 보일 때 성별 유형화 효과는 감소하는 것으로 나타난다. 스키마와 모순되는 정보를 잘 받아들이지 않는다는 점을 생각하면, 위와 같은 효과는 반복적 노출과 미디어에 의해 매개된 행위가 성별로 유형화된 규범으로부터 얼마만큼 벗어나 있는지의 정도에 의존하여 발생한다고 할 수 있다.

두 번째는 시청자 연령과 인지발달 수준이다.

이는 연령별로 미디어에서 성역할에 대해 학습하는 것과 관련 있다. 콜버그(Kohlberg, 1966)는 성별과 관련한 어린이의 인지적 조직화는 유년기에 변화한다는 것을 지적했다. 첫 단계에서 아이들은 자신이 소년인지 소녀인지를 구분하는 것을 배운다. 이 단계는 일반적으로 3세 정도에 발생한다(Huston, 1983; Calvert, 1999). 유치원과 초등학교 저학년 기간 사이에 대부분의 아이들은 시공간에 상관없이 그들의 성(性)이 변하지 않는다는 것을 이해하게 된다. 이러한 발달단계를 거치고 나서 아이들은 자신의 성별에 "적절"하게 행동하도록 노력하며, "부적절한" 행동은 피하게 되는 것이다.

이와 같은 발달과정은 미디어 효과 발생에 시사하는 바가 있다. 아이들이 성 불변성을 인지한 후 동성 등장인물에 더 주목하고, 모방하며, 또한 학습하는 것이 증가한다는 점을 이러한 발달 관점을 기초로 기대할 수 있다. 남자아이들의 경우 특히 이와 같은 주목효과가 커지고 있음을 발견할 수 있다. 하지만 성 불변성을 인지하는 단계와는 상관없이 2세에서 5세 사이의 어린이들이 성별과 특별히 관련 없는 행동을 할 때도 동성의 등장인물의 행동을 모방하는 경향이 있다는 점도 보고되었다.

아이들의 콘텐츠 개념을 처리하는 능력 역시 성역할이 고정화된 미디어 묘사를 보고 반응하는 데 영향을 미칠 수 있다. 범주화 연구에서는 상대적으로 어린아이들이 지각한 특성에 기초하여 사물을 분류하는 경향이 있다는 점을 보여준다. 초등학교 중반에 들어서는 어린이들이 개념의 속성에 기초하여 사물을 그룹화하기 시작한다.

지각에 의존하기보다 개념에 의존하면서 아이들이 미디어의 내용에 주목하고 학습하는 성역할의 유형 역시 변화하게 된다. 나이가 어린아이들은 미디어 등장인물의 신체적 용모(즉, 옷, 외모)와 명백한 행동(즉, 잡일, 소꿉장난)과 같은 성의 외적 측면에 더 주목할 가능성이 높다. 한편 조금 더 성장한 어린이들은 상대적으로 성역할과 관련하여 등장인물의 특징적 성격(예를 들어, 독단성, 역량, 리더십)이나 언어적 정보(예를 들어, 데이트 시의 언어, 성차별적 언어)와 같은 추상적 요인에 주목할 가능성이 높다.

시청자의 성별 역시 특정미디어 콘텐츠 선택과 선호와 관련 있다(Oliver, 2000). 사회인지이론은 어린이들이 일상적인 환경 속에서 역할모델(예를 들어, 형제자매, 동료, 부모)의 선택을 관찰함으로써 성별로 유형화된 미디어 선택을 학습한다고 제안한다. 젠더 스키마 이론은 어린이들이 자신의 성별과 관련한 개념화와 일치하는 프로그램을 찾아서 시청한다는 점을 암시한다. 실제로, 남성과 여성이 자주 보는 미디어 프로그램에 차이가 있다는 연구결과가 보고되었다(Hoffner & Levine, 2007). 유치원과 초등학교 부모 인터뷰 연구를 진행한 캔터와 네이선슨(Cantor & Nathanson, 1997)은 남자아이들이 여자아이들보다 액션 만화(예; 닌자거북이)와 라이브 액션쇼(예; 파워레인저) 등 폭력이 묘사되는 두 가지 유형의 프로그램에서 더 흥미를 가진다는 것을 발견했다. 독서습관에도 차이가 있다. 2~4세의 여자아이들은 자라면서 로맨틱 이야기에 빠지게 되는 반면 폭력이 개입된 이야기는 관심을 갖지 않는다는 연구결과도 있다(Collins-Standley, Gan, Yu, & Zillmann, 1996). 반면 남자아이들에게는 이와는 반대되는 패턴이 발견된다. 하지만 아직까지 연령에 따라 특정한 경향이 있는지는 명확하게 설명하기는 쉽지 않다. 성별에 따른 미디어 선호의 차이는 유년기부터 찾아 볼 수 있다. '소년'을 대상으로 한 내용인지, '소녀'를 대상으로 한 내용인지에 따라 아이들의 특정 프로그램에 대한 관심과 느끼는 즐거움에도 차이가 발생한다(Oliver & Green, 2001).

부모 역시 미디어가 어린이들에게 미치는 성역할 고정관념의 효과발생에 중요한 역할을 한다. 보호자의 미디어 선택과 프로그램에 대한 해설을 통해 남성과 여성에게 적합한 미디어 콘텐츠가 무엇인지에 대한 규범과 신념을 가르치게 된다. 부모의 중재역할이 폭력 콘텐츠와 광고에 대한 아이들의 반응에 영향을 줄 수 있다는 연구결과는 지속적으로 발표되었다(Buijzen & Valkenburg, 2005; Nathanson & Yang, 2003). 미디어가 발생시키는 성역할 고정관념 효과를 줄일 수 있는 문제는 연구자들의 관심사이기도 하다. 네이선슨 등(Nathanson, Wilson, McGee, & Sebastian, 2002)은 실험연구를 통해 어린이들의 성 고정관념에 미치는 중재효과를 진단했다. 어린이들은 전형적이라고 이야기하는 여성적 태도(예를 들어, 캠핑에 대해 부정적으로 표현하는)나 행동(예를 들어, 얼굴 화장)이기도 하는 동영상을 실험상황에서 시청했다. 시청하는 동안, 어린이들은 고정관념과 반대되는 중재전략(즉, "이 프로그램은 잘못된 것이다. 많은 여자아이들이 캠핑을 좋아한다"), 중립적 정보(즉, 친절한 해설) 또는 정보가 없는(통제) 3가지 상황에 배정되었다. 유치원에서 초등학교 2학년까지의 어린이들에게 중재효과가 발생했는데, 전통적인 남성의 행동을 여성이 하는 것을 수용하는 정도가 중재를 통해 더 높게 나타났다. 이러한 발견을 놓고 볼 때 프로그램에서 묘사되는 것과 반대되는 부모의 해설이 어린이들의 성역할 스키마를 변화시킬 수 있다는 점을 생각해 볼 수 있다. 하지만 이와 같은 중재효과에 대해서는 그 타당성 진단을 위해 추가 연구가 필요하다.

3. 성역할 고정관념의 효과

앞서 지적했지만 영화와 TV에서 제공하는 콘텐츠는 여성의 성에 대해 전통적이고 성욕 과잉된 묘사로 가득 차 있다. 이러한 묘사는 어린이와 어른 모두에게 다양한 영향력을 행사할 가능성이 있다.

1) 성 유형화

TV는 시청자의 인성과 행동의 성 유형화를 발생시킨다. 성 유형화는 보통 심리학적 특성(즉, 다정한/열정적인 vs. 야망 있는/공격적인) 또는 남성과 여성의 사회적 역할과 관련된 행동 등에 초점을 맞추는 방식으로 개념화된다. 비록 예외가 있기는 하지만, 중시청자들은 경시청자들보다 성 유형화된 개인적 특성이 더 있다. 이는 스키마 처리관점과 일치하는 결과이기도 하다. 로스 등(Ross et al., 1982)은 전통적인 TV 콘텐츠를 많이 시청하는 수용자들에게서 이러한 경향성을 발견했다.

등장인물이 보여주는(전통적 vs. 비전통적) 역할 역시 성 유형화에 영향을 줄 수 있다. 데이비슨 등(Davidson, Yasuna & Tower, 1979)은 유치원 연령의 남자아이들이 전통적 성역할과 반대로 유형화된 만화(즉, 여성이 운동을 매우 잘하는 것)를 시청하는 것이 중립적이거나(즉, 10대들이 미스터리를 해결하는 것) 또는 매우 유형화된 만

화(즉, 소녀들이 질투하고, 야외활동에 대한 관심이 부족한 것)를 시청하는 것과 비교하면 상대적으로 성 유형화의 정도를 낮출 수 있다는 점을 발견했다. 이와 유사한 메시지 효과가 성인 여성, 초등학생, 사춘기 학생들을 대상으로 한 연구에서도 발견되었다. 실험 연구결과는 등장인물의 비전통적 성역할을 미디어가 제공함으로써 시청자의 고정관념을 줄일 수 있다는 것을 보여준다.

연구자들은 여성의 역할에 대한 고정관념의 속성에 주목하기도 했다. 연구자들은 인성의 특성(예를 들어, 남자는 더 성공적이다), 사회적 행동(예를 들어, 욕설은 남자아이보다 여자아이에게 더 나쁘다), 직업(예를 들어, 엄마, 아빠 또는 이 둘 모두가 직업을 가져야 한다는 것), 역할(예를 들어, 여성은 가정을 보살피고 남성은 국가를 위한 일을 해야 한다는 것) 등의 요소를 연결하여 고정관념의 속성을 진단했다. 이러한 요소들을 결합하여 "성차별" 지표를 제시하기도 했다.

대부분의 연구결과를 보면 미디어 노출 정도와 성차별 지표의 연관성을 발견할 수 있다(Ward & Rivadeneyra, 1999). 그로스와 제프리-팍스(Gross & Jeffries-Fox, 1978)는 TV시청과 성 차별적 태도와의 상관관계는 주로 남자아이들에게서 발견된다는 점을 지적했다. 모건(Morgan, 1982)은 시계열 연구를 통해 유년기 TV시청이 수년 후의 성 차별적 태도와도 관련성이 있음을 보여주었다.

성역할 고정관념은 미디어 콘텐츠 노출에 영향을 받는다는 점을 연구자들은 지적했다. 메타분석 결과(Herrett-Skjellum & Allen, 1995)를 보면 비록 그 정도는 크지 않을 수 있지만 TV 노출이 성역할과 관련한 태도(r= .08)와 행동(r= .11)과 상관관계가 있다는 점을 파악할 수 있다.

2) 직업

성역할 고정관념 연구에서 초점을 맞춘 또 다른 영역은 직업과 관련한 것이었다. 연구자들은 특정직업에 대한 꿈을 키우는 TV의 역할을 평가했다. 이 분야의 연구를 보면 조사방법에 따라 연구결과에 차이가 있다. 서베이 연구의 경우 시청 정도의 차이에 따른 직업선호가 발견된 경우도 있고, 차이가 나타나지 않는 사례도 있다. 로블루스키와 휴스톤(Wroblewski & Huston, 1987)은 10~13세 아이들을 인터뷰한 결과 성별로 전통적인 직업군을 소개하는 TV프로그램을 많이 본 여자아이들은 TV에서 보여주는 직업을 선호할 가능성이 높다는 점을 발견했다.

실험방법을 채택한 연구는 상대적으로 일관된 연구결과를 보여준다. 대학생을 대상으로 광고시청과 직업선택을 연구한 데이비스 등(Davies et al., 2002)은 고정관념화된 상업적 광고에 노출된 여성은 중립적 광고에 노출된 여성보다 수학적 능력을 요구하는 직업에 상대적으로 흥미를 갖지 않는다는 것을 발견했다. 수학적 능력은 전통적으로 남성이 더 우월하다고 인식한 것을 볼 때 상업적 광고에서 보여주는 직업군 역시 여성의 특정직업에 대한 흥미와 관련이 있다는 점을 연구자들은 지적한다.

특정직업에 대한 태도 역시 TV노출에 의해 영향을 받을 수 있다. 연구자들은 다양한 직업군의 성별 적합성에 대한 평가를 했다. 연구결과를 보면 TV시청과 사람들이 직업을 가지고 있는 여부에 대한 태도 자체에는 관련성이 없었다. 하지만 TV시청 결과 남자아이들의 경우는 여자아이들과 달리 직업에 대한 태도가 더욱 성유형화되는 것으로 나타났다. 실험과 현장 연구

결과를 종합하면 여성이 비전통적 직업군에 종사하는 미디어 내용을 접하게 됨으로써 새로운 직업 영역에 여성이 종사하는 것 자체를 수용하게 된다는 것을 알 수 있다.

TV시청은 또한 현실에서 특정직업군에 종사하는 사람들이 얼마나 되는지를 추론하는 것에도 영향을 미칠 수 있다. 비록 일부 연구에서는 이러한 관계가 나타나지 않았지만 다수의 연구에서 현실 직업군 종사자에 대한 평가에 영향을 미치는 것이 발견되었다. 가정에서 전업주부로 있는 여성의 수나 직업이 있는 전문직의 여성의 수가 어느 정도 되는지를 평가하는 데 미디어가 영향을 미친다.

TV와 성별과 관련된 직업에 대한 수용자의 평가는 연관성이 있다. 남성과 여성의 전통적 역할을 TV가 보여줌으로써 수용자의 성 유형화된 스키마를 형성하거나 강화한다. 메타분석 결과 TV시청과 직업에 대한 고정관념은 정적 상관관계(r= .22)가 있는 것으로 나타났다(Herrett-Skjellum & Allen, 1995).

3) 로맨틱 관계

TV와 영화에서 보여주는 남녀 간의 로맨틱 관계도 중요한 문제이다. 특히 G등급 영화는 많은 어린이들에게 영향을 미칠 수 있다. 어린이들은 여성이 첫눈에 사랑에 빠지고, 잘생긴 남성에게 별로 이야기도 못하고 빠져들어 가는 내용을 반복적으로 시청하게 된다(Smithe et al., 2006). 시그린과 나비(Segrin & Nabi, 2002)는 "디즈니 영화 같은 어린이용 미디어가 묘사하는 결혼은 '평생 행복하다'는 스키마를 계발시킬 수 있다"고 주장했다. 아이들이 로맨틱 관계 스키

마를 미디어를 통해 형성할 수 있다는 연구결과도 제시되었다(Bachen & Illouz, 1996).

미디어에서 그려지는 러브 스토리 역시 시청자들에게 영향을 미칠 수 있다. 사람들은 TV를 통해 로맨스에 대한 이상화된 신념을 형성할 수 있고, 이는 다른 사람과의 관계와 성적인 완벽주의와 연결될 수 있다는 것이다(Haferkamp, 1999; Shapiro & Kroeger, 1991). 시그노릴리(Signorielli, 1991)는 TV시청과 사람들의 결혼에 대한 냉소적 관점이 관련 있다는 점을 보여주었다. 리얼리티 데이트 프로그램을 많이 시청하는 사람들은 성에 대한 이중적 기준을 갖거나 여성을 성적 대상화하는 등 남녀 관계를 부정적으로 인식하는 경향이 있다는 점도 보고되었다(Ferris, Smith, Greenberg, & Smith, 2007; Zurbriggen & Morgan, 2006). 미디어 노출 정도와 로맨틱 관계에 대한 왜곡된 지각, 태도, 신념과는 분명한 관련성이 있다.

4) 신체적 외모

앞서 지적했듯이, 일반 수용자를 대상으로 한 영화와 TV에 비현실적이고 성적 매력이 가득한 여성이 자주 등장한다(Smith et al., 2006, 2007). 하지만 아직까지 이와 같은 여성에 대한 묘사가 성장기의 청소년들에게 어떤 영향을 미치는지에 대한 진단은 상대적으로 많이 실시되지 않았다. 이 분야 대부분의 연구는 유아들이나 젊은 성인층을 대상으로 실시된 경향이 있다. 연구결과를 보면 날씬한 여성이 등장하는 미디어에 노출을 많이 하게 되면 날씬한 몸매를 가지려는 욕망이 커지면서 심지어 식이장애도 가져온다는 것을 알 수 있다(Levine & Harrison, 2008;

Hargreaves & Tiggemann, 2002 참조). 최근 25편의 연구를 메타분석한 결과에 따르면 여성이 미디어에서 평균 사이즈나 과체중의 등장인물을 접했을 때보다 이상적인 날씬한 등장인물을 접했을 때 상대적으로 자신의 체형에 대한 불만족을 더 느낀다는 점을 발견할 수 있다(Groesz, Levine, & Murnen, 2001).

심지어 어린아이들도 날씬한 미디어 모델을 보고 영향을 받는다. 여자아이들의 경우 약 6~7세 사이에 "날씬해지고 싶은 욕구"를 갖게 된다고 한다. 최근 연구는 이와 같은 사실을 보여주는데, 이 연령대의 여자아이들이 잡지에 등장하는 모델들을 접했을 경우 다이어트의 문제에 대한 인식이 매우 높은 경향성도 발견되었다(Dohnt & Tiggemann, 2006). TV를 많이 볼수록 살찌는 문제에 예민하기도 했다. 바비 인형 이미지를 많이 접할수록 자신의 신체에 대해 불만족하고 자긍심이 낮아진다는 점도 지적되었다(Mittmar, Halliwell, & Ive, 2006). 많은 어린이들이 과장되고 비현실적인 미디어 인물에 열광하는 팬으로 그들의 성장시기를 보낸다는 점을 고려할 때 이 분야의 지속적 연구가 필요하다.

종합하면 TV와 영화에서 묘사되는 정형화된 성역할은 여성과 남성의 특성, 사회적 행동, 직업 등과 관련하여 왜곡된 지각, 태도, 신념을 가져온다. 앞으로 연구가 더 필요한 영역이기는 하지만 몇몇 연구결과를 볼 때 미디어 노출이 로맨틱 관계, 미적 기준과 이상적 몸매 등에 대한 왜곡된 스키마를 배양할 가능성이 높다.

4. 결 론

이 장에서는 TV와 영화에서 성별 콘텐츠 유형과 성역할 고정관념에 미치는 효과를 정리해 보았다. 1950, 60년대 시민권리운동이 시작되었고 1970년대 여성운동이 다시 활성화되었음에도 불구하고, 미디어 속에서 성 평등은 아직까지 존재하지 않는다. 모든 미디어에서 여성은 여전히 전통적 역할을 하고 성적 대상으로 묘사되며, 이는 가부장주의 패권 아래에서 여성역할을 제한하는 것을 강화한다.

이러한 경향을 변화시키기 위해서 무엇이 선행되어야 하는가? 엔터테인먼트 산업에서 여성이 창조적 능력을 발휘할 수 있는 지위에 오를 필요가 있다. 여성 작가와 여성 제작자의 프로그램에서 여성이 더 많이 등장하고 여성의 현실을 더 잘 반영한다(Lauzen & Dozier, 1999b). 더 많은 여성이 미디어 산업에 진출하기 전까지 성역할 고정관념을 줄이는 노력은 부모, 선생님, 시민사회의 손에 달려 있다.

우리는 성역할 고정관념 연구를 통해 미디어 콘텐츠가 어린이들의 성별 사회화에 영향을 미친다는 것을 발견할 수 있다. 어린이들은 미디어를 통해 남성과 여성에 대한 왜곡된 태도, 신념, 지각을 형성해 나갈 가능성이 매우 높다. 성욕과잉된 것으로 묘사되는 여성을 미디어를 통해 접하면서 수용자들이 어떤 인식을 갖는지에 대한 연구가 지속적으로 필요하다. 이러한 "호색적 여성"이 묘사되는 프로그램을 반복적으로 시청함으로써, 여자아이들은 오늘날 우리 사회에서 여성으로 사는 것이 무엇을 의미하는 것인지에 대해 왜곡된 스키마를 형성할 것이다. 또한 이러한 묘사는 남자아이들에게도 영향을 미칠 것이다. 성장하면서 남성들은 여성이 어떻게 옷을 입고 행동해야 되는지에 대해 매우 비현실적인 기대를 가질지도 모른다. 왜곡된 상을 제공하는 미디어 콘텐츠를 많이 접하게 됨으로써, 남성은 여성이 인간으로서 어떤 사람인가보다 어떤 외모를 가졌는지를 더 중요하게 생각하게 될 것이다. 앞으로 아이들의 성역할 사회화와 관련하여 미디어 효과를 보다 더 체계적으로 진단할 필요가 있다.

미디어가 묘사하는 남성과 여성은 매우 왜곡되었다. 비록 이와 같은 삐뚤어진 묘사가 어떤 효과를 발생시키는지에 대해 완벽하게 알지는 못하지만, 최소한 우리는 여성과 남성에 대한 정형화된 미디어의 묘사가 성에 대한 어린이들의 정보처리와 스키마 발달에 중대한 영향력을 미친다는 점을 지적할 수 있다.

참고문헌

Alwitt, L. R., Anderson, D. R., Lorch, D. R., & Levin, S. R. (1980). Preschool children's visual attention to attributes of television. *Human Communication Research*, 7.

Ambrosi-Randic, N. (2000). Perception of current and ideal body size in preschool age children. *Perceptual & Motor Skills*, 90.

Atkin, C., & Miller, M. (April, 1975). *The effects of television advertising on children: Experimental evidence.* Paper presented to the Mass Communication Division at the annual meeting of the International Communication Association, Chicago, IL.

Bachen, C. M., & Illouz, E. (1996). Imagining romance: Young people's cultural models of romance and love. *Critical Studies in Mass Communication*, 13.

Bandura, A. (1965). Influence of models' reinforcement contingencies on the acquisition of imitative responses. *Journal of Personality and Social Psychology*, 1.

Bandura, A. (1986). *Social foundations of thought and action: A social cognitive theory.* Englewood Cliffs, NJ: Prentice Hall.

Bandura, A., Ross, D., & Ross, S. A. (1963). Vicarious reinforcement and imitative learning. *Journal of Abnormal and Social Psychology*, 67.

Barner, M. R. (1999). Sex-role stereotyping in FCC-mandated children's educational television. *Journal of Broadcasting Electronic & Media*, 43.

Bartsch, R. A., Burnett, T., Diller, T. R., & Rankin-Williams, E. (2000). Gender representation in television commercials: Updating the update. *Sex Roles*, 43.

Bazzini, D. G., Mcintosh, W. D., Smith, S. M., Cook, S., & Harris, C. (1997). The aging woman in popular film: Underrepresented, unattractive, unfriendly, and unintelligent. *Sex Roles*, 36.

Beuf, A. (1974). Doctor, lawyer, household drudge. *Journal of Communication*, 24(2), 142-145.

Buerkel-Rothfuss, N. L., & Mayes, S. (1981). Soap opera viewing: The cultivation effect. *Journal of Communication*, 31(3), 108-115.

Buijzen, M. & Valkenburg, P. (2005). Parental mediation of undesired advertising effects. *Journal of Broadcasting and Electronic Media*, 49, 153-165.

Bussey, K., & Bandura, A. (1984). Influence of gender constancy and social power on sex-linked modeling. *Journal of Personality & Social Psychology*, 47, 1292-1302.

Calvert, S. (1999). *Children's journeys through the information age.* Boston, MA: McGraw Hill.

Calvert, S., Stolkin, A., & Lee, J. (April, 1997). *Gender and ethnic portrayals in Saturday morning television programs.* Paper presented at the biennial meeting of the Society for Research in Child Development, Washington D. C.

Cantor, J., & Nathanson, A. (1997). Predictors of children's interest in violent television programs. *Journal of Broadcasting & Electronic Media*, 41, 155-168.

Carveth, R., & Alexander, A. (1985). Soap opera viewing motivations and the cultivation process. *Journal of Broadcasting & Electronic Media*, 29, 259-273.

Children Now. (2001). *Fair play? Violence gender and race in video games.* Oakland, CA: Children Now.

Cobb, N. J., Stevens-Long, J., & Goldstein, S. (1982). The influence of televised models on toy preference in children. *Sex Roles*, 8, 1075-1080.

Cohen, E. (2006, June 18). Daddy's home: And as a stay-at-home father, he's been there all day. *Press & Sun-Bulletin*, P. Lifestyle.

Collins-Standley, T., Gan, S., Yu, H. J., & Zillmann, D. (1996). Choice of romantic, violent, and scary film fairy-tale books by preschool girls and boys. *Child Study Journal*, 26, 279-302.

Coltrane, S., & Messineo, M. (2000). The perpetuation of subtle prejudice: Race and gender imagery in 1990s television advertising. *Sex Roles*, 42, 363-389.

Cordua, G. D., McGraw, K. Q, & Drabman, R. S. (1979). Doctor or nurse: Children's perception of sex typed occupations. *Child Development*, 50, 590-593.

Craig, R. S. (1992). The effect of television day part on gender portrayals in television commercials: A content analysis. *Sex Roles*, 26, 197-211.

Davidson, E. S., Yasuna, A., & Tower, A. (1979). The effects of television cartoons on sex-role stereotyping in young girls. *Child Development*, 50, 597-600.

Davies, P. G, Spencer, S. J., Quinn, D. M., & Gerhardstein, R. (2002). Consuming images: How television commercials that elicit stereotype threat can restrain women academically and professionally. *Personality & Social Psychology Bulletin*, 28.

Dittmar, H., Halliwell, E., & Ive, S. (2006). Does Barbie make girls want to be thin? The effect of experimental exposure to images of dolls on the body image of 5- to 8-year-old girls. *Developmental Psychology*, 42, 283-292.

Dohnt, H. K., & Tiggemann, M. (2004). Development of perceived body size and dieting awareness in young girls. *Perceptual & Motor Skills*, 99.

Dohnt, H. K., & Tiggemann, M. (2006). Body image concerns in young girls: The role of peers and media prior to adolescence. *Journal of Youth & Adolescence*, 35.

Drabman, R. S., Robertson, S. J., Patterson, J. N., Jarvie, G. J., Hammer, D, and Cordua, G. (1981). Children's perception of media-portrayed sex roles. *Sex Roles*, 7, 379-389.

Ferris, A., Smith, S., Greenberg, B. S., & Smith, S. L. (2007). The content of reality dating shows and viewer perceptions of dating. *Journal of Communication*, 57, 490-510.

Fiske, S. T, & Taylor, S. E. (1991). *Social cognition*. New York: McGraw Hill.

Flerx, V. C., Fidler, D. S., & Rogers, R. W. (1976). Sex role stereotypes: Developmental aspects and early intervention. *Child Development*, 47.

Frueh, T., & McGhee, P. E. (1975). Traditional sex role development and amount of time spent watching television. *Developmental Psychology*, 11, 109.

Ganahl, D. J., Prinsen, T. J., & Netzley, S. B. (2003). A content analysis of prime time commercials: A contextual framework of gender representation. *Sex Roles*, 49.

Geis, F. L., Brown, V., Jennings-Walstedt, J., & Porter, N. (1984). TV commercials as achievement scripts for women. *Sex Roles*, 10.

Gerbner, G. (1997). Gender and age in prime-time television. In S. Kirschner & D. A. Kirschner (Eds.), *Perspectives on psychology and the media*. Washington, DC: American Psychological Society.

Gerbner, G., Gross, L., Morgan, M., Signorielli, N., & Shanahan, J. (2002). Growing up with television: Cultivation processes. In J. Bryant St D. Zillmann (Eds.), *Media effects: Advances in theory and research* (2nd ed.). Mahwah, NJ: Erlbaum.

Glascock, J. (2001). Gender roles on prime-time network television: Demographics and behaviors.

Journal of Broadcasting & Electronic Media, 45, 656-669.

Grauerholz, E., & King, A. (1997). Prime time sexual harassment. *Violence Against Women*, 3.

Groesz, L. M., Levine, M. P., & Murnen, S. K. (2001). The effect of experimental presentation of thin media images on body satisfaction: A meta-analytic review, *International Journal of Eating Disorders*, 31, 1-16.

Gross, L., & Jeffries-Fox, S. (1978). What do you want to be when you grow up little girl? In G. Tuchman, A. K. Daniels, & L. J. Benet(Eds.), *Hearth & home: Images of women in the mass media*. New York: Oxford University Press.

Haferkamp, C. J. (1999). Beliefs about relationships in relation to television viewing, soap opera viewing, and self-monitoring. *Current Psychology*, 18, 193-204.

Hargreaves, D., & Tiggemann, M. (2002). The effect of television commercials on mood and body dissatisfaction: The role of appearance-schema activation. *Journal of Social & Clinical Psychology*, 21.

Harrison, K. (1997). Does interpersonal attraction to thin media personalities promote eating disorders? *Journal of Broadcasting & Electronic Media*, 41, 478-500.

Harrison, K. (2003). Television viewers' ideal body proportions: The case of the curvaceously thin woman. *Sex Roles*, 48, 255-263.

Herbozo, S., Tantleff-Dunn, S., Gokee-Larose, J., St Thompson, J. K. (2004). Beauty and thinness messages in children's media: A content analysis. *Eating Disorders*, 12.

Herrett-Skjellum, J., & Allen, M. (1995). Television programming and sex stereotyping: A meta-analysis. In B. R. Burleson(Ed.), *Communication yearbook 19*. Thousand Oaks, CA: Sage.

Hoffner, C. (1996). Children's wishful identification and parasocial interaction with favorite television characters. *Journal of Broadcasting & Electronic Media*, 40, 389-402.

Hoffner, C., St Buchanan, M. (2005). Young adults' wishful identification with television characters: The role of perceived similarity and character attributes. *Media Psychology*, 7, 325-351.

Hoffner, C., & Cantor, J. (1985). Developmental differences in responses to television characters' appearance and behavior. *Developmental Psychology*, 21, 1065-1074.

Hoffner, C., & Levine, K. (2007). Enjoyment of mediated hotror and violence: A meta-analysis. In R. W. Preiss , B. M. Gayle, N. Burrell, M. Allen, St J. Bryant(Eds.), *Mass media effects research: Advances through meta-analysis* (pp. 199-214). Mahwah, NJ: Erlbaum.

Huesmann, L. R. (1988). An information processing model for the development of aggression. *Aggressive Behavior*, 14, 13-24.

Huston, A. C. (1983). Sex typing. In E. M. Hetherington(Ed.), P. H. Mussen(Series Ed.), *Handbook of child psychology: Vol. 4. Socialization, personality, and social development*. N.Y.: Wiley.

Invisible Women. (2007). *Invisible women productions*. Retrieved November 15, 2007 from http://www.invisiblewomen.com/

Jennings-Walstedt, J., Geis, F. L., & Brown, V. (1980). Influence of television commercials on women's self-confidence and independent judgment. *Journal of Personality & Social Psychology*, 38.

Johnston, J., & Ettema, J. S. (1982). *Positive images: Breaking stereotypes with children's television*.

Beverly Hills, CA: Sage.

Jones, R. W., Abelli, D. M., & Abelli, R. B. (August, 1994). *Ratio of female-male characters and stereotyping in educational programming.* Paper presented at the annual meeting of the American Psychological Association, Los Angeles, CA.

Jose, P. E., & Brewer, W. F. (1984). Development of story liking: Character identification, suspense, and outcome resolution. *Developmental Psychology, 20,* 911-924.

Kaufman, G. (1999). The portrayal of men's family roles in television commercials. *Sex Roles, 41.*

Kimball, M. M. (1986). Television and sex-role attitudes. In T. M. Williams (Ed.), *The impact of television* (pp. 265-298). London: Academic Press.

Kohlberg, L. A. (1966). A cognitive developmental analysis of children's sex role concepts and attitudes. In E. E. Maccoby (Ed.), *The development of sex differences* (pp. 82-173). Stanford, CA: Stanford University Press.

Larson, M. (2001). Interactions, activities, and gender in children's television commercials: A content analysis. *Journal of Broadcasting & Electronic Media, 45,* 41-56. 200

Lauzen, M. M., & Dozier, D. M. (1999a). Making a difference in prime time: Women on screen and behind the scenes in the 1995-96 season. *Journal of Broadcasting & Electronic Media, 43.*

Lauzen, M. M., & Dozier, D. M. (1999b). The role of women on screen and behind the scenes in the television and film industries: Review and a program of research. *Journal of Communication Inquiry, 23,* 355-373.

Lauzen, M. M., & Dozier, D. M. (2002). You look mahvelous: An examination of gender and appearance comments in the 1999-2000 prime-time season. *Sex Roles, 46,* 429-437.

Lauzen, M. M., & Dozier, D. M. (2004). Evening the score in prime time: The relationship between behind the scenes women and on-screen portrayals in the 2002-2003 season. *Journal of Broadcasting & Electronic Media, 48,* 484-500.

Lauzen, M. M., & Dozier, D. M. (2005). Maintaining the double standard: Portrayals of age and gender in popular films. *Sex Roles, 52,* 437-446.

Lauzen, M. M., Dozier, D. M., & Cleveland, E. (2006). Genre matters: An examination of women working behind the scenes and on-screen portrayals in reality and scripted prime-time programming. *Sex Roles, 55,* 445-455.

Leaper, C., Breed, L., Hoffman, L., & Perlman, C. A. (2002). Variations in the gender-stereotyped content of children's television cartoons across genres. *Journal of Applied Social Psychology, 32,* 1653-1662.

List, J. A., Collins, W. A., & Westby, S. D. (1983). Comprehension and inferences from traditional and nontraditional sex role portrayals on television. *Child Development, 54,* 1579-1587.

Luecke-Aleksa, D., Anderson, D. R., Collins, P. A., & Schmitt, K. L. (1995). Gender constancy and television viewing. *Developmental Psychology, 31,* 773-780.

Markson, E. W., & Taylor, C. A. (2000). The mirror has two faces. *Ageing & Society, 20.*

Martin, C. L., & Halverson, C. E, Jr. (1981). A schematic processing model of sex typing and stereotyping in children. *Child Development*, 52, 1119-1134.

McGhee, P. E., & Frueh, T. (1980). Television viewing and the learning of sex-role stereotypes. Sex Roles, 6, 179-188.

Melkman, R., & Deutsch, C. (1977). Memory functioning as related to developmental changes in bases of organization. *Journal of Experimental Child Psychology*, 23, 84-97.

Melkman, R., Tversky, B., & Baratz, D. (1981). Developmental trends in the use of perceptual and conceptual attributes in grouping, clustering, and retrieval. *Journal of Experimental Child Psychology*, 31, 470-486.

Meyer, B. (1980). The development of girls' sex-role attitudes. *Child Development*, 51.

Miller, M. M., & Reeves, B. (1976). Dramatic TV content and children's sex-role stereotypes. *Journal of Broadcasting*, 20, 35-50.

Mithers, C. L. (2001). Sugar & spice. *Parenting*, 15(7), 90-92, 95-96.

Morgan, M. (1982). Television and adolescents' sex role stereotypes: A longitudinal study. *Journal of Personality & Social Psychology*, 43, 947-955.

Morgan, M. (1987). Television, sex-role attitudes, and sex-role behavior. *Journal of Early Adolescence*, 7, 269-282.

Morgan, M., & Rothschild, N. (1983). Impact of the new television technology: Cable TV, peers, and sex-role cultivation in the electronic environment. *Youth & Society*, 15, 33-50.

Nathanson, A., Wilson, B., McGee, & Sebastian, M. (2002). Counteracting the effects of female stereotypes on television via active mediation. *Journal of Communication*, 52, 922-937.

Nathanson, A. I., & Yang, M. S. (2003). The effects of mediation content and form on children's responses to violent television. *Human Communication Research*, 29(1), 111-134.

O'Bryant, S. L., & Corder-Bolz, C. R. (1978). The effects of television on children's stereotyping of women's work roles. *Journal of Vocational Behavior*, 12, 233-244.

Oliver, M. B. (2000). The respondent gender gap. In D. Zillmann & P. Vorderer(Eds.), *Media entertainment: The psychology of its appeal*(pp. 215-234). Mahwah, NJ: Erlbaum.

Oliver, M. B., & Green, S. (2001). Development of gender differences in children's responses to animated entertainment. *Sex Roles*, 45, 67-88.

Oppliger, P. A. (2007). Effects of gender stereotyping on socialization. In R. W. Preiss, B. M. Gayle, N. Burrell, M. Allen, & J. Bryant(Eds.), *Mass media effects research: Advances through meta-analysis*. Mahwah, NJ: Erlbaum.

Perloff, R. M. (1977). Some antecedents of children's sex-role stereotypes. *Psychological Reports*, 40.

Pingree, S. (1978). The effects of nonsexist television commercials and perceptions of reality on children's attitudes about women. *Psychology of Women Quarterly*, 2, 262-277.

Potter, W. J., & Chang, I. C. (1990). Television exposure measures and the cultivation hypothesis. *Journal of Broadcasting & Electronic Media*, 34.

Potter, W. J., & Levine-Donnerstein, D. (1999). Rethinking validity and reliability in content analysis. *Journal of Applied Communication Research*, 27, 258-284.

Reeves, B., & Miller, M. M. (1978). A multidimensional measure of children's identification with television characters. *Journal of Broadcasting*, 22, 71-86.

Repetti, R. L. (1984). Determinants of children's sex stereotyping: Parental sex-role traits and television viewing. *Personality & Social Psychology Bulletin*, 10, 457-468.

Ross, L., Anderson, D. R., & Wisocki, P. A. (1982). Television viewing and adult sex-role attitudes. *Sex Roles*, 8, 589-592.

Ruble, D. N., Balaban, T., & Cooper, J. (1981). Gender constancy and the effects of sex-typed televised toy commercials. *Child Development*, 52, 667-673.

Scharrer, E., Kim, D. D., Lin, K., & Liu, Z. (2006). Working hard or hardly working? Gender, humor, and the performance of domestic chores in television commercials. *Mass Communication and Society*, 9, 215-238.

Schmitt, K. L., Anderson, D. R., & Collins, P. A. (1999). Form and content: Looking at visual features of television. *Developmental Psychology*, 35, 1156-1167.

See Jane. (2005). Retrieved November 7, 2005, from http://www.seejane.org.

Segrin, C., & Nabi, R. L. (2002). Does television viewing cultivate unrealistic expectations about marriage? *Journal of Communication*, 52, 247-263.

Shapiro, J., & Kroeger, L. (1991). Is life just a romantic novel? The relationship between attitudes about intimate relationships and the popular media. *American Journal of Family Therapy*, 19.

Sigel, I. E. (1953). Developmental trends in the abstraction ability of children. *Child Development*, 24.

Signorielli, N. (1989). Television and conceptions about sex roles: Maintaining conventionality and the status quo. *Sex Roles*, 21, 341-360.

Signorielli, N. (1991). Adolescents and ambivalence toward marriage: A cultivation analysis. *Youth Society*, 23, 121-149.

Signorielli, N., & Bacue, A. (1999). Recognition and respect: A content analysis of prime-time television characters across three decades. *Sex Roles*, 40, 527-544.

Signorielli, N., & Kahlenberg, S. (2001). Television's world of work in the nineties. *Journal of Broadcasting & Electronic Media*, 45, 4−22.

Signorielli, N., & Lears, M. (1992). Children, television, and conceptions about chores: Attitudes and behaviors. *Sex Roles*, 27, 157-170.

Slaby, R. G., & Frey, K. S. (1975). Development of gender constancy and selective attention to same-sex models. *Child Development*, 46, 849-856.

Smith, S. L., Granados, A. D., Choueiti, M., & Pieper, K. (2007). *Gender prevalence and hypersexuality in top grossing, theatrically released Q, PQ, PQ-13, and R-rated films.* Unpublished data.

Smith, S. L., Granados, A. D., Choueiti, M., Pieper, M. & Lee, E. (2006). *Equity or eye-candy? Exploring the Nature of Sex-Roles in Children's Television Programming.* Final report prepared for the See Jane Program at Dads and Daughters, Duluth, MN.

Smith, S. L., Pieper, K., Granados, A. D., & Choueiti, M. (2005). *General audience or Q-porn:*

Assessing gender-related portrayals in top-grossing Q-rated films. Manuscript prepared for Dads and Daughters, Duluth, MN.

Sprafkin, J. N., & Liebert, R. M. (1978). Sex typing and children's preferences. In G. Tuchman, A. K. Daniels, & J. Benet(Eds.), *Hearth & home: Images of women in the mass media* (pp. 2 28-239). New York: Oxford University Press.

Stern, S., & Mastro, D. E. (2004). Gender portrayals across the life span: A content analysis look at broadcast commercials. *Mass Communication & Society*, 7, 215-236.

Stevens-Aubrey, M. J., & Harrison, K. (2004). The gender-role content of children's favorite television programs and its links to their gender-related perceptions. *Media Psychology*, 6.

Stice, E., Schupak-Neuberg, E., Shaw, H. E., & Stein, R. I. (1994). Relation of media exposure to eating disorder symptomatology: An examination of mediating mechanisms. *Journal of Abnormal Psychology*, 103, 836-840.

Tanner, L. R., Haddock, S. A., Zimmerman, T. S., & Lund, L. K. (2003). Images of couples and families in Disney feature-length animated films. *The American Journal of Family Therapy*, 31.

Thompson, T. L., & Zerbinos, E. (1995). Gender roles in animated cartoons: Has the picture changed in 20 years? *Sex Roles*, 32, 651-673.

Volgy, T. J., & Schwarz, J. E. (1980). TV entertainment programming and sociopolitical attitudes. *Journalism Quarterly*, 57, 150-155.

Ward, L. M., & Rivadeneyra, R. (1999). Contributions of entertainment television to adolescents' sexual attitudes and expectations: The role of viewing amount versus viewer involvement. *Journal of Sex Research*, 36, 237-249.

Williamson, S., & Delin, C. (2001). Young children's figural selections: Accuracy of reporting and body size dissatisfaction. *International Journal of Eating Disorders*, 29, 80-84.

Wroblewski, R., & Huston, A. C. (1987). Televised occupational stereotypes and their effects on early adolescents: Are they changing? *Journal of Early Adolescence*, 7, 283-297.

Zhao, X., & Gantz, W. (2003). Disruptive and cooperative interruptions in prime-time television fiction: The role of gender, status, and topic. *Journal of Communication*, 53, 347-362.

Zurbriggen, E. L., & Morgan, E. M. (2006). Who wants to marry a millionaire? Reality dating television programs, attitudes toward sex, and sexual behaviors. *Sex Roles*, 54, 1-17.

미디어가 마케팅커뮤니케이션에 미치는 효과

데이비드 스튜어트(David W. Stewart, 캘리포니아 대학 리버사이드)
폴 파블로(Paul A. Pavlou, 캘리포니아 대학 리버사이드)

이 장에서는 미디어 특성들이 마케팅커뮤니케이션에 대한 반응에 영향을 미치는 방식과 이러한 영향력이 발생하는 과정에 관련된 연구와 이론을 검토한다. 보다 세부적으로는 특정한 미디어 유형과 매체로서의 고유한 상호작용 효과, 그리고 마케팅커뮤니케이션이 개별 소비자와 시장에 미치는 효과를 살핀다. 이 분야의 선행연구(Stewart, Pavlou, & Ward, 2002; Stewart & Ward, 1994)에서 우리는 미디어가 마케팅커뮤니케이션 맥락에서 가지는 전통적 효과를 검토했다. 우리는 간략하게나마 초기단계의 인터랙티브 미디어를 소개하고 이러한 미디어가 미디어의 특성과 광고의 실천관행에 미치는 영향 모두에서 시사했던 잠재적 변화들을 고찰했다. 우리는 미디어의 지속적이고 급속한 진화는 새로운 연구기회를 제공하지만, 그러한 연구는 자극(미디어 특성)에서부터 그리고 미디어가 개인 혹은 개별 소비자를 위해 제공하는 다양한 목적과 기능에까지 관심을 가지도록 요구할 수 있

다. 미디어 진화에 관해 우리가 주장한 많은 것은 인터넷, 인터랙티브 TV, 모바일커뮤니케이션의 지속적 발전, 그리고 소셜네트워크, 이용자제작 콘텐츠, 브랜디드 엔터테인먼트의 등장에 관한 것이다. 그럼에도 불구하고 방송과 케이블 TV와 같은 전통적 미디어는 영업수익을 내는 다른 미디어보다도 더 큰 규모의 광고시장을 점유하고 있다. 이 장에서 우리는 마케팅커뮤니케이션 그리고 점증하는 미디어 통합에서 전통적인 미디어와 새로운 미디어 역할을 검토하려 한다.

특정미디어의 특성들은 마케팅커뮤니케이션에 관한 관리의사결정 즉 어떤 미디어 유형과 또는 특정미디어를 사용할 것인지, 상이한 미디어 그리고 구체적인 미디어 믹스 및 미디어 플래닝에 광고비를 어떻게 배정하는지에 영향을 미친다. 미디어 특성들은 개인들이 다양한 미디어를 사용하고 반응하는 방식과 직접적 혹은 간접적으로 관련 있다. 따라서 이 장에서 우리는 미디

어 특성이 마케팅커뮤니케이션에 관한 관리의 사결정에 미치는 효과보다는 개인들이 마케팅 커뮤니케이션과 상호작용하고 반응하는 방식에 더 중점을 두겠다. 우리는 광고라는 좁은 영역 보다는 보다 일반적인 마케팅커뮤니케이션의 주제에 관해서도 주목할 것이다. 월드와이드웹 에서 모바일 장치와 디지털 휴대용 단말기 (PDA)에 이르기까지 점증하는 다양한 미디어의 상호작용성은 마케팅커뮤니케이션의 다양한 유 형 사이의 경계를 희미하게 만들기 시작했다. 광고, 인적 판매, 판매전후 서비스, 유통, 심지 어 제품 자체도 분명한 차별화가 어려워졌다. 이용자제작 콘텐츠 또한 마케팅커뮤니케이션에 서 중요한 요소가 되었으며 마케팅커뮤니케이 션 영역을 더욱 불분명하게 만들고 있다.

1. 마케팅커뮤니케이션에서 미디어 정의하기

가장 일반적인 수준에서 미디어는 커뮤니케이 션이 발생하는 통로가 되는 전달수단이나 도구를 의미한다. 마케팅커뮤니케이션 맥락에서 광고 라는 용어는 전통적으로 매스커뮤니케이션 미디 어에 적용되므로 대인간 커뮤니케이션 수단을 통 해 발생하는 인적 판매와 다양한 미디어를 통해 이루어지는 판매촉진 활동과는 분명히 다르다. 광고메시지에 잠재적으로 노출된 시청자나 독자 의 수를 평가하는 양적인 정보의 이용이 가능하 다는 의미에서 광고미디어는 전통적으로 측정된 미디어 (measured media) 라는 특성을 띤다. 하지 만 오늘날에는 이와 관련된 내용을 측정할 수 없 는 측정되지 않은 미디어가 보다 일반적인 마케

팅커뮤니케이션 형식이 되었다. 게다가 광고는 전통적으로 광고메시지와 광고메시지를 전달하 는 데 사용되는 미디어 선택을 광고주가 통제하 고 메시지는 광고주로부터 수용자에게 전달되는 일방적 커뮤니케이션으로 개념화되었다. 그리 고 인적 판매와 직접반응마케팅은 대표적인 상호 작용적 커뮤니케이션이라는 특징을 띤다.

마케팅관리 실천관행 (일반적으로 광고의사결 정이 내려지는 조직의 영역)과 테크놀로지 환경 둘 모두는 전통적인 광고미디어 개념에 관한 열 린 토론을 가능하게 했다. 몇몇 학자들은 이용 가능한 정보가 점점 증가하고 정보습득 처리분 석을 위한 테크놀로지가 정교화됨에 따라 마케 팅 믹스에 관련된 요소간의 경계는 무너졌다고 주장했다. 또한 마케팅 기능과 마케팅 내에서의 전통적인 기능 라인의 경계가 흐릿해짐에 따라 이에 적응하려는 조직 자체는 물론, 조직내부 및 외부의 마케팅 그리고 다른 기능 분야 모두에 서 변화가 요구된다. 조직은 광고를 통해 소비 자 및 다른 기업 이해관계자와 함께 통제된 커뮤 니케이션을 할 기회가 점점 늘어난다는 것, 그 리고 다수의 마케팅커뮤니케이션 의사결정은 조직목표라는 맥락 내에서 조정되어야 하고 합 리적으로 다루어져야만 한다는 것을 인식하고 있다. 예를 들어, 소매점의 선택은 일종의 커뮤 니케이션 미디어 결정을 나타낸다. 좋은 제품이 티파니 혹은 할인점을 통해 판매되는가는 〈뉴 욕타임스〉와 〈테니스〉 잡지에 실린 광고물이 동일한 효과를 갖는지와 개념적으로 유사하다. 마찬가지로 미디어의 특성은 매우 다르지만 주 간 뉴스잡지에 게재된 광고물과 같은 맥락에서 보면 판매원은 커뮤니케이션 미디어이다.

조직 커뮤니케이션 미디어에 대한 관점이 확

장되는 경향과 더불어 시대풍조 변화와 발전은 광고와 마케팅커뮤니케이션 미디어에 대한 전통적인 정의를 확장시켰다. 가령 스폰서십과 장소-기반 커뮤니케이션은 마케팅 메시지를 소비자에게 도달시키는 중요한 수단이 되었다. 잘 알려진 브랜드 로고는 랜스 암스트롱이 투르 드 프랑스에서 우승했을 때 탔던 자전거와 입었던 운동복에 찍혀있다. 이러한 스폰서십은 케이블 TV, 컴퓨터 기반 정보서비스, 팩시밀리, 휴대전화, 웹 구동 PDA와 더불어 마케터로 하여금 전통미디어보다 더 응집되고 보다 관심을 기울이는 수용자에게 도달하는 것을 가능하게 한다. 이와 같은 커뮤니케이션 테크놀로지의 다수는 소비자가 마케터의 커뮤니케이션에 반응하고 마케터와의 커뮤니케이션을 보다 용이하게 했다.

소비자들은 인터넷을 마케터와의 커뮤니케이션 미디어로 채택했다. 전통광고가 상호작용적 테크놀로지를 채택함으로써 상호작용 광고와 같은 새로운 유형의 마케팅커뮤니케이션의 등장이 가능했다. 마케팅 믹스의 경계가 분명히 확실히 허물어지고 있다는 견해와 어울리게 상호작용 광고는 인적 판매, 직접반응 마케팅, 심지어는 유통채널과 일부 특성을 공유한다. 포레스트(Forrest, http://www.forrest.com/ER)의 보고에 따르면 상호작용적 커뮤니케이션의 한 유형인 온라인 광고비용은 2005년에 150억 달러에 달했는데 2010년에는 260억 달러를 넘어설 것으로 예상된다. 비록 전체 광고비의 10%에 불과하고 대개 온라인에서 상호작용 광고의 수익이 발생하지만 소비자와 마케터는 이러한 수치가 극적으로 증가할 것이라고 믿는다.

비전통적 미디어 이용과 관련된 커뮤니케이션 목적은 전통적인 매스미디어의 커뮤니케이션 목적과 유사하다. 예를 들어 랜스 암스트롱과 같은 운동선수에 대한 스폰서십은 태도 형성과 변화에 영향을 미칠 수 있다. 광고주가 운동선수 혹은 특정 스포츠 이벤트와 연상되기 때문이다. 적어도 마케터는 브랜드 명칭이 널리 알려지기를 희망한다. 이벤트 관객과 TV에서 이벤트를 목격한 수용자는 이벤트 기간 동안 옥외 광고판 또는 이벤트 대상에 부착된 브랜드명(선수의 유니폼에 부착된 스포츠 의류회사의 로고처럼)과 같은 메시지를 경유하여 스폰서의 브랜드 명칭에 반복적으로 노출된다. 다른 한편으로 인터랙티브 미디어는 마케팅커뮤니케이션을 위한 잠재적 목적을 크게 확장시킨다. 가령 전통적인 광고와 비교했을 때 인터랙티브 미디어는 정보만을 제공하지 않는다. 주문을 받을 수 있고 제품 및 서비스가 디지털화될 수 있는 사이트에서는 배달도 가능하다. 앞서 주목했듯이 비록 뉴미디어가 소비자와 마케터의 전통적인 매스미디어 이용을 변경시키지만, 전통적인 미디어가 마케팅커뮤니케이션에 대한 반응에 미치는 영향에 관해 알려진 많은 것은 환경만 적합하다면 뉴미디어에도 일반화될 수 있다. 따라서 우리는 뉴미디어에 대한 논의를 시작하기 전에 보다 전통적인 미디어에 관한 경험적이고 이론적인 관계 문헌을 고찰하고자 한다.

1) 미디어가 마케팅커뮤니케이션에 미치는 효과의 특징

초기 광고주들은 미디어 선택이나 효과보다는 단순하게 커뮤니케이션의 시작에 더 많은 관심을 가졌다. 매스커뮤니케이션 역사가들에 따르면 초창기 커뮤니케이션 효과 모델은 커뮤니케이션이 매우 강력하다고 가정하는 이른바 매스커뮤니케이션의 "탄환" 또는 "피하주사" 모델이었다(Katz & Lazarsfeld, 1955). 이 모델은 커뮤니케이션 효과에 대한 초기개념(누가 누구에게 무엇을 어떤 효과를 지닌 미디어를 통해서 말하는가)의 등장을 가능하게 했다. 마케터들은 재빨리 광고와 다른 유형의 마케팅커뮤니케이션은 그렇게 강력하지 않다는 것을 학습했다. 실제로 존 워너메이커(John Wannamaker)의 백화점 체인에서 광고가 판매촉진에 실패한 것을 목격한 후 모든 광고 교과서들은 "나는 광고예산의 절반이 버려졌다는 것을 알지만, 어느 절반이 그리됐는지는 모른다"는 비탄에 빠진 존의 슬픔을 상기시킨다. 물론 문제는 마케팅커뮤니케이션의 효과는 무수한 요인들로 인한 것이며, 일부는 커뮤니케이션 자체, 그리고 또 다른 일부는 소비자 특성이나 마케팅커뮤니케이션 경쟁자처럼 상대적으로 통제할 수 없는 요인들과 관계가 있다는 점이다. 보다 복잡한 문제는 마케팅커뮤니케이션의 효과는 반드시 직접적이지 않다는 사실이다. 즉 일상적인 커뮤니케이션 관리의 관행에서 그리고 미디어 효과에 관한 실증연구에서 메시지 변인의 효과에서 미디어의 효과를 분리해내는 것은 대단히 어렵다. 커뮤니케이션과 소비자 특성은 서로 상호작용한다. 따라서 보고 들은 소비자의 선험적 태도와 경험에서 커뮤니케이션의 독특한 효과를 제거하는 것은 쉽지 않다.

(1) 미디어 효과 이해에 대한 관리적 접근: 미디어 플래닝 모델

상업TV로 인해 인쇄 테크놀로지는 활동범위가 좁아져 특정집단을 목표대상으로 삼은 잡지

가 등장했는데 광고주들은 개별 미디어는 독특한 역량과 효과를 가진다고 믿었다. 마케팅커뮤니케이션 관리자들은 이러한 효과를 설명하는 경험칙을 발달시켰다. 가령 인쇄미디어는 복잡한 제품을 설명할 때 용이하고, TV는 제품시연을 보여줄 수 있어 더 뛰어나다는 것이 이에 해당된다. "질적" 미디어 요인이 있다는 사고의 진화도 이루어졌는데 이는 미디어 영향에 관한 주관적 판단에 속한다. 이와 유사하게 휴대전화나 인터넷 같은 상호작용적 테크놀로지의 발전은 세분화되었지만 마케터의 메시지와 연관성이 깊은 수용자를 위한 맞춤식 마케팅커뮤니케이션처럼 커뮤니케이션을 개인화하려는 노력을 등장하게 했다.

미디어 효과에 관해 경험으로 얻은 법칙은 이러한 효과를 명시적 모델로 설명하려는 시도로 발전했다. 이러한 진화는 개인의 미디어 습관에 관한 대규모 데이터베이스의 가용성, 컴퓨터 테크놀로지, 그리고 커뮤니케이션 혹은 심리학 이론에 의해 자극받았다. 일반적으로 미디어 모델은 독자수, 시청자수, 청취자수, 가구별 웹브라우징, 가구 구매행위에 관한 데이터 정보를 포함한다. 이러한 정보로 무장한 마케팅 플래너는 브랜드나 제품 카테고리의 중(重)이용자 특성들을 재빨리 확인하고 이들 이용자의 미디어 습관이 어떠한지를 결정한다. 이처럼 인구통계학적 특성에 근거한 행동분석을 채택한 모델은 특정소비자가 어떤 미디어를 이용하는지를 간파케 하여, 어떤 미디어가 마케터가 의도한 수용자에게 가장 잘 도달할 것인지에 관한 함의를 제공한다.

(2) 광고 반응함수

미디어 플래닝 모델에서 가장 중요한 것은 광

430

고 반응함수이다. 이는 제품을 위한 커뮤니케이션(동일한 미디어 내에서 혹은 서로 다른 미디어를 교차하여)에 대한 개인(혹은 개인의 합계)의 누적 노출 횟수, 구매 가능성, 제품에 대한 지식과 같은 종속변인 사이의 가정된 관계를 나타낸다. 이러한 특수한 형태의 반응함수는 중요한 논쟁의 주제가 되었다. 하지만 일반적으로 ① 광고가 효과를 가지기 위해서는 다소의 노출(어떤 효과가 발생할 수 있는 최소한의 자극), 최대 효과치에 도달하기 위한 추가노출, 그 이후 한계효과의 감소를 가리키는 완만한 S자 곡선, ② 한계효과 감소에 이어 각각의 추가노출로 인해 발생한 급속한 효과수준의 증가를 나타내는 누적 도수곡선 함수 가운데 하나가 적용된다고 여겨진다. 관계문헌은 두 함수에 대해 폭넓게 보고했는데, 이들에 따르면 특수한 함수형태는 다른 요인을 조건으로 삼을 수 있다. 이러한 조건이 되는 우연적 현상 관점과 일치하는 것은, 최소한의 효과를 유발하는 자극의 비율은 경쟁광고의 조건 하에서 관찰된다는 버크와 스럴(Burke & Srull, 1988)의 주장이다. 이들의 추론은 학습에 관한 문헌에서 간섭효과에 관한 장기간의 연구결과와도 일맥상통한다. 그들은 제품이 간섭을 극복하는 최소한의 광고를 의미하는 '문턱효과'(threshold effect)는 경쟁제품의 광고에 의해 생성된다고 주장했다. 따라서 '문턱'은 가장 많이 광고된 제품범주 내에서 가장 현저한 것이 되고 경쟁제품의 광고 양이 상대적으로 적당할 때 함께 사라질 수 있다. 이는 적어도 광범위한 미디어 맥락에서 경쟁 메시지의 양과 같은 한 요소가 광고 반응함수 형태에 영향을 미칠 수 있다는 것을 시사한다.

(3) 미디어 영향

대부분의 미디어 플래닝 모델은 미디어 플래너가 영향요인들을 조건으로 지정하는 능력을 포함한다. 이는 미디어가 특정요인에 할당하는 주관적 가중치이다. 요인들은 미디어 유형, 특정미디어, 소비자 유형 등으로 정해진 수용자 집단에 도달하는 미디어 유형과 혹은 특정 미디어를 선택하는 모델에 영향을 미칠 수 있다. 광고주와 미디어 플래너 사이에는 미디어는 미디어가 가진 커뮤니케이션 효과를 차별적으로 발휘한다는 일반적 합의가 존재한다(Stewart, Pavlou, & Ward, 2002). 광고에 영향을 미칠 수 있는 질적 차이가 미디어 간에 존재한다는 일반적 인식이 있지만 그러한 차이를 확인하고 조절하는 구체적인 숙련기술에 이르지는 못했다. 다양한 차원을 교차하여 상이한 미디어를 특징짓는 방식에 대한 논쟁은 어느 정도 있지만 사람들이 상이한 미디어와 어떻게 상호작용하는가에 대해 알려진 것은 거의 없다. 미디어 플래너들은 주관적 판단을 통해 이러한 효과를 이해하기 위해 노력했다.

실제 미디어 플래너에 의해 이용된 컴퓨터 기반 모델에 대한 논의는 광고주들이 미디어 효과의 특징을 예측하는 방식과 광고주들이 미디어 효과의 변량을 설명하는 데 사용하는 지식을 제공했다. 마케팅커뮤니케이션에서 사용되는 전통미디어(TV, 잡지), 비전통적 미디어(이벤트 스폰서십), 새로운 형태의 광고(인터넷 배너 광고) 등 거의 모든 미디어에 관한 의사결정에서 다양한 모델들이 채택되었다. 그러한 모델들을 채택한 수년간의 경험에도 불구하고 미디어 유형과 특정미디어의 독특한 효과를 정확히 지적하는 실증적 증거는 거의 없다. 이는 다양한 다른 효과와 상호작용하는 미디어 수단의 효과, 그리고 소비자 반응에 영향을 미치는 메시지 특성, 반복효과, 소비자 특징 등으로부터 독특한 미디어 효과를 분리해내는 게 쉽지 않기 때문이다. 모델은 상이한 미디어에서 광고메시지 수용자에 관한 주관적 판단을 요구한다. 예를 들면 미디어 하위매체 가중치는 미디어 플래너가 특정미디어 수단에 주의를 기울이는 개인의 특성에 가중치를 부여할 것을 요구한다. 하지만 이러한 특성들은 인구통계학적 특성 혹은 일부 경우에는 심리적 특성 차원(태도, 의견, 신념, 라이프스타일 습관 측면에서 개인 특성을 기술) 에서만 이해된다. 대조적으로 학술적 연구는 인구학적 속성과 상관관계를 가질 수 있는 개인적 특성들에 관해 초점을 맞추지만 개인이 커뮤니케이션 미디어와 상호작용하는 과정에 더 관심을 기울인다. 이제 이러한 연구경향에 대해 살펴보자.

2. 미디어 효과 이해에 대한 이론적 경험적 접근

마셜 맥루한은 "미디어는 메시지다"라는 말로 잘 알려졌다. 이는 미디어는 이미지를 커뮤니케이션하거나 혹은 미디어가 담고 있는 어떤 단일 메시지와는 독립된 효과를 야기한다는 것을 함축한다. 사실 앞선 논의가 분명하게 한 것처럼 미디어 효과는 특정 미디어에서 마케팅커뮤니케이션 효과에 영향을 미치는 소비자 특성의 맥락에서만 이해될 수 있다. 많은 소비자 특성들이 있지만 5 가지 특성은 실증연구와 이론개발에서 특히 상당한 관심을 끈다. ① 미디어에 대한 태도, ② 미디어 이용, ③ 미디어를 이용하는

동안의 관여도, ④ 미디어 이용에 영향을 미치는 기분상태, ⑤ 미디어의 상호작용성 등이 그것이다.

이들 5가지 요인에 더해 미디어 효과는 미디어 계획에 관한 의사결정에 따라 좌우되고, 미디어 계획 의사결정은 동일한 메시지 반복의 차이, 그리고 미디어에서의 마케팅커뮤니케이션에 대한 노출 빈도로 구체화된다.

1) 미디어에 대한 태도

특정미디어에 대한 소비자의 태도는 해당 미디어가 소비자와 마케팅커뮤니케이션에 영향을 미치는 방식을 근본적으로 바꾼다. 초기의 획기적인 연구에서 폴리츠(Politz) 연구소는 〈룩〉 (*Look*) 과 〈라이프〉(*Life*) 지의 미디어 효과와 〈맥컬츠〉(*McCall's*) 지의 미디어 효과를 비교했다. 카피 효과를 통제하여 짝지어진 독자표본에게 동일한 광고물 세트를 참가자들에게 보여준 뒤 광고물은 특정잡지 혹은 다른 잡지에 등장한다고 말했다. 실험결과 브랜드 인지도와 브랜드가 주장하는 지식에는 아무런 차이가 없었지만 브랜드 품질평가와 브랜드 선호도에서는 유의미한 차이가 있었다. 예를 들어 "정말 최고의 품질" 브랜드로 광고되었기 때문이라는 비율은 〈맥컬츠〉지에 게재된다고 고지되었을 때에는 3.8%였지만 해당 광고물이 여타 두 잡지에 게재될 것이라고 고지했을 때는 단 1.0%에 불과했다.

이와 비슷한 맥락에서 아커와 브라운(Aaker & Brown, 1972) 은 미디어 유형("권위지" 대 "전문지")과 카피 소구("이미지를 강조한" 광고물 대 "이성적이고 논리적인" 광고물) 의 상호작용을 검

증했다. 종속변인은 소비자의 기대가치, 품질, 신뢰도였다. 결과는 광고된 제품을 사용한 적이 없는 응답자 사이에서 강한 상호작용 효과가 있다는 것을 보여줬다. 하지만 이성적이고 논리적인 카피를 사용한 광고물의 경우 종속변인 측정에서 전문지가 권위지보다 더 나은 효과를 보여주지 못했다. 이러한 연구들은 미디어 수단에 대한 개인의 태도는 해당 미디어를 이용한 마케팅커뮤니케이션에 대한 응답자의 반응을 결정짓는 조건이 된다는 생각에 경험적 근거를 제공한다.

(1) 관계와 신뢰의 역할

미디어에 대한 태도에서 특별히 중요한 것은 미디어의 지각된 공신력 혹은 신뢰성과 관련이 있다(Shimp, 1990). 특히 인터랙티브 미디어의 경우 미디어에 관한 지각된 신뢰도는 소비자에 대한 미디어의 영향력을 결정짓는 중요한 역할을 수행할 수 있다. 소비자와 마케터의 관계는 소비자가 마케팅커뮤니케이션에 어떻게 반응하는가에서 중요한 역할을 수행한다(Fontenot & Volsky, 1998; Hoffman & Novak, 1996). 어쩌면 성공적인 마케터-소비자 관계의 가장 중요한 요소는 신뢰라는 개념이다. 연구에 따르면 신뢰는 상호교류의 비용을 감소시키고, 상호교류의 위험을 더 낮추고, 상호교류의 불확실성을 줄이고, 태도를 향상시키며 앞으로의 상호교류 의도를 증가시키고, 보다 호의적인 가격조건을 이끌어낸다(Ba & Pavlou, 2002; Pavlou & Dimoka, 2006). 더구나 킨(Keen, 2000)은 전자상거래의 기초는 신뢰에 달려있다고 단정했다. 다양한 맥락에서 소비자는 마케터와 상호작용하는 의사를 결정할 수 있지만 어떤 관계교류는 대개 신뢰에 의해서 결정될 수 있다.

오랫동안 신뢰는 모든 상호작용에서 대단히 중요한 요소로 인식되었다. 하지만 일방적 커뮤니케이션은 신뢰를 구축할 가능성이 없기 때문에 전통적인 광고미디어는 마케터에게 소비자의 신뢰수준을 끌어올리는 제한된 능력을 제공한다. 하지만 교호적 상호작용, 커뮤니케이션 그리고 협력은 신뢰구축 및 실행을 촉진한다. 호프만 등(Hoffman, Novak, & Peralta, 1999)은 소비자는 금전과 개인 정보를 포함하는 관계교환에 적극 관여하는 대부분의 인터넷 마케터를 신뢰하지 않는다는 데 주목했다.

신뢰는 다른 실체의 특성에 대한 주관적 평가로 제한된 정보에 근거해 이루어진다. 마케팅 맥락에서 제품의 속성과 공정한 상호교류를 제공하려는 마케터의 의도에 관한 제한된 정보는 소비자로 하여금 마케터의 평판에 근거하여 마케터를 신뢰하려는 욕구를 불러일으킬 수 있고, 보완적 정보가 필요하기 때문에 제3자에 의존하며, 혹은 위험을 감소시키기 위해 다른 행동을 취하게 할 수 있다(Pavlou & Dimoka, 2006).

마케터에 대한 소비자의 신뢰는 넓게는 마케터가 그들의 기대에 부응하는 방식으로 특정한 상호작용을 수행할 것이라고 믿는 주관적 개연성으로 정의될 수 있다. 일반적으로 신뢰가 경제적 가치를 지녔다고 동의하지만 경쟁우위의 원천일 수 있는 반면, 신뢰가 소비자의 행동에 중요한 영향력을 갖고 있다는 사실에도 불구하고 전통적인 광고는 반드시 신뢰구축에 관심을 쏟지 않았다. 다른 한편으로 인터랙티브 미디어는 상호간 정보교류, 소비자 지원과 기술지원, 교호적 커뮤니케이션, 경영상의 연계, 소비자 요구에 따른 마케터의 의미 있는 적응을 통해 광고주와 제품에 대한 소비자의 신뢰를 촉진할 수 있는 잠재성을 가졌다(Forrest & Mizerski, 1996).

수용자가 다양한 미디어에 대해 차별적으로 지각하고 상이한 태도를 갖는다는 것은 분명하다. 소비자가 다양한 미디어를 서로 다르게 지각하고 이들에 대해 상이한 태도를 갖는다는 것을 아는 것이 사람들이 다른 미디어와 상호작용하는 방식 혹은 이러한 상호작용이 반응에 영향을 미치는 방식을 말해주지는 않는다. 이와 관련하여 쿡(Chook, 1983)은 "태도적 접근은 단순하고 상대적으로 비용이 덜 들지만 동시에 수많은 중요한 문제들을 야기한다. 한 가지는 미디어 관심, 신뢰, 기쁨의 측정은 광고의 수행평가 결과를 증명하지 못했다. 다른 한편으로 그러한 측정은 특정한 광고유형에 적응하기에는 너무나 일반적이다"라고 지적했다.

2) 매스미디어 이용

넓은 의미에서 미디어 효과는 개인이 매스미디어 이용에서 얻는 이용과 충족을 검증한 연구흐름이라는 맥락에서 고려될 수 있다. 이러한 패러다임은 사회적·심리적 욕구는 매스미디어에 대한 기대를 생성하는데, 이는 차별적인 노출패턴, 욕구충족, 그리고 다른 결과들을 이끌어 낸다. 이와 같은 연구접근은 많은 이유로 비판받지만, 사람들이 충족을 얻기 위해 미디어를 이용하고 상이한 미디어에서 마케팅커뮤니케이션 노출로부터 충족을 얻는다는 개념은 매력적이다. 이러한 개념을 지지하는 경험적 연구들이 있다. 가령 관련연구(O'Guinn & Faber, 1991)는 사회적 유용성 동기는 TV광고시청에 영향을

미친다고 밝혔다. 이들은 이용과 충족 접근은 특별한 관심을 지닌 잡지 구독처럼 미디어에 가장 유용하게 적용될 수 있다고 주장했다.

매스미디어로부터의 다양한 이용과 충족을 보여주는 증거들은 미디어 유형과 미디어 소비자 사이에서 차별적인 충성도를 분석한 연구에서 발견된다. 게다가 모든 수용자에게서 항상 발견되는 것은 아니지만 미디어 내에서 특정종류의 미디어와 특정미디어에 대한 선별적 노출패턴 혹은 선호도가 존재한다. 사람들이 다양한 특정미디어에 대해 생각하고 느끼는 방식 혹은 어떤 수용자들이 특정프로그램에 대해 혹은 프로그램에 관계없이 이동하는가는 모집단의 인구통계학적 속성구분에 따라 다르다. 하지만 보다 중요한 것은 상이한 프로그램 시청패턴이나 선호도는 시청자의 영구적인 심리적 특성과 관련된다는 점이다.

(1) 선별적 노출의 역할

사람들은 어떤 특정한 때 자신들과의 관련성에 따라 정보에 선별적으로 관심을 기울인다는 것을 보여주는 강력한 증거가 있다. 연구에 따르면 소비자의 특성이 미디어 효과에 직접적으로 영향을 미친다는 점은 분명하다. 예를 들어 소비자의 광고 정보처리를 분석한 쏘오슨(Thorson, 1990)은 광고메시지 처리방식과 처리에 영향을 미치는 소비자의 개인적 차이요인[동기(관여도), 능력, 사전학습, 정서]을 밝혀냈다. 이러한 효과를 설명하는 이론적 토대는 소비자는 호의적이고 마음에 드는 혹은 그들의 선유경향 및 관심과 일치하는 커뮤니케이션을 보고 듣는 경향이 있다는 명제인 선별적 노출이다(Zillmann & Bryant, 1994).

핵심이슈는 이러한 연구결과들이 상이한 미디어에서 마케팅커뮤니케이션 효과와 어떤 방식으로 관련이 있는가이다. 방송광고의 메시지는 특정소비자가 주어진 미디어를 이용하는 방식에 따라 충분히 다를 수 있다. 가령 특정 간행물 독자나 특정 프로그램 시청자는 광고내용이 해당 미디어를 선택한 중요한 이유가 될 수 있고 어떤 경우에는 특정미디어를 이용하는 유일한 이유일 수도 있다. 다른 한편으로 일부 방송 광고메시지는 미디어를 이용하는 목적과 일치하지 않는다면 개인의 관심을 끌지 못할 수 있다. 기분이 상하여 채널을 다른 데로 돌릴 수 있기 때문이다. 이러한 가설에 대한 증거는 다음에 논의할 관여도 개념에 관한 연구에서 유래한다.

3) 관여도

관여도(involvement) 개념은 수많은 태도형성 및 변화이론의 핵심개념이 되었다. 관여도는 소비자가 특정미디어 혹은 메시지와 어떻게 상호작용하는가의 관점에서 개념화되었다. 메시지와 미디어는 다소간 특정소비자를 포함하는 것으로 이해되었으며, 이에 대한 관여도는 소비자가 참여하는 정보처리 양이나 유형에 영향을 미치는 것으로 가정되었다. 또한 관여도는 사회심리학, 광고학, 커뮤니케이션학에서 매우 빈번하게 연구되는 논쟁적 개념의 하나이다. 관여도 효과검증 연구가 갖는 문제점의 하나는 폭넓게 받아들여지는 개념정의가 없다는 점이다. 연구자들은 관여도라는 개념을 많은 다른 것들을 뜻하는 것으로 사용했다. 예를 들면 쉬어린(Schwerin, 1958)은 관여 프로그램을 "긴장시키는" 프로그램으로 정의했다. 케네디(Kennedy, 1971)는 프로그램 줄거리에 대한 관심으로 정의했고, 솔도우와 프린시프(Soldow & Principe, 1981)는 관여도를 긴장감으로 해석했다. 쏘오슨 등(Thorson et al., 1985)은 TV프로그램에 대한 선호와 대뇌 피질의 흥분상태 평가를 통해 관여도를 측정했다.

관여도 개념의 조작적 정의에서 발견되는 이러한 다양한 차이는 관여도 측정에 관한 이슈와 관련이 있다. 마케팅 연구자들은 관여도를 미디어(혹은 특정 미디어) 측면에서, 메시지 측면에서, 메시지의 핵심인 제품 측면에서 정의했다. 관여도에 관한 연구결과의 불일치는 연구에 따라 관여도 정의 및 측정이 서로 다르게 이루어졌기 때문이다[이에 관련된 문헌검토는 Singh & Hitchon(1989) 논문을 참조]. 이러한 배경으로 이 영역에서의 연구는 미디어 효과에 대한 중요한 연구결과들을 도출해냈다.

관여도 관련 초기연구에서 크루그만(Krugman, 1965, 1966)은 관여도 개념은 1950년대 후반과 1960년대 초에 널리 인식된 이른바 상호교류 모델이라는 매스커뮤니케이션 효과모델과 조우했다고 가정한다. 이른바 "탄환" 혹은 "피하주사" 모델은 논리적으로 강력한 커뮤니케이션 효과를 가정하지만, 상호교류 모델의 핵심개념은 커뮤니케이션 효과가 매우 제한적이라는 데 있다. 개인의 특성, 태도, 경험, 선유경향 등 모든 것은 매스미디어 효과를 중개한다. 누군가 정리했듯이 효과 개념은 "미디어가 사람에게 무엇을 하느냐"에서 "사람들이 미디어를 이용하여 무엇을 하느냐"로 이동했다. 오늘날 현대적 버전의 상호교류 모델은 일반 인지반응이론(cognitive response theory) 부문의 태도연구자들 사이에서 여전히 널리 인기를 끌고 있다.

인지반응이론은 커뮤니케이션 수용자는 사고

생성에 의해 수용되는 것과 같이 적극적으로 정보를 처리한다고 가정한다. 많은 차이가 있지만 이 이론은 커뮤니케이션 반응에서 수용자 자신의 특유한 사고를 통해 수용자가 스스로를 설득하는 것처럼 사람들은 커뮤니케이션에 의해 그렇게 많이 설득되지 않는다고 주장한다. 광고연구에서 가장 널리 알려진 인지반응이론은 페티와 카시오포(Petty & Cacioppo, 1986)가 주창한 정교화 가능성모델(ELM: *Elaboration Likelihood Model*)이다. 이 모델은 커뮤니케이션 수용자의 많은 특성들이 인지반응의 가능성에 영향을 미친다고 논리적으로 가정한다. 연구자들로부터 가장 많이 주목받는 수용자 특성 두 가지는 정보를 이용하는 수용자의 능력과 수용자 관여도이다.

크루그만은 초기 상호교류 모델은 매스미디어 효과는 경험적 연구의 중요한 관심사인 이슈에 대한 태도변화로 쉽게 간주되기 때문에 결함이 있다고 주장했다. 크루그만은 사람들은 마케팅커뮤니케이션 내용에 그다지 많이 관여하지 않는다고 주장하면서 TV를 "저관여" 미디어라고 이름 붙였다. 인지반응이론은 저관여 상황을 무시하지 않았다. 이 이론은 고관여 상황과 저관여 상황 사이에 차이가 있지만, 기본이 되는 인지반응 메커니즘은 두 상황 모두 동일하다고 주장한다. 커뮤니케이션에 의해 유도된 사고내용이 다르다고 가정된다. 고관여 상황은 메시지와 직접적으로 관련이 있는 생각들을 끄집어내고 저관여 상황은 정보원 전문성, 정보원에 대한 호감처럼 메시지와 직접적 관련이 없는 생각들을 끄집어낸다. 메시지 수용자는 고관여 상황과 저관여 상황 모두에서 적극적인 정보처리자로 간주된다. 관여도의 기능으로 변화하는 것은 수용자가 주목하고 처리한 정보의 특징이다.

몇몇 연구는 관여도가 마케팅커뮤니케이션에 대한 반응에 미치는 다양한 효과를 자세히 검증했다. 로이드와 클랜시(Lloyd & Clancy, 1991), 오디트와 서베이(Audit & Survey, 1986)의 대규모 연구는 고관여 미디어(신문)가 광고메시지 전달에 매우 유용한 수단이라는 것을 증명했는데, 커뮤니케이션 효과측정(회상, 설득, 메시지 공신력)에 관계없이 모두 유의미했다고 보고했다.

버크홀즈와 스미스(Buchholz & Smith, 1991)는 다양한 측정을 이용하여 관여도와 미디어 유형의 상호작용 효과를 살폈다. 이들의 연구에 따르면 관여도는 상황변인으로 응답자들에게 광고에 대한 주의 깊은 관심 표명 혹은 관심 있는 광고 주변의 제품에 주목하도록 지시함으로써 효과를 발휘한 것으로 나타났다. 연구는 고관여 상황에서 메시지 수용자는 라디오와 TV광고에 담겨있는 메시지를 동등하게 처리하고 기억한다는 것을 보여줬다. 고관여 상황에서 메시지 수용자는 광고메시지에 대해 특히 개인적으로 관련된 생각을 더 많이 하는 경향이 있다는 것을 보여줬다. 저관여 상황에서 시청각 채널을 사용하는 TV는 탁월한 미디어이며, 라디오보다 훨씬 뛰어난 미디어이다. 인지반응과 개인적으로 관련 있는 많은 연결들은 저관여 상황에서 실질적으로 감소된다.

요약하면 관여도 개념은 이 장에서 다룬 여러 중요한 주제 가운데 하나이다. 관여도 개념은 미디어 효과를 직접 비교할 수 있는 토대를 제공한다. 관련 연구는 미디어에 따라 광고에 대한 주의집중과 정보처리를 유도하는 정도가 다르다는 것을 보여줬다. 더구나 관여도 개념이 명확하지 않음에도 불구하고 관련연구는 미디어 자체의 효과, 시청자 특성, 제품, 커뮤니케이션 발생상황 사이의 복잡한 상호작용들을 직접적으로 검증했다.

4) 기 분

기분(mood)은 특정시점에 마케팅커뮤니케이션에 노출되었을 때 구체적인 주관적 감정상태를 의미하는 용어이다. 많은 연구들은 기분이 주목, 정보처리, 의사결정, 기억, 태도형성과 같은 일련의 심리적 과정에 영향을 미친다는 것을 분명히 밝혔다. 스럴(Srull, 1990), 이센(Isen, 1989), 가드너(Gardner, 1985)는 이에 관한 많은 문헌을 검토하고 광고 및 소비자 행동에 대한 함의를 제공했다. 앞서 개념적으로 논의한 이용과 충족 연구는 개인을 미디어와 연결하는 인지 요인보다는 기분개념 및 정서적으로 집중하는 흥분개념과 더 관련이 있다. 핵심견해는 사람들은 감정상태(기분) 혹은 흥분상태(흥분)를 유지하고 변화시키기 위해 미디어를 이용한다는 것이다. 자기보고 데이터에 따르면 사람들은 흥분을 높이기 위해 혹은 감소시키기 위해 TV를 이용하고 생리학적 연구들은 TV시청은 혈압, 심장박동률 그리고 흥분상태를 반영할 수 있는 다른 생리학적 상태를 변화시킬 수 있다고 한다.

기분은 텔레비전 프로그램이 시청자 사이에 차별적 반응을 일으키기 위해 프로그램에 삽입된 방송광고와 상호작용함으로써 야기된다는 분명한 증거가 있다. 가령, 케네디(1971)는 서스펜스 프로그램 시청자는 코미디 프로그램 시청자보다 프로그램 삽입 광고에 등장한 브랜드 이름을 덜 기억한다는 연구결과를 발표했다. 하지만 광고된 브랜드에 대한 태도는 코미디를 시청한 수용자보다 서스펜스 프로그램 시청자 사이에 더 긍정적이었다. 솔도우와 프린시프(1981)는 회상과 관련한 유사한 결과를 보고하였다. 골드버그와 곤(Goldberg & Gorn, 1987)은 슬픈 프로그램 맥락에서의 광고시청과 비교했을 때 즐거운 프로그램 맥락에서의 광고시청이 프로그램과 광고시청 모두 기분을 훨씬 좋게 만들고, 광고에 대해 보다 긍정적 인지반응 그리고 광고효과에 대한 높은 긍정적 평가로 이어진다는 것을 발견했다. 이들은 또한 프로그램에 의해 유도되는 기분은 정보적 소구를 사용한 광고보다 감성적 소구를 사용한 광고에서 훨씬 더 큰 효과를 발휘한다고 보고했다. 하지만 이들은 광고의 감성적 톤과 광고가 삽입된 프로그램 사이의 상호작용은 검증하지 않았다.

카민스 등(Kamins, Marks, & Skinner, 1991)은 광고의 감성 톤과 프로그램 사이의 잠재적 상호작용을 검증했다. 결과에 따르면 "슬픈" 프로그램에 삽입된 "슬픈" 광고는 "슬픈" 프로그램에 담겨있는 유머광고보다 호감도 그리고 구매의도에서 훨씬 더 높은 평가를 받았다. 반대로 유머 프로그램에 삽입된 유머광고는 "슬픈" 프로그램 내에 삽입된 유머광고보다 광고 효과가 더 좋았다. 연구자들은 이러한 결과를 시청자가 프로그램을 통해 기분을 유지하려 한다는 일관성 이론 차원에서 해석했다. 그들은 방송광고는 TV시청을 방해하는 요인이므로 프로그램의 톤과 광고의 톤이 일치하는 경우 일치하지 않는 경우보다 광고의 효과가 더 크다고 주장했다.

초기연구에서 크루그만(1983)은 광고에 대한 반응과 프로그램 편성맥락 사이의 관계를 검증하기도 했다. 그는 기분에 관한 문제를 분명하게 제기하지는 않았지만 그의 가설은 개념적으로 기분의 개념과 관련이 있을 것 같은 과정을 반영한다. 그는 "광고는 흥미 있는 프로그램을 방해할 때 특히 못마땅한 것으로 여겨진다"라는 사회적 통념을 검증했다. 따라서 일부는 "프로그램이 재미있을수록 광고효과는 적다"라고 추론한다. 크루그만은 처음으로 시청자 의견과 시청자에 대한 영향을 분리된 현상으로 구별했다. 그는 관심수준에 따라 다양하게 결정된 56개의 TV프로그램의 광고의 영향을 검증했다. 그는 사회적 통념과는 정반대로 흥미 있는 프로그램을 방해하는 광고가 더 효과적이라는 것을 발견했다. 이는 광고에 대한 관여도는 편집환경과 일치하는 경향을 띨 것이라는 크루그만의 초기 가설과 일치한다. 이 연구는 다른 미디어와 비교하지는 않았지만 관심 개념은 미디어 효과와 관련이 있는 만큼 메시지 변인과도 관계가 있으며, 이러한 결과는 광고효과 중개자로서 미디어 시청 맥락의 중요성을 보여준다.

마지막으로 주요 현장실험은 TV광고에 대한 반응 결정요인으로서 프로그램 편성 맥락을 검증했다. 시추에이션 코미디 혹은 액션극 시청으로 프로그램 편성맥락을 조작했다. 그는 다양한 프로그램 유형이 상이한 효과를 설명하는 요인이라는 것을 설명하는 개념을 제공하지는 않았지만 프로그램 편성자극과 광고반응 사이의 연계는 기분 혹은 시청하는 동안 경험한 흥분상태로 인한 것일 수 있다고 생각했다. 참가자들은 특정프로그램을 시청할 것을 요구받았다(절반은 3편의 액션프로그램을 시청하고 나머지 절반은 3편의 시추에이션 코미디 프로그램을 시청하도록 실험적으로 조작되었음). 6개의 제품광고가 프로그램에 삽입되었으며 브랜드 회상, 태도, 구매의도, 방송광고 요소 회상과 같은 복수의 지표를

통해 효과를 측정했다. 흥미롭게도 방송광고 효과를 맥락지은 두 유형의 프로그램 편성 사이에는 별다른 차이가 없었다. 하지만 각 프로그램 유형의 특정 에피소드 사이에는 제품과 역할수행 측정에 걸쳐 유의미한 차이가 있는 것으로 나타났다. 동일한 프로그램의 상이한 에피소드는 프로그램에서 방영되는 광고역할수행에 효과를 미칠 수 있다. 이러한 효과는 프로그램 유형, 광고메시지, 시청자 특성 특히 프로그램 편성으로 유발된 기분 사이의 일련의 복잡한 상호작용의 결과일 수 있다.

프로그램 편성맥락과 광고반응 사이의 관계가 이전 기분과 프로그램 편성으로 유발된 기분이 틀리다는 것을 명료하게 하는 효과가 있는지를 탐색한 연구는 없다. 비록 다른 미디어가 기분을 새로이 만들어 내거나 변화시키는 능력이 있다고 하더라도 TV맥락에서 발생하는 기분효과의 유형이 다른 미디어에서 발생하는지는 명확하지 않다.

5) 상호작용성

지난 몇 년 동안 새로운 형태의 마케팅커뮤니케이션이 등장했다. 새로운 형태는 여타 형태의 커뮤니케이션이 지닌 특성을 여럿 지녔다. ① 상호작용적이지만 대인판매와 같은 인간적 접촉이 없을 수 있다. ② 소비자로부터의 그리고 소비자에게 직접 반응하는 기회를 제공한다. ③ 마케터의 개입 없이 소비자 사이의 매스커뮤니케이션을 가능하게 한다. ④ 인쇄광고와 방송광고의 특징을 일부분 공유한다(배너광고, e어나운스먼트).

커틀러(Cutler, 1990)는 뉴미디어를 즉각적으로 광고하고 판매하며 지불하는 능력을 제공하는

미디어로 정의했다. 인터넷과 다른 테크놀로지 (상호작용 웹 테크놀로지, 스트리밍 미디어, 와이어리스 디바이스, 인터랙티브 TV 등)의 출현으로 이들 새로운 미디어는 소비자와 마케터 사이에, 그리고 소비자 사이에 보다 밀도 깊은 상호작용을 허용하는 기본적인 능력 그 이상을 갖고 있다 (Anderson, 1996). 가장 흥미 있고 특이한 뉴미디어의 속성은 상호작용성이다. 상호작용성은 한층 발달된 커뮤니케이션 미디어의 개입으로 더욱 분명해졌다.

인터랙티브 미디어를 이용하여 소비자는 상업적 웹사이트 탐색이나 여러 사이트를 이용하여 정보를 수집하여 제공할 수 있고, 상호작용적 웹 기반 소프트웨어와 휴대전화를 통해 마케터와 상호작용할 수 있고, 그들의 선호도를 알리고 개인의 주문에 맞출 수 있고, 다른 소비자와 제품 그리고 서비스 공급자와 커뮤니케이션할 수 있고, 시간과 장소에 구애받지 않고 교류할 수 있다. 유사하게 마케터들은 그들의 메시지를 소비자에게 맞추기 위해 소비자에게 얻은 정보를 이용할 수 있고, 소비자를 세분할 수 있고, 정보와 제품의 선택 유형을 분석하기 위한 소비자 연구를 장려할 수 있으며, 미래의 제품과 서비스 향상을 위해 소비자 선호도에 관한 정보를 수집할 수 있다. 더구나 마케터들은 개인화된 정보, 생생한 메시지 전달과 오락, 빠른 고객 서비스, 이메일, "스마트" 웹사이트, 활력에 찬 교환원, 스트리밍 미디어, 화상회의를 이용한 기술지원과 같은 서비스를 제공함으로써 소비자에게 재미있는 정보 관련 경험들을 제공할 수 있다. 따라서 인터랙티브 미디어는 전통적 미디어에서는 찾아볼 수 없는 새로운 능력(Burke, 1997)을 제공한다.

상호작용성(interactivity) 개념은 주로 인터넷과 관련짓는 경향이 있다. 하지만 이는 인터랙티브 TV에서부터 휴대 전화기가 스크린에 인터넷 정보를 입수할 수 있는 모바일 사이트를 이용하는 모바일 장치에 이르기까지 매우 다양한 미디어를 통하는 상호작용성을 제공하는 기회가 증가하는 지금은 제한된 개념화라 할 수 있다 (Balasubramanian, Peterson & Jarvenpaa, 2002). 더구나 상호작용성 개념은 관계 마케팅의 개념화작업과 실천에 강하게 영향을 미칠 것이고, 마케터가 커뮤니케이션에 대해 생각하는 방식을 변화시킬 것이다. 레켄비와 리(Leckenby & Li, 2000)는 상호작용 광고를 소비자와 마케터 사이의 상호작용에 관여하는 중개수단을 통해 신원이 밝혀진 스폰서에 의해 이루어지는 제품, 서비스, 아이디의 표현 및 프로모션이라고 정의했다.

인터랙티브 미디어 이용은 광고에 대한 전통적 개념화와 이러한 개념화를 오늘날의 시장에 적용하는 것 사이에 어떠한 이론적 차이가 있는지에 대한 관심을 도출해낸다. 광고 실천관행과 연구에 대한 전통적 접근에 의하면 광고는 마케터가 소비자에게 행하는 어떤 것이라고 암묵적으로 가정되었다. 이와는 대조적으로 상호작용 광고는 광고가 소비자에게 행하는 것은 광고의 제한된 차원에 불과하며 소비자가 광고에 대해 행하는 것(Cross & Smith, 1995)과 인터랙티브 미디어가 이러한 쌍방적 상호작용에 어떻게 영향을 미치는지(Stewart & Pavlou, 2002)를 이해할 필요가 있다고 강조한다. 소비자가 정보를 추구하고, 스스로 선택, 처리하고, 이용하고 반응하는 이유는 상호작용 마케팅커뮤니케이션 이해를 위해서 매우 중요하다. 더구나 인터랙티브 미디어를 둘러싼 다양한 소비자 사이의 커뮤니케이션(예를 들어 포털, 채팅룸, 블로그, 온라인 제품리뷰 등)은 소비자가 마케터의 커뮤니케이션에 반응하는 방식을 변경시키는 잠재력이 있지만(Spalter, 1996), 제품공급 및 다른 마케팅 주도는 물론 그러한 커뮤니케이션에 대한 소비자의 반응을 측정하는 새로운 기회를 창출하기도 한다. 인터랙티브 미디어는 마케팅커뮤니케이션에서 소비자의 중요성을 강조한다(Stewart & Pavlou, 2002).

(1) 인터랙티브 미디어의 혜택

인터랙티브 미디어는 곧 TV의 도달률, 직접 마케팅의 선별성, 전문 판매인에 필적하는 개인화된 풍부한 상호작용이라는 목적을 이룰 것이다(Braunstein & Levine, 2000). 인터랙티브 미디어는 전통적인 비인터랙티브 미디어에 반응하지 않는 소비자인 매력적인 새로운 수용자를 목표로 정한 스트리밍 광고메시지를 전달하기 위해 방송미디어의 역동적인 전달을 겸비했다. 더구나 인터랙티브 미디어는 소비자에게 즉각적으로 교류목적을 달성하는 능력을 제공하는 커뮤니케이션(McKenna, 1997)을 가능하게 하는 동시에 결과를 모니터링하고, 소비자 선호도를 분석하고, 판매증가를 위한 메시지와 프로모션을 가능하게 한다. 따라서 광고주가 과거의 온라인 행동, 지리적 위치, 인구학적 속성에 관한 정보에 근거하여 상이한 내용을 소비자에게 소구하는 목표광고 집행을 가능하게 한다.

키니(Keeney, 1999)는 인터넷이 소비자 가치를 창출하는 다양한 방식을 제안했다. 교류에서의 에러를 최소화하고, 제품과 서비스 비용을 낮추고, 최적의 제품들 혹은 제품번들을 기획하고, 쇼핑시간을 최소화하고, 쇼핑의 즐거움을 증가시키는 것들이 이에 포함된다. 이러한 결과들은 의심할 여지없이 소비자에게는 가치 있는 것이지만 인터랙티브 미디어의 효과는 만족, 고객맞춤, 참여, 관여, 상호 확신 및 신뢰, 보다 나은 제품 이해 및 구매결정 품질을 포함하는 비용 및 편익 그 이상이다(Pavlou & Fygenson, 2006).

마케터들은 인터랙티브 미디어를 이용하여 소비자의 직접적 자기보고나 행동을 추적함으로써 소비자의 프로파일을 제작할 수 있다. 소비자도 자신의 선호도 프로파일을 생성할 수 있다. 예를 들면 마이포인츠닷컴(www.my points.com)은 소비자가 자신의 선호도를 밝힌다면 그들이 좋아하는 제품 및 서비스에 대해 개인화된 메시지를 보내준다고 약속한다. 이러한 의미에서 소비자는 관심을 가진 상품에 대해 학습함으로써 가치를 수용한다. 자기보고 이외에 데이터 마이닝은 마케터로 하여금 웹상의 마우스 클릭의 흐름과 구매이력 데이터 같은 행동패턴을 추적함으로써 소비자 선호도를 학습할 수 있게 하는 효과적인 접근방법이다. 가령 쿠키는 소비자의 웹 행동을 추적하기 위해 널리 사용되는 소프트웨어 프로그램이다. 그러므로 시스템의 "전문성"에 의존하는 웹 추적은 마케터들로 하여금 그들의 소비자에 대해 더 학습하도록 도와주고 그들의 메시지와 제품 제공능력을 향상시키고 이를 목표로 삼는다. 상호작용 광고는 사이트에서 판매하는 실물을 대신하는 대체물을 제공하는 제품 시뮬레이터 기능을 수행하기도 한다. 대역폭 한계가 덜 제한받는 것처럼 마케터들은 소비자가 360도에서 제품을 축소 혹은 확대하여 관찰할 수 있는 상호작용적 가상 쇼룸을 채택하여 제품을 광고할 수 있다(Jiang & Benbasat, 2005, 2007a, 2007b). 더구나 마케터는 실제 판

440

매원을 고용하지 않고도 실제 상담원과 유사한 방식으로 소비자의 질문에 응답하도록 돕는 인터랙티브 미디어의 능력을 이용하여 살아있는 생생한 상담을 제공할 수 있다. 요약하자면 상호작용 광고는 소비자와 마케터 사이에 보다 나은 그리고 보다 효과적인 상호작용을 용이하게 하는 다양한 혜택을 소비자와 마케터에게 제공한다(Wikstrom, 1996).

인터랙티브 미디어가 개인적 상호작용이라는 인간적 접촉을 결코 이룰 수 없고 전문 판매원의 목소리 톤과 몸짓 언어를 그대로 옮길 수는 없겠지만 개인판매 형태인 일대일 마케팅의 기회를 제공한다(Burke, 1997). 인터랙티브 미디어는 대규모 시장에 맞춤식 해결책을 제공하기 때문에 마케팅커뮤니케이션이 인간 판매원의 "높은 수준의 접촉"이 요구되는 영역에 진입하는 것을 가능하게 할 수 있다. 실제로 스튜어트 등(Stewart, Frazier & Martin, 1996)은 인터넷은 전통광고 및 개인판매와 합쳐지는 새로운 형태의 통합 마케팅 커뮤니케이션으로 바뀌고 있다고 주장했다.

러브락(Lovelock, 1996)에 의하면 인터랙티브 미디어는 소비자와 마케터 사이에 커뮤니케이션 채널을 구축할 수 있고 보다 나은 관계를 맺는 관계 향상의 기회를 제공할 수 있다. 맞춤식의 개인화된 미디어는 판매 후의 고객 서비스를 향상시키는 잠재적 가능성 또한 있다.

소비자 측면에서의 맞춤식 주문생산 개념은 인터랙티브 미디어 채택으로 가능한 결과이다. 예를 들면 헬퍼와 맥더피(Helper & MacDuffie, 2000)는 소비자 틀에 맞춰 형성한 자동차 주문 인터랙티브 미디어를 통해 개인판매 형태에 적극

적으로 참여할 수 있는 가설 시나리오를 제안했다. 게다가 자동보충[1]은 소비자가 신제품 재요청을 자동적으로 통지받는 일대일 마케팅의 한 형태이다. 자동보충은 소비자 경험에 가치를 부여하고 기존고객을 되부르며 새로운 판매를 전달하는, 그리고 고객관계를 향상시키는 다른 형태의 개인 판매로 간주될 수 있다. 이러한 형태의 광고는 고객-마케터 관계를 필요로 하므로 상호작용성은 자동 보충의 성공을 위한 중요 요소이다. 광고에서 인터랙티브 미디어 이용으로부터 제기될 수 있는 엄청난 가능성에도 불구하고 이메일 커뮤니케이션은 오늘날의 인터랙티브 미디어 내에서 여전히 가장 보편적인 개인판매 형태이다. 예를 들어 쿨세이빙스닷컴(www.cool savings.com)은 사이트를 방문해서 특정 할인제품을 구매할 것을 요청하는 개인화된 이메일을 목표소비자에게 발송한다. 큰 비용지출 없이 즉각적으로 그리고 신뢰할 만한 상태로 개별 이용자에게 도달하는 능력은 전통적인 편지, 전화 혹은 방송미디어보다는 이메일 커뮤니케이션을 보다 효과적인 것으로 보이게 한다. 소비자들은 매스미디어보다는 자신들의 관심에 맞춰 개인화된 이메일 제공에 좀더 쉽게 반응하는 것 같다.

인터랙티브 미디어는 마케터가 지식과 개인화된 광고메시지를 제공하기 위해 소비자를 충분히 알고 있을 때 개인판매를 대체할 수 있다. 마케터는 소비자의 선호도에 근거하여 메시지를 맞춤제작한다는 측면에서 소비자에게 혜택을 주는 정보를 이상적으로 이용하지만 개인정보 수집은 실제로 소비자의 프라이버시 침해로 귀결될 수 있다(Culnan & Armstrong, 1999;

---

1 역자 주: 자동보충(automatic replenishment)이란 구매자의 재고현황을 보면서 공급자가 적정수준을 유지토록 상품을 자동적으로 공급하는 제품공급업자와 소매업자 간의 협약을 말한다.

Malhotra, Kim, & Agarwal, 2004). 온라인 특성을 정리하는 것은 소비자의 웹서핑 습관과 여타의 사적 구매선호도에 관한 자료를 수집하는 어쩌면 가끔은 비밀스럽게 진행되는 실천관행이다.

인터넷의 독특한 차원의 하나는 익명성이다. 따라서 소비자는 웹서핑하는 동안 마케터에 의해 수집되는 소비자 개인정보인 프라이버시에 대해 당연히 관심을 갖게 된다. 웹 추적은 마케터에게 엄청난 잠재력을 부여하지만 소비자의 프라이버시 상실에 관한 관심은 소비자를 더 잘 이해하려는 마케터의 노력을 방해할 수 있다(Malhotra et al., 2004). 전통적 형태의 개인판매와 유사한 상호작용 광고는 소비자가 의도적으로 그러한 상호작용을 추구할 때 합법적인 일대일 커뮤니케이션이라는 목적을 달성할 수 있다.

(2) 인터랙티브 미디어에서의 구전커뮤니케이션

구전(口傳) 커뮤니케이션은 아주 오랫동안 가장 신뢰할 만한, 편견이 없는, 효과적인 형태의 마케팅커뮤니케이션으로 간주되었다(Hoyer & Macinnis, 2001; Rosen, 2000). 구전커뮤니케이션은 제품 및 서비스 특성, 사용법, 소유권에 관해 소비자 사이에서 이루어지는 모든 비공식적 정보교환으로 정의된다. 많은 인터넷 포털은 생명력 있는 대량 구전커뮤니케이션 형식을 제공하여 마케터의 개입 없이 소비자로 하여금 이메일 집단 토론, 메시지 게시, 채팅룸을 통해 적극적으로 커뮤니케이션할 수 있게 한다(Chevalier & Mayzlin, 2006). 소비자는 항상 다른 소비자에게 정보를 확산시킬 수 있는 능력이 있는데(구전), 이러한 "의견제시" 현상은 새로운 인터랙티브 미디어에서 현저할 정도로 활발하게 이루어

진다(Buttle, 1998). 바이러스 마케팅이라는 용어는 마케터가 거의 노력하지 않거나 그러한 노력이 없는 상태에서 소비자가 마케터의 메시지를 다른 소비자에게 퍼뜨린다는 사실을 묘사한다. 가령 가상 축하인사 카드를 제공하는 웹사이트(예: www.bluemountain.com)는 소비자가 다른 소비자에게 서로 인사를 보낼 때 그러한 카드의 이용가능성에 대한 정보를 퍼뜨린다.

제3자에 의해서 구동되는 형태의 상호작용 커뮤니케이션을 위한 새로운 장소가 인터랙티브 미디어에서 등장했다. 야후닷컴(www.yahoo.com)과 같은 독립포털은 동일한 관심과 생각을 공유하는 소비자들을 연결하는 편리한 방법을 제공하는 가상 커뮤니티, 메시지 게시판, 채팅룸, 이메일 그룹토론의 호스트 역할을 수행한다. 가령 이그룹닷컴(www.egroup.com)은 소비자들이 쉽게 이메일 그룹을 만들고 가입하도록 돕는 이메일 그룹 서비스이다. 이 서비스는 수백만의 소비자 사이에 역동적인 커뮤니케이션 형식을 제공한다. 보통 구전커뮤니케이션은 마케터에 의해 구동되지는 않지만 광고주는 소비자 사이에 어떤 정보가 커뮤니케이션되는지를 모니터하고 경우에 따라서는 이에 영향을 미칠 수 있다(Chen & Xie, 2005).

온라인 제품평은 전통적 상황을 초월한 그 이상의 상황에 도달할 수 있고 실제 소비자 수는 무한하기 때문에 온라인 제품평 형식에서 온라인 구전커뮤니케이션은 주요 정보원이 되었다. 실제 마케팅 문헌은 소비자들이 온라인 제품평에 관심을 기울이고 구매의사결정을 내리도록 영향을 미친다고 밝힌다(Chatterjee, 2001; Chevalier & Mayzlin, 2006). 그러므로 아마존닷컴(www.amazon.com)이나 서킷시티닷컴(www.circuitcity.

com) 같은 회사들은 소비자들로 하여금 제품평을 읽고 쓰도록 권하고 있으며 에피니온닷컴(www. epinions. com)과 비즈레이트닷컴(www. biz rate. com) 같은 회사들은 온라인 제품평을 수집하고 종합하고 유포하는 데 전문성을 지녔다. 퓨(Pew) 인터넷의 2006년 8월의 설문조사는 인터넷 이용자의 28%는 자신의 제품구매에 대해 평가하고 2005년 3월의 설문조사는 인터넷 이용자의 78%가 제품구매 전에 제품평을 읽는다고 밝혔다. 따라서 많은 연구들은 제품판매를 예측하기 위해 온라인 제품평을 이용했다. 예를 들어 쉐발리어와 메이즐린(Chevalier & Mayzlin, 2006)은 아마존과 반스앤노블 웹사이트에서 온라인 제품평이 책 판매에 미치는 영향을 검증했다. 연구결과 책의 온라인 제품평 평균값은 책 판매를 증진시키는 것으로 나타났다. 대부분의 연구들은 온라인 제품평은 제품판매에 유의미한 효과를 미친다고 보고했다. 하지만 다른 연구들은 제품평의 방향성은 유의미한 효과를 보이지 않은 대신 제품평의 분량은 판매에 유의미한 영향을 미쳤다는 것을 보여준다. 요약하면 구전커뮤니케이션의 한 사례로서 온라인 제품평의 특징과 영향은 여전히 학자들에게 열려있는 연구문제이다.

공적 장소에서 온라인 구전커뮤니케이션을 모니터링하는 것은 소비자의 프라이버시를 침해하는 것이 아니며 소비자가 찾는 가장 중요한 정보가 무엇인지에 관한 가치 있는 정보를 제공할 수 있다. 매우 많은 것을 자세히 서술하여 소비자 선호도를 추적하기보다는 마케터들은 소비자가 그들의 선호도를 어떻게 형성하는지를 이해하기 위해 가용한 정보를 이용할 수 있다. 더구나 마케터들은 "시딩"(seeding) 사이트를 통

해 구전커뮤니케이션에 영향력을 행사할 수 있다(Rosen, 2000). 요약하면 인터랙티브 미디어를 통해 이루어지는 소비자 대 소비자 커뮤니케이션은 마케터가 구동하는 커뮤니케이션을 보완할 수 있는 역동적 형태의 구전커뮤니케이션을 제공할 수 있다.

중요성에서 빠르게 증가하고 있고 마케터가 구동하는 커뮤니케이션을 보완할 수 있는 역동적인 온라인 구전커뮤니케이션의 구성요소는 블로그이다. 블로그는 가장 빠르게 증가하는 온라인 커뮤니케이션 미디어이고 가장 최신의 개인적 표현 방법이다. 전 세계적으로 2004년에는 5백만 개의 블로그가 있었는데 2005년에는 5천만 개로 증가했다(Wright, 2006). 블로그펄스(www. blogpulse. com)에 따르면 거의 매일 7만 개의 블로그가 새로 개설되고 70만 이상의 개별 블로그가 새로운 내용을 게시하여 퍼뜨린다고 한다. 포츈(2005) 잡지는 블로그는 너무나 중요해서 회사들이 이를 무시할 수 없다고 주장했다(http://money. cnn. com/magazines/fortune/2005/01/10). 흥미롭게도 다수의 주류 TV뉴스보도는 블로그에서 뉴스기사를 인용한다. 블로그는 개인출판과 낮은 단계의 커뮤니케이션 수단으로 시작했지만 최근엔 마케팅 도구가 되었다. 예를 들어 마이크로소프트, 제너럴 모터스, 디즈니 스튜디오는 정보유포, 관계구축, 지식관리를 위해 블로그를 채택했다. 1천 명 이상의 마이크로소프트 개발자와 제품 관리자는 고객이 회사의 제품과 서비스에 어떻게 반응하는지를 이해하기 위해 블로그를 통해 직접적으로 커뮤니케이션한다(Wright, 2006). 제너럴 모터스는 회사 뉴스 배포, 제품정보 제공, GM고객들이 참여할 수 있는 온라인 커뮤니티 구축을 위해 패스트

래인 블로그(http://fastlane.gm131blogs.com/) 를 도입했다. 디즈니는 두 개의 디즈니 블로그 (Disney Channel & Toon Disney)의 원활한 작 동을 보호하기 위해 130명 이상의 기술자들이 작업에 참여한다. 이러한 예들은 블로그가 소비 자 사이에, 소비자와 회사 사이의 전통적인 커 뮤니케이션 채널을 대체하고 소비자-마케터 커 뮤니케이션과 밀접한 관계가 있다는 것을 시사 한다.

대규모 인터랙티브 미디어의 가용성은 아주 최근에 등장한 현상이다. 마케팅커뮤니케이션 맥락에서 이들 미디어가 갖는 중요한 함의는 확 인되어야 하고 탐색되어야 한다. 그럼에도 불구 하고 근본적으로 상호작용성은 마케팅커뮤니케 이션의 특징을 변화시켰다. 마케팅 실천관행 및 연구의 전통적 패러다임은 은연중에 커뮤니케 이션은 마케터가 소비자에게 행하는 그 무엇으 로 가정되었다. 우리가 지적했듯이 이는 매우 제한된 관점이다. 마케팅커뮤니케이션에 관한 연구를 위한 전통적 패러다임은 전문직업에는 도움이 되었지만 점증하는 상호작용적 맥락에 서는 불완전한 것이다(Pavlou & Stewart, 2000). 상호작용 커뮤니케이션의 미래는 소비 자가 마케팅커뮤니케이션에 대하여 무엇을 행 하는지 그리고 소비자들이 마케팅커뮤니케이션 에 어떻게 반응하는지에 중점을 두는 새로운 패 러다임의 필요성을 강조한다. 새로운 패러다임 의 초점은 마케팅커뮤니케이션에 대한 소비자 의 반응이 아니라 소비자의 적극적인 마케팅커 뮤니케이션 참여에 맞추어져야만 한다(Roehm & Haugtvedt, 1999).

새로운 패러다임은 마케팅커뮤니케이션의 영 향 및 효과에 대한 연구의 관심이 결과로부터 과 정과 결과 두 가지 모두로 이동할 것을 요구한 다. 언제 어떻게 상호작용할 것인지를 선정하는 커뮤니케이션 기회선택에서, 소비자의 역할 그 리고 상호작용에 관여한 소비자의 목표와 목적 은 커뮤니케이션 작동방식에 관한 새로운 측정 과 새로운 개념화를 요구하는 마케팅커뮤니케 이션에서 매우 중요한 요소가 될 것이다. 또한 마케팅 믹스는 점점 통합되고, 동일한 전달수단 이 복수의 기능을 떠맡게 되므로 완전한 마케팅 믹스의 맥락을 고려하지 않은 채 마케팅커뮤니 케이션 관련 연구를 집행하는 것은 점점 어렵게 될 것이다. 특히 다른 소비자와의 상호작용 같 은 다른 정보원 이용은 소비자가 마케팅커뮤니 케이션에 대해 행하는 것처럼 소비자의 반응방 식과 이유를 이해하는 것이 중요해질 것이다.

6) 미디어 맥락: 마케팅커뮤니케이션 영향의 중개자

아주 넓은 의미에서 소비자 특성 5가지는 미디 어 노출과 관련하여 복잡한 맥락을 형성한다. 즉 ① 미디어 유형과 ② 특정 미디어에 대한 태도, ③ 관여도, ④ 미디어 이용 동기를 부여하고 특 징짓는 기분 상태, ⑤ 상호작용성 등이 그것이 다. 이들 모두는 특정미디어와 미디어에 주목하 는 동안 소비자의 인지적·정서적 상태 주목에 관한 소비자의 의사결정에 영향을 미치는 맥락 을 형성한다. 하지만 몇몇 연구는 상이한 미디어 에서 커뮤니케이션 효과를 결정짓는 소비자 특 성에 관한 관심보다는 미디어 자극 그 자체에 더 큰 관심을 가진다. 이들 연구들은 미디어 맥락에 대해 관심을 가진 연구로 간주될 수 있다. 이 분 야의 연구들은 상이한 미디어 유형에 대한 노출

측면에서 인지반응, 주목행동, 생리학적 반응처럼 광고노출에 따른 즉각적 결과를 설명하려 한다. 다른 연구들은 노출의 빈도와 시기의 기능으로서 광고에 대한 장기적 반응을 검증했는데 이들은 다음 섹션에서 논의될 것이다.

앞서 논의했듯이 크루그만의 관여도 개념에 따르면 소비자 특성 및 제품 특성 이외에 미디어에 내재된 특성도 소비자의 미디어 관여도를 결정하기 위해 상호작용한다. 핫미디어(방송)와 쿨미디어(인쇄매체) 같은 용어는 개인에게 미치는 상이한 효과와 관련이 있을 수 있는 특정미디어의 특성에 관해 많은 것을 말해주지 않는다. 주요 관심사는 미디어 맥락이 마케팅커뮤니케이션에 대한 소비자의 반응에 어떠한 영향을 미치는가이며, 만약에 영향을 미친다면 이러한 반응의 특징이 무엇인가라는 점이다. 이러한 문제는 인지반응 연구, 관찰연구, 생리학적 측정연구, 점화연구, 다양한 상황적 환경적 요인들의 중개효과에 관한 연구의 몇 가지 유형으로 분류된다.

(1) 인지 반응

라이트(Wright, 1973)의 고전적 연구는 미디어와 수용자 관여도의 상호작용이 인지반응의 범위에 미치는 효과를 검증했다. 심리학에서 이루어진 선행연구에 크게 의존하여 라이트는 마케팅커뮤니케이션에 노출되었을 때 개인은 일련의 반응들을 경험할 수 있고, 이러한 반응의 특징 및 집중도는 관여의 정도와 직접적으로 관련된다고 주장했다. 이러한 인지반응은 반론, 정보원 폄하, 지지 주장, 그리고 다른 연구에서는 연계라고 하는 즉 광고에서 본 것을 소비자의 개인적 삶의 어떤 측면과 관련짓는 크루그만의

가교역할에 대한 논의와 유사한 개념 등을 포함한다.

라이트는 이러한 인지반응 변인이 다른 관여 조건에서 상이한 미디어에서 행해지는 마케팅커뮤니케이션에 대한 소비자의 반응결정을 중개하는 역할에 관심이 있다. 수용자 관여도는 콩으로 만든 신제품(고관여) 광고를 시청하게 한 후 단기간에 의사결정을 해야 한다고 얘기하여 수용자 관여도를 조작했다. 다른 참여자에게는 절박한 의사결정에 관한 얘기를 하지 않았다(저관여). 메시지는 라디오 광고와 유사한 음성수단 혹은 신문이나 잡지광고와 비슷한 인쇄수단을 통해 전달되었다. 라이트는 라디오 버전의 광고보다 인쇄 버전의 광고에서 전체 인지반응, 약한 정보원 폄하, 강한 지지주장이 훨씬 강해 매체간에 유의미한 차이가 있다고 밝혔다. 비록 광고메시지의 수용은 미디어에 의해 영향을 받는 것은 아니지만 구매의도는 라디오 조건의 광고보다 인쇄매체 조건의 광고에서 더 높았다. 지체반응은 이틀 이후에 분명해졌다. 고관여 참가자들 사이에서 라디오 광고에 대한 지지반응은 증가했지만 신문광고에 대해서는 그렇지 않았다. 수용자의 통제수준이 높은 인쇄 미디어 광고와 비교했을 때 방송 미디어의 신속한 전송률은 반응활동의 양과 변화성 둘 모두를 억제한다. 시간의 흐름에 따라 상대적으로 방송 미디어에 대한 인지반응에서 증가의 기회가 더 많았고 인지반응은 태도변화와 행동 지속성 양의 차이 둘 모두와 관련이 있을 수 있다.

(2) 관찰 연구

다른 연구들 또한 상이한 미디어 맥락에서 마케팅커뮤니케이션을 시청하는 동안에 발생한

소비자 반응을 직접 검증했다. 라이트는 상이한 맥락에서 마케팅커뮤니케이션을 관람하는 동안 자기보고식의 인지반응을 조사했고, 일부 연구자는 미디어에 관심을 기울이는 동안의 실제행동을 조사했다. 예를 들어 워드 등(Ward et. al., 1972) 그리고 브라이언트와 앤더슨(Bryant & Anderson, 1983)은 TV를 시청하는 동안의 실제행동을 관찰했다. 톨리(Tolley, 1991)는 신문에 관한 독자의 눈동자 움직임을 눈에 띄지 않게 추적하는 램프와 유사한 도구를 사용했다. 로스칠드 등(Rothschild & Hyun, 1990)은 TV광고에 노출된 실험 참가자의 생리적 반응을 측정했다. 그런데 이들 대부분의 행동연구들은 인쇄미디어와 음성미디어의 차이를 비교한 라이트와는 달리 미디어 간의 반응을 비교하지 않았다.

워드 등의 연구에서 엄마들은 아이의 TV시청을 관찰한 후 어린이들의 관심행동을 코딩했다. 결과는 TV를 시청하는 동안 TV에 전혀 관심을 기울이지 않는 행동에서부터 TV에 몰입하는 완전한 관심을 보이는 행동에 이르기까지 다양한 행동이 나타난다는 것을 보여줬다. 방송광고가 방영되는 동안 방송광고가 프로그램을 방해할 때 어린이의 관심은 증가했지만, 광고가 계속 이어지는 동안에는 관심이 감소했다. 흥미 있는 것은 일련의 광고 후에는 관심이 증가하는 경향이 분명했는데, 이는 어린이들이 프로그램이 다시 방영될 것으로 기대했기 때문이었다. 브라이언트와 앤더슨의 연구는 어린이의 관심을 끄는 TV 속성을 확인하고자 했다. 관심은 영상선택으로 조작되었다. 즉 어린이들의 눈이 직접적으로 TV화면을 향한 때를 관심으로 정의했다. 높은 수준의 신체활동 및 오디오 변화와 같은 프로그램 특성은 채널이동을 포함하는 TV화면에 관심을 기울이게 한다. 이러한 결과는 어린이 광고 제작자의 관심을 끌게 되었고, 대부분의 어린이 광고는 어린이의 관심을 끄는 활발한 몸동작과 소리의 변조와 같은 요소를 관행적으로 사용했다. 하지만 단순히 TV화면에 집중한다는 것이 시청자 정보처리를 보증하지는 않는다.

톨리는 신문독자는 주목할 것인지 그리고 무엇을 주목할 것인지를 결정하기 위해 지면을 훑는다는 것을 발견했다. 대부분의 개별 지면은 실제 주목받지 못했다. 신속하게 훑어보는 것은 정보를 들은 독자들이 해당 아이템, 사설에서 다룬 문제, 광고 등을 확인하는 수단이라는 것을 시사한다. 이러한 결과는 관련 없는 정보를 거르기 위해 작동하고 해당 정보처리가 노력할 만한 가치가 있는 것인지 그러한 환경적 요소의 결정을 돕는 관심 전에 이루어지는 즉 사전 관심 처리과정이 존재한다는 것을 시사하는 연구결과와 일치한다. 톨리는 개인의 신문 독서 스타일은 매우 다양하지만 일관성을 견지한다는 것을 관찰했다.

(3) 생리적 반응 측정

로스칠드 등(Rothschild & Hyun, 1990)은 TV광고를 시청하는 개인의 생리적(뇌파) 반응을 측정하고 이러한 반응과 TV 광고내용 기억의 관계를 조사했다. 광고에 노출되는 동안 유의미한 뇌파활동 그리고, 뇌의 반구체에 의해 더 강하게 지배받을 것이라고 가정된 방향에서 약간의 차이를 발견했다. 후자는 정보처리과정에서 뇌의 좌측면과 우측면의 분화를 일컫는 반구의 편중화(*hemispheric lateralization*)에 관한 주제이다. 일부 학자는 우뇌는 그림이나 음악과 같은 자극을, 그리고 좌뇌는 어휘나 숫자에 관한 정

446

보를 더 잘 처리한다는 관념까지 발전시켰다.

(4) 점 화

미디어 맥락의 효과에 관한 연구의 또 다른 흐름은 미디어가 광고의 특정내용과 다른 형태의 마케팅커뮤니케이션에 관한 관심을 점화시키는 정도를 검증했다. 광고가 아닌 다른 맥락에서의 연구는 그러한 효과의 존재를 주장했다. 점화개념은 미디어 맥락은 다른 것보다 어떤 커뮤니케이션 메시지 내용에 더 관심을 가지도록 하게 하는 경향이 있고 수용자가 복잡하거나 다양하게 해석될 수 있는 자극을 묘사하는 해석에 영향을 미칠 수 있다고 주장한다. 예를 들면, 광고에 나이 많은 모델의 등장은 원숙함, 경험, 보수적 성향, 세련미, 확고부동함, 혹은 다수의 다소 긍정적 속성으로 해석될 수 있다. 제품에 종속적이지만 이러한 해석의 일부는 다른 이보다 마케터가 더 바라는 것일 수 있다. 향수의 경우 경험 및 세련미와의 연상은 적합하지만 보수적 성향과 확고부동함은 다소 적절하지 않을 수 있다(이러한 속성은 은행과 같은 다른 속성에 적합할 수 있다). 미디어 맥락은 이러한 해석의 한 가지 혹은 그 이상을 점화할 수 있다. 예를 들면, 광고가 감각적인 나이 든 여성에 관한 프로그램에 삽입되었다면 나이 든 여성 광고 모델에 의해 유도되는 연상은 세련미와 경험일 수 있다. 다른 한편으로 프로그램이 치명적인 병마에서 살아남기 위해 싸우는 나이 든 여성의 투쟁을 다루는 프로그램에 삽입되었다면 다른 연상이 도출될 수 있다.

몇몇 실증연구는 그러한 점화가 발생하는 것을 보여준다. 더구나 이러한 점화는 인지적 반응과 정서적 반응 둘 모두에서 발생할 수 있다. 예를 들어 이(Yi, 1990a)의 연구는 자동차의 속성(크기)에 관한 특정해석을 강조하는 미디어 맥락은 점화된 해석에서 매우 현저했다. 유사한 효과가 다른 연구에서도 확인되었고, 와이어와 스럴(Wyer & Srull, 1981)의 인지 접근성 모델 그리고 프레이밍 효과에 관한 최근의 연구와도 일치한다. 이(1990a)는 또한 미디어 맥락에서 야기되는 기분에서 기분 유형의 효과인 정서적 점화를 증명했다. 그는 사설의 논조가 긍정적일수록 광고는 더욱 효과적(브랜드 태도와 구매의도)이라는 것을 확인했다. 그리고 이러한 효과는 광고에 대한 보다 긍정적 태도에 의해 중개되어 나타난다는 것을 발견했다.

점화연구는 점화는 대개 단일 방향적으로 발생한다고 가정된다. 즉 효과는 미디어 맥락이 메시지 반응에 미치는 영향에 의해 발생한다. 이는 보다 지배적인 미디어 환경 내에서 광고게재가 이루어지는 상황에서 불합리한 가정은 아니다. TV프로그램 시작 이전의 방송광고는 미디어에 대한 반응을 점화하여 반대효과를 지닐 수도 있다. 또 다른 관련문제는 동일한 미디어에서의 광고, 동일한 방송광고 구획, 잡지 면은 다른 광고에 대한 반응을 점화할 수 있다. 인터랙티브 미디어 맥락에서 점화의 역할은 일련의 관심 있는 연구문제들을 제기한다. 예를 들어 웹사이트 배너광고에서 맥락은 뒤이은 반응의 특징은 물론 광고에 반응하는 성향 모두에 영향을 미칠 수 있다.

3. 미디어 계획의 효과

연구결과는 상이한 미디어에서 마케팅커뮤니케이션의 효과는 다양하다는 것을 시사한다. 즉

정해진 일정에서 어떻게 개인이 광고에 노출되는가를 의미하는 미디어 스케줄링(*media scheduling*)에 달려있다(빈도 및 반복효과). 페크만과 스튜어트(Pechmann & Stewart, 1988)는 문헌검토 후에 커뮤니케이션에 대한 3가지 양질의 노출은 메시지가 효과를 갖기에 충분하다고 주장하고 3가지 양질의 노출효과를 산출하기 위한 여러 차례의 기회를 가질 수 있다는 데 주목했다. 이는 잠재적 메시지 수용자는 광고가 제시될 때 메시지에 관심을 기울이지 않도록 마음을 먹거나 전체 메시지의 일부분만을 보거나 들을 수 있기 때문이다. 이는 마케팅커뮤니케이션 전반은 물론 경쟁제품 마케팅커뮤니케이션도 특정시간에는 광고메시지 처리를 방해할 수 있다.

몇몇 연구는 광고에의 반복노출 효과를 검증했다. 블레어, 블레어와 라벅(Blair & Rabuck, 1998)은 설득 측정에서 높은 점수를 얻는 방송광고의 경우 시장에서의 광고비 지출 증가는 판매를 증가시켰다는 결과를 보고했다. 광고비 차액은 설득이 낮을 때 차이를 일으키지는 못했다. 즉 광고가 처음에 설득적이지 않으면 무한정 광고에 노출된다 해도 반응을 이끌어내기에는 충분하지 않다. 현재의 논의와 더 관련된 것은 광고의 설득효과는 아주 빠르게 발생하고 이러한 효과는 광고에 대한 총노출량(GRP)과 직접적으로 비례한다. 더구나 적어도 방송광고가 목표 소비자에게 도달하면 더 이상의 추가노출 효과는 없다. 소비자가 광고에 노출되어 설득되거나 설득되지 않으면 그걸로 끝이다. 소비자는 추가노출에 의해 더 이상 설득되지 않는다.

블레어는 TV광고를 연구대상으로 삼았지만, 1980년대 초에 잡지사〈타임〉이 시그램앤선즈사(Joseph E. Seagram & Sons, Inc.)와 공동으로 실시한 연구는 인쇄광고의 반복 및 빈도효과를 검증했다. 이 연구는 한 가지 제품(주류)과 2개의 잡지(〈타임〉과〈스포츠 일러스트레이티드〉)에 제한했지만 잘 통제된 그리고 48주라는 오랜 기간 동안 실시되었다. 이 연구결과는 브랜드 인지, 브랜드 태도, 구매의도 측정은 광고를 본 첫 번째 기회 이후에 급격히 증가한 것으로 나타났다. 모든 측정치는 한결 같았는데 캠페인 초기에 높은 수준의 인지도를 가진 브랜드를 위해 몇 주간의 캠페인을 전개한 이후에도 여전히 변치 않았다. 하지만 초기에 낮은 인지도를 지닌 브랜드의 경우 모든 측정치는 48주간의 캠페인 기간 동안 꾸준한 증가추세를 보여주었다. 광고빈도 효과는 높은 수준의 브랜드 인지도보다는 낮은 수준의 브랜드 인지도에서 더 컸다. 이러한 결과는 마케팅커뮤니케이션의 학습관점과 일치한다. 따라서 학습 및 망각 마케팅커뮤니케이션의 정보처리과정과 기억처리과정에서 이루어진 기본적인 연구를 비교하는 게 도움이 된다.

1) 학습 및 기억 효과

미디어 스케줄링이 광고효과에 미치는 영향에 관한 대부분의 연구는 노출빈도와 광고자극 반복의 기능으로서 회상과 다른 변인(특히 태도변화)을 조사했다. 이는 학습심리학에 관한 연구방법과 매우 유사하다. 학습심리학 연구분야의 선구자인 에빙하우스(Ebbinghaus, 1902)는 3가지의 기본적인 기억처리과정이 발생한다는 것을 확인했다.

(1) 부정적 촉진 망각곡선(*negatively accelerating forgetting curve*)

에빙하우스는 실험참가의 경우 20분 후에는 학습한 내용의 3분의 1을 잊어버리고, 6일 후에는 4분의 1을, 그리고 한 달 후에는 5분의 1을 잊어버린다는 것을 관찰했다.

(2) 계열위치효과(*serial position effect*)

목록의 시작 부분에 있거나 마지막에 있는 것들이 가장 쉽게 학습된다. 중간에 있는 것들은 가장 늦게 학습되고 가장 빠르게 망각된다.

(3) 과잉학습(*over learning*)

과잉학습 혹은 반복의 정도를 넘어선 반복은 가장 오랫동안 의식에 기억되게 한다(예를 들면: "_____와 함께라면 문제없어요!").

학습 및 망각 마케팅커뮤니케이션 정보처리과정과 마케팅관련 자극은 실험실에서 학습하는 단순한 자극에 비해 상당히 복잡하다. 사전경험 같은 소비자 특성은 메시지 특성과 미디어 효과로서 커뮤니케이션 요인은 물론 이러한 정보처리과정을 형성한다. 그럼에도 불구하고 언어학습 및 망각에 관한 많은 실험연구들이 마케팅커뮤니케이션 맥락에 일반화되는 것으로 여겨진다.

실험실 상황과 다르게 마케팅커뮤니케이션 맥락은 반복의 빈도를 덜 통제한다. 마케팅커뮤니케이션이 실현되는 곳에서 미디어는 가령 심야뉴스, 월간지, 일간신문, 정기적으로 업데이트되는 웹페이지처럼 종종 출현빈도에 의해 정의된다. 미디어의 이러한 특성은 스케줄링 반복에 관한 광고주의 유연성을 제한한다. 게다가

이 장의 첫 부분에서 주목했듯이 노출기회(특정 미디어에서 커뮤니케이션 기회 배치)는 실제의 노출과 동일하지 않다. 어떤 특정마케팅커뮤니케이션에 대한 실제노출보다 더 많은 노출기회가 가능하다고 생각된다. 다양한 미디어의 일시적 특성과 결부된 사실은 실험실에서는 나타나지 않은 문제점을 만들어낼 수 있다. 따라서 상당히 많은 연구들은 스케줄링 이슈를 강조했다.

2) 광고 스케줄링

스트롱(Strong, 1974, 1977)은 인쇄광고의 스케줄링 및 반복효과를 검증하여 소비자가 월별 혹은 일별 간격보다는 주별 간격으로 잡지광고에 노출되었을 때 광고인식 효과가 매우 크다는 것을 확인했다. 다른 고전적 연구는 직접 메일 광고를 사용했다. 질스크(Zielske, 1959)는 1년 동안 반복이 상대적으로 짧은 기간 동안 이루어지고 규칙적인 형태로 발생할 때 반복은 광고 회상증가에 매우 효과적이라는 것을 발견했다. 짧게 13회 노출 이후 주간단위로 광고를 우편으로 받은 사람의 63%는 내용의 일부를 상기했으며 월단위로 광고를 받은 사람의 경우 48%가 해당 광고내용을 기억하는 것으로 나타났다. 월별 광고가 끊긴 이후 집단은 회상이 부적 감소하여 에빙하우스(1902)에 의해 관찰된 부정적 촉진 망각 곡선과 유사했다. 이후의 연구에서 질스크와 헨리(Zielske & Henry, 1980)는 TV광고의 경우에도 비슷한 효과가 나타난다는 것을 보여줬다. 레이와 소여(Ray & Sawyer, 1971)는 광고의 반복 횟수를 1회에서 6회로 늘렸을 때 광고를 회상하는 참가자의 비율은 27%에서 74%로 증가했다는 것을 확인했다. 하지만 반복횟수가 늘어났을

때 광고인식과 회상은 증가했지만 수확체감(收穫遞減)이 발견되었다. 즉 일정한 수준의 반복횟수를 넘을 경우 추가 반복은 광고회상과 인식의 정도를 감소시키는 것으로 나타났다. 유사한 결과들이 많은 다른 연구에서도 발견되었다.

반복이 회상과 인식에 부정적 효과를 발휘하는 상황이 있을 수 있다. 소비자가 제품에 대해 부정적 태도를 가졌을 때 반복의 증가는 부정적 태도의 증가로 귀결된다. 아주 높은 수준의 반복은 소비자를 짜증나게 해 태도에 관계없이 부정적 효과가 나타날 수 있다. 다양한 다른 커뮤니케이션 연구영역에서처럼 대부분의 미디어 스케줄링 효과연구는 다양한 미디어에 걸쳐 효과를 비교하지 않았고, 미디어 효과를 상호작용으로부터 분리하지도 않았다. 장기간에 걸쳐 진행된 소수의 연구들만이 상이한 미디어에서 광고의 반복 및 빈도효과에 관한 명확한 진술을 위해 기초를 제공한다. 더구나 스케줄링 및 반복요인은 메시지 변인에서 분리될 수도 없다. 특히 지나치게 강하거나 지루한 메시지는 이 장에서 검토된 연구에서 발견된 결과들을 촉진하거나 방해할 수 있다. 예를 들어 그린버그(Greenberg, 1988)는 TV효과는 천천히 점증적으로 발생한다는 관점과는 정반대로 TV프로그램에서 "결정적으로 중요한" 메시지는 충분한 효과를 가질 수 있다고 주장했다. 그는 이러한 강력한 효과를 '단기충분효과 가설'(drench hypothesis)이라 부른다.

'단기충분효과' 가설은 결정적으로 중요한 이미지는 TV와 보이는 행동의 단순 빈도보다 인상형성과 이미지 구축에 더 중요한 원인이 될 수 있다고 주장한다. 이 가설은 무효과 가설(no-effects hypothesis)과 느리게 진행되는 인상누적은 무한한 시간에 걸쳐 축적된다는 견해에 대해 대안을 제시한다. 결과적으로 이 가설은 충격적인 뉴스 이미지는 차이를 만들어 낼 수 있다고 주장한다. 가령 단일 특성 혹은 특성의 집합은 특히 젊은 시청자들 사이에 집단이나 역할에 대한 신념, 지각, 혹은 기대에서 실질적 변화를 일으키는 원인일 수 있다.

결국 인터랙티브 미디어의 출현은 미디어 스케줄링 측면에서 새롭고 흥미로운 이슈를 만들어낸다. 미디어 스케줄링에 관한 많은 연구들은 정보를 적극적으로 추구하지 않는 소비자에게 어떻게 하면 최대한 도달할 수 있을까라는 문제에 관해 고민했다. 더욱더 소비자는 정보, 제품, 서비스를 찾아 나서는 인터랙티브 미디어의 적극적인 이용자가 되고 있다. 인터랙티브 미디어와 인터랙티브 미디어 내의 특정미디어(예: 웹사이트)의 급속한 증가는 필요 정보의 탐색에서 도움받기를 원하는 소비자들과 만나게 된다. 따라서 부가적 정보 사이트나 정보원의 위치를 알아내기 위해 검색엔진, 포털, 가상 커뮤니티에의 의존은 점점 증가한다. 따라서 이러한 사이트나 정보원 내의 조직, 제품 혹은 서비스의 저명성 보증이 미디어 스케줄링이 가장 최근에 당면한 과제이다.

더구나 소비자들은 다른 미디어를 대신하기보다는 보완하여 사용하기 위해 점점 상이한 미디어를 통합한다. 예를 들어 소비자는 그들의 인터넷 경험이 광범위하게 걸쳐 이루어진 미디어 이용으로 통합한다는 증거를 제공하기 시작했다. 개인용 컴퓨터의 절반은 TV와 같은 방에 있어 TV를 시청하면서 동시에 인터넷에 접속하는 건 흔한 일이다(Cox, 1998). 웹사이트 주소는 TV광고와 신문광고에서 흔히 볼 수 있다. 이제 전통 미디어는 소비자로 하여금 웹사이트나 전화를 이용하여 추가 정보를 찾아 나서도록 권한다. 전통 미디어는 단지 광고만을 제공하지 않으며 다른 미디어 환경으로 확장되었다.

방송 미디어의 오락 프로그램과 인쇄매체의 사설은 소비자에게 프로그램이나 사설 내용에 관한 추가정보를 언급할 수 있다. 하지만 추가정보 사이트는 원래의 방송 프로그램이나 신문사설에서는 등장하지 않았던 마케팅커뮤니케이션을 포함할 수 있다. 또한 옥외광고 혹은 음성 전화번호부는 휴대전화 이용자로 하여금 제품이나 서비스 구매정보 혹은 기회를 제공하는 웹사이트나 전화번호에 주목하게 할 수 있다. 소비자가 그들의 다양한 미디어 이용을 통합하는 것처럼 인터랙티브 미디어로부터 수동적인 미디어를 떼어놓는 것은 더욱 어려워진다. 이와 같은 통합은 보완 미디어에서 마케팅커뮤니케이션 스케줄링에 관한 흥미 있는 이슈를 제기한다.

4. 마케팅커뮤니케이션 노출 효과: 미디어 관련

이 점에 관해서는 종속변인이 아닌 독립변인에 더 많은 관심을 가진 많은 연구들이 제시한 결과와 관련이 있다. 연구의 관심은 다양한 미디어 유형 및 특정미디어를 통해 이루어지는 마케팅커뮤니케이션이 결과의 변화에 미치는 다양한 독립적 그리고 둘 이상의 변수들이 관련된 공동효과에 모아졌다. 이들 연구에서 종속변인의 선택은 마케팅, 소비자, 광고 연구자의 관심에 따라 이루어졌다. 그러므로 종속변인은 구매행동, 광고효과를 중개하는 인지적 처리과정, 학습결과(장기기억과 단기기억에 미치는 효과)를

유도하는 것으로 간주되는 커뮤니케이션의 계층효과(McGuire, 1969)처럼 소비와 관계된 효과에 관한 것들이었다. 이러한 변인들은 다양한 인지 및 회상 측정, 제품지식 측정, 관심과 태도, 구매의도와 브랜드 선택을 포함한다.

마케팅커뮤니케이션 효과에 관한 전통적인 측정은 마케터의 행위에 대한 소비자의 수동적 반응에 초점을 맞추는 경향이 있다. 마케터가 추진한 커뮤니케이션 및 행위와 소비자 반응 사이에 상호교류 관계의 인식이 있음에도 불구하고 이러한 상호교류성은 아주 오랜 기간에 걸쳐 무시되었다. 인터랙티브 미디어의 출현은 이러한 모든 것들을 변화시켰으며 마케팅커뮤니케이션 효과의 측정방식을 다시 생각해야 한다는 필요성을 제기했다.

1) 마케팅커뮤니케이션의 효과 측정

인터랙티브 미디어의 등장은 마케팅커뮤니케이션의 성공측정과 관련한 새로운 난제를 제기했다. 회상, 태도변화, 브랜드 선택과 같은 전통적인 광고효과 측정은 인터랙티브 미디어 마케팅커뮤니케이션 효과 측정의 일부분일 뿐이다(Pavlou & Stewart, 2000). 전통적인 측정은 커뮤니케이션이 소비자에게 미치는 영향에만 관심을 둔다. 따라서 소비자가 광고에 대해 그리고 광고를 이용하여 무엇을 하는지에 관해서는 제한된 통찰력만을 제공한다. 이러한 관점은 마케팅커뮤니케이션을 인과적 독립변인으로 그리고 소비자의 반응을 종속변인으로 간주한다. 소비자가 마케팅 메시지와 상호작용한다고 가정하면 독립변인과 종속변인 사이의 단순한 관계는 더 이상 유효하지 않다. 따라서 인터랙티

브 미디어 환경에서 이러한 관계는 상호교류적이고 다른 요인의 역할을 조건으로 이루어진다. 소비자가 능동적으로 상호작용을 결정할 때 소비자의 행동은 마케팅커뮤니케이션에 대한 반응을 결정하는 강력한 요인이 된다.

인터랙티브 미디어에서 광고의 형태는 다양하지만 대부분은 컴퓨터 화면 위에 좁은 부분을 차지하고 이를 클릭하면 소비자를 마케터의 웹사이트로 연결되게 하는 디스플레이 배너광고 방식을 취한다. 많은 연구들이 배너가 어디에 위치해야만 클릭률을 증가시키는지를 검증했지만 이러한 대중적 광고형식의 효과를 측정할 수 있는 보편적 측정방법은 아직 구축되지 않았다. 사용자 클릭은 상호작용 커뮤니케이션의 효과를 측정하기 위해 제안된 다양한 측정 가운데 하나일 뿐이다. 또 다른 온라인 광고측정의 하나는 안구검사방법 혹은 특정 웹사이트 방문횟수이다. 양질의 온라인 관계를 평가하는 측정은 사용자가 마케터의 사이트에 머무르는 시간의 길이를 측정하는 사이트 고착성이다. 대체로 이러한 측정방법은 전통 미디어의 효과측정처럼 시청량을 측정하는 것이지 질을 측정하지는 않는다. 따라서 폭넓게 채택된 측정은 없다.

상호작용 마케팅 커뮤니케이션에 관한 논의에서 보다 근본적인 것은 전통 미디어를 사용하는 마케팅커뮤니케이션과 어떻게 다른가에 관한 문제이다. 인터랙티브 미디어는 전통 미디어보다 더 강력하고, 반응적이고 소비자 맞춤식이라는 온갖 칭찬은 다 받지만(Hoffman & Novak, 1996; Port, 1999), 전통적 측정방법으로 광고효과를 측정한 경험적 연구들은 소비자들이 전통 미디어의 광고에 대해 반응하는 것과 동일한 방식으로 인터랙티브 미디어에 반응한다고 밝

히고 있다. 예를 들어 드레지와 허셔(Dréze & Hussherr, 1999)는 인터넷의 광고가 쉽게 무시되는 것을 제외하고는 인터넷에서 광고에 대한 반응은 다른 미디어에서의 광고에 대한 반응과 유사하다는 것을 확인했다. 마찬가지로 린치와 아릴리(Lynch & Ariely, 2000)는 인터넷에서 공급자가 아주 똑같은 제품이 아닌 다른 제품을 공급할 때 소비자는 가격에 대해 덜 민감해한다는 것을 확인했는데 이는 전통적인 소매광고를 대상으로 한 연구결과와도 유사하다.

인터랙티브 미디어의 잠재적 중요성에도 불구하고 마케터, 소비자, 광고메시지의 상호작용을 검증한 연구는 거의 없다(Oh, Cho & Leckenby, 1999). 로저스와 쏘오슨(Rodgers & Thorson, 2000)은 이용자가 온라인 광고를 지각하고 정보를 처리하는 방식을 개념화한 새로운 모델을 제안했다. 하지만 그러한 모델을 사용한 연구는 거의 없다. 인터랙티브 미디어는 소비자를 마케팅커뮤니케이션 연구의 중심에 위치시킨다. 인터랙티브 미디어에서 마케팅커뮤니케이션의 효과는 마케터의 메시지가 소비자에게 어떤 식으로 영향을 미치는지 그리고 소비자가 그러한 메시지에 대해 어떻게 맞추고 반응하는가에 따라 정해지기 때문이다. 따라서 인터랙티브 미디어에 관한 연구는 상호작용과 협력의 상호교류 이익을 극대화하기 위해 소비자와 마케터에 관해 관심을 집중할 필요가 있다(Pavlou & Stewart, 2000). 이는 전통적 측정을 넘어서는 마케팅커뮤니케이션 효과측정이 필요하다는 것을 의미한다. 새로이 등장할 측정은 결과는 물론 과정에 관해서도 초점을 맞출 것이고 이전에는 중개변인으로 간주되었던 효과의 측정도 포함할 수 있다.

(1) 관여도

앞서 검토했듯이 소비자 관여도는 소비자의 주관적 심리상태를 말하며 소비자가 광고에 대해 부여하는 중요성 및 개인적인 관련성으로 정의된다. 관여도는 아주 오랫동안 커뮤니케이션의 영향을 중개하는 중요한 변인으로 간주되었는데 앞에서 주목한 것처럼 정교하게 정의되지 않았고 조작되지도 않았다. 자기보고를 통해 소비자 관여도를 측정하는 것이 가능하지만 인터랙티브 미디어는 마케터와의 상호작용 빈도 및 유형검증을 통해 소비자의 관여도를 직접 측정할 수 있다. 인터랙티브 미디어는 유의미한 방식으로 커뮤니케이션 과정에 소비자를 관여하게 할 수 있다. 실제로 향상된 소비자 관여도는 인터랙티브 미디어 이용으로부터 발생하는 중요한 이득이 될 수 있다. 예를 들어 다수의 상업적 목적의 웹사이트는 소비자들이 적극적으로 정보를 탐색하고 수집하도록 놔둠으로써 커뮤니케이션 과정에 관여하는 소비자에 초점을 맞춘다. 특정 인터랙티브 미디어에 소비하는 시간의 양은 물론 미디어로 복귀하는 빈도 또한 특히 소비자 관여도를 측정하는 유용한 정보일 수 있다.

(2) 이해력

이해력은 제품 카테고리와 브랜드 단서에 대한 반응에서 마케터에 의해 의도된 메시지의 회상을 말한다. 마케팅커뮤니케이션이 효과적이기 위해서는 마케터와 소비자는 서로 소비자가 메시지를 이해했다고 동의해야만 한다(Clark & Brennan, 1991). 인터넷상의 마케팅커뮤니케이션과 상호작용 쇼핑의 특징 대부분은 잘 알려지지 않았고 명료하지 않기 때문에(Alba et al., 1997) 소비자는 마케터의 메시지를 명료하게 이해하는 것이 어려울 수 있고 제품의 정확한 특성을 온전히 이해하지 못할 수 있다. 따라서 이해력은 전통적 미디어에 관여하는 커뮤니케이션과 마찬가지로 상호작용적 마케팅커뮤니케이션에서도 절대로 필요한 요소이다. 인터랙티브 미디어는 실시간으로 이해력을 측정하는 방법을 제공하는 잠재적 장점이 있다.

(3) 피드백

소비자로부터 마케터에게 전달되는 피드백은 마케팅과 비즈니스에서 중요한 역할을 수행한다. 소비자는 마케터가 의도하는 게 무엇인지를 이해해야만 하고 마케터들은 메시지가 명확하게 이해되도록 조정해야만 하기 때문이다. 마케팅커뮤니케이션이 어떤 유형의 피드백을 유도하는 데 실패하는 것은 마케터의 의도와 사용된 미디어에도 불구하고 상호작용적이지 않기 때문이다. 판매나 고객만족은 언제나 궁극적인 목적이며 특정유형의 피드백은 마케팅커뮤니케이션의 목적이다. 판매와 고객만족은 항상 비즈니스 성공의 척도가 되었다. 인터랙티브 미디어는 즉각적으로 그러한 성공척도(피드백)를 제공하는 잠재력을 갖고 있다.

소비자로부터 마케터에게 전달되는 피드백 외에도 이베이(www.ebay.com)에서와 같은 피드백 메커니즘은 소비자 사이에서 제품 및 판매자 품질에 대한 피드백 교환을 촉진한다. 소비자 사이에서 피드백의 중요성은 널리 권장되었다(Dellarocas, 2003). 바와 파블로우(Ba & Pavlou, 2002)는 판매자의 가격에 대한 긍정적·부정적 피드백 평가가 판매자에 대한 신뢰구축에 미치는 효과를, 그리고 파블로우와 디모카(Pavlou & Dimoka, 2006)는 가격 프리미엄에 대한 텍스트 형태의 고객 피드백이 고객의 신뢰(공신력과 자선덕목) 증진에 미치는 효과를 검증했다.

(4) 설 득

설득은 구매의사를 결정하려는 마음이 발생하게 하거나 혹은 영향을 주거나 결정짓게 하기 위한 시도를 뜻한다. 상호작용적 마케팅커뮤니케이션은 전통적인 광고미디어를 사용하는 커뮤니케이션보다 훨씬 강력한 설득도구이다. 정보표현을 개인화하고, 신뢰를 촉진하고, 명료성 촉진의 필요에서 결함과 요점을 확인하고, 판매물품 자체를 변경하는 기회를 제공하기 때문이다. 따라서 인터랙티브 미디어는 마케터의 설득능력을 향상시킨다. 드생티스(DeSanctis, 1988)는 설득행위패턴은 커뮤니케이션의 상호작용 정도에 따라 달라져야 한다고 주장했다. 예를 들어, 새로운 제품 및 서비스 채택에 대한 저항은 마케터들이 직면하는 중요한 장애물이다. 상호작용 커뮤니케이션은 관련 없는 혹은 중요하지 않은 제품 외양에 관한 커뮤니케이션을 줄이고 제품에 대한 소비자의 이해를 향상시켜 새로운 제품에 대한 저항을 감소시키는 효과를 가질 수 있다. 다른 한편으로 인터랙티브 미디어는 마케터의 설득노력에 무감각한 소비자로 하여금 더 명확하게 이해하도록 만들 수 있다. 이는 소비자와 마케터 모두에게 득이 된다. 소비자들은 원하지 않는 커뮤니케이션으로부터 피할 수 있고 마케터의 메시지를 자신의 욕구와 관련 있는 것으로 여기는 소비자에게 집중할 때 마케터들의 커뮤니케이션 노력은 보다 효과적일 수 있다.

(5) 구매 의사결정의 품질

고객만족, 충성도, 신뢰는 소비자의 의사결정 품질의 부산물일 수 있다. 램(Lam, 1997)은 의사결정 품질은 상호작용 커뮤니케이션이 관련되었을 때 더 뛰어나다는 것을 보여줬다. 앞서 주목했듯이 소비자와의 상호작용은 제품 및 제품의 특징에 관한 고객의 선호도 특성이라는 유의미한 정보를 제공할 수 있다. 그러한 정보는 마케터에게 미래의 제품을 수정하고 향상시키는 기회를 제공하고 소비자들이 가장 유용하다고 발견한 제품의 특징에 관해 보다 나은 의사결정을 하도록 돕는다. 또한 인터랙티브 미디어는 소비자의 특성과 선호도에 대한 마케터의 학습을 촉진하며, 이는 고객지원, 기술지원, 미래의 프로모션을 향상시킨다. 그러므로 상호작용 커뮤니케이션의 중요한 효과는 미래의 마케팅커뮤니케이션과 제품을 위한 보다 나은 의사결정이 되어야만 한다. 이것은 매우 중요하고 분명히 구별되는 상호작용 커뮤니케이션의 특성이다. 게다가 커뮤니케이션 경험과 후속 구매의사결정(혹은 구매하지 않는 의사결정)을 지닌 소비자의 만족은 마케팅커뮤니케이션 효과의 중요한 척도일 수 있다.

(6) 의사결정 효율성

선행연구에 따르면 효과적인 커뮤니케이션은 의사결정을 내리기 위해 필요한 시간을 줄여준다. 데니스 등(Dennis et al., 1988)은 상호작용적 테크놀로지의 중요한 결과는 의사결정에 필요한 시간의 감소라고 결론지었다. 앞서 주목한 것처럼 인터랙티브 미디어는 광고, 판매 교류, 대금수금의 과정을 결합시킬 수 있다(Cutler, 1990). 이러한 모든 행위는 인터랙티브 미디어를 통해 거의 동시에 수행되므로 메시지 커뮤니케이션과 제품판매를 위해 필요한 시간과 노력은 실질적으로 감소된다. 효과측정은 전통 미디어보다 인터랙티브 미디어의 맥락에서 더 중요하고 보다 유용할 수 있다.

5. 인터랙티브 미디어 이용과 관련된 최근의 이슈들

마케팅커뮤니케이션 수단으로서 인터랙티브 미디어의 출현과 이의 채택은 전통 미디어의 특성 및 이용에 관한 이슈들과는 전혀 다른 다양한 미디어 특성 및 이용에 관한 이슈들을 제기한다. 전통 미디어가 마케팅커뮤니케이션에서 중요한 역할을 계속적으로 수행하는 한, 미디어 맥락과 미디어 스케줄 이슈들은 여전히 마케터들에게는 관련이 있는 이슈들이다. 이러한 이슈들은 인터랙티브 미디어 이용에서도 역시 중요하다. 인터랙티브 미디어는 소비자에게 미디어 맥락과 미디어 스케줄 둘 모두를 통제할 수 있는 보다 많은 권한을 제공한다. 다른 한편으로 인터랙티브 미디어 맥락에서 특히 현저한 마케팅커뮤니케이션에 사용된 모든 미디어에 관련된 이슈들이 있다.

1) 콘텐츠 관리의 필요성

인터랙티브 미디어는 정보의 풍요를 가져올 수 있지만, 이러한 정보의 대부분은 소비자에게는 관련 없는 무의미한 것일 수도 있다(Wurman, 2000). 틸만(Tillman, 1995)은 "네트워크상의 풍부한 정보는 가치 덩어리인 동시에 엄청난 양의 쓰레기"라는 것을 관찰했다. 소비자의 정보처리 능력은 제한되어 있고 뉴미디어를 통해 엄청난 양의 정보를 얻을 수 있으므로 콘텐츠 관리는 근본적으로 중요할 수 있다. 사이먼(Simon, 1957)에 따르면 정보의 풍요는 주의력 결핍을 초래한다. 인터넷과 모바일 커뮤니케이션 같은 인터랙티브 미디어는 소비자의 탐색 비용을 증가시키는 효과를 지녔다(Stewart & Zhao, 2000). 웹사이트는 그들이 목록에 실리는 것보다 더 빠르게 증가하고, 기술의 다양성 및 경제적 인센티브는 사이트가 목록에 실리고 탐색엔진이나 포털에 의해 확인된 사이트 리스트의 첫 페이지 근처에 위치할 가능성을 증가시킨다.

콘텐츠 관리는 상호작용 마케팅커뮤니케이션에서 특히 중요한 역할을 수행할 수 있다. 마케터들은 불필요한 정보를 넘치게 공급하기보다는 소비자들이 기꺼이 정보원을 확인하고 원하고 학습할 필요가 있는 정보에 초점을 맞출 수 있다고 확신한다. 관련 있고 명확한 콘텐츠는 소비자의 의사결정이 빨리 진행되도록 돕고 상호교류를 촉진시킨다. 관련성과 명확성은 늘 전통광고가 갖춰야 할 중요한 요소였지만, 이들은 인터랙티브 미디어에서도 가장 중요한 요소이다. 두 가지의 콘텐츠 관리 툴인 역동적 콘텐츠 그리고 통합적 필터링과 결합된 데이터 마이닝은 인터랙티브 미디어 마케팅커뮤니케이션 효과 증가에서 이미 중요한 역할을 수행하고 있다.

(1) 역동적 콘텐츠

역동적 콘텐츠는 시간의 흐름에 따른 정보변화 그리고 소비자와의 상호작용에 대한 반응에서의 변화를 수반한다. 관련된 새로운 정보제공의 가용성은 소비자를 끌어들이고 인터랙티브 미디어에 대한 관여도를 증가시키는 데 기여한다. 개인화 엔진과 기록관리 솔루션은 역동적 콘텐츠 관리에서 특히 중요한 역할을 수행할 수 있다. 게다가 미디어의 결합은 마케팅커뮤니케이션에서 늘 가장 중요한 역할을 수행한다. 따라서 다른 미디어(예: 웹사이트, 실제매장 위치)에서 가용한 이메일 혹은 음성메일은 소비자에게 새로운 정보를 제공하고 알리는 데 사용될 수 있다.

정보포털은 마케터들이 광고메시지를 보내고 소비자는 이에 대해 반응하거나 자기들끼리 커뮤니케이션하도록 허용하는 전자 중개수단이다. 예를 들어 구글닷컴(www. google. com)은 많은 마케터와 소비자를 끌어들이는 인기 있는 인터넷 포털이다. 정보포털은 특수 정보에 초점을 맞춘 수직적 포털과 다양한 이슈를 다루는 수평적 포털로 구분할 수 있다. 메시지는 수평적 포털을 통해 대중에게 전달될 능력을 지니지만, 수직적 포털은 목표수용자에게 도달하여 커뮤니티 구축을 통합할 수 있다. 멕클러(Meckler, 2000)에 따르면 소비자들이 보다 나은 고객 맞춤과 개인화를 추구할 때 콘텐츠 관리의 미래는 수직적 포털과 오리지널 콘텐츠를 장려한다.

(2) 데이터 마이닝과 **통합적 필터링**

상호작용성은 소비자행동에 관한 엄청난 양의 정보를 수집하는 기회를 제공한다. 데이터의 수집 및 이용은 소비자 프라이버시와 관련된 다양한 이슈를 제기하지만(Culnan & Armstrong, 1999), 이러한 데이터는 마케터에게 보다 개인화된 정보와 보다 고객에 맞춘 각종 제품과 서비스를 제공하는 기회를 제공한다(Malhorta et al., 2004). 데이터 마이닝 툴은 오늘날 사용되는 가장 정교한 소비자 구분보다도 더 상세한 개별 소비자와 다양한 소비자 집단의 행동패턴을 확인하는 수단을 제공한다. 데이터 마이닝 실행에서 얻은 정보는 콘텐츠 관리를 향상시키기 위해 통합적 필터링과 결합될 수 있다. 통합적 필터링은 본래 유사한 선호도를 지닌 소비자가 구매한 제품과 서비스를 소비자에게 제안하는 추천 엔진이다. 예를 들어 아마존닷컴(www. amazon. com)은 특정 책을 구매한 소비자가 추가로 구매했던 책에 관한 소비자 정보를 제공하는 통합적 필터링을 사용한다.

추천 에이전트들(www. myproductadvisor. com, www. discoveryourride. com)은 온라인 마케터-소비자 커뮤니케이션을 위한 중요한 수단이 되었고 (Ansari, Essegaier & Kohli, 2000), 이들은 아마존닷컴과 야후와 같은 많은 웹사이트에 의해 성공적으로 활용되었다. 추천 에이전트는 소비자의 프로파일, 선호도, 욕구, 과거 구매행동에 근거하여 제품에 관한 어드바이스를 제공하는 인터넷 기반 소프트웨어다(Wang & Benbasat, 2005). 추천 에이전트는 소비자 선호도에 더 잘 부합하는 제품에 관해 고려토록 범위를 좁히고 지나친 정보부담을 줄임으로써 소비자의 의사결정을 촉진한다(Maes, 1994). 추천 에이전트는 구매의사결정의 품질을 향상시키는 것으로 간주되어 (Hostler, Yoon & Guimaraes, 2005) 널리 보급되었으며 다양한 웹사이트에서 널리 사용된다 (Häubl & Trifts, 2000). 추천 에이전트의 중요성은 이베이가 추천 에이전트 전문 웹사이트인 쇼핑닷컴(www. shopping. com)을 손에 넣기 위해 6억 2천만 달러를 지불한 점에서 잘 알 수 있다.

456

(3) 시간과 공간을 초월한 모바일 상거래

휴대전화와 소규모 무선 휴대 정보단말기는 새로운 마케팅커뮤니케이션 기회를 제공하고 소비자에게는 필요한 정보를 언제 어디서나 얻을 수 있는 기회를 제공한다. 모바일 상거래는 상호교류를 가능하게 해 상거래를 활성화시키는 것은 물론 소비자의 위치에 근거한 상호교류의 실시간 개인화와 같이 소비자-마케터 관계의 전통적인 특징을 형성하는 새로운 기회를 부여한다(Ngai & Gunasekaran, 2007). 예를 들어 이러한 새로운 장치들은 친숙하지 않은 도시의 프랑스 음식 레스토랑의 목록처럼 주문형 정보에 접근하는 능력을 제공한다. 사실상 개인화는 모바일 상거래가 갖는 가장 큰 장점의 하나로 여겨진다(Xu, 2003). 모바일 장치는 마케터에게 소비자가 위치한 곳에 구애받지 않고 소비자들과 커뮤니케이션할 수 있는 기회를 제공한다. 부동산 에이전트는 잠재 구매고객에서 집에 관한 상세한 정보를 혹은 자동차 제조회사는 소비자가 대리점이나 주차장에서 본 자동차 모델에 관한 정보를 제공할 수 있다. 시간과 장소에 구애받지 않는 상호교류 능력은 유비쿼터스 커머스(*ubiquitous commerce*)라 불린다(Watson, Pitt, Berthon, & Zinkhan, 2002). 이러한 커뮤니케이션은 더 많은 소비자의 통제 하에 행해지는 경향이 있다. 마케터는 허용 마케팅(*permission marketing*)을 이용하여 소비자에게 자신이 수신을 원하는 정보유형 혹은 제품유형을 확인하는 기회를 제공한다(Scharl, Dickinger, & Murphy, 2005). 소비자들은 해당 정보나 제품이 가용하다는 전화, 이메일, 음성 메일 메시지를 받을 수 있다.

모바일 상거래에 관한 문헌은 다른 관점 하에 새로운 현상을 연구했다. 예를 들어 벤카트쉬와 라미쉬(Venkatesh & Ramesh, 2006)는 모바일 상거래 채택을 이전의 상거래용 모바일 장치로 마이크로소프트의 유용성 가이드라인을 사용하는 시스템 유용성 문제로 간주했다. 이론적 토대로 테크놀로지 수용모델을 사용한 연구(Hung, Ku, & Chang, 2003)는 모바일 장치의 유용성과 이용자 친화성에 관심을 가졌다. 파블로우 등(Pavlou, Lie, & Dimoka, 2007)은 중요 이론으로 계획된 행동이론을 채택했다. 이들은 모바일 장치를 이용한 정보습득, 정보제공, 제품 및 서비스 구매라는 3가지 행동 차원에서 모바일 상거래 채택 행동 모델을 구축했다.

모바일 상거래는 반응성 측면에서 마케터에게 새로운 것을 요구했다. 소비자는 마케터의 필요에 의해서가 아니라 소비자 자신이 정보를 필요로 할 때 정보의 획득을 원할 수 있다. 실제로 즉석에서 정보입수가 가능하다면 이는 소비자의 구매 여부를 결정하는 요인이 될 수 있다. 파블로우 등(Pavlou et al., 2007)은 모바일 장치를 통한 데이터 다운로드에서 지연현상이 정보습득과 구매를 방해하는 중요 요인이라는 것을 보여줬다. 화면 크기는 모바일 상거래의 또 다른 주요 제약요인이다(Jones, 1999). 소비자가 작고 해상도가 낮은 화면에서 정보를 습득하는 힘든 시간을 보내기 때문이다(Buchanan et al., 2001). 그러므로 콘텐츠 조직, 레이아웃, 링크, 직관적 조직과 내비게이션 링크, 잘 구축된 링크의 위계구조 등은 이용자가 모바일 사이트를 쉽게 돌아다니면서 정보를 습득하는 것을 용이하게 한다(Karkkainen & Laarni, 2002). 특정 전달수단이나 시간 슬롯에서 전통적인 미디어 계획에 초점을 맞추는 것보다는 광고에서 이루어지는 전통적 미디어 스케줄링처럼 마케터는 소비자가 원하는 언제나 어느 곳에서나 정보가 가용하다는 것을 보장할 필요가 있다. 예를 들면 창 등(Tsang, Ho, & Liang, 2004)은 유용한 정보는 모바일 사이트에 대한 긍정적 태도구축을 돕는다는 것을 보여줬다.

2) 브랜디드 엔터테인먼트: 미디어와 메시지의 탈 경계

지난 5년 동안 브랜디드 엔터테인먼트 혹은 브랜드 통합이라 불리는 것들이 엄청나게 성장했다. 브랜디드 엔터테인먼트는 오디오-비주얼 프로그램(TV, 라디오, 컴퓨터 또는 상호작용 게임, 팟캐스트 등)과 브랜드의 결합 혹은 통합을 포함한다. 브랜디드 엔터테인먼트는 브랜드와 프로그램 사이의 긍정적 연결을 만들어냄으로써 목표수용자에게 브랜드가 자신의 이름과 이미지를 프로모션하는 기회를 제공한다. 브랜디드 엔터테인먼트에 투자한 비용은 2007년에 530억 달러였는데 2011년에는 거의 두 배에 이를 전망이다(Mahmud, 2007).

브랜디드 엔터테인먼트는 새로운 게 아니다. 라디오와 TV 역사에서 초창기의 많은 프로그램들은 특정 스폰서에 의해 후원되고 특정 스폰서와 제휴했다. 그러한 프로그램들이 완전히 사라지지는 않았지만 그런 관행은 광고주가 프로그램과 제휴하지 않은 방송광고 이용으로 이동했던 1990년대 말까지 시간이 흐름에 따라 감소했다. 프리스탠딩 방송광고 혼잡도 증가는 광고주로 하여금 소비자들과 커뮤니케이션할 수 있는 다른 방식을 찾아 나서게 했다. 브랜디드 엔터테인먼트의 증가는 부분적으로는 미디어 분화와 전통적인 방송광고의 노출비용 증가에 대한

반응이다. 전통적인 15초 혹은 30초 방송광고는 수백 개의 채널을 확보하고 인터넷 스트리밍, 상호작용 게임, 디지털 비디오 녹화 장치와 같은 미디어로 시간을 보내는 소비자에게 도달하기에는 비효율적인 것이 되어버렸다. 광고주들은 광고에 대한 노출을 증가시키기 위한 시도에서 브랜디드 엔터테인먼트로 회귀했다. 보다 높은 효율성을 확보하고 브랜드와 미디어 콘텐츠 사이의 강력한 연상을 만들어내기 위해서이다.

지금 등장하는 브랜디드 엔터테인먼트는 초창기 프로그램 협찬과는 차이가 있다. 이는 단순히 제품을 광고하거나 엔터테인먼트 프로그램 내에서 제품을 배치하는 간접광고 그 이상이다. 현대의 브랜디드 엔터테인먼트는 브랜드와 브랜드 속성을 엔터테인먼트 프로그램과 통합시키기 위해 노력한다. 예를 들면, TV 만화 시리즈물인 〈시티헌터〉(City Hunter)는 유니레버가 합작 연출했고 자사의 남성용 바디 스프레이 브랜드 AXE를 두드러지게 다뤘다. 이 프로그램은 린치 박사와 악셀(Axel, 브랜드 AXE와 교묘하게 연계된 것은 아님)의 모험을 둘러싼 얘기들을 다뤘다. 시리즈에서 린치 박사는 악셀의 멘토로 악셀의 기술개발을 위해 노력한다. 프로그램과 연계된 상호작용적 인터넷 링크(http://www.cityhunters.tv/ar)도 있다. 또 다른 예로는 맥주회사 앤호이저-부시가 협찬한 버드TV, 메디시스 파마슈티컬사가 협찬한 "Hottest Mom in America", 시어스 백화점이 협찬한 "Extreme Makeover: Home Edition" 등이 있다. 브랜디드 엔터테인먼트는 인터넷과 컴퓨터 게임에도 등장했다. 가령 버거킹은 버거킹 제품이 중심 역할을 하는 컴퓨터 게임 시리즈를 개발했다. "Second Life"와 "The Sims" 온라인 버전은 키오스크를 사거나 맥도날드 제품을 파는

기회를 제공한다.

전통적 형태의 PPL광고와는 달리 브랜디드 엔터테인먼트 내에서 제품은 배경요소 혹은 소품으로 등장한다. 브랜드는 줄거리 혹은 미디어 경험에서 빠질 수 없는 필수요소가 된다. 브랜디드 엔터테인먼트의 장점 한 가지는 시청하기 시작하면 시청자들이 브랜드에 대한 노출을 피할 수 없다는 점이다. 또 다른 잠재적인 장점은 브랜드 메시지에 대한 노출로 보다 참여적이 되어 전통적인 광고노출보다 더 설득적이 된다.

현재까지 브랜디드 엔터테인먼트에 초점을 맞춘 학술연구가 발표된 적은 거의 없다. 분명히 변화할 것이다. 일부 연구는 브랜디드 엔터테인먼트는 인지와 긍정적 브랜드 연상을 증가시킬 수 있다고 주장한다. 인지와 긍정적 브랜드 연상은 설득 혹은 판매측정과 관련하여 보편적으로 나타나지는 않았다.

3) 참 여

지난 5년 동안 광고산업은 전통적 광고빈도 측정(소비자가 광고메시지에 노출되는 횟수) 대체문제로 골머리를 앓았다. 참여는 "주위환경 맥락에 의해 강화된 브랜드 아이디어에 대한 기대 집중"으로 정의되었다(Advertising Research Foundation, 2007). 참여는 미국광고주협회, 미국광고업협회, 광고연구재단의 공동 프로젝트팀을 포함하는 산업체의 뜨거운 관심사가 되었지만 참여 뒤에 있는 아이디어는 새로운 게 아니다. 참여는 관련성, 관여도, 설득과 같이 잘 연구된 개념이 가장 최근에 구체화된 것이다. 참여 개념에 대한 최근의 관심은 개념에 관한 조작적 정의 혹은 표준이 되는 참여측정을 만들어내는 데 실패했다.

6. 미디어가 마케팅커뮤니케이션에 미치는 영향에 관한 미래의 연구

미디어 전경(全景)은 마케팅커뮤니케이션이 어떻게 관리되는지를 다시 생각하게 할 필요를 만들어낼 만큼 커다란 변화를 겪었다. 이러한 변화는 마케팅커뮤니케이션에서 미디어 역할에 대한 이론이나 연구를 위한 새로운 차별적 패러다임의 필요성을 제기했다. 소비자에게 가용한 미디어 선택이 아주 빠르게 증가하고 미디어 선택권과 관련하여 개별 소비자에 의해 발휘되는 선별성이 더욱 커져 전통적인 매스미디어를 통해 목표수용자에게 도달하는 것은 더욱 어려워질 것이다. 한편으로는 소비자에게 가용한 특정 미디어의 수적 증가와 이러한 특정 미디어 사용에서 소비자의 선별성은 최적의 메시지가 정확하게 정의된 수용자에게 도달할 기회를 제공할 수 있다. 이러한 가능성을 깨닫는 것은 ① 사람들이 다양한 미디어를 이용해 어떻게 언제 상호작용하는지에 관한 보다 나은 이해, ② 다양한 미디어를 이용한 상호작용 양식이 광고메시지 정보처리에 어떻게 영향을 미치는가에 대한 보다 나은 이해, ③ 특정미디어 이용 맥락에 적합한 광고메시지와 판매전략을 어떻게 만들어낼 것인지에 대한 보다 나은 이해와 같은 몇 가지를 요구한다.

필요한 것은 미디어에 대한 보다 나은 이해가 아니라 사람들이 다양한 미디어와 그리고 미디어에 삽입된 광고메시지와 어떻게 상호작용하는지에 대한 이해라는 것에 주목해야 한다. 실제로 마케터와 소비자에 의한 인터랙티브 미디어 이용증가는 소비자를 모든 마케팅커뮤니케이션 이론의 중심에 두는 것이 매우 중요하다는 것을 의미한다.

커뮤니케이션 채널과 마케팅 결과 사이의 연결 고리는 개인의 자기선택 과정과 미디어와의 상호작용 범위에 영향을 미치는 요인들이다. 미디어 이용자의 목표와 목적은 이용자가 선택권을 가졌을 때 미디어 효과를 결정짓는 주요 요인이다. 유감스럽게도 이 분야는 학자들에게 그다지 큰 관심을 끌지 못했다(Stewart, Pavlou, & Ward, 2002). 이러한 연구를 안내하는 이론이 부족하기 때문은 아니다. 오히려 최근까지 가용한 미디어 선택권이 상대적으로 적었기 때문에 나타난 결과이다.

미디어 이용과 광고반응에 대한 후속효과와 관련된 미래의 연구를 안내하는 이론은 매우 많다. 인간요인 연구에 기원을 두고 자극 투입과 행동 결과 사이의 연계로서 목적을 강조하는 통제 이론(control theory)은 사람들이 어떤 것을 행하는 방식을 강조하기 때문에 적합한 이론일 수 있다. 반듀라(Bandura, 1986)의 자기 효능감(self-efficacy) 개념과 목표 지향적 행동에 관한 아젠과 매든(Ajzen & Madden, 1986)의 연구 또한 유용한 이론일 수 있다. 앞으로의 미디어 효과연구에 대한 이론적 접근은 미디어 이용패턴을 결정하는 개인의 특성, 상호작용성에 영향을 미치는 요인, 그리고 소비자가 정보환경을 통제하는 상황에 있을 때 나타나는 결과의 다양성을 반영하는 종속변인 측정에 대해 반드시 관심을 가져야만 한다.

참고문헌

Aaker, D. A., & Brown, P. K. (1972). Evaluating vehicle source effects. *Journal of Advertising Research*, 12, 11-16.

Advertising Research Foundation. (2007). *Engagement*. Retrieved Sept. 12, 2007. http://www.the arf.org/research.

Ajzen, I., & Madden, J. T. (1986). Prediction of goal-directed: attitudes, intentions and perceived behavioral. *Journal of Experimental Social Psychology*, 22, 453-474.

Alba, J., Lynch, J., Weitz, B., Janiszewski, C., Lutz, R., Sawyer, A., & Wood, S. (1997). Interactive home shopping: consumer, retailer, and manufacturer incentives to participate in electronic marketplaces. *Journal of Marketing*, 61(July), 38-53.

Anderson, C. (1996). Computer as audience, mediated interactive messages. In E. Forrest & R. Mizerski(Eds.), *Interactive Marketing: The Future Present*(pp. 149-162). IL: American Marketing Association, NTC Business Books.

Anderson, E., & Narus, J. A. (1990). A model of distributor firm and manufacturer firm working partnership. *Journal of Marketing*, 54, 42-58.

Anderson, E., & Weitz, B. (1989). Determinants of continuity in conventional industrial channel dyads. *Marketing Science*, 8(4), 310-323.

Ansari, A., Essegaier, S., & Kohli, R. (2000). Internet recommendation systems. *Journal of Marketing Research*, 37(3), 363-375.

Atkin, C. K. (1985). Informational utility and selective exposure to entertainment media. In D. Zillman & J. Bryant(Eds.), *Selective Exposure to Communication*. Hillsdale, NJ: Erlbaum.

Audits and Surveys, Inc. (1986). *A Study of Media Involvement*. New York: Audits and Surveys.

Ba, S., & Pavlou, P. A. (2002). Evidence of the effect of trust building technology in electronic markets: price premium and buyer behavior. *MIS Quarterly*, 26(3).

Balasubramanian, S., Peterson, R. A., & Jarvenpaa, S. L. (2002). Exploring the implications of m-commerce for markets and marketing. *Journal of the Academy of Marketing Science*, 30(4).

Bandura, A. (1986). *Social foundations of thought and action: A social cognitive theory*. Englewood Cliffs, NJ: Prentice Hall.

Barney, J. B., & Hansen, M. H. (1994). Trustworthiness as a source of competitive advantage [Special issue]. *Strategic Management Journal*, 15, 175-190.

Becerra, M., & Gupta, A. K. (1999). Trust within the organization: integrating the trust literature with agency theory and transaction cost economics. *Public Administration Quarterly*, 23(2).

Becker, L. B., & Schoenbach, K. (1989). When media content diversifies: anticipating audience behaviors. In L. B. Becker & K. Schoenbach(Eds.), *Audience Response to Media Diversification, Coping with Plenty*(pp. 1-28). Hillsdale, NJ: Erlbaum.

Berkowitz, L. & Rogers, K. H. (1986). A priming effect analysis of media influences. In J. Bryant & D. Zillman(Eds.), *Perspectives on Media Effects*. Hillsdale, NJ: Erlbaum.

Berry, L. L. (1987). Big ideas in services marketing. *Journal of Services Marketing*, 1, 5-9.

Berry, L. L. (1995). Relationship marketing of services－growing interest, emerging perspectives. *Journal of the Academy of Marketing Science*, 24(4), 236-245.

Bettman, J. R., & Sujan, M. (1987). Effects of framing on evaluation of comparable and non-comparable alternatives by expert and novice consumers. *Journal of Consumer Research*, 14(September), 141-154.

Blair, M. H. (1987/88). An empirical investigation of advertising wearin and wearout. *Journal of Advertising Research*, 27, 45-50.

Blair, M. H., & Rabuck, M. J. (1998). Advertising wearin and wearout: ten years later-more empirical evidence and successful practice. *Journal of Advertising Research*, 38(October), 7-18.

Braunstein, M., & Levine, E. H. (2000). *Deep branding on the Internet*. Roseville, CA: Prima Venture.

Broadbent, D. (1977). The hidden pre-attentive processes. *American Psychologist*, 32(2), 109-118.

Bryant, J., & Anderson, D. (1983). *Children's understanding of television: research on attention and comprehension*. New York: Academic Press.

Buchanan, G., Ferrant, S., Jones, M., Thimbelby, H., Marsden, G., & Pazzani, M. (2001). *Improving mobile Internet usability*. Proceedings of the 10th ACM WWW Conference, New York.

Buchholz, L. M., & Smith, R. E. (1991). The role of consumer involvement in determining cognitive response to broadcast advertising. *Journal of Advertising*, 20, 4-17.

Burke, R. R. (1997). Do you see what I see? The future of virtual shopping. *Journal of the Academy of Marketing Science*, 25(4), 352-360.

Burke, R. R., & Srull, T. K. (1988). Competitive interference and consumer memory for advertising. *Journal of Consumer Research*, 15(June), 55-68.

Buttle, F. A. (1998). Word-of-mouth: understanding and managing referral marketing. *Journal of Strategic Marketing*, 6, 241-254.

Cafferky, M. (1996). *Let your customers do the talking*. Chicago, IL: Upstart Publishing Company.

Chaiken, S. (1980). Heuristic versus systematic information processing and the use of source versus message cues in persuasion. *Journal of Personality and Social Psychology*, 29(5), 751-766.

Chaiken, S., Liberman, A., & Eagly, A. H. (1989). Heuristic and systematic information processing within and beyond the persuasion context. In J. S. Uleman & J. A. Bargh(Eds.), *Unintended thought: Limits of awareness, intention and controll*. New York: Guilford.

Chatterjee, P. (2001). Online reviews: do consumers use them? *Advances in Consumer Research*, 28(1), 129-133.

Chen, Y., & Xie, J. (2005). Third-party product review and firm marketing strategy. *Marketing Science*, 24(1), 218-240.

Chevalier, J., & Goolsbee, A. (2003). Measuring prices and price competition online: Amazon and Barnes and Noble. *Quantitative Marketing and Economics*, 1(2), 203-222.

Chevalier, J., & Mayzlin, D. (2006). The effect of word of mouth on sales: online book reviews. *Journal of Marketing Research*, 43(3), 345-354.

Chook, P. H. (1983). *ARF model for evaluating media, making the promise a reality*. Advertising Research Foundation Transcript Proceedings of the Intermedia Comparisons Workshop. New York: Advertising Research Foundation.

Clark, H. H., & Brennan, S. E. (1991). Grounding in communication. In L. B. Resnick, J. M. Levine, & S. D. Teasley(Eds.), *Perspectives on Socially Shared Cognition*(pp. 127-149). Washington, D. C.: American Psychological Association.

Clark, H. H., & Wilkes-Gibbs, D. (1986). Referring as a collaborative process. *Cognition*, 22.

Clemons, E. K., Gao, G., & Hitt, L. M. (2006). When online reviews meet hyper differentiation: a study of craft beer industry. *Journal of Management Information Systems*, 23(2).

Condry, J. (1989). *The Psychology of Television*. Hillsdale, NJ: Erlbaum.

Cox, B. (1998, November 17). Report: TV, PC get equal time. *Advertising Report Archives*, Jnternet-Neivs. com.

Cross, R., & Smith, J. (1995). Internet marketing that works for customers(part 1). *Direct Marketing*, 58(4), 22-23.

Culnan, M., & Armstrong, P. (1999). Information privacy concerns, procedural fairness, and impersonal trust: an empirical investigation. *Organization Science*, 10(1).

Cutler, B. (1990). The fifth medium. *American Demographics*, June, 24-29.

462

Davis, F. D. (1989). Perceived usefulness, perceived ease of use and user acceptance of information technology. *MIS Quarterly*, 13(3).

Dellarocas, C. (2003). The digitization of word-of-mouth: promise and challenges of online reputation mechanisms. *Management Science*, 49(10).

Dennis, A. R., George, J. E, Jessup, L. M., Nunamaker, J. F. Jr., & Vogel, D. R. (1988). Information technology to support electronic meetings. *MIS Quarterly*, 12(December).

Drèze, X., & Hussherr, F.-X. (1999). Internet advertising: is anybody watching? Working Paper, Department of Marketing, *Marshall School of Business*, University of Southern California.

Dwyer, F. R., Schurr, P. H., & Oh, S. (1987). Developing buyer-seller relationships. *Journal of Marketing*, 52, 21-34.

Ebbinghaus, H. (1902). *Grundzuge der Psychologie*. Leipzig: Viet.

Economist; 6/4/2005; Vol. 375, Issue 8429.

Fontenot, R. J., & VIosky, R. P. (1998). *Exploratory study of internet buyer-seller relationships*. Proceedings of the 1998 American Marketing Association Winter Educators Conference, Chicago: American Marketing Association, 169-170.

Forrest, E., & Mizerski, R. (1996). *Interactive marketing: the future present*. American Marketing Association. IL: NTC Business Books.

Ganesan, S. (1994). Determinants of long-term orientation in buyer-seller relationships. *Journal of Marketing*, 58, 1-19.

Gardner, M. P. (1985). Mood states and consumer behavior: a critical review. *Journal of Consumer Research*, 12(December), 281-300.

Glazer, R. (1989). *Marketing and the changing information environment: implications for strategy, structure, and the marketing mix*. Report No. 89-108. Cambridge, MA: Marketing Science Institute.

Godes, D., & Mayzlin, D. (2004). Using online conversations to study word of mouth communication, *Marketing Science*, 23(4), 545-560.

Goldberg, M. E., & Gorn, G. J. (1987). Happy and sad tv programs: how they affect reactions to commercials. *Journal of Consumer Research*, 14(December).

Greenberg, B. S. (1988). Some uncommon television images and the drench hypothesis. In S. Oskamp(Ed.), *Television as a social issue* (pp. 88-102). Newbury Park, CA: Sage.

Greenwald, A. C., (1968). Cognitive learning, cognitive response to persuasion, and attitude change. In A. G. Greenwald, T. C. Brock, & T. Ostrom(Eds.), *Psychological Foundations of Attitudes*. New York: Academic Press.

Greenwald, A. C, & Leavitt, C. (1984). Audience involvement in advertising: four levels. *Journal of Consumer Research*, 11(June), 581-592.

Gunter, B. (1985). Determinants of television viewing preferences. In D. Zillmann & J. Bryant(Eds.), *Selective Exposure to Communication*. Hillsdale, NJ: Erlbaum.

Haley, R. I. (1985). *Developing effective communications strategy*. New York: Wiley.

Haubl, G., & Trifts, V. (2000). Consumer Decision Making in Online Shopping Environments: The

Effects of Interactive Decision Aids. *Marketing Science*, 19.

Hellige, J. B. (1990). Hemispheric asymmetry. *Annual Review of Psychology*, 41.

Helper, S., & MacDuffie, J. P. (2000). *E-volving the auto industry: e-commerce effects on consumer and supplier relationships.* In E-Business and the Changing Terms of Competition: A View From Within the Sectors, Working Paper, Stanford University.

Herr, P. M. (1989). Priming price: prior knowledge and context effects. *Journal of Consumer Research*, 16(June), 67-75.

Higgins, E. T, & King, G. (1981). Accessibility of social constructs: information processing consequences of individual and contextual variability. In N. Cantor & J. Kihlstrom(Eds.), *Personality, Cognition, and Social Interaction.* Hillsdale, NJ: Erlbaum.

Hill, C. W. L. (1990). Cooperation, opportunism, and the invisible hand: implications for transaction cost theory. *Academy of Management Review*, 15.

Hoffman, D. L., & Novak, T. P. (1996). Marketing in computer-mediated environments: conceptual foundations. *Journal of Marketing*, 60(July).

Hoffman, D. L., Novak, T. P., & Peralta, M. (1999). Building consumer trust online. *Communications of the ACM*, 42(4).

Hostler, R. E., Yoon, V. Y, & Guimaraes, T. (2005). Assessing the impact of Internet agent on end users' performance. *Decision Support Systems*, 41(1).

Hoyer, W. D., & Macinnis, D. J. (2001). *Consumer Behavior.* Boston, MA: Houghton Mifflin.

Hung, S.-Y., Ku, C.-Y., & Chang, C.-M. (2003). Critical factors of WAP services adoption: an empirical study. *Electronic Commerce Research and Applications*, 2(1).

Isen, A. M. (1989). Some ways in which affect influences cognitive processes: implications for advertising and consumer behavior. In P. Cafferata & A. Tybout(Eds.), *Cognitive and Affective Responses to Advertising*(pp. 91-118). Lexington, MA: Lexington Books.

Jiang, Z., & Benbasat, I. (2005). Virtual product experience: effects of visual and functional control of products on perceived diagnosticity and flow in electronic shopping. *Journal of Management Information Systems*, 21(3).

Jiang, Z. J., & Benbasat, I. (2007). The effects of presentation formats and task complexity on online consumers' product understanding. *MIS Quarterly*, 31.

Jiang, Z. H., & Benbasat, I. (2007). Investigating the influence of the functional mechanisms of online product presentations. *Information Systems Research*, 18.

Jones, M., Marsden, G, Mohd-Nasir, N., Boone, K., & Buchanan, G. (1999). *Improving Web interaction in small screen displays.* Proceedings of the 8th WWW Conference, Toronto, Canada.

Kamins, M. A., Marks, L. J., & Skinner, D. (1991). Television commercial evaluation in the context of program induced mood: congruency versus consistency effects. *Journal of Advertising*, 20(2).

Karkkainen, L., & Laarni, J. (2002, October 19-23). *Designing for small display screens.* Proceedings of the 2nd Nordic Conference on Human-Computer Interaction.

Katz, E., Blumler, J. G., & Gurevitch, M. (1974). Utilization of mass communication by the individual. In J. Blumler & E. Katz (Eds.), *The Uses of Mass Communication* (pp. 19-32). Beverly Hills, CA: Sage.

Katz, E., & Lazarsfeld, P. F. (1955). *Personal influence: the part played by people in the flow of mass communications.* New York, NY: Free Press.

Keen, P. G. W. (2000). Ensuring e-trust. *Computer world*, 34 (11), 13, 46.

Keeney, R. L. (1999). The value of Internet commerce to the customer. *Management Science*, 45 (April).

Kennedy, J. R. (1971). How program environment affects tv commercials. *Journal of Advertising Research*, 11.

Kiely, M. (1993). Word-of-mouth marketing. *Marketing*, September, 6.

Klebber, J. M. (1985). Physiological measures of research: a review of brain activity, electrodermal response, pupil dilation, and voice analysis methods and studies. In J. H. Leigh & C. Martin, Jr. (Eds.), *Current Issues and Research in Advertising* (pp. 53-76). Ann Arbor: University of Michigan.

Krugman, H. E. (1965). The impact of television advertising: learning without involvement. *Public Opinion Quarterly*, 296.

Krugman, H. E. (1966). The measurement of advertising involvement. *Public Opinion Quarterly*, 30.

Krugman, H. E. (1983). Television program interest and commercial interruption: are commercials on interesting programs less effective? *Journal of Advertising Research*, 23 (February/March).

Krugman, H. E. (1988). Point of view: limits of attention to advertising. *Journal of Advertising Research*, 28 (October/November).

Lam, S. S. K. (1997). The effects of group decision support systems and task structures on group communication and decision quality. *Journal of Management Information Systems*, 13 (4).

Lazarsfeld, P. E., Berelson, B. R., & Gaudet, H. (Eds.). (1948). *The People's Choice.* New York: Columbia University Press.

Leckenby, J. D., & Li, H. (2000). From the editors: Why we need the Journal of Interactive Advertising. *Journal of Interactive Advertising*, I, 1 (Fall). Retrieved Aug. 31, 2007. Online: http://jiad. org/voll/nol/editors/index. html

Liu, Y. (2006). Word-of-mouth for movies: its dynamics and impact on box office revenue. *Journal of Marketing*, 70 (3).

Lloyd, D. W., & Clancy, K. J. (1989). *The effects of television program involvement on advertising response: implications for media planning.* Transcript Proceedings of the First Annual Advertising Research Foundation Media Research Workshop. New York: Advertising Research Foundation.

Lovelock, C. H. (1996). *Services marketing* (3rd ed.). NJ: Prentice Hall.

Lucas, H. C., Jr. (1974). Systems quality, user reactions, and the use of information systems. *Management Informatics*, 3 (4).

Lynch, J. G., & Ariely, D. (2000). Wine online: search costs and competition on price, quality, and distribution. *Marketing Science*, 19 (1).

Maes, P. (1994). Agents that reduce work and information overload. *Communications of the ACM*, 37(7).

Mahmud, S. (2007). *Brand content, mobile to grow.* August 8, retrieved Aug. 31, 2007 from http://www. adweek. com/aw/national/article.

Malhotra, N., Kim, S. K., & Agarwal, J. (2004). Internet users' information privacy concerns (IUIPC): the construct, the scale, and a causal model. *Information Systems Research*, 15(4).

Mayer, R. C., Davis, J. H., & Schoorman, F. D. (1995). An integrative model of organizational trust. *Academy of Management Review*, 20(3).

McGuire, W. J. (1969). The nature of attitudes and attitude change. In G. Lindzey & E. Aronson(Eds.), *The Handbook of Social Psychology* (Vol. 3). New York: Random House.

McKenna, R. (1997, July-August). *Real-time marketing. Harvard Business Review.*

McLuhan, M., & Fiore, Q. (1967). *The Medium is the Message.* New York: Bantam Books.

Meckler, A. (2000, September 26). *I want my N-TV Business* 2.0.

Ngai, E. W. T., & Gunasekaran, A. (2007). A review for mobile commerce research and applications. *Decision Support Systems*, 43.

O'Guinn, T. C., & Faber, R. J. (1991). Mass communication and consumer behavior. In T. S. Robertson & H. Kassarjian(Eds.), *Handbook of Consumer Behavior.* Engle-wood Cliffs, NJ: Prentice-Hall.

Oh, K. W., Cho, C. H., & Leckenby, J. D. (1999). *A comparative analysis of Korean and US. Web advertising.* Proceedings of the 1999 Conference of the American Academy of Advertising.

Pavlou, P. A. (2003). Consumer acceptance of electronic commerce: integrating trust and risk with the technology acceptance model. *International Journal of Electronic Commerce*, 7(3).

Pavlou, P. A., & Ba, S. (2000). *Does online reputation matter? An empirical investigation of reputation and trust in online auction markets.* Proceedings of the 6th Americas Conference in Information Systems, Long Beach, CA.

Pavlou, P. A. and Dimoka, A. (2006), The nature and role of feedback text comments in online marketplaces: Implications for trust building, price premiums, and seller differentiation. *Information Systems Research*, 17(4).

Pavlou, P. A., & Fygenson, M. (2006). Understanding and predicting electronic commerce adoption: an extension of the theory of planned behavior. *MIS Quarterly*, 30(1).

Pavlou, P. A., & Gefen, D. (2004). Building effective online marketplaces with institution-based trust. *Information Systems Research*, 15.

Pavlou, P. A., Liang, H., & Xue, Y. (2007). Understanding and mitigating uncertainty in online environments: an agency theory perspective. *MIS Quarterly*, 31(1).

Pavlou, P. A., Lie, T., & Dimoka, A. (2007, November 3-4). *An integrative model of mobile commerce adoption.* Proceedings of the Conference on Information Systems and Technology(CIST/ INFORMS), Seattle, WA.

Pechmann, C., & Stewart, D. W. (1988). A critical review of wearin and wearout. *Current Issues and Research in Advertising*, 285-330.

Peterson, R., Balasubramanian, S., & Bronnenberg, B. J. (1997). Exploring the implications of the Internet for consumer marketing. *Journal of the Academy of Marketing Science*, 25(4).

Petty, R. E., & Cacioppo, J. T. (1986). *Communication and Persuasion: Central and Peripheral Routes to Attitude Change*. New York: Springer-Verlag.

Politz Research, Inc. (1962, November). *A Measurement of Advertising Effectiveness*: The Influence of Audience Selectivity and Editorial Environment.

Port, O. (1999, October 4). Customers move into the driver's seat. *Business Week*.

Powers, W. T. (1973, January 26). Feedback: beyond behaviorism. *Science*, 179.

Powers, W. T. (1978). Quantitative analysis of purposive systems: some spadework at the foundations of scientific psychology. *Psychological Review*, 85.

Ray, M. L. (1985). *An even more powerful consumer?* In R. Buzzell(Ed.), *Marketing in an Electronic Age*. Cambridge, MA: Harvard University Press.

Ray, M. L., & Sawyer, A. G. (1971, February). Repetition in media models: a laboratory technique. *Journal of Marketing Research*, 8.

Robey, D., & Farrow, D. L. (1982). User involvement in information system development: a conflict model and empirical test. *Management Science*, 28.

Rodgers, S., & Thorson, E. (2000). The interactive advertising model: how users perceive and process online ads. *Journal of Interactive Advertising*, 1. Retrieved Sept. I, 2007. Online: http://jiad.org/voll/nol/pavlou/index.html

Roehm, H. A., & Haugtvedt, C. P. (1999). Understanding interactivity of cyberspace advertising. In D. W. Schumann & E. Thorson(Eds.), *Advertising and the World Wide Web*(pp. 27-39). Mahwah, NJ: Erlbaum.

Rosen, E. (2000). *The Anatomy of Buzz: How to Create Word of Mouth Marketing*. N.Y.: Doubleday.

Rothschild, M. L., & Hyun, Y. J. (1990, March). Predicting memory for components of tv commercials from EEG. *Journal of Consumer Research*, 16.

Rothschild, M. L., Hyun, Y. J., Reeves, B., Thorson, E., & Goldstein, R. (1988, September). Hemispherically lateralized EEG as a response to television commercials. *Journal of Consumer Research*, 15.

Rubin, A. M. (1986). Uses, gratification, and media effects research. In J. Bryant & D. Zillman(Eds.), *Perspectives on Media Effects*. Hillsdale, PA: Erlbaum.

Scharl, A., Dickinger, A., & Murphy, J. (2005). Diffusion and success factors of mobile marketing. *Electronic Commerce Research and Applications*, 4.

Schurr, P. H., & Ozanne, J. L. (1985). Influences on exchange processes: buyers' preconceptions of a seller's trustworthiness and bargaining toughness. *Journal of Consumer Research*, 11(4).

Schwerin, H. (1958). Do today's programs provide the wrong commercial climate? *Television Magazine*, 15(8).

Schwerin, H., & Newell, H. H. (1981). *Persuasion in Marketing*. New York: Wiley.

Shimp, T. A. (1990). *Promotion Management and Marketing Communications* (2nd ed.). Hinsdale, IL: Drydn Press.

Short, J., Williams, E., & Christie, B. (1976). *The Social Psychology of Telecommunications*. New York: John Wiley.

Simon, H. (1957). *Organizations*. New York: McGrawHill.

Singh, S. N., & Hitchon, J. C. (1989). The intensifying effects of exciting television programs on the reception of subsequent commercials. *Psychology and Marketing*, 6 (Spring).

Smith, H. J., Milberg, S., & Burke, S. (1996). Information privacy: measuring individuals' concerns about organizational practices. *MIS Quarterly*, 20 (2).

Soldow, G. F, & Principe, V. (1981). Response to commercials as a function of program context. *Journal of Advertising Research*, 21 (2).

Spalter, M. (1996). Maintaining a customer focus in an interactive age, the seven i's to success. In E. Forrest & R. Mizerski (Eds.), *Interactive Marketing: The Future Present* (pp. 163-188). Chicago, IL: American Marketing Association, NTC Business Books.

Srull, T. K. (1990). Individual responses to advertising: mood and its effects from an information processing perspective. In S. J. Agres, J. A. Edell, & T. M. Dubitsky (Eds.), *Emotion in advertising, theoretical and practical explorations*. New York: Quorum Books.

Stewart, D. W. (1986, April/May). The moderating role of recall, comprehension, and brand differentiation on the persuasiveness of television advertising. Journal of *Advertising Research*, 25.

Stewart, D. W. (1989, June/July). Measures, methods, and models of advertising response. *Journal of Advertising Research*, 29, 54-60.

Stewart, D. W, Frazier, G., & Martin, I. (1996). Integrated channel management: merging the communication and distribution functions of the firm. In E. Thorson & J. Moore (Eds.), *Integrated communication: Synergy of persuasive voices*. Hillsdale, NJ: Erlbaum.

Stewart, D. W., & Furse, D. H. (1986). *Effective Television Advertising: A Study of 1000 Commercials. Lexington*, MA: Lexington Books.

Stewart, D. W., Furse, D. H., & Kozak, R. (1983). A descriptive analysis of commercial copy- testing services. In C. Martin & J. Leigh (Eds.), *Current Issues and Research in Advertising*, 6.

Stewart, D. W., & Koslow, S. (1989). Executional factors and advertising effectiveness: a replication. *Journal of Advertising*, 18 (3).

Stewart, D. W., & Pavlou, P. A. (2002). From consumer response to active consumer: Measuring the effectiveness of interactive media. *Journal of the Academy of Marketing Science*, 30 (4).

Stewart, D. W., Pavlou, P. A., & Ward, S. (2002). Media influences on marketing communications. In J. Bryant & D. Zillmann (Eds.), *Media Effects: Advances in Theory and Research* (Rev. ed.). Hillsdale, NJ: Erlbaum.

Stewart, D. W., Pechmann, C., Ratneshwar, S., Stroud, J., & Bryant, B. (1985). Methodological and theoretical foundations of advertising copy testing: a review. *Current Issues and Research in Advertising*, 2.

Stewart, D. W., & Ward, S. (1994). Media effects on advertising. In J. Bryant & D. Zillman (Eds.), *Media Effects: Advances in Theory and Research.* Hillsdale, NJ: Erlbaum. Stewart, D. W, & Zhao, Q. (2000). Internet marketing, business models, and public policy. Journal of Public Policy and Marketing, 19.

Strong, E. C. (1974, November). The use of field experimental observations in estimating recall. *Journal of Marketing Research*, 11.

Strong, E. C. (1977, December). The spacing and timing of advertising. *Journal of Advertising Research*, 16.

Thirkwell, P. C. (1997). *Caught by the Web: implications of Internet technologies for the evolving relationship marketing paradigm.* Proceedings of the Third American Marketing Association Special Conference, New and Evolving Paradigms, Dublin, Ireland.

Thorson, E. (1990). Consumer processing of advertising. In J. H. Leigh & C. Martin, Jr. (Eds.), *Current Issues and Research in Advertising* (Vol. 12). Ann Arbor: University of Michigan.

Thorson, E., Reeves, B., Schleuder, J., Lang, A., & Rothschild, M. L. (1985). *Effect of program context on the processing of television commercials.* Proceedings of the American Academy of Advertising.

Tillman, H. (1995, September 6). *Evaluating the quality of information on the Internet or finding a needle in a haystack* (a presentation delivered at the John F. Kennedy School of Government, Harvard University, Cambridge, Massachusetts).

Time, Inc. (1981). *A study of the effectiveness of advertising frequency in magazines: the relationship between magazine advertising frequency and brand awareness, advertising recall, favorable brand rating, willingness to buy, and product use and purchase.* New York: Research Department, Magazine Group, Time Inc.

Tolley, B. S., & Bogart, L. (1994) *Attention, Altitude and Affect in Response to Advertising.* Hillsdale, NJ: Erlbaum.

Tsang, M. M., Ho, S. C, & Liang, T. P. (2004). Consumer attitudes toward mobile advertising: an empirical study. *International Journal of Electronic Commerce*, 8(3).

Venkatesh, V., & Ramesh, V. (2006). Web and wireless site usability: understanding differences and modeling use. *MIS Quarterly*, 30(1).

Wang, W., & Benbasat, L. (2005). Trust in and adoption of online recommendation agents. *Journal of the Association for Information Systems*, 6(3).

Ward, S., Levinson, D., & Wackman, D. (1972). Children's attention to television advertising. In G. A. Comstock & J. P. Murray (Eds.), *Television and Social Behavior: Vol. 4, Television in Day-to-Day Life.* Rockville, MD: National Institute of Mental Health.

Watson, R. T., Pitt, L. R, Berthon, P., and Zinkhan, G. M. (2002). U-commerce: expanding the universe of marketing. *Journal of the Academy of Marketing Science*, 30(4).

Webster, F. E., Jr. (1989). *It's 1990-do you know where your marketing is?* MSI White Paper. Cambridge, MA: Marketing Science Institute.

Wikstrom, S. (1996). An integrated model of buyer-seller relationships. *Journal of the Academy of Marketing Science*, 23(4).

Wright, J. (2006). *Blog Marketing*. McGraw-Hill.

Wright, P. L. (1973). The cognitive processes mediating acceptance of advertising. *Journal of Marketing Research*, 10.

Wurman, R. S. (2000, November 28). Redesign the data pump. *Business 2.0*.

Wyer, R. S., & Srull, T. K. (1981). Category accessibility: some theoretical and empirical issues concerning the processing of social stimulus information. In E. T. Higgins, C. P. Herman, & M. P. Zanna(Eds.), *Social cognition: The Ontario Symposium*. Hillsdale, NJ: Erlbaum.

Xu, Y. (2003). Mobile data communications in China. Communications of the ACM, 46(12), 81-85.

Yi, Y. (1990a). Cognitive and affective priming effects of the context for print advertisements. *Journal of Advertising*, 19(2).

Yi, Y. (1990b, September). The effects of contextual priming in print advertisements. *Journal of Consumer Research*, 17.

Yuspeh, S. (1977, November). *On-air: are we testing the message or the medium?* Paper delivered to J. Walter Thompson Research Conference, New York.

Zaichowsky, J. (1985). Measuring the involvement construct. *Journal of Consumer Research*, 12.

Zielske, H. A. (1959). The remembering and forgetting of advertising. *Journal of Marketing*, 239-243.

Zielske, H. A., & Henry, W. (1980, April). Remembering and forgetting television ads. *Journal of Advertising Research*, 20.

Zigurs, L., Poole, M. S., & DeSanctis, G. L. (1988, December). A study of influence in computer-mediated group decision making. *MIS Quarterly*, 124.

Zillmann, D., & Bryant, J. (1994). Entertainment as media effect. In J. Bryant & D. Zillmann(Eds.), *Media Effects: Advances in Theory and Research*. Hillsdale, NJ: Erlbaum.

아동을 위한 교육TV와 인터랙티브 미디어

학문적 지식, 스킬, 태도에 미치는 영향

샬롬 피시(Shalom M. Fish, 시암 워크숍)

전자 미디어가 아이들에게 어떤 영향을 미치는가에 대한 논의는 주로 부정적 측면에만 초점이 맞춰졌다. 일부 비판가들은 — 설사 있다하더라도 아주 작은 경험적 자료에 기반해서 — TV에 대한 노출이 주목시간의 감소, 학교에서의 흥미부족, 혹은 아동이 수동적인 좀비 시청자가 되는 것과 같은 결과를 낳을 수 있다고 주장했다(예: Healy, 1990; Postman, 1985; Winn, 1977). 인터랙티브 미디어에 관한 논의는 더 모호해졌다. 예를 들어, 학급 컴퓨터와 인터넷 접근을 제공하는 노력은 인터랙티브 미디어를 교육의 필수품으로 생각한다는 것을 반영하지만(예: Roberts, 2000), 다른 노력들은 전 세계적으로 퍼지는 비디오 게임 중독(예: Bruner &Bruner, 2006)의 잠재성과 같은 부정적 결과에 초점을 맞췄다. 많은 부정적 주장들은 연구를 통해 누그러지거나 완전히 반박되었지만, 미디어의 다른 부정적 효과는 다른 문헌들, 예를 들면 폭력적 행동의 모델링(예: Weber, Ritterfield, & Kostygina,

2006; Wilson et al., 1997) 혹은 광고의 설득적 효과(예: John, 1999; Kunkel, 2006) 등을 통해 더 많이 지지된 것으로 나타났다.

그러나 부정적 효과를 다룬 논의 가운데 자료가 뒷받침된 경우에도 완전한 상이 제시되지는 않는다. 종종 교육TV 프로그램이나 비디오 게임 같은 교육미디어 이용에서 생길 수 있는 긍정적 효과가 상대적으로 덜 주목받았다. 그러나 만약 우리가 아동이 미디어에서 부정적 학습을 할 수 있다고 여긴다면, 그것은 또한 아동이 긍정적 학습도 할 수 있다는 이유가 된다. TV광고로 제품정보를 전하는 미디어에서도 교육TV 프로그램의 과학개념을 전할 수도 있다. 폭력적 게임을 통해 아주 공격적으로 행동하는 아동에게 영향을 미칠 수 있는 미디어도 아동에게 동기를 부여할 수도 있을 것이다.

이 장에서는 읽고 쓰기, 과학, 수학과 같은 학문영역에서 아동의 지식, 기술 및 태도에 미친 교육미디어의 영향력을 다룬 연구를 검토한다. 첫 번째 부분에서는 TV에 대한 핵심적인 발견들을 검토한다. 두 번째 부분에서는 인터랙티브 미디어에 초점을 맞춘다. 그리고 세 번째 부분에서는 효과를 설명하기 위해 제시된 이론적 메커니즘을 논의한다. 지면의 제한으로, 성인보다는 아동연구에 초점을 맞출 것이며(예: Greenberg & Gantz, 1976; Lowe, 2005; Snghal & Rogers, 1999; WInsten, 1994), 성인이 주도하고 아동이 이를 따라가며 토론하고 활동하는 것보다는 아무런 도움 없이 아동이 교육미디어를 이용하는 것에 일차적 초점을 맞출 것이다(예: Block, Guth & Austin, 1993; Cognition and Technology Group at Vanderbilt, 1997; Lampert, 1985; Sanders & Sonnad, 1980).

1. 교육TV

교육TV의 학문적 효과는 다음에서 차례로 논의될 몇몇 주제 분야에서 조사되었다. 첫째, 미취학 아동 교육 프로그램이 아동의 학교 준비상태에 미치는 영향력에 대한 연구를 검토한다. 다음으로 읽고 쓰기, 수학과 문제해결, 과학과 기술, 사회과목의 네 가지 분야에서 학생 프로그램의 효과를 탐구한다.

1) 취학준비

수많은 교육TV 시리즈는 미취학 아동의 취학준비(*school readiness*)에 도움을 주기 위해 제작되었다. 물론, 취학준비라는 용어는 단지 학문적 기술뿐만 아니라 자신감과 동년배와의 협동 같은 대인적 기술과 태도를 포함한다(Zero to Three/National Center for Clinical Infant Programs, 1992). 여기서는 취학 전 TV 프로그램의 영향을 다룬 학술적 연구들을 살펴볼 것이다. 취학 전 사회적 프로그램이 아동의 대인적 기술에 어떻게 영향을 미쳤는지가 궁금한 독자라면 마레스와 우다드(Mares & Woodard, 2001)의 최근의 글을 참조하면 된다. 그 부분은 〈세사미 스트리트〉(*Sesame Street*)가 미친 영향을 다룬 몇몇의 획기적 연구들(이 연구들의 보다 상세한 설명은 피시와 트루글리오(Fisch & Truglio, 2001)에서 볼 수 있을 것이다)을 검토하는 것에서부터 시작할 것이다. 그 다음으로 여타의 미취학 아동을 위한 시리즈의 영향력에 대한 연구를 검토할 것이다.

(1) 세사미 스트리트(*Sesame Street*)

세사미 스트리트의 교육적 영향력은 이 프로그램의 첫 번째와 두 번째 편이 제작된 이후, 부분적으로 ETS(Educational Testing Service)에서 실행한 실험·통제, 사전·사후 검증 연구를 통해 최초로 확인되었다(Ball & Bogatz, 1970; Bogatz & Ball, 1971). 각각의 연구들은 3세와 5세 사이의 아동들 가운데 세사미 스트리트를 많이 보는 아동이 알파벳, 숫자, 신체 부위, 도형, 관계어 및 정렬과 분류와 관련된 학문적 기술의 조합을 평가하는 사전사후 검증에서 유의미한 수준에서 성취도가 더 크다는 것을 보여주었다. 가장 큰 영향력을 보인 영역은 세사미 스트리트에서 가장 많이 강조한 내용(예: 문자)이었다. 이러한 효과는 연령, 성별, 지리적 위치, 사회 경제적 지위(사회 경제적 지위가 낮은 아동이 중간 정도의 사회 경제적 지위를 가진 학생들보다 더 큰 성과를 보인 가운데), 네이티브 언어(영어든 스페인어든)에 있어서 그리고 아동이 집에서 시청하든 학교에서 시청을 하든 상관없이 나타났다. 실제로 쿡 등 (Cook et al., 1975) 이 엄마가 아동과 세사미 스트리트에 대해 토론하는 것과 같은 여타의 잠재적 기여요인 (contributing factor) 변인을 통제한 채 이 자료를 재분석했을 때도, 위에서 제시된 효과는 줄었지만 여전히 큰 변량이 통계적으로 유의미한 채로 있었다.

이러한 효과는 미국 외 다른 나라들이 공동제작한 일부 세사미 스트리트에 대한 누적된 평가연구와도 비슷하다. 멕시코의 플라자 세사모 (Plaza Sesamo) (Diaz-Gurrero & Holtzman, 1974; UNICEF, 1996), 터키의 수삼 소카기 (Susam Sokagi) (Sahin, 1990), 포르투갈의 루아 세사모 (Rua, Sesamo) (Brederode-Santos, 1993), 그리고 러시아의 울리차 세잼 (Ulitsa Sezam Department of Research and Content, 1998) 등의 연구에서 이 프로그램의 시청자와 비시청자 사이에 (종종 리터러시와 수학에 초점을 둔) 인지기술력의 차이가 유의미한 것으로 나타났다. 오직 멕시코 연구진만이 이러한 차이를 재검증하는 데 실패했지만 (Diaz-Gurrero, Reyes-Lagunes, Witzke & Holtzman, 1976), 통제집단이 실질적으로 플라자 세사모 (Plaza Sesamo) 에 노출되었다는 것이 밝혀졌다 (이 연구의 보다 자세한 리뷰에 대해 Cole, Richman, & McCann Brown, 2001을 보라).

세사미 스트리트는 또한 시청자에게 장기적 혜택을 준다는 점이 발견되었다. 보개츠와 볼 (Bogatz & Ball, 1971) 이 수행한 연구의 한 구성요소는 그들의 초기연구 (Ball &Bogatz, 1971) 에 참여한 아동들의 하위집단에 대한 후속연구였다. 교사들은 아동들이 세사미 스트리트를 이전에 시청했는지에 대해 모르는 가운데 취학준비에 대해 몇 가지 차원 (예: 어휘적 준비, 계량적 준비, 학교에 대한 태도, 동년배와의 관계) 으로 학생들을 평가했다. 결과는 세사미 스트리트를 빈번히 시청한 아동들이 이 프로를 시청하지 않거나 적게 시청한 학급동료보다 취학준비가 더 잘된 것으로 평가되었다는 점이 나타났다.

25년이 지난 후, 세사미 스트리트의 즉각적이고 장기적인 효과가 여타의 자료로 확인되었다. 사회 경제적 지위가 낮은 배경에 놓인 미취학 아동에 대한 3년간의 장기연구에서는 [사회적] 배경변인을 통계적으로 통제한 후에 부모의 교육수준, 네이티브 언어, 유치원을 다녔는지 여부, 취학 전 교육 프로그램 특히 세사미 스트리트의 시청과 같은 변인들이 독서와 교육활동, 문자적 지식, 수학기술, 어휘수준, 그리고 연령에 맞는 표준 성과시험상의 취학준비도를 예측했다. 또한, 초기 보개츠와 볼 (1971) 의 연구는 교사들이 세사미 스트리트 시청자가 학교에 적응을 잘하는 것으로 평가했다 (Wright & Huston, 1995; Wright, Huston, Scantlin, & Kotler, 2001). 두 번째 연구는 1993년 미국 교육부의 가정교육에 대한 전국 서베이로 이 조사는 약 1천 명의 아동들을 표집한 자료이다. 이 자료에서는 세사미 스트리트와 교육효과 간에 상관관계가 있는 것으로 나타나 인과성을 추정할 수는 있었지만 이를 입증하지 못했다. 연구결과는 세사미 스트리트를 시청한 취학 전 아동들이 스스로 독서를 할 때 알파벳 문자를 더 잘 인식하고 연결된 이야기를 더 잘 말 할 수 있을 가능성이 크다는 점을 보여주었다. 이러한 효과는 저소득 가정의 아동들에게서 더 크게 나타났고 다른 기여변인 (예: 부모의 독서, 유치원을 다녔는지 여부, 부모의 교육정도) 의 영향력을 통계적으로 제거한 후에도 나타났다. 또한 미취학 아동으로 세사미 스트리트를 시청한 1, 2학년 학생들은 자신들만의 방식으로 이야기책을 읽을 가능성이 더 크며 교정을 위한 독서지도를 요청할 가능성은 더 적었다(Zill, 2001; Zill, Davies, & Daly, 1994).

마지막으로 세사미 스트리트의 장기효과는 이 프로그램을 취학 전에 시청했거나 시청하지 않았던 고등학생을 조사하는 재접촉 연구에서 발견되었다. 결과는 미취학 아동일 때 교육TV, 특히 세사미 스트리트를 보다 많이 시청한 고등학생들은 영어, 수학, 과학과목에서 유의미할 정도로 그렇지 않은 학생들보다 높은 점수를 받았다. 또한 이들은 책을 더 많이 읽었고, 보다 높은 학문적 자아존중감을 보여주었으며, 공부를 하는 데 대해 더 높은 가치를 부여했다. 이러한 차이는 이 학생들의 초기 언어기술 및 가족의 사회 경제적 배경의 변인이 제거되었을 때도 나타났다(Anderson, Huston, Wright, & Collins, 1998; Huston, Anderson, Wright, Linebarger, & Schmitt, 2001).

(2) 미취학 아동을 위한 다른 시리즈

미취학 아동을 위한 다른 TV시리즈에 대한 연구는 취학준비에 대한 몇 가지 다른 접근을 참작해서 아동들의 지식, 이들의 도전을 추구하려는 의향, 문제해결 기술에 미치는 영향력을 탐구했다. 제롬과 도로시 싱어 등의 일련의 연구는 〈바니와 친구들〉(Barney & Friends, 자주색의 공룡이 출현하는 시리즈로, 그 공룡이 아이들에게 익숙한 음조에 맞춰 노래를 연장해서 부른다)이라는 프로그램이 미취학 아동의 지식에 미치는 영향을 평가했다(Singer & Singer, 1998을 참조하라). 이 조사는 대부분이 백인인 가운데 중산층

의 사회 경제적 지위를 가진 3살 내지는 4살 아동에 대해 실시한 표본조사 연구로서, 주요 연구결과는 비록 10개 에피소드에 대한 비보조 시청(unaided viewing)을 통해 이 프로그램을 시청한 아동이 그렇지 않은 아동보다 도형을 구별하거나, 감정을 표시하는 것에서는 차이를 나타내지 못했지만, 숫자를 세는 기술, 색깔 구별, 어휘 및 이웃에 대해 아는 정도에서는 더 좋은 성과를 내는 유의미한 차이를 발견했다(Singer & Singer, 1994). 그러나 사회 경제적 지위가 낮거나 소수 인종출신의 아동들을 포함한 보다 큰 표집에서의 반복 연구결과는 교사의 후속조치가 없더라도(바니와 친구들이 교사가 이끄는 학습과 결합될 때 효과가 보다 컸지만, Singer & Singer, 1995), 이 시리즈의 10개의 에피소드를 시청한 이 인구의 비시청자에 대해 작은 이점만을 가져왔다는 점을 발견했다. 추가연구는 5.5세 유치원생에게서는 천정효과(ceiling effect)로 인해 어떤 유의미한 효과도 발견하지는 않았지만, 친사회적 효과는 2세 정도의 아동에게는 존재할 수 있다는 점을 시사했다(Singer & Singer, 1998; Singer, Singer, Miller, & Sells, 1994).

취학준비에 대한 또 다른 접근은 한 쌍의 라틴계 자매가 드래곤 랜드라는 마술세계에서 한 집단의 드래곤과 우정을 나누며 서로를 도와주는 만화 시리즈인 〈드래곤 이야기〉(Dragon Tales)에 구현되고 있다. 2세에서 6세에 이르는 미취학 아동을 겨냥한 드래곤 이야기는 미취학 아동의 연령에 맞는 물리적, 인식적, 사회적이면서도 감정적 도전을 추구하기 위해 동기부여를 자극하도록 디자인되었다. 사전사후 실험 연구에서 연구자, 교사, 부모의 평가에서 드래곤 이야기는 아동들이 도전적인 학습을 선택하고, 다른 사람

들과 놀이를 주도하거나 조직하고, 다른 사람들에게 놀아달라는 요청을 하는 빈도에서 긍정적 영향력을 미치는 데 유의미한 차이를 보였다는 점을 시사했다. 아동들의 과제 중심적(task-based) 인터뷰에서 보다 직접적 증거를 볼 수 있는데, 이 인터뷰에서 아동 시청자는 일관성 있는 목표와 관련해서 블럭 구축(block building)을 묘사할 가능성이 더 컸으며, 또한 동시에 그러한 증거는 아동 시청자가 무언가를 만들 가능성이 높을 수 있는 자유로운 놀이 과제에서도 나타났다(Rust, 2001).

취학준비를 위한 세 번째 접근은 문제해결 기술을 증진시키는 것으로 이는 니켈로디온(Nickelodeon) 채널의 〈닉 주니어〉(Nick Jr.) 프로그램 블럭을 위해 제작된 몇 개의 시리즈에서 그 예를 찾을 수 있다. 한 가지 일련의 연구들은 미취학 아동이 〈알레그라의 창문〉(Allegra's Window, 알레그라라고 불리는 어린 소녀 인형이 출현하는 실사(live-action) 시리즈)과 〈굴라 굴라 섬〉(Gullah Gullah Island, 아열대 섬 환경에 사는 흑인가족에 대한 실사 시리즈) 시리즈를 2년 동안 시청하거나 시청하지 않았을 때의 결합 효과를 조사했다. 캐어기버(caregivers)의 평가점수는 시청 아동이 비시청 아동보다 유연한 사고(예: 호기심을 나타내며, 다양한 관점에서 사물을 보는 것)와 문제해결(예: 포기하지 않고 제대로 집중하면서, 문제해결에 대한 다양한 접근을 하려하는 것)의 척도에서 큰 차이를 보여주었다. 시청시 가장 큰 성과는 시청 첫 달에 나타나고, 그 성과는 2년 기간 내내 유지되었다(Bryant et al., 1997). 아동들에게서 직접 수집한 데이터의 경우 3가지 세트의 문제해결 과제를 손수 해보는 것(예: 고전적인 하노이 타워 문제의 단순화된 버전)에서 시청 아동이 비

시청 아동보다 정확한 대답을 하는 데 유의미했음을 밝혀냈다. 시청 아동들은 또한 비시청 아동보다 하노이 문제에서 6개의 문제 중에서 더 적은 이동으로 4개 문제를 풀었다. 그러나 도형 그리고/혹은 색깔을 구별하는(신호 탐지기와 유사한) Go-NoGo 과제의 반응시간에서는 아동들에게서 어떠한 유의미한 차이도 발견되지 않았다(Mulliken & Bryant, 1999).

이후, 유사한 연구로는 〈블루의 단서〉(Blue's Clues, 블루라고 불리는 만화의(animated) 개와 인간 친구인 스티브가 출현하고 시청가가 참여하는 참여 시리즈로, 스티브는 게임과 퍼즐을 풀 때 시청자에게 직접적으로 도움을 요청한다)에 대한 연구로 미취학 아동이 이 프로그램을 2년간 시청하는 동안에 지식과 인지발달에 어떠한 영향을 받았는지를 평가했다(Anderson, Bryant, Wilder, Santomero, Williams, & Crawley, 2000; Bryant et al., 1999). 가장 기본적인 수준에서 아동에게 블루의 단서의 개별적 에피소드에 있는 똑같은 퍼즐(여타의 것들 중에서, 일치, 순서, 관계적 개념 같은 통합 기술 같은)을 보여줄 때, 시청아동은 TV에서 본 자료를 회상(recall)하면서, 정확한 대답을 하는 데 비시청 아동과 비교해서 유의미한 차이를 보여주었다. 보다 광범위한 수준에서 아동용 카프만 평가 배터리(K-ABC: Kaufman Assessment Battery for Children)와 카프만 간편 지능 검사(K-BIT: Kaufman Brief Intelligence Test)의 하부척도의 측정시 시청 아동이 비시청 아동보다 유머러스하지 않은 수수께끼(예: 작은 것이 두 개의 날개를 가지고 있다면 날 수 있을까?)를 푸는 데 수행력이 보다 높다는 점에서 유의미한 차이를 보임을 밝혀냈다. 미완성의 잉크 얼룩그림(inkblot drawings)의 게슈탈

트 폐쇄성 (*gestalt closure*) 과 비어휘적 문제를 해결해야 하는 행렬과제에서 효과는 2년간의 시청을 통해 지속되었다. 아동의 표현적 어휘와 자아존중감에 대해서는 어떤 효과도 발견되지 않았다.

블루의 단서의 한 가지 독특한 특징은 시청자를 적극적으로 교육콘텐츠에 관여시킬 목적으로 어느 정도는 시청자 참여를 요청한다는 점이다. 하지만 앤더슨 등은 시청중인 아동을 관찰한 것에 근거할 때(Crawley, Anderson, Wilder, Williams, & Santomero, 1999), (적어도 미취학 아동들 사이에) 시청자 참여는 학습이 이루어진 후 학습에 기여한다기보다는 숙달 정도를 반영하는 것이라고 가정했다. 결과적으로 이들은 아마도 보다 많은 아동들이 대답을 학습하기 때문에 똑같은 에피소드의 반복시청과 함께 참여가 증가한다는 점을 발견했다.

2) 언어발달

선행연구 각각은 한 가지 혹은 그 이상의 시리즈가 미치는 교육적 영향력을 평가했는데 이는 이 시리즈에서 명시된 교육적 목적의 구체적인 범위 내에서 이루어졌다. 보다 광범위하게 볼 때, 몇 개의 미취학 아동용 TV 시리즈에서 두루 조사되었던 영향력 있는 한 분야는 언어발달 영역이다(참조를 위해서는 Naigles & Mayeux, 2001을 보라). 라이스 등은 일련의 내용 분석 연구에서 〈세사미 스트리트〉, 〈로저스 씨의 이웃〉 (*Mister Rogers' Neighborhood*) 그리고 〈전기회사〉 (*The Electronic Company*) 같은 TV 시리즈에서 사용되는 구어와 어린 아동들을 위한 아동 중심적 구어에서 부모들이 사용하는 언어를 비교했

다(Rice, 1984; Rice & Haight, 1986). 연구자들은 〈길리간의 섬〉 (*Gilligan's Island*) 같은 시트콤과 반대로 교육TV 시리즈의 언어가 아동 중심적 구어에서 언어발달을 향상시킨다고 여겨지는 것과 똑같은 정도의 여러 특징 — 짧은 길이의 발언, 반복, 즉각적이고 구체적인 지시대상과 관련된 언어 등 — 을 내포한다는 점을 발견했다. 따라서 언어발달에 기여하는 이러한 TV 시리즈에 잠재성이 존재하였다.

그러나 후속연구는 언어발달의 몇 가지 측면과 관련해서는 이러한 가정을 지지했지만 다른 측면과 관련해서는 그렇지 않았다. 모든 연구가 아동의 어휘습득에 대한 효과를 발견한 것은 아니었지만(예: Bryant et al., 1999), 여러 연구들은 어휘발달에 기여하는 교육 프로그램을 제시했다. 즉, 미취학 아동은 TV에서 새로운 단어를 획득할 수 있다는 것이다(예: Rice, Huston, Truglio, & Wright, 1990; Rice & Woodsmall, 1988; Singer & Singer, 1994; 참고. Naigles & Mayeux, 2001). 그러나 문법발달에서 TV역할을 조사해온 몇몇의 연구는 (즉, 구문의 습득) 이 분야에서 TV가 중요하게 효과를 내는지에 관한 증거를 거의 제공하지 않는다(예: Singer & Singer, 1981). 나이글레스와 메이어스 (Naigles & Mayeux, 2001) 는 문법적 발달은 TV의 일방향적 커뮤니케이션에서 제공하지 않는 사회적으로 기반한 의미의 구성을 필요로 할 수도 있다고 가정한다.

어휘습득에 미치는 유의미한 효과는 또한 제 2 언어학습에서도 발견되었다. 예를 들어, 린바거 (Linbarger, 2001) 는 〈탐험가 도라〉 (*Dora the Explorer*, 라틴계 소녀에 대한 참여적 문제해결 시리즈로, 이 소녀의 대화는 종종 스페인어 단어와 구

문을 포함한다) 가 영어와 스페인어 둘 다를 말하는 아동들 사이에서 스페인어 단어의 지식을 쌓는 데 미치는 영향력을 평가했다. 스페인어를 말하는 아동들 사이에서 사전사후 검증의 성과는 이들이 시리즈에 노출되는 것보다는 일반적인 언어발달과 보다 강하게 관련되지만, 영어를 말하는 아동들 사이에서 작지만 유의미한 성과가 관찰되었다. 연구의 시작부터 영어를 말하는 4세 아동들은 14개 에피소드를 시청할 때마다 하나의 스페인어 단어를 습득했다. 3세 아동들은 58개 에피소드를 시청할 때마다 하나의 단어를 습득했다.

마지막으로 어떤 조건하에 있을 때, 교육TV 프로그램은 또한 언어발달에서 의도치 않은 부정적 영향력을 미칠 수도 있다는 점을 상기하는 것이 가치 있을 것이다. 나이글레스 등(Naigles et al., 1995) 은 아동들이 바니와 친구들 프로그램의 10개 에피소드를 시청한 후, 그 아동들은 (확신을 반영하는) 동사 알다 그리고 (덜 확신적인) 생각하다와 추측하다 사이의 차이에서 이해가 감소한다는 점이 예증됨을 발견했다. 이 연구자들은 그 10개의 바니와 친구들 에피소드의 후속 조사에서 그 이유를 설명했다. 이 에피소드들에서는 확실한 상황에서도 알다나 생각하다에 대한 이용이 상당히 포함되었다. 적절한 영상적 맥락에서 어린 아동들이 신기한 단어에 노출되면 어휘에 긍정적 영향을 받을 수 있는 것과 같이, 단어의 지속적인 오용 또한 부정적 영향력을 미칠 수 있다는 것이다.

(1) 유아용 TV

전통적으로 미취학 아동을 위한 교육TV는 3세에서 5세에 이르는 아동 수용자를 위해 제작되었다. 그 결과 대부분의 선행연구는 이 연령집단에서 실행되었다. 하지만 보다 최근에 이보다 훨씬 어린 아동을 겨냥한 TV 프로그램과 비디오가 큰 산업이 되었는데 이는 〈텔레토비〉(Teletubbies), 〈아기 아인슈타인〉(Baby Einstein), 그리고 유아용 시청자를 겨냥한 TV채널, 베이비 퍼스트 (Baby First) 등이 분명한 예이다. 이 어린 아동에 대한 연구의 부재로 3세 이하의 아이들 사이에서 효과가 발견될 수 있는지 여부에 관한 것은 여전히 의문이다. 이러한 프로그램은 유아용을 위한 교육적 혜택이 있는가? 그렇지 않다면 유아는 교육TV 프로그램을 이해하고 학습하는 것이 인지적으로 준비되지 않은 것인가? 확실히 마지막 관점은 미국 소아과 아카데미(American Academy of Pediatrics) 가 말하는 TV는 2세 이하의 아동에게서 완전히 멀리 있어야 한다는 권고와 일치하는 것일 것이다.[1]

3세 이하의 아동들이 TV에서 단순 행동을 모방하거나 가장 기본적인 지식을 조금이라도 습득할 수 있는가의 정도를 평가한 몇몇 연구는 매우 어린 아동 사이의 TV의 이해에 관해 어느 정도 통찰력을 제공했다. 멜트조프(Meltzoff, 1988) 는 14개월에서 24개월 유아까지는 아령모양과 같은 장난감을 잡아당겨서 따로따로 분리하고 재조립하는 비디오를 시청한 후 그들이 본 행동을 모방할 수 있다는 점을 발견했다. 사실상 모방의 수준은 실제 모델을 이용한 또 다른 연구에서 발견된 것과 일치했다(Meltzoff, 1985). 이와 대조적으

---

1 저자 주: AAP는 당시 이 연령대에 관한 사실상 이용가능한 조사가 없었기 때문에 의도적으로 매우 보수적 충고를 했다.

로 다른 연구들은 비디오를 본 유아의 모방은 연령과 함께 증가하며, 그 행동은 모방되는 복잡성에 달려있다는 점을 제시했다. 맥콜, 파케, 카벤노프(McCall, Parke, & Kavanaugh, 1997)는 18, 24, 36개월의 유아 중에서 36개월의 유아만이 실제로 시범을 보여주는 만큼과 같은 빈도로 비디오로 제시되는 그 행동의 장면도 모방한다는 점을 발견했다. 바와 헤인(Barr & Hayne, 1999)은 모델링되는 그 행동의 복잡성을 조작했는데 성인이 단순한 행동을 따라하는 것(실제로든 비디오로든)을 시청한 하루 후 15개월과 18개월의 유아는 실제와 비디오에서 제시한 것 모두에서 비슷한 수준의 모방을 하지만, 12개월의 유아는 그렇지 않다는 점을 발견했다. 이와 대조적으로 그 모델이 보다 긴 행동장면의 시범을 보였을 때, 18개월의 아동만이 실제 모델에서만큼 비디오를 통한 모방을 보여주었다.

다른 방법론을 이용한 몇몇의 연구는 2세에서 3세의 유아에게 어른이 인접한 방에 장난감을 숨기는 비디오나 이것을 실제로 시범을 보여주는 것을 제시했다. 시청 후, 이 유아들은 그 장난감을 찾기 위해 그 방으로 안내되었다(Schmitt & Anderson, 2002; Troseth, 2003; Troseth & DeLoache, 1998). 24개월과 30개월의 유아는 실제로 똑같은 장면을 본 것보다 비디오를 봤을 때 그 장난감을 찾는 데 정확성이 떨어졌으며 36개월 유아는 두 조건에서 똑같이 정확하지만, 실제 시범을 보여준 이후에 그 장난감을 보다 빨리 찾아냈다.

종합하면 선행연구는 2세 혹은 3세 이하의 아동들은 TV에서 단순한 행동이나 정보를 습득할 수는 있지만, 실제 시범보다 TV 묘사에서 학습능력이 떨어진다는 점을 제시한다. 트로세스,

세일러, 아처(Troseth, Saylor, & Archer, 2006)가 (미리 테이프로 되어 있다기보다는) 화면의 성인이 시청자와 직접적으로 상호작용하도록 허용하는 라이브 비디오를 이용하면 비디오가 실제 시범만큼 영향력이 있다는 점을 발견한 것처럼, 이러한 결과의 한 가지 이유는 실제 시범의 사회적 본질과 함께 모델과 시청자 사이의 상호작용에 있을 수도 있다.

물론 이러한 연구에서 이용된 비디오는 TV 방송용에서 보이는 것보다 훨씬 더 단순하다. 필자가 알기로는 현재까지 한 가지 연구만이 광고 유아용 비디오가 유아의 인지능력에 미치는 영향력을 측정하려고 시도했다. 부모들을 대상으로 시행한 한 서베이는 8~16개월 유아의 언어발달과 이 유아들이 유아용 비디오를 시청하는 데 보내는 시간 사이의 부정적 상관관계가 유의미함을 발견했다는 점을 보고했다. 매일 1시간 시청한 경우 언어점수에서 17포인트 감소하는 것과 관계가 있었다. 17개월에서 24개월 사이의 유아에게서 혹은 교육TV, DVD, 엔터테인먼트 TV, 혹은 성인 TV 같은 다른 장르의 비디오에서는 이러한 효과가 전혀 발견되지 않았다(Zimmerman, Christakis, & Meltzoff, 2007).

다른 비디오 장르에서는 어떤 영향력도 발견되지 않았기 때문에 이러한 사실은 TV 자체의 시청결과인 것 같지는 않으며, 오히려 그 영향력은 유아용 비디오 자체 포맷의 특정한 측면과 관계가 있을 수 있다는 점을 고려하는 것은 흥미로운 일일 것이다. 유아용 비디오가 종종 언어를 활용하지 않기 때문에, 그리고 다른 연구가 TV를 켜놓고 있는 것이 부모-아이의 상호작용을 줄일 수 있다고 보여주었기 때문에(Schmidt, Pempek, Kirkorian, Lund & Anderson, in press), 이러한 비디오가 다른 상황이라면 생길 수 있는 언어를 풍요롭게 구사하는 상호작용의 일부를 대체할 수 있다는 점이 가능하다고 예측할 수도 있다. 그러나 짐머만 등의 데이터는 상관관계가 있으며, 이들이 유아용 비디오와 언어발달 사이의 인과관계를 공고히 할 수 없다고 한 점을 상기하는 것이 중요하다. 실제로 언어발달이 떨어지는 아동들은 시청자에게 비교적 언어능력을 거의 요구하지 않는 비디오를 시청할 가능성이 보다 클 수 있다는 똑같은 설명 또한 가능하다.

추가연구가 없다면 유아 사이의 교육TV의 긍정적이거나 부정적인 잠재적 효과에 대해 확정적 결론을 내리는 것은 어려울 것이다. 유아들은 TV에서 어느 정도 지식을 습득할 수 있는 것 같다. 예를 들어, 슈미트와 앤더슨(Schmitt & Anderson, 2002)이 최초로 시도한 연구에서 2세 중 60%는 TV에서 사물이 숨겨진 것을 본 후 그 사물을 찾아냈다. 여전히 3세 이하의 아동들도 또한 TV에서보다는 실제 경험에서 학습습득이 더 높은 것 같다. 분명히 미래의 연구는 이러한 이슈에 대한 우리의 이해를 확장하도록 요구할 것이다. 그때까지 교육TV가 3세 이하의 아동 사이에서 이용되는 것이라면, 그것은 신중하게 이용되어야 하며, 아동들이 직접 해보는 것을 경험할 수 있는 여타의 풍요로운 활동에 대한 보완제로서 이용되어야 한다고 말하는 것이 가장 안전할 것 같다.

3) 리터러시

3세에서 5세에 이르는 아동의 취학준비에서 미취학 아동의 프로그램에 대한 대부분의 영향력은 리터러시와 관련된다. 이것은 문자인식에 대한 상당히 즉각적인 효과부터 그에 뒤따르는 독서 수행에 미치는 장기적 효과에까지 이른다.

또한, 취학 연령 TV 시리즈 중 많은 부분은 리터러시 쇼에 해당한다고 주장되었지만, 그 용어는 상당히 광범위하게 이용되었다. 종종 프로듀서나 방송 진행자는 TV 시리즈가 읽기와 쓰기 기술을 모델링하도록 디자인되었는지 여부와 상관없이, 단지 시리즈의 캐릭터가 책에서 나온 것이기 때문에 그 시리즈가 리터러시를 제공한다고 규정했다. 예를 들어 〈곰돌이 푸〉(The New Adventures of Winnie the Pooh)는 스토리라인이 실제로 사회감정적 이슈에 초점이 맞춰져서 이 시리즈가 그 책에서 각색이 이루어지지 않았음에도 리터러시 시리즈로 규정되었다.

실제로 이런 주장이 전혀 득이 없는 것만은 아니다. 입증되지 않은(anecdotal) 증거로서 도서에 기반한 TV 시리즈의 존재가 그 시리즈가 토대를 둔 도서판매 증가를 크게 자극할 수 있다는 점을 제시했다. 이것이 필자가 다음에서 동기부여에 미치는 영향력에 관한 논의로 되돌아갈 부분이다. 그럼에도 불구하고, 이 리뷰는 아동들 사이에 읽기 그리고/혹은 쓰기 향상을 위해 명확한 시도를 하는 것으로 TV 시리즈에 대해 보다 협소하게 초점을 맞췄다.

(1) 기본적인 독해기술

이 분야의 최초의 실질적 연구는 〈전기회사〉(The Electric Company)에 관한 부가적 연구였다. 전기회사는 매거진 포맷의 시리즈로 각각의 에피소드는 코미디 스케치, 노래, 애니메이션을 통합한 형태이다(예: 문자를 단어로 바꿈으로써 문제를 해결하는 슈퍼히어로, 레터맨의 모험). 전

기회사는 2학년의 글을 제대로 못 읽는 아동을 타깃으로 한 것으로, 계속해서 교육적 연습을 하도록 인도하는 것이다. 문자 사이의 일치(혹은 문자의 결합)와 문자에서 연상되는 사운드에 대한 시범을 보여주는 데 상당히 초점을 맞췄다.

볼과 보개츠(1973)는 1학년에서 4학년의 8천 명 이상의 아동들을 대상으로 하는 실험/통제, 사전사후 검증 연구에서 전기회사의 첫 시즌이 미치는 영향력을 평가했다. 아동들 중 대략 절반이 6개월 동안 학교에서 전기회사를 시청한 반면, 나머지 아동들은 시청하지 않았다. 사전 사후 검증은 전기회사의 19개 목표 분야 모두를 언급하는 종이와 연필을 이용한 평가 배터리 (*paper-and-pencil battery of assessments*)를 포함했다(예: 여타의 것들 중에서도, 자음조합, 이중글자 (*digraphs*), 한눈에 알아보는 단어(*sight words*), 그리고 단어 마지막에 E가 있을 때 읽는 능력). 1천 명 이상의 하부샘플은 또한 연구자들에게 1대1 면담에서 구두로 시험을 봤다. 데이터는 광범위한 발음 중심 기술뿐만 아니라 의미에 대한 독해능력을 포함하여 거의 19개 목표분야 모두에서 전기회사 시청 아동 사이에 유의미한 성과를 보여주었다. 이러한 성과는 1, 2학년 학생들에게서 가장 크게 나타났는데, 아마도 이는 사전 검증에서 가장 낮은 초기 수행능력을 보여주었기 때문일 것이다(또한 전기회사의 타깃 수용자가 2학년의 글을 잘 못 읽는 학생들임을 상기하라). 성별, 인종, 그리고 네이티브 언어(영어 혹은 스페인어)에 걸쳐서 두루 그 효과는 지속적이었다. 그리고 전기회사의 두 번째 시즌의 영향력에 대한 후속연구에서도 그 영향력이 덜 분명하기는 하지만 유사한 효과가 확인되었다(Ball, Bogatz, Karazow & Rubin, 1974).

25년 지난 후에 또 다른 PBS 초기 리터러시 시리즈인 〈사자들 사이에서〉(*Between the Lions*)에 대해서도 유사한 효과가 발견되었다. 전기회사 경우에서처럼 사자들 사이에서는 유머러스한 매거진 포맷 시리즈로 그 목표는 책을 읽기 시작한 아동들 사이에 (전반적인 언어요소처럼, 다른 토픽에 덧붙여) 인쇄체, 음소적 지각, 그리고 문자-소리 일치 같은 개념의 향상을 포함하는 것이다. 린네바저(Linebarger, 2000)는 유치원생과 1학년 아동들에게 3, 4주 기간 동안 17개의 30분짜리 에피소드를 보여주었다. 실험·통제, 사전사후 검증 디자인을 이용하여, 시청 아동과 비시청 아동의 독서수행을 몇 가지 수준 ― 특정프로그램 콘텐츠(예: 프로그램에서 보여지는 단어를 읽는 능력), 세 개의 특정한 발생적 기술(*emergent skills*)〔즉, 문자읽기(*letter naming*), 음소적 분절 유창성, 난센스 단어의 유창성〕, 그리고(왼쪽에서 오른쪽으로 읽는 것과 같은 인쇄체의 관례를 포함한 알파벳과 이것의 기능에 대한 지식 같은) 표준화된 시험을 통해 측정되는 보다 일반화된 초기 읽기능력 ― 에서 평가였었다. 사후 검증에서 다양한 사회 경제적 변인을 통계적으로 통제한 후, 유치원 시청자들은 특정프로그램 콘텐츠에 대한 5개 측정 중 3개, 발생적 리터러시 기술의 세 가지 측정 모두에서, 그리고 초기 읽기능력 테스트에서 유치원 비시청자보다 수행력이 높다는 점에서 유의미성을 보여 주었다. 그러나 1학년 사이에서는 음소 분절 유창성에서 한 가지의 유의미한 효과를 제쳐두면, 어떠한 유의미한 차이도 나타나지는 않았다. 이것은 주로 천정효과 때문에 발생한 것 같은데 1학년 학생들은 이미 사자들 사이에서 모델링되고 있는 대부분의 기술을 보유하고 있었다.

(2) 독해

〈레인보우 독서〉(*Reading Rainbow*)와 관련해서는 어느 정도 광범위한 수준에서 그 영향력이 평가되었다(Leitner, 1991). 5세에서 8세 사이에 레인보우 독서 각각의 에피소드는 특정 아동도서를 소개하며 카메라 워킹이 도서에서 취한 삽화를 보여주면서 방송에서 읽어내려가는 형식을 취한다. 에피소드의 다른 부분은 다양한 포맷의 관련 토픽을 다룬다(예: 노래, 다큐멘터리, 아동과의 인터뷰). 이 연구에서, 4학년 아동들은 ① 사막과 그 사막에서 사는 동물에 대한 여타의 부분과 함께 그 책이 나오는 30분짜리 레인보우 독서 에피소드를 시청하는 것, ② 화분의 선인장을 직접 만져보고 조사해보며 손수 해 보는 기회를 가져보는 것, ③ 몇 그룹의 아동들이 이 도서를 읽기 전에 이 도서에 나오는 사막에 존재할 수도 있는 것들의 종류를 상상하도록 요청받는 구두토의 중 하나의 처치 후에 사막의 선인장에 대한 책을 읽었다. 연구의 결과 중에서 레인보우 독서에서 관련된 에피소드를 시청한 아동들이 읽기 전에 구두토의에 참여한 아동들보다 더 큰 이해를 한다는 점에서 유의미성을 보여주었다. 하지만 읽기 전의 구두토의와 손으로 직접 만져보는 조건 사이에서는 어떤 차이도 발생하지 않았다. 레이트너는 양식효과(*modality effects*)와 관련해서 이 데이터를 설명했다. 그러나 그 효과는 레인보우 독서를 통해 간략하게 소개되기 때문이라는 그녀의 대안적 설명은 적어도 가능성이 있는 것 같은데, 왜냐하면 레인보우 독서를 시청한 조건에 있는 아동들만이 책을 스스로 읽기 전에 (TV를 통해) 그 책이 읽히는 것을 들었기 때문이다. 그렇기 때문에 상당히 중요한 요인은 TV 자체에 있지 않을 수 있으며, 오히려 책에 대한 추가 노출 때문일

수 있다. 그러나 이것이 그 연구가 틀렸음을 입증하는 것일 수도 있지만, 그것은 현실세계에서 그 함의가 지닌 심각함은 덜하다고 볼 수 있다. 실제로 이것이 레인보우 독서 배후에 놓인 생각인데, 즉, 차후에 아동들에게 자립적으로 이러한 도서를 읽도록 영감을 줄 의도로 책에 노출되도록 하는 것이 많은 부분을 차지한다.

(3) 읽기와 쓰기의 동기 부여

일찍이 보고했듯이, 입증되지 않은(*anecdotal*) 증거는 도서에 기반한 인기 있는 TV 시리즈가 교육적으로 의도되었든〔예: 〈아더〉(*Arthur*)〕, 아니면 교육적으로 의도되지 않았든〔예: 〈소름〉(*Goosebumps*)〕 간에, TV시리즈에 영감을 준 도서 판매의 상당한 증가를 자극할 수 있다는 점을 제시한다. 레인보우 독서에 대한 보다 체계적인 연구는 그 시리즈로 인해 발생한 도서의 판매가 150%에서 190%의 증가를 보였다고 보고했으며, 사서들을 대상으로 시행한 한 서베이는 82%의 사서가 레인보우 독서에서 본 도서를 아동들이 요청한다고 보고한다는 점을 발견했다(Wood & Duke, 1997). 그러나 이 사례들에서 TV 프로그램이 독서량의 증가를 자극했는지의 여부 (즉, 다른 식이라면 발생하지 않았을 수도 있는 독서) 혹은 TV 관련 도서가 어떤 방식으로든 독서를 했던 아동들이 다른 도서의 독서를 대체한 것인지의 여부는 분명하지 않다.

읽기와 쓰기의 동기부여에 대한 영향력에 관한 보다 직접적인 평가가 〈사자들 사이에서〉(*Between the Lion*)와 〈유령작가〉(*Ghostwriter*)에 대한 연구에서 수행되었다. 사자들 사이에서에 대한 동기적 영향에 관한 데이터는 혼재되어 있어서, 일부 연구에서는 부모와 교사의 평가에서

유의미한 영향을 미쳤지만 다른 연구에서는 그렇지 않았다. 유치원생 중에서, 부모와 교사는 몇 가지 측정(예: 아동들이 도서나 매거진만을 볼 때, 이들이 얼마나 자주 사람들에게 읽어달라는 요청을 했는가)에서 어떤 차이도 보고하지 않았지만, 부모들은 시청 아동들이 비시청 아동보다 도서관과 서점에 더 많이 가고 글쓰기를 상당히 많이 한다고 보고했다. 1학년에게 유일하게 유의미한 영향력은 아동들이 도서를 얼마나 자주 읽는지에 대한 부모의 평가와 자유시간 동안 글쓰기를 하는 것에 대한 교사의 보고에 있었다(Linebarger, 2000).

7세에서 10세에 이르는 아동을 위한 TV 시리즈이며 멀티미디어 주창자인 유령작가의 분명한 목표는 읽기와 쓰기의 매력적인 기회를 제공하는 것이었다. 유령작가에는 한 팀의 아동들이 출현해서 읽기와 쓰기만을 통해 의사소통할 수 있는 보이지 않는 유령인, 유령작가의 도움으로 미스터리를 푸는 데 리터러시를 이용했다. 현재까지 유령작가의 영향에 대한 어떠한 실험·통제연구도 없었다. 그러나 몇 개의 연구에서 찾아낸 사실들은 아동들에게 읽기와 쓰기에 관여하는 매력적 기회를 제공하는 이슈를 언급했다.

기본적 수준에서 몇 가지 연구는 시청자가 전형적으로 유령작가의 화면상에서 나타난 인쇄체 읽기를 선택했다는 점을 발견했다(예: 유령작가를 통해 오고 가는 메시지의 형태로든 아니면 캐릭터가 자신들의 사례집에서 정보를 기록하는 형태로든). 한 서베이는 83%의 응답자가 계속 독서한다고 응답했고, 추가의 8%의 응답자는 때때로 그렇다라고 응답했다(Nielsen New Media Services, 1993). 또 다른 연구는 유령작가를 본 대략 25%의 소녀들이 자신만의 사례집을 지녔

고, 아동들 중 약 20%는 자신들은 규칙적으로 암호로 글을 쓴다고 응답했다(KRC Research & Consulting, 1994).

아마도 유령작가가 아동의 리터러시 행동의 추구에 미치는 영향력에 대한 가장 분명한 증거는 아동들이 유령작가에 편지를 쓰고 아동들에게 노래가사를 쓰거나 그들의 고유한 슈퍼히어로를 창출하는 것과 같은 복잡한 행동에 관여하도록 요청하는 우편 콘테스트에 참여한 상당수의 아동에게 있었다. 이러한 활동은 아동의 입장에서는 거의 자기 동기부여였으며, 일부 아동들은 처음으로 편지를 써봤다고 보고했다. 아동들의 참여는 상당한 노력의 일환으로서 편지 자체를 쓰는 것뿐만 아니라, 편지봉투에 주소를 적는 방식을 배우고, 우편번호 등을 이용해서 필수적인 우편물을 받는 것을 요구했다.

이 모든 잠재적 장애에도 불구하고, 45만 명 이상의 아동들이 처음 두 시즌 동안 편지를 썼다(Children's Television Workshop, 1994). 이것이 아동들이 읽기와 쓰기에 관여하도록 동기 부여하는 유령작가의 능력에 대한 직접적 증거이다.

(4) 장기적 효과

앞의 취학준비 부분에서 논의했듯이, 세사미 스트리트의 장기연구는 취학 전 시청이 아동의 1, 2학년 리터러시(Wright et al., 2001; Zill, 2001)에 그리고 고등학교(Anderson et al., 1998; Huston et al., 2001)까지 장기적 영향력을 미친다는 점을 발견했다. 취학 연령의 TV 프로그램이 리터러시에 미치는 장기적 영향력에 대한 장기적인 연구는 거의 없지만 전기회사의 두 번째 시즌에 관한 부가적 연구는 이러한 시리즈가 또한 장기적 혜택을 지닐 수 있음을 제안한

다 (Ball et al., 1974). 이 연구의 참여자들은 이 시리즈의 첫 시즌에 대한 볼과 보개츠(1973) 연구에 참여했던 아동들의 하위샘플을 포함했다. 사전 검증 데이터(즉, 아동이 전기회사의 추가 에피소드를 보기 전에)는 전기회사가 연구 사이에 몇 개월 간격 동안 방송되지 않았지만 시청자의 초기노출의 효과가 지속된다는 점을 나타냈다. 그러나 흥미롭게도 사후검증 데이터는 두 개 시즌을 시청한 효과가 한 개 시즌을 시청한 효과보다 상당히 더 크지는 않다는 점을 보여주었다. 따라서 전기회사의 주요 영향력은 이 시리즈에 대한 아동의 초기 6개월 노출에서 생기는 것 같으며, 이 영향력은 시청 몇 개월 후에도 상당할 정도로 계속 지속되었다.

4) 수학과 문제해결

취학연령의 수학 프로그램 영향력이 수학지식, 수학 문제해결 능력 그리고 수학에 대한 태도 등 3가지 유형의 성과변인으로 평가되었다. 각각 다음에서 논의된다.

(1) 수학지식

수학지식에 대한 영향력은 여러 연구에 걸쳐서 두루 그리고 취학연령용 두 가지 상이한 TV 시리즈에서 발견되었다. 하비, 퀴로가, 크레인 그리고 보톰스(Harvey, Quiroga, Crane, & Bottoms, 1976)는 흑인계 미국인과 라틴계 아동들에게 특별히 초점을 맞추는 8세에서 11세 아동용 매거진 포맷의 수학 시리즈인, 〈무한공장〉(Infinity Factory) 8개 에피소드의 영향력을 평가했다. 이 연구는 백인 아동들이 소수인종 시청 아동보다 더 큰 성과를 보여주었지만, 이

소수 인종들의 시청 아동 또한 사후검증 수학 수행에서는 유의미한 성과를 보여주었음을 발견했다.

수학지식은 또한 〈스퀘어 원〉(Square One) TV에서 초기의 부가적 연구의 초점이었다. 8세에서 12세를 겨냥한, 스퀘어 원 TV는 코미디 스케치, 실제 아동과의 게임쇼, 뮤직 비디오, 애니메이션 그리고 연속되는 수학 탐사 연재물, 매스넷(Mathnet)을 포함하는 매거진 포맷을 이용했다. 이 시리즈의 목적은 수학에 대한 긍정적 태도를 증진시키고, 문제해결 과정의 이용과 적용을 향상시키고, 재미있고, 접근 가능하고, 의미 있는 방식으로 건전한 수학 콘텐츠를 제시하는 것이었다. 필, 록웰, 에스티, 그리고 곤저 (Peel, Rockwell, Esty, & Gonzer, 1987)는 스퀘어 원 TV 첫 시즌에서 아동들이 10개 수학 문제 부분을 이해하는지를 평가했다. 사전검사와 비시청 통제 집단이 없다는 제한은 있지만(왜냐하면 이 연구는 학습보다는 이해를 측정하도록 의도되었기 때문에), 이 연구는 세 개의 다른 수준— 문제의 회상과 각 부분에서의 해결, 그 부분 근저에 깔려 있는 수학의 이해, 그리고 수학 콘텐츠의 새롭고, 관련된 문제로 확장—에 대한 이해를 측정했다. 누구라도 예견할 수 있듯이, 모든 수준에서 이해는 어느 정도 테스트 부분에 따라 다르기는 하지만, 일반적인 경향 또한 부상했다. 가장 높은 수행은 회상에서, 그리고 이해가, 차례로 확장이 그 뒤를 따랐다. 이러한 특징을 분명히 함으로써, 이 연구는 교육TV의 효과를 평가하는 데 고려되어야만 하는 중요한 이슈를 제기한다. 즉, 연구자들은 그들이 이해를 정의해 온 방식에 따라 다른 결과를 찾을 수도 있다. 필자는 다음의 이론적 메커니즘 부분에서

이 점으로 되돌아갈 것이다.

(2) 문제해결에 대한 효과

수학 콘텐츠를 문제해결의 맥락 속으로 끼워 넣을 것을 추천하는 수학교육에서 부상하고 있는 개혁운동을 지속적으로 뒤따르며[예: 수학 교사 전국 위원회(National Council of Teachers of Mathematics), 1989] 스퀘어 원 TV는 수학 문제 해결을 비중 있게 강조했다. 홀, 에스티, 피시 (Hall, Esty, & Fisch, 1990a; Hall et al., 1990b) 가 이 분야에서의 그 영향력을 평가했다.

이 연구에서 텍사스 코퍼스 크리스티(Corpus Christi, TX)(스퀘어 원 TV가 방송되지 않는 지역) 에 있는 2개의 초등학교의 5학년에게 스퀘어 원 TV의 30개 에피소드를 보여준 반면에, 2개의 다른 학교의 학생들에게는 그것을 보여주지 않았다. 성별, 사회 경제적 지위, 인종, 그리고 표준수학시험 수행을 위해서 시청자와 비시청자 하부샘플이 개별적으로 매치되었다. 사전 사후 검증에서 인터뷰어와 코더가 아동들이 시청자 인지 비시청자인지에 관하여 모르는 채로, 이 아동들은 몇 가지 직접 해보는 통상적이지 않은 수학 문제해결을 위한 활동을 시도했다(예: 수학 게임에서 잘못된 것을 알아내서 그것을 고치는 것). 결과는 사전검증에서 사후검증까지 시청자 가 문제를 해결하기 위해 이용한 수치와 스스로 찾아내는 다양한 문제해결 방식(예: 패턴찾기, 되돌아가서 수행하기)에서 유의미한 성과를 보여 줬고, 이들이 사후검증에서 비시청자보다 유의 미할 정도로 더 많이 이용했다. 동시에, 시청자 는 3개의 문제 중 2개에 대한 문제해결에서 완전 하고 정교함에서 유의미성을 보여준 반면에, 비 시청자는 거의 유의미한 변화를 보여주지 않았

다(시청자는 천정효과로 인해 세 번째 문제에 대해 어떤 변화도 보여주지 못했다). 따라서 아동들이 스퀘어 원 TV에 노출함으로써 문제에 접근하고 도달하는 해결방식 둘 모두에서 영향을 받았는 데 이는 성별, 인종, 사회 경제적 지위 그리고 표준수학시험 수행에 상관없이 생긴 효과로 볼 수 있다.

유사한 결과가 한 집단의 지략적인 아동들이 악당 해커의 계략을 방해하기 위해 수학을 이용 하는 만화(animated), 유머의 어드벤처 시리즈 인 〈사이버체이스〉(Cyberchase)의 부가적 연구 에서 발견되었다. 이 연구에서 세 가지 수준― 직접 학습(즉, 아동들이 화면상 문제에 대한 그 캐 릭터의 해결을 반복하는 능력), 근접전이(이 시리 즈에서 본 문제와 유사한 문제를 푸는 것), 그리고 원근전이(유사한 수학을 활용할지라도, 화면상의 문제와 외견상 거의 유사성을 지니지 않은 문제를 푸는 것)―에서 그 영향력이 평가되어 세 가지 수준 모두에서 유의미한 효과가 발견되었다. 그 러나 학급 학습에 대한 연구와 일치해서(예: Detterman & Sternberg, 1993), 가장 강력하고 일관성 있는 효과는 직접 학습에 이어 근접전이 가 뒤따르는 것이 발견되었고, 원근전이는 유의 미한 효과가 더 적게 나는 것으로 발견되었다. 스퀘어 원 TV 연구에서처럼, 원근전이 과제에 서 발생한 유의미한 효과는 아동들이 스스로 문 제를 찾아내는 발견법(heuristics) 이용은 물론 그 문제해결 중 하나에 대한 해결 방식을 반영했 다(Fisher, 2003, 2005).

(3) 수학에 대한 태도

스퀘어 원 TV에 대한 똑같은 연구 또한 이 시 리즈가 아동의 수학에 대한 태도에 미치는 영향

도 평가했다 (Hall et al., 1990b). 상당히 제한성을 지닌 연필과 종이를 이용한 척도를 통해 태도를 평가하는 수학교육에서의 이전 연구와는 대조적으로 이 연구에서 태도는 심층 인터뷰를 통해 평가되었고, 그리고 나서 블라인드 코더가 코딩하였다. 사전 사후 비교는 몇 가지 영역에서 유의미한 효과를 보여주었다. 시청자는 비시청자보다 광범위한 수학개념(즉, 기본적 산수를 넘어서)을 지녔음을 보여주었고, 비시청자보다 도전적인 수학과제를 추구하려는 욕구가 더 컸으며, 그리고 인터뷰 내내 수학을 즐기는 것(즉, 즐거움에 대해 직접적으로 묻지는 않았지만)에 대해 그리고 문제해결을 자발적으로 이야기하는 횟수에서 비시청자보다 더 큰 성과를 보여주었다. 다시 성별, 인종이나 사회 경제적 지위에서의 일관성 있는 영향력은 없었다. 아동의 수학의 유용성(usefulness)의 개념에 해당하는 영역에서만이 어떠한 유의미한 효과도 내지 못했다.

5) 과학과 테크놀로지

TV는 1951년 〈미스터 위저드〉(Mr. Wizard)를 시작으로 〈백맨의 세계〉(Beakman's World), 〈과학법정〉(Science Court) 그리고 〈매직 학교 버스〉(Magic Schoolbus) 같은 보다 최근의 노력에 이르기까지 방송용 교육과학 시리즈에 대한 오랜 전통이 있다. 이 부분은 몇 개의 과학에 기반한 시리즈가 아동의 과학지식, 탐구와 실험, 그리고 이 주제에 대한 태도에 미치는 영향력을 조사한다. 이러한 시리즈는 몇 개의 매우 상이한 장르 — 프레젠터에 의존한 시범, 매거진 포맷의 다큐멘터리, 그리고 토요일 아침 만화 — 로까지 확장되지만 모두가 유의미한 효과가 나타나는 일관성 있는 패턴을 낳는다는 점을 명시하는 것도 흥미로울 것이다.

(1) 과학지식

수많은 교육TV 시리즈가 아동의 특정한 과학 콘텐츠에 관한 지식에서 유의미한 성과를 낸다는 점이 발견되었다. 아마도 가장 많은 수의 연구는 8세에서 12세를 겨냥한 일간 매거진, 〈3-2-1 콘택트〉(3-2-1 Contact)와 관련되었을 것이다. 3-2-1 콘택트는 10대의 호스트가 등장해서 실사행동(live-action), 미니 다큐멘터리에 크게 의존하기는 했지만 만화, 노래, 그리고 블러드하운드 갱(The Bloodhound Gang)으로 불리는 드라마틱한 미스터리 시리즈를 포함한다. 매주의 쇼는 구체적 테마(예: 전기, 외계)를 둘러싸고 그 주의 세부부분들이 그 테마의 어떤 측면에 상응하도록 제작되었다. 3-2-1 콘택트가 미치는 영향력에 대한 연구는 활용되는 방법론에서 어느 정도는 제한적이다. 현존하는 거의 대부분의 연구는 이해를 평가하기 위해서 종이와 연필을 이용한 (전형적으로 선다형의) 퀴즈에 주로 의존했다. 그러나 이러한 제한에도 불구하고, 효과의 일관성 있는 패턴이 이해와 관련해서 관찰되었다. 연구들은 아동들에게 제시된 에피소드 수(10개에서 40개 이상에 이르는)에서 다양했다. 노출의 모든 수준에서 이 연구들은 3-2-1 콘택트 시청이 아동들에게 제시된 과학토픽의 이해에 긍정적 영향을 미쳤다는 것을 발견했다(Cambre & Fernie, 1985; Johnston, 1980; Johnston & Luker, 1983; Wagner, 1985). 효과는 종종 보다 낮은 수준의 과학 성취도를 보여준다고 기존에 발견되어온 소녀들 사이에서 빈번히 강력한 것으로 나타났다(예: Levin, Sabar, & Libman,

1991).

다른 연구들은 미국에서는 〈과학의 남자 빌 나이〉(*Bill Nye the Science Guy*)(Rockman et al., 1996), 〈크로〉(*Cro*)(Fay, Teasley, Cheng, Bachman & Schnakenberg, 1995a; Goodman, Rylander & Ross, 1993; Fay et al., 1995b; Fisch et al., 1995) 그리고 〈페치〉(*Fetch*)(Peterman, 2006), 오스트레일리아 시리즈 〈내츄럴 오스트레일리아〉(*Australia Naturally*)(Noble & Creighton, 1981), 그리고 영국에서 오울(Owl) TV 개별적 에피소드 모음인 〈노하우〉(*Know How*), 〈내일의 세계〉(*Tomorrow's World*), 〈신체문제〉(*Body Matters*) 및 〈에라스무스 마이크로맨〉(*Erasmus Microman*)(Clifford, Gunter & McAleer, 1995) 같은 여타의 과학 중심 TV 시리즈에서 취학연령 아동들 사이에 유사한 효과가 있음을 발견했다.

물론, 과학 콘텐츠의 이해는 크로에 대한 연구에서 예시되었듯이 과학 콘텐츠에서의 프레젠테이션 효과성에 의존한다. 크로는 6세에서 11세 아동들 사이에 과학과 테크놀로지의 관심과 흥미를 높이도록 디자인된, 크로마뇽(Cro-Magnon) 소년에 관한 토요일 아침만화(*animated*) 시리즈였다. 크로의 첫 시즌에 대한 부가적 연구는 시청자가 비시청자보다 몇 개의 에피소드에서 제시된 기술적 원칙을 보다 크게 이해하고 있는 것에서 유의미성을 보여준다는 점을 발견했다. 그러나 이 원칙을 새로운 문제로 확장하는 데 어떠한 차이도 발견되지 않았으며 이해의 수준에서조차도 시험된 모든 에피소드에 있어 차이가 유의미한 것은 아니었다(Goodman et al., 1993). 몇 가지 요인들로 인해 유의미한 효과가 있는 에피소드들과 그렇지 못한 에피소드들 사이를 구별할 수 있게 했다. 추상적 원칙보다는 구체적 장치에 초점

을 맞췄고, 콘텐츠를 문제해결 맥락으로 끼워 넣어서 그 맥락에서 캐릭터가 문제해결을 효율적으로 풀도록 지속적으로 문제해결을 정교화했으며, 교육적 콘텐츠의 경우 내러티브의 구조에 관련이 없다기보다는 중심적 역할을 하였다. 그 가설은 이 캐릭터들이 후속 시즌 II에서 제작된 크로 에피소드 모두에 있을 때 확인되었고, 시청자와 비시청자 사이의 유의미한 차이가 테스트된 모든 에피소드에서 발견되었다(Fay et al., 1995a).

6) 탐구와 실험

락맨 등(Rockman et al., 1996)은 제시되는 과학개념의 이해를 넘어서, 과학의 남자 빌 나이에 노출로 인한 아동이 직접해보는 과학실험에 미치는 영향력을 평가했다. 8세에서 10세를 겨냥한 과학의 남자 빌 나이의 각각의 에피소드는 실제 코미디언/과학자 빌 나이(Bill Nye)가 출현해서 실험하고 다양한 상황에서(종종 놀라운 효과로) 과학적 개념의 증거를 보여주었다. 이 연구에서 일련의 직접 해보는 과학적 과제〔예: 동물을 분류해서, 최상위(*tops*)가 과학의 남자 빌 나이에서 이용될 수도 있는 흥미진진한 방식을 알아내는 것〕가 시청자와 비시청자에게 제시되었는데 이는 시청자가 적어도 시리즈 중 12개의 에피소드를 학교나 가정에서 시청하는 연장된 시청기간 전에 이루어졌다. 시청기간 이후 똑같은 문제가 두 번째의 시청자와 비시청자 집단에게 제시되었다. 시청자의 탐구과정은 그들이 동물을 분류하는 복잡성에서 그러하듯이(예: 다리의 수보다는 포유류 같은 카테고리를 이용하는 것), 사후 검증에서 유의미한 향상을 보여주었다

(예: 시청자는 더 많은 관찰과 비교를 했다). 실험 대상자 내 통제에 대한 어느 정도의 제한이 있을 지라도 이때, 과학의 남자 빌 나이에 대한 노출로 인해 아동이 이용하는 처리과정과 그 처리과정 해결의 복잡성 둘 모두 다 강화되었다는 점을 시사했다. 이는 스퀘어 원 TV의 수학 문제해결 데이터와 일치하는 연구결과(Hall et al., 1990a, 1990b)이다.

취학연령 아동들에게서 일어나는 이러한 효과는 또한 미취학 연령 아동에 대한 일부 연구와 유사하다는 점이 발견되었다는 것을 명시하는 것은 가치가 있다. 벡과 뮤랙(Beck & Murack, 2004)은 38명의 3~5세에 이르는 아동들 중 일부는 미취학 아동용 만화시리즈, 〈핍 앤 더 빅 와이드 월드〉(Peep and the Big Wide World)를 시청해 온 아동들로 똑같은 유형의 과학 구에 관여할 기회가 제공될 때, 시청 아동이 비시청 아동보다 예측과 관찰의 시작에서, 문제를 알아내고, 문제해결 전략을 이용하고, 문제를 해결할 가능성이 보다 많다는 점에서 유의미성이 발견되었다.

(1) 과학에 대한 태도

지식 전달 과정의 모델링은 제쳐두더라도, 3-2-1 콘택트(3-2-1 Contact), 과학의 남자 빌 나이 그리고 크로의 프로그램 목표는 또한 과학 그리고/또는 테크놀로지에 대한 긍정적인 태도를 자극하는 것을 내포하고 있었다. 위에서 묘사한 지식에 대한 연구에서처럼, 3-2-1 콘택트가 과학에 관한 아동의 태도에 미치는 영향력에 대한 연구는 연필과 종이를 이용한 측정에 의존하는 것으로 인해 다소 제한적이다. 그럼에도 불구하고, 비록 중도적이고 지식에 대한 영향력

에서 일관성이 떨어지기는 했지만, 아동의 과학에 대한 관심과 과학자의 이미지에 미치는 중요한 영향력이 이러한 연구 전방위에 걸쳐 발견되었다(Cambre & Fernie, 1985; Johnson & Luker, 1983; Wagner, 1985). 3-2-1 콘택트가 이 분야에서 미치는 효과가 덜한 것인지, 아니면 더 중도적인 효과는 상대적으로 제한된 측정의 활용으로 인한 것인지는 분명하지 않다.

아동들이 테크놀로지와 관련된 행동 대 테크놀로지 비관련 행동에 관여하는 것을 선택할 때 크로가 과학과 테크놀로지에 관한 관심에 미치는 영향력을 측정하기 위해 연필과 종이를 이용한 측정, 심층 인터뷰 그리고 아동의 행동 관찰을 포함하여 광범위한 일련의 측정척도가 이용되었다(Fay et al., 1995a, 1995b). 실험/통제 연구, 사전/사후 실험 디자인하에서, 크로의 8개의 에피소드를 본 아동들이 과학과 관련이 없는 또 다른 교육용 만화 시리즈〔〈지구상에서 카르멘 샌디에고는 어디에 있을까?〉(Where on Earth Is Carmen Sandiego?)〕 8개의 에피소드를 시청한 아동들과 비교되었다. 결과는 흥미와 관련하여 여러 유의미한 효과를 보여주었다. 크로 시청자는 크로 에피소드와 관련된 테크놀로지 행동을 하는 데 비시청자보다 사전 사후 검증에서 흥미에서 보다 큰 성과를 내는 것이 유의미했으며〔예: 투석기(catapult) 만들기〕, 특정한 에피소드의 테크놀로지 콘텐츠를 더 많이 학습하는 데 보다 큰 흥미를 나타냈으며, 2개의 에피소드와 관련한 행동과 비테크놀로지 관련된 다른 행동 사이에 선택이 주어졌을 때, (비록 유사한 효과가 다른 에피소드 테스트에서는 발견되지 않았지만) 2개의 에피소드와 관련해서 직접해보는 행동에 관여할 가능성이 더 크다는 것에서 유의미했다.

그러나 크로에서 제시되지 않은 테크놀로지 행동에 대한 흥미에서는 성과가 유의미하지는 않았는데, 왜냐하면 아마도 아동들은 이런 모든 유형의 행동을 포괄할 정도로 충분히 광범위한 테크놀로지의 사고적 구성체를 보유하지 않았기 때문인 것 같다.

락맨 등(2003)은 아동들이 〈드래곤플라이〉(*Dragonfly*) 프로그램을 시청한 후 실험방법의 중요성을 지각하는데 유의미한 사전 사후 검증의 성과가 있음을 발견했다. 그러나 락맨 등(1996)은 과학의 남자 빌 나이의 평가에서의 연필과 종이를 이용한 측정에 반영되듯이 과학에 대한 시청자의 태도에서는 전혀 변화를 발견하지 못했다. 아동들은 사전 검사에서조차도 높게 점수를 받았기 때문에 이것은 천정효과로 원인이 돌려졌다. 부모의 보고에서 일부 긍정적인 효과가 나타났다. 61%는 자신들의 자녀가 과학의 남자 빌 나이를 시청한 후 과학에 대한 관심이 증가했다고 믿으며, 거의 모두가 과학활동에 참여하는 자녀의 관심이 증가했다고 믿으며, 35%는 구체적인 에피소드의 콘텐츠에 대해 자신들과 대화를 나눴다고 보고했다. 그러나 당연히, 이 데이터는 아동들의 직접적 평가라기보다는 오히려 부모의 지각을 반영하기 때문에 주의 깊게 해석되어야 한다.

7) 윤리와 사회 연구

이 분야에서의 연구는 주로 2가지 영역, 즉, TV뉴스 시사콘텐츠에 대한 아동의 회상(*recall*), 그리고 방송되는 스쿨하우스 락(Schoolhouse Rock) 노래가 아동의 미국역사나 정부업무에 대한 이해에 미치는 영향력에 초점을 맞췄다.

(1) 뉴스와 시사

콤스탁과 페이크(Comstock & Paik, 1991)는 신문, 라디오나 타인과의 논의에서 뉴스정보를 얻는 것과는 반대로, 아동은 TV에서 뉴스정보를 가장 많이 얻는다는 점을 관찰했지만, TV에 대한 대부분의 연구는 아동보다는 오히려 성인에 초점을 맞췄다. 비록 애트킨과 갠즈(Atkin & Ganz, 1978)가 초등학교 아동들조차도 성인 뉴스 프로그램을 시청한 후 정치적 사안과 시사 지식에서 보통의 증가를 보여주었다는 점을 발견했지만, 이러한 연구경향은 이해할 만한 것으로 뉴스 프로그램의 주요 수용자는 전형적으로 성인이기 때문이다.

우리가 특별히 아동용 뉴스 프로그램 제작을 고려할 때 아동의 TV뉴스 학습과 관련한 이슈는 더 큰 중요성을 띤다. 네덜란드의 일련의 연구는 〈아동뉴스〉(*Jeugdjournaal*)라는 프로그램에서 제시된 뉴스기사에 대해 4, 6학년의 회상(*recall*)을 똑같은 뉴스기사의 인쇄, 오디오 버전과 비교하였다(Walma van der Molen & van der Voort, 1997, 1998, 2000). 이 연구들은 뉴스기사가 어떤 다른 형태에서보다 TV에서 제시될 경우 보다 뉴스기사에 대한 즉각적 회상이 더 크다는 것을 거듭 발견했다. 그러나 방송되는 영상정보가 오디오 트랙정보(보완된다기보다는)와 함께 반복될 경우 그 효과가 가장 컸다. 이것은 연구자들에게 파이비오(Paivio, 1971)의 이중적 코딩의 가설(*dual-coding hypothesis*)을 이용하는 방송 버전의 장점을 설명하는 데 있는데, 이 가설은 똑같은 자료의 경우 두 가지 양식(오디오와 영상의)이 한 가지 양식만으로 제시되는 것보다 회상의 가능성이 더 크다는 것을 제시한다.

아마도 가장 명성이 있고 그리고 확실히 가장

논쟁적인 아동용 미국 뉴스 프로그램의 본보기는 10분짜리 뉴스 프로그램(2분의 광고와 함께)인 〈채널 원〉(Channel One)으로 이 프로그램은 가정이 아니라 중고등학교에서 방송된다. 이 프로그램이 학생들에게 적어도 90% 정도는 학교생활을 전하는 것을 교환으로, 학교는 채널 원의 제작자 위틀 커뮤니케이션(Whittle Communications)에게서 각각의 학급을 위한 위성 방송 수신 안테나, 두 개의 VCR 그리고 TV를 받는다. 몇 가지 연구는 강제적인 선택, 종이와 연필로 하는 평가를 통해 채널 원에서 배운 학습을 측정했다. 한 연구만이 전혀 효과를 발견하지 못했지만(Knupfer & Hayes, 1994), 대부분은 채널 원 노출로 시청자는 비시청자보다 방송에서 보도되는 뉴스토픽에 대해 보다 많이 알고 있다는 점을 발견했다(Greenberg & Brand, 1993; Johnson & Brzezzinski, 1994). 그러나 효과가 발견될 때조차도, 효과가 항상 시청자 전반에 걸쳐 두루 똑같지는 않았다. 일부 효과는 평균, C 나 D의 점수를 받는 아동에게는 유의미하지 않거나, 효과는 동기부여된 학생들에게 더 강하거나, 교사가 규칙적으로 뉴스를 논의한 학생들에게서 더 강력했다(Johnson & Brzezzinski, 1994). 일부가 교사가 채널 원 방송에 뒤이어 실제 얼마나 자주 논의를 하는지 의문을 품을 수 있을지라도, 후자의 발견은 효과가 프로그램 자체에 귀속되는 것인지 아니면 프로그램이 자극할 수도 있는 논의에 원인이 있는지 여부에 관해 의문을 제기한다.

그럼에도 불구하고, 시청자가 프로그램의 뉴스 부분에서뿐만 아니라 광고에서도 학습한다고 것을 데이터가 보여줌으로써 더 큰 논쟁이 일어났다. 아동들은 채널 원에서 광고되는 제품을 보았다면(그것을 구매할 가능성이 유의미하지는 않았지만) 그 제품을 더 높게 평가하고 구매하려는 의향을 표현한다는 점이 발견되었다(Brand & Greenberg, 1994; Greenberg & Brand, 1993). 학내에서 광고와 상업적 주도성이 점차 현시화되는 것과 결합해서, 이러한 학내 광고의 효과성은 그러한 활동의 속성에 대한 논쟁을 유발시켰다(예: Richards, Wartella, Morton, & Thompson, 1998; Wartella & Jennings, 2001).

(2) 미국역사와 정부

1970년대, 3분짜리 일련의 교육적인 인터스티셜(interstitials)인, 〈스쿨버스 락〉이 ABC 방송의 아동 프로그램 사이에 방송되었다. 만화의 (animated) 인터스티셜 각각은 영어, 수학, 과학 혹은 미국역사의 토픽에 대한 노래를 들려주었다. 이 시기에는 스쿨버스 락의 교육적 효과성을 평가하기 위해 어떤 연구도 수행되지는 않았다. 그러나 스쿨버스 락이 1990년대 재방송되었을 때, 칼버트 등의 일련의 연구(Calvert, 1995; Calvert & Pfordresher, 1994; Calvert, Rigaud, & Mazella, 1991; Calvert & Tart, 1993)는 2개의 스쿨버스 락 인터스티셜에 관한 아동과 성인의 이해를 테스트했다. 저는 그저 법안(Bill) 일 뿐이에요(법안이 법이 되는 단계) 그리고 총성이 세계 전역에서 들렸어요(독립전쟁). 세 번째 인터스티셜, 헌법전문(헌법전문의 문자 그대로의 텍스트)은 성인에게서만 테스트되었다. 이 연구들의 데이터에서 인터스티셜이 대안적인 버전에서보다는 효과가 덜하다고 제시되었는데, 이 대안적 버전에서 오디오 트랙은 노래라기보다는 이야기 형태를 띠고 있었다. 오리지널 음악 버전에 반복적으로 노출될 경우 문자 그대로 회상은 향상되었지만, 교육콘텐츠의 보다 심층적인 이해를 증진시키는 데는 산문체보다 효과가 덜했다.

연구자들은 이것을 양식효과(*modality effects*)(즉, 노래가 문자 그대로 회상에 보다 더 적절하다) 그리고/혹은 산문체 프레젠테이션과 구두적 회상의 측정 사이에서 보다 더 일치성이 있다는 점에 그 원인을 돌렸다. 그러나 다른 연구자들은 교육TV 프로그램에서 개별 노래에 대해 이해하는 것이 빈약하다는 점을 발견했을 때, 이들은 일반적으로 연관된 특정한 노래보다 구체적 요인들을 지적했다. 예를 들어, 팔머는 세사미 스트리트 한 곡을 이해하는 데 빈약성을 잘못된 단어의 강조와 교육 콘텐츠에서 주목을 끌지 못하는 운율(*rhyme scheme*)에 그 원인을 돌렸다 (Palmer & Fisch, 2001). 이 점에서 누군가는 노래는 결코 콘텐츠의 심층적 처리를 제공하지 않는다고 결론 내리는 데 주저할 수도 있지만, 이러한 3개의 스쿨하우스 락 인터스티셜은 문자 그대로 회상 수준에서만 성공적이었다는 점은 분명하다.

(3) 뉴스의 관심

뉴스에 대한 관심과 뉴스를 찾는 동기는 채널 원의 연구에서만 평가되었다. 자기 보고식 데이터에서 학생들과 교사는 채널 원으로 인해 정보를 찾았던 예들을 보고하거나 저녁식사 대화에 도움이 되었음을 보여주었다(Ehman, 1995). 그러나 시청자와 비시청자의 양적 비교는 교실 밖에서 뉴스기사에 대해 이야기하거나 뉴스기사에 대해 배우기 위해 다른 미디어를 이용하는 학생들의 보고에서는 어떠한 차이도 발견되지 않았다(Johnston & Brzezinski, 1992; Johnston,

Brzezinski & Anderman, 1994). 자기 보고식 데이터를 둘러싸고 항상 제기되는 이슈와 결합해서 볼 때, 차후의 발견은 채널 원이 진정으로 아동이 뉴스를 찾는 데 관심을 증가시키는지 여부에 대한 질문은 열어두고 있다. 존슨 등(1994)의 연구를 다르게 표현하면 채널 원이 시청자에게 혜택을 주는 정도에 이르기까지 채널 원이 아동의 알려는 욕구를 자극했다기보다는 그 욕구를 만족시켰을 수도 있다.

2. 인터랙티브 미디어

교육TV에 대한 가상(*virtual*)과 관련한 모든 선행연구에서 아동의 학습은 화면상으로 모델링되는 개념, 기술 혹은 태도를 획득하는 것으로 이루어진다. 아동이 세계역사에 대한 교육 컴퓨터 게임을 하고 제2차 세계대전의 이유를 가장 잘 이해하거나(McDivitt, 2006), 천식이나 비만에 대한 비디오 게임을 함으로써 자신들의 천식이나 비만을 관리하는 방식을 배우는 (Lieberman, 1999, 2001) 경우에서처럼, 인터랙티브 미디어에서 비롯되는 학습은 (우리가 인터랙티브 미디어에서 비롯되는 학습이라고 칭할 수도 있는) 이와 유사하게 작동한다. 그러나 다른 유형의 학습(우리가 인터랙티브 미디어와의 학습이라고 칭할 수도 있는)은 다르게 작동하며 그 자체로 구체적인 교육개념의 제시에서 생기지 않는다. 오히려, 이 경우에 인터랙티브 미디어는 광범위한 일련의 주제분야에서 아동 자신의 창조성이나 학습을 용이하게 하는 툴(*tools*)을 제공한다. 예를 들어, 여러 시점에서 드루인 등은 아동들이 어떠한 토픽에서도 프레젠테이션을 제작할 수 있도록 하는 저자 툴(*authoring tool*) 과 갖가지 주제에 대한 온라인 이북(*e-book*) 에 접근하도록 하는 디지털 라이브러리를 발전시켰다 (예: Druin et al. , 1999; Druin, Weeks, Massey & Bederson, 2007). 우리는 다음에서 두 가지 타입의 학습을 고려할 것이다.

실제로 인터랙티브 미디어에서 비롯되는 학습과 인터랙티브 미디어와의 학습 사이의 차이는 인터랙티브 미디어의 순전한 다양성의 한 측면만을 나타낸다. 예를 들어, 광범위한 범위의 다양한 미디어는 인터랙티브 미디어의 카테고리에 포함되며, 전자 봉제완구에서 비디오 게임, 핸드폰 응용 프로그램, 학급용 컴퓨터에 기반한 소프트웨어 응용 프로그램에 이르는 것들을 총망라한다. 더군다나 특정 인터랙티브 매체 내에서도, 디지털 테크놀로지는 혜성 같은 스피드로 계속 진화하고 있어서, (예를 들어) 컴퓨터 게임 이라는 용어는 오늘날의 엄청난 멀티플레이어 온라인 게임을 일컫거나 1980년대 64K 가정용 컴퓨터에서 플레이되도록 디자인된 단순한 교육용 게임을 말한다고도 할 수 있다. 셋째, 아동용 일부 인터랙티브 미디어 제품의 디자인은 교육적이거나 발전적 원칙에서 확고한 근거를 가지고 있었던(예: Strommen & Alexander, 1999) 반면에 다른 것들은 디자이너의 직감적 본능(*gut instincts*) 에 의해서만 인도되었다. 그러나 이러한 도전에도 불구하고, 많은 공통점이 상이한 형태의 인터랙티브 미디어를 관통해서 존재하며, 광범위한 결론을 이끌 수 있도록 한다. 그리고 미래의 상이한 형태의 인터랙티브 미디어에 적용될 수 있도록 한다.

몇 가지 형태의 인터랙티브 미디어의 교육적 가치는 거의 자명한 것 같다. 예를 들어, 워드 프로세싱 소프트웨어는 연필과 종이가 해왔을 수도 있는 것과 똑같이 확실히 아동의 글쓰기를 용이하게 하는 잠재성을 지녔다. 블로그 (즉, 온라인 다이어리) 같은 부상하는 온라인 플랫폼과 유튜브 같은 비디오 사이트는 리터러시를 자극해서 아동의 창조성 있는 작품을 전파하는 새로운 기회를 제공하지만, 필자는 아직은 이러한 활동에 참여의 교육적 영향력을 측정하는 실증적 연구를 알지 못한다.

일부 학자들은 본질상 컴퓨터 게임은 아동의 학습을 위해 주목하지 않을 수 없는 맥락을 제공한다고 주장했다(예: Gee, 2003; Jenkins, 2002; Papert, 1998). 인터랙티브 게임은 사람의 마음을 끄는 활동이나 목표를 달성하기 위한 게임과 같은 고유한 도전을 하는 출현인물을 통해 아동들이 학습하도록 동기부여할 수 있다. 더군다나 인터랙티브 게임은 아동들이 자기 수준의 지식 그리고/혹은 기술에 부합하도록 자기 수준의 어려움을 조정함으로써 계속적으로 도전하여, 패퍼트(Papert) 가 교육적으로 풍요로운 고된 재미(*hard fun*) 로 일컫는 것에 아동들이 관여하게 할 수 있다. 게임은 공간적 지각, 손재주(*dexterity*), 손과 눈의 적절한 조화를 자극할 수 있다. 게임은 실질적인 콘텐츠의 상황적 학습의 기회를 제공하여, 문제해결 기술을 연습하고 자기 자신의 수행과 이해에 대한 자기 모니터링을 할 수 있게 한다 (이러한 종류의 이슈의 확장된 논의를 위해, Gee, 2003; Lieberman, 2006을 보라). 물론 TV의 경우에서처럼 게임의 콘텐츠가 아주 중요하다. 역사 만들기(Making History) 같은 사회연구 게임과 필사적 전투(Mortal Kombat) 같은 폭력적인 엔터테인먼트 게임 사이에는 엄청난 차이가 있다. 그러나 바로 그 도전적인 게임의 포맷으로 아동들이 학습을 향상시킬 수 있는 가능성을 갖게 하는 방식에 관여하도록 할 수 있다.

1) 실증연구

몇몇 연구들은 위에서 논의된 개념적 주장을 넘어서, 아동의 교육적 인터랙티브 미디어의 영향력을 평가했다. 현재까지 이 연구들 중 몇몇만이 엄격하게 통제된 실험 디자인을 이용했고, 인터랙티브 미디어는 세사미 스트리트 같은 TV 시리즈를 위해 수행된 장기간의 연구유형의 주제가 아직 되고 있지 못하다. 그럼에도 불구하고 현존하는 연구는 여러 주제의 분야에서 즉각적인 교육적 혜택의 증거를 제시한다.

(1) 리터러시

연구는 인터랙티브 미디어가 아동의 읽기 학습의 몇 가지 측면을 지지할 수 있다는 점을 보여주었다(예: Reinking, 2005). 한 차원에서 올슨, 와이즈와 이들의 동료들의 일련의 연구는 인터랙티브 미디어가 아동의 해독 즉, 문자를 식별하고 문자와 소리의 일치를 식별할 수 있는 능력을 지원할 수 있다는 점을 보여주었다. 이러한 연구는 종합언어(*synthetic speech*)가 구어뿐만 아니라 타깃단어를 읽는 사람에게 생기는 인식을 뒷받침하고(Olson, Foltz & Wise, 1986), 컴퓨터에 기반한 오디오 피드백을 받은 아동이 통제집단의 아동보다 언어적 진전을 가속화하며(Wise et al., 1989), 현재 음소적 자각이 있는 소프트웨어를 접하는 아동은 그렇지 못한 아동보다 더 많은 혜택을 받았다고 결정지었다(Olson & Wise, 1992). 마찬가지로, 맥케나, 레인킹 그리고 브래들리(McKenna, Reinking &

Bradley, 2003)는 유치원생과 1학년 학생들로 하여금 대중적인 아동 도서 온라인 버전을 읽도록 해서, 그 아동들이 발음 유사성(예: six를 fix와 비유하는 것)을 듣기 위해 단어를 클릭할 수 있게 했다. 이들은 소리와 심볼 사이의 일치에 대해 이미 조금이라도 자각을 한 아동은 시야에서 보이는 단어를 읽는 데 진전이 있음을 보여주었던 반면에, 아직 그러한 단계에 이르지 못한 아동은 의미 있는 변화를 보여주지 못했다는 점을 발견했다.

인터랙티브 미디어는 또한 아동의 어휘 지식을 지원한다는 점이 발견되었다. 예를 들어, 밀러와 길디아(Miller & Gildea, 1987)는 5학년 학생들에게 〈인디아나 존스의 잃어버린 성궤를 찾아서〉(*Raiders of the Lost Ark*)의 영화의 일부분을 보여주고 나서, 문어로 쓰인 컴퓨터에 기반한 영화장면의 텍스트를 제시했다. 아동들은 단어를 클릭함으로써 정의(*definitions*)와 샘플 이용이나 단어의 의미를 예시하는 비디오를 볼 수 있었다. 이들은 이러한 소프트웨어를 이용한 아동들이 타깃단어에서 보다 더 많이 의미를 깨닫고 그 단어들을 더 적절하게 이용했다는 점을 발견했다. 유사한 입장으로 〈젊은 셜록 홈스〉(*Young Sherlock Homes*) 영화에 중점을 둔 일련의 쌍방향적이고 오프라인 활동에 관여한 아동들은 통제집단보다 더 많이 타깃어휘를 이용했으며, 또한 더욱 더 스토리를 이해하고 추론을 이끌어 낼 만한 역사적 정보를 이용한다는 것을 보여준다는 점이 발견되었다.

기본적인 읽기기술에 대한 지원을 공급하는 것과는 별도로 인터랙티브 미디어는 또한 아동들이 읽을 텍스트와 그러한 텍스트의 위치를 찾는 도구를 제공할 수 있다. 드루윈 등(Druin et al., 2007)은 4개국 출신의 아동들이 39개 언어로 된 거의 2천 개의 아동도서에 대하여 온라인 도서관을 이용하는 사례연구를 보고했다. 이것은 실험연구는 아니었고 단지 소수의 아동만이 참여했기 때문에, 데이터는 주의해서 해석되어야 한다. 그럼에도 불구하고 연구자들은 디지털 라이브러리를 이용하는 아동들은 계속해서 물리적 도서와 도서관을 중히 여겼지만, 또한 그들이 온라인으로 읽는 도서의 다양성도 증가하였고, 다른 문화를 탐구하려는 관심도 보였으며 (오프라인보다 온라인으로는 보다 짧은 도서를 읽으려 하는 경향이 있었지만) 읽으려는 동기부여도 더 많았다는 점을 발견했다.

인터랙티브 미디어는 또한 아동의 글쓰기도 자극할 수 있다. 젠킨스(Jenkins, 2006)는 해리포터에 고무받은 13세 소녀가 허구의 호그와츠 학교를 위한 온라인 학교신문을 제작함으로써 리터러시를 향상시킨 것을 결정한 사례연구를 보고했다. 1년 내에 이 온라인 신문은 성장해서 전세계 출신의 120명의 아동 스태프를 갖게 되었다. 이 사이트는 아동들이 서로 허구의 신문기사와 해리포터 캐릭터에 대한 팬의 허구적 이야기를 제출하고 평가하는 매개체로서 역할을 했다. 이것으로 인해 일부 제출문이 5만 자에 이르는 가운데 제출문을 쓰고 이 제출문을 읽고 코멘트한 사람 모두가 풍부한 리터러시 경험을 갖게 되었다.

모두 종합하면 이 시점에서 선행연구와 사례연구는 인터랙티브 미디어가 해독기술, 어휘습득을 지원하고, 광범위한 도서자료에 대한 접근을 제공하고, 아동들이 자기 자신의 글쓰기 자료를 만들어서 타인과 공유할 기회를 제공함으로써 아동들의 리터러시에 대한 다면적인 증진

을 이룰 잠재성을 지녔다는 점을 시사한다.

(2) 수학

리터러시 경우에서처럼, 인터랙티브 미디어는 성인과 아동 학습자 모두 사이에 수학교육에 대한 긍정적 성과를 증진시킨다는 것이 발견되었다(성인 학습자의 성과를 포함한 리뷰에 대해 Atkinson, 2005를 보라). 예를 들어, 한 연구는 덧셈과 뺄셈의 수치적 표현(즉, 방정식)에서 초등학교 아동의 수행능력을 동영상의 그래프의 지원을 받거나 받지 않는 것과 비교했다. 한 버전의 소프트웨어에서 수치적 표현만이 제시됐을 뿐이고, 또 다른 버전의 소프트웨어에서, 수치적 표현은 숫자와 함께 움직이는 토끼의 애니메이션이 수반되었다. 연구자들은 어려운 문제에서 이 애니메이션을 본 아동들이 그렇지 않은 아동들에 비해 유의미하게 큰 사전사후성과를 보여주었다는 점을 발견했다.

여전히 쉬운 문항에 대해서는 이러한 차이가 전혀 발견되지 않았으며, 이 연구자들의 두 번째 실험은 낮은 공간적 능력을 지닌 아동들보다 높은 공간적 능력을 지닌 아동들에게 애니메이션이 더 크게 혜택을 주었다는 점을 발견했다는 것은 가치가 있다(Moreno & Mayer, 1999). 음소적 지각을 보다 더 강하게 했던 초기의 독서가(readers)에 있어 보다 큰 영향을 발견한 리터러시 연구와 일치해서, 모레노와 메이어의 연구는 인터랙티브 미디어의 특정부분의 영향이 모든 상황의 모든 이용자에게 똑같지 않을 수도 있다는 점을 예시한다. 쌍방적 활동이 유의미한 성과를 이룰 수 있을 정도로 의도되어 있을지라도, 교육 콘텐츠(예: 어려움), 사전에 지닌 기술, 그리고 이용자가 스크린상으로 가져오는 지

식 모두의 특징에 의해 중재될 수 있다.

(3) 과학

과학에 기반한 인터랙티브 미디어에 대한 연구는 선행하는 주장에 토대를 두며 관찰된 결과 또한 스크린상의 자료와 결과의 측정 사이의 일치에 달려있을 수 있다고 제시한다. 터키에서 실시된 한 연구에서, 8학년 과학반 학생들로 하여금 표준적 강의 혹은 육안의 차원(실험용 비디오)에서, 심벌의 차원(화학방정식)에서, 그리고 분자의 차원(분자그림과 단순한 애니메이션)에서 동시에 프레젠테이션을 보도록 하는 소프트웨어 둘 중 하나를 통해 물리와 화학적 변화에 대해 학습하도록 했다. 사후검증의 결과는 후속 테스트 항목들이 (소프트웨어에서 이용한 것과 유사한) 분자적 표상을 이용하면, 소프트웨어를 이용한 아동들이 다른 아동들보다 더 잘 수행했다는 점을 보여주었다. 덧붙여, 이들은 또한 입자적 표상을 더 많이 그리고 개념적 정확성을 더 잘 묘사했다(Ardac & Akaygun, 2004).

마찬가지로 코즈마(Kozma, 2000)는 기체상의 평형(*gas-phase equilibrium*)과 관련된 실험을 묘사한 화학소프트웨어를 보다 높은 연령대의 학생들에게 제공했다. 그 현상이 진전되면서, 그것은 3개의 윈도우를 통해 3가지 방식 — 하나의 윈도우는 비디오, 두 번째 윈도우는 나노 척도의(*nanoscale*) 동영상, 그리고 세 번째는 그래프상의 표시가 되어 있는 데이터(*plotted data*) — 로 제시되었다. 각각의 학생은 세 개 중 하나나 (혹은 세 개 모두를) 보았다. 코즈마는 동영상을 본 학생들이 기체상의 평형의 다이내믹 본질과 관련한 뒤이은 시험항목에서 최고성적을 보인 반면에, 그래프를 본 학생들은 상대적 압력에 대한 항목에서 최고성적을 냈다. 따라서 과정의 각각의 측면은 이런 저런 형태의 표상에 적합해서, 가장 관련된 표상이 최고의 교육적 강점을 지녔다. 세 개 모두의 윈도우를 본 학생들이 다른 집단들보다 더 좋은 성적을 내지는 않았는데, 왜냐하면 아마도 세 가지의 계속적으로 이어지는 정보가 학생들이 동시에 처리하고 이해할 수 있는 정보보다 많았기 때문인 것 같았다.

그러므로 이러한 과학, 리터러시, 그리고 수학연구가 시사하듯이 교육적 소프트웨어를 디자인하는 어떠한 한 가지의 최고방식(즉, 실제로 어떠한 형태의 교육미디어도)은 없다. 한 부분의 교육미디어의 효과성은 이용자의 특성, 미디어 제품, 그리고 전달되는 콘텐츠 사이의 일치에 달려있다. 필자는 다음 이론적 메커니즘 부분에서 이 지점으로 되돌아 갈 것이다.

(4) 사회연구

사회연구 영역 내에서 대부분 (모두는 아닐지라도) 연구는 명확하게 인과성을 확립할 수 없는 사례연구로 구성되었다. 그러나 현존하는 연구는 몇몇 다른 연령집단에서 아동의 역사와 시사에 대한 몇 가지 측면의 이해에 대한 영향력을 제시했다.

초기 학년에서 역사교육에서 한 가지 도전은 어린 학생들이 종종 과거의 사건들을 분리하는 시점의 범위를 개념화하는 데 어려움을 겪는다는 점이다. 그들의 생각 속에 10년, 100년, 심지어 1,000년 전 사이에는 아무런 차이가 없다는 것이다. 이러한 오인을 극복하기 위한 시도로 마스터맨과 로저스(Masterman & Rogers, 2002)는 아동들이 도로 지도 연대표를 따라 여행하는 컴퓨터에 기반한 활동을 발전시켰다. 도로를 따라 학생들은 영국의 역사적 사건에서 텍스트, 포토, 비디오, 그리고 오디오를 찾아냈다. 아동들은 다이어리 페이지의 연대순서를 맞추고 연대의 오기를 찾아내는 것과 같은 몇몇의 순서를 맞추는 작업을 하기 위해서 이 자료를 이용했다. 어린 아동들이 지닌 시대에 대한 널리 퍼진 오인에도 불구하고, 이러한 활동은 다섯 쌍의 6~7세 사이에서 시대에 대한 추론을 용이하게 하는 것 같았다. 소프트웨어의 지원으로 그 다섯 쌍의 아동들은 사건을 제대로 연대표기했고 연대의 오기에 대한 열띤 논쟁에 참여했다.

역사교사 데이비드 맥디빗(David McDivitt, 2006)은 고등학교 학생 110명에게 제 2차 세계대전 이전의 유럽역사의 이해에 관련한 준실험을 실행했다. 일부 학급은 표준적인 학급세션을 들었던 반면, 다른 학생들은 역사 만들기 비디오 게임을 행하는 데 중점을 둔 학급논의를 통해 학습했는데, 이 수업에서 학생들은 1938년과 1945년 사이에 한 국가의 리더역할을 수행했다. 데이터가 공식적인 추론적 통계로 분석되지는 않아서 우리가 그 학급들 사이에 차이가 우연성을 넘어 유의미한지는 확신할 수 없다. 그럼에도 불구하고, 데이터는 그 집단들 사이에 어느 정도 상당한 차이가 있음을 제시한다. 예를 들어, 그 게임을 한 90%(게임을 하지 않은 55%에 비해)는 1938년 뮌헨협정(Munich Conference)의 의미를 설명할 수 있었고, 67%는(게임을 하지 않은 35%에 비해) 제 2차 세계대전 시작의 이유를 설명할 수 있었다.

마지막으로 젠킨스(2006)가 보도하는 해리포터에 대한 팬들의 허구소설의 사례연구처럼 인터랙티브 미디어 또한 시사에 대한 아동들의 글쓰기를 자극할 수 있다. 아웃버스트(Outburst)라고 불리는 캐나다 방송국 웹사이트는 8세에서 12세에 이르는 아동들에게 뉴스기사와 시사에 대한 문서화된 의견을 제출할 기회를 제공하도록 디자인되었다. 사실상, 많은 아동들이 그 기회를 활용하였다. 앤틀(Antle, 2004)은 한 달간의 시간상에서 250명의 아동들이 그 사이트를 통해 의견을 제출했다고 보고했다. 이러한 제출물 중 36개에 대한 내용분석은 그 사이트가 아동들의 감정적 · 개인적 표현을 위한 수단뿐만 아니라 공감이나 이 이벤트가 관련된 사람들에게 미치는 영향력에 대한 탐구를 제공했다는 점을 시사했다.

3. 이론적 메커니즘

아동이 교육미디어를 통해 학습한다는 것을 정립했을 때, 그 다음 질문은 아동이 어떻게 학습하는지에 관한 것이다. 즉, 어떤 인지적 메커니즘이 이러한 미디어에 대한 아동의 처리과정과 학습에 원인이 되는가? 이 부분은 이러한 네 가지 이론적 접근을 살펴본다. 첫 번째 것은 전형적으로 인터랙티브 멀티미디어에서 학습되는 것에 응용되었던 반면에, 다른 것들은 아동의 교육TV의 처리과정의 몇 가지 측면을 기술한다. 그러나 각각의 이론이 최초에 특정매체와 관련해서 제기되더라도, 모든 것은 또한 여타의 전자 미디어에 응용되는 잠재성을 지녔다. 종합해서 이것들은 미시적 수준의 인코딩과 처리과정에서의 이해, 학습의 전이, 그리고 궁극적으로 교육미디어의 장기적 혜택에 이르기까지 확장된다.

〈그림 19-1〉 멀티미디어 학습의 인지 이론(Mayer, 2003을 따라).

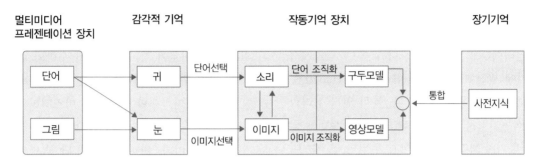

1) 멀티미디어: 멀티미디어 학습의 인지 이론

멀티미디어 학습인지 이론은(CLML: *cognitive theory of multimedia learning*, 예: Mayer, 2001, 2003; Moreno, 2006) 이용자가 멀티미디어에서 인코딩하고 학습하는 처리과정을 기술하도록 의도되었다. 멀티미디어 학습인지 이론은 인지심리학의 연구문헌에서 발전한 세 가지 가정 ― 인간은 두 개의 분리된 정보처리 채널을 통해 시각적이고 청각적인 정보를 수용한다는 것, 각각의 채널은 어떠한 특정시기에 정보를 처리하는 제한된 능력을 지녔다는 것과 적극적인 학습은 학습과정 동안 일련의 정보처리를 조정하여 수행한다는 것에 수반한다는 점 ―에 뿌리를 둔다. 멀티미디어 현시는 전형적으로 한 가지 양식을 넘어서 (예: 시각적 이미지와 청각적 내레이션, 아니면 화면상의 텍스트와 동영상으로 된 이미지) 정보를 제공하기 때문에, 이 모델은 시각과 청각의 채널이 인지와 기억의 세 가지 고전적 인지구조 ― (외부적 자극의 초기 인코딩의 원인이 되는) 감각적 기억, 작동 기억장치(*working memory*) (정보의 활동적 처리과정이 발생할 때), 그리고 장기 기억장치(정보가 순간을 넘어

서 저장될 때) ―를 통해 진전될 때 시각과 청각의 채널을 통한 정보요소의 처리과정을 추적한다. 멀티미디어 학습 인지 이론은 이용자가 멀티미디어를 통한 교육용 메시지에 관여할 때, 일부의 시청각 정보가 인코딩되어 분리되어 정보처리되고 시각 정보 영상의 사고모델 (*mental model*) 과 청각정보와 관련한 구두의 사고 모델을 낳게 된다. 이러한 두 가지 모델은 이때 영상과 구두모델에 상응하는 요소가 서로에게 연결되는 단일한 표상으로 통합된다(〈그림 19-1〉을 보라).

이 모델 아래서, 교육적 소프트웨어의 효과적인 부분은 거의 무관한 정보가 없는 분명하고 잘 체계화되어 있어야만 한다. 소프트웨어가 너무나 많은 무관한 자료를 포함하거나(예: 불필요한 동영상, 그래픽, 혹은 음악), 이용자에게 너무나 많은 무관한 인지적 처리과정에 관여할 것을 요구하면 이때, 그 요구는 작동기억 장치의 제한된 수용력을 넘어서기 때문에, 그 자료가 제대로 학습되지 않을 것이다(즉, 잘 이해될 때조차도 아마 그럴 것이다).

2) 교육적 콘텐츠의 이해: 수용력 모델 (*capacity model*)

인터랙티브 미디어가 보다 교육TV 맥락에서 초기에 발전했지만, 수용력 모델(Fisch, 2000, 2004)은 메이어의 CTML과 특히 인지 심리학과 작동기억 장치의 제한된 수용력의 토대에 있어 몇 가지 특징을 공유한다. 몇몇의 연구는 여타의 복잡한 자극의 경우에서, 시청자의 TV이해는 작동기억 장치의 제한된 능력에 의존하는 처리성과 관련이 있다(Armstrong & Greenberg, 1990; Beebtjes & van der Voort, 1993; Lang, Geiger, Strickwerda, & Summer, 1993; Lorch & Castle, 1997; Meadowcroft & Reeves, 1989; Thorson, Reeves, & Schleuder, 1985).

CTML처럼 수용력 모델은 작동기억 장치의 제한된 수용력이 수용자에게 교육TV 프로그램에 대한 도전을 제기한다고 주장한다. 그러나 CTML은(배우고 있는 학습에서 내적이거나 외적 정보일 뿐만 아니라) 시청각 정보 둘 다를 처리하는 필요에서 비롯되는 도전에 초점이 맞춰지는 반면에, 수용력 모델은 교육TV 프로그램은 전형적으로 내러티브 콘텐츠와 교육 콘텐츠를 동시에 제시한다는 사실에서 비롯된다는 도전에 초점을 맞춘다. 예를 들어, 밴드에 가입하고 싶어하고 다양한 악기가 진동을 통한 사운드를 어떻게 창출(교육 콘텐츠)하는지를 배우는 소년에 대한 프로그램(내러티브 콘텐츠)의 예를 고려해 보자. 수용력 모델은 교육 콘텐츠 자체의 처리에 관한 인지적 요구(*demands*) 뿐만 아니라, 교육 콘텐츠에 내재한 내러티브가 제시하는 요구에 달려있다는 점을 제시한다. 덧붙여 그 모델은 이해가 거리에 의해 영향을 받는다는 점, 즉

교육 콘텐츠가 내러티브에 필요불가결하거나 무관한 정도라는 점을 주장한다(〈그림 19-2〉를 보라). 거리의 개념을 최고의 지점에서 이해하기 위해서, 히어로가 갑자기 멈춰서 수학의 비율-시간-거리 문제에 대해 레슨하는 TV 미스터리를 상상해 보자. 수학 콘텐츠가 미스터리와 직접적으로 관련이 없다면, 내러티브와 무관하고 거리는 클 것이다. 반대로 유일한 단 한 명의 용의자가 범죄를 저지를 정도로 충분히 가까이 있다고 입증(즉, 이것이 미스터리 해결의 중요한 단서를 제공하면) 하기 위해 히어로가 비율-거리 개념을 이용한다면, 이때 수학 콘텐츠는 내러티브에 필수적이며 거리는 작을 것이다.

따라서 수용력 모델에 따르면, 거리가 크고, 이해에 요구되는 정신적 지략을 주로 내러티브에 할애한다. 교육 콘텐츠가 내러티브에 필수적이라면 이때 그 둘이 서로 경쟁한다기보다는 오히려 보완한다. 내러티브의 이해를 허용하는 똑같은 처리과정은 동시에 교육 콘텐츠 이해에 기여한다. 따라서 교육적 콘텐츠의 이해는 전형적으로 다음의 어떤 조건에서도 더 강해질 것이다. ① 내러티브의 처리 요구가 상대적으로 작을 때 (예: 이야기를 이해하는 데 추론이 거의 필요하지 않거나 시청자의 언어기술이 내러티브를 쉽게 쫓아갈 정도로 충분히 수준 높을 때. 기여요인의 전체 리스트를 위해 〈그림 19-2〉와 Fisch, 2004를 보라), ② 교육적 콘텐츠의 처리요구가 작을 때 (예: 그 콘텐츠가 분명하게 제시되거나 시청자가 이미 그 주제에 대한 지식을 조금이라도 갖고 있을 때) 아니면, ③ 거리가 작을 때. 이 모델은 아동의 TV 이해에 대해 광범위한 현존하는 문헌에 일관성이 있지만, 이 저술시점에서 새로운 연구에서는 아직 예측 타당도로 검증되어야 한다.

〈그림 19-2〉 내러티브와 교육 콘텐츠 이해의 소스 요구를 결정하는 요인을 포함한, 수용력 모델이 기술하는 이론적 구성체
(Fisch, 2004를 따라).

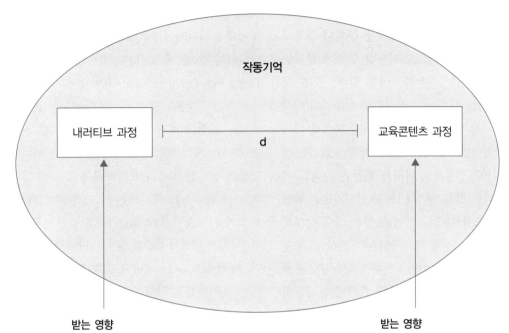

작동기억

내러티브 과정 |———— d ————| 교육콘텐츠 과정

받는 영향

시청자 특성
• 스토리, 캐릭터에 대한 사전지식
• 스키마, 지식: 공식적 출현
• 주제에 대한 관심
• 어휘적 추론 능력
• 단기기억

프로그램 특성
• 스토리의 복잡성, 일관성
• 추론의 욕구
• 현존하는 스토리 스키마에 대한 적합성
• 임시적 조직화
• 상급의 조직자

받는 영향

시청자 특성
• 콘텐츠에 대한 사전지식
• 콘텐츠에 대한 관심

프로그램 특성
• 표현의 명확성
• 콘텐츠의 명시성
• 시각적으로 구체적인 조직화
• 상급의 조직자

3) 학습의 전이

TV 프로그램에서 교육내용의 이해 그리고 학습조차도 시청자가 또한 새로운 문제나 상황에서 그 자료를 성공적으로 적용할 수 있게 한다는 점을 보장하지는 않는다. 예를 들어, 굿맨 등(Goodman et al., 1993)은 크로의 시청자와 비시청자의 과학 콘텐츠 이해에 있어 유의미한 차이를 제시했지만, 새로운 문제로 확장은 없다는 점을 상기하라. 실제로 이러한 현상은 교육TV에만 예외적인 것은 아니다. 일부 연구자들은 학급 학습에서조차 학습의 전이를 찾는 것이 상대적으로 드물다는 점을 명시했다(예: Detterman & Sternberg, 1993). 그러나 일부 연구는 TV 프로그램에서 보여지는 것과 다른 맥락에서 아동의 실험과 문제해결에 미치는 유의미한 영향 같은 교육 효과에서 전이의 증거를 찾아냈다(예: Hall et al., 1990a, 1990b; Mulliken & Bryant, 1999; Rockman et al., 1996).

이때 왜 교육TV는 일부 연구에서 학습의 전이를 이루는 데 성공적이고 다른 연구에서는 그렇지 않은가? 더욱 일반적으로 교육과 관련해서 말할 때 브랜스포드, 브라운 및 코킹(Bransford, Brown, & Cocking, 1999)은 성공적 전이는 제시된 주제의 풍부한 이해, 본래의 맥락을 넘어서 추상화되는 지식의 표상, 그리고 지식의 표상과 그것이 응용될 수도 있는 새로운 상황 사이의 일치를 포함해서 몇 가지 주요한 요소를 요구한다. 그러나 이러한 원칙을 교육TV에 적용하는 것은 위에서 논의되는 수용력 모델에서 거의 모순을 낳을 수도 있을 것이다(Fisch, 2000). 수용력 모델에 따르면, 교육적 콘텐츠의 이해를 풍요롭게 하는 주요한 방법 중 하나는 (전이가 요구될 때) 내러티브와 교육 콘텐츠 사이의 거리의 차를 적게 유지시키는 것이다. 그러나 내러티브 맥락과 과도하게 연결된 콘텐츠는 다양한 맥락에서 새로운 문제로 전이하기에 충분할 정도로 추상적으로 표상화되지 않을 수도 있다(예: Cognition and Technology Group at Vanderbilt, 1997).

필자는 다른 곳에서 제안했듯이(Fisch, 2004), 최적의 해결은 내러티브와 교육적 콘텐츠 사이의 거리를 적게 유지하는 것뿐만 아니라 몇몇의 상이한 내러티브 맥락에서 몇 차례 똑같은 교육 콘텐츠를 제시하는 데 있을 수 있다(긱과 호리옥(Gick & Holyoak, 1983) 같은 연구자들이 TV 영역 외에서 입증한 원칙). 따라서 예를 들어, 굿맨 등(Goodman et al., 1993)은 이해에 미치는 유의미한 영향력을 발견했지만 별개의 각각의 과학개념이 하나의 에피소드와 내러티브 맥락에서만 제시되는 크로의 전이에서는 그렇지 않았다. 그러나 홀 등(Hall et al., 1990a, 1990b)은 스퀘어 원 TV에서 모델화된 문제해결의 발견적 학습(heuristics)의 유의미한 전이를 발견했는데, 여기에서 똑같은 발견적 학습(예: 확률의 고려)은 몇 가지 상이한 맥락에 내재해 있었다(예: 경쟁자들이 귀신이 나오는 집에서 탈출하려고 제대로 된 키를 선택하는 뮤직 비디오를 전략적으로 틀 가능성을 위해 확률을 이용하는 게임쇼). 똑같은 기본적 콘텐츠를 이렇게 다원적으로 취급하는 것은 관련된 수학개념의 보다 더 추상적 표상에 기여했을 수도 있을 뿐만 아니라 이러한 개념의 이해를 보다 더 광범위하게 다양한 상황에 적용하도록 독려하여 전이를 장려했을 수도 있다.

4) 장기적 효과: 초기학습모델

위의 이해와 전이의 개념은 교육TV의 상대적으로 즉각적 효과를 고려할 때 유용하지만 장기적인 효과 특히 종국적인 성과가 TV에서 제시된 교육 콘텐츠와 거의 비슷하지 않다면, 이 효과를 설명하는 데 충분하지 않다. 예를 들어, 미취학 아동의 세사미 스트리트 시청이 고등학교 평균 성적을 예측한다고 발견될 때(Anderson et al., 1998; Huston et al., 2001), 학생들은 자신들이 세사미 스트리트에서 배운 자료를 고등학교 학급에 직접적으로 적용할 것 같지는 않다.

이러한 효과를 설명하기 위해, 허스톤 등은 초기학습모델을 제안했다. 이 모델에서 초기 발달의 세 가지 측면 ― ① 특히 언어와 리터러시와 관련된 선학문적(pre-academic) 기술의 학습, ② 동기와 관심의 발전, 그리고 ③ 주목(attentiveness), 집중, 비공격성, 그리고 불안과 산만함의 부재의 행동적 패턴을 습득하는 것. 〔마지막 지적이 힐리(Healy, 1990)와 다른 학자들의 세사미 스트리트가 아동의 주목기간을 줄인다는 주장을 직접적으로 거스른다는 점을 상기하라〕 ― 이 장기적 효과를 결과할 수도 있는 경로로서 제안된다. 이러한 요인이 학교에서 초기 성공에 기여할 수 있으며, 그리고 나서 아동의 장기적인 학문적 궤적을 결정하는 데 유의미한 역할을 한다. 초기부터 상당한 기술을 보여준 아동은 보다 높은 능력을 지닌 집단에 놓이게 되고, 교사에게 보다 유능한 것으로 지각되고, 더 많은 주목을 받고, 성공적이라고 느끼고, 잘 수행하도록 동기부여될 가능성이 있다(Entwistle, Alexander, & Olson, 1997). 덧붙여, 이러한 초기의 성공은 또한 아동이 관여하는 행동의 타입에 영향을 미칠 수도 있다. 예를 들어, 훌륭한 독서가는 자립적으로 더 많은 독서를 하는 방식을 선택할 수도 있다. 이때 이러한 성과 각각은 시간이 지남에 따라 더 한층의 성과를 결과할 수 있다. 이런 식으로 이 모델은 적하효과(cascading effect)를 제시하며, 초기 교육TV 노출이 (즉, 확장시 어떠한 교육미디어라도) 초기의 학문적 성공을 이끌며, 이것은 차례로 몇 년 동안 지속될 수 있는 장기적 성공의 궤적에 기여할 수 있다는 것이다.

4. 결 론

아마도 이 리뷰에서 추론되는 가장 광범위한 결론은 교육적 미디어가 효과가 있다는 것이다. 심사숙고해서 제작된 교육미디어는 다양한 연령대의 아동을 위한 여러 중요한 혜택을 유지시킬 수 있다. 더군다나 그러한 미디어의 혜택은 몇 년 동안 지속될 수 있다. 물론, 모든 미디어가 아동에게 해롭다고 주장하는 게 합리적일 것이라고 말하지 못하는 것처럼 모든 미디어는 아동에게 혜택을 준다고는 말하지는 못할 것이다. 사실상, 라이트 등(Wright et al., 2001)의 3년간의 세사미 스트리트의 영향력에 대한 연구에서 세사미 스트리트에 대한 노출이 리터러시와 취학준비에 긍정적 영향을 미치는 것과 관련이 있을 뿐만 아니라 미취학 아동의 상업적 엔터테인먼트 카툰의 시청 또한 때때로 똑같은 결과의 측정에 부정적 효과를 미쳤다는 점을 발견했다. 분명 비판적 요인은 미디어 자체가 아니라 미디어가 동반하는 콘텐츠다.

미디어 콘텐츠와 함께 우리는 또한 미디어가 시청되고 미디어 효과가 관찰되는 맥락을 고려해야만 한다. 예를 들어, 수많은 연구는 아동의 교육TV에서의 학습은 행동과 부모나 선생님과의 후속논의를 통해 증진될 수 있다는 점을 보여주었다(예: Reiser, Tessmer & Phelps, 1984; Reiser, Williamson, & Suzuki, 1988; Salomon, 1977; Singer & Singer, 1995). 실제로, 허스톤 등(Huston et al., 2001)의 초기학습 모델은 오프라인 경험이 방송이용시뿐만 아니라 효과가 후속적으로 나타나는 시기에서도 중요한 역할을 한다는 점을 강조한다. 교육미디어 노출이 제공하는 교육적 장점은 교사로부터 긍정적인 피드백, 여타 정보교육활동에 관여 같은 다른 요인과 결합되어 단순한 미디어 노출에 대한 효과 이상의 보다 강력하고 지속적인 효과를 낳을 수 있다.

결국, 우리는 또한 몇 가지 형태의 교육미디어 자체의 연계적 이용에서 생길 수도 있는 잠재적 시너지를 고려할 수도 있다. 오늘날 교육미디어 프로젝트가 웹사이트 동반과 함께 교육TV 시리즈 같은 멀티미디어를 포괄하는 것이 일반적이다. 예를 들어, 1969년 시작과는 반대로 오늘날의 세사미 스트리트는 TV 시리즈뿐만 아니라, 도서, 세사미 스트리트 매거진, www.sesame street.com 웹사이트, 전통적인 전자 장난감,

지원이 가능한 상황(outreach settings)에서 직접 해보는 활동, 방송에서 핸드폰에 이르는 것까지 포함한다. 종종 멀티미디어는 단일 미디어만으로는 생길 수 없는 더욱 큰 교육적 혜택을 낳을 것이라는 가정 아래서 이용되는데 왜냐하면 유사한 교육적 콘텐츠를 다르게 취급하는 것이 서로를 강화하거나, 다양한 학습 스타일로 이용자에게 여러 지점에서 접촉하게 하기 때문이다. 이 저술 시점에 이 가정은 아직 실증적으로 검증되지 않았지만 저자는 동료들과 함께 이러한 이슈에 대한 자연적이고 실험적인 연구 프로그램을 최근에 착수했다.

분명 모든 관련 변인들 사이에 작동하는 복잡한 상호작용을 고려할 때, 교육미디어가 완전히 이해되기에는 아직 가야 할 길이 멀다. 그러나 효과의 이해에 대한 먼 목적을 향한 노력에서조차 우리는 더욱 당면한 요점을 놓쳐서는 안 된다. 효과적인 교육미디어 제품이 이미 존재한다. 이 영역에서 연구의 가장 큰 가치는 이론적 모델에 있는 것이 아니라, 이러한 미디어가 아동을 위해 보유할 수 있다고 이미 제시한 구체적 혜택에 있다.

참고문헌

American Academy of Pediatrics. (1997). *Media Matters: A national media education campaign*. Elk Grove Village, IL: Author.

American Academy of Pediatrics. (2001). Children, adolescents, and television. *Pediatrics*, 107.

Anderson, D. R., Bryant, J., Wilder, A., Santomero, A., Williams, M., & Crawley, A. M. (2000). Researching Blue's Clues: Viewing behavior and impact. *Media Psychology*, 2.

Anderson, D. N., Huston, A. C., Wright, J. C., & Collins, P. A. (1998). Sesame Street and educational television for children. In R. G. Noll & M. E. Price(Eds.), *A communications cornucopia*: *Markle Foundation essays in information policy*. Washington, DC: Brookings Institution Press.

Antle, A. (2004). Supporting children's online emotional expression and exploration in online environments. In A. Druin, J. P. Hourcade, & S. Kollett (Eds.), *Interaction Design and Children conference proceedings*: *Building a community*. New York: Association for Computing Machinery.

Ardac, D., & Akaygun, S. (2004). Effectiveness of multimedia-based instruction that emphasizes molecular representations on students' understanding of chemical change. *Journal of Research in Science Teaching*, 41(4), 317-337.

Armstrong, G. B., & Greenberg, B. S. (1990). Background television as an inhibitor of cognitive processing. *Human Communication Research*, 16, 355-386.

Atkin, C. K., & Gantz, W. (1978). Television news and the child audience. *Public Opinion Quarterly*, 42, 183-198.

Atkinson, R. K. (2005). Multimedia learning of mathematics. In R. E. Mayer (Ed.), *The Cambridge handbook of multimedia learning*. New York: Cambridge University Press.

Bachen, C. M. (1998). Channel One and the education of American youths. *Annals of the American Academy of Political and Social Science*, 557, 132-146.

Ball, S., & Bogatz, G. A. (1970). *The first year of Sesame Street*: *An evaluation*. Princeton, NJ: Educational Testing Service.

Ball, S., & Bogatz, G. A. (1973). *Reading with television*: *An evaluation of The Electric Company*. Princeton, NJ: Educational Testing Service.

Ball, S., Bogatz, G. A., Karazow, K. M., & Rubin, D. B. (1974). *Reading with television*: *A follow-up evaluation of The Electric Company*. Princeton, NJ: Educational Testing Service.

Barr, R., & Hayne, H. (1999). Developmental changes in imitation from television during infancy. *Child Development*, 70, 1067-1081.

Beck, J., & Murack, J. (2004). *Peep and the Big Wide World*, *Season One Evaluation*: *Television Series Final Report*. Cambridge, MA: Goodman Research Group.

Beentjes, J. W. J., & van der Voort, T. H. A. (1993). Television viewing versus reading: Mental effort, retention, and inferential learning. *Communication Education*, 42, 191-205.

Block, C., Guth, G. J. A., & Austin, S. (1993). *Galaxy Classroom project evaluation*: *Language arts, grades 3-5, final report*. San Francisco: Far West Laboratory for Educational Research and Development.

Bogatz, G. A., & Ball, S. (1971). *The second year of Sesame Street*: *A continuing evaluation*. Princeton, NJ: Educational Testing Service.

Brand, J. E., & Greenberg, B. S. (1994). Commercials in the classroom: The impact of Channel One advertising. *Journal of Advertising Research*, 34, 18-27.

Bransford, J. D, Brown, A. L., & Cocking, R. R. (Eds.) (1999). *How people learn*: *Brain, mind, experience, and school*. Washington, DC: National Academy Press.

Brederode-Santos, M. E. (1993). *Learning with television*: *The secret of Rua Sesamo*. 〔English translation of Portuguese Brederode-Santos, M. E. (1991). Com a TelevisoSegredo da Rua Sesamo. Lisbon: TV Guia Editora.] Unpublished research report.

Bruner, O., & Bruner, K. (2006). *Play station nation: Protect your child from video game addiction.* Nashville, TN: Center Street.

Bryant, J., McCollum, J., Ralstin, L., Raney, A., McGavin, L., Miron, D., Maxwell, M., Venugo-palan, G., Thopson, S., DeWitt, D., & Lewis, K. (1997). *Effects of two years' viewing of Allegro's Window and Qullah Qullah Island.* Tuscaloosa, AL: Institute for Communication Research, University of Alabama.

Bryant, J., Mulliken, L., Maxwell, M., Mundorf, N., Mundorf, J., Wilson, B., Smith, S., McCollum, J., & Owens, J. W. (1999). *Effects of two years' viewing of Blue's Clues.* Tuscaloosa: Institute for Communication Research, University of Alabama.

Calvert, S. L. (1995). *Impact of televised songs on children's and young adults' memory of verbally-presented content.* Unpublished manuscript, Department of Psychology, Georgetown University, Washington, D.C.

Calvert, S. L., & Pfordresher, P. Q. (1994, August). *Impact of a televised song on students' memory of information.* Poster presented at the annual meeting of the American Psychological Association, Los Angeles, CA.

Calvert, S. L., Rigaud, E., & Mazella, J. (1991). *Presentational features for students' recall of televised educational content.* Poster presented at the biennial meeting of the Society for Research in Child Development, Seattle, WA.

Calvert, S. L., & Tart, M. (1993). Song versus verbal forms for very-long-term, long-term, and short-term verbatim recall. *Journal of Applied Developmental Psychology,* 14, 245-260.

Cambre, M. A., & Fernie, D. (1985). *Formative evaluation of Season IV, 3-2-1 Contact: Assessing the appeal of four weeks of educational television programs and their influence on children's science comprehension and science interest.* New York: Children's Television Workshop.

Children's Television Workshop. (1994). *Learning from Ghostwriter: Strategies and outcomes.* New York: Author.

Clifford, B. R., Gunter, B., & McAleer, J. (1995). *Television and children: Program evaluation, comprehension, and impact.* Hillsdale, NJ: Erlbaum.

Cognition and Technology Group at Vanderbilt (1997). *The Jasper Project: Lessons in curriculum, instruction, assessment, and professional development.* Mahwah, NJ: Erlbaum.

Cole, C. E., Richman, B. A., & McCann Brown, S. K. (2001). The world of Sesame Street research. In S. M. Fisch & R. T. Truglio (Eds.), *"G" is for "growing": Thirty years of research on children and Sesame Street.* Mahwah, NJ: Erlbaum.

Comstock, G., & Paik, H. (1991). *Television and the American child.* New York: Academic Press.

Cook, T. D., Appleton, H., Conner, R. E, Shaffer, A., Tamkin, G, & Weber, S. (1975). *Sesame Street revisited.* New York: Russell Sage Foundation.

Crawley, A. M., Anderson, D. R., Wilder, A., Williams, M., & Santomero, A. (1999). Effects of repeated exposures to a single episode of the television program Blue's Clues on the viewing behaviors and comprehension of preschool children. *Journal of Educational Psychology*, 91.

Detterman, D. K., & Sternberg, R. J. (Eds.) (1993). Transfer on trial: Intelligence, cognition, and instruction. Norwood, NJ: Ablex. Diaz-Guerrero, R., & Holtzman, W. H. (1974). Learning by televised Plea Sesamo in Mexico. *Journal of Educational Psychology*, 66(5).

Diaz-Guerrero, R., Reyes-Lagunes, I., Witzke, D. B., & Holtzman, W. H. (1976). Plaza Sesamo in Mexico: An evaluation. *Journal of Communication*, 26.

Druin, A., Bederson, B., Boltman, A., Miura, A., Knotts-Callahan, D., & Piatt, M. (1999). Children as our technology design partners. In A. Druin(Ed.), *The design of children's technology*. San Francisco: Morgan Kaufman.

Druin, A., Weeks, A., Massey, S., & Bederson, B. B. (2007). *Children's interests and concerns when using the International Children's Digital Library: A four country case study*. Paper presented at the Joint Conference on Digital Libraries, Vancouver, Canada.

Ehman, L. (1995, April). *A case study of Channel One in the instruction and curriculum of a middle school*. Paper presented at the annual meeting of the American Education Research Association, San Francisco, CA.

Entwistle, D. R., Alexander, K. L., & Olson, L. S. (1997). *Children, schools, and inequality*. Boulder, CO: Westview Press.

Fay, A. L., Teasley, S. D., Cheng, B. H., Bachman, K. M., & Schnakenberg, J. H. (1995a). *Children's interest in and their understanding of science and technology: A study of the effects of Cro*. Pittsburgh, PA: University of Pittsburgh and New York: Children's Television Workshop.

Fay, A. L., Yotive, W. M., Fisch, S. M., Teasley, S. D., McCann, S. K., Garner, M. S., Ozaeta, M., Chen, L., & Lambert, M. H. (1995b, August). The impact of Cro on children's interest in and understanding of technology. In Fisch, S. M. (Chair; 1995, August) *Science on Saturday morning: The Children's Television Act and the role of Cro*. Symposium presented at the annual meeting of the American Psychological Association, New York, NY.

Fisch, S. M. (2000). A capacity model of children's comprehension of educational content on television. *Media Psychology*, 2(1).

Fisch, S. M. (2003). *The impact of Cyberchase on children's mathematical problem solving: Cyber-chase season 2 summative study*. Teaneck, NJ: MediaKidz Research & Consulting.

Fisch, S. M. (2004). *Children's learning from educational television: Sesame Street and beyond*. Mahwah, NJ: Erlbaum.

Fisch, S. M. (2005, April). *Transfer of learning from educational television: Near and far transfer from Cyberchase*. Poster session presented at the biennial meeting of the Society for Research in Child Development, Atlanta, GA.

Fisch, S. M., Goodman, I. F., McCann, S. K., Rylander, K., & Ross, S. (1995, April). *The impact of informal science education: Cro and children's understanding of technology*. Poster presented at the 61st annual meeting of the Society for Research in Child Development, Indianapolis, IN.

Fisch, S. M., Kirkorian, H., & Anderson, D. R. (2005). Transfer of learning in informal education: The case of television. In J. P. Mestre (Ed.), *Transfer of learning from a modern multidisciplinary perspective*. Greenwich, CT: Information Age Publishing.

Fisch, S. M., & Truglio, R. T. (Eds.). (2001). *"G" is for "growing": Thirty years of research on children and Sesame Street*. Mahwah, NJ: Erlbaum.

Gee, J. P. (2003). What video games have to teach us about learning and literacy. New York: Palgrave-MacMillan.

Gick, M. L., & Holyoak, K. J. (1983). Schema induction and analogical transfer. *Cognitive Psychology*, 15.

Goodman, I. R., Rylander, K., & Ross, S. (1993). *Cro Season I summative evaluation*. Cambridge, MA: Sierra Research Associates.

Greenberg, B. S., & Brand, J. E. (1993). Television news and advertising in school: The "Channel One" controversy. *Journal of Communication*, 43.

Greenberg, B. S., & Gantz, W. (1976). Public television and taboo topics: The impact of VD Blues. *Public Telecommunications Review*, 4(1).

Hall, E. R., Esty, E. T., & Fisch, S. M. (1990a). Television and children's problem-solving behavior: A synopsis of an evaluation of the effects of Square One TV. *Journal of Mathematical Behavior*, 9, 161-174.

Hall, E. R, Fisch, S. M., Esty, E. T., Debold, E., Miller, B. A., Bennett, D. T., & Solan, S. V. (1990b). *Children's Problem-Solving Behavior and their Attitudes toward Mathematics: A Study of the Effects of Square One TV* (Vols. 1-5). New York: Children's Television Workshop.

Harvey, F. A., Quiroga, B., Crane, V., & Bottoms, C. L. (1976). *Evaluation of eight Infinity Factory programs*. Newton, MA: Education Development Center.

Healy, J. M. (1990). *Endangered minds: Why our children don't think*. N.Y.: Simon & Schuster.

Huston, A. C., Anderson, D. R., Wright, J. C., Linebarger, D. L., & Schmitt, K. L. (2001). Sesame Street viewers as adolescents: The recontact study. In S. M. Fische & R. T. Truglio (Eds.), *"G" is for "growing": Thirty years of research on children and Sesame Street*. Mahwah, NJ: Erlbaum.

Jenkins, H. (2002, 29 March). *Game theory: How should we teach kids Newtonian physics.7 Simple. Play computer games*. Technology Review. Retrieved September 11, 2007 from http://www.techre view.com/articles.

Jenkins, H. (2006). *Convergence culture: Where old and new media collide*. New York: NYU Press.

John, D. R. (1999). Consumer socialization of children: A retrospective look at 25 years of research. *Journal of Consumer Research*, 26.

Johnston, J. (1980). *An exploratory study of the effects of viewing the first season of 3-2-1 Contact*. New York: Children's Television Workshop.

Johnston, J., & Brzezinski, E. (1992). *Talcing the measure of Channel One: The first year*. Ann Arbor: Institute for Social Research, University of Michigan.

Johnston, J., & Brzezinski, E. (1994). *Executive summary, Channel One: A three year perspective*.

Ann Arbor: Institute for Social Research, University of Michigan.

Johnston, J., Brzezinski, E., & Anderman, E. M. (1994). *Talcing the measure of Channel One: A three year perspective.* Ann Arbor: Institute for Social Research, University of Michigan.

Johnston, J., & Luker, R. (1983). *The "Eriksson Study": An exploratory study of viewing two weeks of the second season of 3-2-1 Contact.* New York: Children's Television Workshop.

Kinzer, C. K., & Risko, V. J. (1988). *Macrocontexts to facilitate learning.* Paper presented at the 33rd annual conference of the International Reading Association, Toronto, Ontario.

Knupfer, N., & Hayes, R. (1994). The effects of the Channel One broadcast on students' knowledge of current events. In A. DeVaney (Ed.), *Watching Channel One: The convergence of students, technology, and private business.* Albany: State University of New York Press.

Kozma, R. B. (2000). The use of multiple representations and the social construction of understanding in chemistry. In M. Jacobson & R. Kozma (Eds.), *Innovations in science and mathematics education: Advanced designs for technologies of learning.* Mahwah, NJ: Erlbaum.

KRC Research & Consulting. (1994). *An evaluative assessment of the Ghostwriter project.* New York: Author.

Kunkel, D. (2001). Children and television advertising. In D. G. Singer & J. L. Singer (Eds.), *Handbook of children and the media.* Thousand Oaks, CA: Sage.

Lampert, M. (1985). Mathematics learning in context: The Voyage of the Mimi. *Journal of Mathematical Behavior, 4.*

Lang, A., Geiger, S., Strickwerda, M., & Sumner, J. (1993). The effects of related and unrelated cuts on television viewers' attention, processing capacity, and memory. *Communication Research, 20.*

Leitner, R. K. (1991). *Comparing the effects on reading comprehension of educational video, direct experience, and print.* Unpublished doctoral thesis, University of San Francisco, CA.

Levin, T., Sabar, N., & Libman, Z. (1991). Achievements and attitudinal patterns of boys and girls in science. *Journal of Research in Science Teaching, 28.*

Lieberman, D. (1999). The researcher's role in the design of children's media and technology. In A. Druin (Ed.), *The design of children's technology.* San Francisco: Morgan Kaufman.

Lieberman, D. A. (2001). Management of chronic pediatric diseases with interactive health games: Theory and research findings. *Journal of Ambulatory Care Management, 24* (1).

Lieberman, D. A. (2006). What can we learn from playing interactive games? In P. Vorderer & J. Bryant (Eds.), *Playing videogames: Motives, responses, and consequences.* Mahwah, NJ: Erlbaum.

Linebarger, D. L. (2000). *Summative evaluation of Between the Lions: A final report to WQBH Educational Foundation.* Kansas City, KS: Juniper Gardens Children's Project, University of Kansas.

Linebarger, D. L. (2001). *Summative evaluation of Dora the Explorer, Part I: Learning outcomes.* Kansas City, KS: Media & Technology Projects, ABCD Ventures, Inc.

Lorch, E. P., & Castle, V. J. (1997). Preschool children's attention to television: Visual attention and probe response times. *Journal of Experimental Child Psychology, 66.*

Lowe, R. K. (2005). Multimedia learning of meteorology. In R. E. Mayer (Ed.), *The Cambridge handbook of multimedia learning.* New York: Cambridge University Press.

Mares, M. L., & Woodard, E. H. (2001). Prosocial effects on children's social interactions. In D. G. Singer & J. L. Singer (Eds.), *Handbook of children and the media.* Thousand Oaks, CA: Sage.

Masterman, E., & Rogers, Y. (2002). A framework for designing interactive multimedia to scaffold young children's understanding of historical chronology. *Instructional Science, 30.*

Mayer, R. E. (2001). *Multimedia learning* (pp. 31-38). New York: Cambridge University Press.

Mayer, R. E. (2003). *Learning and instruction.* Upper Saddle River, NJ: Merrill Prentice Hall.

Mayer, R. E. (2005). Cognitive theory of multimedia learning. In R. E. Mayer (Ed.), *The Cambridge handbook of multimedia learning.* New York: Cambridge University Press.

McCall, R. B., Parke, R. D., & Kavanaugh, R. D. (1977). Imitation of live and televised models by children one to three years of age. *Monographs of the Society for Research in Child Development, 42.*

McDivitt, D. (2006). *Do gamers score better in school?* Serious Game Source. Retrieved September 11, 2007 from http://seriousgamesource.com/features.

McKenna, M. C., Reinking, D., & Bradley, B. A. (2003). The effects of electronic trade books on the decoding growth of beginning readers. In R. M. Joshi, C. K. Leong, St B. L. J. Kaczmarek (Eds.), *Literacy acquisition: The role of phonology, morphology, and orthography.* Amsterdam: IOS Press.

Meadowcroft, J. M., & Reeves, B. (1989). Influence of story schema development on children's attention to television. *Communication Research, 16.*

Meltzoff, A. N. (1985). Immediate and deferred imitation in fourteen-and twenty-four month-old infants. *Child Development, 56.*

Meltzoff, A. N. (1988). Imitation of televised models by infants. *Child Development, 59.*

Miller, G. A., & Gildea, P. M. (1987). How children learn words. *Scientific American, 257* (3).

Moreno, R. (2006). Learning in high-tech and multimedia environments. *Current Directions in Psychological Science, 15.*

Moreno, R., & Mayer, R. E. (1999). Multimedia-supported metaphors for meaning making in mathematics. *Cognition and Instruction, 17.*

Mulliken, L., & Bryant, J. A. (1999, May). *Effects of curriculum-based television programming on behavioral assessments of flexible thinking and structured and unstructured prosocial play behaviors.* Poster presented at the 49th annual conference of the ICA, San Francisco, CA.

Naigles, L. R., & Mayeux, L. (2001). Television as incidental language teacher. In D. G. Singer & J. L. Singer (Eds.), *Handbook of children and the media.* Thousand Oaks, CA: Sage.

Naigles, L., Singer, D., Singer, J., Jean-Louis, B., Sells, D., & Rosen, C. (1995). *Watching "Barney" affects preschoolers' use of mental state verbs.* Paper presented at the annual meeting of the American Psychological Association, New York, NY.

National Council of Teachers of Mathematics (1989). *Curriculum and evaluation standards for school mathematics.* Reston, VA: Author.

Nielsen New Media Services. (1993). *Ghostwriter study, wave 11: May, 1993.* Dunedin, FL: Author.

Noble, G., & Creighton, V. M. (1981). *Australia Naturally-Children's reactions.* Armidale, Australia: Author.

Olson, R. K., Foltz, G., & Wise, B. W. (1986). *Reading instruction and remediation using voice synthesis in computer interaction.* Proceeding of the Human Factors Society, 2.

Olson, R. K., & Wise, B. W. (1992). Reading on the computer with orthographic and speech feedback: An overview of the Colorado Remedial Reading Project. Reading and Writing: *An Interdisciplinary Journal,* 4.

Paivio, A. (1971). *Imagery and verbal processes.* New York: Holt.

Palmer, E. L., & Fisch, S. M. (2001). The beginnings of Sesame Street research. In S. M. Fische & R. T. Truglio(Eds.), *"G" is for "growing": Thirty years of research on children and Sesame Street.* Malwah, NJ: Erlbaum.

Papert, S. (1998, June). *Does easy do it: Children, games, and learning.* Game Developer, 88.

Peel, T., Rockwell, A., Esty, E., & Gonzer, K. (1987). *Square One Television: The comprehension and problem solving study.* New York: Children's Television Workshop.

Peterman, K. (2006). *Summative Evaluation of FETCH Season 1: Executive Summary.* Cambridge, MA: Goodman Research Group.

Postman, N. (1985). *Amusing ourselves to death.* New York: Penguin.

Reinking, D. (2005). Multimedia learning of reading. In R. E. Mayer(Ed.), *The Cambridge handbook of multimedia learning.* New York: Cambridge University Press.

Reiser, R. A., Tessmer, M. A., & Phelps, P. C. (1984). Adult-child interaction in children's learning from Sesame Street. *Educational Communication and Technology Journal,* 32.

Reiser, R. A., Williamson, N., & Suzuki, K. (1988). Using Sesame Street to facilitate children's recognition of letters and numbers. *Educational Communication and Technology Journal,* 36.

Rice, M. L. (1984). The words of children's television. *Journal of Broadcasting,* 28.

Rice, M. L., & Haight, P. L. (1986). "Motherese" of Mr. Rogers: A description of the dialogue of educational television programs. *Journal of Speech and Hearing Disorders,* 51.

Rice, M. L., Huston, A. C., Truglio, R., & Wright, J. C. (1990). Words from Sesame Street: Learning vocabulary while viewing. *Developmental Psychology,* 26.

Rice, M. L., & Woodsmall, L. (1988). Lessons from television: Children's word learning when viewing. *Child Development,* 59.

Richards, J. L, Wartella, E. A., Morton, C. & Thompson, L. (1998). The growing commercialization of schools: Issues and practices. *Annals of the American Academy of Political and Social Science,* 557.

Roberts, L. (2000). Federal programs to increase children's access to educational technology. *The Future of Children,* 10(2).

Rockman Et Al. (1996). *Evaluation of Bill Nye the Science Guy: Television series and outreach.* San Francisco, CA: Author.

Rockman Et Al. (2003). *Dragonfly TV Evaluation Report.* San Francisco, CA: Author.

Rust, L. W. (2001). *Summative evaluation of Dragon Tales: Final report.* Briarcliff Manor, NY: Langbourne Rust Research, Inc.

Sahin, N. (1990, September). *Preliminary report on the summative evaluation of the Turkish co-production of Sesame Street.* Paper presented at the International Conference on Adaptations of Sesame Street, Amsterdam, The Netherlands.

Salomon, G. (1977). Effects of encouraging Israeli mothers to co-observe Sesame Street with their five-year-olds. *Child Development,* 48.

Sanders, J. R., & Sonnad, S. R. (1980). *Research on the introduction, use, and impact of Thinkabout: Executive summary.* Bloomington, IN: Agency for Instructional Television.

Schmidt, M. E., Pempek, T. A., Kirkorian, H. L., Lund, A. F. & Anderson, D. R. (in press). The effects of background television on the toy play behavior of very young children. *Child Development.*

Schmitt, K., & Anderson, D. R. (2002). Television and reality: Toddlers' use of information from video to guide behavior. *Media Psychology,* 4.

Singer, D. G., Singer, J. L., Miller, R. H., & Sells, D. J. (1994). *Barney and Friends as education and entertainment: Phase 2, kindergarten sample-Can children learn through kindergarten exposure to Barney and Friends?* New Haven, CT: Yale University Family Television Research and Consultation Center.

Singer, J. L., St Singer, D. G. (1981). *Television, imagination, and aggression: A study of preschoolers.* Hillsdale, NJ: Erlbaum.

Singer, J. L., & Singer, D. G. (1994). *Barney and Friends as education and entertainment: Phase 2-Can children learn through preschool exposure to Barney and Friends?* New Haven, CT: Yale Univerity Family Television Research and Consultation Center.

Singer, J. L., & Singer, D. G. (1995). *Barney and Friends as education and entertainment: Phase 3-A national study: Can children learn through preschool exposure to Barney and Friends?* New Haven, CT: Yale University Family Television Research and Consultation Center.

Singer, J. L., & Singer, D. G. (1998). Barney & Friends as entertainment and education: Evaluating the quality and effectiveness of a television series for preschool children. In J. K. Asamen & G. L. Berry(Eds.), *Research paradigms, television, and social behavior.* Thousand Oaks, CA: Sage.

Singhal, A., & Rogers, E. M. (1999). *Entertainment-education: A communication strategy for social change.* Mahwah, NJ: Erlbaum.

Strommen, E. F., & Alexander, K. J. (1999, April). *Learning from computers with interactive toy characters as learning companions.* Poster session presented at the biennial meeting of the Society for Research in Child Development, Albuquerque, NM.

Thorson, E., Reeves, B., & Schleuder, J. (1985). Message complexity and attention to television. *Communication Research,* 12.

Troseth, G. L. (2003). Getting a clear picture: Young children's understanding of a televised image. *Developmental Science,* 6.

Troseth, G. L., & DeLoache, J. (1998). The medium can obscure the message: Understanding the relation between video and reality. *Child Development*, 69.

Troseth, G. L., Saylor, M. M., & Archer, A. H. (2006). Young children's use of video as a source of socially relevant information. *Child Development*, 77.

Ulitsa Sezam Department of Research and Content. (1998, November). *Preliminary report of summative findings*. Report presented to the Children's Television Workshop, New York, NY.

UNICEF. (1996). *Executive summary: Summary assessment of Plaza Sesamo IV—Mexico. [English translation of Spanish.]* Unpublished research report. Mexico City, Mexico: Author.

Wagner, S. (1985). *Comprehensive evaluation of the fourth season of 3-2-1 Contact*. New York: Children's Television Workshop.

Walma van der Molen, J., & van der Voort, T. (1997). Children's recall of television and print news: A media comparison study. *Journal of Educational Psychology*, 89.

Walma van der Molen, J., & van der Voort, T. (1998). Children's recall of the news: TV news stories compared with three print versions. *Educational Technology Research and Development*, 46.

Walma van der Molen, J., & van der Voort, T. (2000). The impact of television, print, and audio on children's recall of the news: A study of three alternative explanations for the dual-coding hypothesis. *Human Communications Research*, 26, 3-26.

Wartella, E., & Jennings, N. (2001). Hazards and possibilities of commercial TV in the schools. In D. G. Singer & J. L. Singer (Eds.), *Handbook of children and the media*. Thousand Oaks, CA: Sage.

Weber, R., Ritterfield, U., & Kostygina, A. (2006). Aggression and violence as effects of playing violent video games? In Vorderer, P., & Bryant, J. (Eds.), *Placing video games: Motives, responses, and consequences*. Mahwah, NJ: Erlbaum.

Wilson, B. J., Kunkel, D., Linz, D., Potter, J., Donnerstein, E., Smith, S. L., Blumenthal, E., & Gray, T. (1997). *National television violence study* (Vol. 1). Thousand Oaks, CA: Sage.

Winn, M. (1977). *The Plug-in drug*. New York: Penguin.

Winsten, J. A. (1994). Promoting designated drivers: The Harvard Alcohol Project. *American Journal of Preventive Medicine*, 10(3).

Wise, B. W, Olson, R. K., Anstett, M., Andrews, L., Terjak, M., Schnider, V, & Kostuch, J. (1989). Implementing a long-term computerized remedial reading program with synthetic speech feedback: Hardware, software, and real-world issues. Behavior Research Methods, *Instruments, and Computers*, 21.

Wood, J. M., & Duke, N. K. (1997). Inside "Reading Rainbow": A spectrum of strategies for promoting literacy. *Language Arts*, 74.

Wright, J. C, & Huston, A. C. (1995). *Effects of educational TV viewing of lower income preschoolers on academic skills, school readiness, and school adjustment one to three years later: A report to the Children's Television Workshop*. Lawrence: Center for Research on the Influences of Television on Children, The University of Kansas.

Wright, J. C, Huston, A. C., Scantlin, R., & Kotler, J. (2001). The Early Window project: Sesame Street prepares children for school. In S. M. Fisch & R. T. Truglio (Eds.), *"G" is for "growing": Thirty years of research on children and Sesame Street.* Mahwah, NJ: Erlbaum.

Zero to Three/National Center for Clinical Infant Programs. (1992). *Heart Start: The emotional foundations of school readiness.* Arlington, VA: Author.

Zill, N. (2001). Does Sesame Street enhance school readiness?: Evidence from a national survey of children. In S. M. Fisch & R. T. Truglio (Eds.), *"G" is for "growing": Thirty years of research on children and Sesame Street* (pp. 115-130). Mahwah, NJ: Erlbaum.

Zill, N., Davies, E., & Daly, M. (1994). *Viewing of Sesame Street by preschool children and its relationship to school readiness:* Report prepared for the Children's Television Workshop. Rockville, MD: Westat, Inc.

Zimmerman, F. J., Christakis, D. A., & Meltzoff, A. N. (2007). Associations between media viewing and language development in children under age 2 years. *Journal of Pediatrics,* 151

공공커뮤니케이션 캠페인
이론적 원리와 실제 적용

로널드 라이스(Ronald E. Rice, 캘리포니아 대학 산타바버라)
찰스 애트킨(Charles K. Atkin, 미시간 주립대학)

공공커뮤니케이션 캠페인은 ① 매스미디어를 포함한 체계화된 커뮤니케이션 활동과, ② 대인적 후원이라는 보완을 통해, ③ 정해진 기간 내에, ④ 개인 그리고/혹은 사회의 비상업적 이익을 위해, ⑤ 정교하게 정의된 대규모의 일반 수용자를 대상으로, ⑥ 정보를 제공하고 설득하거나 행위 변화를 유발하기 위한, ⑦ 목적적 시도로 폭넓게 정의된다〔Rogers와 Storey(1987)의 연구를 참조하여 부연설명〕.

캠페인에서 디지털 미디어의 사용은 전통적 정의를 약간 확장시켰다. 인터넷 개입(intervention) 연구를 위한 국제 학술단체(www. isrii. org)는 "인터넷 개입은 인터넷 전달을 위해 작동되고 변환된 치료법"이라고 정의했다. 인터넷 개입은 매우 구조화되었고, 자유로이(혹은 부분적으로) 참여하고, 효과적인 면대면(面對面) 개입에 근거하고, 이용자에게 개인화된 상호작용적이고 그래픽, 애니메이션, 음성과 비디오를 사용하여 질을 높

이고, 추적 검사와 피드백 제공 목적에 알맞게 만들어졌으며 정보만을 제공하지는 않는다(Ritterband, Andersson, Christenson, Carlbring & Cuijpers, 2006).

페이슬리(Paisley, 2001)는 공공 서비스 캠페인(이해관계자가 광범위한 공중이며 이들로부터 지지를 받는 목적)과 옹호캠페인(advocacy campaign: 특정이해관계자로 인해 논쟁적이며 도전을 받는 목적)을 구별했다. 이후 평등 및 흡연과 같은 일부 주제는 한 유형에서 다른 유형으로 성격이 바뀌었다. 페이슬리는 개념적으로 다른 몇 가지를 구별했다. ① 목적 혹은 방법(캠페인을 목적을 성취하기 위한 사회적 통제전략으로, 그리고 조합된 방법, 커뮤니케이션 채널, 결과의 유형을 갖춘 커뮤니케이션 장르로 강조)

② 변화의 전략(캠페인이 일반에게 인정된 혹은 요구된 행위를 따르지 않거나, 원하지 않는 행위나 결과를 방지하기 위한 사회체제 구축이나 계획의 강제시행 혹은 부정적 결과인 행동이나 태도를 어떻게

변화시키는지에 관한 교육이나 정보를 제공하느냐의 여부)

③ 개인적 혹은 집단적 혜택(캠페인이 개인이나 사회의 변화 그리고 결과물을 강조하는가)

④ 제 1당사자와 제 2당사자 명칭(캠페인 정보원이 직접적 결과에 주목하고 해당 이슈에 대해 일차적 이해관계자인지 혹은 캠페인 정보원은 직접적으로 영향을 받지 않고 그 사건에 직접 등장하지 못할 수 있는 다른 이해관계자를 대표하는지의 여부)

⑤ 이해관계자 유형(제 1의 캠페인 후원자와 행위체가 연합체, 정부 대행사, 사업체, 노동조합, 기업, 매스미디어, 사회과학자인가. 이들 모두는 공공의제, 기금원, 캠페인 기획, 미디어 접근, 목적과 수용자에게 서로 다르게 영향을 미친다).

필자들이 공공커뮤니케이션 캠페인을 요약하여 처음 발표한 이후 캠페인 이론화, 기획, 집행, 평가, 비판과 관련된 연구와 실천에서 광범위한 발전이 소개되었고(Rice & Atkin, 1994), 지난 15년간 실시된 많은 캠페인이 성공을 거두었다. 그럼에도 불구하고 현재의 일부 캠페인은 기대와 많이 동떨어졌다. 캠페인에 관한 어떤 이론적 측면은 단지 부분적으로만 이해되며 기대하지 않거나 통제할 수 없는 다양한 요인들이 캠페인의 방향, 집행, 결과를 훼손할 수 있다. 우리가 커뮤니케이션, 설득과 사회변동, 그리고 캠페인 구성요소 간의 관계에 관한 근원적이고 기본적 원리를 이해할 때 비로소 캠페인을 올바르게 기획하고 노력의 결과를 제대로 평가할 수 있다. 사회과학이 종종 현업 실무자들에게 비판받는다는 것은 분명한 사실이다. 특히 몇몇 캠페인에서 얻은 경험에만 근거했을 때 어떤 것이 다른 것의 원인이 되고 어떤 것이 효과적이고 효과적이지 않은지를 밝히기에 현실은 너무 복잡하다.

다음 부분은 온라인/디지털 미디어 캠페인과 관련하여 많은 관심을 끄는 애트킨(Atkin, 2001)과 맥과이어(McGuire, 2001)의 연구에서 도출된 틀에 따라 일반적인 캠페인 구성요소를 요약한 것이다. 캠페인에 관한 요약과 검토를 위한 추가자료는 〈표 20-1〉에 있다.

1. 역사적, 정치적 맥락에 관한 이해

연방정부와 사회학이 관여한 시기 이전에 이미 풍부한 미국의 커뮤니케이션 캠페인 역사가 존재했다(Paisley, 2001). 초기 예로는 18세기의 코튼 매더(Cotton Mather)와 공중 접종, 벤자민 프랭클린(Benjamin Franklin)과 노예제 폐지, 토마스 페인(Thomas Paine)과 독립, 도로시아 딕스(Dorothea Dix)와 정신질환 치료 같은 팸플릿 논평가 및 개별 개혁가를 포함한다. 19세기에는 노예제 폐지, 여성참정권, 금주조합, 자연보호를 장려하기 위한 의회 증언, 매스커뮤니케이션, 법정 대결, 지방 조직화가 등장했다(Bracht, 2001).

20세기 초반 추문폭로자들은 미성년 노동문제 및 법정 기준에 맞지 않는 오염된 음식 이슈를 전달하기 위해 값싼 신문들의 강력한 도달력을 활용했다. 20세기가 진행되면서 연방정부는 뉴딜 이후 사회복지사업을 제공하는 프로그램은 물론 통상, 음식과 약물, 환경규제에서 점점 중심적 역할을 담당했다. 20세기 중반 캠페인 운동가들은 캠페인 개발과 평가에 사회과학을 적용했으며 초기 관점은 매스미디어 캠페인은 직접적 효과가 없고 수용자는 대개 관심이 없거나 선택적 노출이나 지각을 적용했으며 대부분의 효과는 여론선도자를 통해 간접적으로 영향을 미친다고 생각했다. 하지만 최근의 이론에 따르면 잘 기획된 캠페인은 사회변동, 미디어 옹호, 지역사회 참여, 수용자 표적화, 메시지 디자인, 채널 사용법, 시간 프레임을 적절히 조합하여 사용함으로써 성공을 성취할 수 있다.

캠페인 이슈가 중요하고도 지속적인 공공의제의 일부가 되고 중요한 이해관계자들이 캠페인의 직접 당사자라는 자격을 얻는 능력은 캠페인 성공에서 매우 중요하다(Paisley, 2001). 어떤 주제는 시간의 흐름에 따라 등장했다가 사라졌다. 가령, 에너지 보호, 지구 온난화, 강제버스통학, 멸종위기에 처한 품종, 암, 후천성 면역결핍바이러스(AIDS), 약물, 음주운전, 흡연, 아사, 낙태 혹은 민권 등이다. 이러한 이슈들은 어떤 기간에는 더 "이데올로기적"이었고 공공의제에서 광범위하게 논의된 이슈였다. 캠페인이 직면한 난제는 이러한 의제 아이템을 이해하고 형성하기 위해 노력해야 하고, 사람들의 관심과 이해를 놓고 일련의 공공의제사안들과의 경쟁에서 부각되어야 한다는 점이다. 페이슬리(1998)는

〈표 20-1〉 최근의 캠페인 자료원 서적

캠페인 커뮤니케이션의 주제에 관한 많은 수의 모노그래프, 교재, 그리고 독본들이 주로 매스커뮤니케이션, 사회심리학, 공중보건 분야의 학자들에 의해 발간되었다. 이 부분은 2000년 이후에 출간된 주요 책의 기본 내용을 간략히 정리했다.

- 크라노와 버군(Crano & Burgoon, 2002)은 약물 남용방지에서 미디어의 역할에 초점을 맞춘 일련의 이론적 관점들과 조사연구를 정리했다.
- 콕스(Cox, 2006)는 환경에 대한 지각 및 환경과 관련된 행위형성에서 미디어와 공론장(과학자, 로비스트, 기업, 이익 집단 등)의 역할에 중점을 뒀다.
- 에드거 등(Edgar, Noar & Freimuth, 2007)은 미국과 다른 나라에서 후천성 면역결핍바이러스(AIDS)에 관한 공적 그리고 사적 커뮤니케이션을 분석했다.
- 호닉(Hornik, 2002)은 여러 나라에서 헬스 커뮤니케이션 프로그램을 탐사하기 위해 다양한 방법을 사용한 16개의 주요 연구를 제시했다.
- 클링거만과 로엠멜(Klingermann & Roemmele, 2002)은 유럽국가들의 실제 적용을 강조한 공공정보 캠페인에 관한 글들을 모아 편찬했다.
- 코틀러 등(Kotler, Roberto, & Lee, 2002)은 헬스 장려에 대한 사회 마케팅 접근법에 대해 논의했다.
- 레더만과 스튜어트(Lederman & Stewart, 2005)는 알코올 방지 프로그램의 맥락에서 캠페인 전략을 검증했다.
- 모서와 딜링(Moser & Dilling, 2007)은 기후변화와 관련된 효과적인 커뮤니케이션, 정책에 영향을 미치는 공중에의 도달 및 교육, 집합적 행위와 행동변화에 관한 다양한 관점들을 제시했다.
- 펄로프(Perloff, 2003)는 캠페인 메시지 디자인과 관련 있는 설득이론 및 적용에 관해 설명했다.

- 라이스와 애트킨(Rice & Atkin, 2001)은 공공커뮤니케이션 캠페인에 관한 24개 이상의 다양한 관점들을 정리했다.
- 라이스와 카츠(Rice & Katz, 2001), 그리고 무레로와 라이스(Murero & Rice, 2006)는 인터넷 테크놀로지와 연관이 있는 보건의료, 정보추구, 후원의 변화를 분석한 폭넓은 범위의 연구자들을 소개했다.
- 싱갈 등(Singhal et al., 2004)은 보건위생을 프로모션하기 위해 팽창하는 오락 포맷을 이용한 교육의 국제사례의 역사를 조사하고 검토했다.
- 스티프와 몬규(Stiff & Mongeau, 2003)는 커뮤니케이션 캠페인에서 설득전략에 적절한 이론적 모델의 개관을 정리했다.
- 톰슨 등(Thompson, Dorsey, Miller, & Parrott, 2003)은 보건위생캠페인의 적용범위의 특징을 다룬 종합편람을 발표했다.
- 소로굿과 쿰스(Thorogood & Coombes, 2004)는 보건위생 프로모션 교육집행 및 평가방법(질적 및 양적)에 관한 지침서를 제작했다.
- 톤즈와 그린(Tones & Green, 2004)은 보건위생 프로모션 전략의 복잡성에 관한 국제적 접근방법을 소개했다.
- 발렌테(Valente, 2002)는 보건위생 프로모션 프로그램 평가에 사용되는 관점, 이론, 연구설계, 분석방법을 광범위하게 설명했다.
- 윌버(Wilbur, 2006)는 사회 마케팅 지침서를 제공하고 이러한 원칙들을 물과 관련된 환경상황에 적용했다.
- 위트 등(Witte, Meyer, & Martell, 2001)은 효과적인 보건위생 메시지를 구성하는 자세한 청사진을 소개했다
- 미국 보건사회복지부(2003)는 보건 위생 프로그램의 디자인에 관한 유용한 지침을 제시한 정교한 매뉴얼을 개발했다.

중요한 것은 개인이 사회적 맥락의 다양한 측면을 이해할 수 있기 때문에 단순히 권고하기보다는 조언하고 알려주고 옹호하고 강화해야만 한다고 결론지었다.

2. 현실의 검토와 사회문화적 상황의 이해

캠페인을 수행할 때 가장 먼저 현실적 문제(비용대비 효과적인 해결책을 제공하는 문제를 선택하고 가용한 자원을 확인한 후 최적의 할당을 결정하는)와 사회문화적 상황 그리고 캠페인 윤리를 검토해야 한다.

여기에는 우선순위가 가장 높은 목표공중의 중심행위와 그들의 미디어 이용패턴, 사회적 요인과 제도적 구속, 무엇이 의미 있고 수용가능한 변화를 구성하는지에 대한 확인 등이 포함된다. 캠페인 목표가 본질적으로 경각심을 일깨우고 가르치고 교육시키거나 설득하는 것인지를 확인하는 것 또한 필요하다. 페이슬리(Paisley, 1998)가 언급한 "변화의 전략들" 가운데 캠페인은 전통적으로 강제집행이나 교묘한 관리적 측면보다는 교육적 요소에 더 의존한다. 현재 추세는 개인적 차원에서 미디어 영향을 보완하기 위해 환경변화의 중요성을 강조하고 넓힌다.

이에 대한 이해의 일부분이 캠페인의 철학적 토대이다. 예를 들면 의미탐색의 접근법, 공동체, 쌍방 균형 PR캠페인은 변화를 위해 서로간의 상호작용 노력 개발과 집행에서 수용자 구성원(공중, 공동체, 제도적 기관 포함)을 동료와 협력자로 재개념화했다(Bracht, 2001; Dozier, Grunig, & Grunig, 2001). 이러한 접근법은 전문가의 목적을 수용자 유도 목적으로 대체하고

메시지를 생성하고 틀 지으며 공유하기 위한 방법으로 수용자 네트워크를 사용하는데, 이는 수용자의 사회적 문화적 맥락을 더 강조하는 전통적 캠페인과는 차이가 있다(Dervin & Frenette, 2001).

대개 캠페인 의사결정 과정 내에 내재하고 포함되기는 하지만 모든 커뮤니케이션 캠페인과 캠페인 구성요소는 제 1의 근원적인 가정(개인적 혹은 사회적 요인)에서 실제적 개입에 이르기까지 다수의 윤리적 이슈를 포함한다(Guttman, 2003). 이러한 윤리적 이슈는 실제적 혜택(신뢰 및 존중의 증가)과 도덕적 근거(사람들을 변화시키려는 시도)라는 측면에서 확인되고 해결되어야 한다.

거트만은 수단·목적, 좋은 일의 추구 및 해로운 것의 회피, 정의, 연결, 진실, 완벽성, 정확성, 성실성, 이해가능성, 포용성 같은 윤리에 관한 상이한 접근방법들을 검토했다.

헬스커뮤니케이션 교육에 관련된 관심은 다음과 같은 것들을 포함한다. 캠페인의 목적을 선정하고 강제하는 명령권자, 불공평하고 불평등한 실용성을 만들어내는 수용자 세분화, 다른 세분화 집단과 비교했을 때 목표로 삼은 한 집단에 대한 함축적 의미와 의도하지 않은 결과, 과장과 생략, 위협 감성적 표현기법을 포함하는 설득 전략의 사용, 문화적 의미에 맞춘 제작의 선별적 포섭, 고정관념이나 연상된 부정적 반응의 강화, 메시지에 표현된 비난, 수치심, 꾸중, 책임, 폐해, 불명예, 딱지붙이기, 지식 및 사회 격차와 같은 의도하지 않은 결과, 공공의제에서 헬스의 역할 변경, 헬스캠페인이 개인, 공동체, 조직, 이해당사자, 직업세계, 사회에 지니는 의무 등이 그것이다.

3. 수용자 이해하기

수용자에 대한 이해를 향상시키는 접근방법은 하위 수용자를 구분하는 수용자 세분화이다. 세분화는 인구학적 속성, 미디어 이용패턴, 라이프스타일, 심리적 속성, 우편번호, 이용과 충족, 주제에 관한 선유경향, 채널 접근가능성 등을 포함할 수 있다. 세분화는 변화에 합리적으로 대처할 수 있게 하며 캠페인, 수용자 선호도, 미디어 이용, 능력에 적합한 메시지 디자인을 위한 효과적인 작업이다. 또한 세분화는 수용자 집단에 대한 캠페인 노력의 배분을 가능하게 한다.

캠페인 기획자는 수용자를 3가지 기본 유형으로 구분한다. 중심집단 (*focal segments*) 은 위험 혹은 발병 수준, 용이성, 수입 및 교육, 선정성 추구와 같은 다른 요인에 의해 분류된 수용자이다. 대인간 유력자 (*interpersonal influencers*) 는 여론선도자, 미디어 주창자, 동료 및 역할 모델로 캠페인을 긍정적 혹은 부정적으로 매개하고 공공의제 설정을 돕는다. 사회적 정책입안자 (*societal policymaker*) 는 미디어 메시지, 환경조건, 안전기준, 연방정부의 유류세 및 담배세 배분, 보험 및 헬스프로그램 등의 사회적 행위 규제를 통해 법, 정치, 자원 하부구조에 영향을 미친다. 애트킨 (Atkin, 2001) 은 상이한 수준의 수용성 혹은 저항성을 지닌 수용자들이 캠페인 믹스에서 적절한 위치를 찾을 수 있도록 캠페인은 제품 라인 혹은 의도된 결과의 연속성을 개발할 수도 있다고 주장했다.

수용자를 이해하는 한 방법은 의미형성 방법론 (*Sense-Making methodology*) 으로 "커뮤니케이션 캠페인 연구, 기획, 집행 모든 측면에서 대화가 장려될 수 있도록 확실하게 하는 것" (Dervin & Frenette, 2001) 을 목표로 삼는다. 즉 참여자로 하여금 과거, 현재, 미래와의 상호작용적 맥락에서 내적·외적 의미를 이해하여 인생경험의 불연속성 (시간, 사람, 공간을 초월하는 의미차원에서의 격차) 에 대해 커뮤니케이션하도록 돕는다. 인지, 태도, 신념, 감성, 이야기는 격차에서 가교 혹은 장애물 역할을 수행한다. 가장 중요한 인터뷰 접근법은 '미세한 순간의 시간 흐름 인터뷰' (*micro-moment time-line*) 인데 참여자들은 상황을 기술하고 시간 내내 상황을 어떻게 경험했는지에 관한 질문을 받으며, 시간의 흐름에서 특정 순간에 자신이 어떻게 멈추거나 움직였는지, 다양한 기제들이 시간과 공간을 통해 어떻게 움직이도록 도왔는지를 확인한다.

쌍방 균형 (*two-way symmetrical*) 캠페인은 PR 이론에서 유래된 개념으로 (Dozier, Grunig, & Grunig, 2001), 캠페인 관리는 특정 공중의 의견을 이해하도록 돕고 공중이 조직에 어떻게 반응하는지를 결정짓는 공중과의 관계에서 갈등해결을 사용하는 공중과의 협상을 강조한다. 특히 도지어 등 (Dozier et al., 2001) 은 보이지 않는 공중의 중요성을 강조했는데 이러한 조직은 메시지와 연상되는 뚜렷한 무언가를 사용하지 않은 채 수용자에게 영향을 미치려는 PR행동들을 사용한다. 담배산업, 정치 이데올로기 (Proctor, 2001 참조), 우유산업 ["Got Milk?" 캠페인이 대표적인데 구체적 내용은 버틀러 (Butler, 2001) 참조], 환경 로비스트 (Cox, 2006) 등이 포함된다.

516

4. 적합한 이론의 적용

캠페인 전략가들은 앞서 언급한 요인들을 평가한 후 적합한 이론적 접근방법이 무엇인지를 인지해야만 한다. 캠페인은 응용 커뮤니케이션 연구로 간주되지만 가장 효과적인 캠페인은 주의 깊게 검토하고 관련 있는 이론을 적용한다. 더구나 캠페인 결과는 미디어 효과와 사회변동에 관한 이론을 확장하고 향상시키는 데 사용될 수 있다. 애트킨(Atkin, 2001)은 단일전략보다는 정보에 근거한 캠페인 접근방법과 다각화된 채널 사용을 주장했다. 샐먼과 애트킨(Salomn & Atkin, 2003)은 다양한 동기부여 기법(긍정적, 부정적, 복합기법), 증거자료 사용(일면적 대 양면적), 추가설명(지식증가, 기술 습득, 동료집단 영향에 대한 저항, 미디어 교육, 예방)과 경각심을 일깨우는(인지, 활성화, 순응, 정보추구, 민감화) 메시지를 포함하는 설득 메시지 전략에 관한 이론적 뼈대와 연구를 간략히 검토했다.

이론은 대부분 공통적으로 아래의 내용을 포함하는 성공적인 캠페인으로 안내하도록 자극한다.

① 사회적 학습(social learning)

개인은 자신이 신뢰하는, 의도된 행위를 숨김없이 모방하는, 적절한 부정적 혹은 긍정적 강화를 받는 역할모델의 행동과 유사한 행동을 드러내는 경향이 있다(Bandura, 1977b; Flora, 2001).

② 사회적 비교(social comparison)

사람들은 다른 이의 돌출행동과 그 결과를 사회적 규범, 태도, 의도, 다른 사람의 후속행동에 미치는 영향에 따라 비교한다(Festinger, 1954; Flora, 2001).

③ 합리적 행동(reasoned action)

어떤 이의 개인적 태도, 다른 이에게 영향을 미치는 지각된 규범, 동의하게 된 동기의 조합은 의도된 행위의 예측변인에 관한 간명한 모델을 제공한다. 간명모델은 기대가치이론(expectancy value theory)에서 도출된 것으로, 어떤 행위가 특정결과를 어떻게 이끌어낸다는 것에 대한 개인적 신념은 태도와 행위를 예측할 수 있다고 생각되는데, 특정결과는 그러한 결과에 대한 개인의 평가에 의해 배가된다(Ajzen & Fishbein, 1980).

④ 자기효능감(self-efficacy)

개인이 자신의 행위에 대해 통제력을 갖는다고 혹은 사실상 어떤 임무를 수행해낼 수 있다고 느끼는 정도로 개인 자신의 태도나 행위 변화에 스스로 관여하는 수준에 영향을 미친다. 캠페인의 중개 목적은 금연시도나 청소년의 에이즈 위험 행위학습 및 실천시도와 같이 위험한 상태에 처한 집단의 자기효능감을 향상시키는 것일 수 있다(Bandura, 1977a).

⑤ 병행과정확장 모델(EPPM: The extended parallel process model)

위협소구, 흥분, 지각된 민감성 및 취약성, 위험 가능성 인지, 잠재적 이익과 손실 차원에서 메시지 틀 짓기, 지각된 위협은 위험한 태도 및 행동을 변화시키는 데 효과적일 수 있다. 하지만 두려움에 대하여 두 가지 유사한 반응이 발생할 수 있다. 위험을 통제하거나 피하는 방법을 포함하는 인식처리과정은 위협소구를 사용한 헬스 메시지를 이용할 수 있으며, 위협을 통제하려는 감성처리과정은 위협소구 때문에 거절 혹은 대항함으로써 메시지를 거부할 것이다(세 번째 가능한 반응은 메시지가 응답자와 무관하거나 중요하지 않다면 이를 무시하는 것이다). 병행과정확장 모델은 지각된 위협은 위험이나 위협통제반응의 강도에, 지각된 효능감은 위험 혹은 위협통제반응 유도에 영향을 미친다고 주장한다. 위험소구는 위협이 현저성과 중요성 둘 모두를 성공적으로 전달하므로 수용자는 위협노출 전에 효능감을 강조함으로써 위협과 관련하여 무언가를 할 수 있다(Stephenson & Witte, 2001).

⑥ 사회적 연결망을 통한 확산 및 영향(*Diffusion and influence through social networks*)
다른 사람 특히 의견선도자의 평가와 행동이 연결망에 있는 다른 구성원에게 갖는 강력한 영향 때문에 사상, 규범, 관례는 대인적 연결망을 통해 확산되거나 거부된다. 예를 들어 음주행위 평가에서 학생들은 친구의 음주행위를 실제의 음주행위보다 과장되게 평가한다. 이와 같은 부정확한 사회적 예측은 대학생 동료집단에서 구한 정확한 증거를 제공하는 '당신 확실해?'(*RU sure?*) 프로젝트와 같은 캠페인이 등장하기까지 학생들로 하여금 과도한 음주에 빠지게 만들었다(Lederman et al., 2001). 따라서 지각된 연결망 영향력은 사회연결망 이론을 채택한 캠페인 심리 과정이며 중요한 목적이다(Piotrow & Kincaid, 2001; Rice, 1993; Rogers, 1981).

⑦ 통합적 행동변화이론(*Integrative theory of behavior change*)
이 모델은 3가지의 주요 이론, 건강신념모델, 사회인지이론, 합리적 행동이론을 통합했다. 결과적 행위는 숙련도, 환경규제와 의도에 의해 영향을 받는다. 의도는 태도, 규범, 자기효능감에 의해, 태도는 행동신념과 다른 평가적 요소에 의해 영향을 받는다. 규범은 규범적 신념과 동기(연결망의 구성원이나 여론선도자 혹은 강화 위협에 동의하는)에 의해, 자기효능감은 효능감 신념에 의해 영향을 받는다. 모든 신념은 다양한 외부변인(상황, 제도, 하부구조), 인구학적 속성, 태도, 퍼스낼리티 속성, 기타 상이한 개인적 차이(성, 인종, 문화)에 의해 영향을 받는다. 상이한 함축적 의미가 근접 영향(환경, 의도, 숙련도 및 태도), 중간 영향(태도, 규범, 자기효능감), 가장 중요한 신념(행동, 규범, 통제), 배경 영향(과거행위, 인구학적 속성과 문화, 목적행위에 대한 태도, 퍼스낼리티와 감성, 기타 개인차, 개입 혹은 미디어 메시지에 대한 노출)의 결과로 발생한다. 신념과 집단의 유형에 따른 수용자 구분 확인은 사회적 규범에 더 영향을 받는다(Fishbein & Cappella, 2006).

⑧ 범이론적 변화단계모델[*The transtheoretical (or stages of change) model*]
이 모델은 특정 건강행동에 관한 행동변화 과정에서의 5단계(계획 전, 계획, 준비, 행동, 유지)에 기초하여 하위 수용자를 구분한다. 단계에 따른 진행은 다양한 과정(의식제고, 극적 안도감, 자기 재평가, 환경 재평가, 자기 해방, 협력관계, 역조건화, 유관성 관리, 자극, 통제, 사회적 해방)에 영향을 받는다. 따라서 수용자의 단계에 기초하여 캠페인은 서로 다른 과정, 행동, 메시지를 강조해야만 한다. 이용자들이 자신의 단계를 처음으로 평가할 수 있고 해당 단계와 연관된 과정에 알맞은 재료와 행동들이 제공될 때 이상적인 상호작용적 웹사이트라 할 수 있다(Buller et al., 2001; Prochaska, DiClemente, & Norcross, 1992; Prochaska & Velicer, 1997).

⑨ 헬스커뮤니케이션-행동변화 모델(*The health communication-behavior change model*)

이 모델은 통합 지역공동체 프로젝트를 통해 심장혈관질환을 줄이기 위한 스탠포드 지역 세 공동체 캠페인에 근거하여 캠페인을 구성하는 주요 요소로 커뮤니케이션 정보투입(미디어, 면대면, 공동체 프로그램), 수용자를 위한 커뮤니케이션 기능(관심, 정보, 유인, 모델, 교육, 행동 유도 자극, 지지, 자기관리), 수용자의 행동목표(자각, 지식, 동기부여, 기술 숙련, 행위, 자기관리 기술 실천, 사회연결망 구성원)를 제시했다.

5. 메시지 디자인에 커뮤니케이션/ 설득 매트릭스의 적용

커뮤니케이션 투입변인과 결과변인의 역할, 이들 변인 간의 상호작용을 이해하는 것은 중요하다. 커뮤니케이션 투입변인은 정보원, 메시지, 채널, 수용자, 결과를 포함한다. 캠페인 결과변인은 노출, 관심, 호감, 이해, 관계된 인식 생성, 기술습득, 태도변화, 축적, 검출, 검출된 태도에 걸맞은 행위결정, 행위, 행동에 관한 인식통합, 타인에게 유사한 행위장려 등 13개의 가능한 순차적 설득단계를 포함한다(McGuire, 2001). 이 모델은 전통적인 도구적 학습 접근법을 확장했다. 직접적인 커뮤니케이션/설득 매트릭스에 대한 약간의 변형은 정교화가능성 모델(*elaboration likelihood model*), 자기설득(*self-persuasion*), 대리인과사슬(*alternate causal chains*)을 포함한다.

대표적 정보원(혹은 메신저) 변인은 공신력, 매력, 권력을 포함한다. 매력은 복장의 형식성, 그리고 공신력은 정보원과 수용자의 성 혹은 인종 동일성과 함께 변하는 것처럼 이들의 효과는 다른 요인과 공변할 수 있다.

흥미로운 메시지 변인은 공신력, 매력, 관련성, 이해력, 주장 구조, 증거, 일면적 대 양면적 내용, 주장유형, 소구유형, 스타일(유머, 명료함)을 포함한다. 가장 효과적인 소구는 결과를 보장하거나 위협하는 충분한 개연성을 지닌 가치 있는(긍정적·부정적) 어떤 유인기제와 관련이 있다. 대표적 유인기제는 건강, 시간·노력, 경제, 이데올로기, 열정, 사회적 수용 및 지위와 관련이 있다. 예를 들어, 희박한 폐암 가능성을 현저한 수준으로 이끌지는 않더라도 기획이 잘된 위협소구는 사회적 배척에 대한 흡연자의 지각된 가능성을 증가시킬 수 있다. 애트킨(Atkin, 2001)은 개연성은 어떤 방향성이 제시되지 않은 것보다 더 효과적이며 복합소구는 효과적 전략인 동시에 매우 효율적이라고 주장했다. 정보원이 완벽한 공신력을 갖추지 못하거나 수용자의 관여도가 매우 높을 때 구체적 증거를 제시하는 것은 신념을 형성하는 데 매우 중요하다. 다른 메시지 변인은 문체, 형식, 생산요인을 포함하며, 이들은 주장의 본질, 수용자, 기대하는 결과와 적절하게 조화로워야만 한다.

채널변인은 도달, 특수화, 정보성, 상호작용성, 형식, 인식노력, 의제설정에 대한 효과, 접근가능성, 수용자의 동질성, 생산과 확산의 효율성, 수용자가 매체를 사용하는 맥락 측면에서 미디어에 따라 다양한 차이가 있다(Atkin, 2001; McGuire, 2001). 샐먼과 애트킨(Salmon & Atkin, 2003)은 캠페인 기획 및 효과 측면에서 6가지의 주요 특징[접근, 도달, 특정목표 도달능력, 콘텐츠의 심층성, 공신력, 의제설정]이 미디어에 따라 어떻게 다른지 25개의 채널을 대상으로 비교했다. 생산 및 확산관련 기타 특징들은 침투, 안정, 참여, 지각양상, 개인화, 해독능력, 능률 등이다. 수용자 변인은 위험, 인식발달, 교육, 사회적 영향에 대한 민감성(두려움, 동료집단 규범 및 행동, 자기효능감, 위협회피 대처습관에 의해 영향을 받는)을 포함한다. 주요한 결과는 신념, 태도, 행동, 결과 지속, 설득에의 저항이 포함된다. 맥과이어(McGuire, 2001)는 이들 각각이 다른 요인들에 의해 매개되는지 혹은 다른 요인들과 상호작용하는지를 논의했다.

잠재적으로 가치 있다고 판단되는 결과변인들은 수용자 선택 및 미디어 이용의 사회적 상황, 설득에 이르는 차별적 경로, 서로 다른 사람이나 상황에서 13단계의 다양한 순서, 호감에 의해 수행된 역할, 행동결과에 영향을 미치는 이해력 및 회상, 목적이 긍정적 행동 및 태도를 촉진하기 위한 것인지 아니면 감소하거나 방해하기 위한 것인지 등을 포함한다. 예를 들어 후자의 이슈는 위협소구, 역주장 혹은 대안적 행동으로부터의 사회적 편익이 매우 적절한 것인지에 관한 문제를 제기한다.

애트킨(Atkin, 2001)은 자각, 교육 혹은 설득과 같은 캠페인 목적 및 메시지 유형의 특성에 의존한 상이한 투입과 결과변인들은 강조될 수 있다고 지적했다. 예를 들어, 자각을 일깨우기 위한 메시지는 수용자가 추가정보를 추구하도록 자극하고 촉진하거나, 특정한 유형의 메시지에 주목하도록 민감하게 하거나 자극할 필요가 있다. 일부 메시지는 유해한 행동에 참여하도록 강요하는 동료집단의 압력에 저항하거나 혹은 잘못 인도하는 광고물에 대항하는 수용자를 예방접종하기 위해 사용하는 절차와 같이 가르치거나 교육의 목적으로 기획된다. 결국 설득 메시지는 현재와 미래에 개인 혹은 개인의 사회적 상호작용에 위치한 보장 혹은 연상, 긍정적 혹은 부정적 유인기제를 통해 태도를 생성하거나 변화시킨다. 성공적인 설득 메시지에 정말 중요한 것은 긍정적 결과의 현저성 및 가능성을 활성화시키거나 만들어내는 것이다. 커뮤니케이션 투입과 결과 반응 단계는 설득적 반응을 매개하기 위해 상호작용한다. 그래서 모든 단계-대표적인 커뮤니케이션·설득 매트릭스가 무엇인지를 만들어내는-는 적절한 캠페인 구성 요소와 시기를 파악하기 위해 함께 작동해야 한다.

6. 형성평가의 실행

1) 형성평가 단계

형성평가는 캠페인 기획과 설계의 중요 부분의 하나로 생성과정 동안에 메시지를 개선할 수 있는 데이터와 관점을 제공하고, 부메랑 효과처럼 의도하지 않은 결과를 피하거나 다른 분야에서는 유해한 행동을 제거하도록 도와준다. 형성평가의 전반적 목표는 맥과이어(McGuire, 2001)가 "사회문화적 상황"이라 칭한 것을 이해하는 것으로, 사회문화적 상황은 바람직하지 않은 행동을 부추기거나 유지하는 혹은 바람직한 목표행동을 지지하는 상황적 환경(예: 경제, 문화, 정치, 심리 등)을 의미한다. 사회문화적 환경에 관한 이해는 사전제작 연구를 통해 가능하다. 애트킨과 프라이머스(Atkin & Freimuth, 2001)는 사전제작 연구를 4단계로 나누었다.

① 목표수용자 확인

누가 위험에 처했는가, 누가 커뮤니케이션 채널을 통해 접근 가능한가, 누가 위험에 처한 다른 이에게 영향을 미칠 수 있는가, 누구를 가장 많이 그리고 적게 납득시킬 수 있는가? 스탠포드 프로젝트는 보건의료 대행사, 상업조직(식당 및 직장), 지역사회 리더와 같은 지역공동체의 이해관계자를 관여케 했으며 형성평가는 조직욕구 분석을 포함했다(Flora, 2001).

② 목표행동의 구체화

전체 행동이 맥락적 요인에 의해 영향을 받는 행동으로 구성되는 한 캠페인 메시지는 특정한 효과적인 각각의 구성 행동에 초점을 맞추어야만 한다. 예를 들면 스탠포드 지역공동체 연구에서 체중감량 메시지에 관한 형성평가는 여자들은 자신들의 체중문제를 잘 깨닫고 변화를 위한 동기를 부여받았지만 대부분의 남자들은 자신의 체중문제를 과소평가하여 변화의 필요성을 느끼지 못하고 체중감량을 위한 자신의 능력에 대해 낮은 자기효능감을 갖는 것으로 나타났다(Flora, 2001).

③ 중간반응의 정교화

위계적 효과모델은 노출과 통합행동 사이에 장기적 인과적 연계를 제안한다. 형성평가는 이러한 단계들이 어떻게 연결되고 어떤 중간단계가 가장 캠페인 노력을 적극적으로 받아들이는지를 확인할 수 있다. 중간반응의 일부는 지식과 어휘, 신념과 이미지, 태도와 가치, 현저성 우선권, 효능감과 익숙함을 포함한다. 가령 치알디니(Cialdini, 2001)는 의도하지 않게 바람직하지 않은 것에 관한 설득모델을 제공하는 것을 피해야만 한다고 주장했다.

④ 채널사용 확인

목표공중이 어떤 미디어를 언제 얼마나 오랫동안 혹은 몇 차례나 그리고 어떤 조합의 형태로 사용했는지에 관해 알지 못한 채 특정미디어 유형을 사용하는 것은 비효과적이다. 형성평가는 고객 설문조사 혹은 마케팅과 광고 데이터베이스를 활용함으로써 다른 미디어에 대한 미디어 노출과 태도를 파악할 수 있다.

다음은 메시지를 세련되게 만들기 위해 수행되는 사전 테스트 조사이다. 평가는 보다 적합한 메시지 아이디어 혹은 관련성 깊은 메시지 정보원(예: 정보원이 의사 혹은 유명인사여야만 하는가?)을 제안하고 확장하기 위해 테스트 수용자에게 질문함으로써 핵심개념을 개발하는 데 도움이 된다. 캠페인 주제에 관한 토론에서 목표공중에 의해 사용되는 단어, 구, 혹은 서술은 메시지 내용에 섞일 수 있다. 세련되지 않은 메시지 초안은 몇 가지 속성 측면(주의, 이해도, 강점과 약점, 관련성 혹은 논쟁적 견해)에서 검증될 수 있다. 메시지 사전 테스트에서 몇몇 방법은 유용한데, 초점집단인터뷰, 심층인터뷰, CLT,[1] 자기기입식 설문지, 극장 테스트, 다음날 회상도 측정, 미디어 게이트키퍼 리뷰, 생리적 반응 검사 등을 고려할 수 있다.

1) 온라인/디지털 미디어 캠페인의 형성평가

웹 기반 개입으로 형성평가와 수용자 평가 단

---

1 역자 주: Central-Location Test의 약자. 응답자들을 일정한 장소에 모이게 한 후 메시지에 대한 소비자들의 반응을 조사하는 방법을 말한다.

계는 사이트가 이용자의 컴퓨터·온라인 리터러시(관심, 읽기, 컴퓨터 이용, 정보검색, 건강의료 정보 이해, 정보를 맥락화하는 능력)를 요구하는지를 확인할 필요가 있다. 한 가지 방법은 사회인지와 자기효능 이론에 기초한 e-치료 리터러시 척도(*e-Heals literacy scale*)를 제공하고(Norman & Skinner, 2006) 인터페이스를 리터러시 수준에 맞추는 것이다.

온라인 캠페인 요소 기획에서 또 다른 난제는 적합한 정보 구조설계를 결정하고 이행하는 것이다. 다나허 등(Danaher, McKay, & Seeley, 2005)은 주요 유형을 ① 무료형식/매트릭스(*free-form/ matrix*, 이용자가 선택하여 정보를 습득하도록 서로 관계있는 하이퍼링크의 범주를 제공), ② 안내형(*directive tunnel*, 구조화된 페이지 순서대로 차례차례 안내하는 형태), ③ 위계형(*hierarchical*, 특정내용으로 이용자를 안내하는 하향식 형태의 정보제공), ④ 하이브리드(*hybrid*, 개입의 다른 단계에서 혹은 다른 이용자 반응에서 있을 법한 다른 기획의 요소를 사용하는 형태)의 4가지로 구분했다. 몇몇 금연 사이트 분석을 통해 입증된 것처럼 각각의 유형은 이용가능성, 지각된 복잡성, 특정경로 추적, 층별로 구분된 내용을 정신적으로 모델링하기, 관여, 개조, 행동변화에 제공하는 함의가 다양하다.

온라인 캠페인의 내용, 소프트웨어, 하드웨어 요소의 범위 때문에 시스템 및 연구 디자인, 형성평가는 이용자는 물론이고 학제적 참여자(디자이너, 연구자)를 반드시 포함시켜야 하는데, 이는 기금모금 및 집행기관의 학제적 프로젝트 지원과 다양한 분야의 유사성 고려, 그리고 반복·순환적 이용자 중심 시스템 디자인과 건강의료 서비스 연구 패러다임 사이의 부분적인 중복

을 의미한다(Pagliari, 2007). 온라인 캠페인의 형성평가는 많은 난관에 봉착하는데 팀 조정, 상이한 용어·방법·증거형태, 디자인 혁신과 지속가능한 발전 균형맞추기, 학술연구와 응용 프로젝트 간의 일상적 갈등을 예로 들 수 있다.

상호작용성과 멀티미디어 콘텐츠가 통하는 웹사이트가 가진 장점이 함축하는 것은 이용자의 컴퓨터와 대역폭 연결은 상호작용성과 멀티미디어를 위해 불충분하거나 보다 근본적으로 필요한 서버의 대역폭은 동시다발적인 이용자 모두를 위해서는 충분하지 않을 수 있다는 점이다. 다나허 등(Danaher et al., 2005)은 대역폭 이용지수(전화 혹은 광대역 통신망을 이용조건 내에서 사이트가 어떻게 잘 사용되어지는지를 평가)를 개발하고 이를 여러 조건으로 구성된 3개의 교육 웹사이트(다양한 음성자료, 다양한 영상자료, 여러 미디어 내용이 담겨 있고 웹에서 구동 가능한 CD)에 적용했다. 대역폭 감소기법(해상도, 압축, 스트리밍(전송흐름), 미리 불러오기 등), 웹에서만 구동하는 CD-ROM은 전화를 이용하여 접속하는 조건에 적합하다. 예에서 보듯이 2개의 암 프로그램 환자 교육 웹사이트에 참여한 참가자 절반의 3분의 2 정도는 사이트가 매우 유용하다고 느꼈지만 이들은 여전히 비디오 및 오디오 클립의 문제점을 경험한 것으로 나타났다(Cumbo et al., 2002).

7. 미디어 평가

캠페인은 목표수용자에게 적합한 다양한 커뮤니케이션 미디어를 통해 활용할 수 있는 자신의 메시지를 제작해야만 한다. 메시지는 실제로

접근 가능하고 실행할 수 있고 문화적으로 수용 가능한 구체적인 정보, 이해, 행동들을 커뮤니케이션해야만 한다. 커뮤니케이션·설득 매트릭스는 형성평가와 더불어 정보원, 메시지, 채널의 설득적 그리고 정보적 속성을 디자인하거나 확인하는 데 사용될 수 있다.

1) 소셜마케팅

소셜마케팅 관점은 특히 대안적 메시지나 행동과의 경쟁을 이해할 필요가 있다는 것을 강조한다. 상업적 마케팅의 개념 및 소비자에 대한 오리엔테이션에 의지하는 것만을 제외하면, 소셜마케팅은 커뮤니케이션 캠페인과 유사하며 단순한 인지변화가 아닌 의도된 행동 변화를 촉진하기 위한 사회구조의 변경을 중요시한다 (Alcalay & Bell, 2000). 소셜마케팅은 소비자 제품 오리엔테이션, 수용자 구분, 채널 분석, 가장 가능성이 높은 전략, 과정 추적을 포함한다. 우리에게 친숙한 소셜마케팅은 제품(행위나 자료), 가격(재정 및 사회적 비용), 유통(배포, 접근, 사회적 수용), 프로모션(행동을 유발하는 태도와 의도의 개발), 포지셔닝(다른 행위 및 재료와 비교하여 친숙한 개념으로의 재포지셔닝을 포함한 이익 최대화 및 비용 최소화)을 포함한다. 소셜마케팅은 제품마케팅과 효과 면에서는 다른 모습을 보이는데, 효과에는 행동 및 사회시스템 변화(단순한 선호도나 태도가 아닌), 상당한 규모의 관련 수용자에서 기대된 변화, 현저하고 중심적인 태도 및 가치, 인과적 결과 혹은 충족의 개연성, 장기적 혹은 예방적 결과, 보다 중립적인 정보관련 논조, 정보원의 공신력과 소비자 혜택에 기초한 신뢰에의 의존상태, 물품서비스와 자원지원제 등 한정된 예산이 포함된다.

어떤 매스미디어 메시지는 수백 가지의 다른 메시지와 경쟁한다. 모든 개념 또한 관련성 있는 수십 개의 정신적 개념과 서로 맞선다. 따라서 특정 캠페인 목적의 "경쟁적 장점"을 파악할 필요가 있다. 예를 들어, 심장병 예방수단으로서의 운동은 사회적 활동으로 광고될 수 있다.

2) 미디어 전파에 대한 접근법: 배치, 데이터, 서비스

앨컬레이와 태플린(Alcalay & Taplin, 1989)은 PR(이슈, 서비스, 고객 혹은 제품에 관한 뉴스)과 로비(행정부 관료 및 입법부 의원과 함께 규제 혹은 입법이슈에 관한 로비활동)의 중요성과 유용성을 강조했다. "제3자"의 공신력을 가지기 때문에 PR은 캠페인에 관한 공중인식을 증가시키고 가족계획과 같은 논쟁적 이슈에 대한 반대를 단념케 하는 데 매우 유용할 수 있다. 로비는 캠페인 목표를 앞당길 수 있는 법안을 만들고 재원 및 대변인을 위한 지지획득에서 매우 중요하다. 적절하게 관리된다면 사설, 보도자료, 경성뉴스보도는 매우 강력한 미디어 양식이다.

닐슨과 같은 상업방송 시청률평가서비스 회사를 통해 어떤 채널이 가장 효과적이고 효율적인 채널인지 확인할 수 있다. 유사한 데이터를 신문, 잡지, 광고판, 메일 목록, 심지어는 버스 포스터에서도 얻을 수 있다. 어떤 계층의 수용자들이 시간대에 따라 변화 혹은 지속적으로 노출되는지는 물론 목표수용자가 특정프로그램이나 채널에 노출되는 비율 이외에도 이들이 시간대에 따라 어떻게 변화하는지 혹은 그렇지 않은지에 관한 수치를 제공하므로 캠페인 집행 도달률(각각의 개별 수용자 수)을 측정할 수 있다. 상이한 캠페인 목표는 도달률 및 도달빈도 증가를 통해 달성된다. 예를 들어 대개 공통된 이슈에 대한 공중자각이 증가하면 특정 시간·채널을 조합하여 사용함으로써 효과적인 비용으로 최대 도달률에 다다를 수 있다. 하지만 특정 목표수용자의 학습 혹은 태도변화를 이루고 유지하기 위해서는 다른 시간·채널 믹스가 포함되는 도달횟수의 증가가 필요하다. 가령 재즈 혹은 클래식 음악방송은 도달횟수는 높지만 도달률은 낮다.

전지구적 도달률을 보이는 일부 TV는 최초제작 후 최소최저 비용이라는 이점과 젊은 수용자에의 도달이라는 새로운 기회를 제공한다. 예를 들어 MTV는 16세~25세 젊은이 사이에 에이즈(AIDS) 예방을 촉진하기 위해 2002년에 "에이즈 없는 세상을 위해"(*Staying Alive*) 캠페인을 방송하면서(Geary et al., 2007), MTV 모든 방송저작물의 저작권을 무료로 방송사에 제공했다. 적어도 캠페인의 일부분은 166개국의 8억 가구 정도에 도달되었는데 16세~25세 젊은이들이 노출된 비율은 카트만두는 12%, 다카르는 82%에 달했다.

미국 광고위원회는 1년에 대략 36개 정도의 공공커뮤니케이션 캠페인을 돕는 크리에이티브 및 에이전시 서비스를 제공한다. 게다가 방송광고 유통경로는 캠페인 메시지와 제작물 전달을 돕기 위해 사용될 수 있다. 가령 근육발육이상 캠페인은 편의점 세븐 일레븐의 전국 유통경로를 협조받았다. 무료미디어에 대한 접근의 한계를 극복하기 위해 어떤 캠페인은 유료 메시지 방영을 위해 정부나 기업체로부터 자금을 얻으려 한다. 미국 마약정책국은 네트워크와 방송국에

게 자신들이 구매한 시간만큼 약물남용 예방에 관한 집단커뮤니케이션용으로 기증된 시간을 맞추라고 요구하기 시작했다(Browning, 2002). 전국적으로 이러한 접근법은 약물, 흡연, 음주운전 예방 캠페인에서 널리 행해진다. 헬스관련 미디어 예산은 유해행위와의 전쟁 메시지에 대한 수용자 노출을 유의미하게 증가시킬 수 있다.

지역 때로는 전국 미디어로 하여금 공익광고를 방영토록 요구하는 것은 일반화된 관행이다. 방송 공익광고의 관행은 대부분 방송주파수를 사용하는 방송국은 공익과 필요성에 봉사해야 한다는 연방 커뮤니케이션 위원회가 정한 자격요건의 부산물이다. 언론사의 급격한 증가와 미디어에 대한 탈규제로 공익광고를 방송하는 기회는 계속 감소했다. 공익광고는 전형적으로 제한된 가치를 지니므로 이는 특정 목표수용자들이 시청하거나 청취할 것 같은 시간에 맞춰 배정될 수 없는 것으로 여겨질 수 있다. 그럼에도 불구하고 여전히 공익광고는 10대 청소년이나 은퇴한 사람과 같은 목표수용자에 도달할 가능성이 있는 지역 라디오 방송국이나 지역신문과 같은 특수한 미디어에 방영되거나 게재된다.

공익광고가 온라인에서도 등장했다(Browning, 2002). 사례들은 매월 거의 1백만 건에 가까운 인터넷 이용자가 사이트를 방문하는 벤튼 재단/광고위원회의 "어린이를 위한 연합"(*Connect for Kids*) 캠페인에서부터 두 달 동안 1천5백만 건의 온라인 광고가 실리기도 했지만 단 9명의 기부자를 확보한 암연구재단에 이르기까지 매우 다양하다. 노출은 실질적일 수 있다. 고정적 형태가 아니고 판매되지 않는 광고면에 공익광고를 게재했지만 인터넷 광고서비스 제공업체인 더블클릭의 경우 2001년에 공익광고는 매월 2억 회 조회를 기록했

으며 아메리칸 온라인은 매월 10개에서 15개의 캠페인을 후원하여 2천 5백만 달러에 달하는 온라인 공익광고를 제공했다. 장기기증연합은 자신의 사이트에 10만 9천 명이 방문했으며 다양한 웹사이트의 배너광고를 보고 방문한 이는 약 6천 명 정도였다고 보고했다. 인터넷 광고의 표준책정 단체인 IAB (Interactive Advertising Bureau) 는 1998년에 온라인 광고의 5%를 공익광고를 위해 배정하기 시작했다. 광고위원회는 2001년에는 4억 달러에 가까운 온라인 광고면을 기증받았다고 밝혔다. 유튜브는 자선단체가 대량노출을 통해 수익을 창출할 수 있도록 했다. 유튜브 채널 (http://uk. youtube. com) 은 곤경에 처한 실종아이들을 보다 폭넓게 그리고 젊은 수용자와 연계시켜주고자 하는 목적을 갖고 1997년에 영국에서 시작되었다.

온라인 공익광고가 매개수단을 통해 유포됨에 따라, 캠페인 스폰서는 다른 웹사이트들이 그들의 배너광고를 사이트의 어디에 위치시키는지 혹은 사이트 이용자의 특성이 무엇인지를 통제할 수 없으며 이에 대해 아는 바도 거의 없다. 실제로 목표수용자는 인터넷에 거의 접근하지 않을 가능성이 있는 사람들이거나 인터넷 사용에 관한 지식이나 전문성도 제대로 갖추지 못한 이들이다. 가장 큰 한계점은 메시지가 아주 낮은 클릭률(2000년에는 0.5%로 추정)을 가진 너비 1인치 길이 3인치의 배너광고를 통해 전달되어야만 한다는 점이다. 전통적 형태의 TV광고는 물론 인터넷 광고 또한 컴퓨터 소프트웨어와 디지털 레코드에 의해 차단되거나 생략된다. 그리고 컴퓨터 이용과 관련하여 프라이버시, 모니터링, 데이터 마이닝 이슈에 관한 관심이 증가했으며, 디지털 TV 녹화와 이동전화 사용과

관련해서도 마찬가지이다. 더구나 웹사이트로 하여금 공익광고를 게재하도록 유도하는 강제력은 없다.

3) 교육-오락 접근방법

일부 캠페인은 매력적인 음악 비디오 및 공익광고를 제작하기 위해, 관련 주제를 대중적인 TV프로그램에 삽입시키기 위해, 그리고 친사회적인 TV시리즈물을 만들어내기 위해 오락산업체와의 협력에 적극 참여한다(Singhal, Cody, Rogers, & Sabido, 2004). 성별에 따른 직업역할 다양화를 추구하는 PBS의 자유형 프로그램, 주시청시간대 오락 프로그램에 삽입된 지정운전자에 관한 묘사, 건강한 생활습관을 프로모션하기 위한 남아프리카공화국의 TV시리즈물 〈영혼의 도시〉를 예로 들 수 있다. 이러한 유형의 캠페인은 사회적 모델링(행동과 태도를 위한 역할모델 제공), 준사회적 상호작용(등장인물과 내용에 개인적으로 관여한 수용자 확보), 기대가치(지각된 사회적 규범과 정보원의 규범적 기대에 대한 신념을 조합)를 의식적으로 혼합한다. 유명인사들은 신뢰할 만하고 영향력 있는 정보원인데 캠페인 대상자들이 전통적인 권위적 인물을 불신하고 이들에 노출되지 않았을 때 특히 그러하다. 이러한 캠페인 접근방법은 시간이 지남에 따라 지속가능성, 개선, 확장 가능한 성공적인 프로그램 편성을 통해 수익을 창출할 수 있다.

싱걸과 로저스(Singhal & Rogers, 2001)는 이러한 캠페인에 내재한 다양한 윤리적 이슈에 주목했는데, 여기에는 ① 사회변화의 목적이 캠페인의 도덕 및 가치 가이드라인과 어떻게 잘 조화로운지, ② 무엇이 "친사회적"이고 무엇이 아닌

지를 일반인에게 확인시킨 주체가 누구인지, ③ 모든 수용자 유형이 긍정적이고 도움이 되는 메시지를 동등하게 혹은 종국적으로 수용한 정도가 어떠한지, ④ 오락 메시지가 명시적인 캠페인 커뮤니케이션이기보다는 어느 정도 간접적 혹은 심지어 잠재의식적 소구인지, ⑤ 오락교육을 통해 모든 관련 있는 목소리들을 포함하는 사회문화적 평등이 어떻게 성취될 수 있는지, ⑥ 의도하지 않았던 부정적 효과를 어떻게 피할 것인지 등이 포함된다.

4) 미디어 옹호

캠페인 집행을 보완할 수 있는 접근법이 미디어 옹호(*media advocacy*)다(Piotrow & Kincaid, 2001; Wallack & Dorfman, 2001). 이 접근법은 대부분의 캠페인이 개인의 잘못과 사적 책임을 강조한다는 비판과 맥을 같이하는데, 특히 대부분의 커뮤니케이션 캠페인에 의해 무시되는 현저한 그리고 결과로서 발생한 정책인 공중의 보건의료에 영향을 미치는 광범위한 범위의 사회적 영향력을 강조한다. 이 접근법은 음주나 흡연 이슈와 관련된 사회적 수준의 개혁시도에서 미디어를 이용하여 괄목한 성공을 거두었음을 확인했다.

커뮤니케이션 캠페인에서 미디어는 핵심도구이며 특정유형의 미디어 내용은 공공커뮤니케이션 캠페인에서 매우 다양한 모순을 발생시킬 수 있다. 폭넓고 다양한 유해적 행위와 반사회적 태도는 TV프로그램과 광고 모두에서 볼 수 있다. 성역할, 인종관계, 나이에 어울리는 행위들, 의료 종사자의 행동, 성관계, 신체적·정신적 문제 치료에 관한 스테레오 타입은 그러한 스테레오 타입을 감소시키기 위한 다른 메시지들의 시도를 압도하는 미디어 묘사를 통해 발달되거나 강화된다. 미디어에서 건강과 사회문제는 개인적 이유로 발생하고 치유되는 것으로 묘사되어 사회적이고 경제적인 원인에 대한 논의를 회피하게 만든다.

성공적 캠페인은 보다 광범위한 공동체 활동과 연계되어야만 한다. 라이스와 풋(Rice & Foot, 2001)이 제안한 체계모델이 지적한 것처럼 널리 만연된 사전-상태 조건은 어떠한 캠페인 의도와 메시지를 압도하거나 방해한다. 따라서 인구, 정책, 공공의제는 헬스 캠페인의 제 1차적 목표이어야만 하고 현저한 수용자는 모든 사회변동 과정의 이해당사자와 잠재적 참여자여야 한다.

이는 "보건의료 공공정책을 진전시키기 위한 공동체와 더불어 매스미디어의 전략적 활용"(Wallack & Dorfman, 2001)이라는 미디어 옹호 접근법을 요구한다. 미디어 옹호 접근법은 명시적으로 사회문제를 사회구조 및 자산과 관련시키려는 시도이며 개인의 행위보다는 공공정책의 변화를 추구하고, 의견선도자와 정책입안자에게 도달하고, 커뮤니케이션 과정에서 관여를 증가시키기 위한 집단들과 함께 활동하며, 단순하게 더 많은 정보를 제공하는 대신 권력격차를 줄이기 위해 노력한다. 미디어 옹호와 관련 있는 주요 활동은 ① 종합적 전략개발(관련된 변화를 만들어 낼 수 있는 권력과 마음에서 변화를 일어나게 하는 압력을 행사할 수 있는 이해당사자를 확인하고 이해시키기 위한 메시지를 개발하는 정책선택 형성), ② 의제설정(기사, 뉴스 이벤트, 사설을 통해 뉴스미디어에의 접근권 확보), ③ 토론의 형성(사회적 책임을 강조하고 보다 광범위한 주장을 위한 증거들을 제공하는 중요한 수용자들에게 공공 보건의료 문제를 현저한 공공정책으로 틀 짓기), ④ 정책의 발전(시간에 걸쳐 이해관계, 압력 그리고 언론보도 유지를 포함) 등의 4가지이다.

8. 온라인 및 디지털 미디어 접근

1) 커뮤니케이션 캠페인을 위한 온라인 및 디지털 미디어 사용의 증가

인터넷은 온라인 헬스 커뮤니케이션, 토론, 치료요법, 의사와의 접근, 그리고 보다 최근에는 캠페인과 개입을 위한 아주 중요한 정보원이 되었다(Rice, 2006; 인터넷 개입 연구를 위한 국제학술단체(www.isrii.org) 참조). 온라인 헬스정보를 연구할 때 인터넷은 비록 다이어트나 영양처리과정과 같은 특정종류의 헬스 관련 주제를 강조하지만 대학생과 젊은이들(남자와 여자 모두)에게 특별히 의미 있는 미디어이다(Hanauer et al., 2004). 하지만 일관되지 않은 정보의 질, 정보탐색 및 활용의 어려움, 인구학적 속성을 구분하지 않은 문제점, 부정확하거나 현혹시키는 정보로 발생하는 폐해처럼 온라인 헬스정보의 부족함 또한 적지 않다(Benigeri & Pluye, 2003; Rice & Katz, 2001).

청소년을 위해 고안된 상호작용적 시스템인 CHESS는 최초로 실시된 컴퓨터 기반의 캠페인의 하나이다. 이 시스템은 5가지의 보건의료 영역(음주와 기타 약물, 성행위, 흡연예방 및 금연, 스트레스 관리와 다이어트, 그리고 운동)에 걸쳐 비밀스럽고 판단되지 않는 헬스정보, 행동변화를 위한 전략, 전문의 진단 등을 제공했다. 보다

최근에 "웹 기반 치료법"과 관련하여 문헌색인기관인 메들린의 인용횟수는 1996년에서 2003년 사이에 12배나 증가했다. 윈트랜드 등(Wantland et al., 2004)은 웹 기반과 웹에 기반하지 않은 개입의 행동변화 결과를 비교하는 최초의 메타분석을 실시했다. 거의 1만 2천 명을 포함하는 22개 논문은 효과의 크기가 -.01~.75라고 보고했다. 결과에는 운동시간, 영양처리과정 지식, 천식치료 지식, 건강관리 참여, 감소된 건강 쇠퇴, 신체 외모에 관한 인식, 체중감량 유지 등이 포함된다. 온라인/디지털 미디어 개입에 관한 다른 연구 검토는 여러 학자들(Griffiths et al., 2006; Neuhauser & Kreps, 2003; Rice & Katz, 2001; Walther et al., 2005)에 의해 제공되었는데 자세한 내용은 〈표 20-2〉와 같다.

연구자들은 이해관계에 있는 특정집단에의 도달, 학습, 태도, 행위에 영향을 미치는 데 있어 전자우편, 음성응답시스템, 상호작용적 동영상, DVD, CD-ROM, 컴퓨터 게임과 같은 새로운 커뮤니케이션 미디어의 잠재적 역할을 검증한다. 리버만(Lieberman, 2001)은 캠페인 기획자는 상호작용적이고, 멀티미디어이며, 연결되었고, 개인화되었으며, 휴대 가능한 새로운 미디어의 다양한 장점을 택할 것을 추천했다. 즉 컴퓨터 매개 캠페인을 통해 젊은이들의 미디어와 장르에 적용하고, 해당 연령에 어필할 수 있는 캐릭터를 사용하며, 정보추구를 지원하고 도전과 목적을 구체화하며, 학습에 따른 실천을 사용하고 기능적 학습환경을 조성하며, 사회적 상호작용을 촉진하고, 적절할 때 이용자의 익명을 허용하며 제품 디자인과 실험에 젊은이들을 관여하게 한다.

이메일은 솔직한 캠페인 매체이다. 캠페인의

〈표 20-2〉 온라인 · 디지털 미디어 캠페인 사례

- 온라인 캠페인을 사용한 다양한 사례 가운데 일부는 도로안전에 관한 두 개의 사이트에서 사용 가능하다. 하나는 정보를 제공하는 캐나다 사이트(50000victimes. com)이고 다른 하나는 스페인 사이트(http://www.meimportaunhuevo.com)이다. 후자는 이용자가 컨베이어 벨트에서 떨어지는 달걀을 갖지 않으려 하는 상호작용 게임을 제공한다. 마지막 달걀에는 이전에 이름을 입력한 25명 미만의 이름이 새겨졌다.

- "당신의 음주를 확인하세요"는 온라인 금주 도움 센터의 구성요소인데 참여자의 자기보고 음주량을 유사한 인구학적 속성을 지닌 다른 이의 음주량과 비교한다(Cunningham et al., 2006). 이용자들은 중간 정도의 음주자와 비교했을 때 문제 음주자의 경우 아주 유용하고 정확하다고 보고했고 3개월 후에는 음주가 감소했다. 이러한 사이트가 갖는 두 가지 잠재성은 음주문제를 해결하기 위해 클리닉이나 기관의 서비스를 원하지 않는 이용자와 시간을 두고 적격심사 문항들을 개선하려는 집단에 의해 사용될 수 있다는 점이다.

- 뇌 부상의 위험에 관해 경각심을 일깨우려는 캐나다 캠페인(http://www.protectyourhead.com) (신문광고와 함께 진행)은 사람들로 하여금 자전거를 타거나 스케이트를 즐길 때는 물론 건축현장에서 일할 때에도 헬멧을 착용토록 권장한다. 이 웹사이트는 뇌 부상 이후의 모든 일상의 사회적 상황이 어떠한 지를 알려주는 3D 형태의 뇌 모습을 보여준다. 이용자는 질문에 대해 답변하거나, 머리가 보호받지 못했을 때 개인의 수행능력이 어떠한지를 보여주는 작은 게임을 통해 일련의 테스트를 받을 수 있다.

- 스페인의 한 캠페인은 정기적 헌혈의 중요성과 관련하여 주목을 끈다(http://www.5segons.com).

- 동영상, 텍스트, 음악, 그래픽, 애니메이션으로 구성된 음주교육 CD-ROM은 음주교육에 관한 강의나 통제집단과 비교했을 때 학생들 사이에서 동료집단의 음주 측정량을 감소시키는 데 아주 효과적이다(Reis, Riley, & Baer, 2000).

- 좀 역겹기는 하지만 오길비 인터랙티브가 다국적 제약회사 화이저와 세계 금연의 날을 위해 벨기에서 실시한 흥미 있는 바이러스 캠페인(http://www.pourquoitutousses. be)은 방문자가 흡연자 기침 소리의 크기, 지속기간, 건조상태를 조절하여 그들의 친구에게 "개인화된" 흡연자의 기침을 보낼 수 있게 했다.

- 미국 질병통제센터의 2006년 계절 독감 캠페인은 기존의 그리고 새로운 수용자 사이에 독감예방백신 접종을 촉진시키기 위해 뉴미디어를 활용했는데 특수화된 팟캐스트 증상 발현, 병원균의 광범위한 유포를 그래픽으로 표현, 블로그 작성자를 위한 웨비나,[2] 젊은 수용자를 위한 가상 백신예방접종, 온라인 사회 네트워크를 통한 메시지 전달 등을 실시했다.

- 오스트레일리아의 한 사이트(http://www. battlefortthe bronchs.com.au)는 양쪽 폐 내의 삽화로 된 도시에 설정된 생생한 행위영상을 결합한 상호작용적인 코믹 책자이다. 이 사이트의 목표수용자는 천식으로 고통받지만 경고신호를 무시하거나 전통적인 건강의료 관리 메시지를 기피하는 젊은이들이다.

- 프랑스의 한 새로운 사이트는 10대들(그들만을 위한 사이트는 아님)에게 우연한 성적 만남의 위험에 관해 알리고 무엇이 그들을 AIDS의 위험으로 내모는지를 설명하기 위해 시작되었는데 심각하지만 동시에 마음을 끌도록 재미나게 만드는 기법을 사용했다. 이 사이트(www.touteslesrencontressontpossibles.com)는 전형적인 여름의 상황을 묘사하기 위해 그래픽과 그림을 사용하고 10대들에게 메시지를 직설적으로 전달한다. 이용자는 아바타를 선택할 수 있고, 선택한 이후 제시된 경로를 따라간다.

- 영국에서 MTV는 인생에서 경험하는 민감한 이슈를 이용하여 10대를 인도하는 교육적인 광고게임(http://www. staying-alive.org)을 시작했다. 이러한 교육게임은 청소년동료교육네트워크의 지원하에 제작되었는데 10대들과의 온라인 커뮤니케이션을 보여주는 대표적 사례이다.

- 에너지 관련 사이트(http://electrocity.co.nz)는 에너지의 세대, 소비, 효과에 대한 보다 나은 이해를 위해 이용자로 하여금 가상 계획에 관여하게 하도록 디자인되었다. 이 사이트는 경품을 제공하여 이용자들로 하여금 다른 이들에게 링크를 전달하도록 장려한다.

---

2 역자 주: 웹 (*web*) 과 세미나 (*seminar*) 의 합성어. 인터넷을 이용한 실시간 회의, 교육, 혹은 프레젠테이션을 말하며, 웹 회의 (*web conferencing*) 라고도 한다.

대인적 속성은 이메일 사용을 통해 확장될 수 있다. 가령 지난 2년 동안 젊은이의 더 나은 성장을 돕기 위해 242명의 젊은이들에게 온라인 멘토를 맺도록 해준 디지털 영웅 캠페인(*Digital Heroes Campaign*)을 예로 들 수 있다(Rhodes et al., 2006). 한 직장의 헬스 캠페인은 신체활동, 증가된 과일 및 야채섭취를 제안하는 건강비결과 자기 점검 및 비교 도구를 포함한 관련 웹사이트를 알려주는 이메일을 1년 동안 매일 보내기도 했다(Franklin et al., 2006).

디지털 커뮤니케이션과 정보 테크놀로지를 아우르는 인터넷은 유일한 매체가 아니거나 어떤 경우에는 최고의 매체가 아니다. 서로 다른 테크놀로지는 자신들만의 장점을 취하기 위해 조합된다. 예를 들면, 어떤 연구는 철저하게 자동화된 인터넷과 휴대전화 시스템이 지각된 통제, 운동하려는 의도, 적당한 신체활동에 관한 효과를 측정했다(Hurling et al., 2007). 참가자는 그들의 지각된 관문에 들어선 다음 조건에 맞춰진 솔루션을 받았는데 제공된 솔루션은 운동에 관한 신념을 형성하도록 돕는 대화치료 모듈, 계획한 운동 세션 스케줄, 휴대전화와 이메일 리마인더, 메시지 보드, 이용자 활동에 관한 피드백, 손목띠식 가속도계(무선으로 핸드폰으로 연결되어 실시간으로 활동 데이터를 집계하여 보고) 등이다. 자동화된 개입 프로그램, 교육 피드백을 제공하는 컴퓨터 통제 전화 시스템, 자문 및 행위 상담에 참여한 성인들은 그들의 영양섭취 행동과 전체적인 다이어트가 개선되었다는 것을 보여주었다(Delichatsios et al., 2001).

미국(다른 대부분의 나라에서도)의 경우 휴대전화를 사용하는 인구비율이 인터넷을 사용하는 인구비율보다 더 높다. 인터넷 디지털 디바이드와 달리 휴대전화 디지털 디바이드에서 소득은 덜 중요한 요인이다(Rice & Katz, 2003). 왜냐하면 이동성이 뛰어나고 사적이며 멀티미디어기능이 증가한 휴대전화가 맞춤식으로 폭넓게 도달하고, 상호작용적이고 지속적인 헬스 개입에 훨씬 효과적인 미디어이기 때문이다(Tufano & Karras, 2005). 컴퓨터와 개인휴대단말기(PDA)는 지출비용, 그리고 상대적으로 복잡한 네트워크 연결과 같은 부가장비 구비문제로 개발도상국가에서는 사용이 제한적이다. 대부분의 컴퓨터와 개인휴대단말기보다 편재성이 뛰어나고 가격도 싼 휴대전화는 간단한 보완 혹은 대안을 제공한다. 쿠리오소는 페루에서 성적으로 전염되는 질병(STD)을 줄이기 위해 20개 도시에서 무작위로 선정한 여성 성 노동자(FSW)로부터 데이터를 실시간으로 수집하고, 전송하고, 모니터하기 위해 휴대전화와 인터넷을 이용한 텔레보건의료 프로그램의 적용을 기술했다(Curioso, 2006). 전자 단문메시지 서비스(SMS)는 젊은이와 사회경제적 지위가 높은 계층에게는 매우 유용한 수단이지만 보건의료 촉진 메시지 제공에도 사용될 수 있다(Trappey & Woodside, 2005).

RSS 피드3는 보건의료와 관련하여 최근 변화하거나 새로이 등장한 정보와 관심사를 보급하기 위해 존tm홉킨스 블룸버그 스쿨의 공중보건 커뮤니케이션 프로그램 센터에서 이미 사용되고 있다. 블로그는 이용자로 하여금 관점과 경험을 공유하기 위한 유사한 건강정보나 관심사

---

3 역자 주: Really Simple Syndication의 줄임말. 뉴스·블로그·음성·동영상과 같이 빈번하게 업데이트되는 작업들을 처리하기 위해 사용되는 표준화된 데이터 형식을 말한다.

를 파악할 수 있게 한다. 위키스4는 프로젝트 구성원들 사이의 공동연구를 지원하지만, 음성기반의 팟캐스트는 편의성에 따라 목표수용자에게 관련 정보를 제공하는 또 다른 수단이다 (Haylock & Rabi 2007). 오락 미디어와 건강을 연구하는 카이저 패밀리 재단의 프로그램은 특히 보건의료 관련 혹은 다른 비영리 정부단체가 소셜 네트워킹, 이용자 생성 콘텐츠, 커뮤니케이션 전략을 고양하는 새로운 디지털 미디어를 어떻게 사용할 수 있는지에 관심이 있다.

리버만은 동영상 게임과 관련이 있는 9가지 유형의 학습을 검토했다. 이들 가운데 지식, 기술과 행위, 자기규제 및 치유, 태도 및 가치 등 4가지는 캠페인과 직접 연관된다. 지식과 관련하여 상호작용적 게임은 문제를 해결하기 위해 새로운 정보와 피드백의 처리를 필요로 한다. 당뇨나 천식과 같은 만성질환을 앓거나 어린이의 야채나 과일 소비와 같은 헬스정보를 필요로 하는 사람들을 위한 상호작용적 헬스 게임은 헬스 결과를 앞장서서 향상시키는 자기관리 기술과 행위를 개선할 수 있다. 신체적 혹은 정신적 치료나 문제를 다루는 것 역시 상호작용적 게임을 통해 향상될 수 있지만 대부분의 상업적인 대중 게임은 부정적이고 공격적인 역할과 행위를 포함한다. 3차원의 대규모 다중 사용자 온라인 롤플레잉 게임 (MMORPG) 은 헬스 촉진과 행동변화를 위한 또 다른 기회이다. 이용자로 하여금 다른 이용자와의 상호작용에서 온라인 아바타를 사용함으로써 행동과 그에 따른 결과에 동기를 부여하도록 만들기 때문이다 (Annang, Muilenburg, & Strasser, 2007).

2) 온라인과 디지털 미디어를 이용한 캠페인의 특징

캠페인에서 새로운 미디어의 역할을 이해하는 데 상호작용성 (interactivity), 내로캐스팅 (narrowcasting), 테일러링 (tailoring) 과 같은 개념이 핵심적이다. 맥밀란 (McMillan, 2002) 은 상호작용성에 관한 두 가지 중요한 차원 ― 커뮤니케이션 방향과 커뮤니케이션 과정에 대한 수용자의 통제수준 ― 을 상세하게 설명했다. 두 가지 차원에 근거하여 이용자와 정보원 사이의 관계를 모놀로그 (monologue), 피드백 (feedback), 감응적인 대화 (responsive dialogue), 상호담론 (mutual discourse) 의 4가지 유형으로 구분할 수 있다. 이러한 4가지 구분은 서베이, 게임, 제품이나 서비스 구매, 이메일, 하이퍼링크, 대화방처럼 특정 디자인 특징과 연관이 있다. 상호작용성의 개념과 그 적용을 이해하는 것은 디자인의 특징과 평가기준 (가령 정보원과 수용자 사이에 관계의 방향성과 균형에 관한 관심) 은 물론 인터넷 기반 캠페인의 중요한 철학 모두를 위해서 중요한 함의를 지닌다. 하지만 헬스 관련 웹사이트의 대부분은 약간의 상호작용적 요소를 사용하는데 이러한 웹사이트는 정부나 공공단체 (.gov나 .org 확장자 사용) 보다 상업목적의 사이트 (.com) 에서 더 빈번하게 발견된다 (Rice, Peterson, & Christine, 2001; Stout, Villegas, & Kim, 2001).

(위에서 주목했던) 온라인 보건의료 정보와 관련이 있는 익숙한 문제들을 피하기 위해 리말과 애드킨스 (Rimal & Adkins, 2003) 는 세분화를 통한 내로캐스팅과 인터넷 이용자 표적화에 소셜마

---

4 역자 주: wikis는 단순화된 마크업 언어를 사용한 웹브라우저를 통해 많은 수의 상호연결된 웹페이지를 손쉽게 제작하거나 편집할 수 있도록 하는 웹사이트를 말한다.

케팅 원칙을 적용할 것을 주문했다. 목적은 효과적인 가장 적은 수의 미디어 채널과 메시지 사이에서 최적의 배합을 찾는 것이고 수용자는 특정 위험에 관해 아주 동질적으로 구분된다. 다양한 목표 미디어의 특징들은 캠페인 목적과 부합해야만 하며 메시지는 이론적으로 관련있는 수용자 특징과 어울리도록 맞춤 제작되어야만 한다. 이것은 인터넷과 다른 디지털 미디어가 어떻게 특별하게 관련이 있는지에 관한 것이며 이러한 특징들의 일부는 어떤 캠페인 목적, 수용자 세분화, 특히 메시지 맞춤 제작에 더 잘 어울릴 수 있다. 이용자로부터의 증가된 의도와 인지처리과정, 그리고 덜 중복된 내용으로 인해 상호작용적/개인화된 피드백은 일반 영양정보보다는 건강음식을 더 선택하도록 동기를 증가시키는 데 효과적이다(Brug, Oenema, & Campbell, 2003). 내로캐스팅, 익명성의 가치, 그리고 동료집단 커뮤니케이션의 예와 같이 4,600명이 넘게 참여한 온라인 설문조사는 대부분의 사람들은 정보를 얻기 위해 성병/에이즈(AIDS) 예방 웹사이트를 방문하곤 하지만 그들은 웹사이트 내에 있는 정보에 관해 이메일을 열어보거나 이야기하지 않는다고 지적했다(Bull, McFarlane, & King, 2001). 하지만 위험에 처한 대부분은 더욱 그렇게 하려고 하는데 이는 육체적 성병예방에 대한 유용한 대안이며 클리닉 상황에서 성병정보를 보완한다는 것을 의미한다.

지역 예방서비스에 대하여 미국 질병통제예방센터가 후원한 가이드(2005)는 개인 그리고/또는 표적집단의 특징에 맞게 메시지를 제작하는 **맞춤형**(*tailoring*)의 중요성을 강조했다(Tufano & Karras, 2005). "맞춤형은 개인에 대한 평가로부터 도출되는 개인의 필요, 이해, 능력, 동기를 반영하도록 메시지를 디자인하는 과정이다. 적격 여부 심사데이터에 근거하여 프로그램은 가장 알맞은 답변을 선택하고 다음엔 어드바이스로 통합되며 응답자에게 보여진다"(Brusting & van den Putte, 2006). 특히 긍정적 결과의 원인이 되는 것처럼 보이는 맞춤형은 피드백, 자기-검열, 자기 자신의 데이터를 입력하는 과정을 제공한다. 표적집단에 맞춰진 커뮤니케이션은 헬스 행동 변화를 촉진하는 데 일반적 메시지보다 대개 더 효과적이다(Neuhauser & Kreps, 2003).

리말과 애드킨스(2003)는 특히 온라인 혹은 디지털 미디어 기반 테일러링 메시지를 사용한 캠페인 가운데 긍정적 결과(노출, 주목, 사용, 회상, 신뢰도, 행동변화)를 보여주는 결과들을 검토했다. 이와 같은 긍정적 결과들은 대개 증가된 관련성, 지각된 위험, 자아 효능감, 즉 피드백을 통해서 향상된 모든 것에서 기인하는 것으로 보인다. 컴퓨터(온라인, 디스크 기반, 모바일 등)는 특히 상호작용성("선택의 복잡성, 이용을 통한 테일러링과 피드백을 지지한다. 이용자가 투자한 노력, 감응성, 정보사용에 관한 모니터링, 추가 정보의 용이함, 대인 커뮤니케이션 촉진"(Heeter, 1989), "복합성, 텔레프레즌스, 네트워크구동성, 일시적 유연성, 감각의 선명성, 익명성"(Rimal & Flora, 1997))을 통한 테일러링과 피드백을 지원한다.

컴퓨터 기반의 상호작용성, 내로캐스팅, 테일러링은 시스템이 이용자의 변화단계(그리고 의도, 태도, 자기효능감, 주관적 규범 등과 같은 잠재적 동기유발체)를 확인하는 질문을 하는 것처럼 범이론적 변화단계 모델(*transtheoretical stages of change model*)에 아주 알맞고(Prochaska & Velicer, 1997), 게다가 적합한 정보와 활동들을 제공한다. 예를 들어 자발적 등록자인 과음자 1만 명의 노출, 이용, 약화, 완성, 자기보고 영향(종속, 해로움, 정신건강에 미치는) 을 6주에 걸쳐 웹기반 개입을 통해 관찰한 연구(Linke et al., 2007) 는 명백하게도 범이론적 변화단계 모델에 기초한다. 측정은 매주 상이한 모듈을 지닌 6단계로 구성되는데 모듈에는 동기강화, 인지행동치료, 재발방지치료, 음주일기, 소비계산기, 퀴즈, 음주상황 행동분석, 이메일 또는 SMS를 이용한 리마인더와 유익한 정보 보내기, 비중재 리스트서브 등이 포함된다. 참여의 손실률은 높았지만(83.5%는 6주 모두를 끝내지 않았다는데 이들은 알코올 중독과 음주로 인해 발생하는 폐해의 위험에 놓일 가능성이 높다) 결과는 참여한 모든 이의 경우 향상된 것으로 나타났다. 저자들은 참여 손실률은 높지만 목적달성에 드는 한계비용은 낮다는데 주목했다. 이러한 개입은 1,500명이 넘는 과음자를 대상으로 한 모든 측정에서 유의미한 결과를 얻었다. 또 네덜란드 학자들은 치료수단을 찾지 않는 무절제한 과음자를 표적집단으로 삼아 범이론적 변화단계 모델에 근거하여 컴퓨터 테일러링 개입효과를 분석했다 (Brunsting & van den Putte, 2006). 실험 첫 주에 10만 명 이상의 이용자가 사이트를 이용했으며 그 후에도 매월 1만 명 이상 방문했다. 이와 같은 테일러링 음주측정은 테일러링 조언을 받은 이후 헬프 데스크에 전화로 문의하거나 이메일을 통해 조언에 대해 질문하는 것과 같은 다른 형태의 지원수단과 통합될 수 있다.

이터(Etter, 2005) 는 1차시기에는 12,000명, 그리고 2차시기에 4,200명의 이용자를 대상으로 사이트 이용 및 이들의 금연비율을 분석했다. 보다 종합적이고 상호작용적인 버전의 테일러링 프로그램과 비교했을 때 더 짧으며 니코틴 중독 및 니코틴 대체요법에 관한 정보가 풍부하지만 건강위험과 대처전략에 관한 정보는 덜 제공했던 최초 버전의 테일러링 프로그램(Stop-tabac.ch)의 경우 과거 흡연가와 변화계획단계 흡연가의 경우에만 이용 후 금연비율이 증가했다. 보다 개선된 "테일러링" 이용은 자신의 상태에 관해 테일러링된 피드백을 얻는 환자에게 상호작용성이 높은 웹사이트를 제공하는 것으로 담당 의사에게 문의하는 관련성 깊은 질문들이 제공될 수도 있다(Hartmann et al., 2007). 이러한 모델을 적용하는 다른 사례들은 어린이들을 대상으로 한 금연예방 프로그램(Buller et al., 2001) 과 상호작용적 CD-ROM 및 동영상게임 등이 있다(Lieberman, 2001).

관련된 다른 특징에는 "… 프레즌스, 동질성, 사회적 거리(스티그마 관리 포함), 익명성/프라이버시, 상호작용 관리(참여정도와 표현형식 포함) 가 포함된다. 월더 등(Walther et al., 2005) 은 이러한 각각의 속성들이 사회적 영향 및 대처인 학습의 매개과정을 통해 그러한 결과들을 촉진시키는지 그 이유를 설명하는 이론적 토대를 탐색했다.

9. 공동체 참여

통합미디어와 대인커뮤니케이션과 관련된 수단은 커뮤니티 수준에서 전개되는 그리고 이들이 전개하는 캠페인 활동들을 포함한다 (Bracht, 2001). 디어링(Dearing, 2001) 은 "사회 변화는 커뮤니티를 구성하는 사회적이고 조직화된 시스템을 통한 상보적이고 강화하는 정보의 순환으로 발생하며, 특정 지리적 영역에 대한 복합적 수준의 영향에서 긍정적으로 연관된 다중 개입수단을 통해 이루어진다"고 말했다. 우리는 커뮤니티 참여를 캠페인 구성요소의 마지막에 놓았지만 진정 커뮤니티를 기반으로 하는 캠페인은 시작부터 즉시 이해관계자로 참여할 것이라는 것을 주목해야 한다. 실제 많은 기금모금 단체들은 기획과 집행 프로토콜의 부분으로서 커뮤니티 관여를 요구한다. 커뮤니티 기반 캠페인의 핵심 동기부여 가운데 하나는 지역 착수활동을 통한 자발적 결합체이며 구성원인 커뮤니티에 권한을 부여하는 것이다. 이러한 "사회생태학적 기반"(social ecology-based) 접근법은 일부 커뮤니티 후원의 형태를 띠지만 외부변화기관들이 커뮤니티 내의 개인에게(혹은 "고객") 전형적인 전문성과 해결책을 제공하는 "사회적 기획"(social planning) 접근과는 근본적으로 다르다. 디어링(Dearing, 2003)은 필연적이지만 외부와 커뮤니티 근간의 재원, 전문성, 의제 사이에 균형을 맞추는 게 어렵다는 것을 강조하는 성공적인 조직화 구성요소를 검토했다. 최초 목적의 지속가능성과 제도화는 헬스 커뮤니케이션 실무자들이 관심을 집중해야 할 가장 중요한 문제이다.

브라크트(Bracht, 2001)는 커뮤니티 캠페인 조직화 과정의 주요 단계를 5가지로 구분했다.

① 커뮤니티 분석실행(커뮤니티 자산과 역사 확인, 지리·인구·정치권한의 범위에 따른 커뮤니티 성격규정, 커뮤니티 참여에 관한 데이터 수집, 변화를 위한 커뮤니티 능력 및 준비 평가),

② 캠페인 기획과 시작(공동협력을 위한 조직구조 개발, 조직에서 커뮤니티 참여와 회원구성 증대, 최초 개입계획 개발),

③ 캠페인 집행(모든 참가자의 역할 및 책임 명확화, 시민과 자원봉사자에게 오리엔테이션과 교육 훈련 제공, 지역상황에 걸맞고 광범위한 시민참여를 이끌어내는 개입계획 세련화),

④ 프로그램 유지보수 통합(높은 수준의 사원 봉사자 운동 유지, 커뮤니티 네트워크에 개입활동의 통합지속),

⑤ 커뮤니티 캠페인 결과 홍보와 지속가능성 프로모션(캠페인 활동 및 결과 재평가, 지속가능성 정교화 계획, 커뮤니티 분석 업데이트)

커뮤니티 차원의 접근법은 스탠포드 심장병 예방프로그램에서 강조되었다(Flora, 2001). 3가지의 커뮤니티 동원 모델이 적용되었는데 이는 ① 합의개발(consensus development)(다양한 커뮤니티 구성원의 참여), ② 사회행동(social action)(새로운 사회구조와 정치과정에의 참여를 이끌어내기 위한 동원), ③ 사회계획(social planning)(시스템 차원의 변화를 제안하고 기획하기 위한 전문 데이터 사용) 등이다. 캠페인 메시지, 자원, 활동들은 미디어, 교육훈련 강사, 직장경연 및 워크숍, 학교, 식당 및 잡화점, 보건의료 전문가, 콘테스트 혹은 복권추첨을 통해 개발되거나 집행되었다.

뉴미디어는 특히 커뮤니티 캠페인에 매우 유용하다. 2001년에 캐나다의 도시 커뮤니티는 정부규제에 저항하는 보수성향의 행정구역에서 흡연조례(간접흡연으로부터 18세 미만의 어린이를 더 보호하려는) 개정을 주장하는 캠페인의 가장 중요한 구성요소(공공포스터, 옥외광고, 언론보도 외에)로 인터랙티브 웹사이트(건강 위험과 시 위원회 행사에 관한 메시지 제공)와 이메일을 사용했다. 인터넷 설문조사와 초점집단 인터뷰를 실시한 결과 커뮤니티 구성원의 3분의 2 이상이 캠페인 기간 동안 시 위원회와 접촉했으며(3분의 1은 캠페인 실시 전에 이미 접촉), 절반은 부분적으로는 정치관여능력 증대로 시민이슈 참여에 더 참여하게 될 것 같다고 응답한 것으로 나타났다 (Grierson et al., 2006). 이러한 결과는 원했던 수준에 미치지는 못하지만 흡연조례의 최종개정을 이끌어냈다. 웹사이트 관여는 76.4%로 하여금 다른 사람들과 흡연조례에 대해 토론하도록 영향을 미쳤으며 63.8%는 사이트 링크를 친구들에게 전송한 것으로 나타났다. 캠페인 평가는 특히 어떤 이슈가 자신들의 복지를 고쳐시키거나 위협할 때 "커뮤니티 능력구축"의 중요성을 역설했다. 이는 삶의 질을 향상시키기 위해 커뮤니티 구성원들로부터의 개인 그리고 집단자산을 포함하며 의사결정과정 그리고 커뮤니티 변화를 이끌어내는 지식 및 기술능력에 대한 신뢰할 만한 접근을 필요로 한다. 시민참여(다양한 구성원, 집단행동, 변화에 대한 규정 및 집행)와 사회적 신뢰는 커뮤니티 능력구축에 관한 두 가지의 주요 지표이다(Grierson et al., 2006).

온라인 혹은 CD-ROM은 커뮤니티 캠페인 개발 및 집행에 유용한 도구가 되었다. 피네건 등 (Finnegan et al., 2001)은 심장발작에 대한 긴급반응 촉진효과를 포함하는 커뮤니티 처치·통제 현장실험을 근거로 심장발작 증상 간호를 원할 때 환자 지체에 관한 문제를 강조하는 커뮤니티 개입 테크놀로지를 가용하게 하는 월드와이드웹의 이용에 대해 설명했다. 이들은 사이트 운용에 사용한 10단계를 논의했는데 이는 소셜마케팅 단계와 유사하다. 10단계는 ① 예비 질문(데이터 수집), ② 범위와 임무 정의, ③ 웹사이트 섹션에 관한 상세한 개관, ④ 사이트 조직에 관한 동영상 표현, ⑤ 사이트 레이아웃, 페이지 디자인 결정, 이용자 인터페이스, ⑥ 재료수집, ⑦ 기술훈련, ⑧ 디자인 기술개발(집행), ⑨ 유

지계획 개발 및 집행, ⑩ 평가계획 개발 및 집행 등이다. 사이트는 개별 현장실험처치 커뮤니티로부터 사례자료를 포함하는 커뮤니티 기반개입을 어떻게 개발할 것인지에 관한 상세한 정보를 제공했다. 헬스 커뮤니케이션 기획과 평가를 위한 CD-ROM은 미국 질병통제센터와 존스홉킨스 블룸버그 스쿨의 공중보건 커뮤니케이션 프로그램 센터에서 구할 수 있다. 벤튼 재단 (2007), 커뮤니케이션 네트워크(2008), 스마트차트 2.0(2007), 스핀 프로젝트(2007) 또한 의지할 수 있는 사이트로 이들 모두 비영리조직을 추구한다.

리버만(Lieberman, 2006)은 커뮤니티 캠페인을 상당한 사회적 상호작용, 지식공유, 협력, 집합적 이익을 포함하는 온라인 커뮤니티 게임과 결합할 것을 주장했다. 인기 있는 게임과 연관된 것은 팬 사이트와 토론집단으로의 동일시, 지식, 사회적 접촉을 증진시킨다. 모바일 서비스 및 도구들은 시간과 장소에 관계없이 언제라도 커뮤니티 플랫폼 접근을 허락함으로써 헬스 개입 목적의 가상 커뮤니티의 일부가 된다.

10. 총괄평가 집행

발렌테(Valente, 2001)는 "평가는 개념화, 기획, 집행, 개입의 실용성을 이해하기 위한 연구절차의 체계적 적용이다"라고 정의하면서, 종합적 평가 틀을 다음과 같이 제안했다. ① 평가요구, ② 메시지 디자인을 위한 공식적 연구 실시, ③ 처치, 비교, 도구, 모니터링 방법 고안, ④ 연구진행, ⑤ 총괄평가, ⑥ 이해관계자 및 타 연구자와의 연구결과 공유 등이 그것이다. 캠페인

의 최초 일부분으로서 평가기획개발은 집행자 및 연구자로 하여금 바라는 캠페인의 결과와, 그러한 목적을 달성하기 위해 캠페인이 어떻게 집행되어야 하는지에 대해서 명확하게 진술하도록 강제한다. 평가의 실질 재정비용 및 시간비용은 현실이지만 이는 현재의 캠페인은 물론 후속캠페인의 이해관계자 모두에게 매우 가치있는 투자이다.

발렌테(2001, 2002)는 선별성, 검증, 역사와 성장, 민감화로 인한 타당도 위협의 감소를 촉진하는 고전적 연구설계들을 요약했다. 개입과 결과의 수준 및 시기는 횡단면 설계, 코호트(cohort), 패널, 시계열 혹은 사건역사 설계가 적합한 것인지, 그리고 이러한 개입이 개인, 집단, 커뮤니티 수준에서 발생하는지에 영향을 미친다. 자기선택, 커뮤니티를 아우르는 처치 확산, 대인간 그리고 매개된 네트워크를 통한 커뮤니케이션 및 영향의 역할에 대해서도 고려해야 한다.

적절한 총괄평가는 중요한 인과적 사슬이 평가결과에 의해 거부되는 이론 실패와, 프로그램 집행이 부적당하거나 부정확하여 책임 할당, 신뢰, 그리고 앞으로의 캠페인을 위한 교훈을 수반하는 정도인 과정 혹은 프로그램 실패 사이를 구별할 수 있다(Vanlente, 2002). 인과적 과정과 일시적인 투입 및 결과의 연속성을 명확하게 하는 게 요구되는 것처럼 이론은 메시지 및 개입기획을 촉발시키는 원인이 되고 그런 까닭에 평가의 근간이 된다. 총괄평가는 ① 수용자(예: 규모, 특징), ② 기획된 캠페인 구성요소의 집행, ③ 효과(예: 태도, 행동, 헬스 상태에 대한 영향), ④ 규모가 큰 집합에 대한 영향(예: 가족 혹은 정부기관), ⑤ 비용(예: 총지출, 비용대비 효과), ⑥

인과적 과정(예: 효과 발생 이유 분리)(Flay & Cook, 1989) 등 캠페인의 6가지 측면의 질문에 대한 답변 확인 및 측정으로 구성된다.

1) 체계 관점

라이스와 풋(Rice & Foote, 2001)은 개발도상국가의 헬스커뮤니케이션 캠페인에 특별하게 적용한 기획 캠페인 평가에 대한 체계-이론적 접근법을 제안했다. 중요한 기본 가정은 이전 상태를 바꾸기 위해 의도된 캠페인 투입은 일련의 체계 속박 요인들에 의해 매개되고, 그에 따라 일부 투입은 결과로 전환되는 과정에 진입한 후 새로운 사후-상태로 진화하고 체계 속박요인을 변경시킨다. 캠페인 평가기획은 투입의 타이밍과 특징(미디어 채널, 메시지, 재료자원 등) 그리고 체계의 관련 단계에 대한 측정에 잘 부합해야만 한다. 이 접근법은 7단계로 구성된다. ① 프로젝트의 목적 및 중요한 가정의 구체적 명시, ② 프로젝트 수준에 걸맞은 모델의 구체적 명시, ③ 사전상태, 체계단계, 체계 제약사항의 구체적 명시, ④ 의도된 즉각적이고 장기적인 사후상태 그리고 낮은 수준의 자기효능감 집단에 대한 위협소구에 따른 위해한 행동, 심리적 저항, 두려움 발생과 같은 의도하지 않은 결과(부메랑효과) 방지를 위한 구체적 방안, ⑤ 개인적 그리고 사회적(예: 커뮤니티 네트워크) 수준에 맞는 모델 구체화, ⑥ 체계에 적합한 연구 접근법 선택, ⑦ 캠페인 설계에 영향을 미치는 함의평가 등이 그것이다.

과정평가의 일부분으로서 라이스와 풋은 기획된 투입, 실제 투입, 진행 중 투입의 3가지를 구별했다. 식견에 기반한 캠페인 평가는 이러한 유형의 투입을 분리해서 측정하고 분석해야만 한다. 예를 들어 48건의 미국 캠페인을 메타분석한 스나이더(Snyders, 2001)는 개입된 커뮤니티에서 단지 평균 40% 정도의 사람들만이 특정 캠페인에 노출된 것으로 보고했다는 것을 발견했다. 스탠포드의 5개 커뮤니티 연구는 메시지 목표, 내용, 도달, 노출에 관한 광범위한 데이터를 수집함으로써 프로그램 편성의 양, 방송 및 대인간 전달, 폭넓은 범위의 커뮤니케이션 개입의 참여 등을 명확하게 평가할 수 있었다. 유사하게 체계기획 및 통합캠페인의 밀도 높은 프로그램은 밀 생산 국가에서의 쥐잡이와 같은 복잡한 문제, 그리고 청소년 음주와 같은 커뮤니티 차원의 이슈에 적용되었다.

2) 온라인/디지털 미디어 캠페인 평가와 관련된 난제

온라인/디지털 미디어 캠페인 구성요소들이 많은 혜택과 기회요인을 제공하지만 해결해야 할 새로운 난제 또한 없지 않다. 이러한 난제에는 이미 알고 있는 하위모집단 확인 및 도달에의 어려움 증가, 전통적인 매스미디어인 방송양식에서 개인화된 뉴미디어로의 이동 증가, 개별 사용자의 콘텐츠 생산과 콘텐츠의 특별한 순서 및 양식과의 상호작용, 특정주제에 대한 보다 나은 학습을 위한 복합 미디어 사용, P2P 커뮤니케이션의 중요성이 포함된다(Livingstone, 2004). 이러한 난제들은 방법론과 관련된 몇몇 문제들을 야기하는데 이에는 실제행위 관찰노력과 개인적으로 생성된 멀티미디어 경험(자체적으로 변화하거나 기록보관실에 어떤 흔적도 남기지 않고 사라지는 사이트 및 콘텐츠)의 의미에 관

한 결정 등이 포함된다.

모집방법과 환자의 특징이 참여율, 관여, 지속적 참여와 어떻게 관련되는지도 난제에 포함된다(Glasgow et al., 2007). 특정한 조건 없이 임의로 웹기반 개입을 사용하도록 이용자를 확보하는 것은 어렵다(Verheijden et al., 2007). 개입에의 노출을 평가하는 방법이 너무나 다양하기 때문이다. 웹에서 금연을 위한 무연흡연 금연프로그램에 관한 임의통제 시도인 츄프리닷컴(ChewFree. com)의 예로 들면서, 다나허 등(Danaher et al., 2006)은 이메일 작성(종료방법을 테일러링한 의도된 '종료일', 메시지 지원, 부정기적 사이트 이용자 격려 메시지 관련), 세션/방문(방문자, 시간, 패턴, 이용 위축률), 조회(숫자, 페이지 유형, 포스팅)와 같은 측정수단을 확인하고 정의했다. 온라인 개입은 선택적 등록은 물론 선택적 보유라는 위험(즉, 여러 차례에 걸친 이용 혹은 개입의 시간 길이를 통해)이 지속된다. 테일러링 된 온라인 라이프스타일/신체 관련 사이트 이용을 분석한 연구는 인터넷 사이트는 특정 표적 비만수용자에 의한 장기간의 지속적 사용의 이유가 될 수 있지만 다른 표적집단들(신체활동 및 야채소비 수준이 높은 수용자)은 해당 사이트를 덜 지속적으로 이용할 가능성이 높은 것으로 나타났다(Verheijden et al., 2007). 상호작용적이고 테일러링된 사이트 이용에 관련된 또다른 어려움은 측정의 신뢰도와 타당도를 결정하는 것인데 이는 상이한 심리측정학적 속성들(가령, 상이한 응답자 집단이 전체 설문지 가운데 서로 다른 일부분만을 답변, 강조된 개념보다는 공통적으로 이해된 증상을 토대로 한 질문의 분류, 응답항목의 하위집단의 표본크기 결정의 어려움) 때문이다(Ruland, Bakken, & Røislien, 2007). 역동

적으로 하이퍼링크된 웹사이트는 모든 전통적인 평가방법으로 분석할 수 있는 것은 아니다. 헬스 관련 사이트를 평가하기 위해 존재하는 평가기준은 거의 없다. 스나이더 등(Sneider et al., 2001)은 미국이 연방차원에서 65세 이상의 노인과 특정기준에 부합하는 계층만을 대상으로 한 의료보장제도 사이트에 관한 복합방법평가(인터넷 이용자 대상 온라인 설문조사, 사이트 방문자 대상 온라인 설문조사, 전문가 연구, 초점집단 인터뷰, 시각장애 인터넷 이용자 대상 초점집단 인터뷰)를 개발했다. 이들은 앞서 제시한 방법 이외에도 유용성 검증, 웹사이트 관리자 인터뷰, 이해관계자 인터뷰, 온라인 초점집단 인터뷰, 비동기적 포럼, 웹이용/로그 분석, 이용자 이메일 분석, 상호호환평가 등을 추천했다.

3) 유효성 및 효과평가

효과의 정도에 관해서 48건의 매개된 헬스캠페인을 메타분석한 연구는 .09의 상관관계를 나타내어 통제 커뮤니티에서보다 개입 커뮤니티의 사람들은 7~10%의 전체적인 행동변화를 보여준다. 새로운 행동을 프로모션하는 것(12%)은 오랜 행동을 그만두는 것(5%)이나 새로운 행동을 예방하는 것(4%)보다 훨씬 효과적인 것처럼 보이며, 강화전략(17%)과 새로운 정보공급(14%)은 괄목할 정도로 효과를 증대시켰다.

하지만 캠페인 유효성 평가는 쉽게 이루어지지 않으며 정교한 총괄평가조차도 그러하다. 이는 "효과"(effects)와 "유효성"(effectiveness)이 동일하지 않고, "유효성" 자체를 구성하는 것들이 논쟁 여지가 있고 모호하기 때문이다(Salmon & Atkin, 2003; Salmon & Murray-Johnson, 2001).

적어도 6가지 정도의 "유효성" 측정이 고려될 수 있다.

① 유효성 정의(definitional effectiveness)는 다소 정치적이다: 다양한 이해관계자들이 사회문제로 정의된 사회현상을 얼마나 중요하게 받아들이느냐이다. 앞서 언급한 것처럼 페이슬리(2001)는 건강문제를 중요한 공공의제로 만드는 측면에서 그리고 캠페인 관심을 제1당사자 혹은 제2당사자 주장으로 정의하는 차원에서 이러한 문제를 생각했다. 예를 들어 버틀러는 "Got Milk?" 캠페인이 연방차원의 규제와 역지시 연구에도 불구하고 업체 후원 이슈 및 평가의 부족과 어떻게 싸웠는지를 보여줬다.

② 이념적 유효성(ideological effectiveness)은 이러한 문제들이 근본적으로 개인적 혹은 사회적으로 정의되었는지에 관심을 갖는다. 즉 알코올 중독은 개인이 책임지는 이슈로 간주되고 다루어져야만 하는가?("지정운전자" TV캠페인에서처럼, Winston & DeJong, 2001 참조.) 혹은 알코올 중독이 광범위한 음주광고 및 오락물에 포함된 것으로 간주되어야만 하는가?

③ 정치적 유효성(political effectiveness)은 캠페인이 다른 결과에 대한 측정과는 상관없이 일부 이해관계자를 위한 가시성 혹은 상징적 가치를 창출한 정도이다.

④ 맥락적 유효성(contextual effectiveness)은 특정맥락 내에서 개입이 성취한 목적의 정도를 평가한다. 예를 들어, 교육, 집행 혹은 공학 접근법은 상이한 문제의 경우 적절성이 아주 다를 수 있으므로(Paisley, 2001), 자동차 배기가스 감소와 같은 공학접근법이 가장 적합하다면 태도변화 캠페인을 평가하기에 공정치 못할 수 있다(어쩌면 실행하기에 어리석은 것일 수도 있다).

⑤ 비용효과분석(*cost-effectiveness*)은 시간의 흐름에 따른 상이한 투입과 결과 사이의 균형유지에 관한 관심이다. 예를 들어, 예방캠페인은 치료캠페인보다 시간이 흐르면서 실제로 훨씬 더 많은 돈을 절약할 수 있다. 그러나 결과는 보다 장기적인 시간대에 걸쳐 발생하는 것들을 측정하는 것은 더욱 어려워진다. 더구나 어떤 문제(낮은 출현율을 보이는 문제이거나 폭넓은 위협을 야기하는 문제)를 치료하는 것은 다른 영역에서 비용 증가를 유발할 수 있어 전체적으로 헬스 유효성이 더 낮아진다.

⑥ 프로그램 유효성(*programmatic effectiveness*)은 아마도 가장 친숙한 접근법인데 캠페인 수행은 진술된 캠페인의 목적과 목표에 근거하여 평가된다. 샐먼과 머레이-존슨(Salmon & Murray-Johnson, 2001)은 캠페인은 의도한 효과를 얻었는지 그리고 캠페인이 효과적인지라는 두 가지 차원에서 평가되어야만 한다고 했다. 4가지 조건의 결과가 아주 상이한 전체적인 평가를 이끌어낸다. 예를 들면 지역 보건의료 기관 공익광고는 높고 측정할 만한 노출을 확보하는 데 매우 성공적이지만 전문적인 도움을 받을 곳으로 보내거나 방문하기 혹은 눈에 띄게 질병 감소를 불러오는 효과는 달성하지는 못한다.

4) 의도하지 않은 효과

캠페인 평가는 발생 가능한 의도하지 않은 해로운 결과들(대인간 지원, 고립증가, 문제의 가시성 감소와 불명예 강화 등), 또는 개입의 직접비용이 아닌 관련비용(지역 보건의료 서비스나 환자의 사회적 네트워크)을 전혀 고려하지 않는다(Griffiths et al., 2006). 온라인 캠페인 개입에서

참여자간 토론(채팅이나 토론 공간)은 나타날 수 있는 의도하지 않은 효과의 하나인데, 부메랑 효과(주제에 관한 토론증가 때문에 지배적 혹은 일탈적 구성원은 초기 반대주장, 합의 혹은 다수 태도를 현저한 것으로 묘사)를 일으키거나 증가된 최초 신념에의 집착을 초래할 수 있다(David, Cappella, & Fishbein, 2006). 조와 샐먼(Cho & Salmon, 2007)은 그러한 가능성을 위한 개념적 틀을 제공하는 의도하지 않은 효과의 유형을 개발했다. 이들 모델은 의도하지 않은 효과가 발생할 수 있는 차원을 ① 시간(단기, 장기), ② 수준(개인, 사회), ③ 수용자(표적수용자, 기타), ④ 콘텐츠(특정콘텐츠 관련 혹은 매체이용과 간접적으로 관련된), ⑤ 방향(바람직한, 바람직하지 않은) 등의 5가지로 구분했다. 이러한 5가지 차원을 교차하여 11개의 비의도 효과(당혹, 부조화, 부메랑, 유행성 불안, 탈민감화, 죄책감, 기회비용, 사회적 재생산, 사회적 규범화, 합법화, 체계활성화)가 차별적으로 발생할 수 있다(예를 들어, 11개 효과 모두 바람직하지 않은 방향과 관련이 있을 수 있으며 단 3개만이 단기적 효과와 관련이 있다).

11. 지속되는 난제 검토

공공커뮤니케이션 캠페인 기획, 집행, 평가에서 다양한 이론적이고 실제적인 난제와 긴장은 늘 존재한다. 많은 중요한 문제들은 집합적 이익(쓰레기 투기감소)을 포함하지만 대부분의 캠페인은 개인적 이익을 촉진할 때 성공을 거두었다. 하지만 중국에서 이루어진 많은 캠페인(Liu, 2001 참조) 혹은 환경캠페인 협회(Cox, 2006)의 캠페인이 어떻게 집합적 이익의 현저성을 증대시

538

키는가? 교육과 오락의 적합한 혼합은 어떠한가? 새로운 "인포테인먼트" 캠페인은 주류 상업 미디어에 끼워져야만 하는가?(Singhal et al., 2004) 일반적으로 미디어 채널을 사용하는 캠페인은 음주, 폭력, 환경 피해와 같은 캠페인 이슈와 관련하여 널리 퍼져있는 미디어의 부정적 영향을 어떻게 극복할 것인가?(Moser & Dilling, 2007; Wallack & Dorfman, 2001) 장기적 효과와 목표로부터 단기적 효과와 목표를 구별하는 이론이나 캠페인 설계는 거의 없다. 무엇이 상대적으로 강조되어야만 하며, 그리고 캠페인이 어떻게 장기적 결과를 달성할 수 있는가(McGuire, 2001; Valente, 2002)? 특정캠페인 목적을 위해 대인간 커뮤니케이션, 매스미디어, 새로운 인터랙티브 미디어 커뮤니케이션은 어떻게 조합될 수 있는가?(Cappella et al., 2001; Murero & Rice, 2006; Rice & Katz, 2001) 조직, 정부기관, 유권자집단에 의해 행해지는 보다 광범위한 치료접근을 피하기 위해 예방접근을 어떻게 성공적으로 프로모션할 수 있는가?(Dervin & Frennette, 2001; Rice, 2001; Wallack & Dorfman, 2001) 커뮤니케이션 캠페인이 목표로 삼은 문제들에 대한 개인 차이 대 사회구조의 상대적 영향은 무엇인가?(Piotrow & Kincaid, 2001; Rice & Foote, 2001) 캠페인이 위험과 미래 결과에 관하여 본질적으로 상이한 평가를 지니고, 근본적으로 인터랙티브 및 개인 미디어 사용에서 차이가 있으며, 면대면 커뮤니케이션과 온라인 및 무선 동료 네트워크 모두에 아주 깊게 몰입하는 젊은이들과 어떻게 하면 효과적으로 커뮤니케이션할 수 있을까?(Kim, Kim, Park, & Rice, 2007; Piotrow & Kincaid, 2001) 마지막으로 캠페인은 과정 전체에 걸쳐 요구되는 많은 선택들과 관련된 광범위한 윤리적 차원의 함의들을 어떻게 해결할 것인가(Guttman, 2003)?

참고문헌

Adhikarya, R. (2001). The strategic extension campaigns on rat control in Bangladesh. In R. E. Rice & C. K. Atkin(Eds.), *Public communication campaigns*(3rd ed.). Thousand Oaks, CA: Sage.

Ajzen, L., & Fishbein, M. (1980). *Understanding attitudes and predicting social behavior*. Englewood Cliffs, NJ: Prentice-Hall.

Alcalay, R., & Bell, R. A. (2000). *What is social marketing? From Promoting nutrition and physical activity through social marketing: Current practices and recommendations*. Center for Advanced Studies in Nutrition and Social Marketing, Davis, CA: University of California. Retrieved March, 2008 from http://socialmarketing-nutrition.ucdavis.edu.

Alcalay, R., & Taplin, S. (1989). Community health campaigns: From theory to action. In R. E. Rice & C. Atkin(Eds.), *Public communication campaigns*(2nd ed.). Newbury Park, CA: Sage.

Annang, L., Muilenburg, J., & Strasser, S. (2007). *Three-dimensional online virtual worlds: An opportunity to expand the horizons of health promotion*. Paper presented at 135th American Public

Health Association conference, Nov 2007, Washington, D. C.

Atkin, C. K. (2001). *Theory and principles of media health campaigns.* In R. E. Rice & C. K. Atkin (Eds.), *Public communication campaigns* (3rd ed.). Thousand Oaks, CA: Sage.

Atkin, C. K., & Freimuth, V. (2001). Formative evaluation research in campaign design. In R. E. Rice & C. K. Atkin (Eds.), *Public communication campaigns* (3rd ed.). Thousand Oaks, CA: Sage.

Backer, T., Rogers, E. M., & Sopory, P. (1992). *Designing health communication campaigns: What works?* Newbury Park, CA: Sage.

Bandura, A. (1977a). Self-efficacy: Toward a unifying theory of behavioral change. *Psychological Review*, 84 (2), 191-215.

Bandura, A. (1977b). *Social learning theory.* Englewood Cliffs, NJ: Prentice-Hall.

Bern, D. (1970). *Beliefs, attitudes and human affairs.* Belmont, CA: Brooks/Cole.

Benigeri, M., & Pluye, P. (2003). Shortcomings of health information on the Internet. Health Promotion International, 18 (4), 381-386.

Benton Foundation. (2007). Retrieved March, 2008 from http://www.benton.org.

Bracht, N. (2001). Community partnership strategies in health campaigns. In R. E. Rice & C. K. Atkin (Eds.), *Public communication campaigns* (3rd ed.). Thousand Oaks, CA: Sage.

Browning, G. (2002). PSAs in a new media age. In V. Rideout, & T. Hoff (Eds.), *Shouting to be heard: PSAs in a new media age.* Kaiser Family Foundation report. Retrieved March, 2008 from http://www.kff.org/entmedia/Ioader.

Brug, J., Oenema, A., & Campbell, M. (2003). Past, present, and future of computer tailored nutrition education. *American Journal of Clinical Nutrition*, 77 (4).

Brunsting, S., & van den Putte, B. (2006). Web-based computer-tailored feedback on alcohol use: Motivating excessive drinkers to consider their behavior. In M. Murero & R. E. Rice (Eds.), *The Internet and health care: Theory, research and practice.* Mahwah, NJ: Erlbaum.

Bull, S. S., McFarlane, M., & King, D. (2001). Barriers to STD/HIV prevention on the Internet. *Health Education Research*, 16 (6), 661-670.

Buller, D., Woodall, W. G., Hall, J., Borland, R., Ax, B., Brown, M., & Hines, J. M. (2001). A web-based smoking cessation and prevention program for children aged 12-15. In R. E. Rice & C. K. Atkin (Eds.), *Public communication campaigns* (3rd ed.). Thousand Oaks, CA: Sage.

Butler, M. (2001). America's sacred cow. In R. E. Rice & C. K. Atkin (Eds.), *Public communication campaigns* (3rd ed.). Thousand Oaks, CA: Sage.

Cappella, J., Fishbein, M., Hornik, R., Ahern, R. K., & Sayeed, S. (2001). Using theory to select messages in anti-drug media campaigns: Reasoned action and media priming. In R. E. Rice & C. K. Atkin (Eds.), *Public communication campaigns* (3rd ed.). Thousand Oaks, CA: Sage.

Cho, H., & Salmon, C. T. (2007). Unintended effects of health communication campaigns. *Journal of Communication*, 57 (2), 293-317.

Cialdini, R. (2001). Littering: When every litter bit hurts. In R. E. Rice & C. K. Atkin (Eds.), *Public communication campaigns* (3rd ed.). Thousand Oaks, CA: Sage.

Cox, R. (2006). *Environmental communication and the public sphere.* Thousand Oaks, CA: Sage.

Crano, W., & Burgoon, M. (Eds.). (2002). *Mass media and drug prevention: Classic and contemporary theories and research.* Mahwah, NJ: Erlbaum.

Cumbo, A., Agre, P., Dougherty, J., Callery, M., Tetzlaff, L., Pirone, J., & Tallia, R. (2002). Online cancer patient education: Evaluating usability and content. *Cancer practice,* 10(3).

Cunningham, J. A., Humphreys, K., Kypri, K., & van Mierlo, T. (2006). Formative evaluation and three-month follow-up of an online personalized assessment feedback intervention for problem drinkers. *Journal of Medical Internet Research,* 8(2):e5. Retrieved March, 2008 from ⟨http://www.jmir.org/2006/2/e5/⟩

Curioso, W. (2006). New technologies and public health in developing countries: The cell PRE-VEN Project. In M. Murero & R. E. Rice(Eds.), *The Internet and health care: Theory, research and practice.* Mahwah, NJ: Erlbaum.

Danaher, B. G., Boles, S. M., Akers, L., Gordon, J. S., & Severson, H. H. (2006). Defining participant exposure measures in web-based health behavior change programs. *Journal of Medical Internet Research,* 8(3):e15. Retrieved March, 2008 from ⟨http://www.jmir.Org/2006/3/e15/⟩

Danaher, B. G., Jazdzewski, S. A., McKay, H. G., & Hudson, C. R. (2005). Bandwidth constraints to using video and other rich media in behavior change websites. *Journal of Medical Internet Research,* 7(4):e49. Retrieved March, 2008 from ⟨http://www.jmir.org/2005/4/e49/⟩

Danaher, B. G., McKay, H. G., & Seeley, J. R. (2005). The information architecture of behavior change websites. *Journal of Medical Internet Research,* 7(2):e12. Retrieved March, 2008 from ⟨http://www.jmir.Org/2005/2/e12/⟩

David, C., Cappella, J., & Fishbein, M. (2006). The social diffusion of influence among adolescents: Group interaction in a chat room environment about antidrug advertisements. *Communication Theory,* 16(1), 118-140.

Dearing, J. W. (2001). The cumulative community response to AIDS in San Francisco. In R. E. Puce & C. K. Atkin(Eds.), *Public communication campaigns*(3rd ed.). Thousand Oaks, CA: Sage.

Dearing, J. W. (2003). The state of the art and the state of the science of community organizing. In T. L. Thompson, A. M. Dorsey, K. I. Miller, & R. Parrott(Eds.), *Handbook of health communication.* Mahwah, NJ: Erlbaum.

Delichatsios, H. K., Friedman, R. H., Glanz, K., Tennstedt, S., Smigelski, C., Pinto, B. M., Kelley, H., & Gillman, M. W. (2001). Randomized trial of a "talking computer" to improve adults' eating habits. *American Journal of Health Promotion,* 15(4).

Dervin, B., & Frenette, M. (2001). Applying sense-making methodology: Communicating communicatively with audiences as listeners, learners, teachers, confidantes. In R. E. Rice & C. K. Atkin(Eds.), *Public communication campaigns*(3rd ed.). Thousand Oaks, CA: Sage.

Dozier, D., Grunig, L., & Grunig, J. (2001). Public relations as communication campaign. In R. E. Rice & C. K. Atkin(Eds.), *Public communication campaigns*(3rd ed.). Thousand Oaks, CA: Sage.

Edgar, T., Noar, S., & Freimuth, V. (2007). Communication perspectives on HIV/AIDS for the

21st century. Mahwah, NJ: Erlbaum.

Edgerton, E., Nail, J., Burnett, A., & Maze, T. (2007). *Health campaigns and new media*: *Seasonal flu*. Paper presented at 135th American Public Health Association conference, Nov. 2007, Washington, DC.

Etter, J. (2005). Comparing the efficacy of two internet-based, computer-tailored smoking cessation programs: A randomized trial. *Journal of Medical Internet Research*, 7(1): e2. Retrieved March, 2008

Festinger, L. (1954). A theory of social comparison processes. *Human Relations*, 7, 117-140.

Finnegan, J. Jr., Alexander, D., Rightmyer, J., Estabrook, B., Gloeb, B., Voss, M., Leviton, L., & Luepker, R. (2001). Using the web to assist communities in public health campaign planning: A case study of the REACT project. In R. E. Rice & J. E. Katz(Eds.) (2001). *The Internet and health communication*: *Expectations and experiences*. Thousand Oaks, CA: Sage.

Fishbein, M., & Cappella, J. N. (2006). The role of theory in developing effective health communications. *Journal of Communication*, 56(Supplement), S1-S17.

Flay, B., & Cook, T. (1989). Three models for summative evaluation of prevention campaigns with a mass media component. In R. E. Rice & C. Atkin(Eds.), *Public communication campaigns*(2nd ed.). Newbury Park, CA: Sage.

Flora, J. (2001). The Stanford community studies: Campaigns to reduce cardiovascular disease. In R. E. Rice & C K. Atkin(Eds.), *Public communication campaigns*(3rd ed.). Thousand Oaks, CA: Sage.

Franklin, P. D, Rosenbaum, P. E., Carey, M. P., & Roizen, M. F. (2006). Using sequential email messages to promote health behaviors: Evidence of feasibility and reach in a worksite sample. *Journal of Medical Internet Research*, 8(1): e3. Retrieved March, 2008 from http://www.jmir.org/2006/1/e3/

Geary, C., Burke, H. M., Castelnau, L., Neupane, S., Sail, Y. B., & Wong, E. (2007). Exposure to MTV's global HIV prevention campaign in Kathmandu, Nepal; Sao Paulo, Brazil; and Dakar, Senegal. *AIDS Education and Prevention*, 19(1), 36-50.

Glasgow, R. E., Nelson, C. C., Kearney, K. A., Reid, R., Ritzwoller, D. P., Strecher, V. J., Couper, M. P., Green, B., & Wildenhaus, K. (2007). Reach, engagement, and retention in an internet-based weight loss program in a multi-site randomized controlled trial. *Journal of Medical Internet Research*, 9(2):ell. Retrieved March, 2008 from ⟨http://www.jmir.Org/2007/2/ell/⟩

Grierson, T., Van Dijk, M. W, Dozois, E., & Mascher, J. (2006). Using the Internet to build community capacity for healthy public policy. *Health Promotion Practice*, 7(1), 13-22.

Griffiths, F., Lindenmeyer, A., Powell, J., Lowe, P., & Thorogood, M. (2006). Why are health care interventions delivered over the internet? A systematic review of the published literature. *Journal of Medical Internet Research*, 8(2). Retrieved March, 2008 from http://www.jmir.org/2006/2/elO/ Guide to Community Preventive Services, http://www.thecommunityguide.org/pa/pa- int-indiv-behav-change.pdf [accessed 2008 Mar 21].

Guttman, N. (2003). Ethics in health communication interventions. In T. L. Thompson, A. M. Dorsey, K. I. Miller, & R. Parrott(Eds.), *Handbook of health communication* (pp. 651-679). Mahwah, NJ: Erlbaum.

Hanauer, D., Dibble, E., Fortin, J., & Col, N. F. (2004). Internet use among community college students: Implications in designing healthcare interventions. *Journal of American College Health*, 52(5), 197-202.

Hartmann, C. W., Sciamanna, C. N., Blanch, D. C., Mui, S., Lawless, H., Manocchia, M., Rosen, R. K., & Pietropaoli, A. (2007). A website to improve asthma care by suggesting patient questions for physicians: Qualitative analysis of user experiences. *Journal of Medical Internet Research*, 9(1):e3. Retrieved March, 2008 from http://www.jmir.Org/2007/1/e3/

Hawkins, R., Gustafson, D. H., Chewning, B., Bosworth, K., & Day, P. (1987). Reaching hard-to-reach populations: Interactive computer programs as public information campaigns for adolescents. *Journal of Communication*, 37(2), 8-28.

Haylock, C. & Rabi, M. (2007). *Wikis, RSS, Blogs, Podcasts: How Web 2.0 technologies can enhance public health Web sites.* Paper presented at 135th American Public Health Association conference, Nov 2007, Washington, D.C.

Heeter, C. (1989). Implications of new interactive technologies for conceptualizing communication. In J. L. Salvaggio & J. Bryant(Eds.), *Media use in the information age: Emerging patterns of adoption and consumer use* (pp. 217-235). Hillsdale, NJ: Erlbaum.

Hornik, R. (2002). *Public health communication: Evidence for behavior change.* Mahwah, NJ: Erlbaum.

Hovland, C., Janis, I., & Kelley, H. (1953). *Communication and persuasion.* New Haven, CT: Yale University Press.

Hurling, R., Catt, M., De Boni, M., Fairley, B. W., Hurst, T., Murray, P., Richardson, A., & Sodhi, J. S. (2007). Using internet and mobile phone technology to deliver an automated physical activity program: Randomized controlled trial. *Journal of Medical Internet Research*, 9(2): e7. Retrieved March, 2008 from http://www.jmir.org/2007/2/e7/

Kim, H., Kim, G. J., Park, H. W., & Rice, R. E. (2007). Configurations of relationships in different media: FtF, Email, Instant Messenger, Mobile Phone, and SMS. *Journal of Computer-Mediated Communication*, 12(4). Retrieved March, 2008 from htttp://jcmc.indiana.edu/voll2/issue4/ kim.html and http://www.blackwell-synergy.com

Klingermann, H., & Roemmele, A. (Eds.). (2002). *Public information campaigns and opinion research: A handbook for the student and practitioner.* London: Sage.

Kotler, P., Roberto N., & Lee, N. (2002). *Social marketing: Improving the quality of life.* Thousand Oaks, CA: Sage.

Kreuter, M., Farrell, D., Olevitch, L., & Brennan, L. (2000). *Tailoring health messages: Customizing communication with computer technology.* Mahwah, NJ: Erlbaum.

LaRose, R. (1989). Freestyle, revisited. In R. E. Rice & C. Atkin(Eds.), *Public communication campaigns* (2nd ed.). Newbury Park, CA: Sage.

Lederman, L. C., & Stewart, L. P. (2005). *Changing the culture of college drinking: A socially situated health communication campaign.* Cresskill, NJ: Hampton Press.

Lederman, L. C., Stewart, L., Barr, S., Powell, R., Laitman, L., & Goodhart, F. W. (2001). RU sure? Using communication theory to reduce dangerous drinking on a college campus. In R. E. Rice & C. K. Atkin(Eds.), *Public communication campaigns* (3rd ed.). Thousand Oaks, CA: Sage.

Leimeister, J. M., & Krcmar, H. (2006). Designing and implementing virtual patient support communities: A German case study. In M. Murero & R. E. Rice(Eds.), The Internet and health care: *Theory, research and practice.* Mahwah, NJ: Erlbaum.

Lieberman, D. A. (2001). Using interactive media in communication campaigns for children and adolescents. In R. E. Rice & C. K. Atkin(Eds.), *Public communication campaigns* (3rd ed.). Thousand Oaks, CA: Sage.

Lieberman, D. A. (2006). What can we learn from playing interactive games? In P. Vorderer & J. Bryant(Eds.), *Playing video games: Motives, responses, and consequences.* Mahwah, NJ: Erlbaum.

Linke, S., Murray, E., Butler, C., & Wallace, P. (2007). Internet-based interactive health intervention for the promotion of sensible drinking: Patterns of use and potential impact on members of the general public. *Journal of Medical Internet Research*, 9(2):e10. Retrieved March, 2008 from 〈http://www.jmir.org/2007/2/e10/〉

Liu, A. P. (2001). Mass campaigns in the People's Republic of China during the Mao era. In R. E. Rice & C. K. Atkin(Eds.), *Public communication campaigns* (3rd ed.). Thousand Oaks, CA: Sage.

Livingstone, S. (2004). The challenge of changing audiences: Or, what is the audience researcher to do in the age of the Internet.7 *European Journal of Communication*, 19(1), 75-86.

McGuire, W. J. (1960). A syllogistic analysis of cognitive relationships. In M. J. Rosenberg & C. I. Hovland(Eds.), *Attitude organization and change.* New Haven, CT: Yale University Press.

McGuire, W. (2001). Input and output variables currently promising for constructing persuasive communications. In R. E. Rice & C. K. Atkin(Eds.), *Public communication campaigns* (3rd ed.). Thousand Oaks, CA: Sage.

McMillan, S. (2002). A four-part model of cyber-interactivity: Some cyber-places are more inter-active than others. *New Media & Society*, 4(2), 271-291.

Moser, S. & Dilling, L. (Eds.) (2007). *Creating a climate for change: Communicating climate change and facilitating social change.* New York: Cambridge University Press.

Murero, M. & Rice, R. E. (Eds.) (2006). The Internet and health care: *Theory, research and practice.* Mahwah, NJ: Erlbaum.

Neuhauser, L., & Kreps, G. L. (2003). Rethinking communication in the e-Health era. *Journal of Health Psychology*, 8(1), 7-22.

Norman, C. D., & Skinner, H. A. (2006). eHEALS: The eHealth literacy scale. *Journal of Medical Internet Research*, 8(4):e27. Retrieved March, 2008 from 〈http://www.jmir.org/2006/4/e27/〉

Pagliari, C. (2007). Design and evaluation in ehealth: Challenges and implications for an interdisciplinary field. *Journal of Medical Internet Research*, 9(2):e15. Retrieved March, 2008 from

⟨http://www.jmir.org/2007/2/e15/⟩

Paisley, W. (1998). Scientific literacy and the competition for public attention and understanding. *Science Communication, 20,* 70-80.

Paisley, W. (2001). Public communication campaigns: The American experience. In R. E. Rice & C. K. Atkin(Eds.), *Public communication campaigns*(3rd ed.). Thousand Oaks, CA: Sage.

Perloff, R. (2003). *The dynamics of persuasion: Communication and attitudes in the 21st century.* Mahwah NJ: Erlbaum.

Petty, R., & Cacioppo, J. (1986). *Communication and persuasion: Central and peripheral routes to attitude change.* New York: Springer-Verlag.

Piotrow, P., & Kincaid, L. (2001). Strategic communication for international health programs. In R. E. Rice & C. K. Atkin(Eds.), *Public communication campaigns*(3rd ed.). Thousand Oaks, CA: Sage.

Prochaska, J. O., DiClemente, C. C., & Norcross, J. C. (1992). *In search of how people change: Applications to addictive behaviors. American Psychologist,* 47, 1102-1114.

Prochaska, J. O., & Velicer, W. E. (1997). The Transtheoretical Model of health behavior change. *American Journal of Health Promotio*n, 12, 38-48.

Proctor, R. (2001). The Nazi anti-tobacco campaign. In R. E. Rice & C. K. Atkin(Eds.), *Public communication campaigns*(3rd ed.). Thousand Oaks, CA: Sage.

Reis, J., Riley, W., & Baer, J. (2000). Interactive multimedia preventive alcohol education: An evaluation of effectiveness with college students. *Journal of Educational Computing Research,* 23(1), 41-65.

Rhodes, J. E., Spencer, R., Saito, R., & Sipe, C. L. (2006). Online mentoring: The promise and challenges of an emerging approach to youth development. *Journal of Primary Prevention,* 27(5), 497-513.

Rice, R. E. (1993). Using network concepts to clarify sources and mechanisms of social influence. In W. Richards, Jr. & G. Barnett(Eds.), *Progress in communication sciences, vol. 12: Advances in communication network analysis.* Norwood, NJ: Ablex.

Rice, R. E. (2001). Smokey Bear. In R. E. Rice & C. K. Atkin(Eds.), *Public communication campaign*s(3rd ed.). Thousand Oaks, CA: Sage.

Rice, R. E. (2006). Influences, usage, and outcomes of Internet health information searching: Multivariate results from the Pew surveys. *International Journal of Medical Informatics,* 75(1).

Rice, R. E., and Associates(1984). *The new media: Communication, research and technology.* Newbury Park, CA: Sage.

Rice, R. E., & Atkin, C. (Eds.). (1989). *Public communication campaigns*(2nd ed.). Newbury Park, CA: Sage.

Rice, R. E., & Atkin, C. (1994). Principles of successful communication campaigns: A summary from recent research. In J. Bryant & D. Zillmann(Eds.), *Media effects: Advances in theory and research.* Mahwak, NJ: Erlbaum.

Rice, R. E., & Foote, D. (2001). A systems-based evaluation planning model for health communication campaigns in developing countries. In R. E. Rice & C. K. Atkin(Eds.), *Public communication campaigns*(3rd ed.). Thousand Oaks, CA: Sage.

Rice, R. E., & Katz, J. E. (Eds.) (2001). *The Internet and health communication.* Thousand Oaks, CA: Sage.

Rice, R. E., & Katz, J. E. (2003). Comparing internet and mobile phone usage: Digital divides of usage, adoption, and dropouts. *Telecommunications Policy,* 27(8/9), 597-623.

Rice, R. E., Peterson, M., & Christine, R. (2001). A comparative features analysis of publicly accessible commercial and government health database web sites. In R. E. Rice & J. E. Katz(Eds.), *The Internet and health communication: Expectations and experiences.* Thousand Oaks, CA: Sage.

Rimal, R. N., & Adkins, A. D. (2003). Using computers to narrowcast health messages: The role of audience segmentation, targeting, and tailoring in health promotion. In T. L. Thompson, A. M. Dorsey, K. I. Miller, & R. Parrott(Eds.), *Handbook of health communication.* Mahwah, NJ: Erlbaum.

Rimal, R. N., & Flora, J. A. (1997). Interactive technology attributes in health promotion: Practical and theoretical issues. In R. Street & T. Manning(Eds.), *Using interactive computing in health promotion.* Mahwah, NJ: Erlbaum.

Ritterband, L. M., Andersson, G., Christensen, H. M., Carlbring, P., & Cuijpers, P. (2006). Directions for the International Society for Research on Internet Interventions. *Journal of Medical Internet Research,* 8(3):e23. Retrieved March, 2008 from 〈http://www.jmir.Org/2006/3/ e23/〉

Rogers, E. M. (1981). *Communication networks: A new paradigm for research.* N. Y.: Free Press.

Rogers, E. M., & Storey, D. (1987). Communication campaigns. In C. Berger & S. Chaffee(Eds.), *Handbook of communication science.* Newbury Park, CA: Sage.

Ruland, C. M., Bakken, S., & Røislien, J. (2007). Reliability and validity issues related to interactive tailored patient assessments: A case study. *Journal of Medical Internet Research,* 9(3): e22. Retrieved March, 2008 from http://www.jmir.Org/2007/3/e22/

Ryan, P., & Lauver, D. R. (2002). The efficacy of tailored interventions. *Journal of Nursing Scholarship,* 34(4), 331-337.

Salmon, C., & Atkin, C. (2003). Using media campaigns for health promotion. In T. L. Thompson, A. M. Dorsey, K. I. Miller, & R. Parrott(Eds.), *Handbook of health communication.* Mahwah, NJ: Erlbaum.

Salmon, C., & Murray-Johnson, L. (2001). Communication campaign effectiveness: Some critical distinctions. In R. E. Rice & C. K. Atkin(Eds.), *Public communication campaigns*(3rd ed.). Thousand Oaks, CA: Sage.

Schneider, S., Frechtling, J., Edgar, T., Crawley, B., & Goldstein, E. (2001). Evaluating a federal health-related web site: A multi-method perspective on Medicare. Qov. In R. E. Rice & J. E. Katz(Eds.), *The Internet and health communication: Expectations and experiences.* Thousand Oaks, CA: Sage.

Singhal, A., & Rogers, E. M. (2001). The entertainment-education strategy in communication campaigns. In R. E. Rice & C. K. Atkin(Eds.), *Public communication campaigns*(3rd ed.). Thousand Oaks, CA: Sage.

Singhal, A., & Rogers, E. M. (2002). A theoretical agenda for entertainment education. *Communication Theory*, 12(2), 117-135.

Singhal, A., Cody, M., Rogers, E., & Sabido, M. (2004). *Entertainment-education and social change: History, research, and practice.* Mahwah, NJ: Erlbaum.

Snyder, L. (2001). How effective are mediated health campaigns? In R. E. Rice & C. K. Atkin(Eds.), *Public communication campaigns*(3rd ed.). Thousand Oaks, CA: Sage.

SPIN Project. (2007). Retrieved March, 2008 from www.spinproject.org.

Stephenson, M., & Witte, K. (2001). Creating fear in a risky world: Generating effective health risk messages. In R. E. Rice & C. K. Atkin(Eds.), *Public communication campaig*ns(3rd ed.). Thousand Oaks, CA: Sage.

Stiff, J. B., & Mongeau, P. (2003). *Persuasive communication.* New York: Guilford Press.

Stout, P. A., Villegas, J., & Kim, H. (2001). Enhancing learning through use of interactive tools on health-related websites. *Health Education Research*, 16(6), 721-733.

Thompson, T., Dorsey, A., Miller, K., & Parrott, R. (Eds.) (2003). H*andbook of health communicatio*n. Mahwah, NJ: Erlbaum.

Thorogood, M., & Coombes, Y. (Eds.) (2004). *Evaluating health promotion: Practice and methods*(2nd ed.). New York: Oxford University Press.

Tones, K., & Green, G. (2004). *Health promotion: Planning and strategies.* London: Sage.

Trappey, R. J., & Woodside, A. G. (2005). Consumer responses to interactive advertising campaigns coupling short-message-service direct marketing and TV commercials. *Journal of Advertising Research*, 45(4), 382-401.

Tufano, J. T., & Karras, B. T. (2005). Mobile eHealth interventions for obesity: A timely opportunity to leverage convergence trends. *Journal of Medical Internet Research*, 7(5): e58. Retrieved March, 2008 from ⟨http://www.jmir.Org/2005/4/el/⟩

Valente, T. (2001). Evaluating communication campaigns. In R. E. Rice & C. K. Atkin(Eds.), *Public communication campaigns*(3rd ed., pp.105-124). Thousand Oaks, CA: Sage.

Valente, T. (2002). *Evaluating health promotion programs.* New York: Oxford University Press.

Verheijden, M. W., Jans, M. P., Hildebrandt, V. H., & Hopman-Rock, M. (2007). Rates and determinants of repeated participation in a web-based behavior change program for healthy body weight and healthy lifestyle. *Journal of Medical Internet Research*, 9(1): e 1. Retrieved March, 2008 from ⟨http://www.jmir.org/2007/l/el/⟩

Wallack, L. (1989). Mass media and health promotion: A critical perspective. In R. E. Rice & C. Atkin(Eds.), *Public communication campaigns*(2nd ed., pp.353-368). Newbury Park, CA: Sage.

Wallack, L., & Dorfman, L. (2001). Putting policy into health communication: The role of media advocacy. In R. E. Rice & C. K. Atkin(Eds.), *Public communication campaigns*(3rd ed., pp. 389-401). Thousand Oaks, CA: Sage.

Walther, J. B., Pingree, S., Hawkins, R. P., & Buller, D. B. (2005). Attributes of interactive online health information systems. *Journal of Medical Internet Research*, 7(3): e33. Retrieved March, 2008 from 〈http://www.jmir.org/2005/3/e33/〉

Wantland, D. J., Portillo, C. J., Holzemer, W. L, Slaughter, R., & McGhee, E. M. (2004). The effectiveness of web-based vs. non-web-based interventions: A meta-analysis of behavioral change outcomes. *Journal of Medical Internet Research*, 6(4):e40 http://www.jmir.org/2004/4/e40/

Wilbur, J. (2006). *Getting your feet wet with social marketing: A social marketing guide for watershed programs.* Salt Lake City, UT: Utah Department of Agriculture and Food. Retrieved March, 2008 from http://www.ag.utah.gov/conservation/GettingYourFeetWetl.pdf

Winsten, J., & Dejong, W. (2001). The designated driver campaign. In R. E. Rice & C. K. Atkin(Eds.), *Public communication campaigns* (3rd ed.). Thousand Oaks, CA: Sage.

Witte, K., Meyer, G., & Martell, D. (2001). *Effective health risk messages.* Thousand Oaks, CA: Sage.

개인과 공공의 헬스, 그리고 미디어

킴 월시 차일더즈(Kim Walsh-Childers, 플로리다 대학)
제인 브라운(Jane D. Brown 노스캐롤라이나 대학 채플힐)

헬스 관련 메시지는 사람들이 일상적으로 사용하는 모든 유형의 미디어에 담겨 있다. 아침식사 시리얼은 "심장에 좋은", 마가린과 토스트는 "무 트랜스지방 유지"라는 광고메시지를 사용한다. 조간신문은 최신의 의학연구에 관한 기사, 대통령후보자의 의료개혁 제안, 전국적인 비만 유행에 관한 기사를 싣는다. 라디오에서는 노골적이고 타락한 성적 내용이 담긴 유행가가 흘러나온다. 잡지는 체중감량 조언, 이상적인 신체이미지, 술과 담배 그리고 건강관련 제품에 관한 광고를 제공한다. 2007년 가을 저녁 TV에 방영된 프로그램에는 12명의 비만자가 10주 동안 575마일을 걷는 시도를 보여주는 ABC의 리얼리티 쇼 〈뚱보들의 행진〉(*Fat March*), 성형수술에 관한 FX 네트워크 드라마인 〈닙/턱〉(*Nip/Tuck*), 늘 성공적으로 원인불명의 질병을 정확히 꼬집어내는 반사회적 의술천재에 관한 이야기인 〈우리집 가정의〉(*House, M. D.*) 등이 포함되었다. 대부분의 헬스 관련 정보 — 의료전문가의 의견, 지지집단, 헬스 블로그, 처방약품과 비처방약품 구매 기회에 관한 정보조차 — 를 인터넷에서 찾아볼 수 있다.

미디어가 헬스에 관련된 개인의 신념과 행동을 형성하는 것이 더욱 확실해지는 것만큼 지난 20년간 미디어 내용의 효과에 관한 관심은 증가했다. 연구들은 광고(예: 담배와 술)와 오락(예: 준비되지 않은 성관계)이 개인에 미치는 부정적 효과에 관심을 가졌다. 이 책의 제 20장에서 애트킨과 라이스는 공공헬스 미디어 캠페인처럼 미디어의 의도적 이용이 어떻게 헬스에 관한 긍정적 태도와 행위로 연결되는지를 검토했다.

이 장에서 우리는 매스미디어가 건강에 미치는 효과에 관한 연구를 ① 영향의 수준(개인/공공), ② 효과에 관한 메시지 제작자 의도(의도적/비의도적), ③ 결과(긍정적/부정적)의 3가지 차원에 걸쳐 체계적으로 정리했다. 개인적 수준에서 매스미디어는 긍정적이거나 부정적으로 헬스 관련 태도나 행동변화를 자극하는 정보와 모델을 제공할 수 있다. 공공차원에서 매스미디어는 정책입안자 및 공공의 헬스에 관한 의견에 영향을 미칠 수 있다. 미디어의 영향으로 정책입안자가 새로운 규제나 법 제정을 통해 반응하는 것은 사람들로 하여금 자신의 헬스에 대해 선택하는 맥락을 변화시키는 데 기여할 수 있다. 미디어 효과는 헬스 교육자가 공공정보 캠페인을 개발할 때처럼 메시지 제작자에 의해 의도된 것일 수 있다. 혹은 시청자가 TV프로그램에서 오락적 가치를 위해 묘사된 유해한 행위를 채택할 때와 같이 비의도적인 것일 수 있다. 공공헬스 관점에서 볼 때 결과는 긍정적이거나 부정적일 수 있다. 이와 같은 세 차원 및 제시된 몇몇 사례에 의해 형성된 효과의 종류를 유형화하면 〈표 21-1〉과 같다.[1]

1. 개인적 수준의 효과

1) 상업제품광고

미국에서 광고는 모든 형태의 미디어에 편재되어 있으며, 다른 나라도 광고의 편재성은 점점 증가하는 추세다. 담배와 술처럼 가장 빈번하게 광고된 일부 제품들은 개인의 건강에 심각한 수준의 부정적 효과를 미친다.

〈표 21-1〉 온라인/디지털 미디어 캠페인 사례

■ 개인적 수준의 헬스 효과	
의도된 효과	• 긍정적: 오락-교육 효과[장기이식에 관한 프로그램(*Grey's Anatomy*) 방영 이후 사람들은 장기기증에 관해 보다 긍정적 신념을 가짐] • 부정적: 유해제품 마케팅(담배와 술 광고는 젊은이의 흡연과 음주를 직접적으로 증가시킴)
의도되지 않은 효과	• 긍정적: 위험 자각(젊은 가수의 유방암 판정은 유방X선 촬영검진을 증가시킴) • 부정적: 프로그램 상영시간 동안의 활동(늘어난 미디어 이용, 줄어든 신체활동, 체중증가)

■ 공공수준의 헬스 효과	
의도된 효과	• 긍정적: 미디어 옹호 캠페인(미디어 보도 증가는 담배통제 효과에서 커뮤니티의 관여를 늘려 공공장소에서의 흡연금지를 이끌어냄) • 부정적: 광고수단(담배산업체 광고의 영향력은 암의 위험에 관한 사설내용을 격하시키고 흡연금지프레임을 개인자유를 침해하는 것으로 간주케 함)
의도되지 않은 효과	• 긍정적: 의제설정/프레이밍(비만유행에 관한 긍정적 뉴스보도는 연방차원의 연구기금 출연을 가능케 함) • 부정적: 예산우선권(미디어 보도는 다른 헬스 및 사회적 이슈를 위한 비용희생을 감수한 채 마약과의 전쟁을 위한 기금모금을 증가시킴)

---

1 저자 주: 이 장에서 우리는 세계보건기구의 정의를 채택하여 헬스를 폭넓게 정의했다. "헬스는 온전한 신체적, 정신적 상태 그리고 사회복지이며 단지 질병이나 질환이 없다는 의미는 아니다." 우리는 폭력 혹은 신체이미지와 섭식장애(헬스 관련 주제에서 가장 집중적으로 연구된 대상) 혹은 공공헬스캠페인에 미치는 효과를 고려하지 않는다. 이러한 주제는 이 책의 다른 장(제 13장, 제 20장, 제 22장)에서 다루어지기 때문이다.

(1) 담 배

미국에서 궐련, 시가흡연, 금연용 무연흡연을 포함하는 모든 담배 이용은 예방할 수 있는 사망의 가장 주요한 원인이며 다른 나라도 흡연으로 인한 사망은 증가추세다. 세계보건기구(WHO)는 매년 전 세계에서 사망한 사람 열 명 가운데 한 명은 흡연으로 인한 것이라고 추정한다(2007a). 흡연의 유해효과를 인지한 많은 나라들은 담배광고를 제한한다. 미국을 포함하여 140개국 이상이 간접흡연으로부터 비흡연자를 보호하고 담배광고 제한에 동의하는 협약을 체결했다(WHO, 2007b). 미국은 TV와 라디오를 이용한 담배광고는 1971년에 금지되었지만 다른 미디어 특히 신문, 잡지, 옥외광고, 윈스턴 컵 스톡 카(일반 승용차를 개조한 경주용 차) 경주와 같은 이벤트 프로모션의 경우 담배광고는 넘쳐난다. 1990년대에 흡연관련 질병을 가진 사람들의 치료를 위해 보다 많은 주 예산배정 승인을 요구한 것이나 담배회사가 치명적 제품을 프로모션하면서 소비자들을 기만했다는 증거들이 더 드러나면서 주 법무장관과 담배회사는 협약을 통해 담배제품 프로모션을 더욱 제한했다(Master Settlement Agreement, 1998). 이러한 제약에도 불구하고 2003년에 담배업체들은 세계에서 두 번째로 큰 담배시장인 미국에서 담배제품을 프로모션하기 위해 150억 2천만 달러 이상을 지출했다(Federal Trade Commission, 2005).

① 담배 마케팅 효과

모든 흡연자 특히 10%는 청소년기에 담배를 피우기 시작하는데(U.S. Dept of Health and Human Services, 1994) 담배 마케팅 규제는 나이가 어릴 때 흡연을 시작할수록 이들이 니코틴에 중독될 가능성이 더 높다(CDC, 1994)는 광범위한 연구에 근거한다. 나이가 어린아이들도 담배회사들이 공격적으로 퍼뜨리는 담배흡연의 유혹에 영향을 받는 것 또한 분명하다. 예를 들어 관련연구는 3살 어린이의 3분의 1이 만화 등장인물 낙타 '올드 조'를 포장한 담배 꾸러미와 연관지을 수 있다고 밝혔다. '올드 조'가 소개된 이후 3년 동안 청소년 흡연자 사이에 카멜담배 선호도는 0.5%에서 32%로 늘어났다(DiFranza et al., 1991). 미국과 영국의 연구들은 청소년 사이에 인기 있는 브랜드의 대부분은 심할 정도로 빈번하게 광고된 제품들이라고 밝혔다. 젊은 여성들의 최초 흡연은 여성을 표적으로 삼은 버지니아 슬림의 '아가씨, 참 먼 길을 왔군요' 광고가 소개되었을 때 가파르게 증가했다(Pierce, Lee, & Gilpin, 1994). 1회 조사로 정보를 수집하는 횡단(cross-sectional) 조사나 일정한 시간을 두고 반복하여 조사함으로써 변인의 변화추세를 살피는 종단(longitudinal) 조사 모두는 잡지, 라디오, 최근 증가한 인터넷은 물론 프로모션 물품(예: 모자, 담배 브랜드 로고가 새겨진 라이터 등)의 수용 및 이에 대한 노출이 젊은이들 사이에 증가한 담배이용과 관련이 있다고 본다. 관련연구들은 담배 프로모션 인식과 관여가 담배를 피우는 가족 구성원이나 친구의 영향력을 능가한다는 것을 발견했다(예: Pierce, Distefan, Jackson et al., 2002). 실험연구에 따르면 광고 프로모션은 젊은이들 사이에 흡연은 규범적이고 매력적이며 해가 되지 않는 행위라는 인식을 증가시키는 것으로 나타났다.

② 구매시점 마케팅

담배광고에 관한 규제가 강화될 때 미국의 담배회사는 다른 모든 형태가 결합된 프로모션 형식(신문, 잡지, 옥외광고, 교통수단을 이용한 광고) 보다는 구매시점 마케팅에 돈을 더 투자하기 위해 마케팅 전략을 변경한다(Rabin, 2007). 이러한 프로모션의 상당량이 젊은이들이 빈번하게 드나드는 편의점에서 이루어진다. 담배광고는 매우 다양한데 학교 주변의 가게에 어린이가 좋아하는 제품들(사탕이 진열된 곳이나 3피트 아래쪽) 가까이 있고(Woodruff, Agro, Wildey, & Conway, 1995), 18세 미만의 주민들이 상당히 많이 거주하는 인근에 널려 있다(Pucci, Joseph, & Siegel, 1998). 관련연구들은 평균적으로 가게 내에 14~17개의 광고가 그리고 가게 외부에는 3.6~7.5개의 광고가 있다는 것을 확인했다. 실험연구는 점포에서 이루어지는 프로모션이 담배의 가용성, 사용, 대중성에 관한 청소년의 지각에 영향을 미치며 이러한 모든 요인들은 청소년이 흡연을 시작할 가능성의 원인이 된다는 것을 보여준다(Henriksen & Flora, 2001).

③ 담배 마케팅 도구로서의 인터넷

미래에 이뤄질 담배 마케팅 효과에 관한 연구는 담배산업이 새로운 이용자를 충원하고 기존의 흡연자를 유지하기 위해 관심을 갖고 주시하는 새로운 방법인 점포 내의 그리고 인터넷 프로모션과 같은 대안 마케팅 전략에 초점을 맞추어야 할 것이다. 통제받지 않는 매체인 인터넷에 관한 몇몇 연구들은 인터넷이 담배 프로모션을 위한 중요한 새로운 공간이 될 수 있다고 말했다. 특히 주별로 담배판매에 관한 특별판매세가 증가한 것에서도 나타나듯이 인터넷 담배 판매

회사의 숫자는 2000년 이후 눈에 띄게 증가했다. 리비슬 등(Ribisl, Kim, & Williams, 2007)은 미국에서 담배문제를 종식시키기 위한 의학기관협회의 청사진(Institute of the Medicine, 2007)에서 "인터넷은 광대한 월드와이드웹에서 개별적으로 마케팅 전략을 맞춤식으로 제공하는 그리고 상대적으로 주목받지 못하는 이러한 활동들에 관여하는 능력이 있기 때문에 잡지의 정적인 인쇄광고보다 잠재성이 뛰어난 매체가 될 가능성이 있다"고 경고했다. 2004년에는 미국 중고등학생의 3분의 1 이상이 인터넷에서 담배제품 광고물을 접했다고 보고했다(CDC, 2005). 이와 같은 마케팅 전략이 젊은이의 흡연에 효과를 미치는지, 그리고 웹상의 판매회사로부터의 담배제품 구입을 줄이려는 노력이 효과적인지는 두고 볼 일이다.

(2) 술

술의 남용은 개인과 가정에게 심리적, 신체적, 재정적 희생을 일으키며 배우자와 아이에 대한 가정폭력, 성폭력, 살인과 관련이 있다(Fals-Stewart, 2003; Grant, 2000). 젊은이의 술 소비 문제에 관한 관심은 크게 증가했으며 최근 연구는 이른 나이에 시작한 음주는 극적일 정도의 단기적·장기적 건강문제를 일으킨다고 경고한다(Grube, 2004). 미국에서는 21세 이상의 연령층에서 매년 5천 명 정도가 미성년자 음주 이외에도 음주관련 자동차 충돌사고, 살인, 자살 등으로 사망한다(Stahre, Brewer, Naimi, & Miller, 2004).

담배나 마리화나를 포함한 다른 약물보다 술은 젊은이들이 아주 빈번하게 즐기는 대상이다. 미국 고등학교의 고학년 학생들은 술을 마시며

분기에 한 번 이상 법석대는 술잔치를 벌인다고 보고했다(그때마다 5병 혹은 그 이상을 마심) (Johnst et al., 2004). 가정에서 음주습관을 교육시키는 유럽의 전통이 나중에 발생하는 음주문제를 예방한다는 일반인들의 관념에도 불구하고 청소년 사이에서 발생하는 시끄러운 술잔치는 미국보다 오히려 프랑스, 독일, 덴마크에서 매우 심각한 사회문제이다(Kantrowitz & Underwood, 2007).

부모와 또래친구들이 청소년의 음주 결정에 커다란 영향을 미치지만 술광고와 주류 마케팅 또한 음주에 대한 청소년의 기대와 태도에 영향을 미친다. 1990년대 후반 미국 연방통상위원회는 주류 마케팅이 미성년자 음주에 미칠 수 있는 효과를 인식하고 주류업계로 하여금 21세 미만의 젊은이에게 주류 마케팅을 제한하는 규칙을 좀더 철저하게 지킬 것을 요구했다(Federal Trade Commission, 1999). 청소년은 성인들보다 주류광고에 노출될 가능성이 더 높다. 증류주업계는 1996년에 TV광고에 관한 자발적 금지를 철폐했다. 주류마케팅·청소년센터에서는 TV류 광고에 노출된 젊은이는 2001년과 2005년 사이에 41% 증가했는데 그 이유는 증류업계의 광고집행이 증가했기 때문이다.

주류업계는 게임, 브랜드 로고가 새겨진 선물과 옷을 제공하는 인터넷 웹사이트, 스포츠 이벤트 후원, 대중음악인이 등장하는 콘서트와 같이 젊은이들의 마음을 끄는 다른 형태의 미디어로 관심을 돌렸다(Jernigan & O'Hara, 2004). 버드와이저 맥주 제조회사인 앤호이저 부시(Anheuser-Busch)는 "바이럴 마케팅"(*viral marketing*) 기법을 이용해 이메일이나 핸드폰으로 친구들에게 "여! 안녕하세요"(*Whassup?*) 라는

메시지를 보내도록 권했다(Cooke et al., 2002).

술광고에서 음주는 규범적이고 즐거운 행위로 묘사되고 어떤 부정적 결과도 없다. 술광고는 신체이미지를 강조하고 음주상태에서 즐길 경우 매우 위험한 야외 스포츠 활동(수영, 보트, 스키 등)을 묘사하고 아이들과 청소년에게 어필할 수 있는 동물들인 버드와이저 도마뱀, 흰 족제비, 스코틀랜드가 원산지인 클라이즈데일 말을 사용한다(Collins, Ellickson, McCaffrey & Hambarsoomians, 2007; Zwarun & Farrar, 2005).

① 술광고의 효과

최근 활발하게 이루어지는 의미 있는 연구들은 이른 나이에 술광고에 노출된 나이 어린 청소년들은 첫 음주를 보다 일찍 경험할 가능성이 높다는 것을 밝혔다(Snyder, Milici, Slater, Sun, & Strizhakova, 2006; Stacey, Zogg, Unger, & Dent, 2004). 6가지 유형의 광고(① TV 맥주광고, ② 잡지의 술광고, ③ 점포 내 맥주 진열 및 ④ 구내매점, ⑤ 라디오 청취시간, ⑥ 맥주 판촉 상품권)에 대한 노출효과를 살핀 연구는 6학년(11세) 노출이 7학년의 음주 의도 및 음주 행위를 가장 잘 예측한다는 것을 밝혀냈다(Collins, Ellickson, McCaffrey, & Hambarsoomians, 2007).

최근 관심을 끄는 개념이 "알코올 기대감"(*alcohol expectancy*) 이다. 즉 음주를 사회적, 신체적 보상을 주는 것으로 묘사하는 것은 음주의 긍정적 편익에 대한 젊은이의 기대감에 영향을 미친다. 어린이의 매우 빠른 음주 기대감은 부정적이지만(예: 서너 잔 마시는 게 나를 메스껍게 만든다), 10세 혹은 11세의 경우 기대감은 보다 긍정적(예: 음주는 행복하고 기분 좋게 만든다)이다. 보다 강하고 긍정적 기대감을 가질수록 청소년 초

기에 음주를 시작하여 문제가 되는 음주패턴으로 발전할 가능성이 매우 높다(Dunn & Goldman, 1998).

오스틴 등(Austin & Knaus, 2000)의 메시지 해석 과정(MIP) 모델은 술광고 노출이 미성년자로 하여금 알코올 기대감에 의해 어떻게 영향을 받는지를 설명하는 데 도움을 준다. 그들은 광고모델과의 동일시 및 광고모델에 대한 지각된 욕구는 긍정적 알코올 기대감과 청소년 음주를 예측하는 강력한 변인이라는 것을 밝혀냈다. 하지만 부모의 지도는 술광고에 대한 어린이의 긍정적 감정을 줄임으로써 직접적, 간접적 음주를 감소시킨다(Austin, Chen, & Grube, 2006). 메시지 처리과정, 음주에 관한 기대를 생성하는 광고역할, 개인의 음주 상황을 검증한 또 다른 연구들은 우리들로 하여금 술광고의 미묘하고 간접적 효과를 더 잘 이해하게 한다.

(3) 처방약 광고

미국에서 약품의 이름과 발생 가능한 모든 위험의 목록을 제시하지 않은 채 치료할 수 있는 상태 두 가지 모두를 포함하는 소비자 목표광고를 식품의약국이 처음 허용한 1997년 이후 환자에게 TV 등의 매스미디어 통해 직접 소구하여 처방약을 판매하는 광고는 격렬한 논쟁의 대상이 되었다. 광고 지출비용은 극적으로 증가했는데 1996년부터 2005년 사이 전체 광고비 지출은 330% 늘어났다. DTC 광고는 이제 잡지와 TV에서 일상적으로 접할 수 있다. 프로쉬 등 (Frosch et al., 2007)은 "미국의 TV시청자들은 매년 16시간 정도의 DTC 광고를 시청한다"고 예측했다.

잡지(Curry, Jarosch, & Racholok, 2005)와 TV(Frosch et al., 2007)에 나타난 DTC 광고의 내용을 분석한 연구는 대체적으로 이러한 광고가 소비자를 교육하는 데 도움을 준다는 제약업계의 주장을 지지하지 않았다. 프로쉬 등(2007)은 4개 주요 네트워크 방송에 방영된 DTC 광고를 분석했다. 19% 정도의 광고가 약물사용에 따른 행동변화를 언급했지만 약물이 고콜레스테롤, 고혈압 혹은 불면증을 유발할 수 있다고 언급한 광고는 한 건도 없었다. 대략 광고 5편 가운데 한 건(18%)은 약을 복용하지 않은 채 단지 행동변화만으로 치료하려는 시도는 환자상태를 관리하는 데 충분하지 않다고 주장했다.

① 처방약 DTC 광고의 효과

DTC 광고가 행동에 미치는 긍정적·부정적 효과를 검증한 몇몇의 연구가 있다(Datti & Carter, 2006; DeLorme et al., 2006; Spence et al., 2005). 가령 섬프래딧 등(Sumpradit, Fors, & McCormick, 2002)은 비록 광고된 약품에 관해 담당의사와 얘기를 나눈 응답자의 70%가 그들의 주된 목적은 처방전이 필요한 게 아니라 보다 많은 정보를 수집하는 것이라고 답했지만, 응답자들은 DTC 광고가 광고된 약품들을 "해롭지 않은" 것으로 보이게 만들며 약품복용에 관한 의사결정에 도움을 주는 것으로 느낀다는 것을 확인했다. 미국성인을 대상으로 한 또 다른 설문조사는 응답자의 6%가 DTC 광고노출 이후 담당의사에게 예방적 진료에 관해 문의했다고 응답한 것으로 나타났다(Murray et al., 2004). 담당의사와 광고된 약품에 대해 논의한 응답자 가운데 14%는 헬스에 대한 관심을 표명했으며 12%는 광고에 언급된 복용조건의 위험성을 들었다고 보고했다. 담당의사와 약품에 관해 상의

한 응답자의 약 30%는 광고된 약품을 처방받았
으며 약품이 도움이 될 것이라고 응답했다.
11.5%는 의사가 약품의 효능을 의심했지만 광
고된 약품을 처방받은 것으로 나타났다.

(4) 음식과 영양공급

비만 및 비만관련 만성질환의 극적인 증가는
전 세계적 추세이며 1990년대 이후 세계의 모든
나라에서 아이들의 체중은 점점 더 무거워지고
있다(James et al., 2001; Wang et al.; 2002).
어린아이와 10대의 3명 가운데 1명이 과체중이
거나 과체중 위험증후군에 해당하는 미국의 경
우(Ogden et al., 2002), 심장혈관질환과 당뇨
병 같은 만성질환의 위험이 증가했다.

상당히 많은 연구들은 음식광고에 빈번하게
노출되는 것이 어린이 비만의 원인이 된다고 보
고했지만, 다른 유형의 프로그램과 광고내용이
지식, 태도, 다이어트 질에 어떻게 영향을 미치
는지, 혹은 TV를 보면서 과식하거나 과자를 먹
는 것, 줄어든 신체활동 같은 비만의 원인이 되
는 기본적 메커니즘에 대해 아는 것이 거의 없다
(Committee on Food Marketing, 2006).

① 음식광고

음식광고는 다방면에 걸쳐 학자들의 관심을
끄는 연구대상이다. 미국을 포함한 많은 나라에
서 이제 어린이와 청소년은 "맹렬하고 전문화된
음식 마케팅과 광고캠페인의 표적수용자이
다"(Story & French, 2004). 미국과 영국에서 어
린이는 한 시간에 20개 이상의 광고를 시청한
다. 이 가운데 절반은 음식광고이고 광고된 음
식의 90% 정도는 지방, 설탕, 소금이 많이 함
유되었다. TV 음식광고에 짧게 노출되어도 취

학 전 어린이의 음식선호는 영향을 받는다
(Borzekowski & Robinson, 2001). TV시청은
전반적인 고칼로리 섭취는 물론 아이들이 TV에
광고된 음식을 사달라고 부모에게 조르는 것과
도 관련이 있다. 최근 의학연구소는 젊은이를
대상으로 한 120건 이상의 음식마케팅 연구를
분석한 후 TV 음식광고와 어린이 비만 증가를
연결 짓는 강력한 증거가 있다고 결론지었다.

2) 오락미디어(TV, 영화, 음악)

오락미디어는 헬스 관련지식, 태도, 행위에
대해 중요한 의도되지 않은 효과 그리고 매우 부
정적 효과를 지닌다. 오락미디어와 음식 및 영
양섭취에 관한 내용은 다음과 같다.

(1) 비만과 과체중

① 비활동 미디어를 이용한 시간 소비

미디어 효과-연구는 내용의 효과에 관심을 두
는 경향이 있다. 하지만 일부 연구는 어린이가
TV를 시청하는 시간의 양과 어린이 체중 사이의
연관관계를 밝혀냈다(Saelens et al., 2002). 일
부 연구는 일상적인 TV 시청시간과 어린이의 체
중 혹은 신체질량지수 사이의 용량반응(*a dose-
response relationship*) 관계를 보여준다(Berkey et
al., 2000; Dennison et al., 2002). 시간 보내기
목적의 TV 시청은 에너지 소비수준이 낮을 수
있다. 누워서 TV를 시청할 때 소비되는 에너지
열량은 휴식에 소요되는 열량과 비슷하거나 오
히려 더 낮은 수준이다(Montoye et al., 1996).
놀랍게도 최근 연구는 비활동 미디어를 이용하
면서 더 많은 시간을 보낼수록 노력을 요하는 신

〈표 21-2〉영화, 오락TV, 대중음악에서 술, 담배, 불법 약물 이용자에 관한 묘사 및 결말 빈도

	약물을 언급하거나 묘사한 비율/이용자에게 나타난 결과를 묘사한 비율		
	영화	TV	대중음악
술	93% / 43%	75% / 23%	17% / 9%
담배	89% / 13%	22% / 1%	3% / —
불법약물	22% / 48%	20% / 67%	18% / 19%

로버츠와 크리스텐슨(2000)의 연구에 요약된 것처럼 1996년과 1997년 사이에 가장 인기 있는 대여영화 200편 및 1천 곡의 대중가요(Roberts, Hendricksen & Christenson, 1999), 그리고 1998년~1999년 시즌의 프라임타임대 시리즈물 상위 42위 가운데 연이은 4개의 에피소드(Christenson, Henriksen, & Roberts, 2000)에 근거하여 비율을 산출. 분석대상 가요에서 담배에 관한 언급은 거의 없었으며 결말의 빈도는 계산되지 않았다.

체활동에 소비하는 시간이 더 줄어든다는 추론가설에 대해 강한 지지를 보여주지 않았다(Robinson, 1999, 2000).

② 간식섭취

또 다른 가능한 메커니즘은 미디어 이용이 지방 그리고/혹은 설탕이 많이 함유된 간식을 섭취하는 맥락을 제공한다는 것이다. 눈에 띄는 간식섭취의 증가는 미국의 비만유행과 거의 동시에 발생한 것으로 보인다. 간식은 TV시청 패턴과 관련이 있는 것으로 나타났다(Coon et al., 2001; Matheson et al., 2004).

프란시스 등(Francis, Lee, & Birch, 2003)은 이른 바 "카우치 포테이토칩"(소파에 누운 채 포테이토칩을 먹으면서 TV를 시청) 효과를 발견했는데, 미국 어린 아이의 경우 TV시청은 고농축 에너지 간식섭취 및 고신체질량지수와 관련이 있다.

③ 다이어트/활동 지식

일부 설문조사는 TV는 부정적 효과를 지닌

가장 중요한 영양 정보원이라는 것을 시사한다. 미국 초등학생들을 대상으로 장기간에 걸쳐 이루어진 한 종단연구에서 TV시청은 특히 체중감량보조제(예: 무지방)라고 마케팅된 음식처럼 영양에 관한 지식과 논거의 저하를 예측하는 변인이었다. 분명한 것은 미디어 이용과 비만 사이의 관계를 보여주는 복수경로를 분석하는 더 많은 연구가 필요하다는 점이다.

(2) 약물의 이용과 남용

① 술, 담배, 기타 약물에 관한 묘사

술, 담배, 불법약물에 관한 묘사의 빈도와 유형은 오락매체에 따라 상이하다. 3가지 가장 대중적 매체(영화, TV, 음악)의 묘사를 분석한 로버츠와 크리스텐슨(Roberts & Christenson, 2000)은 지금까지 이루어진 도구 가운데 가장 밀도 있는 연구이다(〈표 21-2〉 참조). 최근에는 보다 작은 규모의 연구가 영화에서 만연한 흡연 및 음주, 프라임타임대 프로그램에 등장하는 잦은 음주, 힙합 음악을 제외한 다른 미디어에서는

거의 찾아보기 힘든 불법물에 관한 유사한 묘사를 분석했다(예: Gruber et al., 2005; Thompson & Yokota, 2001).

※ 영화

부분적으로는 제품간접광고(PPL) 때문이기도 하지만(Jernigan & O'Hara, 2004) 술과 담배는 거의 모든 영화에서 묘사된다(Everett, Schnuth, & Tribble, 1998). 1990년에 담배업체는 영화에서 제품간접광고를 금지하는 데 합의했지만 적어도 한 연구는 담배회사들은 이전에 그들이 취했던 광고금지 이후에도 빈번하게 등장한다(Sargent et al., 2001). G등급의 애니메이션 영화와 디즈니의 고전적 만화영화의 75%에는 술, 담배 혹은 둘 모두가 등장하는데, 〈백설공주와 일곱 난쟁이〉의 맥주통과 〈101마리 달마시안〉에 등장한 크루엘라 드빌의 줄담배를 생각해 보라. 1950년의 등장인물이 그랬던 것처럼 영화에 등장한 배우는 거의 담배를 피운다(Glantz, Kacirk, & McCulloch, 2004).

거의 모든 영화 묘사에서 흡연은 신체적 매력과 사회적 지위를 전달하고, 섹스나 폭력 혹은 위태로운 행동을 포함하는 외설스러운 활동과 관련지어진다. 따라서 담배는 특히 청소년에게 "나쁜" 여자와 "터프한" 남자를 의미하는 특징으로 사용될 수 있다. 하지만 1937년과 1997년 사이에 상영된 G등급의 50개 애니메이션을 분석한 연구에 따르면 "나쁜" 인물이 술과 함께 등장한 횟수만큼 "선량한" 인물은 담배와 함께 등장했다(Goldstein, Sobel, & Newman, 1999). 1996년과 1997년 사이에 대여된 가장 인기 있는 영화 200편의 절반 이상에서 음주결과에 대한 묘사가 없는 것으로 밝혀졌다(Roberts, Henriksen, & Christenson, 1999).

불법약물은 주류 미디어에서 거의 그려지지 않았다. 불법약물 이용자는 술이나 담배 이용자들보다 부정적 결과로부터 더 고통받는 것으로 묘사되었다. 마약중독은 거의 다루어지지 않았고 마약중독자는 대개 환자가 아닌 악마로 그려졌다.

※ TV

TV의 흡연묘사는 최근에서야 등장했다. 인기 있는 에피소드의 약 20% 정도인 프라임타임대에 방영된 비교육적 내용의 프로그램이 담배의 사용을 묘사했다. 흡연에 관한 긍정적 묘사는 부정적 묘사보다 10대 1의 비율만큼 훨씬 많았다(Dozier, Lauzen, Day et al., 2005). 시각적이든 구두로든 음주에 관한 묘사는 프라임타임대 평균 한 시간 동안 몇 차례 있었다. 1998년 가을부터 1999년 사이에 상위 20위 내의 청소년 쇼프로그램과 상위 20위 내의 성인 쇼프로그램을 분석한 결과 프로그램의 4분의 3 이상이 술에 관한 언급을 포함한 것으로 나타났다(Dozier, Lauzen, Day et al., 2001). 술은 성인을 대상으로 한 쇼에서만 선택할 수 있는 음료이지만 10대의 쇼에서 한 명 혹은 그 이상의 주요 등장인물은 시간당 평균 1.6분 술을 마시는 것으로 나타났다(Christenson et al., 2000). TV에서 성인 음주자는 보통의 매력적인 등장인물로 그려지는 반면 젊은 음주자들은 덜 긍정적으로 묘사된다.

※ 음악과 뮤직비디오

음악과 뮤직비디오에 사용된 약물에 관한 체계적인 분석은 거의 없다. 음악장르에 따라 묘사는 극적으로 상이할 것이 분명하다. 컨트리

뮤직의 10% 정도는 음주에 관한 내용이다. 대부분 음주를 어느 정도 문제가 있는 것으로 규정하지만 어떤 노래는 종종 음주를 잃어버린 사랑의 극복처럼 사적 문제에서 탈출하려는 규범적이고 기능적인 것으로 표현한다(Roberts & Christenson, 2000).

뮤직비디오 분석연구는 랩・힙합과 록 뮤직비디오의 대부분은 음주와 불법약물 사용을 언급하는 것 같다는 연구결과를 발표했다(Durant et al., 1997; Gruber et al., 2005). 모든 음악장르를 교차분석한 연구(Roberts, Henriksen, & Christenson, 1999)는 음주에 관한 내용이 포함된 노래 전체의 91%에서 결과에 대한 언급이 없었다는 것을 밝혀냈다. 1990년대 후반 뮤직비디오의 75%가량은 청소년기를 막 벗어난 젊은 성인의 흡연장면이 있었다(Durant et al., 1997).

② 오락 내용이 술, 담배, 불법 약물에 미치는 효과

사회인지이론은 빈번하게 등장하지만 부정적 결과가 없는 행동은 모방하는 경향이 더 강하고 매력적인 등장인물의 행동은 관찰자들이 모델로 삼는 경향이 있다고 예측한다(Bandura, 이 책의 제 6장 참조). 예를 들어 로빈슨 등(Robinson, Chen, & Killen, 1998)은 매일의 가외시간에 뮤직비디오를 시청하는 청소년(13~14세)의 경우 향후 18개월 동안 음주를 시작할 가능성이 31%라는 것을 확인했다. 정규 TV시청의 가외시간은 대략 10% 정도 음주 선택을 증가시켰다. 10~14세 어린이를 대상으로 한 장기적 종단연구는 영화의 음주장면에 많이 노출된 아이들은 그렇지 않은 아이들보다 1~2년 뒤에 음주를 시작할 가능성이 더 높다고 밝혔다(Sargent, Wills, Stoolmiller et al., 2006).

연구에 따르면 청소년 흡연자는 비흡연자보다 자신들이 좋아하는 배우로 영화에서 혹은 실생활에서 담배를 피우는 배우의 이름을 말하는 경향이 상대적으로 더 높다고 한다. 3개의 종단연구는 영화노출과 최초 흡연 사이의 관계를 예상할 수 있을 정도로 연관이 있다는 것을 밝혀냈다(Jackson, Brown, & L'Engle, 2007). 영화와 TV에 표현된 비현실적 흡연과 음주는 젊은이들 사이에 지속된 높은 수준의 흡연과 음주원인이 되고, 전국적인 광범위한 금연 및 미성년자 음주 미디어 캠페인을 훼손시킬 수 있다(이 책의 제 20장 참조).

불법 약물사용에 관한 묘사가 신념, 태도, 행동과 직접적으로 연계된다고 밝힌 연구는 거의 없다. 비록 일부이기는 하지만 몇몇 연구들은 미디어 효과를 의미하는 집합적 패턴을 시사했다. 청소년의 불법약물 사용은 1980년대 초부터 1990년대 초에 이르기까지 유의미하게 감소했지만, 〈메리에겐 뭔가 특별한 것이 있다〉와 같은 할리우드 영화에 마리화나가 다시 등장한 때인 1990년대 후반 들어 증가하기 시작했다(Strasburger & Wilson, 2002). 긍정적 혹은 부정적 묘사가 불법약물 사용에 대한 태도에 어떻게 원인으로 기능하는지를 밝히기 위한 더 많은 연구들이 필요하다.

(3) 성적 관심

이 책의 제 15장에서는 주로 성적(性的)으로 노골적인 음란물과 포르노에 초점을 맞추었기 때문에 여기에서는 주류 오락미디어에 관한 토론으로 제한하고자 한다. 미국의 주류 미디어에서 성에 관한 대화나 표현은 매우 빈번하고 분명히 증가추세이지만 건강한 성행위와 관련된 책임(*com-*

mitment), 피임(contraceptive), 결과(consequence)의 3C에 관한 내용은 거의 없다〔이에 관한 자세한 내용은 Escobar-Chaves et al. (2005), Kunkel et al. (2007)을 참조〕. TV에서 성행위를 한 커플의 절반 이상이 견고한 관계를 유지했지만 10쌍 가운데 한 쌍은 아주 최근에 만났으며 성관계를 가진 이후에 한 분기 이상의 관계를 유지하지 않았다(Kunkel et al., 1999). TV에 묘사된 성행위 장면 17건 가운데 한 건만이 성행위의 위험이나 책임에 관한 메시지를 포함했을 뿐이다(Kunkel et al., 2007). 에이즈(AIDS) 외에 성행위로 전염되는 다른 질병에 대해서는 결코 논의된 적이 없고 원하지 않은 임신은 거의 찾아볼 수 없었다. 낙태는 금기시된 주제로 상업방송과 잡지의 경우 너무나도 논쟁적인 이슈이다. 지난 10년간 TV(Ashby, Arcari, & Edmonson, 2006)는 물론 음악, 영화, 잡지에서 성적 내용이 증가했다고 보고한 장기간의 종단 설문조사는 미국 청소년들이 더 이른 나이에 성관계를 갖는다고 예측했다. 4가지 종류의 미디어에 묘사된 성적 내용을 분석한 브라운 등의 연구에 따르면 성에 관련된 보건의료 정보에 관한 내용을 담은 프로그램(사춘기, 자위행위, 피임, 계획하지 않은 임신 혹은 낙태에 관한 어떤 언급이나 묘사)은 1% 미만이었다(Hust, Brown, & L'Engle, 2008).

3) 인터넷과 건강

상당한 양의 연구들이 인터넷이 개인 수준의 헬스에 미치는 효과를 보고한다. 온라인 헬스정보의 탐색은 인터넷 이용자(2007년엔 미국성인의 71%를 차지)(Demographics of Internet Users, 2006)가 하는 가장 보편적인 온라인 활동의 하나가 되었다(Greenberg, D'Andrea, & Lorence, 2003). 2006년 인터넷 이용자의 80%인 1억1천3백만 명은 최소한 한 번 정도 온라인 헬스정보를 탐색했는데 이들은 주로 여성, 대학졸업자, 숙련된 인터넷 이용자, 초고속 인터넷 접근이 가능한 65세 미만의 사람들(Fox, 2006), 그리고 만성질병을 앓고 있지만 보험에 가입하지 않았으며 의료보장을 위해 장거리 여행을 해야만 하는 사람들이었다(Bundorf et al., 2006).

2006년 퓨 리서치 센터가 실시한 설문조사의 응답자는 온라인 헬스정보를 긍정적으로 평가했고, 응답자의 56%는 온라인 헬스정보가 의사와 환자 간의 대화에서 자신감을 증가시켰다고 답했다. 하지만 25%는 정보의 양에 질렸고 22%는 찾고자 하는 정보를 찾을 수 없는 무능력 때문에 좌절했으며 10%는 정보에 대해 두려움을 느꼈다고 평가했다(Fox, 2006).

인터넷상에서 헬스정보탐색은 유의미한 결과를 얻는 것으로 나타났다. 절반 이상인 53%는 최근의 온라인 헬스정보탐색에서 발견한 정보는 자신이나 다른 이들을 어떻게 보호할 것인가에 영향을 미쳤다고 응답했다. 42%는 그 효과가 미미하다고 했지만 11%는 효과가 "크다"고 답했다(Fox, 2006). 퓨 리서치 센터의 초기 설문조사에서 대부분의 응답자는 헬스전문가의 충고를 보충하기 위해 인터넷을 사용했지만 18%는 의사의 컨설팅 없이 질병진단이나 질병치료방식을 결정하기 위해 이용했다고 응답했다. 바스 등(Bass et al., 2006)은 새로이 암환자라고 진단받은 환자들의 인터넷 이용을 살핀 연구에서 온라인 헬스정보를 찾는 환자들은 담당의사에게 질문할 항목들을 정리하고 실제 의사를 방문했을 때 그러한 질문을 하는 경향이 강하다는 것을 확인했다. 하지만 이 연구에 따르면 온라인 헬스정보 이용자들은 의사들이 추천한 치료방식에 덜 순응하는 것으로 나타났다.

많은 연구들이 헬스관련 웹사이트의 질에 대해 의문을 제기했다. 온라인 헬스정보를 평가한 160편 이상의 논문은 온라인 헬스정보의 특징으로 정보의 질적 수준이 낮다는 점을 들었다 (Powell et al., 2005). 웹사이트의 질을 평가한 79편의 논문을 검토한 아이젠바흐 등(Eysenbach et al., 2002)은 대부분의 연구들이 완성도 부족, 정확성, 고품질 사이트 발견의 어려움에 관심을 표명했다고 밝혔다.

소비자들의 인터넷 헬스정보 탐색 및 처리방식을 정확하고도 심층적으로 탐색한 연구는 거의 이루어지지 않았다. 예외적인 것으로는 인터넷을 이용하여 호르몬 대체요법에 관한 정보를 활용한 영국여성들에 관한 연구를 들 수 있다. 연구에 따르면 여성들은 정보신뢰도, 관련성 및 접근성, 사회적 동일성(자신이 웹사이트에 묘사된 여성과 같다고 느끼는 정도)이라는 3가지의 주요 기준에 근거하여 웹사이트를 평가했다. 연구 참여자는 "충분한 사회적 동질성을 느낄 수 있는 특징적 요소들이 부족했기 때문에 의학적으로 신뢰할 만한 몇몇 사이트를 무시했다"(Sillence et al., 2007)고 밝혔다.

다른 연구자들은 소비자들이 정보의 신뢰가치 평가에서 핵심역할을 한 웹사이트 정보원을 말하기는 하지만 실제로 이용하는 과정에서 소비자들은 저자나 웹사이트 정보 혹은 사이트의 소유자·스폰서를 확인하지 않으며 공개된 의견 등을 읽지도 않는다고 주장했다(Eysenbach & Köhler, 2002). 독일 소비자의 경우 정보를 빠르게 확인한 후 단지 21%의 참여자만이 웹사이트 이름을 기억하거나 그들이 특정정보를 찾은 스폰서 조직을 기억하고 23%는 웹사이트의 유형(.gov, .com 등)을 알며 25% 미만의 소비자들이 온라인 헬스정보를 평가하기 위해 날짜와 정보원 확인과 같은 권고된 절차를 규칙적으로 따른다고 한다(Fox, 2006).

4) 헬스에 관한 뉴스보도

미국성인의 40% 정도는 특히 공공헬스 이슈에 관한 기사들에 상당한 관심을 표명하면서 헬스 뉴스를 면밀히 관찰한다고 한다. 헬스정책기사와 특정질병에 관한 기사 또한 주요 관심거리이다(Brodie et al., 2003). 효과의 종류에 관한 유형 분류에서 비의도적인 개인 수준의 효과로서 뉴스의 헬스기사에 대한 노출의 결과에 관심을 갖고 있다. 대부분의 뉴스조직은 그들 스스로를 헬스교육을 제공하는 존재로 인식하지 않기 때문이다.

(1) 개인의 헬스지식과 행동에 미치는 효과

몇몇 연구들은 헬스뉴스에의 노출 특히 유명인사의 건강문제에 관한 기사가 행동에 미치는 효과를 밝혀냈다. 예를 들면 전 대통령 부인인 낸시 레이건 여사가 유방절제술을 받기로 결정했다는 뉴스보도는 유방암 판정을 받은 많은 다른 여성들의 행동에 영향을 미쳤다(Nattinger et al., 1998). 또한 호주 출신 가수인 카일리 미노그의 유방암 진단은 호주여성, 특히 이전에 유방 조영술(유방의 연부조직 영상을 보여주는 일련의 X선 검사) 검진을 받아본 적이 없는 여성들의 검진 예약 횟수를 극적으로 증가시켰다(Chapman et al., 2005).

하지만 유명인사에 관한 내용이 없어도 뉴스 보도는 개인의 건강행동에 일부는 긍정적이고 일부는 잠재적으로 부정적인 의도하지 않은 효과를 미친다. 연구자들은 뉴스보도는 금연비율 (Pierce & Gilpin, 2001)과 마리화나 이용에 관한 청소년의 태도(Stryker, 2003) 모두에 유의미한 효과를 미쳤다고 밝혔다. 다른 연구자들은 뉴스보도가 요오드가 함유된 소금(Li et al., 2007), 전립선 암 검사(Rai et al., 2007), 호르몬 대체요법의 이용(Haas et al., 2007)에 미치는 효과를 확인했다. "자살전염"에 관한 연구는 자살에 관한 뉴스기사가 "모방" 자살을 부추기는 극적인 부정적 효과를 가질 수 있는데(Stack, 2005) 언론사는 자살의 부정적 정의를 강조하고 (Stack, 2005) 개인이 어떻게 죽었는지 자살방식을 보도하지 않으며 자살을 고민하는 사람들에게 도움이 되는 가용한 정보를 보도함으로써 이러한 효과를 감소시킬 수(Stack, 2005) 있다.

2. 정책 수준의 효과

1) 뉴스와 헬스정책

개인의 건강 행동에 대한 영향에 더해서 뉴스 보도는 늘 의도하지는 않았지만 공공헬스정책에 중요한 영향력을 행사한다.[2] 의제설정이론은 뉴스미디어로 하여금 다른 것들은 무시한 채 특정이슈 혹은 질병에 관심을 가짐으로써 시민과 정책입안자를 위한 헬스정책 의제를 설정하도록 도움을 줄 수 있다. 헬스이슈 프레이밍(가령, 허약한 건강상태의 주요 원인으로 환경요인이 아닌 개인적 차원의 요인에 관심을 집중) 또한 공중과 정책입안자들이 고려하는 정책 해결책 유형에 영향을 미칠 수 있다(Dorfman & Wallack, 2007). 미디어가 신중하게 검토 혹은 평가되지 않은 정책을 승인하도록 입법가에게 압력을 행사한다면 뉴스가 정책에 미치는 영향은 부정적일 수 있다. 예를 들어 슈메이커 등(Shoemaker, Wanta, & Leggett, 1989)은 1986년 여름 동안 마약문제에 관한 언론의 집중적 보도는 제대로 검토되지 않은 채 일부가 주장한 170억 달러의 마약금지 법안을 의회가 신속하게 통과시키는 데 영향을 미쳤을 가능성이 높다고 주장했다. 이와 유사하게 베넬리(Nenelli, 2003)는 논쟁적이고 검증되지 않은 암치료법에 관한 이탈리아 언론의 엄청난 양의 긍정적 뉴스보도는 이탈리아 정부관료로 하여금 치료법의 효과를 검증하기 위한 비용(500억 이탈리아 리라[3] 이상)의 지출을 승인하게 만들었다고 주장했다.

사례연구들은 헬스전문가가 해결책에 동의할 때, 변화가 지역 혹은 국가정책수준에서 발생할 때, 사적 시민집단 그리고/혹은 공직자들이 뉴스내용에 의해 지지받는 정책변화를 위해 노력

---

2 저자 주: 미국에서 언론인은 정책변화를 선동하려는 의도로 보건의료 이슈에 관한 기사를 쓴다고 거의 인식되지 않는다. 미국이 아닌 다른 나라는 미국과 다를 수 있다. 예를 들어, 아일랜드의 보건의료 전문기자와의 인터뷰에 따르면 많은 언론인들은 스스로를 건강관리소비자, 특히 권력 없는 취약한 사회계층을 위한 "옹호자"로 여기는 것으로 나타났다(Walsh-Childers, 2006). 비슷한 결과가 스웨덴 보건의료관련 언론인을 대상으로 한 설문조사에서도 나타났다(Finer, Tomson, & Björkman, 1997).

3 저자 주: 이탈리아는 현재 유로를 사용하는데, 사례가 발생한 2000년에 500억 리라를 달러로 환산하여 가치를 매기는 게 쉽지 않다. 하지만 2007년의 환율에 근거한다면 그 값어치는 3천6백7십1만 달러가 된다.

할 때 뉴스보도가 공공헬스정책에 영향을 미칠 가능성이 매우 높다는 것을 보여준다(Walsh-Childers, 1994a, 1994b). 하지만 뉴스미디어가 공공정책에 미친 영향에 관한 연구는 상대적으로 제한적이며 이 영역에서 연구될 주제는 여전히 많다.

2) 의도한 공공수준의 효과

공공헬스 옹호에 관한 목소리 증가는 미디어 옹호 — 구체적으로 사회적 혹은 공공정책 발의를 촉진하기 위한 뉴스미디어의 전략적 이용 — 를 공공헬스 캠페인과 통합시키기 시작했다. 일부 연구자들은 미디어 옹호가 실제로 헬스에서 긍정적 결과를 증진시킬 수 있다는 증거를 발견했다. 트레노와 홀더(Treno & Holder, 1997)는 미디어 옹호는 음주관련 부상 감소를 목표로 한 프로젝트에서 커뮤니티를 동원하는 데 핵심역할을 했다는 것을 확인했다. 하지만 하우드 등(Harweed et al., 2005)은 루이지애나에서 미성년자 음주를 줄이기 위해 제안된 법률에 관한 증가된 언론보도는 법안통과의 가능성을 감소시켰다고 보고했다. 이들은 "언론의 무관심은 법안내용과 용어에 관한 협상기간 동안 반대자의 동원을 회피하고 이해당사자로 하여금 타협의 기회를 허락하는 적어도 두 가지 측면에서 정책옹호를 위해 혜택을 제공한다"(Harwood et al., 2005)고 말했다. 또 다른 학자들은 플로리다 담배 통제프로그램에 의한 미디어 옹호활동은 어린이와 청소년의 접근을 제한하기 위해 담배제품의 진열을 규제하는 카운티 조례통과의 원인은 되었지만 이 조례는 청소년의 흡연을 감소시키지 못했다고 주장한다. 연구자들은 청소년 흡연이슈에 관해 증

가된 뉴스보도는 보다 밀도 있는 담배 통제프로그램을 지지하는 운동에 부정적 영향을 끼칠 수 있다고 경고했다.

3. 결 론

1994년에 이 책의 초판이 발행된 이후 우리는 미디어가 헬스에 미치는 효과에 관한 연구가 극적으로 증가했다는 것을 목격했다. 연방기관이나 주의 지원을 받은 일부 연구들은 개인들이 건강한 방식으로 행동할 것으로 기대된다면 그리고 매스미디어가 문화적 규범에 영향을 미치는 잠재적 힘이 있다면 문화적 규범에서 유의미한 변화가 필요하다는 것을 깨닫기 시작했다. 예를 들면 담배회사와 기본정산계약을 체결한 몇몇 주로부터의 연구기금은 담배가 젊은이들에게 미치는 효과에 관한 훌륭한 연구들을 등장케 했는데 이러한 연구결과는 궁극적으로 주와 담배회사 간 소송에 따른 청구비용의 정산을 위해 체결한 담배기본정산협약(Master Settlement Agreement)에 영향을 미쳤고 담배제품 판촉에 관한 규제를 증가시켰다. 보다 최근에 이러한 기금은 담배 통제 측정을 법제화하려는 커뮤니티들을 장려하기 위한 미디어 옹호운동을 지원하는 데 사용되었다.

여기에서 분명한 또 다른 추세는 미디어가 헬스에 미치는 영향에 관한 연구들은 미디어 노출을 개인 삶의 맥락에 배치하는 복잡한 장기 종단연구 설계로 이동시키면서 갈수록 정교해지고 이론에 근거하여 이루어진다는 점이다. 음주광고가 알코올에 대한 어린이의 신념 및 이의 결과로 일어나는 후속음주에 어떻게 영향을 미치는지를 검증한 오스틴의 연구는 미디어 효과의 과

562

정을 기술하고 설명하는 데 도움을 주는 이론에 기초하여 수행된 훌륭한 연구이다(Austin, Pinkleton, & Fujioka, 2000). 헬스환경을 변경하려는 공공정책에 미치는 뉴스보도(비의도적)와 미디어 옹호운동(의도적)의 효과를 이해하기 위해서는 이론적으로 추동된 연구들이 필요하다. 2002년에 이 책의 2판이 발간되었을 때 인터넷이 헬스에 미친 영향에 관한 연구가 시작되었는데 지금은 수백 건의 연구주제가 되었다. 건강에 대한 관심을 창출해내는 인터넷의 잠재성을 동력으로 이용하고 개인 및 공공헬스수준에서 인터넷의 부정적 효과를 제한시키기 위해서는 보다 이론에 근거한 연구가 필요하다.

미디어가 헬스에 미치는 영향에 관한 연구의 대부분은 미디어가 아이들과 젊은이에게 미치는 효과에 관심을 뒀다. 미디어의 효과는 특히 유혹에 약한 이들 계층에서 가장 클 것이라는 인식 때문이었다. 하지만 인터넷과 뉴스효과 그리고 처방약 광고에 관한 연구의 급증은 긍정적이든 혹은 부정적이든 개인들이 미디어 효과에 대한 유혹의 취약성에서 벗어났다는 인식의 증가를 반영한다.

어린이와 청소년에 미치는 미디어 헬스 효과 연구는 중요한 시도로 남아 있으며 정교화 측면에서 계속 발전이 있을 것을 희망한다. 부정적 효과를 예방하고 긍정적 결과를 증진하는데 어떤 유형의 개입이 가장 유용한지를 관찰하면서 언제, 어떻게 그리고 젊은 사람들에게 효과가 발생할 가능성이 높은지를 예측하는 우리들의 능력을 향상시키는 것은 중요하다. 하지만 베이비붐 세대 연령처럼 성인 특히 미디어가 노인의 헬스에 미치는 효과를 검증하는 연구가 더욱 필요한 것은 분명하다. 2002년 미국의 감사원장인 데이비드 워커(Walker, 2002)는 미 상원의 노화특별위원회 증언에서 베이비붐 세대의 경우 중년을 지나면서 노인의료보장제도, 65세 미만의 저소득자·신체의료장애자 보조제도, 사회보장에 대한 지출금액이 "2035년까지 경제 분담률에서 거의 두 배에 이를 것"이라고 예측했다. 적어도 경제적 관심은 부정적 헬스 효과를 감소시키고 헬스환경과 개인의 헬스 효과를 향상시키기 위해 미디어 힘을 이용하려는 우리들의 노력을 개선시키는 데 앞장설 수 있는 연구를 유도해야만 한다. 향후 10년 내 그리고 그 이후에 어떤 연구가 헬스에 미치는 미디어의 영향을 밝혀낼 것인지 그리고 부정적 효과와 비교했을 때 긍정적 효과의 비율을 어떻게 증가시킬 수 있을 것인지를 고대한다.

참고문헌

Ashby, S. L., Aracri, C. M., & Edmonson, M. B. (2006). Television viewing and risk of sexual initiation by young adolescents. *Archives of Pediatric Adolescent Medicine*, 160(4).

Austin, E. W., Chen, M. -J., & Grube, J. W. (2006). How does alcohol advertising influence underage drinking? The role of desirability, identification and skepticism. *Journal of Adolescent Health*, 38(4), 376-384.

Austin, E. W., & Knaus, C. (2000). Predicting the potential for risky behavior among those "too young" to drink, as the result of appealing advertising. *Journal of Health Communication*, 5(1).

Austin, E. W., Pinkleton, B., & Fujioka, Y. (2000). The role of interpretation processes and parental discussion in the media's effects on adolescents' use of alcohol. *Pediatrics*, 105(2).

Bandura, A. (1986). *Social foundations of thought and action: A social cognitive theory.* Englewood Cliffs, NJ: Prentice-Hall.

Bass, S. B., Ruzek, S. B., Gordon, T. E., Fleisher, L., McKeown, N., & Moore, D. (2006). Relationship of Internet health information use with patient behavior and self-efficacy: Experiences of newly diagnosed cancer patients who contact the National Cancer Institute's Cancer Information Service. *Journal of Health Communication*, 11(2), 219-236.

Benelli, E. (2003). The role of the media in steering public opinion on healthcare issues. *Health Policy*, 63(2), 179-186.

Berkey, C. S., Rockett, H. R., Field, A. E., Gillman, M. W., Frazier, A. L., Camargo, C. A. Jr., & Colditz, G. A. (2000). Activity, dietary intake, and weight changes in a longitudinal study of preadolescent and adolescent boys and girls. *Pediatrics*, 105(4), 446-452.

Biener, L., & Siegel, M. (2000). Tobacco marketing and adolescent smoking: More support for a causal inference. *American Journal of Public Health*, 90(3), 407-411.

Bonnie, R. J., Stratton, K., & Wallace, R. B. (Eds.). (2007). *Ending the tobacco problem: A blueprint for the nation.* Washington, DC: Board on Population Health and Public Health Practice, Institute of Medicine of the National Academies.

Borzekowski, D. L., & Robinson, T. N. (2001). The 30-second effect: An experiment revealing the impact of television commercials on food preferences of preschoolers. *Journal of the American Diabetic Association*, 101(1), 42-56.

Brodie, M., Hamel, E. C., Altman, D. E., Blendon, R. J., & Benson, J. M. (2003). Health news and the American public, 1996-2002. *Journal of Health Politics, Policy and Law*, 28(5).

Brook, U., & Tepper, I. (1997). High school students' attitudes and knowledge of food consumption and body image: Implications for school based education. *Patient Education and Counseling*, 30(3), 283-288.

Brown, J. D., L'Engle, K. L., Pardun, C. J., Guo, G., Kenneavy, K., & Jackson, C. (2006). Sexy media matter: Exposure to sexual content in music, movies, television, and magazines predicts black and white adolescents' sexual behavior. *Pediatrics*, 117(4), 1018-1027.

Brownfield, E. D., Bernhardt, J. M., Phan, J. L., Williams, M. V., & Parker, R. M. (2004). Direct-to-consumer drug advertisements on network television: An exploration of quantity, frequency, and placement. *Journal of Health Communication*, 9(6), 491-497.

Bundorf, M. K., Wagner, T. H., Singer, S. J., & Baker, L. C. (2006). Who searches the internet for health information? *Health Services Research*, 41(3), 819-836.

CDC. (1994). *Preventing tobacco use among young people:* A report of the Surgeon General. Atlanta, GA: U.S. Department of Health and Human Services.

CDC. (2005, April 1). Tobacco use, access, and exposure to tobacco in media among middle and high school students-United States, 2004. *Morbidity & Mortality Weekly Report*, 54(12).

Center on Alcohol Marketing and Youth. (2006). *Still growing after all these years: Youth exposure to alcohol advertising on television*, 2001-2005. Washington, DC: Center on Alcohol Marketing and Youth.

Chapman, S., McLeod, K., Wakefield, M., & Holding, S. (2005). Impact of news of celebrity illness on breast cancer screening: Kylie Minogue's breast cancer diagnosis. *The Medical Journal of Australia*, 183(5), 247-250.

Christenson, P. G, Henriksen, L., and Roberts, D. F. (2000). *Substance Use in Popular Prime Time Television*. Washington, DC: Office of National Drug Control Policy.

Collins, R. L., Ellickson, P. L., McCaffrey, D., & Hambarsoomians, K. (2007). Early adolescent exposure to alcohol advertising and its relationship to underage drinking. *Journal of Adolescent Health*, 40(6), 527-534.

Collins, R. L., Elliott, M. R., Berry, S. H., Kanourse, D., Kunkel, D., & Hunter, S. B. (2004). Watching sex on television predicts adolescent initiation of sexual behavior. *Pediatrics*, 114(3).

Committee on Food Marketing and the Diets of Children and Youth. (2006). *Food marketing to children and youth: Threat or opportunity?* Washington, DC: National Academy Press.

Cook, S., Weitzman, M., Auinger, P., Nguyen, M., & Dietz, W. H. (2003). Prevalence of a metabolic syndrome phenotype in adolescents. *Archives of Pediatrics and Adolescent Medicine*, 157(8).

Cooke, E., Hastings, G., St Anderson, S. (2002). *Desk research to examine the influence of marketing and advertising by the alcohol industry on young people's alcohol consumption: Research prepared for the World Health Organization*. Glasgow: Centre for Social Marketing at the University of Strathclyde.

Coon, K. A., Goldberg, J., Rogers, B. L., & Tucker, K. (2001). Relationships between use of television during meals and children's food consumption patterns. *Pediatrics*, 107(1), e7.

Curry, T. J., Jarosch, F., & Pacholok, S. (2005). Are direct to consumer advertisements of prescription drugs educations? Comparing 1992 to 2002. *Journal of Drug Education*, 35(3).

Dalton, M. A., Sargent, J. D, Beach, M. L., Titus-Ernstoff L., Gibson J. J., Ahrens M. B. et al. (2003). Effect of viewing smoking in movies on adolescent smoking initiation: A cohort study. *The Lancet*, 362(3280), 281-285.

Datti, B., & Carter, M. W. (2006). The effect of direct-to-consumer advertising on prescription drug use by older adults. *Drugs and Aging*, 23, 71-81.

DeLorme, D. E., Huh, J., & Reid, L. N. (2006). Age differences in how consumers behave following exposure to DTC advertising. *Health Communication*, 20(3), 255-265.

Demographics of Internet Users(2006). Washington, DC: *Pew Internet and American Life Project*. Retrieved October 12, 2007, from http://www.pewinternet.org/trends

Dennison, B. A., Erb, T. A., & Jenkins, P. L. (2002). Television viewing and television in bedroom associated with overweight risk among low-income preschool children. *Pediatrics*, 109(6).

DiFranza, J. R., Richards, J. W, Paulman, P. M., Wolf-Gillespie, K., Fletcher, C., Jaffe, R. D., & Murray, D. (1991). RJR Nabisco's cartoon camel promotes Camel cigarettes to children. *Journal of the American Medical Association*, 266(22).

Distefan, J. M., Gilpin, E. A., Sargent, J. D, & Pierce, J. P. (1999). Do movie stars encourage adolescents to start smoking? Evidence from California. *Preventive Medicine*, 28(1), 1-11.

Dorfman, L., & Wallack, L. (2007). Moving nutrition upstream: The case for reframing obesity. *Journal of Nutrition Education and Behavior*, 39(2), S45-S50.

Dozier, D. M., Lauzen, M. M., Day, C. A., Payne, S. M,, & Tafoya, M. R. (2005). Leaders and elites: Portrayals of smoking in popular films. *Tobacco Control*, 14(1), 7-9.

Dunn, M. E., & Goldman, M. S. (1998). Age and drinking-related differences in the memory organization of alcohol expectancies in 3rd-, 6th-, 9th-, and 12th-grade children. *Journal of Consulting and Clinical Psychology*, 66(3), 579-585.

Durant, R. H., Rome, E. S., Rich, M., Allred, E., Emans, S. J., & Woods, E. R. (1997). Tobacco and alcohol use behaviors portrayed in music videos: A content analysis. *American Journal of Public Health*, 87(7).

Ellickson, P. L., Collins, R. L., Hambarsoomians, K., & McCaffrey, D. R. (2005). Does alcohol advertising promote adolescent drinking? Results from a longitudinal assessment. *Addiction*, 100(2).

Escobar-Chaves, S. L., Tortolero, S., Markham, C. M., Low, B. J., Eitel, P., & Thickstun, P. (2005). Impact of the media on adolescent sexual attitudes and behaviors. *Pediatrics*, 116.

Everett, S. A., Schnuth, R. L., & Tribble, J. L. (1998). Tobacco and alcohol use in top-grossing American films. *Journal of Community Health*, 23(4), 317-324.

Eysenbach, G., & Kohler, C. (2002). How do consumers search for and appraise health information on the world wide web? Qualitative study using focus groups, usability tests, and in-depth interviews. *British Medical Journal*, 324(7337).

Eysenbach, G., Powell, J., Kuss, O., & Sa, E. R. (2002). Empirical studies assessing the quality of health information for consumers on the World Wide Web: A systematic review. *Journal of the American Medical Association*, 287(20).

Fals-Stewart, W. (2003). The occurrence of partner physical aggression on days of alcohol consumption: A longitudinal diary study. *Journal of Consulting and Clinical Psychology*, 71.

Federal Trade Commission. (2005). *Cigarette report for 2003*. Washington, DC: Federal Trade Commission.

Federal Trade Commission. (1999). *Self-regulation in the alcohol industry: A review of industry efforts to avoid promoting alcohol to underage consumers*. Washington, DC: Federal Trade Commission.

Feighery, E. C., Ribisl, K. M., Achabal, D. D., & Tyebjee, T. (1999). Retail trade incentives: How tobacco industry practices compare with those of other industries. *American Journal of Public Health*, 89(10).

Finer, D., Tomson, G., & Bjorkman, N. M. (1997). Ally, advocate, analyst, agenda-setter?

Positions and perceptions of Swedish medical journalists. *Patient Education and Counseling*, 30(1).

Fox, S. (2006). *Online Health Search 2006*. Washington, DC: Pew Internet and American Life Project. Retrieved Oct. 12, 2006, from http://www.pewinternet.org/2006.pdf.

Fox, S., & Rainie, L. (2002). *Vital decisions: How Internet users decide what information to trust when they or their loved ones are sick*. Washington, DC: Pew Internet & American Life Project. Retrieved Sep. 16, 2006, from http://www.pewinternet.org/pdfs/May 2002.pdf.

Francis, L. A., Lee, Y. & Birch, L. (2003). Parental weight status and girls' television viewing, snacking and body mass indexes. *Obesity Research*, 11, 143-151.

Frosch, D. L., Krueger, P. M., Hornik, R. C., Cronholm, P. E, & Barg, F. K. (2007). Creating demand for prescription drugs: A content analysis of television direct-to-consumer advertising. *Annals of Family Medicine*, 5, 6-13.

Glantz, S., Kacirk, K. W., & McCulloch, C. (2004). Back to the future: Smoking in movies in 2002 compared with 1950 levels. *American Journal of Public Health*, 94(2), 261-263.

Goldstein, A. O., Sobel, R. A., & Newman, G. R. (1999). Tobacco and alcohol use in G-rated children's animated films. *Journal of the American Medical Association*, 281(12).

Grant, B. F. (2000). Estimates of US children exposed to alcohol abuse and dependence in the family. *American Journal of Public Health*, 90, 112-115.

Greenberg, L., D'Andrea, G., & Lorence, D. (2003). *Setting the public agenda for online health search: A white paper and action agenda*. Washington, DC: Utilization Review Accreditation Commission Inc(URAC). Retrieved September 16, 2006, from http://www.urac.org/docu-ments.

Grube, J. W. (1993). Alcohol portrayals and alcohol advertising on television. Alcohol Health & Research World 1, 17(1), 61-66.

Grube, J. W. (2004). Alcohol in the media: Drinking portrayals, alcohol advertising, and alcohol consumption among youth. In R. J. Bonnie & M. E. O'Connell(Eds.), *Reducing underage drinking: A collective responsibility*. Washington, DC: The National Academy of Sciences.

Gruber, E. L., Thau, H. M., Hill, D. L., Fisher, D. A., & Grube, J. W. (2005). Alcohol, tobacco and illicit substances in music videos: A content analysis of prevalence and genre. *Journal of Adolescent Health*, 37.

Haas, J. S., Miglioretti, D. L., Geller, B., Buist, D. S., Nelson, D. E., Kerlikowske, K., Carney, P. A., Dash, S., Breslau, E. S., & Ballard-Barbash, R. (2007). Average household exposure to newspaper coverage about the harmful effects of hormone therapy and population- based declines in hormone therapy use. *Journal of General Internal Medicine*, 22(1).

Harrison, K. (2005). Is "fat free" good for me? A panel study of television viewing and children's nutritional knowledge and reasoning. *Health Communication*, 17(2).

Harwood, E. M., Witson, J. C., Fan, D. P., & Wagenaar, A. C. (2005). Media advocacy and underage drinking policies: A study of Louisiana news media from 1994 through 2003. *Health Promotion Practice*, 6(3), 246-257.

Henriksen, L., & Flora, J. A. (2001). *Effects of adolescents' exposure to retail tobacco advertising.*

Paper presented at the annual conference of the International Communication Association, Washington, DC.

Hust, S., Brown, J. D., & L'Engle, K. L. (2008). Boys will be boys and girls better be prepared: An analysis of the rare sexual health messages in young adolescents' media. *Mass Communication and Society*, 11, 3-23.

Jackson, C., Brown, J. D., & Engle, K. L. (2007). R-rated movies, bedroom televisions, and initiation of smoking by white and black adolescents. *Archives of Pediatric and Adolescent Medicine*, 161(3), 260-268.

Jahns, L., Siega-Riz, A. M., & Popkin, B. M. (2001). The increasing prevalence of snacking among U.S. children and adolescents from 1977-1996. *Journal of Pediatrics*, 138(4).

James, P. T., Leach, R., Kalamara, E., & Shayeghi, M. (2001). The worldwide obesity epidemic. *Obesity Research*, 9(S4).

Jernigan, D., & O'Hara, J. (2004). *Alcohol advertising and promotion. Reducing underage drinking: A collective responsibility*. Washington, DC: The National Academy of Sciences.

Johnston, L. D., O'Malley, P. M., Bachman, J. G., & Schulenberg, J. E. (2004). *Monitoring the future, national survey results on drug use*, 1975-2004. Vol. 1: Secondary school students. NIH Publication. Bethesda, MD: National Institute on Drug Abuse.

Kantrowitz, B., & Underwood, A. (2007, June 25). The teen drinking dilemma. *Newsweek*, 36-37.

Kunkel, D., Cope, K., Farinola, W., Biely, E., Rollin, E., & Donnerstein, E. (1999). *Sex on TV: A biennial report to the Kaiser Family Foundation*. Menlo Park, CA: The Henry J. Kaiser Family Foundation.

Kunkel, D., Eyal, K., Donnerstein, E., Farrar, K. M., Biely, E., & Rideout, V. (2007). *Sexual socialization messages on entertainment television: Comparing content trends* 1997-2002. Media Psychology, 9(3).

Lewis, M. K., & Hill, A. J. (1998). Food advertising on British children's television: A content analysis and experimental study with nine year olds. *International Journal of Obesity*, 22(3).

Li, M., Chapman, S., Agho, K., & Eastman, C. J. (July 16, 2007). Can even minimal news coverage influence consumer health-related behavior? A case study of iodized salt sales, Australia. *Health Education Research*, Retrieved July 16, 2007 from, http://tobacco.health.usyd.edu.au.

Master Settlement Agreement. (1998). *National Association of Attorneys General*. Retrieved December 12, 2000, from http://www.naag.org/tobaccopublic/library.cfm.

Matheson, D. M., Killen, J. D., Wang, Y., Varady, A. & Robinson, T. N. (2004). Children's food consumption during television viewing. *American Journal of Clinical Nutrition*, 79(6).

Mathios, A., Avery, R., Bisogni, C., & Shanahan, J. (1998). Alcohol portrayal on prime-time television: Manifest and latent messages. *Journal of Studies on Alcohol*, 59(3), 305-310.

Montoye, H. J., Kemper, H. C. G., Saris, W. H. M., & Washburn, R. A. (1996). *Measuring physical activity and energy expenditure*. Champaign, IL: Human Kinetics.

Murray, E., Lo, B., Pollack, L., Donelan, K., & Lee, K. (2004). Direct-to-consumer advertising:

Public perceptions of its effects on health behaviors, health care, and the doctor-patient relationship. *Journal of the American Board of Family Practice*, 17.

Nattinger, A. B., Hoffmann, R. G., Howell-Pelz, A., & Goodwin, J. S. (1998). Effect of Nancy Reagan's mastectomy on choice of surgery for breast cancer by U.S. women. *Journal of the American Medical Association*, 279(10), 762-767.

Niederdeppe, J., Farrelly, M. C., & Wenter, D. (2007). Media advocacy, tobacco control policy change and teen smoking in Florida. *Tobacco Control*, 16, 47-52.

Nowak, M., & Speare, R. (1996). Gender differences in food related concerns, beliefs and behaviors of North Queensland adolescents. *Journal of Paediatrics and Child Health*, 32(5).

Ogden, C. L., Flegal, K. M., Carroll, M. D., & Johnson, C. L. (2002). Prevalence and trends of overweight among US children and adolescents, 1999-2000. *Journal of the American Medical Association*, 288(14), 1728-1732.

Pechmann, C., & Ratneshwar, S. (1994). The effects of antismoking and cigarette advertising on young adolescents' perceptions of peers who smoke. *Journal of Consumer Research*, 21(2).

Pertschuk, M. (1988). Smoking Control: Media Advocacy Guidelines. Washington, DC: Advocacy Institute for the National Cancer Institute, *National Institutes of Health*.

Pierce, J. P., Distefan, J. M., Jackson, C., White, M. M., & Gilpin, E. A. (2002). Does tobacco marketing undermine the influence of recommended parenting in discouraging adolescents from smoking? *American Journal of Preventive Medicine*, 23(2), 73-81.

Pierce, J. P., & Gilpin, E. A. (2001). News media coverage of smoking and health is associated with changes in population rates of smoking cessation but not initiation. *Tobacco Control*, 10(2).

Pietce, J. P., Gilpin, E. A., Burns, D. M., Whalen, E., Rosbrook, B., Shopland, D., & Johnson, M. (1991). Does tobacco advertising target young people to start smoking? *Journal of the American Medical Association*, 266(22).

Pierce, J. P., Lee, L., & Gilpin, E. A. (1994). Smoking initiation by adolescent girls, 1944 through 1988: An association with targeted advertising. *Journal of the American Medical Association*, 271(8).

Pinhas-Hamiel, O., Dolan, L. M., Daniels, S. R., Standiford, D., Khoury, P. R., & Zeitler, P. (1996). Increased incidence of non-insulin-dependent diabetes mellitus among adolescents. *Journal of Pediatrics*, 128(5).

Powell, J. A., Low, P., Griffiths, F. E., & Thotogood, J. (2005). A critical analysis of the literature on the Internet and consumer health information. *Journal of Telemedicine and Telecare*, 11(Sup-plement 1), 41-43.

Pucci, L. G., Joseph, H. M., Jr., & Siegel, M. (1998). Outdoor tobacco advertising in six Boston neighborhoods: Evaluating youth exposure. *American Journal of Preventive Medicine*, 15(2).

Rabin, R. L. (2007). Controlling the retail sales environment: Access, advertising, and promotional activities. In R. J. Bonnie, K. Stratton, & R. B. Wallace(Eds.), *Ending the tobacco problem: A blueprint for the nation*. Washington, DC: Board on Population Health and Public Health Practice, Institute of Medicine of the National Academies.

Rai, T., Clements, A., Bukach, C., Shine, B., Austoker, J., & Watson, E. (2007). What influences men's decision to have a prostate-specific antigen test? A qualitative study. *Family Practice*, 24(4), 365-371.

Reese, S. D., & Danielian, L. H. (1989). Intermedia influence and the drug issue: Converging on cocaine. In P. J. Shoemaker(Ed.), *Communication campaigns about drugs: Government, media and the public*. Hillsdale, NJ: Erlbaum.

Ribisl, K. M., Kim, A. E., & Williams, R. S. (2007). Sales and marketing of cigarettes on the Internet: Emerging threats to tobacco control and promising policy solutions. In R. J. Bonnie, K. Stratton, & R. B. Wallace(Eds.), *Ending the tobacco problem: A blueprint for the nation*. Washington, DC: Board on Population Health and Public Health Practice, Institute of Medicine of the National Academies.

Roberts, D. R., & Christenson, P. G. (2000). *"Here's Looking at You, Kid": Alcohol, drugs and tobacco in entertainment media*. Washington, DC: Kaiser Family Foundation.

Roberts, D. E., Henriksen, L., & Christenson, P. G. (1999). *Substance use in popular movies and music*. Washington, DC: Office of National Drug Control Policy. Robinson, T. N. (1999). Reducing children's television viewing to prevent obesity: A randomized, quasi-experimental trial. Journal of the American Medical Association, 282(16).

Robinson, T. N. (2000). Can a school-based intervention to reduce television use decrease adiposity in children in grades 3 and 4? *Western Journal of Medicine*, 173(1), 40.

Robinson, T. N., Chen, H. L., & Killen, J. D. (1998). Television and music video exposure and risk of adolescent alcohol use. *Pediatrics*, 102(5), E54.

Ryan, E. L., & Hoerrner, K. L. (2004). Let your conscience be your guide: Smoking and drinking in Disney's animated classics. *Mass Communication & Society*, 7(3), 261-278.

Saelens, B. E., Sallids, J. E, Nader, P. R., Broyles, S. L., Berry, C. C., & Taras, H. L. (2002). Home environmental influences on children's television watching from early to middle childhood. *Journal of Developmental and Behavioral Pediatrics*, 23(3).

Sargent, J. D., Dalton, M., Beach, M. L., Bernhardt, A., Heatherton, T. E., & Stevens, M. (2000). Effect of cigarette promotions on smoking intake among adolescents. *Preventive Medicine*, 30(4).

Sargent, J. D., Tickle, J. J., Beach, M. L, Dalton, M. A., Ahrens, M. B., & Heatherton, T. F. (2001). Brand appearances in contemporary cinema films and contribution to global marketing of cigarettes. *Lancet*, 357(9249), 29-32.

Sargent, J. D., Beach, M. L., Adachi-Mejia, A. M., Gibson, J. J., Titus-Ernstoff, L. T., Carusi, C. P. et al. (2005). Exposure to movie smoking: Its relation to smoking initiation among US adolescents. *Pediatrics*, 116.

Sargent, J. D., Wills, T. A., Stoolmiller, M., Gibson, J., & Gibbons, F. X. (2006). Alcohol use in motion pictures and its relation with early-onset teen drinking. *Journal of Studies on Alcohol*, 67(1).

Shoemaker, P. J., Wanta, W., & Leggett, D. (1989). *Drug coverage and public opinion*, 1972-1986.

In P. J. Shoemaker(Ed.), *Communication campaigns about drugs: Government, media and the public.* Hillsdale, NJ: Erlbaum.

Sillence, E., Briggs, P., Harris, P. R., & Fishwick, L. (2007). How do patients evaluate and make use of online health information? *Social Science & Medicine*, 64(9).

Snyder, L. B., Milici, F. E., Slater, M., Sun, H., & Strizhakova, Y. (2006). Effects of alcohol advertising exposure on drinking among youth. *Archives of Pediatrics and Adolescent Medicine*, 160.

Spence, J. M., Teleki, S. S., Cheetham, T. C., Schweitzer, S. O., & Millares, M. (2005). Direct-to-consumer advertising of COX-2 inhibitors: Effect on appropriateness of prescribing. *Medical Care Research and Review*, 62(5), 544−559.

Stack, S. (2002). Media coverage as a risk factor in suicide. *Injury Prevention*, 8(Suppl IV), 30-32.

Stack, S. (2005). Suicide in the media: A quantitative review of studies based on non-fictional stories. *Suicide & Life-Threatening Behavior*, 35(2), 121-133.

Stacey, A. W, Zogg, J. B., Unger, J. B., & Dent, C. W. (2004). Exposure to televised alcohol ads and subsequent adolescent alcohol use. American Journal of Health Behavior, 28(6).

Stahre, M., Brewer, R., Naimi, T., & Miller, J. (2004). Alcohol-attributable deaths and years of potential life lost-United States, 2001. *Morbidity and Mortality Weekly Report*, 53(37).

Story, M., & French, S. (2004). Food advertising and marketing directed at children and adolescents in the US. *International Journal of Behavioral Nutrition and Physical Activity*, 1(1), 3.

Strasburger, V. C., & Wilson, B. (2002). *Children, adolescents, and the media.* Thousand Oaks, CA: Sage Publications.

Stryker, J. E. (2003). Media and marijuana: A longitudinal analysis of news media effects on adolescents' marijuana use and related outcomes, 1977-1999. *Journal of Health Communication*, 8(4), 305-328.

Substance Abuse and Mental Health Services Administration. (2005). The National Survey on Drug Use and Health: 2004 detailed tables, tobacco brands. Rockville, MD: Substance Abuse and Mental Health Services Administration, *Office of Applied Studies*.

Sumpradit, N., Fors, S. W., Si McCormick, L. (2002). Consumers' attitudes and behavior toward prescription drug advertising. *American Journal of Health Behavior*, 26, 68-75.

Taras, H. L., & Gage, M. (1995). Advertised foods on children's television. *Archives of Pediatrics and Adolescent Medicine*, 149(6).

Thompson, K. M., & Yokota, F. (2001). Depiction of alcohol, tobacco, and other substances in G-rated animated films. *Pediatrics*, 107(6), 1369-1374.

Treno, A. J., & Holder, H. D. (1997). Community mobilization: Evaluation of an environmental approach to local action. *Addiction*, 92(Supplement 2), S173−S187.

U. S. Dept. of Health and Human Services. (1994). Preventing tobacco use among young people: Report of the Surgeon General. Washington, DC: U.S. Government Printing Office.

Vickers, A. (1992). Why cigarette advertising should be banned. *British Medical Journal*, 304.

Walker, D. M. (2002). Long term care: Aging Baby Boom generation will increase demand and burden on federal and state budgets. *Testimony before the Special Committee on Aging*, U.S. Senate.

Washington, DC: General Accounting Office. Walsh-Childers, K. (1994a). Newspaper influence on health policy development: A case study investigation. *Newspaper Research Journal*, 15(3).

Walsh-Childers, K. (1994b). "A Death in the Family": A case study of newspaper influence on health policy development. *Journalism Quarterly*, 71(4), 820-829.

Walsh-Childers, K. (2006). *Trolleys and other health service targets: Irish journalists' perceptions of their influence on health policy development.* Paper presented at the annual conference of the Association for Education in Journalism and Mass Communication, San Francisco, CA, August 2006.

Walsh-Childers, K., Gotthoffer, A., & Lepre, C. R. (2002). From "just the facts" to "downright salacious": Teens' and women's magazines' coverage of sex and sexual health. In J. D. Brown, J. R. Steele, & K. Walsh-Childers(Eds.), *Sexual teens, sexual media.* Mahwah, NJ: Erlbaum.

Wallack, L., & Dorfman, L. (1992). *Television news, hegemony and health. American Journal of Public Health*, 82(1), 125-126.

Wang, Y., Monteiro, C, & Popkin, B. M. (2002). Trends of overweight and underweight inchildren and adolescents in the United States, Brazil, China, and Russia. *American Journal of Clinical Nutrition*, 75(6), 971-977.

Woodruff, S., Agro, A., Wildey, M., & Conway, T. (1995). Point-of-purchase tobacco advertising: Prevalence, correlates, and brief intervention. *Health Values*, 19(5), 56-62.

World Health Organization. (2007a). Tobacco causes 1 in 10 deaths worldwide. Retrieved October 20, 2007, from http://www.who.int/mediacentre/factsheets

World Health Organization. (2007b). *WHO Tobacco Treaty.* Retrieved October 20, 2007, from http://www.who.int/mediacentre/news/notes/2007

Zwarun, L., & Farrar, K. M. (2005). Doing what they say, saying what they mean: Self-regulatory compliance and depictions of drinking in alcohol commercials in televised sports. *Mass Communication and Society*, 8(4).

섭식장애와 신체이미지에 대한 미디어의 영향

마이클 러바인(Michael P. Levine, 케넌대학)
크리스틴 해리슨(Kristen Harrison, 일리노이대학 어바나삼페인)

1. 서론과 개요

섭식장애와 신체이미지(혹은 신체상)에 대한 미디어의 효과는 이 책의 제 3판에서 처음으로 독립된 장(章)으로 다루어졌다. 지난 10년간 사회문화적 요인, 특히 대중매체의 효과에 대한 수많은 이론과 연구가 행해졌는데(예를 들면; Cash & Prusinky, 2002; Thompson, Heinberg, Altabe, & Tantleff-Dunn, 1999), 그중에서도 미디어효과에 대한 연구분야는 아주 짧은 시간에 매우 빠른 성장을 보여주었다. 2세 이상의 유아들을 포함해서 수많은 사람들이 극심하게 마른 몸매를 이상적으로 생각하게 만드는 다양한 미디어에 노출되어있다. 앞으로 다룰 내용이지만, 이러한 사실은 단지 미국의 10대 백인소녀들에게만 국한되는 미미한 공중보건의 문제로만 생각되어서는 안 될 것이다.

나아가 제 21장에서 알 수 있듯이 미디어와 비만의 관련성에 대한 그동안의 수많은 연구는 미디어가 섭식장애에도 관련이 있을 수 있다는 것을 시사한다. 유년기와 청소년기의 극심한 다이어트와 건강에 해로운 체중조절은 다이어트를 시작할 당시 마른 몸이었던 아이들이었다고 하더라도 나중에 과식과 비만으로 이어질 위험이 크다. 그러므로 자신의 몸에 대한 불만과 극심한 다이어트에 미치는 미디어의 효과에 관한 연구는 비만에 미치는 미디어의 효과에 관한 연구와 병행되어야 할 것이다. 이 두 분야에 관한 연구는 부정적인 신체상이나 균형적이지 못한 음식섭취, 그리고 체중조절과 몸매관리에 대한 각종 노력들에 대한 미디어의 역할을 조사하기 때문이다.

이번 제 22장에서는 미디어의 효과를 연구하는 학자들과 학생들에게 다음 명제에 대한 중요한 이론적, 방법론적, 그리고 실제적 문제들을 소개할 것이다. 대중매체는 유년기와 청소년기의 섭식장애와 잘못된 신체이미지의 발달에 매우 중요한 요인이 된다.

1) 정의, 확산, 그리고 영향

(1) 정 의

거식증(AN: *anorexia nervosa*)이나 폭식증 (BN: *bulimia nervosa*), 그리고 기타 섭식장애 (EDNOS: *Eating Disorders Not Otherwise Specified*)들은 매우 심각한 만성질환이다. 이러한 장애들은 부정적인 신체상, 폭식행동, 그리고 여러 가지 건강하지 못한 형태의 체중조절과 몸매관리 행태를 포함하는 각종 이상 섭식행동 (DEB: *Disordered Eating Behavior*) 중에서도 가장 극단적인 경우라고 할 수 있다. 제한적 식단의 다이어트, 음식섭취 후 자가구토 유발, 완하제·이뇨제·다이어트약품의 남용, 그리고 과다한 운동은 모두 건강하지 못한 형태의 체중조절 행태이다.

머리, 얼굴, 체형, 체중, 눈에 보이는 지방, 근육, 자세를 포함하는 신체에 대한 이미지는 시각적 기억이나 감정, 성별이나 매력도에 관한 가정들, 그리고 편안함과 어색함을 느끼는 감각 등 여러 가지 복잡한 사항들이 종합적으로 나타나는 것이다(Cash & Pruzinsky, 2002). 신체이미지는 자기 자신과 다른 사람뿐만 아니라 세상과의 연결 또는 분리와 관련한 자신의 요구, 감정, 욕구, 그리고 무력감에 대한 믿음과 불신 모두를 포함한다(Piran, 2001). 미디어의 효과에 대한 대부분의 연구는 이러한 신체이미지의 구성을 신체불만족 측정을 통해 표현한다. 나는 내가 봐도, 남이 봐도 뚱뚱하다(혹은 말랐다)와 같은 지각적-정서적 결론은 호리호리하고 마른 몸매, 또는 근육질 몸매에 대한 이상화 현상이나 비만에 대한 비이성적 두려움, 그리고 체중과 체형이 여성이나 남성으로서의 정체성을 결정하는 커다란 요인이라고 믿는 것 등이 모두 합쳐진 결과라고 할 수 있다.

(2) 확 산

미국, 캐나다, 영국에서는 10세에서 25세에 이르는 여성들 사이에 퍼진 섭식장애와 거식증이 각각 2%와 0.2~0.5%에 이른다. 비록 정확한 기준의 거식증이나 폭식증에 해당하지는 않지만 심각한 신체적, 심리적, 그리고 사회적 문제가 될 수 있는 정도의 이상 섭식행동도 6%에서 8%에 이른다(Bisaga & Walsh, 2005; Levine & Smolak, 2006). 따라서 청소년기와 젊은 여성의 8%에서 10% 정도는 이러한 이상 섭식행동의 영향을 받는다고 할 수 있다. 남성들 역시 이상 섭식행동을 겪기는 하지만, 여성 대 남성의 비율이 3 : 2인 폭식장애를 제외하고는 심각한 정도의 증후군을 앓는 여성 대 남성의 비율은 8 : 1 정도에 지나지 않는다. 일부 청소년기의 남성은 좀더 근육질의 마른 몸에 대한 강박관념에 사로잡혔다(Pope, Phillips, & Olivardia, 2000).

이상 섭식행동과 반대로, 10세에서 30세 사이의 여성들에게 문제가 될 정도의 정신적 고통과 대인관계에서의 문제점을 야기하는 건강에 해로운 부정적 신체이미지(U-NBI: *Unhealthy Negative Body Image*)가 어느 정도로 퍼졌는지 정확히 알려진 것이 없다. 다만 15~20% 정도에 이를 것으로 추정될 뿐이다(Cash, 2002; L Smolak, personal communication, October 3, 2007). 10세에서 30세 사이의 남성들도 역시 자세히 알려지지는 않았으나 적어도 10% 이상이 될 것이라고 추측된다. U-NBI와 이상 섭식행동은 사회적 계층, 민족, 또는 지리적 위치에 상관없이 모든 계층의 젊은이들에게 나타나는 현상이다(Cash & Pruzinsky, 2002; Levine & Smolak, 2006; Pope et al., 2000).

(3) 영 향

이상 섭식행동(DEB)은 심신을 약화시킬 정도로 매우 심각한 정신적, 육체적 영향을 미친다. 이상 섭식행동은 대체로 우울증, 사회적 불안감, 강박관념, 정서적 불안정, 그리고 약물남용과 같은 현상들을 동반한다. 의학적으로는 신장, 생식기, 심혈관, 소화기, 그리고 치아까지 영향을 미칠 수 있다(Rome & Ammerman, 2003). 이러한 육체적, 심리적 영향은 섭식장애 혹은 이상 섭식행동을 가진 사람들로 하여금 다른 사람들과 건강한 관계를 갖고 학교나 직장에서 효과적이고 일관적으로 활동하는 것을 매우 힘들게 만든다(Thompson, 2004). 다양한 각도의 효율적인 치료방법들은 매우 심각한 상태의 거식증, 폭식증, 그리고 기타 섭식장애가 일생 동안 지속되지 않도록 도움이 될 수는 있다. 그럼에도 불구하고, 모든 섭식장애는 심신을 약하게 하거나 만성적으로 지속되거나, 사람을 고립되게 만들 수도 있다. 폭식증의 장기적 영향에 관한 확증은 거의 없지만, 거식증을 앓는 5~10%에 이르는 청소년과 성인들은 절식으로 인한 장기부전, 자살, 혹은 비특이성의 원인으로 사망에 이르게 되는 경우도 있다(Nielson et al., 1998).

건강에 해로운 부정적 신체이미지(U-NBI)는 중요한 공중보건의 문제이다(Elliot & Goldberg, 2008; Harrison & Hefner, 2006; Levine & Smolak, 2006). 청소년기와 젊은 여성들이 가진 신체에 대한 불만은 무해하고 일시적인 것이 아니라 흡연이나 폭식, 운동부족, 건강에 해로운 체중조절방식, 식이장애, 우울증, 그리고 불법 약물사용이나 위험한 약물혼용과 같은 매우 위험한 체중감량 등을 야기하는 위험요소가 될 수 있다(Neumark-Sztainer, Paxton, Hannan, Haines, & Story, 2006). 마르고 근육질의 힘이 넘쳐 보이는 몸에 대한 이상화는 꽤 많은 어린 소년들에게 자신의 몸에 대한 불만을 갖게 만드는데(Smolak, Murnen, & Thompson, 2005), 결과적으로 그들은 건강하지 못한 방법으로 먹고 운동하거나, 근육증강제 혹은 효율적이지도 않고 위험하기까지 한 각종 영양보조제들을 섭취하게 만들 수 있다.

2) 이 장에 대한 개념적 모델

물론, 편재된 미디어이미지들과 메시지들이 가치 주사기로 약을 투여한 용량만큼 효과가 발생하는 식으로 섭식장애나 나쁜 신체이미지에 직접적으로 영향을 미치는 것은 아니다. 부정적 신체이미지는 13~14세 이상의 여성들에게 규범과도 같은 것이며, 많은 청소년과 성인 남성들은 자신의 비만도나 근육에 대해 만족하지 못하고 자신의 체중이 너무 과하거나 너무 적게 나간다고 생각한다. 하지만 상대적으로 지극히 소수여성들만이 건강에 해로울 정도로 부정적 신체이미지를 갖게 되거나 임상적으로 중요하게 생각될 정도의 이상 섭식행동을 보여준다. 심각한 정도의 문제가 있는 경우를 보더라도 미디어가 전달하는 메시지와는 거의 상관없는 많은 위험요소와 원인이 존재한다는 것을 알 수 있다.

따라서 미디어는 ① 학교나 직장 같은 사회적 맥락이 작용하는 메타 혹은 거시적인 환경이며, ② 젊은이들이 살아가는 여러 가지 사회적 맥락

안에 포함되는 여러 가지 특징, 내용, 그리고 절차들이라고 정의할 수 있다(Bronfenbrenner, 1979). 예를 들어 체중이나 체형, 그리고 마른 몸매에 매우 집착하는 부모 밑에서 자란 어린 여자아이 같은 경우 특정한 종류의 TV프로그램이나 잡지를 접하게 될 것이다. 또한 ① 매력적으로 보이는 것이 얼마나 중요한가, ② 마른 몸이 더 매력적이라는 점, ③ 다이어트나 약물 등 아름다워지기 위한 기술이나 제품의 중요성을 강조하는 미디어의 메시지와 비슷한 맥락의 일상 대화나 부모형제를 보고 배우는 여러 가지 상황들을 접하게 될 것이다. 미디어가 전달하는 메시지는 사실 가족, 친구, 교사, 그리고 코치들을 통해 강화 혹은 완화되기 때문에, 이상적 몸에 대한 미디어 메시지가 갖는 잠재적으로 부정적 효과는 생태학적 측면에서 이해되어야 할 것이다(Davison & Birch, 2001).

아동에게 끼치는 가정역학의 궁극적 영향은 미디어, 부모, 자녀, 그리고 다른 가족 구성원들의 상호작용에서 비롯된 것이라고 할 수 있다. 그러나 이상 섭식행동이나 부정적 신체이미지에 미치는 미디어의 영향에 대한 대부분의 연구는 이러한 관계를 다소 직접적인 것으로 개념화하기 때문에, 맥락적 요인은 통계적으로 제어되기도 한다. 결과적으로 영향력의 크기는 그다지 크지 않은 것으로 나타난다(Groesz et al., 2002; Murnen et al., 2007). 미디어의 직접적 효과와 다양한 사회적 상황에서 비롯되는 미디어의 효과 모두 제대로 알려지지 않았기 때문에, 이번 제 22장에서는 신체이미지와 섭식장애에 미치는 미디어의 진정한 영향에 대해 실제보다 약간 적은 추산으로 요약하기로 한다.

2. 미디어에서 말하는 이상적 몸: 내용분석연구

현대의 미디어가 신체에 대한 불만족과 섭식장애를 일으키는 원인이라고 의심할 수밖에 없는 이유가 적어도 3가지 있다. 첫째, 미디어는 신체적 외모나 각 성별이 갖는 역할, 건강, 쾌락, 행복, 그리고 도덕성과 관련한 외모의 중요성에 대한 메시지로 꽉 차 있다. 둘째, 일반적인 미디어뿐만 아니라 특히 외모지향적 미디어는 매우 대중적이다. 마지막으로, 대중매체의 효과를 생각하지 않고는 어떻게 외모에 대한 걱정이나 신체에 대한 불만족, 그리고 건강을 해치는 식사행태나 체중관리 행태가 모든 연령과 사회경제적인 지위, 문화적 차이와 상관없이 그렇게 확산되고 영향을 미치게 되었는지 이해할 수 없을 것이다.

TV, 인터넷, 영화, 그리고 다른 미디어들은 외모의 중요성과 가변성, 그리고 외모를 향상시키기 위한 각종 서비스와 제품들을 구매하고 사용하는 즐거움에 대한 메시지들로 가득 차 있다고 해도 과언이 아닐 것이다(Ballentine & Ogle, 2005; Labre & Walsh-Childers, 2003). 외모관리에 대한 소비자의 관심은 대단히 수익성 높은 사업을 가능하게 한다.

불행히도, 미디어가 제공하는 각종 콘텐츠는 개개인의 매력이나 이상적인 신체사이즈와 모양, 자아통제, 욕구, 음식, 그리고 체중조절에 대해 건강하지 못한 메시지들로 가득하다. 이러한 현상은 아동들을 위한 미디어에도 마찬가지로 나타난다. 예를 들어 럼블 등(Rumble, Cash, & Nashville, 2000; Klein & Shiffman, 2006에서 인용)의 연구에 의하면 지난 60여 년간 제작된 23

편의 월트 디즈니 만화영화 속 100명의 여자주인공의 모습은 마른 몸을 매력적인 것으로 연관 지었다고 한다(Herbozo, Tantleff-Dunn, Gokce-Larose, & Thompson, 2004 참조). 그러한 연관성은 성인을 대상으로 하는 미디어에서도 찾아볼 수 있다. 그린버그 등(Greenberg, Eastin, Hofschire, Lachlan, & Brownell, 2003)은 황금시간대에 방영되는 56개 TV프로그램의 275개 에피소드에 등장하는 인물들의 체격을 분석했는데, 실제로는 미국 여성의 약 5% 정도가 저체중인 것에 비해, TV에 등장하는 여성캐릭터의 30% 이상이 저체중인 것으로 나타났다. 남성은 실제 저체중인 비율이 2%이고 TV 캐릭터의 12%가 저체중이었다. 말하자면 영유아기에서부터 성인이 될 때까지, 사람들은 마른 몸이 정상이고 이상적이라는 비순응적인 스키마를 갖게 하는 많은 소재에 접하게 되는 것이다(Levine & Harrison, 2004).

1) 여성의 신체 이상형

내용분석 결과에 의하면, TV와 영화, 잡지, 그리고 인터넷에서 가장 이상적인 여성의 몸은 두 문장으로 요약할 수 있다. "마른 몸이 정상이고 매력적이다", 그리고 "뚱뚱한 몸은 바람직하지 않으며 혐오스럽다." 대략 50%의 미국여성들이 과체중이거나 비만인 것에 반해, TV속 여성 캐릭터의 13%만이 과체중이나 비만인 것으로 표현된다. 마찬가지로, 실제로는 60%에 가까운 남성들이 비만이지만 TV에서는 24%의 남성캐릭터들이 과체중이거나 비만인 것으로 나타났다(Greenberg et al., 2003). 일반적으로 남성이나 여성 모두에게 체내지방은 (비록 건강하다고 할 수는 없을지라도) 정상적인 것으로 간주되는 반면, TV속 캐릭터들에게는 거의 찾아볼 수 없는 것이 사실이다. 이러한 현상은 특히 여성캐릭터들인 경우가 많고($X^2 = 5.13$, $p < .05$), 만약 과체중인 캐릭터가 등장하더라도 매력적 인물로 그려지거나 다른 캐릭터들이 호감을 갖는 경우가 극히 드문 것으로 나타났다(Greenberg et al., 2003).

대중매체는 특히 여성에 대해 마르고 가느다란 몸을 매우 매력적인 것으로, 그렇지 않은 몸은 매우 비호감인 것처럼 강조한다. 포우츠와 버그래프(Fouts & Burggraf, 1999, 2000)의 연구에 의하면 TV시트콤에 등장하는 남성캐릭터들은 뚱뚱한 여성보다는 마른 여성을 선호하고, 마른 몸의 여성캐릭터들은 관객의 '유도된' 웃음소리에 의해 모욕당하는 경우가 적은 것으로 나타났다. 반면에 뚱뚱한 여성캐릭터들은 남성캐릭터들에게 관객들의 웃음을 자아내는 모욕적인 말을 듣는 경우가 많다. 또한, 영화와 TV프로그램들을 분석한 결과 남성캐릭터들은 여성캐릭터들에 비해 그 대상이 남성이든 여성이든 상대의 비만상태에 대한 모욕적인 대사를 하는 경우가 세 배나 되는 것으로 나타났다(Himes & Thompson, 2007). 대중매체는 뚱뚱한 사람들을 비난하는 문화를 강요하고 이러한 편견은 성인여성에 대한 선입견이나 고정관념과 겹쳐지는 부분이 있다(Harrison, 2000; Puhl Latner, 2007).

2) 남성의 신체 이상형

여성이든 남성이든 키가 크고 날씬한 몸을 이상적으로 생각하지만, 남성은 근육질이라는 한 가지 요소가 더 첨가된다(Labre, 2005). 1980년대 이후로 근육을 드러낸 남성의 벗은 몸을 묘사한 잡지들이 증가하기 시작했다(Halliwell, Dittmar & Orsborn, 2007). 이러한 경향은 어린아이들의 장난감 영웅 캐릭터의 한껏 부풀리고 힘이 넘치는 모습에서 시작되어(Pope et al., 2000) 청소년과 젊은 성인남성들의 비디오게임의 주요 캐릭터들에서도 나타난다(Harrison & Bond, 2007). 헐크 호건, 드웨인 존슨, 그리고 스티브 오스틴 같은 프로레슬러들 역시 문화적, 경제적인 존재로 인식되고, 아놀드 슈워제네거나 제시 벤투라처럼 정치적 인물이 되는 경우도 있다. 그들의 우상적인 이미지는 프로레슬링 경기를 중계하는 TV나 빌보드와 포스터, 액션피겨를 담은 자동판매기, 영화, 잡지, DVD 박스세트 등에서 일제히 나타난다.

3) 공개적으로 뒤틀린 이상형

인터넷에는 거식증과 폭식증을 공개적으로 지지하는 수많은 웹사이트들이 마구 생겨나며, 그러한 사이트들을 방문하는 이용자들로 하여금 마른 몸을 더욱더 우상화하게 만든다. 거식증을 지지하는 사이트들은 그 내용이나 분위기가 매우 다양하지만(Brotsky & Giles, 2007) 그 분야에서 잘 알려진 대부분의 사이트들은 거식증을 몸에 좋지 않은 정신적 장애라기보다는 거의 종교적 수준으로 홍보한다(Norris, Boyden, Pinhas, & Katzman, 2006). 거식증과 폭식증을 지지하는 내용을 담은 웹사이트들, 그리고 유튜브(youtube.com) 같은 비디오 스트리밍 사이트들이 이미 섭식장애의 위험이 있는 사람들에게 어떠한 효과를 미치는지 알기 위해서는 이러한 사이트들이 담고 있는 자료들에 대한 내용분석

이 필요하다.

3. 신체이미지와 섭식 장애에 미치는 미디어의 영향에 대한 모델

부정적 신체이미지와 이상 섭식행동을 유발하는 수많은 요인들은 다양한 미디어에서 쉽게 찾아볼 수 있다. 더구나, 미디어가 주는 메시지들은 가족이나 동료들과 같은 미디어 이외의 다양한 소스를 통해 직접적으로 또는 간접적으로 얻어지는 정보들과 함께 상승효과를 유발한다. 신체이미지와 이상 섭식행동, 그리고 섭식장애에 미치는 미디어의 영향은 사회인지적 모델(미디어 정보의 지각적 처리에 대한 모델)과 사회정서적 모델(섭식장애를 유발하는 정서적 영향까지 아우르는 모델)을 통해 가장 많이 조사된다.

1) 사회인지모델

(1) 계 발

이 책 제3장에서 다룬 문화계발 효과분석에 따르면 미디어는 대중들로 하여금 미디어가 제공하는 상징적 세계를 그대로 받아들이게 만드는 기능이 있다. 제3장과 17장에서 알 수 있듯이 미디어는 대부분의 사람들에게 마른 몸매를 지극히 자연스럽고 당연한 것으로 받아들이게 만들고, 현실에서도 그러한 몸매가 얼마든지 얻어질 수 있는 것이기 때문에 매우 바람직한 것으로 생각하게 만들었다(Thompson et al., 1999).

TV시청과 사람들의 체형에 관한 믿음이 어떻게 연관되는지를 연구한 것을 보면 이러한 계발 과정을 엿볼 수 있다. 맥크리어리와 새다바

578

(McCreary & Sadava, 1999)는 TV를 시청하면 할수록 사람들은 TV에서 보이는 극심한 마른 몸매를 징상적인 것으로 믿게 되기 때문에, TV시청과 캐나다 사람들이 자기 자신의 실제 체중과 상관없이 자신을 과체중이라고 믿는 것이 정적 상관관계를 갖는다고 했다. 해리슨(Harrison, 2000) 역시 미국의 남녀 초등학생들에 관한 연구에서, TV를 많이 보는 남자아이들일수록 뚱뚱한 여자는 게으르고 욕심이 많으며 친구가 없을 것이라는 선입견을 갖고 있는 것으로 나타났다.

미국의 여대생들을 대상으로 한 해리슨의 또 다른 연구(Harrison, 2003)는 계발이론의 주류 편입(mainstreaming) 현상에서 나타나듯, TV를 많이 보는 여성의 신체에 관한 생각은 TV가 전달하는 메시지와 거의 같거나 TV 속 메시지를 반영하는 경향이 있다고 밝혔다. TV를 많이 보면 볼수록 더욱더 가느다란 허리와 힙을 원하게 된다는 것이다. 이상적인 가슴크기에 관해서는 이러한 주류 편입의 패턴이 더욱더 심하게 나타나는데, 자신의 가슴이 작다고 생각하는 여성의 경우, TV를 많이 보면 볼수록 더욱더 큰 가슴을 원하게 되고, 가슴확대수술을 찬성하는 쪽으로 기울게 된다. 반대로, 자신의 가슴이 크다고 생각하는 여성의 경우에는 TV시청이 더 작은 가슴을 선호하게 만들고 가슴축소수술을 찬성하게 만든다는 것이다.

(2) 마른 몸을 이상적으로 여기는 내재화
(Thin-Ideal Internalization)

미디어의 영향에 대한 사회인지적 모델은 대중매체를 통해 표현된 세계관이 자아에 대한 관념이나 태도에까지 영향을 미친다. 마른 몸에 대한 동경이 내면화된다는 것은 매스미디어의

효과가 이상 섭식행동으로 이어지는 과정에 중요한 연결고리가 된다. 이러한 내재화에 대해 가장 널리 쓰이는 측정방법에는 SATAQ(Socio-cultural Attitudes Toward Appearance Questionnaire)라는 다원적 설문조사방법이 있다(Thompson et al., 2004). 남부 플로리다대학교의 학부여학생들을 대상으로 하는 두 연구(Thompson et al., 2004)에 의하면 마른 몸을 바람직한 것으로 생각하게 하는 많은 정보를 제공하는 미디어에 관심을 갖는 것은 마른 몸에 대한 동경과 신체불만족에 매우 관련 있다. 그러나 미디어로부터 느끼는 심리적 압박감과 마른 몸을 이상적으로 여기는 내재화는 서로 밀접하게 관련되었을 뿐만 아니라, 섭식장애를 일으키는 매우 중요한 요인으로 꼽히기도 한다. 뿐만 아니라, 가설에서도 볼 수 있듯이 미디어로 인해 생기는 마른 몸에 대한 이상화 현상과 그러한 현상의 내면화, 그리고 이상화된 마른 몸에 대한 미디어로부터 받는 압박을 자가 보고한 수준은 모두 섭식장애가 있는 여성들에게서 그렇지 않은 여성들보다 훨씬 더 높게 나타난다. 엔젤른-매독스(Engeln-Maddox, 2006)는 젊은 여성의 경우 미디어가 제시하는 이상형의 마른 몸이 자신의 삶을 여러 가지로 긍정적 방법으로 바꾸어 줄 것이라는 기대가 높을수록 자신의 몸에 대한 불만족의 정도가 높다는 것을 발견했으며, 이러한 현상은 마른 몸을 이상적으로 여기는 내재화에 크게 영향을 받는 것으로 나타났다.

마이어스와 크라우더(Myers and Crowther, 2007)는 미디어 자각(media awareness)을 젊은 여성이 미디어가 제공하는 내용과 이미지, 그리고 미디어를 통해 볼 수 있는 유명인들을 패셔너블하고 매력적인 사람이 되기 위한 매우 중요한 정

보원으로 인식하는 정도라고 정의했다. 몇몇 최근의 연구들을 경로분석한 그들의 결과에 의하면 젊은 여성들의 경우 마른 몸에 대한 동경의 이상화와 자아 객관화 간에 깊은 연관이 있음을 알 수 있다(Forbes, Jobe, & Revak, 2006; Sinclair, 2006). 미디어 자각은 미디어 이상형의 내면화와 어느 정도 관련 있으며, 자아 객관화가 증가될 경우 신체 불만족과 정적 상관관계에 있는 것으로 나타났다.

어린아이들에게는 이러한 마른 몸에 대한 동경이 이상 섭식행동과 크게 연관되지 않는다. 해리슨(Harrison, 2000)에 의하면 6명의 8세 남녀를 제외하면 대부분의 어린아이들의 경우 TV 시청이 마른 몸을 동경하게 만들지는 않는다. 오히려 TV시청은 좀더 무거운 몸을 선호하게 만드는 동시에 음식을 덜 먹게 만드는 효과가 있는 것으로 나타났다. 아마도 어린아이들에게는 이전에 이미 내면화된 마른 몸에 대한 동경과는 다른 이유로 그들의 식습관에 영향을 준 것일 수도 있다. 따라서 날씬함-이상 내재화가 미디어의 이용과 자아에 대한 평가, 신체이미지와 이상 섭식행동에 언제부터 어떤 식으로 영향을 주게 되는지 알아 볼 필요가 있다.

(3) 사회비교

많은 여성청소년과 젊은 여성들은 미디어가 제시하는 마른 몸매의 이상형에 비판적 시각을 가졌다. 그러나 동성이든 이성이든 또래의 친구들이 사회적 표준으로 인정하는 이상형이라는 확신이 들면 사회비교를 목적으로 미디어를 사용할 수밖에 없게 된다(Levine & Harrison, 2004). 초중고등학교와 대학을 다니는 여학생들을 대상으로 진행된 설문조사에 따르면 패션

잡지 속 모델들과 자신들을 비교하는 사람들일수록 신체불만족 비율이 높고 섭식장애가 있을 확률도 더 높은 것으로 나타났다. 사실, 자신의 몸을 잡지모델이나 연예인들의 몸과 비교하는 경향은 미디어에 노출되는 정도보다도 더 중요하다고 할 수 있다(Botta, 1999; Harrison, 1997).

여성에 관한 연구에 비해 모델, 연예인, 운동선수들의 미디어 이미지를 남성적이고 잘생긴 것으로 생각하고, 자기 자신의 매력을 평가하는 데 이용하며, 자신들의 몸과 외모를 향상시키는 기준으로 생각하는 남성청소년과 젊은 층의 남성들에 대한 연구는 훨씬 덜 이루어졌다. 스몰락 등의 두 연구에 의하면 11세에서 14세 사이의 청소년기 소년들에게 근육질의 이상형을 내면화하는 것이 신체불만족이나 건강에 해로운 섭식행태, 그리고 근육강화 기술의 사용에 어느 정도 기여하는 것으로 나타났다(Smolak, Levine, & Thompson, 2001; Smolak et al., 2005). 그럼에도 불구하고, 적어도 초기의 청소년기만큼은 SATAQ 자각과 내면화 척도가 신체 존중감과 체중조절기술의 사용에 미치는 효과가 남성보다 여성에게 훨씬 더 높게 나타났다. 존스(Jones, 2001)의 연구와 모리슨 등(Morrison, Kahn, & Morrison, 2004)의 연구에서도 볼 수 있듯이 성별을 막론하고 자기 자신의 키나 몸무게를 모델이나 연예인들, 혹은 동성친구에게 비교하는 경향이 강할수록 신체불만족을 가질 가능성도 높은데, 이러한 연관성은 소녀들에게 더 강하게 나타났다. 그러나 존스(Jones, 2001)는 11세에서 14세 사이의 소년들에게 몸을 만드는 것에 대한 비교는 신체 불만족을 초래할 가능성이 매우 높은 것으로 나타난 것에 비해, 모리슨 등(Morrison et at., 2004)의 연구에 의하면 고

580

등학교에 다니는 15세에서 17세 사이의 소년들에게는 이러한 연관성을 찾아볼 수 없었다.

(4) 사회적 학습/모델링

이 책 제 6장에서 소개된 사회인지이론에 의하면 미디어가 제시하는 모형에 의한 관찰학습의 과정은 대중매체가 음식이나 먹는 행태, 그리고 바람직한 체중과 체형에 대한 믿음과 이상형, 태도, 행동, 그리고 인센티브에 미디어가 얼마나 영향을 미치는지 잘 설명해준다 (Dittmar, Halliwell, Ive, 2006; Harrison & Cantor, 1997; Levine Smolak, 2006). 마른 몸에 대한 동경은 인쇄미디어와 전자미디어 모두에서 쉽게 찾아볼 수 있다. 이는 긍정적 특성으로 다루어지는 데 비해, 뚱뚱한 몸은 무시당하거나 비웃음의 대상이 되는 경우가 많다. 직접 광고의 경우 비만이나 체중감량에 대한 뉴스나 거식증이나 폭식증을 장려하는 웹사이트, 그리고 마른 몸이 되기 위한 방법을 직접적으로 보여준다. 사회적 학습과정은 직접적 경로를 통해서뿐만 아니라 TV나 잡지에 대해 다른 사람들이 나누는 대화를 통해서도 마른 몸에 대한 동경을 갖게 되는 것을 의미한다.

2) 인지정서적 모델

(1) 자기 불일치의 활성화

사회인지이론은 이상적 신체상이나 마르고 뚱뚱한 것에 대한 비이성적 태도, 그리고 건강에 해로운 섭식태도와 체중조절행태를 갖게 되고 더욱더 강화하게 되는 것을 이해하는 데 매우 유용하다. 그러나 이러한 패러다임은 섭식장애의 바탕이 되는 정서적 부분을 설명하는 데는 그다지 적합하지 않다. 거식증과 폭식증, 그리고 이상 섭식행동은 불안감이나 수치심, 그리고 실의 같은 감정에서 벗어나기 위한 방법으로 쓰이는 경우가 많다. 불안감을 가라앉히기 위해 음식을 잘 먹지 않는다면, 우울한 감정은 폭식으로 해결하게 된다.

현실과 이상의 자기 불일치(an actual self-dis-crepancy)는 지각된 현실의 자아가 이상적 자아와 크게 차이가 날 경우 발생한다. 이러한 자기 불일치 현상이 자기 개념(self-concept) 및 자아존중감(self-esteem)과 연관될 경우에는 실망감과 좌절감, 그리고 낙담으로 이어질 수 있다. 해리슨(Harrison, 2001)은 미디어가 주입하는 신체이상형이 이러한 자기 불일치를 유발하며 좌절과 실패감을 증가시켜 폭식이나 끊임없이 먹게 만들게 된다고 주장했다. 해리슨의 또 다른 실험에 의하면 현실과 이상의 자기 불일치를 겪는 청소년기의 남녀가 마른 몸매 덕분에 사회적 보상을 받는 내용의 비디오를 보게 되면 더욱더 심각한 실의에 빠질 수 있다고 한다. 반면에 히긴스(Higgins, 1999)의 현실자아(actual-self)와 의무자아(ought-self)의 불일치 이론은 지각된 자아가 부모나 동료 같은 타인이 생각하는 자신의 모습이라고 믿는 자아와 다를 때 이러한 두 자아의 불일치가 일어난다고 한다. 해리슨(Harrison, 2001)은 미디어가 자기 불일치를 유발하는 역할을 한다고 보고, 자기 불일치로 인해 증가되는 불안감과 걱정이 음식을 피하는 것으로 진정된다고 주장했다. 현실자아와 의무자아의 불일치를 겪는 청소년들은 뚱뚱하기 때문에 사회적으로 괴로움을 느끼게 되는 내용의 비디오를 볼 경우 더 심하게 불안해하고 걱정하게 된다는 것이다. 같은 설문조사에서 자기 불일치는 미디어에 대한 노출정도와 섭식장애의 정적(正的) 상관관계를 적어도 부분적으로나마 중재하는 것으로 나타났다.

4. 효과에 대한 연구 증거

1) 메타분석

대중매체에 대한 노출 정도와 신체상, 그리고 이상 섭식행동의 관계는 매우 복잡하고 논란이 많은 문제이다(Harrison & Hefner, 2006). 그나마 여성의 경우 미디어에 대한 노출 정도와 신체상의 관계가 약간은 확립되었다고 할 수 있다. 여성의 신체 불만족에 대한 미디어의 효과에 관한 25개 실험연구에 대한 그로에츠 등(Groesz et al., 2002)은 메타분석을 통해 43개의 d 값을 얻을 수 있었는데, 이때 d는 통제집단과 실험집단의 신체불만족에 나타나는 표준화된 차이를 나타내는 효과크기를 의미한다. 그 중에 81%에 해당하는 서른다섯 개의 d값은 0 이하의 마이너스였고, 전체적인 d값은 0.31(z=7.37, p〈.0001)로 마른 몸의 이상화에 노출된 후 신체만족의 정도가 통계적으로 유의할 정도로 떨어졌다는 것을 의미한다. 평균적인 효과크기는 아직 대학에 다니지 않는 집단의 경우 약간 큰 것으로 나타났는데(d=.36), 이는 청소년기의 여성들이 조금 더 예민하다는 것을 보여주는 것이다.

횡단 및 종단 설문조사에 관한 지속적인 메타분석(Murnen et al., 2007)에 의하면 TV나 잡지에 대한 노출정도가 높을수록, 자가평가된 이상 섭식행동의 정도도 높은 것으로 나타났다. 예측된 긍정적 선형관계는 통계적으로 유의하기는 하나 그다지 강하지는 않았다. 또한, TV프로그램보다는 패션잡지에 대한 노출정도, 남성보다는 여성에게 더 높게 나타났다.

2) 마른 몸을 이상적으로 여기는 내재화

횡단 설문조사를 위주로 대부분의 연구들은 대중매체, 특히 패션잡지들이 마른 몸에 대한 동경을 내면화시키는 데 가장 큰 역할을 한다고 보는 사회인지적 가설을 지지한다. 필드 등(Field et al., 1999)은 550명에 가까운 노동계층의 청소년기 여성들의 대부분이 자신의 체중이나 체형에 만족하지 못한다고 했다. 샘플의 70%에 이르는 여성들이 잡지에 나오는 사진들이 자신들이 생각하는 완벽한 체형에 영향을 주었다고 했으며, 45%는 그러한 사진들이 살을 빼야겠다고 생각하게 만들었다고 했다. 더욱이 여성잡지를 더 많이 볼수록 완벽한 몸에 대해 더 많이 생각하게 되고, 자신의 몸에 대해 더 많이 만족하지 못하게 되며, 살을 빼고 싶어져서 다이어트를 하게 될 가능성이 높은 것으로 나타났다. 패션잡지의 구독이 다이어트와 운동으로 이어지는 이러한 현상은 교육수준이나 인종적 배경을 통계적으로 통제한 실험에서도 마찬가지인 것으로 보인다.

11세에서 14세에 이르는 시애틀의 한 중학교 학생들에 대한 연구에 의하면 남학생들에 비해 여학생들이 외모와 관련된 잡지들(예를 들면 Seventeen)에 대한 관심이 더 많고 이상형의 신체를 내면화할 가능성이 더 높으며, 신체 불만족의 가능성도 더 높은 것으로 나타났다(Jones, Vigfusdottir, & Lee, 2004). 여학생들에게 외모에 관련된 잡지를 읽고 친구들과 외모와 관련된 대화를 나누는 것이 미디어를 통해 이상화된 신체상의 내면화를 통해 신체 불만족으로 이어진다는 것이다. 여학생들에 대한 경로분석모델이 신체 불만족에 대한 변화량의 48%를 설명하는 반면, 남학생들의 신체불만족에 영향을 주는 사회문화적인 여러 가지 요인에는 외모와 관련된 잡지의 구독이 포함되지 않으며 변화량의 21%만 설명하는 것으로 나타났다.

젊은 여성들의 사회화에 있어서 외모와 인상 관리의 중요성은 사춘기의 여러 가지 신체적 변화를 겪는 동안 여학생들이 마른 몸을 이상적으로 여기는 내재화를 더 많이 겪는다는 것을 의미한다(Murnen, Smolak, Mills, & Good, 2003; Smolak & Murnen, 2004). 안타깝게도 여러 가지 면에서 이상형의 날씬한 몸매에 대한 개인적 투자가 매우 바람직한 것으로 받아들여진다는 것은 자아객관화, 신체이미지를 비롯한 체중과 체형에 대한 태도, 섭식행태와 체중관리에 들이는 노력 등에 직접적, 간접적으로 부정적 영향을 준다(Gordon, 2000; Levine & Smolak, 2006). 근육질 몸매를 이상형으로 생각하고 내면화하는 과정은 미성년의 소년들의 발달상황에 매우 부정적 영향을 주지만, 이러한 외모에 대한 고민은 일반적으로 남성의 심리적 발달에 전체적으로 영향을 미치는 것은 아니다.

따라서 남학생에게 외모의 이상형에 대한 메시지는 일관적이지도 명확하지도 않기 때문에, 근육질 몸매의 이상화는 쉽게 내면화되지 않는다. 사실 일부 청소년기의 소년들은 남성의 외모나 신체나 신체상에 대한 미디어 이미지에 대해 생각하는 것도, 말하는 것도 그다지 좋아하지 않는데, 그러한 주제들이 매우 남성적이지 못한 것으로 간주하기 때문이다(Hargreaves & Tiggemann, 2006). 게다가, 근육질 몸매의 이상화가 내면화되더라도, 여학생들에게 마른 몸에 대한 동경이 내면화되는 것만큼 신체이미지나 섭식행태, 그리고 체중과 체형관리의 결정에 큰 영향을 주지는 않는다. 남성의 경우에는 거의 강박관념의 수준으로 체중과 근육 양으로 자기 자신을 정의하고 싶어하는 경향이 강하기 때문이다.

3) 신체이미지와 이상 섭식행동에 미치는 효과

(1) 장기적 연구

미디어의 노출과 신체이미지의 연관성에 관한 장기적 연구는 흔하지 않지만, 날씬한 몸을 이상화하는 TV노출이 일찍부터 시작될 경우 신체이미지에 문제가 생길 가능성도 더 높아진다고 밝혀졌다. 호주의 5세에서 8세 사이 여아들이 본 외모와 관련된(잡지를 제외한) TV프로그램의 수는 프로그램 시청 1년 후 신체에 대한 만족도 감소에 요인이 되었다(Dohnt & Tiggemann, 2006). 7세부터 12세까지의 미국 백인과 흑인 소녀들에게 전반적인 TV시청은 1년 후 이상적 성인의 체형으로 더욱더 마른 몸을 고를 가능성을 높게 하고, 섭식장애의 정도에도 영향을 줄 것으로 예측되었다(Harrison & Hefner, 2006). 두 연구결과 모두 실제 체질량 지수〔BMI: (weight in kg) / (height in meters)〕와 인지된 체질량 지수와는 독립적인 경우이다.

일부 장기적 연구는 이러한 효과가 여학생보다 남학생들에게 제한적으로 나타난다는 횡단(cross-sectional) 연구방법을 묘사했다. 리시아델리 등(Ricciardelli, McCabe, Lillis, and Thomas, 2006)은 8세에서 11세 사이의 호주소년들이 가진 신체불만족에 대한 유일한 요인은 실제 체질량지수인 것으로 나타났다. 그러나 미디어로부터 근육을 늘리고 체중을 조절해야 할 필요를 느끼게 되었다는 소년들의 경우 실제로 체중조절을 시도할 가능성이 더 높다. 해리슨과 본드(Harrison & Bond, 2007)의 장기적 연구는 7세에서 10세 사이 미국에 사는 백인소년들에 국한된 연구이며 게임잡지의 구독이 1년 뒤 근육질 몸매에 대한 욕구를 불러일으키는 중요한 연구가 된다는 것을 알게 되었다. 이 연구에서 체질량지수를 비롯한 다른 중요한 변수들, 예를 들면 신체이상형을 다루는 잡지에 대한 노출 등은 모두 통제되었다.

(2) 실험연구

13세에서 15세 사이의 호주 청소년들에게 이상화된 이미지 또는 외모와 관련되지 않은 제품들과 서비스들을 보여주는 20개의 TV광고를 하그리브스와 티저만(Hargreaves & Tiggemann, 2004)은 보여주었다. 이전 연구들과 마찬가지로, 날씬한 이상적 이미지를 본 여학생들은 통제조건에 있는 여학생들에 비해 자기 자신의 외모를 광고 속 여성의 외모와 비교하고 부정적 기분을 느끼고, 신체에 대한 만족도가 감소하는 것으로 나타났다. 남학생들도 근육질 이상형에 대해 외모를 비교하고 부정적 기분을 느끼기도 하지만, 스스로를 평가하고 사회적으로 비교하는 정도가 여학생들에 비하면 덜한 것으로 보인다. 이러한 결과는 신체만족도의 감소가 그다지 나타나지 않았다는 것을 의미하기도 한다.

이러한 연구들과 하그리브스와 티저만의 호주에서의 실험들은 미디어가 어린 소녀들과 젊은 여성들에게 부정적 영향을 축적시켰다는 증거를 보여준다. 예를 들어, 하그리브스와 티저만(Hargreaves & Tiggermann, 2003)은 실험을 통해 날씬한 이상형 몸매를 보여주는 20편의 TV광고를 보고 자신의 신체이미지에 부정적 영향을 받은 청소년기의 소녀들이 비록 실험상 각각의 신체불만족 정도가 통제되었음에도 실험 후 2년이 지난 후에도 신체불만족을 느끼고 마른 몸을 원할 가능성이 높다는 것을 보여주었다. 영국에서 있었던 디트마와 하워드(Dittmar & Howard, 2004)의 실험에서는 패션모델들의 매력이 아니라 날씬함이 소녀들의 신체상에 즉각적인 부정적 영향을 준다는 것을 알게 되었다는 점을 주목해야 한다. 더킨과 팩스턴(Durkin & Paxton, 2002)은 잡지 속의 날씬하고 매력적인 모델들의 사진이 12~13세와 15~16세의 호주 청소년기 소녀들 대부분의 신체만족도의 즉각적인 감소에 TV광고만큼이나 큰 영향을 미치는 것으로 보았다. 그러나 모델들의 사진을 본 7학년 여학생들의 32%와 10학년 여학생들의 22%가 신체만족도의 증가를 보이기도 하였다. 미국에서 진행된 윌콕스와 레어드(Wilcox & Laird, 2000)의 두 연구는 이러한 사회적 비교과정의 긍정적 결과를 설명하는 데 도움이 된다. 자기 자신보다는 잡지 속에 등장하는 날씬한 모델들에 집중한 젊은 여성들의 경우 자신을 모델들과 동일시하고 자신의 몸에 만족할 가능성이 높다는 것이다. 반대로, 모델들과 자기자신 모두에게 집중한 여성들의 경우에는 아마도 강한 자의식을 통해 얻어지는 현실자아·이상자아, 그리고 현실자아·의무자아의 괴리감 때문에 스스로를 평가하고 자신의 몸에 대해 부정적으로 느끼게 될 수도 있다고 한다. 자기향상의 동기와는 달리, 자기평가 과정은 상향 사회비교과정을 반영하는 것으로, 디자이너와 메이크업 아티스트, 사진작가, 그리고 컴퓨터 기술자들의 도움을 통해 전문적으로 다듬어진 모델들의 이미지에 자신의 몸을 비교하는 것을 의미한다. 물론, 매우 자동적이고 무의식적으로 일어나는 이러한 비교현상은 신체에 대한 부정적 감정을 유발하는 것이 당연하다(Halliwell & Dittmar, 2005).

사회비교와 그에 관련된 정보 처리, 그리고 그에 따른 감정의 반응에서 자아의 중요성은 헨더슨 킹과 헨더슨 킹(Henderson-King & Henderson-King, 1997)의 연구에서도 강조되었다. 자기감시(self-monitors)가 강하지 못한 여성들에 한해서 날씬한 여성들의 이미지를 담은 잡지가 자신의 몸에 대해 기분이 나빠지게 하는 원인이 된다는 것이다. 자기감시가 덜하다는 것은 대체로 걱정이 많고, 자기성찰적이며, 자기자신과 어떤 기준으로부터 관심을 덜어내기가 쉽지 않은 경우를 말한다. 유명한 사회비교 연구가인 디더릭 스테이펠(Diederik Stapel) 등에 의해 네덜란드에서 진행된 최근의 연구들도 자신의 신체에 불만이 있거나 남의 시선을 신경쓰는 학부여학생들을 대상으로 하는데(Trampe, Stapel, & Siero, 2007), 이 여학생들은 자신의 외모를 다른 학생이나 패션모델, 그리고 연예인 등 다양한 체형의 기준에 비교했다. 또한 자신의 몸에 만족스러워하는 여성들에 비해, 성격적으로 자신의 몸에 불만이 많은 여학생의 경우 모델이든 아니든 외모가 매력적인 사람들에 대한 비교와 노출에 부정적으로 영향을 받는 것으로 나타났다. 사실, 부정적 신체상을 가진 여성들은 가느다란 화병과 굵고 둥근 화병의 그림을 보는 것만으로도 기분이 나빠질 수 있다고 한다. 자신의 몸에 대한 만족감이 높은 여성은 화병그림을 봐도 영향을 받지 않는 것처럼, 모델을 보더라도 자신의

몸을 모델의 몸에 비교하거나 기분이 나빠질 가능성이 적은 것으로 나타났다. 트램프(Trampe et al., 2007)의 연구결과에 의하면 신체 불만족의 정도가 높은 여성의 경우 몸과 관련된 자기 스키마(self-schema) 혹은 일반적인 자기 스키마 혹은 자의식(Stapel Tesser, 2001)이 더 쉽게 생길 수 있다고 한다. 개인과 미디어, 그리고 다른 변인들의 어떤 측면이 이러한 자아관련성(self-relevance), 자아활성화(self-activation), 주의의 할당(attention allocation), 사회비교(social comparison), 그리고 자아평가(self-evaluation)의 과정에 어떠한 영향을 미치는가에 관한 연구가 지속되어야 할 것이다.

사회인지이론과 자아괴리감 이론은 스키마(schema)라는 개념을 포함한다. 나의 외모나 나 자신과 같은 스키마는 정보, 신념, 가정(assumptions), 그리고 감정을 체계화하여 빠르고 효과적인, 그러나 늘 적응가능하고 쾌적하지는 않은 방법으로 정보를 처리하는 가상의 인지적 구조(a hypothetical cognitive)이다. 하그리브스와 티거만(Hargreaves and Tiggemann, 2002)은 15세에서 18세까지의 소녀들에게 TV광고속의 날씬한 이상형 몸의 이미지가 외모를 중요시하는 자아스키마를 자극할 경우 부정적 영향을 받을 가능성이 높다는 것을 이론화하였다. 통제조건과 비교했을 때, 외모를 강조하는 광고는 실험에 참가한 모든 이들에게 외모와 관련된 자아 스키마를 유발시키는 역할을 하였다. 또한, 이런 광고들은 실험을 시작할 때부터 감성이 풍부하고 외모에 대해 남보다 강한 자아 스키마를 가진 여학생들에게 좀더 전반적으로 외모에 대한 불만을 갖게 하였다. 회귀분석 결과에 따르면 광고속 날씬한 이상형 몸매가 여학생들의 외모만족도에 갖는 부정

적 영향은 스키마의 활성화를 통해 매개되는 부분이 있다. 사회비교이론과 확연히 구분되는 인지적 모델에 의거하여, 잡지에 대한 기존의 연구 결과와는 달리, TV광고에 나오는 날씬한 이상형의 몸이 갖는 부정적 효과는 여학생이 이미 가진 신체불만족 정도나 TV시청형태가 자신에게 초점을 두는 개인적인 것이었는지 혹은 이미지에 초점을 두는 것이었는지 여부에 영향을 받지 않는 것으로 나타났다.

미디어의 효과에서 사회인지적 과정과 사회정서적 과정의 중요성은 해리슨(Harrison, 2001)의 청소년기의 괴리감 특유의 정서적 반응에 대한 연구와 좀더 최근에 이루어진 해리슨 등(Harrison, Taylor, & Macke, 2006)의 실험연구에서 찾아볼 수 있다. 동성의 이상화된 마른 몸에 대한 슬라이드를 본 여학생들 중 몸에 관련된 자아괴리감이 있는 학생들은 다른 여성들과 함께 있을 때 슬라이드를 보지 않은 학생들이나 몸에 관련된 자아괴리감이 없는 학생들에 비해 음식을 덜 먹는 것으로 나타났다. 따라서 이러한 것들이 젊은이들에게 정말 탐나는 몸매를 갖기 위한 다이어트 태도와 행동을 가르치는 것뿐만 아니라, 마른 몸을 이상화한 미디어에 담긴 시각적 이미지와 언어적 메시지가 상처받기 쉬운 나이에 있는 어린이와 청소년들에게 그들의 자아괴리감을 상기시킬 것이다. 이러한 과정은 잠시나마 음식을 피하거나 과하게 찾게 만드는 부정적 감정을 증가시키고, 이러한 행태를 몇 달에 거쳐 계속 반복하다보면 심각한 섭식장애를 유발하거나 청소년기의 소녀들이나 젊은 여성들에게 섭식장애나 이상 섭식행동을 유발하는 위험한 요소가 될 수 있는 과체중과 비만의 가능성을 증가시킨다.

남성에 대한 실험연구는 이러한 양식과 다소 다른 결과를 보여준다. 호주의 13세에서 15세 사이의 청소년들에게 이상화된 근육질의 몸매나 외모와 관련 없는 제품과 서비스에 대한 TV광고를 보여주었던 실험(Hargreaves & Tiggemann, 2004)을 다시 떠올려보자. 여학생들과 다르게, 이상화된 이미지를 본 남학생들은 통제조건의 남학생들과 비교해도 신체만족도가 감소하지 않았다. 하지만, 15세에서 27세 사이의 남성에 대한 연구를 보면 근육질의 이상화된 몸매를 보여주는 TV광고나 잡지광고를 보고난 후 우울증과 근육에 대한 불만이 증가했음을 보여준다(리뷰를 위해 Halliwell et al., 2007을 보라). 알보어와 기니스(Arbour & Ginis, 2006)는 자신의 근육양이나 모양에 이미 불만을 가진 젊은 남성들의 경우 이러한 부정적 미디어의 영향을 좀더 쉽게 받을 수 있다고 했다. 더욱이, 거의 비현실적으로 보이는 엄청난 근육을 가진 보디빌더들의 이미지인 경우, 일반적인 신체불만족 정도는 매개변수의 역할을 하지 않았으며, 감정의 변화와 미디어 간의 상호작용도 찾아볼 수 없었다. 남성에게 이상화된 근육질의 몸매가 갖는 효과는 여성에게 이상화된 마른 몸매가 갖는 효과에 비해 매우 제한적이라고 할 수 있다. 특히, 근육질 몸매에 민감하게 반응할 만한 발달단계에 있는 남성에게 현실적으로 가능한 정도의 근육질 몸매의 이미지를 보여준 경우가 아닌 한, 이러한 효과는 매우 적거나 거의 없다고 봐야 할 것이다.

사회인지적 이론에 의거하여, 남성에 대한 미디어의 효과는 정보의 원천인 미디어와 동기, 자기 스키마, 자아괴리감, 기대감, 그리고 행동을 유발하게 하거나 억제하게 하는 맥락 등과의 상호작용으로부터 나온다. 해리슨 등(Harrison et al., 2006)의 연구에 의하면 근육질 남성의 이미지로 인해 유발된 몸에 대한 자기 괴리감을 가진 남자 대학생은 이상화된 마른 몸 때문에 자의식을 갖게 된 여학생들과는 다르게 행동한다고 한다. 자기 괴리감이 있는 남성은 다른 남성들과 함께 있을 때 자기 괴리감이 없거나 이상화된 신체이미지를 본 적이 없는 남성들에 비해 음식을 더 먹는 것으로 나타났다. 남성에게는 외모에 대한 자기 괴리감과 미디어에서 제시하는 자아에게 적합하다고 받아들이는 이상화된 근육질 몸매의 상호작용이 신체이미지에 대한 걱정과 그에 수반되는 부정적 감정을 유발한다는 것이다. 이러한 반응은 음식의 과다한 섭취, 과도한 운동, 거울에 자신의 모습을 과도하게 비춰보는 현상, 혹은 스테로이드와 식품보조제의 남용과 같은 다양한 행태를 유발할 수 있다(Pope et al., 2000). 사회인지적 이론을 지지하는 해리슨 등(Harrison et al., 2006)의 연구에 의하면 이러한 일련의 행동들은 과도한 음식섭취가 근육질의 몸이라는 인상을 남기는 데 기여할 것이라는 개인의 기대에 의거하는 것이다.

4) 이상 섭식행동을 장려하는 인터넷 콘텐츠

잡지나 TV, 혹은 비디오 게임과 같은 오락상업적 미디어는 원래 소비자로 하여금 자신의 몸에 대해 비참하게 생각하거나 섭식장애를 일으키기 위한 것이 아니다. 반면, 거식증에 찬성하는 많은 웹사이트들은 뒤틀린 섭식습관을 가진 생활방식을 매우 자랑스럽게 여긴다. 현재로서는 이미 상당한 섭식장애를 갖고 있어서 이러한 웹사이트들을 활발하게 찾아내는 청소년기의 소녀들과 젊은 여성들에게 이러한 웹사이트들이 어떠한 영향을 미치는지 알지 못한다. 소규

모 연구에서 얻어진 예비결과에 의하면 거식증을 찬성하는 웹사이트들이 젊은 여성들에게 부정적 영향을 준다는 것을 알 수 있다(Bardone-Cone & Cass, 2006). 이제는 유튜브(youtube.com)와 같은 비디오 스트리밍 서비스를 통해서도 쉽게 얻을 수 있는 거식증에 대한 이미지와 텍스트들의 영향에 대한 연구가 더 많이 진행되어야 할 것이다.

5. 연구에서 확인된 매개변수들

1) 미디어의 특성

미디어의 어떤 면이 신체 이미지와 이상 섭식행동에 영향을 미치게 되었을까? 잰센과 드 브리스(Jansen & de Vries, 2002)의 연구에 의하면 자신의 체중에 대해 민감하고 식단을 조절하는 여대생들이라고 하더라도 이상화된 마른 몸매를 부지불식간에 반복해서 보여주는 것에 영향을 받지 않는 것으로 나타났다. 버켈랜드 등(Birkeland et al., 2005)의 연구에서는 매력적인 여성의 이미지가 미국의 학부 여대생들의 신체 만족도를 감소하게 만든 반면, 외모와 관련된 상품의 이미지는 모델이 있든 없든 그다지 큰 영향을 미치지 않는 것으로 나타났다. 티저만 등(예: Tiggemann & Slater, 2004)의 연구에 의하면 부지불식간에 노골적으로 외모와 성별, 섹슈얼리티, 그리고 상품화와 관련된 시각적 이미지와 청각적 단서들로 가득 찬 뮤직비디오가 신체 불만족을 유발하는 중요한 요인이 된다고 한다. 이러한 연구들은 미디어 이미지의 부정적 영향이 의식적이면서 어느 정도 명확하고 직접적이며 매

력적인 사회적 메시지 누적적인 과정에 따라 달라진다는 것을 가리킨다. 이는 더 많은 단서가 있다고 해서 미디어 메시지의 현저성이나 축적된 영향을 반드시 증가시키는 것은 아니라는 것이다. 그로에츠 등(Groesz et al., 2002)은 14개의 실험 대 통제그룹의 비교에 대해 가장 높은 효과율(d = . 45)이 나타난 경우는 9 혹은 그보다 적은 자극이었으며, 10~19개의 자극에 대해서는 20개의 비교에 대해 d = . 31의 효과율이, 20개 이상의 자극에 대해서는 아홉 개 비교에 대해 d = . 28의 효과율을 얻을 수 있었다. 이러한 점에서, 영국의 할리웰 등(Halliwell, Dittmar, & Howe, 2005)은 극심하게 마른 모델은 모델을 전혀 포함하지 않은 자극보다 몸에 관련된 걱정을 더 많이 하게 만들지 않았고, 평균적인 체형의 매력적인 모델에 대한 노출은 신체불만족의 부정적 효과를 어느 정도 방지하는 버퍼링 효과가 있었다. 알보어와 기니스(Arbour & Ginis, 2006)의 젊은 남성들에 대한 연구를 떠올려 보면, 이상화된 근육질의 몸매가 과장된 근육질의 몸매보다 더 강한 부정적 효과를 보였다는 점을 알 수 있다. 이러한 결과는 흥미롭고 조사 가능한 가설을 제안한다. 청소년기와 젊은 성인들에게는 소규모의, 그러나 집중적으로 보여주는 상대적으로 현실적이고 희화화되지 않은 이상적 신체의 이미지가 가장 강한 부정적인 효과가 있고, 어린아이들에게는 영웅 캐릭터나 과장된 근육을 가진 비디오게임 캐릭터와 같은 회화화된 이미지들에 더 많이 반응한다(Harrison & Bond, 2007).

날씬한 이상형을 더욱더 돋보이게 하고 영향력 있게 만드는 또 다른 특징은 미디어가 소비되는 맥락이라고 할 수 있다. 요인설계법을 이용한 헨더슨-킹 등(Henderson-King, Henderson-King, & Hoffmann, 2001)의 연구에서는 미국의 학부여대생들을 3가지 조건 중 하나에 무작위로 배정하여 여러 장의 중성적 이미지 혹은 이상화된 날씬한 몸매의 슬라이드를 보게 하였다. 시청각실에 아무 남성도 없는 경우에는 아무런 미디어 효과를 발견할 수 없었다. 두 명의 남성이 아무 말 없이 함께 시청각실에 있는 경우에는, 날씬한 몸매의 슬라이드를 본 여성의 경우 신체만족도가 감소하였다. 그러나 시청각실에 함께 있던 남성들이 슬라이드 중 10%에 해당하는 여성모델의 바람직한 체형에 대해 긍정적 언급을 한 경우에는, 슬라이드 관람 후 신체만족도에 미치는 전반적 영향이 중성적 이미지가 갖는 영향에 비해 약간은 더 긍정적인 것으로 나타났다. 직관에 반대되는 이러한 경향을 반복연구 후에, 헨더슨-킹 등은 남성의 성차별적 언급으로 여성들은 건강하지 않은 외모와 관련된 미디어 메시지에 대한 비판적 저항감을 갖게 하는 데 도움이 되었다는 결론을 갖게 했다. 마른 몸을 이상화한 미디어가 남성의 말없는 응시와 함께 제시될 경우, 그 결과는 사회비교적 경향과 외모에 대한 자아 스키마, 그리고 자아-이상형의 괴리감을 자동적으로 점화하는 효과가 있으며, 이는 전형적인 신체불만족을 초래할 수 있다.

헨더슨-킹 등은 또한 외모와 관련된 미디어 메시지가 잠재적으로 갖고 있는 영향력 측면에 대해 지적했다. 마른 몸(혹은 근육질의 몸)에 대한 이상화현상과 신체의 객체화(objectification)의 단서 간에 일어나는 상호작용이 그것이다. 레빈 등(Lavine, Sweeney, & Wagner, 1999)의 연구 역시 아무 광고도 보여주지 않은 실험조건과 여성들에게 매력적인 모델이 나오는 광고를 비성차별적 맥락에서 보여준 조건에 대한 효과에는 아무런 차이가 없다는 것을 밝혀냈다. 매력적인 모델의 모습을 성차별적이고 객체화시키는 맥락에서 보여주는 광고인 경우에 한해서 여성이든 남성이든 신체에 대한 만족감을 즉각적이고 유의한 정도로 감소시킨다.

2) 수용자의 특성

(1) 성 별

이상적 신체를 제시하는 미디어의 효과는 특히 이상 섭식행동의 행동부분에서 남성보다는 여성에게서 더욱 강하게 나타난다. 해리슨 (Harrison, 2000) 의 연구에 따르면 사춘기 이전의 소년소녀들에게는 거의 동일하게 나타나던 TV시청과 섭식장애의 관계가 사춘기에 가까워질수록 여학생들에게는 미디어 사용률이 이상 섭식행동의 중요한 요인이 되는 것과는 달리, 남학생에게는 별다른 효과가 없는 것으로 보인다. 반면에, 마른 몸을 이상화하는 미디어가 청소년기 소녀들과 여성에게 신체 불만족도를 증가시키는 것과 마찬가지로, 가늘고 근육이 많은 남성의 신체 이상화를 보여주는 미디어의 경우 청소년기의 소년들과 남성들의 신체 불만족도를 높이는 것으로 나타났다(Groesz et al., 2002).

(2) 인 종

미디어의 영향은 흑인이나 라틴계 같은 인종보다는 백인과 영국계 또는 유럽계 미국인들에게 더 강하게 나타난다. 사회비교이론은 이러한 차이에 영향을 주는 몇 가지 요인을 제시한다. 대상에 대한 관심을 고르고 보이는 과정에서, 블랙 아메리칸이나 라틴계열의 소녀들에게 미

디어의 영향은 그들이 자신들과 미디어를 통해 볼 수 있는 모델들을 얼마나 동일시하는지에 달려있다. 대부분 미디어를 통해 조심스럽게 만들어진 여성의 이상화된 이미지는 마른 몸은 다른 어떤 인종도 아닌 백인이나 옅은 피부색을 가진 여성의 몸으로 표현되기 때문에, 다른 인종에 속하는 여성들의 경우에는 이러한 이미지들에 자아에게 적합한 방법으로 영향을 받을 기회가 적을 수밖에 없다. 그럼에도 불구하고, 설문조사에 따르면 특히 사춘기 이전에는 흑인 소녀들과 백인소녀들에게 일어나는 미디어의 효과에 유사성이 증가했다고 한다. 초등학교를 다니는 흑인과 백인 여학생들에 대한 종단연구를 통해 해리슨과 헤프너(Harrison & Hefner, 2006) 는 TV시청과 섭식장애 혹은 날씬한 성인의 몸을 이상화하는 현상에는 인종에 차이가 없다는 것을 밝혔다. 또한 주류의 미디어에서 보이는 유색인종의 신체이미지 역시 점점 더 날씬해지고 있기 때문에(Baker, 2005), 인종에 따른 효과의 차이가 점점 줄어드는 것으로 보인다.

(3) 나 이

어린아이가 유년기를 거쳐 청소년기가 되기까지 사회비교의 잠재적 대상은 인형, 영웅캐릭터, 그리고 파워레인저 같은 것에서 점점 더 어른스러운 기준으로 대체된다. 로리 등(Lawrie, Sullivan, Davies, & Hill, 2006) 은 호주에 거주하는 9세에서 14세 사이의 유소년을 대상으로 설문조사를 하였다. 평균적으로 소년 소녀들 모두 대중매체가 살을 찌워야한다는 생각을 하게 만들지는 않는다고 강하게 동의했다. 남학생들보다는 여학생들의 경우 미디어가 마른 몸을 권장한다는 것에 확신이 없거나 동의한다고 했지

만, 나이가 들수록 여학생들뿐만 아니라 남학생들까지도 미디어가 날씬한 몸을 이상화하는 데 영향을 준다는 것에 점점 더 강하게 동의할 가능성이 높은 것으로 나타났다. 그러나 미디어의 이상화에 대한 이러한 발달경향은 남학생들보다는 여학생들에게 좀더 강하게 나타났다. 아마도 이는 여학생들이 외모나 외모를 중시하는 대중매체에 투자하는 시간이나 노력이 더 많기 때문일 것이다.

나이가 들수록 남학생들보다는 여학생들이 대중매체가 마른 몸의 이상화와 근육질이어야 한다는 생각의 연결을 촉진한다는 것에 동의할 가능성이 높은 것으로 보인다. 전반적으로 하그리브스와 티저만(Hargreaves & Tiggemann, 2004)의 인터뷰에 응한 14세에서 16세 사이의 호주소년들의 경우와 마찬가지로, 로리 등(Lawrie et al., 2006)의 연구에 등장하는 소년들 역시 미디어 메시지가 제시하는 방향에 확신이 없는 것으로 보인다. 이러한 모호함과 무관심은 남학생들로 하여금 부정적 신체상을 갖거나 그에 따르는 문제에 부딪히는 위험을 줄여준다고 할 수 있다. 다양한 이유로 성인 위주의 대중매체가 제시하는 이상화된 아름다움의 기준을 잘 아는 8세에서 11세 사이의 소녀들의 경우 성인이 된 이후 신체이미지나 섭식행동에 문제가 생길 가능성이 높다. 신튼과 버취(Sinton & Birch, 2006)가 미국에 거주하는 11세 백인소녀들을 대상으로 한 연구에서는 체질량지수가 통계적으로 통제된 상황인 경우에도 마른 몸의 이상화에 대한 인식이 신체 불만족과 외모의 중요성에 약하거나 중간의 상관관계를 갖는 것으로 나타났다.

(4) 섭식장애와 부정적인 신체상

부정적 신체상이나 섭식장애가 있는 여성들의 경우 날씬한 몸을 이상화하는 미디어 이미지에 상처받을 가능성이 특히 높은 것으로 나타났다. 아마도 그들은 미디어를 통해 보는 마른 몸매의 모델들이나 연예인들을 실제보다도 더 마르게 인식하고, 자신들의 현재 상황을 영구화시키는 이용과 충족의 순환 속에서 이상화된 신체를 반영하는 미디어를 능동적으로 소비하게 되는 경향을 보이는 것일 수도 있다(Thomsen, McCoy, Williams, & Gustafson, 2002).

미디어의 특성과 미디어 수용자의 심리 사이에 일어나는 상호간의 작용(Smolak Si. Levine, 1996; 또한 Levine & Smolak, 2006, 그리고 이 책 제6장 Bandura를 보라)은 일부 어린이들과 청소년들에게 자멸하는(self-defeating) 그러나 저절로 계속되는(self-perpetuating) 미디어 이용사이클에 기반을 제공한다. 어렸을 때부터 시작되는 미디어의 광범위한 이용은 뚱뚱함과 뚱뚱한 사람들에 대한 편견이나 외모에 대한 고민, 마른 몸(혹은 근육질의 몸)에 대한 스키마, 그리고 잘못된 신체이미지의 발달에 영향을 준다. 이전에 강조된 것과 마찬가지로, 이러한 결과들은 마른 몸을 이상화하는 미디어에 대해 더 많이 주의를 기울이게 하고, 더 쉽게 상처받을 수 있게 만든다. 동시에 가족이나 친구, 그리고 코치 같은 영향력 있는 성인들로부터 얻어지는 식품, 외모, 그리고 체중관리에 대한 다른 많은 형태의 건강에 해로운 정보나 유인에 귀를 기울이게 되기도 한다. 계속되는 발달적 도전에 위협을 느끼는 어린아이들과 청소년들에게 미치는 다양한 사회적 영향은 신체이미지나 섭식행태, 기분, 자의식, 그리고 체중과 체형관리에 여러 면에서 부정적 영향을 준다.

(5) 현재의 몸을 바꾸려는 노력

상처받기 쉬운 취약성과 미디어 사이에 일어나는 상호작용은 이상 섭식행동의 요소를 포함하지 않은 식이요법이더라도, 몸을 바꾸기 위해 이러한 식이요법을 하는 사람들이 이상화된 몸을 제시하는 미디어의 영향을 받을 가능성이 더 높다는 점의 기반이 된다. 할리웰 등(Halliwell et al., 2007)에 의하면 운동을 전혀 하지 않는 영국의 청년기와 중년 남성들이 단 두 명의 모델들이라도 근육질의 모델들을 보고나면 모델 없이 상품이나 슬로건을 본 사람들에 비해 더 기분이 나쁠 수 있다고 한다. 만약 그들이 헬스클럽에서 운동하는 사람들이었다면, 근육질의 모델을 보고나서도 기분이 나빠지지 않고 오히려 더 좋아질 수 있었을 것이다. 거의 20년에 가깝도록 미디어와 신체이미지에 대해 연구했으나, 아직도 예민성이나 동기, 그리고 어떤 경우에 사람들이 상향 사회비교를 하게 되고 또 어떤 경우에 하향 사회비교를 하게 되는지, 그리고 두 가지 경우의 효과를 결정하는 다른 사회인지적 과정에 대해서는 더 많은 연구가 필요하다.

3) 사회문화적 혹은 생태학적 맥락

유년기와 청소년기에서 미디어의 사용은 여학생들에게는 마른 몸의 스키마를, 남학생들에게는 근육질의 스키마를 장려하는 여러 가지 사회문화적 요인의 일부분이다(Harrison & Hefner, 2006). 마른 몸에 대한 스키마는 마르지 않은 몸을 나쁘게 생각하게 만든다든지, 마른 몸이 바람직하다고 믿는 강한 신념, 성인이 되면 당연히 다이어트를 해야 하는 관행으로 생각하게 하는 것, 그리고 사람들은 체중이나 체형으로 판단된다는 생각 등을 포함한 여러 가지 인지적이고 정서적인 요소들을 체계화한 것이다(Levine & Smolak, 2006; Smolak & Levine, 1996). 사춘기를 지나 청소년기를 거쳐 성인이 될 때까지, 여성들에게 또래문화의 의미와 중요성이나 심리적으로 점점 더 복잡해지는 것, 이상화된 마른 몸에 비해 늘어나는 지방과 체형, 그리고 마른 몸과 뚱뚱한 몸에 대한 지속적 고민이 자아평가에 주요한 기준으로 작용하게 되며, "자의식"의 개인적, 사회적인 의미 역시 변하게 된다. 이러한 과정은 성적 트라우마(sexual trauma, 성적으로 충격적 경험)나 부모의 이혼, 그리고 육체적 질병과 같은 예상치 못한 경험에 의한 영향을 받기도 하지만, 대체로 정상적인 발달을 모두 통합하는 과정이기도 하다. 따라서 사춘기와 청소년기에 겪는 발달과제와 변화는 다양한 일련의 사회문화적 영향과 함께 외모나 성별과 같은 영역에서 겪게 되는 현실자아와 이상자아의 괴리감, 그리고 현실자아와 의무자아의 괴리감 들을 더욱더 강조하게 된다. 사회적 맥락 안의 자아에 대한 현저성과 접근성은 사회비교과정과 미디어와 또래의 영향에 대한 다른 형태의 영향을 더욱더 확대시킨다. 여기저기 편재한 마른 몸에 대한 이상화는 현실자아·이상자아, 그리고 현실자아·의무자아의 괴리감을 초래하고, 이러한 이상화의 심리학적 영향과 행동적 결과는 초기의 사춘기 여학생들보다는 후반기의 사춘기 여학생들에게 더 큰 영향을 줄 수 있다(Trampe et al., 2007).

4) 타인에 대해 가정된 미디어 영향력

미디어의 효과는 타인에 대해서뿐만 아니라 자기 자신에게도 큰 영향을 준다(이 책 제 12장을 보라). 박(Park, 2005)은 미국의 큰 대학에 다니는 400명의 여학생들을 설문조사하였다. 예상한 대로, 매달 읽는 미용, 패션잡지의 수는 날씬해지기 위한 마음을 먹는 것과 긍정적으로 관련되는 것으로 나타났다. 경로분석을 통해 박(Park, 2005)은 매달 더 많은 이슈를 보게 될수록, 잡지를 통해 인지하는 이상화된 마른 몸의 편재가 더 많아진다고 밝혔다. 지각된 유행이 클수록, 이상화된 마른 몸이 다른 여성들에게 미치는 가정된 미디어 영향력도 높아지고, 자기 자신에 대한 인지된 영향력이 클수록, 날씬한 몸을 갖고 싶어하는 욕구도 강해지는 것이다. 미용과 패션잡지에 광범위하게 노출될수록, 마른 몸의 이상화가 유행해있기 때문에 또래에도 영향을 미칠 것이라는 믿음이 강해지고, 또래에 대한 영향력은 자신 역시 더욱 더 날씬해지고 싶어하는 요구를 갖게 된다.

6. 완화요인

1) 미디어의 내용

마이어스와 크라우더(Myers & Crowther, 2007)의 연구에 의하면 젊은 여성의 경우 페미니스트적 관점을 지지하는 것이 미디어가 마른 몸을 이상화하고 그러한 이상화가 내면화되는 것의 연관성을 완화시키는 경향이 있다고 한다. 페미니스트적 경향에 대한 반대는 여성의 신체를 상품화하고 여성을 제품의 소비자로, 그리고 남성을 여성의 몸을 탐하는 존재로만 정의하는 매스미디어에서 현재 널리 퍼진 관행 같은 것이다. 해리슨과 프레드릭슨(Harrison & Fredrickson, 2003)은 여성의 스포츠 프로그램 시청이 청소년기 소녀들이 객관적으로 자기 자신을 정의하는데 어떠한 영향을 미치는가를 살펴보았다. 흑인 소녀들을 제외한 백인소녀들의 경우 농구나 축구처럼 몸집이 크고 근육이 많은 선수를 필요로 하는 운동경기를 시청한 경우 전혀 시청하지 않은 경우에 비해 자기 객관화의 감소를 유발했다. 적어도 백인소녀들에게만큼은 보통의 경우보다 몸집이 큰, 그러나 분명히 건강하고 힘 있고 기술이 좋은 몸을 보는 것이 긍정적 영향을 미친 것으로 보인다. 해리슨과 프레드릭슨(Harrison & Fredrickson, 2003)의 연구결과는 보통 크기의 매력적인 모델에 대한 긍정적 반응을 연구한 반웰과 디트마(Barnwell & Dittmar, 2004)의 결과와 일맥상통한다.

2) 미디어 리터러시

미디어 리터러시(*media literacy*)란 미디어의 특성뿐만 아니라 자신과 미디어와의 관계를 이해하고 감상할 줄 알며 비판적으로 분석할 수 있는 능력과 태도를 갖는 것을 의미한다(Levine & Harrison, 2004; Levine & Smolak, 2006). 미디어 리터러시 프로그램을 배우는 학생들은 문화와 관련하여 자신과 타인의 미디어에 대한 복잡한 이해와 이용을 풍족하게 하는 능력을 키워나간다. 신체에 관련한 미디어 리터러시 프로그램이 잘 이루어진다면 개인의 신체를 사적이고 자의식적이며 수치심과 침묵을 필요로 하는 것이 아니라, 공공의 효율적인 활동의 장으로 재정립할 수 있게 될 것이다(Piran, 2001; Levine & Smolak, 2006).

미디어 리터러시는 특히 젊은이들에게 신체 이상화의 미디어 메시지에 대한 저항력을 기르는 데 도움이 될 수 있다. 포사바크 등(Posavac, Posavac, & Weigel, 2001)은 이미 부정적 신체적 이미지를 가진 미국의 여대생들을 대상으로 여러 가지 버전의 7분짜리 메타분석을 제시하였다. 예상대로, 각각의 중재 이후, 위험에 처한 여학생들이 이상화된 마른 몸에 대한 반응으로 사회비교를 하거나 신체불만족을 갖게 될 가능성이 점점 더 줄어들었다. 가장 효율적인 방식은 인공적으로 만들어진 결점 없는 모델의 이미지와 여성의 실제 몸무게와 체형을 고려한 생물학적이고 현실적인 이미지의 충돌을 강조하는 것이었다. 최근의 몇몇 연구는 이러한 연구결과를 바탕으로 아주 짧은 사회적 관점에 대한 노출조차도 마른 몸에 대한 동경의 내면화가 높게 나타난 여성에게 매우 즉각적인 결과를 초래함을 보여주었다. 루 등(Lew, Mann, Myers, Taylor, & Bower, 2007)은 이미 부정적 신체이미지를 가진 젊은 여성에게는 외모가 아닌 다른 측면에 대한 사회비교를 배워나가는 것이 더욱더 건강하고 중요한 관점을 갖는 데 도움이 될 것이라고 주장했다.

미디어 리터러시 프로그램은 어린아이들에게도 효율적일 수 있다(Levine & Harrison, 2004; Levine & Smolak, 2006). 예를 들어, 우드(Wood, 2004)는 5세에서 11세 사이의 아이들을 대상으로 또래에게 받는 압박에 대한 통제된 토론과 어떻게 테크놀로지와 판타지가 비현실적인 아름다움을 만들어 냈는지 설명해주는 수업을

비교했다. 이 간단한 미디어 리터러시 수업에 참여한 학생들은 2주 후 신체에 대한 존중감이 크게 증가했다. 프리 투 비 미(Free to Be Me)라는 미디어 리터러시 프로그램을 10세에서 12세 사이의 걸스카우트 학생들과 부모님들, 그리고 각 특수대의 지도자에게 여러 번에 걸쳐 실행한 결과, 이상화된 마른 몸의 내면화가 줄어드는 등 긍정적 효과가 나타났으며, 이후 세 달에 걸쳐 효과가 지속되었다.

이 연구와 더불어 호주의 12세에서 14세 사이 청소년들에 대한 연구(Stanford & McCabe, 2005; Wade, Davidson, & O'Dea, 2003; Wilksch, Tiggemann, & Wade, 2006)를 살펴보면, 미디어 리터러시의 개발이 예방에 대한 생태학적 접근에서 매우 중요한 요소임을 알 수 있다(Levine & Smolak, 2006). 미국에서는 ATLAS와 ATHENA라는 두 가지 모델의 예방프로그램이 있는데, ATLAS는 청소년기에 있는 남자 운동선수들을 위한 것이고 ATHENA는 여자선수들을 위한 것이다. 두 프로그램은 코치와 감독의 지휘아래 진행되는 미디어 리터러시 훈련을 통해 자의식을 키우고 건강한 규범을 갖게 하는 프로그램이다. 복잡한 연구디자인과 통계분석은 운동선수나 댄서들과 치어리더들에게 ATLAS와 ATHENA가 적어도 이후 1년 동안은 스테로이드나 식품보조제, 자극적인 약품의 남용이나 그 외 건강에 해로운 체중과 체형관리를 방지하는 데 매우 효과적이었다.

3) 미디어 행동주의

어떤 미디어가 부정적 효과가 있다면, 왜 더 건강하고 긍정적 내용으로 대체하지 않을까? 유

년기와 청소년기를 대상으로 하는 일부 미디어 리터러시 프로그램들은 예방차원에서 참가자들과 멘토들로 하여금 건강하지 못한 미디어 메시지들에 대응하는 좀더 긍정적 메시지를 담은 미디어를 만들어 보려는 행동적 시도를 포함한다.

대중매체를 바꿔보려는 시도는 어마어마한 일이겠지만, 불가능한 일은 아니다(Levine Smolak, 2006). 예를 들어, Dads and Daughters (www. adsanddaughters. org)와 National Eating Disorders Association(NEDA: www. nationaleatingdisorders. org) 같은 비영리조직에서 웹서비스의 넓고 빠른 근접성을 이용하여 능동적인 네티즌들로 아름다움이나 몸무게, 체형, 성별에 관련된 악성 메시지를 담은 광고를 중단하게 만들 정도로 효과적인 항의를 주도했다. 이러한 건설적인 행동들에 근거하여, NEDA나 섭식장애를 위한 아카데미(AED: Academy for Eating Disorders, www. aedweb. org)와 같은 기관에서는 모두 힘을 모아 패션과 여성의 건강에 대한 기사를 다루는 저널리스트들로 이루어진 기관(예: Fashion Designers of America)에 좀더 책임성 있는 미디어를 개발할 수 있는 지침서를 제공해야 할 것이다.

행동주의는 또한 긍정적인 미디어의 개발을 지원한다. 도브(Dove)사의 진정한 아름다움을 위한 캠페인(Campaign for Real Beauty, www. campaignforrealbeauty.com) 같은 경우는 모델이 아닌 풍만한 보통사람의 사진을 광고에 이용하였다. 임원진들의 이러한 결정은 도브 브랜드가 체격과 체형, 나이, 그리고 인종을 막론하고 다양한 여성들을 대표한다는 이미지를 표방하여 홍보에도 많은 도움이 되었고 제품인지도도 훨씬 더 높아졌다(Howard, 2005). 이미 논의된 디트마와 하워드(Dittmar & Howard,

2004)의 연구 역시 매력적이지만 너무 마르지도 않고 비만이지도 않은 모델들이 심하게 마른 모델들에 비해 더 관심을 끄는 것으로 나타났으며, 그런 모델들을 본 여성들 역시 기분이 나빠지지 않는다고 했다. 그러므로 광고주들에게는 여태까지의 정형화된 틀을 깨고 좀더 건강한 몸을 이상화하는 방법도 매우 수익성이 좋은 방법이 될 수도 있다. 이러한 형태의 마케팅 경험과 미디어에 대한 연구가 쌓일수록 마른 몸만이 소비자가 원하는 것이라는 생각을 버릴 수 있게 될 것이다.

7. 결론과 포부

여러 나라에서 행해진 양적, 질적인 여러 연구들을 살펴 본 결과 대중매체는 부정적 신체이미지와 이상 섭식행동을 직접적, 간접적으로 유발한다는 것을 알 수 있었다. 최근 들어 점점 더 발전해가는 미디어 리터러시와 미디어 지지운동(media advocacy) 분야와 함께 이러한 지식들을 이용하면 어린아이부터 청소년, 그리고 성인에 이르기까지 건강에 해로운 미디어의 영향을 분석하고 방지할 뿐만 아니라, 좀더 건강한 사회적 메시지를 담은 뉴미디어의 개발에도 도움이 되는 보편적 방지 프로그램을 개발하고 평가하는 데 중요한 기반이 될 것이다.

커뮤니케이션 분야 안팎으로 미디어 영향을 연구하는 많은 사람들이 이러한 이론적, 실증적인 기반으로 이용할 수 있도록 3가지 기본적인 요구를 언급할 필요가 있다. ① 미디어 콘텐츠와 ② 스키마 활성화, 사회비교, 영향력 절차와 같은 가설상의 과정들, 그리고 ③ 제시된 미디어 효과들 사이에 존재하는 상호작용 관계를 명확히 밝힐 수 있는 이론적 모델이 필요하다(예를 들어, Keery et al., 2004; Mycrs & Crowther, 2007; Thompson et al., 2004를 보라). 둘째, 이러한 모델들은 생태학적이고 발달에 관련된 맥락 안에서 매스미디어의 영향을 고려해야 할 필요가 있다(미디어와 신체이미지에 대한 스몰랙 등(Smolak et al., 2005)의 연구, 그리고 청소년기 자아정체성 개발에 관한 미디어의 실질적인 모델을 연구한 Steele & Brown(1995)을 보라). 예를 들어, 미국의 15세에서 18세 사이의 청소년들에 대한 연구(Peterson, Paulson, & Williams, 2007)의 경우 정준상관관계에 대한 다변량분석을 통해 또래나 부모, 그리고 미디어를 통해 얻어지는 압박감의 경험이 섭식장애의 여러 가지 징후들 중 3분의 1의 변량을 설명한다고 밝혔다.

마지막으로 당부할 것은 이번 제22장의 기본이 되는 커뮤니케이션 학자들과 실험 심리학자들간의 공동작업에 대한 것이다. 미디어의 영향을 이해하려면 미디어 콘텐츠와 미디어가 이용되는 맥락, 수용자의 심리적 과정, 그리고 미디어가 신체이미지와 이상 섭식행동에 미치는 영향이 갖는 상호작용을 분석할 수 있어야 한다. 그러므로 신체이미지와 이상 섭식행동에 대한 미디어의 영향을 연구한 다양한 분야에서 만들어진 주요 이론적 개념들을 측정할 만한 제대로 된 척도를 계속해서 개발해야 한다. 이러한 과정에 적합한 분야에는 커뮤니케이션과 심리학, 정신과학, 사회복지학, 여성학, 사회학, 된 척, 남성과 근육, 문화연구, 그리고 공중보건 등이 포함된다. 미디어 사용과 신념의 계발, 그리고 사회비교에 대한 평가를 다듬는 것이 젊은 사람들이 살고, 성장하고, 의사소통하는 현실세계의 다양한 특성과 관련된 복잡한 절차들에 입각하여, 부정적 신체이미지와 섭식장애를 유발하는 미디어 메시지의 다양한 요인을 명확히 하는 데 가장 우선이 되어야 한다.

참고문헌

Agliata, D., & Tantleff-Dunn, S. (2004). The impact of media exposure on males' body image. *Journal of Social and Clinical Psychology*, 23, 7-22.

American Psychiatric Association. (2000). *Diagnostic and statistical manual of mental disorders* (4th ed., text revision: DSM-IV-TR). Washington, DC: Author.

Arbour, K. P., & Ginis, K. A. M. (2006). Effects of exposure to muscular and hypermuscular images on young men's muscularity dissatisfaction and body dissatisfaction. *Body Image*, 3.

Baker, C. N. (2005). Images of women's sexuality in advertisements: A content analysis of Black-and White-oriented women's and men's magazines. *Sex Roles*, 52, 13-27.

Ballentine, L. W., & Ogle, J. P. (2005). The making and unmaking of body problems in Seventeen magazine, 1992-2003. *Family and Consumer Sciences Research Journal*, 33.

Bardone-Cone, A. M., & Cass, K. M. (2006). Investigating the impact of pro-anorexia websites: A pilot study. *European Eating Disorders Review*, 14, 256-262.

Birkeland, R., Thompson, J. K., Herbozo, S., Roehrig, M., Cafri, G., & van den Berg, P. (2005). Media exposure, mood, and body image dissatisfaction: An experimental test of person versus product priming. *Body Image*, 2, 53-61.

Bisaga, K., & Walsh, B. T. (2005). History of the classification of eating disorders. In C. Norring & B. Palmer (Eds.), *EDNOS-Eating Disorders Not Otherwise Specified: Scientific and clinical perspectives on the other eating disorders*. London: Routledge.

Bordo, S. (1993). *Unbearable weight: Feminism, Western culture, and the body.* Berkeley: University of California Press.

Botta, R. A. (1999). Television images and adolescent girls' body image disturbance. *Journal of Communication*, 49, 22-41.

Botta, R. A. (2000). The mirror of television: A comparison of Black and White adolescents' body image. *Journal of Communication*, 50, 144-159.

Bronfenbrenner, U. (1979). *The ecology of human development: Experiments by nature and design.* Cambridge MA: Harvard University Press.

Brotsky, S. R., & Giles, D. (2007). Inside the "Pro-ana" community: A covert online participation observation. Eating Disorders: *The Journal of Treatment & Prevention*, 15, 93-109.

Cash, T. F. (2002). The Situational Inventory of Body Image Dysphoria: Psychometric evidence and development of a short form. *International Journal of Eating Disorders*, 32, 362-366.

Cash, T. E, & Pruzinsky, T. (Eds.). (2002). *Body image: A handbook of theory, research, and clinical practice.* New York: Guilford.

Davison, K. K., & Birch, L. L. (2001). Childhood overweight: A contextual model and recommendations for future research. *Obesity Reviews*, 2, 159-171.

Dittmar, H., Halliwell, E., & Ive, S. (2006). Does Barbie make girls want to be thin? The effect of experimental exposure to images of dolls on the body image of 5-8-year-old girls. *Developmental Psychology*, 42, 283-292.

Dittmar, H., & Howard, S. (2004). Thin-ideal internalization and social comparison tendency as moderators of media models' impact on women's body-focused anxiety. *Journal of Social and Clinical Psychology*, 23, 768-791.

Dohnt, H., & Tiggemann, M. (2006). The contribution of peer and media influences to the development of body satisfaction and self-esteem in young girls: A prospective study. *Developmental Psychology*, 42.

Durkin, S. J., & Paxton, S. J. (2002). Predictors of vulnerability to reduced body image satisfaction and psychological well-being in response to exposure to idealized female images in adolescent girls. *Journal of Psychosomatic Research*, 53.

Durkin, S. J., Paxton, S. J., & Wertheim, E. H. (2005). How do adolescent girls evaluate body dissatisfaction prevention messages? *Journal of Adolescent Health*, 37, 381-390.

Elliot, D. L., & Goldberg, L. (2008). Athletes Targeting Healthy Exercise and Nutrition Alterna-tivess: Harm reduction/health promotion program for female high school athletes. In C. W. LeCroy & J. E. Mann(Eds.), *Handbook of prevention and intervention programs for adolescent girls*. Hoboken, NJ: Wiley.

Elliot, D. L., Goldberg, L., Moe, E. L., DeFrancesco, C. A., Durham, M. B., & Hix-Small, H. (2004). Preventing substance use and disordered eating: Initial outcomes of the ATHENA(Athletes Targeting Health Exercise and Nutrition Alternatives) program. *Archives of Pediatric & Adolescent Medicine*, 158.

Engeln-Maddox, R. (2006). Buying a beauty standard or dreaming of a new life? Expectations associated with media ideals. *Psychology of Women Quarterly*, 30.

Field, A. E., Cheung, L., Wolf, A. M., Herzog, D. B., Gortmaker, S. L., & Colditz, A. (1999). Exposure to the mass media and weight concerns among girls. *Pediatrics*, 103, e36. Retrieved August 27, 2007, from http://pediatrics. aapublications. org

Fouts, G., & Burggraf, K. (1999). Television situation comedies: Female body images and verbal reinforcements. *Sex Roles*, 40, 473-481.

Fouts, G., & Burggraf, K. (2000). Television situation comedies: Female weight, male negative comments, and audience reactions. *Sex Roles*, 42.

Forbes, G. B., Jobe, R. L., & Revak, J. A. (2006). Relationships between dissatisfaction with specific body characteristics and the Sociocultural Attitudes Toward Appearance Questionnaire and Objectified Body Consciousness Scale. B*ody Image*, 3.

Frisby, C. (2004). Does race matter? Effects of idealized images on African American women's perceptions of body esteem. *Journal of Black Studies*, 34.

Goldberg, L., MacKinnon, D. P., Elliot, D. L., Moe, E. L., Clarke, G., & Cheong, J. (2000). The Adolescents Training and Learning to Avoid Steroids Program: Preventing drug use and promoting healthy behaviors. *Archives of Pediatrics & Adolescent Medicine*, 154.

Gordon, R. A. (2000). *Eating disorders: Anatomy of a social epidemic*(2nd ed.). Oxford, UK: Blackwell.

Greenberg, B. S., Eastin, M., Hofschire, L., Lachlan, K., & Brownell, K. D. (2003). Portrayals of overweight and obese individuals on commercial television. American *Journal of Public Health*, 93.

Groesz, L. M., Levine, M. P., & Murnen, S. K. (2002). The effect of experimental presentation of thin media images on body dissatisfaction: A meta-analytic review. *International Journal of Eating Disorders*, 31, 1-16.

Halliwell, E., & Dittmar, H. (2004). Does size matter? The impact of model's body size on women's body-focused anxiety and advertising effectiveness. *Journal of Social and Clinical Psychology*, 23.

Halliwell, E., & Dittmar, H. (2005). The role of self-improvement and self-evaluation motives in social comparisons with idealized female bodies in the media. *Body Image*, 2, 249-261.

Halliwell, E., Dittmar, H., & Howe, J. (2005). The impact of advertisements featuring ultra-thin or average-size models on women with a history of eating disorders. *Journal of Community &*

Applied Psychology, 15, 406-413.

Halliwell, E., Dittmar, H., & Orsborn, A. (2007). The effects of exposure to muscular male models among men: Exploring the moderating role of gym use and exercise motivation. *Body Image*, 4.

Hargreaves, D., & Tiggemann, M. (2002). The effect of television commercials on mood and body dissatisfaction: The role of appearance-schema activation. *Journal of Social and Clinical Psychology*, 21.

Hargreaves, D., & Tiggemann, M. (2003). Longer-term implications of responsiveness to "thin-ideal" television: support for a cumulative hypothesis of body image disturbance? *European Eating Disorders Review*, 11.

Hargreaves, D., & Tiggemann, M. (2004). Idealized media images and adolescent body image: "Comparing" boys and girls. *Body Image*, 1.

Hargreaves, D., & Tiggemann, M. (2006). "Body image is for girls": A qualitative study of boys' body image. *Journal of Health Psychology*, 11.

Harrison, K. (1997). Does interpersonal attraction to thin media personalities promote eating disorders? *Journal of Broadcasting and Electronic Media*, 41.

Harrison, K. (2000). Television viewing, fat stereotyping, body shape standards, and eating disorder symptomatology in grade school children. *Communication Research*, 27(5).

Harrison, K. (2001). Ourselves, our bodies: Thin-ideal media, self-discrepancies, and eating disorder symptomatology in adolescents. *Journal of Social and Clinical* Psychology, 20.

Harrison, K. (2003). Television viewers' ideal body proportions: The case of the curvaceously thin woman. *Sex Roles*, 48.

Harrison, K., & Bond, B. J. (2007). Gaming magazines and the drive for muscularity in pre-adolescent boys: A longitudinal examination. *Body Image*, 4.

Harrison, K., & Cantor, J. (1997). The relationship between media consumption and eating disorders. *Journal of Communication*, 47, 40-67.

Harrison, K., & Fredrickson, B. L. (2003). Women's sports media, self-objectification, and mental health in Black and White adolescent females. *Journal of Communication*, 53, 216-232.

Harrison, K., & Hefner, V. (2006). Media exposure, current and future body ideals, and disordered eating among preadolescent girls: A longitudinal panel study. *Journal of Youth and Adolescence*, 3.

Harrison, K., Taylor, L. D., & Marske, A. L. (2006). Women's and men's eating behavior in response to exposure to thin-ideal media images and text. *Communication Research*, 33.

Henderson-King, D., Henderson-King, E., & Hoffmann, L. (2001). Media images and women's self-evaluations: Social context and importance of attractiveness as moderators. *Personality and Social Psychology Bulletin*, 27.

Henderson-King, E., & Henderson-King, D. (1997). Media effects on women's body esteem: Social and individual difference factors. *Journal of Applied Social Psychology*, 27, 399-417.

Herbozo, S., Tantleff-Dunn, S., Gokee-Larose, J., & Thompson, J. K. (2004). Beauty and thinness messages in children's media: A content analysis. *Eating Disorders: The Journal of Treatment and Prevention*, 12, 21-34.

Higgins, E. T. (1999). When do self-discrepancies have specific relations to emotions? The second-generation question of Tagney, Niedenthal, Covert, and Barlow. *Journal of Personality and Social Psychology*, 77.

Himes, S. M., & Thompson, J. K. (2007). Fat stigmatization in television shows and movies: A content analysis. *Obesity*, 15, 712-718.

Howard, T. (2005, July 8). *Ad campaign tells women to celebrate who they are.* Retrieved May 19, 2008, from http://www. campaignforrealbeauty. com.

Humphreys, P., & Paxton, S. J. (2004). The impact of exposure to idealized male images on adolescent boys' body image. *Body Image*, I, 253-266.

Jansen, A., & de Vries, M. (2002). Pre-attentive exposure to the thin female beauty ideal does not affect women's mood, self-esteem, and eating behaviour. *European Eating Disorders Review*, 10.

Jones, D. C. (2001). Social comparison and body image: Attractiveness comparisons to models and peers among adolescent girls and boys. *Sex Roles*, 45, 645-664.

Jones, D. C., Vigfusdottir, T., & Lee, Y. (2004). Body image and the appearance culture among adolescent girls and boys: An examination of friend conversations, peer criticism, appearance magazines, and the internalization of appearance ideals. *Journal of Adolescent Research*, 19.

Keery, H., van den Berg, P., & Thompson, J. K. (2004). The Tripartite Influence Model of body dissatisfaction and eating disturbance with adolescent girls. *Body Image*, 1, 237-251.

King, N., Touyz, S., & Charles, M. (2000). The effect of body dissatisfaction on women's perceptions of female celebrities. *International Journal of Eating Disorders*, 27, 341-347.

Klein, H., & Shiffman, K. S. (2006). Messages about phboucal attractiveness in animated cartoons. *Body Image*, 3, 353-363.

Labre, M. P. (2005). Burn fat, build muscle: A content analysis of Men's Health and Men's Fitness. *International Journal of Men's Health*, 4, 187-200.

Labre, M. P., & Walsh-Childers, K. (2003). Friendly advice? Beauty messages in Web sites of teen magazines. *Mass Communication & Society*, 6, 379-396.

Lavine, H., Sweeney, D., & Wagner, S. H. (1999). Depicting women as sex objects in television advertising: Effects on body dissatisfaction. *Personality and Social Psychology Bulletin*, 25.

Lawrie, Z., Sullivan, E. A., Davies, P. S. W, & Hill, R. J. (2006). Media influence on the body image of children and adolescents. *Eating Disorders: The Journal of Treatment & Prevention*, 14.

Levine, M. P., & Harrison, K. (2004). The role of mass media in the perpetuation and prevention of negative body image and disordered eating. In J. Kevin Thompson(Ed.), *Handbook of eating disorders & obesity.* New York: Wiley.

Levine, M. P., & Smolak, L. (2006). *The prevention of eating problems and eating disorders: Theory, research, and practice.* Mahwah, NJ: Erlbaum.

Lew, A.-M., Mann, T., Myers, H., Taylor, S. W., & Bower, J. (2007). Thin-ideal media and women's body dissatisfaction: Prevention using downward social comparison on non-appearance dimensions. *Sex Roles*, 57, 543-556.

McCreary, D. R., & Sadava, S. W. (1999). TV viewing and self-perceived health, weight, and physical fitness: Evidence for the cultivation hypothesis. *Journal of Applied Social Psychology*, 29.

Morrison, T. G., Kalin, R., & Morrison, M. A. (2004). Body-image evaluation and body-image investment among adolescents: A test of sociocultural and social comparison theories. *Adolescence*, 39.

Murnen, S. K., Levine, M. P., Groesz, L., & Smith, J. (2007, August). *Do fashion magazines promote body dissatisfaction in girls and women? A meta-analytic review.* Paper presented at the 115th meeting of the American Psychology Association, San Francisco, CA.

Murnen, S. K., Smolak, L., Mills, J. A., & Good, L. (2003). Thin, sexy women and strong, muscular men: Grade-school children's responses to objectified images of women and men. *Sex Roles*, 49, All-All.

Myers, T. A., & Crowther, J. H. (2007). Sociocultural pressures, thin-ideal internalization, self-objectification, and body dissatisfaction. Could feminist beliefs be a moderating factor? *Body Image*, 4, 296-308.

Neumark-Sztainer, D., Paxton, S. J., Hannan, P., Haines, J., 6A. Story, M. (2006). Does body satisfaction matter? Five-year longitudinal associations between body satisfaction and health in adolescent males and females. *Journal of Adolescent Health*, 39, 244-251.

Neumark-Sztainer D., Sherwood N., Coller, T., & Hannan P. J. (2000). Primary prevention of disordered eating among pre-adolescent girls: Feasibility and short-term impact of community-based intervention. *Journal of the American Dietetic Association*, 100.

Neumark-Sztainer, D., Wall, M., Guo, J., Story, M., Haines, J., & Eisenberg, M. (2006). Obesity, disordered eating, and eating disorders in a longitudinal study of adolescents: How do dieters fare 5 years later? *Journal of the American Dietetic Association*, 106, 568.

Nielsen, S., Moller-Madsen, S., Isager, T., Jorgensen, J., Pagsberg, K., & Theander, S. (1998). Standardized mortality in eating disorders a quantitative summary of previously published and new evidence. *Journal of Psychosomatic Research*, 44.

Norris, M. L., Boydell, K. M., Pinhas, L., & Katzman, D. K. (2006). Ana and the Internet: A review of pro-anorexia websites. *International Journal of Eating Disorders*, 39.

Park, S. Y. (2005). The influence of presumed media influence on women's desire to be thin. Communication Research, 32, 594-614.

Peterson, K. A., Paulson, S. E., & Williams, K. K. (2007). Relations of eating disorder symptomatology with perceptions of pressures from mother, peers, and media in adolescent girls and boys. *Sex Roles*, 57, 629-639.

Piran, N. (2001). Re-inhabiting the body from the inside out: Girls transform their school environment. In D. L. Tolman & M. Brydon-Miller(Eds.), *From subjects to subjectivities: A handbook of interpretive and participatory methods* (pp. 218-238). New York: NYU Press.

Pope, H. G., Jr., Phillips, K. A., & Olivardia, R. (2000). *The Adonis Complex: The secret crisis of male body obsession.* New York: The Free Press.

Posavac, H., Posavac, S. S., & Weigel, R. G. (2001). Reducing the impact of media images on women at risk for body image disturbance: Three targeted interventions. *Journal of Social and Clinical Psychology*, 20, 324-340.

Puhl, R. M., & Latner, J. D. (2007). Stigma, obesity, and the health of the nation's children. *Psychological Bulletin*, 133, 557-580.

Ricciardelli, L. A., McCabe, M. P., Lillis, J., & Thomas, K. (2006). A longitudinal investigation of the development of weight and muscle concerns among preadolescent boys. *Journal of Youth and Adolescence*, 35, 177-187.

Rome, E. S., & Ammerman, S. (2003). Medical complications of the eating disorders: An update. *Journal of Adolescent Health*, 33, 418-426.

Schooler, D., Ward, L. M., Merriwether, A., & Caruthers, A. (2004). Who's that girl: Television's role in the body image development of young White and Black women. *Psychology of Women Quarterly*, 28, 38-47.

Sinclair, S. L. (2006). Object lessons: A theoretical and empirical study of objectified body consciousness in women. *Journal of Mental Health Counseling*, 28, 48-68.

Sinton, M. M., & Birch, L. L. (2006). Individual and sociocultural influences on pre-adolescent girls' appearance schemas and body dissatisfaction. *Journal of Youth and Adolescence*, 35.

Smolak, L., & Levine, M. P. (1996). Developmental transitions at middle school and college. In L. Smolak, M. P. Levine, & R. H. Striegel-Moore(Eds.), *The developmental psychopathology of eating disorders: Implications for research, prevention, and treatment*. Hillsdale, NJ: Erlbaum.

Smolak, L., Levine, M. P., & Striegel-Moore, R. H. (Eds.). (1996). *The developmental psychopathology of eating disorders: Implications for research, prevention, and treatment*. Hillsdale, NJ: Erlbaum.

Smolak, L., Levine, M. P., & Thompson, J. K. (2001). The use of the Sociocultural Attitudes Toward Appearance Questionnaire with middle school boys and girls. *International Journal of Eating Disorders*, 29, 216-223.

Smolak, L., & Murnen, S. K. (2004). A feminist approach to eating disorders. In J. K. Thompson(Ed.), *Handbook of eating disorders and obesity*. Hoboken, NJ: Wiley.

Smolak, L., Murnen, S. K., & Thompson, J. K. (2005). Sociocultural influences and muscle building in adolescent boys. *Psychology of Men and Masculinity*, 6, 227-239.

Spitzer, B. L., Henderson, K. A., & Zivian, M. T. (1999). Gender differences in population versus media body sizes: A comparison over four decades. *Sex Roles*, 40, 545-565.

Stanford, J., & McCabe, M. (2005). Sociocultural influences on adolescent boys' body image and body change strategies. *Body Image*, 2, 105-113.

Stapel, D. A., & Tesser, A. (2001). Self-activation increases social comparison. *Journal of Personality and Social Psychology*, 81.

Steele, J. R., & Brown, J. D. (1995). Adolescent room culture: Studying media in the context of everyday life. *Journal of Youth and Adolescence*, 24, 551-576.

Stice, E., Cameron, R. P., Killen, J. D., Hayward, C., & Taylor, C. B. (1999). Naturalistic weight-reduction efforts prospectively predict growth in relative weight and onset of obesity among female adolescents. *Journal of Consulting and Clinical Psychology*, 67.

Stice, E., Hayward, C., Cameron, R. P., Killen, J. D., & Taylor, C. B. (2000). Body image and eating disturbances predict onset of depression among female adolescents: A longitudinal study. *Journal of Abnormal Psychology*, 109, 438-444.

Stice, E., & Shaw, H. (2003). Prospective relations of body image, eating, and affective disturbances to smoking onset in adolescent girls: How Virginia Slims. *Journal of Consulting and Clinical Psychology*, 71, 129-135.

Strauman, T. J., Vookles, J., Berenstein, V., Chaiken, S., & Higgins, E. T. (1991). Self-discrepancies and vulnerability to body dissatisfaction and disordered eating. *Journal of Personality and Social Psychology*, 61, 946-956.

Thompson, J. K. (Ed.). (2004). *Handbook of eating disorders and obesity*. Hoboken, NJ: Wiley.

Thompson, J. K., Heinberg, L., Altabe, M., & Tantleff-Dunn, S. (1999). *Exacting beauty: Theory, assessment, and treatment of body image disturbance*. Washington, DC: American Psychological Association.

Thompson, J. K., van den Berg, P., Roehrig, M., Guarda, A. S., & Heinberg, L. J. (2004). The Sociocultural Attitudes Toward Appearance Scale-3 (SATAQ-3): Development and validation. *International Journal of Eating Disorders*, 35, 293-304.

Thomsen, S. R., McCoy, K., Williams, M., & Gustafson, R. L. (2002). Motivations for reading beauty and fashion magazines and anorexic risk in college-age women. *Media Psychology*, 4.

Tiggemann, M., & Slater, A. (2004). Thin ideals in music television: A source of social comparison and body dissatisfaction. *International Journal of Eating Disorders*, 35, 48-58.

Trampe, D., Stapel, D. A., & Siero, F. W. (2007). On models and vases: Body dissatisfaction and proneness to social comparison effects. *Journal of Personality & Social Psychology*, 92.

Wade, T. D., Davidson, S., & O'Dea, J. (2003). A preliminary controlled evaluation of a school-based media literacy and self-esteem program for reducing eating disorder risk factors. *International Journal of Eating Disorders*, 33, 371-383.

Wilcox, K., & Laird, J. D. (2000). The impact of media images of super-slender women on women's self-esteem: Identification, social comparison, and self-perception. *Journal of Research in Personality*, 34, 278-286.

Wilksch, S. M., Tiggemann, M., & Wade, T. D. (2006). Impact of interactive school-based media literacy lessons for reducing internalization of media ideals in young adolescent girls and boys. *International Journal of Eating Disorders*, 39, 385-393.

Wood, K. (2004). Effects of a media intervention program on body image and eating attitudes among children. *University of Wisconsin-La Cross Journal of Undergraduate Research*, 7, 1-6. Retrieved January 12, 2007, from http://www.uwlax.edu.

Yumamiya, Y., Cash, T. F., Melnyk, S. E., Posavac, H. D., & Posavac, S. S. (2005). Women's exposure to thin-and-beautiful media images: Body image effects of media-ideal internalization and impact-reduction interventions. *Body Image*, 2, 74-80.

미디어 효과 발생에서의 개인적 차이

메리 베스 올리버(Mary Beth Oliver, 펜실베이니아 주립대학)
마야 크라코비악(K. Maja Krakowiak, 펜실베이니아 주립대학)

미디어가 인간에게 강력하고 직접적인 효과를 미친다는 생각은 일반 사람들에게 널리 퍼졌다. 하지만 미디어 효과를 연구하는 학자들에게는 그렇지 않은 것 같다. 미디어 효과를 진단한 수많은 연구결과를 보면 효과의 크기는 작거나 보통의 수준 정도이다. 일련의 비평가들은 다른 사회적 영향력에 의해 압도당해 미디어 효과가 아예 없다는 이야기를 하기도 한다. 이 장에서는 비평가들이 지적한 것과 유사하게 미디어 효과발생을 야기하는 다양한 요인 가운데 설명되지 못하는 변량의 중요성에 대해 초점을 맞춘다. 설명되지 못하는 변량 부분이 있다는 자체는 인간행위가 흥미롭고, 독특하며, 무한한 연구과제를 제공한다고 볼 수 있다. 이 장에서는 개인적 차이에 주목한다.

'잡음'(noise) 또는 '오차'(error) 라는 용어는 인간의 개인적 차이라는 것이 본질적으로 복잡하다는 점을 설명하기 위해서 사용된다. 미디어와 관련한 사항에 영향을 줄 요인은 아마도 무한할 것 같다. 실험연구에서 실험집단과 통제집단에 사람들을 무선할당하여 배치하는 것은 사람들마다 다를 수 있는 수많은 요인들을 통제하려는 시도이다. 이 장에서는 미디어 수용자에 존재하는 다양성을 인정한다. 특히 개인의 차이 중에서 범위를 좁혀 사람들에게 지속되는 속성, 태도, 인지에 초점을 맞춘다. 이와 같은 개인적 차이는 유전되거나 환경과 관련되며, 또한 성별, 인종, 연령, 계급, 경험과 관련이 있기도 하다. 이 장에서는 사회적 집단과 인구구성학적 속성을 공유하는 사람들 간에 다를 수 있는 개인적 차이에 주목한다. 특히 이 장에서는 미디어 선택, 처리, 효과와 연결된 개인적 차이 문제를 조망할 것이다. 미디어 향유와 미디어에 대한 정서적 반응, 개인적 차이의 표현과 암시의 수단으로서의 미디어 이용, 선택적 노출, 미디어 콘텐츠에 대한 지각, 미디어 영향력에 대한 조절변인으로서의 개인적 차이, 개인적 차이에 영향을 미치는 미디어 소비 등을 이 장에서 다룬다.

1. 향유와 정서적 반응

미디어 콘텐츠에 다양성이 존재한다는 것은 특정미디어 내용 유형에 대한 개인의 선호, 향유, 반응 등에 개인적 차이가 중요하다는 것을 보여주는 근거이다. 다양한 개인차를 살펴본 연구들을 보면 개인에 내재하는 특성과 성향이 수용자의 반응을 예측하는 데 중요한 역할을 한다는 것을 발견할 수 있다.

1) "욕구"의 차이

개인적 차이는 "욕구"로 개념화되어 측정될 수 있다. 욕구를 충족시키는 자극은 더 자주 추구되고 또한 향유된다. 인지적 욕구, 정서적 욕구, 센세이션의 추구 등의 다양한 욕구는 개인적으로 차이가 있을 수 있다. 개인적 차이, 미디어 선택, 향유의 문제를 연결시킨 연구결과를 보면 예측 가능한 패턴이 발견된다. 예를 들어, 인지적 욕구가 높으면 뉴스와 정보 프로그램을 많이 시청하고, 정서적 욕구가 높으면 감성을 자극하는 영화를 더 찾게 되며, 센세이션을 추구하는 사람들은 액션물, 공포물, 폭력물, 포르노 등 자극적 콘텐츠를 추구하는 경향이 있다.

미디어 선호와 관련된 인간욕구는 다양하기 때문에 특정한 개인의 차이를 이야기하기란 쉽지 않은 문제이다. 최근 연구를 보면 레이스 (Reiss, 2000)의 기본욕구에 대한 감수성 이론이 미디어 이용과 향유를 예측하는 동기를 살펴보는 데 유용하다는 지적이 있다(Reiss & Wiltz, 2004). 감수성 이론은 인간에게 16가지의 기본적 동기가 있다고 제안한다. 권력, 독립성, 호기심, 복수, 이상주의, 로망스 등을 추구하려는

욕구가 있다는 것이다. 이 이론은 각각의 동기를 충족하면서 사람들은 자유, 경탄, 옹호, 즐거움 등 특별한 유형의 기쁨을 경험하게 된다고 본다. 비록 인간이 기본적 욕구를 공유하지만 개별욕구 중 어떤 것을 더 우선시하는가에는 차이가 있다. 사람마다 특별한 동기가 다른 동기보다 우선시되는 경향이 있다. 따라서 미디어 선택의 다양성과 미디어 콘텐츠 향유의 차이는 사람들마다 욕구가 다르다는 점을 반영한 것이어야 한다. 레이스와 윌츠(Reiss & Wiltz, 2004)는 리얼리티 프로그램을 시청하는 사람들의 경우 사회적 지위, 복수, 사회적 접촉, 질서, 로망스 등을 추구하는 욕구가 높았고 명예를 추구하는 욕구가 낮다는 연구결과를 내놓았다.

2) "반응의 준비" 차이

욕구의 개인차가 시청자의 향유의 차이와 연결된다고 할 때, 또 다른 영역에서 살펴 볼 수 있는 개인의 차이는 미디어 묘사에 대한 감정반응이다. 이와 관련해서 많은 이와 이 오락물에 대한 시청자의 반응 속에서 감정이입의 역할을 살펴보았다(Nathanson, 2003; Zillmann, 1991). 일반적으로 볼 때 타인의 불행과 고통이 묘사된 미디어 콘텐츠에 대한 감정반응과 감정이입의 정도가 관련 있다는 연구결과가 있다. 공포영화의 경우 감정이입이 높을수록 흥분과 이에 대처하는 행동(돌아앉거나, 눈을 가리는 등)을 더 많이 보았다(N이 발견되었고, 감정이입이 높을수록 오락물을 즐기지 못하는 것으로 나타났다. 또한 슬픈 영화를 보는 경우, 감정이입이 높을수록 사람들은 이에 대해 더 슬픈 감정을 느끼면서 더 많이 우는 것으로 나타났다. 하지만 슬픈

604

영화의 경우 감정이입의 정도가 높을수록 영화를 즐기는 것으로 나타나 공포영화에 대한 반응과는 차이를 보였다.

특정한 개인차에 의해 미디어 콘텐츠에 대해 더 강렬한 감정반응을 보이기도 하고, 또한 때로는 이러한 반응이 별로 없거나 가려지기도 한다. 예를 들어, 공포영화 시청의 경우에도 이러한 감정을 억제하는 대처행동에 익숙한 사람들은 부정적 정서반응을 나타내지 않는 경향이 있다. 유사하게 남성성이 강한 사람들은 여성성이 강한 사람들보다 폭력물의 피해자에 대해 별로 동정하지 않으며 폭력물 자체에 거부감이 적다는 연구결과도 있다(Oliver, Sargent, & Weaver, 1998).

3) "속성"의 차이

지속적인 성향 또는 개인적 속성 역시 개인차가 있다. 수줍음, 공격성, 권모술수, 기만성, 충성심, 낙관주의, 비관주의 등 쉽게 파악할 수 있는 속성의 차이와 더불어 강박관념, 외향성, 정신병 등에도 차이가 있다.

위와 같은 속성의 차이는 특히 미디어폭력물 연구에서 많이 다루어지면서 특정한 성향이 폭력성과 밀접히 관련되었다는 점이 지적되었다. 정신병, 권모술수, 적대감 등의 속성은 미디어폭력물 자체를 즐기는 것과 관련이 있으며 공포물과 폭력 애니메이션을 많이 시청하는 것과도 연결된다(Aluja-Fabregat, 2000; Bushman, 1995; Krcmar & Kean, 2005). 비슷한 경향이 다른 미디어 콘텐츠 이용에서도 발견되는데, 반항성, 강인성, 남성성 등의 속성이 강할수록 하드록, 헤비메탈, 랩 음악과 같은 폭력성이 높은 장르를 즐기는 것으로 나타났다(Carpentier, Knoblock,

& Zillmann, 2003; Hansen & Hansen, 2000). 슬래터(Slater, 2003)는 액션물 이용뿐만 아니라 폭력적 행동을 부추기는 인터넷 사이트를 자주 방문하는 청소년들의 공격성향이 높다는 점을 보고했다.

폭력과 관련될 수 있는 속성과 폭력적 미디어 콘텐츠 이용과의 관계에 대해서 다양한 이론적 논의가 있었다. 일부 연구자들은 미디어폭력물은 공격성이나 적대적 속성이 있는 사람들에게 더 적합할 수 있다고 주장한다. 미디어는 이들에게 익숙한 시나리오나 인물, 상황을 제공하기 때문에 더 적합하다고 인식할 수 있다. 반면 적대적 속성이 강한 사람들은 폭력물을 접한 후 고통이나 불편한 감정을 별로 느끼지 않기 때문에 이러한 오락물을 즐긴다는 것이다. 속성이론을 진단한 연구들을 보면, 적대적 속성을 가진 사람들의 경우 폭력물의 희생자를 당연시하는 경우가 있고 폭력물 시청을 통해 정의가 구현되는 만족을 얻는다는 점을 보고한다(Oliver & Amstrong, 1995; Raney, 2004; Raney & Bryant, 2002; Zillmann, 1991). 물론 인성 및 미디어 폭력물 이용과 관련한 위와 같은 경향성에 대한 진단은 지속적으로 검증될 필요가 있다.

4) 요 약

미디어 오락물을 향유하는 수준은 사람마다 매우 다르다. 하지만 많은 연구결과들을 보면 특정한 속성이 미디어 콘텐츠에 대한 감정반응, 만족 등과 관련된다는 점을 알 수 있다. 물론 위에서 언급한 개인차 외에 다양한 요인이 특정한 미디어 이용과 연결될 수 있다. 여기서 중요한 점은 일관되게 발견되는 특정한 속성 등에 개인차가 존재한다는 점이다. 이 장에서는 주로 개인차를 미디어 이용에 영향을 미치는 독립변인 측면에서 살펴보았으나 미디어 이용과 향유가 개인의 속성에 영향을 줄 가능성도 있다. 이제 개인차를 종속변인으로 보고 중요한 사항을 정리해 본다.

2. 개인차의 표현과 암시

앞서 개인차를 미디어 소비와 향유의 예측변인으로 삼았던 것과는 다르게 미디어 이용과 선호는 사람들이 개성을 표현하는 수단이라고 개념화해 볼 수 있다. 또한 미디어 기술의 발전을 통해 사람들은 미디어 콘텐츠를 수정하고 만들어내며 이용하기 좋게 변화시키면서 개인의 정체성과 독특함을 표현한다. 유튜브(YouTube)의 비디오 일기, 블로그, 개인화한 포털, 수신음, 페이스북(Facebook)이나 마이스페이스(MySpace)와 같은 소셜 네트워킹 사이트들이 바로 사람들이 개인의 취향, 속성, 관심사를 반영하여 미디어 콘텐츠를 바꾸고 만들어 내는 사례이다. 개인적 차이가 미디어 이용과 미디어 제작과 수정의 예측변인이라면 사람들은 다른 사람들의 미디어 이용과 선호를 관찰함을 통해 이들의 속성이나 성향에 대한 정보를 얻을 수 있다.

1) 음악과 브랜드 선호

개인이 갖고 있는 중심가치에 대한 정보 등을 포함한 개인의 인성에 대한 다양한 정보는 어떤 음악을 선호하는가를 통해 알 수 있다. 특히 청소년의 경우 음악적 취향이 자아개념의 중심에 있

기 때문에 음악선택이 정체성의 표현이 될 수 있다(North & Hargreaves, 1999). 10대와 젊은 층은 방에 좋아하는 밴드의 포스터를 붙이기도 하고 가수의 얼굴이 새겨진 티셔츠를 입기도 한다. 최근에는 좋아하는 앨범이나 음악을 소셜 네트워킹 사이트에 게시하기도 한다.

음악이 개인차를 표현하는 수단이 되기 때문에 사람들은 다른 사람의 음악선호를 통해 그 사람의 인성에 대해 판단한다(Rentfrow & Gosling, 2006). 한 사람이 어떤 음악장르를 좋아하는지에 따라 그 사람에 대한 타인의 호감도가 변한다는 연구결과도 있다(Zillmann & Bhatia, 1989). 렌트프로우와 고스링(Rentfrow & Gosling, 2006)은 최근 동의를 잘하는지, 정서적으로 안정되었는지, 개방되었는지 등 개인의 인성과 특정 음악장르의 선호가 연결된다는 점을 발견했다. 열정과 에너지를 보여주는 노래를 좋아하거나 컨트리 장르나 힙합 장르를 좋아하는 사람들은 표현을 잘하고 외향성을 띠는 것으로 나타났다.

음악뿐만 아니라 어떤 브랜드의 티셔츠를 입는가의 여부도 개인의 차이를 표현하고 그 차이를 판단하는 데 활용된다(Fennis & Pruyn, 2007). 최근 연구결과를 보면 특정브랜드의 옷을 입은 사람을 성공적이고, 똑똑하며, 능력 있다고 판단하는 경향을 알 수 있다. 특히 브랜드가 만들어내는 관계는 브랜드와 적합한 맥락에서 가장 극대화되었다(예를 들어 캠핑장보다는 골프코스에서 휴고 보스 브랜드가 만들어 내는 효과가 더 크다).

2) 뉴미디어

새로운 커뮤니케이션 테크놀로지를 사용하는

606

것 역시 자신을 표현하거나 다른 사람이 자신을 판단하는 데 이용될 수 있다. 인터넷은 선택의 폭을 무궁무진하게 넓혔고 모바일 형태로 제공되는 뉴미디어는 이용자와 물리적으로 밀접한 관계를 가지게 되었다. 이제 상호작용적 미디어를 통해 사람들은 커뮤니케이션의 단순한 수신자가 아니라 생산자로 기능하게 되었다(Sundar, 2007, 2008). 많은 사람들이 페이스북과 같은 네트워크 사이트에 개인 페이지를 가지고 있으며, 이를 통해 그들의 취미, 관심사, 친구, 열망 등을 보여주기도 한다. 휴대전화의 경우에도 컬러링이나 배경화면, 케이스 등을 통해 자신의 정체성을 표현하기도 한다(Srivastava, 2005). 이메일의 전자서명조차 배치한 인용구나 아바타 등을 통해 보내는 사람의 성향에 대한 정보를 제공하기도 한다. 미디어를 사용자가 원하는 대로 최적화시켜 바꾸면서 이를 통해 개성을 표현하게 된다. 독특해 보이려는 욕구가 높은 사람일수록 휴대전화나 컴퓨터를 그들 스스로의 방식으로 만들어 사용하고 있다는 연구결과도 있다(Marathe, 2007).

또한 음악 선호에 따라 다른 사람의 성격을 추측하듯이 최근 연구에서는 사람들이 새로운 테크놀로지 이용 여부에 기초하여 다른 사람에 대한 인상을 형성한다는 것을 지적했다. 특히 온라인에서의 개인 웹사이트, 소셜 네트워킹 사이트의 개인 프로필, 이메일 등을 통해 모르는 사람들의 성격을 꽤 정확하게 추론하는 경향이 발견되었다. 고스링 등(Gosling, Gaddis, & Vazire, 2007)의 실험연구에서는 피험자가 페이스북에 나타난 프로필을 토대로 그 페이지를 만들어 낸 사람들의 성격, 특히 외향성, 협력성, 양심, 감정적 안정성, 개방성 등에 대해 실제 성격과 유사하게 평가한다는 점을 보여주었다. 페이지 제작자 성격에 대한 피험자의 평가와 페이지 제작자나 그 친구들이 직접 이야기하는 성격을 비교하면 꽤 유사했다.

3) 요 약

요약하면 사람들은 음악장르와 같은 전통적인 미디어 선호를 통해 개인차를 표현하며, 다른 사람들의 미디어 선택여부에 기초하여 그들의 인성과 성향을 추론함을 알 수 있다. 상호작용적인 뉴미디어 이용 역시 커뮤니케이션을 위한 정보를 제공하고, 사람들은 온라인 콘텐츠를 스스로 제작하고 자신만을 위해 최적화함으로써 개인의 특성을 표현한다. 사람들은 이메일, 개인 웹사이트, 소셜 네트워킹 사이트, 온라인 채팅 등을 통해 이를 이용하는 다른 사람들의 인성과 성향을 꽤 정확히 파악할 수 있다. 미디어 이용은 개인차를 표현하게 하고 또한 다른 사람들에게 이러한 차이에 대한 정보를 제공한다.

3. 선택적 노출과 해석

특정 미디어콘텐츠와 미디어의 이용을 통해 자신을 표현하는 것이 미디어 노출과 자연스럽게 연결되기는 한다. 하지만 한편으로 메시지가 목적을 달성하는 데 유용하고, 정보를 제공하며 기존의 태도와 신념과 일치한다고 지각할 때 사람들은 특정한 미디어를 선택한다고 할 수 있다. 여기서는 선택적 노출과 해석에 영향을 주는 태도, 신념, 인지 등의 개인차에 초점을 맞춘다.

1) 선택과 회피

사람들이 태도 및 신념과 일치하는 정보를 선택하고 이와 차이가 있는 정보는 무시하거나 회피한다는 아이디어는 인지부조화 이론에 기초한다. 사람들은 다양한 인지들이 일치되기를 원하고, 불일치하는 인지가 발생할 경우 인지적 부조화를 경험하게 되며, 이러한 부조화를 완화시키려는 욕구가 있다는 점을 인지부조화 이론은 주장한다. 이 이론에 기초해서 볼 때, 사람들이 태도와 신념을 일단 갖게 되면 이와 일치하는 정보에 더 노출할 가능성이 높고 부조화를 야기하는 불일치하는 정보는 회피할 가능성이 높다.

매스 커뮤니케이션 연구분야에서 많은 연구자들이 부조화 이론을 적용시켰다. 미디어가 개인이 이미 가진 신념을 보강하는 역할을 한다는 클래퍼(Klapper, 1960 주장 역시 정보에 선택적 노출을 하는 현상에 기초한다. 최근 선스타인 (Sunstein, 2001) 은 인터넷 등장 이후 이용자가 선택할 가능성이 더 높아졌고 사람들은 자기와 비슷한 사람들의 견해에 더 노출을 많이 하고 있다는 점을 지적했다.

미디어 이용패턴은 사람들이 가진 태도와 신념을 반영한다는 주장을 지지하는 연구결과들이 보고되었다. 워터게이트 사건 보도의 경우 맥거번 지지자는 매우 높은 관심을 보이며 주목했고 닉슨 지지자는 별로 주목하지 않았으며 투표결정을 하지 않은 유권자의 관심은 중간 정도였다는 연구결과도 발표되었다. 최근에는 인터넷 뉴스 환경에서 이러한 선택적 노출이 검증되었는데, 아이엔가와 한(Iyengar & Hahn, 2007) 은 Fox News, CNN, BBC, NPR 등 뉴스 정보원과 뉴스 관심도와의 관계를 실험 연구를 통해 진단했

다. 이용자의 정치적 지향성이 뉴스의 선택과 회피에 영향력을 행사했는데, 공화당원은 경성, 연성기사 모두에서 Fox뉴스를 선택하는 경향이 높았고, 민주당원은 이 뉴스정보원을 회피하는 경향이 있었다. 선스타인(Sunstein, 2001)의 주장과 일치하게 이들 연구자들 역시 인터넷이 독특한 선택의 기회를 제공한다는 점을 지적했다. 특히 웹 사이트의 경우 이용자들이 무한한 텍스트를 여과하고 검색할 수 있기 때문에 선택기회를 높이고 있다. 따라서 후보자, 이익집단, 유권자 모두 인터넷을 통해 정보를 추구하면서 정치정보에 대한 선택적 노출 가능성은 높아졌다.

이와 같이 선택적 노출의 기본적 과정을 보여주는 많은 연구들이 발표되었지만, 부조화 모델 역시 완벽한 것은 아니다. 정보가 유용하거나 목표를 달성하기 위해 필요할 경우, 정보에 대해 쉽게 반론을 제시할 수 있을 경우, 사람들은 자신의 신념과 불일치하는 정보도 이용할 수 있다는 점을 일련의 학자들은 지적했다. 인지 부조화 현상과 이를 통한 선택적 노출의 개인적 차이에 대해서 어느 정도 이해할 수 있기는 하지만, 미디어 콘텐츠에 대한 선택적 노출과 회피의 다양성을 진단하기 위해 부조화를 가져오는 정보에 대한 개인의 관용성의 차이는 지속적으로 살펴볼 필요가 있다.

2) 선택적 지각

선택적 노출이 항상 바람직하지 않을 수 있고 선택 자체가 옵션이 아닌 경우도 있다. 미디어 메시지가 너무도 다양하기 때문에 사람들은 광범위한 의견과 다양한 태도를 접할 수 있으며 이 중 많은 부분이 개인이 가진 신념과 갈등을 일으

킬 수 있다. 자신의 신념과 일치하지 않는 정보는 궁극적으로 부조화를 일으키거나 태도와 신념의 변화를 가져오지만, 선택적 지각과 관련한 연구를 보면 미디어 콘텐츠를 해석하는 데 기존의 신념을 유지하거나 보강하는데 개인차가 중요한 역할을 하는 것을 알 수 있다.

아마도 불일치하는 정보를 처리하는 것과 관련해서 가장 많이 연구된 부분은 '편향동화'(biased assimilation)일 것이다. 이는 이슈에 강한 입장을 가지고 있을 때 사람들이 메시지를 자신의 입장과 일치하는 것으로 해석하는 경향을 말한다. 이러한 편향동화 현상은 다양한 미디어 장르와 콘텐츠 유형을 접하는 과정에서 발견할 수 있다. 이제는 고전이 된 비드마르와 로키치의 연구에서는 시청자의 인종에 대한 태도가 시트콤 〈올 인 더 패밀리〉(All in the family)에 대한 반응에 중요하게 작용한 것을 보여준다. 인종에 대한 편견이 심한 사람은 완고한 주인공에 호감을 보인 반면, 인종에 대한 편견이 별로 없는 사람은 정치적으로 개방적인 주인공에 호감을 보였다. 뉴스에 대한 반응(Peffley, Shields, & Williams, 1996), 정치에 대한 반응(Bothwell & Brigham, 1983)에서도 편향동화 현상이 발견된다. 1996년 미국 대통령 선거에서 빌 클린턴과 밥 도울의 TV토론을 본 시청자들의 경우 자신이 지지하는 후보자가 상대편보다 더 토론을 잘했다고 인식하는 경향이 있었다(Munro et al., 2002). 또한 TV토론 시청 중의 시청자들의 정서적 반응 역시 사전 태도와 시청 후 지각 간의 관계를 중재하는 요인이었다(Munro et al., 2002). 이는 편향동화 현상이 인지적 차원뿐만 아니라 정서적・동기적 차원의 메커니즘을 반영한다는 것을 보여준다.

편향동화 개념과는 반대로 적대적 미디어 지각에 관한 연구에서는 태도와 신념이 강한 시청자들이 미디어와 미디어 콘텐츠가 그들의 입장과 반하는 방향으로 편향되었다고 지각하는 경향이 있음을 지적한다. 민주당 지지자들은 미디어가 보수적 편향성이 있다고 지각하는 경향이 있었고, 공화당 지지자들은 미디어가 진보적 편향이 있다고 지각하는 경향이 있었다. 건서와 슈미트(Gunther & Schmitt, 2004)는 다른 채널에서 접하는 메시지와 반대되는 메시지가 미디어를 통해 전달될 때 특히 미디어에 대한 적대적 지각이 부각될 수 있음을 지적했다. 이들 연구자들은 정파성이 강한 시청자들의 경우 미디어가 그들과 반대되는 방향으로 '속기 쉬운 취약한' 유권자를 설득할 수 있다는 점에 민감할 수 있다고 보았다.

시청자가 가진 신념이 지각에 미치는 역할에 대해 편향동화와 적대적 미디어 지각은 서로 다른 예측을 하지만, 이 두 접근은 미디어 콘텐츠에 대한 반응이 궁극적으로 신념을 보강하게 된다고 본다. 편향동화의 경우 미디어에 묘사되는 것이 신념과 일치한다고 해석하기 때문에 기존의 신념을 보강할 수 있다. 한편 적대적 미디어 지각의 경우, 불일치하는 정보의 정보원을 편향되었다고 지각하며 정보의 중요성을 낮게 평가하기 때문에 기존신념을 보강하게 된다. 사람들은 편향동화와 적대적 미디어 지각을 동시에 할 수도 있다. 예를 들어, 특정후보자를 지지하는 유권자의 경우 후보자가 토론에서 더 잘 했다고 지각할 수 있고 동시에 토론에 대한 미디어 보도는 편향되었다고 지각할 수 있다. 이와 같은 시나리오는 가능하기는 하지만 아직까지 이 두 현상이 동시에 발생하는 부분에 대한 연구는 진행되지 못한 제약이 있다.

3) 요 약

선택적 노출과 선택적 지각에 대한 연구에서는 미디어 콘텐츠를 접하는 가운데 발생하는 개인차의 중요성을 보여준다. 사람들은 기존의 태도나 신념과 일치하거나 이를 확인해주는 미디어 메시지를 선택하고 기존 태도와 같은 방향으로 해석하는 경향이 있다. 일반적으로 이 분야의 연구는 제한적 효과 패러다임을 지지하는 연구결과를 보여주는 것으로 보인다. 그렇지만 사람들이 언제나 그들의 미디어 노출을 스스로 통제할 수 있는 것은 아니라는 것을 생각해 볼 필요가 있다. 또한 다양한 해석이 가능하게 미디어 콘텐츠가 항상 모호한 것이 아니라는 점도 고려할 필요가 있다. 특정상황에서 개인적 차이가 보강역할을 할 수 있는 반면 다른 상황에서 이러한 개인차가 미디어 효과를 극대화할 수도 있다.

4. 시청자들에 미치는 효과

시청자들의 선택과 반응, 해석 부분과 비교하면 미디어 영향력 부분에서 개인차를 살펴본 부분은 상대적으로 많지 않다. 실험연구에서 무작위 배치를 하는 것은 개인적 차이를 '잡음' 요인으로 보기 때문이고, 이를 처리하기 위한 방법으로 무작위 절차를 채택하는 것이다. 하지만 일부 미디어 효과모델에서는 개인차를 보여 주는 변인을 중요한 조절변인으로 상정하고 미디어 효과를 이야기한다. 또한 미디어가 우리 생활에 보급되어 일상생활의 중요한 부분이 된 환경적 변화를 놓고 볼 때 개인의 속성, 성향, 기질 등의 차이는 이러한 변화를 반영할 수 있고

따라서 미디어 효과 연구의 중요한 종속 변인이 될 수 있다(비록 검증하기 쉽지는 않지만).

1) 조절변인으로서의 개인차

사람들에게 미치는 미디어 효과는 분명 획일적이지 않을 수 있다. 어떤 사람들은 영향을 많이 받을 수 있고 어떤 사람들은 영향을 받지 않을 수도 있다. 사람들의 개인 차이에 관심을 둔 많은 연구들은 속성과 성향변인이 미디어 효과의 조절변인이 될 수 있음을 보여주었다. 예를 들어 설득과정의 두 가지 처리과정을 보면 지적 수준, 자존감, 자아성찰 수준, 인지적 욕구 등 수많은 개인적 차이가 태도변화에서 중요한 조절역할을 함을 알 수 있다(Petty & Wegener, 1998). 영향력을 행사할 수 있는 메시지 호소 유형, 메시지에 관여하여 성찰하는 수준 등을 예측하는 데 중요한 변인으로 개인차가 중요하다.

미디어 영향력의 방향과 성격을 조절하는 역할과 더불어 개인적 특성은 미디어 효과를 강화할 수도 있고 미디어 영향력이 발생할 수 있는 필요조건을 제공하기도 한다. 미디어 점화효과의 네트워크 모델에서는 의미가 연결된 인지, 감정, 행위경향 등이 통로를 통해 연결되었다고 주장한다(Roskos-Ewoldsen, Roskos-Ewoldsen & Carpentier, 2008). 특정자극이 인지적 틀 안의 마디를 활성화 또는 점화했을 때, 이러한 활성화는 관련된 생각, 감정을 점화하게 되고, 이렇게 활성화된 인지가 이어지는 행동과 새로운 자극에 대한 해석에서 활용될 가능성을 높이게 된다. 부시맨(Bushman, 1995)이 지적했듯이 관련된 생각들을 점화하는 인지적 네트워크의 역할에 개인적 차이가 발견된다. 즉 미디어가

610

관련된 생각을 점화하는 인지적 네트워크에 개인적 차이가 있으며 따라서 행동에 미치는 영향력에도 차이가 발생할 수 있다는 것이다.

부시맨(Bushman, 1995)은 미디어폭력물의 영향력에 대한 연구에서도 위와 같은 논리를 연결시켰다. 폭력영화에의 노출은 공격적 정서와 행동의 발생 가능성을 높이는데, 특히 공격적 성향이 이미 높은 개인들에게 이러한 가능성이 더 높다고 지적했다. 최근 질만과 위버(Zillmann & Weaver, 2007)는 신체적인 공격성향이 높은 것으로 나타난 사람들에게서 특히 폭력영화의 노출이 공격적 반응을 가져온다는 비슷한 연구결과를 발표했다. 또한 남성성이 높고 여성성이 낮은 것으로 나타난 성인남성의 경우 포르노 영화를 시청했을 때 이후 여성과의 상호작용에서 성적인 것을 암시하는 매너를 보인 반면, 그렇지 않은 남성은 포르노의 영향력은 거의 없다는 연구결과도 보고되었다(McKenzie-Mohr & Zanna, 1990).

2) 종속 변인으로서의 개인차

실험조건에서 개인적 차이는 일생의 삶에서 지속적인 생물학적 측면의 차이로 개념화되는 경향이 있기 때문에 개인차 변인은 주로 조절변인으로 취급된다. 하지만 개인적 차이를 사회-인지적 측면으로 개념화할 경우 개인의 속성과 성향에 영향을 미치는 문화적, 사회적 요인을 중요하게 고려하게 된다. 즉 환경적 변화의 함수로서 인지적, 감정적, 행동적 요소가 강화 또는 감소되는 바를 용인할 수 있게 된다(Bandura, 2008; Funder, 2001). 미디어 소비유형이 사람들의 상징적 환경의 중요한 요소라고 할 때, 이러

한 유형은 지속적이고 안정적인 속성, 성향, 인성 등에 영향을 미치는 예측변인으로 작동할 수 있다. 개인적 차이를 종속변인으로 상정한 연구는 매우 드물기는 하지만, 위와 같은 영향력은 장기적으로 누적된 미디어 노출의 산물이며 미디어 효과 연구에서 지적된 몇 가지 이론적 논의와도 맥을 같이 한다고 하겠다.

누적적 노출에 초점을 맞춘 미디어 효과이론 중에서 가장 많은 논의대상이 된 것은 바로 문화계발효과 이론이다(Gerbner, Gross, Morgan, Signorielli, & Shanahan, 2002, Morgan, Shanahan, & Signorielli, 2008). 대부분의 문화계발효과 이론에서는 지속적인 속성이나 성향보다는 사회적 현실에 대한 지각에 초점을 맞추기 때문에 개인적 차이를 논의할 때 적합하지 않다고 볼 수도 있다. 하지만 2차적 수준의 신념과 가치의 문화계발에 대한 진단을 하는 일련의 연구들의 경우 더 지속적이고 안정적인 속성에 초점을 맞춤으로써 개인적 차이 문제를 다룬다. 특히 문화계발 효과의 틀 안에서 미디어 노출과 권위주위 속성(Shanahan, 1995), 물질주의 속성(Shrum, Burroughs, & Rindfleisch, 2005), "비열한 세상"에 대한 가치의 관계를 본 연구들의 경우 개인차의 문제를 다룬 것으로 볼 수 있다. 슈럼(Shrum, 1995)은 미디어가 중시청자들에게 생생한 사례를 빈번히 제공함으로써 개인의 판단과 지각에 영향을 미친다는 점을 지적했다. 이와 같이 미디어가 특정개념의 접근성을 높이고 이를 지속적으로 가능하게 함으로써, 개인의 지적 구조를 변화시키고 궁극적으로 인성의 기초를 형성하게 된다는 점이 중요하다.

유사하게 점화효과나 사회적 학습과 관련한 모델에서 생각 속의 각본이나 정신구조 모델, 인

지적 연결성 등을 발전시키는 미디어 역할과 관련한 논의에서도 미디어가 개인적 차이에 영향력을 행사하는 부분을 고려한다. 예를 들어, 앤더슨과 부시맨(Anderson & Bushman, 2002)이 제안한 일반적 공격모델(GAM: *General aggression model*)에서는 각본이론, 흥분전이, 사회적 학습, 점화이론 등 다양한 이론적 논의를 통합하여 미디어폭력물이 공격성향에 미치는 부분을 다룬다. 이 모델에서 공격적 행동은 상황적 요인과 개인적 요인이 복합적으로 작용하여 발생하는 것으로, 개인적 요인의 경우 지속적 속성이나 성향으로 각본, 지식구조, 스키마 등에 기초하여 공격성을 준비하도록 하는 것으로 여겨진다. 개인적 차이는 조절변인과 예측변인으로 기능하는 것뿐만 아니라 미디어 소비를 포함한 경험을 반영하는 것으로 간주된다. 앤더슨과 부시맨(Anderson & Bushman, 2002)은 폭력적인 비디오 게임을 이용하는 과정에서 나타나는 장기적 효과를 지적하면서 누적적인 미디어 노출이 "개인의 인성을 변화시키는 공격성 관련 지식구조를 만들거나 자동적으로 작동하게 만들 수 있다"는 점을 주장한다.

무감각화 현상은 누적적 노출효과의 또 다른 사례로 개인적 차이를 종속변인으로 탐구하는 데 유용한 분야이다. 미디어폭력물과 포르노 영상에 노출함으로써 희생자의 고통에 흥분을 느끼지 않고 무감각해지면서 동정하지 않는 경향이 있음을 일련의 연구에서 발견할 수 있다. 이들 연구에서 누적적 효과는 주로 상대적으로 길지 않은 기간(예를 들어, 시간, 일, 주 단위)을 단위로 진단되는데, 무감각화 현상을 발생시키는 더 지속적인 인지적, 감정적 변화를 검토한 연구에서는 미디어에서 묘사되는 바가 무감각이나

일탈과 같은 개인적 속성을 형성하는 데 중요한 역할을 한다는 점을 제안했다. 최근 바소로우 등(Bartholow, Sestir, & Davis, 2005)은 비디오 게임 연구에서 비슷한 주장을 했는데 이들의 연구에서는 폭력적인 비디오 게임을 많이 이용하는 사람들이 더 폭력적이고 이러한 관계는 적대적 성향, 적대성에 대한 지각, 동정 등의 요인에 의해 중재되는 것으로 나타났다. 이들 연구자들은 비디오 게임의 폭력물이 장기적으로 개인적 성격을 변화시키고 이러한 변화는 공격성향을 높인다고 해석했다. 또한 폭력적인 비디오 게임을 자주 이용하는 사람들은 무감각화의 징후인 폭력 이미지의 처리를 하고 있음을 지적했다. 바소로우 등은 폭력적인 비디오 게임이 두뇌기능과 행동에 유해한 효과를 지속적으로 발생시킬 수 있다는 점을 결론적으로 주장한다.

위에서는 개인적 성격을 종속변인으로 보고 진단한 사례를 제시하였으나 이는 미디어가 지속적이고 안정적인 개인성향에 미치는 누적적, 장기적 효과를 진단하는 극히 일부분의 연구에 지나지 않는다. 이 분야의 연구는 방법론적인 개발이 필요하고, 향후 단순한 시청상황을 넘어 장기적으로 사람들에 영향을 미치는 미디어의 중요한 역할을 탐구할 필요성이 있다.

5. 소 결

이 장에서는 미디어 효과를 연구하는 데 설명되지 않는 변량부분을 개인적 차이에 집중하여 살펴볼 필요성이 있다는 점을 강조했다. 미디어 콘텐츠를 선택하고 향유하는 데 개인속성과 성향이 반영된다. 하지만 개인적 차이가 있다는 사실

612

이 미디어 효과가 단지 제한적이고 하찮은 것이라는 것을 의미하는 방향으로 연결되어 해석되어서는 안 된다는 점을 지적했다. 반대로 특정속성이나 성향은 미디어가 발생시킬 수 있는 영향력의 "유형" 및 "강도"를 예측하는 데 중요한 역할을 한다는 점을 고려해야 한다.

물론 모든 연구에서 개인차를 보이는 변인을 포함시켜야 한다는 것을 의미하는 것은 아니다. 이러한 개인차는 이론적 논의를 토대로 측정되어야 한다. 성별 차이의 경우 대부분의 연구에서 일상적으로 진단되는데, 이론적 기반 없이 차이를 이야기하며 차이가 발견될 경우만 보고하는

경향이 있다. 미디어 효과연구에서 개인차를 고려하는 문제는 이론적 논의에 기초할 때 의미를 가지며, 이러한 개인차의 문제는 미디어 이용의 예측변인이나 미디어 영향력의 조절변인으로서 우리의 이해의 폭을 넓히는 데 기여할 수 있다. 과연 수용자가 어떤 상태로 미디어 이용상황을 맞이하는지를 진단하는 것은 중요하다. 또한 미디어 효과연구는 설명되지 않은 변량을 그저 잡음요인으로 상정하지 말고 방법론적으로 이론적으로 다양성을 추구하면서 개인적 차이에 주목할 필요가 있다.

참고문헌

Aluja-Fabregat, A. (2000). Personality and curiosity about TV and film violence in adolescent. *Personality and Individual Differences*, 29, 379-392.

Aluja-Fabregat, A., & Torrubia-Beltri, R. (1998). Viewing of mass media violence, perception of violence, personality and academic achievement. *Personality and Individual Differences*, 25.

Anderson, C. A., & Bushman, B. J. (2002). Human aggression. *Annual Review of Psychology*.

Anderson, C. A., & Huesmann, L. R. (2003). Human aggression: A social-cognitive vie-In M. A. Hogg & J. Cooper(Eds.), *Handbook of Social Psychology* (pp. 296-323). London-Sage.

Bargh, J. A., & Pratto, F. (1986). Individual construct accessibility and perceptual selection. *Journal of Experimental Social Psychology*, 22, 293-311.

Bartholow, B. D., Bushman, B: J., & Sestir, M. A. (2006). Chronic violent video game exposure and desensitization to violence: Behavioral and event-related brain potential data. *Journal Experimental Social Psychology*, 42, 532-539.

Bartholow, B. D., Sestir, M. A., & Davis, E. B. (2005). Correlates and consequences of exposure to video game violence: Hostile personality, empathy, and aggressive behavior. *Personality Social Psychology Bulletin*, 31, 1573-1586.

Berkowitz, L. (1984). Some effects of thoughts on anti-and prosocial influences of media events: A cognitive-neoassociation analysis. *Psychological Bulletin*, 95, 410-427.

Bothwell, R. K., & Brigham, J. C. (1983). Selective evaluation and recall during the 1980 Reagan-Carter debate. *Journal of Applied Social Psychology*, 13, 427-442.

Bushman, B. J. (1995). Moderating role of trait aggressiveness in the effects of violent media on aggression. *Journal of Personality and Social Psychology*, 69, 950-960.

Cacioppo, J. T., & Petty, R. E. (1982). The need for cognition. *Journal of Personality and Social Psychology*, 42, 116-131.

Carpentier, F. D., Knobloch, S., & Zillmann, D. (2003). Rock, rap, and rebellion: Comparisons c: traits predicting selective exposure to defiant music. *Personality and Individual Differences*, 35.

Choti, S. E., Marston, A. R., & Holston, S. G. (1987). Gender and personality variables in film-induced sadness and crying. *Journal of Social and Clinical Psychology*, 5, 535-544.

Eysenck, H. J. (1990). Biological dimensions of personality. In L. A. Pervin (Ed.), *Handbook of personality and research*. New York: Guilford.

Fennis, B. M., & Pruyn, A. T. H. (2007). You are what you wear: Brand personality influences en consumer impression formation. *Journal of Business Research*, 60, 634-639.

Festinger, L. (1957). *A theory of cognitive dissonance*. Evanston, IL: Row, Peterson.

Freedman, J. L., & Sears, D. O. (1965). Selective exposure. In L. Berkowitz (Ed.), *Advances in experimental social psychology* (Vol. 2, pp. 57-97). San Diego, CA: Academic Press.

Frey, D. (1986). Recent research on selective exposure to information. In L. Berkowitz (Ed.), *Advances in experimental social psychology* (Vol. 19, pp. 41-80). San Diego, CA: Academic Press.

Funder, D. C. (2001). Personality. *Annual Review of Psychology*, 52, 197-221.

Gerbner, G., Gross, L., Morgan, M., Signorielli, N., & Shanahan, J. (2002). Growing up with television: Cultivation processes. In J. Bryant & D. Zillmann (Eds.), *Media effects: Advances in theory and research* (2nd ed., pp. 43-67). Mahwah, NJ: Erlbaum.

Gill, A. J., Oberlander, J., & Austin, E. (2006). Rating e-mail personality at zero acquaintance. *Personality and Individual Differences*, 40, 497-507.

Gosling, S. D., Gaddis, S., & Vazire, S. (2007). *Personality impressions based on Facebook profiles*. Paper presented at the International Conference on Weblogs and Social Media, Boulder, CO.

Gunther, A. C., & Schmitt, K. (2004). Mapping boundaries of the hostile media effect. *Journal of Communication*, 54, 55-70.

Hansen, C. H., & Hansen, R. D. (2000). Music and music videos. In D. Zillmann & P. Vorderer (Eds.), Media entertainment: *The psychology of its appeal*. Mahwah, NJ: Erlbaum.

Hoffner, G, & Cantor, J. (1991). Perceiving and responding to mass media characters. In J. Bryant & D. Zillmann (Eds.), *Responding to the screen: Reception and reaction processes*. Hillsdale, NJ: Erlbaum.

Hoffner, C. A., & Levine, K. J. (2005). Enjoyment of mediated fright and violence: A meta-analysis. *Media Psychology*, 7, 207-237.

Iyengar, S., & Hahn, K. S. (2007). *Red media, blue media: Evidence of ideological polarization in media use*. Paper presented at the annual meeting of the ICA, San Francisco, CA.

Klapper, J. (1960). *The effects of mass communication*. New York: Free Press.

Krcmar, M., & Kean, L. G. (2005). Uses and gratifications of media violence: Personality correlates of viewing and liking violent genres. *Media Psychology*, 7, 399-420.

Linz, D., Donnerstein, E., & Adams, S. M. (1989). Physiological desensitization and judgments about female victims of violence. *Human Communication Research*, 15, 509-522.

Linz, D., Donnerstein, E., & Penrod, S. (1988). Effects of long-term exposure to violent and sexually degrading depictions of women. *Journal of Personality and Social Psychology*, 55.

Lord, C. G., Ross, L., & Lepper, M. R. (1979). Biased assimilation and attitude polarization: The effects of prior theories on subsequently considered evidence. *Journal of Personality and Social Psychology*, 37, 2098-2109.

Maio, G. R., & Esses, V. M. (2001). The need for affect: Individual differences in the motivation to approach or avoid emotions. *Journal of Personality*, 69, 583-615.

Marathe, S. S. (2007). *If you build it, they will come-or will they? Need for uniqueness and need for control as psychological predictors of customization.* Paper presented at the annual convention of the International Communication Association, San Francisco.

Marcus, B., Machilek, E., & Schutz, A. (2006). Personality in cyberspace: Personal Web sites as media for personality expressions and impressions. *Journal of Personality and Social Psychology*, 90.

McDaniel, S. R. (2003). Reconsidering the relationship between sensation seeking and audience preferences for viewing televised sports. *Journal of Sport Management*, 17, 13-36.

McKenzie-Mohr, D., & Zanna, M. P. (1990). Treating women as sexual objects: Look to the (gender schematic) male who has viewed pornography. *Personality and Social Psychology Bulletin*, 16.

Mischel, W., & Shoda, Y. (1998). Reconciling processing dynamics and personality dispositions. *Annual Review of Psychology*, 49, 229-258.

Munro, G. D., Ditto, P. H., Lockhart, L. K., Fagerlin, A., Gready, M., & Peterson, E. (2002). Biased assimilation of sociopolitical arguments: Evaluating the 1996 U. S. presidential debate. *Basic and Applied Social Psychology*, 24, 15-26.

Nathanson, A. I. (2003). Rethinking empathy. In J. Bryant, D. Roskos-Ewoldsen, & J. Cantor (Eds.), Communication and emotion: *Essays in honor of Dolf Zillmann*. Mahwah, NJ: Erlbaum.

North, A. C, & Hargreaves, D. J. (1999). Music and adolescent identity. *Music Education Research*, 1.

Oliver, M. B. (1993). Exploring the paradox of the enjoyment of sad films. *Human Communication Research*, 19, 315-342.

Oliver, M. B., & Armstrong, G. B. (1995). Predictors of viewing and enjoyment of reality-based and fictional crime shows. *Journalism & Mass Communication Quarterly*, 72, 559-570.

Oliver, M. B., Sargent, S. L., & Weaver, J. B. (1998). The impact of sex and gender role self-perception on affective reactions to different types of film. *Sex Roles*, 38, 45-62.

Peffley, M., Shields, T., & Williams, B. (1996). The intersection of race and crime in television news stories: An experimental study. *Political Communication*, 13, 309-327.

Perse, E. M. (1992). Predicting attention to local television news: Need for cognition and motives for viewing. *Communication Reports*, 5, 40-49.

Petty, R. E., & Wegener, D. T. (1998). Attitude change: Multiple roles for persuasion variables.

In D. Gilbert, S. T. Fiske, & G. Lindzey(Eds.), *Handbook of social psychology*(4th ed.). Boston, MA: McGraw-Hill. Raney, A. A. (2004). Expanding disposition theory: Reconsidering character liking, moral evaluations, and enjoyment. *Communication Theory*, 14, 348-369.

Raney, A. A., & Bryant, J. (2002). Moral judgment and crime drama: An integrated theory of enjoyment. *Journal of Communication*, 52, 402-415.

Reiss, S. (2000). *Who am I? The 16 basic desires that motivate our actions and define our personalities*. New York: Tarcher/Putnam.

Reiss, S., & Wiltz, J. (2004). Why people watch reality TV. *Media Psychology*, 6, 363-378.

Rentfrow, P. J., & Gosling, S. D. (2006). Message in a ballad: The role of music preferences in interpersonal perception. *Psychological Science*, 17, 236-242.

Robinson, T. O., Weaver, J. B., & Zillmann, D. (1996). Exploring the relation between personality and the appreciation of rock music. *Psychological Report*s, 78, 259-269.

Scharrer, E. (2005). Hypermasculinity, aggression, and television violence: An experiment. *Media Psychology*, 7, 353-376.

Shanahan, J. (1995). Television viewing and adolescent authoritarianism. *Journal of Adolescence*, 18.

Shrum, L. J. (1995). Assessing the social influence of television: A social cognition perspective on cultivation effects. *Communication Research*, 22, 402-429.

Shrum, L. J., Burroughs, J. E., & Rindfleisch, A. (2005). Television's cultivation of material values. *Journal of Consumer Research*, 32, 473-479.

Shrum, L. J., & O'Guinn, T. C. (1993). Processes and effects in the construction of social-reality: Construct accessibility as an explanatory variable. *Communication Research*, 20.

Slater, M. D. (2003). Alienation, aggression, and sensation seeking as predictors of adolescent use of violent film, computer, and website content. *Journal of Communication*, 53, 105-121.

Sparks, G. G., Pellechia, M., & Irvine, C. (1999). The repressive coping style and fright reactions to mass media. *Communication Research*, 26, 176-192.

Srivastava, L. (2005). Mobile phones and the evolution of social behaviour. *Behaviour & information technology*, 24, 111-129.

Sundar, S. S. (2007). The MAIN model: A heuristic approach to understanding technology effects on credibility. In M. J. Metzger & A. J. Flanagin(Eds.), *Digital media, youth, and credibility*. Cambridge, MA: The MIT Press.

Sundar, S. S. (2008). Self as source: Agency and customization in interactive media. In E. Konijn, S. Utz, M. Tanis, & S. Barnes(Eds.), *Mediated Interpersonal Communication*. N.Y.: Routledge.

Sunstein, C. R. (2001). *Republic.com*. Princeton, NJ: Princeton University Press.

Sweeney, P. D., & Gruber, K. L. (1984). Selective exposure: Voter information preferences and the Watergate affair. *Journal of Personality and Social Psychology*, 46, 1208-1221.

Tamborini, R., Stiff, J., & Heidel, C. (1990). Reacting to graphic horror: A model of empathy and emotional behavior. *Communication Research*, 17, 616-640.

Tamborini, R., Stiff, J., & Zillmann, D. (1987). Preference for graphic horror featuring male versus female victimization: Personality and past film viewing experiences. *Human Communication Research*, 13, 529-552.

Thomas, M. H., Horton, R. W., Lippincott, E. C, & Drabman, R. S. (1977). Desensitization to portrayals of real-life aggression as a function of television violence. *Journal of Personality and Social Psychology*, 35, 450-458.

Vallone, R. P., Ross, L., & Lepper, M. R. (1985). The hostile media phenomenon: Biased perception and perceptions of media bias in coverage of the Beirut massacre. *Journal of Personality and Social Psychology*, 49, 577-585.

Vazire, S., & Gosling, S. D. (2004). e-Perceptions: Personality impressions based on personal websites. *Journal of Personality and Social Psychology*, 87, 123-132.

Vidmar, N., & Rokeach, M. (1974). Archie Bunker's bigotry: A study in selective perception and exposure. *Journal of Communication*, 24, 36-47.

Weaver, J. B. (1991). Exploring the links between personality and media preference. *Personality and Individual Differences*, 12, 1293-1299.

Zillmann, D. (1989). Effects of prolonged consumption of pornography. In D. Zillmann & J. Bryant(Eds.), *Pornography: Research advances and policy considerations*. Hillsdale, NJ: Erlbaum.

Zillmann, D. (1991). Empathy: Affect from bearing witness to the emotions of others. In J. Bryant & D. Zillmann(Eds.), *Responding to the screen: Reception and reaction processes*(pp. 135-167). Hillsdale, NJ: Erlbaum.

Zillmann, D., & Bhatia, A. (1989). Effects of associating with musical genres on heterosexual attraction. *Communication Research*, 16, 263-288.

Zillmann, D., & Bryant, J. (1982). Pornography, sexual callousness, and the trivialization of rape. *Journal of Communication*, 32, 10-21.

Zillmann, D., & Weaver, J. B. (1989). Pornography and men's sexual callousness toward women. In D. Zillmann & J. Bryant(Eds.), *Pornography: Research advances and policy considerations* (pp. 95-125). Hillsdale, NJ: Erlbaum.

Zillmann, D., & Weaver, J. B. (2007). Aggressive personality traits in the effects of violent imagery on unprovoked impulsive aggression. *Journal of Research in Personality*, 41, 753-771.

Zuckerman, M. (1979). *Sensation seeking: Beyond the optimal level of arousal*. Hillsdale, NJ: Erlbaum.

Zuckerman, M., & Litle, P. (1986). Personality and curiosity about morbid and sexual events. *Personality and Individual Differences*, 7, 49-56.

엔터테인먼트 미디어 효과

피터 보데러(Peter Vorderer, VU 암스테르담 대학교)
틸로 하트만(Tilo Hartmann, VU 암스테르담 대학교)

1. 미디어 엔터테인먼트 연구 동향

커뮤니케이션 과학과 미디어 심리학 연구분야에서 미디어 엔터테인먼트 연구는 독자적인 한 분야이다. 비록 이 분야의 연구가 지난 수십 년 동안 상대적으로 활발하지는 않았지만 엔터테인먼트 콘텐츠와 이 영역에 대한 수용이용의 중요성은 의심할 여지가 없다. 이 분야의 연구가 체계적으로 진행되지 않는 데 대한 비판은 1960년대 초반 이미 제기되었다. 1970년대 초 엔터테인먼트 분야의 실증연구가 성장하기 시작했으며, 이후 1990년대 말부터는 새롭게 활성화되기 시작했다(Zillmann & Vorderer, 2000 참조). 전 세계적으로 엔터테인먼트 미디어가 다양해지고 소비가 활성화되면서 이론화와 실증적 연구의 도전대상이 된 것은 분명하다. 사실 19세기 후반에 등장한 저가소설이나 20세기 초 사진으로 가득찬 오락 중심의 신문(Engal, 1997)은 과학적 탐구대상이 되지 못한 한계가

있었다.

하지만 라디오 오락물과 영화는 대중사회 엘리트들이 엔터테인먼트의 중요성을 인식하게 되는 중요한 계기가 되었다(예; Carey, 1993). 헤르조그(Herzog, 1944)가 실시한 미국여성들의 라디오 연속극 청취 동기연구는 그 당시 엔터테인먼트 분야를 이해하기 위한 초기 접근이라고 볼 수 있을 것이다. 라디오 연속극은 1930~40년대 매우 인기가 높았다. 폭 넓은 수용자 층이 정기적으로 청취함으로써, 이와 같은 라디오 연속극은 산업적 방식에 기초하여 비즈니스 모델을 만들어 내면서 제작되었다. 카츠와 폴크스(Katz, & Foulkes, 1962)는 엔터테인먼트 미디어 세계를 통해 부정적 일상생활의 경험에서 피난처를 찾는 보통 사람들의 욕구, 즉 '도피주의'에 기초하여 미디어 콘텐츠 선호를 설명함으로써 엔터테인먼트 소비의 동기요인을 체계화하기 시작했다. 이들은 특별한 콘텐츠를 반복적으로 선택하는 미디어 이용자들의 동기를 진단하

는 심리학적 관점을 제공하였으며, 미디어 등장인물과 "동일시"하는 과정을 논의함으로써 이 분야 초기연구에 공헌한 점이 크다. 하지만 커뮤니케이션학계에서는 "엔터테인먼트"를 진지한 지적 검토대상으로 고려하지 않았기 때문에 이들의 초기연구는 사회과학 분야에서 이례적인 것으로 고립되었다. 이것은 특히 '고전적'이고 '진지한' 문학과 예술이 문화와 미적 성취의 적합한 기준이라고 믿어 온 유럽학계의 엘리트주의 때문이라고 할 수 있다.

엔터테인먼트 분야에 대한 경험적 연구는 1970년대 들어서 발생한 두 가지 중요한 변화를 토대로 진행되기 시작했다. 첫째, 1960년 말 정치운동이 야기한 사회적 변화는 엘리트주의와 문화산물에 대한 '기존의' 사고와 평가방식을 극복하는 연구에 자극을 주었다는 점을 들 수 있다. 이러한 새로운 연구분야는 주류문학과 미디어의 이데올로기적 특성을 진단하는데 초점을 맞추었다. 둘째, 심리학 분야에서 사람들의 감정을 이해하기 위해 엔터테인먼트 소비에 관심을 기울이기 시작했다는 점을 지적할 수 있다. 코미디, 포르노, 스포츠 중계 등 다양한 미디어 엔터테인먼트 양식이 감정적인 경험을 촉발시키기 때문에 퍼시 타넨바움(Percy Tannenbaum, 1980)과 그의 멘티인 돌프 질만(Dolf Zillmann) 등 주요 심리학자들의 관심을 끌게 되었다. 질만(Zillmann)과 그의 공동연구자인 제닝스 브라이언트(Jennings Bryant), 조앤 캔터(Joanne Cantor)는 감정심리학을 토대로 미디어 엔터테인먼트 실험연구를 실시했다. 이들의 초기 작업은 미디어 엔터테인먼트 연구에 이론적 체계를 제공하게 되었고 지금까지 이 분야 연구의 바탕이 되었다(cf. Bryant, Cantor, & Roskos-Ewoldsen, 2003; Bryant &

Miron, 2002; Klimmt & Vorderer, in press; Raney & Bryant, 2002; Vorderer, Klimmt, & Ritterfeld, 2004).

2. 미디어 엔터테인먼트 연구의 접근방식

이 장에서는 초기 접근방식에 기초하여 미디어 엔터테인먼트와 즐거움의 통합적 모델을 제시하려 한다. 이 개념화는 진화심리학(Miron, 2006; Schwab, 2003), 긍정심리학(Ryan, Rigby, & Przybylski, 2006; Vorderer, Steen & Chan, 2006), 그리고 커뮤니케이션 연구(Denham, 2004; Frueh, 2002; Vorderer, Klimmt, & Ritterfeld, 2004)에서 제안된 미디어 엔터테인먼트 연구를 위한 통합적인 생태학적 접근에 기초한다. 이러한 생태학적 접근에서는 이용자를 미디어 콘텐츠에 노출되는 동안 "매개된" 환경에 즐겁게 관여하는 유기체로 간주한다(Bryant & Miron, 2002). 광의의 의미로 볼 때 엔터테인먼트는 기본적인 감정으로부터 발생하는 긍정적 기분과 같은 메타 감정으로 개념화된다. 생리적 그리고 심리적 생활-균형에 도달하기 위한 단기적, 장기적 과정을 이와 같은 감정이 발생하는 주요 메커니즘으로 설정했다.

1) 이용자와 엔터테인먼트

미디어 이용자를 특별한 상황적 환경 안의 인간 유기체로 개념화할 때, "환경"이란 용어는 외부뿐만 아니라 내부환경을 지칭한다. 유기체인 인간의 핵심은 내부 및 외부 환경변화에 반응하고 접근하는 두뇌이다(Damasio, 1999). 따라서 우리는 개인이나 환경에 초점을 두는 대신에 근본적 두뇌환경 관계에 초점을 둠으로써 즐거움과 같은 심리적 과정에 접근해야 한다. 인간의 두뇌는 특정한 상황적 특성 때문에 현저해진 외부와 내부환경의 사건을 지속적으로 평가한다 (Scherer, 2005; Smith & Kirby, 2001; Roseman & Smith, 2001). 이러한 사건들은 유기체의 행복감과 관련 있는 것처럼 보이기 때문에 적절하고 의미 있는 것이 된다(Skaggs & Baron, 2006). 감정은 이와 같은 적절한 사건에 대한 평가에서 발생한다. "감정의 역할은 내부 및 외부 세계의 사건에 대한 자기관련적 가치부호화(코딩)를 제공하는 것이다"(Miron, 2006). 자극이 되는 사건의 유형에 따라 두뇌의 다른 부분이 이에 대한 자기관련적 평가를 담당하게 된다. 특히 감각-운동 수준과 관련된 사건의 경우 (Scherer, 2001), "본능적 두뇌"에 의해 통제된 단순하고 선천적 감정반응을 촉발시킨다(van Reekum, 2000; Miron, 2006 참조). 그러나 감성적 반응은 단순한 본능이나 자극-반응 순서로 제한되지 않는다. 학습된 반응이나 개념적 수준에서의 계획과 행동전략이 포함되는 과정은 더 복잡한 평가 반응을 유발한다고 볼 수 있다 (Scherer, 2001; Miron, 2006, 참조).

반 리쿰(van Reekum, 2000)은 다음과 같이 지적한다. "평가적 차원 또는 다른 이론에 의해 제기된 기준이 융합하는 것을 발견할 수 있다. 인간의 주목을 이끄는 환경변화에 대한 지각(새로움과 기대), 자극과 사건에 대한 지각된 즐거움이나 불편함(중요성), 목표와 관심사와 관련한 자극 또는 사건의 중요성(적합성, 동기와의 일관성), 누가 또는 무엇이 사건을 발생시키는 지의 여부(책임성), 사건과 그 결과에 대처할 수 있는 능력에 대한 평가(지각된 통제 여부, 권력), 도덕적 기준 또는 사회적 규범(정당성), 자신의 이상 등과 관련한 자신의 행동에 대한 평가 등이 이러한 기준에 속한다."

일반적으로 긍정적 감정은 동기차원에서 적절하고 일치하는 것으로 평가되는 관계에서 발생한다. 왜냐하면 이러한 관계가 목표와 일치하거나 본질적으로 즐겁기 때문이다. 만약 미디어 엔터테인먼트가 긍정적 감정을 유발하기 위해서는 (Bartsch, Mangold, Viehoff, & Vorderer, 2006; Bartsch et al., 2008; Wirth & Schramm, 2007 참조), 관련성과 두뇌환경관계에 대한 유익성을 지각하는 것이 필요하다.

(1) 평가의 중심: 삶의 균형

진화이론가들은 "모든 살아있는 메커니즘의 진정한 목표는 재생산을 위한 생존이다"(Schulkin, 2004)라고 주장한다. 따라서 유기체인 인간은 내부환경에 적절히 기능하고, 외부환경으로부터 보호되고 분리될 수 있는 신체의 완전성을 추구하려는 기본적 욕구가 있다(Damasio, 1999 참조). 심각한 신체조직의 손상을 피하고 내부환경의 기능을 유지하려는 삶의 균형을 위한 노력이 바로 인간행동의 가장 중요한 동기가 된다. 여기에서 사용하는 삶의 균형이라는 용어는 생리적 균형뿐만 아니라 인지적 하위 시스템에 의해 유지되는 심리적 균형도 포함한다(Schreier, 2006; Deci & Ryan, 2000). 생리적 수준을 놓고 볼 때, 사람들은 체온의 균형을 잡고 신진대사 과정에 에너지를 저장하여 공급하기 위해 외부환경을 훌륭히 활용해야만 한다. 심리적 수준에서 사람들은 새롭거나 위험한 환경을 성공적으로 헤쳐 나갈 능력을 원하며, 이는 적절한 정신적 활동을 필요로 한다(Cabanac, Pouliot & Everett, 1997). 자아결정 이론에서는 사람들의 심리적 균형이 다음과 같은 3가지 심리직 욕구가 민족되는 정도에 따라 결정된다고 주장한다. ① 자율성(압력으로부터 자유롭게 행동하는 것, 완전히 내면화되지 않은 사회적 규범과 가치에 의해 발생된 주장을 포함하는 것), ② 역량(적절한 도전 과제를 완수할 수 있는 능력), ③ 관련성(관련집단과의 사회적 연결)이 그 것이다. 이러한 관점에서 볼 때, 개인은 자율적이고, 역량이 있으며, 사회적으로 관련되었다고 느끼는 정도에 따라 심리적으로 균형을 유지하면서 높은 수준의 행복감을 느낀다는 것이다(cf. Vorderer, Steen, & Chan, 2006).

(2) 쾌락 시스템

영장류가 계통진화하는 동안, 내적 보상 메커니즘은 유익한 사건의 발생을 나타내거나(Ohler & Nieding, 2006) 또는 더 정확하게, 특정환경과 함께 동시에 발생하는 유익한 유기적 변화를 가져오기 위한 방향으로 발달했다. 활성화된 경우, 이러한 보상 메커니즘은 쾌락을 주는 관련 상황과 행동을 연결시킨다(Berridge, 2001, 2002). "쾌락은 우리가 좋은 행동을 하도록 유혹한다"(Damasio, 1999)고 할 수 있다. 진화적 적응환경(EEA: *Environment of Evolutionary Adaptedness*, Tooby & Cosmides, 1990, 참조)에서 두뇌는 행동적 반응에 미치는 쾌락의 영향력을 중재하는 인지적 기능을 발달시켰다(Oatley & Mat, 2005). 쾌락은 행동을 이끄는 복잡한 정서적 반응을 끌어내는 요인 중 하나가 되었다(Fredrickson, 2001, 2002; Kahneman, 1999; Scherer, 2001 참조).

오늘날의 환경은 인류의 진화적 적응환경과

는 여러 측면에서 다르지만(Vorderer, Steen, & Chan, 2006), "쾌락은 인간행동을 규제하는 기능을 하고 있다"(Miron, 2006). 인간의 보상시스템은 감정적 과정에 크게 의존한다(Bryant & Miron, 2002; Fredrickson, 2001). 따라서 쾌락은 여전히 삶의 균형을 위한 경쟁을 이끈다. 쾌락은 생리적 균형과 심리적 균형을 향한 명백한 과정을 이끌어 낸다. 쾌락은 환경적 요인의 결과로 또는 감상한 자극의 결과로 여겨진다(van Reekum, 2000). 쾌락과 감상은 밀접하게 연결된다. 사람들은 쾌락을 느낄 만한 것을 감상하기도 하고, 감상할 만하다고 여기는 것으로부터 쾌락을 즐긴다. 쾌락(혹은 자극과 사건의 감상)은 오락물을 느끼기 위한 열쇠이다.

현대 심리학에서는 쾌락과 고통을 단일척도 위의 양극단에 있는 것으로 간주하지 않는다. 유기체는 쾌락-시스템과 고통-시스템을 공유하며, 이 둘은 단지 부분적으로 연결되었다. 쾌락의 강도가 고통의 강도를 넘어설 때에 한해, 고통스러운 사건은 기쁜 것이 될 수 있다. 부분적으로 연결된 하부시스템들은(쾌락-시스템, 고통-시스템, 자동적인 생리반응과 고차원인 정신과정) 삶의 균형을 위한 투쟁과정에서 유기체가 유연하게 반응하도록 한다. 예를 들어, 사람들은 "순수한 쾌락"을 제공하는 건강한 환경 안에 머무는 것 이상을 할 수 있다(Miron, 2006). 또한 사람들은 그들이 가진 자원을 확장할 수 있는 양면적 상황(심지어 고통스러운 상황)을 추구하고 즐길 수 있다(Fredrickson, 2001). 미디어 엔터테인먼트를 이용하는 것도 이와 비슷하다.

2) 미디어 "환경"

이용자가 환경과 상호작용함으로써 엔터테인먼트 기능이 발생하게 된다(Denham, 2004; Frueh, 2002). 따라서 우리는 미디어 엔터테인먼트를 이해하기 위해 우리 주변 환경을 진단해야 한다. 좁은 관점에서 볼 때, 이용자들은 그들의 미디어 테크놀로지가 제공되는 실제환경(예를 들어, 거실환경)에 놓였다고 볼 수 있다. 이러한 상황의 외적, 물리적 특성이 이용자의 감각기관 자극에 영향을 미친다. 하지만 이용자들은 단지 그들의 두뇌에서 이미지화되는 사건에만 반응한다. 미디어의 물리적 특성은 이용자의 신체상태에 영향을 미치며, 따라서 감각자극과 관련된 "내부"자극을 만들어 낸다. 미디어가 제공하는 것을 해독하여 상징적 의미를 만들면서 더 복잡한 평가를 하게 된다(Bartsch et al., 2006; Scherer, 2001 참조).

또한 미디어 이용자들은 수용모드에 따라 미디어 환경을 해석한다. 여기에는 관여모드와 관여되지 않은 모드가 있을 수 있다. 관여모드로 들어간 이용자들은 매개된 세상에 대한 묘사범위 안에서 사고하기 시작한다(Green, Brock, & Kaufman, 2004; Hartmann, 2008a; Wirth, 2006). 관여된 이용자들은 마치 그들이 실제 세상에 있는 것처럼 미디어 환경에 반응한다. 즉, 그들은 일시적으로 매개적 속성에 대해 알지 못하게 되는 것 같다(Lee, 2004). 따라서 평가는 매개된 세상 안의 사건과 관련될 수밖에 없다. 미디어 환경을 흡수하거나 이용자의 감각이 미디어 환경에 젖어들 때 관여가 발생할 가능성이 높고, 이는 적합하고 의미 있는 통찰력을 제공한다.

더욱 정확하게 말하자면 두 가지 상이한 미디어 환경의 특징에 따라 관여가 발생할 수 있다(Cupchik, 2002; Zillmann, 2006). 이용자들은 환경의 '도상(圖像)적 특징'에 개입하면서 관여하게 된다. 현실세계의 대응물과 물리적으로 일치하는 미디어 표현은 도상성(iconicity)이 매우 높다. 예를 들어, 특정한 미디어 표현방식은 이용자가 자동적으로 마치 실제환경 안에 있는 것처럼 느낄 수 있게 한다(Wirth et al., 2007). 또한 실재물의 환상을 생생하게 묘사함으로써 이용자에게 현실감을 전달한다(Hartmann, 2008a). 만약 도상성이 높다면 환경과 그 자극이 즉각적이고 반응적인 것으로 여겨지면서 평가과정에 영향을 미치게 된다. 그럼에도 불구하고, 이용자들은 또한 미디어가 제공하는 상징적이고 내포적인 정보에 관여할 수 있다(Zillmann, 2006). 미디어 콘텐츠의 경우, 도상성은 낮을 수 있지만(예를 들어, 휘갈겨 그린 것 같은 만화 주인공) 이용자에게 강한 상징적 의미를 제공할 수 있다. 만약 미디어 환경이 실제세계의 일반적 혹은 추상적 법칙에 대한 정보를 제공할 수 있다면 상징적 의미가 높다(Oatley & Mar, 2005). 즉각적 자극에 대한 반응과는 달리, 상징적 자극에 대한 평가는 높은 수준의 인지적 과정이 필요하며, 특이한 방식의 해석을 유발할 수 있다(van Reekum, 2000; Zillmann, 2006).

관여된 모드와 대조적으로, 이용자들은 또한 분석모드로 전환할 수 있으며, 가상의 '비현실적'인 "외부"사건을 토대로 미디어 환경을 해석할 수 있다. 미디어가 제공하는 공식적 측면(Tan, 1996) 또는 노출상황의 추상적 의미에 기초하여 평가가 이루어질 수 있다. 그렇지 않으면, 이용자들은 일시적으로 미디어에 관심을 갖지 않고 현실의 실제세계에 준거의 틀을 맞추게 된다(Cantor, 2002).

(1) 환경의 심리적 효율성 조작(*manipulation*)

노출상황은 이용자들이 효율적으로 미디어 경험을 통제할 수 있도록 대단히 자유롭다 (Schramm & Wirth, 2008). 미디어 환경이 "실제"세계보다 즐거우면 즐거울수록, 이용자들은 여기에 수용모드를 맞추고 머무를 가능성이 더 높다. 그러나 만약 경험을 변화시킬 필요가 있다면, 이용자들은 현재 활용하는 평가기준의 틀을 빠르게 조정할 수 있다. 공포영화가 야기하는 두려움이 지나치게 불편하기 전에, 이용자들은 분석모드로 전환하거나("이것은 단지 영화다") 또는 특정한 현실세계 환경을 변화시킬 것이다 (예를 들면, 거실에 불을 켠다거나, 영화음향을 끄는 것). 환경을 바꾸고, 궁극적으로 평가기준 틀을 바꿈으로써, 이용자들은 더 친근하고 건강한 상황으로 돌아오게 된다. 따라서 만약 미디어 콘텐츠가 지나치게 고통스럽거나 부조화 상태를 유도한다면, 이용자들은 관여모드가 되기 전에 이를 회피할 수 있다. 종합하면, 미디어에 노출되는 동안 이용자의 경험은 미디어 환경과 단순히 상호작용하지는 않는다고 할 수 있다. 그보다 이용자들은 분석에서 관여 처리로 전환함으로써 혼합된 상황을 접하게 되고, 미디어 환경에 주목하거나 이를 회피한다. 그리고 최상의 경험을 하기 위해 감각자극과 현저한 환경의 의미를 지속적으로 조정한다.

(2) 환경을 즐기기

표현된 환경을 조정할 수 있는 능력이 있기 때문에 이용자들은 미디어 엔터테인먼트를 접하는 것을 즐거운 놀이활동으로 여길 수 있다

(Ohler & Nieding, 2006; Vorderer, 2001). 사람들이 즐기기 시작할 때, 그들은 안전하고 통제된 틀 안에서 대상과 시나리오를 다룬다. 이러한 틀은 특정규칙을 만들어 낸다. 놀이가 "현실"세계와 강하게 연관된 그 자체의 현실성을 만들어내기 때문에 이용자들이 인지하는 것은 심리적 영향력이 있다. 통제된 틀 때문에 놀이는 언제든지 끝날 수 있다. 미디어 콘텐츠의 노출은 또한 앞에서 언급한 즐기는 행동이 될 수 있다. 만약 이용자들이 미디어가 제공하는 환상을 통제할 수 있다고 느낀다면, 미디어가 보여주는 가상상황을 편하게 받아들일 수 있다. 미디어는 정신적으로 즐길 수 있는 대상, 인물, 경치, 사건 등 의미 있는 세계를 제공한다. 뿐만 아니라 이용자들은 그들이 실제 삶에서 참여할 수 없거나 이룰 수 없었던 활동과 성취를 경험할 수 있다. 따라서 미디어 환경은 이용자들에게 백일몽을 허용하고 조장하는 놀이터를 제공한다. 매개된 놀이터는 안전하고 통제하기 쉽다는 차원에서 심지어 실제세계의 놀이를 압도하고, 현실세계에서 경험하기 불가능한 다양한 경험을 제공한다.

(3) 환경에 대한 통제

미디어 이용자들이 노출상황에 자율적으로 대응할 수 있고, 스스로 통제할 수 있을 때 미디어 환경을 즐길 수 있다는 점을 연구자들은 지적했다(Frueh, 2002 참조). 여가시간은 미디어 노출을 통해 즐길 수 있는 기회를 제공한다. 하지만 여가시간에도 미디어 노출 상황과 미디어가 제공하는 것에 대한 이용자의 통제는 여전히 필요하다. 이용자들은 인지적 회피를 할 수 있는 한 미디어 환경에 대한 경험을 통제할 수 있다

(Frueh, 2002; Miron, 2006). 미디어 이용을 의무적으로 해야 할 때, 다른 목적 달성을 위해 미디어를 이용해야 할 때, 또는 충분히 내면화되지 않은 규범과 가치를 따라야 할 때, 이용자들은 특정미디어를 이용해야만 하는 압력을 느끼게 된다. 이와 같은 압력은 쾌락을 억제하며 (Deci, & Ryan, 2002), 미디어 노출을 통한 즐거움을 약화시킨다. 아침에 일어나서 꼭 비디오 게임을 해야만 직성이 풀리는 사람들은 게임을 통해 흥분과 만족의 기쁨을 경험했을지는 모르지만, 내적 규범을 지키지 못한 데서 오는 고통스러운 부조화와 죄책감이 이러한 긍정적 감정을 가릴 수 있다.

(4) 개인적 관련성

만약 미디어가 전달하는 이슈의 관련성이 낮을 때 이용자들은 방어배제 전략을 가동하게 되고 편하게 미디어 콘텐츠를 장난스럽게 즐길 수 있다고 연구자들은 주장하기도 한다(Frueh, 2002; Schwab, 2003 참조). 동기를 부여할 중요성이 없다면 그러한 정보는 적절하지 않은 것으로 여겨진다(Roseman, 2001). 하지만 적절하지 않은 사건 자체가 감정적 반응을 자동적으로 야기하는 것은 아니다.

즐거움을 주는 미디어 콘텐츠는 정보성이 높은 경향이 있다(Hartmann. 2008b; Oatley & Mar, 2005; Vorderer et al., 2006). 흥미를 유발하는 미디어 환경을 통해 학습기회가 제공된다. 픽션 및 논픽션 미디어 콘텐츠 모두에서 이용자들은 무엇이 자신에게 적합한 것인지를 판단할 수 있다(Oatley & Mar, 2005; Zillmann, 2006). 픽션물에서 제공하는 내용이 전적으로 가짜는 아니다. 그 안에서 진짜 현실에서 나타나는 많은 특징을 발견할 수 있다. 논픽션과 비교하면, 오히려 더 깊은 진실을 그려낼 수 있고 상징적 수준에서의 보편적 원리에 대한 정보를 제공할 수도 있다(Zillmann, 2006). 한편 관련성이 높다고 지각된 콘텐츠는 정보처리의 압력을 높이고 즐거움을 약화시킨다. 예를 들어, 사람들은 지금까지 알지 못했던 콘텐츠에 내재된 미스터리 구성을 배워야 한다는 압박감을 느낄 수 있다. 또한 콘텐츠가 '현실'세계의 문제와 연관된다면 방어적 출구 전략(예를 들어, 미디어 환경에 대한 경험을 끝내는 것)을 마련하지 못할 수도 있다. 종합하면, 이용자가 미디어 엔터테인먼트를 통해 얻는 즐거움에는 이율배반적 성격이 존재하는 것처럼 보인다. 미디어 콘텐츠에 대해 완벽한 통제를 할 수 있는 경우 그 즐거움의 중요성이 감소할 수 있고, 반면에 통제할 수 없는 경우에는 즐거움보다 경험적 관여를 하면서 학습할 기회를 만들 수 있다 (Cupchik, 2002; Hartmann, 2008b 참조).

3. 미디어 엔터테인먼트에 대한 설명

왜 어떤 사람들은 특정 미디어콘텐츠를 즐기고 다른 사람들은 두려움과 공포를 느끼거나 영향을 받지 않는 것일까? 미디어는 언제 즐거움을 주는 것일까? 연구자들은 엔터테인먼트가 만들어 내는 다양한 쾌락-관련 과정을 찾아보려 했다. 감각자극과 생리적 자원의 균형뿐만 아니라 중요한 주위환경의 의미 있는 사건은 1차적 감정을 이끌어 내는 것으로 알려졌다. 이용자들은 종종 무의식적으로 그들의 기분을 통제하고 자기실현의 욕구를 고려하면서 경험한 결과를 재평가한다. 엔터테인먼트를 수용하면서 나타나는 느낌은 종종 계속 진행 중인 긍정적 평가, 즉 1차적 정서 상태의 평가로부터 발생된다.

1) 감각자극과 생리적 자원의 균형

"적절한 자극"과 생리적 자원의 균형은 미디어에서 얻는 즐거움과 관련한 중요한 요소이다. 심각한 생리적 불균형은 즐거움을 감소시키고 심지어 고통을 야기할 수 있다. 부정적 감정을 만들어내는 단순한 평가과정이 이러한 상황에 개입한다(Scherer, 2001). 그러나 성공적인 오락의 경우 생리적 쾌락을 만들어낸다. 기분전환의 정도가 클수록 즐거움은 더 커진다. 사람들은 생리적 자원의 균형상태를 유지시켜 줄 최적의 감각자극을 찾는다. 혈당 수준, 체온, 흥분 시스템 등과 관련된 다양한 생리적 자원과 시스템에 이 원리가 적용될 수 있다. 균형을 이루려는 욕구는 또한 외부 감각자극에 대한 평가에 영향을 준다. 균형을 유지시킬 수 있는 외부자극은 즐겁다고 느끼지만 불균형을 만드는 자극은 고통과 상처를 주게 된다. 따라서 미디어 이용자들은 원하는 감각자극에 따라 미디어 노출상황의 물리적 특징(예를 들어, 색깔, 밝기, 음향, 동력 등)을 선택한다. 예를 들어, 모든 사람들이 현란한 색깔, 깜짝 놀랄 소리, 갑작스런 화면전환 등 음악방송의 전형적 특징을 힘든 업무 후에 즐기지는 않는다. 일부 사람들은 최적의 감각자극을 즐기기 위해 동시에 다른 행동을 하기도 한다. 기분관리 이론(Zillmann, 1988, 2000b)에서는 사람들이 흥분을 규제하기 위해 미디어를 이용한다는 점을 제시한다. 이 이론은 "정상적 범위 안에서 변화하는 자극의 경우 비록 충분하기는 않지만 개인이 행복감을 느끼는 데 필요한 조건"이라는 점을 주장하고 있다(Bryant & Miron, 2002). 즐거움을 발생시키기 위해서는 흥분수준이 균형을 이루어야 하는데, 왜냐하면 이를 통해 미디어 이용자들이 유해한 상황을 피할 수 있기 때문이다. 즐거운 기분전환을 만들어 낼 수 있기 때문에 균형을 유지하는 것은 매우 중요하다. 지나친 흥분을 통해 스트레스를 받은 사람들은 조용하게 진정시킬 수 있는 미디어 콘텐츠를 선호한다는 연구결과가 있다(Bryant & Miron, 2002; Knobloch-Westerwick, 2006). 한편, 지루함을 느끼는 사람들은 흥분상태를 높일 수 있는 미디어 콘텐츠를 선호한다.

감각자극과 생리적 자원의 균형을 통해 사람들은 즐거움을 느낀다. 하지만 이 두 가지는 즐거움을 만들어 내는 필요조건이지 충분조건은 아닐 수 있다. 안락의자에서 휴식을 취하는 것, 맛있는 음식을 먹는 것, 또는 노출상황에서 단순히 생리적 자원의 균형만을 유지하는 것 그 자체가 즐거움을 보장하지는 않는다. 생리적 자극을 최적수준으로 유지하는 것이 즐거움을 느끼는 데 아마 더 중요한 요소일 수 있다.

2) 중요한 환경에 대한 1차적 감정반응

만약 관여도가 높은 이용자의 마음속에서 미디어 환경이 중요하게 여겨진다면, 이러한 미디어 환경은 평가의 준거 틀로서의 실제 환경을 대체하게 된다(Wirth & Schramm, 2007; Zillmann, 2006). 선과 악, 중립적인 것 등으로 인물과 집단에 대한 지각과정은 구분된다(Hartmann, 2008b; Raney & Bryant, 2002; Zillmann, 2006). 미디어 이용자들은 그들이 가장 좋아하는 인물과 함께 살고 있다고 감정이입할 수 있다. 또한 좋아하는 인물이 세상을 보는 시각을 통해 목표, 희망, 두려움 등의 성향을 공유하게 된다. 매개된 세상에서 발생하는 사건들은 중요한 것이 되고 그 자체가 의미를 갖기 시작한다. 이러한 사건들은 정서적으로 중요한 것이 된다(Oatley, 1994). 미디어 세상에서 발생하는 일부 사건들은 이용자의 감정반응을 촉발시키고 이용자들이 이를 처리하는 과정을 거치게 한다(Cantor, 2002; Miron, 2006). 하지만 대부분의 사건들은 더 복잡하고 다단계의 평가과정을 수반한다(Scherer, 2001). 즉 대부분의 사건들은 문화적 특성이나 성별, 연령별 특성에 따라 해석될 가능성이 높으며(van Reekum, 2000), 이용자들 역시 이러한 사건들이 매개된 것이라는 인식 속에서 해석할 가능성이 높다(Wirth & Schramm, 2007).

(1) 이해의 기쁨

"새로운 것은 흥미를 제공하는 반면, 익숙한 것들이 더 큰 기쁨을 주는 경향이 있다"(Silvia, 2006). 새롭지만 익숙하지 않은 자극은 인지적 도전요소가 있기 때문에 항상 잠재적 위협을 내포한다(Zajonc, 2001). 반면 익숙한 것들은 예측 가능하고 능숙하게 처리할 수 있다. 이해를 할 수 있다는 단순한 기쁨 역시 미디어 환경에 대한 지각에서 중요하게 작동한다. 비록 상징적 측면에서 좋아하지 않는 것이라도 단순히 익숙한 것이라는 자체로 작은 기쁨을 느낄 수 있다.

흥미, 또는 호기심은 미디어 엔터테인먼트 이용을 통해 발생할 수 있는 감정이다. 새롭거나 완전히 이해할 수 없어 인지적 도전과 불일치를 가져오지만(Deci & Ryan, 2002) 이해할 수 있을 것으로 보이는 잠재적으로 적절한 자극에 대해 초점을 맞출 수 있도록 흥미는 동기를 유발한다

(Silvia, 2006). 만약 모호한 사건이 새롭고, 이용자가 보기에 이와 같은 새로운 것에 대처할 수 있다면, 흥미가 발생하게 된다(Silvia, 2005a). 따라서 단순하고 매우 익숙한 자극들은 새롭지 않으며, 흥미롭지도 않다. 하지만 매우 복잡하고 심한 인지적 불일치를 가져오는 자극의 경우 역시 흥미를 가져오기 어렵다. 이해할 수 있는 능력이 충분하고 인지적 불일치를 조정할 수 있을 때 흥미는 가장 높아진다고 할 수 있다.

한때 익숙하지 않았던 자극을 이해하게 됨으로써 기쁨을 느낄 수 있고 이는 인지적 불일치에서 야기된 괴로움을 감소시킬 수 있다. 유기체의 성장 역시 이러한 과정과 관련이 있다(Deci & Ryan, 2000; Reeve, 1989). 흥미는 학습과정에 영향을 미친다. 학습을 통해 인간은 환경에 대한 지식을 획득하며, 이는 개체발생 이후 환경적응에 가장 중요한 열쇠이다. 따라서 이해를 통해 인간은 기쁨을 얻게 된다. 인지적으로 불일치하는 자극에 의해 발생한 흥분은 자극이 이해되면 재평가되고, 결과적으로 긍정적 정서를 발생시킨다.

미디어 엔터테인먼트는 흥미를 끌어내는 다양한 새로운 인물, 상황, 시나리오 등을 제공한다. 만약 새로운 자극을 이해하는 데 인지적 도전이 필요하다고 여겨진다면, 이는 미디어 이용자들에게 영향을 주는 도전의 사슬로 간주할 수 있다. 만약 이용자들이 이와 같은 도전의 사슬을 숙달하는 데 필요한 이해능력이 있다면, 기쁨을 느낄 수 있는 흐름의 상태로 진입할 수 있다.

인지적 불일치가 갑작스럽게 해결됨으로써 사람들은 환희와 웃음 등 희열을 맛보게 된다. 재미있는 농담과 같은 유머는 사람들을 헷갈리게 하는 불일치를 갑자기 해결하면서 성공하게

626

된다. 수용자들이 이러한 불일치를 해소할 수 있는 구성이 유머에서 중요하다. 한편, 센세이션을 원하는 수용자의 경우 딜규범적 요소와 성적, 폭력적 요소가 있는 콘텐츠에서 흥분을 느끼고 갑작스러운 이해를 통해 가벼운 희열을 느끼게 된다(Berlyne, 1969; Zuckerman, 2006).

(2) 긍정적 1차적 감정

일반적으로, 긍정적 1차적 감정은 개인의 동기와 목표를 달성하는 데 도움이 되는 사건을 접했을 때 발생하게 된다. 미디어 엔터테인먼트는 다양한 방식으로 행복감을 촉발할 수 있는데, 이 과정에서 가장 중요한 부분은 이용자가 이러한 콘텐츠를 통해 "목표달성을 위한 합리적 진전"을 이룰 수 있다고 지각해야 한다는 점이다. 행복은 목표를 향한 합리적 진전이 있을 수 있다는 지각에서 온다. 익숙한 것을 이해하는 기쁨, 인지적으로 불일치한 것을 해결하는 즐거움, 그리고 유머의 이해 등은 행복감을 느끼는 과정 속에서 이해할 수 있다. 희열은 극적 이야기나 허구 드라마, 스포츠, 또는 비디오 게임과 같이 갈등을 야기하는 상황에서 좋은 결과를 얻음으로써 발생할 수 있다. 이용자들이 성공을 그들의 노력의 결과로 본다면, 행복은 자부심의 일환으로 발생할 수 있다. 그들 자신이 실패대상이 아니고 다른 사람의 실패 자체가 당연한 것으로 여겨진다면, 미디어 이용자들은 남의 불행을 통해 악의적 행복감을 느낄 수도 있다(van Dijk, Ouwerkerk, Goslinga & Nieweg, 2005; Zillmann, 2000a).

(3) 부정적 1차적 감정

목표달성에 심각한 문제가 있거나, 규칙을 위반하거나, 자원의 손실을 가져오는 사건은 부정적 감정을 발생시킨다. 미디어 엔터테인먼트를 통해 발생하는 부정적 1차적 감정은 슬픔, 분노, 무서움, 두려움, 부끄러움 그리고 고통스런 긴장감 등을 들 수 있다. 사람들은 그들 자신 또는 밀접하게 연관된 사람·집단이 엄청난 자원의 손실을 가져오거나 동기와 불일치하는 상황을 접한다고 지각할 때, 그리고 이러한 손실을 통제할 수 없다고 지각할 때 미디어 엔터테인먼트를 시청하면서 슬픔을 느낀다. 실제로 많은 미디어 콘텐츠에서 수용자들이 좋아하는 사람들의 죽음과 이혼 등 비극적 사실을 다루고 있다. 분노는 자신 스스로에 대한 실망하거나(내적 분노) 손실을 발생시키는 외부동인을 감지하면서(외적 대상에 대한 분노) 발생한다. 분노는 좋아하는 인물이나 집단(예를 들어, 스포츠나 드라마 안에서)에 대한 부당하고 유해한 행동을 포함하는 다양한 갈등상황에서 발생하는 일반적 감정이라 할 수 있다. 공포와 두려움은 자신이나 관련된 사람들에게 물리적 위협이 가해지는 상황에 대한 단순한 평가로부터 발생한다. 공포물은 이와 같은 감정을 자극한다(Cantor, 2002). 통제할 수 있을 것 같은 위협적 상황은 즉각적으로 두려움을 야기하지 않는다. 오히려 액션영화와 같은 경우는 사람들에게 스릴을 제공하기도 한다(Zuckerman, 2006). 생방송으로 진행되는 토크쇼를 시청하는 사람들의 경우 방송에 등장하는 사람들이 규범과 일치하지 않는 행동을 하는 것을 목격하고 창피한 일이라고 판단한다(Nieweg et al., 2006). 긴장감 역시 미디어를 통해 느끼게 되는 중요한 1차적 감정이다. 일반적으로 긴장감은 동기와 적합한 결과의 불확실성에서 야기된 흥분이 고조된 상태이다. 긴장감은 종종 부정적 고통으로 느껴진다. 이와 같은 긴장감이 발생하기 위해서는 미디어 콘텐츠가 사건의 인과적 순서나 연대기적 순서를 담은 이야기 구조를 담아야만 한다. 긴장감을 야기하는 두 가지 이야기 구조를 구분해 볼 수 있다. 하나는 줄거리 구성에 기반하여 이러한 구성이 어떻게 전개되는지 의문을 제기하게 하는 이야기 구조이고, 또 다른 하나는 바람직한 결과가 발생할 가능성을 암시함으로써 줄거리 구성을 기대하게 하는 구조이다(Zillmann, 1996; Raney & Bryant, 2002).

3) 감정반응에 대한 재평가

미디어 노출과정에서 물리적 환경은 이용자의 생리적 변화에 영향을 미치며, 정신적 환경 변화 속에서 1차적 감정에 대한 재평가를 발생시킨다. 심리학, 커뮤니케이션학 분야의 학자들은 1차적 감정을 재평가하고 노출상황의 의미를 살핌으로써 이용자들이 신기성, 목표 부합성, 규범일치성, 통제가능성 등을 점검한다는 점을 지적했다. 감정의 재평가를 통해 사람들은 기분, 분위기와 같은 메타-감정을 갖게 된다는 것이다(Damasio, 1999). 미디어 이용을 통해 발생하는 느낌은 1차적 수준에서 무의식적으로 발생하는 정서적 상태에 대한 메타 수준의 평가라고 할 수 있다.

(1) 왜 재평가를 하는가

재평가는 상당히 자동반응적인 정서적 상태를 고차원적이면서 정교화된 인지적 과정과 연결시키는 것으로, 장단기 목표를 달성하기 위한 복잡한 계획과 관련이 있다. 자동적인 1차적 감정과정을 방해하기란 사실 쉽지는 않다(Damasio,

1999). 하지만 재평가는 인간의 진화와 적응 과정에서 행동을 통제할 수 있는 능력을 토대로 실현된다고 이해할 수 있다. 인간은 정교한 장단기 목표에 기초하여 자동적인 1차적 감정을 재평가함으로써 환경에 의해 통제되는 행동을 분리시킬 수 있다.

정서적 반응은 즉각적 행동반응 대신에 의미(Scheele & DuBois, 2006; Skaggs & Baron, 2006)와 관련된 목표(Bartsch et al., 2008 참조)에 기초하여 재평가될 수 있다. 인간은 상황에 대처하려는 욕구가 있기 때문에 즉각적 정서반응에 대해 재고한다. 미디어 이용자들은 두려움과 고통, 슬픔 등 미디어를 통해 처음 느꼈던 감정을 재평가할 수 있다. 미디어 엔터테인먼트가 이용자들에게 의미 있는 것으로 여겨지는 데는 이러한 재평가의 과정이 있기 때문이다.

(2) 재평가와 기분통제

재평가를 통해 1차적 감정이 단기간의 목표달성에 적합한지를 점검할 수 있다(Barsch et al., 2008). 미디어 엔터테인먼트를 이용하는 맥락에서 볼 때는 기분-통제가 특별히 중요한 것 같다. 사람들은 대개 긍정적 기분을 얻기 위해 미디어를 이용하지만, 때로는 미디어를 통해 중립적이거나 부정적인 기분을 추구하기도 한다(Hess, Kacen, & Kim, 2006; Knobloch-Westerwick, 2006; Skaggs & Baron, 2006). 이용자들이 목표한 기분과 적합한 감정적 반응을 미디어 노출을 통해 얻는다면 이러한 반응을 즐기게 된다. 반대로 목표한 기분과 반대되는 감정적 반응이 야기될 때에는 이러한 미디어 콘텐츠가 즐겁지 않은 것이 되어 버린다.

감정의 재평가를 통해 이용자들은 그들의 감

628

정에 대처할 필요가 있는지 없는지, 만일 필요하다면 어떻게 대처해야 하는지를 고려한다. 만약 1차적 감정이 복표한 기분과 심각하게 다르다면, 이용자들은 이에 반응할 가능성이 높다(Schramm & Wirth, 2008 참조). 기대하지 않은 부정적 감정에 대처하는 효율적 전략 중 하나는 준거의 틀을 바꾸는 것이다. 이용자들은 수용방식을 변화시키면서 그들 스스로를 미디어 환경으로부터 거리를 둔다. 이는 감정적 효과를 감소시키고, 반면 현실세계에 대한 대응 수준을 높인다. 최적의 준거 틀을 선택하는 것 역시 긍정적 감정을 불러일으킬 수 있다. 미디어가 제공하는 즐거움이 이용자가 기대한 것보다 적을 때, 미디어 콘텐츠의 미적 수준을 감상하거나 편한 노출상황을 즐기는 등의 평가 준거들을 바꿈으로써 미디어가 제공하는 것으로부터 최적의 만족을 얻으려고 노력한다(Cupchik & Kemp, 2000; Tan, 1996).

(3) 재평가와 자아실현

인간은 그들의 삶에 대해 심오한 의미 부여가 필요하다(Scheele & DuBois, 2006; Schwab, 2003; Skaggs & Baron, 2006). 이러한 의미부여는 개인 자신의 행동에 큰 영향을 미친다. 일생동안 세상에 성공적으로 적응하기 위해 스스로의 삶의 목적을 이해하는 것은 매우 중요하다. 따라서 사람들은 정체성을 발전시키기 위해 노력한다. 또한 무엇이 이상적인지에 대한 그들의 지각을 토대로 장기적인 발전목표를 추구한다. 자아결정이론(Deci & Ryan, 2002, 2000)은 심리적 성장과 통합이 인간의 노력 여하에 달렸다는 아리스토텔레스의 관념에 기초한다. 사람들은 능력의 다양성과 정교화를 위해 노력하고 그

들 자신에 부합하는 지식을 추구한다고 볼 수 있다. 장기적인 목표달성을 위해 도움이 되는 일은 도전을 요구하고, 또한 보상이 높으며, 그들 스스로를 더 좋은 방식으로 생각하도록 도움을 준다(Zillmann, 2000b 참조).

1차적 감정은 이러한 측면에서 볼 때 정보성이 높다. 1차적 감정은 행동통제를 위한 신체반응 사례를 통해 상황을 어떻게 해석했는지에 대한 정보를 제공한다. 1차적 감정 역시 자아실현에 도움을 줄 효율적 요소가 되어야 한다. 이러한 감정과 고차원적인 인지적 통제와의 조절을 통해 인간은 새로운 감정에 적응하는 능력을 키운다. 미디어 엔터테인먼트는 1차적 감정을 촉발시키도록 고안되었는데, 이는 자아실현을 증진시킬 수 있다. 예를 들어, 공포영화를 자주 보는 사람들은 강력한 두려움을 견딜 수 있다는 그들 자신의 능력에 대해 만족할 지도 모른다. 또는 그 두려움이 새로운 것이라면 이용자들은 성공적으로 감정적 도전에 대처했다는 것에 대해 자랑스럽게 느낄지도 모른다. 올리버(Oliver, 1993)는 영화를 보는 동안 발생한 슬픈 감정과 자아실현을 연결시켰다. 슬픈 감정은 내면화된 규범과 가치(예를 들어, 어려운 사람에게 연민의 정을 느끼는 것과 같은)에 대한 정보를 이용자가 가지도록 하고, 스스로에 대해 의미 있는 면에 관심을 가지게 한다(Scheele & DuBois, 2006 참조). 사람들은 1차적 감정을 통해 개인의 집단 연계성을 확인하기도 한다(Bryant & Miron, 2002).

4. 미디어 엔터테인먼트는 과연 무엇인가

사람들은 미디어가 제공하는 것을 이용하면서 생리적, 심리적 균형을 유지하려는 욕구를 충족시키고 즐거움을 얻는다. 균형을 유지하면 쾌락과 기쁨을 느끼고, 감각자극이 심각한 불균형을 야기하면 불쾌함과 불편함을 느끼게 된다. 사람들은 인지적 불일치를 해소하면서 긍정적 정서를 얻게 되는 반면, 인지적 도전의 필요가 부족하거나 복잡한 상황의 불일치가 계속될 때 흥미를 잃게 된다. 관여도가 높을 때 긍정적, 부정적 1차적 감정이 미디어 엔터테인먼트를 통해 촉발된다. 미디어 엔터테인먼트의 장르나 유형에 따라 특정한 1차적 감정이 노출상황에서 발생할 수 있다. 1차적 감정은 기분-통제, 자아실현이라는 두 가지 동기에 따라 재평가된다. 재평가를 통해 감정의 배경이 되는 기분, 분위기와 같은 메타-감정이 만들어진다. 1차적 감정이 동기와 일치하거나 내적인 규범과 일치할 때 미디어 엔터테인먼트 이용자들은 즐거움을 느끼게 된다. 초기 정서적 반응의 사슬이 지속적으로 수용되면서 이용자들은 특정한 미디어 콘텐츠를 즐긴다. 감각자극과 미디어 환경에 의해 촉발된 1차적 감정의 지속적 평가를 통해 미디

〈그림 24-1〉 미디어에 의한 감정형성 구조

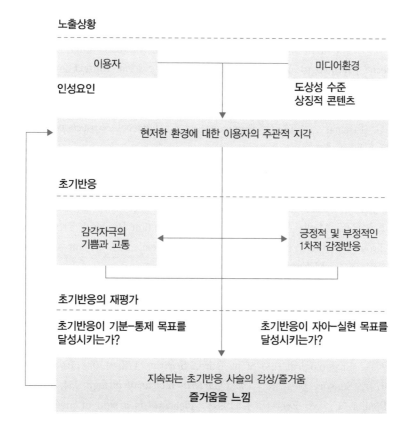

어 엔터테인먼트를 즐기는 것이다(〈그림 24-1〉). 촉발된 정서적 상태가 목표한 기분과 조응하거나 자아실현의 욕구를 충족시킬 때 미디어 엔터테인먼트를 지속적으로 감상하게 된다.

목표한 기분이나 정체성이 다양하기 때문에 미디어 엔터테인먼트 이용은 개인상황(특정요일이나 일생 전반의 특정시점을 놓고 볼 때), 개인차(연령, 성별)에 따라 달라질 수 있다.

참고문헌

Balint, M. (1959). *Thrills and regression*. New York: International University Press.

Bartsch, A., Mangold, R., Viehoff, R., & Vorderer, P. (2006). Emotional gratifications during media use-an integrative approach. *Communications*, 31, 261-278.

Bartsch, A., Vorderer, P., Mangold, R., & Viehoff, R. (2008). Appraisal of emotions in media use: Towards a process model of meta-emotion and emotion regulation. *Media Psychology*, 11.

Bente, G., & Feist, A. (2000). Affect talk and its kin. In D. Zillmann & P. Vorderer (Eds.), *Media entertainment. The psychology of its appeal* (pp. 113-134). Mahwah, NJ: Erlbaum.

Berkowitz, L., & Harmon-Jones, E. (2002). Toward an understanding of the determinants of anger. *Emotion*, 107-130.

Berlyne, D. E. (1960). *Conflict, arousal, and curiosity*. New York: McGraw-Hill.

Berlyne, D. E. (1969). Laughter, humor, and play. In G. Lindzey & G. Aaronson (Eds.), *The handbook of social psychology: Vol. 3. The individual in a social context* (2nd ed., pp. 795-852). Reading, MA: Addison-Wesley.

Berntson, G. G., & Cacioppo, J. T. (2000). From homeostasis to allodynamic regulation. In J. T. Cacioppo, L. G. Tassinary, & G. G. Berntson (Eds.), *Handbook of psychophysiology*. Cambridge, UK: Cambridge University Press.

Berridge, K. C. (2001). Reward learning: Reinforcement, incentives, and expectations. In D. L. Medin (Ed.), *The Psychology of Learning and Motivation Vol. 40*. San Diego: Academic Press.

Berridge, K. C. (2002). Pleasures of the brain. *Brain and Cognition*, 52, 106-128. Bosshart, L., & Macconi, I. (1989). Media entertainment. Communication Research Trends, 18(3), 3-8.

Bryant, J., & Miron, D. (2002). Entertainment as media effect. In J. Bryant & D. Zillmann (Eds.), *Media effects* (2nd ed.). Mahwah, NJ: Erlbaum.

Bryant, J., & Zillmann, D. (1984). Using television to alleviate boredom and stress. Selective exposure as a function of endorsed excitational states. *Journal of Broadcasting*, 28, 1-20.

Bryant, J., Roskos-Ewoldsen, D. R., & Cantor, J. (Eds.) (2003). *Communication and emotion: Essays in honor of Dolf Zillmann*. Mahwah, NJ: Erlbaum.

Cabanac, M. (1971). Physiological role of pleasure. *Science*, 173, 1103-1107.

Cabanac, M. (1979). Sensory pleasure. *The Quarterly review of biology*, 54, 1-29.

Cabanac, M., Pouliot, C., & Everett, J. (1997). Pleasure as a sign of mental activity. *European*

Psychologist, 2(3), 226-234.

Cantor, J. (2002). Fright reactions to mass media. In J. Bryant & D. Zillmann(Eds.), *Media Effects* (2nd ed.). Mahwah, NJ: Erlbaum.

Carey, J. (1993). *The intellectuals and the masses: Pride and prejudice among the literary intelligentsia, 1880-1939.* New York: St. Martin's Press.

Carroll, N. (1996). The paradox of suspense. In P. Vorderer, H.-J. Wullf, & M. Friedrichsen (Eds.), *Suspense: Conceptualizations, theoretical analyses, and empirical explorations.* Mahwah, NJ: Erlbaum.

Cialdini, R. B., Borden, R. J., Thorne, A., Walker, M. R., Freeman, S., & Sloan, L. (1976). Basking in reflected glory: Three(football) field studies. Journal of *Personality and Social Psychology*, 34, 366-375.

Cupchik, G. C. (2002). The evolution of psychical distance as an aesthetic concept. *Culture & Psychology*, 8, 155-187.

Cupchik, G. C., & Kemp, S. (2000). The aesthetics of media fare. In D. Zillmann & P. Vorderer(Eds.), *Media entertainment. The psychology of its appeal.* Mahwah, NJ: Erlbaum.

Damasio, A. (1999). The Feeling of What Happens. San Diego et al.: Harcourt. Davidson, R. J. (1992). Anterior cerebral asymmetry and the nature of emotion. *Brain and Cognition*, 65.

Deci, E. L., & Ryan, R. M. (2000). The "what" and "why" of goal pursuits: Human needs and the self-determination of behavior. *Psychological Inquiry*, 11, 227-268.

Deci, E. L., & Ryan, R. M. (2002). (Eds.). *Handbook of self-determination research.* Rochester, NY: University of Rochester Press.

Denham, B. E. (2004). Toward an explication of media enjoyment: The synergy of social norms, viewing situations, and program content. *Communication Theory*, 4, 370-387.

Engel, M. (1997). *Tickle the public: 100 years of the popular press.* London: Indigo.

Fredrickson, B. L. (2001). The role of positive emotions in positive psychology: The broaden-and -build theory of positive emotions. American Psychologist, 56, 218-226.

Fredrickson, B. L. (2002). Positive emotions. In C. R. Snyder & S. J. Lopez(Eds.), *Handbook of positive psychology* (pp. 120-134). London: Oxford University Press.

Frueh, W. (2002). *Unterhaltung durch das Fernsehen.* Eine molare Theorie(A multi-faceted theory of entertainment television). Konstanz: UVK.

Green, M. C., Brock, T. C., & Kaufman, G. F. (2004). Understanding media enjoyment: The role of transportation into narrative worlds. *Communication Theory*, 56(1), 163-183.

Groeben, N., & Vorderer, P. (1988). Leserpsychologie: Lesemotifation-Lelcturewirkung. [Psychology of readers: Reading motivation-reading effects]. Miinster: Aschendorff.

Hartmann, T. (2008a). Presence. In Wolfgang Donsbach(Ed.), *The International Encyclopedia of Communication.* Blackwell Reference Online. Retrieved from http://www.communication encyclopedia.com(18 September 2008).

Hartmann, T. (2008b). Parasocial Interactions and New Media Characters. In E. A. Konijn, S. Utz,

M. Tanis, & S. Barnes(Eds.). *Mediated Interpersonal Communication*. Mahwah, NJ: Erlbaum.

Herzog, H. (1944). What do we really know about daytime serial listeners? In P. F. Lazarsfeld, B. Berelson, & F. N. Stanton(Eds.), *Radio Research, 1942-43*. N. Y.: Duell, Sloan and Pearce.

Hess, J. D., Kacen, J. J., & Kim, J. (2006) Mood-management dynamics: The interrelationship between moods and behaviors. *British Journal of Mathematical and Statistical Psychology*, 59.

Ito, T. A., & Cacioppo, J. T. (1999). The psychophysiology of utility appraisals. In D. Kahneman, E. Diener, & H. Schwarz(Eds.), *Well-being: The foundations of hedonic psychology*. New York: Russell Sage Foundation.

Kahneman, D. (1999). Objective Happiness. In D. Kahneman, E. Diener, & N. Schwarz(Eds.), *Well-being: The foundations of hedonic psychology*(pp. 3-25). New York: Sage.

Katz, E., & Foulkes, D. (1962). On the use of mass media for escape: Clarification of a concept. *Public Opinion Quarterly*, 26, 377-388.

Klimmt, C., & Vorderer, P. (in press). Media Entertainment. In C. Berger, M. Roloff, & D. Roskos-Ewoldsen(Eds.), *Handbook of Communication Science*(2nd ed.). London: Sage.

Knobloch-Westerwick, S. (2006). Mood management: Theory, evidence, and advancements. In J. Bryant & P. Vorderer(Eds.), *Psychology of entertainment*. Mahwah, NJ: Erlbaum.

Koestner, R., & Losier, G. F. (2002). Distinguishing three ways of being internally motivated: A closer look at introjection, identification, and intrinsic motivation. In L. Deci & R. M. Ryan (Eds.), *Handbook of self-determination research*. Rochester, NY: University of Rochester Press.

Lang, P. (1995). The emotion probe: Studies of motivation and attention. *American Psychologist*, 50, 372-385.

LaRose, R., Lin, C. A., & Eastin, M. S. (2003). Unregulated internet usage: Addiction, habit, or deficient self-regulation? *Media Psychology*, 5, 225-253.

Lazarus, R. S., & Folkman, S. (1987). Transactional theory and research on emotions and coping. *European Journal of Personality*, 1, 141-169.

Lazarus, R. S. (1991). *Emotion and Adaptation*. New York: Oxford University Press.

Lazarus, R. S. (2001). Relational meaning and discrete emotions. In K. R. Scherer, A. Schorr, & T. Johnstone(Eds.), *Appraisal processes in emotion: Theory, methods, research*(pp. 37-67). New York: Oxford University Press.

Lee, K. M. (2004). Presence, explicated. *Communication Theory*, 14, 27-50.

Mangold, R., Unz, D., & Winterhoff-Spurk, P. (2001). Zur Erklarung emotionaler Medienwirkun -gen: Leistungsfahigkeit, empirische Uberpriifung und Fortentwicklung theoretischer Ansatze. In P. Rossler, U. Hasebrink, & M. Jackel(Eds.), *Theoretische Perspektiven der Rezeptionsforschung*. Munchen: Fischer.

Mayer, J. D., & Gaschke, Y. N. (1988). The experience and meta-experience of mood. *Journal of Personality and Social Psychology*, 55, 105-111.

Miron, D. (2006). Emotion and cognition in entertainment. In J. Bryant & P. Vorderer(Eds.), *Psychology of entertainment*(pp. 343-364). Mahwah, NJ: Erlbaum.

Nieweg, M., Van Dijk, W. W., & Ouwerkerk, J. W. (2006). Waarom lachen we om Idols? De rol van zelf-regulatie bij het ervaren van leedvermaak. In R. W. Holland, J. W. Ouwerkerk, R. Ruiter, C. Van Laar, & J. Ham (Eds.), *Jaarboek Sociale Psychologie 2005*. Groningen: ASPO.

Oatley, K., & Mar, R. A. (2005). Evolutionary pre-adaptation and the idea of character in fiction. *Journal of Cultural and Evolutionary Psychology*, 3(2), 181-196.

Oatley, K. (1994). A taxonomy of the emotions of literary response and a theory of identification in fictional narrative. *Poetics*, 23, 53-74.

Ohler, P., & Nieding, G. (2006). Why Play? An Evolutionary Perspective. In P. Vorderer & J. Bryant (Eds.), *Playing Video Qames: Motives, Responses, and Consequences*. Hillsdale, NJ: Erlbaum.

Oliver, M. B. (1993). Exploring the paradox of the enjoyment of sad films. *Human Communication Research*, 19, 315-342.

Oliver, M. B. (in press). Affect as a predictor of entertainment choice: The utility of looking beyond pleasure. In T. Hartmann (ed.), *Evolving perspectives on media choice*. N.Y.: Routledge.

Raney, A., & Bryant, J. (2002). Moral judgment and crime drama: An integrated theory of enjoyment. *Journal of Communication*, 52(2), 402-415.

Reeve, J. (1989). The interest-enjoyment distinction in intrinsic motivation. *Motivation and emotion*, 17, 353-375.

Roseman, I. J. (2001). A model of appraisal in the emotion system. In K. Scherer, A. Schorr, & T. Johnstone (Eds.), *Appraisal processes in emotion*. Theory, methods, research (pp. 68-91). New York: Oxford University Press.

Roseman, I. J., & Smith, C. A. (2001). Appraisal theory. In K. Scherer, A. Schorr, & T. Johnstone (Eds.). *Appraisal processes in emotion: Theory, methods, research* (pp. 3-19). Oxford: Oxford University Press.

Rozin, P. (1999). Preadaptation and the puzzles and properties of pleasure. In D. Kahneman, E. Diener, & N. Schwarz (Eds.), *Weil-Being: The foundations of hedonic psychology* (pp. 109-133). New York: Sage.

Ryan, R. M., Rigby, C. S., & Przybylski, A. (2006). The motivational pull of video games: A self-determination theory approach. *Motivation and Emotion*, 30, 347-363.

Scheele, B., & DuBois, F. (2006). Catharsis as a moral form of entertainment. In J. Bryant & P. Vorderer (Eds.), *Psychology of entertainment* (pp. 405-422). Mahwah, NJ: Erlbaum.

Scherer, K. R. (2001). Appraisal considered as a process of multilevel sequential checking. In K. R. Scherer, A. Schorr, & T. Johnstone (Eds.). *Appraisal processes in emotion: Theory, Methods, Research* (pp. 92-120). New York: Oxford University Press.

Scherer, K. (2005). What are emotions? And how can they be measured? *Social Science Information*, 44, 695-729.

Schramm, H., & Wirth, W. (2008). A case for an integrative view on affect regulation through media usage. Communications: *The European Journal of Communication Research*, 33(1), 27-46.

Schreier, M. (2006). (Subjective) well-being. In J. Bryant, & P. Vorderer (Eds.), *Psychology of entertainment* (pp. 389-404). Mahwah, NJ: Erlbaum.

Schulkin, J. (2004). Introduction. In J. Schulkin (Ed.), *Allostasis, Homeostasis, and the Costs of Adaptation* (pp. 1-17). Cambridge: Cambridge University Press.

Schwab, F. (2003). Unterhaltung. Eine evolutionspsychologische Perspektive. In W. Frueh & H. -J. Stiehler (Eds.), *Theorie der Unterhaltung. Ein interdisziplindrer Diskurs[A theory of entertainment]* (pp. 258-324). Cologne: Von Halem Verlag.

Schwab, F. (2008). Exposure to communication content: Evolutionary theory. In W. Donsbach (Eds.), *The Blackwell International Encyclopedia of Communication.* Oxford: Blackwell.

Sherry, J. L. (2004). Flow and media enjoyment. *Communication Theory*, 14 (4), 328-347.

Silvia, P. (2006). *Exploring the psychology of interest.* New York: Oxford University Press.

Silvia, P. J. (2005a). What is interesting? Exploring the appraisal structure of interest. *Emotion*, 5 (1).

Silvia, P. J. (2005b). Emotional responses to art: From collation and arousal to cognition and emotion. *Review of General Psychology*, 9 (4), 342-357.

Singer, J. L. (1981). Daydreaming and fantasy. Oxford, UK: Oxford University Press.

Skaggs, B. O., & Baron, C. R. (2006). Searching for meaning in negative events: concept analysis. *Journal of Advanced Nursing*, 53 (5), 559-570.

Smith, C. A., & Kirby, L. D. (2001). Toward delivering on the promise of appraisal theory. In K. R. Scherer, A. Schorr, & T. Johnstone (Eds.). *Appraisal processes in emotion: Theory, methods, research* (pp. 121-138). New York: Oxford University Press.

Tan, E. S. (1996). *Emotion and the structure of narrative film: Film as an emotion machine.* Mahwah, NJ: Erlbaum.

Tannenbaum, P. H. (Ed.). (1980). The entertainment functions of television. Hillsdale: Erlbaum.

Tooby, J., & Cosmides, L. (1990). The past explains the present: emotional adaptations and the structure of ancestral environments. *Ethology and Sociobiology*, 11, 375-424.

Valkenburg, P. M., & van der Voort, T. H. A. (1994). Influence of TV on daydreaming and creative imagination: A review of research. *Psychological Bulletin*, 116 (2), 316-339.

van Dijk, W. W., Ouwerkerk, J. W., Goslinga, S. & Nieweg, M. (2005). Deservingness and Schadenfreude. *Cognition and emotion*, 19 (6), 933-939.

van Reekum, C. M., & Scherer, K. R. (1997). Levels of processing for emotion-antecedent appraisal. In G. Matthews (Ed.), *Cognitive science perspectives on personality and emotion.* Amsterdam: Elsevier Science.

van Reekum, C. M. (2000). *Levels of processing in appraisal: Evidence from computer game generated emotions.* Doctoral dissertation, University of Geneva, Switzerland. Retrieved from http://www. unige. ch/cyberdocuments (Sep. 2007).

Vorderer, P. (1993). Audience involvement and program loyalty. *Poetics*, 22, 89-98.

Vorderer, P. (2001). It's all entertainment—sure. But what exactly is entertainment? *Poetics*, 29.

Vorderer, P., Klimmt, G., & Ritterfeld, U. (2004). Enjoyment: At the heart of media entertainment. *Communication Theory*, 14 (4), 388-408.

Vorderer, P., & Knobloch, S. (2000). Conflict and suspense in drama. In D. Zillmann & P. Vorderer (Eds.), *Media entertainment. The psychology of its appeal*. Mahwah, NJ: Erlbaum.

Vorderer, P., Steen, F. E., & Chan, E. (2006). Motivation. In J. Bryant & P. Vorderer (Eds.), *Psychology of entertainment* (pp. 3-17). Mahwah, NJ: Erlbaum.

Vorderer, P., Wullf, H. J., & Friedrichsen, M. (Eds.). (1996). *Suspense: Conceptualizations, theoretical analyses, and empirical explorations*. Mahwah, NJ: Erlbaum.

Wirth, W., & Schramm, H. (2007). Emotionen, Metaemotionen und Regulationsstrategien bei der Medienrezeption. Ein integratives Modell. In W. Wirth, H.-J. Stiehler, & C. Wiinsch (Eds.), *Dynamisch-transaktional denken: Theorie und Empirie der Kommunikationswissenschaft*. Koln: Halem Verlag.

Wirth, W. (2006). Involvement. In J. Bryant & P. Vorderer (Eds.), *Psychology of entertainment*. Mahwah, NJ: Erlbaum.

Wirth, W., Hartmann, T., Boecking, S., Vorderer, P., Klimmt, C., Schramm, H., Saari, T., Laarni, J., Ravaja, N., Gouveia, F. R., Biocca, E., Gouveia, L. B., Rebeiro, N., Sacau, A., Jancke, L., Baumgartner T., & Jancke, P. (2007). A process model of the formation of spatial presence experiences. Media Psychology, 9, 493-525.

Zajonc, R. B. (2001). Mere exposure. A gateway to the subliminal. *Current directions in psychological science*, 10, 224-228.

Zillmann, D. (1983). Transfer of excitation in emotional behavior. In J. T. Cacippo & R. E. Petty (Eds.), *Social psychophysiology: A sourcebook*. New York: Guilford Press.

Zillmann, D. (1988). Mood management: Using entertainment to full advantage. In L. Donohew, H. E. Sypher & E. T. Higgins (Eds.), *Communication, social cognition, and affect* (S. 147-171). Hillsdale, NJ: Erlbaum.

Zillmann, D. (1991). Empathy: Affect from bearing witness to the emotions of others. In J. Bryant & D. Zillmann (Eds.), *Responding to the screen* (pp. 135-168). Hillsdale, NJ: Erlbaum.

Zillmann, D. (1996). The psychology of suspense in dramatic exposition. In P. Vorderer, H. J. Wulff, & M. Friedrichsen (Eds.), *Suspense: Conceptualizations, theoretical analyses, and empirical explorations* (pp. 199-231). Mahwah, NJ: Erlbaum.

Zillmann, D. (2000a). Humor and comedy. In D. Zillmann & P. Vorderer (Eds.), *Media entertainment. The psychology of its appeal* (pp. 37-57). Mahwah, NJ: Erlbaum.

Zillmann, D. (2000b). Mood management in the context of selective exposure theory. In M. E. Roloff (Ed.), *Communication Yearbook 23*. Thousand Oaks, CA: Sage.

Zillmann, D. (2006). Dramaturgy for Emotions from Fictional Narration. In J. Bryant & P. Vorderer (Eds.), *Psychology of entertainment* (pp. 215-238). Mahwah, NJ: Erlbaum.

Zillmann, D., & Bryant, J. (1985a). Selective-exposure phenomena. In D. Zillmann & J. Bryant (Eds.), *Selective Exposure to Communication* (pp. 1-10). Hillsdale, NJ: Erlbaum.

Zillmann, D, & Bryant, J. (1985b). Affect, mood, and emotion as determinants of selective exposure. In D. Zillmann & J. Bryant (Eds.), *Selective exposure to communication* (pp. 157-190). Hillsdale,

NJ: Erlbaum.

Zillmann, D., & Bryant, J. (1991). Responding to comedy: The sense and nonsense in humor. In J. Bryant & D. Zillmann(Eds.), *Responding to the screen: Reception and reaction processes* (pp. 261-279). Hillsdale, NJ: Erlbaum.

Zillmann, D., Bryant, J., & L. Sapolsky, B. S. (1989). Enjoyment from sports spectatorship. In J. H. Goldstein(Ed.), *Sports, games, and play: Social and psychological viewpoints*(2nd ed.) Hillsdale, NJ: Erlbaum.

Zillman, D., & Vordere, P. (Eds.), (2000). *Media entertainment. The Psychology of its appeal.* Mahwah, NJ: Erlbaum.

Zuckman, M., (2006). Sensation seeking in entertainment. In J. Bryant & P. Vordere(Eds.), *Psychology of entertainment*(pp. 375-389). Mahwah, NJ: Erlbaum.

제 25 장

컴퓨터 · 비디오게임의 효과와 그 너머

이관민(Kwan Min Lee, 남캘리포니아 대학)
웨이 펭(Wei Peng, 미시간 주립대학)
박남기(Namkee Park, 오클라호마 대학)

1958년 브룩헤이븐 내셔널 연구소(Brookhaven National Laboratory)의 엔지니어인 윌리암 A. 히진보탐(William A. Higinbotham)은 세계최초의 컴퓨터게임을 개발했다. 이것은 자신의 연구소를 방문하는 이들을 위해 두 명이 경기를 할 수 있게 한 가장 원시적인 테니스게임이었다(Poole, 2000). 그 이후, 컴퓨터 · 비디오게임(이후 컴퓨터게임으로 칭함) 산업은 세계전역과 미국시장에서 가장 공격적으로 성장하는 산업분야가 되었다. 2001년 미국의 컴퓨터게임 및 관련 하드웨어 부품의 판매액은 94억 달러로 43% 성장세를 기록하였으며, 같은 해 박스오피스의 최고판매액은 83억 달러였다(Takahashi, 2002).

2002년 초, 전 세계 게임시장의 규모는 250억 달러를 넘어섰으며, 2009년 460억 달러를 넘어설 것으로 전망되었다(Pricewaterhouse Coopers, 2006). 미국가구의 67%가 컴퓨터게임을 하는 것으로 추정되었다. 게임은 이미 2000년도에 2위인 TV를 제치고 가장 즐겨하는 오락활동매체로 평가되었다. 확실히, 게임은 최근 가장 두드러진 오락거리의 하나로 부상하였다. 이런 경향은 초고속 인터넷의 증가와 컴퓨터, 비디오게임 콘솔, 그리고 모바일 오락기기의 가격하락으로 인해 앞으로도 지속될 것이다.

이렇게 성장하는 컴퓨터게임의 대중적 인기와 더불어 컬럼바인 고등학교(Columbine High School)에서 일어났던 불특정 다수를 대상으로 한 비극적 살인사건은 컴퓨터게임이 미치는 사회적, 정신적 효과에 대한 다양한 학문적 연구의 촉매제가 되었다. 이 장에서는 지난 10년간 발표된 연구들을 중심으로 컴퓨터게임에 대한 문헌을 광범위하게 개관하고, 게임연구 전통들(효과연구에서 이용과 충족연구에 이르기까지)과 게임장르(오락에서부터 비오락적 게임(*serious games*))를 광범위하게 다룰 것이다. 특히, 게임

연구의 다음 4가지 연구전통인 ① 폭력적 게임의 부정적 효과, ② 게임중독, ③ 비오락적 게임의 긍정적 효과, ④ 컴퓨터게임의 이용과 충족에 대한 포괄적 개관을 제공할 것이다. 이를 살펴본 후, 최근 연구들에서 결론지어지지 않은 문제와 향후 연구의 의제에 대해 제언할 것이다.

1. 폭력게임의 부정적 효과

미디어폭력에 대한 선행연구 논리를 확장하면, 컴퓨터게임의 폭력성이 가져오는 부정적 효과를 탐구한 연구는 지난 20년 동안 주목할 만큼 축적되었지만, 폭력적 게임이 이용자의 공격성에 미치는 영향에 대해서는 거의 결론이 나지 않았다. 한 연구경향은 폭력적 게임이 게임이용자, 특히 어린이와 청소년의 공격성에 영향을 미치거나 적어도 상관관계가 있다고 주장했다. 반면, 다른 연구들은 폭력적 게임과 공격성 사이에 특별한 연관성이 없음을 주장했다. 이 단락에서는 폭력적 게임과 공격성에 대한 두 가지 상반되는 관점에 대해 개관할 것이다.

1) 컴퓨터게임 폭력이 공격성에 미치는 중요 효과

폭력적 컴퓨터게임이 사람들의 공격성에 어떻게 영향을 미치는지 여부를 설명하기 위한 다양한 이론적 연구 중 일반적 폭력모델(GAM: *the general aggression model*, Anderson & Bushman, 2002)이 가장 포괄적인 이론적 구조를 띤다. 사회학습이론(*social learning theory*), 인지적 신연상주의 모델(*cognitive neoassociationist model*), 사회정보처리모델(*social information processing model*; Dodge & Crick, 1990), 정서적 공격모델(*affective aggression model*; Green, 1990), 스크립트이론(*script theory*; Huesmann, 1986), 자극전이모델(*excitation transfer model*; Zillmann) 등 인간 공격성에 대한 몇몇 초기모델에 대한 통합을 통해 GAM은 공격성이 주로 기억 속에 축적된 공격과 관련된 지식구조〔예: 스크립트·문서(*script*) 또는 스키마(*schemas*) 등〕에 적용(*application*)되고 활성화(*activation*)됨에 따라 작동한다고 주장한다.

이 모델에 의하면, 단기효과의 경우 폭력적 게임을 하는 것은 공격적 스크립트나 개념적 스키마 등에 차례로 자극을 증가시키고 공격적 정서 상태를 만드는 등 공격적 조건을 촉발한다(Bushman & Anderson, 2002). 장기적 효과의 경우, 폭력적 게임에 반복적으로 노출되는 것으로 인해 궁극적으로는 공격적 인격을 형성하는 적대적 지식구조가 발전될 수 있다고 설명한다(Anderson, Gentile, & Backley, 2007, 모델에 대한 전체설명 참조). 상당한 양의 연구들이 GAM을 적용하여 폭력적 게임의 공격성에 대한 효과를 설명하였다. 연구는 폭력적 게임이 공격성 효과에 미치는 부정적 영향, 행동, 사고, 신체적 흥분, 그리고 친사회적 활동에 주로 초점을 맞추었다. 앤더슨 등(Anderson et al. 2004)은 실험연구, 상관관계 연구, 메타분석 등 3가지 연구에 기초하여 폭력적 컴퓨터 게임이 공격적 행동과 공격적 효과, 공격적 인지, 그리고 신체적 흥분을 어떻게 증가시키고, 친사회적 행동(*pro-social activities*)을 어떻게 감소시키는지를 발견하였다. 이와 비슷한 연구는 아주 많다. 카니지와 앤더슨(Carnagey, Anderson, 2005)은 컴퓨터 게임에서의 폭력적 행동에 따른 보상이 적대적 감정, 공격적 사고, 공격적 행동을 증가시킨다는 사실을 발견하였다. 비슷한 방식으로, 젠틸레 등(Gentile, Lynch, Linder, Walsh, 2004)은 폭력적 게임이 청소년에게 미치는 효과에 대해 연구했는데, 이들은 폭력적 게임이 적대감, 공격적 행동, 학업성적 등 특정효과에 영향을 미친다는 점을 지지하였다. 머피(Murphy, 2003)는 젊은 여성이 폭력적 컴퓨터 게임에 노출되었을 때 어떤 영향을 받는지를 탐구한 실험연구에서 폭력적 게임에 짧게 노출되어도 공격적 행동이 증가함을 발견하였다. 또한, 게임이용자가 동성의 게임캐릭터를 이용하여 게임을 할 경우, 공격성에 대한 폭력적 게임의 효과가 더 강력할 수 있음을 제안하였다. 바소로우와 앤더슨(Bartholow & Anderson, 2002)은 폭력적 게임이 공격적 행동에 미치는 영향을 성별에 따라 그 차이를 연구했는데, 여성보다 남성에 더 크게 영향을 받는다는 사실을 발견하였다. 독일에서도 이와 비슷한 결과가 발표되었다. 크라세와 뮬러(Krahé & Möller, 2004)는 폭력적 게임에 끌리게 되는 것과 이용하는 데에서도 성별에 따라 유의미한 차이가 있음을 밝혀냈다. 이러한 것들은 물리적 공격성이 용인되는 규범들을 수용하는 데 궁극적으로 영향을 미친다.

몇몇 연구들은 폭력적 게임의 둔화(*desensitization*) 효과 연구에 초점을 맞추었다. 자극에 대한 인지적, 감정적, 행동적 반응의 약화 혹은 배제를 의미하는 둔화는 실제 폭력에 대한 심리적, 물리적 반응을 감소시키는 강력한 기제이다. 심장박동과 전기피부반응(*galvanic skin response*) 실험을 통해, 카니지 등(Carnegey, Anderson, Bushman, 2007)은 실제 폭력장면이 담긴 영상을 볼 때, 비폭력적 게임을 한 이들에 비해 폭력적 게임을 한 이들이

폭력에 대한 생리적 둔화를 나타내는 심장박동과 전기피부반응이 낮다는 사실을 발견하였다. 펑크 등(Funk, Baldacci, Pasold, Baumgardner, 2004)은 보다 온건한 톤으로 비록 실생활의 폭력에 대한 노출과 강한 관련성을 발견하거나 둔화 정도를 측정하지는 못하였지만, 컴퓨터게임 폭력에 노출되는 것은 동정심을 덜 갖게 되고 강한 공격적 행동을 할 가능성이 더 많다고 주장하였다. 디셈즈와 알트만(Deselms & Altman, 2003)은 대학생 표본 중 남학생에게서만 둔화효과가 있음을 발견하였다.

이들은 자신들의 연구가 비록 기존 연구와 다소 대비되는 결론을 발견했지만, 기존 연구결과와 통합시키려는 일련의 시도를 하였다. 앤더슨(Anderson, 2004)은 폭력적 컴퓨터게임을 하는 것의 효과에 대해 46개의 연구를 메타분석하면서, 비록 크지는 않았지만 이보다 더 많은 폭력적 컴퓨터게임 연구가 공격성에 미치는 효과에 대해 의미 있는 뒷받침이 되었다고 주장하였다. 이 연구에 따르면, 공격적 행동과 인지, 영향력, 사회적 행동, 물리적 흥분 등 폭력적 게임의 노출에 따른 효과크기에 대한 그의 연구 그리고 기존 연구자들의 선행연구 중 실험연구와 상관관계연구 모두 절댓값 0.20임을 확인하였다.

2) 상반된 시각

공격성에 대한 폭력적 게임의 특정효과에 대한 주장에는 비판이 뒤따랐다. 이러한 비판들은 주로 방법론적 이슈에 대한 것이었다. 몇몇 연구(예: Freedman, 2002; Olson, 2004)는 컴퓨터게임 폭력연구에 존재하는 주된 문제점에 대해 다음과 같이 나열하였다. 첫째, 공격성에 대한 정의가 불분명

하다. 가장 문제로 지적된 사례로는, "공격성" (*aggression*) 과 "폭력성"(*violence*) 이라는 용어를 번 갈아가며 사용함으로써, 독립변인과 종속변인에 대한 구분이 거의 불가능한 상태였다는 비판을 들 수 있다.

둘째, 폭력적 게임에 대한 노출, 공격성에 대 한 타당한 척도(*valid measure*) 와 신뢰도(*reliable*) 에 대한 기준이 거의 없었다. 폭력게임에 대한 부 정적 효과를 연구한 많은 연구들은 각각 독립적 으로 수행되었다. 이는 연구들이 각기 다른 유형 의 게임과 각기 다른 양의 게임 노출시간을 실험 에 도입했음을 의미한다. 또한 여러 실험연구에 서 실험참가자들은 일상생활에서 자신들의 친구 혹은 다른 동료들과 게임을 하는 것과는 상반되 게 격리된 상태에서 싱글 플레이어 모드(*single player mode*) 로 게임을 하였다(Olson, 2004). 적 절한 측정방법과 현실적인 연구환경의 결여로 인 해 기존 연구들을 전반적으로 종합하는 것은 어 렵다.

셋째, 실생활에서의 폭력적 게임과 공격성 간 의 일반적 관계는 실험적 환경에서처럼 간단하지 않다. 이는 ① 성, 나이, 성격 등 모든 가능한 매 개변인의 총량을 포함시키는 것은 쉽지 않은 일 이며, ② 역방향의 관계 — 공격적 사람이 폭력적 컴퓨터게임을 찾는지 — 인지 혹은 쌍방향의 관 계 — 강화 혹은 상호작용 — 역시 그럴듯하다.

넷째, 많은 연구들이 소규모 표본을 사용했 고, 무선표집과 확률표집을 사용하지 않고 연구 를 수행하였다. 이들 연구들에서 발견된 통계적 효과의 크기를 보면, 물리적 공격성을 설명하는 그 크기가 상대적으로 너무 적고 공격적 사고를 설명하는 데도 기껏해야 중간정도의 효과가 발견 되었다.

마지막으로 앤더슨(Anderson, 2004)이 개탄 한 것과 같이, 장기적으로 폭력적 게임의 효과에 대해 확인할 수 있는 종단적 연구들은 여전히 결 여되었다. 확실히 자리 잡은 TV폭력 연구의 전 통에 비해 비교적 신흥분야인 컴퓨터게임 연구가 종단적 연구에 심각한 결핍이 있다는 사실은 당 연한 일이다. 그러나 기존 연구 없이는 폭력적 게 임의 효과를 증명하기 어려울 뿐만 아니라, 기존의 발견들을 삼각측량(*triangulate*) 하기 또한 어렵다 (Williams & Skoric, 2005). 또한 이러한 방법론 적 문제들은 폭력적 컴퓨터 게임의 수가 늘어나 고 이를 이용할 가능성이 높아진 것과는 상관없 이 실제 폭력범죄가 감소함(Olsen, 2004)에 따라 폭력게임에 의한 공격성은 단순히 오해의 소지가 있다는 주장도 있다.

위와 같은 주장이 비록 근본적으로 학계에서 출발하였다고 할지라도 오락소프트웨어연합회 (ESA) 등과 같은 게임산업의 강력한 지원을 받는 것은 놀랄 일이 아니다. 최근 몇몇 실증연구는 폭 력게임의 공격성에 대한 효과가 전혀 없음을 주 장한다. 예로 윌리엄스와 스코릭(Williams & Skoric, 2005) 은 한 달간 다중 멀티플레이어 온라인 롤플레잉게임(MMORPG: *massively multiplayer online role-playing game*) 의 폭력성에 대한 종적 연 구를 수행하였다. 그들은 게임이 공격성에 미치 는 강력한 효과가 없다고 밝혔다. 볼다로 등 (Baldaro et al., 2004) 은 22명의 남성 참가자들을 표본으로 폭력적 컴퓨터게임의 생리학적·심리 학적 지표에 대한 단기효과를 평가하였다. 그들 은 폭력적 컴퓨터게임을 한 실험 참가자들이 비 폭력적 컴퓨터게임을 한 실험자와 비교하여, 더 큰 분노를 보이며, 최고혈압이 증가하였으나, 더 높은 적대감을 나타내지는 않았음을 발견하였다. 게다가, 헤우스만과 테일러(Heusmann & Taylor, 2006)가 수행한 실험은 비록 단기적 공격성의 증가는 입증하였음에도 불구하고, 유의미한 장기적 효과를 기록하는 데는 실패하였다.

3) 가능한 조화

폭력적 컴퓨터게임의 효과에 대한 상반된 시각을 보면, 한 연구는 폭력적 게임과 공격성 간의 상관관계의 방향을 존중하는 통합모델을 제안한다. 슬레터 등(Slater, Henry, Swaim, Anderson, 2003)은 게임 이용자의 공격적 성향이 폭력적 게임을 찾고, 폭력적 게임에 노출되게 할 수 있으며, 이는 폭력적 경향을 더욱 강화시키고 악화시킬 수 있다고 주장하였다. 이는 폭력적 게임과 게임이용자의 공격적 성향 간의 상호관계를 강조하고, 동시에 이 두 변인 사이의 연계가 누적되는 성격임에 초점을 맞추었기 때문에 이른바 "하향 나선모델"(downward spiral model)이라 불린다. 공격적 성향의 게임이용자가 그들의 욕구를 충족시키기 위해 폭력적 게임을 찾는다는 가정에 기초하기 때문에 하향 나선모델은 이용과 충족 접근법과 선택적 노출이론(selective exposure theory)에 이론적 근간을 둔다. 그러나 이 모델이 기존 연구의 대안으로 받아들여지기 위해서는 더 많은 연구가 필요하다.

2. 게임중독

컴퓨터게임의 또 다른 주요 부정적 효과는 최근 들어 많이 논의되는 게임중독이다. 게임중독은 사회적 고립이나 현실도피와 같은 사회적 문제뿐만 아니라 심장발작이나 심한 경우 사망에 이르는 건강문제의 원인이 된다는 주장이 있다. 미국의료협회(AMA: American Medical Association)가 게임중독을 핵심적 정신질환으로 분류하였는지 여부에 상관없이 이 쟁점은 격하게 논쟁된다. 실제로, 간질 발작이나 근골격(unsculoskeletal) 장애 또는 신체 대사율 증가(Ocreased metabilic rate) (예: Brady & Matthews, 2006) 등 게임과다에 의한 의학적 문제점 및 신체적 장애가 보고되었다. 한국에서는 수백 개의 사설병원과 정신과 병원에서 특별한 치료를 통해 게임중독에 대한 치료를 돕는다. 또한 2005년에는 혈액순환 장애처럼 게임중독과 연관된 원인에 의해 10명이 사망하였다는 보고가 있다(Faiola, 2006). 게다가 게임중독의 수치는 무시해도 좋을 정도의 수치를 넘어섰다. 2007년 1월 해리스 인터랙티브(Harris Interactive)가 1,178명의 미국 10대(8세~18세) 어린이와 청소년을 대상으로 상업적 설문조사를 수행한 결과, 게임 이용자의 8.5%가 게임중독으로 분류될 수 있다고 보고하였다. 게임중독의 증가 추세에 따른 반응으로, AMA는 2007년 6월 연례 위원회의에서 정신의학 분과가 향후 5년간 해당 쟁점에 대해 조사할 것을 결의하였으며, 게임중독을 질병으로 포함시키기로 의결하였다. 만약 게임중독이 정신질환으로 포함될 경우, 과도한 게임을 치유하기 위해 게임중독에 대한 약물치료 및 치료가 가능하다. 물론 AMA의 고려와는 상반되게 게임중독 및 남용은 의학적 문제라기보다는 단순히 개인적 나쁜 습관이라는 주장도 있다(Los Angeles Times, 2007). 그럼에도 불구하고, 게임중독이 의학적 문제점으로서의 가능성을 가지고 공식적으로 논의된다는 사실은 그것이 개인적 문제이든 혹은 사회적 문제이든 간에 유해한 결과를 초래함을 입증한다.

게임중독에 대한 관심이 증가하는 것과 동시에 사람들이 게임에 중독되는 이유를 설명하려는 시도가 있었다. 최와 김(Choi & Kim, 2003)은 1,993명의 한국인 게임이용자를 대상으로 한 연구를 통해 이용자 충성도(customer loyalty), 플로(flow), 개인적 상호작용, 사회적 상호작용 개념의 통합을 통해 게임중독에 대한 이론적 모델을 제안하였다. 이 모델에 따르면, 사람들은 자신들이 게임을 하는 도중에 최적의 경험(optimal experiences)을 하였을 때, 게임을 지속하고자 한다. 모델에서는 최적의 경험이 게임 시스템에서의 효과적인 상호작용과 다른 게임 이용자들과의 재미있는 사회적 상호작용을 통해 성취될 수 있다고 한다. 이와 비슷하게, 완과 치오우(Wan & Chiou, 2006)는 게임중독의 심리학적 동기를 설명하기 위해 플로 이론과 인간성 욕구모델(humanistic needs model)을 적용하였다. 그러나 연구결과 플로상태는 게임이용자의 중독에 대한 심리학적 기제의 핵심이 아닌 것으로 나타났다. 또한 해당연구를 통해 게임 중독자의 상습적인 게임이용은 그들의 충족욕구를 만족시키려는 것에 기인한 것이 아니라 불만을 줄이는 것에서 기인하는 것으로 밝혀졌다.

인터넷 중독과 결부된 변인들과 비슷하게(Olsen, 2004), 게임중독과 남용은 고도로 사회적인 실시간 상호작용 응용프로그램을 제공하는 MMORPGs(massively multiplayer online role-playing games) 게임과 결부된다(AMA, 2007). 예로, MMORPG 이용자는 다른 유형의 게임을 이용하는 일반이용자에 비해 게임이용에 더 많은 시간을 소비하며, 실제세계보다 게임세계에서 더 많은 즐거움과 만족의 양상을 발견한다(Ng & Wiemer-Hastings, 2005).

MMORPGs의 과도한 이용에 따른 문제는 실생활에서의 사회적 상호작용의 과정에서 고도의 감정적 외로움과 부적응을 경험하면서 이용자가 사회적으로 하찮은 존재가 된 듯한 기분을 갖게 하는 등이 있다(AMA, 2007). 또한 MMORPGs의 이용증가, 최근 출시된 닌텐도 위(Nintendo's Wii)와 게임 콘솔기업들의 경쟁 또한 이용자들이 자신들의 콘솔에 머무르게 함으로써 게임의 중독적 환경을 부채질하는 것으로 보인다.

한편, 7,069명의 게임이용자를 대상으로 한 최근의 연구(Grusser, Thalemann & Griffiths, 2007)는 게임중독과 공격성 사이의 상관관계에 대해 연구하였다. 그 결과, 과도한 게임은 공격성에 대해 단지 1.8%의 변화량을 설명할 뿐이었다. 또한 그리피스와 헌트(Griffiths & Hunt, 1998)가 진행한 387명의 청소년(12~16세)을 대상으로 실시한 성별의 차이에 대한 연구에 따르면 여성보다 남성이 더 많이 게임중독으로 분류되는 경향이 있음이 밝혀졌다. 그들은 또한 보다 일찍 게임을 시작한 어린이들이 더욱 중독되기 쉽다는 것을 밝혔다.

요약하자면 게임중독 연구는 게임이용자의 비정상적 행동과 사회적 장애에 미치는 영향에 대한 논쟁이 뜨거움에도 불구하고 여전히 초기 단계이다. AMA(2007)가 정확히 지적한 것과 같이 게임중독을 정신적 질병으로 입증하기 위해서는 더 많은 연구가 필요하다.

3. 비오락적 게임의 긍정적 효과

상업적으로 제작된 게임들(COTS: *commercial off-the self games*)은 오락을 위해 설계되었다. 그러나 오락을 제공하는 게임의 특성은 또한 학습과 같은 다른 목적으로도 활용될 수 있다. 교육학이론들은 본질적으로 학생들이 학습과정에 동기화되고, 지속적인 피드백을 받고, 다양한 맥락에서 새로운 발상들을 적용할 경우에 학습이 더욱 효과적임을 알려준다. 이는 정확히 게임특성에 부합하는 요소들이다. 게임을 하는 것은 대개 학생들이 적극적으로 참여하도록 동기를 부여하는 즐겁고 도전적인 것이다. 그러므로 게임은 효과적인 교육도구로서 커다란 잠재력을 가졌다. 학습을 목적으로 한 게임뿐만 아니라 보건, 정책 및 사회적 변화를 목적으로 한 게임 등 오락 이외의 목적을 갖는 게임은 "비오락적 게임"(*serious games*)이라 불린다. 비오락적 게임은 의도적으로 이러한 긍정적 효과를 달성하기 위해 디자인된 것이다. 이번 단락에서는 지식, 태도, 행동을 교육하기 위한 비오락적 게임의 효과에 대해 고찰할 것이다. 몇몇 COTS게임은 기본적으로 오락을 위해 디자인되었지만 몇몇 의도하지 않은 긍정적인 효과 역시 발견되었다. 또한, 일부 COTS게임들은 오락 이외의 목적으로 교육자들에 의해 재이용되었다. 따라서 이번 단락에서 COTS게임의 긍정적 효과에 대해서도 논의하게 될 것이다.

1) 학습용 게임

학습에 게임형식을 이용하는 것은 1천 년 전부터 있던 흔한 일이었다. 1980년대 초기부터 디지털 게임이 교육에 사용되기 시작하였다. 학습을 위한 초창기 게임들은 기술적 수용력이 제한적이었으며, 최소한의 그래픽과 상호작용성이 구현되었다. 지난 10년간, 기술적 진보에 힘입어 경제, 비즈니스와 경영, 언어, 수학, 생물학, 지리학, 의학교육, 군사훈련 등 다양한 주제의 지식을 제공하기 위한 여러 교육적 게임들이 발달되었다. 이러한 모든 게임들은 게임기반의 교육이 효과적임을 반증한다. 그러나 전자게임을 이용한 교육효과를 다룬 초기문헌 중 56%의 연구들에서 게임기반 교육과 전통적 교육방식 사이에 큰 차이가 없는 것으로 밝혀졌다. 시뮬레이션 · 게임에 유리한 차이가 발견된 비율은 32%였고, 7%만이 시뮬레이션 · 게임이 더 나은 결과를 보인다는 것을 보여주었다. 그러나 이 연구들의 실험디자인에 대해서는 의문이 제기되었다. 5% 정도는 여전히 전통적 교육방식을 지지하는 것으로 나타났다(Randel, Morried, & Wetzel, 1992). 초기세대 게임의 낮은 효과는 열악한 그래픽과 낮은 상호작용으로 설명된다. 보다 최근의 메타분석은 디지털 게임과 상호작용 시뮬레이션이 인지적 습득에 있어 전통적인 교수법을 능가하는 이점이 있음을 보여준다(Vogel et al., 2006). 또한 게임기반 교육은 물리학이나 수학과 같이 교육주제가 능동적 참여를 필요로 하고, 특정한 맥락에서 지식을 적용할 때 더욱 효과적인 것으로 보인다.

실증연구는 학습을 목적으로 한 비오락적 게임이 효과적 도구임을 입증하였다. 그러나 왜 게임이 학습효과를 획득할 수 있는 특정한 수단이 될 수 있을까? 연구자들은 게임이 학습과정을 용이하게 하는 선천적 특성을 포함한다고 믿는다.

첫째, 게임은 의미 있는 맥락 안에서 학습이 이루어지게 하기 때문에 효과적이다. 이러한 맥락에 지배되는 게임은 보통 원칙석으로 이용자들이 생각하게 만든다. 예를 들어, 경제학을 가르치는 게임의 경우, 게임은 경제적 원칙에 따라 지배되며, 게임이용자는 게임을 진행시키기 위해 이러한 원칙들을 적용하여야 한다. 따라서 게임에 참여하는 것은 이론적 원칙을 응용할 수 있는 경험을 준다. 이는 정확히 상황학습이며, 경험적 학습이다. 그러나 만약 게임이 매력적이지 않다면, 학습효과는 아마도 크지 않을 것이다.

효과성을 고취시키는 게임의 두 번째 특성은 이용자가 게임을 시작하고 동일한 규칙과 원칙을 반복적으로 적용해야 함에도 불구하고 게임을 지속하게 만드는 재미요소이다. 이용자는 헛되이 여러 번 시도하고, 실패할 경우 좌절감을 느낄 수 있다. 그들은 또한 열심히 노력하지 않는다면 지루함을 느낄 수도 있다. 그렇기에 대부분의 게임은 이용자들에게 도전적 목표를 제공하는 방식으로 디자인된다. 동시에, 많은 "제때 필요한" 정보를 제공해서 이용자들을 돕는 것이 가능하다.

세 번째 게임의 특성은 비계 학습 원리(learning principle of scaffolding)와 일치하며, 이용자에게 즉각적 피드백을 제공하고 끊임없이 입력을 요구하는 게임의 상호작용적 특징에 의해 가능하다. 컴퓨터게임은 또한 이용자에 따라 게임의 속도와 난이도를 조절함에 따라 서로 다른 학습방식들을 향상시키는 것이 가능하다(Jenkins, 2002).

게다가 어떤 연구자들은 교육을 목적으로 디자인된 게임은 COTS 게임을 하는 과정에서 부수적인 학습이 이루어진다고 믿는다. 지(Gee, 2003)는 학습하고 활용가능하게 하는 COTS 게임의 36가지 원리에 대해 개관하였다. 사실, 시빌라이제이션(Civilization), CSI, 에이지 오브 엠파이어 2(Age of Empire 2), 더 심스 2(The Sims 2), 에이지 오브 미솔로지(Age of Mythology), 심 시티 4(Sim City 4) 등과 같이 COTS 게임이 수업에 이용되는 사례는 다양하다(Delwiche, 2006; van Eck, 2006). 실증적 연구들에 의해 COTS 게임이 전략수립(strategizing)과 고도의 문제해결 능력, 그리고 추리력 강화에 효과적임이 입증되었다. 이용자가 완벽하게 게임을 마치기 위해서는 일반적으로 사전대책을 강구하기, 정보를 체계적으로 조직하기, 시각적 정보를 해석하기, 일반적인 검색을 통해 발견하기 등 몇 가지 인지적 기술이 요구된다. 따라서 이러한 인지적 기술은 게임을 하는 과정에서 자연적으로 향상되게 된다(Pillay, 2003). 또한 COTS 게임은 공간적, 정신적 순환, 시각화 기술과 손과 눈의 동작을 일치시키는 능력에 특히 효과적이다(de Lisi & Wolford, 2002).

2) 보건용 게임

컴퓨터게임은 위험예방, 건강교육, 행동조정, 자가질병관리 등과 같이 건강과 관련된 목적으로 다양하게 이용되었다. 질병 혹은 위험예방을 위해 게임은 관련된 건강정보를 제공하고, 건강에 해로운 행동을 바꾸고, 건강한 행동을 시연하게 함으로써 더 건강한 생활을 고취할 수 있도록 디자인되었다. 이러한 게임은 몸에 좋은 영양섭취, 안전한 성 행위, 금연, 부상예방 및 건강악화에 대한 조기치료에 대한 홍보 등 다양한 보건영역에 존재한다.

컴퓨터게임은 천식, 당뇨, 그리고 암과 같은 특정 만성질병에 대한 자기관리기술을 향상시키기 위해 발달했다. 이러한 모든 게임들은 앞서 언급된 건강문제들을 가진 어린이들을 목표로 한 연구에 이용되었다.

전자게임은 청소년들 사이에서 가장 인기 있는 여가활동 중 하나이며, 그렇기 때문에 이러한 의료요법은 용인될 공산이 크다. 또한 이러한 게임은 전통적 접근법에서는 획득할 수 없는 재미와 현실에서의 위험을 감수할 필요 없이 반복적인으로 기술을 습득하거나 예행연습을 할 수 있게 하는 매력적 환경을 제공한다. 이러한 게임에 대한 평가연구에서는 일반적으로 게임이용자들이 게임을 좋아하고 자신들의 건강과 관련된 이슈에 대해 더 많이 배우기 위해 이러한 게임을 이용하려는 의지가 있음을 보여준다. 그러나 이러한 연구들의 대부분에서 나타난 결과는 자기효능감, 인지된 이점, 행동 목적 등 태도적 변인만을 포함한다. 불행히도 위에 언급된 연구들에서는 실질적 행동척도는 사용되지 않았다. 태도변인이 궁극적으로 긍정적인 건강으로 도달하는 행동변화의 매개체인 것은 사실이다. 그러나 이들 게임이 실제로 건강과 관련된 행동적 결과에 영향을 미친다는 실증적 증거 없이는 건강관련 종사자나 정책입안자들을 납득시켜 건강을 위해 비오락적 게임에 투자시키기는 어렵다. 후스 등(Huss et al., 2003)은 천식교육게임이 어린이들이 건강과 관련된 결과를 향상시키는 데 도움이 되지 않음을 발견하였다.

컴퓨터 게임은 또한 의학치료에서 통증을 줄이기 위해 주의를 분산시키는 도구로도 이용되었다. 특수하게 디자인된 COTS 게임은 이러한 목적으로 이용가능하다. 선행연구는 게임이 수술 전 고통과 불안을 줄이는 데 효과적임을 입증하였다(Patel et al., 2006; Rassin, Gutman, & Silner, 2004). 컴퓨터 게임은 또한 효과적인 치료도구로 제공된다(Pope & Bogart, 1996).

게임이 건강치료와 보건교육에 효과적 수단이 될 수 있는 기본적 이유는 이용자들이 예행연습에 관여할 수 있도록 가상의 상호작용 환경을 제공하기 때문이다. 이러한 모의환경은 인슐린 주사, 혈압측정, 최고임계점을 체크하는 등과 같은 자기관리기술을 연습할 수 있는 안전한 시험대를 제공한다. 이용자는 실제로 위험에 처하지 않고도 질병에 대한 그들의 잘못된 운영방식에 따른 해로운 효과를 관찰할 수 있다. 예를 들어, 게임이용자들이 흡입기를 사용하는 것에 실패할 경우, 그들의 게임 캐릭터에 심각한 결과를 미치는 것을 관찰하고 교훈을 얻을 수 있다. 또한 게임이용자의 모의환경에서의 성공은 그들의 건강문제를 관리하기 위한 그들의 자기효능감(self-efficacy)을 증가시킬 수 있다. 그리고 재미요소는 게임이용자가 지루함을 느끼지 않고 동일한 기술을 연습하도록 하는 동기가 될 수 있다. 여러 가지 질병에 대한 자기관리 과정에서 필요한 지식과 기술은 한정적이지만, 반복적 훈련과 습관형성은 대단히 중요하다. 그리고 이는 정확히 게임포맷이 제공할 수 있는 것이다. 잘 구조화된 게임은 이용자들이 지루함을 느끼지 않는 상태로 수십 혹은 수백 번 이상 이용할 수 있다.

3) 사회변화를 위한 게임

교육용 게임은 지식전달에 초점을 맞추며, 보건용 게임은 행동변화에 초점을 맞춘다.

이 밖에도 정치적 혹은 종교적 안건 등에 대한 태도변화에 초점을 맞춘 게임, 혹은 단순히 사회적 이슈에 대한 의식고취를 위한 게임 등 다양한 형태의 비오락적 게임이 있다. 1980년대 초기, 에너지위기를 가상실험하는 에너지 씨자(Energy Czar)라는 게임이 개발되었다. 2004년 미 대선에서도 몇몇 정치게임이 만들어졌었다. 예로, 미국 아이오와주의 하워드 딘(Howard Dean)은 자신의 지지자들을 교육하기 위해 다양한 대민 자원봉사프로그램을 개발하였다. 또 다른 괄목할 만한 정치적 게임은 피스 메이커(Peace Maker)라는 게임이다. 이 게임에서 게임이용자는 이스라엘의 수상 혹은 팔레스타인의 대통령 역할을 선택하여, 외교협상, 자살폭탄 테러, 8명의 다른 정치지도자들과의 상호작용을 포함한 다양한 사건에 대해 협상할 수 있으며, 그를 통해 상호간의 평화적 합의를 이루어낼 수 있다는 특징이 있다. 양쪽의 입장이 모두 되어봄으로써, 게임은 게임이용자에게 지역적 이슈에 대한 정보를 제공하고 상대방에 대한 사람들의 태도에 영향을 미칠 수 있는 특별한 기회를 제공한다. 다르푸르 이즈 다잉(Darfur is dying)은 3백만에 가까운 사람들이 그들의 터전을 떠나 난민이 되어버린 다르푸르 지역위기를 알리고자 하는 사회이슈의 의식고취 게임이다. 이 게임이용자는 다르푸르 지역 주민이 되어, 매일 마주하는 민병대로부터의 위협을 경험하게 된다. 수백만의 사람들이 이 게임을 이용하였으며, 특히 젊은 층의 사람들에게 이 국제적 위기에 대해 알리는 데 특별한 정보원이 되었다고 보고되었다. 지금까지 사회변화를 위한 수많은 비오락적 게임이 개발되고 이용되었다. 그러나 불행히도 이러한 게임들이 얼마나 효과가 있

는지 측정하는 실증연구는 수행되지 않았다.

4. 게임에 대한 이용과 충족연구의 일반 경향

앞서 컴퓨터 게임이 이용자들에게 미치는 영향(긍정적 효과 및 부정적 효과)에 대해 논의했으나, 어떤 사람들이 게임을 이용하는지, 그들이 얼마나 자주 게임을 하는지, 그리고 또 왜 그들이 게임을 하는지에 대해서는 아직 언급하지 않았다. 이용과 충족은 이와 같은 질문들을 연구하기 위한 적절한 접근법이다. 이용과 충족 패러다임(Rubin, 2002 참조)에 따르면, 게임이용자는 수동적 메시지 수취인이 아니며, 게임의 영향력에 무력한 사람이 아니다. 오히려, 그들은 자신들의 각기 다른 인구통계학적 그리고 사회적 배경을 기반으로 그들의 필요나 욕망을 충족시키기 위해 의도적으로 게임을 선택한다. 이번에는 이용과 충족 연구 패러다임에 기반한 컴퓨터게임 연구에 대해 개관할 것이다(특히 성, 나이, 개인적 특성 차이에 초점을 맞출 것이다).

1) 성 별

오락 소프트웨어 협회(Entertainments Software Association, 2007)에 따르면, 게임이용자의 38%가 여성이다. 성별 차이에 대한 비슷한 유형의 실증적 증거가 지속적으로 나타난다. 남성은 집과 오락실 두 곳 모두에서 게임을 더 자주하는 경향이 있다(Phillips, Rolls, Rouse, & Griffiths, 1995). 여학생들은 좀처럼 오락실에 가지 않으며, 가게 되는 경우에도 남학생들과 함께 가거나

단순히 남학생들이 게임하는 것을 지켜보는 것으로 나타났다. 또한 게임 이용빈도 역시, 남학생들이 보다 현실적인 폭력적 게임을 더 선호하는 것으로 나타났다(Buchman & Funk, 1996). 위와 같은 성별에 따른 차이를 설명하는 연구가 있다. 그 중 가능성 있는 설명은 여러 컴퓨터 게임에서 자주 접할 수 있는 폭력적 주제에 대해 남성보다 여성이 더 불편함을 느끼며, 이러한 게임이 행해지는 오락실의 분위기에 대해서도 더 불편함을 느낀다는 것이다. 또 다른 이유는 이러한 게임이 일반적으로 남성들을 위해 남성들에 의해 개발되었다는 것이다. 게임 콘텐츠는 전투기 조정, 레이싱카 운전, 싸움, 축구와 같은 근력운동 등 남성적인 활동에 의해 지배되고 있다. 판타지나 전술게임의 경우 역시 남성지향적이다. 여성캐릭터는 훨씬 더 낮은 빈도로 나타난다. 세 번째 설명은 시각적 공간적 기술과 같은 남성과 여성의 의식적 능력의 차이이다. 게임할 때는 여성에 비해 남성이 훨씬 더 우월한 눈과 손동작을 일치시키는 능력, 공간적 기술 등이 요구된다.

2) 연 령

컴퓨터게임은 한때 어린이들과 청소년들 사이에서만 행해졌다. 그러나 최근의 연구결과에서는 더 많은 성인이 컴퓨터 게임을 하는 것으로 나타났다. 어린이들이나 청소년들은 혼자하거나 친구들뿐만 아니라 그들의 부모, 그리고 가족들과 함께 게임을 한다. 그러나 아주 소수의 연구가 다양한 나이층을 대상으로 컴퓨터게임을 하는 패턴에 대해 연구하였다. 관련된 오래된 연구는 젊은 층의 경우 컴퓨터게임을 하는 것에 편안함을 느끼고, 이러한 컴퓨터게임을 하는 것을 좋아한

다는 결과를 보여준다. 이와는 대조적으로 나이든 층의 경우, 더 많이 컴퓨터를 두려워하며, 다양한 컴퓨터게임에 대해서 알지 못하며 컴퓨터게임을 하는 것을 좋아하지 않는 것으로 나타났다(McClure, 1985). Gameboy 세대가 나이가 들어감에 따라, 컴퓨터게임을 이용하는 주요 인구 역시 변화하였다. 성인인구의 미디어이용활동의 주요활동 중 하나가 게임이용이 된 것을 포함하여 2007년 게임이용자의 평균나이는 33세였다(ESA, 2007).

3) 개 성

개인의 성격은 게임이용의 빈도, 게임을 통한 즐거움, 그리고 게임중독(Griffiths & Dancaster, 1995) 여부를 예측한다. 게임을 자주 이용하는 이용자는 경쟁적 활동, 공상과학, 도전을 좋아하는 어린 남자일 가능성이 높다. 홀브룩 등(Holbrook et al., 1984)은 즐거움을 느끼는 것과 성과를 내는 것 모두가 게임을 하며 상호작용을 하는 게임이용자의 성격에 따라 좌우된다고 주장하였다. 게임을 하는 맥락과 연관된 특정한 성격은 언어화와 대비되는 시각화에 대한 개인의 성향이다. 특히 언어형의 사람이 언어적 게임을 더 즐기고 좋은 성과를 내는 반면, 시각형의 사람은 시각화된 게임을 더 즐기고 좋은 성과를 낼 확률이 높다. 개인의 성격과 중독과의 상관관계에 대한 연구로, 그리피스와 댄캐스터(Griffiths & Dancaster, 1995)는 B형 성격을 가진 이들보다는 A형 성격을 가진 이들이 게임 중에 더 많은 자극을 받으며, 그로 인해 컴퓨터 게임에 중독될 가능성이 더 높다는 것을 입증하였다. 최근 한 연구에서는 물리적 공격성이 높은 사람이 더 폭

력적 방식으로 게임을 하는 경향이 있다는 사실이 밝혀졌다(Peng, Liu, & Mou, 2008).

5. 향후 연구를 위한 결론과 제언

이 장에서는 컴퓨터게임의 부정적, 긍정적 효과에 대한 기존 문헌을 고찰하였다. 폭력적 오락게임을 하는 것은 일반적으로 생각하는 것처럼 강력하지는 않지만, 어느 정도 부정적 영향을 미친다는 것을 알 수 있었다. 일반적으로 기존연구들은 폭력적 오락게임은 공격적인 사고나 행동을 나을 수 있다고 제안하였다. 비록 비폭력적 게임일지라도 이용자에게 부정적 영향을 미칠 수 있으며, MMORPGs의 경우 이용자를 심각한 게임중독에 이르게 하거나, 사회적, 재정적, 건강상의 문제를 일으킬 수도 있다. 그러나 게임을 하는 것(특히 교육적 게임)은 유익하다. 예를 들어, 컴퓨터게임은 이용자에게 동기유발, 유지관리, 공간적 기술, 그리고 인지적 기량을 향상시킬 수 있다. 컴퓨터게임은 또한 군인이나 회사의 피고용인을 훈련시키는 데 사용될 수 있다. 게다가, 컴퓨터게임은 건강상의 문제가 있는 특정한 집단을 돕는 데도 활용될 수 있다. 어릴 적부터 일반적으로 친구 혹은 그들의 가족과 함께 컴퓨터 게임을 할 경우, 어린이의 사회적 기량발달에 도움이 될 수 있다. 컴퓨터 게임은 또한 앞서 본 대선이나 국제적 위기상황에서와 같이 사회적 문제나 사회적 의식 고취를 위한 홍보수단이 될 수 있다. 게다가, 미디어 효과연구 패러다임에 기반한 게임연구 중 이용과 충족 연구 패러다임에 기반한 게임연구를 개관하였다. 성별은 게임 이용빈도에 대한 매우 강력한 예측변수이다. 남성과 여성의 게임에 대한 선호와 게임 이용패턴에 차이가 있다. 게임 이용자의 개인적 성격은 그 자신의 게임에 대한 즐거운, 게임중독에 대한 잠재성, 특정장르의 게임에 대한 선호도, 그리고 게임을 하는 방식에까지 영향을 미친다. 나이 또한 중요한 변인이다. 그러나 나이 변인에 대한 연구는 지극히 제한적이다.

이 장을 마치며, 현재 문헌의 제한점에 대해 언급하고, 이 한계를 극복할 수 있는 방법에 대해 제언할 것이다. 첫째, 컴퓨터 게임에 대한 독립적 이론이 결여되었다. 현재 연구는 대부분 TV연구의 이론을 차용한 것이다. 그러나 게임하는 것과 TV를 시청하는 것은 TV시청이 수동적 행위인 반면 게임은 능동적 행위라는 점과 같이 근본적으로 다른 행위이다. 그러므로 게임의 상호작용적 환경에 초점을 맞춘 새로운 이론이 필요하다. 쉐리(Sherry, 2001)가 제안한 것처럼, 새로운 이론을 통해 사람들이 왜 그리고 어떻게 컴퓨터게임에 관여하게 되고, 사람들이 게임하는 도중에 어떤 종류의 만족감을 추구하는지 설명할 수 있을 것이다. 이용과 충족 접근법은 이러한 제한점을 극복하는 좋은 시발점이다. 그러나 컴퓨터게임을 위한 새로운 이론은 이용과 충족 접근을 넘어서서 게임에 대한 근본적 관여기제를 명확히 하고 다양한 개인이 게임하는 동기에 대한 생리학적, 심리학적 원인을 명확히 밝힐 필요가 있다.

둘째, 기존 문헌은 게임이용 결과에 과하게 초점을 맞추고 있어 오락적 경험으로서 게임을 하는 특성에 대해 설명하지 못한다. 우리는 게임 경험의 본성에 대해 이론적 이해를 통해 게임의 폭력성과 게임중독 등 게임의 부정적 효과에 대한 논란을 해결할 수 있다고 생각한다(관련 주장에 대해 Lee & Peng, 2006 참조). 실재감 (presence) 개념(개념에 대한 자세한 설명은 Lee, 2004 참조)은 게임경험의 특성을 이해할 수 있는 접근법 중 하나이다. 많은 학자들의 주장처럼, 실재감을 느끼는 것은 미디어 경험의 핵심이다 (Lombard & Ditton, 1997). 결과적으로 게임하는 동안의 실재감에 대한 주관적, 객관적 측정을 통해 게임경험의 본성과 게임이 게임이용자의 태도, 의식, 행동에 영향을 미치는 근본적 기제 등 많은 통찰을 얻을 수 있다. 최근의 연구 (Lee, Jin, Park, & Kang, 2005)들은 컴퓨터게임 연구에서 실재감을 측정하는 것이 가져다주는 이점을 명확히 보여주었다.

결국, 새로운 게임 인터페이스〔예: 닌텐도 위, 소니 플레이스테이션 아이토이, DDR(Dance Dance Revolution) Pad〕, 장치(예: 모바일 게임기기, 휴대용 플레이스테이션, 닌텐도 DS), 기술 (햅틱 기술, 3D 그래픽) 등의 효과에 대한 기존연구는 거의 없다. 기타 전통 미디어 경험에 비해,

컴퓨터게임에 대한 경험은 기술적 변인에 큰 영향을 받는다. 예로, 동일한 게임을 동일한 이용자가 할 경우라도, 게임에 사용하는 특정한 인터페이스(예: 게임패드 vs 키보드)와 기기(예: PSP vs PS2) 그리고 기술(예: 14인치 스크린 vs 21인치 스크린)에 따라 결과적으로 다른 경험을 할 수 있다. 기술적 변인은 또한 게임이용에 가능한 영향력을 크게 변화시킬 것이다. 예를 들어, 작은 스크린과 나쁜 음향기기를 이용하여 폭력적인 게임을 하는 것은 커다란 스크린과 하이파이 오디오를 이용하여 동일한 게임을 하는 것과 비교했을 경우, 게임 이용자의 신체적 자극(Ballard & West, 1996)과 공격적 사고 (Anderson & Dill, 2000)에 최소한의 영향을 미칠 것이다. 기존의 게임연구는 대개 게임 콘텐츠 변인의 효과에 초점을 맞추고 있다(예: 폭력성, 교육성). 그러나 게임기술의 빠른 성장세에 견주어보면, 게임기술 변인의 효과에도 동등한 관심을 가져야 할 것이다.

참고문헌

American Medical Association. (2007). *Featured report: Emotional and behavioral effects of computer games and Internet overuse.* Retrieved July 22, 2007, from http://www. ama-assn. org/ama pub.

Anderson, C. A. (2004). An update on the effects of playing violent computer games. *Journal of Adolescence, 27*, 113-122.

Anderson, C. A., & Bushman, B. J. (2001). Effects of violent computer games on aggressive behavior, aggressive cognition, aggressive affect, physiological arousal, and prosocial behavior: A meta-analytical review of the scientific literature. *Psychological Science, 12*, 353-359.

Anderson, C. A., & Bushman, B. J. (2002). Human aggression. *Annual Review of Psychology, 53*.

Anderson, C. A., Carnagey, N. L., Flanagan, M., Benjamin, A. J., Eubanks, J., & Valentine, J. G (2004). Violent computer games: Specific effects of violent content on aggressive thoughts and behavior. *Advances in Experimental Social Psychology*, 36, 199-249.

Anderson, C. A., & Dill, K. E. (2000). Video games and aggressive thoughts, feelings, and behavior in the laboratory and in life. *Journal of Personality and Social Psychology*, 78, 772-790.

Anderson, C. A., Gentile, D. A., & Buckley, K. E. (2007). *Violent computer game effects on children. and adolescents: Theory, research, and public policy.* New York: Oxford University Press.

Anderson, C. A., & Murphy, C. R. (2003). Violent computer games and aggressive behavior in young women. *Aggressive Behavior*, 29, 423-429.

Baldaro, B., Tuozzi, G., Codispoti, M., Montebarocci, O., Barbagli, E., Trombini, E., & Rossi, N (2004). Aggressive and non-violent video games: Short-term psychological and cardiovascular effects on habitual players. Stress and Health, 20, 203-208.

Ballard, M. E., & West, J. R. (1996). Mortal Kombat(tm): The effects of violent videogame play on males' hostility and cardiovascular responding. *Journal of Applied Social Psychology*, 26.

Bandura, A. (1973). *Aggression: A social learning theory analysis.* Englewood Cliffs, NJ: Prentice-Hall.

Bartholow, B. D., & Anderson, C. A. (2002). Examining the effects of violent computer game; on aggressive behavior: Potential sex differences. *Journal of Experimental Social Psychology*, 38.

Berkowitz, L. (1984). Some effects of thoughts on anti-and prosocial influences of media events: A cognitive-neoassociation analysis. *Psychological Bulletin*, 95, 410-427.

Brady, S. S., & Matthews, K. A. (2006). Effects of media violence on health-related outcomes among young men. *Archives of Pediatrics & Adolescent Medici*ne, 160, 341-347.

Brown, S. J., Lieberman, D. A., Gemeny, B. A., Fan, Y. C., Wilson, D. M., & Pasta, D. J. (1997) Educational computer game for juvenile diabetes: Results of a controlled trial. *Medic-Informatics*, 22, 77-89.

Buchman, D., & Funk, J. B. (1996). Video and computer games in the '90s: Children report time commitment and game preference. *Children Today*, 31, 12-15.

Bushman, B. J., & Anderson, C. A. (2002). Violent computer games and hostile expectations: A test of the General Aggression Model. *Personality and Social Psychology Bulletin*, 28.

Carnagey, N. L., & Anderson, C. A. (2005). The effects of reward and punishment in violent computer games on aggressive affect, cognition, and behavior. *Psychological Science*, 16.

Carnagey, N. L., Anderson, C. A., & Bushman, B. J. (2007). The effect of computer game violence on physiological desensitization to real-life violence. *Journal of Experimental Social Psychology*, 43, 489-496.

Choi, D., & Kim, J. (2004). Why people continue to play online games: In search of critical design factors to increase customer loyalty to online contents. *Cyber Psychology & Behavior*, 7.

Chua, A. Y. K. (2005). The design and implementation of a simulation game for teaching knowledge management. *Journal of the American Society for Information Science and Technology*, 56.

Clark, S., & Smith, G. B. (2004). Outbreak: Teaching clinical and diagnostic microbiology methodologies with an interactive online game. *Journal of College Science Teaching*, 34.

Cole, S. W., Kato, P. M., Marin-Bowling, V. M., Dahl, G. V., & Pollock, B. H. (2006). Clinical trial of Re-Mission: A computer game for young people with cancer. *Cyber psychology & Behavior*, 9.

Coleman, D. S. (2001). PC gaming and simulation supports training. *Proceedings of United States Naval Institute*, 127, 73-75.

de Lisi, R., & Wolford, J. L. (2002). Improving children's mental rotation accuracy with computer game playing. *The Journal of Qenetic Psychology*, 163, 272-282.

Delwiche, A. (2006). Massively multiplayer online games(MMOs) in the new media classroom. *Educational Technology & Society*, 9, 160-172.

Deselms, J., & Airman, J. (2003). Immediate and prolonged effects of videogame violence. *Journal of Applied Social Psychology*, 33, 1553-1563.

Dodge, K. A., & Crick, N. R. (1990). Social information-processing bases of aggressive behavior in children. *Personality and Social Psychology Bulletin*, 16, 8-22.

Entertainment Software Association. (2007). *Top ten industry facts*. Retrieved August 22, 2007, from http://www.theesa.com/facts.

Faiola, A. (2006, May 27). *When escape seems just a mouse-click away*. Washington Post. Retrieved July22, 2007, from http://www.washingtonpost.com/wp-dyn/content/article/2006/05/26.

Freedman, J. (2002). *Media violence and its effect on aggression: Assessing the scientific evidence*. Toronto, Canada: University of Toronto Press.

Funatsuka, M., Fujita, M., Shirakawa, S., Oguni, H., & Osawa, M. (2001). Study on photo-pattern sensitivity in patients with electronic screen game-induced seizures(ESGS): *Effects of spatial resolution, brightness, and pattern movement*. Epilepsia, 42, 1185-1197.

Funk, J. B., Baldacci, H. B., Pasold, T, & Baumgardner, J. (2004). Violence exposure in real-life, computer games, television, movies, and the Internet: Is there desensitization? *Journal of Adolescence*, 27, 23-29.

Gee, J. P. (2003). *What computer games have to teach us about learning and literacy*. New York: Palgrave Macmillan.

Geen, R. G. (1990). *Human aggression*. Pacific Grove, CA: McGraw Hill.

Gentile, D. A., Lynch, P. J., Linder, J. R., & Walsh, D. A. (2004). The effects of violent computer game habits on adolescent hostility, aggressive behaviors, and school performance. *Journal of Adolescence*, 27, 5-22.

Goodman, D., Bradley, N. L., Paras, B., Williamson, I. J., & Bizzochi, J. (2006). Video gaming promotes concussion knowledge acquisition in youth hockey players. *Journal of Adolescence*, 29.

Greenfield, P. M., Brannon, G., & Lohr, D. (1994). Two-dimensional representation of movement through three-dimensional space: The role of computer game expertise. *Journal of Applied Developmental Psychology*, 1, 87-103.

Griffiths, M. D. (2000). Computer game violence and aggression: Comments on "Computer game playing and its relations with aggressive and prosocial behavior" by O. Wiegman and E. G. M. van Schie. *British Journal of Social Psychology*, 39.

Griffiths, M. D., & Dancaster, L. (1995). The effect of Type A personality on physiological arousal while playing computer games. Addictive Behaviors, 20, 543-548.

Griffiths, M. D., & Hunt, N. (1998). Dependence on computer games by adolescents. *Psychological Reports*, 82, 475-480.

Griisser, S. M., Thalemann, R., & Griffiths, M. D. (2007). Excessive computer game playing: Evidence for addiction and aggression? *Cyber Psychology & Behavior*, 10, 290-292.

Harris Interactive. (2007, April 2). *Computer game addiction: Is it real?* Retrieved July 22, 2007, from http://www.harrisinteractive.com/news.

Holbrook, M. B., Chestnut, R. W., Oliva, T. A., & Greenleaf, E. A. (1984). Play as a consumption experience: The roles of emotions, performance, and personality in the enjoyment of games. *Journal of Consumer Research*, 11, 728-739.

Homer, C., Susskind, O., Alpert, H. R., Owusu, C., Schneider, L., Rappaport, L. A. et al. (2000). An evaluation of an innovative multimedia educational software program for asthma management: Report of a randomized, controlled trial. *Pediatrics*, 106, 210-215.

Honebein, P. C, Carr, A., & Duffy, T. (1993). The effects of modeling to aid problem solving in computer-based learning environments. In M. R. Simonson & K. Abu-Omar (Eds.), *Annual proceedings of selected research and development presentations at the national convention of the Association for Educational Communications and Technology.* Bloomington, IN: Association for Educational Communications and Technology.

Hoogeweegen, M. R., van Liere, D. W., Vervest, P. H. M., van der Meijden, L. H., & de Lepper, I. (2006). Strategizing for mass customization by playing the business networking game. *Decision Support Systems*, 42.

Huesmann, L. R. (1986). Psychological processes promoting the relation between exposure to media violence and aggressive behavior by the viewer. *Journal of Social Issues*, 42, 125-139.

Huesmann, L. R., & Taylor, L. D. (2006). The role of media violence in violent behavior. *Annual Review of Public Health*, 27, 393-415.

Huss, K., Winkelstein, M., Nanda, J., Naumann, P. L., Sloand, E. D., & Huss, R. W. (2003). Computer game for inner-city children does not improve asthma outcomes. *Journal of Pediatric HealthCare*, 17, 72-78.

Interactive Digital Software Association. (2000). *Fast facts about the consumer* [Press release]. No location: Author. Retrieved September 05, 2006, from http://www.idsa.com

Jenkins, H. (2002). Game theory. *Technology Review*, 29, 1-3.

Kiesler, S., Sproull, L., & Eccles, J. S. (1983). Second class citizens. *Psychology Today*, 17.

Kovalik, D. L., & Kovalik, L. M. (2002). Language learning simulation: A Piagetian perspective. *Simulation & Gaming*, 33, 345.

Krahe, B., & Moller, I. (2004). Playing violent electronic games, hostile attributional style, and aggression-related norms in German adolescents. *Journal of Adolescence*, 27, 53-69.

Lee, K. M. (2004). Presence, explicated. *Communication Theory*, 14, 27-50.

Lee, K. M., Jin, S., Park, N., & Kang, S. (2005 May). *Effects of narrative on feelings of presence in computer-game playing.* Paper presented at the Annual Conference of the ICA, N.Y..

Lee, K. M., & Peng, W. (2006). What do we know about social and psychological effects of computer games? A comprehensive review of the current literature. In P. Vorderer & J. Bryant(Eds.), *Playing computer games: Motives, responses, and consequences.* Mahwah, NJ: Erlbaum.

Lengwiler, Y. (2004). A monetary policy simulation game. *Journal of Economic Education*, 35.

Lieberman, D. A. (2001). Management of chronic pediatric diseases with interactive health games: Theory and research findings. *Journal of Ambulatory Care Management*, 24, 26-38.

Lombard, M., & Ditton, T. B. (1997). *At the heart of it all: The concept of presence. Journal of Computer-Mediated Communication*, 13(3). Retrieved September 22, 2006, from http://www. ascusc. org/jcmc/vol3.

Mann, B. D., Eidelson, B. M., Fukuchi, S. G, Nissman, S. A., Robertson, S., & Jardines, L. (2002). The development of an interactive game-based tool for learning surgical management algorithms via computer. *American Journal of Surgery*, 183, 305-308.

Mayer, R. E., Mautone, P., & Prothero, W. (2002). Pictorial aids for learning by doing in a multimedia geology simulation game. *Journal of Educational Psychology*, 94, 171-185.

McClure, R. F. (1985). Age and video game playing. *Perceptual and Motor Skills*, 61, 285-286.

McClure, R. F., & Mears, F. G. (1984). Video game players: Personality characteristics and demographic variables. *Psychological Reports*, 55, 271-276.

Ng, B. D., & Wiemer-Hastings, P. (2005). Addiction to the Internet and online gaming. *Cyber Psychology & Behavior*, 8, 110-113.

Office of the Surgeon General(2001). *Youth violence: A report of the Surgeon General.* US Department of Health and Human Services.

Olson, C. K. (2004). Media violence research and youth violence data: Why do they conflict? *Academic Psychiatry*, 28, 144-150.

Palmgreen, P. (1984). *Uses and gratifications: A theoretical perspective. Communication Yearbook*, 8.

Patel, A., Schieble, T., Davidson, M., Tran, M. C. J., Schoenberg, C., Delphin, E. et al. (2006). Distraction with a hand-held computer game reduces pediatric preoperative anxiety. *Pediatric Anesthesia*, 16.

Peng, W. (in press). Is a computer game an effective medium for health promotion? Design and evaluation of the Right Way Cafe game to promote a healthy diet for young adults. *Health Communication.*

Peng, W., Liu, M., & Mou, Y. (2008). Do aggressive people play violent computer games in a more aggressive way? Individual difference and idiosyncratic game playing experience. *CyberPsychology & Behavior*, 11, 157-161.

Phillips, C. A., Rolls, S., Rouse, A., & Griffiths, M. D. (1995). Home video game playing in schoolchildren: A study of incidence and patterns of play. *Journal of Adolescence*, 18.

Pillay, H. (2003). An investigation of cognitive processes engaged in by recreational computer game players: Implications for skills of the future. *Journal of Research on Technology in Education*, 34.

Poole, S. (2000). *Trigger happy: Videogames and the entertainment revolution.* N.Y., Arcade Publishing.

Pope, A. T., & Bogart, E. H. (1996). Extended attention span training system: Computer game neurotherapy for attention deficit disorder. *Child Study Journal*, 26, 39-50.

PricewaterhouseCoopers. (2006). *Global entertainment and media outlook: 2006-2010.* Retrieved May 23, 2007, from http://www.gamasutra.com/php-bin/news.

Randel, J. M., Morris, B. A., & Wetzel, C. D. (1992). The effectiveness of games for educational purposes: A review of recent research. *Simulation & Gaming*, 23, 261-276.

Rassin, M. Gutman, Y. & Silner, D. (2004). Developing a computer game to prepare children for surgery. *AORN Journal*, 80, 1099-1102.

Rubin, A. M. (2002). The uses-and-gratifications perspective of media effect. In J. Bryant & D. Zillmann(Eds.), *Media effects: Advances in theory and research.* Mahwah, NJ: Erlbaum.

Rule, B. K., & Ferguson, T. J. (1986). The effects of media violence on attitude, emotions, and cognitions. *Journal of Social Issues*, 42, 29-50.

Sherry, J. (2001). The effects of violent computer games on aggression: A meta-analysis. *Human Communication Research*, 27, 409-431.

Silverman, B. G., Holmes, J., Kimmel, S., Branas, C., Ivins, D., Weaver, R. et al. (2001). Modeling emotion and behavior in animated personas to facilitate human behavior change: The case or the HEART-SENSE game. *Health Care Management Science*, 4, 213-228.

Slater, M. D., Henry, K. L., Swaim, R. C., & Anderson, L. L. (2003). Violent media content an aggressiveness in adolescents: A downward spiral model. *Communication Research*, 30.

Takahashi, D. (2002, October 2). *Video game industry sees possible slow down. The Mercury news.* Retrieved February10, 2007 from http://www.siliconvalley.com/mld.

Thomas, R., Cahill, J., & Santilli, L. (1997). Using an interactive computer game to increase skil and self-efficacy regarding safer sex negotiation: Field test results. *Health Education & Behavior* 24.

van Eck, R. (2006). Digital game-based learning: It's not just the digital natives who are restless. *EDUCAUSE Review*, 41, 17-30.

van Eck, R., & Dempsey, J. (2002). The effect of competition and contextualized adviser: on the transfer of mathematics skills in a computer-based instructional simulation game. *Educational Technology Research and Development*, 50, 23-41.

Vogel, J. J., Vogel, D. S., Cannon-Bowers, J., Bowers, C. A., Muse, K., & Wright, M. (2006). Computer gaming and interactive simulations for learning: A meta-analysis, *Journal of Educational Computing Research*, 34, 229-243.

Wan, C-S., & Chiou, W-B. (2006). Psychological motives and online games addiction: A test of flow theory and humanistic needs theory for Taiwanese adolescents. *Cyber Psychology & Behavior*, 9.

Williams, D., & Skoric, M. (2005). Internet fantasy violence: A test of aggression on an online game. *Communication Monographs*, 72, 217-233.

Zillmann, D. (1983). Arousal and aggression. In R. Geen & E. Donnerstein (Eds.), *Aggression Theoretical and empirical reviews*. Vol. 1 (pp. 75-102). New York: Academic Press.

Zillmann, D., & Bryant, J. (1985). *Selective exposure to communication*. Mahwah, NJ: Erlbaum.

인터넷 효과

캐롤린 린(Carolyn A. Lin, 코네티컷 대학)

1. 배경

2006년 12월에 시행된 전국조사(Pew/Internet, 2007a, 2007b)에 따르면, 오늘날 미국성인의 70%가 인터넷 이용자이다. 그러나 인터넷이라는 용어는 1990년대 중반 AOL(인터넷 서비스 제공자)이나 넷스케이프(브라우저 서비스)에 의해 하이퍼텍스트 기반의 월드와이드웹(WWW)이 대중화되기 전까지는 그리 흔한 말이 아니었다. 오늘날 우리에게 알려진 인터넷 이용현상을 상업화하고자 한 선구적 시도에 앞서서, 1970년대 후반과 1980년대 초기부터 다양한 형태의 비(非)하이퍼텍스트 기반의 인터넷 네트워크가 존재했다.

초기 인터넷 서비스 여러 사례에는 게시판서비스(BBS: *Bulletin Board Service*), 유즈넷(Usenet: *USEr Network*), 그리고 비트넷(Bitnet: *Because It's Time Network*) 등이 포함된다. 이들 서비스들은 탈 집중화된 네트워크 환경에서 다양한 텍스트 기반의 뉴스그룹 토론(*newsgroup discussion*)과 이메일 교환을 즐겼던 연구자, 대학종사자, 과학기술분야 전문가 등에 의해 주로 이용되었다. 유즈넷은 오늘날에도 넓게 사용되는 뉴스그룹 리스팅과 포스팅 서비스(*newsgroup listing and posting service*)로 남아 있다. 1980년대 중반부터 1990년대 중반 사이에 해당하는 인터넷 서비스 원형의 두 번째 세대에 와서는 그래픽 기능을 활용한 사용자 중심의 인터페이스(GUIs: *graphical user interfaces*)기술이 결합되었다. 뷰트론(ViewTron), 프로디지(Prodigy), 컴퓨서브(CompuServ), 지니(Genie), 아메리카온라인(America Online) 등 상업적으로 출시되었던 몇몇 서비스들은 모두 어느 정도 상업적인 성공을 거두었다. 현재는 아메리칸온라인〔America Online(AOL)〕만이 독립된 인터넷 서비스 제공자로서 남았는데, 이는 그들이 채택한 혁신적인 월별 이용료를 지불하는 구독료 수익모델 덕분이다. 이 모델은 당시 경쟁사들이 채택했던 시간당 이용비용을 지불하는 수익모델보다 더 성공적인 것으로 입증되었다.

그로부터 불과 10년 후, 미국에서 인터넷은 확산에 필요한 임계치 또는 결정적 다수(*critical mass*)에 도달했다. 또한 이 역동적 매체를 이용하는 방식을 변화시키고 향상시키는 다양한 소프트웨어 어플리케이션을 개발하는 발판이 마련되었다. 인터넷 기술의 활용도를 최대화하려는 끊임없는 시도는 이용자들의 삶 속에서 인터넷이 끊임없이 이용되고 영향을 미치기 위한 방식을 지속적으로 재발명하게 이끌었다.

2. 서 론

사람들이 온라인에서 무엇을 하는지를 조사하는 것은 인터넷의 영향에 대해 이해하는 데 도움이 된다. MSN, Yahoo, AOL 등 대표적 검색엔진 홈페이지에 나열된 주요 검색분야를 훑어보면 다음과 같다.

1. 뉴스와 날씨
2. 오락(예: TV, 영화, 음악, 스포츠, 게임)
3. 여행과 티켓예매
4. 쇼핑과 상품(예: 자동차, 기술, 기기, 부동산)
5. 안내정보(예: 주택, 이메일 주소, 전화번호)
6. 직업과 직장
7. 지도와 위치(예: 시내 가이드)
8. 뉴스그룹, 채팅, 블로그, 소셜 네트워크
9. 데이트와 관계맺기
10. 금융과 투자
11. 조언 및 응답(예: 별자리 운세)
12. 건강과 피트니스
13. 라이프스타일과 패션
14. 이메일과 인스턴트 메시지

위와 다음에 나열된 일반적 검색 카테고리와 유튜브(YouTube) 같은 비디오 서비스(Madden, 2007)와 개인 블로그(Lenhart & Fox, 2006)는 지금 인기가 정점이다. 도박이나 포르노 등을 포함한 취미관련 사이트는 꾸준히 대규모의 이용자들을 끈다(Grifith & Fox, 2007). 공중들 역시 영리 또는 비영리기관, 더군다나 정부 웹사이트들에 대한 정보를 검색하기 위해 인터넷을 활용한다(Horrigan, 2004). 기관단체들은 자신들의 고용인들에게 재택근무를 허용하고 조직과제를 관리할 수 있는 정보시스템을 개발하는 데 투자했다(Madden, 2007). 과학적 연구와 더 나아가 거의 전성기를 구가하는 인터넷은 과학적 연구와 학문적 학습에 가장 중요한 도구 중 하나이다(HItlin & Rainie, 2005). 온라인 원격교육이 도래함에 따라, 문헌정보와 데이터베이스의 디지털화는 학생, 교사, 그리고 연구자들이 정보에 접근하거나 무언가를 배우는 방식에 혁신을 일으켰다.

〈표 26-1〉은 기관 및 단체의 시각보다는 개인 이용자들의 시각에서 온라인 이용과 활동내역을 광범위하게 요약한 것이다.

〈표 26-1〉 개인의 온라인 이용목적과 활동

맥 락	활 동 들	
사교	친구, 가족, 또래집단	관계맺기와 사회적 연결망
업무	인트라넷 커뮤니케이션	원격근무와 재택근무
놀이	오락과 레크리에이션	라이프스타일과 취미
환경 감시	뉴스와 정보	정부와 기관들
상업적 활동	상품거래와 서비스	금융거래와 매매
충고	질문과 답변	'어떻게 해야'와 '어떻게 하지 말아야'

3. 이용의 효과

다른 유형의 매개된 커뮤니케이션 채널들과 비교할 때, 커뮤니케이션 매체로서 인터넷이 가진 상대적 장점은 기술적 변용성이다. 이러한 속성은 인터넷이용자들이 네트워크화된 환경에서 다중작업을 할 수 있게 하는 멀티미디어와 멀티플랫폼 방식에서 ― 이는 상당한 수준의 사회적 실재감와 정보단서를 부여한다 ― 정보에 접근하고, 정보를 배분, 교환, 그리고 수용할 수 있게 한다(Lin, 2003). 예를 들어, 인터넷 이용자는 인스턴트 메신저를 이용하여 한 무리의 친구들과 채팅하면서 페이스북(Facebook)을 통해 다른 친구에게 온 이메일을 읽거나, 뮤직비디오를 보거나, 공유할 사진을 업로드하거나, 새로운 아이팟에 대한 제품정보를 보거나, 온라인과제를 마무리하거나, 인터넷 전화시스템을 이용하여 대화를 나누는 등의 일을 동시에 할 수 있다.

인터넷의 이러한 변용적이고 다재다능한 기술적 속성으로 인해 인터넷 이용자들은 다른 어떤 매개 커뮤니케이션 채널보다 정보에 대한 접근, 창작, 분배 및 수신을 통제할 수 있다. 다른 커뮤니케이션 방식과 비교했을 때, 인터넷의 이

러한 기술적 우월성은 인터넷 애플리케이션의 재발명과 지속적 진화의 근간이다. 앞서 언급한 것과 같이, 인터넷 애플리케이션의 가장 초기형태 중 하나인 리스트서(Listserv)는 오늘날에도 여전히 널리 이용되는 가운데 업데이트되고 있다. 전자정부(e-government) 현상은 역시 다른 좋은 사례의 하나이다. 이 시스템은 시민들이 정부정보에 접근하고 문서를 다운로드 할 수 있게 함으로써 다양한 수준의 정부기구들이 자신들의 서비스를 활성화하고 촉진시킬 수 있게 도와줘 운영효율성을 개선시켰다.

인터넷의 역사가 짧기 때문에, 비록 초고속 통신망의 높은 침투율에도 불구하고(Madden, 2007), 인터넷의 장기적 사회효과에 대한 실질적인 경험적 연구는 많지 않다. 그럼에도 불구하고 보다 주제를 좁혀서 사람들이 어떻게 인터넷을 이용하고 그러한 이용을 통해 어떤 행동적 결과가 나타나는가에 대한 연구들은 다양한 수준에서 많이 있다. 이 장에서는 개인과 사회에 대한 인터넷의 다면적 효과에 대한 논의를 진행하기 위해, 보통의 환경에서 개인들의 인터넷 사용행태를 반영하는 일단의 주제들에 ― 〈표 26-1〉의 주제별 범주에 맞추어 기반해서 개발된 ― 대해

논의할 것이다.

1) 사회화와 사회적 네트워킹의 맥락

사람들이 다른 이들과 상호작용하기 위해 온라인을 이용할 경우, 그들의 동기, 기대, 행동, 그리고 그 상호작용의 결과물은 면대면 상호작용 등 다른 방식의 대인관계와는 다를 수 있다. 온라인 커뮤니케이션 방식의 두 가지 기본적인 범주인 동시성과 비동시성(asynchronous)은 각각 다른 기술적 속성을 제공해 온라인 이용자들이 자신들의 커뮤니케이션 대상이나 목표에 도달할 수 있도록 한다. 사회적 맥락에서의 비동시적 온라인 커뮤니케이션은 개인 이용자들이 서로서로에게 메시지를 보내거나(예: 이메일), 혹은 큰 집단의 사람들에게 메시지를 포스팅하는 것(예: 채팅룸, 뉴스그룹 등)을 가능하게 한다. 동시적 온라인 커뮤니케이션은 이용자들이 실시간으로 메시지를 교환할 수 있도록 한다(예: 인스턴트 메시지). 온라인에서의 동시적 커뮤니케이션과 비동시적 커뮤니케이션 모두는 낯선 사람, 지인, 친구, 친지, 가족, 혹은 직장 동료 등 인터넷 이용자들을 포함한다.

CMC(Computer-mediated communication)는 이용자들이 언어 및 비언어적인 단서가 줄어든 커뮤니케이션 환경에 일어나는데, 이러한 환경은 효과적이고 유의미한 대인적이고 관계적인 커뮤니케이션을 발전시키는 것을 방해하는 것으로 간주된다(예: Burgoon et al., 2002, Cummings, Butler, & Kraut, 2002). 다른 이들은 의미 있고 효과적인 대인적 및 관계적 커뮤니케이션을 강력히 방해하는 것이 언어적이고 비언어적인 단서가 부족해서는 아니라고 보았다(Walther,

Loh, & Granka, 2005; Walther & Parks, 2002). 예를 들어 왈더(Walther, 1996)는 하이퍼퍼스널(hyperpersonal) 커뮤니케이션 관점을 제안했는데, 이 시각은 개인이 상대방에게 선택적이고 최적화된 자기표현을 구조화하고 개발하는 유연성을 가졌다는 것을 담고 있다. 개인들이 CMC를 사용하여 의미 있는 사회적 관계를 만들 수 있는지의 여부는 개인이 이러한 관계를 어떻게 규정하는가에 달려있다. 예를 들어, 개인들 사이의 CMC에 대한 기대와 영향력은 약하게 연결된 네트워크(weak-tie network)(예: 온라인 지지자 모임)와 강력하게 연결된 네트워크(strong-tie network)(예: 친구) 등 커뮤니케이터의 상호작용 환경에 따라 철저하게 차이가 있을 수 있다.

(1) 나의 진실된 자아의 재창조?

타인(stranger)과 관여된 온라인 커뮤니케이션 맥락에서 이러한 사회적 교환은 일대일 혹은 일대 다 커뮤니케이션 시나리오로 특성지어진다. 비언어적 신호가 결여된 사회적 상호작용은 면대면 환경을 바라지 않거나 불편함을 느끼는 개인에게 매력적이다(McKenna, Green, & Gleason, 2002). 매킨나와 바그(McKenna & Bargh, 1999, 2000)에 의하면, 면대면 커뮤니케이션 상황에서 "관계형성에 참여하게 만드는 요소(gating issues)"의 수가 커뮤니케이션을 통해 무언가를 획득하거나 경험하는 것을 막을 수 있으며, 이러한 참여요소는 분노, 구두커뮤니케이션 기술, 수줍음, 외형적 특성 등을 포함할 수 있다.

예들 들어, 쉬크와 비츠마이어(Sheeks & Birchmeier, 2007)는 수줍음이 많고 사교성이 적은 사람이나 수줍음은 적지만 사교성이 높은 사람, 그리고 수줍음도 적고 사교성도 적은 사람과 비교하였을 때, 수줍음은 많지만 사회적으로 어울리고 싶어하는 사람이, 온라인상에서 타인과 더 친밀하고 만족스러운 관계를 발전시킬 수 있음을 밝혔다. 그럼에도 불구하고 이들의 연구에서 참가자들의 진실된 자아표현이 이러한 사회적 관계 형성을 예측하는 것은 아니었다. 매킨나 등(McKenna, Green, Gleason, 2002)의 연구는 관심을 공유하거나 개인의 진정한 자아에 대한 진실함이 드러날 경우에만 이러한 온라인 관계가 형성되며, 그래서 건강하고 오래 지속되는 관계가 잠재적으로 번창하게 된다고 제안했다.

사회에서 개인들이 사회에 연결되는 방식을 발견할 수 있게 한다는 관점에서 보면, 인터넷은 그 조력자로 역할하면서 긍정적 효과를 가지는 것으로 보인다. 그러나 개인이 다른 사람과의 관계에서 이상화된 자기정체성(an idealized-identity)을 보이는 것과 같이 인터넷이 제공하는 방패 뒤로 숨을 경우, 이러한 가상적인 사회적 연결은 비현실적 자아상(the identification with this unreal self-image)과 연관된 심리적 보상을 강화시킬 수 있다. 이러한 부적절한 자아상은 결혼관계의 고통이나 이혼의 원인으로 알려진 인터넷 간통(internet infidelity)과 같은 부정적인 행동적 결과를 나을 수도 있다(Barak & Fisher, 2002; Herlein & Piercy, 2006).

셔우텐(Shouten, 1991)에 의하면, 개인의 정체성은 "우리가 누구이고 무엇을 하는 사람인가에 대한 인지적이고 정서적인 이해"이다. 상징적인 상호작용론의 관점에서 보면, 개인의 정체성은 타인에 의한 평가와 피드백에 의해 만들어진다. 챠우와 길리(Schau & Gilly, 2003)는 소비자가 온라인에 그들 자신에 대한 정보를 업로드할

경우, 그러한 포스팅은 타인에게 자신의 생각을 알려 의사소통하는 목적만큼이나 스스로의 정체성을 발견하기 위한 목적이 있다고 제안하였다. 온라인 데이트의 경우, 자기정체성을 새로 만드는 것은 개인들에게 초기의 관계를 수립할 수 있는 기회를 제공할 수 있다. 이러한 온라인 관계가 오프라인 관계로 이어질 때, 새로 만든 자기 정체성이 얼마나 오래 가는지와 자신에 대해 스스로의 지각을 어떻게 변화시킬 것인지의 이슈는 대부분 잘 알려지지 않았다(Yurchisin, Watchraveringkan, & McCabe, 2005). 비록 긴 관계를 형성하는 긍정적 결과나 실제 오프라인에서의 결혼중매가 이뤄지는 것이 산발적임에도 불구하고, 자아정체성을 새로 만드는 행동은 널리 유행하고 있다(Frost & Ariely, 2004).

(2) 글을 올리고 누군가에 다가가기?

타인과의 일 대 다(one to many)와 다 대 다(many to many) 방식의 온라인 소셜네트워킹(online social networking)을 할 때, 온라인 이용자들은 전형적으로 타인과 생각이나 지식, 혹은 의견을 교환하기를 원한다. 온라인 소셜네트워킹의 가장 일반적인 방식은 특정주제의 뉴스그룹이나 사회적 지지그룹과 관련된다. 폭넓고 깊은 주제의 온라인 뉴스그룹은 이번 장에서 완벽히 다루기에는 너무 광범위하다. 야후(Yahoo! Inc., 2007)에 제시된 뉴스그룹 카테고리 목록 — 비즈니스와 경제, 컴퓨터와 인터넷, 문화와 커뮤니티, 오락과 예술, 가족과 가정, 게임, 정부와 정치, 건강과 보건, 취미와 공예: 음악, 레크리에이션과 스포츠, 지방, 종교와 신념, 애정과 관계, 학교와 교육, 과학 등 — 은 이러한 뉴스그룹 주제가 우리 일상의 모든 측면을 다룬다는 점을 보여

준다.

온라인에서의 일대일 커뮤니케이션 환경에서 자아발견과 사회적 수용(*social acceptance*) 을 위한 자아정체성의 확립과 관련한 연구에서 밝혀진 것과 같이, 뉴스그룹에 참여하는 것은 개인에게 조직정체성을 찾게 하고 자신감을 고취시키는 장점이 있다(Deaux, 1996). 뉴스그룹에서 가지는 익명성으로 인해, 개인이 자신의 생각과 의견, 지식, 마음 속 깊은 생각, 혹은 제약 없는 이상화된 자아상을 공유할 수 있는 환경은 그들로 하여금 사회적 소속감과 사회에서 중요한 집단에 참여한다는 느낌을 안전하게 표출할 수 있는 수단을 제공한다. 파크스와 플로이즈(Parks & Floyds, 1995) 의 연구에 따르면 인터넷 뉴스그룹에 참여하는 사람들은 오프라인에서의 관계형성만큼이나 질적으로 비슷한 정도의 관계를 형성할 수 있다.

이는 특히 청각장애인과 같은 신체적 제약을 가진 이들을 포함한 사회적 소외계층들로 하여금 뉴스그룹에 참여함으로써 사회적으로 권리를 박탈당한 이들이 그들의 의견을 표출함은 물론 (실제 혹은 재창조된) 자아정체성을 인식시키고 표현할 수 있는 공간을 제공한다. 이런 사회고립계층들은 그들의 외모(예: 과체중), 신체장애(예: 말더듬증이나 시각장애), 성적 성향(예: 동성애자), 의학적 질환(예: 에이즈), 심리상태(예: 우울증), 비주류의 정치적 신념과 같은 이유로 스스로를 사회적으로 낙인찍은 사람들을 포함한다.

(3) 내가 느끼는 것을 너도 느낄 수 있니?

개인들이 스스로를 소외계층이라고 느끼는지의 여부를 벗어나 온라인에서 사회적 지지를 구하는 것은 뉴스그룹의 중요한 기능 중 하나이다. 인터넷에서 약하게 연결된 네트워크를 통한 사회적 지지가 사용자의 웰빙(*well-being*) 에 미치는 효과에 대한 질문은 사회적 환경과 특정주제의 이해관계에 달려 있다. 데이비슨 등(Davison, Pennebaker, Dickerson, 2000) 은 사회비교이론에 기초하여 질병의 종류에 대해 오프라인과 온라인 지지그룹 간의 논의의 차이를 포괄적으로 비교하였다. 이 연구에 따르면, 사회적으로 잘 알려지지 않거나 왜곡되어 알려진 질병들이 온라인에서 더욱 활발하게 논의되는 경향이 있으며 그들이 앓는 질병이 — 질병의 유형(예: 에이즈) 이나 치료결과(예: 유방절제) 로 인해 — 그들을 곤란에 처하게 하거나 사회적으로 낙인찍히게 하는 경우에도 인터넷에서 지지를 요구하는 경향이 있다.

다른 연구들은 사회적 낙인이 온라인에서 지지를 구하는 데 필요한 원인이 아니라는 것을 발견하였다. 사람들은 사회적 지지의 필요성과 그로 인한 결과를 통제하는 수단으로서 인터넷을 통한 지지(*Online support*) 를 찾기도 한다. 예를 들어, 건강상태를 관리하기 위해(예: 식이요법 조절) 온라인에서 환자들의 모임을 찾는 당뇨병 환자에 대한 연구는 온라인에서 같은 환자들간의 토론이 생리학적, 행동학적, 그리고 정신건강의 면에서 전통적 당뇨병 관리방식만큼이나 효과적이라는 것을 보여주었다(Mckay et al., 2002). 또 다른 연구는 노년층을 대상으로 한 시니어 넷(SeniorNet) 을 비롯한 온라인 지원체제가 노인들의 삶의 스트레스를 감소시킨다고 보고하였다(Wright, 2000).

인터넷에서의 유방암 환자들간의 토론그룹은 자신의 질병에 더 절망적이거나 배우자나 보험

회사로부터 보호받지 못하는 여성들에게 효과적이었으며 오프라인에서 돌봐주는 사람이 많을 경우에는 오히려 해가 되기도 한다. 이에 대해 연구자들(Helgeson, Cohen, Schulz, & Yasko, 2000)은 배우자나 의사로부터 높은 지원을 받는 환자들의 경우 그들이 사적으로 강하게 연결된 네트워크를 통해 기존에 받는 지원을 약하게 연결된 네트워크인 온라인 토론그룹에서 재평가하기 때문인 것으로 추측한다. 이러한 결과는 익명성, 우수한 전문가와의 연결, 감정의 표출, 난처함의 회피, 온라인에서 지지자에 대한 의무감이 줄어든다는 등의 이유로 온라인에서의 약하게 연결된 네트워크를 통한 지원이 면대면 방식의 강하게 연결된 네트워크보다 더욱 효과적이라는 월더와 보이드(Walther & Boyd, 2002)의 주장을 뒷받침하는 것이다(인터넷과 건강에 관한 자세한 논의는 제 21장 참조).

(4) 외로운 것도 고립된 것도 아니다?

인터넷 커뮤니케이션의 효과를 측정하기 위한 중요한 실험 중 하나인 크라우트 등(Kraut et al., 1998)은 인터넷을 통해 대화를 많이 하는 사람일수록 사회적으로 고립되고 외로우며, 정신적으로 우울하다는 결과를 발표하였다. 이 연구는 대조군이 없고, 외부변인을 통제하지 못하고, 회귀분석 자료가 연구의 결과와 상충한다는 이유로 비판받았다(Gross, Juvonen, & Gable, 2002; Shapiro, 1999). 크라우트 등(Kraut et al., 2002)에 의한 후속연구는 사회참여, 정신적인 웰빙, 면대면 커뮤니케이션, 대화를 통한 순기능, 사람들에 대한 신뢰 등을 포함해서 다방면에서 사교적인 사람들이 그렇지 않은 사람들보다 인터넷에서의 사교관계를 통해 더 많은 이익을 얻는 것으로 밝혔다. 이 연구자들은 초기연구와 후속연구의 불일치에 대해 컴퓨터와 인터넷 이용의 성숙도의 차이를 그 이유로 들었다.

다른 대규모 설문조사 연구들도 인터넷 이용자들이 인터넷을 사용하지 않는 사람보다 더 이상 사회적으로 고립되는 것은 아니라고 발표하였다. 예를 들어 디마지오 등(Dimaggio, Hargittai, Neuman과 Robinson, 2001)은 인터넷 이용을 통해 사람들이 사회적 네트워크를 더 넓힌다는 것을 발견하였다. 하워드 등(Howard, Raine, Jones, 2001)은 마찬가지로 인터넷이 거리와 시차를 뛰어넘어 가족과 친구들과 연락함으로써 사회적 네트워크를 확장한다는 데 동의하였다. 웰맨 등(Wellman, Quan Hasse, Witte, & Hampton, 2001)은 인터넷을 많이 쓰는 사람들은 개인적 만남이나 전화통화를 대체하기보다 사람들과 연락하고 원거리 관계를 유지하기 위해 이메일을 사용한다고 주장한다.

2) 오락과 놀이의 요소

인터넷이 오락적 콘텐츠에 접속하는 가장 주된 도구임은 의심의 여지가 없다. 이는 전국적 규모의 연구를 통해 오락적인 글, 그래픽, 사진, 오디오, 시청각적 자료 — 유명인의 뉴스나 가십거리, 패션, 음악, 스포츠, 취미, TV프로그램, 영화 등을 포함한 — 들을 인터넷을 통해 즐기는 것이 기존의 매스미디어만큼이나 일반화되었다는 것을 보여줌으로서 증명된다(예: Madden & Ranix, 2005; Pew/Interner, 2007a, 2007b). 오락을 목적으로 한 인터넷 사용의 사회적 효과에 대한 연구는 개인의 사용경험과 정서적인 결과물과 관련된 평가를 바탕으로 측정되는 경향이 있다. 이러한 연구는 미디어 프로그래밍(*Media programming*), 소비자 광고, 마케팅과 맥락을 같이한다.

(1) 이용과 충족

인터넷은 또한 독립적으로 제작된 미디어 콘텐츠의 분배를 위한 대체채널 이외에 전통적인 오락과 미디어 서비스의 보조채널이나 부가적 전달수단으로 여겨진다. 이용과 충족의 관점에서 온라인 미디어 콘텐츠로부터 오락적 경험을 찾는 사람들은 전통적인 미디어의 이용동기와 같이 인식적이고 정서적인 자극을 필요로 해서라고 말한다(Lin, 20001). TV시청의 대안적 기능으로서 인터넷 미디어의 쾌락적 "놀이"의 측면의 연구를 위해 퍼거슨과 퍼스(Ferguson & Perse, 2000)는 이용과 충족이론을 적용해 인터넷이 긴장을 풀고 교우관계를 늘리기보다는 시간을 보내거나 단순히 즐거움을 위해 사용된다는 것을 알게 되었다. 다른 연구자들은 인터넷 이용의 충족결과로 긴장과 현실도피(Parker & Plank, 2000), 오락, 기분전환, 교우관계, 감시, 학습, 대인 커뮤니케이션이 발견되었다고 보고하였다.

어떤 학자들은 인터넷 이용과 관련된 심리적 결과를 이용과 충족이론의 관점으로 설명하는 것은 이론적으로 모호하며 지나치게 광범위하다고 비판한다(예: Knobloch, Carperntier, & Zillmann, 2003; Reagan & Lee, 2007). 이론적 취약점에도 불구하고, 이용과 충족이론 연구에서 보고된 인터넷의 오락과 놀이를 위한 효과는 인지적 자극과 정서적 변환, 현실도피 대 심리적 만족을 위한 잠재적 의존이라는 면에서 긍정적이며 부정적인 의미를 동시에 갖는다. 이용과 충족이론을 인터넷 의존도를 연구하는 기준으

로 적용해서, 송 등(Song, LaRose, Eastin, Lin, 2004)은 인터넷 중독 같은 이용패턴의 초기단계를 유발하는 요소들과 관련 있는 것으로 과거연구에서 알려진(예: Charney & Greenberg, 2002) 여러 차원의 충족요소들을 확인하였다. 그들은 충족요인들을 상습적으로 추구하는 것을 통제하지 못하는 것이 습관적으로 인터넷의 충동적 사용으로 이어지며 이는 잠재적으로 인터넷의 병적인 사용 또는 인터넷 중독을 야기할 수 있다고 본다.

"인터넷 중독"(*Internet addict*)이라는 용어는 여러 학자들에 의해 사용되었으며(예: Brenner, 1997; Griffiths, 2000; Young, 1996) 이는 행동(또는 물질적) 의존을 의미한다. 이러한 자극에 대한 금단현상은 의학적으로 정의하는 중독의 정의와 부합되는 정신적이고 육체적인 상태(예: 금단현상)를 야기하며 이는 굉장히 부정적인 심리학적·생리학적 결과를 동반한다. 다른 연구자들은 인터넷 중독과 인터넷의 과도한 사용의 개념에 대해 충동장애라고 반박한다(예: LaRose & Eastin, 2002). "병적인 인터넷 사용"(*pathological Internet use*)(Davis, 2001; Morahan-Martin & Schumacher, 2000; Young, 1996)과 "문제가 있는 인터넷 사용"(Caplan, 2002l Shapira et al., 2000) 같은 용어들은 강박적 행동의 가벼운 형태를 묘사하기 위해 사용되었다. 예를 들어, 데이비스(Davis, 2001)는 일반적인 병적 인터넷 사용 — 혹은 인터넷의 부적응적 사용의 다양한 형태(예: 채팅방이나 비디오게임의 강박적 사용) — 을 매체와 관계없는 부적응 행동의 형태(예: 포르노의 강박적 사용과 도박중독)가 병적 인터넷 사용과는 다른 개념으로 규정한다.

특히 라로즈 등(LaRose, Lin, Eastin, 2003)은

이런 강박적인 행동을 충동의 "자기규제의 결함"〔deficient self-regulation; 반듀라(Bandura, 1991)의 사회인지이론을 발전시킨 개념〕이 반영된 것으로 보고 전통적인 "질병"이나 "중독"을 다른 개념으로 다루기를 제안했다. 더욱이 이들은 자기규제의 결함이 이행 이전의 상태에 포함되어야 한다고 주장한다. 여기서 개인의 강박적 행동이 아직 나중에 중독을 부를 수 있는 문제성 있게 불쾌한 상태는 아니다. 자기규제의 결함 혹은 낮은 자기조절 능력은 포르노그래피(Buzzell, Foss, & Middleton, 2006), 온라인 쇼핑(Kim & LaRose, 2004), 도박(Johansson & Gotestam, 2006)과 같은 쾌락적 충족이나 놀이를 목적으로 하는—조작적 조건화(operant conditioning)의 과정으로 강화되는—다른 형태의 충동적, 강박적인 인터넷 사용을 설명하는 데 유용하다.

(2) 몰두 또는 중독

일반적인 인터넷 사용에서 벗어나 오락물로부터 의식적인 자극을 얻거나 정서적인 해방감을 느끼는 경험과 비슷하게, 사람들은 정신적 만족과 비슷한 형태로 비디오 게임을 하기 위해 인터넷에 접속한다. 정형화된 인터넷 사용을 통한 오락/도피와 비디오게임 사이의 "상호작용"의 가장 큰 차이점은, 인터넷에서 일반인 혹은 유명인과의 상호작용은 일방적 관계로 제한된 반면, 게임 캐릭터 혹은 게임 사용자간의 상호작용은 다양한 역할수행의 기회로 인해 훨씬 몰입적이라는 점이다. 이런 롤플레잉 게임의 이용자들은 강하게 연결된 네트워크에 기반할 수도, 아닐 수도 있다. 사실 가장 인기 있는 멀티플레이어 게임들(예: 디아블로 혹은 워크레프트)의 이용자들은 전 세계에 분포되어 있다.

멀티플레이어 온라인 역할 수행게임(MMORPGs) 혹은 "헤로인웨어"(마약을 뜻하는 헤로인과 소프트웨어를 합성한)로 통칭하는 중독성 강한 게임들은 ① 대중 오락적 콘텐츠, ② 집단환경에서의 경쟁적 역할 수행, ③ 사회적 네트워킹이라는 3가지 사회적 기능을 수행한다. 사회적, 정신적으로 몰입되게 하는 게임의 영향에 대해서는 여러 관점들이 있다. 그 중 하나는 이런 비디오 게임을 가장 헌신적으로 열심히 하는 이용자들은 가상의 사회적 상호작용을 통해 가족, 친구와 같은 실제 사회적 상호작용을 대체하는 경향을 보인다는 것이다. 온라인에서의 사회화로 오프라인 사회화를 대신하는 것은 인터넷 중독을 부채질하는 가장 큰 원인으로 언급된다. 그럼에도 불구하고, 가상 세계와의 소통을 실제 사회화의 소통보다 더 선호하는 "인터넷 중독" 위험에 놓인 반사회적 이용자(hard-core anti-social players)가 12%에 불과한 것을 보면 대부분의 게임이용자는 그들이 게임을 할 수 없는 상황에서 어떠한 부정적인 심리학적 반응을 표출하지는 않는 듯하다(Ng & Weimer-Hastings, 2005; Grusser, Thalemann, & Griffiths, 2007).

특정이용자들의 잠재적으로 중독성 있는 행위와 관련된 우려 이외에도, 게임이용자가 실제 생활에서는 관여하려고 하거나 할 수도 없는 다른 역할 수행(예: 초인적 능력, 폭력)을 위해 실제와 다른 개인정체성(예: 영웅, 악당)을 가지고 가상 세계에 뛰어들 수 있는 잠재적 문제점이 있다(Young, 1998). 하지만, 역할수행 게임이 가지는 매력을 중독과 연관지어 말하기는 어렵다. 경쟁을 담고 있는 게임에서, 이용자들은 잠재적으로 병적 측면보다는 경쟁이란 욕구에 의해 움직이며, 가상게임 환경은 게임이용자가 실제 혹은 상상 속의 자신을 반영하는 "과도기적" 공간으로 이해된다. 인터넷의 다른 오락적 이용형태와 같이 게임 역시 쾌락적 측면이 있다.

사실, 폭력적인 롤플레잉 비디오게임 사용자들 사이에서 공격성이 잠재적으로 증가한다는 많은 논의는 실제 자료에 의해 확인된 것이 없다. 예컨대 최초의 장기적 연구(Williams & Skoeic, 2005)는 고도로 폭력적인 온라인 비디오게임에 소비하는 시간과 실제생활에서 공격적 행동을 보이는 빈도에는 아무런 상관관계가 없음을 보여주었다. 덧붙여 이러한 게임의 사용자와 비사용자 간의 폭력성에도 아무런 차이가 없었다. 어린이들이 종종 경험하는 유사한 역할수행과정에 대해 생각해 보자. 대부분의 어린이들은 그들이 좋아하는 영웅이나 악당(예: 슈퍼맨, 다스베이더)의 옷을 입고 그들의 역할을 흉내 내지만 어린이들의 정신건강에 대해 걱정하는 사람은 거의 없다.

찰튼과 댄포스(Charlton & Danforth, 2007)는 중독적 게임 — 갈등, 행동적 돌출, 금단현상, 금단현상의 악화와 재발을 포함하는 — 과 저항력 있고 행복하며 인지적으로 중요한 행동을 추구하는 게임을 이용하는 것 간에는 이론적 차이가 있다고 보았다. 그들의 연구는 병리학적으로 정의되는 중독의 단계에 해당되는 게임습관과 인지적으로 강한 쾌락적 자극을 주는 게임 이용행태를 구분하려는 시도였다.

비디오 게임의 효과를 설명하는 실증적 연구가 아직 초기단계임에 따라 미국의학협회(AMA)(Mundell, 2007)는 인터넷·비디오 게임 중독을 《정신질환의 진단과 통계에 대한 설명서》 개정판에 포함하는 것을 유보하였다. 인터넷이라는 매체 자체가 중독원인이 아니라 인터넷을 사용하는 사람들의 행동이 중독원인이 되므로 인터넷 중독이라는 개념이 곡해되는 것을 우려하는 연구자들로 인해 인터넷 중독의 개념에 대한 논의는 계속된다.

3) 감시와 정보처리의 맥락

만약 뉴스와 미디어산업이 부수적 서비스인 온라인에 진출하지 않았다면, 뉴스가 끊임없이 생산되는 "실제" 24시간 뉴스 사이클은 존재하지 않았을 것이다(Bucy, Gants, & Wang, 2007). 인터넷을 통해 뉴스와 정보가 유포되는 과정은 기존 미디어의 정보전달 방식과는 차이가 있다. 인터넷에서는 대부분의 뉴스와 정보 콘텐츠가 무료인 반면, 전통적 미디어에서는 그렇지 않다. 미디어 산업 모델의 경제적 분석은 이번 장에서 다루고자 하는 주제가 아니다. 미디어의 경제적 역동성의 변화에 따른 효과는 사람들이 실제 생활에서 어떻게 온라인에서 얻은 뉴스와 정보에 접근하고, 분류하고, 사용하는가를 통해 바로 관찰 가능하다.

(1) 미디어 대체와 보완

어떻게 TV가 라디오를 대신하여 가장 대중적 오락수단으로 잠재적 대체를 이루었는지에 대한 라스웰(Lasswell, 1948)의 연구에 기초한 미디어 대체의 개념은 수용자들이 기존 미디어에서 새로운 미디어로 대체할 수 있음을 보여준다. 미디어 대체에 따른 초기연구는 비디오(VCR)가 TV와 영화 간의 관계를 설명한다. 메타분석을 통해 오프라인 뉴스나 정보서비스와 인터넷 관계를 볼 때, 인터넷 뉴스가 신문과 공중파 방송의 뉴스를 대체한다는 주장이 있는 반면(Waldfogel, 2002),

다른 연구들은 서로 다른 결과들을 도출했다 (Busselle, Reagan, Pinkleton, & Jackson, 1999; Stempel, Hargrove, & Bernt, 2000).

린(Lin, 1999)에 의하면, 뉴미디어가 "우월한 콘텐츠와 기술적 우위, 그리고 가격의 효율성"을 제공할 수 있다면 미디어의 대체는 가능할 수도 있다. 이 기준에서 보자면 인터넷은 아직 오프라인 뉴스 소스들을 대체할 준비가 되어 있지는 않아보인다. 대부분의 인터넷 사용자들은 오프라인 뉴스가 신뢰성 면에서 온라인 뉴스 소스보다 우월하다고 생각하기 때문이다(Flanagan & Metzer, 2000; Johnson & Kaye, 1998; Weaver, & Wilnat, 2002). 다른 연구(Lin, Salwen, & Driscoll, 2005)는 신문, 리디오, 지역방송과 케이블 방송을 포괄하는 오프라인 미디어를 사용하는 정도와 충성도가 높을수록 온라인 뉴스가 각각의 오프라인 뉴스를 대체할 가능성이 낮다고 보고함으로써 이와 같은 주장에 동의한다.

또 다른 연구는 온라인 미디어 콘텐츠가 오프라인 미디어 콘텐츠를 대체한다기보다는 보완하는 기능을 한다고 결론지었다(예: Lin, 2001). 이러한 대체와 보완의 결과에 대한 논의는 사람들이 어떻게 정보를 처리하고 습득하는지에 대해 강하게 암시한다. 예를 들어 이브랜드와 던우디(Eveland & Dunwoody, 2002)는 웹페이지는 내용의 배열과 구조의 방식이 신문의 그것과 비교하여 매우 다르다고 지적했다. 웹페이지는 비선형(nonlinear)적이고 메뉴바에 기초해 정돈되는 비순차적 구독방식인 반면, 신문은 순차적이고 연속되는 구독방식으로 구성된다.

(2) 뉴스와 정보처리
사람들은 오프라인 뉴스와 온라인 뉴스의 정보처리에서 다른 방식을 사용할까? 지금 단계에서 이 질문에 답할 수 있는 기존 연구는 매우 제한적이다. 튝스베리와 알트하우스(Tewksbury & Althaus, 2000)의 연구에 따르면 온라인에서는 뉴스가 다루는 내용이 사회적으로 얼마나 중요한가와 관계없이 속보에 집중하는 행태를 보이고 사회문제에 관련된 뉴스가 상대적으로 작게 취급되어 이를 다룬 기사의 인지도를 떨어뜨리고 있다. 튝스베리(Tewksbury, 2003)에 따르면 온라인 뉴스가 독자들이 관심가는 기사를 손쉽게 선별할 수 있게 해서 개인 취향의 기사가 중요한 사회문제를 다룬 기사보다 더 많이 읽히게 한다. 이는 오프라인 신문이 전략적으로 구성한 뉴스의 흐름을 무시하는 결과를 낳는다〔예: 뉴스구성과 점화효과(story placement and priming effects)〕.

그레이버(Graber, 2001)는 뉴스습득에 있어 지식구조를 측정하는 것과 뉴스를 접할 때 개인들이 이로부터 어떤 이익을 얻는가 두 가지 정보유형을 구분하는 것이 중요하다고 주장했다. 명시적 정보 또는 본능적 직감을 통한 단순한 사실의 습득은 뉴스 콘텐츠의 단순 습득을 의미한다. 함축적 정보, 혹은 정보처리 과정에서의 통찰력 있는 형태는 습득한 정보의 여러 요소들의 통합을 의미한다. 같은 이론적 배경을 근간으로, 린과 살웬(Lin & Salwen, 2006)은 뉴스를 읽고 정보를 처리하는 과정으로 정보 스캐닝(정보 찾아내기)과 정보 스키밍(정보를 훑어보고 요점찾기)의 두 가지를 들었다. 전자가 뉴스를 세세히 읽어보고 정보를 찾아내는 것이라면 후자는 스쳐지나가듯 기사를 보는 데 초점을 맞춘다. 린과 살웬의 연구결과는 온라인에서 뉴스를 읽는 사람들은 스키밍 방식을, 오프라인 신문에서 기사를 보는 사람들은 스캐닝 방식을 더 많이 사용한다는 것을 알아내었다.

이브랜드 등(Eveland, Seo, Marton, 2005)은 또한 뉴스정보 처리과정의 다른 인지방식을 평가해서 온라인 뉴스가 오프라인 뉴스, 온라인 뉴스의 프린트 버전보다 선거관련 지식을 쌓는 데 훨씬 용이하며 이런 지식들을 정확히 기억하는 데 용이함을 발견했다. 로우리와 최(Lowrey & Choi, 2006)는 하이퍼미디어를 통한 콘텐츠를 강조하는 인지적 유연성 이론(*cognitive flexibility theory*) ― 내용은 다른 개념적 견해에 따라 끊임없이 재배열되며 그로 인해 정보학습 능력을 향상시킬 수 있는(Spiro & Hehng, 1990) ― 을 적용해 사용자들이 인터넷 뉴스를 어떻게 습득하는지를 분석하였다. 그들의 결과에 따르면 비선형 방식과 인지적인 유연성 원칙을 지킨 뉴스배열 방식이 더 흥미를 유발하며 더 잘 이해될 뿐 아니라 독자의 인지과정도 간단하다고 밝혔다.

(3) 블로거와 아마추어 저널리스트

의식의 유연성은 차치하고, 어떤 인터넷 사용자들은 자신들의 웹로그(블로그)에 글, 이미지, 사진, 오디오, 비디오 등의 포맷으로 주기적으로 포스팅하는 시민기자 혹은 웹 콘텐츠 제작자가 되었다. 예를 들어 인기 있는 "YouTube" 사이트는 비디오를 공유하는 장소로 인식된다. 팟캐스팅(podcasting) 역시 인터넷 콘텐츠 제작자가 그들의 오디오 콘텐츠를 보급할 수 있는 다른 방법이다. 블로그의 주제들은 뉴스기사의 주제들에 국한되지 않으며 사실 개인적 일기나 의견, 관음적 관찰, 또는 가십거리까지 다양하다. 가장 높은 비율의 블로거들이(37%) 그들의 블로그 콘텐츠 생산활동을 "개인적 일상과 경험"의 표현으로 생각하며 공적 삶에 관한 이슈인 "정치와 정부에 관한 것(11%)"이 그 뒤를 잇는다(Lenhart & Fox, 2006).

만약 블로그를 만드는 것이 개인적 표현의 사례이거나 공공의 토론장에서 스스로와 소통해서 자아정체성을 확립하는 것이라면, 수평적인 사회문화적 세계에서 다른 이들과 관계 맺는 복합적인 "나"로부터 분산된 자아를 주장한 헤르만스(Hermans, 1996, 2001)의 담론적 자아의 포지셔닝 이론(*positioning theory on dialogical self*)을 보는 것도 유용할 것이다.

마찬가지로 탈라모와 리고리오(Talamo & Ligorio, 2001)는 자아와의 대화과정의 역학적 절충을 통해 어떻게 개인 스스로가 가상의 정체성을 확립하는지도 밝혀냈다. 히번(Hevern, 2004)은 개인블로그를 대화적 자아(*a dialogical self*)와 가상 정체성(*a virtual identity*)으로 간주했다. 이는 선택적인 개인적 서술과 다면적 신념과 입장을 통해 자아 정체성을 재형성하는 것으로 구성된 나사처럼 물려 있는 과정이다.

블로그 문화가 아직 형성과정이기 때문에, 개인과 사회 전체에서 인터넷 사용행태에 대한 실질적 효과를 측정하는 실증적 연구는 거의 없다. 이러한 사회적 현상을 설명하고자 하는 초기시도는 언론과 정치적 담론형성에서 블로그 콘텐츠와 블로그의 사회적 기능에 대한 더 나은 이해에 초점이 모아졌다. 예를 들어, 블로그는 개인이 미디어의 게이트키퍼(*gatekeeper*) 역할을 넘어서 중요한 정치적 이슈나 캠페인과 같은 공적 담론에 참여할 수 있는 중요한 수단으로 여겨졌다(Balnaves, Mayrhoferm & Shoesmith, 2004; Deuze, 2003; Williams et al., 2005). 아마추어 기자들에 의한 참여미디어는 대중의 관심사이지만 등한시되거나 보도되지 않았던 이야기들을 알림으로서 "진실"(Kahn & Keller, 2004; Matheson, 2004)을 독점적으로 소유한 기존 미디어에 도전하거나 보조수단의 역할을 수행한다. 어떤 이는 블로그 공간에서의 콘텐츠가 전문적 기준을 따를 책임도 없고 재검토되지도 않는 자유로운 특성으로 인해 언론행위나 정치적 담론, 또는 사회적 중요성에 대한 블로그의 효과에 이중적 평가를 하기도 한다(Lawson-Borders & Kirk, 2005).

　요약하자면 인터넷은 일반인들이 어디에도 소속되지 않고 자유로운 형식으로 뉴스, 기록물, 논평을 생산할 수 있는 전에 없는 기회를 제공하고 있다. 그레그슨(Gregson, 1998)은 온라인에서의 정치적 채팅, 게시판, 뉴스그룹이 사실적 논의보다는 순차적 독백이 되는 성향이 있다고 언급하였다. 다른 이들은 온라인에서의 정치적 논의가 시민들의 참여를 이끌고 이는 정치적 지식의 습득과 그에 따른 공통의 문제들을 해결할 수 있는 행동을 유발한다는 점에서 덜 회의적이다. 최근 가장 돋보이는 예는 트렌트 롯(Trent Lott)과 조지 앨런(George Allen) 상원의원의 인종차별적 발언이 녹음되어 블로그에 올라온 일이며, 이로 인해 롯 의원은 상원의원장에서 물러났으며(Jenson, 2003), 앨런 상원위원은 재선에 실패했다(Aravosis, 2006). 블로그라는 현상은 아직까지는 인터넷이 기술적 자유를 가진 개인이 가상공간에서 그들의 목소리를 낼 수 있는지에 대한 하나의 중요한 사례일 뿐이다.

4) 시민적이고 제도적 커뮤니케이션 맥락

　정치 지향적 블로그는 정부와 시민들이 인터넷을 서로간의 대화의 도구로 사용하는 동반적 발전을 보여준다. 전자시민(e-citizen), 전자정부(e-government), 또는 전자 민주주의(e-democracy)와 같은 용어는 민주주의에서 더 나은 정치적 참여를 가능케 하는 인터넷 기술을 활용하고 정부에 더 활발하게 시민이 참여하기 위한 열망과 트렌드를 반영한다. 전자 민주주의(혹은 전자정부)를 위한 전자시민과 전자정부의 약속에 대한 긍정적 시각(예: Muhlberger, 2005; Tolbert & McNeal, 2003)과 함께 부정적 시각(예: Brimber, 2000; Jennings & Zeitner, 2003) 역시 존재한다.

　전자정부의 활용 또는 발전은 그 성장곡선에서 가장 기초단계에 있다. 특히, 대부분의 정부 웹사이트들의 편리성과 유용성은 그 만족도가 떨어지며 이러한 웹사이트들은 정보의 양이 과중하여 높은 이해력을 요구하며 정보의 분류방식 또한 검색이 힘들다(Hart, Chaparro, & Halcomb, 2006). 이렇게 더딘 진화와 유사하게도 전자정부의 효과와 어떻게 전자정부가 전자 민주주의에 영향을 주는지에 실마리를 제공하는 믿을 만한 실증연구의 부재도 한계점으로 지적된다. 이 주제에 대한 초기연구는 전자정부의 내용과 시민들이 전자정부를 사용하는 데 중점을 둔다.

(1) 전자시민과 전자정부

　정부와 시민들을 이어주는 지역공동체와 시민사회의 통합을 도울 수 있는 인터넷의 강한 잠재력에도 불구하고, 브림버(Brimber, 2000)는 정치적 관심이 웹사이트를 통해 정부에 참여를 예측하는 것은 아니라고 보고한다. 지방정부의 전자정부 진행상황에 대해 보고한 여러 연구들을 보면 이러한 발견이 놀랄 일은 아니다(Flecher, Holden, & Norris, 2003; Moon, 2002). 지역 지방자치제가 항상 주민들의 필요를 충족시키기 위해 자신들의 웹사이트를 발전시킬 재원과 전문가를 소유하고 있지 않기 때문에 지방의 전자정부 진행상태가 답보상태인 것은 전혀 예상 밖의 일은 아니다.

지역정부의 웹사이트에서 확실한 목표가 결여되었다는 사실을 밝힌 한 연구에서 무소 등 (Musso, Weare, Hale, 2000) 은 지역경제발전과 삶의 질 향상을 촉진하는 사업모델을 제시하고 의사결정 과정에서 이익집단들의 더 나은 접근과 공공담론을 향상할 수 있는 사회 네트워크를 공고히 하는 참여모델 또한 제시하였다. 무소 등 (2002) 의 연구를 발전시켜 제프리스와 린 (Jeffres & Lin, 2006) 은 두 유사한 지역정부의 기능 ─ 기관의 커뮤니케이션 (또는 사업모델) 과 지역 커뮤니케이션 (또는 참여모델) 과 더불어 세 번째 ─ 미디어의 감시, 협동, 사회화, 오락기능을 반영한 매스 커뮤니케이션의 기능을 추가하였다 (Lasswell, 1948; Lemert, 984, Wright, 1986). 미국 50대 대도시의 시청 웹사이트의 분석결과 모든 웹사이트들이 3가지 커뮤니케이션의 기능요소들을 충족시키고 있으며 웹사이트 상의 링크들은, "정보 감시" (information surveillance) 와 "상호협조" (interaction coordination) 라는 매스커뮤니케이션의 두 가지 기능을 수행하는 것으로 밝혀졌다.

이러한 두 가지 커뮤니케이션의 기능은 샤 등 (Shah, Cho, Eveland, Kwak, 2005) 이 발표했듯이 왜 개인들이 인터넷의 사용을 통해 시민참여 ─ 인터넷에서의 정보검색과 상호작용적 시민 메시징 (civic messaging) 과 같은 ─ 를 원하는지에 대한 이유와 비슷하다. 비슷한 맥락에서, 토머스와 스트레이브 (Thomas & Streib, 2005) 는 827명의 조지아 주 지역민 상당수가 2가지 이유 ─ 정보습득, 정부와의 공무 (예: 세금 기록, 자격

증 취득) ─ 로 정부 웹사이트에 접속하며, 소수의 주민만이 민주주의적 의사결정 과정에 참여하기 위해 웹사이트에 접속한다는 사실을 발견하였다. 게다가, 브림버 (Brimber, 2000) 의 초기연구결과와는 반대로, 개인의 정치색이 현 정부의 전자 민주주의의 참여를 결정하는 중요한 요소로 예측되었다.

젠슨 등 (Jensen, Danzigerm Venkatsh, 2007) 은 1,003명의 응답자들을 대상으로 지방정부 공무원과 접촉하거나, 공공회의에 대한 정보를 얻거나, 지역정책에 대한 온라인 토론회에 참여하는 등의 민주주의적 참여 정도를 측정하여 사이버시민으로서의 인터넷이용에 대해 조사하였다. 그들의 연구결과는 응답자의 26.5%가 민주주의적 참여자이고, 그들 중 43%가 민주주의적 참여 이외의 목적으로 정부 웹사이트를 방문한 경험이 있음을 입증하였다. 또한, 응답자들의 온라인 민주주의의 참여는 사회적 모임이나 지역모임보다는 온라인상의 정치적 모임에 대한 접촉, 지역행사 계획, 지방정부 웹사이트에서의 업무처리 등 ─ 혹은 지역시민과 사이버 사회에서의 정치적 활동 ─ 과 연관된다.

온라인을 기반으로 한 인터넷 시민활동에 대한 조사 대신에, 테일러와 켄트 (Talyor & Kent, 2004) 는 의회가 대중을 상대로 한 인터넷 기반 커뮤니케이션에 관여하는 방식에 대해 연구하였다. 연구결과, 100개의 의회 웹사이트 중 94%가 주로 주민과 언론에 정보제공의 도구로 활용되고 의회직원의 72%가 웹사이트가 지역주민과 오로지 이메일에 국한된 "쌍방향적인" (interactive) 커뮤니케이션 기능으로만 사용된다고 응답했다. 이러한 이유로, 인터넷 기술의 상호작용을 이용한 지역주민과의 의사소통 활동

은 거의 활용되지 않는다.

(2) 봉사활동과 외부 조직커뮤니케이션

대화이론(*dialogic theory*) (Kent, Taylor, 2002; Pearce & Pearce, 2001)에 설명된 것과 같이, 대화의 개념은 조직이 내·외부 각각의 이해당사자들로서의 개인과 커뮤니케이션하는 방식을 설명하는 데 활용되었다. 이러한 대화의 과정은 참여하는 집단이 행동이나 의식 모두에서 상호간의 행동에 대한 협조와 의사소통을 위한 공통된 의지가 있을 경우, 참가하는 집단에 유익한 결과를 불러일으키는 데 특히 효과적일 수 있다 (Riva & Galimberti, 1997).

웰치와 풀라(Welch & Fulla, 2005)는 맥밀란과 후앙(McMillan & Huang, 2002)의 "실시간 대화"에서 알려진 것과 같이 주민들(수용자)에게 피드백 기회를 제공하려는 조직의 의지가 양방향의 상호작용적 대화를 가능하게 하는 열쇠라고 주장하였다. 지역주민들에게 지역의 범죄정보를 제공하고 이메일을 통해 의견과 질문을 받도록 한 웹 기반 치안유지 커뮤니티 프로그램에 대한 연구를 통해 이러한 프로그램이 경찰서의 조직구조를 변화시키기 위한 공유된 대화의 공간을 창조하는 데 도움이 된다는 사실을 밝혔다. 이런 참여과정을 통해 얻어지는 즉각적 반응과 구조적 변화는 조직들이 그들의 임무와 권한을 지키고자 하는 책임감과 투명성에 달려있다. 조직과 주민 사이의 전통적 발신자-수신자 커뮤니케이션 관계는 가상공간에서의 대화과정을 통해 통합되어 갈 것이다.

이러한 발견들은 인터넷이 정부, 공공기관, 비영리, 혹은 영리단체를 포함한 모든 기관단체가 국가적 위기 등과 같은 서로에게 중요한 이슈에 대해 각각의 대중과 상호작용적인 쌍방향적 대화를 수행할 수 있는 중요한 수단이 될 수 있음을 보여준다. 힐스와 회너(Hilse & Hoewner, 1998)는 위기순간에 인터넷이 가져올 수 있는 4가지 유형의 폐해— ① 위기 강화(*reinforcing crisis*), ② 터무니없는 위기(온라인상에 유포된 엉터리 이론과 의견들에 의한), ③ 정서적 위기 (*affecting crisis*, 부정적인 정밀조사를 통한), ④ 권위적 위기(*competence crisis*, 온라인에서 전문가들이 기업에 영향을 미칠 수 있는 능력에 기반한)—에 대해 제안하였다. 다른 이들 역시 인터넷이 대중들에게 기업에 관해 폭로하고, 기업이 이러한 상황을 조절할 능력이 없음을 지적함으로써 이에 동의했다(Coombs, 1999; Wheeler, 2001). 인터넷을 통해 위기상황이 전파되는 속도는 기업이 그 대응방식을 구상하는 속도보다 훨씬 빠르므로 많은 기업들은 인터넷을 통해 그들의 위기상황에 대처하거나 상황을 통제하려고 하지 않는다.

예로 페리 등(Perry, Taylor, Doerfel, 2003)의 연구는 50개의 대기업 중 30%가 전국적 수준의 위기(18개월간의 연구기간 동안)를 경험했으며, 이러한 위기상황에 대처하기 위해 인터넷을 활용하지 않은 것으로 보고했다. 인터넷을 통해 위기상황을 대처했던 조직들(64%)은 대중과 소통하기 위해 양방향적 상호작용특성(34%)을 이용하고, 매시간 업데이트를 위한 실시간 모니터링(19%)을 하였으며, 외부견해를 제공하기 위해 링크주소를 연결(38%)하거나, 또한 멀티미디어 프레젠테이션(오디오, 비디오 기록물)을 사용하기도 하였다. 콘웨이 등(Conway, Ward, Lewis, Bernhardt, 2007)의 연구 역시 기업들의 50%만이 그들의 위기 커뮤니케이션 정책에 인터넷을 포함시켰으며, 48%가 비정기적 온라인 모니터링에 관여한다고 밝혔다. 연구자들은 재정적 인적 자원의 부족이 잠정적 위기상황에 대처하기 위한 인터넷을 통한 사전관리가 안 되는 이유로 꼽았다.

(3) 원격업무와 내부 조직커뮤니케이션

조직이 그들의 외부 이해관계자와의 의사소통을 위해 인터넷의 편재성(*ubiquity*)을 활용할 수 있다면, 인터넷은 또한 조직의 내부 커뮤니케이션 필요에 의해 내부 전산망으로도 활용될 수 있다. 예로 홀츠(Holtz, 2006)는 기업 내부의 소통(*dialogue*)을 수행하기 위해 입증된 효과적인 웹기반 인트라넷 채널사용의 중요성에 대해 강조하였다. 그는 ① 인터넷의 푸시(*push*) 기술을 이용하여 기업의 웹콘텐츠를 자동으로 받아볼 수 있는 RSS(혹은 *Really simple syndication*), ② 산업·사내소식을 공유하거나 기업전략에 대해 논의할 수 있도록(블로그 등) CEO와 직원 사이의 대화창구 개설, ③ 관련 연구콘텐츠를 창조하고 편집하거나 프로젝트를 관리하기 위한 위키(wiki), ④ PC나 휴대용 디지털 미디어플레이어를 통해 업데이트하거나 내부논의를 퍼뜨리기 위한 팟캐스팅, ⑤ 직원들이 관심 있거나 중요한 콘텐츠를 쉽게 공유할 수 있도록 돕는 소셜태깅(혹은 Folksonomy와 같은 분류시스템)을 사용할 것을 제안하였다.

그러나 조직 내에서의 커뮤니케이션을 위한 웹기반 기술의 활용 가능성은 아마도 조직의 구조와 특성에 달려있을 것이다. 기업들이 체계적 작업을 위해 그동안 그들의 업무를 꾸준히 공고하고(Zobiff, 1988), 기업과제를 능률적으로 조정했다면, 기업에 기술을 적용하는 것이 항상

희망적인 결과를 도출하지는 않는다. 예로, 라이스와 슈나이더(Rice & Schneider, 2007)는 사무화 과정에서 기존 연필과 종이방식에서 전자업무 방식으로의 전환이 모든 기업의 경비를 감소시키지는 않는다는 것을 발견했다. 조직의 정보조직 업무를 위한 조직능력과 인트라넷 커뮤니케이션 네트워크 활용의 한 흐름으로서 관련된 현상 중 하나는 정보와 커뮤니케이션 기술을 이용함으로써 업무관련 출장을 대체하여 근로자로 하여금 원하는 곳에서 근무가 가능하도록 하는 재택근무(*telework*)를 들 수 있다(Sullivan, 2003).

재택근무라는 아이디어가 개개인들로 하여금 시간과 거리, 물리적 제약에서 자유롭게 하고 동시에 그러면서도 기능적으로 사회(혹은 기업)시스템에 문제없이 참여하도록 하였지만, 아직도 재택근무는 지금보다는 더욱 폭넓게 사용되어야 한다(Pearlson & Saunders, 2001). 완전하진 않지만 연구(Kurland, 2002)에 따르면, 여성들은 아이들을 돌보기 용이하기 때문에, 남성들은 기존 사무실 환경에서 벗어나고자 재택근무를 선택한다.

재택근무의 이점에 대한 주된 주장 중 하나는 재택근무가 근로자로 하여금 얼마나 그들의 가정과 회사생활의 요구 사이의 균형을 더 쉽게 이룰 수 있는지의 문제이다(Britton, Halfpenny, Devine, & Mellor, 2004). 그럼에도 불구하고, 실증적 증거는 이러한 조직적 업무양식이 갖는 잠재적인 긍정적 측면과 부정적 측면 모두를 지적한다. 예로, 만과 홀스워스(Mann & Holdsworth, 2003)는 재택근무자가 외로움, 고립감, 짜증, 격정, 심지어 죄의식까지 느낄 수 있으며, 사무실 근무자에 비해 고도의 정신적 스트레스와 더불

어 물리적 건강의 이상 징후를 경험한다는 사실을 발견하였다. 다른 연구는 재택근무가 근로자로 하여금 가정과 업무 생산성에 대해 더 유연한 사고를 갖게 함으로써 양쪽 모두에 가장 긍정적인 영향을 미친다고 말했다(Hill, Ferris, & Martinson, 2003). 재택근무의 사회적 영향에 대해 언급할 만한 장기적 연구가 없기 때문에, 기업들은 재택근무를 폭넓게 도입하지는 않고 있다(Harris, 2003; Peters & den Dulk, 2003). 애트킨과 라우(Atkin과 Lau, 2007)에 의하면, 근로자와 기업 모두에게 성공적인 재택근무는 양쪽 당사자 모두의 노력에 달려있다.

이러한 조직과 근로자의 헌신은 항상 성장하고 변화하는 기업생태조직체(ecological organism)로서 기업의 전자문화의 초석이 된다. 생동하는 생태조직체라는 개념은 나르디와 오데이(Nardi & O'Day, 1999)의 인재, 실행, 기술, 가치의 적절한 통합의 중요성을 강조하며, 업무중에 변화하는 환경을 수용할 필요가 있는 것과 마찬가지로 유기적 환경에서 웹기반 커뮤니케이션을 다룰 필요가 있음을 설명한 정보생태학(information ecology) 개념과 유사하다. 정보생태학 개념을 확장하여, 나르디와 휘터커(Nardi & Whittaker, 2002)는 업무환경과 독특한 업무방식을 제공하기 위한 특정한 웹기반 기술의 통합효과로서 미디어 생태계라는 개념에 대해 고려하였다. 예로, 나르디 등(Nardi, Whittaker, Bradner, 2000)은 즉각적인 대화를 통해 더욱 효과적인 의사소통 환경을 확립할 수 있도록 하는 인스턴트 메시지가 근로자들로 하여금 직장 동료간의 소속감을 더 공고히 하는 것을 발견했다.

사람들간의 상호작용적인 커뮤니케이션이 사회적으로 존재한다는 것을 입증하는 여러 인지적 경험들은 우리로 하여금 다시 한 번 앞으로 돌아가 우리가 했던 논의의 시발점을 생각하게 한다. 그것은 동기(synchronous) 커뮤니케이션과 비동기 커뮤니케이션 간의 비교이다. 사회적 실제이론은 사회관계의 요소로 거기에 있는(being there)라는 개념을 강조했다(Short, Williams, & Christie, 1976). "상호 협력적" 매체 풍부성 이론(media richness theory)은 불분명한 일일수록 언어적 비언어적 의사소통을 위한 단일화된 대화수단을 제안한다.

사회적 상호작용의 인지된 물리적 특징과 여러 인터넷 커뮤니케이션 양식을 통해 전달된 커뮤니케이션 신호의 목록들을 측정하기 위한 두 이론을 사용했을 때, 온라인 화상회의와 인터넷 뉴스 게시판이 각각 가장 강력하고도 가장 약하기도 한 사회적 실제감과 미디어의 풍부함을 가진 채널로서 평가되었다. 상호작용 기술의 질적 특성과 양적 흐름 모두를 통합시킨 기술적 유동성 이론은 인터넷 미디어의 사회적 역할을 설명하기 위한 인터넷 커뮤니케이션의 기술적 기여에 대해 요약한다. 모든 인터넷 커뮤니케이션 응용프로그램과 그 각각이 갖는 사회적 중요성의 기준점으로서의 인터넷 기술의 유동적 특성과 기술적 기여에 대해 재고해보면, 인터넷 효과에 대한 지금의 논의는 다시 원점으로 돌아온다.

4. 향후 연구의 함의

공통된 사회문화적 관심이나 경제적 필요성에서 발생한 여러 형태의 소문화와 같이, 인스턴트 메시지 서비스와 같은 사회적 의사소통이나 이베이와 같은 상업적 사이트들의 주된 사용자들은 그들의 인터넷 에티켓(*net-etiquettes*)과 신조어(*net-vernaet-a*)들을 만들었다. 우리가 "Kleenex"나 "Xerox"와 같은 단어를 사용하는 방식과 유사하게, "spam", "google it" 등과 같은 인터넷 지향적 전문용어들이 어떻게 우리 주변에 일반화되었는지 살펴봄으로써 일반 대중의 인터넷 이용행태를 통해서 이러한 넷주도적 문화(*net-driven culture*)를 쉽게 관찰할 수 있다.

비록 정보와 커뮤니케이션 기술로서의 인터넷이 우리 사회에서 폭넓게 쓰이고, 사회적 중요성 또한 우리 사회에 뿌리내렸다고 할지라도, 인터넷 이용효과에 대한 커뮤니케이션 연구는 여전히 제한적이다. 실증적 용어(*practical term*)로서 인터넷의 영향은 개인적, 단체적, 조직적, 사회적 단계에서 관찰되고 측정될 수 있는 사회적 변화를 의미한다. 이러한 사회적 변화의 내용은 상당히 분산되어 있을 수 있기 때문에, 개인이 어떠한 방식으로 인터넷을 이용하는가의 맥락에서 연구하는 것이 유익하다(Liewvrouw & Livingstone, 2002).

인터넷 사용방식의 맥락과 〈표 26-1〉에서 보여주는 분류는 인터넷이 잠재적으로 어떻게 쓰일 수 있을지를 단편적으로 보여준다. 마찬가지로 인터넷 효과에 대한 이 논의의 설명에서 제공된 것과 같이 인터넷 사용방식 역시 결코 포괄적이거나 상호 배타적이지 않다. 예를 들어 가정이나 개인적인 단계에서 인터넷이 상호신뢰에 미치는 영향은 함의적일 뿐, 사회화와 사회적 네트워크 맥락 안에서 논의된 것은 아니다. 거짓(*deception*)이나 소문(*rumor*)과 같은 주제는 가상경로를 통해 쉽게 수행되거나 퍼질 수 있으나, 이 장에서는 깊이 다루지 않았다.

인터넷의 영향을 사회적 분류체계로 간단히 나눈다는 어려움은 어쩌면 축복이기도 저주이기도 하다. 이 독특한 미디어 — 모든 이의 모든 것이 될 수 있는 — 의 복잡한 현상을 유동적인 플랫폼(*platform*)을 통해 어떻게 사람들이 동기적으로 혹은 비동기적으로 개인간, 그룹간, 조직간, 혹은 대중적으로 사용하는지를 서술해야 하기 때문이다. 요약했을 때, 우리가 전통적으로 했듯이 인터넷의 영향을 개인단계, 그룹단계, 조직단계, 대중단계로 구분 짓는 것은 그렇게 효과적이지 못하다. 그렇다면 미디어간 커뮤니케이션(*intermedia communication*, Lin, 2002) 혹은 한 사람이 모든 형태의 커뮤니케이션 매체를 사회적, 혹은 기술적으로 소유한다는 개념으로서, 무엇이 인터넷의 활용을 용이하게 하는 것일까?

이 물음의 답은 인터넷 효과의 다차원적 특성을 반영하는 인터넷 효과연구를 위해 연구자들이 채택해야 하는 개념적 틀에 포함된다. 이러한 사회적 포괄적 견해를 이용한 인터넷 효과연구의 좋은 예는 바그와 매킨나(Bargh & McKenna, 2004)의 "인터넷과 사회적 삶"(*The Internet and Social Life*)이라는 연구이다. 이 연구는 개인간의 커뮤니케이션을 직장에서, 개인적 단계에서, 단체에서, 사회단체에서, 그리고 지역단체에서의 단계로 자세히 설명하였다. 다기능적 성향의 인터넷 효과에 대해 설명한 또 다른 사례로는 연구자가 각각 다차원적 특성을 가진 감시, 지식, 커뮤니케이션, 오락, 상업의 기술적 영역을 조사함으로써 커뮤니케이션과 정보기술의 효과에 대해 연구할 것을 제안한 린(Lin, 2007)의 사회적 변화유형 분류체계(*social change typology*)를 들 수 있다. 예로, 커뮤니케이션 영역은 각각의 서로 다른 상호작용 시나리오 사이의 잠재적 상호관계를 연구하는 데 유용한 틀이 될 수 있는 1대 1, 그룹단위, 기관단위 환경의 사회적 상호작용을 망라할 수 있다.

대부분의 출판된 기사들(제한된 공간상의 이유로)과는 다르게 주제와 관련된 광범위한 양상에 대해 다루기 위해서는 주어진 주제에 대한 실증적 발견과 함께 연구의 논의를 설명하기 위한 더욱 포괄적인 상황과 더불어 맥락을 바탕으로 한 이론과 개념적 틀 안에서 주제를 선택하려는 노력이 필요하다. 여러 미디어 또는 인터넷 효과연구의 좁은 목표설정은 가장 기본적인 실험적 환경과 학생표본 사용으로 인해 연구결과의 타당성과 신뢰도에 의문을 제기받는다. 이러한 경고를 마음에 새기며, 연구자가 실험참가자의 실제 인터넷 환경에서 실증적 데이터를 얻기 위한 실험장소가 교실로 국한되는 것을 피해야 하는 것만큼이나 소규모 이론적 틀과 대규모 이론적 틀의 통합을 통해 인터넷 효과를 연구하는 것은 중요하다.

인터넷 효과연구에서 대해 이보다 더 중요하고 긴급한 이슈는 이론의 결여 혹은 지적 에너지와 노력을 더욱 앞당기고 고무할 수 있는 이론적 발전의 결여에 근거를 둔다.

현재 초개인적(hyper personal) 커뮤니케이션 관점 (Walther, 1996), 기술적 유동성 이론(Lin, 2003), 자기규제결핍(LaRose et al., 2003)과 같은 논문들이 인터넷 커뮤니케이션의 효과를 측정할 수 있는 개념적 사고를 제시한 좋은 예이다.

요약하자면, 인터넷의 사회적이고 기술적인 기능을 최대화하려는 재창조과정은 사람들을 인터넷 시장으로 끌어들일 수 있는 컴퓨터 소프트웨어와 무선 모바일 도구(wireless mobile device)의 끊임없는 개발 — 우리의 연구속도와는 별개

로 — 에 있다. 무엇보다도 우리 연구자들이 새롭게 변화하는 인터넷의 사회적 효과를 가장 빠르고 성확하게 측정하도록 더욱 매진해야 한다. 이 장에 수록된 여러 학문을 망라한 긴 문헌목록이 보여주듯이 인터넷 효과연구는 다른 사회과학 연구만큼이나(어쩌면 더욱) 활발히 진행된다.

5. 결 론

사회에 유해하든 유익하든, 생산적이든 비생산적이든, 의미 있든 무의미하든 간에, 전자 커뮤니케이터로서의 개인의 삶과 관련한 인터넷의 사회적 효과는 잠정적으로 긍정적이지도 부정적이지도 않다. 사실상 외롭고, 따돌림 당하고, 우울한 사람들은 사회화의 욕구를 충족시키기 위해 인터넷을 통한 소셜네트워킹에 더 활발히 참여할 것이다. 때문에 오프라인을 통한 사회적 관계에서는 뒤떨어져 있더라도, 온라인에서의 소셜 네트워크는 그들이 생각하는 것만큼이나 현실적인 가상의 사회일원으로서의 자아를 형성할 수 있는 기회를 준다.

인터넷 미디어의 역사적 배경이 짧기 때문에 대인관계와 커뮤니티에서 관계를 형성하거나 관리하는 등 개인적 삶 혹은 직업적 삶에서의 인터넷의 등장이 미치는 장기적 결과에 대한 유토피아적 시각과 디스토피아적인 시각 사이의 논쟁은 계속될 것이다(Wellman, 1997). 그렇기 때문에 인터넷이 사회에 미치는 영향력을 이해하는 열쇠는 인터넷이 사회를 어떻게 바꾸는지가 아니라, 우리가 변화를 어떻게 전개해갈 것인지에 초점을 맞추는 것이다. 이 같은 특성 때문에 의도와 목적에 상관없이 인터넷이란 매체

는 우리가 의도한 그 이상의 혹은 이하의 사회 적, 제도적 결과를 도출할 수 있으며, 이러한 결 과는 우리가 이상적으로 꿈꾸는 인터넷의 효과 그 이상일 수도, 이하일 수도 있다.

참고문헌

Aravosis, J. (2006, August 16). *More fall-outs from GOP Senator George Allen's use of racist slur against Indian-American.* Retrieved August 20, 2007, from http://www. americablog. com/2006/08.

Atkin, D. J., & Lau, T. Y. (2007). Information technology and organizational telework. In C. A. Lin & D. J. Atkin(Eds.), *Communication technology and social change: Theory and implications* (pp. 79-100), Mahwah, NJ: Erlbaum.

Bailey, D. E., & Kurland, N. B. (2002). A review and new directions for telework research: Study telework, not teleworkers. *Journal of Organizational Behavior,* 23(4), 383-400.

Balnaves, M., Mayrhofer, D., & Shoesmith, B. (2004). Media professions and the new humanism. *Journal of Media & Cultural Studies,* 18, 191-203.

Bandura, A. (1991). Human agency: The rhetoric and the reality. *American Psychologist,* 46.

Barak, A., & Fisher, W. A. (2002). The future of Internet Sexuality. In A. Cooper(Ed.), *Sex and the Internet: A guidebook for clinicians* (pp. 260-280). New York: Brunner-Routledge.

Bargh, J. A., & McKenna, K. Y. A. (2004). The Internet and social life. *Annual Review of Psychology,* 55, 573-590.

Bat-Chava, Y. (1994). Group identification and the self-esteem of deaf adults. *Personality and Social Psychology Bulletin,* 20, 494-502.

Blumer, H. (1969). *Symbolic interactionism: Perspective and method.* Englewood Cliffs, NJ: Prentice Hall.

Brenner, V. (1997). Psychology of computer use. XLVII. Parameters of Internet use, abuse and addiction: The first 90 days of the Internet Usage Survey. *Psychological Reports,* 80, 879-882.

Brimber, B. (2000). The study of information technology and civic engagement. *Political Communication,* 17(3), 329-333.

Britton, J., Halfpenny, P., Devine, R., & Mellor, R. (2004). The future of regional cities in the information age: The impact of information technology on Manchester's financial and business service sector. *Sociology,* 38(4), 795-814.

Bucy, E. P., Gantz, W., & Wang, Z. (2007). Media technology and the 24-hour news cycle. In C. A. Lin & D. J. Atkin(Eds.), *Communication technology and social change: Theory and. implications* (pp. 143-163). Mahwah, NJ: Erlbaum.

Burgoon, J. K., Bonito, J. A., Ramierez, A., Dunbar, N. E., Kam, K., & Fischer, J. (2002). Testing the interactivity principle: Effects of mediation, propinquity, and verbal and nonverbal modalities in interpersonal interaction, *Journal of Communication,* 52, 657-677.

Busselle, R., Reagan, J., Pinkleton, B., & Jackson, K. (1999). Factors affecting Internet use in a saturated access population. *Telematics and Informatics*, 16, 45-58.

Buzzell, T., Foss, D., & Middleton, Z. (2006). Explaining use of online pornography: A test of self-control theory and opportunities for deviance. *Journal of Criminal Justice and Popular Culture*, 13(2), 96-116.

Caplan, S. E. (2002). Problematic Internet use and psychological well-being: Development of a theory-based cognitive-behavioral measurement instrument. *Computers in Human Behavior*, 18.

Charlton, J. P., & Danforth, I. D. W. (2007). Distinguishing addiction and high engagement in the context of online game playing. *Computers in Human Behavior*, 23.

Charney, T., & Greenberg, B. S. (2002). Uses and gratifications of the Internet. In C. A. Lin & D. J. Atkin(Eds.), *Communication technology and society: Audience adoption and uses*. Cresskill, NJ: Hampton.

Childers, T., & Krugman, D. (1987). The competitive environment of pay-per-view. *Journal of Broadcasting & Electronic Media*, 31, 335-342.

Conway, T., Ward, M., Lewis, G., & Bernhardt, A. (2007). Internet crisis potential: The importance of a strategic approach to marketing communications. *Journal of Marketing Communications*, 13(3).

Coombs, W. T. (1999). *Ongoing crisis communications: Planning, managing and responding*. London: Sage.

Cummings, J., Butler, B., & Kraut, R. (2002). The quality of online social relationships. *Communications of the ACM*, 45, 103-108.

Daft, R. L., & Lengel, R. H. (1984). Information richness: a new approach to managerial behavior and organizational design. *Research in Organizational Behavior*, 6, 191-233.

Davis, R. (1999). *The web of politics: The Internet's impact on the American political system*. New York: Oxford University Press.

Davis, R. A. (2001). A cognitive behavioral model of pathological Internet use. *Computers in Human Behavior*, 17, 187-195.

Davison, K. P., Pennebaker, J. W., & Dickerson, S. S. (2000). Who talks? The social psychology of illness support groups. *American Psychologist*, 55, 205-217.

Deaux, K. (1996). Social identification. In E. T. Higgins & A. W. Kruglanski(Eds.), *Social psychology: Handbook of basic principles*. New York: Guilford.

Deuze, M. (2003). The web and its journalisms: Considering the consequences of different types of news media online. *New Media & Society*, 5, 203-230.

Dimaggio, P., Hargittai, E., Neuman, W. R., & Robinson, J. P. (2001). Social implications of the Internet. *Annual Review of Sociology*, 27, 307-336.

Ethier, K. A., & Deaux, K. (1994). Negotiating social identity when contexts change: Maintaining identification and responding to threat. *Journal of Personality and Social Psychology*, 67.

Eveland, W. P., & Dunwoody, S. (2002). An investigation of elaboration and selective scanning as method of learning from the web versus print. *Journal of Broadcasting & Electronic Media*, 46.

Eveland, W. P., Seo, M., & Marton, K. (2000). Learning from the news in campaign 2000: An experimental comparison of TV news, newspapers, and online news. *Media Psychology*, 4.

Ferguson, D. A., & Perse, E. M. (2000). The World Wide Web as a functional alternative to television. *Journal of Broadcasting & Electronic Media*, 44(2), 155-174.

Festinger, L. (1954). A theory of social comparison processes. *Human Relations*, 7(2), 117-140.

Flanagan, A. J., & Metzer, M. J. (2000). Internet use in the contemporary media environment. *Human Communication Research*, 27, 153-174.

Fletcher, P. D., Holden, S., & Norris, D. F. (2003). Electronic government at the local level: Progress to date and future issues. *Public Performance and Management Review*, 26(4), 325-344.

Frost, J., & Ariely, D. (2004). Learning and juggling in online dating. In A. Cheema, S. Hawkins, & J. Srivastava(Eds.), *Proceedings of the Society for Consumer Psychology 2004 Winter conference*(pp. 192). Columbus, OH: Society for Consumer Psychology.

Graber, D. A. (2001). Processing politics: Learning from television in the Internet age. Chicago: University of Chicago Press.

Gregson, K. (1998). *Conversations & community or sequential monologues: An analysis of politically oriented newsgroups*, ASIS 1998 Annual Meeting, Orlando, FL.

Griffiths, M. (2000). Does Internet and computer "addiction" exist? Some case study evidence. *Cyberpsychology & Behavio*r, 3, 211-218.

Griffiths, M., & Fox, S. (2007, Septembet 19). *Hobbyists online. Pew Internet & American Life Project*. Retrieved on September 25, 2007, from http:/www. pewinternet. org/PPF.

Gross, E. E, Juvonen, J., & Gable, S. L. (2002). Internet use and well-being in adolescence. *Journal of Social Issues*, 58(1), 75-90.

Griisser, S. M., Thalemann, R., & Griffiths, M. D. (2007). Excessive computer game playing: Evidence for addiction and aggression? *Cyber psychology & Behavior*, 10(2), 290-292.

Harris, L. (2003). Home-based teleworking and the employment relationship: Managerial challenges and dilemmas. *Personnel Review*, 32(4), 422-439.

Hart, T. A., Chaparro, B. S., & Halcomb, C. G. (2006, December, 20). Evaluating websites for older adults: Adherence to "senior-friendly" guidelines and end-user performance. *Behavior & Information Technology*, 27(3), 191-199.

Helgeson, V. S., Cohen, S., Schulz, R., & Yasko, J. (2000). Group support intervention for women with breast cancer: Who benefits from whom? *Health Psychology*, 19, 107-114.

Henke, L., & Donahue, T. R. (1989). Functional displacement of traditional TV viewing by VCR owners. *Journal of Advertising Research*, 29, 18-23.

Hermans, H. J. M. (1996). Voicing the self: From information processing to dialogic interchange. *Psychological Bulletin*, 119, 31-50.

Hermans, H. J. M. (2001). The dialogical self: Toward a theory of personal and cultural positioning. *Culture & Psychology*, 7, 243-281.

Hertlein, K. M., & Piercy, F. P. (2006). Internet infidelity: A critical review of the literature. The

Family Journal: *Counseling and therapy for Couples and Families*, 14(4), 366-371.

Hevern, V. W. (2004). Threaded identity in cyber space: Weblogs & positioning in the dialogical self. Identity: *An International Journal of Theory and Research*, 4(4), 321-335.

Hill, E. J., Ferris, M., & Martinson, V. (2003). Does it matter where you work? A comparison of how three work venues(traditional office, virtual office, and home office) influence aspects of work and personal/family life. *Journal of Vocational Behavior*, 63(2), 220-241.

Hilse, M., & Hoewner, J. (1998). The communication crisis in the internet and what one can do against it. In M. Crimp(Ed.), *Interactive enterprise communication*. Frankfurt: IMK.

Hitlin, P., & Rainie, L. (2005, August). *Teens, technology, and school. Pew Internet & American Life Project*. Retrieved on September 25, 2005, from http:/www. pewinternet. org/pdfs.

Holtz, S. (2006). The impact of new technologies on internal communication. *Strategic Communication Management*, 10(1), 22-25.

Horrigan, J. B. (2004, May 24). *How Americans get in touch with government. Petv Internet & American Life Project*. Retrieved on June 12, 2007, from http:/www. pewinternet. org/pdfs.

Howard, P. E. N., Raine, L., & Jones, S. (2001). Days and nights on the Internet. *American Behavioral Scientist*, 45, 383-404.

Jeffres, L. W., & Lin, C. A. (2006). Metro websites as urban communication. *Journal of Computer Mediated Communication*, 11(4). Retrieved January 22, 2007 from http://jcmc. indiana. edu/volll/issue4.

Jennings, M. K., & Zeitner, V. (2003). Internet use and civic engagement: A longitudinal analysis. *Public Opinion Quarterly*, 67, 311-334.

Jensen, M. (2003, September/October). Emerging alternatives: A brief history of weblogs. *Columbia Journalism Review*, 42(3), 22-25.

Jensen, M. J., Danziger, J. N., & Venkatesh, A. (2007). Civil society and cyber society: The role of the Internet in communication associations and democratic politics. *The Information Society*, 23.

Johansson, A., & Gotestam, K. G. (2004). Problems with computer games without monetary reward: similarity to pathological gambling. *Psychological Reports*, 95(2), 641-650.

Johnson, T. J., & Kaye, B. K. (1998). Cruising is believing? Comparing Internet and traditional sources on media credibility measures. *Journalism & Mass Communication Quarterly*, 75.

Kahn, R., & Kellner, D. (2004). New media and Internet activism: From the "Battle of Seattle" to blogging. *New Media & Society*, 6, 87-95.

Kent, M. L., & Taylor, M. (2002). Toward a dialogic theory of public relations. *Public Relations Review*, 28(1), 21-37.

Kim, J., & LaRose, R. (2004). Interactive e-commerce: Promoting consumer efficiency or impul-sivity? *Journal of Computer Mediated Communication*, 19(1). Retrieved April 2, 2005, from http:/ jcmc. indiana. edu/vollO/issuel/Kim_larose. html.

Kim, S. T, Weaver, D., & Wilnat, L. (2002). Media reporting and perceived credibility of online polls. *Journalism & Mass Communication Quarterly*, 77, 846-864.

Knobloch, S., Carpentier, F. D., & Zillmann, D. (2003). Effects of salience dimensions of information utility on selective exposure to online news. *Journalism & Mass Communication Quarterly*, 89, 91-108.

Kraut, R. E., Patterson, M., Lundmark, V., Kiesler, S., Mukhopadhyay, T., & Scherlis, W. (1998). Internet paradox: A social technology that reduces social involvement and psychological well-being? *American Psychologies*, 53(9), 1017-1032.

Kraut, R., Kiesler, S., Boneva, B., Cummings, V. H., & Crawford, A. (2002). Internet paradox revisited. *Journal of Social Issue*s, 58(1), 49-74.

LaRose, R., & Eastin, M. S. (2002). Is online buying out of control? Electronic commerce and consumer self-regulation. *Journal of Broadcasting & Electronic Media*, 46(4), 549-564.

LaRose, R., Lin, C. A., & Eastin, M. S. (2003). Unregulated Internet usage: Addiction, habit or deficient self-regulation? *Media Psychology*, 5, 225-253.

Lasswell, H. D. (1948). The structure and function of communication in society. In L. Bryson(Ed.), *The communication of ideas*(pp. 37-51). New York: Harper.

Lawson-Borders, G., & Kirk, R. (2005). Blogs in campaign communication. *American Behavioral Scientist*, 49(4), 548-559.

Lemert, J. B. (1984). News content and the elimination of mobilizing information: An experiment. *Journalism Quarterl*y, 61(2), 243-249.

Lenhart, A., & Fox, S. (2006, July 19). *Bloggers: A portrait of Internet's storytellers. Pew Internet & American Life Project.* Retrieved on August 10, 2007, from http://www.pewinternet.org/pdfs.

Liewvrouw, L. A., & Livingstone, S. (Eds.). (2002). *Handbook of new media: social shaping and consequences of ICTs.* London: Sage.

Lin, C. A. (1994). Audience fragmentation in a competitive video marketplace. *Journal of Advertising Research*, 34(6), 1-17.

Lin, C. A. (1999). Predicting online service adoption likelihood among potential subscribers: A motivational approach. *Journal of Advertising Research*, 39(2), 79-89. Lin, C. A. (2001). Audience attributes, media supplementation and likely online service adoption, Mass Communication and Society, 4, 19-38.

Lin, C. A. (2002). Communicating in the information age. In C. A. Lin & D. J. Atkin(Eds.), *Communication technology and society: Audience adoption and uses.* Cresskill, NJ: Hampton.

Lin, C. A. (2003). An interactive communication technology adoption model. *Communication Theory*, 13(4), 345-365.

Lin, C. A. (2007). An integrated communication technology and social change typology. In C. A. Lin & D. J. Atkin(Eds.), *Communication technology and social change: Theory and implications*(pp. 283-307), Mahwah, NJ: Erlbaum.

Lin, C. A., & Salwen, M. B. (2006). Utilities of online and offline news use. In X. Li(Ed.), *Internet Newspapers: The making of a mainstream medium*(pp. 209-225). Mahwah, NJ: Erlbaum.

Lin, C. A., Salwen, M. B., & Driscoll, P. D. (2005). Online news as a functional substitute for offline news. In M. B. Salwen, B. Garrison, & P. D. Driscoll (Eds.) *Online news and the public* (pp. 237-255). Mahwah, NJ: Erlbaum.

Lowrey, W., & Choi, J. (2006). The web news story and cognitive flexibility. In X. Li (Ed.), *Internet Newspapers: The making of a mainstream medium* (pp. 99-117). Mahwah, NJ: Erlbaum.

Madden, M. (2006, April). *Internet penettation and impact. Pen; Internet & American Life Project.* Retrieved on August 20, 2007 from http:/www.pewinternet.org/pdfs/PIP_Internet_Impact.pdf.

Madden, M. (2007, July 25). *Online video. Internet & American Life Project.* Retrieved on August 25, 2007 from http:/www.pewinternet.org/pdfs/PIP_Online_Video_2007.pdf.

Madden, M., & Rainie, L. (2005, March). *Music and video downloading moves beyond P2P.* Pew Internet & American Life Project. Retrieved on August 25, 2007, from http://www.pewinternet.org/pdfs.

Mann, S., & Holdsworth, L. (2003). The effects of home-based teleworking on work-family conflicts. *Human Resources Development Quarterly*, 14, 35-38.

Matheson, D. (2004). Weblogs and the epistemology of the news: Some trends in online journalism. *New Media & Society*, 6, 443-468.

McKay, H. G, Glasgow, R. E., Feil, E. G, Boles, S. M., & Barrera, M. (2002). Internet-based diabetes management and support: Initial outcomes from the diabetes network project. *Rehabilitation Psychology*, 47, 31-48.

McKenna, K. Y. A., & Bargh, J. A. (1998). Coming out in the age of the Internet: Identity "demarginalization" through virtual group participation. *Journal of Personality and Social Psychology*, 75, 681-694.

McKenna, K. Y. A., & Bargh, J. A. (1999). Causes and consequences of social interaction on the Internet: A conceptual framework. *Media Psychology*, 1, 249-269.

McKenna, K. Y. A., & Bargh, J. A. (2000). Plan 9 from cyber space: The implications of the Internet for personality and social psychology. *Personality and Social Psychology Review*, 4.

McKenna, K. Y. A., Green, A. S., & Gleason, M. E. J. (2002). Relationship formation on the Internet: What's the big attraction? *Journal of Social Issues*, 58, 9-31.

McMillan, A., & Huang, J. (2002). Measures of perceived interactivity: An exploration of the role and direction of communication, user control, and time in shaping perceptions of interactivity. *Journal of Advertising*, 3, 29-42.

Moon, M. J. (2002). The evolution of e-government among municipalities: Rhetoric or reality? *Public Administration Review*, 62(4), 424-433.

Morahan-Martin, J., & Schumacher, P. (2000). Incidence and correlates of pathological Internet use among college students. *Computers in Human Behavior*, 16, 13-29.

Muhlberger, P. (2005). Human agency and the revitalization of the public sphere. *Political Communication*, 22(2), 163-178.

Mundell, E. J. (2007, June 27). *Video games' addictive nature unclear: AMA. HealthDay Reporter*, Retrieved July 2, 2007, from http://www.healthday.com.

Musso, J., Weare, C., & Hale, M. (2000). Designing web technologies for local governance reform:

Good management or good democracy? *Political Communication*, 17, 1-19.

Nardi, B., & O'Day, V. (1999). *Information ecologies: Using technology with heart.* Cambridge, MA: The MIT Press.

Nardi, B., & Whittaker, S. (2002). The place of face to face communication in distributed work. In P. J. Hinds & S. Kiesler(Eds.), *Distributed work: New research on working across distance using technology*(pp. 83-110). Cambridge, MA: MIT Press.

Nardi, B., Whittaker, S., & Bradner, E. (2000). Interaction and outreaction: Instant messaging in action. Proceedings of conference on Computer Supported Cooperative Work(CSCW) (pp. 79-88). Philadelphia: ACM Inc.

Ng, B. D., & Wiemer-Hastings, P. (2005). Addiction to the Internet and online gaming, *Cyberpsychology & Behavior*, 8(20), 110-113.

Norris, P. (1998). Virtual democracy. Harvard International *Journal of Press/Politics*, 3, 1-4.

Parker, B. J., & Plank, R. E. (2000). A uses and gratifications perspective on the Internet as a new information source. *American Business Review*, 18, 43-49.

Parks, M. R., & Floyd, K. (1995). Making friends in cyber space. *Journal of Communication*, 46.

Pearce, K. A., & Pearce, B. W. (2001). The public dialogue consortium's school-web dialogue process: A communication approach to develop citizenship skills and enhance school climate. *Communication Theory*, 11, 105-123.

Pearlson, K. E., & Saunders, C. S. (2001). There is no place like home: Managing telecommuting paradoxes. *Academy of Management Executive*, 15(2), 117-129.

Perry, D. C., Taylor, M., & Doerfel, M. L. (2003). Internet-based communication in crisis management. *Management Communication Quarterly*, 17(2), 206-232.

Peters, P., & den Dulk, L. (2003). Cross-cultural differences in managers' support for home-based telework: A theoretical elaboration. *International Journal of Cross-Cultural Management*, 3.

Pew/Internet. (2007a, January 11). *Demographic of Internet users. Pew Internet & American LifeProject.* Retrieved on August 10, 2007, from http://www.pewinternet.org/trends.

Pew/Internet. (2007b, June 11). *Internet activities. Pew Internet & American Life Project.* Retrieved on September 10, 2007, from http://www.pewinternet.org/trends/Internet_Activities_8.28.07.

Reagan, J., & Lee, M. J. (2007). Online technology, edutainment, and infotainment. In C. A. Lin & D. J. Atkin(Eds.), *Communication technology and social change: Theory and implications* (pp. 183-200), Mahwah, NJ: Erlbaum.

Rice, E. R., & Schneider, S. (2007). Information technology: analyzing paper and electronic desktop artifacts. In C. A. Lin & D. J. Atkin(Eds.), *Communication technology and social change: Theory and implications*(pp. 101-121), Mahwah, NJ: Erlbaum.

Riva, G., & Galimberti, C. (1997). The psychology of cyberspace: A socio-cognitive framework to computer-mediated communication. *New Ideas in Psychology*, 15, 141-158.

Salguero, R. A. T., & Moran, R. M. B. (2002). Measuring problem video game playing in adolescents. *Addiction*, 97, 1601-1606.

Schau, H. J., & Gilly, M. C. (2003). We are what we post? Self-presentation in personal web space. *Journal of Consumer Research*, 30(3), 385−404.

Shah, D. Y, Cho, J., Eveland, W. P., & Kwak, N. (2005). Information and expression in a digital Age. *Communication Research*, 32(5), 531-564.

Shapira, N. A., Goldsmith, T. D., Keck, P. E., Khosla, U. M., & McElroy, S. L. (2000). Psychiatric features of individuals with problematic internet use. *Journal of Affective Disorders*, 57.

Shapiro, J. S. (1999). Loneliness: Paradox or artifact? *American Psychologies*, 54(9), 782-783.

Sheeks, M. S., & Birchmeier, Z. P. (2007). Shyness, sociability, and the use of computer-mediated communication in relationship development. *Cyber Psychology & Behavior*, 10.

Short, J., Williams, E., & Christie, B. (1976). *The social psychology of telecommunications*. London: Wiley.

Shouten, J. W. (1991). Selves in transition: symbolic consumption in personal rites of passage and identity re-construction. *Journal of Consumer Research*, 17(March), 412-425.

Solomon, M. R. (1983). The role of products as social stimuli: A symbolic interactionism perspective. *Journal of Consumer Research*, 19(3), 319-329.

Song, L, LaRose, R., Eastin, M. S., & Lin, C. A. (2004). Internet gratifications and Internet addiction: On the uses and abuses of new media. *Cyber Psychology & Behavior*, 7, 384-394.

Spiro, R., & Jehng, J. (1990). Cognitive flexibility and hypertext: Theory and technology for the non-linear and multidimensional traversal of complex subject matter. In D. Nix. & R. Spiro(Eds.), *Cognition, education and multimedia: Exploring ideas in high technology*. Hillsdale, NJ: Erlbaum.

Stempel, G. H., Hargrove, T., & Bernt, J. P. (2000). Relation of growth of use of the Internet to changes in media use from 1995-1999. *Journalism & Mass Communication Quarterly*, 77. 71-79.

Stephenson, W. (1988). *The play theory of mass communication*. New Brunswick, NJ: Transaction.

Sullivan, C. (2003). What's in a name? Definitions and conceptualisations of teleworking and homeworking. New Technology, *Work & Employment*, 18(3), 158-165.

Talamo, A., & Ligorio, B. (2001). Strategic identities in cyber space. *Cyber psychology & Behavior*, 4.

Taylor, M., & Kent, M. L. (2004). Congressional web sites and their potential for public dialogue-Atlantic. *Journal of Communication*, 12(2), 59-76.

Tewksbury, D. (2003). What do Americans really want to know? Tracking the behavior of news readers on the Internet. *Journal of Communication*, 53(4), 694-710.

Tewksbury, D., & Althaus, S. L. (2000). Differences in knowledge acquisition among readers of the paper and online versions of a national newspaper. *Journalism & Mass Communication Quarterly*, 77.

Thomas, J. C., & Streib, G. (2005). E-democracy, E-commerce, and E-research: Examining the electronic ties between citizens and governments. *Administration & Society*, 37(3), 259-279.

Tolbert, C., & McNeal, R. (2003). Unraveling the effects of the Internet on political participation. *Political Research Quarterly*, 56, 175-185.

Trevino, L., Lengel R., & Daft, R. (1987). Media Symbolism, Media Richness, and Media Choice in Organizations. *Communications Research*, 14(5), 553-574.

Turkle, S. (1997). *Life on the screen: Identity and the age of the Internet*. New York: Touchstone.

Waldfogel, J. (2002). *Consumer substitution among media.* Philadelphia: Federal Communications Commission Media Ownership Working Group.

Walther, J. B. (1996). Computer-mediated communication: Impersonal, interpersonal, and hyperpersonal interaction. *Communication Research*, 23, 3－43.

Walther, J. B., & Boyd, S. (2002). Attraction to computer-mediate social support. In C. A. Lin & D. J. Atkin(Eds.), *Communication technology and society: Audience adoption and uses.* Cresskill, NJ: Hampton.

Walther, J. B., & Parks, M. R. (2002). Cues filtered out, cues filtered in. Computer-mediate:: communication and relationship. In M. L. Knapp & J. A. Daly(Eds.), *Handbook of inter-personal communication*(3rd ed., pp. 529-563). Thousand Oaks, CA: Sage.

Walther, J. B., Loh, T., & Granka, L. (2005). Let me count the ways: The interexchange of verbal and nonverbal cues in computer-mediated and face-to-face affinity. *Journal of Language an-Social Psychology*, 24(1/1), 36-65.

Welch, E. W., & Fulla, S. (2005). Virtual interactivity between government and citizens: The Chicago police department's citizen application demonstration case. *Political Communication*, 22.

Wellman, B. (1997). The road to Utopia and dystopia on the information highway. *Contemporary Sociology*, 26(4), 445-449.

Wellman, B., Quan Hasse, A., Witte, J., & Hampton, K. (2001). Does the Internet increase, decrease, or supplement social capital? Social networks, participation, and community commitment. *American Behavioral Scientist*, 45(3), 436-455.

Wheeler, A. (2001). What makes a good corporate reputation. In A. Jolly(Ed.), *Managing corporate reputations*(pp. 7-11), London: Kogan Page.

William, D., & Skoric, M. (2005). Internet fantasy violence: A test of aggression in an online game. *Communication Monographs*, 72, 217-233.

Williams, A. P., Trammell, K. D., Postelnicu, M., Landreville, K., & Martin, J. (2005). Blogging and hyperlinking: Use of the Web to enhance viability during 2004 U.S. campaign. *Journalism Studies*, 6, 177-186.

Wright, C. R. (1986). *Mass communication: A sociological perspective*(3rd ed). N. Y.: Random House.

Wright, K. (2000). Computer-mediated social support, older adults, and coping. *Journal of Communication*, 50(3), 100-118.

Yahoo! Inc. (2007). *Connect with a world of people who share your passions.* Retrieved on September 2, 2007, from http://groups.yahoo.com.

Young, K. S. (1996). *Addictive use of the Internet: A case that breaks the stereotype.* Psychological Reports, 79, 899-902.

Young, K. S. (1998). *Caught in the Net: How to recognize the signs of Internet addiction―and a winning strategy for recovery.* New York: Wiley.

Young, K. S. (1999). Internet addiction: symptoms, evaluation and treatment. In L. Van de Creek & T. Jackson (Eds.), *Innovations in clinical practice: A source book* (pp. 19-31). Sarasota, FL: Professional Resources Press.

Yurchisin, J., Watchravesringkan, K., & McCabe, D. B. (2005). An exploration of identity recreation in the context of Internet dating. *Social Behavior and Personality*, 33 (8), 735-750.

Zuboff, S. (1988). *In the age of the smart machine: The future of work and power* (3rd ed.). New York: Basic Books.

제 27 장

모바일커뮤니케이션의 효과

스콧 캠벨(Scott W. Campbell, 미시간 대학)
리치 링(Rich Ling, 텔레노리서치/미시간 대학)

모바일 커뮤니케이션 기술의 핵심적 중요성들에 대해 개괄하기에 앞서, 이 기술이 미디어 효과 패러다임의 시각에 잘 들어맞는지에 대해 간략히 논의할 것이다. 지나친 단순화의 위험을 무릅쓰고, 이 글에서는 미디어 효과 패러다임을 매스미디어 콘텐츠가 수용자 행동과 태도에 어떻게 영향을 미치는지를 이해하기 위한 틀로 이해하였다. 공정하게 말하면, 미디어 효과연구의 전통이 미디어 콘텐츠에 대한 노출에 근본적 초점을 맞춘 그 근원을 넘어서 실질적으로 성장했음을 이해하는 것은 중요하다. 사실, 이 책의 몇몇 장은 미디어 효과 패러다임이 어떻게 수용자의 특성, 수용자들의 미디어 이용, 미디어 생산과 소비과정에 대한 이해를 확장시켰는가에 초점을 맞춘다. 예를 들어, 맥클라우드 등 (McLeod, Kosicki, & McLeod, 2002)은 "정치적 커뮤니케이션 효과를 이해하기 위해서는 그것의 사회정치학적 환경의 의존성 때문에 다른 형태의 미디어 효과연구들에서 다루어졌던 것보다 더 광범위한 시간적 · 공간적 맥락을 검토할 필요가 있다"고 설명하였다. 그들은 미디어 효과연구의 전통을 확장하기 위해서는 규범적 기대들, 제도적 수행, 미디어의 제약점과 관습들, 그리고 핵심적인 정치행위자 및 개인수용자들에 대한 효과를 포함시켜야 한다고 주장했다. 이들처럼 필자들 역시 미디어효과 패러다임이 이동전화(*mobile telephony*)라는 특정한 미디어 환경의 함의를 탐구하는 데 효과적 렌즈로 기여하기 위해서는 그 패러다임의 조정을 제안하는 바이다.

미디어효과 패러다임을 확장하기 위한 우리 주장의 밑바탕에는 커뮤니케이션 기술들과 그것을 이용하는 이용자간의 관계성이 근본적으로 변했다는 것을 전제로 한다. 그것은 수용자들이 전송된 방송메시지를 수용하던 것에서 콘텐츠의 배포와 생산에 상호작용적으로 참여하는 것으로의 변화이다.

오늘날 "뉴 미디어"의 많은 효과들은 매스커뮤

니케이션 콘텐츠들과 연결되었다기보다는 점대점의 네트워크 상호작용(*point to point networked interactions*)과 결부된 과정과 연결되어 있다. 따라서 우리는 매스커뮤니케이션 채널의 함의를 넘어서 대인간 매개된 상호작용의 영역에 대해 미디어 효과 패러다임의 확장을 시도할 것이다. 이것이 함의하는 것은 메시지가 의도된 수용자(광고, 프로그램, 방송물)에게 광범위하게 전달되던 상황에서 상호작용하는 특정한 개인에게 메시지가 다가가는 상황으로 옮겨가고 있다는 것이다. 이와 함께 미디어효과에 대한 논제 역시 어느 정도 변화하였다. 방송시대의 논제는 메시지 생산시스템과 매개시스템의 집합적 영향이 메시지를 다소 수동적으로 수신하는 개인들의 태도와 행동에 일련의 영향을 미친다는 것을 제안한다. 점대점(*point to point*) 매개형식에서 개인들은 수동적이지 않다(상대방에게 소리치거나, 친근하게 말을 주고받을 수 있다). 그리고 지금의 "미디어 효과" 논제는 보다 직접적으로 매개시스템의 효과에 놓여 있다. 결국, 대부분의 경우에서 메시지의 생산은 단지 다른 한 개인일 뿐이다. 그래서 예를 들어 같은 장소에 있는 것과 전화통화를 하는 것의 중요한 차이는 두 개인 사이에 기술적 매개시스템이 존재하는지의 여부이다. 이러한 유형의 상호작용에는 방송매체에서와 같이 광범위한 콘텐츠 생산과정이 존재하지 않는다. 우리는 매개시스템 — PC 혹은 이동전화 — 이 대화에 참여하는 사람들의 상호작용방식과 일정부분 그들의 사회적 접촉방식을 재구성하는지에 대해 문제를 던질 수 있다.

1950년대의 TV처럼, 무선 커뮤니케이션은 우리시대를 규정하는 미디어의 하나로서 부상했으며, 이는 가장 빠른 속도로 성장하는 커뮤니케이션 기술이라는 점에서도 확인된다(Castells, Fernandez-Ardevol, Qiu, & Sey, 2007). 이와 같은 폭발적 성장으로 인해 실상 느리게 발표되는 전 세계 이동통신 가입자 수치를 인용하는 등은 헛된 것이 되었다. 따라서 우리는 이 장에서는 가입자 수가 10억을 훨씬 넘겼으며 지속적으로 증가 추세라는 점만 간략히 지적하겠다(ITU, 2007). 캠벨과 파크(Campbell & Park, 2008)는 이런 보급률과 이와 관련한 사회적 중요성을 고려할 때, 우리사회가 매스미디어의 시대를 지나 개인 커뮤니케이션 기술이라는 새로운 시대에 진입했다고 주장하였다.

마셜 맥루한(Marshall McLuhan, 1964)은 "미디어는 메시지이다"(*The medium is the message*)라는 선언으로 유명하다. 이를 통해 그는 사회적 질서를 형성하는 커뮤니케이션 기술의 특성을 설명하였다. 그의 논거에 따르면, 인쇄매체는 시각적 시대를 열었으며, 반면 라디오와 TV, 그리고 영화는 매스미디어의 시대로 우리를 안내하였다. 맥루한은 또한 "미디어는 마사지다"(*The medium is massage*)라는 문구로도 유명한데, 이것은 다음과 같은 이중적 의미를 갖는다. ① 미디어가 주어진 메시지 내용을 마사지한다. ② 그의 시대에 우세한 미디어는 "대중"(*mass*) 시대의 특성을 가졌다. 현재 우리는 기술이 사회를 결정한다는 맥루한의 지향점과는 다르다. 그러나 우리는 사회적 질서가 어떤 방식으로 생산되고 커뮤니케이션 시스템을 통해 어떻게 재생산되는지를 이해하는 렌즈로서 그것들을 언급하는 것이 가치 있다는 것을 안다. 이러한 점에서 우리는 20세기 대부분은 대중의 시대로 특징지어진다는 데 동의한다. 이는 20세기 후반까지 지속되며, 매스커뮤니케이션 채널은 그 시기1의 지배적 미디어였다.

1980년대와 1990년대에 걸쳐 우리는 매스미디어시대에서 카스텔(Castells, 2000)이 이름붙인 이른바 "네트워크 사회"(*the network society*)로의 중요한 시대적 전환을 목격했다. 카스텔의 기본적 생각은 교통의 발전뿐만 아니라 정보와 개인용 컴퓨터와 인터넷과 같은 커뮤니케이션 기술(ICT: *Information and Communication Technology*)의 발전이 사회질서를 근본적으로 변동시키는 — 거시적이고 미시적인 차원을 모두 포함하는 — 자양분이라는 것이다(그러나 원인은 아니다). 이러한 새로운 사회는 유연적이며, 공간을 공유하기보다는 관심을 공유하는 것에 기초한 탈중심화된 네트워크의 노드로 특징지어 말할 수 있다. 바꿔 말하면, 커뮤니케이션 기술과 이용자 사이의 관계가 변했는데, 그 방향은 방송메시지를 수신하는 것에서 점대점 네트워크상의 동일한 미디어를 이용하는 이용자들이 콘텐츠를 능동적으로 찾고, 생산하며, 공유하는 방식으로 변했다는 것이다. 기술과 사회 사이의 이러한 변화는 타자와의 연결, 그리고 커뮤니티에 관여하기 위한 새로운 방식(Bimber, 1998; Katz & Aspen, 1997; Reingold, 1993)에 대한 소외와 사회적 고립의 증가(예: Kraut et al., 1998; Nie & Erbring, 2000 참조)를 포함한 새로운 사회적 결과를 야기하였다는 점은 놀랄 만한 사실이 아니다. 캠벨과 파크(Campbell & Park, 2008)는 모바일 기술의 광범위한 수용과 이용은 네트워크 사회의 또 다른 국면을 맞이한 것으로서 이는 주로 기술과 이용자의 관계에서 한층 강화된 개인화(*personalization*)로 특징지을 수 있다고 주장했다. 이러한 모바일 기술을 통해 우리는 지역이 아닌 개인에게 전화를 건다. 이 같은 주장은 카스텔 등(Castell et al., 2007)이 이미 다룬 "모바일 네트워크 사회"(*mobile network society*)를 재차 되새기는 것이다. 비록 카스텔은 모바일에 더하여 비모바일까지(예: TIVO) 포함하여 증가된 미디어 개인화의 집중화를 강조했고, 후자인 캠벨과 파크는 모바일 기술의 이동성을 지적했다는 차이는 있지만 같은 맥락이다. 모바일 커뮤니케이션이 새로운 개인화 커뮤니케이션 사회의 부상을 의미하든 아니든, 모바일 네트워크사회 혹은 간단하게 말해 커뮤니케이션 기술의 이 같은 새로운 조류는 그 기술에 노출되는 것과 폭 넓게 성장하는 것에 따라 몇 가지 사회적 결과가 나타난다.[2]

이 장의 목표는 기술의 이용이 개인의 삶을 어떻게 변화시키는지를 살펴봄으로써, 모바일 전화의 몇 가지 핵심적 효과를 검토하는 데 있다. 이를 통해, 우리는 매스미디어의 효과에서 나아가서, 점대점 네트워크 상호작용(*point-to-point network*) 영역으로 뻗어나갈 것이다.

1. 조직화를 위한 새로운 형식

모바일커뮤니케이션은 개인이 다른 이들과 어울리는 방식에 큰 영향을 미치는 공간과 시간에 대한 사람들의 지향(Ling & Campbell, 2008)

---

1 저자 주: 이 시기 역시 점대점 커뮤니케이션 형태 역시 분명히 존재하였다. 전통적인 지상통신선을 이용한 전화는 사실 라디오, TV, 영화 등 매스미디어 형태가 등장하기도 전부터 존재했다(Fischer, 1992).

2 저자 주: 비록 그들이 "모바일 네트워크 사회"라는 용어를 제기하기는 하였지만, 카스텔 등(Castell et al., 2007)은 다양한 사례를 통해 그것은 자율성이 있으며, 이동성이 그 기술의 최고의 매력은 아니라고 제안하였다.

을 변화시켰다. 다른 사람들과 어울리기 위해 모바일 기술을 이용하는 것은 타인과 약속을 정할 때 일정을 잡는 것을 쉽게 하고 상당한 유연성을 가져준다. 링(Ling, 2004)은 "휴대전화가 유비쿼터스하게 어디에나 편재함에 따라 시간에 기반한 사회적 조정력(time based social coordination)과 경쟁하거나 이것을 보완하게 되었다. 기계적으로 시간을 엄수해야 하는 것에 의존하는 대신, 휴대전화는 여러 가지 측면에서 시간기반의 조정보다 더 상호작용적이며, 더 유연한 직접적 접촉을 허용한다"고 지적하였다. 링과 이트리(Ling & Yttri, 1999, 2002)는 이러한 형태의 휴대전화 이용을 "미시 조정"(micro-coordination)이라고 특징지으면서, 여기에는 기본적 경로관리(basic logistics)(예: 이미 출발한 여행계획을 새롭게 바꾸는 것), 유연한 일정(예: 자신이 늦는다는 것을 약속한 사람에게 전화로 알려주는 것), 상세한 개방형 계획들을 채우는 것과 같은 적극적인 개선활동 등을 포함하는 다양한 층위를 수반함을 제안하였다. 이와 같은 휴대전화의 중요한 이용은 또래집단, 가족, 직장 등을 포함해서 사회적 생활의 여러 영역에서의 조정패턴을 변화시켰다.

어떤 이들은 모바일커뮤니케이션을 또래 사이의 면대면(face to face) 커뮤니케이션을 대체하는 것으로 생각하지만, 연구에 의해 이와는 반대되는 결과가 입증되었다. 모바일 기술의 이용은 사실상 면대면 사교성을 증가시키는 것으로 나타났다(Hashimoto et al., 2000; Ishii, 2006). 결국 휴대전화에 대한 이러한 결과는 부분적으로, 사회적 조직화를 위한 자원으로서 모바일 기술의 가치 덕분이라고 말 할 수 있다. 그 예시로서 캠벨과 루소(Campbell & Russo, 2003)가

수행한 사회적 네트워크연구에 참가한 사람들은 연례적인 재즈 페스티벌에서 만나기 위해 친구들과 약속을 정하는 과정에서 모바일 커뮤니케이션이 전통적 방식을 대체하는 상황들에 대해 진술했다. 한 참가자는 "해야 할 것이라고는 친구에게 전화해서 '어디야? 어디어디서 보자'라고 말하는 것밖에 없어요. 모든 친구들이 특정한 장소에서 모일 때까지 한 친구가 다른 친구에게 전화하는 거죠."

이는 모바일 기반의 점대점 — 혹은 대인간(perhaps person to person) — 상호작용이 우리 행동에 현실적이고 직접적인 영향을 미침을 보여준다. 요약하면, 모바일커뮤니케이션의 미디어효과는 사회적 조직화의 형태를 개선한다. 모바일 커뮤니케이션은 가족구성원, 특히 맞벌이부부나 바쁜 부모가 있는 가구의 조직화 양상을 변화시켰다(Frissen, 2000). 모바일 휴대전화는 가족구성원이 계획에 없던 집안일을 확인하고 전달하고, 관리하는 것을 허용한다. 게다가, 부모들은 모바일 커뮤니케이션을 이용하여 자녀들과의 시간조정과 관리를 더 쉽게 할 수 있다. 링(Ling, 2004)의 연구에 포함된 인터뷰에서는 다음과 같이 "막내 음악학원에 데려다 줄 수 있어요?", "아이 좀 데려와 줄래요?", "슈퍼마켓에서 우유 좀 사올래요?" 등 남편과의 메시지를 교환한 사례를 참가자들이 진술하였다. 이 연구에서 다른 부모들도 이와 비슷한 여러 사례를 제공하였다.

라코우와 나베로(Rakow & Naverro, 1993)는 이와 같은 기술이용을 "원격 보살핌"(remote mothering)이라고 특성 짓고, 이처럼 모바일커뮤니케이션 기술이 여성들에게 유연하게 가정의 책무를 관리할 수 있도록 하는 이점을 제공하지만, 한편

으로 여성들을 그들 가정에서의 역할에 더 묶어둠으로써 성불평등을 강화시키는 부정적 결과를 초래할 수도 있다고 설명하였다.

휴대전화의 도구적 사용이 혜택과 도전을 보여주는 영역은 직장이다(Andrissen & Vartiainen, 2006; Julsrud, 2005; Julsrud & Bakke, 2008). 사실, 많은 개인에게 "직장"이라는 용어는 컴퓨터와 전화의 이용으로 구식이 되었다. 지난 10년간 학자들은 전통적으로 집에서의 근무를 의미하는 원격근무(telework)의 효과와 실행에 대해 연구하였다(Vartiainen, 2006). 모바일 기기의 이용은 모바일 근무(mobile work)로 알려진 고용형태를 낳았고 이는 원격근무와 다른 의미를 띤다. 원격 근무자(teleworks)와 같이 모바일 근무자(mobile workers)들도 사무실의 고정된 위치 이외의 공간에서 시간을 보낸다. 그러나 모바일 근무자는 물리적으로 움직인다는 점이 다르다. 사실, 업무수행을 위해 주어진 장소로 움직이는 현장 근무자, 이곳저곳으로 지속적으로 움직이며 유목적 모바일 근무자 등 그 유형은 다양하다(Lilischkis, 2003). 유연성, 적응성, 그리고 자원에의 접근할 수 있는 기회를 확장하는 점 등 모바일 근무의 혜택은 다양하다. 바르티애넨(Vartiainen, 2006)은 "어디에 있는지 혹은 언제인지에 상관없이 근무자에게 정보를 빠르게 전달하는 능력을 증가시킴으로써" 표준근무과정을 재정의하였다고 설명하였다. 원칙적으로 물리적이고 가상적인 이동은 근무자에게 소비자와 더 가까이 있을 기회를 제공하는 동시에, 이동한 후 혹은 이동하는 동안 연결된 기업의 자원에 접근하는 것을 용이하게 한다.

그러나 모바일 근무의 효과 역시 부정적 측면이 있다. 의심의 여지없이 모바일 근무는 커뮤니케이션의 문턱을 낮춤으로써 자원 및 동료에 대한 접근을 쉽게 한다. 그러나 종종 이러한 문턱은 여러 사회생활 영역을 구분 짓는 유익한 목적을 제공하기도 한다. 사생활과 업무의 구분된 경계를 침범했을 때가 그 사례가 될 수 있다. 직업 가정 구성원(working family members)에 대한 2년간의 연구를 통해 체슬리(Chesley, 2005)는 모바일 커뮤니케이션이 남성과 여성 모두에게 큰 스트레스를 초래하면서 개인업무가 가정으로 번지는 원인이 될 수 있음을 발견하였다. 이 연구는 이러한 침범이 양방향성을 갖기 때문에 여성에게 더 심각한 영향을 미친다고 밝혔다. 이는 직장여성이 가정에서 업무에 대한 걱정을 하는 경험뿐만 아니라 기술의 이용 역시 그들을 업무환경으로 끌어들임으로써 가정생활의 이슈들의 원인이 된다.

그러므로 모바일을 매개로 한 조직화(mobile-mediated coordination)의 효과는 상금도 주지만 비용도 요구한다. 한편으로는 타인과 약속을 정할 때 일정을 국한시키는 것으로부터 큰 유연성과 자유도를 갖게 한다. 역설적으로 이 새로운 자유도는 조절력의 상실감을 느끼게 하거나, 개인이 모바일 커뮤니케이션에 의해 위태로워진 경계를 유지하려 발버둥치는 등의 정신적 고통을 맛보게 하기도 한다. 다시 말하면, 모바일 커뮤니케이션 기술의 맥락에서 행동적 그리고 태도적 영향이 있다.

2. 관계적 커뮤니케이션을 위한 새로운 형식

조직화와 함께 모바일커뮤니케이션은 개인이

개인적인 관계를 발전시키고 유지하는 방식에도 엄청난 영향을 미쳤다. 휴대전화는 특성상, 개인용 기술이다. 이것은 몸에 지니고 심지어는 착용하기도 함으로써 이용자와 함께 움직이기 때문에 언제 어디서든 사용될 수 있다. 게다가 휴대전화 가입자들은 어느 정도 사생활을 보장할 수 있는 개인계정과 전화번호를 소유하려는 경향이 있다. 문자메시지 보내기는 다른 사람의 "레이더 아래로" 교환될 수 있기에 프라이버시를 더 강화시켜 준다. 총괄해서 보면, 이러한 기술의 활용은 고도로 개인적 환경을 조성하며, 이는 개인적 커뮤니티 네트워크상에서의 커뮤니케이션 패턴에 대한 큰 효과가 왜 생기는지를 설명한다.

이번 부분에서는 모바일 기술을 이용하는 사람들이 이를 어떻게 쓰고 사회적 네트워크에서의 유대를 어떻게 재강화하는지에 관한 일부 주요 변화들과 이러한 변화가 개인과 또래집단에 어떻게 영향을 미치는지에 대해 논의할 것이다.

모바일 커뮤니케이션이 사교성(sociability)에 미치는 가장 명백한 효과 중 하나는 네트워크 연결망에 대한 "빈번한 연결" 상태를 만들 수 있다는 점이다(Katz & Aakhus, 2002). 비록 이용중에 커뮤니케이션 채널이 작동되지 않는 경우라도, 친구들과 커뮤니케이션이 가능하다는 심리적 안정이 있으며, 커뮤니케이션이 가능하다는 이런 감각은 사람들이 기술과 사람들 서로서로에 어떻게 지향하는지를 형성한다(Campbell, 2008). 링과 이트리(Ling & Yttri, 1999, 2002)는 휴대전화의 관계적 이용을 하이퍼-조직화(hyper-coordination)라고 별명을 붙였다.

놀랄 것도 없이 모바일기술의 이용에서 나온 하이퍼 조직화와 높은 연결감은 사회적 네트워크의 유대성(social network tie)을 강화시킨다. 이러한 연결성의 강화를 더 넘어서, 모바일 기술의 이용은 가까운 친구와 가족구성원 사이의 사교의 새로운 형태를 이끌어냈다.

물론, 관계적 커뮤니케이션을 위한 전화망의 이용은 전혀 새로운 것이 아니다. 전통적 유선전화의 기초기능은 가족구성원이나 친구와의 연락유지이다. 이러한 전화의 이용은 "일반적으로 길게 사용하고 대화시간이 관계성에 대한 서로의 헌신의 강도를 보여주는 기호라서 의례적인 대화"를 하기도 한다(Licoppe, 2003). 리코페(Licoppe)는 이와 같은 일반전화의 대화적 방식(conversational mode)을 모바일 커뮤니케이션의 특성인 더 짧고 더 자주 일어나는 연결된 방식(connected mode)과 비교하였다. 표면적으로, 모바일 메시지의 이러한 유형은 전혀 무의미한 것으로 나타날지도 모른다. 그러나 실제로는 이것이 우정에 대한 상징적 제스처이며 친밀감의 표현이기도 하다. 존슨(Johnson, 2003)은 "커뮤니케이션은 … 정보의 도구적 교환과 다른 매우 중요한 기능들을 갖고 있다"고 설명하였다. 요약하면, 이러한 유형의 메시지는 전통적으로 청소년들이 쪽지를 돌리는 것과 비슷한 디지털선물(digital gift)로 여겨질 수 있다(Ling, 2004). 이러한 교환의 상징적 가치를 넘어서, 그들은 또한 연결된 상태에서의 기능적 역할을 수행한다. 링과 이트리(2002)는 "수신자는 발신자에 대해 생각하며, 그들이 다음번에 만났을 때, 메시지 교환에 대한 더 나은 상호작용의 일정 기반을 마련할 수 있을 것이다. 이러한 메시지는 동일한 역사 혹은 서술의 발전을 통해 집단을 하나로 묶어주는 기능을 제공한다"고 설명한다.

네트워크 유대관계들에서 연결을 만들거나

유지하기 위해서뿐만 아니라 또래집단의 경계를 표시하기 위해서도 휴대전화를 이용하는 것은 분명하다. 음성통화와 문자메시지를 넘어서 관계의 경계는 개인의 통화기기에 저장된 접촉정보를 통해서도 관리된다. 그리(Gree, 2003)에 의하면, 기기에서 "제대로 된" 이름을 갖는다는 것은 "또래 커뮤니티에서 개인이 참여"하는 것을 입증하는 것이다. 내집단·외집단 구분은 역시 음성통화와 문자메시지 이용의 구분을 통해 강화될 수 있다. 예를 들어, 몇몇 10대는 친구들과는 문자메시지를 보내고 부모와는 음성통화를 한다. 이러한 것은 그들이 전화를 걸어서 받거나 음성사서함으로 전화를 넘겨버리는 등의 방식으로 부모들과의 접촉을 피할 수 있게 한다. 또한, 친구들과의 독점적 텍스트메시지의 이용은 10대들이 그들의 사회적 네트워크에서의 다양한 유형의 속어나 은어를 활용할 수 있게 해준다. 이러한 행위는 그들의 소속감을 표현하고, 내부와 외부의 구분이 되는 경계를 선명하게 만든다(Ling, 2008, 2004; Ling & Yttri, 2002; Taylor & Harper, 2001).

앞서 언급한 것과 같이, 휴대전화의 표현적 이용(*expressive use*)은 사회적 네트워크 유대를 강화시키는 효과가 있다. 사회적 응집력이라는 관점에서 이러한 것은 유익하기도 우려스럽기도 하다. 한편, 모바일 휴대전화의 표현적 이용은 고조된 연결감 및 귀속감, 그리고 개인의 또래집단과의 정체성을 제공한다. 또한 이주노동자의 경우와 같이 가족구성원들 역시 물리적으로 따로 떨어져 살거나 멀리 있는 다른 구성원과의 연락을 취함으로써 혜택을 받는다(Paragas, 2008). 또 다른 측면에서, 사회적 네트워크가 모바일 커뮤니케이션을 통해 과도하게 환경설정될 수 있다는 우려가 있다. 기술의 과도한 이용은 작게는 배타적인 사회적 집단에 "원격적으로 둘러싸인"(*tele-cocooned*) 원인이 될 수 있다는 것이다(Habuchi, 2005; Ito, Okabe, & Anderson, 2008). 이러한 둘러싸인 효과(*cocooning effect*)가 불러올 수 있는 결과 중 하나는 이러한 개인들이 수평적 혹은 약한 유대(*horizontal or weak ties*)와의 연결을 잃어가며 폐쇄적 네트워크에 연결될 수 있다는 것이다. 이는 "외부"세계와는 연결이 적게 만들게 대안적 시각이나 목소리에 노출되는 것을 제한시킨다(Campbell & Ling, 2008; Ling, 2008). 세계 전역에서 이루어진 연구는 모바일커뮤니케이션이 실제로 가족 및 동료집단 등 소집단 사이의 유대감을 강화시켜준다는 것을 증명하였다. 상대방에게 빨리 도달할 수 있는 능력 — 문자와 통화 모두를 포함 — 과 물리적으로 떨어진 상태에서 연결된 존재감의 한 유형(*a type of connected presence*)을 유지하는 능력은 모바일 커뮤니케이션의 대표적 특징이다. 이는 구성원들이 다른 사람의 행동과 심리상태에 대한 암묵적인 지식들을 개발할 수 있다는 것을 의미한다. 이러한 것은 유선전화에서는 불가능했다. 따라서 모바일 미디어의 한 효과는 친밀하고 우호적인 집단들에서 개인간의 끈을 조인다는 것이다.

3. 청소년의 사회적 독립

모바일 커뮤니케이션이 사회에 영향을 미친 또 다른 영역은 10대들이 독립하는 데 역할을 했다는 점이다. 앞서 언급한 것과 같이, 휴대전화는 청소년 세대에게 광범위하게 수용되었으며,

692

실제로 10대들은 상호작용의 형태인 문자 메시지 발달에 필수 불가결한 요소가 되었다. 그들은 또한 패션 액세서리로서 휴대전화 단말기의 발전에도 영향을 미쳤다(Fortuanti, 2005a; Ling, 2004). 휴대전화의 채택과 사용은 10대들이 가정의 가르침에서부터 이행하는 청소년의 과도기(adolescents' transition)와 관련된 몇몇 이슈를 재구성하였다. 10대들이 또래들과 상호작용하는 방식이 변화했으며, 그로 인해, 독립(emancipation)하는 방식 또한 변화하였다.

10대들의 독립과정은 현대사회의 인공적 산물이다. 전통적 사회에는 세대간의 안정감이 존재하였다. 10대들은 그들의 부모 혹은 도제관계 등으로 엮인 어른들에게서 성인의 역할을 배웠다. 현대 산업사회에서 변화의 역동성이 매우 빨라서 어린이들이 경험하는 삶은 그들 부모들이 경험했던 것과 본질적으로 다르다. 지속적으로 새로운 기법과 테크놀로지가 등장한다. 어린이들의 사회적 상황뿐만 아니라 고용상황은 그들 부모들과 다르다. 어린이들은 부모에게 얻은 기술과 지식이 자신들의 직업에 유용할 것이라는 기대를 할 수 없다. 이는 부모의 기술과 경험이 가치 없다는 말을 하기 위해서가 아니라, 단지 그들이 새로운 상황에 맞게 수정되고 개선될 필요가 있음을 말하기 위함이다.

이러한 사실은 청소년기에서 성년기로의 변화는 분리(separation)와 준비(preparation)의 기간임을 의미한다. 이 시기의 각각의 개인들은 부모와 반드시 거리를 두어야 하는 시기이다. 또한 이들은 반드시 이전 세대의 레퍼토리의 일부가 아닌 기술과 지식을 습득해야 한다. 이러한 기술과 기량은 종종 정규교육을 통해 습득할 수 있다. 동시에 청소년이 성인으로서 역할을

얻고자 할 때 필요한 다방면의 사회적 역량이 존재한다. 또한 기관(교육시스템, 종교, 취미 등)과의 상호작용의 형태로서의 자신들의 경제활동에 대한 통달이 필요하다. 친구관계, 성적 역할과 성생활, 음주 및 약물 등과의 관계에 대한 역동적 관리도 있다. 업무관계와 사회생활에서의 기대, 개인적 스타일, 정체성 그리고 진실성에 대한 감각을 향상시키고 싶은 그들의 욕구가 존재한다. 요약하자면, 청소년들의 경험은 여러 방면에서 10대 그리고 그들과 상호작용하는 친구들에 의해 형성된다.

청소년에게 요구되는 이러한 역량들은 사회적 네트워크의 유대감의 상호작용을 통해 이루어진다. 휴대전화가 이러한 상호작용에 영향을 미쳤다. 학교에서 높은 학년으로의 진학은 또래문화를 개발시키는 것을 용이하게 하였다. 또래문화 안에서 개인은 사회적 상호작용의 흐름과 쇠퇴에 대한 감각을 개발시킬 수 있다. 예들 들어 청소년은 정체성을 형성하거나, 동료들간에서 상처를 받기 쉽거나, 가족 이외의 사람들과의 상호작용을 이해할 수 있거나, 그리고 유머나 닉네임 등을 가진 채 풍부한 사회적 삶에 관여할 수 있다.

휴대전화는 또래문화를 배양하기 위한 완벽한 도구이다. 따라서 이것은 청소년의 독립과정에 영향을 미치는 기기이기도 하다. 앞에서 언급한 것과 같이, 휴대전화는 10대들이 친구들과 지속적으로 접촉할 수 있도록 해주며, 그로 인해 해당집단과의 유대를 강화시킨다. 또한, 발신자 표시(caller ID), 음성메일(voice mail), 문자메시지 기능은 10대와 그 부모들 사이에 완충장치를 제공하여, 그들과의 관계를 관리할 수 있도록 한다. 그렇기 때문에 현실적이고 구체적

인 방법으로 모바일 커뮤니케이션 매체는 10대들이 활동하는 방식에 영향을 미친다.

모든 효과가 반드시 긍정적이지 않다는 것을 이해하는 것은 중요하다. 예를 들어 10대 범죄와 휴대전화 사용 사이에 공변관계가 있다는 연구결과가 있다. 휴대전화의 중이용자(*heavy user*)는 다양한 형태의 일탈(싸움, 술과 마약사용, 다양한 형태의 절도 등)과 관련된 사람들 속에서 과도하게 드러난다(Ling 2005b; Pedersen & Samuelsen, 2003).

이러한 경우, 일탈적 행위와 모바일 휴대전화의 사용 사이의 선형적 관계는 필연적이지는 않다. 오히려, 극도의 휴대전화 과(過)이용자—특히 음성통화(메시지 불포함)—가 이러한 일탈에 깊이 관여하는 경향이 있을 수 있다. 게다가 연구결과들은 폭넓은 성생활과 휴대전화 이용 간의 상관관계를 보여준다. 이 경우의 관계는 보다 선형적이다. 모바일 커뮤니케이션 이용이 증가함에 따라 폭넓게 성행위에 관여하려는 성향이 비슷한 수준으로 증가했다. 이러한 상관관계에 대한 정확한 메커니즘이 필연적으로 잘 이해되지는 않았다. 아마도 밀회(*tryst*)를 만들 수 있는 능력이 높으면 성행위를 하게 되는 능력을 용이하게 하는 것으로 생각된다. 이를 미디어 효과에 대한 더 넓은 범위의 이슈에 적용시키면, 휴대전화와 같은 특정한 미디어를 많이 이용하는 것은 성생활을 바라는 10대들에게 이를 용이하게 해주는 효과를 가지고 있는 듯하다.

4. 문자보내기와 사회적 상호작용

문자메시지를 고려할 때, 우리는 또한 미디어가 글로 표현된 언어의 사용에 미치는 영향이 있음 알 수 있다. 휴대전화를 통해 이루어지는 문자 매개성(*text mediation*)은 상호작용의 중요한 형태로 부상하였다. 아이모드3 기반의 "모바일 이메일"(*mobile email*)과 GSM(*Global System for Mobile Communication*) 기반의 단문메시지 시스템(SMS) 모두에서 이용자가 문자메시지를 발신하고 수신하는 것이 가능하다.

이러한 커뮤니케이션 형태에서는 내부적 속어 혹은 그룹 내의 은어사용을 고양시키는 상호작용 형태가 관찰되었다. 어떤 면에서 문자를 보낼 때의 불편함(Ling, 2006)과 보낼 수 있는 메시지 길이가 제한된 점은 문자메시지가 종종 상당히 제한된 여지에 능력을 갖고 있음을 뜻한다. 그러나 이것이 문자메시지를 통해 전달되는 주제가 제한적이라는 의미는 아니다. 내용분석 연구(Ling, 2005a)는 많은 문자메시지들이 도구적 조직화(*instrumental coordination*)와 관련됨을 보여주었다(2004년 노르웨이인의 데이터베이스 중 번역하면 다음과 같은 메시지를 포함함—"지금 뭐해?", "집에 있어?", "조금 스트레스받는 일일 것 같아, 오늘 좀 일찍 집에 가야 해", "시내 언제 갈 거니?"). 그러나 보다 의미심장한 주제의 메시지도 발견되었다("생일 축하해", "편히 쉬렴", "휴가 잘 보내", "너를 만나는 데 1초가 걸리고, 좋아하는 데 1분이 걸리고, 사랑하는 데 1시간이 걸렸어, 너를 잊는 데는 평생이 걸릴 거야"). 따라서 대부분의 메시지가 도구적이며 간단명료하지만, 훨씬 더 감정적 결말을 위해 사용되기도 한다.

---

3 역자 주: imode, 일본 NTT DoCoMo의 모바일 인터넷.

문자메시지의 또 다른 차원은 또래집단 안에서의 역할에 있다. 이들은 내부적 방언을 쉽게 개발할 수 있다. 언론에 일반적으로 보도되지 않는 동안 10대 집단 안에서는 상상 속에서나 있을 법한 형태의 철자법과 창의적 사용이 발달했으며, 이는 일종의 소속감을 나타내는 배지의 한 유형이 되었다. 이러한 의도적 형태의 철자법은 10대들, 특히 10대 소녀들의 더 일반적인 표식이 되었다. 이는 집단 내부의 상호작용의 호감가는 형식으로 마구 사용되었다. 흥미롭게도 한 랩 밴드는 이러한 철자법 형태를 노래로 만들어 풍자했으며, 결과적으로 이것은 10대들에게 자주 애청되었다. 그러나 짧은 기간 동안 노르웨이의 10대들은 새로운 형태의 상호작용을 수용하는 가운데서도 다양한 스웨덴 관용어구들을 그들의 문자메시지에 포함시켰다(Ling, 2008).

그래서 모바일 기반의 문자메시지의 부상(rise)은 상호작용을 조직화하는 등의 능력을 강화시키는 결과를 가져왔으며, 더 흥미로운 것은 이것이 또래들이 은어의 일반적 형태를 발전시킬 수 있는 새로운 환경을 제공했다는 점이다.

5. 사회 공간의 변형: 공적인 것에서 사적인 것으로

모바일 커뮤니케이션의 효과는 일차적으로 사회생활의 사적 공간에 기반하여 다루었다. 모바일 미디어의 이용이 공적 영역에서 역시 중요한 영향력을 갖는 것은 분명하다. 공적 영역(public sphere)이라는 문구는 두 가지 의미를 지녔음을 지적할 필요가 있다. 하나는 하버마스(Habermas, 1989)의 시민사회에서의 시민참여를 의미하며, 다른 하나는 공적 환경에서의 규범적 행동을 의미한다. 실제로 모바일 커뮤니케이션은 이들 두 영역에 모두 영향을 미친다. 첫째로 이 글에서는 공적 위치에서의 규범적 행위의 적용에 대해 언급하겠다.

모바일 미디어의 급속한 확산은 개인이 다른 사람과 공유하는 공간(shared space)에서 사적 미디어를 이용하는 것과 같은 사회적 풍경을 변형시켰다. 공적 공간에서의 휴대전화 이용은 이용자가 커뮤니케이션하는 문턱을 낮춰주는 반면, 원하지 않는 벨이 울리거나 재잘거림, 노래, 다른 사람의 대화를 들어야 하는 등의 비용을 감내해야 한다. 왜냐하면 공적 환경에서 요구되는 행동규범이 종종 전화예절과 충돌하기 때문이다(Love & Kewley, 2005; Palen, Salzman, & Youngs, 2001). 공적 공간과 사적 공간의 경계를 설명하는 것은 점점 모호해지고 있다. 비록 여러 학자들이 공적 공간에서의 규범적인 휴대전화 이용에 대해 조사하였지만, 아직 "공적 공간에서의 사적 행동에 대한 적절한 경계 혹은 용인될 만한 예절이 무엇인가에 대한 공적 의견일치(public consensus)"를 도출하지는 못한 상태이다(Wei & Leung, 1999).

공적 환경에서 모바일 휴대전화 사용의 일차적 효과는 함께 자리한 타자(co-present others)가 자신도 모르게 청중역할을 맡게 된다는 것이다. 믿거나 말거나, 몇몇 개인들은 실제로 타인의 휴대전화 통화를 엿듣는 것을 즐긴다. 그들은 그것을 통해 즐거움과 호기심을 느끼기 때문이다(Fortunati, 2005b; Paragas, 2003). 그러나 대부분 공적 환경에서 휴대전화로 통화하는 것은 함께 있는 타인을 짜증나게 하는 행위이다(Monk, Carroll, Parker & Blythe, 2004).

신경을 거슬리게 하는 정도는 모바일 휴대전화 이용자의 행동, 환경의 특성, 구경꾼의 성격에 달렸다. 모바일기술을 이용하는 사람은 자신들의 대화가 이어지는 동안 다른 이로부터 몸을 돌리거나, 시선을 다른 곳을 향하거나, 조용히 대화하거나, 대화를 간략히 하는 등의 행동을 통해 사회적으로 다른 사람을 방해하는 것을 줄일 수 있다(Campbell, 2004; Ling, 2004; Murtagh, 2001; Paragas, 2003). 이러한 조치를 취함으로써 휴대전화 이용자는 타인과 함께 있는 자리에서 자신들의 대화를 사적으로 지키려는 시도인 상징적 울타리(symbolic fences)를 얻을 수 있다(Gullestad, 1992; Ling, 1996). 그러나 이런 이용자의 행동에 상관없이 휴대전화로 통화하는 것이 사회적으로 용인되지 않는 공간이 있다. 극장, 교실 등은 특히 휴대전화로 통화하기 부적절한 공간이지만 몇몇은 식당, 가게, 교회, 모임, 기차, 공중화장실, 버스에서의 이용 또한 문제가 있는 것으로 고려된다. 공적 공간에서의 휴대전화 이용을 지각하는 정도는 복잡한 문제로서 문화적 맥락을 따라 다르다(Campbell, 2007). 예를 들어 버스 안에서 휴대전화로 통화하는 경우 다른 여러 사회에서는 일반적 행위로 받아들여지지만, 일본에서는 금지 — 혹은 적어도 강하게 눈살을 찌푸리게 된다 — 되어 있다(Okabe & Ito, 2005). 심지어 한 문화권 안에서도 개인의 외향성, 신경증적 특성(neuroticism), 정신병적 특성(psychoticism) 등에 따라 평가가 다르다(Love & Kewley, 2005). 실제로 공적 공간의 사적 공간으로의 변형은 모바일 미디어가 갖는 가장 중요한 효과의 하나이다. 그러나 이러한 효과가 얼마만큼, 그리고 어떻게 경험되는가는 사회적 맥락에 깊이 자리한다.

6. 모바일 커뮤니케이션과 사회자본

최근 사회자본(social capital)의 계발(cultivation)에 대한 사회과학 연구자들의 관심이 증가하는 추세이다. 이 같은 관심은 미국정부에 대한 신뢰와 공식적이고 비공식적인 사회적 참여의 감소로 확인되는 지난 수십 년 동안 미국사회의 퇴보에 대한 엄중한 경고 속에서 출발했다(Putnam, 1995, 2000). 사회자본에 대한 그의 정의를 통해 퍼트넘(1995)은 "개인의 생산성을 높이는 도구들이자 훈련인 물리적 자본과 인적 자본의 개념의 유추를 통해 '사회자본'은 네트워크, 규범, 그리고 상호간의 이익을 위한 협력과 조직화를 가능하게 하는 사회적 신뢰와 같은 사회적 조직(social organization)을 의미한다"고 설명하였다. 바꿔 말하면, 사회자본은 사회의 사회적 기본구조를 구성하는 관계성의 문제(the relational matter)이며, 정치, 집단들, 클럽들에 대한 공식적 관여뿐만 아니라 친구와 가족구성원과의 비공식적 사회화 모두를 포함한다.

적어도 미국에서 보이는 이와 같은 하락추세에 대한 실증적 연구와 더불어 사회자본에 대한 학문적 관심 역시 사회적 자본의 약속과 위험성 모두를 제공하는 새로운 정보통신기술의 이용과 폭넓은 채택을 통해 채워졌다. 이와 관련한 대부분의 연구들은 인터넷 이용과 사회적 자본 사이의 연결성에 초점을 맞춘다. 앞서 언급한 것과 같이, 연구결과들은 증가한 소외감(예: Kraut et al., 1998; Nie & Erbring, 2000 참조)에서부터 증가한 사회적 연결, 커뮤니티 관여와 시민적 참여(예: Bimber, 1998; Katz & Aspen, 1997; Reingold, 1993 참조)에 이르기까지 다양하게 걸쳐 있다. 비록 대부분의 정보통신기술의 효과연구가 인터넷에 초점을 두지만, 모바일 커뮤니케이션과 사회적 자본 사이의 연결성도 이제 관심의 싹이 움튼다.

휴대전화 이용이 사회자본의 공식적 영역과 특히 비공식적 영역과 모두 연결될 수 있다는 연구결과가 있다. 몇몇 사례를 짚어보면, 미국의 한 설문조사에서는 휴대전화 이용자의 90%가 모바일기술이 면대면의 사회적 만남으로 발전시키는 것을 느낀다고 응답했다(University of Michigan 2006). 유럽인(pan-European)을 대상으로 한 연구에서는 휴대전화 이용자의 다수가 모바일기술이 사회활동을 조직화하는 데 유익한 것(69%)이라고 응답하였으며, 동료 및 가족과 연락을 유지하기 위한 것(70%)이라고 응답하였다(Ling, 2004). 또한 일본의 청소년을 대상으로 한 연구는 가까운 거리에 사는 친구들은 모바일 기술을 면대면 상호작용의 대체재보다는 보완적 수단으로 사용하는 것으로 나타났다(Ishii, 2006).

또한 휴대전화 이용이 비록 사회자본의 비공식적 사회화만큼 팽배하지는 않을지라도 사회자본의 공식적 영역과 긍정적으로 관련성이 있다는 증거가 있다. 몇몇 유럽국가와 이스라엘을 대상으로 한 연구를 통해 링 등(Ling, Utti, Andersen, Diduca, 2003)은 문자메시지가 사회클럽, 커뮤니티그룹, 정치기관과 같은 공식적인 조직기관의 소속감과 상당한 관계가 있음을 발견하였다. 이와 비슷하게 캠벨과 곽(Campbell & Kwak, 2007)은 비록 개인의 사회적 네트워크의 특성에 의존한 관계이기는 하지만, 몇몇의 이용자들에게는 음성통화가 공동체에 관여하는 것과 시민행사에 참여하는 것에 긍정적으로 연관됨을 발견하였다.

이러한 연구영역은 여전히 초기단계이므로, 모바일 커뮤니케이션이 공식적 공동체 집단과 시민활동에 어떠한 방식으로 기여하고 손상시키는지 등에 대한 결론은 잠정적이다. 그러나 기술이 어떤 방식으로든 정치변화에 강력한 역할을 수행할 수 있다는 것은 확실하다. 다른 정보통신기술과의 결합을 통해 휴대전화는 급격한 사회정치적 변화를 이끌어 낼 수 있는 "똑똑한 군중"(smart mobs) 혹은 "협동의 갑작스러운 전염현상"(sudden epidemics of cooperation)과 같은 형태로 사용되는 것이 점점 늘고 있다(Reingold, 2002). 2001년 1월 필리핀 대통령 에스트라다(Joseph Estrada)의 쿠데타는 중요한 사례 중 하나이다. 부패한 행위에 대한 기소를 거부한 정부에 격분한 필리핀 시민들은 거대한 시위를 조직하기 위해 자신들의 휴대전화를 이용하였으며, 이는 4일간 지속되었으나 시위자들 편에 섰던 군부에 의해 에스트라다(Estrada)가 축출되면서 막을 내렸다(Reingold, 2002). 급속하고 대규모 정치적 변화에서 휴대전화가 이용된 또 다른 사례는 한국과 스페인(Castell et al., 2007) 및 다른 여러 곳(Rheingold, 2002)에서 보고되었다.

미디어 효과의 맥락에 이를 접합시키면, 직접적 미디어의 이용은 동료 시위자들을 군중행동에 참여시키는 동기를 부여해 준다. 방송메시지와 대중의 태도 사이에는 분명한 연결성이 있다. 오히려 휴대전화를 이용한 사람들간에 메시지 바이러스가 퍼지는 것과 같은 확산 간에는 실질적 연결성이 있다. 이러한 사회적 시위현상에 대한 사례연구에서, 그 결과는 메시지를 수신한 사람이 동시에 그 메시지를 발신하기도 하였으며 또한 시위에 참여하기도 하였다는 것이다.

모바일 미디어의 출현이 특정사회 구성원들이 정치적 변화를 위해 협력하는 방식과 내용에 이르는 큰 효과를 가진 것은 분명하다. 그러나 휴대전화의 이런 이용이 진공상태에서 일어나지 않는다는 점이 중요하다. 오히려 개인간의 커뮤니케이션과 매스 커뮤니케이션을 분리하는 선이 점점 모호해지는 거대한 미디어 환경의 일부로서 일어나는 것이다. 이와 같은 모호한 효과가 미디어학자들의 일부 전통적인 분류체계에 도전하는 동안, 이것을 이용하는 사람에게는 모바일 기술의 이용이 사회적 변화의 주도권을 쥐게 하고 이를 형성하게 하는 기회를 제공한다. 카스텔(2007)이 주장한 바와 같이, "정치적 반란은 새로운 종류의 미디어 공간의 출현과 분리될 수 없다. SMS, 블로그, 팟캐스트, 위키 등과 같은 새로운 형태의 커뮤니케이션의 적절한 사용을 통해 사람들은 그들만의 매스커뮤니케이션 체계를 세운다".

7. 결어: 모바일 미디어의 재창조자로서 이용자들

이 장에서는 개인과 사회에 대한 휴대전화의 가장 두드러진 효과에 대해 조명하였다. 기술의 효과 측면에서 논의를 구성함에 따라, 이 글에서는 기술이 사회에 미치는 방향으로의 효과를 강조하였다. 실제로 사람들이 일상생활 속에서 어떻게 협력하는지, 어떻게 사회적 관계를 이어가는지, 공적 공간에서 사적 이용을 하는지 등 휴대전화의 이용과 확산이라는 사회적 변화의 중요한 영역에 대해 살펴보았다. 그러나 우리는 효과의 방향이 다른 방향으로 흐를 수도 있다는 것에 대

해 이해하는 것이 중요하다고 느꼈다. 기술이 그 이용자들(비이용자들에게만큼이나)에게 "효과적"인 것처럼, 이들 개인들 역시 기술에 중요한 영향을 미친다. 기술을 개발하고, 이용하고 심지어 채택하는 사람들에 의해 기술이 사회적으로 어떻게 구성되는가를 확립한 과학과 기술 연구영역의 탄탄한 문헌들이 있다(예: Bjiker, Hughes, & Pinch, 1987). 사람들을 통해 전염되는 것이 커뮤니케이션 자체의 근본적 결과물이기에 커뮤니케이션의 혁신은 특히 진실하다. 인류는 어떻게 생각하고 어떻게 행동하는지에 있어 사회적 전염성을 지녔다. 그 결과, 휴대전화와 같은 기술을 어떻게 생각하고 어떻게 이용할 것인지는 사회적 맥락과 사회적 접촉에 의한 산물이다.

모바일 미디어는 개인에서 집단에 이르는 모든 수준의 사회적 질서에서 구성되었다. 개인 수준에서 이용자들은 기술을 바라보는 방식을 개인화하고, 그들의 개인적 선호에 맞게 조작함으로써 기술에 대한 상징적 의미를 창조한다. 카츠와 수기야마(Katz & Sugiyama, 2005)는 모바일 기술의 개인 이용자들이 이러한 장치들을 개인 취향을 반영하도록 조정하고 세상에 내보임으로써 공동창조자(co-creators)의 지위를 획득한다고 설명하였다(p. 79). 이러한 유형의 조작은 스티커, 액세서리, 벨소리, 바탕화면, 그리고 수많은 개인화 설정 등으로 완성된다. 휴대전화는 또한 사회적 네트워크 수준에서도 형성된다. 전화가 쿨(cool)한지 뿐만 아니라 기술이 이용되어야 할 곳과 방법에 관한 태도는 우리의 가까운 개인적 유대관계들(예를 들어 가족과 같은)에 대한 태도에 의해 영향을 받는다(Campbell & Russo, 2003). 부모나 친구가 낡은 기기를 버리고 새로운 기기를 채택할 때 채택 그 자체는 종종 사회적

영향의 문제가 된다. 더 나아가 모바일 커뮤니케이션의 문화적 차이와 지역적 경향은 기술이 거시적 수준뿐만 아니라 미시적 수준의 사회적 질서 안에서 어떠한 방식으로 사회적으로 구성되는지를 보여준다(Campbell, 2007; Castells et al., 2007). 앞서 언급한 것과 같이, 일본인들은 휴대전화 이용, 특히 대중교통에서의 휴대전화 이용에 대한 그들만의 규범을 발전시켰다(Okabe & Ito, 2005).

의심의 여지없이, 모바일 커뮤니케이션의 효과연구는 우리의 관심이 직접적 대인간 상호작용효과에 두어졌을 대신에 미디어의 효력(모바일 커뮤니케이션 체계)에 초점을 맞춘 중요한 시도이다. 기술의 채택과 이용은 사람들이 서로 관계를 맺고 그들의 일상생활을 유지하는 데 커다란 변화를 가져온다. 그러나 연구자가 이러한 영향력이 단지 기술 자체에 혹은 그것에 대한 노출에 기인하지 않았음을 염두에 두는 것은 중요하다. 효과와 모바일 미디어의 이용은 사회적 맥락 안에 있으며, 사회적 힘에 의해 형성된다. 문자 메시지는 이에 대한 대표적 사례이다. 제한된 자판, 글자 수, 액정 크기 등을 특징으로 가진 문자 메시지가 결코 지금의 상황을 불러올 것으로 예상되지 않았다. 그러나 기술의 이용자들, 특히 젊은 층 이용자들은 신생 "엄지문화"(thumb culture)를 유지하기 위한 획기적인 전용(轉用)과 언어형태를 발전시켰다(Glotz, Bertschi, & Locke, 2005). 모바일 미디어의 효과가 명확하게 심오해지는 동안, 그 기술이 어떻게 인지되고 이용되는지를 형성하는 사람들에 대한 효과도 역시 커졌다.

참고문헌

Andriessen, J. H., & Vartiainen, M. (2006). *Mobile virtual work: A new paradigm?* Berlin: Springer.

Bimber, B. (1998). The Internet and political transformation: Populism, community, and accelerated pluralism. *Polity*, 31, 133-160.

Bjiker, W. E., Hughes, T. P., & Pinch, T. J. (1987). *The social construction of technological systems: New directions in the sociology and history of technology.* Cambridge, MA: MIT Press.

Campbell, S. W. (2004). *Normative mobile phone use in public settings.* Paper presented at the annual meeting of the National Communication Association, Chicago.

Campbell, S. W. (2006). Perceptions of mobile phones in college classrooms: Ringing, cheating, and classroom policies. *Communication Education*, 55(3), 280-294.

Campbell, S. W. (2007). A cross-cultural comparison of perceptions and uses of mobile telephony. *New Media and Society*, 9(2), 343-363.

Campbell, S. W. (2008). Mobile technology and the body: Apparatgeist, fashion, and function. In J. Katz(Ed.), *Handbook of mobile communication studies.* Cambridge, MA: MIT Press.

Campbell, S. W., & Kwak, N. (2007). *Mobile communication and social capital in localized, globalized, and scattered networks.* Paper presented at the ICA pre-conference, Mobile Communication: Bringing us Together or Tearing us Apart?, San Francisco.

Campbell, S. W., & Ling, R. (2008). Conclusion: Mobile communication in space and time-furthering the theoretical dialogue. In R. Ling & S. Campbell (Eds.), *The mobile communication research series: Reconstruction of space and time through mobile communication practices* (pp. 251-260). New Brunswick, NJ: Transaction Publishers.

Campbell, S. W., & Park, Y. (2008). Social implications of mobile telephony: The rise of personal communication society. *Sociology Compass*, 2(2), 371-387.

Campbell, S. W., & Russo, T. C. (2003). The social construction of mobile telephony: An application of the social influence model to perceptions and uses of mobile phones within personal communication networks. *Communication Monographs*, 70(4), 317-334.

Caporael, L. R., & Xie, B. (2003). Breaking time and place: Mobile technologies and reconstituted identities. In J. Katz (Ed.), *Machines that become us: The social context of communication technology* (pp. 219-232). New Brunswick, NJ: Transaction.

Castells, M. (2000). *The rise of network society* (2nd ed.). Oxford: Blackwell.

Castells, M., Fernandez-Ardevol, M., Qiu, J., & Sey, A. (2007). *Mobile communication and society: A global perspective.* Cambridge, MA: MIT Press.

Chesley, N. (2005). Blurring boundaries? Linking technology use, spillover, individual distress, and family satisfaction. *Journal of Marriage and Family*, 67, 1237-1248.

Fischer, C. S. (1992). *America calling: A social history of the telephone to 1940.* Berkeley: University of California Press.

Fortunati, L. (2005a). Mobile phones and fashion in post-modernity. *Telektronikk*, 3/4, 35-48.

Fortunati, L. (2005b). Mobile telephone and the presentation of self. In R. Ling & P. Pedersen (Eds.), *Mobile communications: Re-negotiation of the social sphere.* London: Springer.

Frissen, V. (2000). ICT in the rush hour of life. The Information Society, 16, 65-75.

Glotz, P., Bertschi, S., & Locke, C. (Eds.). (2005). *Thumb culture: The meaning of mobile phones for society.* New Brunswick, NJ: Transaction.

Green, N. (2003). Outwardly mobile: Young people and mobile technologies. In J. Katz (Ed.), *Machines that become us: The social context of personal communication technology* (pp. 201-218). New Brunswick, NJ: Transaction.

Gullestad, M. (1984). *Kitchen-table society.* Oslo: Universitetsforlaget.

Gullestad, M. (1992). *The art of social relations: essays on culture, social action and everyday life in modern Norway.* Oslo: Universitetsforlaget.

Habermas, J. (1989). *The structural transformation of the public sphere: An inquiry into a category of bourgeois society* (T. Burger, Trans.). Cambridge, MA: MIT Press. (Original work published 1962).

Habuchi, I. (2005). Accelerating reflexivity. In M. Ito, D. Okabe, & M. Matsuda (Eds.), *Personal, portable, pedestrian: Mobile phones in Japanese life.* Cambridge, MA: MIT Press.

Hashimoto, Y, Ishii, K., Nakamura, I., Korenaga, R., Tsuji, D., & Mori, Y. (2000). *Keitai denwa wo chyuushin to suru tsusin media riyo ni kansuru chosa kenkyu [A study on mobile phone and other communication media usage]. Tokyo Daigaku Shyakai Joho Kenkyusyo Chosa Kenkyu Kiyo*, 14.

Hoflich, J. R. (2005). The mobile phone and the dynamic between public and private communication: Results of an international exploratory study. In P. Glotz, S. Bertschi, & C. Locke (Eds.), *Thumb culture: The meaning of mobile phones for society* (pp. 123-136). New Brunswick, NJ: Transaction.

International Telecommunication Union. (2007, May). *ICT free statistics home page.* Retrieved May 2, 2007, from http://www.itu.int.

Ishii, K. (2006). Implications of mobility: The uses of personal communication media in everyday life. *Journal of Communication*, 56(2), 346-365.

Ito, M., Okabe, D., & Anderson, K. (2008). Portable objects in three global cities: The personalization of urban places. In R. Ling & S. Campbell (Eds.), *The mobile communication research series: Reconstruction of space and time through mobile communication practices.* New Brunswick, NJ: Transaction.

Johnsen, T. E. (2003). The social context of the mobile phone use of Norwegian teens. In J. Katz (Ed.), *Machines that become us: The social context of communication technology.* New Brunswick, NJ: Transaction.

McLuhan, M. (1964). *Understanding media: The extensions of man.* N.Y.: New American Library.

McLuhan, M., & Fiore, Q. (1967). *The medium is the massage: An inventory of effects.* New York: Bantam Books.

Monk, A., Carroll, J., Parker, S., & Blythe, M. (2004). Why are mobile phones annoying? *Behavior and information technology*, 23, 33-41.

Murtagh, G. M. (2001). Seeing the "rules:" Preliminary observations of action, interaction and mobile phone use. In B. Brown, N. Green, & R. Harper (Eds.), *Wireless world: Social and interactional aspects of the mobile age* (pp. 81-91). London: Springer.

Nie, N., & Erbring, L. (2000). *Internet and society: A preliminary report. The Stanford Institute for the Quantitative Study of Society.* Retrieved May 17, 2007, from http://www.stanford.edu.

Okabe, D., & Ito, M. (2005). Keitai in public transportation. In M. Ito, D. Okabe, & M. Matsuda (Eds.), *Personal, portable, pedestrian: Mobile phones in Japanese life* (pp. 165-182). Cambridge, MA: MIT Press.

Palen, L., Salzman, M., & Youngs, E. (2001). Discovery and integration of mobile communications in everyday life. *Personal and Ubiquitous Computing*, 5, 109-122.

Paragas, F. (2003). *Being mobile with the mobile: Cellular telephony and renegotiations of public transport as public sphere.* Paper presented at the Front Stage/Back Stage: Mobile Communication and the Renegotiation of the Social Sphere Conference, Grimstad, Norway.

Paragas, F. (2008). Migrant workers and mobile phones: Technological, temporal, and spatial simultaneity. In R. Ling & S. Campbell (Eds.), *The mobile communication research series: Reconstruction of space and time through mobile communication practices* (pp. 39-68). New Brunswick,

NJ: Transaction Publishers.

Pedersen, W., & Samuelsen, S. O. (2003). *Nye monstre av seksualatferd blant ungdom.* Tidsskrift for Den norske Icegeforeningen, 21, 3006-3009.

Putnam, R. D. (1995). Bowling alone: America's declining social capital. *Journal of Democracy*, 6.

Putnam, R. D. (2000). *Bowling alone: The collapse and revival of American community.* New York: Simon & Schuster.

Rakow, L. E., & Navarro, V. (1993). Remote mothering and the parallel shift: Women meet the cellular telephone. *Critical Studies in Mass Communication*, 10, 144-157.

Rheingold, H. (1993). *The virtual community: Homesteading on the electronic frontier.* New York: HarperCollins.

Rheingold, H. (2002). Smart mobs: *The next social revolution.* Cambridge, MA: Perseus.

Taylor, A. S., & Harper, R. (2001). *Talking "activity": Young people and mobile phones.* Paper presented at the CHI 2001 Workshop: Mobile communications: Understanding users, adoption, and design, Seattle, WA. Retrieved February 5, 2002, from http://www.cs.colorado.edu.

University of Michigan. (2006). *On the move: The role of cellular communications in American life.* Ann Arbor.

Vartiainen, M. (2006). Mobile virtual work-concepts, outcomes, and challenges. In J. Andriessen & M. Vartiainen (Eds.), *Mobile virtual work: A new paradigm?* (pp. 13-44). Berlin: Springer.

Wei, R., & Leung, L. (1999). Blurring public and private behaviors in public space: Policy challenges in the use and improper use of the cell phone. *Telematics and Informatics*, 16, 11-26.

김춘식

한국외국어대학교 언론정보학부 교수. 한국외국어대학교 언론정보학부(구 신문방송학과)를 졸업하고 동대학원에서 언론학 석사 및 박사학위를 받았다. 주요 저서로 《대통령선거와 정치광고》가 있으며, 공동 저서로는 《미디어와 유권자》, 《저널리즘의 이해》 등이 있다. 그 외 "미디어 이용, 미디어 선거정보의 중요성 인식 및 미디어 역할에 대한 평가가 정치에 대한 부정적 감정과 정치효능감에 미치는 영향" 등 수십 편의 논문을 발표했다.

양승찬

숙명여자대학교 언론정보학부 정보방송학과 교수. 서울대학교 신문학과를 졸업하고, 미국 펜실베이니아 대학교 커뮤니케이션 석사, 미국 위스콘신대학교 언론학 박사학위를 받은 후 한국언론재단 선임연구위원을 지냈다. 주요 역서에는 《매스커뮤니케이션 이론》(공역, 데니스 맥퀘일 저)과 한국언론학회 희관언론상 번역상을 수상한 《미디어 정치효과》가 있다. 주요 논문으로는 "사회 시스템 성격을 고려한 침묵의 나선 이론 연구", "제 3자 효과 가설과 침묵의 나선 이론의 연계성", "정치 커뮤니케이션 연구의 동향과 쟁점 및 미래의 연구방향", "한국의 선거 여론조사와 그 보도에 대한 이슈 고찰" 등이 있다.

이강형

경북대학교 신문방송학과 교수. 경북대학교 신문방송학과를 졸업하고, 서울대학교 언론정보학과 석사, 미국 펜실베이니아 대학교 커뮤니케이션학 석사, 박사, 박사 후 연구원, 대구대학교 신문방송학과 교수를 지냈다. 주요 역서 및 저서로는 《매스커뮤니케이션 이론》(공역, 데니스 맥퀘일 저), 《미디어와 유권자》(공저)가 있다. 주요 논문으로는 "Everything is Always President Roh's Fault?: Emotional Reactions to Politics and Economy as Sources of Presidential Evaluations and the Role of Media Use and Interpersonal Communication"(공저, 2010, *Asian Journal of Communication*) 외 다수가 있다.

황용석

건국대학교 신문방송학과 교수. 동아대학교 사회학과를 졸업하고 성균관대학교 대학원에서 석사와 박사학위를 받았다. 주요 공동저서로 《우리는 마이크로소사이어티로 간다》 외 10여 편이 있으며, 역서로는 《아시아의 인터넷, 정치커뮤니케이션》이 있다. 그 외 "미디어 책무성 관점에서의 인터넷자율규제제도 비교연구" 등 20여 편의 논문을 발표했다.

21세기 미디어 빅뱅시대를 살아가는 현대인들의 정보사회 바로보기!

뉴미디어와 정보사회

오택섭(KAIST)
강현두(서울대 명예교수)
최정호(울산대)
안재현(KAIST) 지음

"모든 매체는 디지털로 통한다!" 컴퓨터와 원격통신 기술의 절묘한 융합으로 화상, 음성, 문자정보가 멀티미디어를 통해 교환되는 정보화사회. 이 책에서 제시하는 정확한 지식과 비판적 안목은 분산화, 개성화, 탈대중화로 치닫는 현대사회를 이해하는 데 필수적이다.

● 일반인들도 쉽게 읽을 수 있는 정보화시대의 필독서
● 언론정보학 전공 학부생은 물론 일반 학부생도 쉽게 이해할 수 있는 미디어 개론서
● 미디어 산업부분의 최신동향을 접할 수 있는 미디어 교양서

주요 내용

매스미디어의 본질 · 매스미디어의 기능 · 매스미디어의 효과 · 책과 잡지 · 신문 · 라디오와 텔레비전 · 영화, 비디오, 음반 · 인터넷과 웹 · 뉴미디어의 등장과 정보사회 · PR · 광고 · 매스미디어와 대중문화 · 매스미디어와 선거 · 매스미디어와 윤리 · 매스미디어 법제   · 4×6배판 변형 · 올컬러 · 444면 · 값 25,000원

나남 nanam   031) 955-4600
www.nanam.net

나남
nanam
031) 955-4600
www.nanam.net

매스커뮤니케이션 이론

데니스 맥퀘일 | 양승찬(숙명여대) · 이강형(경북대) 공역

제4판(2000년)과 비교해 이번 제5판(2005년)에서는 특히 인터넷시대의 '뉴미디어'가 출현
히고 성장하는 과정 속에서 기존의 매스미디어 이론과 연구결과를 토대로 이야기했넌 섯을
수정 · 보완하는 데 주력한 것이 두드러진다. 또한 저자 맥퀘일은 변화하는 미디어 환경 속에
서 기존 매스 커뮤니케이션이 어떻게 변화할지에 관심을 두고 각 장의 내용을 전개한다. 새
롭게 등장한 이론적 접근에 대한 소개가 추가되었고, 각 장에서의 이슈는 뉴미디어 현상과
연관하여 다루어진 특징이 있다. 크라운판 변형 | 712면 | 28,000원

커뮤니케이션 이론
연구방법과 이론의 활용

세버린 · 탠카드 | 박천일 · 강형철 · 안민호(숙명여대) 공역

매스 커뮤니케이션의 기본개념부터 다양한 이론적 논의와 연구방법, 그리고 많은 실제 연구
사례에 이르기까지 언론학 전반을 조감해주는 교과서이다. 다른 책과 구별되는 큰 장점은 제
반이론을 소개하면서 과학의 특성인 실용성과 누적성이 절로 드러나도록 하는 뚜렷한 관점
을 가지고 있다는 것이다. 우선, 소개되는 이론에 관련한 실제 연구사례들을 자상하게 수집
해 제시한다. 더불어 이론이 등장해 어떻게 비판되고 지지되고 발전되었는지 역사적으로 추
적한다. 크라운판 | 548면 | 22,000원

미디어정책 개혁론 : 21세기 미국의 미디어 정치학

로버트 W. 맥체스니 | 오창호(부경대) · 최현철(고려대) 공역

미국 미디어체제의 본질적 문제들에 천착해온 미국의 대표적 미디어 학자이자 미디어 개혁
단체 '자유언론'의 대표인 로버트 맥체스니가 2004년에 펴낸 *The Problem of the Media*를
우리말로 옮긴 책이다. 미국에서 미디어 소유권을 둘러싼 논쟁이 한창 벌어지던 시기에 쓰여
진 책으로서 최근 우리 사회에 미디어 관련법 문제가 첨예한 갈등적 이슈로 떠오른 시점에서
이 책이 제기하는 주제들은 우리에게 매우 의미심장하다. 신국판 | 504면 | 25,000원

미디어 경제경영론 : 이론과 방법

알바란 외 | 김동규(건국대) · 정재민(서울여대) · 서상호(건국대) 공역

이 책은 왜 미디어 경제경영 분야가 등장하였고 어떤 과정을 통해 발전했는지, 그리고 주요
연구영역과 분석틀은 무엇인지, 나아가 미래의 주요 연구과제는 무엇인지에 대해 종합적으
로 소개하고 있어 해당교과의 교재로 활용되기에 편리하다. 연구영역 부분에서는 인사관리,
재무관리, 전략경영, 신상품 개발, 초국가 미디어 경영, 마케팅과 브랜딩, 미디어 융합, 글로
벌화 등 최신의 이슈들을 다양하게 다룬다. 신국판 | 656면 | 28,000원